SERPENT RISING:
THE KUNDALINI COMPENDIUM

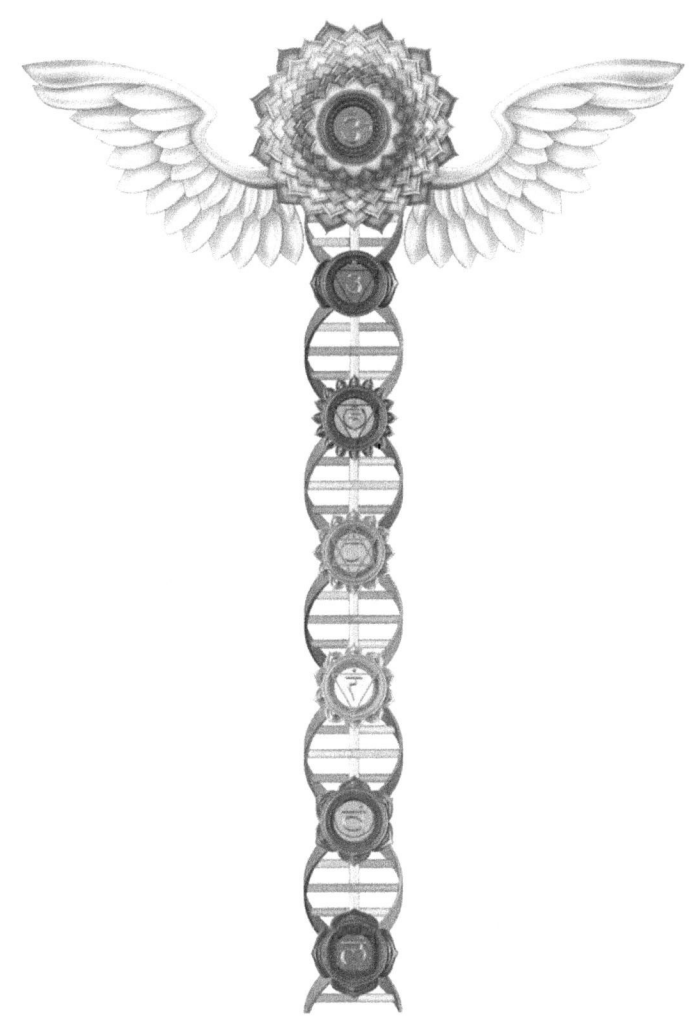

EL CUERPO DE TRABAJO MÁS COMPLETO DEL MUNDO
SOBRE EL POTENCIAL ENERGÉTICO HUMANO

NEVEN PAAR

TRADUCIDO POR RUSTIN HOLMES

Serpent Rising: The Kundalini Compendium
Copyright © 2022 By Neven Paar. Todos los Derechos Reservados.

Ninguna parte de este libro puede ser reproducida en cualquier forma o por cualquier medio electrónico o mecánico, incluyendo los sistemas de almacenamiento y recuperación de información, sin el permiso por escrito del autor. La única excepción es la de un revisor, que puede citar breves extractos en una reseña.

Diseño de Portada de Neven y Emily Paar
Ilustraciones de Neven Para
Traducido al Español por Rustin Holmes

Impreso en Canadá
Primera Impresión: Noviembre 2022
Por Winged Shoes Publishing

ISBN—978-1-7770608-7-9

Descargo de responsabilidad: Todo el material que se encuentra en esta obra se proporciona únicamente para su información y no puede interpretarse como un consejo o instrucción médica profesional. No debe tomarse ninguna acción o inacción basada únicamente en el contenido de esta información; en su lugar, los lectores deben consultar a los profesionales de la salud apropiados sobre cualquier asunto relacionado con su salud y bienestar. Aunque el autor y el editor han hecho todo lo posible para asegurarse de que la información contenida en este libro era correcta en el momento de su publicación, el autor, traductor, y el editor no asumen, y por lo tanto renuncian, a cualquier responsabilidad ante cualquier parte por cualquier pérdida, daño, o interrupción causada por errores u omisiones, ya sea por negligencia, accidente, o cualquier otra causa.

Dedico esta obra al Iniciado de Kundalini. Que este libro te guíe en tu camino del despertar y espero que mi viaje de diecisiete años de autodescubrimiento con la energía Kundalini te haya servido, como era mi intención.

-Neven Paar

Otros Libros de Neven Paar

The Magus: Kundalini and the Golden Dawn

www.nevenpaar.com

Winged Shoes Publishing
Toronto, Ontario

Lista de Figuras:

Figura 1: El Ascenso de la Kundalini y los Chakras 25
Figura 2: Los Tres Nadis Después del Despertar de la Kundalini............................ 28
Figura 3: El Universo Dentro de la Cabeza 31
Figura 4: El Árbol de la Vida/Siete Chakras/Kundalini 35
Figura 5: El Circuito Completo de Kundalini 46
Figura 6: El Cerebro Lleno de Luz 52
Figura 7: Los Setenta y Dos Mil Nadis 55
Figura 8: El Huevo Cósmico 62
Figura 9: Los Cinco Elementos y Los Siete Chakras... 69
Figura 10: El Pentagrama 71
Figura 11: Los Cuatro Mundos y El Tetragrámaton (YHVH) 72
Figura 12: El Pentagramaton (YHShinVH) 73
Figura 13: El Árbol de la Vida Sephiroth y los Tres Nadis 76
Figura 14: Los Planos Cósmicos Interiores 86
Figura 15: Ida y Pingala Nadis y Ajna Chakra.. 95
Figura 16: El Campo Electromagnético de la Tierra 101
Figura 17: El Aura Humana... 102
Figura 18: Energía Estresante Entrando y Saliendo del Aura............................... 106
Figura 19: Progresión de los Colores Auricos de Menor a Mayor........................ 107
Figura 20: Anatomía del Aura 110
Figura 21: Problemas Energéticos en el Aura.. 112
Figura 22: El Campo Toroidal de Kundalini 116
Figura 23: Los Siete Chakras y los Plexos Nerviosos 126
Figura 24: Expansión del Cerebro y Correspondencias Cháquicas 130
Figura 25: Halo Alrededor de la Cabeza 133
Figura 26: Los Chakras Menores de la Cabeza (Corona)....................................... 134
Figura 27: Los Chakras de los Pies 136
Figura 28: Los Chakras de la Mano 138
Figura 29: Generación y Transmisión de Energía Curativa (Palmas).................... 140
Figura 30: Energía Curativa de las Manos 141
Figura 31: Ubicación de los Ojos Psíquicos 144
Figura 32: Los Chakras Transpersonales 147
Figura 33: El Chakra Hara (Ombligo) 150
Figura 34: El Chakra Causal/Bindú 152
Figura 35: Los Chakras Transpersonales por Encima de la Corona..................... 155
Figura 36: El Cubo de Metatrón y el Merkaba 160
Figura 37: Orientación de los Tetraedros en Machos y Hembras 161
Figura 38: El Merkaba: Vehículo de Luz (en los Varones).................................... 162
Figura 39: Despertar de la Kundalini y Optimización del Merkaba 163
Figura 40: Las Glándulas Endocrinas en el Cuerpo 175
Figura 41: Los Centros Cérebrales Principales.. 180

Figura 42: El Sistema Límbico 185
Figura 43: La Formación Reticular..188
Figura 44: Las Partes del Cerebro 191
Figura 45: Los Sistemas Nerviosos Central y Periférico..195
Figura 46: El Nervio Vago 200
Figura 47: Los Doce Pares de Nervios Craneales 204
Figura 48: La Médula Espinal (Sección Transversal)..207
Figura 49: El LCR y los Ventrículos Cerebrales (Vista Lateral) 208
Figura 50: Los Ventrículos del Cerebro (Vista Frontal)..209
Figura 51: Conus Medullaris y Filum Terminale..211
Figura 52: El Sacro y El Cóccix...212
Figura 53: La Kundalini Desenrollada..214
Figura 54: El Plexo Sacro..215
Figura 55: Los Nervios Ciáticos y los Canales de Energía de las Piernas 216
Figura 56: Kundalini/Caduceo de Hermes/Doble Hélice de ADN 219
Figura 57: El Campo Electromagnético del Corazón 222
Figura 58: El Corazón Humano y el Sistema Circulatorio 224
Figura 59: El Centro del Chakra del Corazón 232
Figura 60: El Despertar de la Kundalini y el CEM del Corazón 235
Figura 61: Los Siete Chakras Masculinos y Femeninos 239
Figura 62: Posiciones Cháquicas de los Siete Planetas Antiguos..............................249
Figura 63: Evolución Espiritual 257
Figura 64: Formas de los Cristales y Formaciones..262
Figura 65: Colocación de las Piedras Preciosas en los Chakras................................275
Figura 66: Amplificación de un Cristal con Fragmentos de Cuarzo Transparente....276
Figura 67: Envío de Energía Curativa a Través de las Palmas de las Manos............277
Figura 68: Optimización del Giro de los Chakras con Varitas de Cristal.................278
Figura 69: Juego de Diapasón de 7 Chakras con Estrella del Alma (Ponderado)......282
Figura 70: Conjunto de Diapasones del Espectro Armónico (Sin Ponderar) 283
Figura 71: Colocación de los Diapasones en la Sanación Cháquica........................285
Figura 72: Uso de Diapasones Ponderados en uno Mismo 286
Figura 73: Trabajar con Dos Diapasones al Mismo Tiempo....................................287
Figura 74: Las Frecuencias Sagradas de Solfeggio y las Capas del Aura 289
Figura 75: Las Frecuencias Sagradas de Solfeggio y los Chakras 290
Figura 76: Diapasón de Sagrado de Solfeggio (Sin Ponderar) 293
Figura 77: Colocación de los Diapasones junto a las Orejas 294
Figura 78: Aceites Esenciales y un Difusor 299
Figura 79: La Aromaterapia y el Sistema Límbico...300
Figura 80: Los Cinco Principales Tattvas...305
Figura 81: Los Veinticinco Tattvas Sub-Elementales 307
Figura 82: Los Tattvas y los Chakras 310
Figura 83: Cartas de Tattva del Autor 315

Figura 84: Los Ocho Miembros del Yoga 328
Figura 85: Los Cinco Koshas 331
Figura 86: Las Tres Asanas de Meditación 338
Figura 87: Asanas Para Principiantes (Parte I) 344
Figura 88: Asanas Para Principiantes (Parte II) 345
Figura 89: Asanas Para Principiantes (Parte III) 346
Figura 90: Asanas Intermedias (Parte I) 347
Figura 91: Asanas Intermedias (Parte II) 348
Figura 92: Asanas Avanzadas (Parte I) 349
Figura 93: Asanas Avanzadas (Parte II) 350
Figura 94: Shavasana 352
Figura 95: Respiración Abdominal/Diafragmática 353
Figura 96: La Respiración Yóguica (Respiración en Tres Partes) 356
Figura 97: Respiración con Fosas Nasales Alternas 359
Figura 98: Ujjayi Pranayama (Posición Glottis) 362
Figura 99: Aliento de Abeja Zumbadora 364
Figura 100: Pranayama Sheetali 365
Figura 101: Pranayama Sheetkari 366
Figura 102: Pranayama Moorcha (Método#1) 368
Figura 103: Pranayama Moorcha (Método#2) 369
Figura 104: Los Tres Granthis 372
Figura 105: Los Dedos y los Cinco Elementos 377
Figura 106: Mudra Jnana 380
Figura 107: Mudra Chin 381
Figura 108: Mudra Hridaya 382
Figura 109: Mudra Shunya 383
Figura 110: Mudra Anjali 384
Figura 111: Mudra Yoni 385
Figura 112: Mudra Bhairava 386
Figura 113: Mudra del Loto 387
Figura 114: Mudra Shiva Linga 388
Figura 115: Mudra Kundalini 389
Figura 116: Mudra Shambhavi 390
Figura 117: Nasikagra Drishti 392
Figura 118: Mudra Shanmukhi 394
Figura 119: Viparita Karani 396
Figura 120: Mudra Pashinee 397
Figura 121: Mudra Tadagi 398
Figura 122: Mudra Manduki 399
Figura 123: Punto de Contracción de Bandha Mula 402
Figura 124: Bandha Uddiyana de Pie 404
Figura 125: Bandha Uddiyana Sentado (con Bandha Jalandhara) 405

Figura 126: Bandha Jiva 407
Figura 127: Mudra Maha..409
Figura 128: Puntos de Contracción de los Mudras Vajroli, Sahajoli, y Ashwini 411
Figura 129: Los Cinco Vayus Prana 415
Figura 130: Mudras de Manos para los Cinco Vayus Prana 419
Figura 131: Redirigir el Flujo de Prana, Apana, y Samana....................................421
Figura 132: Bandha Maha: Aplicación de los tres Bandhas 422
Figura 133: El Brahmarandhra 425
Figura 134: Capas de Nadi Sushumna y el Huevo Cósmico 427
Figura 135: Chakra Lalana (Talu) y el Bindu Visarga 430
Figura 136: Mudra Khechari Básico..431
Figura 137: Mudra Khechari Avanzado 432
Figura 138: Contar las Cuentas de los Mala..438
Figura 139: La Diosa Saraswati 445
Figura 140: Mantras Bija de los Pétalos Cháquicos 447
Figura 141: Los Siete Chakras Mudras/Mantras...449
Figura 142: Meditación de Visualización 454
Figura 143: Meditación de la Llama de la Vela (Trataka)......................................458
Figura 144: Colocación de la Llama de la Vela 459
Figura 145: Mudras de las Manos para los Cinco Elementos 464
Figura 146: Los Cinco Elementos y los Tres Doshas 466
Figura 147: Los tres Doshas y las Zonas Corporales 468
Figura 148: Carta Natal de la Autora en Astrología Védica 474
Figura 149: El Señor Ganesha y los Ashta Siddhis..489
Figura 150: Santo Ángel de la Guarda (El Ser Superior) 506
Figura 151: Proyección de Sueños Lúcidos..513
Figura 152: La Antena del Cerebro Humano 517
Figura 153: Loto del Chakra Sahasrara 547
Figura 154: Flujo de Kundalini a través del Sushumna 548
Figura 155: El Chakra del Corazón y La Unidad..563
Figura 156: Volar Como Superman en un Sueño Lúcido 571
Figura 157: Encuentros Cercanos del Quinto Tipo 579
Figura 158: Shiva y Shakti en un Abrazo Amoroso...585
Figura 159: Excitación Sexual en los Hombres..594
Figura 160: Convertirse en un Guerrero Espiritual 609
Figura 161: La Hoja de Cannabis y sus Correspondencias Mágicas 632
Figura 162: Los Centros Energéticos Principales de La Cabeza.............................647
Figura 163: Las Meditaciones de Kundalini...650
Figura 164: Optimización del Potencial Energético Humano 673

Lista de Cuadros:

TABLA 1: Los Doce Chakras y sus Correspondencias 295
TABLA 2: Aceites Esenciales para los Siete Chakras.. 303
TABLA 3: Correspondencias de Tattva 318
TABLA 4: Tabla de Constitución Ayurvédica (Tres Doshas)................................... 471
TABLA 5: Pautas Alimentarias para los Tres Doshas 478
TABLA 6: Los Siete Planetas Antiguos y sus Correspondencias 676
TABLA 7: Los Doce Zodiacos y sus Correspondencias 677

SERPENT RISING: THE KUNDALINI COMPENDIUM
Por Neven Paar

Contenido

EL VIAJE DEL AUTOR PARA ESCRIBIR ESTE LIBRO 1
    La Voz Divina 1
    Evolución Espiritual y Poder Personal 4
    Despertar de la Kundalini 6
    Magia de la Aurora Dorada 9
    Segundo Ascenso de la Kundalini 11
    Expresiones Creativas 12
    Encontrar Mi Propósito 14
    Un Hombre con una Misión 16

PARTE I: EL DESPERTAR DE LA KUNDALINI 21
INTRODUCCIÓN A LA KUNDALINI 22
    Proceso del Despertar de la Kundalini 24
    Activación del Cuerpo de Luz 27
    Dones Espirituales y Actualizaciones de Sentido 29

EL ÁRBOL DE LA VIDA Y LOS CHAKRAS 33
    Purificación de los Chakras 36

PRÁCTICAS DE CURACIÓN ESPIRITUAL 39
LA TRANSFORMACIÓN KUNDALINI 44
    Activación de Bindu 45
    Erradicación de la Memoria 48
    Metamorfosis Completa 50
    Luz y Vibración Dentro de la Cabeza 51

TIPOS DE SUBIDAS DE KUNDALINI 53
    Despertares de Kundalini Parciales y Permanentes 54
    Ver la Luz en Todas las Cosas 56

FACTORES DEL DESPERTAR DE LA KUNDALINI 59
    Completar el Proceso del Despertar de la Kundalini 60
    Alineación con El Cuerpo Espiritual 63
    Su Nuevo Lamborghini Veneno 64

PARTE II: EL MICROCOSMOS Y EL MACROCOSMOS 67
LOS CINCO ELEMENTOS 68
    El Pentagrama 70
    Los Cuatro Mundos y el Pentagramaton 72
    Los Elementos en la Naturaleza 75
    El Elemento Espiritual 77
    El Elemento Fuego 79
    El Elemento Agua 80
    El Elemento Aire 81

  El Elemento Tierra 83

LOS PLANOS CÓSMICOS 85
  Los Cinco Planos Cósmicos 88
  Los Planos Divinos 91
  Variación de la Secuencia de Capas Auricas 92

IDA, PINGALA Y LOS ELEMENTOS 94
  Hemisferios Cerebrales Izquierdo y Derecho 96
  Cortocircuitos en Nadis 97

PARTE III: EL SISTEMA ENERGÉTICO SUTIL 99
EL CAMPO ENERGÉTICO AURA-TOROIDAL 100
  El Aura Humana 101
  Características del Aura 103
  Anatomía del Aura (Areas de Color) 108
  Problemas Energéticos en el Aura 111
  El Aura y las Vibraciones 114
  Kundalini y el Aura 115

LOS SIETE CHAKRAS PRINCIPALES 118
  Los Siete Chakras y el Sistema Nervioso 125
  Purificación de los Chakras 128
  Expansión del Cerebro 129
  Fenómenos de Expansión de la Conciencia 130

LOS CHAKRAS MENORES 133
  Los Chakras de la Cabeza 133
  Los Chakras de los Pies..136
  Los Chakras de la Mano 137
  Curar con las Manos 140
  Infusión de Energía Espiritual...142
  Los Ojos Psíquicos 143

LOS CHAKRAS TRANSPERSONALES 146
  Chakra de la Estrella de la Tierra 148
  Hara Chakra (Ombligo) 149
  Chakra Causal (Bindu)...152
  Chakra de la Estrella del Alma 154
  Puerta de Enlace Estelar 156
  La Línea Hara 157
  La Quinta Dimensión 158
  El Merkaba -Vehículo de Luz 159
  El Regreso al Jardín del Edén 164
  El Acontecimiento del Destello Solar 165

PARTE IV: ANATOMÍA Y FISIOLOGÍA DE KUNDALINI 169
DESPERTAR EL OJO DE LA MENTE 170
LOS SIETE CHAKRAS Y LAS GLÁNDULAS ENDOCRINAS 173
  La Curación de Los Chakras y las Glándulas Endocrinas 178

DESPERTAR ESPIRITUAL Y ANATOMÍA DEL CEREBRO ... 179

- La Glándula Pituitaria ... 179
- La Glándula Pineal ... 180
- La Glándula Pineal y la Espiritualidad ... 182
- El Tálamo ... 184
- La Formación Reticular ... 187
- Partes del Cerebro ... 190

EL SISTEMA NERVIOSO ... 194

- Sistemas Nerviosos Fuertes y Débiles ... 196
- El Yoga y el Sistema Nervioso ... 198
- El Despertar de la Kundalini y el Sistema Nervioso ... 199
- Función del Nervio Vago ... 199
- El Nervio Vago y la Kundalini ... 202
- Los Doce Pares de Nervios Craneales ... 203

LÍQUIDO CEFALORRAQUÍDEO (LCR) ... 206

- Ventrículos Cerebrales ... 208
- LCR y el Despertar de la Kundalini ... 210

MULADHARA Y KUNDALINI ... 212

- El Sacro y el Cóccix ... 212
- Plexo Sacro y Nervio Ciático ... 214
- Reunirlo Todo ... 217

EL PODER DEL CORAZÓN ... 221

- Conexión Corazón-Cerebro ... 223
- Coherencia Corporal ... 224
- El Corazón y las Vibraciones ... 225
- El Corazón y las Relaciones ... 226
- Comportamiento Humano y Causa y Efecto ... 228
- Abrir el Chakra del Corazón ... 230
- Kundalini y Expansiones del Corazón ... 233

PARTE V: MODALIDADES DE CURACIÓN DE LOS SIETE CHAKRAS ... 237
CHAKRAS MASCULINOS Y FEMENINOS ... 238

- Características del Género de los Chakras ... 241
- Equilibrar los Chakras ... 242

LA ASTROLOGÍA Y LOS SIETE CHAKRAS ... 244

- Astrología Occidental vs. Astrología Védica ... 245
- Los Siete Planetas Antiguos ... 247

CURACIÓN Y EVOLUCIÓN ESPIRITUAL ... 256
PIEDRAS PRECIOSAS (CRISTALES) ... 258

- Formaciones y Formas de los Cristales ... 260
- Veinticuatro Tipos de Piedras Preciosas Importantes ... 263
- Limpieza de Piedras Preciosas ... 272
- Programación de Piedras Preciosas ... 272
- Sanación de los Chakras con Piedras Preciosas ... 274

DIAPASONES 279
    Tipos de Diapasones y Su Uso 280
    Juegos de Diapasones Chakra 281
    Sanación de los Chakras con el Diapasón 283
    Diapasónes Sagrados de Solfeggio 288

AROMATERAPIA 297
    Uso de los Aceites Esenciales 298
    Cómo Funcionan los Aceites Esenciales 300
    Aceites Esenciales para los Siete Chakras 301

LOS TATTVAS 304
    El Proceso de Creación 305
    El Sistema de los Treinta Tattvas 306
    Los Cinco Principales Tattvas 308
    Escudriñar con Tattvas 314

PARTE VI: LA CIENCIA DEL YOGA (CON EL AYURVEDA) 323
EL PROPÓSITO DEL YOGA 324
    Tipos de Yoga 325

LAS CINCO KOSHAS 330
    Los Cuerpos Sutiles en Oriente y Occidente 332

ASANA 336
    Las Tres Asanas de Meditación 337
    Hatha Yoga vs. Vinyasa Yoga 340
    Preparación para la Práctica de Asanas 341
    Consejos para la Práctica de Asanas 342
    Asanas para Principiantes 344
    Asanas Intermedias 347
    Asanas Avanzadas 349

PRANAYAMA 351
    Ejercicios de Pranayama 352

LOS TRES GRANTHIS 371
MUDRA 375
    Hasta (Mudras de Mano) 376
    Mana (Mudras de Cabeza) 389
    Kaya (Mudras Posturales) 395
    Bandha (Mudras de Bloqueo) 400
    Adhara (Mudras Perineales) 410

LOS CINCO VAYUS PRANA 414
    Prana y Apana 420
    Despertar la Kundalini 422

SUSHUMNA Y BRAHMARANDHRA 424
EL CHAKRA LALANA Y EL NÉCTAR AMRITA 429
    Khechari Mudra y sus Variaciones 431

MANTRA ... 435

- El Número Sagrado 108 ... 436
- Meditación Japa ... 437
- Mantras de Meditación ... 439

MANTRAS BIJA Y MUDRAS DE LOS SIETE CHAKRAS ... 446
MEDITACIÓN (DHYANA) ... 451

- Práctica Yógica y Meditación ... 452
- Tres Métodos de Meditación ... 453
- Pasos de Meditación ... 455
- Meditación de la Llama de la Vela (Trataka) ... 457

EL YOGA Y LOS CINCO ELEMENTOS ... 461

- Activación y Equilibrio de los Elementos ... 462

AYURVEDA ... 465

- Los Tres Doshas ... 467
- Cómo Determinar tu Gama Doshica ... 472
- Dieta Ayurvédica ... 476
- Prácticas Yóguicas para Equilibrar los Doshas ... 481

SIDDHIS-PODERES PSÍQUICOS ... 487

- Los Ocho Siddhis Principales ... 488

PARTE VII: EL DESPERTAR DE LA KUNDALINI ... 501
SÍNTOMAS Y FENÓMENOS DESPUÉS DE DESPERTAR LA KUNDALINI ... 502

- Santo Ángel de la Guarda (El Ser Superior) ... 505
- Estado del Ser Después del Despertar ... 508
- Chakras, Cuerpos Sutiles y Sueños ... 510
- Soñar Lucidamente ... 511
- La Luz Astral Acumulandose y Expandiendose ... 513
- El Universo Holográfico ... 515
- Desvelación de Otros Regalos ... 516
- Kriyas y Eventos Sincronizados ... 518

LA NECESIDAD DE LA ALQUIMIA ESPIRITUAL ... 520

- Desafíos en su Vida Personal ... 521
- Alineación con el Cuerpo de Luz ... 524

CAMBIOS CORPORALES Y DIETA ... 527

- Desarrollar Alergias ... 528
- Los Nutrientes Esenciales para la Transformación ... 529
- Ejercicio Físico y Enfermedad ... 530

LA NECESIDAD DE DISCRECIÓN ... 532

- La Locura de la Medicación con Receta ... 535

CREATIVIDAD Y SALUD MENTAL ... 538

- Kundalini y Salud Mental ... 540
- Fortalecer la Fuerza de Voluntad ... 542
- Kundalini y Creatividad ... 543

SAHASRARA Y LA DUALIDAD DE LA MENTE 546

Introvertido vs. Extrovertido 549
Las Emociones Frente a la Razón 550

KUNDALINI Y LA TRANSFORMACIÓN DE LOS ALIMENTOS 553

Sublimación/Transformación de Alimentos 556
Pensamientos en "Tiempo Real" 558

EMPATÍA Y TELEPATÍA 560
ÉTICA Y MORAL 562
PARTE VIII: KUNDALINI Y SUEÑOS LÚCIDOS 567
EL MUNDO DE LOS SUEÑOS LÚCIDOS 568

Despertar en un Sueño 570
Desarrollar Habilidades en tus Sueños 571
La Energía Kármica en los Estados de Sueño 573
Binah y el Plano Astral 573
Parálisis del Sueño 575
Cómo Inducir un Sueño Lúcido 576
Experiencias Extraterrestres en Sueños Lúcidos 577

PARTE IX: KUNDALINI-AMOR, SEXUALIDAD Y FUERZA DE VOLUNTAD 581
AMOR Y RELACIONES 582

Las Cuatro Formas de Amor 583
Amor Romántico 584
Amor de Amigos 586
Amor Familiar 588

KUNDALINI Y ENERGÍA SEXUAL 591

Excitación Sexual y Estar "Cachondo" 593
Relaciones Sexuales 595
Conservar la Energía Sexual 596
Ansiedades Sexuales 599

ATRACCIÓN SEXUAL 601

Los dos Primeros Minutos de Reunión 602
La Psicología de la Atracción 603
La Importancia de las Creencias Internas 604

CONVERTIRSE EN UN GUERRERO ESPIRITUAL 607

Lidiando con las Energías Positivas y Negativas 608
Cómo Aumentar la Fuerza de Voluntad 610
Para Cambiar tu Estado de ánimo, Cambia tu Estado 611

EL PODER DEL AMOR 613

El Amor y el Principio de Polaridad 614
El Ego y el yo Superior 615

SER COCREADOR DE TU REALIDAD 617

Manifestando tu Destino 619
Vida Laboral y Escolar 621
Inspiración y Música 623

PARTE X: CONTROL DEL DAÑO KUNDALINI 625
KUNDALINI Y CORTOCIRCUITOS 626
KUNDALINI Y DROGAS RECREATIVAS 630

    El Cannabis y sus Propiedades 631
    Kundalini y Uso de Cannabis... 633
    Tipos y Variedades de Cannabis... 636
    Métodos de Consumo de Cannabis 638
    Concentrados y Comestibles de Cannabis 639
    Sustancias Controladas y Cortocircuitos..................................... 641

PARTE XI: MEDITACIONES KUNDALINI.. 645
SOLUCIÓN DE PROBLEMAS DEL SISTEMA.. 646
PARTE XII: ASESORAMIENTO KUNDALINI 657
CONSEJOS GENERALES... 658
PREGUNTAS COMUNES.. 662
EPÍLOGO.. 671
APÉNDICE 675
CUADROS COMPLEMENTARIOS 676
GLOSARIO DE TÉRMINOS SELECCIONADOS... 679
BIBLIOGRAFÍA 688

EL VIAJE DEL AUTOR PARA ESCRIBIR ESTE LIBRO

LA VOZ DIVINA

Toda mi vida me ha perseguido una voz que nunca he oído. Pero mi madre la escuchó. Y de alguna manera, le debo mi vida a ella. Ella sólo la escuchó una vez. Y porque la escuchó, todavía estoy aquí. Pero incluso antes de que esa voz se diera a conocer a ella, yo estaba plagado de diferentes Demonios.

Verás, desde el momento en que nací, estuve mortalmente enfermo. Tenía una fiebre alta continua, no podía retener la comida, y no podía dormir. Era como si una fuerza externa e invisible no quisiera que sobreviviera. Así que cada vez que mejoraba, acababa justo donde empecé, en el hospital.

Lo que fuera que intentaba matarme pronto descubrió que era un bebé obstinado que no quería rendirse. Nadie sabía qué me pasaba y nada de lo que hacían los médicos servía de ayuda. Finalmente, estaban tan desconcertados por mi misteriosa enfermedad que invitaron a estudiantes de medicina para que me vieran y, con suerte, encontraran respuestas.

Mi madre, Gordana, estaba a mi lado y rezaba a diario por mi recuperación. No era una mujer religiosa, pero creía que su dolor le permitía contactar con alguna fuerza divina superior y solicitar su ayuda. Al fin y al cabo, era mi guardiana, mi protectora. Entonces, después de tres años de entrar y salir del hospital casi a diario y de hacer pasar a mi familia por el infierno, me recuperé milagrosamente. Lo que sea que mi madre haya rezado debe haber respondido.

Si era alguna fuerza de otro mundo la que quería que me fuera de este mundo, fracasó. En cambio, había un poder opuesto que quería que sobreviviera. Y así, crecí con una bendición que me protegía de los tiempos difíciles. Sentí que tal vez tenía un propósito en este mundo, aunque me llevó muchos años encontrarlo realmente. Pero antes de encontrarlo, habría otra prueba que tendría que superar.

Era la primavera de 1992 en un país al borde de la guerra, Yugoslavia. Acabábamos de salir del refugio antibombas del edificio tras una noche escuchando disparos de fondo, agotados. Aunque las tensiones crecían entre las facciones enfrentadas, la mayoría de la gente creía que las cosas se calmarían pronto y la vida volvería a la normalidad. No había mucha gente dispuesta a dejarlo todo sin la certeza de que estallaría una guerra en toda regla.

Eran las cinco de la mañana, y mi hermana Nikol y yo nos fuimos directamente a la cama a dormir, al igual que mi padre, Zoran. Mi madre se acostó a su lado y apoyó la cabeza en la almohada, agotada emocional y mentalmente. Miró el reloj que tenía a su lado, observando cómo la manecilla se movía alrededor de su centro, contemplando la situación en la que nos encontrábamos y lo que el futuro deparaba a nuestra familia.

Lo que ocurrió a continuación iba a cambiarlo todo y a crear una nueva rama en la línea de tiempo de nuestras vidas. Este acontecimiento único no sólo nos llevaría de un continente a otro, sino que fue el precursor de un monumental viaje espiritual para mí, uno que me convertiría en un mensajero de Dios, el Creador.

De repente, una voz masculina y autoritaria empezó a hablarle al oído derecho. No era mi padre, ya que estaba profundamente dormido a su lado izquierdo, roncando ligeramente como suele hacerlo. La voz hablaba en un tono calmado pero dominante, anunciando lo que se avecinaba para la gente de Bosnia y Herzegovina. Decía que la guerra iba a estallar en mi ciudad natal. La basura llenaría las calles, la comida y el agua escasearían, y no habría calefacción ni electricidad. Esta Voz Divina dijo que tenía que abandonar la ciudad con mi hermana y conmigo inmediatamente. Esa era su misión.

Recuperó la conciencia, pero algo había cambiado en ella. Su mente iba a mil por hora, como si aún estuviera en algún trance. ¿Qué acababa de ocurrir? Su experiencia la dejó sorprendida y desconcertada. Sobre todo, estaba asustada. Y sabía que esa sensación de miedo no iba a desaparecer hasta que hiciera algo al respecto.

No despertó a mi padre todavía. En su lugar, trató de ordenar sus pensamientos. Mientras lo hacía, empezó a preparar nuestros pasaportes y otros documentos de viaje. Luego, en contra de toda lógica, salió del dormitorio y empezó a preparar una maleta para todos nosotros. Sabía en su corazón lo que tenía que hacer, y nada de lo que le dijeran podría detenerla.

Después de hacer una maleta, se preparó un café y lo sorbió junto a la ventana del salón, temblando. Luego, cargada de emoción, miró hacia el patio de recreo adyacente a nuestro edificio, contemplando la fuerza que tendría que exhibir los próximos días para cumplir su misión y salvar a sus hijos.

De repente, dos manos estaban sobre sus hombros, sacudiéndola. "Gordana, Gordana, ¿me oyes? Di algo. Mi madre debía de parecer una mujer poseída. Luego, finalmente, se volvió hacia mi padre y volvió a la realidad. "Tenemos que salir de la ciudad", gritó. "¡Ahora!"

El resto de ese día no fue fácil para mi madre, ya que nadie creyó su historia. Siendo un hombre muy lógico, mi padre intentó racionalizar su experiencia y pensó que era un truco de la imaginación. Al fin y al cabo, era una historia tan extraordinaria como para creer que le había ocurrido a una familia corriente como la nuestra. Sin embargo, ella sabía lo que había oído y, por muy firme que fuera, no había nada que la detuviera. Tenía que garantizar la seguridad de sus hijos y sacarnos de la ciudad inmediatamente.

Así que hizo las maletas y compró los boletos de avión para que voláramos al día siguiente. Desgraciadamente, mi padre no tenía la misma urgencia que mi madre, además de que seguía esperando unos documentos imprescindibles antes de una importante expedición de viaje, así que planeó quedarse y reunirse con nosotros en unas semanas.

Al día siguiente, llegamos al aeropuerto alrededor del mediodía. Justo antes de comenzar el embarque, ocurrió lo impensable. Comenzaron los disparos en el aeropuerto desde todos los lados. Si el país estaba al borde de la guerra, esto era el precipicio. Los disparos solían producirse durante la noche, así que esto era diferente. La gente en el aeropuerto comenzó a revolverse en pánico, arrodillándose cada vez que oían un disparo, mientras que otros se tumbaban boca abajo. Era un caos. Esto se prolongó durante las siguientes cuatro horas. Parecía que ya no íbamos a poder salir de la ciudad.

Finalmente, el tiroteo se detuvo brevemente lo suficiente para que pudiéramos subir al avión. Nuestro avión de pasajeros de tamaño medio estaba tan lleno de gente que no había suficientes asientos para todos, así que muchos se quedaron de pie, incluidos nosotros. Parecía que toda la gente del aeropuerto había reservado sus billetes para subir a nuestro avión.

Una vez que el avión despegó, miré por la ventanilla mi ciudad natal mientras se hacía cada vez más pequeña, sin saber que sería la última vez que la vería en muchos años. Durante el viaje en avión, recuerdo que mi madre nos abrazaba a mi hermana y a mí con lágrimas en los ojos. Había completado su misión, pero esto era sólo el comienzo de nuestro arduo viaje, y ella lo sabía. Una vez que aterrizamos en el país vecino, Serbia, nos informaron de que nuestro avión era el último que salía de la ciudad. Después de escapar por los pelos, el aeropuerto se cerró oficialmente.

La guerra comenzó en Bosnia ese día y duró tres largos años. Sarajevo, mi ciudad natal, estaba sitiada. Cuando nos despedimos de mi padre en el aeropuerto, no sabíamos que sería la última vez que nos veríamos en mucho tiempo. Cómo deseaba que viniera con nosotros, pero el destino nos jugó a todos ese día.

La guerra fue religiosa, con connotaciones políticas, en cuyas razones no voy a entrar en este momento. En lo que respecta a la historia que voy a contar, todo lo que la Voz Divina dijo que sucedería, efectivamente sucedió. Una Intervención Divina nos salvó la vida, cuya razón era desconocida para mí en ese momento.

A medida que pasaban los días, mi madre deseaba que la Voz Divina volviera a guiarla. Cumplió con la tarea de garantizar la seguridad de sus hijos frente al peligro inmediato, pero cuando la guerra empezó a ampliarse, era difícil saber a dónde debíamos ir después para evitar el caos que se desató en mi país. Y así, fuimos rebotando de una ciudad y un país a otro, orbitando alrededor de Bosnia y Herzegovina, esperando pacientemente a que mi padre tuviera la oportunidad de salir y reunirse con nosotros.

El frente de la guerra estaba en mi barrio. Muchas personas murieron en mi ciudad, especialmente en los alrededores de donde yo vivía. Era horrible oír hablar de las atrocidades que sufrían los habitantes de Sarajevo. El vecino luchaba contra el vecino; uno no podía salir de su casa por miedo a ser abatido por francotiradores. Cuando la gente se quedaba sin comida y agua y tenía que salir de sus casas para reabastecerse, se despedía de sus seres queridos, sin saber si volverían. Recibimos esta información de primera mano de mi padre, que lamentablemente tuvo que soportarlo todo.

Al final de la guerra, mi madre perdió a sus padres y a su hermano. Sin embargo, ella hizo lo que dijo la Voz Divina, así que ¿por qué no se salvó su pueblo? Cuando me enteré de que mi familia y mis amigos perecieron en la guerra, me sentí triste y confundida. ¿Por qué nosotros nos salvamos y otros no? Empecé a cuestionar a mi madre cuando me habló de la Voz Divina. Por alguna razón, yo era la única que la creía. La mayoría de la gente pensaba que habíamos tenido la suerte de salir en el último segundo, pero yo sabía que había algo más que eso. Es como si la información que ella me dio activara algo dentro de mí, pero tendrían que pasar muchos años para que la siguiente pieza del rompecabezas se desenredara sola.

No fue hasta que tuve un despertar de Kundalini en 2004 que pensé que tal vez tenía algo que ver con esta Intervención Divina, considerando que era una experiencia Espiritual tan rara y monumental. Tal vez fuimos salvados para que yo experimentara todo lo que hice después del despertar de la Kundalini, y diecisiete años más tarde estaría escribiendo estas mismas palabras para ti, el lector. Tal vez mi mensaje es vital para la gente del mundo en los tiempos actuales.

EVOLUCIÓN ESPIRITUAL Y PODER PERSONAL

Después de dos largos años de vivir en el Infierno, mi padre vino a reunirse con nosotros en Croacia. Poco después, los cuatro llegamos a Toronto, Canadá, como refugiados de guerra y comenzamos nuestras vidas aquí en Norteamérica. Mis padres me prometieron que Canadá sería un nuevo comienzo y que podría ser lo que quisiera y ser libre para perseguir cualquier sueño que tuviera. Pronto me di cuenta de que la máxima vocación o búsqueda que más me importaba era ser feliz. La mejor manera de honrar a todas las personas que no lo consiguieron en mi país era ser feliz y llevar una buena vida, ya que ellos no pudieron.

A medida que transcurría mi adolescencia, me di cuenta de que era diferente. En primer lugar, ninguno de mis amigos sentía las emociones con la misma intensidad que yo. Donde ellos tenían enamoramientos, yo tenía obsesiones aplastantes. Era un extremista por naturaleza. No me bastaba con dejar que la vida me arrojara cosas, sino que perseguía activamente las cosas que me hacían feliz y las traía a casa.

Otros buscaban un subidón rápido, pero yo quería quedarme allí para siempre. No tenía sentido volver a la Tierra después de haber probado lo que había ahí fuera. Una vez que abracé la trascendencia del amor verdadero, ¿cómo podría volver?

Una parte de mí sabía que no podía ser tan fácil, que podía tomar una pastilla, fumar una hierba y de repente estar en el cielo. Y, sin embargo, lo era; un segundo te sientes normal y al siguiente estás en un estado completamente distinto. Pero no me bastaba con colocarme los fines de semana; quería vivir en ese estado para siempre. Quería alcanzar un estado de felicidad permanente.

Mi primera búsqueda para encontrar eso fue a través del amor. El problema es que no se tiene un control total, ya que se trata de una asociación. Así que, aunque sintiera pura energía de amor y devoción por esa persona, si ella no lo sentía de la misma manera, entonces no era real. Era como un truco de magia sin público. Entonces, sabía que había algo más para mí, pero no entendía muy bien qué podía ser.

No fue hasta mis años de escuela secundaria que empecé a conectarme con el Espíritu y a aprender sobre Dios, el Creador, durante mi primera relación duradera. Esta sensación de estar enamorado me abrió espiritualmente por primera vez, y me convertí en un buscador de la Luz. Aprender sobre la realidad invisible del Espíritu es algo a lo que estaba predispuesto desde una edad temprana, ya que muchas de mis filosofías sobre la vida surgieron de forma natural.

Siempre me centré en el placer y la búsqueda de la felicidad, así que me comprometí con mi primer amor pensando que podría evitar todas las pruebas y tribulaciones de la vida. Sin embargo, el Universo tenía otros planes para mí. Una vez que mi relación terminó catastróficamente, me encontré en una encrucijada en mi vida. En lugar de pensar en mi pérdida y deprimirme, decidí utilizar el impulso que había adquirido al conocer el Espíritu y continuar mi viaje.

Recogí todo lo que me recordaba a ella y lo metí en una bolsa de basura negra. Luego, en un bosque cercano, lo quemé todo en el fuego ardiente para simbolizar un nuevo comienzo en mi vida. Mientras observaba cómo subía el humo y los artefactos se convertían en cenizas, sentí que los dioses me miraban y finalmente decían: "El niño ya está listo".

Había ido a la universidad a estudiar arquitectura durante el día, como mis padres deseaban que hiciera. Cuando mis clases terminaban y la noche se imponía, continuaba mis estudios de otra manera. A través de los libros que leía y poniendo en práctica esas lecciones, comencé a reconstruirme y a perfeccionarme. Me di cuenta de que podía seguir teniendo mujeres en mi vida y experimentar esa reciprocidad amorosa, pero sin el mismo tipo de apego que antes. Del mismo modo, me desprendí de la persona en la que me estaba convirtiendo para rehacerme constantemente en algo mejor. Y así, diariamente, mudé mi piel como una serpiente. Como un ave fénix que resurge de las cenizas renovado. Cuanto más conocimiento y sabiduría interiorizaba me impedía ser esclavo de mis emociones desbordadas.

Después de experimentar el amor, el siguiente paso era desarrollar mi poder personal, así que aprendí sobre la atracción entre hombres y mujeres. Empecé a aprender cómo manifestar cualquier realidad que deseara y me di cuenta de que era posible una vez integrados los conocimientos adecuados. Me convertí en un científico de la mente mientras probaba los límites del potencial humano en muchas áreas. Traté de dominar mi mente una vez que supe de su poder para dar forma a lo que llamamos "realidad". Me di cuenta de que puedo aprovechar todo el potencial de la mente cuando puedo acceder al "Ahora", al momento presente. Me obsesioné con dominar esta habilidad, ya que me provocaba la auténtica emoción y alegría de estar vivo.

Ciertas áreas de mi vida se convirtieron en un caos. No es que lo quisiera todo, sino que lo perseguía todo. La misma intensidad que tenía para buscar el amor la convertí en la búsqueda del conocimiento espiritual. Impregné cada libro con la misma pasión y devoción que a mi ex-prometida, así que me llené de conocimiento y sabiduría diariamente. Parecía no haber límite a lo que podía aprender. Y me di cuenta de que un hombre podría pasarse toda la vida leyendo todos los libros sin poner en práctica lo aprendido.

Fue entonces cuando llegó a mis manos *El Kybalion*. El manual de la vida misma. Fue la primera vez que me volví a enamorar de verdad. Supe que tenía que dedicarme a este libro e integrar cada frase en mi mente y mi corazón para extraer su sabiduría eterna. Esta fue la segunda intervención Divina en mi vida y el precursor y catalizador de un despertar de Kundalini que iba a tener ese mismo año.

El Kybalion es un libro oculto Hermético que trata de las Leyes Universales, denominadas Principios de la Creación. (Obsérvese que los términos en cursiva se definen con más detalle en el Glosario que aparece al final del libro.) *El Kybalion* centra la mayor parte de sus enseñanzas en el poder de la mente y afirma que el "Todo es Mente, el Universo es Mental". Dice que vivimos en el "Sueño de Dios" y que todo es energía de "pensamiento", incluido el Mundo Físico. Esta energía de pensamiento es el propio Espíritu del que hablan los textos religiosos y espirituales. La diferencia entre el pensamiento de Dios y el del hombre es sólo una cuestión de grado o frecuencia de vibración. Nuestro poder de la mente y la capacidad de pensar es lo que da forma a nuestra realidad.

Trabajé con las Leyes y Principios de *El Kybalión* diariamente, y me estaba transformando de manera convincente desde el interior. Tenía la máxima fe en *los Principios del Kybalion* y estaba tan fascinado por este libro que lo llevaba conmigo a todas partes. Todo lo que aprendía y experimentaba me remodelaba a diario. Además de crecer en sabiduría, me centré en transformarme en un hombre atractivo y poderoso. Mejoré mi vida de pareja a un grado inimaginable utilizando los Principios de *El Kybalion*.

El verano de 2004 fue la culminación de todo lo que estaba experimentando y aprendiendo, y obtuve un nivel de poder personal en mi vida que antes sólo había soñado. Mi vida era una película, y yo era la estrella principal. Me había convertido en un Místico, un "Mago de la Mente". Mi viaje Espiritual estaba en una trayectoria ascendente, y sentí que era sólo cuestión de tiempo antes de que algo extraordinario sucediera.

DESPERTAR DE LA KUNDALINI

En octubre de 2004, después de leer *El Kybalion* más de veinte veces, tuve unas cuantas epifanías nuevas sobre los Principios de la Creación. En primer lugar, tenemos un Doble espiritual, una réplica dentro de nosotros hecha de puro Espíritu, que ocupa el mismo espacio y tiempo, pero nuestra conciencia no está sintonizada con él. En segundo lugar, nuestro poder de imaginación y la capacidad de pensar en la existencia de las cosas es mucho más potente de lo que creemos. Al igual que Dios, el Creador, nos imaginó, podemos imaginar y experimentar nuestras imágenes como reales si sólo elegimos creer lo que vemos. Aquella noche, durante una meditación que, sin saberlo, era una forma de práctica sexual Tántrica, puse a prueba estos dos nuevos conocimientos, lo que dio lugar a un intenso despertar de la Kundalini.

Una poderosa corriente de energía subió por mi columna vertebral, abriendo los Chakras simultáneamente en el camino. Entró en mi cabeza y mi cerebro y envolvió todo mi Ser con Luz. Atravesó mi Ojo de la Mente, expandiéndolo exponencialmente antes de subir a la Corona y resultar en un fuego líquido que se derramaba sobre mi cuerpo, despertando lo que más tarde supe son los Setenta y Dos Mil Nadis o canales energéticos. Esta experiencia fue acompañada por un poderoso sonido vibratorio que escuché en el interior, que en su punto máximo sonaba como el motor de un avión a reacción al despegar.

El clímax fue que abrí los ojos mientras era "electrocutado" por esta energía desde el interior y vi la habitación en la que estaba como un holograma, y mis manos hechas de pura luz dorada. Esta visión cambió mi forma de ver la realidad para siempre. Mi primera Experiencia Fuera del Cuerpo (EFC) siguió a esto, donde vi el inicio de la Luz Blanca mientras mi conciencia era succionada fuera de mi cuerpo.

Toda la experiencia me dejó desconcertado y confundido. ¿Qué me había pasado? Me llevó dos meses de investigación obsesiva averiguar qué era, y desde entonces, mi vida nunca ha vuelto a ser la misma. Después de mi despertar de la Kundalini, desperté a una realidad que no sabía que existía: la Cuarta Dimensión de la Vibración o Energía. Fue el material de una película de Hollywood sobre Misticismo y Espiritualidad. Me sentí como si me hubiera tocado la lotería, una que ni siquiera se sabía que existía.

Las experiencias trascendentales se convirtieron en una forma de vida habitual, ya que mi mente, mi cuerpo y mi alma se transformaban diariamente. Pronto se hizo evidente que mi conciencia se había expandido cuando empecé a percibir la realidad que me rodeaba desde una fuente mucho más elevada. Empecé a ver el mundo que me rodeaba desde la perspectiva de Dios, como si estuviera de pie en las nubes y mirara hacia abajo todo como si estuviera mirando un modelo arquitectónico. Ahora percibía la Luz en todas las cosas, lo que daba a todo lo que miraba un cambio digital. Con el tiempo, desarrollé la capacidad de ver los campos de energía de las personas (Auras) y sentir intuitivamente su energía dentro de mí. Esta experiencia me dio habilidades telepáticas y empáticas que fueron un regalo y una maldición al mismo tiempo.

Mi mundo de los sueños también se abrió a una realidad totalmente nueva. Empecé a tener Experiencias Extracorporales todas las noches, en las que volaba por tierras extrañas pero hermosas y mostraba poderes que recordaban a los de los superhéroes de las películas. Me sentía como si yo mismo me hubiera convertido en un superhéroe, ya que nadie que conociera u oyera hablar de él, aparte de Gopi Krishna (sobre el que leí en su momento), describía este nuevo mundo al que me proyectaba. Era el mismo mundo en el que vivía antes, pero potenciado en mi interior por la energía de la Luz provocada por la Kundalini. Esta Luz remodeló mi antiguo Yo y me transformó en algo nuevo, mejor, más avanzado.

Acepté la llamada de la Divinidad para aprender todo y cualquier cosa sobre la Espiritualidad, la religión, la filosofía, la psicología, y otros temas sobre Dios, el Creador y el destino de la humanidad. Me obsesioné con convertirme en una presencia Mesiánica, ya que sentía que era mi vocación. Como hacen otras personas en mi posición, nunca busqué ser el "Uno", ya que sabía desde el principio que todos somos el "Uno". Todos somos Seres de Luz y tenemos el potencial de despertar la Kundalini y trascender este mundo material.

Sabía que mi vocación era ser un mensajero de Dios -el Creador- y mi mensaje era la Kundalini. Me convertí en un creyente de que el propósito de la Intervención Divina, que nos salvó a mi hermana y a mí en 1992, fue exactamente por esta razón. Como tal, me alineé completamente con *Hermes Trismegisto*, considerando que gran parte de mi viaje Espiritual estaba relacionado con sus enseñanzas.

Hermes es también el Dios mensajero en los panteones Griego y Romano, el intermediario entre los dioses y los humanos. La varita única que lleva en todas sus representaciones pictóricas, el Caduceo, simboliza la propia energía Kundalini.

Aunque empecé a vivir una existencia de otro mundo, sufría intensos episodios de miedo y ansiedad con mucha frecuencia, teniendo en cuenta que todos mis Chakras se activaron por completo tras el despertar de la Kundalini. Me sentí bendecido por haber tenido el despertar, pero como a menudo tenía que lidiar con un miedo y una ansiedad increíbles, también lo sentí como una perdición. Además, me enteré de que otras personas que también pasaron por un despertar completo de la Kundalini, como el mío, también lo experimentaban. Lamentablemente, esta arma de doble filo era algo con lo que todos teníamos que aprender a vivir y soportar. Sin embargo, yo no quería aceptarlo. Si hay voluntad, hay un camino, pensé. Todo problema tiene una solución. *El Kybalion* me lo enseñó. Así que me decidí a ayudarme a toda costa y empecé a buscar diversas formas de hacerlo.

Probé muchas prácticas espirituales diferentes en el plazo de un año después de despertar la Kundalini, desde el yoga hasta la meditación trascendental, pasando por las piedras preciosas (cristales) y mucho más. Para demostrar lo desesperado que estaba, incluso me uní a la Cienciología durante un mes y practiqué su método para convertirme en "claro". Pero, lamentablemente, nada parecía funcionar para mí. Seguía teniendo miedo y ansiedad presentes en mi corazón que me debilitaban diariamente y una fuerte vibración en mis oídos que era muy incómoda, manteniéndome despierto toda la noche. Casi había perdido la esperanza hasta que mi Ser Superior me condujo a las puertas de una antigua escuela de misterio: *La Aurora Dorada*. En consecuencia, la *Magia Ceremonial*, que ellos practicaban, sonaba como la posible solución a mi problema.

MAGIA DE LA AURORA DORADA

Me uní a la Orden Esotérica de la Aurora Dorada en el verano de 2005 para ayudarme con los problemas emocionales y mentales que me aquejaban. La Magia Ceremonial implica el uso de ejercicios rituales para invocar energía en el Aura. Me adentré en el sistema Hermético de la Aurora Dorada desde el principio. A medida que avanzaba por los diferentes grados o niveles, trabajé con las energías elementales, que se corresponden con los Chakras.

Hay Cinco Elementos de Tierra, Agua, Aire, Fuego y Espíritu relacionados con los siete Chakras. Los cuatro primeros Chakras se corresponden con los Elementos Tierra, Agua, Fuego y Aire, mientras que los tres últimos Chakras superiores pertenecen al Elemento Espíritu. Las Energías Elementales se corresponden con diferentes partes de la psique, como las emociones, los pensamientos, la razón, la fuerza de voluntad, la imaginación, la memoria, la intuición, etc. El trabajo con los Elementos me permitió afinar esas partes de mí mismo, lo cual era necesario para integrar la nueva conciencia expandida.

Las energías que invocaba a través de la Magia Ceremonial se convirtieron en la propia "herramienta" que buscaba después de despertar la Kundalini. Me permitieron limpiar mi Aura y mis Chakras de la negatividad que me aquejaba. Además, la invocación de los Elementos a través de la Magia Ceremonial me permitió despojarme de mi energía Kármica más rápidamente ya que eliminó todo el miedo y la ansiedad de mi interior. No sólo eso, sino que también me permitió desarrollar diferentes partes del Ser y realizar todo mi potencial.

La Magia Ceremonial es una poderosa herramienta para combatir la propia energía Kármica y purificar el viejo Yo, el Ego, cuyo uso permite que la Voluntad superior del Espíritu tenga prioridad sobre la conciencia. Lo que se interpuso en el camino de la experiencia de la energía Espiritual recién despertada fue mi memoria de quién era, cuyo fundamento es mi percepción de los eventos pasados. El Ego procesa la realidad en términos dualistas, algunos eventos aceptados como buenos y otros malos, dejándonos encadenados a una rueda Kármica perpetua, que está continuamente en movimiento.

Los malos recuerdos están encerrados en el Ser y generan apego al Ego a través del dolor emocional y el miedo. Podemos acceder a la carga emocional de los recuerdos invocando los Elementos a través de la Magia Ceremonial, trayéndolos a la superficie desde el subconsciente para "desprendernos" de ellos a través de la integración y la evolución. Como resultado, la energía potencial almacenada en los Chakras en forma de Karma se libera de nuevo en el Universo, restaurando el estado inicial de pureza.

Después de ver los efectos positivos que tuvo en mí en poco tiempo, me enamoré del sistema de la Aurora Dorada. Llegué a construir un Templo personal en mi casa, donde practicaba la Magia diariamente. Junto con el proceso de *Alquimia Espiritual* al que me sometía con los Elementos, también aprendí sobre muchos temas esotéricos en la Aurora Dorada, incluyendo la Cábala, el Árbol de la Vida, el *Tarot*, la Astrología, el *Hermetismo*, y mucho más.

Me convertí en un maestro de rituales al practicar diariamente el arte de la Magia Ceremonial durante algo más de cinco años. Durante este tiempo, me inicié en todos los Grados de la Orden Exterior de la Aurora Dorada, que se corresponden con los Cuatro Elementos. Después, continué mi viaje mágico por mi cuenta mientras trabajaba con ejercicios rituales de nivel Adepto, correspondientes al Elemento Espíritu y más allá.

Al cambiar de casa, mi primer Templo se transformó en un espacio vital compartido, lo que me permitió construir un segundo Templo más elaborado para conmemorar mi camino solitario como Magi. Este cambio se produjo cuando el Templo comunal de Toronto se desmoronó, dejando a muchos compañeros de la Aurora Dorada sin hogar. La Divinidad me pidió que les abriera mi casa y que utilizara mis conocimientos avanzados y mi experiencia ritual como mentor. Y así, por primera vez, el estudiante se convirtió en el maestro.

Fui mentor de un grupo de hasta una docena de ex miembros de la Aurora Dorada que venían a visitarme semanalmente para recibir enseñanzas y rituales de grupo que yo dirigía. También conocí a nuevos amigos en la calle que eran buscadores de la Luz, que buscaban mis enseñanzas de la Aurora Dorada. Algunos de ellos eran individuos que habían despertado a la Kundalini y que necesitaban ayuda como yo lo hice hace algunos años cuando buscaba respuestas a tientas en la oscuridad.

A medida que mi viaje de la Aurora Dorada llegaba a la cúspide, practicaba otras disciplinas espirituales que implicaban la invocación/evocación de Dioses y Diosas, concretamente de los panteones Hindú y Vudú. Mi objetivo era experimentar sus energías a través de la realización de sus ejercicios rituales y compararlos con lo que había aprendido a través de la Magia Ceremonial.

También me uní a *la Masonería* por sus raíces Herméticas, y en dos años, alcancé el grado más alto de Maestro Masón en la Logia Azul. Fui un científico del arte de la Magia ritual cuyo laboratorio es el mundo invisible de la energía y busqué encontrar puntos comunes en las diferentes tradiciones Espirituales y religiones.

A través de mi trabajo y las similitudes en nuestros caminos, alineé mi vibración con un miembro anterior de la Orden de la Aurora Dorada, el infame *Aleister Crowley*. Él se ponía en contacto conmigo a menudo en sueños para impartirme enseñanzas crípticas en su estilo Shakesperiano de hablar.

Practiqué *Magia Sexual* con la guía de Crowley durante más de un año y utilicé *la Magia Enochiana* y los *Treinta Aethyrs* para "cruzar el Abismo". Cruzar el Abismo es un proceso que implica elevar tu conciencia más allá del Plano Mental de la dualidad, donde se manifiestan el miedo y el dolor, hacia el Plano Espiritual de la Unidad. Una vez que hice esto, me integré completamente con la energía del amor incondicional en el Plano Espiritual y mi conciencia se alineó permanentemente con mi Cuerpo Espiritual.

Este logro espiritual me permitió trascender por completo el miedo y la ansiedad, que me atormentaban desde que desperté la Kundalini. Mis pensamientos ya no tenían ningún poder emocional sobre mí, y superé mi Karma negativo. Y así, mi viaje con la Magia ritual llegó a su fin, permitiéndome centrarme únicamente en mi energía Kundalini a partir de ese momento.

SEGUNDO ASCENSO DE LA KUNDALINI

A principios de 2010, seis años después de mi despertar inicial de la Kundalini, tuve otra subida intensa de la Kundalini. No fue tan poderosa como la primera, ya que fue una activación única en la vida. Sin embargo, para mi sorpresa, la energía Kundalini se elevó a través de mi columna vertebral hasta mi Corona y expandió mi conciencia aún más.

Creo que el duro trabajo que había realizado con la Magia y el hecho de que ya no estaba invocando energía externa en mi Aura, estimuló a mi Kundalini para que se reactivara y eliminara cualquier bloqueo que tuviera después del despertar inicial. Tal vez no desperté todos los pétalos del Sahasrara Chakra durante el despertar inicial de la Kundalini y este segundo ascenso sirvió para abrir el Loto Coronario completamente. Al hacerlo, se completó el circuito de la energía Kundalini y se abrió un nuevo Chakra esencial en la parte superior trasera de la cabeza, llamado Bindu.

Al principio, sentía un fuego muy intenso en mi interior, que era más insoportable que nunca. Ingerir alimentos se convirtió en un problema, ya que hacía que el fuego fuera más fuerte, por lo que perdí veinte libras el primer mes después del segundo ascenso. Sin embargo, percibí una sensación de conciencia aún más elevada y mis capacidades psíquicas se intensificaron. Lo más importante es que ahora empecé a funcionar sólo con la intuición y estaba en un estado constante de inspiración que es imposible de describir. La palabra "épica", que hoy en día se utiliza al azar, es la que mejor describe lo que sentí y siento hasta el día de hoy.

Junto con esta inspiración constante, empecé a sentirme fuera de mi cuerpo en mi vida de vigilia, y empezaron a ocurrir cosas extrañas. Sentí un entumecimiento en todo mi cuerpo físico, que se ha convertido en una parte permanente de mi vida. Cuando me aplico una bolsa de hielo en la piel, no puedo sentir el frío, sino que la siento totalmente adormecida. Lo mismo ocurre con cualquier otra parte de mi cuerpo físico. Es como si la Kundalini le diera a mi cuerpo una inyección permanente de novocaína, un agente adormecedor.

Un sentimiento trascendente impregnó mi corazón, y el fuego, que al principio era furioso, se enfrió para convertirse en energía calmante y amorosa. Empecé a tener experiencias místicas cada vez que ponía una canción que me gustaba, ya que mi conciencia se perdía en unos segundos de prestarle atención. Me enamoré de la música épica de las películas y sentí que sonaba sólo para mí, ya que cada acción que realizaba ahora se sentía gloriosa.

Alcancé el ápice de esta experiencia de despertar de la Kundalini, y a medida que introducía el Prana en mi sistema a través de la comida, mi conciencia continuaba expandiéndose. Cuanto más comía, mejor me sentía. Recibí alguna ayuda de la medicina naturista, especialmente del Complejo de Vitamina B, Zinc, Selenio, Gabba, 5-HTP, e incluso palma enana americana, que funcionó bien para transformar la energía del fuego. El miedo y la ansiedad presentes inmediatamente después de la segunda subida, cuando mis nervios estaban a flor de piel, desaparecieron. Fue arrastrado por el Prana que estaba acumulando a través de los alimentos y los suplementos que tomé. Recuperé el peso que había perdido, ya que ahora vivía en este estado de inspiración perpetua las 24 horas al día, que es imposible describir de una manera que le dé el crédito que merece.

Mi nuevo estado de Ser se convirtió en una Experiencia Extracorporal permanente en un corto periodo de tiempo. Empecé a percibirme desde fuera de mí como un "Testigo Silencioso" de cualquier acción que mi cuerpo físico estuviera realizando. Mi mente se volvió clara y quieta, y es cuando escucho los pensamientos dentro de mi cabeza, voy hacia adentro y ya no puedo verme desde el exterior. Por el contrario, puedo ver mis expresiones faciales como si mi esencia estuviera revoloteando justo encima y delante de mí, lo que me permite tener un control total sobre la energía que saco al mundo exterior a través de la animación de mi cuerpo físico.

Al estar fuera de mí, siento un completo éxtasis y unidad con todas las cosas de la existencia. Ahora percibo el mundo entero como una simulación digital inmaculada; un Holograma, una Maya-Ilusión. Puedo oír una vibración constante dentro de mi cabeza como si estuviera enchufado a una toma de corriente, y mi sistema energético está generando una cantidad sustancial de bioelectricidad.

Este nuevo estado en el que me encontraba inició un proceso de desprendimiento de recuerdos, en el que perdía completamente el contacto con el Ego y percibía viejos recuerdos en el Ojo de mi Mente, que me llegaban al azar a lo largo del día. Este proceso parecía interminable, y ocurría todo el tiempo. Me encontraba en un estado de inspiración del Ser, funcionando plenamente con la intuición y estando presente en el "Ahora". Podía percibir mis pensamientos como patrones de ondas en el ojo de mi mente mientras me sintonizaba con el sonido. Pronto me di cuenta de que el sonido es el más metafísico de los cinco sentidos. Podía ver las imágenes del pensamiento detrás del sonido en la mayoría de las cosas que escuchaba, lo cual era y sigue siendo muy trascendental.

Aunque no me adscribo a ninguna religión, creo que todas las escrituras Sagradas contienen algún núcleo de verdad. Como tal, encontré muchas referencias entre el proceso de despertar de la Kundalini y las enseñanzas de Jesucristo. Por lo tanto, creo que mi nuevo estado del Ser es el *Reino de los Cielos* y la "Gloria de Todo el Mundo" de la que él hablaba. Me di cuenta de que, al igual que muchos otros Sabios y Adeptos de la historia, Jesús tuvo un despertar de Kundalini que le permitió alcanzar este elevado estado de conciencia superior y luego compartir sus experiencias y enseñanzas con otros para que también se despertaran.

EXPRESIONES CREATIVAS

Con este nuevo estado del Ser, mi creatividad se ha multiplicado por mil y he sentido la llamada a expresarme creativamente a través de diferentes artes. Así que empecé a pintar, teniendo en cuenta que la pintura ha sido una parte importante de mi vida desde la infancia. Por primera vez, sentí la vocación de empezar a pintar de forma abstracta y dejar que mi recién descubierta creatividad guiara mi mano.

Pinté muchas obras durante los dos años siguientes. Nunca me molesté en planificar el tema de mi pintura, sino que dejé que surgiera de forma natural. Mi objetivo era estar siempre en un estado de expresión, y mi proceso consistía en aplicar automáticamente diferentes colores hasta que veía imágenes tenues en el lienzo. Entonces me concentraba en ellas y las resaltaba más.

A menudo me encontraba pintando diversos paisajes, que creía que eran lugares reales de la Tierra. Mi conciencia se proyectaba en estos paisajes y los experimentaba como reales mientras estaba inmerso en el proceso de pintura. Cuando terminaba mi sesión, este proceso de pintura continuaba en el Ojo de mi Mente cuando cerraba los ojos. Continuaba durante una hora en automático, haciéndome creer que canalizaba algunas imágenes y formas desde fuera de mí.

Me sentí atraído por la música, así que empecé a cantar en una banda un año después del segundo ascenso. También empecé a escribir letras/poesías inspiradas en Kundalini que fluían de mí sin esfuerzo. Descubrí que me resultaba natural expresarme a través de la música y las palabras, y como ahora estaba tan en sintonía con el sonido, el tiempo volaba cuando estaba "improvisando" con los amigos.

También probé la comedia y la actuación de voz, ya que me encontré capaz de imitar acentos culturales imitando su vibración de conciencia. Sin embargo, pronto se hizo evidente que estas expresiones creativas eran el intento de mi Alma de encontrar la forma definitiva de comunicar mi nuevo estado del Ser. Así, dejé de lado las artes visuales, la música, y la comedia para dedicarme a la escritura. Sabía que mi destino era convertirme no sólo en una encarnación de la Luz, sino también en su emisor.

Comencé a escribir artículos para boletines Espirituales y blogs en línea sobre la Kundalini y el potencial energético humano. Además, di charlas en programas de radio en línea sobre el poder de la Magia Ceremonial como la clave para la purificación diaria de los Chakras y la elevación de la conciencia más allá del miedo y la ansiedad que experimentan los individuos que despiertan la Kundalini. Me estaba dando a conocer ahora como un Adepto en los Misterios Occidentales y la Kundalini. Mi papel como maestro en estos temas se consolidó más y más a medida que pasaba el tiempo.

Sin embargo, antes de poder tomar plenamente las riendas de mi dirección espiritual, tenía que superar otra prueba, que se presentó como una tentadora oportunidad única en la vida. Habiendo abandonado la práctica diaria de la Magia durante algunos años, el Adepto Principal de la Aurora Dorada me atrajo de nuevo ofreciéndome dirigir mi propio Templo oficial aquí en Toronto. Era consciente del duro trabajo que había realizado dentro de la Orden, sobre todo por haber organizado y orientado a un grupo de estudiantes de la Aurora Dorada sin hogar espiritual una vez que el Templo de Toronto se desmoronó. La zanahoria que se me ofreció fue el título de Gran Imperator de Canadá dentro de la Orden, lo que significaba que debía supervisar todos los Templos o santuarios esotéricos de la Aurora Dorada existentes en Canadá.

Al principio, salivé con la idea y recibí la oportunidad con los brazos abiertos. ¿Puedes culparme? Todos los aspirantes a Magos Ceremoniales sueñan con dirigir su propio templo algún día y supervisar los asuntos de todos los templos del país. Piensa en el poder y la fama de esa posición. Miles de personas me venerarían. Los hombres querrían ser yo y las mujeres querrían estar conmigo. Así que mi Ego pensó en las posibilidades y se deleitó en ellas. Esto es todo lo que siempre quise, ¿no es así?

Y así, seguí con esta empresa durante un tiempo. Organicé a las pocas personas que había en Toronto y empecé a orientarlas. Empezaron a llamarme nuevos miembros potenciales, y me reuní con algunos para pedirles que se unieran al grupo. Lo hice durante unos seis meses, construyendo poco a poco el santuario, que con el tiempo se convertiría en un Templo de pleno derecho. Sin embargo, cuanto más me comprometía en esta empresa, notaba que mi corazón no estaba en ella. Y día tras día, esto se convirtió en un problema para mí.

Verás, cuando se trata del viaje Espiritual, para mí nunca se trató del poder, la fama, las mujeres, ni ninguna de esas cosas. Se trataba de encontrar mi propósito y perseguirlo hasta el final. Después de todo, nunca elegí tener el despertar de la Kundalini; fue determinado para mí por algún poder superior. Desde el comienzo de mi viaje de Magia Ceremonial, supe que la Aurora Dorada era siempre un medio para un fin y no el fin en sí mismo.

Mi objetivo final, mi propósito, y mi vocación última era ser un líder dentro del campo de la ciencia de Kundalini, no de la Orden de la Aurora Dorada. Y en mi corazón, lo sabía. Ahora que tenía el segundo ascenso y había alcanzado el pináculo del proceso de transformación, sabía que tenía que seguir adelante sin ser obstaculizado por influencias externas. Tenía que centrarme únicamente en la energía Kundalini y dejar que me hablara y me guiara hacia mi propósito final. Así que elegí seguir adelante. Seguir descubriendo. Seguir escribiendo en mi tiempo libre y dejar que mi verdadero propósito se solidificara con el tiempo.

ENCONTRAR MI PROPÓSITO

Pasaron tres años, durante los cuales pasé por muchos cambios y desarrollos en mi vida personal. Me comprometí por segunda vez, lo que puede haber sido mi mayor reto hasta la fecha, ya que me obligó a sacar todos mis deseos temporales y sacrificarlos en el altar de la rectitud para integrar este nivel superior de conciencia. Mi naturaleza ética y moral se vio reforzada y, con el tiempo, aprendí a funcionar defendiendo las virtudes superiores en lugar de los deseos personales. Mi perseverancia para superar estos retos y asumir el dominio sobre mi Ego me llevó a un nivel superior en el que hablaba y caminaba.

Después de que terminara mi segundo compromiso, busqué el Alma durante un año hasta que me mudé a una casa en la Calle Exbury, un nombre muy apropiado, ya que aquí iba a enterrar a mi viejo yo para siempre, lo que me permitiría encontrar finalmente mi propósito. Durante este tiempo, dejé de fumar marihuana, mi amante de siempre, pero una gran distracción. Después de la marihuana, la bebida, y los cigarrillos se detuvieron por completo, al igual que mi deseo de salir de fiesta. Estos sacrificios prepararon el terreno para algo extraordinario, pero todo lo que necesité fue un catalizador para empujarme a través de la puerta: mi padre.

Era Octubre de 2016, precisamente doce años después de despertar la Kundalini. Un número adecuado, doce, representaba la finalización de un gran ciclo en mi vida. En ese momento escribí una docena de artículos para boletines espirituales y blogs en línea, pero era simplemente un pasatiempo, algo que hacía en mi tiempo libre. Sin embargo, imprimí mi último artículo por primera vez y se lo llevé a mi padre para que me diera su opinión, sin saber que su reacción al mismo estaba a punto de cambiar mi vida. Verás, mi padre es un tipo muy difícil de impresionar si eres una persona normal, pero si eres yo, su hijo problemático, es casi imposible. Hasta ese momento.

Lo miró y lo dejó, riéndose, diciéndome que no jugara con él. Al principio me confundió su reacción, pero luego me di cuenta de que pensaba que lo había copiado de algún sitio y que había puesto mi nombre. Tuve que convencerle durante cinco minutos seguidos de que yo había escrito el artículo. Cuando por fin le convencí, su actitud cambió; se puso serio y me dijo que tenía un don especial. Me preguntó por qué pierdo el tiempo con amigos y relaciones sentimentales que nunca parecen funcionar y por qué no me dedico por completo a escribir. Sus palabras me impactaron a un nivel profundo. Es como si algo hiciera clic dentro de mí; alguna rueda giró y activó un poder dentro de mí que nunca más se apagó.

Emocionado por haberle impresionado por fin, al día siguiente me levanté a las seis de la mañana y me puse a escribir. Al igual que con mi proceso creativo de pintura y poesía, no planeé lo que iba a escribir; simplemente escribí. Dejé que el Espíritu guiara mis manos mientras tecleaba en el ordenador durante horas. Y al día siguiente, hice lo mismo. Y al siguiente, y al siguiente. Pasaron meses en los que escribía casi todos los días. Algunos días me tomaba un descanso, ya que hacía malabares con mi trabajo diurno que empezaba a las diez, pero luego escribía todo el fin de semana para compensar lo que había perdido esa semana. ¿Era esto? ¿Había encontrado por fin mi propósito? ¿Es esta la razón por la que mi familia se salvó de quedar atrapada en una guerra sin sentido hace unos 30 años? ¿Es por esto que tuve el despertar de la Kundalini, algo que nunca pedí pero que abracé todos estos años?

He trabajado con mis padres en su empresa de diseño Arquitectónico desde 2004; por consiguiente, el mismo año en que tuve el despertar. Sin embargo, tras el primer año de mi escritura obsesiva, mis padres reconocieron mi pasión y me permitieron empezar a trabajar por la tarde, lo que me permitió no volver a perder una mañana de escritura. Mi intención original era escribir un solo libro. Pero a medida que la información crecía durante los tres años siguientes, el único libro se convirtió en cuatro cuerpos de trabajo, cada uno con temas concisos pero interrelacionados, todos centrados en el tema de la Kundalini.

La base del libro que estás leyendo ahora mismo me fue canalizada por mi Ser Superior durante esos tres primeros años de escritura, al igual que la mayor parte de *The Magus: Kundalini and The Golden Dawn* y *Man of Light*, mi autobiografía. El cuarto cuerpo de trabajo trata de mis viajes por el mundo, que sincronizadamente también comenzaron cuando comencé este proceso de escritura. Este libro, titulado *Cosmic Star-Child,* habla de las antiguas civilizaciones y su conexión no sólo con la energía Kundalini sino con los Extraterrestres.

Escribir libros se convirtió en la forma óptima de canalizar la información pertinente de los reinos divinos y dejar un registro permanente. Y así, acepté mi papel de Escriba de los Dioses. En consecuencia, éste es el título del Dios Egipcio Thoth, que es el equivalente de Hermes. Ahora todo tenía mucho sentido. A medida que descubría mi propósito y lo perseguía cada día, también encontré la manera de integrar mi pasión por el arte en mis libros. Así, dividí mi tiempo libre para escribir por la mañana y hacer dibujos por la noche. Así, encontré la manera de utilizar el arte para transmitir los mensajes Espirituales de mis libros y mejorarlos, lo que se convirtió en parte integrante de mi trabajo diario.

UN HOMBRE CON UNA MISIÓN

Aunque me costó muchos años de limpieza Espiritual y de poner freno a mis deseos más bajos, deseché mi antiguo Ser. Mi propósito recién descubierto, que persigo cada día, me dio una base para construir una nueva vida. Tras muchos años de pruebas y tribulaciones, Dios, el Creador, vio que yo era un hombre cambiado, un hombre nuevo en el que se podía confiar para cumplir esta tarea tan sagrada e informar al mundo de la existencia y el potencial de la energía Kundalini.

Fue entonces, a principios de 2019, cuando el Universo me envió una compañera de vida, Emily. Tras un compromiso épico en Teotihuacán, México, "La Ciudad de los Dioses", nos casamos al año siguiente. La tercera vez es la vencida, como dicen, pero en mi caso, necesitaba encontrarme a mí mismo y mi propósito antes de poder sentar finalmente la cabeza. Y Emily complementa mi viaje espiritual de una manera que ninguna mujer anterior en mi vida ha hecho. Tenerla en mi vida me inspira y me da el impulso necesario para mantener mi misión de terminar mis libros a toda costa.

Verás, podría haber seguido viviendo la vida de un playboy, una estrella del rock, e incluso llevar una orden oculta. Pero todas estas opciones eran limitadas, y yo quería ser ilimitado. Así que, en lugar de eso, elegí el camino inseguro, no forjado y humilde de ser un autor. Decidí ir por el camino sin pavimentar y pavimentar el camino yo mismo. En realidad, lo hice por ti. Para que pueda ayudar a despertarte de la misma manera en que yo fui despertado y darte las llaves de la vida y de la muerte. El Reino de los Cielos es para todos nosotros, no sólo para unos pocos elegidos.

Habiendo nacido como un chucho religioso, sé por qué fui salvado de esa guerra. No nací para prosperar en la división, el mundo de la dualidad en el que vivimos; nací para enseñar a los demás la unidad. El concepto de reconciliación de los opuestos estaba arraigado en mí desde mi nacimiento y mi nombre, Neven Paar, es un testimonio de ello. Aunque reconozco que mi nombre representa los Cinco Elementos, los dos masculinos y activos reconciliados por el Espíritu (la V simbólica) con los dos femeninos y pasivos, mi apellido significa "par" en Alemán, en relación con la dualidad.

Verás, soy descendiente de la línea familiar de los Von Paar, que fueron Condes en el Imperio Austrohúngaro hace cientos de años. Sin embargo, mi reino ahora es de naturaleza Espiritual, el Reino de los Cielos, y uno al que todo ser humano tiene acceso, no sólo unos pocos elegidos. Habiendo experimentado un despertar de la Kundalini y sabiendo que todos los humanos tienen este mecanismo dentro de ellos, nos veo a todos como Hijos de la Luz, los Reyes y Reinas del dominio Espiritual. Algunos, como yo, están realizados, mientras que otros están todavía en un estado de potencial. En cualquier caso, todos pueden desatar este poder dentro de sí mismos y encender su Ser con la Luz interior, estableciendo así su Reino Espiritual en la Tierra.

Este, creo, es mi propósito en este Planeta. Unir a la gente a través de mis experiencias y enseñanzas y hacerles ver más allá de su religión y su raza; hacer que los demás sepan que todos somos iguales. Todos estamos construidos igual, con la misma estructura y características, y nuestras diferencias físicas no cambian nuestra constitución de ninguna manera. Tenemos el mismo Padre y la misma Madre y estamos unidos a través de la energía del amor como hermanos y hermanas.

Por esta razón, trabajo tan duro como lo hago diariamente con una intensidad implacable. No sé por qué me siento obligado a cumplir esta misión, ni veo el objetivo final, pero sé que vivo mi propósito. Estoy honrando a la Voz Divina que salvó la vida de mi familia hace casi treinta años y a todas las personas que murieron en mi país debido a la ignorancia y la oscuridad que pueden invadir los corazones y las mentes de las personas.

Aunque senté las bases de este libro antes, seguí trabajando en él durante la pandemia de Covid, que comenzó en Diciembre de 2019, justo cuando salió mi primer libro. Alrededor del 30% de este libro son conocimientos que adquirí en mi viaje de diecisiete años con la Kundalini, mientras que el otro 70% se basa en la investigación y contemplación rigurosa y diaria. Por lo tanto, algunas partes de la ciencia invisible del sistema energético humano que presento aquí son un trabajo en curso que seguramente actualizaré durante muchos años.

Durante este proyecto de dos años, añadí al menos 100 libros nuevos a mí ya enorme biblioteca doméstica para garantizar la exposición más completa de cada tema, sin tomar atajos. Por lo tanto, decir que he volcado mi corazón y mi alma en este libro es quedarse corto. Y, por mucho que sea un viaje de aprendizaje para ti, el lector, también fue un gran viaje para mí.

Quiero dar las gracias al amor de mi vida, mi esposa, y musa Emily, no sólo por hacer el arte de la portada de *Serpent Rising*, sino por ser mi modelo y aguantar mis incansables peticiones de sesiones de fotos improvisadas. También quiero dar las gracias a Daniel Bakov, mi asesor creativo y editor de *Man of Light*, que me ayudó a encontrar las palabras adecuadas para presentarme de forma digna y épica. También quiero dar las gracias a mis compañeros de Kundalions, Michael "Omdevaji" Perring y Joel Chico. Michael me dio muchas ideas sobre el vasto e intrincado tema del Tantra y el Yoga, mientras que Joel y yo comparamos notas sobre el papel que puede desempeñar el cannabis en el proceso de despertar de la Kundalini. Y, por último, un agradecimiento muy especial a mi hermana y a mis padres por haberme dado el mayor regalo de todos, el de una familia cariñosa y comprensiva que nunca me ha dejado con ganas o necesidad de más.

Para terminar, gracias, querido lector, por haber decidido acompañarme en este viaje en el que examino la energía Kundalini, su ciencia en evolución, y el marco filosófico que hay detrás de su funcionamiento. Estoy seguro de que te beneficiarás enormemente de mis conocimientos y experiencia y de que este libro responderá a muchas de las preguntas que puedas tener. De este modo, tu evolución espiritual se verá favorecida, que es el objetivo de todo mi trabajo. Para acceder a las imágenes en color de *Serpent Rising: The Kundalini Compendium*, visita www.nevenpaar.com y sigue el enlace del libro en la navegación principal. La contraseña para acceder a la página es Awakentheserpent

Fiat Lux,
Neven Paar

*"Un hombre será acusado de destruir el templo y
religiones alteradas por la fantasía. Dañará las rocas
en lugar de los vivos. Oídos llenos de discursos adornados".*

*"...Volará por el cielo, las lluvias y las nieves,
Y golpea a todos con su vara".
Aparecerá en Asia, en casa en Europa.
Uno que sale del gran Hermes..."*

*"...En la víspera de otra desolación cuando los pervertidos
la iglesia está en su más alta y sublime dignidad...
procederá uno nacido de una rama largamente estéril,
que liberará a los pueblos del mundo de un manso y
esclavitud voluntaria y ponerlos bajo la protección de Marte."
"...La llama de una secta se extenderá por todo el mundo..."*

-Nostradamus

PARTE I: EL DESPERTAR DE LA KUNDALINI

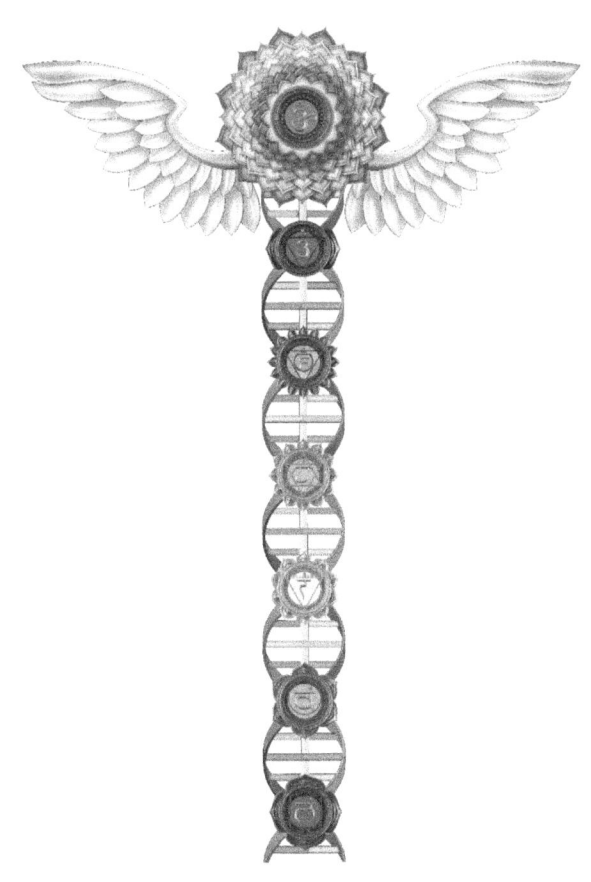

INTRODUCCIÓN A LA KUNDALINI

Kundalini es el mayor secreto conocido por el hombre, sin embargo, pocas personas entienden lo que realmente es. La mayoría de la gente piensa que es un tipo de Yoga en lugar del objetivo de todo el Yoga. Algunos incluso se atreven a decir que es un tipo de pasta Italiana. En cualquier caso, según mi experiencia al hablar con gente al azar sobre el tema, extraños, incluso los que afirman haber leído muchos libros sobre la Kundalini y saber de qué se trata, sólo conocen un 30% de la historia. Y estoy siendo generoso con esa cifra. Este libro, sin embargo, cambiará todo eso.

En el interior de la portada declaré que *Serpent Rising* es el "Cuerpo de Trabajo más Completo del Mundo sobre el Potencial Energético Humano", y lo decía en serio. No era el ego el que hablaba. Creo que esta afirmación es un hecho. Y creo que cuando termines de leer este libro, estarás de acuerdo. Ten en cuenta que *Serpent Rising: The Kundalini Compendium* es la primera parte de la serie. Ya estoy avanzando en la Parte II, que examina las civilizaciones y tradiciones antiguas y el papel que la Kundalini jugó en sus sistemas de Evolución Espiritual. Además, mi libro anterior, *The Magus: Kundalini and the Golden Dawn*, aunque no forma parte directamente de la serie, contiene una plétora de información sobre la Kundalini desde la perspectiva de los Misterios Occidentales, incluyendo la Cábala y el Árbol de la Vida, cuyo conocimiento es esencial para comprender las enseñanzas de la sabiduría.

El conocimiento de la Kundalini ha existido desde tiempos inmemoriales. Me refiero a la profunda comprensión del potencial último de la Kundalini por parte de las personas que han llegado hasta el final en su viaje de despertar Espiritual. Los Antiguos escondieron los secretos de la Kundalini en el simbolismo de sus tradiciones de misterio, generalmente transmitido a través del arte y la escultura. Este conocimiento se mantenía principalmente oculto, reservado a unos pocos elegidos y velado a los profanos, como era el método de los Antiguos para transmitir los misterios esotéricos. El maestro enseñaba al alumno de boca a oreja. Esta información no se escribió hasta hace poco tiempo, e incluso entonces, había que haber sido iniciado en una escuela de misterios para obtener los verdaderos secretos.

Con el tiempo, aparecieron individuos que afirmaban que les había sucedido algo extraordinario: Dios les había tocado, decían. Estas personas singulares despertaron la Kundalini, normalmente por accidente, por lo que utilizaron el lenguaje más familiar para explicar este acontecimiento metafísico. A menudo se les consideraba místicos, o incluso profetas, que mostraban poderes sobrenaturales que asombraban a las masas. En sus intentos por describir su experiencia, se referían a la Kundalini con muchos nombres: la "Fuerza del Dragón", el "Poder de la Serpiente", el "Fuego Sagrado", y otras variaciones de estos *arquetipos*.

Pero a medida que pasaba el tiempo y más gente se despertaba, se creaba más confusión que claridad con respecto a este tema. Y la respuesta a esto es simple. Nunca ha habido una obra de referencia lo suficientemente poderosa que unificara todas las tradiciones, filosofías, y religiones antiguas con respecto a la Kundalini. Las escuelas de Yoga y Tantra, que poseen las claves más completas sobre la Kundalini y el proceso de su despertar, son sólo una pieza del rompecabezas, aunque la más grande, ya que la ciencia de la Kundalini se originó en ellas.

Esto me lleva a la razón por la que escribí este libro. Lo escribí en parte por necesidad y en parte por deseo personal. Quería dar a la humanidad las claves para entender este tema tan críptico y escurridizo. *Serpent Rising: The Kundalini Compendium* presenta un enfoque científico de la Kundalini que incluye el estudio de su entramado energético y mucho más, utilizando un lenguaje simplificado y comprensible para el ciudadano de a pie, un lenguaje que une las escuelas de pensamiento Oriental y Occidental respecto a la Espiritualidad.

Mientras escribía este libro, mi Ser Superior me llevó a investigar de un tema a otro, evitando todos los atajos mientras conectaba los puntos y creaba la obra que tienes en tus manos. Al final, aunque mi nombre está en *Serpent Rising*, esta obra me trasciende como persona. Yo sólo fui un conducto para que mi Ser Espiritual canalizara este conocimiento hacia mí. Cuando termines de leerlo, entenderás todo lo que necesitas sobre el tema de la Kundalini. Y ese era el punto: por eso me llevó tanto tiempo hacer esto. Para equiparte con el conocimiento necesario para informar a otros sobre la Kundalini para que el mundo entero pueda conocer su poder y su potencial último, y podamos evolucionar colectivamente de forma Espiritual.

Verás, Kundalini es el tema esotérico más crítico del mundo. Cuando se trata de la evolución espiritual, su exploración es de suma importancia. El despertar de la Kundalini le permite a uno realizar todo su potencial Espiritual. Hay muchos componentes en el sistema energético de uno, que discutiré en gran detalle en este libro, incluyendo cómo la Kundalini impacta cada parte. El proceso de despertar de la Kundalini se desarrolla sistemáticamente a lo largo del tiempo, involucrando un necesario y a menudo desafiante período de intensa purificación que puede ser bastante meticuloso. Más allá del propio proceso de despertar y purificación, un reto más importante consiste en aprender a vivir y operar con la energía Kundalini a diario y controlarla en lugar de ser controlado por ella, ya que puede ser muy volátil.

Discutiré los diferentes aspectos de cómo se desarrolla la transformación de la Kundalini y cómo afecta a la vida de uno después, y aclararé muchos de los malentendidos comunes sobre la Kundalini y el propio proceso de despertar. Mis 17 años de experiencia viviendo con una Kundalini despierta son de gran valor para alguien que está en medio de su viaje y busca orientación.

A continuación, compartiré información valiosa sobre los diferentes tipos de despertares de Kundalini y el proceso de transfiguración, así como su cronología general. Hay desafíos comunes a lo largo del camino que voy a discutir, así como consejos y conocimientos sobre la solución de problemas del circuito de Kundalini cuando las cosas parecen "romperse". Esta última sección incluye prácticas y meditaciones efectivas en o alrededor del área de la cabeza para "arrancar" o realinear los canales de Ida y Pingala necesarios para que el motor funcione sin problemas. No encontrarás esta información crucial en ningún otro sitio. Desde mi despertar, he sido el científico y el laboratorio en uno. Como tal, mi creatividad, valentía, y persistencia me han llevado a encontrar soluciones no convencionales a los muchos desafíos que he enfrentado en el camino. Y han sido muchos.

Hay una miríada de otros temas sobre la Kundalini en los que me adentraré para ampliar tu conocimiento del tema y para iluminar y reconciliar los muchos puntos de vista diferentes que puedas tener. Desde cómo la anatomía humana está involucrada en el proceso del despertar de la Kundalini hasta varias prácticas espirituales de curación y un estudio en profundidad de la ciencia y la práctica del Yoga con componentes del Ayurveda. Traté de cubrir todos los temas que creí que eran relevantes para que supieras sobre la Kundalini y cómo sanar tus Chakras una vez que hayas tenido el despertar. Mi deseo de ser el mejor en lo que hago, el Michael Jordan de la ciencia de la Kundalini, por así decirlo, me empuja cada día a ampliar mis conocimientos mientras continúo convirtiéndome en la principal autoridad en este tema. Considéralo la misión de mi vida, a la que dedico todo mi tiempo.

Como nota final, dado que se trata de un libro bastante extenso, no quiero que te sientas intimidado por su tamaño, pensando que tienes que leerlo todo secuencialmente. Las secciones de Yoga y Prácticas Espirituales de Sanación, por ejemplo, se pueden dejar para el final si deseas leer específicamente sobre la Kundalini y el proceso de despertar y transformación. Luego, cuando estés listo para profundizar en el trabajo con los ejercicios para sanar tus Chakras y equilibrar tus energías internas, tendrás todas las herramientas para hacerlo.

El camino del iniciado en Kundalini es el camino del guerrero Espiritual. Un guerrero necesita el equipo adecuado, el entrenamiento, y la visión para tener éxito. Con estas enseñanzas, pretendo equiparte a ti, el iniciado, con la comprensión necesaria del potencial energético humano para que puedas alcanzar el éxito en el viaje de evolución de tu Alma. Aunque el camino del despertar y la transformación de la Kundalini es difícil, también es gratificante sin medida. Comencemos.

PROCESO DEL DESPERTAR DE LA KUNDALINI

La Kundalini es una energía evolutiva situada en la base de la columna vertebral (en la región del cóccix) que, según se dice, se enrosca tres veces y media en su estado de potencial en los seres humanos no despiertos. La palabra "Kundalini" es de origen Oriental, concretamente del Yoga y del Tantra. En Sánscrito, Kundalini significa "serpiente enroscada".

Una vez despertada, la Kundalini sube por la columna vertebral a través de los tres Nadis principales, hasta llegar a la parte superior de la cabeza. El término "Nadi" es una palabra Sánscrita que se traduce como "tubo", "canal" o "flujo". Simplemente, los Nadis son canales que transportan la energía en el cuerpo.

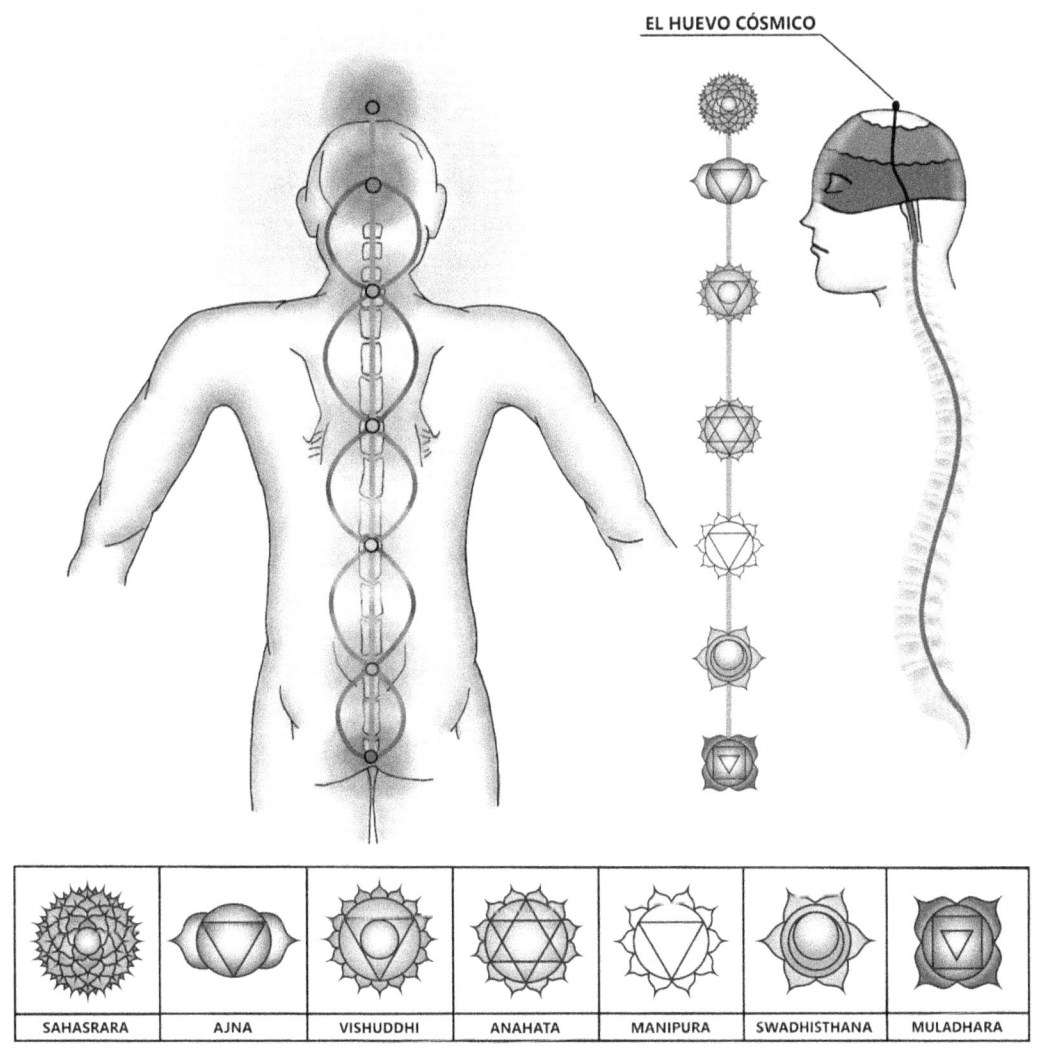

Figura 1: El Ascenso de la Kundalini y los Chakras

En la medicina China, los Nadis se conocen como Meridianos. La principal diferencia entre los dos sistemas es que los Nadis no están definidos en las extremidades, sólo en la cabeza y el tronco central, a diferencia de los Meridianos. En *Serpent Rising*, nos ceñiremos a la ciencia y filosofía Yóguica de los Nadis y los Chakras, junto con el modelo de los Chakras Transpersonales y muchos de mis descubrimientos sobre los centros energéticos del Cuerpo de Luz y el flujo de energía.

El Nadi central se llama Sushumna. Es esencialmente el tubo hueco de la columna vertebral. Alrededor de Sushumna se entrelazan dos Nadis auxiliares o suplementarios, Ida y Pingala. Ida es el Nadi femenino de la Luna, que regula el frío en el cuerpo, mientras que Pingala es el Nadi masculino del Sol, que controla el calor en el cuerpo. Estos dos Nadis representan los principios masculino y femenino contenidos en todas las cosas del Universo. En Sánscrito, los canales Ida y Pingala se denominan a menudo Nadis Chandra (Luna) y Surya (Sol).

Durante el despertar de la Kundalini, a medida que la energía asciende simultáneamente a través de los tres Nadis principales, va abriendo sistemáticamente los Chakras desde la raíz de la columna vertebral hacia arriba hasta el centro del cerebro (Figura 1). Ida y Pingala se reúnen en estos puntos Cháquicos y terminan en Chakra Ajna. La Kundalini continuará subiendo hacia el centro, en la parte superior de la cabeza, rompiendo el "Huevo Cósmico", que activa completamente el Cuerpo de Luz -el Cuerpo Holográfico. En la filosofía Tántrica, el Huevo Cósmico se relaciona con el Brahmarandhra. (Más sobre este tema en un capítulo posterior).

El Huevo Cósmico es un recipiente que contiene el néctar de Ambrosía. Una vez que la energía Kundalini lo atraviesa en su ascenso, esta Ambrosía se libera, infundiendo los Setenta y Dos Mil Nadis, que se refiere a la activación del Cuerpo de Luz. Esta parte del proceso se siente como si alguien rompiera un huevo sobre tu cabeza y la yema (Ambrosía) se derramará hasta tus pies, cubriendo y envolviendo todo tu cuerpo.

Aunque la activación del Cuerpo de Luz se siente como si el cuerpo físico estuviera siendo cargado eléctricamente, la Ambrosía liberada sólo está trabajando en un nivel sutil. Sin embargo, la persona que experimenta este evento se siente como una batería humana que se carga y se expande infinitamente por una corriente de bioelectricidad. Por ejemplo, todos los individuos despiertos de Kundalini con los que he hablado que han tenido esta experiencia describen sentirse intensamente "electrocutados" por la energía Kundalini.

Al activar el Cuerpo de Luz, todos los Cuerpos Sutiles se activan, incluyendo el Cuerpo Espiritual y el Cuerpo Divino. Hay, de hecho, numerosos Cuerpos Sutiles dentro del Cuerpo de Luz. Sin embargo, después de un despertar completo de la Kundalini, es esencial alinear la conciencia individual únicamente con el Cuerpo Espiritual, ya que éste trasciende la dualidad de la mente.

En mi experiencia de despertar de la Kundalini, una vez que los Setenta y Dos Mil Nadis estaban en proceso de ser cargados y activados, me sacudí de la cama y abrí mis ojos. Lo que vi a continuación cambió mi vida para siempre. En primer lugar, fui testigo de primera mano de que el Cuerpo de Luz no es una idea o un concepto, sino algo real y tangible. Cuando miré mis manos, las vi hechas de pura Luz dorada, hermosas de contemplar y perfectas en todo sentido. Luego, cuando miré alrededor de mi habitación, vi el plano Holográfico del mundo en el que vivimos. La habitación tenía lo que yo describo como un cambio de imagen digital, con paredes transparentes y vaporosas y objetos que parecían estar suspendidos en el aire. Los colores eran más nítidos, profundos, y reflectantes. Para aclarar, lo que vi no fue una visión del Ojo de la Mente dentro de mi cabeza, sino que lo vi con mis propios ojos físicos.

Verás, hay un componente del mundo que es transparente y está hecho de energía pura, ocupando el mismo Tiempo y Espacio que el Mundo Físico, sólo que en un grado diferente de vibración - uno más cercano al Espíritu. El despertar de la Kundalini y la activación del Cuerpo de Luz es un proceso por el cual la conciencia se vuelve capaz de percibir y experimentar esta realidad. Otro nombre para esta realidad es la Cuarta Dimensión, la Dimensión de la Vibración o de la energía. Dado que todas las cosas que existen se mantienen en movimiento vibratorio, esta dimensión es el reino donde cada objeto, pensamiento o emoción tiene una esencia cuantificable. Puede ser percibida por el Ojo de la Mente y la facultad intuitiva del ser humano.

Una vez completada la activación del Cuerpo de Luz, la experiencia no termina ahí. Por el contrario, la energía Kundalini continúa ascendiendo. El siguiente paso en el proceso de despertar es que la energía abandona el cuerpo por completo, a través de la Corona, llevándose la conciencia individual con ella. Esta experiencia resulta en la unificación momentánea de la conciencia individual con la Conciencia Cósmica, el principio de la Luz Blanca de la Quinta Dimensión - la fuente de la Divinidad. Una vez que ocurre esta experiencia trascendental, la conciencia individual vuelve a entrar en el cuerpo físico, habiendo visto la visión de la verdadera naturaleza de la realidad. Así, el humano se convierte en Uno con Dios por un breve momento, para volver a bajar y contar su historia.

Alternativamente, si el individuo despierto se vuelve temeroso de unir su Ser con la Luz Blanca, la energía Kundalini disminuye y desciende al Chakra Raíz, Muladhara. Después de todo, es común que las personas que experimentan un despertar espontáneo de la Kundalini se vuelvan temerosas durante el proceso de activación. Les hace sentir como si estuvieran pasando por una muerte física debido a la intensidad de la energía que se siente en el cuerpo y la conciencia que se libera de él.

ACTIVACION DEL CUERPO DE LUZ

El objetivo de la energía Kundalini es activar el Cuerpo de Luz y los Cuerpos Sutiles correspondientes. Una vez que esto ocurre, todo el Árbol de la Vida se despierta dentro del individuo, y todos los Planos Cósmicos se vuelven disponibles como estados de conciencia. Dado que el Cuerpo de Luz es el vehículo del Alma, una vez que se activa completamente, el Alma se libera permanentemente del cuerpo físico. Así, con el tiempo, el Alma debe alinearse con el Cuerpo Espiritual del Plano Espiritual, donde el Alma y el Espíritu se convierten en uno.

De todos los Cuerpos Sutiles, el Cuerpo Espiritual es el más importante ya que, una vez que tu conciencia se alinea con él, tu Alma se eleva más allá del dolor y el sufrimiento.

Una persona que puede lograr tal hazaña se eleva permanentemente por encima de su Rueda de Karma. El Karma sigue funcionando ya que uno nunca puede escapar de sus efectos. Sin embargo, ya no están afectados emocionalmente por la energía del miedo que la mente experimenta debido a que viven en un mundo de Dualidad.

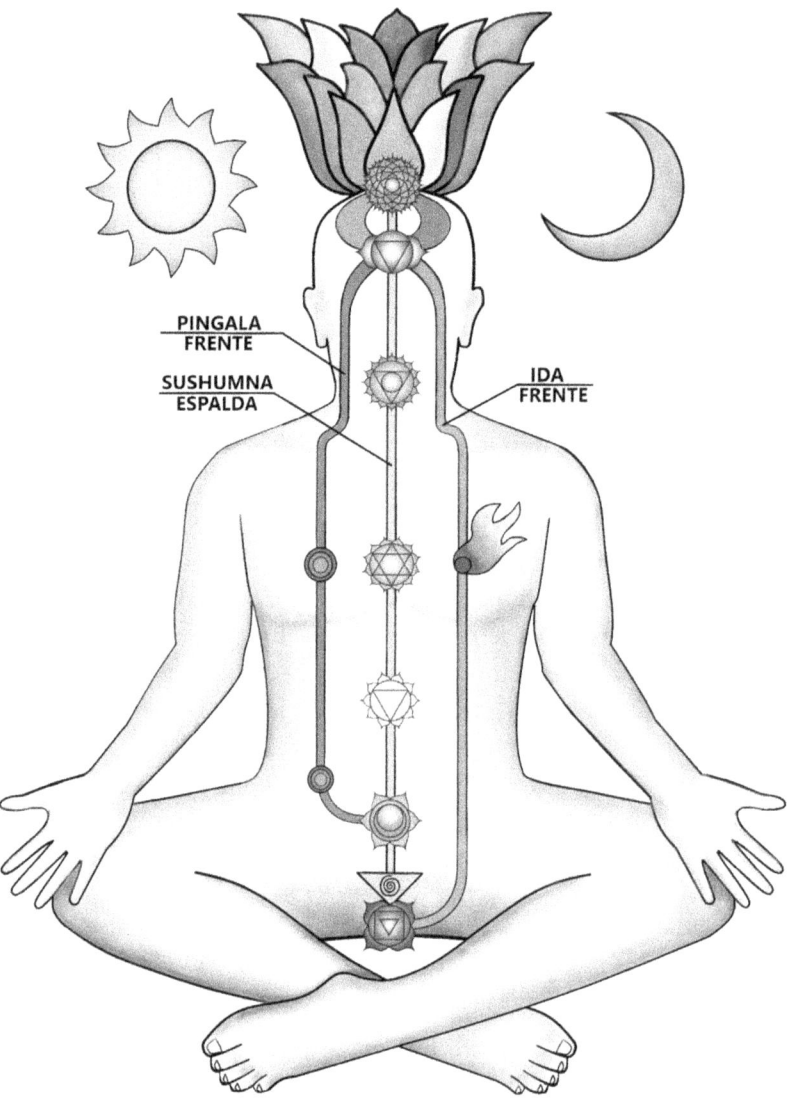

Figura 2: Los Tres Nadis Después del Despertar de la Kundalini

El Cuerpo de Luz es el siguiente vehículo de conciencia en el proceso de evolución humana, ya que permite percibir y experimentar plenamente los Planos Cósmicos interiores. Sin embargo, el Cuerpo Espiritual es la envoltura o capa trascendental con la que tratamos de alinearnos para ser nuestro vehículo de conciencia mientras vivimos en la realidad despierta del mundo material. Es el Cuerpo Causal del Sistema Oriental-Anandamaya Kosha. Está inextricablemente conectado al Cuerpo de Luz como su más alta expresión que nuestra conciencia puede encarnar mientras vive en la carne. Sin embargo, todavía hay una envoltura más alta, el Cuerpo Divino, aunque no podemos sostener su experiencia por un período prolongado durante nuestra vida de vigilia a menos que estemos en profunda meditación.

El Cuerpo de Luz es el vehículo de conciencia para el Alma cuando entra en los Planos Internos durante la meditación y el sueño. Los Planos Internos se experimentan a través del Ojo de la Mente (Chakra Ajna), uno de los tres Chakras Espirituales relacionados con la intuición y la clarividencia. Las experiencias más destacadas de los Planos Internos ocurren durante los Sueños Lúcidos, permitiéndote ser consciente cuando sueñas y controlar el contenido de tus sueños. También te permite explorar los Planos Cósmicos interiores durante los estados de sueño y tener increíbles experiencias del Alma que no puedes duplicar en la vida real. El Sueño Lúcido básicamente te permite experimentar cualquier cosa que desees, sin las consecuencias. Es uno de los regalos Espirituales más significativos recibidos en el viaje del despertar de la Kundalini y uno que discutiré con más detalle más adelante en el libro.

Una vez completada la activación, la energía Kundalini se convierte en una parte permanente de la existencia del individuo despierto, señalando una nueva forma de funcionar y experimentar el mundo. La Kundalini, con el tiempo, se convierte en un circuito energético autosuficiente (Figura 2) alimentado por comida y agua que crece y se fortalece, expandiendo la conciencia individual diariamente. Y a medida que la conciencia normal despierta se alinea lentamente con el Cuerpo Espiritual, lo cual es un proceso que puede llevar muchos años, el individuo despierto vivirá en la misma realidad que todos los demás, pero la experimentará de forma totalmente diferente. Esta experiencia de vida es un verdadero regalo de la Divinidad.

DONES ESPIRITUALES Y ACTUALIZACIONES DE SENTIDO

Después del despertar, cada bocado de comida se transforma en energía Pránica (Fuerza Vital) que potencia el circuito de la Kundalini y expande la conciencia, dando lugar a muchos tipos de experiencias trascendentales y al surgimiento de nuevas habilidades psíquicas. Así, el individuo despierto comienza ahora a funcionar en un nuevo nivel de experiencia vital, dentro de la Dimensión de la Vibración o energía. En esta nueva dimensión, desarrollan la capacidad de sentir el mundo que les rodea como una esencia cuantificable.

Con el tiempo, esta capacidad recién desarrollada de sentir el mundo a través de la energía se convierte en la forma dominante de navegar por la vida, provocando un desprecio por la mente racional y pensante. Finalmente, el individuo despierto comienza a experimentar el mundo enteramente a través de la intuición como modo primario de funcionamiento, ya que está en contacto directo con la Luz Interior y la Verdad. La ilusión desaparece a medida que su conciencia se alinea con el Cuerpo Espiritual a lo largo del tiempo.

A medida que la ilusión (Maya) se desvanece, el Ego también se disipa, ya que pertenece al reino de la mente racional y pensante. Su impulso se vuelve cada vez menos activo hasta que el individuo despierto puede funcionar plenamente con la intuición a través de la Cuarta Dimensión de la Vibración, o energía. Al hacerlo, se sintonizan con el regalo más precioso que la Divinidad ha dado a la humanidad, que es el momento presente, el "Ahora", un "regalo" de Dios. En el "Ahora", se conectan con un campo de todas las posibilidades, lo que les permite remodelar sus propias vidas para maximizar su más alto potencial. Las personas verdaderamente exitosas y felices tienen una cosa en común: todas viven en el "Ahora".

Las capacidades perceptivas del individuo despierto, los cinco sentidos de la vista, el olfato, el sonido, el gusto, y el tacto, se potencian a través de la energía Kundalini. Oler y escuchar cosas a distancia se convierte en algo cotidiano. Pueden saborear algo y sentirlo simplemente observando esa cosa con sus ojos. A través del poder de sus mentes, pueden sentir la energía de los objetos que tienen delante y utilizar todos sus sentidos internos. Esto es porque el Chakra Ajna está ahora abierto permanentemente a través del cual ocurren estas experiencias trascendentales. La realidad se percibe ahora a un nivel mucho más alto que antes.

He dejado el sentido de la vista para el final porque la mejora recibida es la más sorprendente según mi experiencia. Una vez que se despierta la Luz interior a través de la energía Kundalini, ésta reconfigura todo lo que uno ve y percibe visualmente, dándole un cambio de imagen completo. Es más, el mundo exterior parece estar dentro de tu cabeza, siendo proyectado en una pantalla de cine ante tus ojos (Figura 3). Me gusta utilizar la analogía de la progresión de la tecnología de los videojuegos para explicar este fenómeno visual, ya que es el único punto de referencia que se me ocurre con el que la gente puede relacionarse.

Si alguna vez has jugado a la primera generación de videojuegos (como yo, que crecí en los años 90), ¿recuerdas cómo se mejoró drásticamente el mundo del juego al pasar de la consola PlayStation 2 a la PlayStation 3? Los gráficos se volvieron más nítidos, más definidos, más refinados. Ahora imagina lo que pasaría si pasaras directamente de la consola Playstation 2 a la Playstation 5 jugando al mismo juego. Los personajes y los entornos del juego son los mismos, pero la radical transformación digital hace que el juego cobre vida de una forma totalmente nueva.

Sin embargo, para especificar, esta mejora de la percepción visual es menos común en los individuos despiertos de Kundalini, pero es el factor "wow" más significativo que he experimentado en mi proceso de despertar. Como tal, mi relato sirve como testimonio de su realidad. De hecho, es tan raro que de las docenas de individuos despiertos de Kundalini con los que he hablado sobre sus "mejoramientos", sólo uno o dos tuvieron esta en particular.

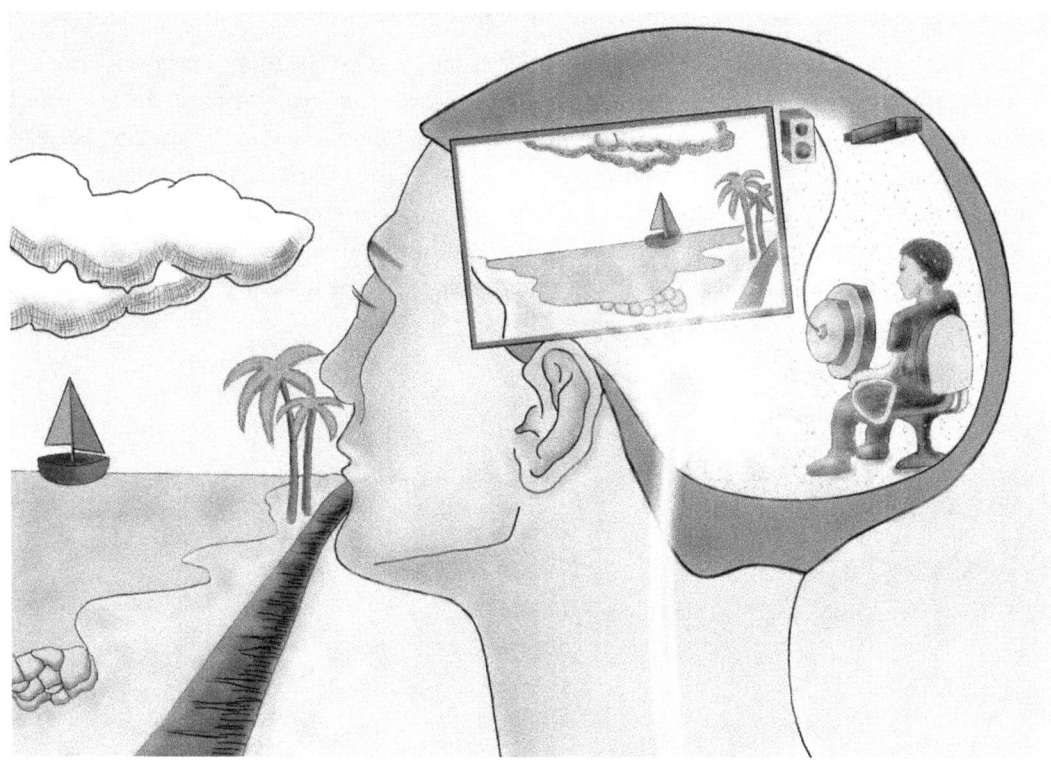

Figura 3: El Universo Dentro de la Cabeza

Pero tampoco me he encontrado con nadie que haya sido testigo de la naturaleza Holográfica de la realidad con sus propios ojos. Creo que mi sentido de la vista actualizado es una versión sostenida de esta misma realidad. Curiosamente, la teoría del Universo Holográfico no es un concepto nuevo, sino que cuenta con el apoyo de destacados Astrofísicos de los tiempos modernos. Algunos han llevado esta idea más allá, afirmando que incluso podríamos vivir en una simulación por ordenador. Elon Musk, el verdadero Tony Stark (Iron Man) del siglo XXI, un genio de nuestra era moderna dijo en una ocasión que, tal y como avanza la tecnología, hay una posibilidad entre mil millones de que NO estemos viviendo en una simulación informática en estos momentos.

Aunque no puedo asegurar que vivamos en una simulación informática, el mundo tiene un plano Holográfico imperceptible para la mayoría de la gente que yo describiría mejor como conciencia pura. No se sabe si esta conciencia pura es un holograma proyectado, pero la posibilidad está muy presente.

Sin embargo, lo que sí sé a ciencia cierta es que el mundo que experimento ahora aparece como una versión digitalizada del mundo en el que vivía antes, pero con gráficos más mejorados. Por ejemplo, ver el centro de una gran ciudad como Toronto por la noche, con su señalización LED, sus luces brillantes y sus colores intermitentes, es como entrar en el país de las maravillas de un videojuego futurista, una experiencia que te roba el aliento hasta hoy en día.

Las dos palabras que mejor describen cómo veo el mundo exterior ahora son "Interestelar" e "Intergaláctico", ya que estas palabras inspiran la idea de que nuestro Planeta es sólo uno de los muchos con vida en la inmensidad del espacio. Hay otros innumerables mundos que exploraremos a su debido tiempo y haremos contacto con Seres inimaginables para nosotros. Sin embargo, primero debemos despojarnos de nuestra envoltura material a través del mecanismo Kundalini que nuestro Creador puso dentro de nosotros para ver la naturaleza oculta y holográfica de la realidad y experimentar nuestra verdadera esencia como Seres de Luz.

EL ÁRBOL DE LA VIDA Y LOS CHAKRAS

En mi primer libro, *The Magus: Kundalini and the Golden Dawn*, analizo ampliamente la Tradición Misteriosa Occidental y su relación con el sistema Espiritual Oriental. En este libro, sin embargo, ya que nuestro tema principal es la Kundalini (un término Oriental), tomaré el enfoque inverso, manteniendo principalmente los sistemas Yóguico y Tántrico, mientras que se hace referencia a la Qabalah y el Árbol de la vida en algunos casos.

El Árbol de la Vida, el componente principal de la Qabalah, es el plano de la existencia. Es el mapa de nuestro Sistema Solar y de la psique humano. El Árbol de la Vida consta de 10 Sephiroth (Esferas), que representan estados de conciencia de los que los humanos participan diariamente y que dan lugar a facultades internas como la intuición, la memoria, la fuerza de voluntad, la imaginación, la emoción, el deseo, la lógica, y la razón, y el pensamiento. Los Cabalistas dicen que todo en la naturaleza puede ser categorizado en el Árbol de la Vida, ya que todas las cosas se relacionan de alguna manera con nuestro Sistema Solar y sus energías.

El sistema Cabalístico se basa en la energía de los números, los símbolos, y las letras (Hebreas). Los 10 Sephiroth están conectados por 22 caminos, que se corresponden con los 22 *Arcanos Mayores* del Tarot y las 22 *Letras Hebreas*. Éstas, a su vez, se corresponden con los Cinco Elementos, los Doce Zodiacos y los Siete Planetas Antiguos. Como tal, el Árbol de la Vida abarca la totalidad de las energías universales, incluidas las Constelaciones, que afectan a la vida en la Tierra.

La Qabalah con la que tengo amplia experiencia es Hermética, por eso se escribe con "Q". El Hermetismo es el estudio de nuestro Sistema Solar y de las energías Universales que conforman lo que somos. Además, existe una Cábala Judía (con K) y una Cábala Cristiana (con C); sin embargo, los tres sistemas tienen el mismo fundamento, ya que utilizan el Árbol de la Vida como glifo central. Consulta el "Glosario de Términos Seleccionados" en el Apéndice para una descripción detallada de cada uno de los Sephiroth del Árbol de la Vida y otros términos relevantes de los Misterios Occidentales no definidos en el cuerpo principal del texto.

Los Chakras tienen su origen en la Antigua India. Se mencionan por primera vez en los Vedas Hindúes (1500-1200 A.C.), un amplio conjunto de textos sagrados que contienen conocimientos Espirituales. Los Chakras forman parte de un complejo sistema energético que describe diferentes aspectos o partes del Aura humana (campo energético). El conocimiento de los Chakras ha llegado recientemente al mundo Occidental, con el crecimiento de la popularidad del Yoga y como parte de las filosofías de la Nueva Era en general.

Los seres humanos tienen Chakras Mayores y Chakras Menores. Sin embargo, los Siete Chakras Mayores son los principales que alimentan esencialmente el Aura. Los Chakras Menores están conectados a los Mayores y no funcionan de forma independiente, sino que trabajan para llevar a cabo sus funciones más allá. En este libro, cubriré tanto los Chakras Mayores y Menores como los Chakras Transpersonales.

Chakra es una palabra Sánscrita que significa "rueda giratoria" o "vórtice". El término "Chakra" se utiliza para describir los centros energéticos invisibles a lo largo de la columna vertebral y dentro de la cabeza. Estos centros energéticos se componen de energía fluida multicolor que encontramos en el Aura. Los Chakras alimentan el Aura y regulan el sistema nervioso, las glándulas endocrinas, y los órganos principales. Son estaciones centrales de energía que gobiernan a todo el ser humano; mente, cuerpo, y Alma.

Los Chakras gestionan y distribuyen la energía vital a través de nuestros diversos Cuerpos Sutiles, que son vehículos de conciencia para los múltiples Planos Cósmicos de existencia en los que participamos. Los Chakras son conductores de energía, y cada Chakra tiene diferentes propiedades, que potencian y expresan nuestro Ser interior. Son responsables del trabajo de nuestros pensamientos, emociones, fuerza de voluntad, intuición, memoria, y otros componentes que conforman lo que somos.

Es esencial entender que los Chakras no son físicos, sino que están localizados en el Cuerpo de Luz. Representan fuerzas provenientes de los Cuerpos Sutiles que se manifiestan en un patrón de circulación en siete áreas principales del Cuerpo de Luz. Los Chakras se describen a menudo como si tuvieran forma de flores en plena floración. Cada flor Cháquica tiene un número específico de pétalos que crean vórtices de energía en forma de rueda que irradian hacia fuera, en ángulos horizontales rectos, mientras que el Chakra superior y el inferior (Sahasrara y Muladhara) se proyectan verticalmente. Para aumentar su apariencia de flor, cada Chakra también tiene un canal en forma de tallo que se proyecta dentro y se conecta con la médula espinal y el tronco cerebral.

Los Chakras pueden girar en el sentido de las manecillas del reloj o en sentido contrario, dependiendo del Género del Chakra y de si está emitiendo o recibiendo energía. La velocidad de giro de un Chakra determina la calidad de su función. Si el giro es rápido, están bien afinados, canalizando más energía de Luz. Si su giro es lento y está estancado, están desintonizados, lo que significa que canalizan menos energía de Luz. En general, las personas cuyos Chakras están desafinados están más alineados con su Ego que con su Alma. Para alinearse con el Alma y expresar sus propiedades, uno necesita tener los Chakras bien afinados, ya que la expresión del Alma depende totalmente de la cantidad de Luz que se canaliza a través de los Chakras.

Una vez que la Kundalini ha subido a la parte superior de la cabeza para localizarse permanentemente en el cerebro, todo el Árbol de la Vida se activa completamente. El

Sephira más alto se llama *Kether*, la Corona, en la cima del Árbol de la Vida. Kether se corresponde con el séptimo Chakra, Sahasrara. Ambos se llaman "Corona", por su ubicación en la parte superior de la cabeza. Kether se relaciona con la Luz Blanca Espiritual que subyace a toda la existencia física.

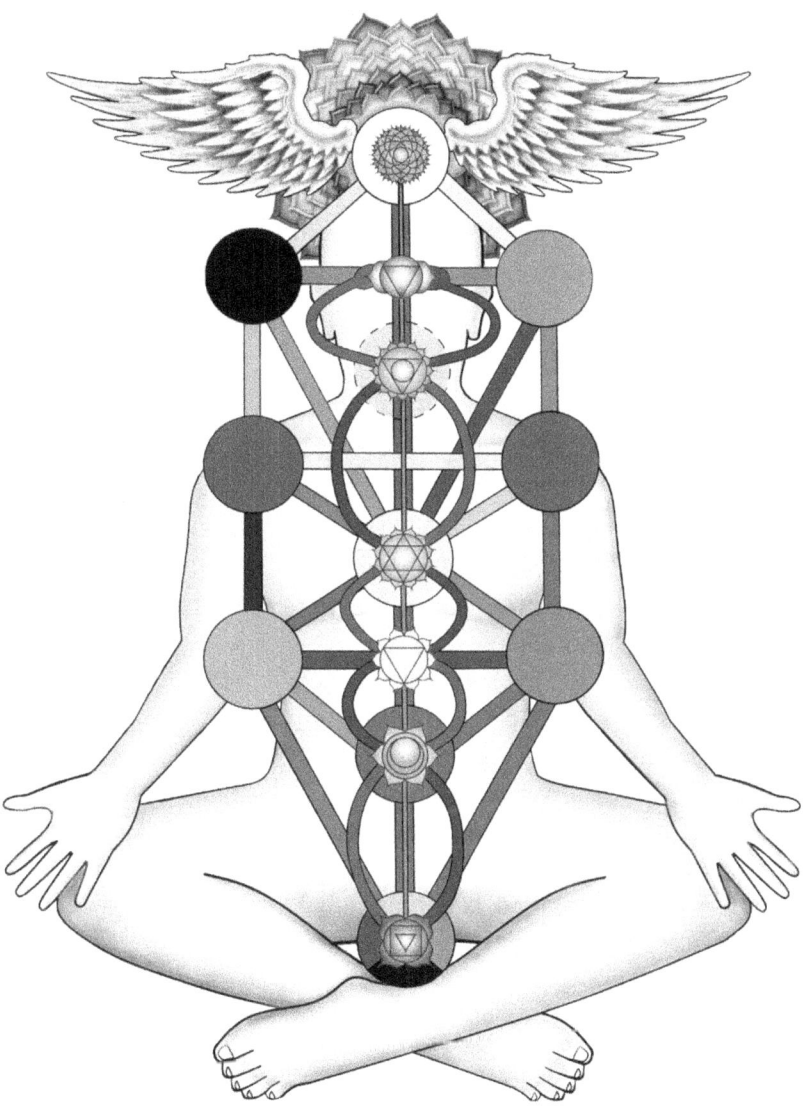

Figura 4: El Árbol de la Vida/Siete Chakras/Kundalini

A la inversa, el Sephira más bajo se llama *Malkuth*, el Planeta Tierra, como el décimo Sephira en el Árbol de la Vida, directamente opuesto a Kether. En el sistema Cháquico, Malkuth se relaciona con el primer Chakra, Muladhara, y con el elemento Tierra. Estos dos conjuntos de Sephiroth y Chakras tienen correspondencia y relaciones directas, aunque Malkuth se sitúa en los pies mientras que Muladhara se sitúa en la región de la ingle. El resto de los Sephiroth y Chakras del Árbol de la Vida también se corresponden, aunque hay que tener experiencia directa con ambos sistemas para ver cómo se relacionan. Por lo tanto, no es tan sencillo como unificar las Esferas opuestas en el Árbol de la Vida para obtener los siete Chakras, aunque este método funciona matemáticamente.

Después de un despertar completo de la Kundalini, los Chakras (y el Árbol de la Vida Sephiroth) se infunden permanentemente con energía de Luz, activando sus estados de conciencia dentro del individuo (Figura 4). Los Chakras se convierten en bombillas, que emiten Luz en función de lo limpios, puros, y afinados que estén. Por ejemplo, si hay mucho Karma en un Chakra en particular, éste emite una Luz tenue en lugar de brillante. Es el solemne deber que tienes con tu Creador de limpiar tus Chakras y eliminar la negatividad de cada uno para que puedan brillar con fuerza, permitiéndote alinear tu conciencia con tu Alma.

PURIFICACION DE LOS CHAKRAS

Karma es una palabra Sánscrita que significa "acción", "obra", o "hecho", y que forma parte de la Ley Universal. Implica que toda acción es el efecto de una o más acciones anteriores y que causará una o más acciones futuras. Así, el Karma es cíclico y nos afecta a todos. Dado que la realidad se mueve en ciclos como una rueda giratoria, la Rueda del Karma representa la energía Kármica buena o mala en nuestra vida que se manifestará en el futuro, ya sea como bendiciones o como problemas que necesitan ser resueltos. Nuestro comportamiento en la vida determina si tenemos buen o mal Karma y ese comportamiento se expresa a través de los Chakras.

Cada Chakra es una fuente de poder para la forma en que tu carácter y personalidad se expresan en el mundo interior y exterior. El carácter es inherente a ti, ya que es la esencia de lo que eres, mientras que la personalidad cambia con el tiempo. El carácter son tus creencias éticas más elevadas y las expresiones de tu Alma, mientras que la personalidad trata más con las expresiones del Ego y sus gustos y disgustos. Cada Chakra es una reserva de poder para diferentes partes de tu carácter y personalidad, desde cómo piensas hasta lo que sientes, lo que te impulsa, y más allá.

Cuando tienes energía Kármica en un Chakra, una parte del Ser lleva energía negativa, que tendrá que ser trabajada. Por lo tanto, todos los Chakras necesitan ser limpiados y optimizados para que tus pensamientos, emociones, y acciones puedan venir de un lugar de amor. Si están impregnados de energía de amor, estás iluminando el Chakra de esa expresión del Ser. Por lo tanto, si eres egoísta, temeroso, lujurioso, enojado, arrogante, codicioso, santurrón, etc., significa que necesitas trabajar en esas partes del Ser y convertirlas en sus opuestos amorosos y positivos. Significa que necesitas superar el Karma de esos Chakras que expresan este comportamiento.

La energía Kármica presente en un Chakra puede ser una experiencia muy desafiante. Hace que la vida sea muy incómoda, impidiendo que funciones tan bien como deberías o quieres. Para los individuos que han despertado a la Kundalini, aquellos que no están preparados para la experiencia como yo, la energía Kármica en los Chakras puede provocar miedo y ansiedad debilitantes.

Un despertar completo localiza la energía Kundalini en el cerebro de forma permanente, uniendo las mentes consciente y subconsciente. Si hay energía negativa latente en los Chakras, ésta inundará la conciencia en forma de pensamientos y emociones desagradables. Uno ya no puede esconderse de sus Demonios (emisores de pensamientos negativos) después de que la Kundalini entre en el cerebro, lo que resulta en un resurgimiento de puntos de vista, creencias, y actitudes perjudiciales hacia la vida que tendrán que ser superados. Por lo tanto, debes purgar la energía del miedo de tu sistema, lo cual comienza con la limpieza de los Chakras.

A través de la purificación Cháquica, alteras tus creencias sobre ti mismo y el mundo. Después de todo, si vas a experimentar la Luz Divina dentro de ti, es necesaria una transformación completa de tu carácter y personalidad. Debes convertirte en un Ser Espiritual cuya conciencia es más elevada en vibración que antes. No hay manera de evitar esto. Y para lograr esto, tu Ego debe morir y renacer. Este es el último concepto de Renacimiento al que aluden muchas religiones, nuevas y antiguas. Sin embargo, es más que una idea para los despiertos de la Kundalini - es la única realidad que necesitan para preocuparse hasta que el proceso esté completo.

Los individuos que despiertan la Kundalini tienen que aprender quiénes son en su interior, lo bueno y lo malo, y aceptarse y amarse a sí mismos. Y una vez que se adentran en su interior, pueden eludir el Ego y entrar en contacto con su verdadero Yo, el Yo Superior del Espíritu. Pero para ello, deben construir virtudes, eliminar vicios, y adaptar comportamientos morales y éticos en sus vidas si quieren superar el miedo y la ansiedad que están obstaculizando su propia existencia.

Como ves, el don de la Kundalini puede ser visto como una maldición al principio si tuviste un despertar espontáneo y no estabas preparado Kármicamente. Sin embargo, no hay ningún atajo hacia la Iluminación, y una vez que el genio está fuera de la botella, no se puede volver a meter. La Kundalini acelera rápidamente tu viaje de Evolución Espiritual, pero para elevar la vibración de tu conciencia, debes superar la energía negativa almacenada en cada Chakra. Es un proceso sistemático, empezando por el Chakra más bajo, Muladhara, y terminando con Sahasrara en la Corona. Dado que el Ego está presente dentro del cuerpo físico, que es la parte más densa de ti, tienes que empezar por ahí y comenzar a desprender capas de tu conciencia, cada una de las cuales es menos densa que la anterior. Cuando llegues a la última capa, habrás encontrado tu *Piedra Filosofal*, la Quintaesencia, y habrás alcanzado el Yo Superior del Plano Espiritual.

El proceso hacia la Iluminación es aludido por la historia de la crucifixión de Jesucristo. Una vez que murió en la cruz, en lugar de ser Resucitado (Iluminado) de inmediato, tuvo que pasar tres días en el Inframundo, el reino demoníaco, para convertirse en el Rey del Infierno antes de convertirse en el Rey del Cielo. Así que aquí hay una metáfora de que

Jesús tuvo que dominar a sus Demonios, ya que le impedían el camino hacia la Iluminación. Y lo hizo enfrentándose a ellos sin miedo en su corazón, lo que le permitió asumir el dominio sobre ellos.

Así que ya ves, cuando te acercas a tus Demonios internos con valor en lugar de con miedo, automáticamente les quitas el combustible, ya que se alimentan de la energía del miedo; es su sustento. Entonces puedes dominarlos y devolverles sus alas, metafóricamente hablando. Así, todos los Demonios son esencialmente *Ángeles* no dominados. Todos ellos pueden ser utilizados para el bien si la mente es fuerte y el individuo aprende a manejar sus poderes. Porque para maximizar nuestra fuerza de voluntad, debemos dominar nuestro lado oscuro. De hecho, antes de alcanzar el Cielo, el Reino Espiritual, este es un requisito previo. Que aquellos con oídos de entendimiento escuchen este gran misterio de la Vida, la Muerte, y la Resurrección. Ha sido insinuado en muchas tradiciones espirituales antiguas antes del advenimiento del Cristianismo.

PRÁCTICAS DE CURACIÓN ESPIRITUAL

El viaje hacia el Renacimiento Espiritual está lleno de pruebas y tribulaciones mentales y emocionales que a menudo pueden ser agotadoras. Sin embargo, para elevarse en conciencia, uno debe superar las energías negativas almacenadas en los Chakras e "iluminarlas" antes de experimentar la inefable belleza del Chakra Coronario, Sahasrara. La limpieza de los Chakras es inevitable y si has elegido trabajar con ellos a través de una práctica de curación espiritual o permitir que la Kundalini purifique cada Chakra sistemáticamente a lo largo del tiempo, depende totalmente de ti.

Las prácticas de curación espiritual incluyen, pero no se limitan a, Magia Ceremonial, Piedras Preciosas (Cristales), Diapasones, Aromaterapia, Tattvas, y prácticas Yóguicas y Tántricas como Asana, Pranayama, Mudra, Mantra, y meditación (Dhyana). Como alguien que ha probado la mayoría de las prácticas curativas espirituales, he encontrado que la Magia Ceremonial aísla mejor cada Chakra y te permite superar la energía Kármica en cada uno y afinar el Chakra. Mi primer libro, *The Magus: Kundalini and the Golden Dawn*, es un curso completo de estudio para los aspirantes a Magos, y te da todos los ejercicios rituales que necesitas para trabajar con tus Chakras.

Mientras que la Magia Ceremonial es una práctica Espiritual Occidental, el Yoga y el Tantra son prácticas Orientales. Sin embargo, tanto en Oriente como en Occidente se practica la Sanación con Cristales, la Sanación con Sonidos con Diapasones, y la Aromaterapia. Aunque inicialmente era una técnica Espiritual Oriental utilizada en el sistema Yóguico, los Tattvas han encontrado su camino en las Escuelas de Misterio Occidentales debido a su potencia para conectar con los Cinco Elementos, el factor unificador entre el Sistema Cháquico Oriental y el sistema Cabalístico Occidental.

Dado que el propósito de este libro no es sólo dar respuestas relativas a la Kundalini, sino también ofrecer métodos alternativos de curación del Aura y los Chakras con el objetivo de la Evolución Espiritual, he dedicado la totalidad de la Parte V y la Parte VI a las prácticas mencionadas anteriormente. Repasaré brevemente algunas de ellas para dar una impresión general. Por supuesto, existen otros métodos de trabajo con los Chakras, y sólo menciono los principales con los que tengo una amplia experiencia. Al final, lo que elijas para trabajar depende de ti.

Piedras Preciosas (Cristales)

El uso de Piedras Preciosas, también llamadas Piedras Naturales o Cristales, es una poderosa práctica espiritual que ha existido durante miles de años y es ampliamente utilizada por los sanadores energéticos hoy en día. Encontramos evidencia del uso de las Piedras Preciosas para la curación Espiritual, la manipulación de la energía, y la protección en prácticamente todas las culturas y tradiciones Antiguas. Por ejemplo, los Antiguos incorporaron las Gemas en la joyería, los cosméticos, las estatuas decorativas, y los talismanes como testimonio de su poderosa capacidad para sanar los problemas mentales, emocionales, y físicos, a la vez que los protegían de las fuerzas adversas.

Cada uno de los cientos de Piedras Preciosas que existen tiene un amplio espectro de propiedades curativas. Podemos utilizar las Gemas para dirigirnos a los centros de energía correspondientes en el Cuerpo de Luz para eliminar los bloqueos y aumentar el flujo de energía en estas zonas. Al sintonizar y optimizar los Chakras a través de la Curación con Cristales, los Cuerpos Sutiles correspondientes, incluyendo el cuerpo físico, se rejuvenecen también - Como es Arriba, es Abajo.

Para entender realmente cómo una Gema afecta a uno en los niveles físico, emocional, mental, y Espiritual, es necesario tener alguna experiencia personal con cada piedra. Después de todo, cada Gema se relaciona con un Chakra o Chakras, pero también con diferentes Elementos, Planetas, y energías Zodiacales. Por lo tanto, el uso de Piedras Preciosas es una práctica viable para trabajar en tu Microcosmos, tu Aura, y una que puede equilibrar tus energías y sanarte en todos los niveles si te dedicas a ello. He incluido una lista de correspondencias de Piedras Preciosas en este trabajo, incluyendo técnicas que puedes usar para trabajar con ellas.

Diapasones de Afinación

El uso de Diapasones en la Sanación con Sonido es un campo relativamente nuevo, aunque ha crecido en popularidad debido a su eficacia terapéutica. Se basa en el principio de que todo en el Universo está en un estado de vibración, incluidos nuestros pensamientos, emociones y cuerpo físico.

Cuando el practicante golpea un Diapasón en una sesión de sanación, crea una onda de sonido cuya vibración viaja profundamente al Aura del paciente, accediendo a las vías energéticas de su Cuerpo de Luz (Nadis) y afectando a la conciencia. Hay muchos usos para los Diapasones, incluyendo la curación del sistema de energía sutil, el ajuste de los ciclos naturales del cuerpo, el equilibrio del sistema nervioso, la relajación de los músculos y la promoción del buen sueño.

Los diapasones más populares del mercado son los que se corresponden con los chakras mayores. Dado que cada Chakra vibra a una frecuencia específica cuando está sano, un Diapasón puede ser calibrado para resonar a esa misma frecuencia. Cuando se coloca sobre o cerca del Chakra, la vibración del Diapasón envía una onda sonora que sintoniza el Chakra correspondiente, devolviéndolo a su estado vibratorio óptimo. El proceso que permite que dos cuerpos oscilantes se sincronicen entre sí cuando están cerca uno del otro se llama "inducción".

Aromaterapia

La aromaterapia es una medicina holística que también existe desde hace miles de años, desde la época de la Antigua Sumeria. Utiliza compuestos extraídos de las plantas que captan su fragancia u olor, su esencia. Los extractos de plantas más utilizados en los aceites "esenciales" de la aromaterapia se suelen inhalar a través de diversos medios y métodos, aunque también podemos utilizarlos de forma tópica.

Cuando se inhalan por la nariz, los aceites esenciales influyen en el Sistema Límbico, la parte del cerebro que interviene en las emociones, los comportamientos y los recuerdos. Además, el Sistema Límbico produce hormonas que ayudan a regular la respiración, el ritmo cardíaco, la respiración y la presión arterial. Por esta razón, muchos aceites esenciales tienen un efecto calmante sobre el sistema nervioso, lo que los hace beneficiosos como precursores de la meditación, la Terapia de Diapasón, las prácticas Tántricas y Yóguicas, y otras modalidades de curación espiritual que requieren relajación. A la inversa, algunos aceites esenciales tienen un efecto energizante y elevador y son excelentes potenciadores de la energía cuando se sienten lentos y agotados.

Cada fragancia de aceite esencial tiene vibraciones específicas con propiedades curativas que impactan positivamente en nuestra conciencia. Su uso puede eliminar los bloqueos energéticos en el Aura mientras realinea los Cuerpos Sutiles y recalibra los Chakras. Además, los aceites esenciales son excelentes compañeros de las Piedras Preciosas y otras herramientas de invocación de energía. Por lo general, son seguros y fáciles de usar y proporcionan un método diferente pero potente para sanar la mente, el cuerpo, y el Alma.

Tattvas

El trabajo con los Tattvas es una práctica Oriental que existe desde hace más de 2500 años. La propia palabra "Tattva" es una palabra sánscrita que significa "esencia", "principio" o "elemento". Los Tattvas representan los cuatro elementos: tierra, agua, aire y fuego, y el quinto elemento: el espíritu. Hay cinco Tattvas primarios, cada uno de los cuales tiene cinco Sub-Tattvas, haciendo un total de treinta.

Los Tattvas se ven mejor como "ventanas" a los Planos Cósmicos, correspondientes a las energías de los Chakras. Como tales, pueden ayudarnos a trabajar con los Chakras y la energía kármica contenida en ellos. No generan ninguna energía en sí mismas, como las piedras preciosas y los diapasones, pero son útiles para enfocar los planos cósmicos interiores y trabajar en los Chakras correspondientes. En mi experiencia, el trabajo con los Tattvas va de la mano con el uso de los rituales de Magia Ceremonial de los Elementos, ya que el tipo de energía que cada uno trata es prácticamente el mismo.

El trabajo de Tattva es similar a la Magia Ceremonial, ya que aísla cada Chakra, pero la energía invocada es menos potente. Sin embargo, algunos pueden preferir el método de

Tattvas, ya que permite trabajar con los Sub-Elementos de forma segura y eficiente. Además, los Tattvas pueden ser utilizados en conjunto con otras prácticas espirituales presentadas en esta obra, especialmente la Aromaterapia.

Yoga y Tantra

Los sistemas Espirituales Orientales del Yoga y el Tantra contienen muchos ejercicios que pueden practicarse individualmente o al unísono con otros componentes de los dos sistemas. Aunque el Yoga y el Tantra comparten las mismas prácticas, sus filosofías difieren. Mientras que el Yoga aplica técnicas espirituales para luchar por objetivos y logros particulares (como la Autorrealización o la Iluminación), el Tantra se centra en utilizar los mismos métodos para liberarse de todos los deseos, lo que inevitablemente produce el mismo resultado que el Yoga. Por lo tanto, el Tantra puede verse como una aproximación al Yoga. Se originó como una tradición de los padres de familia que se centró en abrazar el mundo material y mundano en lugar de trascenderlo, como es el objetivo del Yoga.

Asana es la práctica de posturas de Yoga de pie o sentadas. La práctica de las Asanas tiene muchos beneficios, como la tonificación del cuerpo, el desarrollo de la flexibilidad y la fuerza, el equilibrio y la armonización de nuestras energías internas, la apertura de los chakras, la eliminación de los bloqueos en los Nadis y la conexión con la Tierra. La práctica de Asanas también tiene un efecto calmante sobre la mente, lo que la convierte en una excelente herramienta para combatir la ansiedad y la depresión, al tiempo que potencia las sustancias químicas "felices" del cerebro. Los Asanas se practican junto con ejercicios de respiración (Pranayama) y meditación (Dhyana). Sin embargo, los Asanas de Meditación son un requisito previo para la mayoría de las prácticas Yóguicas, incluidos los Mudras y los Mantras.

El Pranayama es la práctica Yóguica de la respiración controlada, que introduce la energía Pránica en el cuerpo. Podemos practicarlo de forma independiente o como precursor de la meditación y de todos los ejercicios de invocación de energía. Por ejemplo, el ejercicio de la "Respiración Cuádruple" de *The Magus* es una técnica de Pranayama adaptada que funciona bien con los ejercicios rituales de la Tradición Misteriosa Occidental. Del mismo modo, el Pranayama juega un papel crucial en la realización de Asanas, Mudras, y Mantras, ya que la respiración es la clave para controlar la mente y el cuerpo. Los ejercicios de Pranayama en este libro se utilizan para varios propósitos, incluyendo el equilibrio de las energías femeninas y masculinas, calmando el sistema nervioso, neutralizando la energía negativa, y preparando la mente para elevar y manipular la energía.

Los Mudras son gestos o posturas simbólicas y rituales que generalmente implican sólo las manos y los dedos, aunque también pueden implicar a todo el cuerpo. Nos permiten manipular las energías de nuestro cuerpo (Microcosmos) e invocar los poderes superiores del universo (Macrocosmos). Los Mudras nos conectan con las fuerzas Arquetípicas y elevan la vibración de nuestra conciencia. Este libro presenta Mudras para despertar y afinar los Chakras, equilibrar los Elementos, invocar la paz mental, e incluso aprovechar la energía Pránica para despertar la Kundalini (Bandhas-Lock Mudras). Puedes utilizar los

Mudras con ejercicios de meditación, Mantras, Pranayamas, y Asanas, especialmente las de meditación.

Los Mantras Sánscritos invocan/evocan energía al sintonizarnos con ciertos poderes en nosotros mismos y en nuestro Sistema Solar. A menudo implican la invocación de Dioses y Diosas Hindúes o Budistas en alguna forma o aspecto de sus poderes. Este poderoso método de inducir energía en el Aura ha sido utilizado durante miles de años por los devotos de los sistemas Espirituales Orientales. Los mantras generalmente llevan la Energía Kármica de los sistemas respectivos a las tradiciones o religiones específicas de las que se originaron. Van de la mano con las técnicas de Pranayama, los ejercicios de meditación y otras prácticas Yóguicas. Por ejemplo, dado que la energía invocada a través de los Mantras suele abarcar más de un Chakra, podemos combinar su uso (especialmente los Bija Mantras) con los Mudras de mano para aislar y sanar eficazmente los Chakras individuales.

Y por último, la meditación, o Dhyana, es una de las disciplinas más practicadas para enfocar la mente que encontramos tanto en los Sistemas Espirituales Orientales como en los Occidentales. Por ejemplo, en *The Magus*, la "Meditación del Ojo de la Mente" es un precursor de las invocaciones energéticas porque nos calma de forma efectiva, facilitando un Estado Alfa de actividad de ondas cerebrales, y preparando la mente para las invocaciones/evocaciones rituales. Las técnicas de meditación consisten en visualizar un objeto interior, concentrarse en un objeto exterior o emplear mantras para ayudar a enfocar la mente. La meditación tiene como objetivo silenciar el Ego y vaciar la mente, lo que permite sanar todos los Chakras. Eleva nuestro poder de conciencia, haciéndonos presentes aquí y ahora y permitiéndonos aprovechar el campo del potencial puro. La meditación se utiliza junto con el control de la respiración (Pranayama).

***

He encontrado que los individuos que han despertado a la Kundalini y que eligen permitir que la Kundalini trabaje con los Chakras individuales de forma natural, a menudo quedan a merced de esta energía que puede ser muy dura a veces. El dolor y la ansiedad pueden ser tan altos que algunos han perdido el control total de sus vidas y han contemplado el suicidio. Encontrar una práctica Espiritual para sanar los Chakras te permite un nivel significativo de control sobre este proceso, que puede ser muy edificante y darte la confianza y la fuerza para seguir adelante en tu viaje. El proceso de despertar de la Kundalini es un esfuerzo de por vida. Por lo tanto, es esencial permanecer inspirado mientras está sucediendo para obtener el máximo de él y tener el tiempo más cómodo a medida que evolucionas Espiritualmente.

LA TRANSFORMACIÓN KUNDALINI

Es imperativo discutir cómo el funcionamiento de los Chakras se relaciona con el cerebro, considerando que la expansión de la conciencia, que es el propósito principal del despertar de la Kundalini, ocurre dentro de la cabeza. Verás, al despertar los Siete Chakras y elevar la Kundalini a la Corona, se abren nuevas vías de energía dentro del cerebro, que se siente como si la cabeza se volviera hueca por dentro. El cerebro se somete a un proceso de remodelación, ampliando su capacidad del 10%, que el humano medio utiliza, al 100% completo. Las áreas inactivas del cerebro se desbloquean, lo que nos permite asimilar una enorme cantidad de información externa de una sola vez y procesarla. Piensa en esto como un proceso de expansión de la potencia cerebral.

Una vez que el Huevo Cósmico se ha abierto, activando el Cuerpo de Luz, se necesita algún tiempo para que la energía Pránica/Luz infunda los Nadis y potencie el nuevo sistema energético. Este proceso se logra mediante el proceso de transformación de los alimentos en energía de Luz a través del sistema digestivo. Como no hay una palabra definida para este proceso, usaré "sublimar" ya que implica que una cosa cambia su forma, pero no su esencia. Y como todas las cosas están hechas de Espíritu y Luz, incluyendo los alimentos que comemos, la sublimación se refiere a su transformación de un estado sólido a uno sutil que infunde y potencia las vías de energía en el Cuerpo de Luz. Este fenómeno es responsable no sólo de la expansión de la conciencia sino de inducir estados trascendentales.

Sin embargo, no te podrás sintonizar completamente con el Cuerpo Espiritual (uno de los Cuerpos Sutiles del Cuerpo de Luz) antes de que hayas trabajado completamente a través de los cuatro Chakras inferiores y hayas integrado y dominado los Elementos de Tierra, Agua, Fuego y Aire dentro de tu psique. Ya que, para hacerlo, debes ir más allá del Abismo, en el reino de la No-Dualidad. Así, durante el largo proceso de transformación de la Kundalini, tu conciencia comienza a sintonizar lentamente con Chokmah y Binah, la segunda y tercera Esferas más elevadas (Sephiroth) del Árbol de la Vida que se corresponden con las funciones internas de la sabiduría y la comprensión.

En este libro, te presentaré ciertos Arquetipos Cabalísticos y los relacionaré con el Árbol de la Vida. Aunque esta obra se sostiene por sí misma, muchas de las ideas presentadas aquí continúan y amplían el conocimiento presentado en *The Magus*. Después de todo, su descripción de la energía Kundalini se relaciona con la Tradición Misteriosa Occidental, mientras que El Ascenso de la Serpiente se mantiene en el sistema Oriental. Al presentarte continuamente nuevas ideas y conceptos, mi objetivo es construir tu memoria y capacidad de aprendizaje para que tu Ser Superior pueda tomar el control y continuar enseñándote a través de la Gnosis -la comunicación directa con las energías superiores. Sin embargo, antes de que esto ocurra, debes tener una comprensión profunda del proceso de Kundalini y conciliar cualquier punto de vista divergente sobre este tema.

ACTIVACION DE BINDU

Una vez que la Luz en el cuerpo se ha acumulado con la ingesta de alimentos, lo que puede llevar de tres a cuatro meses después de un evento de despertar completo de la Kundalini, sentirás que se forma una válvula de liberación en la parte superior trasera de la cabeza, que es el Chakra Bindu (Figura 5). Su ubicación es exactamente donde a los Brahmanes les crece el mechón de pelo. Bindu es un término sánscrito que significa "punto", y es el punto de acceso a la liberación para la conciencia individual, la puerta de entrada a "Shoonya", el estado del Vacío o la nada. Sin embargo, para que Bindu se desbloquee, debes haber despertado completamente el Loto de Mil Pétalos de Sahasrara, y la Kundalini debe residir en el cerebro ahora de forma permanente. Además, se debe haber completado una cantidad suficiente de limpieza Cháquica si el despertar fue espontáneo y no estabas preparado Kármicamente.

El nombre más común del Bindu es Bindu Visarga, que significa "la caída de la gota" en sánscrito, en referencia al néctar Amrita que, según el Tantra Yoga, sale del Bindu. El néctar Amrita, a menudo llamado el "Néctar de la Inmortalidad", se segrega desde el Sahasrara, pero entra en el cuerpo a través del Bindu. El Amrita y la Ambrosía son la misma cosa y se refieren al "Alimento de los Dioses", el "Elixir de la Vida" del que se oye hablar a menudo en diferentes tradiciones Espirituales. Este néctar nutre el Cuerpo de Luz y se dice que prolonga la vida, proporciona sustento, y juega un papel clave en la experiencia de la trascendencia después de un despertar completo y sostenido de la Kundalini.

En el Tantra, el Bindu simboliza al Señor Shiva, la Fuente de la Creación. Debido a su propiedad intrínseca de reflejar los pensamientos de la Conciencia Cósmica, este Chakra es a menudo referido como el Chakra de la Luna. El Bindu se considera uno de los Chakras Transpersonales, por lo que no se menciona en la mayoría de los libros de Yoga. En el modelo de Chakra Transpersonal, el Bindu es llamado el Chakra Causal. Al examinar varias escuelas Espirituales de pensamiento, he encontrado que la ubicación de ambos Chakras y sus propiedades y características son idénticas.

El Chakra Bindu juega una función crucial en el proceso de transformación de la Kundalini. Este Chakra es el siguiente en despertarse después de Sahasrara. Sirve como puerta o canal de energía para los dos Chakras Transpersonales superiores, la Estrella del Alma y la Puerta Estelar. Después de un despertar completo de la Kundalini, el Prana/Luz comienza a canalizarse a través del recién activado Cuerpo de Luz. Con el tiempo, la conciencia es atraída naturalmente hacia el Chakra Bindu, desbloqueándolo en el proceso. Simultáneamente, se abre el Séptimo Ojo, cuyo canal auxiliar es crucial para sostener el circuito de Kundalini y crear un estado mental trascendental. (Más adelante se habla del Séptimo Ojo.) Una de las funciones de Bindu es regular la energía de la Luz y distribuirla por todo el Cuerpo de Luz. Actúa como un transformador y conductor de energía. A medida que esta energía de Luz aumenta, tu conciencia se expande.

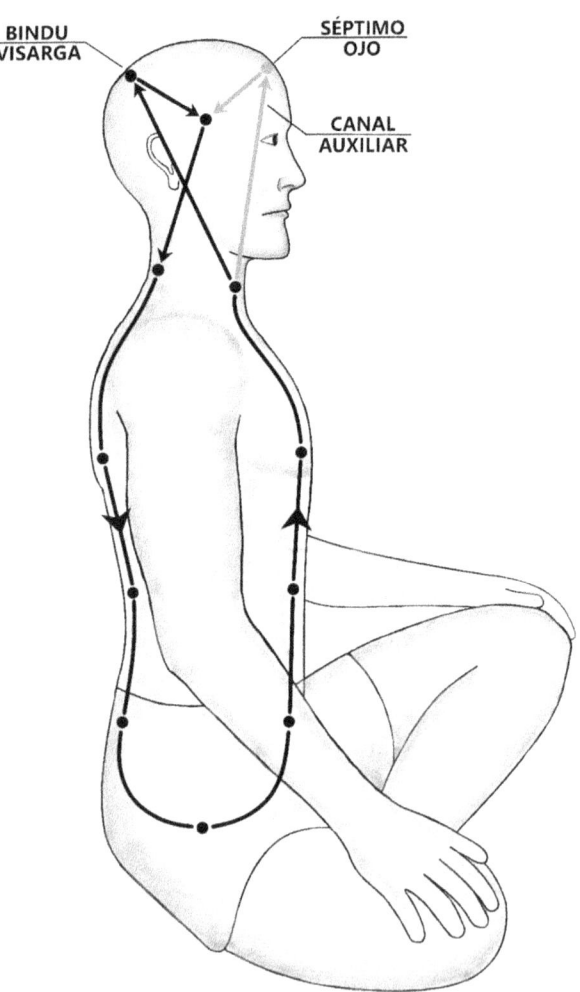

Figura 5: El Circuito Completo de Kundalini

Una vez que Bindu se abre completamente, tu conciencia tiene acceso directo al reino de la No-Dualidad, el Reino Espiritual. Esta experiencia va acompañada de un sentimiento de completo arrebato Espiritual en tu Chakra del Corazón. Comienzas a sentir intuitivamente lo que Jesucristo quiso decir cuando habló de la Gloria de Dios o del Reino de los Cielos y de la belleza de este reino mágico que es el derecho de nacimiento de todos los seres humanos. El Bindu es nuestra puerta de entrada a la Conciencia Cósmica. Una vez abierto, un sentimiento constante de inspiración entra en tu vida. Empiezas a sentirte como si estuvieras viviendo en el Planeta Tierra, pero emocionalmente estás en el Cielo.

Una vez que el Bindu se desbloquea en el Cuerpo de Luz, anima a los Nadis Sushumna, Ida, y Pingala a maximizar su capacidad de canalizar energía. La Luz Kundalini fluye ahora a través de estos canales sin obstáculos, con más velocidad que nunca, impulsada por el Bindu. La energía de la Luz potencia los Chakras en el Aura, permitiéndote sintonizar con cualquiera de los Planos Cósmicos internos o Reinos de existencia. Estos incluyen los Planos Físico, Astral Inferior y Superior, Mental Inferior y Superior, Espiritual, y Divino. Los Planos inferiores a los Divinos se corresponden con los Siete Chakras.

El Bindu es la válvula de escape por la que se canaliza la energía de la Luz sublimada que, cuando se despierta, completa el circuito de la Kundalini. Unifica los pensamientos y las emociones, permitiéndonos experimentar una completa trascendencia en la conciencia. Su activación eleva la vibración de nuestra conciencia, alineándonos con el Cuerpo Espiritual. El Bindu sirve como un agujero negro para la conciencia individual. Al entrar en él, nos unimos con la Conciencia Cósmica y nos hacemos Uno con el Universo.

A través del Bindu, tu conciencia puede abandonar fácilmente tu cuerpo cuando te absorbes en cualquier forma de meditación. Una vez que esto ocurre, comienzas a canalizar pensamientos de la Conciencia Cósmica. Es el reino del Plano Espiritual ya que todos los pensamientos y sentimientos se reconcilian en el "Lago de Fuego" que se encuentra en él. Este fuego activa el concepto de "Gloria de Dios" como una emoción tangible que se siente en el Chakra del Corazón y en el corazón físico. La Figura 5 ilustra el movimiento de la Luz, que es la energía Kundalini en su estado más sublimado.

En la religión Hindú y en el Jainismo, es costumbre llevar un Bindi, un punto de color en el centro de la frente. Esto implica la conexión entre el Ojo de la Mente (Ajna Chakra) y el Bindu Chakra. En esencia, llegamos al Chakra Bindu a través del Ajna, como es el caso del Chakra Sahasrara. Sin embargo, como se ha mencionado, no podemos acceder al Bindu a menos que Sahasrara esté completamente abierto, ya que una alineación en uno implica una alineación en el otro. Los Hindúes llaman al Bindu un "punto de creación", donde todas las cosas se mantienen unidas por la Unidad. Describen entonces el Bindi como "el simbolo sagrado del Cosmos en su estado no manifestado".

ERRADICACION DE LA MEMORIA

Después de que el Bindu despierto alinee tu conciencia con el Plano Espiritual, el siguiente fenómeno en el proceso de transformación de la Kundalini es la aparición de recuerdos aleatorios ante el Ojo de tu Mente. Este suceso es el resultado de la íntima relación del Bindu con el Chakra Ajna y la Glándula Pineal. Como la mente se silencia en el Plano Espiritual, da lugar a que los viejos recuerdos resurjan por un breve momento, uno tras otro, como olas en un océano infinito de conciencia. Estos recuerdos pueden ser recientes, aunque suelen ser de una época más antigua, remontándose hasta la infancia.

El Ser utiliza el Ojo de la Mente para experimentar estos recuerdos pasados que el Bindu produce. Para ser exactos, el Bindu los "pesca" desde el Chakra Causal, uno de los tres Chakras Transpersonales que se encuentran sobre la cabeza y que tiene una conexión íntima con el Bindu. La energía del amor de la Quinta Dimensión influye en el Bindu para que libere los viejos recuerdos, eliminando así la carga emocional que los ata a tus Chakras. Y a medida que estos recuerdos fluyen por tu conciencia, la psique se va liberando, un recuerdo a la vez.

El componente visual de ver estos recuerdos aleatorios pasar uno por uno ante ti va acompañado de una sensación intuitiva de lo que los recuerdos sentían cuando esos eventos estaban ocurriendo. Así que, en cierto sentido, puedes revivir estas experiencias de nuevo. Sin embargo, esta vez, tu Ser se encuentra en un estado neutral, lo que significa que ya no estás afectado psicológicamente o apegado emocionalmente de ninguna manera a estos sucesos. Ahora estás operando desde el reino de la No-Dualidad, lo que significa que el Ego y la mente están puenteados.

A medida que vas desechando viejos pensamientos y emociones a través del Bindu, puedes sentir que estás perdiendo la cabeza a menudo porque tu Ego se da cuenta de que su control sobre la conciencia se está debilitando. Sin embargo, este proceso de erradicación de la memoria es normal y a menudo puede continuar durante mucho tiempo. Después de todo, al Ego le tomó muchos años desarrollarse, y con cada recuerdo, se hizo más fuerte. Ahora el proceso se está revirtiendo, ya que estás volviendo a tu estado original e inocente antes de que el Ego comenzara a desarrollarse.

Ahora bien, no se puede abolir el Ego por completo mientras se vive en el cuerpo físico, ya que éste cumple el propósito de proteger el cuerpo de los daños inmediatos. Jesucristo, uno de los hombres santos más extraordinarios que han vivido en este Planeta, vivió con un Ego toda su vida, guiándolo, y ordenándolo. Su penúltima frase en la cruz fue: "Dios mío, Dios mío, ¿por qué me has abandonado? "(Mateo 27:46) Esta frase vino de su Ego, que se manifestó en la conciencia en los últimos momentos de la vida de Jesús para pedir ayuda a Dios sabiendo que el cuerpo físico está a punto de perecer. Esta declaración fue seguida por: "Está terminado". Esto es lo último que dijo su Yo Superior antes de morir. Este es un ejemplo perfecto de la dicotomía entre el Ego y el Yo Superior y de cómo cada uno puede tomar el control de la conciencia en cualquier momento, dependiendo de las circunstancias e independientemente de lo Espiritualmente evolucionados que estemos.

Así que, como ves, no puedes destruir el Ego en esta vida. Sin embargo, puedes eliminar sus garras para que el Alma pueda tomar el asiento del conductor y ser tu fuerza guía en la vida, incluyendo la toma de decisiones diarias. Y como ya no estás plagado de miedo al sintonizar con el Plano Espiritual, el Ego ya no tiene nada con qué sobornarte. Una gran parte del funcionamiento del Ego incluye la forma en que reacciona a la energía del miedo y a los escenarios ficticios pero aterradores que la mente crea, y que el Ego busca evitar que sucedan. Otra parte significativa del modus operandi del Ego es seducirte con pensamientos y deseos de atender sólo los placeres del cuerpo y tus propias necesidades y deseos. Sin embargo, como ya no estás atado a tu cuerpo y reconoces la unidad de toda la existencia, el Ego tiene poco poder sobre ti también en este aspecto.

La experiencia del despertar de la Kundalini te llevará de la Tierra al Cielo en una sola década en la mayoría de los casos. A medida que estos procesos sutiles tienen lugar, tratar de racionalizar lo que te está sucediendo es inútil. La misma facultad que estás utilizando para racionalizar las cosas está siendo erradicada por el Fuego Kundalini para permitirte empezar a operar completamente con la intuición. La memoria parece disiparse a través de este proceso, al igual que el impulso de racionalizar y explicar todo lo que te sucede a través de la lógica y la razón. De ahí que las nociones de "dejarse llevar" y "seguir la corriente" formen parte del proceso de transformación de la Kundalini. Al cuestionar demasiado el proceso con tu Ego, estarás impidiendo el flujo de la Kundalini, a la larga, haciendo que tu transformación tarde más de lo debido.

Piensa en la analogía de lo que ocurre cuando aplicas fuego al agua en la realidad física: obtienes vapor o vaho. El Elemento Fuego es la energía Kundalini despierta, mientras que tu memoria pertenece al Elemento Agua cuya esencia es la conciencia pura. Expresándose físicamente como el contenido de agua de tu cuerpo, el Elemento Agua comprende más del 60% de tu Ser Físico. El vapor o vaho es la mugre, o los componentes dañinos de tu Elemento Agua, los recuerdos de quien eras o pensabas que eras cuando estos eventos pasados ocurrieron. Sin embargo, estos recuerdos no son más que ilusiones ligadas a tu Karma, nublando tu esencia e impidiendo que la Luz interior brille en el mundo. A medida que pasa el tiempo, y el Fuego Kundalini continúa actuando en los diferentes Chakras, purificándolos en el proceso, estos viejos recuerdos se extirpan de ti. Esta erradicación del Ego es también un proceso de limpieza del Alma. Después de que pase algún tiempo, comenzarás a ver ondas y patrones de energía en el Ojo de tu Mente como imágenes visuales resultantes de las impresiones que tu entorno hace en ti. Sin embargo, para llegar allí, muchos recuerdos personales tienen que ser purificados. Puede que incluso veas recuerdos de vidas pasadas, ya que este proceso de purificación no está ligado sólo a esta vida. Recuerda que el Alma, que estamos tratando de purificar y exaltar aquí, ha existido durante muchas vidas.

A medida que la conciencia se retira más y más hacia el Bindu, empiezas a perder la conciencia de tu cuerpo físico hasta el punto de adormecerte a las sensaciones del mundo exterior. En un nivel superior de la Evolución Espiritual, tu conciencia abandona tu cuerpo por completo, acompañada de una sensación de que el cuerpo físico está siendo inyectado con novocaína, un poderoso analgésico y agente adormecedor. Se llega a un punto en el que, si se aplicara una bolsa de hielo sobre la piel, no se sentiría el frío sino sólo una sensación de adormecimiento. Para lograr este fenómeno se liberan altos niveles de histamina. Una vez que se abren los principales centros cerebrales, se liberan mayores niveles de dopamina y serotonina, lo que contribuye a un estado emocional eufórico y dichoso y a una fuerza de voluntad sobrehumana.

Este proceso de expansión de la conciencia no tiene fin. Empiezas a vivir en esta realidad continuamente a medida que el Bindu se alimenta cada vez más con la energía de la Luz traída a través de la ingesta de alimentos. A medida que los nutrientes son absorbidos por el cuerpo, la Luz Kundalini que circula dentro de tus Nadis crece en tamaño y velocidad de movimiento, expandiendo perpetuamente tu conciencia sin cesar.

METAMORFOSIS COMPLETA

Comienzas a experimentar diferentes sensaciones físicas a través del proceso de transformación de la Kundalini. La primera manifestación física de estos cambios energéticos es la sensación de hormigas arrastrándose por la piel. Algunas personas experimentan que las partes de su cuerpo reciben un toque eléctrico cuando los Setenta y Dos Mil Nadis, o canales energéticos, están siendo infundidos por la energía Pránica. Puede desarrollarse una sensibilidad al aire que te rodea, haciéndote susceptible de coger un resfriado o una gripe. He descubierto que este fenómeno depende de si el Elemento Aire es dominante en su Carta Natal. Recuerda abrigarte bien para evitar enfermar si empiezas a sentir el aire frío en tu piel de una forma nueva. También es posible que empieces a desarrollar alergias, ya que tu sentido del olfato se agudiza. Empezarás a oler determinados olores como si el objeto o la persona estuvieran delante de ti, aunque, en realidad, podrían estar a kilómetros de distancia.

Todos los procesos que he descrito hasta ahora están interconectados. Juntos, activan y desarrollan los poderes del Cuerpo de Luz para que la conciencia pueda alinearse gradualmente con su vibración y experimentar la Conciencia Cósmica. El Cuerpo de Luz es como un árbol cuyas ramas (Nadis) llegan a la superficie de la piel desde el interior. Su centro está en el Chakra del Corazón, Anahata, la zona central del cuerpo donde se cruzan múltiples Nadis. Estas ramas sirven como receptores que utilizan el aire que les rodea como medio o conducto de comunicación. Son antenas que conectan con los mundos invisibles, los Planos Cósmicos que he mencionado anteriormente.

El crecimiento de este árbol energético se produce a través de la alimentación del cuerpo físico con los nutrientes, vitaminas, y minerales adecuados. La proteína es esencial ya que ayuda a construir el Cuerpo de Luz. La vitamina C también es fundamental, ya que ayuda a regular las glándulas suprarrenales, que se agotan con el proceso de despertar de la Kundalini. El miedo pone a prueba las Glándulas Suprarrenales, y como estás experimentando un choque catatónico, la Noche Oscura del Alma, el miedo se amplifica enormemente. Por lo tanto, es vital beber jugo de naranja u otros jugos de frutas que contengan vitamina C para evitar que las glándulas suprarrenales se dañen permanentemente.

El proceso de transformación de la Kundalini es un choque para el Ego, ya que está muriendo. Como resultado, puede haber una tremenda cantidad de negatividad que aflora desde tu subconsciente. Si tuviste un despertar de Kundalini completo y permanente, este proceso comienza de inmediato ya que es la activación completa del Cuerpo de Luz por la ruptura del Huevo Cósmico lo que genera el comienzo de una vida completamente nueva. Al principio, tu nueva vida se encuentra con muchos desafíos únicos mientras tratas de darle sentido al proceso. Contar con la orientación adecuada es útil, ya que te permite "soltar" el intento de controlar el proceso y permitir que las cosas te sucedan de forma natural.

LUZ Y VIBRACION DENTRO DE LA CABEZA

Después de un despertar completo de la Kundalini, además de que la energía de la Luz está ahora presente dentro de tu cerebro en todo momento (Figura 6), también experimentarás un zumbido, un sonido vibratorio. Este sonido se escucha porque la energía Kundalini está permanentemente localizada en su cabeza, lo que significa que ya no se mueve hacia arriba y abajo de su columna vertebral, ni desciende a Muladhara. Así que lo que a menudo suena como el zumbido de un enjambre de abejas también puede describirse como el sonido de una corriente o radiación eléctrica.

El sonido vibratorio se escucha mejor en el interior cuando el clamor del mundo exterior se calma. También notarás que se vuelve más agudo cuando introduces alimentos en el cuerpo, ya que tu corriente energética aumenta. El sonido varía desde su estado neutro, que suena como el zumbido de un enjambre de abejas, hasta un sonido más agresivo, como el de un motor a reacción, aunque no tan pronunciado. Cuando se vuelve más dinámico o con un tono más alto, esto indica una actividad más vigorosa de la Kundalini en el Cuerpo de Luz.

Algunas personas despiertas han expresado su preocupación por este sonido vibratorio permanente en sus cabezas, diciendo que les ha hecho la vida bastante incómoda. Mi consejo es que aprendas a vivir con él en lugar de luchar contra el o esperar que desaparezca porque no lo hace. Es una parte permanente de tu vida ahora ya que es el sonido de la energía Kundalini dentro de ti. Sin embargo, una vez que te distancies del Ego y te alinees más con tu Alma, aceptarás el sonido vibratorio como parte del proceso y puede que incluso aprendas a disfrutar de su presencia.

He descubierto que el uso de tapones para los oídos al ir a dormir me permite utilizar el sonido para calmar y tranquilizar mi mente, lo que me permite conciliar el sueño más rápidamente. Sin embargo, me llevó muchos años aprender a dejarme llevar y apreciar este sonido, pero saber que es una parte natural del proceso y no una entidad extraña maliciosa en tu Aura es la mitad de la batalla.

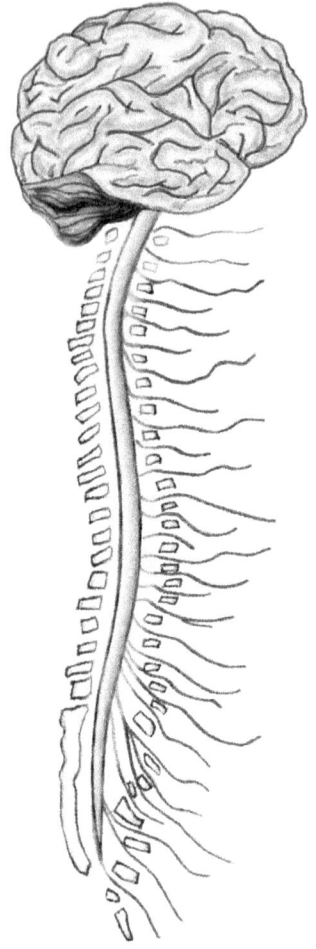

Figura 6: El Cerebro Lleno de Luz

Estas dos manifestaciones, la Luz dentro de la cabeza y el zumbido constante en los oídos, marcan un despertar permanente. Recordemos que el Huevo Cósmico necesita haber sido abierto por el ascenso inicial de la Kundalini y los Setenta y Dos Mil Nadis del Cuerpo de Luz activados a través de su néctar de Ambrosía. Si este acontecimiento no ha ocurrido, entonces la activación completa de la Kundalini no ha tenido lugar. Es posible que se trate de un ascenso parcial en los Chakras individuales, el más común de los cuales es un ascenso en el Chakra del Corazón Anahata.

TIPOS DE SUBIDAS DE KUNDALINI

El despertar de la Kundalini puede ocurrir de muchas maneras diferentes y por varias razones. La más común es un despertar espontáneo por el uso de drogas recreativas o después de haber sufrido un trauma severo en tu vida. En el caso de los traumas, el despertar de la Kundalini se produce como un mecanismo de defensa, una vez que el Alma se ha hartado del dolor causado en el cuerpo. El Alma secuestra la conciencia el tiempo suficiente para inducir la relajación en el cuerpo. Esta entrega total, acompañada de un torrente de emociones positivas, puede despertar la energía Kundalini, y así ha sido para muchas personas.

Un método menos común para despertar la Kundalini es a través de una transmisión conocida como Shaktipat de una persona que ha tenido esta experiencia por sí misma. La Kundalini también puede ser estimulada mediante el estudio de libros religiosos y Espirituales y la comprensión de algunas verdades profundas sobre la naturaleza del Universo y de Dios, el Creador. En pocas palabras, para que la Kundalini se despierte, algo tiene que desencadenarla. Un desencadenante puede ser un pensamiento o una emoción, propia o ajena. El Shaktipat se produce por el poder del pensamiento de un maestro despierto y su capacidad para impartir ese pensamiento en tu subconsciente.

Luego están los despertares de la Kundalini que ocurren como resultado de una práctica Espiritual directa destinada a despertar esta energía. Puede ocurrir a través de prácticas Yóguicas, meditación, ejercicios rituales de varias tradiciones, sexo Tántrico, y otros métodos Espirituales diseñados únicamente para despertar la Kundalini. Estos casos son menos prominentes en el mundo actual, y la mayoría de las personas que he encontrado han despertado la Kundalini espontáneamente y no a través de prácticas directas con intención consciente. La realización de prácticas de curación espiritual, como las que presentaré más adelante en este libro, puede elevar la vibración de tu conciencia lo suficiente como para que la Kundalini se despierte. Sin embargo, esto también cuenta como un despertar no planificado y espontáneo.

Algunas personas dejan sus sociedades modernas y aceleradas y van a Templos y Ashrams y viven en reclusión durante muchos años en un intento de despertar la Kundalini. Muchos pasan una docena de años o más meditando y haciendo prácticas

Espirituales para despertar este poder, sin éxito. Es mi creencia personal que, si estás destinado a despertar la Kundalini en esta vida, no importa lo mucho que lo intentes o no, te sucederá. Esencialmente, este proceso no requerirá tu esfuerzo, pero los eventos de la vida se te presentarán de tal manera que despertarán este poder. Sin embargo, conocer el poder y el potencial de la energía Kundalini, especialmente para aquellas personas que leen sobre este tema por primera vez, puede desarrollar el deseo del Alma que puede ser el catalizador para poner en marcha este evento.

DESPERTARES DE KUNDALINI PARCIALES Y PERMANENTES

Hay dos tipos de despertares de Kundalini: los permanentes y los parciales. La diferencia entre ambos debe ser entendida correctamente para saber en qué punto de tu proceso de Evolución Espiritual te encuentras y así poder saber qué hacer para seguir avanzando.

En un despertar permanente, la energía Kundalini sube desde la base de la columna vertebral (Chakra Muladhara), pasando por Sushumna y entrando en el cerebro hasta llegar a la parte superior de la cabeza (Sahasrara). A lo largo de su camino se encuentran los Tres Granthis, los "nudos" psíquicos que obstruyen el flujo de la Kundalini. Cada uno de ellos debe ser perforado sistemáticamente para que se produzca un despertar completo. Dado que forma parte de la ciencia y la filosofía del Yoga y el Tantra, hablaré en detalle de los Tres Granthis en la sección dedicada a sus prácticas.

Si la Kundalini despierta se eleva con suficiente fuerza, romperá el Huevo Cósmico en la parte superior de la cabeza. Una vez que el Huevo Cósmico se rompe, una sustancia líquida parecida al néctar, la Ambrosía, se derrama sobre el cuerpo hacia abajo desde la parte superior de la cabeza, vigorizando los Setenta y Dos Mil Nadis del Cuerpo de Luz (Figura 7). Esto constituye un despertar "permanente", ya que la Kundalini nunca vuelve a descender a Muladhara. En cambio, permanece en el centro del cerebro durante el resto de la vida.

Sin embargo, en un despertar parcial, la Kundalini nunca sube al centro cerebral o, al menos, no genera suficiente energía para desatar los Tres Granthis y subir a la parte superior de la cabeza para abrir el Huevo Cósmico. En su lugar, la energía de la Kundalini vuelve a descender a Muladhara para repetir el proceso de ascenso en el futuro. La Kundalini quiere subir a la parte superior de la cabeza, y continuará intentando hacerlo hasta que desate los Tres Granthis y logre este objetivo.

Por lo tanto, en un despertar gradual o "parcial", la Kundalini suele subir a un Chakra en particular en su movimiento ascendente sistemático. Lo hace para abrir ese Chakra específico y así poder trabajar gradualmente en la purificación de la energía Kármica almacenada en él. En este caso, no habrá una avalancha de negatividad ya que no se abre todo el Árbol de la Vida, sino sólo ciertas Esferas o Sephiroth del Árbol de la Vida. Por lo tanto, este despertar gradual o parcial es una forma más cómoda de evolucionar Espiritualmente. Sin embargo, no hay garantía de que la Kundalini llegue a la cima de la cabeza en esta vida.

Recuerda siempre que no podemos elegir cómo despertar la Kundalini. Me gustaría poder decirte que un método funciona el 100% de las veces o incluso el 10%, pero estaría mintiendo. Así que quien te diga que ha descubierto una técnica que siempre funciona se está engañándose a sí mismo y a los demás, ya sea intencionadamente o no. Mi creencia personal es que no puedes elegir con tu Ego tener esta experiencia en esta vida, sino que debe ser una decisión del Alma.

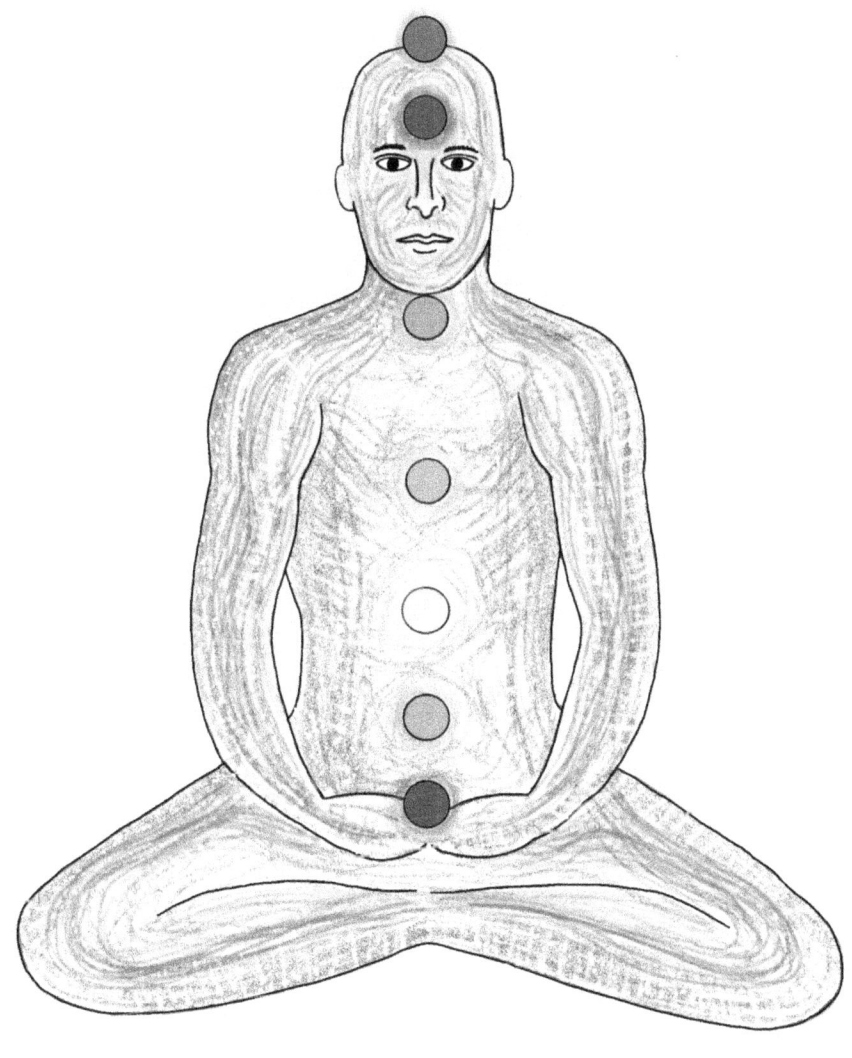

Figura 7: Los Setenta y Dos Mil Nadis

Incluso es posible que elijamos tener esta experiencia antes de encarnar en este Planeta en esta vida, ya que es un cambio tan radical de la realidad media y cotidiana en la que viven los individuos no despiertos. Como tal, los poderes superiores deben estar involucrados en el proceso de hacer que el despertar de la Kundalini ocurra. Sin embargo, el despertar permanente de la Kundalini está destinado a todos, ya sea en esta vida o en otras. Como ya he dicho, saber qué buscar y prepararse para esta experiencia es el primer paso, así como ir más allá de las estructuras sociales limitadas que mantienen nuestra conciencia atada a la realidad material.

Si, después de leer este libro, sigues prefiriendo gastar tu tiempo y energía en tratar de hacerte rico en lugar de trabajar para avanzar Espiritualmente, entonces el despertar de la Kundalini puede no estar destinado a ti en esta vida. Puede que todavía haya lecciones necesarias que aprender para ver que nada es tan importante como tener esta experiencia.

Los Hindúes llaman a esto el proceso de Shakti (la Kundalini) que asciende para encontrarse con Shiva (la Conciencia Cósmica), donde consuman su Matrimonio Divino y se convierten en Uno. Una vez que se unen en éxtasis, Shiva desciende al Chakra del Corazón para producir el acto continuo de renovación dentro de la conciencia del iniciado Kundalini. Mientras estás en este estado perpetuo y regenerativo, te liberas de la carga del pecado mientras te pierdes dentro de ti mismo. Te conviertes en un niño inocente de nuevo, mirando al mundo con ojos nuevos y frescos, de un momento a otro. Esta experiencia es lo que significa realmente estar en el "Ahora", el momento presente. El Ahora es el campo del potencial de conciencia puro e ilimitado que se puede experimentar cuando te has liberado de las ataduras del mundo material.

VER LA LUZ EN TODAS LAS COSAS

Una vez que la energía llega finalmente a la parte superior de la cabeza y rompe el Huevo Cósmico, desarrollarás una experiencia mundial extraordinaria. A medida que la Luz se acumula dentro de ti, se transpone a todo lo que ves con tus ojos físicos, dando un brillo o resplandor plateado a todo lo que percibes en el mundo material. Cuando desenfoco mi visión y miro fijamente un objeto durante unos 10 segundos, esta misma Luz desmaterializa ese objeto ante mis ojos.

De la misma manera que alguien puede ver el mundo con LSD u hongos mágicos, yo lo veo sin ninguna droga. Se convirtió en una parte permanente de mi vida después de desarrollar naturalmente la capacidad de percibir esta realidad Holográfica, el plano de Energía Pura o "doble" del mundo material. Existe aquí y ahora, pero como nuestros cuerpos y cerebros están compuestos de Materia, no podemos percibir más allá de ella sin transformar completamente nuestra conciencia.

El Planeta Tierra está destinado a ser experimentado con una Kundalini despierta porque el hecho es que el mundo material está vivo y es Energía Pura. Recuerdo cómo veía las cosas antes de esta transformación, y puedo decir con seguridad que este es el Planeta

Tierra 2.0. Es casi como si me hubieran dado unos auriculares de realidad virtual permanentes para llevarlos las 24 horas del día. A esto me refería cuando dije que la realidad exterior se vuelve "digital".

Con un despertar completo de la Kundalini, también empiezas a sentir la esencia de todo lo que percibes en tu Chakra del Corazón, Anahata. Una vez alcanzada, esta nueva experiencia de la realidad es un cambio trascendental permanente en la forma en que experimentas el mundo que te rodea. Una vez que se produce, no puedes volver a apagarlo.

Sin embargo, como he mencionado anteriormente, no todo el mundo ve la Luz en todas las cosas después de un despertar completo de la Kundalini. La mayoría no lo hace. La primera persona que me corroboró esta experiencia no fue alguien con quien hablé personalmente, sino un renombrado autor sobre el tema de la Kundalini, Gopi Krishna. Gopi habló de este fenómeno en sus libros, concretamente en *Vivir con Kundalini*, que captó la esencia de este don. El libro pintaba un sólido retrato del proceso de despertar de la Kundalini y sus manifestaciones y dones, incluyendo esta nueva lente visual que se desarrolla.

Este fenómeno se produjo en mí cinco meses después del despertar inicial de la Kundalini, en 2004, y todavía me acompaña. Sin embargo, esta mejora visual no es el único don variado en las personas que han despertado a la Kundalini. Sin embargo, es el más crucial, en mi opinión, ya que cambia drásticamente su percepción de la realidad y le permite ver la naturaleza Holográfica del mundo, su plano digital, con sus propios ojos.

Incluso he tenido momentos de meditación profunda en los que el mundo exterior aparecía como la proyección de una pantalla de cine en 2D, cuya superficie estaba hecha de Luz dorada. Sin embargo, la rareza no terminaba ahí. Fui capaz de "escudriñar" dentro de esta visión y ver Universos paralelos que existen aquí y ahora pero que son imperceptibles a la vista humana normal. (El escudriñar es un proceso de mirar dentro de los objetos físicos utilizando el Ojo de la Mente).

Experimenté esta visión como un éxtasis completo que se abalanzó sobre mi conciencia. Me sobrevino como una ola, y me convertí en conciencia pura abrazándola. Estas visiones de mundos paralelos a menudo me transportaban a la época medieval por alguna razón, sólo que a una escala mucho más pequeña que nuestro mundo actual. Me hizo comprender que los mundos paralelos existen aquí y ahora dentro del rayo de Luz 2D que viene del Sol. Una vez que pude alterar mi vibración interior, pude verlos con mis propios ojos.

Imagina tener esta capacidad y que te recuerden cada momento que estás despierto que el mundo en el que vives está hecho de pura energía. Hace que sea muy fácil desvincularse del Ego y dar prioridad a la vida Espiritual, cosa que hice y nunca miré atrás.

Debido a la intensidad y a la fuerza de la energía Kundalini que surgió a través de mi columna vertebral durante el proceso de despertar, abrió exponencialmente mi Ojo de la Mente antes de subir a la parte superior de la cabeza. Este acontecimiento ocurrió porque yo estaba realizando un ejercicio de visualización mental utilizando el Ojo de la Mente durante el proceso de despertar. Gopi hacía lo mismo, como se relata en sus libros. Al centrar la atención en el túnel del Ojo de la Mente, nuestra puerta de entrada a los Planos Cósmicos interiores, la Kundalini entra en él al ascender, expandiendo su circunferencia antes de subir a Sahasrara. El túnel del Ojo de la Mente tiene forma de rosquilla y sirve de pantalla mental en la que se reproducen las imágenes visuales cuando se experimentan visiones.

Es posible que si no se realiza un ejercicio de visualización que lleve la atención a la cabeza de la flor de Chakra Ajna (entre las cejas), la Kundalini no active completamente su poder. En este caso, la Kundalini llega a Sahasrara e incluso puede abrir el Huevo Cósmico, pero no se despierta todo el potencial de Chakra Ajna. Esta es una opción. La otra opción es que Ajna se abra, pero no con la suficiente intensidad como para causar este cambio radical en la percepción visual.

Por supuesto, estas son mis teorías, pero basadas en la lógica y la razón, ya que muchas personas que dicen haber tenido el Huevo Cósmico abierto y la sensación de ser "electrocutados" no ven después la Luz en todas las cosas. Sea como fuere, que se sepa que hay variados despertares y experiencias de Kundalini, y no todos son iguales.

FACTORES DEL DESPERTAR DE LA KUNDALINI

Cuando se intenta despertar la energía Kundalini directamente, muchos factores deben trabajar juntos al mismo tiempo para tener éxito. Por un lado, si estás tratando de despertarla a través de la meditación de atención plena, la vibración de tu fuerza de voluntad debe ser sustancialmente más alta que el parloteo de tu mente para que puedas inducir el silencio. Por lo tanto, es poco probable que despiertes la Kundalini con este método a menos que lo hayas hecho durante mucho tiempo y lo domines.

Un enfoque más sencillo es utilizar una meditación de visualización. Debes mantener una imagen de un objeto simbólico (como una flor de loto o una estatua de un Dios o una Diosa) en el ojo de tu mente durante un período prolongado. Al sostener una imagen constante y firme en tu mente, tu fuerza de voluntad comienza a vibrar con una intensidad vigorosa, tirando de tu conciencia hacia adentro. Si puedes mantener esta imagen mientras descuidas los pensamientos aleatorios que te vienen a la cabeza, tendrás algún nivel de experiencia Espiritual y tal vez incluso despiertes la energía Kundalini en la base de tu columna vertebral. Como mínimo, entrarás en el portal del Ojo de la Mente para experimentar el Mundo Astral, lo que puede ser una experiencia estimulante si nunca has hecho esto antes.

Ahora bien, si la imagen que tienes en tu mente tiene un componente sexual, es posible que la Kundalini se active en la base de la columna vertebral. La energía sexual es esencial en este sentido, ya que cualquier tipo de excitación sexual, cuando se proyecta hacia el interior, puede activar la Kundalini. He oído hablar de muchos casos de despertares espontáneos que se produjeron después de que el individuo experimentara un nivel de excitación sexual superior al normal mientras mantenía una mente pura y silenciosa.

La activación de la Kundalini puede producirse cuando la energía sexual se sublima y se canaliza hacia el cerebro en el momento del clímax, en lugar de liberarse externamente mediante la eyaculación. Una meditación de visualización durante la actividad sexual enfoca la energía hacia el interior, hacia el Ojo de la Mente en el cerebro. Puede hacer que la Kundalini se despierte y suba por la columna vertebral, abriendo sistemáticamente todos los Chakras inferiores hasta entrar en el cerebro. Sin embargo, para asegurarse de que sube con suficiente fuerza, es crucial realizar algún tipo de ejercicio de visualización para atraer a la Kundalini hacia el cerebro, donde puede subir hasta la parte superior de la cabeza y completar el proceso.

La clave de este proceso es generar energía sexual en bruto con una mente y un corazón puros, estimulando así los Chakras Muladhara y Swadhisthana para que entren en actividad. Cuando se hace correctamente, sentirás sensaciones en el abdomen que son eufóricas y extáticas. Todo el cuerpo empezará a temblar y a agitarse, e incluso puede que se te ponga la piel de gallina de lo agradable que son estas sensaciones.

La energía sexual tiene que construirse sobre sí misma y hacerse más fuerte con el mero poder de tus pensamientos. La mayoría de la gente no es consciente de que la excitación sexual puede crecer exponencialmente, y no siempre tiene que resultar en un orgasmo externo. Cuando se trata de despertar la Kundalini, la clave está en canalizar la energía sexual hacia el interior utilizando la fuerza de voluntad y la imaginación en lugar de expulsarla a través de los genitales.

Durante mi despertar de la Kundalini, tenía una imagen en mi mente de una mujer hermosa y erótica, en la que me concentré tan intensamente que la proyecté en el portal del Ojo de la Mente y pude experimentarla como real. Sin embargo, lo que generó la intensa fuerza con la que se despertó la Kundalini fue la acumulación de energía sexual mientras hacía el amor con ella en mi mente. Esta energía sexual se amplificó y creció en poder hasta que experimenté mi primer orgasmo interno. Sin embargo, la experiencia no terminó ahí. Le siguió otro orgasmo interno, y varios más, todos en sucesión con intensidad y velocidad crecientes. Mi zona genital se sentía como una locomotora que se aceleraba y tomaba impulso con cada giro de sus ruedas.

Una sensación de excitación sexual en mi abdomen creció exponencialmente en sincronía con los orgasmos internos. Llegaron en oleadas continuas durante unos quince o veinte segundos. Entonces, en su punto álgido, cuando sentía que mi cerebro y mi cuerpo no podían soportar más éxtasis, la Kundalini se despertó en la base de la columna vertebral. Se sentía como una esfera de energía del tamaño de una pelota de golf que aparecía de la nada.

COMPLETAR EL PROCESO DEL DESPERTAR DE LA KUNDALINI

Una vez que la Kundalini se despierta, viaja naturalmente hacia arriba a través de la columna vertebral. Sin embargo, si se despierta la Kundalini espontáneamente, sin una práctica meditativa, es probable que no llegue al Chakra Ajna. Como mencioné, para subir con fuerza, lo cual es necesario para alcanzar el Chakra Ajna dentro del cerebro, es esencial mantener conscientemente una imagen en tu mente con fuerza de voluntad e imaginación. Ten en cuenta que los despertares espontáneos de la Kundalini que se producen por el uso de drogas alucinógenas pueden ser poderosos, ya que implican un cambio en la percepción que estimula el Ojo de la Mente.

Un despertar completo requiere que la Kundalini suba al cerebro a través de Sushumna, el canal medio, acompañada del Ida y Pingala, que se fusionan en una sola corriente de energía en el Chakra Ajna. Una vez que han unido sus energías masculina y femenina, se unen con Sushumna como Uno para subir al Sahasrara y abrir el Huevo Cósmico (Figura 8) que contiene el potencial de tu Cuerpo de Luz, tu Ser Cósmico.

Sahasrara puede abrirse potencialmente sólo con el Sushumna. Sin embargo, si Ida y Pingala no unen fuerzas en el Ajna, podría haber problemas debilitantes en el sistema energético que pueden causar estragos en tus pensamientos y emociones. Tal es el ejemplo de la elevación inicial de Gopi Krishna, donde despertó el Pingala y el Sushumna, pero no el Ida. Su sistema nervioso estaba en completo desorden después del despertar, ya que no tenía la energía refrescante de Ida presente, lo que causó una ansiedad continua sin fin. Después de perder casi toda esperanza, intentó una meditación de visualización en un intento desesperado por despertar al Ida. Como el Ida representa el principio femenino, la esencia del Elemento Agua que es la energía fuente de todas las imágenes visuales, Gopi finalmente logró despertar al Ida, que se elevó al Ajna para completar el proceso de despertar de la Kundalini.

Es esencial entender que Nadi Sushumna siempre acompaña al Ida o Pingala o a ambos simultáneamente, lo cual es la opción deseada. Ida, Pingala o ambos no pueden subir a un Chakra sin que el Sushumna esté presente ya que el Nadi Sushumna lleva la energía Kundalini. El Ida y Pingala canalizan las energías femenina y masculina, pero la Kundalini sube por la columna vertebral, que es el Nadi Sushumna.

Antes de que la Kundalini pueda entrar en el cerebro, debe atravesar al Vishuddhi, el Chakra de la Garganta. El Vishuddhi es más avanzado que los Chakras inferiores ya que es el primer Chakra del Elemento Espíritu. Para perforarlo, uno debe haber evolucionado más allá de la energía Kármica mayor de los Elementos inferiores, que se corresponden con los cuatro Chakras inferiores. (Más sobre la conexión entre los Elementos y los Chakras y Nadis en un capítulo posterior).

Si has despertado la Kundalini a través de medios meditativos, te aconsejo que continúes realizando tu meditación en lugar de dejarla ir una vez que sientas que la Kundalini se eleva. Hacer esto es la clave para reunir la fuerza suficiente para que la Kundalini atraviese el Chakra Vishuddhi en su ascenso y luego entre en el cerebro para intentar completar el proceso.

Para despertar el Loto de Mil Pétalos de Sahasrara, los tres Nadis de Sushumna, Ida, y Pingala tienen que unificarse en una sola corriente de energía en el centro del cerebro en el Tercer Ventrículo antes de subir a la parte superior, al centro de la cabeza. Una vez que el Loto comienza a abrirse como una flor en flor, el Huevo Cósmico de la parte superior de la cabeza es atravesado por la Kundalini. Sin embargo, el Loto no tiene que abrirse completamente para que el Huevo Cósmico se rompa. Si la Kundalini sube con suficiente fuerza, el Huevo Cósmico se romperá justo después de que Sahasrara comience a abrirse.

Entonces, se libera el néctar de Ambrosía del Huevo Cósmico, que se derrama sobre el cuerpo de arriba abajo, activando los Setenta y Dos Mil Nadis del Cuerpo de Luz.

Como ves, tener un despertar completo de la Kundalini requiere un esfuerzo consciente por tu parte para completar el proceso. La mayoría de los despertares espontáneos son subidas parciales de la Kundalini. Mi caso es una de esas raras situaciones en las que la Kundalini se despertó con una fuerza increíble, pero sólo porque, sin saberlo, estaba realizando una meditación sexual Tántrica con un componente de visualización sexual. Debido a que tuve un despertar de Kundalini tan intenso aparentemente por accidente, siempre me consideré bendecido y obligado a compartir todo lo que he aprendido y experimentado con el mundo.

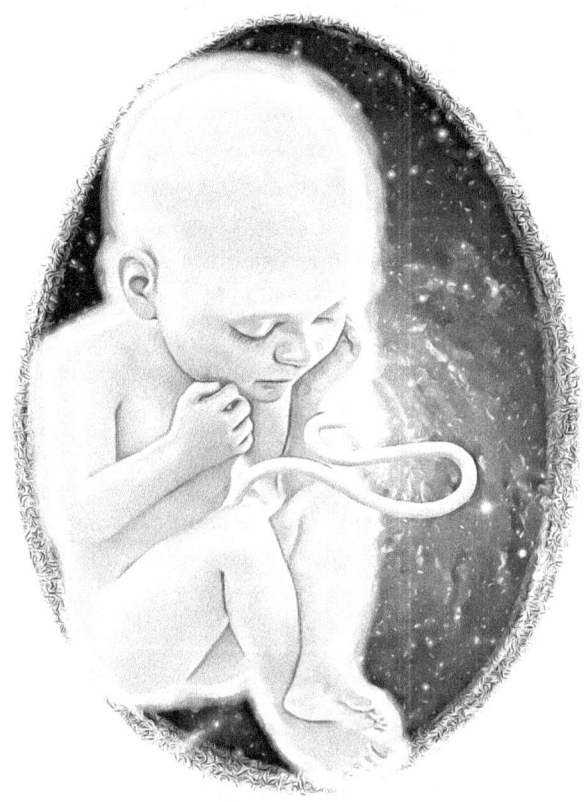

Figura 8: El Huevo Cósmico

Es crucial entender el proceso del despertar de la Kundalini y memorizar su mecánica. Hay muchos puntos de vista diferentes sobre este tema de las personas que experimentaron este evento. Sin embargo, he encontrado que un pequeño porcentaje de esas personas completó el proceso y elevó la Kundalini a Sahasrara. Y aún son menos los que abrieron el Huevo Cósmico y activaron el Cuerpo de Luz. Luego están aquellos que activaron el Cuerpo de Luz, pero no reportan haber visto la Luz en todas las cosas con sus ojos físicos, lo que me dice que no tuvieron una activación completa del Chakra Ajna. Así que ya ves, hay muchas experiencias variadas de este mismo proceso universal.

Por lo general, puedo determinar qué tipo de despertar de Kundalini tuvo alguien al escuchar sus experiencias y comparar los informes. Generalmente, los que no completaron el despertar de la Kundalini carecen del conocimiento de la parte final del proceso. Por ejemplo, la mayoría de la gente sabe que la Kundalini despierta los Chakras y busca expandir la conciencia. Sin embargo, según mi experiencia, la mayoría de la gente desconoce la existencia del Huevo Cósmico, la activación del Cuerpo de Luz (que provoca la sensación de estar electrocutado) y, sobre todo, la remodelación del cerebro para percibir un nivel superior de realidad a través de un Chakra Ajna expandido.

Al memorizar el proceso completo del despertar de la Kundalini, le estás dando a tu mente un mapa de ruta de cómo este evento puede ocurrir para ti. Compartir esta información es un método para ayudarte a despertar la Kundalini por ti mismo y completar el proceso.

ALINEACION CON EL CUERPO ESPIRITUAL

Aunque parezca que la activación de la Kundalini está ocurriendo en el cuerpo físico, está teniendo lugar en el Cuerpo de Luz. Como dije en *The Magus*, todos nacemos con el Cuerpo de Luz, inextricablemente ligado a nuestro cuerpo físico. Sin embargo, necesitamos activar plenamente sus poderes en esta vida para optimizar nuestro sistema energético, lo que sólo puede lograrse despertando la Kundalini y elevándola a la Corona.

Cuando la Kundalini comienza a subir, despertando los Chakras, tu conciencia reconoce la existencia del Cuerpo de Luz, permitiéndote encarnar los diferentes Cuerpos Sutiles que se corresponden con los Chakras que despertó. La plena activación del Cuerpo de Luz es uno de los principales propósitos del despertar de la Kundalini. Los Setenta y Dos Mil Nadis sirven para hacer del Cuerpo de Luz una antena a las vibraciones del mundo exterior. Estas vibraciones se reciben a través del más alto de los Cuerpos Sutiles, el Cuerpo Espiritual. Tu conciencia se sintoniza gradualmente con él después de haber limpiado la energía Kármica de los Cuatro Chakras inferiores. Para lograr esto, debes encarnar sistemáticamente los Cuerpos Sutiles que corresponden con esos Chakras.

Cuando tu conciencia se sintonice con los Chakras Espirituales, los tres más altos, se alineará completamente con el Cuerpo Espiritual, que se convierte en su nuevo vehículo. Cuando esto ocurra, descartarás los viejos modos de funcionamiento y funcionarás sólo a través de la intuición. Estar en este estado no significa que no sentirás nada emocionalmente o que no podrás usar la lógica. Sólo significa que la intuición se convertirá en su principal modo de funcionamiento.

Percibirás el mundo que te rodea a través de la experiencia energética directa, ya que tu Ser se elevará al Primer Mundo de Atziluth, que representa el Plano Espiritual en la

Cábala. (Más sobre esto en el próximo capítulo.) Atziluth es donde existen los pensamientos de Dios, los Arquetipos que dan a la humanidad una plantilla para trabajar, uniendo nuestra realidad. Puesto que la Creación es un proceso sistemático, su experiencia consciente de los acontecimientos de la vida se filtra hacia abajo en los tres Mundos inferiores (hay Cuatro Mundos Cabalísticos en total) que evolucionan a partir del Primer Mundo.

Al alinear tu conciencia con el Cuerpo Espiritual, los pensamientos y las emociones ya no tendrán el mismo impacto en tu mente y tu cuerpo porque son expresiones de los Planos Inferiores. Y como ahora estás elevado a un Plano superior a ellos, consigues superar sus efectos dañinos. Por supuesto, seguirás teniendo pensamientos y emociones negativas ya que tu Ego está siempre atado al cuerpo físico, pero evitarás sus efectos energéticos. En cambio, tu Alma interpretará las emociones negativas como lecciones de aprendizaje en lugar de permitir que se apoderen de tu conciencia y la lastren. Como resultado, lo que experimentes será fugaz y en el momento. Además, podrás utilizar la lógica y la razón y pensar intelectualmente, sin atarte al Ego y asociarte con él como antes.

La ruptura del Huevo Cósmico después de que la Kundalini alcanza la Corona significa el despertar completo y permanente. Dentro de este contexto, permanente significa que la energía no cae de nuevo al Muladhara, el Chakra Raíz. En cambio, permanece en el cerebro. Simbólicamente, Kundalini Shakti y su consorte Shiva, la Conciencia Cósmica, se habrán unido en un Matrimonio Espiritual. Este es el punto de vista Oriental de la finalización del despertar de Kundalini.

Desde el punto de vista de la Tradición Misteriosa Occidental, habrás recibido las alas del Caduceo de Hermes al completar el proceso de despertar de la Kundalini. Te convertirás en un prototipo del Dios Hermes, llamado Mercurio por los Romanos. Esto significa que habrás heredado su casco y zapatos alados. Simbólicamente, esto significa que tendrás la cabeza en el cielo (Cielo) y los pies en el suelo (Tierra). Tu conciencia estará siempre en modo "vuelo", y tendrás un subidón natural, casi como si estuvieras planeando por el Espacio y el Tiempo. Estas sensaciones son las que se sienten al tener la conciencia expandida.

Una vez que hayas completado el proceso de despertar de la Kundalini, con el tiempo, desarrollarás una conexión con tu Santo Ángel de la Guarda (SAG), que se convertirá en tu guía y maestro en la vida. Así, te habrás convertido en un Dios-humano cuya conciencia trascendental continuará viviendo más allá de esta vida y en la siguiente.

SU NUEVO LAMBORGHINI VENENO

La activación de Ajna es esencial para tener la experiencia completa de Kundalini. Ya he descrito algunos de los dones asociados a este fenómeno. Otros dones incluyen la capacidad de verse a sí mismo desde fuera de sí mismo y de vivir una Experiencia Extracorporal permanente. Sin embargo, esta última es más bien una manifestación del

Sahasrara Chakra despierto. A medida que te veas a ti mismo y al mundo que te rodea desde una perspectiva más elevada, te darás cuenta de que la Conciencia Cósmica no es sólo un concepto o una idea, sino algo real.

Espero haber hecho un buen trabajo introduciendo la Kundalini, el proceso de despertar, y algunos de los más increíbles dones espirituales que se despliegan. Sin embargo, al utilizar palabras para describir la experiencia trascendental de la realidad después de un despertar completo de la Kundalini, siento que estoy limitando lo extraordinario que realmente es. Como dice Morfeo en La Matrix, "No se puede decir lo que es la Matrix. Tienes que verlo por ti mismo". De la misma manera, tienes que experimentar esto por ti mismo para entender el panorama general. Pero por ahora, mis palabras tendrán que ser suficientes.

El despertar de la Kundalini transforma al simple humano en un Semidiós, un superhéroe moderno, en una sola vida. Sólo que tus poderes recién recibidos no suelen ser algo que puedas demostrar a los demás, sino que vives y encarnas la verdad de aquello en lo que te conviertes. Con el tiempo, a través de tu conocimiento expandido y tus actos bondadosos hacia la humanidad, puedes ser reconocido como un Ser de Luz y su emisario. Pero para llegar allí, tendrán que pasar muchos años y superar muchos desafíos.

La clave de esta introducción a la Kundalini es que, aunque hay varias formas de despertar esta energía, el proceso siempre será el mismo. Sin embargo, sin una comprensión adecuada del proceso, es como si te regalaran un Lamborghini Veneno, un coche deportivo de 4,5 millones de dólares, pero no te dieran su manual de instrucciones ni tuvieras experiencia en la conducción. Mi intento en *Serpent Rising: The Kundalini Compendium* es escribir el manual de esta ciencia invisible de la energía Kundalini lo mejor posible. Y una vez que tengas las instrucciones y los planos, quiero darte una idea de cómo conducir tu nuevo Lamborghini. Para ser precisos, si tu actual vehículo de conciencia puede ser comparado con un viejo Ford Focus, entonces este vehículo mejorado es una nave espacial intergaláctica. Así que, de nuevo, digo Lamborghini para que la gente pueda relacionarlo.

Estoy agradecido al Universo por haber tenido el despertar de la Kundalini, como lo haría cualquiera en mi situación. También creo que la suerte no tuvo nada que ver con ello, y que mi Alma eligió esto para mí incluso antes de que naciera. No es una coincidencia que se me hayan dado habilidades y capacidades específicas en esta vida que me servirían en este viaje espiritual. Debido a mi naturaleza obsesiva y a la necesidad de encontrar las herramientas espirituales para ayudarme a mí mismo desde el principio, he desarrollado una comprensión excepcional de la Kundalini a lo largo de los años. Mi experiencia e investigación sobre este tema no tiene precedentes. Mi viaje me ha llevado a asumir el papel de mensajero para la gente sobre la existencia de la energía Kundalini y el potencial de la Magia Ceremonial para ayudar al proceso de transformación Espiritual.

Mi trabajo tiene como objetivo servir a mi Creador y cumplir mi misión de impartir conocimiento a otros que caminan en los mismos zapatos que yo hace muchos años cuando buscaba respuestas a tientas en la oscuridad. Todos somos guerreros en formación en este camino de la Evolución Espiritual, y nuestro propósito es evolucionar y elevar colectivamente la conciencia de la Tierra. Al compartir lo que sé, pretendo transmitir las herramientas que necesitarás cuando tu nuevo Lamborghini se rompa y necesites orientación.

Y para las veces que otros se dirijan a ti en busca de orientación, sabrás cómo ayudarles también porque a ti te ayudaron. Y para aquellos que aún no han recibido su nuevo Lamborghini, ahora aprenderán sobre él, cómo funciona y se conduce, y sabrán qué buscar conscientemente. Como dice el viejo refrán: "Buscad y encontraréis. Llama, y se te abrirá la puerta". Pero si no sabes qué buscar o a qué puerta llamar, el Universo no sabrá cómo ayudarte. El conocimiento es el poder más importante del Universo.

***

Esto completa la introducción a la Kundalini y al proceso de despertar en general. Ahora quiero pasar a otros temas pertinentes para ofrecerte una visión interna de cómo funciona tu sistema energético; sus componentes, su mecánica, y cómo interactúa con el cuerpo físico. La siguiente parte del libro está dedicada a la ciencia de la energía Kundalini. Incluye el capítulo crítico sobre la anatomía humana que describe los cambios que ocurren en el cuerpo físico durante y después de un despertar de Kundalini.

PARTE II:
EL MICROCOSMOS Y EL MACROCOSMOS

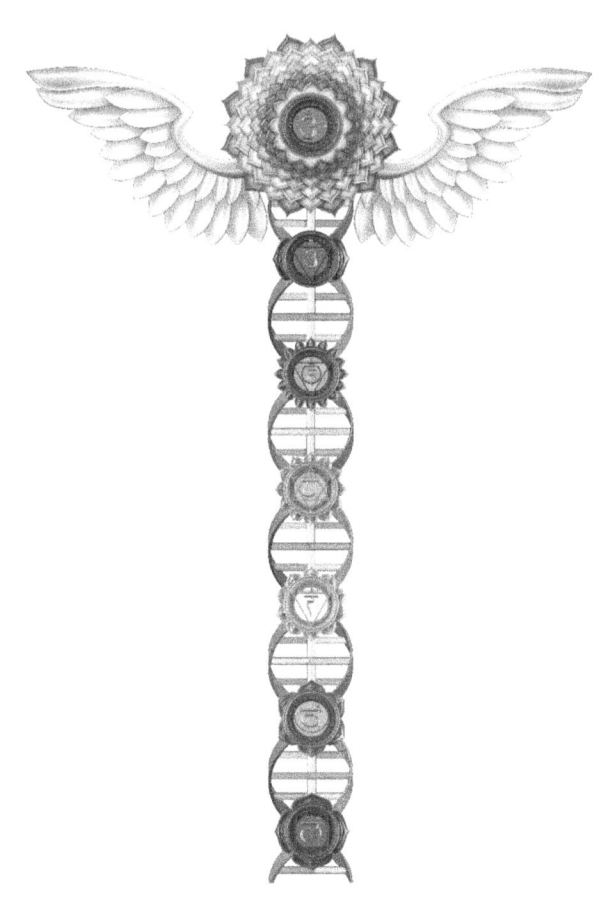

LOS CINCO ELEMENTOS

Los Elementos Clásicos se refieren a la Tierra, el Agua, el Aire, el Fuego, y el Espíritu. Culturas antiguas como la Griega, la Egipcia, la Persa, la Tibetana, la India, y la Japonesa, consideraban los Elementos Clásicos como los bloques de construcción del Universo. Utilizaban el concepto de los Elementos para explicar la complejidad y la naturaleza de la Creación manifiesta en términos más sencillos. Sus listas de los Elementos y la secuencia de manifestación variaban ligeramente, pero tenían los mismos significados. El Elemento Espíritu era intercambiable con Aethyr, Éter, Vacío, Akasha, y Espacio, dependiendo de la tradición. (Obsérvese que Aethyr o Aether no es más que la grafía Latina del Éter).

El sistema Chino Wu Xing es ligeramente diferente, ya que describe varios tipos de energía en un estado de flujo constante y de interacción entre ellos, lo que se conoce como las "Cinco Fases" de los fenómenos naturales. Las Cinco Fases del Wu Xing son la Madera, el Fuego, el Agua, el Metal, y la Tierra. Los Elementos Chinos se ven como algo siempre cambiante y en movimiento, mientras que los Elementos Clásicos están separados unos de otros, aunque sean partes de un todo.

Los Antiguos postularon que el Universo exterior (Macrocosmos), incluyendo la composición energética de cada ser humano (Microcosmos), está formado por los Cinco Elementos. Los Cinco Elementos se corresponden con los Siete Chakras (Figura 9). Comprenden nuestra Aura y los Planos Cósmicos y Cuerpos Sutiles de los que participa nuestra conciencia.

Los cuatro primeros Chakras se corresponden con la Tierra, el Agua, el Fuego, y el Aire, mientras que los tres Chakras superiores se corresponden con el Espíritu. Los Chakras, a su vez, se comparan con los Sephiroth del Árbol de la Vida en la Tradición Misteriosa Occidental. Su correspondencia es compleja y no tan evidente como creen muchos maestros Espirituales, pero la relación está ahí. Para una exposición exhaustiva sobre los Sephiroth y los Cinco Elementos, consulta *The Magus: Kundalini and The Golden Dawn*.

Entender cómo funcionan los Elementos es un requisito previo esencial para las prácticas Yóguicas avanzadas, muchas de las cuales se presentan en este libro. En el sistema Espiritual Oriental, los Cinco Elementos se corresponden con los Tattvas, que también serán explorados en *Serpent Rising*.

Los Cinco Elementos son la base del Yoga y del Ayurveda (que en Sánscrito significa "conocimiento de la vida"), que es la medicina holística tradicional de la India desarrollada más o menos en la misma época que el Yoga (aproximadamente en el año 3000 a.C.). El

Ayurveda se basa en las tres constituciones o Doshas: Vata, Pitta, y Kapha. Vata es la energía del movimiento (Aire y Espíritu), Pitta es la energía de la digestión y el metabolismo (Fuego y Agua), y Kapha es la energía que forma la estructura del cuerpo (Tierra y Agua). Cada persona tiene un equilibrio único de los Elementos en su interior y, por tanto, un Dosha único. La dominación elemental que se encuentra en la Carta Natal de la Astrología Occidental de una persona, especialmente según sus Signos Solares, Lunares y Ascendentes, a menudo determina su Dosha. Sin embargo, uno debe analizar su Carta Natal de Astrología Védica para obtener un diagnóstico correcto, como se hace tradicionalmente en Ayurveda. (Más sobre el Ayurveda y los Tres Doshas en la sección de Yoga.)

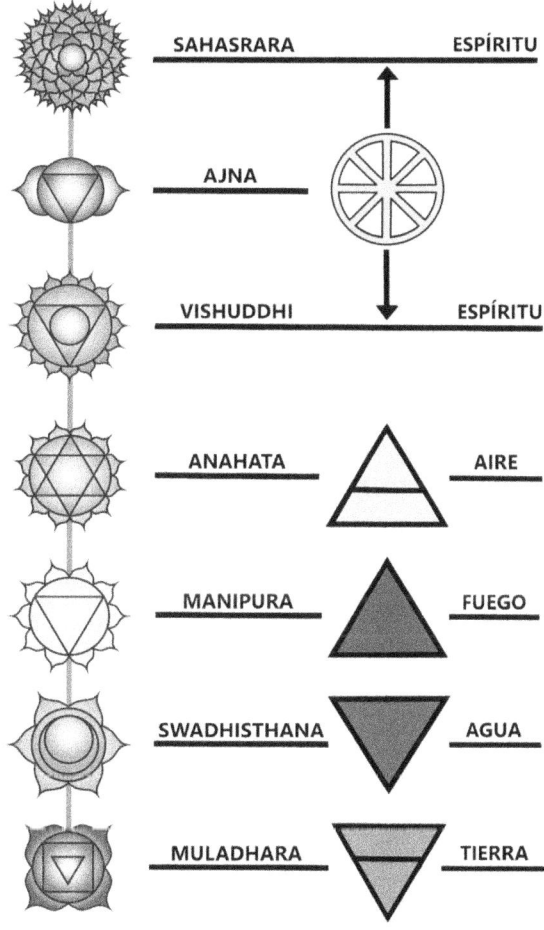

Figura 9: Los Cinco Elementos y Los Siete Chakras

Los Cinco Elementos también se relacionan con los cinco sentidos: El Espíritu, o Aethyr, es el medio a través del cual se transmite el sonido; así, el Elemento Espíritu se corresponde con los oídos y la audición. El Elemento Fuego se relaciona con los ojos y el sentido de la vista, ya que el fuego manifiesta la Luz, el calor, y el color. El Elemento Aire se relaciona con la nariz y el sentido del olfato, mientras que el Elemento Agua se relaciona con la lengua, el órgano del gusto. Y por último, el Elemento Tierra se asocia con la piel y el sentido del tacto. Esta información es esencial a la hora de explorar las prácticas de Curación Espiritual, ya que la aplicación de cada una requiere el uso de uno o más de los sentidos para impactar en la conciencia.

Al purificar y equilibrar los Elementos en nuestro interior, alcanzamos y mantenemos una buena salud y elevamos la vibración de nuestra conciencia. Todas las prácticas Espirituales apuntan esencialmente a este objetivo. Ya sea que se realice un Programa de Alquimia Espiritual de Magia Ceremonial (como se presenta en *The Magus*) o que se realicen prácticas Yóguicas regularmente, la meta es siempre la Evolución Espiritual.

La Cábala Hermética y la ciencia y filosofía del Yoga afirman que el Microcosmos es el reflejo directo del Macrocosmos, y viceversa: como es arriba, es abajo. En *El Kybalion*, este concepto se llama el Principio de Correspondencia, una Ley Universal o verdad que subyace a toda la existencia. Todas las tradiciones Espirituales se construyen en torno a esta Ley, y todas ellas contienen algún elemento Solar o Lunar, que representa los Principios Masculino y Femenino de la Creación.

En un nivel básico, el Principio de Correspondencia implica que el Microcosmos, el Aura humana (nuestra composición energética), encuentra su reflejo en el Macrocosmos- el Universo y, más particularmente, nuestro Sistema Solar. (Este concepto también funciona a la inversa.) Todos llevamos energías Planetarias y Zodiacales dentro de nosotros. Equilibrarlas y elevar la conciencia es el "Gran Trabajo" del Alquimista, refiriéndose a nuestra búsqueda eterna de unir nuestra conciencia con la Conciencia Cósmica del Creador - es nuestra búsqueda de la Iluminación.

EL PENTAGRAMA

El símbolo del Pentagrama, o "Estrella de Cinco Puntas", existe desde la época de la Antigua Babilonia y Grecia. En el Esoterismo Occidental, el Pentagrama vertical (Figura 10) se llama "Estrella del Microcosmos". Cuando el Pentagrama está inscrito en un círculo, se llama Pentáculo, utilizado principalmente por los Wiccanos. Según Pitágoras, el cinco es el número del ser humano. Cada una de las cinco puntas del Pentagrama representa uno de los Cinco Elementos: Tierra, Aire, Agua, Fuego, y Espíritu, simbolizados por las piernas, los brazos, y la cabeza.

Las asociaciones mágicas del Pentagrama lo convierten en un potente símbolo ritual utilizado para invocar el poder de los Cinco Elementos, especialmente en la Magia Ceremonial y la Brujería. También es utilizado como símbolo religioso por las religiones Neopaganas Modernas y por los Masones. Cuando el Pentagrama está orientado hacia arriba, representa al Espíritu que preside los Cuatro Elementos y es, por lo tanto, un símbolo de la Luz, el amor, y el Ser Superior. El Pentagrama erguido atrae a las fuerzas

Angélicas al tiempo que sirve para proteger de las Demoníacas. Como tal, se utiliza en la Magia Blanca (de Luz).

Figura 10: El Pentagrama

Curiosamente, el Pentagrama vertical era un símbolo Cristiano mucho antes de que el Neopaganismo Moderno lo adoptara. Representaba las cinco heridas de Jesucristo en la Cruz de los Cuatro Elementos y el autosacrificio diario necesario para lograr el Pentagrama erguido, simbólicamente, que hace que el Elemento Espíritu descienda a los Cuatro Elementos y transforme completamente la conciencia.

Cuando el Pentagrama está invertido, tiene asociaciones mágicas opuestas. Un pentagrama invertido representa a los Cuatro Elementos comandando al Espíritu, simbolizando la oscuridad y el dominio del Ego. Este símbolo invita a las energías Demoníacas mientras repele a las Angélicas, lo que lo convierte en un símbolo apropiado para las prácticas de Magia Negra (las Artes Oscuras), que utilizan los poderes sobrenaturales para fines malvados y egoístas.

Los Satanistas utilizan el pentagrama invertido como símbolo de su fe. Se refieren a este símbolo como el "Sigilo de Baphomet" -el Dios con cabeza de cabra asociado con la dualidad, el materialismo y el Yo Carnal. Muchos Satanistas son ateos que no creen en el más allá y sólo valoran esta vida. Por lo tanto, argumentan que el Pentagrama invertido no es un símbolo del mal, sino uno que los alinea con los tipos de energías que los ayudarán a lograr sus objetivos en la vida. Sin embargo, si crees que esta vida es sólo una en una cadena continua de vidas que tu Alma inmortal experimenta, alinearte con fuerzas oscuras para satisfacer los deseos de tu Ego es catastrófico para tu Evolución Espiritual.

LOS CUATRO MUNDOS Y EL PENTAGRAMATON

Aunque esta es una versión condensada de dos lecciones significativas de *The Magus: Kundalini and The Golden Dawn*, vale la pena mencionarla de nuevo ya que resume todo el proceso de despertar de la Kundalini y su propósito desde una perspectiva ocultista. En la *Torá* (*El Antiguo Testamento*), el nombre de Dios es Jehová, cuyo nombre esotérico es el Tetragrámaton (YHVH), que significa "cuatro letras" en Hebreo. (Tenga en cuenta que los Hebreos leen y escriben de derecha a izquierda.) Las cuatro letras Hebreas representan los Cuatro Elementos-Yod (Fuego), Heh (Agua), Vav (Aire), Heh Final (Tierra).

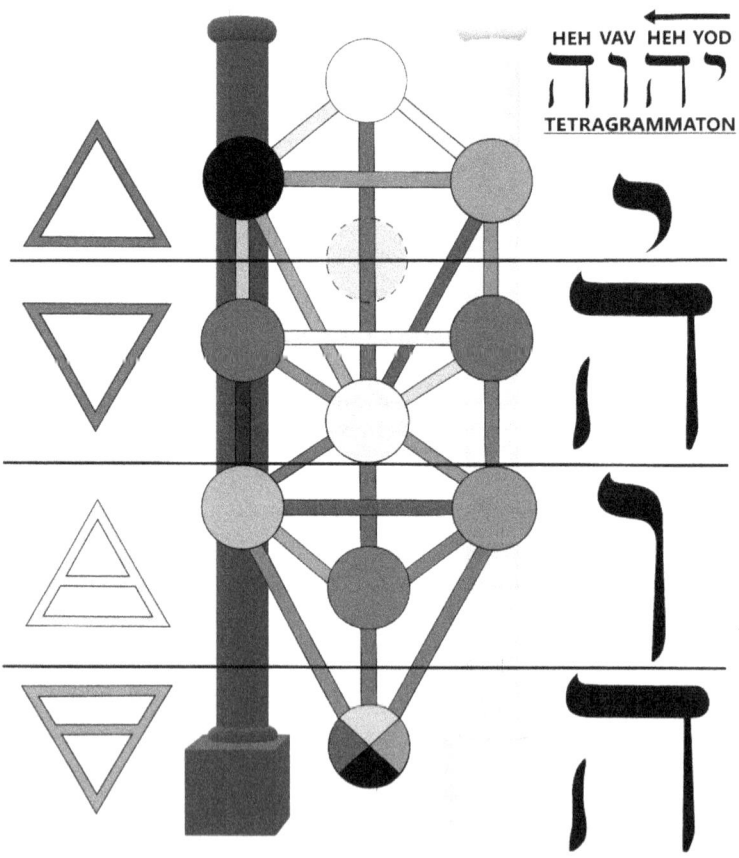

Figura 11: Los Cuatro Mundos y El Tetragrámaton (YHVH)

Los Cuatro Elementos se encuentran en los cuatro Chakras inferiores, mientras que el Quinto Elemento, el Espíritu, representa los tres Chakras superiores. Como puedes ver, en el Tetragrámaton, el Elemento Espíritu está ausente. Hay una razón para ello.

Las cuatro letras del Tetragrámaton también representan los Cuatro Mundos de la Cábala, el modelo Cabalístico de la Creación y la manifestación del Universo (Figura 11). Los Cuatro Mundos cabalísticos constituyen la totalidad del Árbol de la Vida: Yod (Fuego) representa Atziluth, el Mundo Arquetípico, Heh (Agua) representa Briah, el Mundo Creativo, Vav (Aire) es Yetzirah, el Mundo de la Formación, y Heh (Tierra) final es Assiah, el Mundo Físico. Los Cuatro Mundos se relacionan directamente con los Planos Cósmicos. Sin embargo, en el marco Cabalístico, el Mundo del Fuego Primitivo (Atziluth) representa el Plano Espiritual, mientras que los otros tres Elementos se relacionan con los Planos Mental, Astral y Físico, respectivamente.

Notarás que las correspondencias de los Planos Cósmicos omiten el Elemento Espíritu del modelo de los Cuatro Mundos; los Cabalistás creen que perdimos la conexión con el Elemento Espíritu después de la Caída del Jardín del Edén. Como tal, es algo que debemos obtener en esta vida. Sin embargo, el método para lograr esta hazaña se da en el misterio del Pentagramatón.

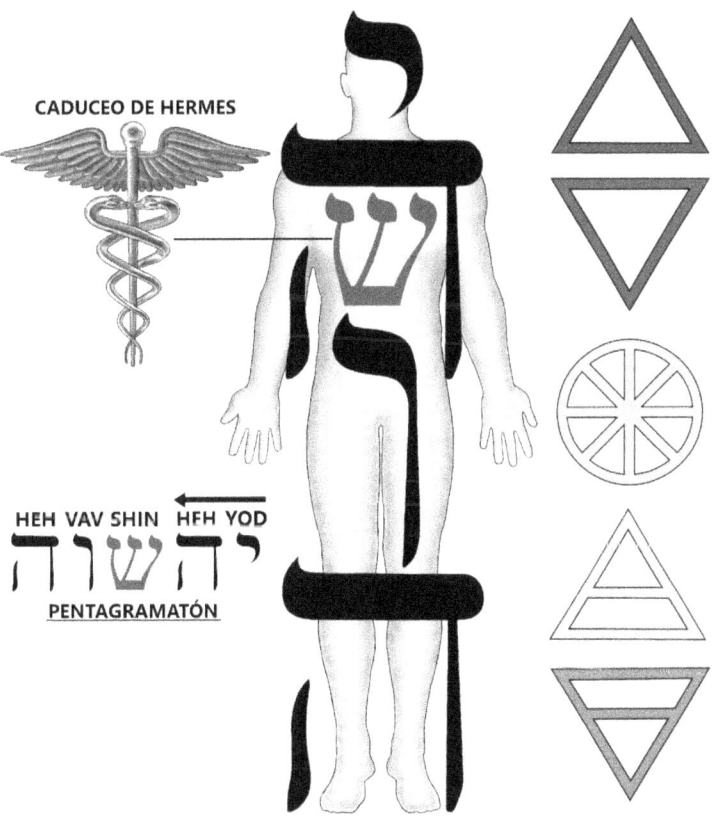

Figura 12: El Pentagramaton (YHShinVH)

El Pentagramaton (YHShinVH), que significa "cinco letras", implica la integración de la letra hebrea simbólica Shin (Figura 12), denominada "Llama Triple del Alma". "Shin contiene tres trazos que se asemejan visualmente a los tres Nadis principales de Ida, Pingala, y Sushumna que se elevan a lo largo de la columna vertebral durante el despertar de la Kundalini. Los Nadis, a su vez, se corresponden con las dos serpientes que se entrelazan alrededor del bastón central del Caduceo de Hermes.

Cuando se coloca en medio del Tetragrámaton, Shin reconcilia las energías opuestas masculinas (Fuego y Aire) y femeninas (Agua y Tierra) dentro del Ser. Representa la carta del Tarot del Juicio cuyo camino del Árbol de la Vida se llama "Espíritu del Fuego Primordial". "Esta carta alude al despertar del Espíritu Santo y su integración en el Ser. El Fuego de consagración de Shin quema las impurezas a lo largo del tiempo, una alusión al largo proceso de purificación del Fuego Kundalini una vez despertado.

El Pentagramatón es también la clave oculta de los misterios Cristianos, ya que representa el nombre de Jesucristo, según los ocultistas del Renacimiento. El nombre Inglés de Jesús deriva del Latín Clásico "Iesus", basado en la forma Griega del nombre Hebreo Yahshuah (Yeshua), que suele traducirse como Josué. Sin embargo, Yahshuah se escribe YHShinVH, que es el Pentagramatón. El Pentagramatón también nos conecta con las cinco heridas de Jesús y el Reino de los Cielos que alcanzamos en conciencia cuando nos hemos sacrificado, nuestros Egos, y hemos integrado el Elemento Espíritu.

Como ves, Jesucristo fue el prototipo del proceso de despertar de la Kundalini; él representa a Dios, el Amor Divino del Creador, y la conciencia expandida que nos permite participar de los Reinos Espirituales y Divinos. Mientras que, en el *Antiguo Testamento*, la humanidad estaba en un estado caído Espiritualmente, en *la Santa Biblia (El Nuevo Testamento)*, Jesús trajo el Espíritu Santo al mundo para que todos los que creen en él y siguen su ejemplo puedan Resucitar o Renacer Espiritualmente y alcanzar la vida eterna.

El Renacimiento Espiritual sólo puede alcanzarse realmente cuando encarnamos las enseñanzas de Jesús, cuyo fundamento es que el amor incondicional es la fuerza que guía nuestras vidas. No es necesario ser Cristiano para apreciar el valor Espiritual de esta mentalidad. Encontramos ejemplos históricos en todas las culturas de Yoguis, Santos, Adeptos, Sabios, y otros que se Iluminaron gracias a la humildad, la piedad y la conducta ética hacia sus semejantes. Entre ellos se encuentran personas como Mahatma Gandhi, la Madre Teresa, Martin Luther King Jr. el Dalai Lama, Swami Vivekananda, y otros.

Es un hecho que, si te dedicas a cultivar sólo pensamientos y acciones amorosas, el miedo te abandonará por completo, permitiendo que el impulso de tu Ego caiga, lo que te preparará para el despertar de la Kundalini. Las personas odiosas, egoístas, y deshonestas nunca podrán despertar la energía Kundalini, sin importar el método que utilicen y lo mucho que lo intenten. El alma debe estar preparada para tal experiencia, lo cual sólo podemos lograr volviéndonos amorosos, honestos, y justos.

No importa si eres Cristiano, Musulmán, Judío, o Budista; el proceso de salvación es Universal. Por lo tanto, en lugar de esperar a que alguna *Deidad* te salve según cualquier escritura religiosa en la que creas, debes ser nuestro propio Mesías (Salvador) asumiendo el papel de Jesús, metafóricamente hablando. Todos ustedes son Dioses y Diosas por derecho de nacimiento, pero necesitan despertar y elevar la Kundalini a la Corona, infundiendo así la Luz Divina en sus Chakras para optimizar su potencial energético.

LOS ELEMENTOS EN LA NATURALEZA

Todo lo que ves ante tus ojos está formado por energía Espiritual. De ahí que el Elemento Espiritual se denomine "Espacio" en la tradición Yóguica y Tántrica Oriental: la idea de que el espacio físico nos rodea y se extiende infinitamente en todas las direcciones. El Espíritu vibra en la frecuencia más alta de vibración; por lo tanto, es invisible a los sentidos. Interpretan toda la Materia física como la energía base que la compone.

Durante la creación del Universo, la alta vibración del Elemento Espíritu comenzó a disminuir, manifestándose secuencialmente como los cuatro Elementos primarios de Fuego, Agua, Aire, y Tierra. Todas las cosas creadas retuvieron la energía del Espíritu en su estado potencial, lo que significa que el Espíritu se encuentra dentro de todas las cosas existentes, al igual que los otros Cuatro Elementos. Aparte del Plano Físico de la Materia, que es visible para los sentidos y representa un aspecto del Elemento Tierra, los otros Elementos son invisibles, pero se puede acceder a ellos a través de la conciencia.

Los cuatro Elementos primarios son divisiones de la naturaleza y la energía fundacional de todo en el Universo. Sin embargo, los Cuatro Elementos no son técnicamente cuatro, sino tres; ya que el cuarto Elemento de la Tierra es la composición de los tres Elementos fundacionales en su forma más densa. Por lo tanto, la Tierra y el Espíritu se parecen en muchos aspectos, pero existen en extremos opuestos de la escala vibratoria. Los tres Elementos fundamentales son el Agua, el Aire, y el Fuego.

El Planeta Tierra representa el aspecto bruto del Elemento Tierra. En la Cábala, nos referimos a nuestra existencia física en el Planeta Tierra como Malkuth (el Reino), que incluye la tierra que pisamos. A través de Malkuth y de nuestros sentidos corporales, podemos experimentar la manifestación física de los otros tres Elementos: los océanos, los mares, los ríos, y los lagos (Agua), el aire que contiene oxígeno (Aire) y, finalmente, el Sol (Fuego) como nuestra fuente primaria de Luz y calor.

Cada uno de los Cinco Elementos representa un estado de la Materia. Por ejemplo, la Tierra constituye todos los sólidos (incluidos los alimentos), el Agua son todos los líquidos, el Aire son todas las sustancias gaseosas, y el Fuego se relaciona con la combustión o la llama, que tiene el poder de transformar los estados de la Materia. Por ejemplo, el agua puede transformarse en gas (vapor) mediante la aplicación del fuego, que vuelve a convertirse en agua, y luego en hielo (sólido) si el fuego/calor se retira el tiempo suficiente.

Necesitamos todos los Elementos para sobrevivir. El Sol es nuestra fuente de calor; sin él, nos congelaríamos. El agua y los alimentos dan sustento a nuestro cuerpo; sin ellos, moriríamos en cuestión de días (agua) o semanas (alimentos). La respiración (el aire) es la prueba de la vida, y sin oxígeno no podríamos sobrevivir más que unos minutos. Por último, tenemos el Espíritu, o el Espacio, el Vacío que representa la oscuridad, el vacío y la inmensidad, que sirve de base para todas las experiencias Espirituales.

Muchos sistemas antiguos consideran los Cuatro Elementos como Reinos internos a los que podemos acceder a través de prácticas Espirituales, algunas de las cuales se exploran en este libro. Entiende que estás trabajando con los Cinco Elementos siempre que trabajes con los Siete Chakras Mayores. El Elemento Espíritu es el único que se corresponde con más de un Chakra ya que su alcance es mayor que el de los otros Cuatro Elementos. Como tal, sólo podemos explorar el Elemento Espíritu a través de múltiples Chakras.

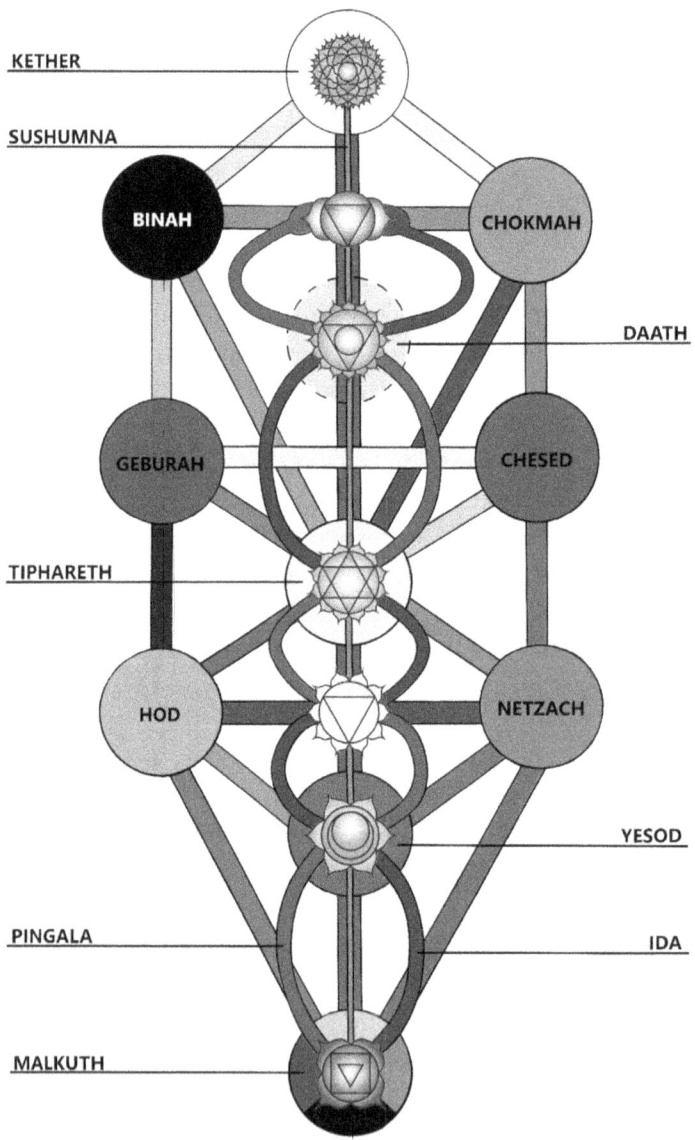

Figura 13: El Árbol de la Vida Sephiroth y los Tres Nadis

EL ELEMENTO ESPIRITUAL

El Espíritu es la *Prima Materia*, la Primera Sustancia, y la Fuente de todas las cosas existentes. No es técnicamente un Elemento en sí mismo, sino que es la composición de la suma de los Cuatro Elementos: es el bloque de construcción, el medio, el pegamento que los mantiene unidos. Como se ha dicho, puesto que todas las cosas del Universo proceden del Espíritu, todas las cosas acabarán reabsorbiéndose en el Espíritu, a su debido tiempo. Por esta razón, buscamos evolucionar espiritualmente y reunirnos con la mente de nuestro Creador, es un deseo innato en nosotros.

La palabra Inglesa "Spirit" viene del Latín "spiritus", que significa "aliento". Esta correlación entre las dos palabras nos indica que existe una correspondencia con la energía del Espíritu y el acto de respirar el aire que contiene oxígeno que nos rodea, una manifestación física del Elemento Aire.

Todos los seres vivos que respiran para mantener su vida necesitan este proceso continuo de introducir el Espíritu en sus cuerpos. Así pues, la respiración es la prueba de la vida. Por esta razón, las técnicas de respiración (llamadas Pranayama en el Yoga) son esenciales en todas las disciplinas Espirituales. Además, la respiración controlada facilita la meditación, que eleva la vibración de nuestra conciencia para experimentar los Planos Cósmicos superiores.

Aethyr es otro nombre para el Espíritu en las tradiciones Antiguas y en la física moderna. El Aethyr representa el medio o sustancia sin forma e invisible que impregna el Cosmos. En *The Magus, los Aethyrs* son una sucesión de treinta Mundos Internos a través de los cuales podemos explorar los Elementos dentro de nosotros mismos.

El Elemento Espíritu/Aethyr/Espacio se atribuye al Chakra de la Garganta (Vishuddhi), al Chakra del Ojo de la Mente (Ajna), y al Chakra de la Corona (Sahasrara). Los tres Chakras Espirituales son expresivos del Plano Espiritual. En la Cábala, el Elemento Espíritu representa a los Superiores, las Esferas de Kether, Chokmah, y Binah, que se encuentran en la cima del Árbol de la Vida. El Elemento Espíritu también incluye la parte superior de la Esfera de *Daath*, la décima-primera Esfera invisible, que se corresponde directamente con el Chakra de la Garganta. (Consulta la Figura 13 como referencia para los Sephiroth del Árbol de la Vida y su relación con los Chakras y los tres Nadis Kundalini).

Daath es llamado el "Abismo" en la Cábala como el punto de separación entre la dualidad de los siete Sephiroth inferiores y la No-Dualidad de los Superiores. La única dualidad que existe en el nivel de los Superiores es Chokmah -el Padre- y Binah -la Madre-. Chokmah y Binah son las fuentes de toda dualidad en el Universo, como los componentes de la Fuerza y la Forma, el Alma (Fuego) y la Conciencia (Agua). Estos dos Sephiroth son la fuente de los Elementos Primarios del Fuego y del Agua, aunque en el nivel del Espíritu (Fuego del Espíritu y Agua del Espíritu). Kether es la Luz Blanca que contiene estos dos aspectos duales, que es también la fuente del Elemento Aire (Aire del Espíritu).

Las tres Esferas de Kether, Chokmah y Binah funcionan como un todo. Chokmah recibe su energía arquetípica de Kether, y Binah transforma esas ideas Arquetípicas en Forma. El equivalente cristiano de los Superiores es la Trinidad: el Padre, el Hijo, y el Espíritu Santo. El concepto de la Trinidad está en la raíz de todas las tradiciones Espirituales, aunque con diferentes nombres. Por ejemplo, en el Hinduismo, la Trimurti (que en Sánscrito significa "tres formas de trinidad") representa la triple Deidad de la Divinidad Suprema: la expresión cósmica de la Creación (Aire), el mantenimiento (Agua) y la destrucción (Fuego). Una vez más, vemos los tres Elementos fundacionales en acción, aunque en una secuencia diferente. El Aire está siempre en la cima de la pirámide, aunque el Agua y el Fuego pueden ser intercambiables.

Daath se corresponde con el Chakra de la Garganta, Vishuddhi. Como Daath representa el conocimiento y el propósito de nuestra caja de voz (laringe) es generar la vibración (tono y volumen) en nuestras cuerdas vocales, la comunicación verbal expresada a través del lenguaje nos vincula con el Creador.

El *Libro del Génesis* dice: "En el principio era el Verbo, y el Verbo era Dios, y el Verbo estaba con Dios" (Juan 1:1). Por lo tanto, la Palabra es nuestra conexión con Dios. Como tal, la práctica de Mantras que implican el uso de Palabras de Poder y la vibración de nuestra caja de voz en un tono profundo es una forma de conectar con nuestros poderes dados por Dios y sintonizar nuestra conciencia con los Reinos Superiores. Dado que el Espíritu es el factor de unión de los otros Cuatro Elementos, el Chakra de la Garganta, Vishuddhi, representa la síntesis de los Cuatro Elementos en el Espíritu, expresado a través de la comunicación.

El sexto Chakra, Ajna, tiene que ver con la visión psíquica (clarividencia) - la capacidad de ver imágenes visuales Astralmente, en un nivel interno. Estos mensajes se proyectan a menudo desde los mundos divinos y Espirituales y nos dan el don de la precognición, la capacidad de predecir los acontecimientos antes de que sucedan. Dado que el don psíquico del Ajna son las visiones internas, se le llama el Tercer Ojo, o el Ojo de la Mente. (Más adelante se habla de la importancia de Chakra Ajna y su portal de visión). Ajna está directamente vinculado a Chokmah y Binah ya que, a través de este Chakra, accedemos a estas dos Esferas.

El Chakra Ajna es la sede de la intuición, nuestra más alta facultad interna de percepción. La intuición nos permite leer la energía que nos rodea directamente en lugar de utilizar nuestro intelecto o nuestras emociones. Nos da una sensación de conocimiento, aunque no revela con precisión cómo sabemos lo que sabemos. La intuición también nos permite acceder a la guía interna de los Mundos Divinos, ya que nos vincula con nuestro Santo Ángel de la Guarda, que reside en la Esfera de Chokmah. El Ajna nos permite atravesar la ilusión, acceder a verdades más profundas, y ver más allá de la mente y las palabras. Nos permite experimentar la energía Arquetípica que hay detrás de las imágenes.

El séptimo Chakra es el Chakra de la Corona, Sahasrara, en la parte superior de la cabeza. Es el más alto de los Chakras Mayores y su culminación. Sahasrara es la fuente de la energía Espiritual y de la Gran Luz Blanca, que se vierte en los Chakras inferiores, potenciándolos. El punto inicial de nuestro Ser Transpersonal se expresa a través de nuestros Chakras Transpersonales por encima de la cabeza y por debajo de los pies. El Sahasrara es nuestra conexión con la Fuente Divina de toda la Creación y la expresión más alta del Elemento Espíritu - representa la unidad y la reconciliación de los opuestos ya que es el Chakra de la Unidad.

Cabalísticamente, Chakra Sahasrara se corresponde con Kether-la Corona como el comienzo de los Tres Velos de la Existencia Negativa, también llamado *Ain Soph Aur*. Sahasrara es el punto de encuentro entre lo Finito y lo Infinito-está más allá del Tiempo y del Espacio ya que es Eterno, lo que significa que siempre existió y seguirá existiendo hasta el final de los tiempos.

Aunque los tres Chakras superiores son del Elemento Espíritu, sólo el Sahasrara es No-Dual. El Ajna es el vehículo de nuestra mente para alcanzar la Corona, mientras que el Vishuddhi se conecta con la energía del Espíritu a través de la Palabra hablada. La conciencia del Ego llega tan alto como el Vishuddhi, aunque se pierde por completo en el Ajna debido a la conexión del Ajna con el Sahasrara. Por debajo del Ajna, experimentamos miedo y sufrimiento, mientras que, por encima de él, trascendemos el Ego. A través de la trascendencia, accedemos a estados de dicha que acompañan a la experiencia Espiritual, la cual es incomprensible para la persona ordinaria que ocupa su mente principalmente con los deseos del Ego.

EL ELEMENTO FUEGO

El Elemento Fuego purifica y transforma todas las cosas que ya no son útiles para nuestro cuerpo, mente, y Alma. Todas las cosas nuevas surgen del Fuego, ya que las cosas viejas son consumidas por él: el Fuego es un poderoso limpiador, ya que quema las impurezas.

El Elemento Fuego es el Principio Masculino y la energía Padre (Chokmah), el Alma. En Alquimia, el Alma y el Elemento Fuego se refieren *al Azufre*, uno de los tres Principios de la naturaleza. El fuego representa la fuerza y la voluntad, y es el más cercano al Espíritu de los tres elementos fundacionales. La parte activa del Ser se apoya en el Elemento Fuego: representa la mente consciente y la vitalidad, la confianza, la creatividad, y el valor.

El Elemento Fuego es el tercer Chakra, Manipura, situado en el Plexo Solar. Por su ubicación y tipo de energía, está relacionado con los procesos digestivos y metabólicos del cuerpo. El Elemento Fuego representa la combustión dentro del Mundo de la Materia, manifestando tanto el calor como la Luz. Provoca la transmutación, la regeneración, y el crecimiento a través de la aplicación del calor.

La correspondencia Cabalística del Elemento Fuego es el Sephira Geburah, cuya atribución planetaria es Marte. El Fuego de Geburah es el de la fuerza de voluntad y el impulso. El Elemento Fuego también se expresa a través de *Netzach* como deseo, y pasión, que son impulsados por el Elemento Fuego. El deseo suele ser instintivo e involuntario, como el deseo sexual o sensual. Por otro lado, la pasión suele implicar creatividad y es algo sobre lo que tenemos control.

El Elemento Fuego también estimula y potencia la inteligencia; de ahí que se exprese también a través del *Hod* Sephira como la fuerza de la mente (fortaleza) frente a las emociones fluctuantes. El intelecto y la razón son la fuerza motriz de la voluntad en los niveles inferiores, mientras que el Alma es la fuerza motriz en los niveles superiores.

Manipura expresa el Plano Mental Superior, justo debajo del Plano Espiritual. Tiene contacto directo con el Elemento Espíritu y los Superiores. Cuando la energía del Espíritu desciende a Manipura, la fuerza de voluntad se exalta, ya que se vuelve motivada por el amor incondicional.

El Fuego es el dinamismo y la motivación, la causa detrás del efecto. El Fuego es la fuerza de voluntad enfocada que impulsa el pensamiento detrás de cada acción inducida conscientemente - requiere su opuesto (Agua) como barómetro e impulso para la acción. Una persona utiliza su fuerza de voluntad por amor propio o por amor incondicional a toda la humanidad. Por lo tanto, los elementos Fuego y Agua existen como una dualidad entre sí ya sea en el cuerpo o en la mente.

Las personas cuyo Elemento Fuego está inactivo tienen poco poder personal y ningún control real sobre sus vidas. Otras personas piensan por ellos y carecen de la energía bruta para manifestar los deseos de su vida. Por el contrario, las personas con abundancia del Elemento Fuego tienen el poder necesario para manifestar sus sueños. Tienen confianza en sí mismas y atraen los deseos de su alma, incluida la elección de sus parejas románticas, y no se conforman con lo que les llega.

La manifestación requiere la aplicación del Elemento Fuego, que se filtra a través del Elemento Tierra. Hay una acción y reacción de ida y vuelta, que ocurre continuamente entre los Elementos Fuego y Tierra cuando tu Alma es tu fuerza guía. Por el contrario, cuando tu Ego es la fuerza que te guía, la fuerza de voluntad queda secuestrada, y tu Elemento Tierra extrae su energía primaria de las emociones involuntarias del Elemento Agua en su lugar.

El elemento Aire es necesario para alimentar tanto el Fuego como el Agua, y tus pensamientos pueden servir a tu Alma o a tu Ego. Tu Libre Albedrío determina a quién eliges servir, ya que no puedes atender a tu Alma y a tu Ego simultáneamente.

El Elemento Fuego, al igual que el Elemento Espíritu, se expresa a través de los otros tres Elementos. Es el más elevado de los Cuatro Elementos en cuanto a su alcance y exige nuestra máxima atención.

EL ELEMENTO AGUA

El Elemento Agua es el Principio Femenino, Madre; el Yin del Elemento Fuego, el Yang. Así, el Elemento Agua se relaciona con la Forma y la Conciencia, mientras que el Elemento

Fuego se relaciona con la Fuerza y el Alma. Estos dos existen en una relación simbiótica entre sí. En la Alquimia, el Elemento Agua se relaciona con el Principio *Mercurio*.

Como energía fluida de la conciencia, el Elemento Agua también se relaciona con el Sephira Binah, el Astral, o plano invisible de todos los cuerpos sólidos del Universo. A nivel interno y humano, el Elemento Agua comprende nuestros sentimientos y emociones. Es la parte pasiva y receptiva del Ser, el subconsciente. El agua (H2O) está formada por las moléculas de hidrógeno y oxígeno que sostienen físicamente la vida material. Toda la vida acuática también depende del oxígeno del agua para respirar.

El Elemento Agua es el segundo Chakra, Swadhisthana (Sacro), situado entre el ombligo y el bajo vientre. El Swadhisthana expresa el Plano Astral Superior (Emocional). Las emociones tienen que ver principalmente con las expresiones de amor en la vida de uno, incluyendo el amor a sí mismo y el amor a los demás. La correspondencia Cabalística del Elemento Agua es con *Chesed*, cuya atribución planetaria es Júpiter. Chesed es la expresión del amor incondicional, la misericordia, y el altruismo, que son las expresiones más elevadas del Elemento Agua.

Al estar relacionado con las emociones, el Elemento Agua abarca otros Sephiroth del Árbol de la Vida, al igual que el Elemento Aire (pensamientos). Dado que la Esfera de Netzach es la forma de las emociones inferiores, más instintivas, como la lujuria y el amor romántico, el Elemento Agua se expresa también a través de esta Esfera. Netzach corresponde al Planeta Venus y al deseo, que se siente como una emoción atemperada por el Elemento Fuego.

El Elemento Agua también potencia la mente lógica y razonadora de Hod, ya que Hod y Netzach trabajan para complementarse. Hod corresponde a Mercurio y, por tanto, en este aspecto del Elemento Agua, trabaja en combinación con el Elemento Aire y los pensamientos.

El Elemento Agua también está relacionado con la energía sexual y los instintos que se encuentran en la Luna, que se corresponden con la Esfera de *Yesod*. Como puedes ver, el Elemento Agua abarca múltiples Sephiroth medios e inferiores del Árbol de la Vida, al igual que los Elementos Aire y Fuego.

La lección humana general del Chakra del Agua es aprender a amar sin apego a través del Alma. Debes transformar tus emociones de amor inferiores en otras más elevadas permitiendo que tu Alma dirija la conciencia en lugar del Ego.

EL ELEMENTO AIRE

El Elemento Aire es el vástago de los Elementos Fuego y Agua como la siguiente etapa de manifestación. Como descendiente, el Elemento Aire representa la energía del Hijo. Para la humanidad, el Aire se asocia con el intelecto y la mente lógica. El pensamiento y los pensamientos, al igual que el aire que nos rodea, son rápidos, cambiantes, y sin forma.

Como el elemento Fuego está relacionado con la acción, el Aire está asociado a la comunicación. Al igual que el Elemento Fuego, el Aire es una cualidad masculina, que representa la actividad y la energía, pero en un nivel interno, la mente. El Aire sostiene toda la vida a través del acto de respirar el aire que contiene oxígeno que nos rodea. En la realidad física, el Elemento Aire forma la atmósfera de la Tierra como una mezcla de gases.

El Elemento Aire se corresponde con el cuarto Chakra, Anahata (Corazón), situado entre los dos pechos en el centro del pecho. Anahata es también el Chakra central en el modelo de los Siete Chakras Mayores, que separa los tres Chakras del Elemento Espíritu de arriba, con los tres Chakras Elementales inferiores de abajo. En el modelo de los Planos Cósmicos, el Anahata expresa el Plano Mental Inferior, que separa el Elemento Agua por debajo y el Elemento Fuego por encima. Como tal, el Elemento Aire interactúa más con estos dos Elementos psíquicamente.

Cabalísticamente, el Elemento Aire se corresponde con la Esfera de *Tiphareth* (cuya atribución planetaria es el Sol) y la Esfera de Yesod (que se atribuye a la Luna). Como parte de los Superiores, el Elemento Aire se atribuye a Kether como energía creadora.

Tiphareth es nuestra fuente de imaginación, que requiere estar en un acto constante de creación, una expresión del Elemento Aire. Tiphareth es el centro del Árbol de la Vida, ya que recibe todas las demás energías Sephiroth, excepto Malkuth-la Tierra. A Malkuth se llega a través de Yesod, la Luna. El Elemento Aire tiene una naturaleza dual. Puede ser engañoso, como la Luna, o expresivo de la verdad, como el Sol. La verdad se recibe y se percibe a través de la intuición.

Mientras que el Chakra del Elemento Tierra (Muladhara) tiene que ver con la estabilidad, el Chakra del Elemento Aire (Anahata) tiene que ver con su opuesto: los pensamientos. Como los pensamientos están compuestos por una sustancia etérea, pertenecen a la mente. Todos los seres vivos utilizan los pensamientos para navegar por su realidad, ya que el pensamiento da vida a los Elementos Fuego y Agua dentro de la psique. El Fuego representa la fuerza de voluntad, mientras que el Agua representa la emoción y el amor. Sin embargo, no se puede tener ninguno de los dos sin el Aire, ya que el pensamiento los impulsa a ambos. Antes de poder realizar cualquier cosa en este mundo, hay que pensar en hacerla. Por lo tanto, el pensamiento está en la raíz de toda la Creación, ya sea para los humanos o para otros animales.

El Aire también se correlaciona directamente con el Elemento Espíritu/Aethyr y los Superiores. El Elemento Aire es el equilibrador de todas las cosas mentales, emocionales, y Espirituales. Como tal, está directamente relacionado con Kether, la fuente de la energía del Espíritu.

Los Hermetistas sostenían que, aunque los animales tienen sentimientos e imaginación, sólo los humanos tienen lógica y razón, a las que se referían como "Nous". Nous es una facultad de la mente que es el bloque de construcción de la inteligencia, impulsada por el Elemento Aire. En la Cábala, la Esfera de Hod está vinculada al intelecto directamente. Sin embargo, en la instancia de Hod, el Aire está templado por el Elemento Agua.

El Aire también está relacionado con el elemento Fuego y el pensamiento o el impulso emocional. Por lo tanto, el Aire se correlaciona directamente con Netzach-emociones y deseos. Una mente que funciona bien significa que el individuo está bien equilibrado en el Elemento Aire.

EL ELEMENTO TIERRA

El Elemento Tierra representa el Mundo Tridimensional, la expresión material de la energía Universal. Durante el proceso de Creación, el Elemento Tierra se manifestó cuando el Espíritu ha alcanzado el punto más bajo de densidad y frecuencia de vibración. Como tal, representa todos los sólidos que tienen masa y ocupan espacio, término que llamamos "Materia". La Tierra es la síntesis de los Elementos Fuego, Agua, y Aire en su forma más densa y el contenedor de esos Elementos en el Plano Físico. En la Alquimia, el Elemento Tierra se relaciona con el Principio de *la Sal* en la naturaleza.

La Tierra representa el movimiento y la acción; necesitamos la energía de la Tierra para realizar cualquier actividad física. A nivel energético, el Elemento Tierra representa el enraizamiento y la estabilidad. Se necesita una dosis adecuada de energía de la Tierra para manifestar lo que hay en nuestra mente y corazón; de lo contrario, nuestra energía mental y emocional permanece en los Planos Cósmicos interiores.

Dentro de la realidad física, la Tierra son los compuestos orgánicos e inorgánicos de nuestro Planeta. Representa el crecimiento, la fertilidad, y la regeneración en relación con Gaia, el Planeta Tierra, la Madre que nutre nuestros cuerpos. Los términos "Madre" y "Materia" suenan igual y comparten significados similares. Del mismo modo, los elementos Agua y Tierra tienen una estrecha relación como únicos elementos pasivos y receptivos. La Tierra es la expresión material del Mundo Astral, representado por el Elemento Agua.

El Elemento Tierra es el Muladhara, el Chakra Raíz, que corresponde Cabalísticamente a la Esfera de Malkuth. Muladhara expresa el Plano Astral Inferior, que está inextricablemente conectado con el Plano Físico como vínculo de unión. Por lo tanto, Muladhara es el primer Chakra cuya ubicación (entre el coxis y el perineo) está más cerca de la Tierra física.

La expresión del Elemento Tierra en nuestra psique siempre está relacionada con nuestra conexión con el mundo material. Algunos de los aspectos más mundanos del Elemento Tierra son tener un trabajo y poseer una casa y un coche. Todo lo relacionado con el dinero y la propiedad de bienes materiales es una expresión del Elemento Tierra. Un exceso del Elemento Tierra da lugar a ser demasiado materialista y codicioso, lo que resta energía Espiritual a la persona.

La Tierra es lo opuesto al Espíritu: mientras el Espíritu utiliza la energía del Fuego, el Agua, y el Aire en un nivel superior, la Tierra utiliza esos tres Elementos en un nivel inferior y más denso. La energía de la Tierra busca proporcionarnos las cosas que necesitamos para que nuestra existencia material y física sea feliz y esté contenta.

Sin embargo, como dice el axioma Hermético: "Como es Arriba, Es Abajo", Kether está en Malkuth y Malkuth está en Kether. Dios está en todo lo que vemos ante nosotros y dentro de nosotros: la energía del Espíritu interpenetra toda la existencia. Por lo tanto, el Elemento Tierra se vincula directamente con el Espíritu, ya que el Espíritu encarna la Tierra. El Espíritu necesita el Elemento Tierra para poder manifestar la realidad en el Mundo de la Materia. Cuando el Espíritu se manifiesta a través del Alma, el resultado es fructífero, mientras que cuando trabaja a través del Ego, el resultado arroja un Karma negativo.

El Elemento Tierra se centra en satisfacer nuestras necesidades fisiológicas básicas, vitales para nuestra supervivencia, como el refugio y la necesidad de aire, agua, comida, y sueño. El ejercicio físico también es esencial, así como la calidad de los alimentos y el agua que introducimos en nuestro cuerpo. El Elemento Tierra también se ocupa de la procreación y de nuestro deseo de tener relaciones sexuales. La energía del Elemento Tierra tranquiliza nuestras mentes y nos ofrece el combustible para afrontar nuestras actividades físicas diarias, cuyo propósito es mantenernos en movimiento en nuestra existencia Terrestre.

LOS PLANOS CÓSMICOS

El proceso de transformación de la Kundalini comienza como un fuego ardiente y volcánico, que quema la escoria y la impureza en los diferentes Cuerpos Sutiles del Ser. Cada Chakra tiene su correspondiente Cuerpo Sutil, en el que el recién activado Cuerpo de Luz se moldea, ya que la Luz es una sustancia elástica. Tu conciencia entonces encarna estos diferentes Cuerpos Sutiles para experimentar sus correspondientes Planos Cósmicos de existencia o manifestación. Tu Alma experimenta los Planos Cósmicos a través de la mente ya que es el mediador entre el Espíritu y la Materia. Actúa como un receptor que puede sintonizar con estos diferentes Planos Cósmicos.

Es esencial comprender el concepto de Alma, qué es y en qué se diferencia del Espíritu. El Alma es la chispa individual de Luz que todos llevamos dentro. Los Antiguos dicen que el Alma proviene del Sol. Por esta razón, llaman al Sol "Sol", que es el origen de la palabra "Alma". El despertar de la Kundalini libera el Alma del cuerpo físico para viajar en estos Planos Cósmicos interiores de la existencia. El Alma es la parte más alta de la expresión de lo que eres como una chispa Divina del Sol. Si el Alma es particular sólo a este Sistema Solar se deja para el debate. En teoría, dado que todas las Estrellas canalizan energía de Luz, el Alma podría ser aquella que puede viajar de un Sistema Solar a otro y manifestarse en un cuerpo orgánico en un Planeta diferente.

El Espíritu es la esencia más elevada de la energía Divina y es el proyecto de todas las cosas existentes. El Espíritu es la "materia pensante" de la Mente Divina o Cósmica, que proyecta el Universo conocido. Por lo tanto, el Espíritu es la sustancia animadora de todas las cosas, y es Universal, mientras que el Alma es individual y particular para cada ser humano. El Alma es un Fuego mientras que el Espíritu está por encima de los Cuatro Elementos de Fuego, Agua, Aire, y Tierra como su síntesis-conciencia. El medio de la conciencia es la mente y el cerebro, mientras que el medio del Alma es el corazón. El Espíritu es aquello en lo que tanto el Alma como la mente tienen su existencia.

Puede ser algo complejo entender estas distinciones realmente, principalmente porque la palabra Espíritu y Alma se lanzan en nuestra sociedad al azar sin una definición clara de lo que significa cada una y cómo son diferentes. La mayoría de la gente parece pensar que son la misma cosa. Los Antiguos han hecho todo lo posible para definir tanto el Alma como el Espíritu, pero como la persona promedio de hoy en día está en un nivel inferior de evolución Espiritual, la comprensión colectiva no está allí todavía. Por lo tanto, espero que esta definición muy básica de cada uno te ayude a entender mejor la diferencia.

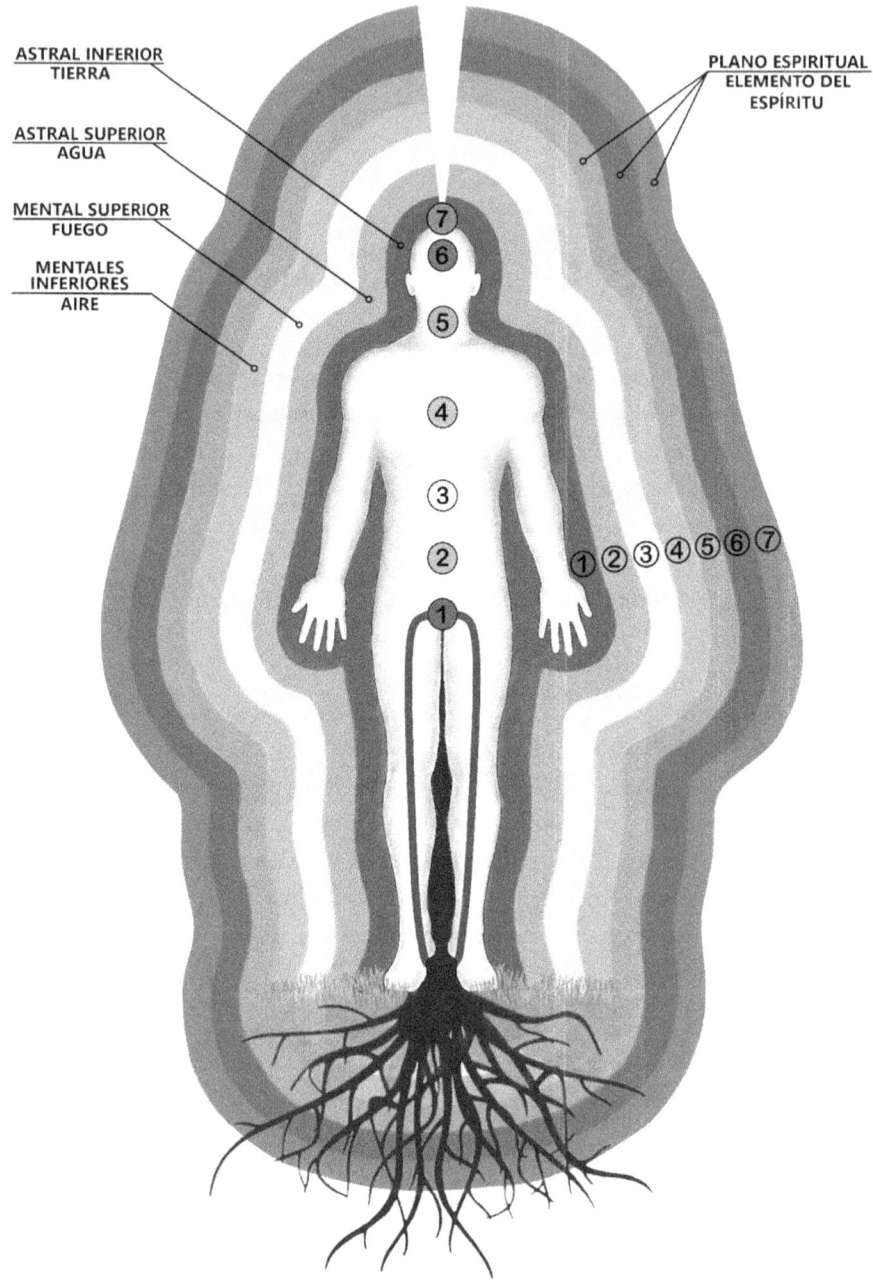

Figura 14: Los Planos Cósmicos Interiores

A medida que progresas en el proceso de transformación de la Kundalini, tu Alma entrará gradualmente en los diferentes Planos Cósmicos de la existencia de forma sistemática e integrará esas experiencias en tu psique. También puedes inducir estados mentales particulares a través de técnicas rituales de Magia Ceremonial, que invocan uno de los Cinco Elementos de Tierra, Aire, Agua, Fuego, y Espíritu, así como los Sub-Elementos de cada uno. Estos ejercicios rituales le permitirán acceder directamente a los Planos Cósmicos, ya que los Cinco Elementos se corresponden con los Chakras. Consulta *The Magus: Kundalini and The Golden Dawn* para estas técnicas rituales.

Los Planos Cósmicos de existencia ocupan el mismo espacio y tiempo, pero existen en diferentes grados de vibración. La vibración más baja y densa será el Mundo Físico de la Materia que vivimos en nuestro día a día. Una vez que se aumenta la vibración, se entra en los diferentes Planos de existencia, Astralmente, a través de la mente. Cuanto más alta sea la tasa o frecuencia de vibración, más alto será el Plano. La materia está en la frecuencia más baja, mientras que el Espíritu vibra a una frecuencia tan alta que está prácticamente en reposo y es invisible a los sentidos.

Los Planos Cósmicos existen dentro del Aura en capas (Figura 14), igual que las capas de una cebolla superpuestas una sobre otra. Las capas superiores se penetran e impactan en las inferiores. La imagen de la Figura 14 es un esquema que muestra la secuencia de las capas relativas a los Chakras. Sin embargo, no es una representación exacta del Aura en sí. En el Aura humana, cada una de las capas de los Chakras Mayores está más cerca una de otra, superpuesta a cuatro capas más extensas relacionadas con los Chakras Transpersonales. Así, once capas primarias componen el Aura. (Para más información sobre el Aura, véase el discurso titulado "El Campo Energético Aura-Toroidal").

También hay que tener en cuenta que el Aura es dinámica en su expresión y está en un estado constante de flujo y reflujo mientras expresa la conciencia individual. En cada momento, diferentes colores se arremolinan y giran dentro del Aura en función del contenido que la mente y el corazón enfocan y experimentan.

Los Planos Cósmicos existen todos secuencialmente, emanando de la Luz Blanca, que se encuentra en Sahasrara, el Chakra Coronario. El proceso de manifestación de lo Divino se filtra hacia abajo en estos diferentes Planos, y un Plano afecta a otro - hay una relación simbiótica entre ellos. A medida que el proceso de manifestación se filtra hacia abajo, una vez que ha alcanzado el Plano Físico, se eleva de nuevo hacia la Luz Blanca, impactando sistemáticamente en cada Plano. El proceso de manifestación es entonces el flujo continuo de ida y vuelta de todo este proceso, infinitas veces en un momento finito, ejemplificado en el axioma Hermético de "Como Es Arriba, Es Abajo".

Cuando realizas acciones en el Mundo Físico, impactas en estos Planos Internos, formando así el Karma. La energía Kármica es la suma total de tus acciones y la expresión de su calidad. Si tus acciones no se llevan a cabo en el nombre de Dios-el Divino, que trabaja a través de la energía del amor incondicional, entonces tendrán consecuencias Kármicas. Como tal, el Karma negativo se alojará dentro de uno de los Planos de manifestación, para que aprendas las lecciones de ese Plano y sintonices tus acciones correctamente, optimizando tus Chakras en el proceso.

Al experimentar estos Planos Cósmicos, puedes aprender sobre las partes de ti mismo que necesitan trabajo. Y puedes trabajar en esas partes de ti mismo experimentando estos Planos Cósmicos. Por ejemplo, a veces las entidades Demoníacas se alojan en uno o más de los Planos Cósmicos, y necesitas encontrarte con estos Demonios y "matarlos". A menudo, esta acción se percibe visualmente en una visión o en un sueño cuando infundes un Demonio con Luz Blanca, desarmándolos. Sin embargo, enfrentarse a ellos con valor es generalmente suficiente para transformarlos y eliminar la energía del miedo del Plano Cósmico en el que habitan. A su vez, el Chakra correspondiente se afinará, permitiendo que brille más energía de Luz a través de él.

Cuando se trabaja con la energía Kármica, se trabaja principalmente con el miedo, ya que el miedo es el combustible de todas las energías Demoníacas. El propósito y la meta de todos los Demonios es asustarte de alguna manera. Ya que el miedo es cuantificable, al trabajar con la energía Kármica, estás eliminando el miedo de tu Aura, poco a poco, hasta que todo desaparezca. Sin embargo, este proceso lleva muchos años y requiere que seas fuerte de mente y corazón. Debes volverte resistente y obstinado para tener éxito si quieres vencer a tus Demonios. Una vez que todo el miedo sea extraído de ti, los Demonios ya no podrán asustarte, y finalmente tendrás el dominio definitivo sobre ellos. Este proceso es la esencia de la obtención del verdadero poder personal.

LOS CINCO PLANOS COSMICOS

Plano Físico y Plano Astral Inferior (Elemento Tierra)

Tu viaje hacia la trascendencia comienza en el Plano Físico, correspondiente al Muladhara, el Chakra Base y el Elemento Tierra. El Muladhara es el más bajo de los Chakras, representando el Plano más denso de la existencia, el Mundo de la Materia. Este Chakra también afecta al Plano Astral Inferior, el plano energético de todas las cosas que existen. Existe una correspondencia con el Plano Físico y el Astral Inferior ya que ambos participan del Elemento Tierra y del Chakra Muladhara. El Cuerpo Sutil correspondiente a este Plano Interior es el Cuerpo Astral Inferior. El Cuerpo Físico es el cuerpo que utilizamos para experimentar el mundo de la Materia. Esta relación es evidente.

El ser humano está inextricablemente conectado a la Tierra a través de la fuerza de gravedad. A nivel energético, estamos conectados a la Tierra a través de los Chakras de los Pies y los canales de energía en las piernas que se conectan con el Chakra Muladhara. Esta conexión nos permite conectar a tierra nuestro sistema Cháquico mientras que el Nervio Ciático conecta nuestro sistema nervioso y cuerpo físico a la Tierra. El sistema energético humano es como un árbol con raíces profundas en la Tierra. La Tierra nos nutre a través de esta comunicación bidireccional, que apoya y sostiene nuestra conciencia.

Plano Astral Superior (Elemento Agua)

A medida que se asciende en los Planos, el siguiente en la secuencia es el Plano Astral Superior. A menudo se le conoce como el Plano Emocional, relacionado con las emociones más bajas e instintivas -nuestras acciones en el Mundo Físico provocan una respuesta emocional involuntaria. El Plano Astral Superior está asociado con la sexualidad, el miedo y el Ego, ya que se relaciona directamente con la mente subconsciente. Corresponde al

Elemento Agua y al Swadhisthana, el Chakra Sacro. El Cuerpo Sutil particular de este Plano es el Cuerpo Astral Superior.

Después de un despertar completo de la Kundalini, una vez que las mentes consciente y subconsciente se unen, el caos emocional domina la psique durante bastante tiempo. Enfrentarse a tu Yo de la Sombra puede ser algo aterrador, especialmente si no estás preparado para tal experiencia. Por muy desafiante que sea, la energía Kármica del Elemento Agua necesita ser superada para que puedas avanzar en tu viaje de Ascensión Espiritual. La energía del miedo puede tardar más en ser purgada, dependiendo del nivel de tu Evolución Espiritual. Sin embargo, con coraje y determinación, se puede lograr, lo que resulta en que el Chakra Swadhisthana se sintonice, permitiendo que la conciencia se eleve por encima de su nivel y entre en el Plano superior.

Plano Mental Inferior (Elemento Aire)

Una vez que hayas terminado de integrar las lecciones del Elemento Agua, el siguiente Plano Interior a tratar es el Plano Mental Inferior, correspondiente al Elemento Aire y al Anahata, el Chakra del Corazón. Este Plano se relaciona con tus pensamientos y el pensamiento racional, así como con la imaginación. Las emociones afectan a los pensamientos y viceversa. Debido a su conexión con el Elemento Espíritu, el Anahata se ocupa de las emociones superiores, como la compasión, y el amor incondicional. Como tal, puedes encontrarte con pruebas del Alma relacionadas con esas energías. El Cuerpo Sutil particular de este Plano Interior es el Cuerpo Mental Inferior.

Una vez que hayas entrado en el Plano Mental y tu conciencia esté vibrando a su nivel, comenzarás a tener Sueños Lúcidos. Dado que el Anahata está directamente vinculado al Elemento Espíritu en el Vishuddhi (el Chakra que está por encima de él), tu conciencia puede saltar fuera de tu cuerpo físico a través del Chakra Sahasrara y encarnar tu Cuerpo de Luz si has recibido una activación completa a través del despertar de la Kundalini. Debido a su mayor densidad, el Plano Mental es el punto de contacto para que el Cuerpo de Luz entre en un Sueño Lúcido. Una vez que lo incorpores, te proyectarás a uno de los Planos Cósmicos superiores. Dependiendo de la experiencia de Sueño Lúcido que estés teniendo, es el Plano Espiritual o el Plano Divino. Los Sueños Lúcidos comienzan a ocurrir una vez que tu conciencia está en el Anahata, ya que la afluencia del Elemento Aire es lo que te permite proyectarte fuera del Sahasrara.

En un Sueño Lúcido, estarás plenamente consciente. Experimentarás el sueño como real, ya que el Cuerpo de Luz es un vehículo de conciencia, similar al cuerpo físico, sólo que en un nivel de densidad inferior. Los Sueños Lúcidos se caracterizan generalmente por la absoluta libertad de experimentar cualquier cosa que desees mientras estás en el estado de sueño. Una vez que su conciencia es proyectada fuera del Chakra Sahasrara, un Sueño Lúcido se convierte en una Experiencia Fuera del Cuerpo completa. (Hablaré de los Sueños Lúcidos con más detalle en la segunda mitad del libro, ya que es uno de los regalos más significativos que se reciben después de despertar la Kundalini).

Plano Mental Superior (Elemento Fuego)

El siguiente Plano en el que tendrás que trabajar es el Plano Mental Superior, que se corresponde con el Elemento Fuego, y el Tercer Chakra, el Manipura (Chakra del Plexo Solar). El Manipura se relaciona con tu fuerza de voluntad, tus creencias, tu motivación, y tu impulso en la vida. Es donde se encuentra tu Alma, que se filtra a través de la mente consciente. Tus creencias se forman a través de acciones y pensamientos habituales. Esta conexión con el Alma en el Plano Mental da lugar a los Sueños Lúcidos, ya que el Cuerpo de Luz es el vehículo del Alma. Ten en cuenta que tanto el Elemento Fuego como el Aire están conectados con el Elemento Espíritu, por lo que el Plano Mental es el punto de contacto para alcanzar los Reinos Cósmicos superiores.

Muchas de nuestras creencias arraigadas nos impiden aprovechar nuestro máximo potencial como seres humanos Espirituales. Superar las creencias negativas y limitantes es primordial para vivir el tipo de vida que deseas. Las creencias también, a su vez, afectan a tus sueños y objetivos. El propósito de experimentar estos Planos es purificar el Karma negativo almacenado en cada Chakra. Una vez limpiado, tu conciencia se eleva naturalmente por encima de un Chakra para aprender más lecciones del Alma en un Chakra por encima de él. El Cuerpo Sutil correspondiente a este Plano es el Cuerpo Mental Superior.

Plano Espiritual (Elemento Espiritual)

Una vez que te hayas graduado más allá de los Planos Inferiores de existencia relacionados con los Cuatro Elementos, la energía Kundalini se sublimará y se transformará en un fuego calmante y líquido, que es mucho más agradable. Su cualidad es del Elemento Espíritu, y una vez que ocurre esta transformación, se convierte en tu "modus operandi" para el resto de tu vida. Esta energía del Espíritu eleva tu conciencia a los tres Chakras más altos del Vishuddhi (Chakra de la Garganta), Ajna (Chakra del Ojo de la Mente), y Sahasrara (Chakra de la Corona). Corresponde al Plano Espiritual de la existencia experimentado a través del Chakra Sahasrara y el Chakra Bindu. Se le ha denominado el Mercurio Filosofal de los Alquimistas y la Piedra Filosofal.

El Cuerpo Sutil correspondiente al Plano Espiritual es el Cuerpo Espiritual. Este Cuerpo Espiritual es el siguiente vehículo de conciencia con el que el recién activado Cuerpo de Luz trabaja para alinearse permanentemente. Durante los estados de sueño, el Cuerpo de Luz se amolda al Cuerpo Espiritual para viajar en el Plano Espiritual.

El Plano Espiritual se denomina a menudo "Aethyr", y a menudo se hace referencia al plano Etérico o Etéreo de todas las formas de la Materia. Es sinónimo del plano Astral ya mencionado. La gente a menudo carece del lenguaje para explicar esta ciencia invisible tan particular, por lo que la referencia a estos términos implica el plano energético básico que todos tenemos. No te confundas si no puedes comprender fácilmente cómo funciona todo, sino que estés abierto a aprender y, con el tiempo, a medida que te expongas más a esta realidad invisible, tu comprensión aumentará.

Es esencial entender que la energía Kundalini nunca es estática; siempre está cambiando en su expresión, función, y estado. Esta transformación constante de la energía Kundalini te permite entrar en estos diferentes Planos de forma natural, a menos que elijas hacerlo intencionadamente a través de técnicas de invocación ritual.

Ten en cuenta que hasta ahora estoy describiendo el proceso de elevación en los Planos Internos a través de la conciencia. A medida que la vibración de tu conciencia se incrementa, experimentas Planos cada vez más elevados hasta llegar al Plano Espiritual. Tu conciencia puede llegar tan alto como los Planos Divinos, aunque su experiencia suele ocurrir durante los Sueños Lúcidos. El proceso de manifestación real es un ciclo continuo de filtrado del Espíritu a la Materia y de vuelta a la misma. Este proceso es instantáneo, incesante, y constante, y todos los Planos intermedios se ven afectados.

LOS PLANOS DIVINOS

Los Planos Divinos de existencia se refieren a los Chakras Transpersonales por encima de Sahasrara; los más bajos generalmente se relacionan con el Chakra de la Estrella del Alma mientras que los más altos se relacionan con la Puerta Estelar. Teóricamente, existen ilimitados Planos Divinos de conciencia. Cualquier intento de explicar su número real es inútil ya que la conciencia humana puede llegar tan alto como la Mente de Dios, que es Multidimensional. Aquellos que intentan definir los Planos Divinos se equivocan al juzgarlos ya que sus experiencias no pueden ser categorizadas con ningún grado de continuidad.

No entraré en demasiados detalles sobre los Planos Divinos ya que el propósito de este trabajo es centrarse en los Siete Chakras principalmente, ya que los desafíos iniciales después de despertar la Kundalini radican en dominarlos y purificarlos. Experimentar la energía de alta vibración de los Planos Divinos en los estados de sueño o en las visiones de vigilia es una experiencia trascendental que no se puede expresar con palabras, ya que hacerlo es limitar la experiencia y reducirla a este reino de la dualidad.

Los Planos Divinos son No-Duales e inefables, ya que son el punto de contacto entre lo Desconocido y lo Conocido. La información de los Planos Divinos se filtra a través del Chakra Causal/Bindu en el Sahasrara, la Corona, permitiendo que los Seres de otro mundo hagan contacto con tu conciencia. Siempre que tengas una experiencia "fuera de este mundo" en tus sueños y visites reinos nunca vistos o experimentados, estás trabajando con los Chakras por encima del Sahasrara y "navegando" por uno de los Planos Divinos.

La experiencia de los Planos Divinos es diferente para todos. En *The Magus*, he intentado explicar algunas de mis experiencias con estas fuentes de energía, pero creo que he limitado esas increíbles experiencias al hacerlo. Si has despertado la Kundalini y estás experimentando sueños increíbles, a veces lúcidos, vas a contactar invariablemente con los Planos Divinos de la existencia.

Verás paisajes nunca vistos, hermosos de contemplar. Te sentirás como si estuvieras en un Planeta diferente en otro Sistema Solar, y en realidad, podrías estarlo. Una vez que tu conciencia se libera del cuerpo físico, puedes elevarla a través de una idea o pensamiento inspirador. No es común experimentar los Planos Divinos durante el día, a menos que estés en meditación, pero una vez que abras esta puerta, puedes visitarla por la noche.

Una vez que has hecho contacto con los Planos Divinos en tu conciencia, puedes ser capaz de sentir su presencia intuitivamente, pero por la noche puedes usar tu Cuerpo de Luz para entrar y experimentarlos. Una atracción hacia arriba ocurre en tu conciencia, y cuando entras en el Estado Alfa durante el sueño, puedes oficialmente saltar a los Planos Divinos con tu Cuerpo de Luz. Si sientes que estás en este mundo físicamente, pero tu mente está en otro Planeta, o en otra Dimensión superior, entonces es probable que estés experimentando los Planos Divinos.

VARIACION DE LA SECUENCIA DE CAPAS AURICAS

Notarás que la secuencia de evolución Espiritual a través de los Elementos sigue la sucesión de las capas Áuricas relativas a los Chakras, excepto que en lugar de progresar hacia el Fuego después de superar el Elemento Agua, he experimentado que se llega al Elemento Aire en su lugar. Así, hay un salto gradual a una capa superior antes de volver a una inferior. Eso, o la secuencia de las capas en el Aura no sigue el orden de los Chakras.

Supongamos que seguimos el sistema Cabalístico del Árbol de la Vida de la Evolución Espiritual hacia la Divinidad (Luz Blanca de Kether). Una vez que nos elevamos por encima del Plano Físico de la Tierra, la conciencia experimenta los otros tres Elementos en dos secuencias separadas antes de alcanzar el Plano Espiritual. Después de dejar Malkuth, la Tierra, el individuo alcanza Yesod (Aire inferior), seguido de Hod (Agua inferior) y luego Netzach (Fuego inferior). Luego se eleva a Tiphareth (Aire superior), seguido de Geburah (Fuego superior) y finalmente Chesed (Agua superior). Entonces se encuentran a las puertas del Espíritu y del Plano Espiritual, representado por Daath en el Árbol de la Vida. E incluso dentro del Plano Espiritual, el primer Sephira, Binah, se atribuye al Elemento Agua, mientras que el segundo Sephira, Chokmah, está relacionado con el Fuego. Binah y Chokmah se consideran las fuentes primarias de los Elementos Agua y Fuego, cabalísticamente. Kether, el Sephira más elevado, se corresponde con el Elemento Aire y también se considera su fuente más elevada.

El elemento Aire en el Árbol de la Vida se considera el reconciliador entre los elementos Fuego y Agua. Por esta razón, se encuentra estrictamente en el *Pilar del Medio* en el Árbol de la Vida, también llamado el Pilar del Equilibrio. Por otro lado, los dos Elementos Agua y Fuego se intercambian en los Pilares opuestos del Árbol de la Vida, el *Pilar de la Severidad* y *el Pilar de la Misericordia*. Así, en mi experiencia de elevación de la conciencia y de Evolución Espiritual, no experimenté los Chakras secuencialmente. Creo que este proceso es universal. Por lo tanto, o el sistema Cabalístico es correcto, o el sistema

Cháquico lo es, pero no ambos ya que son diferentes. Entraré más en este tema más adelante cuando describa y discuta el concepto oriental de los Koshas.

IDA, PINGALA Y LOS ELEMENTOS

El flujo correcto de energía a través de Ida y Pingala es de suma importancia para el buen funcionamiento del circuito Kundalini. Los bloqueos en cualquiera de estos Nadis impedirán que la energía funcione como debería. Si hay bloqueos, sufrirás graves problemas mentales y emocionales ya que el Ida y Pingala regulan los Chakras y la conciencia. Ida y Pingala son alimentados por los pensamientos y las emociones, que son influenciados por los cuatro Chakras debajo del Vishuddhi (Chakra de la Garganta) y los Elementos de Tierra, Agua, Aire, y Fuego.

En este capítulo, hablaré de cómo los Cinco Elementos afectan al flujo de Ida y Pingala. A través de las prácticas Espirituales presentadas en este libro o los ejercicios rituales de Magia Ceremonial presentados en *The Magus*, puedes sintonizar tus Chakras. Hacerlo permite que las corrientes de energía en el Ida y Pingala fluyan correctamente, aliviando cualquier dificultad mental y emocional que puedas estar experimentando. Como se describe en *The Magus*, los Treinta Aéreos Enochianos influyen directamente en el Ida y Pingala, ya que utilizan la energía sexual combinada con la energía Elemental para trabajar en uno o ambos canales a la vez. He encontrado que esta operación ritual es la mejor para sintonizar ambos canales de Kundalini y ayudarlos a alcanzar su estado óptimo.

El Elemento Tierra representa la estabilidad y está representado por el Chakra Raíz, que se encuentra entre el ano y los genitales. Este Chakra es vital ya que debe tener energía fluyendo a través de él correctamente para alimentar el sistema Kundalini. El Elemento Tierra te da los medios para corregir este Chakra y sintonizarlo correctamente. Como se mencionó, las líneas de energía de los Chakras de los Pies corren a través de las piernas hasta el Chakra de la Tierra, Muladhara. Estas líneas necesitan ser activadas y optimizadas completamente después de que la Kundalini haya despertado. Su flujo adecuado permite que el Chakra de la Tierra trabaje a su máxima capacidad. Su flujo también alimenta los Nadis Ida y Pingala, que comienzan en Muladhara, pero reciben sus energías masculina y femenina de los canales de energía primarios de las piernas.

Trabajar con el Elemento Tierra permite enraizarse, maximizando el flujo de energía en las piernas. El Elemento Agua y las emociones influyen en el flujo de Ida (femenino), mientras que el Elemento Fuego influye en el flujo de Pingala (masculino). El Elemento Aire anima los canales de Ida y Pingala, ya que da vida a los Elementos Agua y Fuego. Su ubicación es en el Chakra del Corazón, Anahata, que contiene la mayor confluencia de Nadis menores en el cuerpo.

Anahata regula todos los Chakras y los Elementos del cuerpo. Además, el Chakra del Corazón se conecta con los Chakras de las Manos, que canalizan la energía del amor curativo, y sirven como receptores para leer la energía que te rodea. Una vez que se establece el flujo correcto entre los Chakras de las Manos y el Chakra del Corazón en individuos totalmente despiertos a la Kundalini; resulta en la posterior sensación de ingravidez en el cuerpo físico y la disociación mental con el mismo. La energía del Espíritu necesita impregnar toda la contraparte del cuerpo físico, el Cuerpo de Luz, para liberar completamente la conciencia del reino físico.

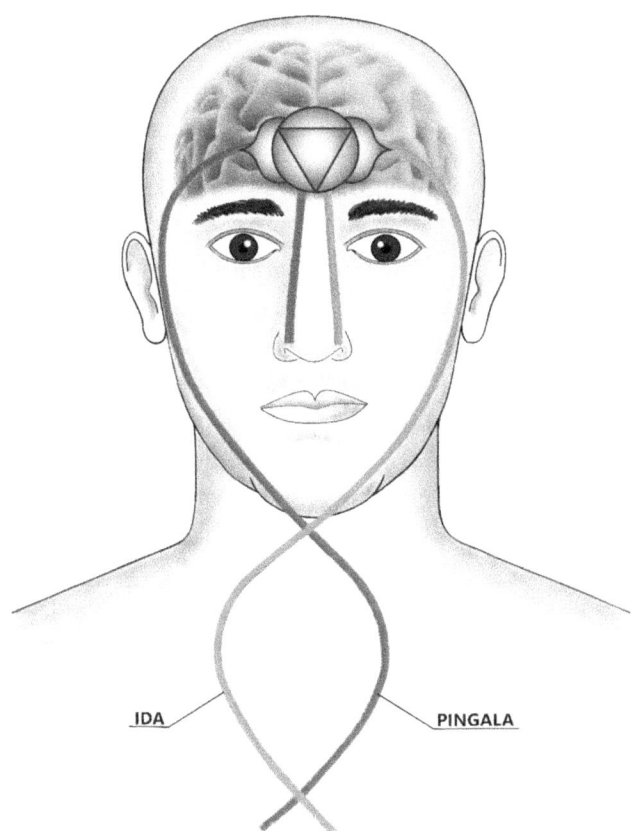

Figura 15: Ida y Pingala Nadis y Ajna Chakra

Cuando se trabaja con el Elemento Aire, se está trabajando con la estimulación de los Nadis Ida y Pingala. Como los dos Nadis se cruzan entre sí en cada uno de los puntos Cháquicos durante el despertar de la Kundalini, terminan en el Chakra Ajna (Figura 15) en el centro del cerebro, en el centro del Tálamo. El portal de Chakra Ajna es el Tercer Ojo, entre y por encima de las cejas y un centímetro dentro de la cabeza. Si los dos canales no se cruzan correctamente, o si hay un bloqueo en el movimiento de cualquiera de ellos en el centro del Ojo de la Mente, todo el sistema Kundalini se desequilibra, afectando a su funcionamiento. A menudo, esto da lugar a pensamientos obsesivos o problemas mentales similares a los de los pacientes esquizofrénicos o bipolares.

Los problemas de salud mental de las personas se derivan de un flujo inadecuado de Ida y Pingala y de desequilibrios en los Chakras. Sin embargo, no podemos demostrarlo con las herramientas de medición científicas actuales. Después de diecisiete años de observar mis procesos mentales y los altibajos en mis pensamientos y emociones, he llegado a esta conclusión. Creo que estas cuestiones son universales, ya que el Ida y Pingala están activos en todas las personas, ya que regulan la conciencia. Sin embargo, en las personas totalmente despiertas de Kundalini, su flujo se optimiza ya que los Tres Granthis están desbloqueados, permitiendo que la energía Pránica sublimada alimente continuamente el sistema, induciendo el estado trascendental.

HEMISFERIOS CEREBRALES IZQUIERDO Y DERECHO

En la Qabalah, las dos facultades internas más elevadas de un ser humano son la Sabiduría y el Entendimiento; ambas recibidas a través de la intuición. Estos dos aspectos del Ser existen en dualidad el uno con el otro, ya que no se puede tener uno sin el otro. Ambos están relacionados con el Elemento Espíritu, ya que representan la parte Supernal del Ser, que nunca nació y nunca morirá. En el Árbol de la Vida, son las Esferas Chokmah (Sabiduría) y Binah (Entendimiento). También se relacionan con la expresión final de los componentes masculino y femenino del Ser, que se encuentran dentro del cerebro como los hemisferios cerebrales izquierdo y derecho.

El hemisferio izquierdo del cerebro está influenciado por la Chiah (que se encuentra en la Esfera de Chokmah). Cabalísticamente, el Chiah es nuestra Verdadera Voluntad. Es la parte masculina y proyectiva del Ser, perteneciente al Elemento Fuego. Es nuestro Santo Ángel de la Guarda y la parte de nosotros que nos impulsa continuamente a acercarnos a la Divinidad. El Chiah es alimentado por el Pingala Nadi, que también está asociado con el hemisferio izquierdo del cerebro en el Yoga Tantra. Se relaciona con el pensamiento analítico, la lógica, la razón, la ciencia, y las matemáticas, el razonamiento, y la capacidad de escribir. El Chiah es fundamentalmente Arquetípico, lo que significa que está hasta cierto punto fuera de nuestra capacidad de entenderlo completamente. Podemos utilizar el lado izquierdo de nuestro cerebro, pero no podemos entender por qué sabemos lo que sabemos ni la fuente de ese conocimiento.

El Neschamah Menor se encuentra en la Esfera de Binah. Es femenina y receptiva, y pertenece al Elemento Agua. La Neschamah Menor sirve como nuestra intuición psíquica. Es la aspiración más elevada del Ser y nuestro más profundo anhelo o estado de conciencia más elevado. Después de todo, nuestro poder intuitivo nos vincula directamente con lo Divino. El Nadi Ida potencia el Neschamah Menor. Influye en las funciones del hemisferio derecho del cerebro, como la comprensión, las emociones, la creatividad, la imaginación, la perspicacia, el pensamiento holístico, y la conciencia de la música y las formas de arte en general.

CORTOCIRCUITOS EN NADIS

A lo largo de tu viaje de transformación de la Kundalini, puedes encontrarte con un momento en el que el Ida o Pingala estén en cortocircuito, lo que significa que dejan de funcionar por el momento. Es crucial entender que una vez que has abierto tu circuito de Kundalini, permanecerá activo por el resto de tu vida, y los cortocircuitos y bloqueos son baches temporales en el camino. Con los cortocircuitos, tienes que reconstruir los canales de Ida o Pingala (el que se haya colapsado) a través de la ingesta de alimentos, lo que ocurre de forma natural con el tiempo. En este momento, es posible que tu Alma te pida que comas más de lo normal para lograr esto, ya que tu Alma reconocerá lo que necesitas hacer para arreglar el problema.

Los cortocircuitos son problemas universales, y muchas personas que han despertado a la Kundalini han informado de que esto les ha ocurrido. Si Ida ha tenido un cortocircuito, normalmente es el resultado de un acontecimiento temeroso en tu vida que causa una carga emocional tan negativa que sobrecarga el canal y lo llena de bioelectricidad negativa. Los cortocircuitos de Pingala son menos comunes y usualmente son el resultado de que alguien o algo se apodere de tu vida y piense por ti por un periodo prolongado. Si esto sucede, el canal Pingala, cuyo propósito es canalizar la fuerza de voluntad, dejará de funcionar.

Ambos canales pueden reconstruirse con el tiempo mediante la ingesta de alimentos y la realización de cambios en tu vida que puedan afectar negativamente a su funcionamiento. La forma de llevar la vida afecta invariablemente a todo el sistema Kundalini y al funcionamiento de los Chakras, incluidos los canales Ida, Pingala, y Sushumna.

Sushumna requiere que los centros cerebrales estén abiertos y que el Bindu funcione correctamente, pero también requiere que la conexión con la Corona esté bien establecida. Si Ida o Pingala, o ambos, dejan de funcionar y sufren un cortocircuito, puede provocar que el Sushumna tampoco funcione correctamente, especialmente en el nivel cerebral superior. Es imposible detener por completo el flujo del Sushumna, ya que es nuestro medio para experimentar la conciencia expandida, la cual, cuando está despierta, nunca puede ser aniquilada. Los canales auxiliares de Ida y Pingala, que regulan la conciencia, pueden ser templados, pero no la propia conciencia superior.

Discutiré más a fondo los cortocircuitos de la Kundalini en la "Parte X: Control del Daño de la Kundalini" y presentaré meditaciones en la siguiente sección que puedes usar para reconstruir y realinear los canales en la cabeza en lugar de esperar a que ocurra naturalmente.

PARTE III: EL SISTEMA ENERGÉTICO SUTIL

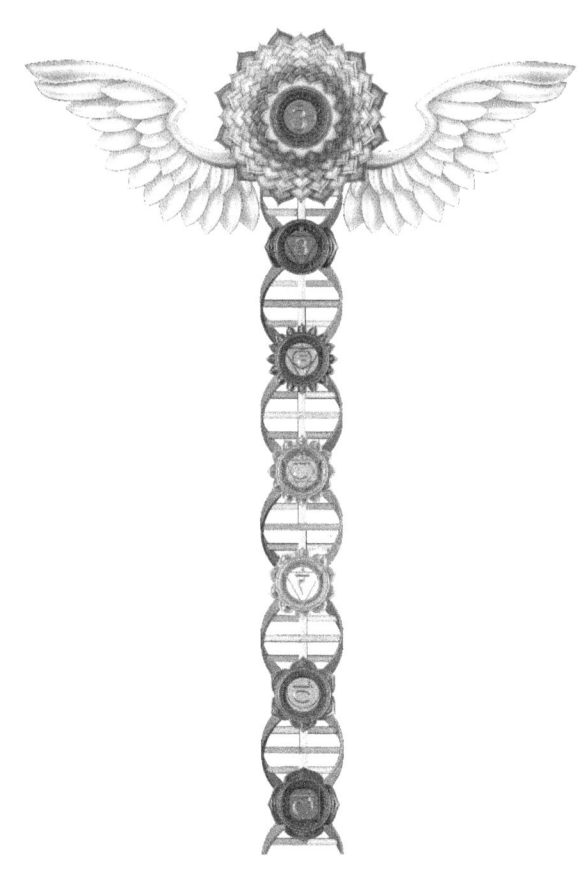

EL CAMPO ENERGÉTICO AURA-TOROIDAL

Un campo electromagnético es una combinación de energías eléctricas y magnéticas. Los campos electromagnéticos son los campos primarios que generan y mantienen la vida. El Aura es un campo electromagnético de energía que existe alrededor de cada cosa viva y no viva en el Universo. Tiene forma toroidal ya que el toro es la forma preferida que el Universo utiliza para crear Materia a partir de energía.

El toroide consta de un eje central y de vórtices en cada extremo que hacen circular la energía. En un corte transversal, el toroide se asemeja a una dona dinámica con un agujero en el centro infinitamente pequeño. La mayoría de las dinámicas del toro contienen aspectos masculinos y femeninos, en los que la energía circula hacia arriba en uno y hacia abajo en el otro.

El campo energético toroidal es un sistema autosuficiente que hace circular la energía continuamente. El símbolo del infinito es una antigua representación en 2D del campo toroidal, ya que conlleva propiedades similares de ser continuo y de auto equilibrio. También representa la Fuente de toda la Creación. La Fuente creó todos los Toros existentes y está conectada a ellos inextricablemente.

Cada ser humano y animal que vive en el Planeta Tierra, incluido el propio Planeta (Figura 16), tiene su propia Aura. Lo mismo ocurre con otros Planetas e incluso con las Galaxias. Todas las Auras del Universo están influenciadas y se alimentan unas de otras. Al fin y al cabo, todos estamos interconectados. Los muchos ecosistemas diferentes dentro de la atmósfera de la Tierra, como la vida vegetal y animal, los océanos, e incluso las amebas y los organismos unicelulares, están vinculados entre sí energéticamente. A través de un intercambio dinámico de energía, el sistema toroidal Universal conecta cada célula y átomo a través de nuestros cuerpos físicos y conciencia.

El toro se ve afectado por el movimiento continuo de la energía Universal o Prana. Su actividad es similar a la de una ola que fluctúa con el movimiento del agua. La energía Pránica está en todas partes a nuestro alrededor: fluye continuamente dentro y fuera de nuestras auras. Mientras nuestro Sol exista, también lo hacen la Luz y el Prana, que dan vida a todos los seres vivos de nuestro Sistema Solar.

Uno de los principales propósitos del Aura es intercambiar y procesar señales de comunicación. El Aura de los organismos biológicos vivos fluctúa continuamente en función de la información que recibe del Ser, del entorno o de otros seres vivos. Aunque los objetos no vivos e inanimados tienen un Aura, la suya no cambia mucho por la interacción con otros seres vivos o no vivos. El Aura de las cosas no vivas se denomina frecuentemente cuerpo Etérico o energético. Esencialmente, el cuerpo energético de cualquier cosa es su Aura, que es el producto del movimiento continuo de un toroide.

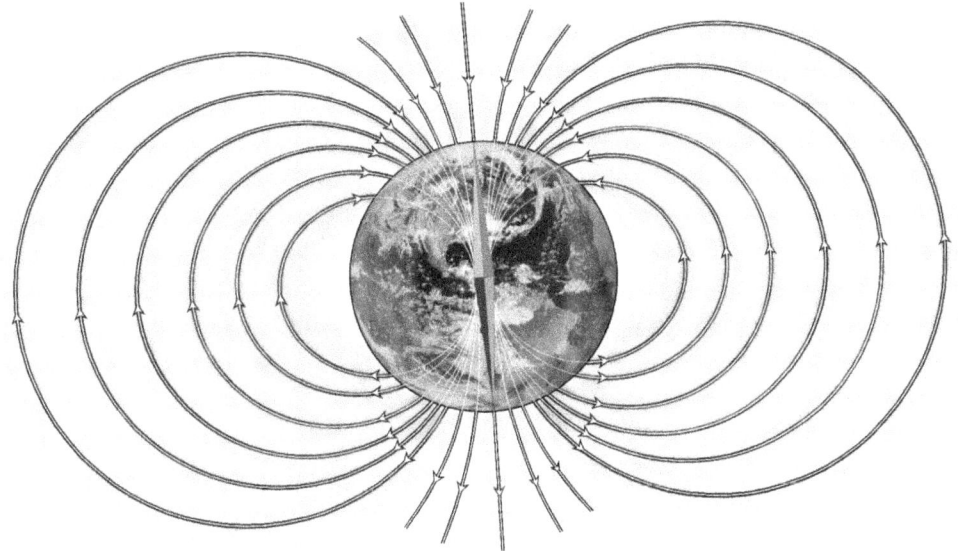

Figura 16: El Campo Electromagnético de la Tierra

EL AURA HUMANA

El Aura nos ayuda a interactuar con el mundo que nos rodea y a transmitir información a nuestro cuerpo físico. Se extiende alrededor del cuerpo físico, pero también fluye a través de él. El cuerpo físico es la proyección holográfica de la conciencia individual alimentada por el Aura.

Ya he descrito las capas del Aura en el ser humano, que se corresponden con los Siete Chakras Mayores y los Planos Cósmicos de la existencia. Cada una de las capas del Aura tiene su frecuencia de vibración y contiene diferentes formas de información. Las siguientes cuatro capas áuricas se relacionan con los Chakras Transpersonales de la Estrella de la Tierra, el Chakra Causal, la Estrella del Alma, y la Puerta Estelar. Emanan secuencialmente después de las primeras 7 capas Áuricas.

La capa Áurica del Chakra de la Estrella de la Tierra se proyecta primero después de la capa del Chakra Sahasrara, que sirve para conectar a tierra todo el sistema Cháquico al conectarse con el Cuerpo Etérico del Plano Astral Inferior. A continuación, está la capa Áurica del Chakra Causal, que conecta los Planos Espiritual y Divino. Luego tenemos la capa Áurica de la Estrella del Alma, que nos permite acceder a los Planos Divinos inferiores, seguida de la capa de la Puerta Estelar, que representa los superiores. Por último, el Chakra Hara, que forma parte del modelo de los Chakras Transpersonales, no tiene su propia capa Áurica, sino que penetra varios aspectos del Aura, ya que es nuestro centro Pránico primario. Cada una de las once capas Áuricas tiene un flujo toroidal que se anida para crear la forma de un huevo energético gigante (Figura 17).

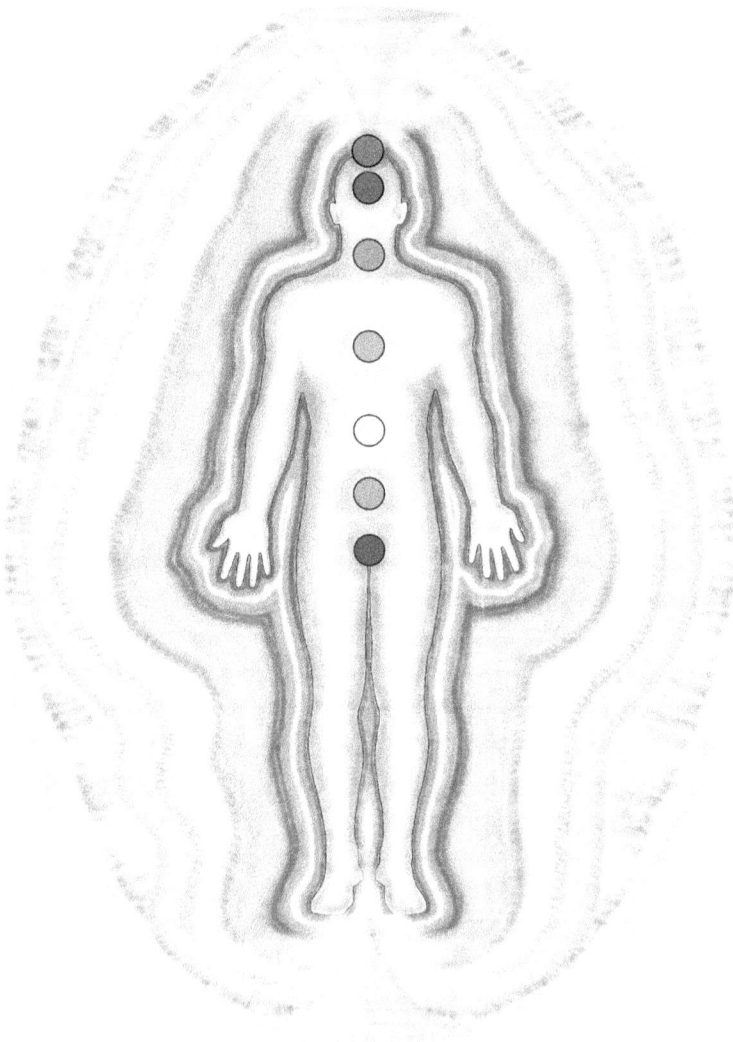

Figura 17: El Aura Humana

Con la inclusión de las capas mencionadas anteriormente, se crea el cuerpo principal del Aura. Además, otros campos sutiles afectan a nuestra bioenergía y nos conectan entre sí, con otros seres vivos, con la Tierra, y con el Universo en su conjunto. Entre ellos se encuentran los campos eléctricos y magnéticos que no se detectan en el espectro electromagnético y que nos afectan física y psíquicamente. También están el sonido y otras fuerzas electromagnéticas que nos afectan, como la luz infrarroja, las microondas, las ondas de radio, la luz ultravioleta, los rayos X, y los rayos Gamma, por nombrar algunos pocos.

Cada célula del cuerpo y cada pensamiento y emoción generan un campo de energía. Por lo tanto, existen cientos, si no miles, de campos de energía sutil, algunos de los cuales aún no se han descubierto. Los científicos están descubriendo nuevos campos de energía con regularidad, lo que contribuye a nuestra comprensión de la interconexión de toda la existencia.

En el ser humano, el eje del toroide va desde la coronilla hasta la zona de la ingle, abarcando los Chakras Mayores y Transpersonales, y extendiéndose hasta los pies. La energía fluye a través de un vórtice a lo largo del eje y sale del segundo vórtice, donde envuelve su circunferencia y vuelve a pasar por el vórtice original. A medida que el toro gira alrededor de su eje vertical, el propio anillo gira también alrededor de su eje circular. Las partículas de energía que entran en nuestro toro siguen una trayectoria en espiral.

El centro del toroide es el corazón, que tiene su propio campo electromagnético que se extiende más allá del cuerpo que el campo Áurico. Cuando las personas están cerca unas de otras, el corazón produce un intercambio de energía electromagnética que es registrado por las ondas cerebrales. (Véase el capítulo "El Poder del Corazón" para más información sobre este tema).

El corazón alberga el Alma. El toroide es esencialmente la estructura del Alma para expresarse en el Mundo de la Materia. Permite al Alma entrar en contacto con otras Almas existentes. Dado que, filosóficamente, el Alma se expresa a través de la mente, ésta eligió el toro como la forma óptima en la naturaleza para manifestar el cuerpo físico. A través de la mente, los deseos del Alma se comunican al cuerpo físico. El cuerpo no puede existir sin la mente. Cuando el cuerpo físico perece, la mente también lo hace, lo que erradica el toroide. Por otro lado, el Alma nunca puede extinguirse, y continúa su viaje vital después de la muerte física.

CARACTERISTICAS DEL AURA

La fotografía del aura es una tecnología relativamente nueva (desde los años 70) que utiliza un sistema de imágenes de biorretroalimentación para registrar y mostrar la energía electromagnética de una persona. Las máquinas de lectura del Aura suelen tomar lecturas de la mano a través de un sensor, que registra las energías internas de la persona y ofrece una imagen en color del estado actual del Aura.

El dispositivo de biorretroalimentación de lectura del Aura con el que trabajo es AuraFit, creado por Bettina Bernoth. Integra tecnología punta para mostrar el Aura en "tiempo real" utilizando una pulsera "inteligente" en lugar de un sensor de mano. He obtenido las instantáneas de mi Aura tal y como se presentan en este libro con el Sistema AuraFit. (Para ver toda la gama de colores de estas imágenes del Aura, que es óptima para profundizar en la comprensión del tema, visita mi sitio web). Como resultado de la tecnología de lectura del Aura como AuraFit y otras, podemos determinar el tamaño del Aura, sus colores dominantes y la salud de los Chakras en cualquier momento.

Cuando observamos el campo energético de un individuo, vemos la energía colorida que fluye dentro del Aura. El tipo y la calidad de la energía dentro de ti depende de aquello en lo que tu conciencia esté enfocando su atención. Puede cambiar de un momento a otro, ya que el Aura fluctúa continuamente en cuanto a las expresiones de la conciencia. Los pensamientos y emociones que pensamos y experimentamos utilizan sus correspondientes Chakras en esos momentos. Cuando un Chakra individual está siendo expresado dentro del Aura, su respectiva capa será dominante, incluyendo su correspondiente color.

Los colores del aura cambian y se desplazan continuamente en relación con lo que la conciencia enfoca y con las capas que intervienen. Sin embargo, cada persona tiene un color base en su Aura, que refleja su personalidad y disposición. El color fundacional de la persona nos da una idea de su disposición general y estado emocional, influenciado por sus creencias, valores y comportamientos. El nivel de la progresión Espiritual de una persona también afecta a la gama de colores dentro de la cual vibra una persona.

Tamaño del Aura

A través de la tecnología de lectura del Aura y validado por clarividentes, hemos determinado que la circunferencia de un Aura saludable con Chakras que funcionan bien se extiende hasta seis pies alrededor de una persona, en promedio. Si hay bloqueos o estancamiento de la energía de la Luz en los Chakras, se debilitará el Aura, lo que reducirá el tamaño de su circunferencia. Las Auras no saludables pueden reducirse hasta un metro e incluso hasta el exterior de la piel de la persona.

El tamaño del Aura varía y fluctúa del mismo modo que sus colores. Por ejemplo, si una persona es contemplativa o desea la soledad y el descanso, estará centrada en su interior y mantendrá sus energías para sí misma, lo que encoge el Aura. Por el contrario, si el individuo desea una conexión con los demás y la aventura, será extrovertido, lo que expandirá el Aura. En general, centrarse en el exterior y compartir su energía de amor con los demás hace crecer el Aura, mientras que ser introvertido y centrarse en el amor propio la encoge.

El Aura es como un organismo vivo, que respira, en el sentido de que se expande o se contrae, dependiendo de si somos introvertidos o extrovertidos y del tipo de energías que estemos expresando. Por ejemplo, si una persona está cansada y agotada de su energía Vital, su Aura se encogerá, mientras que, si está energizada y tiene mucha vitalidad, tendrá un Aura más expansiva. El estrés también influye en el tamaño del Aura, ya que hace que se contraiga mientras la conciencia está experimentando tensión.

La respiración también afecta al tamaño de nuestra Aura; las personas que respiran por el abdomen alimentan continuamente sus Siete Chakras con energía Pránica, manteniendo el sistema energético equilibrado, y expandiendo así el Aura. Aquellos que sólo respiran por el pecho mantienen sus Chakras medios y superiores activados mientras que sus Chakras inferiores permanecen relativamente sin usar. Estas personas tendrán Auras más pequeñas y necesitan cambiar sus patrones de respiración para equilibrar sus Chakras y optimizar el tamaño de su Aura.

El tamaño general del campo áurico del individuo también depende de dónde se encuentre en el proceso de Evolución Espiritual y de cuánta energía de Luz haya integrado en su Aura. Las personas con vibraciones más altas generalmente tienen Auras más grandes, mientras que aquellas con vibraciones más bajas tienen Auras más pequeñas. Las personas con Auras más grandes tienen habilidades más poderosas para alcanzar sus metas y sueños, mientras que aquellos con Auras más pequeñas tienen más dificultades para manifestar la vida que desean.

Los individuos despiertos de Kundalini que han integrado la energía de la Luz en los Chakras tienen Auras cuya circunferencia es mucho más allá de seis pies. Se ha reportado que los individuos totalmente iluminados, los Adeptos, los Sabios, y los Yoguis realizados, tienen Auras radiantes cuya Luz puede llenar una habitación entera y hacer una impresión en todos en su vecindad.

Si alguien se muestra extrovertido, optimista, y se dedica a compartir la energía del amor, pero su circunferencia del Aura sigue estando muy por debajo de los dos metros, es una indicación de que puede haber una enfermedad en el cuerpo físico. Según el Principio Hermético de Correspondencia, la calidad de la energía en el Aura se manifestará como esa misma calidad físicamente, y viceversa.

Si alguien pasa por cambios psicológicos e incluso físicos significativos, se manifestará en su Aura. Por ejemplo, las personas que son demasiado espaciales y necesitan conectarse a tierra manifestarán una abundancia de energía en la zona de la cabeza y una energía mínima alrededor de los pies. Para una conexión equilibrada de la mente, el cuerpo y el Alma, las energías deberían estar repartidas uniformemente en las áreas de la cabeza (mente), los pies (cuerpo), y el corazón (Alma).

Forma e Intensidad del Color del Aura

Al observar el Aura de una persona en tiempo real, entran en juego varios factores que reflejan el aspecto del Aura, desde su tamaño y forma hasta la intensidad del color. En primer lugar, el Aura debe tener forma de huevo y ser simétrica, reflejando el flujo energético toroidal del individuo. La forma de huevo del Aura debe tener una superficie lisa en su cáscara exterior cuando está en un estado neutral. Una cáscara exterior borrosa indica una falta de límites personales. Si el Aura tiene agujeros, rasgaduras, o desgarros, le da un aspecto punzante, lo que indica problemas energéticos de leves a graves. La energía estancada se mostrará como algunos restos o manchas de color oscuro en la capa exterior.

Los colores brillantes y radiantes del Aura reflejan aspectos positivos y armoniosos de los Chakras correspondientes, mientras que los colores oscuros reflejan aspectos negativos y discordantes. Por esta razón, cada color del Aura puede ser más claro u oscuro.

Todas las zonas del Aura deben irradiar la misma intensidad y brillo. Las áreas de color que no están distribuidas por igual en ambos lados del Aura en términos de intensidad de color indican un desequilibrio Cháquico.

La energía equilibrada muestra colores estables y más brillantes, mientras que las energías desequilibradas se manifiestan con colores más oscuros. El rojo, por ejemplo, representa la energía bruta de la acción, que es un atributo positivo del Chakra Muladhara, mientras que el rojo oscuro representa la ansiedad y el estrés.

Cuando el individuo está experimentando estrés físico, mental o emocional, aparecerá un color rojo oscuro en el lado izquierdo del cuerpo. Si el estrés persiste, el rojo oscuro llegará a las zonas del corazón, la garganta y la cabeza, envolviendo las primeras capas del Aura más cercanas al cuerpo.

Cuando el individuo desvía su atención de lo que le provocaba ansiedad, por voluntad propia o por alguna influencia externa, la tensión abandonará la psique y el cuerpo, seguida del color rojo oscuro que sale del Aura. Sin embargo, si la tensión persiste, seguirá llenando el resto de las capas Áuricas e impregnando toda el Aura hasta que se resuelva (Figura 18).

Figura 18: Energía Estresante Entrando y Saliendo del Aura

Cualquiera que sea el color que sustituya al rojo oscuro en el Aura, suele verse en el lado izquierdo del cuerpo (lado derecho de la imagen del Aura) antes de impregnar las zonas del corazón, la garganta y la cabeza. Luego fluirá hacia las primeras capas Áuricas, seguidas por el resto de las capas si lo que la conciencia está enfocando es lo suficientemente poderoso. La nueva energía se estabilizará entonces dentro del Aura hasta que se produzca un cambio de conciencia.

Supongamos que observamos esta experiencia en tiempo real con un dispositivo de lectura del Aura. En ese caso, aparece como una ola de nueva energía que barre la zona del corazón, proyectándose hacia el exterior hasta que sustituye por completo todas las manchas de color rojo oscuro dentro del Aura. Los últimos restos del rojo intenso se ven a veces en el lado derecho antes de desaparecer por completo.

Cuando un pensamiento o una emoción dominan el campo energético de uno, parece que el Aura hace una inhalación, mientras que cuando se produce un cambio interior, el Aura hace una exhalación, expulsando así el color correspondiente fuera del sistema.

Los colores que entran en el Aura son siempre el resultado de la intención y la atención respecto a los pensamientos y emociones en los que se centra la conciencia. Podemos cambiarlos en cualquier momento con la aplicación de la fuerza de voluntad. Lo que piensas o a lo que prestas atención determina tu realidad, y podemos ver su manifestación en el Aura.

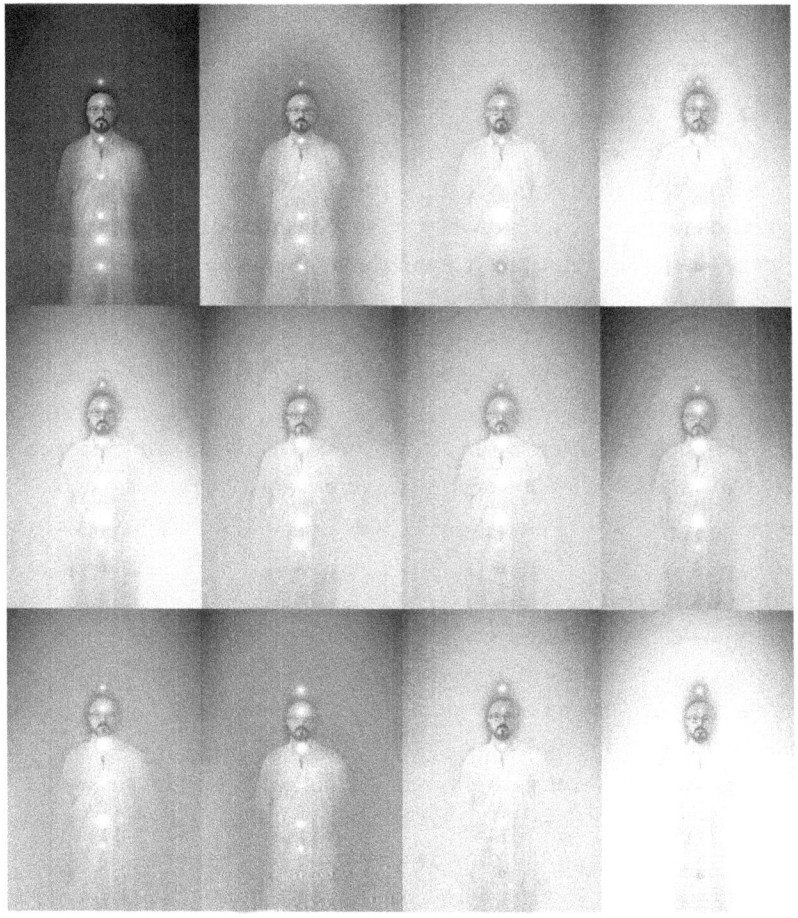

Figura 19: Progresión de los Colores Auricos de Menor a Mayor

La Figura 19 muestra una progresión de los colores Áuricos desde un estado de estrés hasta un estado meditativo pacífico y equilibrado. La primera imagen muestra un rojo intenso que llena toda el Aura, que es sustituido por un rojo más tranquilo en la siguiente imagen, seguido de una limpieza completa en la tercera imagen de un ejercicio de atención plena aplicado.

La mente tranquila eleva la vibración de la conciencia progresivamente a través de los Chakras. Después del naranja, manifiesta el color amarillo en el Aura, seguido del verde, el azul, el índigo, el violeta, y la lavanda, en secuencia.

El color blanco final representa el estado mental de uno cuando está limpio de todos los pensamientos, positivos y negativos, representando la conexión más sustancial con el Sahasrara-la Luz Blanca Divina. Un Aura blanca trae la dicha Divina que podemos sentir en el Chakra del Corazón.

ANATOMIA DEL AURA (AREAS DE COLOR)

Por Encima de la Cabeza

El color sobre el Chakra Sahasrara representa tu conciencia y el momento presente. Por lo tanto, se relaciona con tus pensamientos y lo que está actualmente en tu mente. Tus pensamientos se proyectan desde el Plano Mental y son más cambiantes que las emociones. Por lo tanto, el color por encima de la cabeza es el más rápido en cambiar.

Si una banda de color se extiende como un arco por la parte superior del Aura, indica las esperanzas, los objetivos y las aspiraciones de la persona (Figura 20). El color de la banda nos indica qué tipo de aspiraciones o metas tiene el individuo en su mente. Por ejemplo, si la banda es de color índigo o violeta, indica que las ambiciones actuales de la persona son Espirituales. Una banda azul muestra que las aspiraciones de la persona están relacionadas con la expresión creativa. Por otro lado, una banda roja indica objetivos más monetarios relacionados con el aumento de la calidad de la vida terrenal.

Alrededor del Corazón

El color que rodea la zona del corazón expresa el estado de ánimo y la disposición general. Este color se relaciona con el Plano Astral, que incluye las dos primeras capas más cercanas al cuerpo. Estas dos capas rodean el cuerpo físico, extendiéndose alrededor de la cabeza y envolviendo los pies.

Dado que lo que sentimos es más sustancial y menos cambiante que lo que pensamos, la zona del corazón es expresiva de nuestra personalidad central. Representa el Chakra que más utilizamos a lo largo del día. Es habitual ver el mismo color por encima de la cabeza y alrededor del corazón y el cuerpo, ya que a menudo pensamos en cosas que están en consonancia con lo que sentimos.

El color del área del corazón es tu base; es el color dominante en tu Aura que representa al Ser en este momento. A medida que tus creencias generales y tus puntos de vista sobre la vida cambian, también lo hace tu color central. Si la persona sufre un acontecimiento que le cambia la vida, a menudo se produce un cambio radical en su color central.

Tu color central cambia a lo largo del día para reflejar los cambios en tus emociones, pero generalmente vuelve a su estado neutral. Por lo tanto, la mejor manera de obtener tu color central es monitorear el Aura durante un período más corto. Tomar una sola instantánea del Aura con un dispositivo de lectura del Aura es insuficiente para obtener el color central.

Otro factor que influye en nuestro color central es el grado de utilización de nuestro Chakra de la Garganta, nuestro centro de comunicación. Cuando nos expresamos intensamente de forma verbal o a través del lenguaje corporal, el Chakra de la Garganta tiende a iluminarse, lo que ilumina la zona de la garganta, dando brillo a nuestro color central. Por lo tanto, decir tu verdad y expresarte es crucial para tener un Aura saludable y sin obstrucciones, con energía que fluye libremente y colores brillantes.

Lado Izquierdo del Cuerpo

El lado izquierdo del cuerpo representa la energía femenina, pasiva, receptiva, Yin, que se imprime en la imaginación. El color presente en el lado izquierdo nos muestra la energía que llega, ya sea Autocultivada o proyectada en nosotros por otra persona o incluso por estímulos ambientales. Como tal, este color de energía representa el futuro si lo absorbemos y aceptamos y permitimos que se apodere de nuestra conciencia.

Si nuestra disposición actual es más poderosa que la energía que se está imprimiendo en nosotros, se quedará en el lado izquierdo brevemente y abandonará el Aura por completo. Sin embargo, si abrazamos esta energía, se derramará en el área del corazón y se extenderá hacia afuera para convertirse en el color dominante en nuestra Aura que ha superado nuestros pensamientos y emociones. Sin embargo, como se ha mencionado, a menos que la nueva energía que llegó a nuestro centro sea afín a nuestra disposición general, se desvanecerá del Aura poco después para ser reemplazada por nuestro color central.

Si la energía del lado izquierdo está siendo proyectada hacia nosotros por una persona con la que estamos en contacto, ya sea en una sesión de sanación o a través de la comunicación verbal, es común ver ese mismo color como el dominante en su Aura. Recordemos que nuestra imaginación debe estar siempre alimentada por la fuerza de voluntad, ya sea la nuestra (que es la óptima) o la de otra persona.

En muchas lecturas del Aura, un color rojo oscuro aparecerá en el lado izquierdo si una persona está siendo activada emocional o mentalmente. Permanecerá allí durante unos momentos mientras la conciencia lo procesa. Si el sistema nervioso del individuo es lo suficientemente fuerte, lo superará y el rojo oscuro saldrá del Aura. Si permiten que se apodere mental o emocionalmente, o ambos, el rojo oscuro impregnará el Aura y tomará el control como el color dominante, lo que significa que el estrés se ha apoderado completamente de la conciencia.

Si el color del lado izquierdo es el mismo en toda el Aura, la energía se siente con mucha fuerza ya que el individuo es congruente con sus pensamientos, emociones, y acciones. Si el color del lado izquierdo es el mismo que el del lado derecho, el individuo lleva a cabo lo que está pensando, aunque no lo sienta. Para que podamos sentir de forma tangible cualquier energía, ésta tiene que tomar el relevo como color base e impregnar la zona del corazón y las primeras capas del Aura.

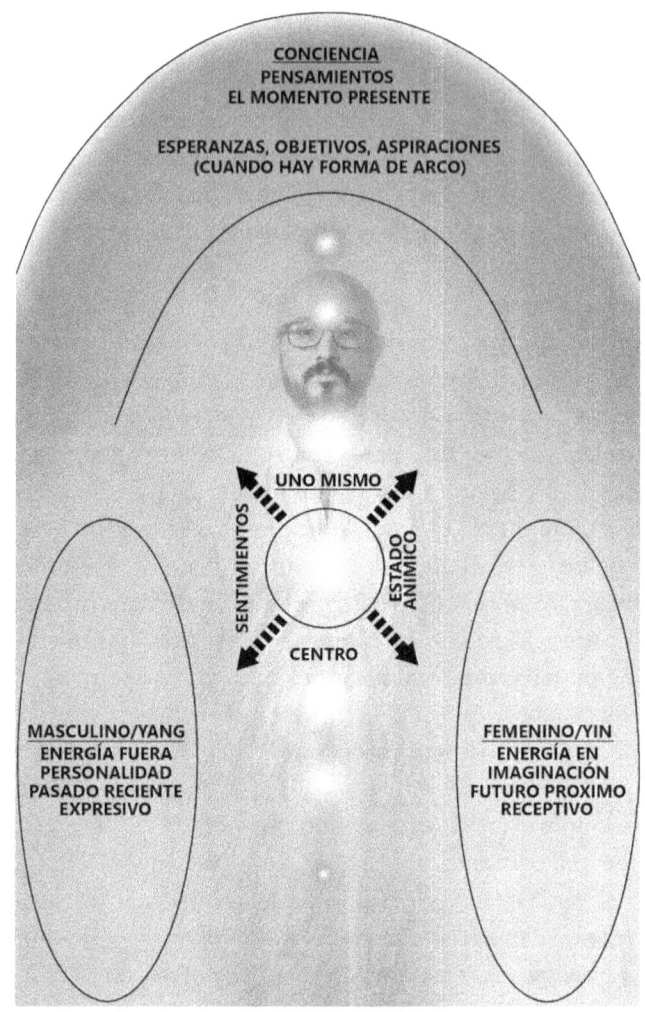

Figura 20: Anatomía del Aura

Lado Derecho del Cuerpo

El lado derecho del cuerpo representa la energía masculina, activa, y proyectiva, el Yang. Representa la energía reciente que ha pasado a través de nosotros y que ahora está siendo liberada y expresada. Es la energía de la acción que es un subproducto de lo que estamos pensando y sintiendo. Dado que es la energía que estamos poniendo en el mundo, representa la forma en que otras personas nos perciben, nuestra persona.

Cuando expresamos algo, estamos dejando una impresión en el Plano Físico y construyendo recuerdos. Cada acto que realizamos tiene un significado, ya que nos libera o nos ata más a nuestra Rueda del Karma. Debemos asegurarnos de que las energías que proyectamos en el mundo material no sean oscuras y turbias, ya que expresan las cualidades negativas de los Chakras.

Como el color del lado derecho representa el Yo consciente en el acto de expresión, el color del lado izquierdo representa el subconsciente. Así, los lados izquierdo y derecho del Aura muestran nuestro Yo introvertido y extrovertido. Si somos naturalmente muy sociables y extrovertidos, entonces el color del lado derecho se desplazará y cambiará a menudo a medida que nos expresemos en el mundo. Sin embargo, si somos más introvertidos y pasamos mucho tiempo pensando y contemplando nuestras emociones, entonces tendremos más cambios de energía en el lado izquierdo, con muy poco o ningún movimiento en el lado derecho.

Por ejemplo, un escritor que pasa tiempo pensando y contemplando ideas tendrá cambios constantes de color y energía en su lado izquierdo. Por el contrario, un cantante que actúa en un concierto estará en un acto continuo de expresión, por lo que los colores de su lado derecho cambiarán y se desplazarán en función de las emociones que expresen a través de sus canciones. Tendrá poco o ningún tiempo para ir hacia el interior y volverse introspectivo para impresionar conscientemente su imaginación. Sin embargo, los colores que entren en su lado izquierdo se corresponderán con las energías que les proyecten sus fanáticos presentes.

PROBLEMAS ENERGETICOS EN EL AURA

Los problemas energéticos dentro del Aura se manifiestan como agujeros, rasgaduras, o energía estancada (Figura 21). Los agujeros en el Aura pueden encontrarse en la capa exterior y parecen vacíos de energía que se drena; representan una grave pérdida de energía y una vulnerabilidad a las influencias negativas. Los agujeros del aura pueden crear rápidamente un desequilibrio en el sistema energético al filtrar la energía y permitir que entren energías no deseadas desde el exterior.

Los agujeros en el Aura se manifiestan cuando los individuos pasan demasiado tiempo soñando despiertos y no están presentes en sus cuerpos. Cualquier actividad que promueva la distracción y el no lidiar con las emociones a medida que suceden puede potencialmente hacer agujeros en el Aura. El abuso de sustancias y del alcohol son notorios para hacer agujeros en el Aura, al igual que fumar cigarrillos todos los días.

Un Aura muy porosa es como una esponja energética. Ser demasiado sensible a los estímulos del entorno crea, con el tiempo, confusión sobre la propia identidad. En pocas palabras, se hace difícil determinar qué pensamientos y emociones son propios y cuáles son de otras personas. Los individuos con agujeros en su Aura suelen recurrir a la complacencia de la gente para sentirse seguros en un entorno. Cuando se desencadenan o se encuentran con una confrontación, en lugar de enfrentarse a la situación, estas personas temerosas tienden a abandonar conscientemente su cuerpo para evitar experimentar las emociones negativas.

Todos necesitamos afrontar la realidad de frente para crecer mental, emocional, y espiritualmente. Al evitar enfrentarse a la realidad tal y como sucede, la confianza en uno mismo y la autoestima se ven afectadas de forma significativa con el paso del tiempo, creando más problemas energéticos.

Los desgarros en la capa exterior del Aura son signos de traumas físicos y psicológicos pasados que parecen desgarros en una pieza de tela lisa. Los desgarros permiten la vulnerabilidad psíquica y la pérdida de energía, similar a los agujeros en el Aura, pero menos intensos. Los desgarros en el Aura indican una historia de abuso, ya sea físico, sexual, mental o emocional. Por otra parte, el comportamiento habitual perjudicial de una persona crea agujeros en el Aura, aunque el hecho de evitar enfrentarse a la realidad indica problemas subconscientes muy arraigados.

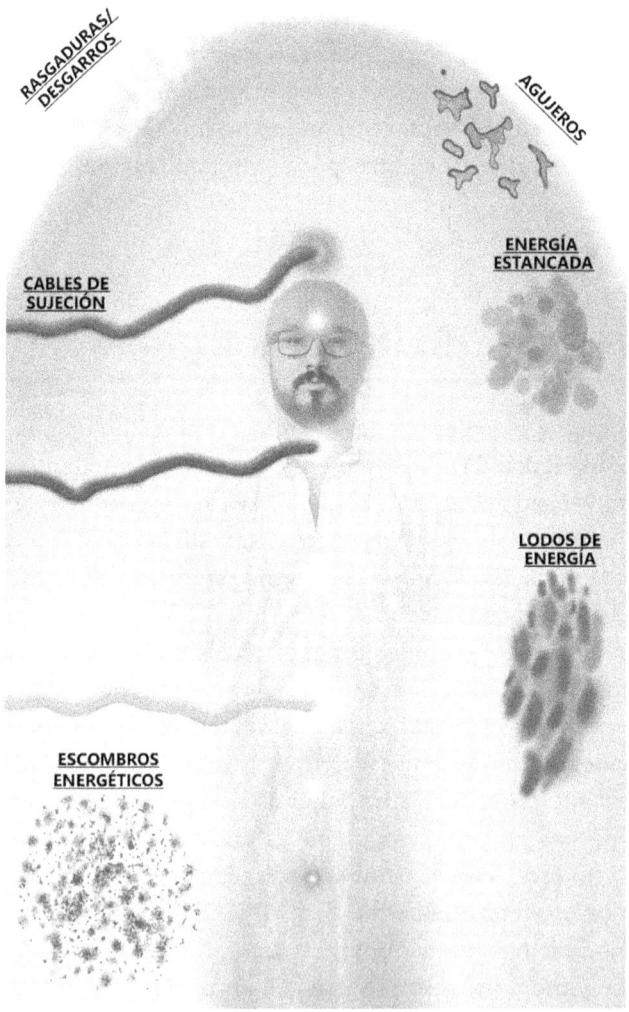

Figura 21: Problemas Energéticos en el Aura

Una persona profundamente herida se siente constantemente amenazada por los demás. Son reactivos y están preparados para el conflicto en todo momento. A menudo, hieren sin querer a otras personas, incluso cuando sólo intentan ayudarlas. Estas personas deben diagnosticar el origen de su dolor y tratarlo mediante terapia o prácticas de sanación Espiritual. Hacerlo les ayudará a recuperar su sentido de identidad, reparando los desgarros y agujeros de su Aura.

La energía estancada en el Aura se manifiesta de diversas maneras. Las partículas de escombros representan la energía estancada y sin conexión a tierra que se manifiesta en el Aura o a lo largo del Cuerpo de Luz. Los escombros energéticos consisten en partículas sucias y estáticas que suelen estar dispersas en un área y dan lugar a pensamientos y emociones dispersas.

Otro ejemplo de energía estancada son las manchas de color oscuro a lo largo de la capa exterior del Aura, que parecen charcos de agua espesa y fangosa. Cuando la energía estancada se acumula durante un período más prolongado, se vuelve más densa y se convierte en lodos energéticos, manchas gruesas parecidas al aceite y de aspecto oscuro.

La energía estancada se produce cuando el individuo retiene pensamientos o emociones durante demasiado tiempo sin expresarlos. Con el tiempo, puede convertirse en bolsas densas o pesadas de energía que se acumulan en partes del Aura, haciendo que la mente se vuelva lenta. Las manchas de color suelen encontrarse en la misma zona y afectan a uno o varios de los Chakras correspondientes (según el color). Las nubes de energía en el interior del Aura se sienten a menudo como estrés que se esconde en lo más profundo del subconsciente.

Las manchas oscuras en el Aura son como un residuo psíquico que nos separa del momento presente. Al no permitirnos expresar lo que pensamos y sentimos, nos quitamos la capacidad de establecer fuertes conexiones con la gente. En lugar de basarnos en la verdad y los hechos para guiar nuestra realidad, tendemos a vivir la vida a través de asociaciones y suposiciones, ya que nos falta el valor para ser más expresivos. No amarse lo suficiente debilita el Chakra de la Garganta, que suele estar asociado a la energía estancada en el Aura. Las personas con muchos puntos oscuros en el Aura tienden a vivir en reclusión, ya que se sienten más seguras al estar aisladas de los demás.

Por último, los apegos insanos se manifiestan como cordones de energía que conectan a dos personas a través de uno o más de sus 7 Chakras. Las interacciones que contienen constantemente miedo intenso, ira o alguna otra emoción negativa implican la existencia de un cordón (o cordones) de apego. Los cordones de apego se encuentran a menudo en las relaciones insanas entre los miembros de la familia. A menudo son el resultado de la culpa u otras emociones no resueltas que atan a dos personas psíquicamente.

Los cordones de apego también pueden crearse a través de un recuerdo traumático compartido entre amigos o desconocidos. Dos ejemplos comunes en los que pueden estar presentes los cordones energéticos son las relaciones codependientes y sadomasoquistas.

Los lazos Espirituales son la versión opuesta de los cordones de apego negativos. Representan vínculos positivos entre dos personas, que canalizan energía amorosa y curativa de una a otra. Los lazos Espirituales son a menudo compartidos entre una persona y su mascota, especialmente con los perros que canalizan energía de alta vibración a sus dueños y están atados a ellos en esta vida.

EL AURA Y LAS VIBRACIONES

El Principio Hermético de la Vibración afirma que todas las cosas del Universo vibran a una frecuencia determinada. Dado que nuestros cuerpos están formados mayoritariamente por agua, las vibraciones sonoras del entorno se inducen continuamente en nosotros, afectando directamente a lo que pensamos y a cómo nos sentimos. A su vez, estos estados vibratorios afectan a nuestro campo toroidal Áurico y lo refuerzan o debilitan. Hay que tener en cuenta que el campo electromagnético del corazón de una persona trabaja en concierto con su campo Áurico, induciéndolo con energía emocional.

El sonido es el más trascendental de los sentidos y el que más nos sintoniza con los Planos Cósmicos superiores. La música de sonido agradable que tiene ritmo armónico afecta a nuestra Aura, provocando un estado emocional positivo. Nos pone en contacto con nuestras Almas, sanándonos. Por otro lado, la música con tonos discordantes crea ondas sonoras que hacen exactamente lo contrario. Puede hacernos sentir ansiosos y agitados, induciendo así la energía del miedo. En el primer caso, nuestra Aura se expande, ya que la música de sonido agradable crea un estado emocional amoroso que hace que nuestro corazón vibre de alegría. En el segundo caso, nuestra Aura se contrae para escudarnos y protegernos de las vibraciones dañinas. Por ejemplo, la música hip-hop de hoy en día utiliza la caja de ritmos 808 cuyos ritmos de baja frecuencia nos sintonizan con el Chakra Raíz, Muladhara. Su densa vibración mantiene nuestra conciencia atada al plano material, induciendo a menudo irritación y agresividad.

La energía electromagnética que desprenden los aparatos tecnológicos de nuestros hogares nos afecta mucho, aunque la mayoría de nosotros no seamos conscientes de ello. Los ordenadores, los teléfonos móviles, las tabletas y, sobre todo, los enrutadores Wifi interfieren en el flujo natural de nuestro campo toroidal y pueden causar perturbaciones. Por esta razón, no es raro que las personas que son sensibles energéticamente apaguen sus teléfonos móviles o desconecten sus enrutadores Wifi cuando se van a dormir. Algunos llegan incluso a desconectar todos los dispositivos tecnológicos de los enchufes para neutralizar la energía electromagnética presente a su alrededor.

La base de todas las energías vibratorias superiores es el amor. Por el contrario, todas las energías vibratorias inferiores se basan en el miedo. La regla general a tener en cuenta es que las energías positivas y amorosas hacen que el Aura se expanda, mientras que las energías negativas y basadas en el miedo hacen que se contraiga. La contracción del Aura se produce para salvaguardar las energías de la persona, mientras que la expansión se produce para permitir que entren más energías positivas externas.

Nos sentimos naturalmente atraídos por las personas cariñosas, pacíficas y tranquilas, ya que afectan positivamente a nuestra Aura. Cuántas veces has escuchado el dicho: "Esta persona tiene un Aura agradable". Aquí se da a entender que el individuo tiene una abundancia de energía de Luz, que comparte fácilmente con los demás. Por el contrario, las personas pesimistas, hostiles, enfadadas y, en general, caóticas son un reto para estar cerca, ya que afectan negativamente a nuestra Aura. Por lo tanto, naturalmente tratamos de mantenernos alejados de estas personas, a menos que saquen a relucir algo dentro de nosotros que deseamos sanar.

Es propicio para la salud de nuestro campo Áurico pasar tiempo al aire libre y en contacto con la Tierra a menudo. Tanto si has estado expuesto a frecuencias electromagnéticas como si necesitas despejar tu cabeza después de un encuentro con una persona negativa, te ayuda salir a caminar, especialmente en la naturaleza. La mayoría de las personas que se sienten atraídas por ir a dar un paseo después de haber estado expuestas a una energía negativa no son conscientes de que las energías de la Tierra ayudan a liberar la negatividad del Aura facilitando la conexión a tierra. El Alma secuestra la conciencia el tiempo suficiente como para que te mueva a dar un paseo para exponerte a los elementos de la naturaleza, permitiéndote restablecer y neutralizar tus energías.

Caminar descalzo por la naturaleza en un día soleado es la mejor y más rápida manera de conectarse con la Tierra. El Sol alimenta nuestras energías Áuricas, mientras que el toro se alinea con la Tierra. El tratamiento del cuerpo físico afecta directamente a nuestras energías Cháquicas, y viceversa: Como es Arriba, Es Abajo. A través del enraizamiento y el ejercicio físico, limpiamos la energía negativa del cuerpo y nos desintoxicamos mientras aliviamos la tensión física y optimizamos el flujo de nuestros Nadis. A su vez, nuestra vitalidad aumenta y nuestra Aura se fortalece.

Entre *The Magus* y *Serpent Rising*, he cubierto poderosas prácticas Espirituales como la Magia Ceremonial, la Sanación con Cristales, la Sanación con Sonido de Diapasón, la Aromaterapia, y otras. Todas estas prácticas tienen como objetivo sanar y equilibrar los Chakras, optimizar el Aura, y evolucionar Espiritualmente. Por supuesto, ayuda combinar estas prácticas con el Yoga, el ejercicio físico, o cualquier otro método que trabaje directamente sobre el cuerpo físico y lo enraíce. Cuando el cuerpo está sano, también lo está la mente, y viceversa.

KUNDALINI Y EL AURA

Tu campo toroidal es una batería autónoma alimentada por el Prana, que requiere alimento y agua como combustible. Una vez que la Kundalini atraviesa el Chakra Sahasrara y abre el Loto de Mil Pétalos, la conciencia se une con la Conciencia Cósmica, expandiendo y optimizando tu campo energético toroidal.

A medida que los Chakras se limpian y purifican con el tiempo por el Fuego Kundalini, la energía de la Luz impregna más el Aura, potenciando y optimizando los Chakras. Como tal, el campo áurico se fortalece, ya que la cantidad de energía de Luz que una persona canaliza influye directamente en el grado de magnetización del Aura. A su vez, el cuerpo físico alcanza su estado óptimo y saludable, y la vitalidad general aumenta.

Durante la transformación de la Kundalini, los Chakras de las Manos y los Pies se abren, permitiendo que el Espíritu descienda y penetre en los rincones más profundos del Ser. Además, el flujo de energía procedente de los dedos de las manos y de los pies refuerza el toroide y amplía aún más la velocidad de la energía que circula en su interior (Figura 22).

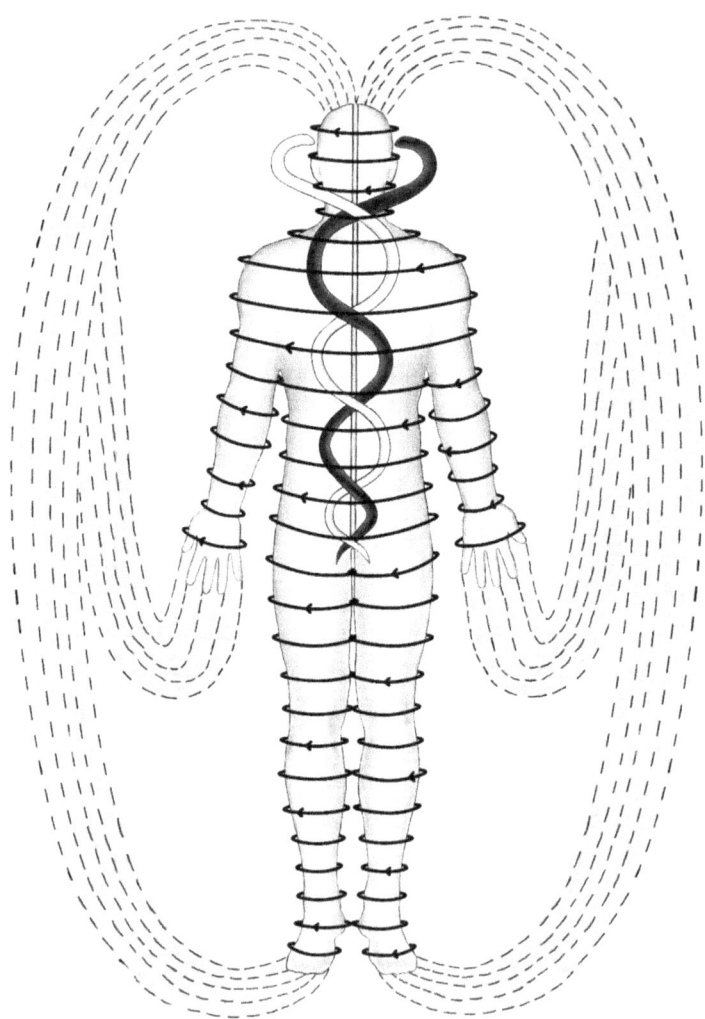

Figura 22: El Campo Toroidal de Kundalini

También se abren otros canales energéticos que facilitan la optimización del toroide. Todo el proceso de despertar de la Kundalini y la transformación que sigue está diseñado para permitir al individuo alcanzar su más alto potencial como ser humano Espiritual, lo que se refleja en la expansión de su bioenergía que comprende el campo Áurico.

No es casualidad que una persona que ha despertado a la Kundalini parezca única para los demás. Como todos estamos interconectados, cuando nuestros campos energéticos interactúan, podemos darnos cuenta intuitivamente cuando el campo energético de alguien es más prominente de lo habitual. Por lo tanto, una persona con un campo energético mejorado es naturalmente atractiva para todos los que entran en contacto con ella.

Como el centro del toroide es el corazón, las personas que viven desde el corazón, en lugar de la cabeza, tienen naturalmente campos energéticos toroidales más poderosos. Están más magnetizados y eléctricos, lo que significa que canalizan naturalmente más energía de la Luz que alguien que vive sólo a través del intelecto.

Las personas que viven desde el corazón se aman a sí mismas y a los demás, ya que están en contacto con sus Almas. Recuerda que el Alma vive a través del corazón, mientras que el Ego vive a través de la mente. Una persona que vive a través de su corazón está en contacto con su capacidad intuitiva. Sienten las energías que les rodean en lugar de interactuar con su entorno a través del intelecto.

Al dejar de lado la mente y el Ego, ganas contacto con el momento presente, el Ahora, que es el campo de la posibilidad infinita. Estar en el Ahora y vivir a través del corazón y el Alma expande tu campo energético, maximizando tu potencial Espiritual.

LOS SIETE CHAKRAS PRINCIPALES

Si has despertado la Kundalini y la has elevado hasta el Sahasrara, los Siete Chakras, que se corresponden con el Árbol de la Vida completo, están ahora totalmente activados en tu interior. Cada Chakra se expresa a través de diferentes partes de la psique y afecta a las funciones corporales. Podemos desglosar aún más las energías de los Chakras en los Cinco Elementos, ya que cada uno se corresponde con la Tierra, el Agua, el Fuego, el Aire, o el Espíritu.

Los Chakras dentro del Cuerpo de Luz y los correspondientes Elementos y Planos Cósmicos de existencia ocupan el mismo espacio y tiempo que tu cuerpo físico. Todos ellos existen dentro de tu Aura y forman capas de la misma, que están, en esencia, interconectadas e interpenetradas. Cuanto más alto es el Chakra o Elemento, más lejos se proyecta.

Chakra Muladhara

El primer Chakra, Muladhara, está situado entre el cóccix (coxis) y el perineo. Es el más bajo de los Siete Chakras Mayores y está relacionado con el Elemento Tierra y el Planeta Saturno, el más lento de los Siete Planetas Antiguos, relacionado con el Karma y los ciclos de tiempo. El Muladhara es el centro de nuestra energía física y de la conexión a tierra. Su modus operandi es la seguridad y la supervivencia del cuerpo físico. Dado que el Muladhara está relacionado con el Mundo de la Materia, su energía está relacionada con la expresión física: todas las actividades físicas requieren la energía de la Tierra.

La Kundalini se encuentra enrollada en la base de la columna vertebral, y está inextricablemente conectada con el Planeta Tierra a través de las líneas de energía en nuestras piernas, que se conectan a nuestros Chakras de los Pies. El Muladhara también se llama la Raíz, la Base o el Chakra de la Tierra porque es la base como el más bajo de los Siete Chakras Mayores. La energía de este Chakra es la más densa, vibrando a la frecuencia más baja de todos los Chakras. En el axioma Hermético de "Como es Arriba, es Abajo", Muladhara se ocupa del aspecto de la manifestación: el Abajo.

El Muladhara tiene cuatro pétalos, o vórtices, y es de color rojo. Los alimentos que se corresponden con el Chakra Muladhara son las verduras de raíz, la carne roja, los frutos rojos, la pimienta, la cayena, y el pimentón. Los desafíos en este Chakra se relacionan con las cosas que adquirimos en nuestra vida material y su calidad. Por ejemplo, ¿tenemos el trabajo adecuado, la casa, el vehículo para transportarnos, el compañero de vida, los amigos, o nos falta estabilidad y seguridad en estas áreas?

Un Chakra Raíz abierto y activo hace que la persona tenga confianza, estabilidad, y fundamento. Les resulta fácil manifestar la vida que desean y están equilibrados emocional y mentalmente. Un Chakra Raíz hiperactivo hace que uno sea materialista y codicioso. Por otro lado, un Chakra Raíz poco activo hace que uno sea demasiado temeroso y ansioso. Al carecer de estabilidad emocional y mental, es aparentemente imposible manifestar nada de valor en su vida.

Chakra Swadhisthana

El segundo Chakra, Swadhisthana, está situado en la parte inferior del abdomen y está relacionado con el Elemento Agua y el Planeta Júpiter, el benévolo Planeta de la misericordia y la justicia. Swadhisthana se ocupa de las emociones, los sentimientos y los instintos proyectados a través de la mente subconsciente. Al estar relacionado con el subconsciente, el Swadhisthana es la fuente de energía del miedo que influye significativamente en lo que llegamos a ser en la vida.

El Swadhisthana se denomina Chakra Sacro o del Bazo. En un nivel humano básico, el Chakra Sacro afecta a nuestra expresión sexual, a las interacciones sociales y a lo cómodos que nos sentimos con nosotros mismos y con los demás. El Chakra Sacro es el aspecto de la personalidad de la conciencia del Ego que se forma con el tiempo. El Ego está templado por el miedo, ya que evita todas las actividades que hacen que el cuerpo y la mente se sientan mal, mientras que abraza todo lo que le hace sentir bien. El Ego se preocupa principalmente de buscar el placer, sin tener en cuenta cómo sus acciones afectarán a otras personas.

El Swadhisthana tiene seis pétalos y es de color naranja. Los alimentos que se corresponden con el Chakra Swadhisthana son las frutas y verduras de color naranja, los huevos, el tofu, los productos de soja, la mantequilla de cacahuete, los frutos secos, las semillas, la miel, y la vainilla. Los desafíos en el Swadhisthana se encuentran en el tipo de emociones que llevamos dentro. ¿Sentimos mucho miedo, y el miedo nos impide manifestar los deseos de nuestra Alma? ¿Tenemos alegría en nuestras vidas, o la vida es sosa y aburrida? ¿Tenemos problemas con la intimidad y somos sexualmente expresivos? ¿Nos sentimos cómodos con lo que somos o nos escondemos del mundo?

Cuando el Swadhisthana está abierto y activo, la persona está en contacto con sus emociones y es sincera con los demás, lo que le permite establecer relaciones sanas. Se sienten cómodos en la intimidad y son expresivos de sus deseos internos. Un Chakra Sacro equilibrado potencia la creatividad y permite seguir la corriente de la vida sin apegarse demasiado. Le permite sentir felicidad y alegría en las pequeñas actividades cotidianas.

Si el Chakra Sacro está bloqueado o poco activo, la persona se cierra emocionalmente a los demás, retrayéndose de forma natural y encerrándose en sí misma. En este estado, la persona se vuelve introvertida y está demasiado en contacto con su Ego y sus inseguridades. Por el contrario, un Chakra Sacro hiperactivo le hace ser excesivamente emocional, apegado a otras personas y demasiado sexual, lo que da lugar a la promiscuidad.

Chakra Manipura

El tercer Chakra, Manipura, está situado en el Plexo Solar, por encima del ombligo. Su otro nombre es el Chakra del Plexo Solar. El Manipura se corresponde con el Elemento Fuego, y con el Planeta Marte, de ahí que sea la fuente de nuestra fuerza de voluntad. Nuestra motivación, impulso, vitalidad y nivel de creatividad están regidos por el Manipura. Además, este Chakra está a cargo de nuestra confianza, autoestima y la capacidad de ser asertivos en la vida.

El Manipura gobierna la digestión que nos permite transformar los alimentos en energía valiosa para el cuerpo y la mente. Manipura trabaja con los Chakras que están por encima y por debajo de él, ya que es la "Sede del Alma". El Alma gobierna nuestro carácter, mientras que el Ego gobierna nuestra personalidad. El Alma requiere inteligencia, claridad mental y la armonización de la voluntad con la lógica, la razón y la imaginación. Como tal, el Manipura atrae la energía del Chakra del Aire que está por encima de él, el Anahata. El Fuego del Manipura también activa el impulso creativo, que requiere las emociones del Swadhisthana para su expresión.

El Manipura tiene diez pétalos y es de color amarillo. Los alimentos que se corresponden con el Chakra Manipura son las frutas y verduras amarillas y doradas, los productos lácteos, los carbohidratos complejos y los cereales, la mostaza, la cúrcuma, el comino, y el jengibre. Los desafíos que se encuentran en este Chakra se relacionan con la forma en que utilizamos nuestra fuerza de voluntad. ¿Estamos a cargo de nuestra propia vida, o lo están otras personas? ¿Estamos motivados e impulsados a cumplir nuestros objetivos, o nos falta en este ámbito? ¿Expresamos nuestros deseos más íntimos, o nos encerramos demasiado en nuestras emociones? ¿Sabemos ser severos cuando los demás nos hacen daño, o somos un felpudo para que los demás nos utilicen?

Cuando el Manipura está abierto y activo, ejercemos dominio en nuestras vidas y nos sentimos en control. Tenemos un mayor poder personal y manifestamos los objetivos de nuestra vida. El Manipura trabaja con el Chakra de la Tierra, el Muladhara, para realizar estas tareas.

Si el Manipura está poco activo, tendemos a ser pasivos, indecisos y tímidos. Si está hiperactivo, nos volvemos dominantes y demasiado severos. Un exceso de energía de Fuego puede provocar tiranía y opresión sobre otras personas. La fuerza de voluntad necesita emociones para equilibrarse, que son suministradas por el Swadhisthana. Si el Chakra de Agua no equilibra nuestro Chakra de Fuego, podemos volvernos demasiado agresivos para conseguir lo que queremos y hostiles. La fuerza de voluntad necesita que el amor la guíe; de lo contrario, la acción de uno contiene consecuencias Kármicas. Por ello, el Manipura se apoya en Anahata para que lo guíe.

Chakra Anahata

El cuarto Chakra, Anahata, está situado entre los dos pechos en el centro del pecho. También conocido como el Chakra del Corazón, el Anahata se corresponde con el Elemento Aire y el Planeta Venus. El Anahata es nuestro centro del amor que se ocupa de la compasión, el afecto, el altruismo, la bondad, y la inspiración. Estimula nuestra imaginación, nuestros pensamientos y nuestras fantasías. El reto del Anahata es superar los Karmas de los tres Chakras inferiores para poder sintonizar con la energía del amor incondicional.

Anahata es nuestro centro Espiritual ya que recibe la energía de los tres Chakras superiores. Es el centro donde sentimos la unidad con todas las cosas a través del poder vinculante del amor. Como tal, el Anahata es el centro de la conciencia de grupo.

El Anahata está conectado a nuestros Chakras de las Palmas de las Manos, que nos permiten sentir la energía que nos rodea como una esencia cuantificable y sanar a otros. La curación con las manos requiere que canalicemos la energía del amor del Anahata a través de nuestros Chakras de las Palmas de las Manos y la proyectemos hacia las áreas que necesitan curación. La energía del amor es el sanador definitivo de la mente, el cuerpo, y el Alma.

En el Anahata, comprendemos el trabajo y el propósito de nuestra vida. Como la esencia del Elemento Aire es el pensamiento, el Anahata alimenta los Elementos Fuego y Agua y les da vida. Si este Chakra está inactivo, nos volvemos hacia el egoísmo y la satisfacción del Ego.

El Anahata tiene doce pétalos y su color es el verde. Los alimentos que se corresponden con el Chakra Anahata son la gran variedad de frutas, verduras y hierbas de color verde, y las verduras de hoja verde. Los desafíos en este Chakra se relacionan con la claridad de pensamiento. ¿Estamos demasiado inmersos en la fantasía y el pensamiento ilusorio, o nuestros pensamientos se basan en la verdad? ¿Estamos utilizando nuestra imaginación para ayudarnos a alcanzar nuestros objetivos? ¿Son nuestros pensamientos de una naturaleza más elevada en la dirección de ayudar a los demás o de una calidad más baja, donde nuestro enfoque es sólo atender a nosotros mismos?

Cuando el Anahata está abierto y activo, somos compasivos y amables con los demás, lo que nos permite tener relaciones armoniosas. Tenemos una comprensión de nuestra naturaleza Espiritual que nos hace virtuosos y éticos en nuestras palabras y acciones. Así, nos volvemos indulgentes, amables y caritativos. Esencialmente, nuestro comportamiento pasa a estar motivado por el amor incondicional en contraposición al amor propio.

Cuando el Anahata está poco activo, tendemos a ser emocionalmente fríos y distantes. Nos arraigamos demasiado en los Chakras inferiores, lo que nos hace ser Egoístas en lugar de exaltar nuestra naturaleza Espiritual. Nos ocupamos de nosotros mismos y de nuestras necesidades y deseos sin tener en cuenta a los demás. Por otro lado, si este Chakra está hiperactivo, asfixiamos a los demás con amor, a menudo por razones egoístas.

Chakra Vishuddhi

El quinto Chakra, Vishuddhi, está situado en el centro del cuello; de ahí que se le llame Chakra de la Garganta. El Vishuddhi es del Elemento del Espíritu (Aethyr); trabaja en conjunción con los dos Chakras siguientes de arriba y los Chakras de abajo. El Vishuddhi está relacionado con la expresión verbal, sutil, y escrita de los pensamientos. Se corresponde con el Planeta Mercurio, que rige la comunicación y la velocidad del pensamiento. El Vishuddhi genera la vibración de la palabra hablada a nivel energético y físico.

El Vishuddhi también controla el discernimiento y el intelecto. Tiene 16 pétalos y su color es azul. El Chakra Vishuddhi rige todos los líquidos que introducimos en el cuerpo. Los alimentos que se corresponden con este Chakra son las frutas y verduras de color azul, la sal, la salvia, y la menta. Los desafíos en el Vishuddhi se relacionan con el hecho de que expresemos lo que tenemos en mente y con lo bien que nos comunicamos con los demás. ¿Hablamos demasiado o lo que decimos tiene sustancia? Cuando hablamos, ¿proyectamos poder con nuestras cuerdas vocales o nos mostramos mansos y tímidos?

Cuando el Vishuddhi está abierto y activo, decimos nuestra verdad a los demás de forma creativa. Somos autoexpresivos y utilizamos las palabras como anclas para transmitir nuestra realidad a los demás. No sólo somos grandes habladores, sino también oyentes, ya que la comunicación funciona en ambos sentidos.

Cuando el Vishuddhi está poco activo, tendemos a ser callados e introvertidos en general. Nos falta confianza para decir nuestra verdad, lo que puede surgir de los problemas del Chakra del Plexo Solar. Si no transmitimos nuestra verdad porque nos sentimos indignos, podemos tener problemas en el Anahata. Decir nuestra verdad interior nos alinea con la Divinidad, mientras que mentir nos alinea con entidades inferiores, Demoníacas.

Cuando el Vishuddhi está hiperactivo, tendemos a hablar demasiado, lo que nubla nuestra capacidad de escuchar a otras personas. Esta situación suele producirse por el deseo del Ego de dominar a los demás debido a un Chakra Manipura desequilibrado. Si nos convertimos en parlanchines y carecemos de sustancia en nuestro discurso, los demás suelen distanciarse de nosotros. Por lo tanto, es esencial tener un Chakra de la Garganta equilibrado si deseamos prosperar en la vida y tener relaciones significativas.

Chakra Ajna

El sexto Chakra, Ajna, está situado en el centro del cerebro, en el Tercer Ventrículo. (Su punto de acceso más inmediato está ligeramente por encima del centro de las cejas. A menudo se hace referencia al Ajna como el Chakra del Ojo de la Mente, el Tercer Ojo, o el Chakra de la Ceja. Se relaciona con el Elemento del Espíritu o Aethyr.

Ajna se corresponde con la Luna. Aunque la Luna está clasificada como un satélite mientras que el Sol es nuestra Estrella central, los Antiguos incluyeron a ambos como parte de su marco de los Siete Planetas Antiguos, refiriéndose a ellos como Planetas. La Luna es nuestro centro de clarividencia e intuición. Nos da una visión de lo Desconocido porque recibe información de los Reinos Superiores de arriba, a través del Sahasrara, el

Chakra de la Corona. El Ajna es nuestro centro psíquico. Nos da sabiduría y comprensión sobre los misterios del Universo. Obtenemos este conocimiento a través de la Gnosis, nuestra habilidad para canalizar la información de las energías Divinas directamente. Este sexto Chakra nos da el sexto sentido de conocer más allá del Ser.

El Ajna es el Chakra esencial en lo que respecta a los Mundos Espiritual y Astral. Como tal, es el centro del sueño. A través de este Chakra, llegamos a la Corona/Sahasrara y salimos de nuestro cuerpo físico para viajar a diferentes dimensiones del Tiempo y del Espacio. Estos viajes de Sueño Lúcido ocurren en los Mundos Internos o Planos - utilizamos nuestro Cuerpo de Luz como vehículo.

El Ajna tiene dos pétalos y es del color índigo. Los alimentos que se corresponden con el Chakra Ajna son las frutas y verduras de color índigo o azulado oscuro, el vino tinto, la cafeína, el chocolate, el enebro, y la lavanda. Los desafíos en este Chakra se relacionan con si recibimos información superior del Sahasrara o nuestro Ojo de la Mente está cerrado. ¿Pasamos demasiado tiempo en nuestra cabeza, centrándonos en nuestro intelecto para que nos guíe o estamos en contacto con nuestra intuición? ¿Nuestros sueños son vívidos y están llenos de vida o son anodinos e insulsos?

Cuando el Chakra Ajna está abierto y activo, tenemos una buena intuición que nos sirve de fuerza guía en la vida. Cuando nuestra intuición es fuerte, también lo es nuestra fe ya que podemos percibir la realidad más allá de la Tercera Dimensión. Una intuición fuerte suele estar conectada con ser un ser humano Espiritual consciente.

Cuando el Ajna está poco activo, tendemos a perder el contacto con la realidad espiritual. Por ello, empezamos a confiar demasiado en nuestro intelecto y en nuestro Ego para guiarnos en la vida. La confusión se instala en nuestra verdadera esencia, haciéndonos buscar respuestas existenciales de personas con autoridad.

Cuando Ajna está hiperactivo, tendemos a vivir en un mundo de fantasía. Perdemos el contacto con la realidad de lo que somos y podemos incluso experimentar psicosis. Las personas que consumen drogas alucinógenas con demasiada frecuencia invariablemente sobre estimulan su Chakra Ajna.

Chakra Sahasrara

El séptimo Chakra, Sahasrara, está situado en la parte superior, en el centro de la cabeza. Como tal, es conocido como el Chakra de la Corona. Sahasrara es nuestra fuente de Iluminación, Unidad, verdad y sabiduría, y comprensión Espiritual. Se corresponde con el Sol, la Estrella de nuestro Sistema Solar. El Chakra de la Corona es el Chakra más alto del Elemento Espíritu/Aethyr, y sirve como puerta de entrada a los Planos Divinos representados por los Chakras Transpersonales por encima de la cabeza.

El Sahasrara es lo más elevado de la conciencia humana y lo último en comprensión y conocimiento del Universo. Tradicionalmente, este centro se describe como una rueda con mil (innumerables) pétalos o vórtices. Cuando todos los pétalos están abiertos, el individuo obtiene un vínculo permanente con la Conciencia Cósmica, logrando la trascendencia.

Dado que el Sahasrara es la fuente de todo, también es la fuente de todos los poderes y su totalidad. El color del Sahasrara es el blanco, ya que el blanco es la fuente de todos los colores. Su otro color es el violeta, como primer color del espectro de la Luz Blanca, y el siguiente el índigo. Los alimentos que se corresponden con el Sahasrara son los de color blanco, violeta, y lavanda. Además, el agua purificada, el aire fresco, y la luz solar nos alinean con la energía del Sahasrara, así como el ayuno, la desintoxicación, y las técnicas de respiración, y meditación.

La Luz Blanca entra en el Cuerpo de Luz a través del Sahasrara, y dependiendo de cuánto Karma haya en los Chakras inferiores, esta Luz se vuelve más tenue. Por lo tanto, cuanto más tenues sean los Chakras inferiores al Sahasrara, más presente estará el Ego y menos el Ser Superior.

La fuente del Ser Superior es el Sahasrara. Despertar la Kundalini y elevarla al Sahasrara te permitirá obtener una conexión directa con tu Ser Superior. Una vez logrado, el Ser Superior se convierte en tu propio maestro y profesor para el resto de tu vida. Nunca más habrá necesidad de un maestro externo, ya que tú serás el maestro y el estudiante en uno. El reto, sin embargo, es purificar los Chakras para que puedas ser guiado y enseñado fácilmente por tu Ser Superior.

Un centro Sahasrara abierto y activo nos hace comprender que somos seres Espirituales viviendo una existencia humana y no al revés. Abrazar nuestra Espiritualidad nos permite reconocer que la realidad física es simplemente una ilusión. Nuestra esencia es el Alma y la conciencia, que son Eternas y no pueden ser aniquiladas. Las personas Espirituales no consideran la muerte física como el final, sino simplemente como el comienzo de algo nuevo y diferente. Una visión Espiritual del mundo crea una especie de distanciamiento de tomar esta realidad demasiado en serio, lo que trae la alegría y la felicidad que acompaña a las personas que han abrazado la energía del Espíritu dentro de ellos.

Si estás cerrado a la realidad Espiritual de las cosas, lo más probable es que tu centro Sahasrara esté inactivo. Tiendes sólo al cuerpo físico, lo que te hace alinearte con el Ego y sus necesidades y deseos. Abrazar el Ego mientras se niega el Alma atrae a las entidades inferiores y Demoníacas para que se alimenten de nuestra energía. La conciencia queda secuestrada y permanece así hasta que reconocemos que no estamos separados del mundo y que hay una realidad Espiritual que subyace a todo.

Por otro lado, un Sahasrara hiperactivo puede dar lugar a que se ignoren las necesidades corporales y a un exceso de intelectualidad. Si la Luz sólo se vierte en los Chakras superiores, no hay conexión a tierra, y el individuo se vuelve muy cerebral. Recuerda que este mundo es una ilusión, pero que debemos respetar, ya que nuestro cuerpo físico es nuestro vehículo para manifestar la realidad que deseamos. El equilibrio de la mente, el cuerpo, y el alma es la clave de la Iluminación, no descartar un aspecto por otro.

LOS SIETE CHAKRAS Y EL SISTEMA NERVIOSO

El canal Sushumna transporta la energía Kundalini a través de la médula espinal y hasta el cerebro. La médula espinal y el cerebro constituyen el Sistema Nervioso Central (SNC). De la médula espinal salen nervios que se extienden hacia el exterior como las ramas de un árbol, donde el Sushumna actúa como tronco central. Estas fibras nerviosas constituyen el Sistema Nervioso Simpático (SNS) y el Sistema Nervioso Parasimpático (PNS), que forman parte del Sistema Nervioso Autónomo (SNA).

El Sistema Nervioso Autónomo funciona principalmente de forma inconsciente y regula procesos esenciales como la respiración, la digestión y los latidos del corazón. Por ejemplo, durante un despertar Espiritual, el corazón comienza a acelerarse, involucrando así al Sistema Nervioso Autónomo, que está regulado por las redes emocionales del cerebro.

El Sistema Nervioso Simpático y el Sistema Nervioso Parasimpático hacen cosas opuestas en la mayoría de los casos: el Sistema Nervioso Simpático prepara al cuerpo para la acción y la actividad, mientras que el Sistema Nervioso Parasimpático permite que el cuerpo se relaje. El Sistema Nervioso Autónomo se encarga de crear un equilibrio saludable entre ambos, promoviendo una mente tranquila y pacífica.

Las zonas en las que confluyen el Sistema Nervioso Simpático y el Sistema Nervioso Parasimpático están centradas alrededor de los principales órganos del cuerpo y de las glándulas endocrinas. Denominadas "Plexos", estas áreas de convergencia en las cavidades del cuerpo forman la agrupación más vital de células nerviosas. Los plexos conectan los órganos corporales importantes con la médula espinal. También son las zonas donde se encuentran los Chakras Mayores en la parte delantera del cuerpo.

Los Chakras Mayores interactúan con el cuerpo físico a través del sistema nervioso y las glándulas y órganos endocrinos. Cada Chakra está asociado con funciones corporales particulares, controladas por su Plexo y las glándulas y órganos endocrinos relacionados con él.

En el centro de cada uno de los Chakras Mayores hay un canal en forma de tallo (Figura 23). Cada canal se extiende hacia la médula espinal y se funde con ella -el Sushumna potencia cada uno de los Chakras Mayores proporcionándoles su energía vital. Los tallos de los Chakras se doblan hacia abajo cerca del Plexo Faríngeo (Garganta), los Plexos Cardíaco y Pulmonar (Corazón), los Plexos Esplénico y Celíaco (Solar), el Plexo Pélvico (Sacro) y los Plexos Coccígeo y Sacro (Raíz). Por encima del Plexo Carotídeo (Ojo de la Mente), el tallo Cháquico se dobla hacia arriba, mientras que en el caso del Chakra Sahasrara, se eleva hasta la parte superior de la cabeza a través de la Corteza Cerebral.

El Plexo Faríngeo "inerva" (suministra nervios a órganos u otras partes del cuerpo) nuestro paladar y cuerdas vocales. Dado que el Chakra Vishuddhi (Garganta) gobierna la comunicación y la expresión, no es de extrañar que la garganta y el interior de la boca sean alimentados por él. Su canal Cháquico se extiende desde la médula espinal entre la segunda y tercera vértebras cervicales (C2-3) hasta el centro de la garganta.

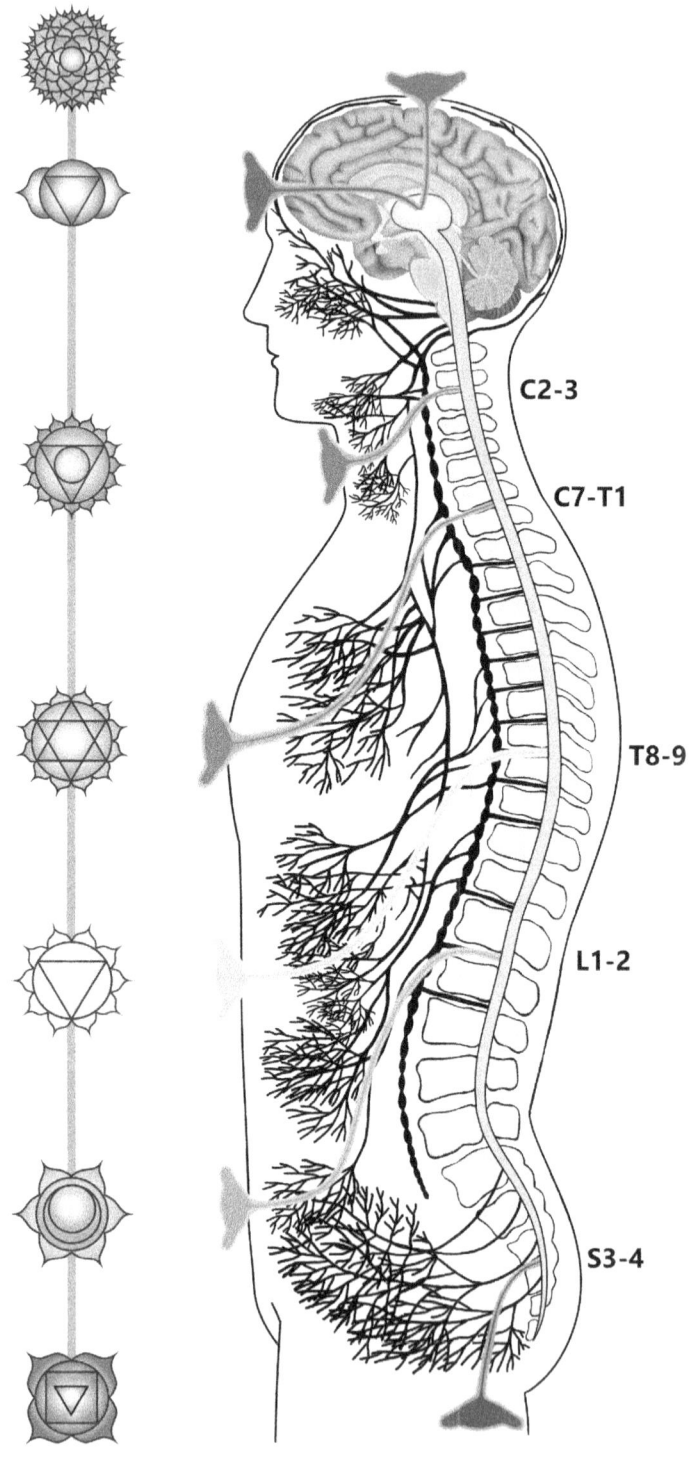

Figura 23: Los Siete Chakras y los Plexos Nerviosos

El Plexo Pulmonar está en continuidad con el Plexo Cardíaco, situado por encima de la aorta del corazón, aproximadamente en la mitad del pecho. El Plexo Cardíaco inerva el corazón, el órgano asociado con nuestra capacidad de amor y compasión y nuestra conexión con todos los seres vivos y no vivos. Todos estos son atributos del Chakra Anahata (Corazón) que lo potencia. El canal del Chakra Anahata se extiende desde la médula espinal entre la séptima vértebra cervical y la primera torácica (C7-T1) hasta el centro del pecho.

Las ramas del Plexo Celíaco y del Nervio Vago forman el Plexo Celíaco. (Más sobre la importancia del Nervio Vago en un capítulo posterior.) Conocido como el Plexo Solar en los círculos científicos y Espirituales, el Plexo Celíaco está situado en la base de las costillas, cerca del estómago. Sus nervios inervan el páncreas, la vesícula biliar, la parte superior del intestino, el hígado, y el estómago. El Chakra Manipura (Plexo Solar) gobierna nuestra fuerza de voluntad, la vitalidad, y la digestión, impulsada por los órganos mencionados anteriormente. Su canal Cháquico se extiende desde la médula espinal, entre las vértebras torácicas octava y novena (T8-9), hasta el centro del abdomen superior.

El plexo pélvico rige las funciones de eliminación y reproducción y está formado por los plexos hipogástricos superior e inferior. El Plexo Hipogástrico superior inerva los ovarios en la mujer y los testículos en el hombre. Está situado en la parte inferior del abdomen y se correlaciona con el Chakra Swadhisthana (Sacro), asociado a la reproducción y la fertilidad.

El Plexo Hipogástrico inferior es una continuación del superior, situado justo debajo de éste en la región pélvica inferior. Inerva el útero y el cuello uterino en las mujeres y la próstata en los hombres. También está conectado con el recto y la vejiga. El canal Cháquico de Swadhisthana se extiende desde la médula espinal entre la primera y la segunda vértebra lumbar (L1-2) hasta el centro del abdomen inferior.

El Plexo Coccígeo está formado por el nervio coccígeo y el quinto nervio sacro, que inervan la piel de la región del cóccix (coxis). El Plexo Sacro es una red de nervios que salen de las vértebras lumbares y sacras inferiores y proporcionan control motor y reciben información sensorial de la mayor parte de la pelvis y las piernas. El nervio más grande del Plexo Sacro es el Nervio Ciático que inerva el muslo, la parte inferior de la pierna y el pie.

El canal en forma de tallo de Chakra Muladhara se extiende desde el sacro entre la tercera y cuarta vértebras sacras (S3-4), y desciende hasta la zona entre el perineo y el coxis. El Chakra Raíz apunta hacia abajo, hacia la Tierra, ya que tiene la tarea de enraizar nuestro sistema Cháquico. Los canales de energía de las piernas son nuestra conexión energética con el Chakra de la Estrella de la Tierra que está debajo de nuestros pies. También alimentan los Nadis Ida y Pingala, que comienzan en el Muladhara, pero obtienen sus corrientes femeninas y masculinas a través de cada uno de los canales de energía de las piernas.

PURIFICACION DE LOS CHAKRAS

Después de un despertar completo y permanente de la Kundalini, una vez que el Cuerpo de Luz ha sido construido a través de la ingesta de alimentos, el siguiente paso es sintonizar tu conciencia con su aspecto más elevado, el Cuerpo Espiritual. Esta parte es un reto porque primero tendrás que purificar tus Chakras inferiores, lo que permitirá que tu conciencia se eleve de forma natural. Tu conciencia estará lastrada por la energía Kármica en los Chakras inferiores hasta que lo hagas. Este proceso de Ascensión Espiritual es sistemático en este sentido.

Las energías más bajas y densas deben ser superadas antes de que las energías de mayor vibración puedan penetrar en el Ser. La energía Kármica negativa del miedo es la parte que mantiene a la mayoría de nosotros vibrando en una frecuencia más baja. Ya que la energía del miedo ata al Ego a los Cuatro Elementos inferiores, estos Elementos deben ser purificados y consagrados para permitir que tu conciencia se eleve y opere desde los tres Chakras Espirituales superiores-Vishuddhi, Ajna, y Sahasrara.

Una vez que tu Cuerpo de Luz esté construido, tendrás experiencias ocasionales de estos estados de éxtasis en ciertos momentos en los que perderás de vista tu Ego. Sin embargo, como tienes que eliminar las garras del Ego para integrar el Cuerpo Espiritual completamente y absorber tu conciencia en él, los Cuatro Chakras Elementales por debajo de los Chakras Espirituales deben ser trabajados. No hay otra manera, y no puedes tomar ningún atajo en este proceso. Puede tomar muchos años, y así es en la mayoría de los casos, pero tiene que lograrse.

En *The Magus: Kundalini and The Golden Dawn*, ofrezco ejercicios rituales de Magia Ceremonial para trabajar los cuatro Chakras más bajos de Muladhara, Swadhisthana, Manipura, y Anahata. Quien necesite trabajar en sus Chakras encontrará este trabajo invaluable en su viaje hacia la Ascensión Espiritual. *The Magus* se centra en trabajar con todos los Chakras y purificarlos a través de ejercicios rituales particulares que invocan las energías Elementales de la Tierra, el Agua, el Fuego, el Aire, incluyendo el Espíritu.

Una vez que hayas descompuesto las partes del Yo inferior a través del trabajo con los Cuatro Elementos, habrás afinado los aspectos correspondientes de tu psique. El siguiente paso es reintegrar esas partes del Yo a través del Elemento Espíritu. Estas técnicas de invocación ritual sirven como poderosas herramientas para sintonizar los 7 Chakras y elevar tu conciencia para que estés canalizando la máxima cantidad de energía de Luz en tu Aura.

El propósito del trabajo ritual con la Magia Ceremonial es obtener una conexión eterna con tu Santo Ángel de la Guarda, que es otro término para el Ser Superior. Es la parte de ti que es de Dios, lo Divino. Al limpiar y purificar tus Chakras, te alineas con tu Ser Superior y te distancias de tu Ser Inferior-el Ego.

El despertar completo de la Kundalini (ya sea que ocurra de una sola vez o gradualmente) y la localización permanente de la energía Kundalini en el cerebro se considera el estado más alto alcanzable del despertar Espiritual. No hay ninguna otra forma de despertar Espiritual o iniciación que sea más alta o de mayor alcance. Pero el despertar de la Kundalini es sólo el comienzo de tu viaje hacia la Iluminación. El siguiente paso es purificar tus Chakras y elevar la vibración de tu conciencia. Y para hacerlo con éxito en un periodo más corto, necesitarás alguna forma de práctica Espiritual que te ayude en tu viaje.

EXPANSIÓN DEL CEREBRO

Los seis Chakras, Muladhara, Swadhisthana, Manipura, Anahata, Vishuddhi, y Ajna, tienen diferentes contrapartes en las áreas respectivas del cerebro (Figura 24). Esto significa que una vez que un Chakra se abre por completo a través del despertar de la Kundalini, la parte del cerebro asociada a ese Chakra se activa permanentemente. La activación del cerebro es necesaria para facilitar la expansión de la conciencia. Además, a medida que las diferentes áreas del cerebro se abren, comenzará a sentirse transparente e ingrávido, como si se perdiera el contacto con la Materia que lo compone. A medida que el efecto de la Materia desaparece en su conciencia, su cerebro se convierte en una antena para recibir las vibraciones del Universo exterior a través del Chakra de la Corona, Sahasrara, justo encima de él.

A medida que se produce este efecto de adormecimiento en el cerebro, empiezas a sentir una conexión con la Conciencia Cósmica. La Luz dentro de tu cabeza se siente como una esencia cuantificable. Tu Luz interior está conectada a la Gran Luz Blanca que es el fundamento de toda la existencia y es la esencia de la Conciencia Cósmica. Es a través de esta conexión que tus poderes psíquicos se desarrollan.

A medida que tu Cuerpo de Luz se optimiza con el tiempo, se abren pequeños focos de energía en diferentes áreas del cerebro, que se sentirán como una sustancia líquida que se mueve por tu cerebro. Esta sustancia es energía líquida del Espíritu, que activa e ilumina diferentes áreas de tu cerebro. A medida que introduces los alimentos en tu sistema, se transforman en energía de Luz, que se convierte en una sustancia líquida en tu área cerebral. Así, sentirás que tu conciencia y tu cerebro se expanden diariamente. Este proceso es similar al de una planta que recibe sus nutrientes de la tierra y se desarrolla y crece con el tiempo. Su crecimiento y desarrollo dependen totalmente de los nutrientes que recibe de la tierra. A veces hay mucha presión en diferentes partes del cerebro y de la cabeza mientras se produce este proceso de desarrollo, lo que provoca dolores de cabeza. Si esto ocurre, es una señal de que no estás aportando suficientes alimentos nutritivos a tu sistema o no estás comiendo con suficiente frecuencia.

Ten en cuenta que lo que estoy describiendo sólo ocurre si has tenido un despertar permanente de la Kundalini, lo que significa que esta energía ha subido a tu cerebro y reside allí permanentemente ahora. Tan pronto como esto ocurre, el cerebro comienza a ser remodelado por esta nueva Luz que lo impregna. Y como se mencionó, esto también estará acompañado por un sonido vibratorio que se escucha dentro de tu cabeza cuyo nivel de tono depende de la comida que traigas a tu cuerpo. Esto se debe a que ahora eres como una batería de energía de Luz Divina, que es bio-eléctrica.

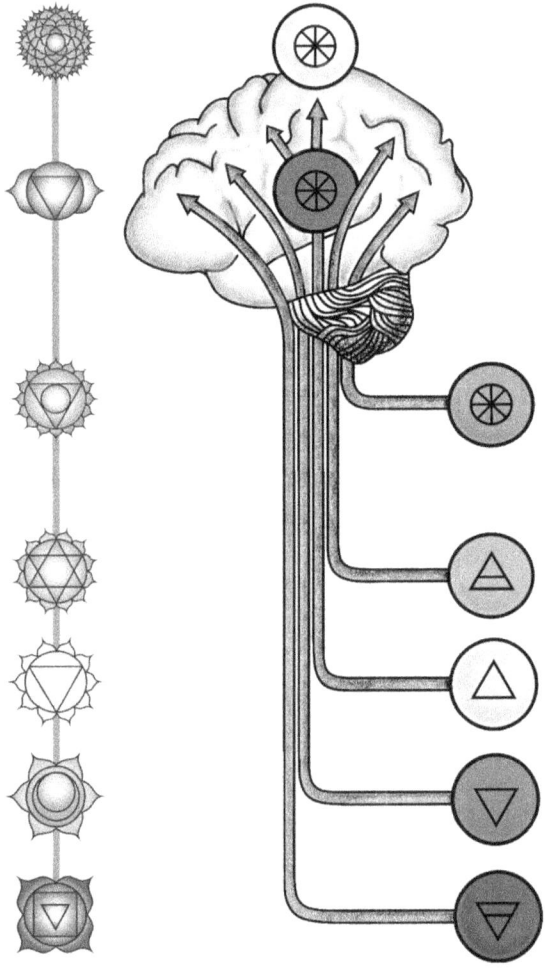

Figura 24: Expansión del Cerebro y Correspondencias Cháquicas

FENOMENOS DE EXPANSION DE LA CONCIENCIA

A medida que el cerebro se expande, se desarrolla otro sentido: la conciencia del Testigo Silencioso, el registrador de la realidad momento a momento. El Testigo Silencioso es la parte del Ser que se aparta en la conciencia y observa las acciones del cuerpo físico como un testigo imparcial del mismo. Puede leer la energía creada por el lenguaje corporal como una esencia cuantificable y mantenerte informado sobre lo que estás poniendo en el mundo con tus acciones como una supercomputadora.

El Testigo Silencioso se desarrolla a medida que la energía Kundalini expande el cerebro. Esta nueva capacidad de percibir la realidad da lugar a un desprendimiento completo del Ego, ya que te experimentas a ti mismo de forma radicalmente diferente a como lo hacías antes de que tuviera lugar el despertar de la Kundalini. Creo que uno de los principales propósitos de la transformación de la Kundalini es exaltar al observador silencioso interior, el Verdadero Yo, y permitirle salir del cuerpo físico a través del circuito de la Kundalini activado y cernirse sobre ti, registrando tus movimientos.

El observador silencioso, o Testigo Silencioso, es la parte de ti que es Espíritu, que es Dios. Es la parte de ti que es conciencia pura e indiferenciada que forma parte de la Conciencia Cósmica. En realidad, todos somos Uno y la parte de nosotros que se mantiene al margen y observa en silencio nuestras acciones es la misma para todos; es Dios. Pero con el despertar de la Kundalini, hay una increíble distinción entre esa parte de ti y tu Ego. Te sintonizas más con el aspecto observador silencioso de tu ser que con el Ego, ya que te permite controlar tu realidad y manifestar tus deseos.

El Testigo Silencioso te observa y te indica que sigas tu día y realices tus tareas diarias, casi como un director que dirige la película del personaje principal: tú. Tu noción o concepto del Yo utiliza el cuerpo físico para cumplir el propósito deseado por el Testigo Silencioso.

Cuando desarrollé este sentido, empecé a ver fuera de mí mismo, y el mundo que me rodeaba empezó a parecer un videojuego, en el que yo era el protagonista. Este fenómeno es continuo y seguirá estando presente durante el resto de mi vida. Me permite ver mis expresiones faciales y la energía que evocan en los demás, y basándome en esta percepción, puedo tener un control total sobre el tipo de vibraciones que emito al Universo. De este modo, tengo un alto grado de control sobre lo que los demás sienten en mi presencia, ya que estoy navegando por sus emociones con mi lenguaje corporal y la energía que emito. Cuando estoy en este estado, generalmente soy neutral con mis sentimientos donde nada me excita o deprime, pero estoy en un estado mental tranquilo y equilibrado.

Al estar en este estado mental elevado, siento una fuerte conexión con el sonido, donde todo lo que oigo hace mella en mi conciencia. Me costó algún tiempo acostumbrarme a ello, y tuve que volver a aprender a concentrarme cuando estoy centrado en hacer algo importante para no dejarme llevar por los sonidos que provienen de mi entorno. También tuve que ponerme tapones en los oídos al principio de mi proceso de transformación de Kundalini, ya que era difícil inducir el sueño debido a esta poderosa conexión con el sonido. Aprendí a ir hacia adentro cuando era necesario, en lugar de permitir que mi conciencia se proyectara hacia afuera, como es mi estado natural ahora.

Con el paso de los años, mi conciencia siguió expandiéndose, al igual que mi capacidad de ver más desde fuera de mí. Llegué a un punto en el que podía proyectarme en lo alto de las nubes y mirar el mundo que había debajo de mí a vista de pájaro. Para que quede claro, sólo dejo mi cuerpo físico en el Espíritu. Como mi conciencia se ha expandido y no tiene límites ni barreras ahora en términos de tamaño, puedo dirigir mi atención a cualquier cosa que vea ante mí, sin importar lo lejos que esté, y conectarme con ella a través de mi Espíritu. En ese momento, mi conciencia saldrá de mi cuerpo físico y se proyectará hacia ese punto o lugar. Al hacerlo, se liberarán altos niveles de histamina en mi cuerpo, adormeciéndolo temporalmente y permitiendo que mi conciencia abandone mi cuerpo.

Aunque mi conciencia esté fuera de mi cuerpo físico, sigo teniendo un control total sobre ella, y puedo abandonar el estado trascendental en el que me encuentro en cualquier momento. Es una experiencia mística proyectar mi conciencia de tal manera, ya que siento una sensación de unidad con todo lo que veo ante mí. Junto con ver la Luz en todo lo que miro, este es el regalo favorito que recibí de la Divinidad después de despertar la energía Kundalini.

LOS CHAKRAS MENORES

LOS CHAKRAS DE LA CABEZA

La cabeza contiene Chakras Menores que están separados de los Siete Chakras Mayores. Debido a la ubicación de estos Chakras Menores, crean un patrón similar a una corona en la cabeza. No es una coincidencia que las representaciones de figuras Espirituales a menudo lleven coronas en la cabeza en muchas tradiciones. Por ejemplo, en el Cristianismo, Jesucristo se representa a menudo con una corona que alude a que es un Rey del Cielo. Como él dijo, todos podemos ser Reyes y Reinas del Cielo; lo que significa que todos podemos llevar esta corona metafórica una vez que la alcancemos a través de la evolución espiritual. La corona también representa el logro del Chakra de la Corona, Sahasrara, el Chakra Mayor más elevado y nuestra conexión con la Luz Divina.

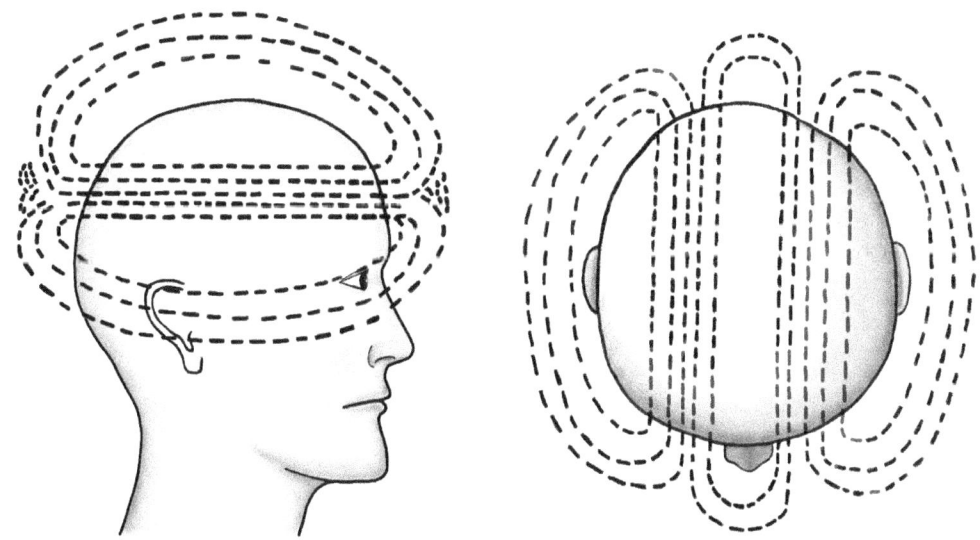

Figura 25: Halo Alrededor de la Cabeza

La corona simbólica representa los Chakras despiertos en la cabeza y, por lo tanto, la expansión de la conciencia. El halo que rodea la cabeza de Jesús, de los Santos, y de otras figuras espirituales significa que la corona Espiritual ha sido activada: el Chakra Sahasrara está completamente abierto y la conciencia individual se ha expandido. La luz en, sobre, y alrededor de la cabeza representa a alguien que está Iluminado (Figura 25). El propio término "Iluminado" tiene su origen en este proceso de manifestación de la Luz y de impregnación de la zona que rodea la cabeza.

En el diagrama siguiente (Figura 26), el Chakra 1 se conoce como el Séptimo Ojo. Es un importante Chakra menor en la cabeza que, junto con el Bindu (Chakra 6), trabaja para alimentar el circuito de la Kundalini dentro del Cuerpo de Luz. Estos dos Chakras llevan la energía que conecta al Ser con la Eternidad y la No-Dualidad, permitiendo al individuo despierto sentir el éxtasis del Reino Espiritual y la conexión con lo Divino. Además, como el Reino Espiritual es el punto de contacto con el Reino Divino que está por encima de él, no es raro tener experiencias de otro mundo cuando los Chakras 1 y 6 están activos y funcionando a su máxima capacidad.

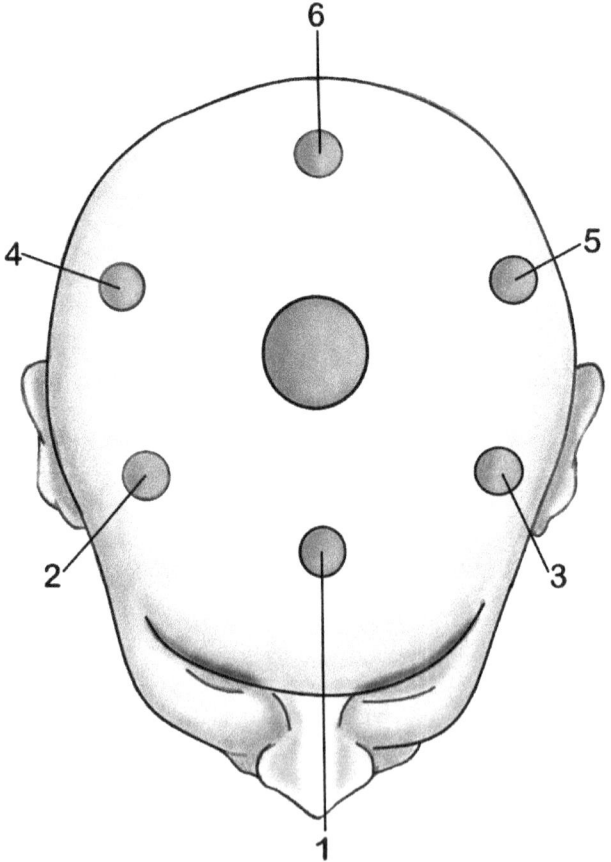

Figura 26: Los Chakras Menores de la Cabeza (Corona)

El Bindu es comparado con el "Vacío" o el Abismo. En la Cábala, el Abismo es la Undécima Esfera de Daath en el Árbol de la Vida, que representa la muerte, la muerte del Ego. Al entrar en el Vacío, el Yo encuentra su Ser Verdadero o Espiritual, y la dualidad de la mente deja de existir. El Vacío del Bindu es nuestra entrada en el Plano Espiritual de la Unidad. El Bindu es como un "Lago de Fuego" que une todos los opuestos y purifica todas las impurezas. La mente experimenta la dualidad de pensamientos e ideas, y a través de esta dualidad, se crea el dolor de la separación. En el Chakra Bindu, todos los pensamientos o ideas duales son reconciliados por sus opuestos. Este proceso nos permite eludir la mente y experimentar la pureza y la Unidad del reino Espiritual. Este mecanismo energético ha sido dejado en nosotros por nuestro Creador. Marca la siguiente etapa de nuestra Evolución Espiritual y nuestro regreso al Jardín del Edén.

El Chakra 3 en el diagrama está directamente vinculado a Ida, el canal femenino del cuerpo, mientras que el Chakra 2 está vinculado a Pingala, el canal masculino. Una vez que el Chakra 2 está completamente abierto, se empieza a sentir una conexión con el lado derecho del cuerpo, a través del cual fluye el canal Pingala. Con el tiempo, se despierta el Corazón Espiritual, que se siente como una bolsa esférica de energía por la que cruza Pingala. Su ubicación es a la derecha del corazón físico. Contiene una llama tranquilizadora, ya que el Nadi Pingala está relacionado con el Elemento Fuego del Alma. Así como el corazón físico regula la circulación de la sangre en el cuerpo físico, el Corazón Espiritual gobierna el flujo de la energía Pránica en el Cuerpo de Luz. El Corazón Espiritual es trascendental, y regula los pensamientos y las emociones que son de cualidad No-Dual.

El Chakra 3, cuando se abre completamente, formará la conexión con el lado izquierdo del cuerpo y la sensación de apertura y expansión en el corazón físico. Lo caracteriza una sensación de tranquilidad en sus emociones, que pertenecen al Elemento Agua. Tener el corazón abierto te hace sentir y recibir mejor las vibraciones del mundo exterior. Además, aumenta tu capacidad de empatía.

Los Chakras 4 y 5 son los siguientes en abrirse durante la sublimación/transformación de la Luz, o energía Pránica en el cuerpo. Proporcionan una conexión más fuerte con el Bindu (Chakra 6) y permiten que la conciencia del individuo abandone el cuerpo físico cuando está en meditación. Tener estos dos Chakras completamente abiertos permite al individuo completamente despierto a la Kundalini, absorberse en cualquier cosa que vea con sus ojos físicos cuando le da su atención. Estos dos Chakras ayudan a la conciencia individual a alcanzar la Unidad.

Puedes saber que los seis Chakras Menores de la cabeza se están abriendo y alineando cuando sientas que una sustancia líquida se mueve por tu cerebro en forma de serpiente. Infunde los canales que conectan con cada uno de los seis Chakras Menores de la cabeza. Este fenómeno se caracteriza por una sensación placentera y tranquila en su cerebro mientras ocurre.

Puedes saber que Bindu se está alineando y abriendo más cuando los Chakras 4 y 5 se están abriendo. En consecuencia, una vez que los Chakras 2 y 3 se están abriendo, se produce una alineación en el Séptimo Ojo (Chakra 1). Una trinidad de Chakras trabaja conjuntamente mientras la otra trinidad también trabaja conjuntamente. Por esta razón, los Adeptos de los Misterios Occidentales suelen llevar una kippah en la cabeza, que contiene una imagen del Hexagrama, o Estrella de David como la llaman los Hebreos. Los triángulos hacia arriba y hacia abajo del Hexagrama representan las dos trinidades de Chakras menores en la cabeza.

LOS CHAKRAS DE LOS PIES

Junto con los Siete Chakras Mayores que corren verticalmente a través del cuerpo, tenemos una red de centros de energía auxiliares, o Chakras Menores en los pies y las manos, que proporcionan un amplio espectro de afluencia de energía en nuestro sistema. Desgraciadamente, los Chakras Menores de los pies y las manos son a menudo ignorados y descuidados por los maestros Espirituales, a pesar de que desempeñan un papel crucial en el entramado energético de nuestro cuerpo.

Cada dedo, incluyendo la parte central del pie y la zona del talón, está regido por uno de los Chakras Mayores (Figura 27). El dedo gordo corresponde al Manipura, el dedo índice al Anahata, el dedo medio al Vishuddhi, el cuarto dedo al Ajna, el dedo pequeño al Swadhisthana, la parte media de la planta del pie al Sahasrara, y la parte posterior del talón al Muladhara.

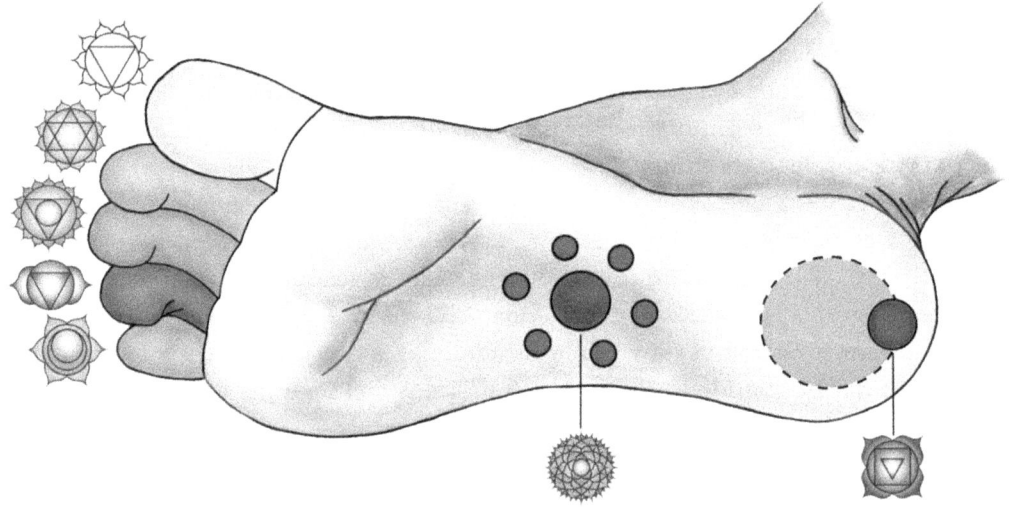

Figura 27: Los Chakras de los Pies

Una de las funciones de los dedos de los pies es descargar el exceso de energía que se ha acumulado en los Chakras Mayores a través de nuestras actividades cotidianas y funciones corporales. Este exceso de energía se libera y se transmite a la Tierra, facilitando el enraizamiento en nuestra conciencia. Cuando los Chakras Menores de los pies funcionan bien y están en armonía con los Chakras Mayores, existe una conexión y un flujo constante de comunicación entre las redes de energía de la Tierra y nuestras energías.

Por su ubicación y conexión con la Tierra, los Chakras de los Pies también sirven para canalizar la energía del Chakra Estrella de la Tierra Transpersonal (debajo de los pies) y transmitirla a los Chakras Mayores a través de los canales de energía de las piernas. En este caso, los Chakras de los Pies sirven como conductos o conectores de energía que permiten a la Estrella de la Tierra estar en comunicación directa no sólo con el Chakra Muladhara sino también con los otros Chakras Mayores.

Los Chakras de los pies también ayudan a facilitar el equilibrio y la asimilación de la energía Kundalini que viene de la Tierra a través de sus corrientes magnéticas. Funcionan como transformadores de energía, regulando la cantidad e intensidad de la energía que llega al Cuerpo de Luz desde la Tierra.

El Chakra de la "Suela" está situado en el centro del pie y está relacionado con el Sahasrara, la Corona. El Chakra de la Suela es el más importante de los Chakras del Pie. Si examinamos su estructura, podemos ver que sus seis puntos secundarios reflejan directamente los Chakras Menores de la cabeza, relacionados con el Sahasrara.

La relación entre el Chakra Único y el Sahasrara se describe mejor con el axioma de "Como Es Arriba, Es Abajo". Estos dos conjuntos de Chakras permiten al iniciado tener los pies en la Tierra y la cabeza en el Cielo simultáneamente. Curiosamente, los pies simbolizan la dualidad del Mundo de la Materia, mientras que la cabeza representa la singularidad del Reino Espiritual.

Otro Chakra del Pie importante es el Chakra del Talón, relacionado con Muladhara. Este Chakra Menor nos ayuda a sentirnos enraizados ya que nuestros talones son los primeros que tocan la Tierra cada vez que damos un paso. El Chakra del Talón está directamente conectado con el Muladhara a través de los canales de energía de las piernas. Los canales de energía primarios de las piernas alimentan los Nadis femenino y masculino Ida y Pingala, que comienzan en el Muladhara. En los hombres, Ida y Pingala son energizados por los testículos, mientras que, en las mujeres, por los ovarios. Numerosos otros Nadis corren junto a los canales de energía primarios de las piernas, conectando los dedos de los pies con otros Chakras Mayores.

LOS CHAKRAS DE LA MANO

Los Siete Chakras Mayores encuentran su correspondencia en los pies, pero también en las manos (Figura 28). El pulgar se corresponde con el Manipura, el dedo índice con el Anahata, el dedo medio con el Vishuddhi, el dedo anular con el Muladhara, el dedo meñique con el Swadhisthana, el centro de la palma de la mano con el Sahasrara, y la punta de la muñeca con el Chakra Ajna.

Los Chakras están perfectamente equilibrados en la mano, ya que los dedos anular y meñique son femeninos, mientras que el pulgar y el índice son masculinos. Además, una línea central va desde el punto de la muñeca, pasando por el centro de la palma de la mano, hasta el dedo corazón, que se corresponde con el Elemento Espíritu, lo que concilia los principios de género opuestos.

Figura 28: Los Chakras de la Mano

Los chakras de las manos son esenciales para sanar y recibir información energética del Universo. Nuestras manos nos permiten interactuar con el mundo tanto a nivel físico como energético. Los dedos sirven como sensores mientras que las palmas sirven para canalizar la energía curativa. Tu mano dominante envía energía mientras que la no dominante la recibe.

Mientras que los pies se relacionan con el Elemento Tierra y el cuerpo físico, las manos se corresponden con el Elemento Aire y la mente, ya que están literalmente suspendidas en el aire ante nosotros. Como tal, los Chakras de las manos afectan en gran medida a la información que llega a nuestra mente.

Por esta razón, la sociedad ha adoptado el apretón de manos como el principal saludo entre las personas. Al estrechar la mano de alguien, las palmas de las manos se tocan, lo que permite intuir quién es como persona, ya que se entra en contacto directo con su energía.

El centro de la palma contiene un Chakra Menor esencial, que está relacionado con el Sahasrara, la Corona. Llamado también Chakra de la Palma de La Mano, es el más importante de los Chakras de la Mano, ya que se utiliza con fines curativos. Notarás que el Chakra de la Palma de La Mano refleja el Chakra del Suelo, que refleja los Chakras Menores en la parte superior de la cabeza. Los tres conjuntos de Chakras se corresponden con el Sahasrara y el Elemento Espíritu. Su función es crucial en el proceso de transformación de la Kundalini, ya que infunden la energía del Espíritu en el cuerpo.

Los Chakras de la Mano están conectados al Chakra de la Garganta, Vishuddhi, a través de los canales de energía de los brazos. Por lo tanto, para abrir completamente los Chakras de la Mano y maximizar sus capacidades funcionales, uno debe despertar el Chakra de la Garganta, ya que es el primer Chakra del Elemento Espíritu. El Elemento Espíritu también incluye los dos Chakras por encima del Vishuddhi, Ajna, y Sahasrara.

La energía curativa se genera en el Anahata, que se envía a través de los Chakras de la Palma de La Mano por medio de Vishuddhi (Figura 29). El Chakra de la Garganta se utiliza para intuir las impresiones energéticas que nos rodean debido a su conexión con el Chakra Ajna, el centro psíquico, que tiene un punto energético correspondiente en la zona de la muñeca. Estas impresiones se reciben a menudo a través de los Chakras de la Mano, que podemos utilizar como sensores energéticos sólo con la intención.

La conciencia y la activación de los Chakras de la Mano pueden marcar una diferencia significativa en la calidad de tu vida. La persona promedio tiene los Chakras Menores en sus manos abiertos hasta cierto punto, lo que significa que la energía curativa está continuamente fluyendo dentro y fuera de ellos. Sólo las personas que están completamente volcadas al mal estarán completamente cerradas a la energía curativa hasta que puedan reabrir sus corazones al amor y a la bondad de nuevo. Luego están aquellas personas que han superado a las masas en cuanto a la evolución Espiritual. Estas personas tienen sus Chakras del Corazón y de la Garganta completamente abiertos. Su conciencia es mucho más alta en el grado de vibración, lo que significa que sus Chakras de la Mano están funcionando óptimamente y enviando y recibiendo energía curativa.

Una persona totalmente despierta a la Kundalini tendrá todos sus Chakras abiertos, incluyendo los Chakras de la Mano y del Pie. Serán sanadores naturales, empáticos, y telépatas. Gran parte de la información exterior entra a través de las manos. El mero hecho de tocar un objeto dará lugar a la recepción de conocimientos energéticos sobre ese objeto. Cuando los Chakras de La Mano están completamente abiertos, las puntas de los dedos se vuelven extra sensibles para recibir información y enviarla al cuerpo para su evaluación.

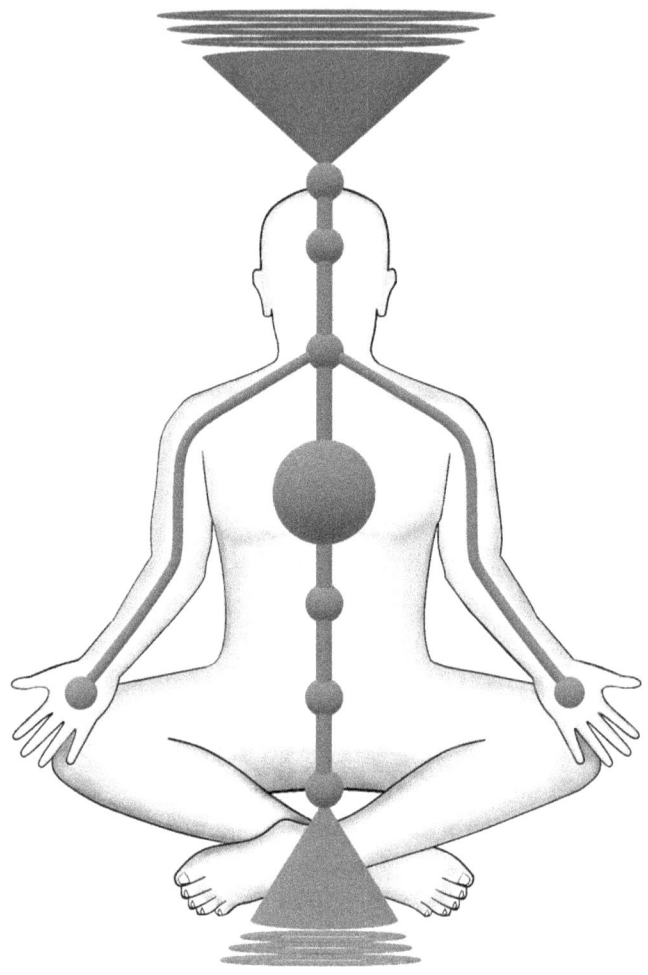

Figura 29: Generación y Transmisión de Energía Curativa (Palmas)

CURAR CON LAS MANOS

Los Chakras de la Mano pueden utilizarse para recibir energía, pero también para enviarla; todo depende de tu intención. Cuando recibes energía, intervienen las yemas de los dedos, mientras que cuando la envías, lo haces principalmente a través de los Chakras de la Palma de La Mano (Figura 30).

El uso más común para la función de recepción en los Chakras de la Mano es escanear el Aura de un individuo y buscar "puntos calientes" y otra información que pueda ayudarte a intuir el estado de su energía general. Los Chakras de la Mano pueden usarse voluntariamente como sensores que te informan de cómo es la energía en tu entorno.

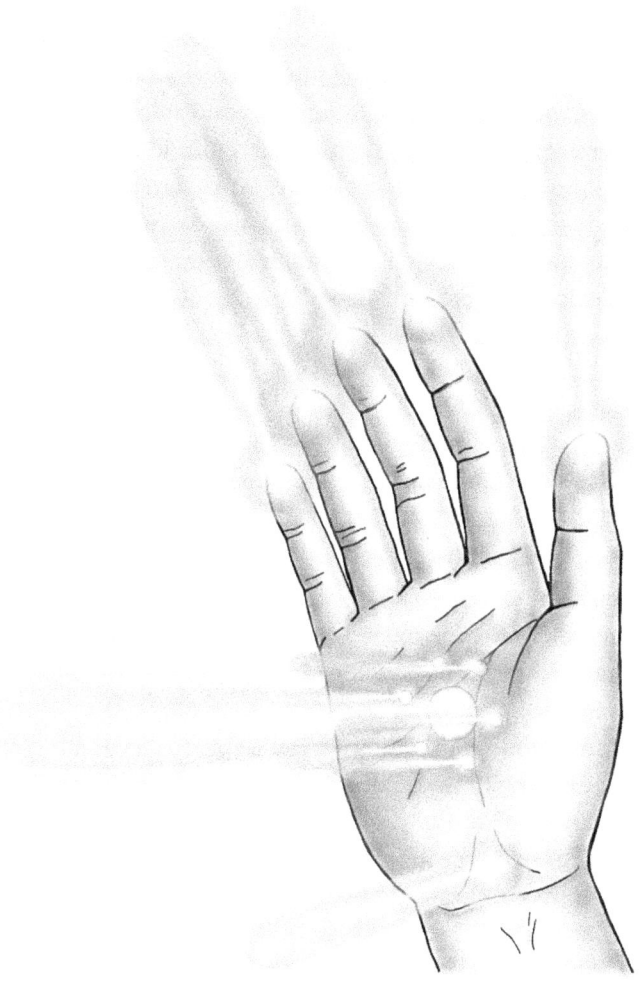

Figura 30: Energía Curativa de las Manos

Puedes utilizar la función de envío de los Chakras de la Mano para canalizar energía curativa a alguien, limpiar la habitación de energía estancada, cargar un Cristal u otro objeto, o incluso bendecir u ofrecer protección a un individuo o grupo de personas. También puedes utilizar tu energía para sanarte a ti mismo y a tus Chakras, aunque esto podría ser agotador. En su lugar, ayuda curarse con una Gema, por ejemplo.

Aunque es crucial saber cómo construir tu chi en tu Chakra Hara (más sobre esto en el siguiente capítulo sobre los Chakras Transpersonales), es mucho más eficaz para el trabajo de curación aprender a traer la energía Espiritual y permitir que fluya a través de ti. Siempre y cuando procedas de un lugar mental de amor incondicional (una característica del Chakra Anahata), tu intención debería ser suficiente para llamar a la energía Espiritual y canalizarla a través de tus Chakras de la Mano con fines curativos.

Es esencial permanecer neutral con respecto a los resultados específicos de tu sesión de curación y no imponer su voluntad. Durante la mayor parte de la sesión de curación, simplemente te estás convirtiendo en un canal, un conducto de energía Espiritual. Por lo tanto, sólo debes involucrar tu Voluntad Superior cuando muevas y elimines bloqueos energéticos. Para ello, puedes peinar la zona del Aura que contiene energía negativa o expulsar esta energía negativa con la energía curativa de tus Chakras de la Palma de La Mano. En este último caso, puedes intensificar la magnitud de la energía curativa canalizada a través de los Chakras de la Palma de La Mano empleando tu fuerza de voluntad y tu atención enfocada.

INFUSION DE ENERGIA ESPIRITUAL

El propósito del proceso de purificación de la Kundalini es hacer de tu cuerpo un recipiente para el Espíritu. Por supuesto, no le pasa nada a tu cuerpo físico durante este proceso, aunque se siente como si le pasara a tu conciencia. La Kundalini permite que tu conciencia se eleve tan alto como el Cuerpo Espiritual y se alinee con su vibración purgando los Chakras.

El cuerpo debe ser infundido por la energía del Espíritu llevada a cabo por los Chakras del Suelo y de la Palma. Estos Chakras Menores se activan completamente una vez que la Kundalini alcanza el Sahasrara en el proceso de despertar. Por lo general, la conciencia tarda algún tiempo en prepararse para la infusión del Espíritu, ya que los Chakras requieren una limpieza. Sin embargo, una vez que está preparada, la energía del Espíritu sube al cuerpo a través de los Chakras del Suelo y de la Palma de las Manos. Esta experiencia se siente como si una ráfaga de viento hubiera entrado en los miembros y los hiciera sentir transparentes. Este aliento divino puede entonces impregnar el torso por completo, permitiendo a la conciencia individual sentir la ingravidez en el cuerpo, especialmente en los brazos y las piernas. Se siente como si el cuerpo físico se hubiera vuelto hueco desde el interior para el experimentador.

Cuando el Espíritu entra en el cuerpo, el individuo comienza a experimentar el adormecimiento general de todo el cuerpo. De nuevo, esta parte de la transformación de la Kundalini tarda algún tiempo en manifestarse. Como he mencionado antes, fue en el séptimo año del despertar cuando esto tuvo lugar para mí. Sentí como si el cuerpo físico hubiera recibido una inyección permanente de Novocaína, un agente adormecedor.

La sensación de adormecimiento se produce para que la conciencia pueda perder su conexión con el cuerpo físico, facilitando que se localice dentro del Cuerpo de Luz plenamente. Al perder la conciencia del cuerpo físico, el Alma se libera finalmente de sus grilletes. La conciencia individual se une a la Conciencia Cósmica, acabando con el dolor de la división entre ambas.

LOS OJOS PSIQUICOS

Además de los dos ojos físicos, hay cinco ojos Espirituales adicionales en nuestras cabezas (Figura 31) que nos dan una conciencia expandida cuando nuestra conciencia está elevada. Además, los dos ojos físicos tienen funciones que van más allá de la capacidad de visión ordinaria y que vale la pena mencionar. El ojo derecho se utiliza principalmente para ver las formas de los objetos; ayuda a la percepción de los detalles. El ojo izquierdo se relaciona con nuestro Ser emocional. Nos da un sentido de la relación entre los objetos a través de su color y textura.

El Tercer Ojo, u Ojo de la Mente, está situado ligeramente por encima y entre las cejas. Sirve como un portal energético que nos permite intuir la forma energética de los objetos en nuestra Tercera Dimensión. El Tercer Ojo nos da una visión de lo Desconocido como nuestra ventana al Mundo Astral. Sin embargo, la ubicación real del Chakra Ajna se encuentra en el centro del cerebro, en la zona del Tercer Ventrículo, como se discutirá en un capítulo posterior. Los ojos psíquicos descritos a continuación tienen funciones auxiliares al Ojo de la Mente. Sirven como portales de energía, cada uno con poderes específicos que, cuando se despiertan, nos dan una conciencia y una comprensión ampliadas, ya que son componentes distintos del Chakra Ajna en su conjunto.

El Cuarto Ojo está justo encima del Tercer Ojo, y nos permite comprender las relaciones entre las personas a la vez que promueve la creencia en el Creador. Es el sentido superior de lo que percibe el ojo físico izquierdo, ya que nos permite comprender la Fuente de la Creación. El Cuarto Ojo es el constructor de la fe.

El Quinto Ojo está justo en el centro de la frente, y ayuda a nuestra comprensión de las verdades e ideales Universales. A través de él, recibimos conceptos del funcionamiento de las Leyes Universales que rigen la realidad. Nos permite ver la imagen más amplia de la vida y nuestro lugar en ella. El Quinto Ojo activa la mente superior y nuestro pensamiento creativo. También nos permite ver nuestras vidas pasadas.

El Sexto Ojo está justo encima del Quinto Ojo, y su función es darnos la verdadera visión interior y la comprensión del propósito de nuestra Alma. El Séptimo Ojo está justo donde está la línea del cabello, en el lado opuesto del Bindu. Ayuda a comprender la totalidad y el propósito del Universo como un todo. Podemos comunicarnos con Seres Angélicos del Plano Divino de la existencia a través de él.

El Séptimo Ojo es primordial en el proceso de transformación de la Kundalini, ya que actúa como punto de salida de la Kundalini, al igual que el Bindu. El Séptimo Ojo y el Bindu actúan como embudos para el circuito de la Kundalini cuando están completamente activos e integrados. Si hay un bloqueo en el Séptimo Ojo, el circuito de la Kundalini se vuelve inactivo, y se pierde el contacto con el Bindu y los Planos Espiritual y Divino de la existencia.

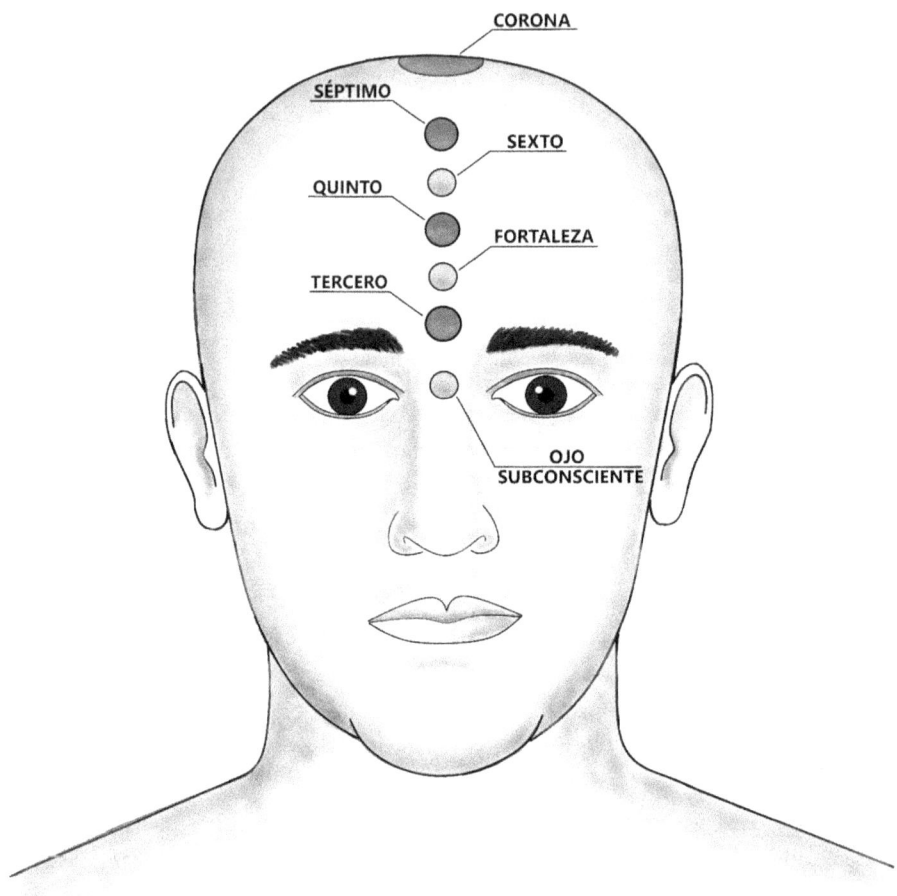

Figura 31: Ubicación de los Ojos Psíquicos

Hay otro centro psíquico llamado "Ojo Subconsciente", y se encuentra justo entre los dos ojos físicos, en el puente de la nariz. La mente subconsciente es el centro de nuestra vida primitiva y básica y de nuestros sentimientos viscerales. Su función es la supervivencia; por lo tanto, se relaciona con las necesidades de la vida, como la comida, el agua y el refugio. El miedo también desempeña un papel crucial en la supervivencia, ya que aprendemos a evitar aquellas cosas que pueden hacernos daño, ya sea física o emocionalmente. La mente subconsciente se convierte en un almacén de todas aquellas cosas que nos causaron dolor a lo largo del tiempo, conteniendo la energía del miedo que nos limita en la vida.

Una vez que la Kundalini ha entrado en el cerebro y ha atravesado el Chakra Ajna, el Ojo Subconsciente se despierta completamente. Dado que el despertar completo de la Kundalini tiende un puente entre la mente consciente y la subconsciente, toda la energía negativa almacenada en el subconsciente se libera para ser tratada y transformada. Como tal, el Ojo Subconsciente nos permite ver todo lo que solía estar oculto para nosotros psíquicamente.

El Ojo Subconsciente nos permite ver el funcionamiento de la mente subconsciente para convertirnos en Co-creadores más eficientes con nuestro Creador. Una vez que superamos la energía negativa almacenada en la mente subconsciente, podemos utilizar este centro psíquico para moldear nuestros pensamientos, haciéndonos dueños de nuestras realidades. Sin embargo, el Ojo Subconsciente no es más que una ventana o un portal hacia la mente subconsciente, cuya ubicación se encuentra en la parte posterior de la cabeza. En cambio, la parte consciente de la mente está en la parte delantera de la cabeza.

LOS CHAKRAS TRANSPERSONALES

Según muchas escuelas de pensamiento Espiritual, además de los Chakras Mayores y Menores, existen también los Chakras Transpersonales. Estos son Chakras fuera del Cuerpo de Luz a los que el ser humano está conectado energéticamente. Transpersonal significa que trascienden los reinos de la personalidad encarnada. Además, en la ciencia Cháquica, añaden la segunda pieza crucial del rompecabezas, junto a los Chakras Mayores y Menores, en la comprensión de nuestra composición energética.

El propósito principal de los Chakras Transpersonales es conectar el cuerpo físico y los Chakras Mayores y Menores con otras personas, Seres Etéreos y otras fuentes de energías Divinas y superiores. La mayoría de las escuelas Espirituales de pensamiento dicen que hay cinco Chakras Transpersonales, aunque este número puede variar. También es común ver que muchos sistemas Cháquicos utilizan sólo los dos Chakras Transpersonales opuestos, la Estrella del Alma, y la Estrella de la Tierra.

Los Chakras Transpersonales existen a lo largo de la Línea Hara, que es una columna energética que contiene los siete Chakras primarios. Cuando extendemos esta columna energética hacia arriba y hacia abajo, más allá de los siete Chakras primarios, nos encontramos con varios Chakras Transpersonales por encima de Sahasrara y uno por debajo de Muladhara llamado Chakra de la Estrella de la Tierra (Figura 32).

Los Chakras Transpersonales tienen las claves para el desarrollo Espiritual y la comprensión de la dinámica de la Creación. A través de los Chakras por encima de Sahasrara, podemos conectar con las vibraciones más sutiles del Cosmos. En *The Magus*, me he referido a estos estados vibratorios superiores de conciencia como los Planos Divinos de la existencia.

En términos del Árbol de la Vida Cabalístico, los Chakras Transpersonales alrededor y por encima de la zona de la cabeza son parte del Sephira de Kether y no dentro de los Tres Velos de la Existencia Negativa (Ain Soph Aur). Y como Kether es la Luz Blanca, estos Chakras Transpersonales se ocupan de cómo esta Luz se filtra en el Cuerpo de Luz y en los Siete Centros Chakra Mayores.

A menos que tus Siete Chakras Mayores estén adecuadamente equilibrados y tu vibración esté elevada, te desaconsejo encarecidamente que intentes trabajar con los tres

Chakras Transpersonales más altos. Tratar de utilizar estas potentes fuentes de poder antes de convertirte en un conducto adecuado será inútil, ya que no podrás acceder a su poder. Por lo tanto, deja el trabajo con estos Chakras superiores para una vez que te hayas desarrollado lo suficiente espiritualmente. El único Chakra Transpersonal con el que puedes trabajar con seguridad es la Estrella de la Tierra, ya que este Chakra se relaciona con la conexión a tierra.

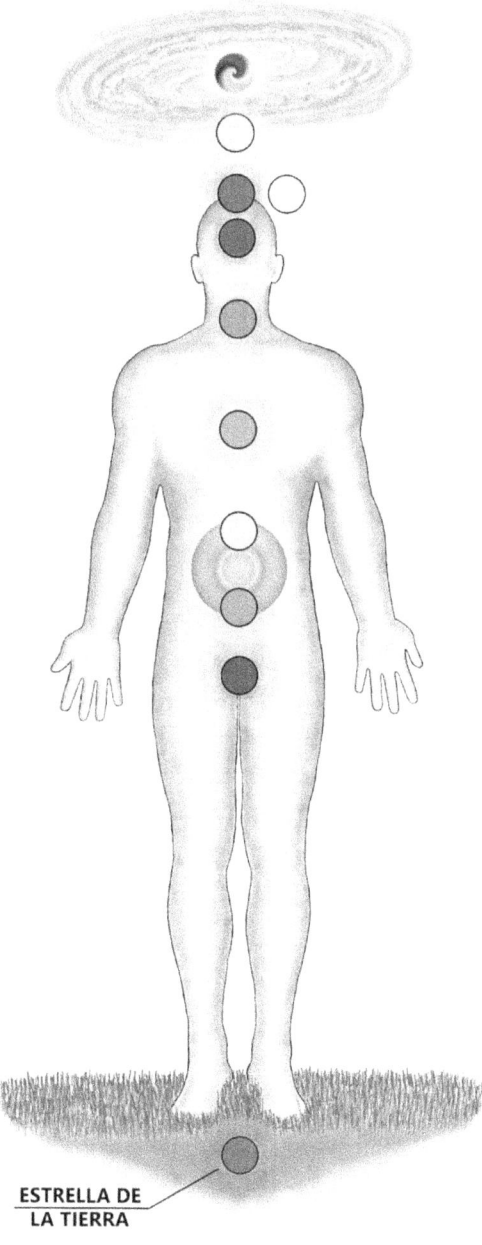

Figura 32: Los Chakras Transpersonales

CHAKRA DE LA ESTRELLA DE LA TIERRA

El Chakra de la Estrella de la Tierra, Vasundhara (que en Sánscrito significa "Hija de la Tierra"), se encuentra aproximadamente seis pulgadas por debajo de los pies. También llamado la "Super-Raíz", este Chakra ayuda a enraizarnos y conectarnos con el Planeta Tierra ya que hace contacto directo con la tierra. La Estrella de la Tierra actúa como puente entre nuestra conciencia y la conciencia colectiva del Planeta Tierra. Por lo tanto, este Chakra se ocupa de la conciencia de la naturaleza. Los Chakras del Pie son el medio de comunicación entre los Chakras Mayores y la Estrella de la Tierra.

La Estrella de Tierra también nos permite conectar con las energías terrestres más densas de nuestro Planeta. La energía terrestre/telúrica sube por los canales energéticos de las piernas a través de los Chakras de los Pies hasta llegar al Chakra Raíz, Muladhara. El Chakra Muladhara es la base de nuestro sistema de Chakras, su raíz -de ahí el nombre de este Chakra. El Muladhara y la Estrella de Tierra tienen una relación directa: ambos están relacionados con el Elemento Tierra y sirven para canalizar su energía. Cabalísticamente, su función se corresponde con el Sephira Malkuth, situado directamente a los pies. Sin embargo, la Estrella de Tierra representa el aspecto Espiritual de la Tierra, vibrando en la Cuarta Dimensión de Vibración o Energía.

La Estrella de la Tierra es esencial para anclarnos al Plano Físico de la existencia. Una de las funciones de la Estrella de la Tierra es enraizar las partes personales y transpersonales del Alma al núcleo magnético del Planeta Tierra a través de su campo electromagnético. Dado que el sistema energético del ser humano puede ser comparado con un árbol, la Estrella de la Tierra sirve como sus raíces.

La Estrella de Tierra nos permite permanecer con los pies en la tierra a pesar de todas las actividades cotidianas que nos desconectan. Tener una conexión sólida con este Chakra nos permite permanecer firmes en el propósito de nuestra vida y no dejarnos llevar por los pensamientos y emociones de otras personas que nos rodean. Estas energías externas se despejan de nuestra Aura cuando nuestra conexión con nuestra Estrella de Tierra es fuerte. Como tal, nuestra relación con nuestra Estrella de Tierra le da a nuestra Alma seguridad para que se exprese a sí misma y a su propósito.

La Estrella de Tierra tiene su propia capa Áurica que se extiende más allá de la capa del Chakra Sahasrara. Sirve como un plano etérico que conecta las capas Áuricas intermedias con nuestro Cuerpo Astral Inferior (Cuerpo Etérico), el primer Cuerpo Sutil más allá del Plano Físico. Debido a su ubicación debajo de los pies, este Chakra fundamenta los Cuerpos Sutiles y todo el sistema Cháquico, incluyendo los Chakras Transpersonales por encima del Sahasrara.

La Estrella de la Tierra también está directamente implicada en la estimulación de la Kundalini en la actividad debido a su relación con el Muladhara. Sin su ayuda, el proceso de despertar sería imposible, ya que la conciencia humana está inextricablemente ligada a la conciencia de la Tierra. Los cambios en la conciencia de la Tierra afectan a la conciencia humana a nivel colectivo y personal.

Para que se produzca el despertar de la Kundalini, debemos crear una poderosa corriente de energía en el Chakra Muladhara. La creación de esta energía comienza en la Estrella de Tierra ya que estos dos Chakras del Elemento Tierra trabajan juntos. En otras palabras, la energía en el Muladhara se genera desde el Chakra de la Estrella de Tierra. La Estrella de Tierra actúa como una batería para el Muladhara; envía las energías Planetarias hacia él a través de las corrientes positivas y negativas representadas por los dos canales de energía en las piernas.

La historia de nuestra vida está grabada dentro de la matriz de nuestra Estrella de Tierra. Este Chakra es responsable de nuestro desarrollo personal en el plano material y de los caminos que tomamos para avanzar en la vida. Abarca toda nuestra historia Ancestral y patrones de ADN. Este Chakra es también el guardián del registro de todas las encarnaciones de vidas pasadas y las lecciones Kármicas aprendidas.

La Estrella de la Tierra nos conecta con toda la humanidad a nivel terrestre. Cuando está equilibrado, este Chakra nos permite sentir una profunda conexión con nuestros poderes internos inherentes y trabajar por una causa mayor. El objetivo final de la Estrella de Tierra es promover la conciencia colectiva de nuestro Planeta y del Universo del que formamos parte. Una Estrella de la Tierra equilibrada también nos permite sentirnos arraigados, protegidos y seguros, ya que se fortalece nuestra conexión divina con la Madre Tierra (Gaia).

Una Estrella de Tierra desequilibrada crea inestabilidad mental y emocional en la vida. Al no estar conectados con la Madre Tierra, perdemos el contacto con nuestra Espiritualidad, haciendo que perdamos nuestro sentido de propósito con el tiempo. A nivel físico, una Estrella de Tierra desequilibrada puede causar problemas en las piernas, rodillas, tobillos, y caderas, ya que estas partes de nuestro cuerpo nos conectan con la Madre Tierra.

El color de la Estrella de Tierra es negro, marrón, o magenta (cuando se activa). Las piedras preciosas atribuidas a este Chakra son el Cuarzo Ahumado, el Ónix, la Obsidiana Negra, y la Magnetita (Lodestone).

HARA CHAKRA (OMBLIGO)

Hara es una palabra Japonesa que significa "mar de energía". Su nombre es apropiado ya que el Chakra Hara actúa como una puerta de entrada al Plano Astral. A través de este Plano, uno puede acceder a todos los Planos Cósmicos interiores. Como tal, Chakra Hara es nuestro acceso al océano infinito de energía en el Universo. No es necesariamente un Chakra, pero está en una liga propia debido a su tamaño y alcance. Sin embargo, Hara es parte del modelo de Chakras Transpersonales en muchos sistemas Cháquicos de la Nueva Era. Su ubicación es entre el Swadhisthana y Manipura, en el ombligo (Figura 33), unos cinco centímetros hacia adentro.

Alrededor del Hara hay una bola Etérica de energía, del tamaño de un balón de fútbol, llamada "Dantian" o "Tan Tien". La energía del Dantian es Chi, Qi, Mana, Prana, que es la energía Vital. Esta bola de energía interactúa con los órganos cercanos que participan en el procesamiento de los alimentos, ya que los alimentos ingeridos se transforman en energía Vital, cuya esencia es la energía de la Luz. Esta energía se llena desde el Hara, ya que es su centro. Una vez que la energía de la Luz se genera en el Dantian a través del Chakra Hara, se distribuye por todo el cuerpo.

El Chakra Hara tiene una relación directa con el Swadhisthana, ya que actúa como portal hacia el Plano Astral y como generador de energía Vital. La distinción entre ambos es que la función del Swadhisthana es generar energía sexual (junto con el Muladhara), mientras que Hara genera energía vital. En realidad, sin embargo, los dos trabajan juntos como una batería, al igual que el Muladhara trabaja con el Chakra de la Estrella de Tierra. En el Árbol de la Vida, la función de los Chakras Hara y Swadhisthana se corresponde con el Sephira Yesod.

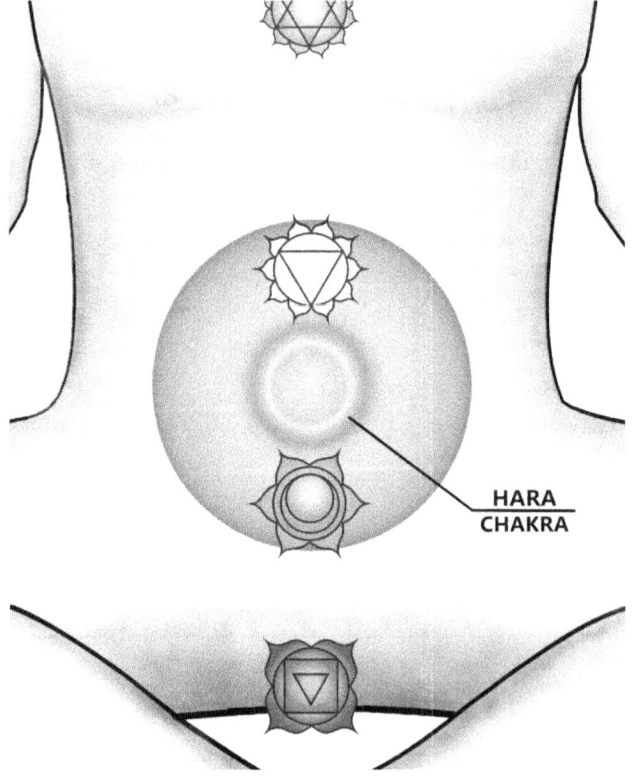

Figura 33: El Chakra Hara (Ombligo)

El Chakra Hara nos da sustento y fuerza, lo que depende de que el Muladhara y la Estrella de Tierra estén suficientemente enraizados. Nuestra fuente de poder está en el Hara y en nuestra capacidad de regeneración. Mientras que los Chakras Estrella de la

Tierra y Muladhara extraen las energías de la Tierra, el Hara utiliza la energía sexual del Swadhisthana para potenciar la voluntad. Para lograrlo, utiliza la energía de Fuego en bruto del Manipura, que se encuentra directamente encima de él. Manipura está directamente implicado en el proceso de transformación de los alimentos ingeridos en energía de Luz. Muchas tradiciones Espirituales reconocen la existencia del Chakra Hara pero no pueden distinguir si está relacionado con el Swadhisthana, el Manipura, o con ambos, como es el caso.

La eficacia del Chakra Hara también depende de lo bien enraizados que estén la Estrella de Tierra y el Chakra Raíz. Estos dos Chakras atraen las energías de la Tierra, mientras que el Hara utiliza esa energía, junto con la energía de los Chakras Swadhisthana y Manipura, para alimentar todo el sistema energético. El Chakra Hara es esencialmente nuestro núcleo y fundamento. Su color es el ámbar, ya que es una mezcla del amarillo del Manipura y el naranja del Swadhisthana.

Aunque en las tradiciones Espirituales a menudo se hace referencia al Swadhisthana como el Chakra del Ombligo, Hara es el verdadero Chakra del Ombligo debido a su ubicación y función. Como feto, todos fuimos alimentados a través del ombligo mientras nuestros Cuerpos Sutiles se formaban. Una vez que nacimos y se cortó el cordón umbilical, fuimos cortados de la fuente Etérica de energía. Como tal, dejamos de atraer energía a través del Hara. A través del condicionamiento y la formación del Ego, perdimos de vista este portal y empezamos a canalizar la energía en nuestra cabeza por el exceso de pensamiento. Para remediarlo, debemos centrarnos en nuestro núcleo y atraer la energía a través de nuestro Chakra Hara, lo que expandirá nuestro Dantian.

El Hara y el Dantian (Tan Tien) se mencionan a menudo en el Qigong, el Tai Chi, y otras artes marciales. Todas las disciplinas de artes marciales que intentan trabajar con la energía se dan cuenta del poder del centro Hara y de la construcción del Dantian, que consideran el centro de gravedad. Pero para ello, uno debe tener una firme conexión con su Cuerpo Etérico; de lo contrario, será incapaz de canalizar sus energías internas. En muchos de estos sistemas de artes marciales, el Hara es sólo uno de los Dantian, denominado Dantian inferior. El Dantian Medio está en la zona del corazón (Anahata), mientras que el Dantian Superior está en la zona de la cabeza, a la altura del Chakra Ajna. Este desglose de los tres centros energéticos principales del cuerpo humano permite a los artistas marciales utilizar mejor el flujo natural de sus energías para optimizar su poder de combate.

El Chakra Hara debe estar abierto y el Dantian (inferior) lleno de energía si se quiere tener buena salud y abundancia de vitalidad. Si el Hara está cerrado o inactivo, puede causar muchas adicciones, especialmente a la comida. Comer en exceso es un intento de sentirse lleno a pesar de tener el Hara bloqueado y el Dantian vacío. La práctica del Sexo Tántrico es una forma de abrir el Hara y tomar conciencia de tu Dantian. El Sexo Tántrico enfoca la energía en el abdomen, incorporando el uso de nuestra energía sexual, así como nuestra fuerza de voluntad, involucrando así a ambos Chakras Swadhisthana y Manipura.

CHAKRA CAUSAL (BINDU)

El Bindu sirve como puerta de entrada al Chakra Causal, que está aproximadamente a dos o tres pulgadas de la parte superior trasera de la cabeza una vez que se proyecta una línea recta desde el Tálamo (Figura 34). Luego, se alinea con el Chakra Sahasrara, que se encuentra directamente en frente de él. El Chakra Causal es uno de los tres Chakras Celestiales Transpersonales alrededor del área de la cabeza, incluyendo la Estrella del Alma y la Puerta Estelar.

El Bindu, situado en la parte superior trasera del cráneo (desde el interior), actúa como puerta de entrada al Chakra Causal. El Bindu es la puerta, mientras que el Chakra Causal es la casa. Sin embargo, no se puede tener la puerta sin la casa, ni la casa sin la puerta: ambas van juntas. Por esta razón, las características del Chakra Bindu reflejan las del Chakra Causal en el modelo de los Chakras Transpersonales.

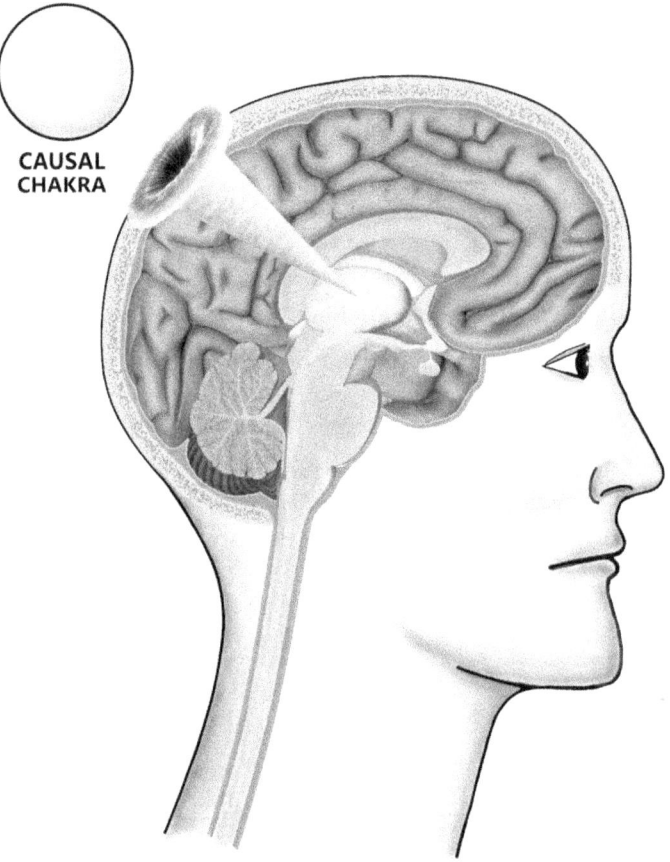

Figura 34: El Chakra Causal/Bindú

El Chakra Causal se ocupa de la erradicación del Ego y de la transformación de la personalidad. Nos da la noción de la continuidad de la vida más allá de la muerte física. Somos Seres Eternos de Luz que seguirán viviendo más allá de esta existencia física momentánea. Este Chakra sirve para silenciar el Ego y hacer que la mente se aquiete, permitiendo al individuo explorar el Plano Espiritual y los Planos Divinos.

El Chakra Causal es un punto de entrada a los Planos Divinos, que puede ser experimentado a través de la Estrella del Alma y los Chakras de la Puerta Estelar que se encuentran por encima del Chakra Coronario. El Chakra Causal también ayuda a las activaciones superiores de los Chakras Espirituales (Corona, Ojo de la Mente, y Garganta), que facilitan la exploración del Plano Espiritual.

Dado que el Chakra Causal/Bindu se conoce como el Chakra de la Luna, es de calidad femenina. Cuando se despierta, las cualidades femeninas del amor, la compasión, la creatividad, y la intuición se intensifican en el individuo. Este Chakra absorbe e irradia la Luz Lunar, iluminando así los pensamientos que recibimos directamente de la Conciencia Cósmica.

A través del Chakra Causal, recibimos información de los Planos Divinos y del Plano Espiritual superior; información a la que sólo podemos acceder cuando nos desprendemos de nuestro Ego y de nuestra personalidad. Como tal, una de las principales propiedades de este Chakra es que nos permite explorar la sabiduría superior y los misterios del Cosmos.

El Chakra Causal vibra en la Cuarta Dimensión, la Dimensión de la Vibración o de la Energía. Recibe las energías de los dos Chakras de la Quinta Dimensión por encima de la cabeza (Estrella del Alma y Puerta Estelar) y las filtra hacia el Aura. El Chakra Causal/Bindu es nuestro enlace con esos dos Chakras de mayor frecuencia, ya que nos permite aceptar las dosis graduales de Luz Blanca que emiten los Planos Divinos.

Los Seres Espirituales Superiores de los Reinos Divinos pueden comunicarse con nosotros a través del Chakra Causal. A medida que la información entra a través de este Chakra, es llevada a los Chakras inferiores, donde podemos acceder a ella a través de los Cuerpos Sutiles respectivos a esos planos particulares.

El Chakra Causal desempeña el papel más crucial en el proceso de despertar de la Kundalini, ya que su apertura resulta en una mayor claridad de la comunicación psíquica y telepática. Permite al individuo "leer" la energía que le rodea a través de su capacidad intuitiva. El Chakra Causal/Bindu trabaja con el Chakra Ajna para lograr esta hazaña. El individuo utiliza los diversos portales del Ojo de la Mente para "ver" la información que está siendo canalizada hacia el Chakra Causal desde la Conciencia Cósmica.

El Chakra Causal/Bindu se abre naturalmente y permanece abierto como parte del proceso de transformación de la Kundalini. Cuando este Chakra se desbloquea, y la mente y el Ego se silencian, nuestro Yo-Dios Superior puede comunicarse con nosotros directamente. Esta comunicación es un proceso inmediato que no requiere ningún esfuerzo consciente. El individuo se absorbe en la meditación de un momento a otro de la vigilia y se convierte en una encarnación viva de la unidad de toda la existencia. Sin embargo, esta experiencia sólo ocurre cuando la Kundalini ha sido despertada y elevada al Chakra Sahasrara.

Aunque se puede acceder a las energías del Chakra Causal/Bindu a través de diferentes prácticas espirituales (como el uso de Piedras Preciosas), la única manera de abrirlo y mantenerlo abierto permanentemente es a través de un despertar de Kundalini. Como se ha mencionado, los dos puntos de salida de la Kundalini son el Bindu y el centro del Séptimo Ojo. Una vez que el sistema Kundalini está activo en el Cuerpo de Luz después del despertar, el Bindu regula la energía de la Luz que circula por él, alimentando los Setenta y Dos Mil Nadis o canales de energía. A medida que estos canales se impregnan de energía de Luz, la conciencia se expande. El Bindu se abre aún más, permitiendo al individuo canalizar más información del Plano Espiritual y de los Planos Divinos superiores.

El Chakra Causal/Bindu es blanco, lo que sugiere una profunda e íntima conexión con el Elemento Espíritu y la Luna. Las piedras preciosas atribuidas a este Chakra son la Piedra de la Luna, el Cuarzo del Aura del Ángel, la Celestita, la Cianita, y la Herderita.

CHAKRA DE LA ESTRELLA DEL ALMA

El Chakra de la Estrella del Alma, Vyapini (que en Sánscrito significa "Todopoderoso"), está situado a unos 15 centímetros por encima de la parte superior de la cabeza, alineado directamente con el Chakra de la Corona que está debajo (Figura 35). El color de este Chakra es blanco dorado. La Estrella del Alma sirve de conexión con las energías cósmicas de nuestro Sistema Solar, mientras que la Puerta Estelar sirve de conexión con la Vía Láctea en su conjunto. La Estrella del Alma también modera la energía de muy alta vibración de la Puerta Estelar y la transmite hacia abajo (a través del Chakra Causal) a los 7 Chakras Mayores dentro del Cuerpo de Luz. De este modo, estamos capacitados para asimilar estas energías Galácticas en nuestra existencia física.

El Chakra de la Estrella del Alma es de la frecuencia de la Quinta Dimensión, y representa la energía del amor, la verdad, la compasión, la paz, y la sabiduría y conciencia Espirituales. Se corresponde con el Plano Divino más bajo de la existencia. De acuerdo con las enseñanzas de la Ascensión, la Tierra y la humanidad están en el proceso de cambiar a un nuevo nivel de realidad, que es la Quinta Dimensión.

Sólo podemos experimentar las energías cósmicas de la Quinta Dimensión a través de la unidad de la conciencia individual con la Conciencia Cósmica. Cuando uno logra esta conexión, obtiene acceso a los registros Akáshicos, un banco de memoria dentro de la Conciencia Cósmica que contiene todos los eventos, pensamientos, emociones, e intenciones humanas del pasado, presente, y futuro. Como tal, uno se convierte en un clarividente, psíquico, o vidente. Por lo tanto, parte del proceso de transformación de la Kundalini es la plena activación del Chakra Bindu/Causal, que nos conecta con la Estrella del Alma y la Puerta Estelar, permitiéndonos ser uno con la Conciencia Cósmica.

El Chakra de la Estrella del Alma es donde nos conectamos con nuestro Yo-Dios Superior. Sin embargo, esta conexión se integra a través del Chakra Causal/Bindu y los Chakras del Espíritu (Vishuddhi, Ajna y Sahasrara). Estos Chakras sirven para fundamentar la experiencia de conectar con nuestro Ser Superior. Como la Estrella del Alma representa la Divinidad en todas sus formas, participa del amor incondicional, el desinterés y la compasión Espirituales, y la unidad en todas las cosas. Es el origen de nuestra búsqueda de la Ascensión y la Iluminación.

Como el Chakra Causal/Bindu es referido como el Chakra de la Luna, la Estrella del Alma sería nuestro Chakra del Sol ya que es el origen de nuestras Almas. Tiene una conexión íntima con la Estrella de nuestro Sistema Solar (el Sol) y el Chakra Manipura, el Asiento del Alma y el Sol del Cuerpo de Luz. De ahí que la Estrella del Alma adquiera el aspecto dorado de su color, que es una vibración superior del color amarillo del Manipura.

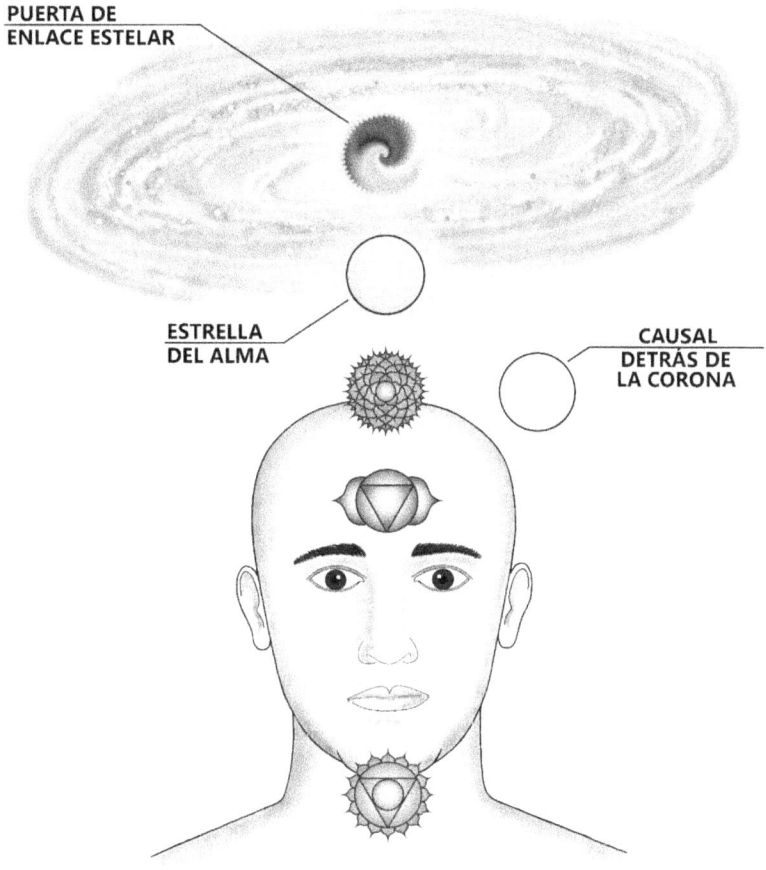

Figura 35: Los Chakras Transpersonales por Encima de la Corona

Dado que la Estrella del Alma se corresponde con el Plano Divino, está por encima de la energía Kármica, ya que el Karma pertenece a los Planos Inferiores de la existencia. Sin embargo, la Estrella del Alma regula el Karma del Alma, impartiendo las lecciones de vida necesarias a través del Chakra Manipura y el Elemento Fuego. Estas energías Kármicas se han acumulado a lo largo de muchas vidas y nos impiden manifestar nuestros deseos. Por lo tanto, al desarrollar nuestra fuerza de voluntad, iluminamos el Chakra Manipura y obtenemos una conexión más fuerte con nuestra Estrella del Alma.

La Estrella del Alma trabaja con el Portal Estelar, permitiéndonos ver la conexión Cósmica entre nosotros y el Universo en el que vivimos. Cuando la Estrella del Alma está alineada con los Chakras de abajo, sentimos un fuerte sentido de propósito y un entusiasmo por la vida. La Estrella del Alma es nuestra Verdadera Voluntad en la vida y el puente entre nuestra esencia impersonal y la realidad personal y física.

Para evitar estar espaciado y sin conexión a tierra, uno debe activar la Estrella de la Tierra antes de trabajar con la Estrella del Alma. Aquellos que pasan demasiado tiempo trabajando en sus Chakras Transpersonales superiores mientras ignoran la Estrella de la Tierra se sentirán demasiado espaciados y etéreos. La Estrella del Alma y la Estrella de la Tierra funcionan juntas para realizar el trabajo de la Estrella central de nuestro Sistema Solar: el Sol. Las gemas atribuidas a la Estrella del Alma son la Selenita, la Cianita, el Cuarzo Nirvana, y la Danburita.

PUERTA DE ENLACE ESTELAR

El Chakra de la Puerta Estelar, Vyomanga (en Sánscrito significa "Ser Celestial"), está a unos doce centímetros por encima de la parte superior de la cabeza, directamente por encima de la Estrella del Alma y del Chakra de la Corona (Figura 35). El color de este Chakra es oro puro o arco iris (cuando se activa). El Portal Estelar, como su nombre indica, es una puerta o portal a las Estrellas de la Vía Láctea. En pocas palabras, es el Chakra de la Conciencia Cósmica.

El Portal Estelar es el más alto en vibración de todos los Chakras Transpersonales. Es el más alto de los Chakras de la Quinta Dimensión y nuestra última conexión con la fuente de toda la Creación. El Portal Estelar se corresponde con los Planos Divinos superiores de la existencia.

La Quinta Dimensión representa la Unidad consciente con el Creador (la Divinidad). La Estrella del Alma nos da a entender que tenemos Almas Eternas, que se originan en la Estrella central (el Sol) de nuestro Sistema Solar. Sin embargo, el Portal Estelar nos da a entender que nuestras Almas Eternas se originan de la misma fuente que otras Almas de otros Sistemas Solares en nuestra Galaxia de la Vía Láctea. Así, el Portal Estelar representa el nivel más alto de la Quinta Dimensión, que es la Unidad con todas las Chispas de Luz de la Galaxia.

La Quinta Dimensión es la fuente misma de la Luz Blanca de la que todos participamos. No sólo nos une con los Seres terrestres sino también con los Extraterrestres. No importa de qué Sistema Solar seas, todos somos Uno ya que nuestro Creador es el mismo, y también lo es el Holograma Cósmico en el que todos participamos. Como tal, la Quinta Dimensión se relaciona con la paz y la armonía finales entre todas las cosas y la energía de amor divino que lo conecta todo.

El Portal Estelar es un barómetro Espiritual que modera la intensidad de la Luz Blanca que se vierte en nuestra Aura. La Estrella del Alma es el filtro a través del cual se mide la Luz, mientras que la Estrella de la Tierra conecta esta Luz y nuestra conciencia con la conciencia del Planeta Tierra.

El Portal Estelar es la conexión Interestelar de la humanidad, que es intemporal. Como es atemporal, contiene todas nuestras experiencias de todas nuestras vidas pasadas. Así que cada vez que recuerdas una vida pasada, te conectas con el Chakra de la Puerta Estelar.

La Puerta Estelar es el ápice de la experiencia de transformación de la Kundalini y el estado de conciencia más elevado que puede alcanzar el ser humano. Este Chakra emite las más altas energías vibratorias sobre las que se construyen las virtudes humanas. La iluminación sólo es alcanzable una vez que el individuo se conecta plenamente con el Chakra de la Puerta Estelar. Las piedras preciosas atribuidas a la Puerta Estelar son la Moldavita, la Calcita del Rayo Estelar, la Azeztulita, y la Selenita.

LA LINEA HARA

La Línea Hara es un importante conducto de energía que conecta la columna de los Chakras Transpersonales. Es un canal que permite que la energía de la Luz pase de la Puerta Estelar a la Estrella del Alma, al Chakra Causal, bajando al Chakra Hara y conectando con la Estrella de la Tierra debajo de los pies. Esta energía pasa por la parte central del cuerpo humano, a lo largo del canal Sushumna, donde se encuentran los 7 Chakras Mayores.

La Línea Hara tiene como objetivo llevar la Luz a los 7 Chakras Mayores a través del Chakra Causal y al Sahasrara. A continuación, esta Luz se distribuye por los Seis Chakras Mayores inferiores. Finalmente, el Chakra Hara recoge esta Luz y la envía hacia abajo a través del perineo (Chakra Muladhara) hasta la Estrella de la Tierra, conectando así los Chakras Mayores y los Chakras Transpersonales.

La línea Hara también dirige el flujo de energía en los Chakras Mayores. Dado que cada uno de nuestros 7 Chakras Mayores toma y da energía a los Chakras de arriba y de abajo, la Línea Hara sirve como un eje invisible que dirige y distribuye sutilmente el flujo de esa energía.

El Chakra Hara sirve como centro del conducto energético de la Línea Hara, ya que es el contenedor de la energía Vital (Prana, Chi, Qi, Mana). La Línea Hara se activa y vigoriza completamente cuando la Kundalini se despierta y sube al Chakra Coronario. La Kundalini sirve como la fuerza que conecta los Chakras Transpersonales con los Chakras Mayores. Esta conexión se ancla entonces a la Madre Tierra (Gaia) a través de la Estrella de la Tierra.

Dado que la Línea Hara se ocupa de canalizar la energía de la Luz hacia los Chakras Mayores y luego distribuirla, es la esencia de nuestra Divinidad. Esta energía de Luz es guiada por el Chakra Estrella del Alma, nuestra esencia Divina. El Alma utiliza el eje de la Línea Hara como una autopista, ascendiendo y descendiendo la energía de Luz de un Chakra al siguiente. La Estrella del Alma sirve como centro de mando (control) para realizar esta tarea.

Cuando los Chakras Transpersonales y los 7 Chakras Mayores están adecuadamente equilibrados, se produce un fenómeno Alquímico en el que todos los Chakras se unifican y fusionan como uno solo. Esta ocurrencia en un nivel energético representa el punto más alto de la Iluminación. Para que esta experiencia ocurra, tanto la Estrella del Alma como la Estrella de la Tierra deben estar activadas y trabajando juntas. Estos dos Chakras Transpersonales funcionan como los polos negativo y positivo de una batería, donde la energía de la Luz rebota entre ellos.

LA QUINTA DIMENSION

La mayoría de las religiones y tradiciones Espirituales están de acuerdo en que la Quinta Dimensión es el reino más elevado que un Alma puede alcanzar y la frontera final de la conciencia humana. La Quinta Dimensión es la dimensión de la Luz Blanca que subyace a toda la Creación manifestada. Es la "Mente de Dios", también llamada Conciencia Cósmica. Nuestro Universo manifestado existe dentro de esta Luz Blanca, que es ilimitada, intemporal, y Eterna.

La Luz Blanca es la Primera Mente, mientras que el Universo manifestado es la Segunda Mente. En realidad, los dos son Uno, ya que las Formas en la Segunda Mente dependen de la Fuerza proyectada desde la Primera Mente para darles vida. La Luz Blanca es el Sephira de Kether en el Árbol de la Vida, que depende de Chokmah (Fuerza) y Binah (Forma) para que la Creación se manifieste. Estos dos Sephiroth manifiestan el Alma y la conciencia en el Universo.

La Luz Blanca es la Fuente del amor, la verdad, y la sabiduría. Encarnamos en este Planeta como Seres luminosos de Luz, pero con el tiempo, a medida que nuestro Ego se desarrolla, perdemos el contacto con nuestra Alma y nuestros poderes Espirituales. A medida que nuestra conciencia involuciona, se hace imperativo que volvamos a estar en contacto con nuestras Almas para que podamos elevarnos Espiritualmente de nuevo y realizar todo nuestro potencial. Despertar la Kundalini es nuestro método para lograr la Realización Espiritual. Nuestro Creador dejó el gatillo de la Kundalini en nosotros por diseño. La mayoría de la gente no es consciente de este hecho, por lo que personas como yo sirven como mensajeros de la existencia y el potencial de la energía Kundalini.

Un despertar completo de la Kundalini activa los 7 Chakras Mayores, cada uno de los cuales resuena con la vibración de uno de los colores del arco iris. Encontramos estos colores del arco iris cuando hacemos brillar la Luz Blanca a través de un prisma. Tenemos el rojo, el naranja, el amarillo, el verde, el azul, el índigo, y el violeta, en secuencia.

Cuando la Kundalini sube a través de la columna vertebral y hacia el cerebro, busca alcanzar el Chakra Coronario y romper el Huevo Cósmico. Al hacerlo, activa los Setenta y Dos Mil Nadis del Cuerpo de Luz, despertando así todo su potencial latente. A medida que todos los pétalos de Sahasrara se abren con el ascenso de la Kundalini, la conciencia individual se expande hasta el Nivel Cósmico. Dado que el Sahasrara es la puerta de entrada a los Chakras Transpersonales superiores, el individuo despierto gana acceso a sus poderes también con el tiempo.

Un despertar completo de la Kundalini comienza el proceso de transformación Espiritual, que tiene como objetivo alinear nuestra conciencia con los dos Chakras de la Quinta Dimensión que están sobre la cabeza, la Estrella del Alma y la Puerta Estelar. Cuando tenemos acceso a estos Chakras, nos elevamos por encima del dolor físico, el miedo y la dualidad en general. Comenzamos a funcionar plenamente con la intuición y a vivir en el momento presente, el Ahora. Una vez que la mente es evitada, el Ego es conquistado, ya que sólo existe dentro de la mente.

A través de una transformación Kundalini, el dolor de la separación se supera ya que experimentamos la Unidad de toda la Creación al participar en la Quinta Dimensión. Todas nuestras acciones se basan en el amor y la verdad, lo que construye la sabiduría con el tiempo. Accedemos al conocimiento ilimitado de los misterios de la Creación, recibido a través de la Gnosis.

Con la plena activación de nuestro Cuerpo de Luz, obtenemos la Inmortalidad. Nos damos cuenta de que vamos a morir físicamente, sí, ya que no podemos evitarlo, pero sabemos internamente que esta vida es una de muchas ya que nuestras Almas nunca pueden ser aniquiladas.

EL MERKABA -VEHICULO DE LUZ

La palabra "Merkaba" proviene del Antiguo Egipto. Se refiere al vehículo de Luz de un individuo que permite el viaje Interdimensional e Interplanetario. "Mer" se refiere a dos campos de Luz que giran en sentido contrario en el mismo espacio, mientras que "Ka" se refiere al Espíritu individual y "Ba" al cuerpo físico. Los dos tetraedros opuestos entre sí representan los dos polos o aspectos de la Creación, Espíritu, y Materia, en completo equilibrio.

El Merkaba ocupa también un lugar destacado en el misticismo Judío. En Hebreo, la palabra "Merkaba" (Merkavah o Merkava) significa "carroza", y se refiere al carro divino de Dios descrito por el profeta Ezequiel en una de sus visiones (*Antiguo Testamento*). Las visiones de Ezequiel recuerdan a las visitas de Seres de otras dimensiones o de otro mundo descritas mediante metáforas que contienen imágenes simbólicas.

En su visión, Ezequiel describe un vehículo Divino que tenía "ruedas dentro de ruedas", que brillaban como "diamantes en el sol" y giraban unas alrededor de otras como un giroscopio. Los místicos Judíos y las personas espirituales interpretan la visión de Ezequiel como una referencia al propio vehículo interdimensional de Luz: El Merkaba. Es un hecho conocido en los círculos Espirituales que los Maestros Ascendidos y los Seres más allá de nuestros reinos y dimensiones se manifiestan en nuestra realidad a través de su Merkaba.

El Merkaba es una representación geométrica del toro optimizado, la "dona dinámica" de uno, que incluye el campo Áurico y el Campo Electromagnético del corazón. Como se ha mencionado, el toro tiene un eje central con un polo norte y sur que hace circular la energía en forma de espiral. Después de un despertar completo de la Kundalini, la energía comienza a circular dentro del toro a una mayor velocidad, afectando a la velocidad de giro del Merkaba.

El Merkaba se activa completamente cuando el toroide se optimiza, permitiendo el viaje a través de la conciencia. El Cubo de Metatrón es un símbolo que contiene todas las formas geométricas sagradas conocidas en el Universo. Atribuido al Arcángel Metatrón, representante del Elemento Espíritu, el Cubo de Metatrón sirve como metáfora del Universo manifestado y de la armonía e interconexión de todas las cosas. Entre la miríada de formas geométricas que podemos encontrar en el Cubo de Metatrón está el Merkaba, visto en el plano vertical desde arriba o desde abajo (Figura 36).

Figura 36: El Cubo de Metatrón y el Merkaba

Cuando se ve desde un lado, en el plano horizontal, los dos tetraedros del Merkaba se cruzan en el centro y apuntan en direcciones opuestas: uno apunta hacia arriba y el otro hacia abajo. El tetraedro que apunta hacia arriba en el Merkaba es el principio masculino del Sol, relacionado con los elementos Fuego y Aire y la energía eléctrica. El Tetraedro que apunta hacia abajo es el principio femenino de la Tierra, que corresponde a los elementos Agua y Tierra y a la energía magnética. Juntos, los dos Tetraedros opuestos y entrelazados crean el "Tetraedro Estrella", un objeto de ocho puntas que es una extensión tridimensional del Hexagrama, la Estrella de David.

El Tetraedro del Sol gira en el sentido de las manecillas del reloj, mientras que el Tetraedro de la Tierra lo hace en sentido contrario. En los hombres, dado que la energía masculina es dominante, el Tetraedro del Sol se orienta hacia la parte delantera del cuerpo, mientras que el Tetraedro de la Tierra se orienta hacia la parte trasera. En las mujeres, la orientación se intercambia, y el Tetraedro de Tierra se orienta hacia el frente (Figura 37).

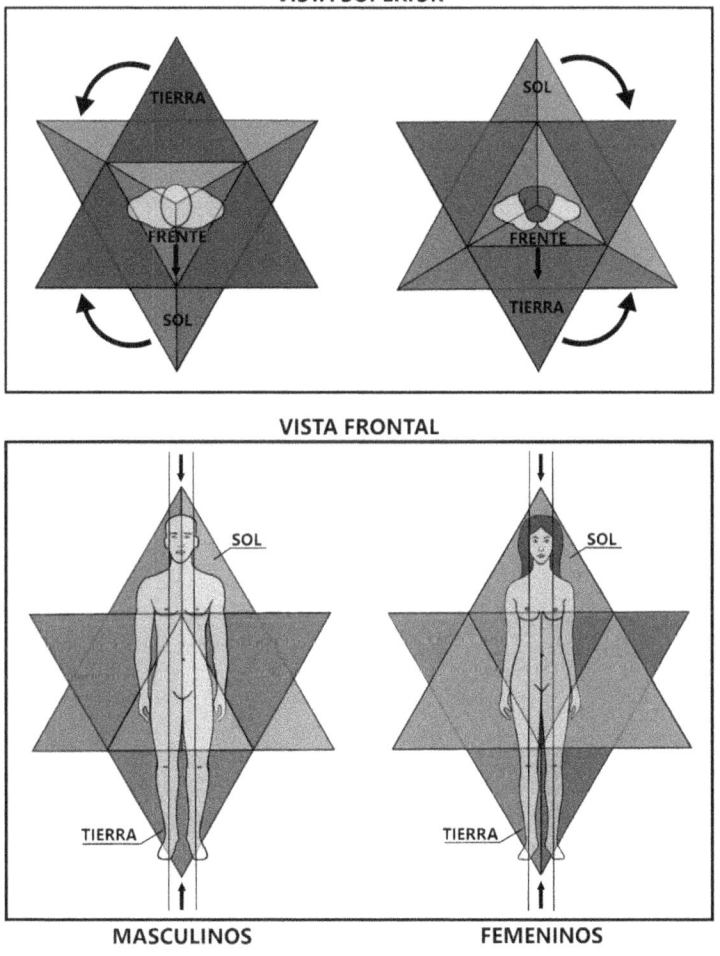

Figura 37: Orientación de los Tetraedros en Machos y Hembras

El Tetraedro del Sol está alimentado por el Chakra de la Estrella del Alma, a 15 centímetros por encima de la cabeza en su vértice. A la inversa, el Tetraedro de la Tierra invertido es alimentado por el Chakra de la Estrella de la Tierra, situado seis pulgadas por debajo de los pies. El Chakra de la Estrella de la Tierra es el vértice del Tetraedro de la Tierra invertido. La energía de la luz rebota entre la Estrella del Alma y la Estrella de la Tierra, a lo largo de la Línea Hara, alimentando los dos Tetraedros del Merkaba y haciéndolos girar en direcciones opuestas.

Cuando el Merkaba está optimizado, el campo de Luz generado alrededor de su forma esférica giratoria puede extenderse 50-60 pies de diámetro en proporción a la altura de alguien. Si se observara un Merkaba que gira rápidamente con los instrumentos adecuados, se vería una forma parecida a un platillo alrededor de la persona que se expande horizontalmente. No es el Merkaba en sí el que es tan grande, sino la Luz que emite la que crea su forma extendida, difundiéndose a lo largo del plano horizontal.

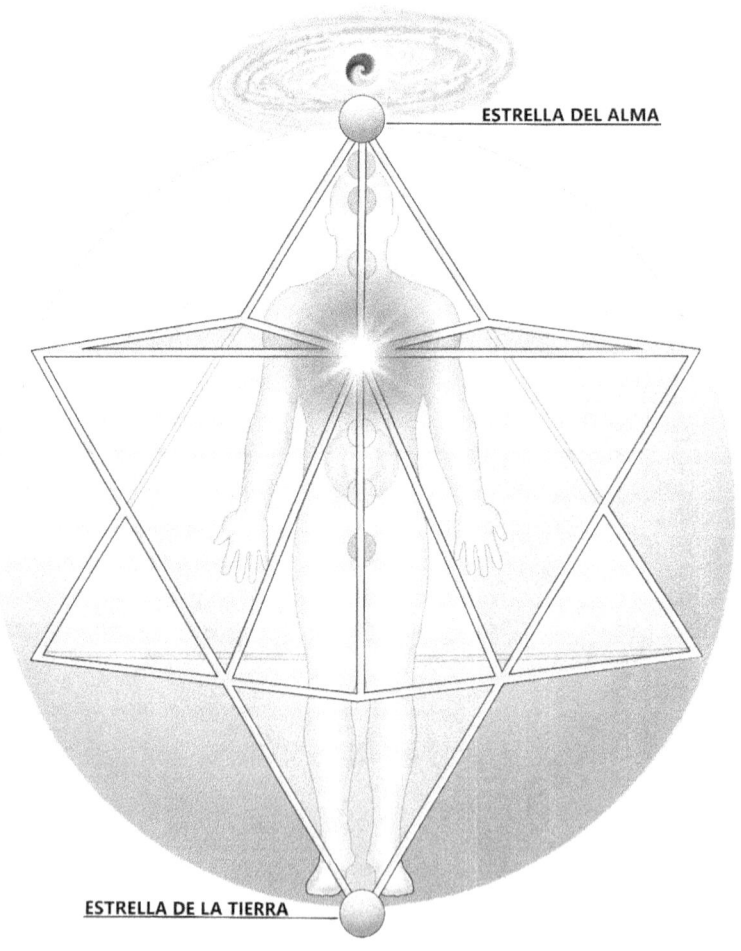

Figura 38: El Merkaba: Vehículo de Luz (en los Varones)

El centro del sistema Cháquico está en el Chakra Corazón, Anahata; a su nivel están suspendidos los dos Tetraedros contrarrotantes del Merkaba (Figura 38). La Luz que emana del Chakra del Corazón hace girar a los Tetraedros del Merkaba. Por esta razón, existe una correlación entre la activación del Merkaba y el hecho de que el propio Ser resuene con la energía del amor incondicional. En otras palabras, cuanto más amor llevas en tu corazón, tu Merkaba gira más rápido.

Las personas que aman incondicionalmente tienen una mayor capacidad creativa, incluyendo habilidades psíquicas como la transposición de su Espíritu en objetos y otras personas. Su Merkaba de giro rápido les permite trascender las barreras de su cuerpo físico a través de su imaginación.

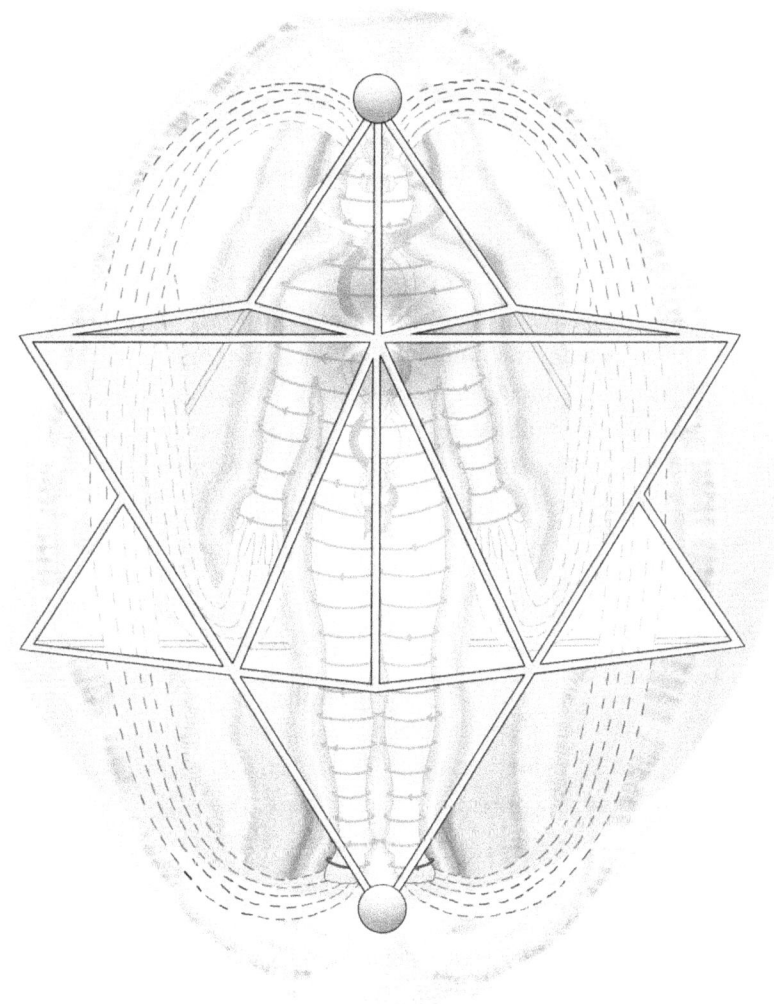

Figura 39: Despertar de la Kundalini y Optimización del Merkaba

El Chakra del Corazón es el centro de nuestro Ser que recibe la energía de la Luz de la Estrella del Alma y la distribuye a los Chakras inferiores antes de enraizarla en la Estrella de la Tierra. Nuestros corazones físicos y etéricos interactúan con el mundo que nos rodea como receptores de energías. Como describiré en la siguiente sección sobre Kundalini y anatomía, el corazón trabaja en tándem con el cerebro para guiar nuestra realidad.

Cuando la Kundalini se despierta, viaja hacia arriba a través del canal Sushumna. En cambio, el Ida y Pingala viajan a lo largo de la columna vertebral en forma de espiral, uno frente al otro, asemejándose a la Doble Hélice de la molécula de ADN. Cuando la Kundalini alcanza la parte superior de la cabeza en el Sahasrara, expande este centro exponencialmente, permitiendo que la energía de la Luz de la Estrella del Alma se derrame en nuestro sistema de Cháquico por debajo. A medida que cada uno de los Chakras se infunde con la Luz, el campo energético toroidal se optimiza, activando el potencial latente del Merkaba.

Un despertar completo de la Kundalini energiza el Cuerpo de Luz, maximizando la capacidad del Merkaba (Figura 39). Cuando la Luz se infunde en el Aura, los Tetraedros contrarrotantes del Merkaba comienzan a girar más rápido, formando una Esfera de Luz alrededor del cuerpo físico. El Alma, que también es esférica, tiene ahora un vehículo que soporta su forma, con el cual puede dejar el cuerpo físico para viajar dentro de otras dimensiones del Espacio/Tiempo. Ver orbes de Luz es un fenómeno Espiritual común de mirar los Merkabas giratorios de Seres más allá de la Tercera Dimensión que quieren interactuar con los seres humanos a través de la conciencia.

Una de las principales funciones del Merkaba es permitir al individuo explorar los significados y capas más profundas de la vida en el Universo. Al optimizar tu función de Merkaba, te conviertes en un Ser de Luz de la Quinta Dimensión que puede utilizar los Chakras Transpersonales superiores para tu beneficio.

EL REGRESO AL JARDÍN DEL EDÉN

La forma del toroide se asemeja mucho a una manzana, lo que constituye una interesante correlación que nos remite a la historia del Jardín del Edén del *Antiguo Testamento* y a la adquisición de conocimientos por parte de la humanidad. La traviesa serpiente fue la que se opuso a Dios, el Creador, al tentar a Eva para que hiciera lo único que se les dijo a ella y a Adán que no hicieran: comer del Árbol del Conocimiento del Bien y del Mal.

La serpiente dijo que, si Adán y Eva desobedecían a Dios, se volverían "como los Dioses y conocerían la dualidad" (Génesis 3:4-5). El conocimiento se recibe a través de la experiencia vital en el Mundo de la Materia, construido sobre la dualidad de la Luz y la Oscuridad, el bien y el mal.

Adán y Eva comiendo la manzana prohibida del Árbol del Conocimiento del Bien y del Mal puede ser visto como una referencia a la humanidad obteniendo un campo de energía toroidal, que permite a nuestra conciencia experimentar el Mundo de la Materia. Al materializarse en la Tercera Dimensión, nuestra conciencia quedó arraigada en la Materia, haciéndonos perder el contacto con el Plano Espiritual, nuestro derecho inherente de nacimiento.

El Jardín del Edén es una representación metafórica del Plano Espiritual, la fuente de nuestra inocencia primordial. Como ya se ha dicho, todo lo que tiene forma en el Mundo de la Materia tiene un campo energético toroidal a su alrededor. El campo energético toroidal sostiene la existencia de la Materia en la Tercera Dimensión del Espacio/Tiempo.

El toroide está compuesto por los Chakras Mayores y Transpersonales que forman nuestro Mundo Interior y nos dan las funciones cognitivas para aprender de la experiencia y crecer en intelecto. También nos permite contemplar la Creación de Dios y los misterios del Universo a través de los Planos Cósmicos interiores y las dimensiones correspondientes a los Chakras.

Después de ser expulsados del Jardín del Edén por su acto de desobediencia, Dios-el Creador dijo que Adán y Eva podrían volver al Jardín sólo si "comían el fruto del Árbol de la Vida", que les daría la vida Eterna. Como ya expliqué en mi libro anterior, comer el fruto del Árbol de la Vida se refiere a despertar la energía Kundalini y progresar hacia arriba a través de los Chakras para alcanzar la Iluminación Espiritual. En consecuencia, la serpiente, símbolo de la energía Kundalini, también está implicada en el proceso de "vuelta a casa". Se encuentra en la causa, pero también en el efecto.

Al despertar todo el Árbol de la Vida dentro de ti a través del Poder de la Serpiente, la Kundalini, integras la Luz dentro de tu Ser. Al hacerlo, optimizas la velocidad de giro de los Tetraedros contrarrotantes de tu Merkaba, que proporcionan un vehículo para que tu Alma viaje en otras dimensiones del Espacio/Tiempo. Sin embargo, lo más importante es que al unificar las energías positivas y negativas dentro de ti, recuperas la entrada al Jardín del Edén y te vuelves Inmortal y Eterno, como los Dioses.

EL ACONTECIMIENTO DEL DESTELLO SOLAR

Muchas historias de Ascensión de las antiguas tradiciones y escrituras religiosas dicen que llegará un momento en que la Tierra, junto con todos sus habitantes, se transformará en un Cuerpo de Luz de Quinta Dimensión. Dicen que nuestro Planeta tendrá un cambio físico que transfigurará su cuerpo material denso en un Cuerpo de Luz. Algunas personas creen que la Tierra se convertirá en una Estrella, pero yo no creo esto. Por el contrario, creo que la Tierra conservará sus propiedades, que sólo se verán reforzadas a medida que la vibración de su conciencia aumente. Y, por supuesto, con este cambio en la conciencia de la Tierra, la conciencia humana se verá afectada.

Después de muchos años de investigación y un poderoso sueño profético a principios de 2019, he concluido que un evento de Ascensión ocurrirá en nuestro futuro cercano. Será un momento real en el tiempo cuando algo significativo suceda a nivel Cósmico. De acuerdo con la tradición y profecía Maya, se suponía que iba a suceder en 2012. Sin embargo, muchos iniciados cósmicos que afirman tener contacto con extraterrestres invertidos en nuestra Evolución Espiritual creen que la humanidad no estaba preparada entonces, y el evento se retrasó. Así que, si tuviera que predecir un año real, diría que entre 2022-2025, pero realmente depende de lo preparada que esté la humanidad.

El Sol será la fuerza activadora detrás de este gran evento, que llevará a la humanidad a la tan esperada Edad de Oro. El Sol realizará un tipo de activación desde su interior, que cambiará la frecuencia de su Luz. En un momento, mientras se produce la activación, el Sol emitirá un destello, que puede ser catastrófico para la superficie de la Tierra, ya que derribará nuestra red electromagnética y provocará incendios forestales masivos. Independientemente de sus ramificaciones físicas, este evento causará un cambio significativo en la conciencia de la Tierra, dando lugar a un despertar masivo de la Kundalini para toda la humanidad.

Una vez que nuestra sociedad se estabilice después de este acontecimiento, comenzará una nueva forma de vivir para todos nosotros. El mal será erradicado a escala masiva, ya que la bondad prevalecerá. Por haber pasado yo mismo por un despertar de la Kundalini, puedo decir con seguridad que una vez que lo experimentas, ya no tienes la opción de volver a la Luz. Y cuando lo haces, la oscuridad dentro de ti se quema a través del fuego transformador de la Kundalini.

Creo que algunas personas que han sido tan malvadas toda su vida, los asesinos y violadores reincidentes, por ejemplo, serán totalmente consumidos por este fuego y no sobrevivirán físicamente. El repentino cambio de conciencia será demasiado para ellos, y cuando intenten aferrarse a sus malas costumbres, el fuego devorará sus corazones. Por otro lado, la mayoría de las personas que sólo han incursionado en la oscuridad, pero que no han permitido que ésta tome el control total de sus Almas, se purificarán con el Fuego Sagrado de la Kundalini.

Aunque mi creencia pueda parecer Cristiana, entiendan que Jesucristo fue un individuo que despertó a la Kundalini, un prototipo de la experiencia que otros debían emular. Otras figuras religiosas centrales como Moisés del Judaísmo y Buda del Budismo también fueron Kundalini-despertadas. Sin embargo, debido a mi Ascendencia y educación, me alineé con Jesucristo y sus enseñanzas, pero los estudié desde una perspectiva esotérica, no religiosa. Por esta razón, menciono las enseñanzas de Jesús a menudo.

Sin embargo, no confundas mi agenda y pienses que estoy promoviendo el Cristianismo o el Catolicismo. Por el contrario, creo que todas las figuras centrales de las religiones tienen una naturaleza esotérica que revela la esencia de sus enseñanzas reales antes de ser contaminadas por los puntos de vista dogmáticos de sus respectivas religiones. Estas son las enseñanzas que siempre me interesaron, ya que cada una contiene algún núcleo de verdad de nuestra existencia.

La profecía de la Segunda Venida de Jesús es una metáfora de un momento futuro en el que la humanidad integrará su Conciencia Crística como propia y se convertirá en lo que él era, un Ser de Luz. La Segunda Venida de Jesús está en línea con las profecías de los Antiguos que hablan de la Ascensión humana colectiva. No significa que Jesús vaya a reaparecer en forma física, si es que existió o no, lo cual es un debate que queda para otro momento.

La palabra "Cristo" se basa en la traducción Griega de "Mesías". Como tal, Jesús de Nazaret recibió el título de "Cristo" para denotar su Divinidad. La Conciencia Crística representa un estado de conciencia de nuestra verdadera naturaleza, como Hijos e Hijas de Dios, el Creador. En este estado, la integración del Espíritu dentro de la Materia y el equilibrio entre los dos está implícito, experimentado a través de una afluencia de energía de amor a través del Chakra del Corazón expandido.

La Conciencia Crística es afín a la Conciencia Cósmica, la Quinta Dimensión, que es el destino final de la raza humana. Y cuando la humanidad aprenda a funcionar en el nivel de la Quinta Dimensión, el amor, la verdad y la sabiduría serán nuestra fuerza guía. No necesitaremos gobiernos ni otras estructuras de control, sino que seremos guiados por la Luz recién despertada dentro de nosotros. En lugar de que los países luchen entre sí, nos unificaremos y centraremos nuestras energías en la exploración del espacio a medida que nos convertimos en verdaderos seres Intergalácticos.

PARTE IV: ANATOMÍA Y FISIOLOGÍA DE KUNDALINI

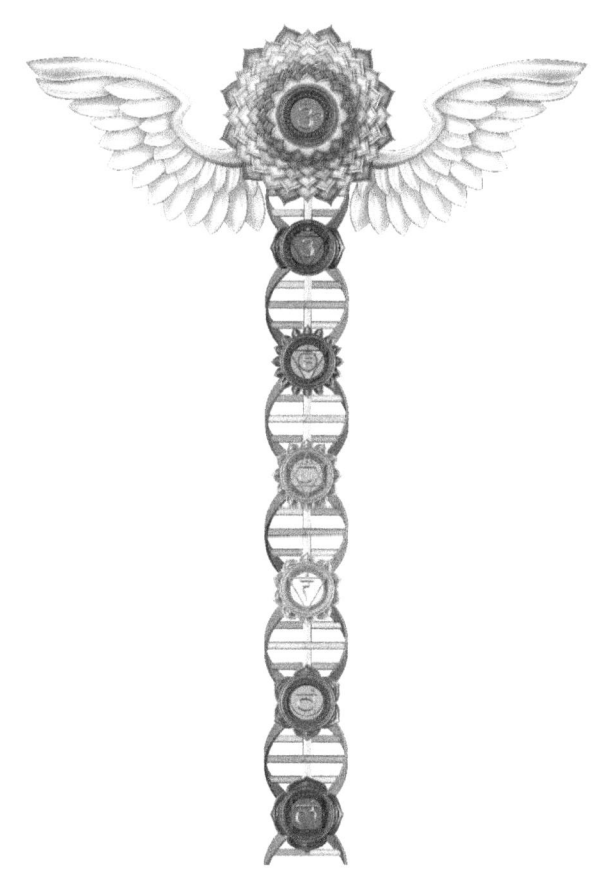

DESPERTAR EL OJO DE LA MENTE

El Ojo de la Mente o Tercer Ojo es un portal energético o "puerta" dentro del cerebro que proporciona una percepción más allá de la vista ordinaria. Es un ojo invisible o una ventana a los Planos Cósmicos interiores y a los estados superiores de conciencia. El Ojo de la Mente se asocia a menudo con la clarividencia, la capacidad de ver visiones, observar Auras, la precognición, e incluso tener experiencias fuera del cuerpo. Los individuos que afirman tener la capacidad de utilizar su Ojo de la Mente son conocidos como "videntes". Despertar o activar su Ojo de la Mente va de la mano con la Evolución Espiritual y el camino hacia la Iluminación.

Tal y como se describe en *The Magus*, el Ojo de la Mente está situado en el entrecejo, justo por encima del nivel de los ojos, a aproximadamente 1/5 del camino hacia la línea del cabello. Presenta un pequeño portal circular, cuya ubicación es un centímetro dentro de la cabeza cuando se mira a este punto con los ojos cerrados. Cuando nos concentramos en él, se produce una atracción magnética que nos hace entrar en un estado de calma y meditación. Al mantener nuestra atención en el portal del Ojo de la Mente, el Ego se silencia, y empezamos a recibir visiones e imágenes que atraviesan esta zona como si se tratara de una pantalla de cine.

Aunque el portal del Ojo de la Mente está situado ligeramente por encima del centro de las cejas, la ubicación real del Chakra Ajna está en el Tercer Ventrículo del cerebro. Ajna no es un único Chakra, sino una disposición de centros energéticos en el cerebro y a lo largo de la frente. El Chakra Ajna se llama a menudo el Ojo de la Mente o el Tercer Ojo, aunque estos últimos términos insinúan el portal del Ajna, mientras que la ubicación real del Chakra está en el centro del cerebro.

Ajna se describe mejor como el proyector de películas, mientras que la pantalla de cine es el Ojo de la Mente. Por lo tanto, el nombre "Tercer Ojo" se asocia con el Tercer Ventrículo del Ajna, pero también con su ubicación, entre los dos ojos físicos, en el centro del cerebro. Además, el Tercer Ojo nos da la capacidad de percibir nuestra realidad de forma psíquica, con nuestra mente, pasando por encima de la vista física ordinaria; de ahí que se le llame el Ojo de la Mente.

Aunque algunas tradiciones Antiguas afirman que el Chakra Ajna es el Tálamo, mi investigación me ha llevado a descubrir que el Tálamo, el Hipotálamo, y las Glándulas Pineal y Pituitaria contribuyen al funcionamiento del Ajna. Estas cuatro centralitas endocrinas y neurológicas primarias del cerebro trabajan en sincronía unas con otras.

El tercer ventrículo está lleno de líquido cefalorraquídeo (LCR), que actúa como medio de transporte de la información de una parte del cerebro a otra. El sacro bombea el LCR hacia la médula espinal y el cerebro. El sacro también es responsable del despertar de la Kundalini, que se encuentra enrollada en el coxis. La corriente bioeléctrica de la Kundalini sube por la columna vertebral y llega al cerebro a través del LCR como medio. Más adelante describiré con más detalle el papel del LCR y del sacro.

La tradición Hindú habla ampliamente de la conexión entre el Ojo de la Mente y Sahasrara, la Corona, también llamada el Loto de Mil Pétalos. El primero es el receptor de las energías experimentadas y proyectadas desde el segundo. Cabalísticamente hablando, Kether (la Luz Blanca) sólo puede experimentarse cuando Chokmah (Fuerza) proyecta su poder omnipotente en Binah (Forma). Binah sirve como receptor femenino, el componente "Yo" del Ser que recibe su impulso del proyector masculino, el "Yo". Como Binah se relaciona con la intuición y la comprensión, Chokmah es la fuerza Omnisciente que se proyecta en ella para darnos sabiduría. El funcionamiento de Chokmah y Binah constituye el funcionamiento del Chakra Ajna, mientras que Kether se corresponde con el Sahasrara. Los tres Sephiroth Superiores trabajan juntos y no pueden sustraerse unos a otros.

En el sistema del Yoga Tantra, el Ojo de la Mente se asocia con el sonido "Om". El sonido Om es el sonido primordial del Universo, que se refiere al Atman (Alma) y al Brahman (Espíritu) como Uno. Sin embargo, cuando se pronuncia correctamente, suena más como "Aum", cuyas tres letras encarnan la energía Divina de Shakti y sus tres características principales de creación, preservación y liberación. Después de todo, el Chakra Ajna es de naturaleza femenina, por lo que se relaciona con la Luna.

El Taoísmo enseña que practicando los ejercicios de entrenamiento del Ojo de la Mente se puede sintonizar con la vibración correcta del Universo y obtener una base sólida sobre la que alcanzar niveles de meditación más avanzados. Enseñan que el portal del Ojo de la Mente se expande hasta la mitad de la frente cuando se abre el centro del Quinto Ojo. Es uno de los centros energéticos primarios del cuerpo, formando parte del meridiano principal, que separa los hemisferios izquierdo y derecho del cuerpo y del cerebro.

El Chakra Ajna es el almacén Lunar de Prana, mientras que Manipura es el depósito de Prana Solar. El Chakra Ajna es femenino y nutritivo, y su principal modo de funcionamiento es servir como receptor de las energías vibratorias superiores proyectadas desde el Sahasrara. El Ajna, al igual que el Vishuddhi, es Sáttvico, lo que significa que contiene las cualidades de positividad, verdad, bondad, serenidad, tranquilidad, virtud, inteligencia, y equilibrio. Las cualidades Sáttvicas atraen al individuo hacia el Dharma (que significa "Ley y Orden Cósmicos" en el Budismo) y el Jnana (conocimiento).

Como el Ajna tiene dos pétalos, indica el número de Nadis principales que terminan en este Chakra. El Ajna tiene el menor número de Nadis pero los dos más importantes, Ida y

Pingala. El Sushumna está excluido ya que es el canal de energía medio que alimenta el Sistema Nervioso Central y sostiene todos los Chakras.

Ida es el canal lunar que potencia el hemisferio derecho del cerebro y el Sistema Nervioso Parasimpático (SNP). Pingala es el canal Solar que alimenta el hemisferio izquierdo del cerebro y el Sistema Nervioso Simpático (SNS). El SNP impide que el cuerpo trabaje en exceso y lo devuelve a un estado de calma y compostura, todas las cualidades del Elemento Agua que aporta el enfriamiento de Ida Nadi. El SNS prepara al cuerpo para la actividad y lo prepara para una respuesta de "lucha o huida" cuando se reconoce un peligro potencial. El SNS es característico del elemento fuego y del calor, inducido por el Nadi Pingala.

LOS SIETE CHAKRAS Y LAS GLÁNDULAS ENDOCRINAS

Cada uno de los Chakras Mayores está emparejado con una(s) glándula(s) endocrina(s), y gobiernan sus funciones (Figura 40). En muchos casos, los Chakras individuales afectan también a los órganos que rodean a esas glándulas. El sistema endocrino forma parte del principal mecanismo de control del cuerpo. Comprende varias glándulas sin conductos que producen hormonas, que sirven como mensajeros químicos del cuerpo que actúan sobre diferentes operaciones y procesos corporales. Entre ellos, la función cognitiva y el estado de ánimo, el desarrollo y el crecimiento, el mantenimiento de la temperatura corporal, el metabolismo de los alimentos, la función sexual, etc.

El sistema endocrino trabaja para ajustar los niveles de hormonas en el cuerpo. Las hormonas se segregan directamente en el torrente sanguíneo y son transportadas a los órganos y tejidos para estimular o inhibir sus procesos. El equilibrio hormonal es un proceso delicado, y una ligera carencia o exceso de hormonas puede provocar estados de enfermedad en el organismo. Si uno experimenta alguna dolencia física, significa que existen problemas con las glándulas endocrinas, con los Chakras que las gobiernan o con ambos. No olvidemos nunca que todas las manifestaciones físicas son el resultado de cambios energéticos en los Planos Internos - Como Es Arriba, Es Abajo. Este Principio o Ley Hermética es Universal y está siempre en funcionamiento.

Muladhara/Glándulas Suprarrenales

El Chakra Raíz, Muladhara, gobierna las Glándulas Suprarrenales, que están situadas encima de los riñones y ayudan a la función de autoconservación de este Chakra. Las Suprarrenales producen las hormonas adrenalina y cortisol que apoyan nuestro mecanismo de supervivencia estimulando la respuesta de "lucha o huida" cuando nos enfrentamos a una situación estresante. Además, las Glándulas Suprarrenales también producen otras hormonas que ayudan a regular el metabolismo, el sistema inmunitario, la presión arterial, y otras funciones vitales esenciales.

Como el Chakra Raíz se ocupa de la conexión a tierra, rige el soporte del cuerpo físico, incluyendo la espalda, las caderas, los pies, la columna vertebral y las piernas. También regula el recto y la próstata (en los hombres). Un Chakra Muladhara desequilibrado puede provocar problemas como ciática, dolor de rodilla, artritis, estreñimiento, y problemas de próstata en los hombres.

Swadhisthana/Glándulas Reproductoras

El Chakra Sacro, Swadhisthana, gobierna las Glándulas Reproductoras, incluyendo los testículos en los hombres y los ovarios en las mujeres. Las Glándulas Reproductoras regulan nuestro impulso sexual y favorecen nuestro desarrollo sexual. Los ovarios producen óvulos y los testículos producen esperma, ambos esenciales para la procreación. Además, los ovarios producen las hormonas femeninas estrógeno y progesterona, que son responsables de ayudar al desarrollo de los pechos en la pubertad, de regular el ciclo menstrual y de favorecer el embarazo. Los testículos producen la hormona masculina testosterona, responsable de ayudar a los hombres a desarrollar el vello facial y corporal en la pubertad y de estimular el crecimiento del pene durante la excitación sexual.

El Swathisthana también gobierna los otros órganos sexuales, los intestinos, la vejiga, la próstata, el intestino inferior, y los riñones. Como tal, los problemas con estos órganos y su funcionamiento están vinculados a un Chakra Sacro desequilibrado o inactivo. Nótese que, en muchos sistemas espirituales, las correspondencias se invierten: el Chakra Muladhara gobierna las Glándulas Reproductoras, mientras que el Chakra Swadhisthana gobierna las Glándulas Suprarrenales. Se pueden dar argumentos creíbles para cualquiera de los dos casos. Los ovarios y las Glándulas Suprarrenales están conectados en las mujeres. Si el ciclo menstrual de una mujer se ve afectado, podría ser un signo de fatiga Suprarrenal.

Manipura/Páncreas

El Chakra del Plexo Solar, Manipura, rige el páncreas, que regula el sistema digestivo. Los órganos y partes del cuerpo regidos por el Manipura incluyen el hígado, la vesícula biliar, la parte superior de la columna vertebral, la parte superior de la espalda, la parte superior de los intestinos, y el estómago. El páncreas está situado detrás del estómago, en la parte superior del abdomen. Produce enzimas que descomponen los azúcares, las grasas, y los almidones para facilitar la digestión. También produce hormonas que ayudan a regular el nivel de glucosa (azúcares) en la sangre. La diabetes es un signo de un mal funcionamiento del páncreas como consecuencia de un desequilibrio del Manipura. Cuando el Manipura está sobreestimulado, puede producirse un exceso de glucosa en la sangre, lo que provoca la diabetes. Cuando el Manipura está infraestimulado, puede producirse una hipoglucemia (bajo nivel de glucosa en sangre), así como úlceras de estómago. Un Chakra Manipura desequilibrado también puede provocar problemas digestivos y de la vesícula biliar.

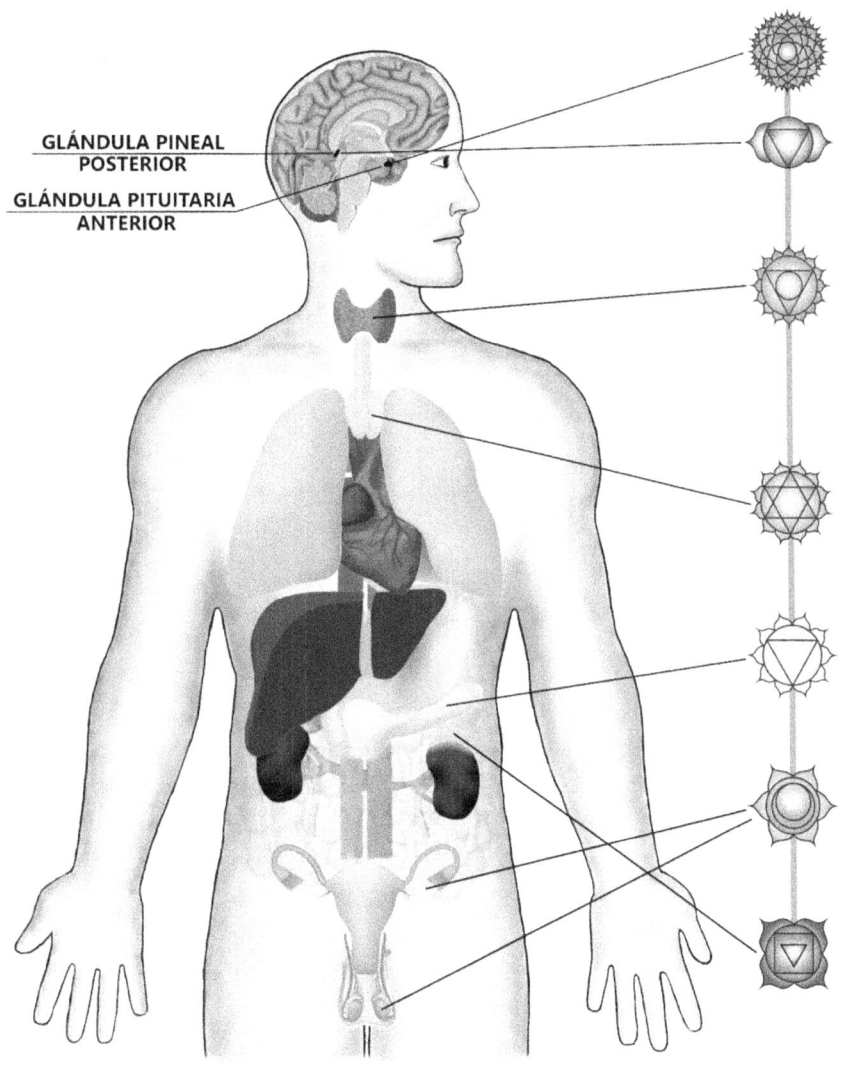

Figura 40: Las Glándulas Endocrinas en el Cuerpo

Glándula Anahata/Timo

El Chakra Anahata gobierna la Glándula del Timo y regula el sistema inmunológico. La Glándula del Timo está situada en la parte superior del pecho, detrás del esternón, y antes del corazón. El Timo es crucial para que nuestro sistema inmunológico funcione correctamente. Su función es producir glóbulos blancos (linfocitos T) que sirven como sistema de defensa del cuerpo contra los virus, las bacterias, y las células cancerosas. Además, los glóbulos blancos combaten las infecciones y destruyen las células anormales.

El Chakra Anahata también regula la función del corazón, los pulmones y la circulación sanguínea. También conocido como el Chakra del "Corazón", Anahata está asociado con la curación Espiritual y física. Se considera el centro de nuestro ser ya que produce energía de amor que nos sana en todos los niveles, mente, cuerpo, y Alma. Los sentimientos de compasión y amor incondicional se expresan a través del Chakra del Corazón. Por otro lado, nuestro Chakra del Corazón se debilita cuando nos involucramos en emociones negativas, como la ira, el odio, los celos, y la tristeza, lo que afecta a la Glándula del Timo, disminuyendo la capacidad del sistema inmunológico para combatir las enfermedades. Un Chakra del Corazón desequilibrado puede conducir a la alta presión sanguínea, a la mala circulación de la sangre, a las dificultades respiratorias, a los problemas del corazón, y a la disminución del sistema inmunológico.

Vishuddhi/Glándula Tiroidea

El chakra de la garganta, Vishuddhi, gobierna la Glándula Tiroides, situada en la base del cuello. La Tiroides libera hormonas que controlan el metabolismo, el ritmo al que el cuerpo convierte los alimentos en energía utilizable. Estas hormonas también regulan la temperatura corporal, la función respiratoria, el ritmo cardíaco, los niveles de colesterol, los procesos digestivos, el tono muscular, y los ciclos menstruales en las mujeres. Como tal, la Tiroides es una de las glándulas esenciales del cuerpo.

Una disfunción en la Tiroides causa problemas significativos como fatiga debilitante, músculos débiles, aumento o pérdida de peso, deterioro de la memoria, y ciclos menstruales irregulares (en las mujeres). La función del Chakra de la Garganta también controla las cuerdas vocales, los bronquios y todas las áreas de la boca, incluyendo la lengua y el esófago. Un Chakra de la Garganta desequilibrado puede provocar dolor de garganta o laringitis, dolor de mandíbula, problemas pulmonares, dolor o rigidez en el cuello, y problemas en las cuerdas vocales.

Ajna/Glándula Pineal

El Chakra del Ojo de la Mente, Ajna, gobierna la Glándula Pineal, que regula los ciclos biológicos. Además de liberar la hormona melatonina, responsable de darnos sueño, la Glándula Pineal también segrega serotonina, la sustancia química "feliz" del cuerpo.

La Glándula Pineal se encuentra en la parte posterior del cerebro, justo detrás del Tálamo y ligeramente por encima del nivel de los ojos. La Glándula Pineal tiene el tamaño de un grano de arroz (5-8 mm) en los seres humanos y tiene forma de piña de pino (de ahí su nombre). Gobierna e inhibe la función de la Glándula Pituitaria. Estas dos glándulas trabajan conjuntamente para lograr el equilibrio general del cuerpo. La creación de un equilibrio saludable entre las glándulas Pineal y Pituitaria ayuda a facilitar la apertura del Chakra Ajna - el Tercer Ojo.

El Ajna es nuestro centro psíquico ya que nos da la visión interior. Los trastornos mentales y emocionales, como el insomnio, la bipolaridad, la esquizofrenia, el trastorno de la personalidad y la depresión son el resultado de un Chakra Ajna desequilibrado y de la sobreestimulación o subestimación de la Glándula Pineal. El Ajna también controla la función de la médula espinal, el tronco cerebral, los centros del dolor y los nervios. Por lo tanto, un Chakra Ajna desequilibrado también puede ser responsable de ataques epilépticos y otros trastornos neurológicos.

Sahasrara/Glándula Pituitaria

El Chakra de la Corona, Sahasrara, gobierna la Glándula Pituitaria y produce hormonas que controlan el resto del sistema endocrino. Como tal, la Pituitaria es llamada la "Glándula Maestra" del cuerpo. "Es un poco más grande que un guisante y está alojada en un hueco óseo, justo detrás del puente de la nariz. Se encuentra en la parte anterior (frontal) del cerebro y está unida al Hipotálamo por un fino tallo. La Glándula Pituitaria se conecta con el Sistema Nervioso Central a través del Hipotálamo. Los órganos regulados por el Sahasrara son los ojos y el cerebro.

Cuestiones como los dolores de cabeza, la visión, y algunos problemas neurológicos se asocian a un Chakra Sahasrara desequilibrado. Ten en cuenta que, en algunos sistemas espirituales, la Glándula Pineal se asocia con Sahasrara, mientras que la Glándula Pituitaria se relaciona con el Ajna. Dado que la Glándula Pineal está en la parte posterior del cerebro, se relaciona con el subconsciente, la Luna y el Elemento Agua (femenino), que están asociados con el Chakra Ajna. La Pituitaria está en la parte delantera del cerebro, que se relaciona con el Yo consciente, el Sol y el Elemento Fuego (masculino). Por lo tanto, creo que estas son las correspondencias correctas de las Glándulas Pituitaria y Pineal. (Más sobre las Glándulas Pineal y Pituitaria y sus diversas funciones en un capítulo posterior.)

***

Dado que cada uno de los Chakras está relacionado con uno de los Planos Sutiles, la energía negativa en esos Planos se manifestará como perturbaciones en las glándulas y órganos correspondientes. Todos los síntomas físicos son manifestaciones de la calidad de las energías de los Chakras. Dado que los Chakras son centros de energía que influyen en nuestro Ser en muchos niveles, necesitamos mantenerlos en equilibrio si queremos estar sanos en mente, cuerpo y Alma.

Las afecciones físicas pueden producirse cuando uno de nuestros centros energéticos se llena de energía negativa o se bloquea. La sintonización de los Chakras es, pues, de crucial importancia para nuestro bienestar físico. Mi primer libro, *The Magus*, se centra en el trabajo energético a través de la Magia Ceremonial, el método occidental de curación de los Chakras. En *Serpent Rising*, me centro en técnicas orientales como el Yoga, los Tattvas, y los Mantras, al tiempo que implemento prácticas de la Nueva Era como las Piedras Preciosas (Cristales), la Aromaterapia, y los Diapasones.

Es esencial entender que la energía negativa en un Chakra se siente a nivel de ese Chakra específico y otros Chakras conectados con su función. Después de todo, nuestros pensamientos afectan a nuestras emociones y viceversa. Y éstas, a su vez, afectan a nuestra fuerza de voluntad, imaginación, nivel de inspiración, etc.

LA CURACION DE LOS CHAKRAS Y LAS GLANDULAS ENDOCRINAS

Las glándulas endocrinas son puntos de referencia útiles para la curación de los Chakras, ya que representan la conexión entre la energía de los Chakras y las funciones físicas y fisiológicas del cuerpo. El sistema nervioso y sus múltiples nexos también están asociados con las glándulas y los órganos. Por lo tanto, el conocimiento del sistema nervioso y sus partes es crucial ya que puede ayudar a las sesiones de curación. Por esta razón, he incluido un capítulo sobre él en este libro. La relajación y el equilibrio del sistema nervioso permiten una curación más eficaz de una glándula o región específica del cuerpo.

Existen varios métodos para optimizar el funcionamiento de los Chakras. Uno de ellos, al que se dedica una sección entera de esta obra, es la práctica Oriental del Yoga. El Yoga se compone de posturas (Asana), técnicas de respiración (Pranayama), cantos (Mantra), meditación (Dhyana), así como la realización de gestos físicos específicos para la manipulación de la energía (Mudras). Algunos de estos gestos implican a todo el cuerpo, mientras que otros sólo implican a las manos. Además de equilibrar el sistema energético, el Yoga es una excelente forma de ejercicio físico que le hará sentirse y verse bien.

La dieta también es un componente esencial en la práctica Yóguica. Al fin y al cabo, uno es lo que come. El cuerpo físico requiere ciertos nutrientes a lo largo del día para funcionar y rendir a su nivel óptimo. Al apoyar la buena salud a través de la dieta y el ejercicio, los Chakras se curan en un nivel sutil. A su vez, nuestros pensamientos, emociones y bienestar espiritual general se ven afectados positivamente. Además, al trabajar en un Chakra, otros Chakras se ven afectados ya que todo el sistema es interdependiente de sus diversos componentes.

DESPERTAR ESPIRITUAL Y ANATOMÍA DEL CEREBRO

LA GLANDULA PITUITARIA

Las dos glándulas que regulan la función glandular y biológica general del cuerpo son la Glándula Pituitaria y la Glándula Pineal. Son las dos glándulas más esenciales del cuerpo humano. Orquestan y controlan todo el sistema endocrino.

La función principal de la Glándula Pituitaria es regular la química del cuerpo. Al igual que la Glándula Pineal expresa su naturaleza dual al controlar los ciclos día/noche, la naturaleza dual de la Glándula Pituitaria se expresa en los dos lóbulos que la componen (Figura 41). El lóbulo frontal (anterior) representa el 80% del peso de la Glándula Pituitaria y es el lóbulo dominante.

Diversas tradiciones Antiguas afirman que el lóbulo anterior está asociado a la mente intelectual, la lógica y la razón. En cambio, el lóbulo posterior está relacionado con la mente emocional y la imaginación.

Como se ha mencionado, la Glándula Pituitaria controla la actividad de la mayoría de las demás glándulas secretoras de hormonas, como la Tiroides, las Glándulas Suprarrenales, los ovarios, y los testículos. Segrega hormonas desde los lóbulos anterior y posterior, cuya finalidad es llevar mensajes de una célula a otra a través de nuestro torrente sanguíneo. Debido a su inmenso papel en nuestras vidas, se ha dicho que la eliminación de la Glándula Pituitaria del cerebro causará la muerte física en tres días.

El Hipotálamo está situado inmediatamente por encima de la Glándula Pituitaria y está conectado a ella. Justo delante de él se encuentra el Quiasma óptico, que transmite la información visual de los Nervios ópticos al Lóbulo Occipital, en la parte posterior del cerebro.

El Hipotálamo gobierna la Glándula Pituitaria enviando mensajes o señales. Estas señales regulan la producción y liberación de hormonas adicionales de la Glándula Pituitaria que, a su vez, envían mensajes a otras glándulas u órganos del cuerpo. El Hipotálamo es una especie de centro de comunicación de la Glándula Pituitaria.

El Hipotálamo trabaja con la Médula Oblonga. La Médula y el Hipotálamo controlan los procesos involuntarios y autónomos del cuerpo, como la regulación de los latidos del corazón, la respiración, y la temperatura corporal. Además, la Médula es esencial para la transmisión de los impulsos nerviosos entre la médula espinal y los centros cerebrales superiores. Es esencialmente la puerta de entrada entre la médula espinal y el cerebro.

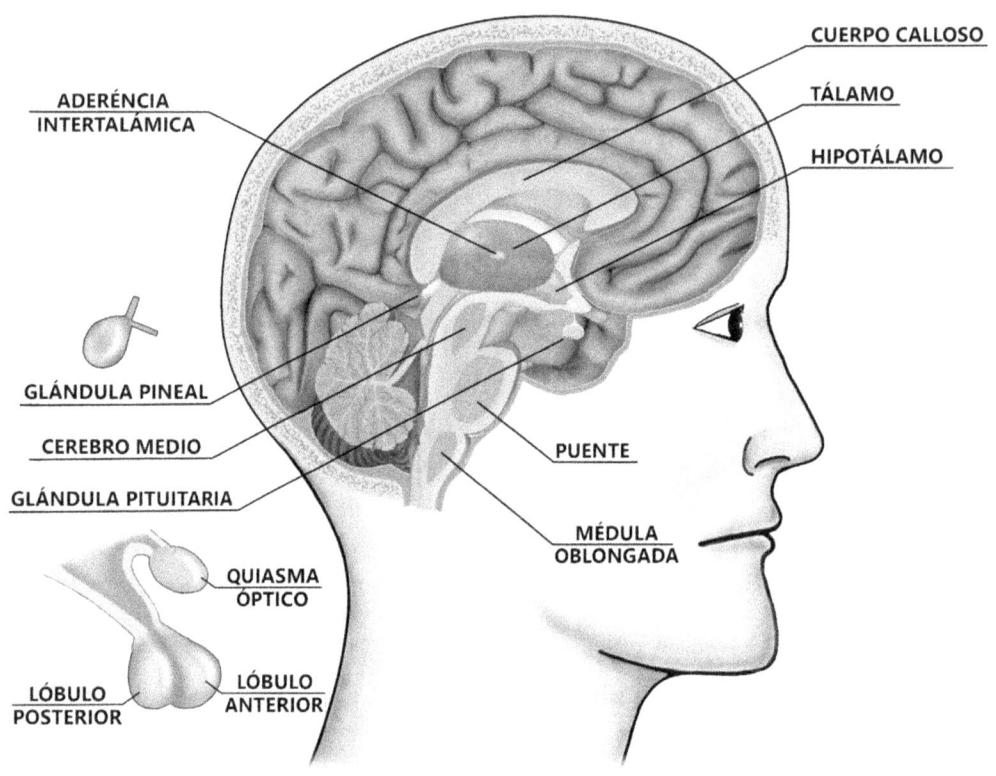

Figura 41: Los Centros Cerebrales Principales

LA GLANDULA PINEAL

La Glándula Pineal se encuentra en el centro geométrico, en las profundidades del cerebro. Produce la hormona serotonina y su derivado, la melatonina, esenciales para nuestro funcionamiento y bienestar. La serotonina es una sustancia química y un neurotransmisor que controla nuestro estado de ánimo, el comportamiento social, el apetito y la digestión, la memoria y el deseo, y la función sexual. La serotonina contribuye a nuestro nivel de felicidad y bienestar mental y emocional: los niveles bajos de serotonina se han relacionado con la depresión, la ansiedad y otros trastornos mentales y emocionales. Con algunos de estos problemas, los médicos suelen recetar medicamentos antidepresivos (ISRS), que están diseñados para aumentar los niveles de serotonina en el cerebro.

Durante el día, en respuesta a la luz solar que reciben los ojos, la Glándula Pineal segrega y almacena una gran cantidad de serotonina. Cuando llega la noche y la oscuridad se instala, la Glándula Pineal comienza a convertir la serotonina almacenada en la hormona melatonina, que se libera en el cerebro y la sangre, induciendo la somnolencia durante toda la noche. La melatonina es la única hormona sintetizada por la Glándula Pineal, y afecta a nuestros patrones de vigilia/sueño y a las funciones de las estaciones. Por ello, a menudo se la conoce como la "hormona de la oscuridad".

Alrededor del Solsticio de Verano (el día más largo del año), las personas experimentan la mayor cantidad de luz solar y son más felices y alegres, ya que su Glándula Pineal segrega la mayor cantidad de serotonina. Por el contrario, alrededor del Solsticio de Invierno (el día más oscuro del año), hay menos luz solar, lo que significa que la Glándula Pineal recibe la menor cantidad de serotonina, lo que conduce a la "depresión invernal", el momento en que la gente está más deprimida.

El "Estado Hipnagógico", también llamado "Estado de Trance" o "Estado Alfa", se produce cuando la conciencia se encuentra en un punto intermedio entre estar despierto y dormido. Uno está consciente e inconsciente al mismo tiempo, pero alerta. La actividad cerebral se ralentiza, pero no lo suficiente como para dormir. El objetivo final de la meditación es alcanzar este estado, ya que durante el mismo se utiliza el Ojo de la Mente, lo que resulta en la capacidad de ver visiones y tener experiencias místicas. El Estado Alfa también es conocido por inducir Sueños Lúcidos si uno lo alcanza durante un ciclo de sueño.

Los Antiguos utilizaban fácilmente el estado hipnagógico para contactar con el Mundo Espiritual y recibir mensajes de la Divinidad. Nosotros podemos llegar a él con prácticas y métodos Espirituales, pero también mediante el uso de ciertas drogas.

La DMT (Dimetiltriptamina) también se produce en la Glándula Pineal por vías similares a la melatonina. A menudo llamada la "Molécula del Espíritu", la DMT está muy extendida en el reino vegetal, pero también hay trazas de ella en los mamíferos.

Las plantas que contienen DMT, como la ayahuasca, se utilizan habitualmente en los rituales Chamánicos. Su uso puede producir experiencias poderosas, místicas, psicodélicas, y las que parecen cercanas a la muerte. Se cree que la DMT se libera en el nacimiento, la muerte, y los sueños vívidos. La DMT se encuentra en la sangre, la orina, las heces, los pulmones y los riñones de los seres humanos. Sin embargo, sus mayores rastros se encuentran en el líquido cefalorraquídeo.

LA GLANDULA PINEAL Y LA ESPIRITUALIDAD

La palabra "Pineal" deriva del término latino "pinealis", que hace referencia a una piña de pino, la forma de la glándula. Las tradiciones antiguas representaban ampliamente la Glándula Pineal en su arte y escultura. Sin embargo, su significado y su función se ocultaban a los profanos a través de la simbología, al igual que la mayoría de los conocimientos esotéricos transmitidos a lo largo de los siglos. Al examinar los símbolos de los Antiguos asociados a la Glándula Pineal (sobre todo la piña de pino), podemos hacernos una mejor idea de su papel Espiritual en nuestras vidas.

El interés por la Glándula Pineal se remonta a la Antigua China, durante el reinado del Emperador Amarillo Huangdi, el más antiguo de los cinco emperadores Chinos legendarios. En las Antiguas escrituras Hindúes, *los Vedas*, la Glándula Pineal era uno de los siete puntos Cháquicos, supuestamente conectados con Sahasrara, la Corona. Este punto de vista evolucionó con el tiempo cuando otros Yoguis y Sabios comenzaron a relacionar la Glándula Pineal con el Chakra Ajna. Como se ha mencionado, dependiendo de la escuela de pensamiento, las correspondencias del Ajna y Sahasrara con las glándulas Pineal y Pituitaria se intercambian. Así que ten esto en cuenta cuando leas sobre la anatomía del cerebro y los Chakras.

Los filósofos y científicos de la antigua Grecia fueron quizás los que más influyeron en nuestra comprensión de la función espiritual de la Glándula Pineal. Su viaje de descubrimiento comenzó con debates filosóficos y teológicos sobre la Sede del Alma, en referencia a la zona del cuerpo desde la que opera el Alma. Se referían a este concepto como "Phren", la palabra griega antigua para el lugar del pensamiento o la contemplación.

Hace más de 2000 años, Platón y Aristóteles escribieron sobre el Alma y coincidieron en que ésta operaba desde el corazón, pero no residía en el cuerpo. Destacaron los tres tipos de Alma, la nutritiva, la sensible, y la racional, y concluyeron que el corazón era su centro de control. Hipócrates refutó esta afirmación y creyó que el Alma residía en el cuerpo y operaba desde el cerebro, no desde el corazón, ya que el cerebro se ocupa de la lógica, la razón, y los sentimientos.

Luego llegó el médico griego Herófilo, considerado por muchos como el padre de la anatomía. Fue el primer científico que descubrió la Glándula Pineal en el cerebro, ya que fue el primero en realizar sistemáticamente disecciones científicas de cadáveres humanos. También fue el primero en describir los ventrículos cerebrales y creyó que eran la "Sede de la Mente". Además, llegó a la conclusión de que la Glándula Pineal regula el flujo del "Pneuma" psíquico, palabra Griega Antigua que significa "aliento", a través de estos ventrículos cerebrales.

El pneuma también se refiere al Espíritu y al Alma desde una perspectiva teológica y religiosa. Es una sustancia Etérea en forma de aire que fluye desde los pulmones y el corazón hacia el cerebro. El pneuma es necesario para el funcionamiento sistémico de los órganos vitales. Además, es el material que sustenta la conciencia del cuerpo, denominado "primer instrumento del Alma". Herófilo creía que la Glándula Pineal regulaba los pensamientos y los recuerdos en forma de Pneuma psíquico.

Galeno, el filósofo y médico Griego, refutó a Herófilo y dijo que la Glándula Pineal es simplemente una glándula que regula el flujo sanguíneo y nada más. En cambio, defendía que el vermis del Cerebelo controlaba el Pneuma psíquico en los ventrículos cerebrales. Dado que Galeno fue la autoridad médica suprema hasta el siglo XVII, sus opiniones y creencias sobre la naturaleza de la Glándula Pineal permanecieron relativamente incuestionables hasta que René Descartes, el matemático y filósofo Francés, comenzó a examinar estos temas.

Descartes llegó a la conclusión de que la Glándula Pineal era el medio entre el Alma y el cuerpo y la fuente de todo pensamiento. Refutó a Galeno y dijo que como la Glándula Pineal era la única estructura del cerebro que no estaba duplicada, era la Sede del Alma. Su postura era que, dado que el vermis del cerebelo tiene dos mitades, no podía ser un candidato adecuado para esta tarea. Descartes creía que el Alma estaba más allá de la dualidad y debía tener una única contraparte simbólica de su función.

Descartes pensaba que la mente podía estar separada del cuerpo, pero que podía hacerse cargo de los instintos animales a través de la Glándula Pineal. El Alma controla la mente, que, a su vez, gobierna el sistema de acciones llevadas a cabo por el cuerpo a través de la Glándula Pineal. Descartes creía que la Glándula Pineal era el alma en forma física. Dado que la comunidad científica respetaba ampliamente a Descartes, la mayoría no se atrevió a desafiar sus puntos de vista, por lo que la idea de que la Glándula Pineal era la Sede del Alma permaneció intacta durante los siguientes tres siglos.

En los últimos años, los científicos han determinado que la Glándula Pineal es un órgano endocrino íntimamente ligado a la percepción de la Luz en el cuerpo. Sin embargo, su función Espiritual sigue siendo objeto de debate, aunque la mayoría de los estudiosos siguen estando de acuerdo en que desempeña un papel importante.

En *The Magus*, me he referido al Asiento del Alma como estando en Manipura, el Chakra del Plexo Solar, como la fuente de energía del Alma. El Manipura es la fuente de nuestra fuerza de voluntad, la expresión más elevada del Alma. Además, el Alma necesita energía Pránica para existir, la cual recibe a través de la digestión de los alimentos (relacionada con el Manipura) y la respiración/ingreso de oxígeno (relacionada con el Anahata). Como tal, el Alma está situada (sentada) en nuestro centro Solar, la Esfera Tiphareth, ubicada entre los Chakras Manipura y Anahata.

Por otro lado, la Glándula Pineal podría muy bien ser la conexión física del Alma con el cuerpo. Sin embargo, mi investigación y percepción intuitiva me han llevado a concluir que la dinámica entre las Glándulas Pineal y Pituitaria y el Tálamo e Hipotálamo regula la conciencia y la Espiritualidad y no una glándula o centro cerebral en particular.

EL TÁLAMO

El Tálamo se encuentra en el centro del cerebro, en la parte superior del tronco cerebral, entre la Corteza Cerebral y el cerebro medio, con amplias conexiones nerviosas con ambos que permiten intercambios de información. El Tálamo es nuestro sistema de control central, el centro de mando de la conciencia que regula el sueño, el estado de alerta y la cognición. Su nombre deriva del Griego y significa "cámara interior".

El Tálamo actúa como una estación de relevo que filtra la información entre el cerebro y el cuerpo. Recibe las vibraciones (datos) del mundo exterior a través de todos los receptores sensoriales (excepto el olfativo) y las transmite a diferentes partes del cerebro. El Tálamo influye en el movimiento voluntario comunicando las señales motoras a la Corteza Cerebral. También transmite información sobre la excitación y el dolor físico.

Junto con el Hipotálamo, la Amígdala, y el Hipocampo, el Tálamo forma parte del Sistema Límbico (Figura 42) que regula las emociones y la memoria. El Sistema Límbico gobierna las funciones autonómicas y endocrinas, que se ocupan de las respuestas a los estímulos emocionales, como la "lucha o la huida". El Sistema Límbico se conoce a menudo como el "Cerebro Reptiliano", ya que gobierna nuestras respuestas de comportamiento y motivaciones de supervivencia. Nuestro sentido del olfato afecta directamente al Sistema Límbico; los olores se reciben a través de los Bulbos Olfatorios que registran la información neural detectada por las células de las fosas nasales.

Curiosamente, el Tálamo no parece distinguir entre lo que está fuera y lo que está dentro de nosotros. Le da un significado emocional a todo lo que percibimos a través de los sentidos, incluyendo nuestros conceptos de Espiritualidad y de Dios-Creador. En esencia, el Tálamo es nuestra interfaz con la realidad que nos rodea. Nos transmite nuestra impresión de lo que aceptamos como real.

El Tálamo tiene dos lóbulos, conocidos como "Cuerpos Talámicos", que parecen una versión más pequeña de los dos hemisferios cerebrales. También son comparables a dos pequeños huevos unidos. Aplicando el Principio Hermético de Correspondencia (Como Es Arriba, Es Abajo), encontramos un reflejo de los Cuerpos Talámicos en los testículos del hombre y en los ovarios de la mujer, que también son duales y con forma de huevo. Mientras que el Tálamo contribuye a crear nuestra realidad mental (el Arriba), los testículos y los ovarios se encargan de generar nuestra descendencia en el Plano Terrestre (el Abajo). Como tal, la forma de huevo se relaciona con la creación en todos los niveles de la realidad.

En el 70-80% de los cerebros humanos, los dos lóbulos Talámicos están conectados por una banda aplanada de tejido llamada Massa Intermedia o Adhesión Intertalámica (Figura 41). Este tejido contiene células y fibras nerviosas. Alrededor de la Massa Intermedia, los dos cuerpos Talámicos están separados por el Tercer Ventrículo, que bombea continuamente Líquido Cefalorraquídeo a esta zona del cerebro.

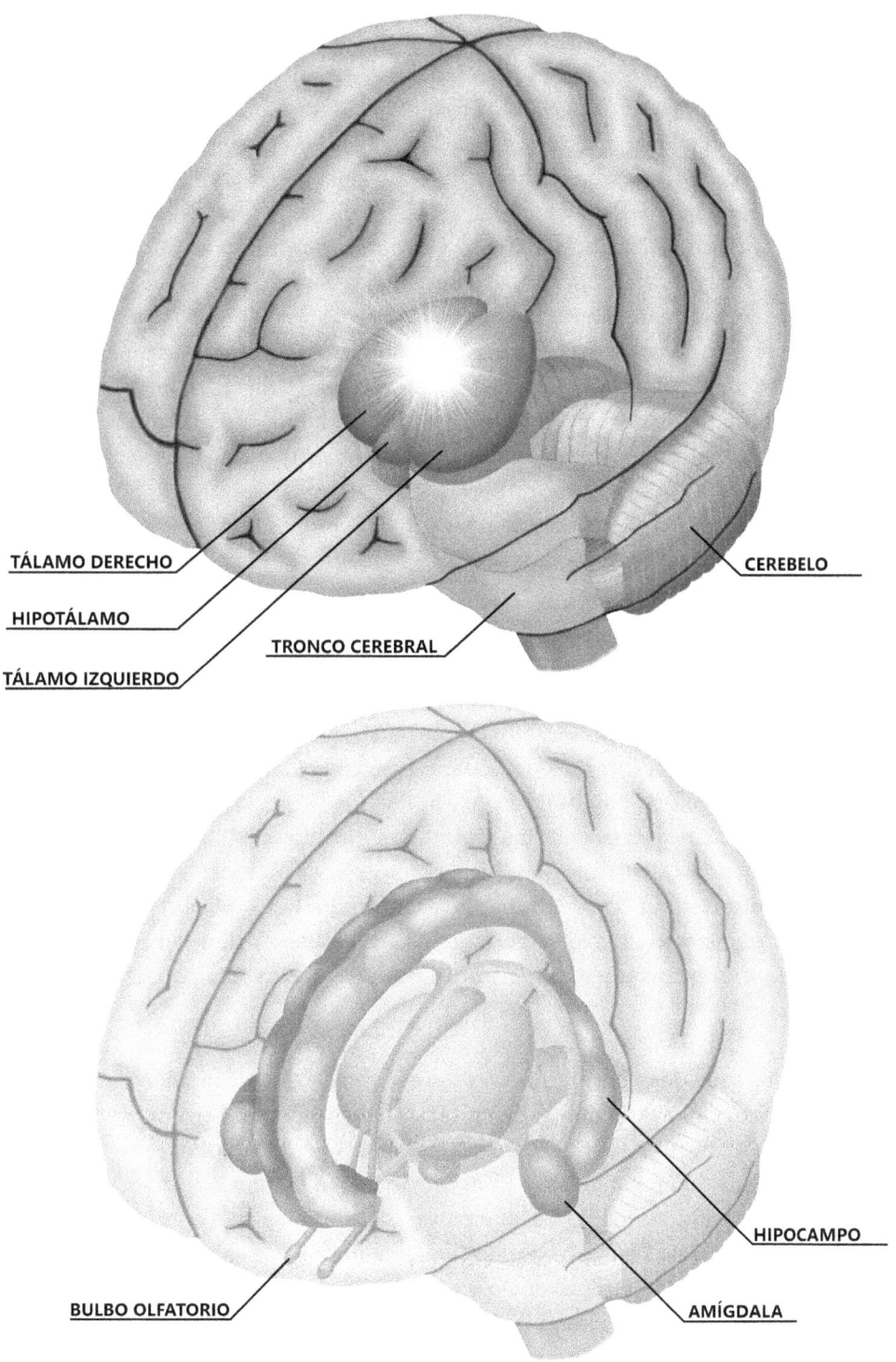

Figura 42: El Sistema Límbico

El Tálamo es el núcleo de nuestro cerebro, el medio de comunicación entre las diferentes partes del neocórtex. Los investigadores y neurólogos creen que el Tálamo es el centro de nuestra conciencia. Según los estudios científicos, si el Tálamo se daña, dejará fuera de combate la conciencia, lo que conducirá a un coma permanente.

Muchas tradiciones Antiguas, entre ellas la Egipcia, consideraban el Tálamo como el centro del Tercer Ojo. A medida que la Kundalini asciende por la columna vertebral (Sushumna), alcanza el Tálamo en la parte superior del tronco cerebral. Según el Yoga y el Tantra, los Ida y Pingala Nadis se encuentran en el Tercer Ojo y se unifican. Su unificación representa la apertura completa del Tercer Ojo. El Caduceo de Hermes representa este mismo concepto, es decir, las dos cabezas de serpiente enfrentadas en la parte superior del bastón. El Caduceo es el símbolo Universal de la humanidad que representa el proceso de despertar de la energía Kundalini. Sin embargo, la mayoría de la gente no conoce el profundo significado esotérico que hay detrás de este símbolo y sólo lo relaciona con la medicina.

En las tradiciones Yóguicas, la zona central del cerebro donde se encuentra el Tálamo desempeña un papel esencial en el despertar Espiritual. Los enormes haces de nervios que salen de la columna vertebral y del tronco cerebral pasan por el Tálamo antes de distribuirse por el Cuerpo Calloso. El Cuerpo Calloso (Figura 41) es un gran haz de fibras nerviosas en forma de C, situado bajo la corteza cerebral, que conecta los hemisferios cerebrales izquierdo y derecho. Las fibras nerviosas que contiene se ramifican hacia arriba por todo el neocórtex hasta llegar a la parte superior de la cabeza. Los millones de neuronas a lo largo de la coronilla de la cabeza se correlacionan con el Sahasrara Chakra y su designación como La Flor de Loto de Mil Pétalos.

Junto al Tálamo se encuentran las Glándulas Pituitaria y Pineal, y el Hipotálamo, que desempeñan un papel central en las prácticas de meditación y el despertar Espiritual. Durante la meditación, la Luz del Sahasrara es atraída hacia el centro del cerebro, lo que resulta en un cambio sustancial y permanente en la percepción del Ser y del mundo. El Tálamo es esencialmente nuestro centro de transformación espiritual y de expansión de la conciencia.

Dado que el Tálamo centra nuestra atención, participa en el proceso de filtrado de los numerosos impulsos que llegan a nuestro cerebro en cualquier momento. Actúa como una válvula que prioriza los mensajes vibratorios que nuestro cerebro recibe del mundo exterior. Por esta razón, cuando una persona experimenta un despertar de la Kundalini, su Tálamo se optimiza para poder recibir y procesar más información a la vez.

La transfiguración del Tálamo hace que uno reciba y experimente una versión aumentada de la realidad a través de sentidos mejorados. De este modo, poderes psíquicos como la clarividencia, la clariaudiencia y la clarividencia pasan a formar parte de la vida cotidiana. A medida que el Tálamo se optimiza, el ADN latente se activa dentro del Ser, lo que da lugar a la transformación permanente de la conciencia a nivel celular.

El Tálamo es también la puerta de entrada entre las partes consciente y subconsciente del Ser, un filtro que mantiene a raya nuestras energías Kármicas. Cuando una persona experimenta un despertar completo de la Kundalini y la Luz entra en el cerebro de forma permanente, se forma un puente entre la mente consciente y la subconsciente, permitiendo que nuestras energías negativas y reprimidas fluyan hacia la conciencia. En lugar de servir de filtro, el Tálamo ya no funciona como tal. En su lugar, su función entra en hipervelocidad, permitiendo que nuestra conciencia experimente todas las energías dentro de nosotros a la vez. Parte de la razón de este fenómeno es abrir nuestra conciencia completamente para que podamos purificar nuestras energías Kármicas a través del Fuego Kundalini y evolucionar Espiritualmente.

LA FORMACION RETICULAR

La Formación Reticular (Figura 43) es una intrincada red de neuronas y fibras nerviosas que se extiende desde la médula espinal hasta el tronco cerebral inferior, pasando por el Mesencéfalo y el Tálamo, y que se divide en múltiples radiaciones hacia distintas partes de la Corteza Cerebral. La Formación Reticular es un conducto que transmite la información de las distintas vías sensoriales y las transmite a partes del cerebro a través del Tálamo. Su otro nombre es Sistema de Activación Reticular, o SRA para abreviar.

La Formación Reticular es fundamental para la existencia de la conciencia, ya que media toda nuestra actividad consciente. Como el Tálamo es nuestra caja de control central, el Sistema Reticular es el cableado que conecta esa caja con el tronco cerebral de abajo y la Corteza Cerebral de arriba. Está involucrado en muchos estados de conciencia que involucran al Tálamo.

La Formación Reticular permite que el Tálamo, el Hipotálamo, y la Corteza Cerebral controlen qué señales sensoriales llegan al Cerebro (parte superior del cerebro) y llegan a nuestra atención consciente. Como tal, es el mecanismo de enfoque de nuestra mente.

La Formación Reticular también participa en la mayoría de las actividades del Sistema Nervioso Central. Las sensaciones de dolor, por ejemplo, deben pasar por la formación reticular antes de llegar al cerebro. Además, el Sistema Nervioso Autónomo, que se ocupa de comportamientos automatizados como la respiración, los latidos del corazón y la excitación, también está regulado por la Formación Reticular.

La meditación altera nuestra conciencia para permitir que las regiones cerebrales superiores controlen los impulsos sensoriales y los estímulos ambientales. Durante la meditación, el Hipotálamo y la Formación Reticular se inhiben parcialmente, lo que explica algunos de los efectos fisiológicos de la meditación, como la disminución de la presión arterial y la frecuencia respiratoria.

Cuando podemos suspender la función de la Formación Reticular y detener el flujo de información sensorial distraída e irrelevante, el cerebro comienza a emitir ondas Alfa, lo que da lugar a un estado mental tranquilo y relajado. Por lo tanto, la superación de los efectos de la Formación Reticular está asociada a la conciencia y a la atención plena.

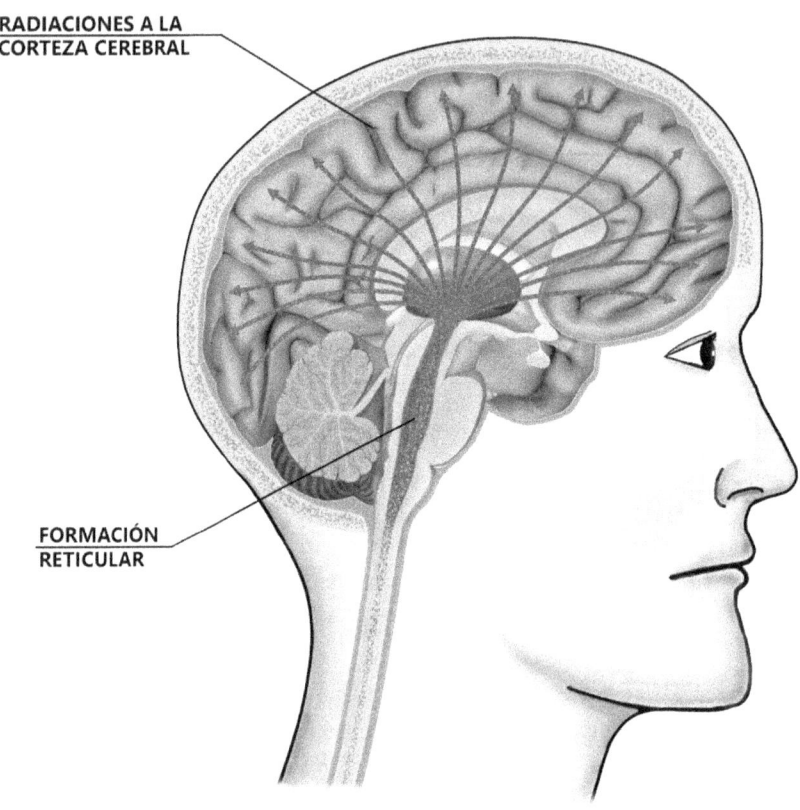

Figura 43: La Formación Reticular

La Formación Reticular dirige nuestras impresiones de la vida y sus actividades, lo que resulta en la identificación del Yo con esas impresiones. El Yo se ancla a las sensaciones del cuerpo físico, sean buenas o malas, y nuestra conciencia desciende al nivel del Ego. Con el tiempo, la conciencia queda secuestrada por el Ego. Al alinearnos con él, perdemos el contacto con el Alma en el extremo opuesto del espectro.

Después de un despertar completo de la Kundalini, a medida que el voltaje de la bioelectricidad de uno aumenta, el Tálamo se optimiza, y la Formación Reticular se desconecta permanentemente. Esta experiencia resulta en sentir el resplandor del Cuerpo de Luz a través de todas las células del cuerpo a la vez en lugar de tener momentos o encuentros Espirituales individuales. Al dejar de lado la mente y el Ego, el individuo comienza a operar a través del corazón, lo que le permite experimentar el campo de energía a su alrededor de manera más sustancial.

El cráneo se asienta sobre el Atlas, la primera vértebra cervical (C1). Atlas es también el nombre de un Titán de la mitología Griega que sostiene el cielo celestial. Las imágenes de Atlas lo representan sosteniendo el Planeta Tierra sobre sus hombros. Vemos aquí una conexión entre el cráneo y el cerebro, el mundo y los Cielos. El Atlas cervical sostiene la cabeza, que contiene el cerebro que regula nuestro concepto de realidad. Nuestro cerebro es también el vínculo de conexión con el Cielo, o Dios, el Creador, popularmente representado por el artista Miguel Ángel en una pintura al fresco llamada "La Creación de Adán", que forma parte del techo de la Capilla Sixtina.

La primera agrupación de neuronas en la Formación Reticular comienza en el área entre la Médula Oblonga y la parte superior de la médula espinal, representada por el Atlas. Esta zona es el principal punto de entrada de la energía Pránica en el cuerpo para los individuos que han despertado la Kundalini. La mayor concentración de la Fuerza Vital se almacena en el Sahasrara, nuestro centro de Luz Blanca, el principal depósito de Prana en aquellas personas cuya conciencia está expandida. La energía Pránica fluye hacia abajo desde el Sahsrara hacia los centros cerebrales significativos, potenciándolos. Después, desciende por la columna vertebral y llega al sistema nervioso, seguido de los órganos, y los músculos. Así, el cuerpo se nutre de la energía de la Luz. Por esta razón, los individuos Espiritualmente despiertos no requieren mucha energía pránica de los alimentos y del Sol como los no despiertos - obtienen todo lo que necesitan del Chakra Sahasrara.

En consecuencia, en esta misma zona donde comienza la Formación Reticular es donde se encuentra un crucial y misterioso Chakra oculto, llamado Lalana o Talu. La Kundalini debe atravesar el Chakra Lalana en su ascenso antes de entrar en el cerebro. Entonces, con la plena activación del Chakra Lalana, la Kundalini puede alcanzar el Ajna en el centro del cerebro, seguido del Sahasrara en la parte superior de la cabeza.

El Lalana es la centralita principal que controla la entrada, el almacenamiento y la distribución de la energía Pránica. La Fuerza Vital debe pasar por el Lalana antes de llegar a los cinco Chakras que se encuentran por debajo, transmitiendo la energía Pránica a los órganos principales y a las glándulas endocrinas a través del Sistema Nervioso Periférico (SNP). En comparación con el Lalana, los Chakras inferiores no son más que centros menores de distribución de la Fuerza Vital. El Lalana se conecta con el Chakra Hara en el ombligo, que representa el lugar donde el Ser se ancló por primera vez en el cuerpo físico en el momento de la concepción.

El Lalana se llama esotéricamente la "Boca de Dios" o el "Cáliz de Oro" como nuestro Chakra de la Ascensión - se relaciona con la "Llama Triple del Alma" (Letra Hebrea Shin). Una vez perforado el Lalana, la Kundalini sigue subiendo hacia el centro del cerebro, donde los tres canales de Ida, Pingala, y Sushumna se unifican en una sola fuente de energía. Su unificación da lugar a la fusión energética de las Glándulas Pineal y Pituitaria, del Tálamo, y el Hipotálamo. El efecto de la Formación Reticular sobre la conciencia se desprende una vez que el individuo comienza a operar desde la energía de la Fuente presente en el centro de su cerebro.

Cuando los Chakras Ajna y Sahasrara están completamente abiertos, la conciencia se expande al nivel Cósmico, resultando en una experiencia permanente de la realidad Espiritual. Después de que el Cuerpo de Luz se activa completamente, se produce un recableado cerebral con el tiempo, despertando su potencial latente. El individuo transformado se convierte en un receptor de la Sabiduría Cósmica a medida que su inteligencia se expande. Una vez que se alinea con estas vibraciones superiores, el individuo se disocia gradualmente con el cuerpo físico, lo que disminuye el control del Ego sobre la conciencia.

Una vez que la Formación Reticular se desprende, el Yo puede superar al Ego mucho más fácilmente, ya que la conciencia se eleva naturalmente a un nivel superior. El dolor físico es uno de los factores críticos que alinean al Ser con el cuerpo físico. Después de un despertar completo de la Kundalini, la conexión consciente de uno con el dolor físico se corta permanentemente. Como he descrito este fenómeno anteriormente, uno puede seguir sintiendo dolor ya que es imposible superarlo completamente mientras se vive en el cuerpo físico. En cambio, desarrollan la capacidad de disociarse conscientemente de experimentar la energía negativa del dolor elevándose a un Plano Cósmico sustancialmente más alto que el Plano Físico donde el dolor está ocurriendo.

PARTES DEL CEREBRO

El cerebro se divide en tres partes principales: el Cerebro, el Cerebelo, y el Tronco Cerebral. Ya he hablado del Tronco Cerebral, que incluye el Mesencéfalo, el Puente de Varolio, y la Médula Oblonga. El Mesencéfalo se continúa con el Diencéfalo, nuestro "Cerebro Intermedio", formado por el Tálamo, el Hipotálamo, la Glándula Pituitaria (parte posterior), y la Glándula Pineal. El Diencéfalo encierra el Tercer Ventrículo.

El Encéfalo es la parte más grande del Cerebro y comprende los hemisferios cerebrales derecho e izquierdo, unidos por el Cuerpo Calloso. La mitad derecha del cerebro controla el lado izquierdo del cuerpo, mientras que la mitad izquierda controla el lado derecho. Cada hemisferio contiene cuatro lóbulos en su superficie externa: Lóbulos Frontal, Parietal, Temporal, y Occipital (Figura 44). La capa externa del cerebro se denomina Corteza Cerebral, que forma la materia gris del cerebro, mientras que la capa interna es la materia blanca.

Cada uno de los cuatro lóbulos está asociado a un conjunto de funciones. Por ejemplo, el Lóbulo Frontal está en la sección frontal del cerebro. La Corteza Prefrontal es la Corteza Cerebral que cubre la parte delantera del Lóbulo Frontal. El Lóbulo Frontal se ocupa de las funciones cognitivas superiores, como el recuerdo de la memoria, la expresión emocional, los cambios de humor, el lenguaje y el habla, la creatividad, la imaginación, el control de los impulsos, la interacción y los comportamientos sociales, el razonamiento y la resolución de problemas, la atención y la concentración, la organización y la planificación, la motivación, y la expresión sexual.

El Lóbulo Frontal también es responsable de la función motora primaria y de la coordinación de los movimientos. Es el lóbulo más prominente del cerebro y es el más utilizado por el Ser diariamente. Dado que se encuentra en la parte delantera de la cabeza, directamente detrás de la frente, el Lóbulo Frontal es la región más común de las lesiones cerebrales traumáticas con los peores efectos secundarios potenciales, ya que afecta a las capacidades cognitivas y a la función motora. Además, los daños en los lóbulos frontales pueden desencadenar una reacción en cadena que puede afectar negativamente a otras áreas del cerebro.

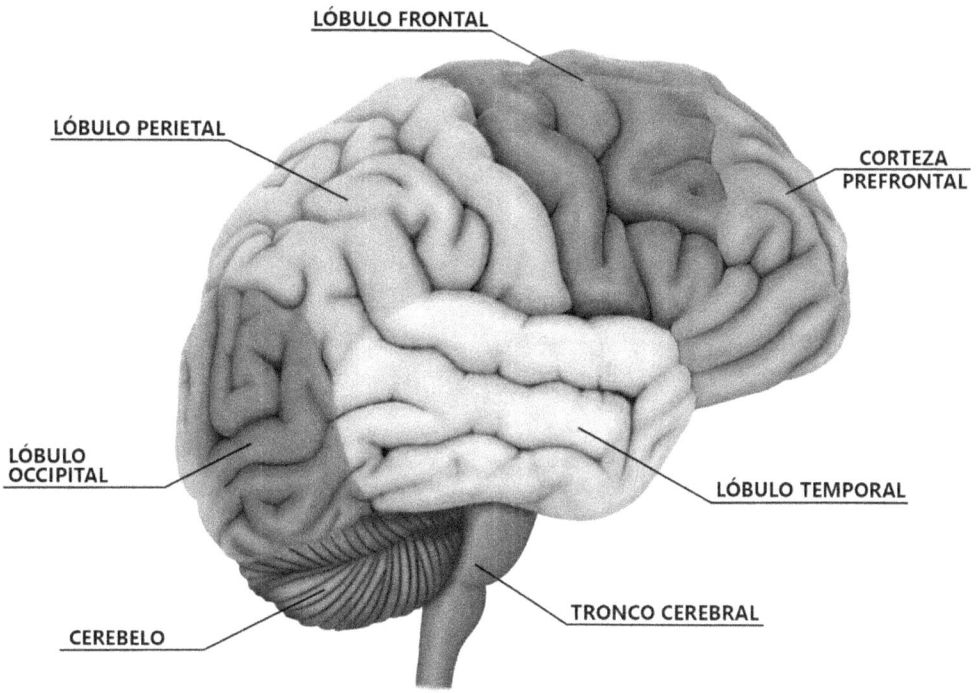

Figura 44: Las Partes del Cerebro

El Lóbulo Parietal está situado cerca del centro del cerebro, detrás del Lóbulo Frontal. Esta zona del cerebro es la principal área sensorial donde se procesan e interpretan los impulsos de la piel relacionados con la temperatura, el dolor, y el tacto. El Lóbulo Parietal izquierdo se ocupa del manejo de símbolos, letras y números, y de la interpretación de la información Arquetípica. El Lóbulo Parietal derecho se encarga de interpretar la distancia espacial en las imágenes.

El Lóbulo Parietal se ocupa de toda la información espacial, permitiéndonos juzgar el tamaño, la distancia y las formas. Nos proporciona una conciencia del Ser y de otras personas en el espacio que tenemos delante. Curiosamente, los neurocientíficos han determinado que una persona experimenta una mayor actividad en la Corteza Parietal durante una experiencia Espiritual. La frontera entre el Yo y los objetos y personas que nos rodean se rompe, ya que la mayoría de las experiencias Espirituales implican algún elemento "fuera del cuerpo". A medida que el individuo experimenta una sensación de unidad con su entorno, trasciende su entorno físico.

El Lóbulo Temporal se sitúa detrás de las orejas y las sienes de la cabeza. En él se encuentra la Corteza Auditiva Primaria, que se encarga de procesar el sonido y codificar la memoria. También desempeña un papel esencial en el procesamiento de las emociones, el lenguaje, y algunos aspectos de la percepción visual. El Lóbulo Temporal está formado por estructuras vitales para la memoria consciente relacionada con hechos y acontecimientos. Se comunica con el Hipocampo y está modulado por la Amígdala.

El Lóbulo Occipital está situado en la parte posterior de la parte superior del cerebro. Contiene la Corteza Visual Primaria, una región del cerebro que recibe información de los ojos. El Lóbulo Occipital se encarga generalmente de interpretar la distancia, los colores, la percepción de la profundidad, el reconocimiento de objetos y rostros, los movimientos, y la información de la memoria.

El Cerebelo se encuentra en la parte posterior de la cabeza y controla la coordinación de la actividad muscular. Nos ayuda a mantener la postura, el equilibrio, y el balance al coordinar el tiempo y la fuerza de los diferentes grupos musculares para producir movimientos corporales fluidos. El Cerebelo también coordina los movimientos oculares y el habla.

El fundador del psicoanálisis, Sigmund Freud, asoció el Cerebelo con el inconsciente personal, la parte reprimida del Yo que se oculta a la mente consciente. Aunque Freud acuñó el término mente "inconsciente", a menudo lo intercambiaba con la mente "subconsciente", siendo la primera una capa más profunda de la segunda. Esto coincide con las enseñanzas de la sabiduría Antigua que asocian la mente subconsciente con la parte posterior de la cabeza y la Luna. Sin embargo, el alcance de la mente subconsciente abarca la mayoría de las partes del cerebro, incluido el Sistema Límbico. Queda excluida la Corteza Prefrontal, que representa la mente consciente y el Sol.

Con un despertar completo de la Kundalini, a medida que la energía sube por la médula espinal, grandes cantidades de energía de alto octanaje llegan al cerebro. Esta energía fluye desde la Formación Reticular hacia el Tálamo y hacia la Corteza Cerebral, despertando partes dormidas e inactivas del cerebro, especialmente en el Lóbulo Frontal. Después, todo el cerebro comienza a pulsar como una unidad cohesiva, generando ondas cerebrales coherentes y de gran amplitud en todas las bandas de frecuencia. Este proceso de aumento de la potencia cerebral se une a la expansión de la conciencia una vez que la Kundalini atraviesa el Chakra Sahasrara.

La banda de frecuencia Alfa alcanza su máxima amplitud en el Lóbulo Occipital, creando cambios en la percepción del mundo que nos rodea. Las cosas que antes parecían de una manera se transforman ante tus ojos una vez que el potencial del Lóbulo Occipital se maximiza, combinado con la afluencia de Luz Astral en la cabeza.

El aumento de la actividad cerebral unifica las mentes consciente y subconsciente, representadas Alquímicamente como las energías del Sol y la Luna unidas en Santo Matrimonio. El Cerebelo también se ve afectado por la mayor actividad del cerebro, ya que el individuo accede a sentimientos, pensamientos, deseos y recuerdos ocultos reprimidos para integrarlos y transformarlos.

Se producen grandes cantidades de actividad eléctrica en las bandas de frecuencia Beta y Gamma en el Lóbulo Frontal, maximizando el potencial de la Corteza Prefrontal y otras partes esenciales. Como resultado, el individuo que despierta la Kundalini desarrolla la capacidad de controlar sus pensamientos, emociones y comportamiento, permitiéndole dominar su realidad. Además, sus habilidades cognitivas, incluyendo la imaginación, la creatividad, la inteligencia, la comunicación, el pensamiento crítico, y el poder de concentración, son todos enormemente mejorados, lo que les permite convertirse en los poderosos y eficientes Cocreadores con el Creador que están destinados a ser.

EL SISTEMA NERVIOSO

El sistema nervioso está formado por todas las células nerviosas que uno tiene en su cuerpo. Utilizamos nuestro sistema nervioso para comunicarnos con el mundo exterior y controlar los distintos mecanismos de nuestro cuerpo. El sistema nervioso asimila la información a través de los sentidos y la procesa, provocando así reacciones en el cuerpo. Trabaja juntamente con el sistema endocrino para responder a los acontecimientos de la vida.

El sistema nervioso conecta el cerebro con todos los demás órganos, tejidos, y partes del cuerpo. Contiene miles de millones de células nerviosas llamadas neuronas. El propio cerebro tiene 100.000 millones de neuronas que actúan como mensajeros de información. Estas neuronas utilizan señales químicas e impulsos eléctricos para transmitir información entre las diferentes partes del cerebro, así como entre el cerebro y el resto del sistema nervioso.

El sistema nervioso consta de dos partes con tres divisiones distintas. En primer lugar, y el más importante, tenemos el Sistema Nervioso Central (SNC), que controla la sensación y las funciones motoras. El Sistema Nervioso Central incluye el cerebro, Doce Pares de Nervios Craneales, la médula espinal y treinta y un pares de nervios espinales. Todos los nervios del Sistema Nervioso Central están contenidos de forma segura dentro del cráneo y el canal espinal.

Dos tipos de nervios sirven al cerebro: los nervios motores (eferentes), que ejecutan las respuestas a los estímulos, y los nervios sensoriales (aferentes), que transmiten la información sensorial y los datos del cuerpo al Sistema Nervioso Central. Los nervios raquídeos cumplen ambas funciones, por lo que se denominan nervios "mixtos". Los nervios espinales están conectados a la médula espinal a través de los ganglios, que actúan como estaciones de relevo del Sistema Nervioso Central.

La cabeza y el cerebro sirven como órganos del Alma y del Ser Superior. Al estar en la parte superior del cuerpo, la cabeza está más cerca del Cielo. El cerebro nos permite experimentar el mundo que nos rodea a través de los cinco sentidos de la vista, el tacto, el gusto, el olfato, y el sonido. También nos permite experimentar la realidad a través del sexto sentido del psiquismo, recibido a través del Ojo de la Mente.

El Sistema Nervioso Periférico (SNP) conecta los nervios que emanan del Sistema Nervioso Central con las extremidades y los órganos. Todos los nervios fuera del cerebro y la columna vertebral forman parte del Sistema Nervioso Periférico (Figura 45). El Sistema

Nervioso Periférico se subdivide a su vez en tres subsistemas distintos: Sistema nervioso somático (SNS), Sistema nervioso entérico (ENS) y Sistema nervioso autónomo (ANS).

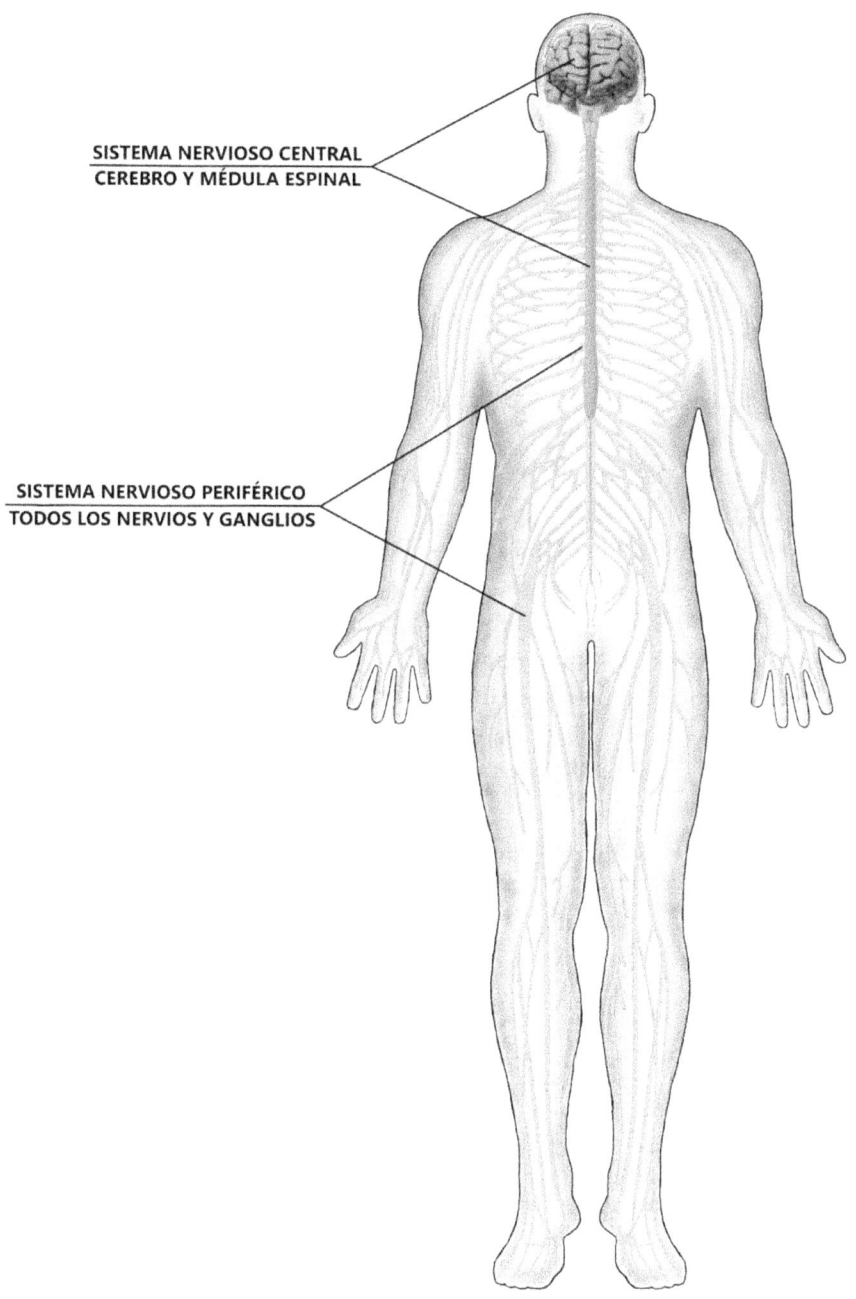

Figura 45: Los Sistemas Nerviosos Central y Periférico

El Sistema Nervioso Somático es el sistema nervioso voluntario cuyos nervios sensoriales y motores actúan como medio de transmisión de impulsos entre el Sistema Nervioso Central y el sistema muscular. El Sistema Nervioso Somático controla todo lo relacionado con nuestro cuerpo físico, sobre el que podemos influir conscientemente. El Sistema Nervioso Entérico actúa de forma involuntaria, y funciona para controlar el sistema gastrointestinal. Es un sistema nervioso autónomo que regula la motilidad intestinal en el proceso de la digestión.

El Sistema Nervioso Autónomo también es un sistema involuntario que actúa sobre todo de forma inconsciente. Regula nuestro ritmo cardíaco, la respiración, el metabolismo, la digestión, la excitación sexual, la micción, y la dilatación/constricción de las pupilas. Tanto el sistema nervioso autónomo como el Sistema Nervioso Entérico están siempre activos, estemos despiertos o dormidos. El sistema nervioso involuntario reacciona rápidamente a los cambios en el cuerpo, lo que le permite adaptarse alterando sus procesos de regulación.

El Sistema Nervioso Autónomo está controlado por el Hipotálamo y puede dividirse en Sistema Nervioso Simpático (SNS) y Sistema Nervioso Parasimpático (PNS). El Sistema Nervioso Simpático y el Sistema Nervioso Parasimpático suelen hacer cosas opuestas en el cuerpo. El Sistema Nervioso Simpático está impulsado por la energía masculina (Yang) del cuerpo, mientras que el Sistema Nervioso Parasimpático está impulsado por la energía femenina (Yin).

El Sistema Nervioso Simpático prepara al cuerpo para la actividad mental y (o) física. Se activa en situaciones de emergencia (lucha o huida) para crear energía utilizable. Aumenta el ritmo cardíaco, dilata las pupilas, abre las vías respiratorias para respirar más fácilmente, aumenta el suministro de sangre a los músculos e inhibe la digestión y la excitación sexual. El Sistema Nervioso Parasimpático, en cambio, es pasivo. Se activa cuando el cuerpo y la mente están en un estado de relajación. El Sistema Nervioso Parasimpático reduce el ritmo cardíaco, contrae las pupilas, estimula la digestión y la micción, desencadena varios procesos metabólicos, y promueve la excitación sexual.

SISTEMAS NERVIOSOS FUERTES Y DEBILES

El estrés y la ansiedad son problemas comunes en la acelerada sociedad actual. Por ello, a menudo se habla de la importancia de tener un sistema nervioso fuerte cuando se afronta la adversidad en la vida. Una persona con un sistema nervioso robusto y resistente se enfrenta a la realidad de frente, a lo bueno y a lo malo. Por el contrario, alguien con un sistema nervioso débil se intimida fácilmente y se refugia de la realidad para evitar la negatividad.

Como Cocreador con el Creador, no puedes controlar lo que viene en tu camino al 100% porque siempre hay factores externos que incluso las mentes más agudas no pueden pensar, pero puedes elegir a través del Libre Albedrío si te permites enfrentar todo lo que viene en tu camino. Esa elección a menudo depende de cómo manejes la energía del miedo, que fortalece o debilita tu sistema nervioso con el tiempo.

Piensa en el sistema nervioso como un contenedor. Las personas con un sistema nervioso débil tienen recipientes pequeños, ya que la ansiedad, el estrés o el dolor físico que pueden soportar tienen un límite. Las personas con un sistema nervioso fuerte tienen contenedores mucho más grandes y pueden hacer frente a todo lo que se les presente. Experimentan y procesan los acontecimientos adversos mucho más rápido y no se tambalean en su aplomo. Las personas con sistemas nerviosos robustos tienen la actitud de enfrentarse al miedo y a la adversidad, sin importar lo aterradoras que puedan parecer las cosas en la superficie. El resultado es convertirse en un maestro manifestador de su realidad y maximizar su potencial personal. Las personas con sistemas nerviosos fuertes viven sus sueños y sacan el máximo partido a la vida.

La fuerza de tu sistema nervioso depende de lo bien que utilices tu fuerza de voluntad y de lo que puedas superar tus emociones. Las emociones son fluidas; fluctúan de lo positivo a lo negativo en todo momento. A veces, las cosas tardan en volverse negativas, pero inevitablemente lo hacen y, finalmente, vuelven a ser positivas.

El Principio del Ritmo (del *Kybalion*) afirma que el péndulo del ritmo manifiesta su oscilación entre todos los opuestos que se encuentran en la naturaleza, incluyendo las emociones y los pensamientos. Por lo tanto, nada permanece estático, y todas las cosas están en constante proceso de cambio y transformación de un estado a otro. Como tal, este Principio está siempre en juego. No puedes superarlo a menos que aprendas a hacer vibrar tu fuerza de voluntad tan fuertemente que te eleves por encima del Plano Astral en el que está ocurriendo la oscilación emocional, y pases al Plano Mental.

Otra de las claves para un sistema nervioso robusto es aprender a relajar el cuerpo y la mente cuando se trata de una situación estresante. El estrés y la ansiedad activan inmediatamente el Sistema Nervioso Simpático, que nos pone en modo de supervivencia; aplicar técnicas de atención y respiración cuando estamos bajo presión y no dejar que nuestras emociones nos dominen apagará el SNS y activará el Sistema Nervioso Parasimpático. De este modo, incluso cuando te enfrentes a una situación adversa, podrás estar tranquilo, calmado y sereno, lo que mejorará tus habilidades para resolver problemas y te permitirá obtener el mejor resultado en cualquier situación.

Dejar que tus emociones sean la fuerza que guíe tu vida siempre te traerá caos y desesperación, mientras que, si sintonizas con tu fuerza de voluntad y te dejas guiar por ella, triunfarás en la vida. Las emociones son duales y carecen de lógica y razón. En el Árbol de la Vida, pertenecen a la Esfera de Netzach, mientras que la lógica y la razón se corresponden con su opuesto, Hod. Las emociones se oponen naturalmente a la lógica y la razón hasta que uno aprende a utilizar sus Sephiroth superiores. Poniendo en práctica la fuerza de voluntad (Geburah) y la imaginación (Tiphareth), templadas por la memoria (Chesed), puedes elevarte en conciencia y controlar tu realidad de forma mucho más eficiente que siendo esclavo de tus emociones.

Para elevarse aún más en el Árbol de la Vida, es necesario evitar la dualidad por completo, lo que significa que tu conciencia debe estar en sintonía con la intuición. La intuición pertenece al Chakra Ajna, que está alimentado por Binah (Entendimiento) y Chokmah (Sabiduría). Para funcionar plenamente a través de la intuición, es necesario haber tenido un despertar permanente de la Kundalini o haber dominado la meditación y adquirido la capacidad de resonar con el Plano Espiritual a voluntad. Como se ha mencionado, el despertar de la Kundalini te sintonizará naturalmente con el Plano Espiritual con el tiempo. Por lo tanto, es la experiencia deseada para todos los que conocen el poder transformador de la Kundalini.

EL YOGA Y EL SISTEMA NERVIOSO

Los Sistemas Nerviosos Simpático y Parasimpático cambian de uno a otro muchas veces a lo largo del día, especialmente en personas cuyas emociones dominan su vida. Por lo tanto, para que uno esté equilibrado en mente, cuerpo, y Alma, necesitas tener un Sistema Nervioso Autónomo equilibrado. Cuando una mitad del Sistema Nervioso Autónomo es excesivamente dominante, causa problemas a la otra mitad.

Las personas propensas al estrés, por ejemplo, utilizan el Sistema Nervioso Simpático más de lo que es saludable para la mente y el cuerpo, lo que provoca un detrimento del Sistema Nervioso Parasimpático con el tiempo. Así, la persona está siempre tensa y bajo presión mental, incapaz de relajarse y estar en paz.

El estrés psicológico también afecta al sistema inmunológico, por lo que la calidad de nuestro Sistema Nervioso Autónomo marca la diferencia en cuanto a la propensión a la enfermedad. Las enfermedades crónicas degenerativas como las enfermedades del corazón, la presión arterial alta, las úlceras, la gastritis, el insomnio, y el agotamiento suprarrenal son el resultado de un Sistema Nervioso Autónomo desequilibrado.

La forma de gestionar las dos mitades complementarias del Sistema Nervioso Autónomo depende de la dieta y la nutrición, pero también del estilo y los hábitos de vida. Debemos aprender a equilibrar la actividad y el descanso, el sueño y la vigilia, y nuestros pensamientos y emociones.

El Yoga ayuda a regular y fortalecer el Sistema Nervioso Autónomo por su efecto sobre el Hipotálamo. El Yoga es muy eficaz para ayudar al cuerpo y a la mente a relajarse mediante ejercicios de respiración (Pranayama) y meditación. La respiración es una interfaz entre el Sistema Nervioso Central y el Sistema Nervioso Autónomo. Mediante la práctica del Pranayama, uno puede aprender a controlar sus funciones autonómicas. Al controlar los pulmones, ganamos el control del corazón. Las posturas Yóguicas (Asanas) tienen como objetivo equilibrar las energías masculina y femenina dentro de uno mismo, lo que promueve un sistema nervioso sano y robusto.

El Anulom Vrilom (Respiración por Fosas Nasales Alternas), por ejemplo, actúa directamente sobre el Sistema Nervioso Simpático o el Sistema Nervioso Parasimpático, dependiendo de la fosa nasal por la que se respire. Cuando se respira por la fosa nasal derecha, el metabolismo aumenta y la mente se centra en el exterior. Cuando se respira por la fosa nasal izquierda, el metabolismo se ralentiza y la mente se vuelve hacia el interior, lo que mejora la concentración.

EL DESPERTAR DE LA KUNDALINI Y EL SISTEMA NERVIOSO

Un impulso nervioso es un fenómeno eléctrico, como un rayo. Así que cuando hay una abundancia de bioelectricidad en el cuerpo después de un despertar completo de la Kundalini, pone todo el sistema nervioso en sobremarcha. Con el tiempo, se produce una transformación completa, ya que el sistema nervioso se autorregula, construyendo nuevos circuitos diariamente para ajustarse a los cambios internos.

En primer lugar, a medida que la Luz Kundalini activa y vigoriza todos los nervios latentes, el Sistema Nervioso Central comienza a funcionar a su máxima capacidad. Se muestran niveles de actividad más elevados en el cerebro, ya que éste trabaja de forma extra para registrar los impulsos de vibración procedentes de los Sistemas Nerviosos Periférico y Autonómico hiperactivos. Además de ajustarse a la conciencia expandida, el cerebro también debe trabajar para construir nuevas vías neuronales para acomodar esta expansión bioenergética y sincronizarse con el resto del sistema nervioso.

Las etapas iniciales de la reconstrucción del sistema nervioso son agotadoras para la mente y el cuerpo. Como todo el proceso es nuevo para la conciencia, el cuerpo entra en modo "lucha o huida" para protegerse de posibles daños. Como tal, el Sistema Nervioso Simpático domina por el momento mientras la energía del miedo está presente. Como muchas personas que han despertado a la Kundalini saben de primera mano, el agotamiento Suprarrenal por el estrés es común en estas etapas iniciales.

Sin embargo, en las últimas fases del proceso de reconstrucción, una vez que se han creado las nuevas vías neuronales, la mente acepta mejor el proceso y se relaja. Como resultado, el Sistema Nervioso Simpático se desconecta y el Sistema Nervioso Parasimpático toma el control. El Nervio Vago también desempeña un papel durante este proceso, ya que contribuye a dar coherencia al cuerpo. Aunque puede llevar muchos años completar la transformación en general, el resultado será un sistema nervioso sustancialmente más fuerte que permite navegar por situaciones potencialmente estresantes de una manera sin precedentes.

FUNCION DEL NERVIO VAGO

Los Doce Nervios Craneales vienen en pares y ayudan a unir el cerebro con otras áreas del cuerpo como la cabeza, el cuello, y el torso. El Nervio Vago (Figura 46) es el más largo de los Nervios Craneales (décimo nervio) ya que va desde el tronco cerebral hasta una parte del colon. Tiene funciones tanto motoras como sensoriales.

La palabra "Vagus" significa "errante" en Latín, lo cual es apropiado ya que es un haz sinuoso y serpenteante de fibras motoras y sensoriales que une principalmente el tronco cerebral con el corazón, los pulmones, y el intestino. El intestino es el sistema digestivo (tracto gastrointestinal) que consta de la boca, el esófago, el estómago, el hígado, el intestino delgado, el intestino grueso, y el recto (ano).

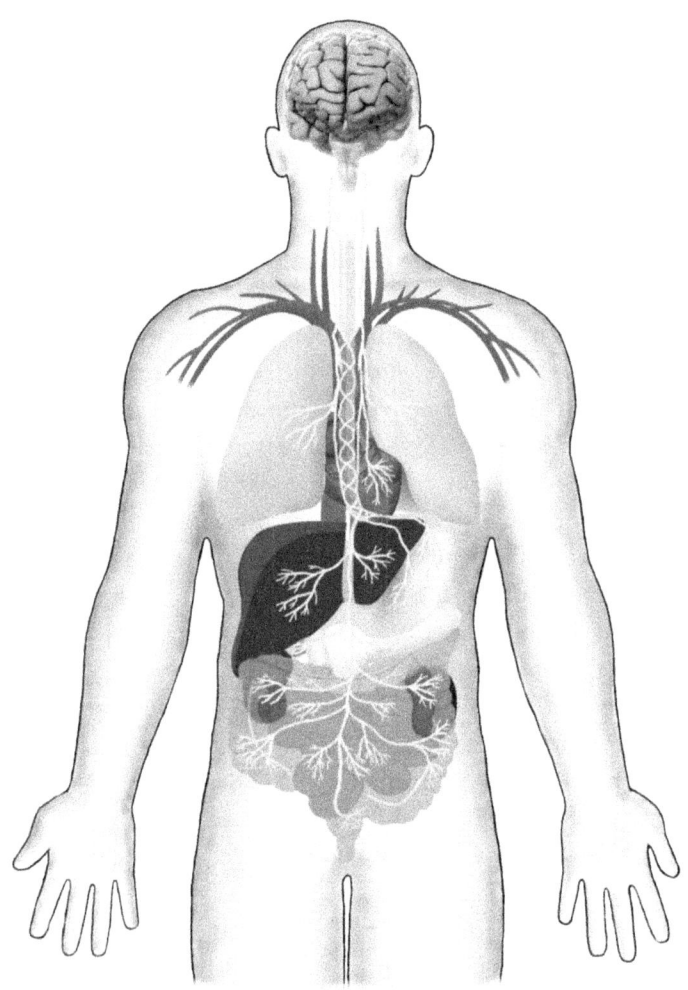

Figura 46: El Nervio Vago

El Nervio Vago también se ramifica para interactuar con el hígado, el bazo, la vesícula biliar, el uréter, el útero, el cuello, las orejas, la lengua, y los riñones: Sus fibras nerviosas inervan todos los órganos internos. Aunque el cerebro se comunica con los órganos del cuerpo a través del nervio vago, el 80% de la información se dirige desde los órganos al cerebro. De todos los órganos del cuerpo, el estómago es el que más utiliza el Nervio Vago para comunicarse con el cerebro: le envía señales relacionadas con la saciedad (hambre), la saciedad (plenitud), y el metabolismo energético.

El procesamiento y la gestión de las emociones se producen a través del Nervio Vago entre el corazón, el cerebro y el intestino. El Sistema Nervioso Entérico tiene un sistema de neuronas en forma de malla que gobierna la función del intestino y se comunica con el cerebro a través del Nervio Vago. Cuando escuchas a alguien decir que tiene un "presentimiento" sobre algo, esta sensación de saber es una verdadera señal nerviosa en el intestino. Por esta razón, tenemos una poderosa reacción intestinal ante estados mentales y emocionales intensos. El Sistema Nervioso Entérico se conoce a menudo como nuestro "segundo cerebro" centrado en la zona del Plexo Solar, y al Nervio Vago se le llama a menudo el "eje intestino-cerebro".

El Nervio Vago activa el Sistema Nervioso Parasimpático, que controla las funciones inconscientes de "descanso y digestión" del cuerpo. El Nervio Vago sirve para calmar el cuerpo después de comer, de modo que podamos procesar los alimentos más fácilmente. Sin embargo, una de sus funciones principales es actuar como el botón de "reinicio" que contrarresta nuestro sistema de alarma automático e interno, la respuesta de "lucha o huida" del Sistema Nervioso Simpático.

El neurotransmisor que el Nervio Vago utiliza para comunicarse con el cuerpo, la acetilcolina, es responsable de las sensaciones de calma, paz, relajación, y de las funciones de aprendizaje y memoria. Las personas cuyo Nervio Vago es poco activo sufren de ansiedad crónica y tienen poca capacidad de aprendizaje y memoria. Para estas personas es fundamental estimular el Nervio Vago, ya sea de forma natural o con un dispositivo eléctrico artificial. Hacerlo puede reportar beneficios para la salud, como superar el estrés y la depresión y reducir la inflamación causada por el dolor emocional.

El tono Vagal se mide siguiendo la frecuencia cardíaca junto con la frecuencia respiratoria. Cuando inspiramos, nuestro ritmo cardíaco se acelera, mientras que cuando espiramos, nuestro ritmo cardíaco se ralentiza. Las personas con tonos vagales altos tienen un período más prolongado entre sus frecuencias cardíacas de inhalación y exhalación, lo que significa que su cuerpo puede relajarse más rápidamente después de un evento estresante.

Un tono Vagal alto mejora el funcionamiento de muchos sistemas del cuerpo: reduce el riesgo de infarto al disminuir la presión arterial, ayuda a la digestión y a la regulación del azúcar en la sangre, y mejora el estado de ánimo general y la resistencia al estrés. Por el contrario, un tono Vagal bajo provoca lo contrario en el organismo: se asocia a enfermedades cardiovasculares, diabetes, deterioro cognitivo, ansiedad crónica, y depresión. Un tono Vagal bajo también hace que el cuerpo sea más susceptible a las enfermedades autoinmunes derivadas de estados inflamatorios elevados.

Se sabe que el Nervio Vago promueve el amor, la compasión, la confianza, el altruismo, y la gratitud, todo lo cual contribuye a nuestra felicidad general en la vida. Uno de los métodos más efectivos y naturales para estimular el Nervio Vago y mejorar el tono Vagal es a través de la técnica Pranayama de la Respiración Diafragmática. Cuando se respira lenta y rítmicamente por el abdomen, el diafragma se abre, permitiendo que entre más oxígeno en el cuerpo. Como resultado, el Sistema Nervioso Parasimpático se activa, calmando la mente.

La Respiración Diafragmática abarca todo el sistema nervioso y los 7 Chakras Mayores, permitiéndonos enraizar nuestras energías en lugar de dejarlas correr frenéticamente en la zona del pecho, causando estrés y ansiedad innecesarios. (Para una descripción completa de la técnica de la Respiración Diafragmática y sus beneficios, ve a "Ejercicios de Pranayama" en la sección de Yoga).

Dado que el Nervio Vago está conectado a las cuerdas vocales, cantar, tararear, y entonar cánticos también está asociado a la mejora del tono Vagal. La comunicación oral es beneficiosa, y las personas que hablan mucho suelen tener buena disposición. Comunicarse con los demás fomenta las emociones positivas y aporta cercanía social, lo que mejora el tono Vagal.

Las investigaciones han demostrado que el Yoga aumenta el tono Vagal, reduce el estrés y mejora la recuperación de los traumas emocionales y mentales. El Pranayama y la meditación activan el Sistema Nervioso Parasimpático y calman la mente, estimulando el Nervio Vago. Las Asanas (posturas Yóguicas) equilibran las partes masculina y femenina del ser, creando armonía en el cuerpo y promoviendo la atención plena. Otras técnicas Yóguicas también tienen enormes beneficios para la salud física y Espiritual. Por esta razón, he dedicado una sección entera a la ciencia, la filosofía, y la práctica del Yoga.

EL NERVIO VAGO Y LA KUNDALINI

Existen interesantes similitudes entre el Nervio Vago y la Kundalini que vale la pena examinar. Después de ver las correspondencias, será evidente que el Nervio Vago complementa el proceso de despertar de la Kundalini y puede incluso ser una representación física de la propia Kundalini.

En primer lugar, el Nervio Vago va desde la zona del colon (Muladhara) hasta el cerebro (Sahasrara). En cambio, la Kundalini se enrosca en la base de la columna vertebral en Muladhara, justo al lado del ano. Una vez despertada, asciende hacia el centro del cerebro y, finalmente, hacia la parte superior de la cabeza para completar el proceso.

La gente se refiere al Nervio Vago como uno, pero en realidad son dos nervios que funcionan como uno solo. Aquí vemos una correlación con los Nadis Ida y Pingala, las serpientes duales que, cuando están equilibradas, funcionan como un solo canal (Sushumna).

El Nervio Vago interactúa directamente con todos los órganos y glándulas del cuerpo. Su función es recoger la información de los órganos y glándulas y llevarla al cerebro para que la examine. Del mismo modo, la Kundalini se conecta con los órganos y glándulas del cuerpo y comunica su estado al cerebro a través del sistema nervioso.

La Kundalini se mueve a través de la médula espinal, mientras que el Nervio Vago recorre el cuerpo de forma más central. Cuando activamos la Kundalini, todos los órganos y glándulas comienzan a trabajar en sincronía unos con otros, aportando coherencia al cuerpo. El Nervio Vago también, cuando se estimula, crea un efecto unificador en los órganos y glándulas donde comienzan a funcionar en armonía unos con otros.

Dado que el Nervio Vago se conecta con el sistema digestivo, una alteración en el Nervio Vago dará lugar a problemas estomacales. En cambio, el centro de poder de la Kundalini está en el Manipura, y cuando no se activa o su energía está bloqueada, se producirán problemas digestivos y estomacales.

El corazón y el cerebro están estrechamente conectados, y se comunican mucho a través del Nervio Vago. El Chakra del Corazón también está en comunicación directa con los dos Chakras más altos del cerebro, Ajna y Sahasrara. En el sistema Kundalini, el Chakra del Corazón es el centro del Ser, la parte de nosotros que asimila y armoniza las energías de los otros Chakras. A nivel físico, el corazón es el generador más poderoso de energía electromagnética en el cuerpo y nuestra interfaz primaria con nuestro entorno (Ver el capítulo "El Poder del Corazón" para más detalles sobre este tema).

El tema de la Kundalini se originó en Oriente y forma parte de las prácticas Yóguicas y Tántricas. Tanto el Yoga como el Tantra implican Pranayama, Asanas, meditación, y otras técnicas que implican la respuesta del Nervio Vago para relajar el cuerpo y calmar la mente. Muchos Yoguis reconocen el papel y el poder del Nervio Vago en el cuerpo y la mente y lo consideran la contraparte anatómica del Nadi Sushumna. Como tal, el Nervio Vago exige nuestra máxima atención.

LOS DOCE PARES DE NERVIOS CRANEALES

Los Doce Pares de Nervios Craneales (figura 47) conectan el cerebro con distintas partes de la cabeza, el cuello y el tronco. Como tales, transmiten información entre el cerebro y las partes del cuerpo, especialmente hacia y desde las regiones de la cabeza y el cuello. Estos Nervios Craneales rigen la vista, el olfato, el oído, el movimiento de los ojos, la sensibilidad de la cara, el equilibrio, y la deglución. Las funciones de los Doce Pares de Nervios Craneales son sensoriales, motoras, o ambas. Los nervios Sensoriales se encargan de ver, oír, oler, saborear y tocar. Por otro lado, los nervios motores ayudan a controlar los movimientos en las regiones de la cabeza y el cuello.

Cada uno de los 12 Pares de Nervios Craneales tiene sus correspondientes números romanos entre el I y el XII en función de su ubicación de delante a atrás. Incluyen el Nervio Olfativo (I), el Nervio Óptico (II), el Nervio Oculomotor (III), el Nervio Troclear (IV), el Nervio Trigémino (V), el Nervio Abducens (VI), el Nervio Facial (VII), el Nervio Vestibulococlear (VIII), el Nervio Glosofaríngeo (IX), el Nervio Vago (X), el Nervio Espinal Accesorio (XI) y el Nervio Hipogloso (XII). El nervio olfativo y el nervio óptico salen del cerebro, mientras que los diez pares restantes surgen del tronco cerebral.

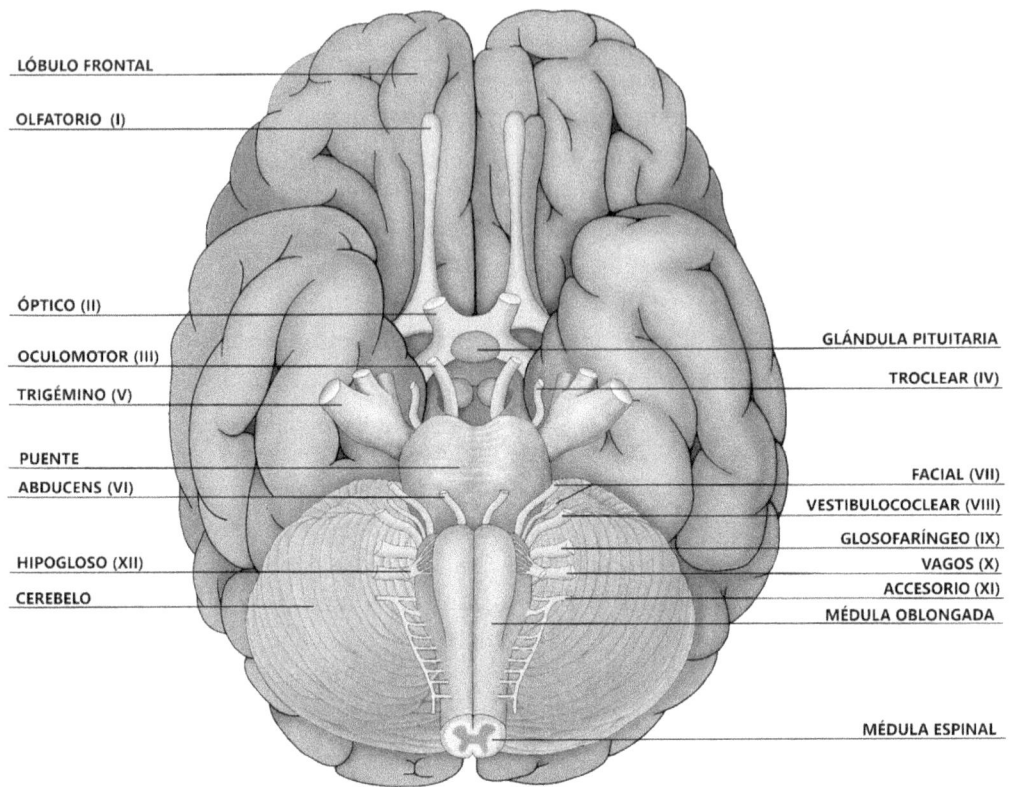

Figura 47: Los Doce Pares de Nervios Craneales

El Nervio Olfativo transmite al cerebro información sobre el sentido del olfato del individuo, mientras que el Nervio óptico transmite información sobre la visión. Los nervios Oculomotor, Troclear, y Abducens se ocupan de los movimientos oculares. El Nervio Trigémino gobierna la sensación y la función motora de la cara y la boca. El Nervio Facial controla los músculos de la expresión facial y transmite las sensaciones gustativas de la lengua. El Nervio Vestibulococlear transmite el sonido y el equilibrio desde el oído interno hasta el cerebro. El Nervio Glosofaríngeo se ocupa del sentido del gusto recibido desde la parte de la lengua y la zona de la garganta. El Nervio Vago tiene muchas funciones, que ya he descrito. El Nervio Espinal Accesorio controla los músculos del hombro y del cuello. Y, por último, el Nervio Hipogloso controla los movimientos de la lengua relacionados con el habla y la deglución de los alimentos.

Los Doce Pares de Nervios Craneales se corresponden con las Doce Constelaciones Zodiacales. Como tales, ejemplifican el Principio Hermético de "Como Es Arriba, Es Abajo". Hay doce "pares" ya que vivimos en un mundo de Dualidad donde hay dos de todo. El Mundo de la Dualidad, el mundo material, refleja la Unidad del Mundo Espiritual, que potencia las Doce Constelaciones Zodiacales (agrupaciones de Estrellas) emitiendo su Luz Blanca a través de ellas.

Hay que tener en cuenta que el Sol de nuestro Sistema Solar es sólo una de esas Estrellas, y que sólo en la Vía Láctea hay millones de Estrellas con Sistemas Solares propios. Los Antiguos nombraron a las que vemos en nuestro cielo nocturno según las formas e imágenes que hacían sus agrupaciones, dándonos la banda de los Doce Zodiacos. En consecuencia, las Doce Constelaciones Zodiacales se reflejan en los Doce Pares de Nervios Craneales, ya sea una gran coincidencia o parte de un misterio mayor. Este plan maestro tiene mucho que ver con nuestra Evolución Espiritual y la optimización de nuestro poder personal.

Los Nervios Craneales informan a la mente humana (Abajo) de todo lo que ocurre en el Universo manifestado del que forman parte (Arriba). Son responsables de cómo interactuamos con la realidad material y la interpretamos. Como interfaz con el mundo exterior, los Doce Pares de Nervios Craneales ayudan a definir nuestra realidad. Nos permiten recibir información externa y expresar nuestras respuestas a esta información a través del lenguaje corporal, incluidas las expresiones faciales y los movimientos oculares.

Los Nervios Craneales influyen en la forma en que los demás nos perciben al afectar a nuestras respuestas corporales a los estímulos externos. Dado que el 93% de nuestra comunicación es no verbal, los Nervios Craneales se encargan de expresar nuestras energías internas, aunque la mayor parte de esta comunicación se produce a nivel subconsciente.

Cuando una persona se somete a un despertar completo de la Kundalini y optimiza sus Chakras, adquiere un control total sobre sus vibraciones y las señales que emite al Universo a través de su lenguaje corporal. A medida que el Testigo Silencioso de uno mismo despierta, permite al individuo despierto verse a sí mismo desde la tercera persona. Creo que este don del despertar está relacionado con la expansión del radio del portal interno del Ojo de la Mente, lo que permite al individuo salir de su cuerpo a voluntad y observar sus procesos corporales, incluidos los gestos faciales y los movimientos oculares que revelan su estado interno. Al obtener el control consciente de las funciones involuntarias de los 12 Pares de Nervios Craneales, el individuo está en camino hacia el Autodominio.

LÍQUIDO CEFALORRAQUÍDEO (LCR)

El Líquido Cefalorraquídeo (LCR) es una sustancia líquida y transparente que baña los espacios dentro y alrededor de la médula espinal, así como el tronco cerebral y el cerebro. Desempeña un papel crucial en el mantenimiento de la conciencia, la coordinación de toda la actividad física y la facilitación del proceso de despertar de la Kundalini.

En el cuerpo de un adulto normal hay unos 100-150 ml de LCR (de media), lo que equivale a dos tercios de una taza. El propio cuerpo produce aproximadamente 450-600 ml de LCR al día. El LCR se produce continuamente y se repone en su totalidad cada seis u 8 horas.

Las cavidades del cerebro son depósitos de líquido llamados "ventrículos", que crean el LCR. Los ventrículos cerebrales sirven como pasajes o canales para la conciencia. Cuando estos conductos están obstruidos o bloqueados, se produce la pérdida de conciencia. El ventrículo cerebral más importante es el Tercer Ventrículo, que abarca la zona central del cerebro y contiene las Glándulas Pineal, Hipofisaria, el Tálamo, y el Hipotálamo. El LCR también baña el exterior del cerebro, proporcionando flotabilidad y absorción de impactos.

Después de servir al cerebro y al tronco encefálico, el LCR viaja hacia abajo a través del canal central de la médula espinal, así como fuera de ella (Figura 48). El canal central es un espacio hueco lleno de LCR que recorre toda la columna vertebral. Aunque la médula espinal termina entre la primera y la segunda vértebra lumbar (L1-2), justo por encima de la zona de la cintura, el LCR baja por el sacro. Una vez que llega a la parte inferior de la columna vertebral, el LCR es absorbido por el torrente sanguíneo.

El Sistema Nervioso Central está contenido en el cerebro y la médula espinal. Está sumergido en el LCR en todo momento. Sirve de medio para que el cerebro se comunique con el Sistema Nervioso Central. Los circuitos reales son la materia blanca y gris (en forma de mariposa) que componen la médula espinal. Una vez que el Sistema Nervioso Central integra la información del cerebro, la envía a diferentes partes del cuerpo.

El LCR está contenido en los espacios subaracnoideos del cerebro y la médula espinal. El cerebro y la médula espinal están protegidos por tres membranas (meninges): piamadre, espacio aracnoideo y duramadre. La zona subaracnoidea es el tejido conectivo entre la piamadre y el espacio aracnoideo. Tiene un aspecto de telaraña y sirve de amortiguador del Sistema Nervioso Central, la médula espinal, y el cerebro. Lo más importante es que sirve de canal para el LCR.

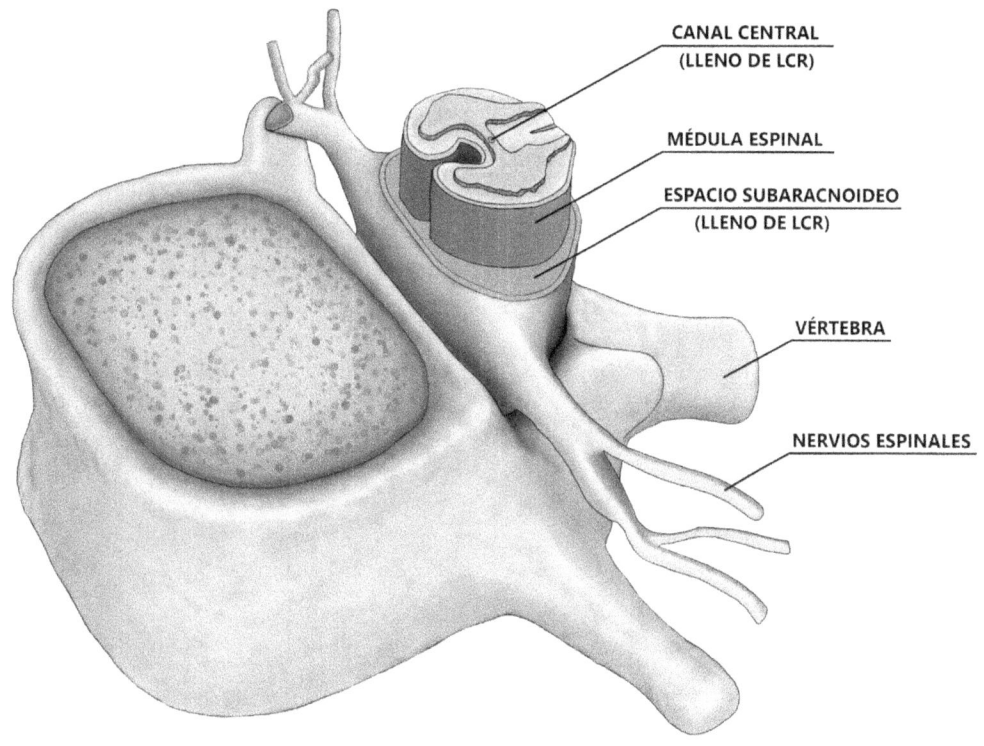

Figura 48: La Médula Espinal (Sección Transversal)

El LCR puede transmitir luz, vibraciones, movimiento, y moléculas. Transporta nutrientes y hormonas a todo el sistema nervioso y al cerebro. El LCR sirve para proteger a ambos y a la médula espinal. También elimina todos los residuos de estas tres partes del cuerpo. En un nivel más fundamental, el LCR regula los ritmos circadianos y el apetito.

La LCR es esencial para mantener el cuerpo físico vibrante, sano, y equilibrado. Además, facilita el movimiento fluido de la columna vertebral y la cabeza proporcionando movilidad.

El LCR proporciona factores esenciales de crecimiento y supervivencia al cerebro, desde su etapa embrionaria hasta la edad adulta. Es fundamental para la multiplicación de las células madre, el crecimiento, la migración, la diferenciación, y nuestra supervivencia en general.

VENTRÍCULOS CEREBRALES

El Tercer Ventrículo (Figura 49) es una estructura perfectamente centrada que contiene la Glándula Pituitaria en el extremo anterior y la Glándula Pineal en el posterior. En el centro se encuentran el Tálamo y el Hipotálamo. Es el punto de conexión entre las partes superiores racionales del cerebro y las funciones de supervivencia del cerebro inferior.

Los antiguos han venerado el espacio entre el Tercer Ventrículo desde tiempos inmemoriales por sus cualidades Espirituales. Los Taoístas lo llamaban el "Palacio de Cristal", mientras que los Hindúes se referían a él como la "Cueva de Brahma". "El Tercer Ventrículo es esencialmente la base de la conexión mente-cuerpo-espíritu. Los sentimientos profundos de felicidad, paz, y unidad con la Fuente se originan en el Tercer Ventrículo, que sirve como nuestro portal al conocimiento universal.

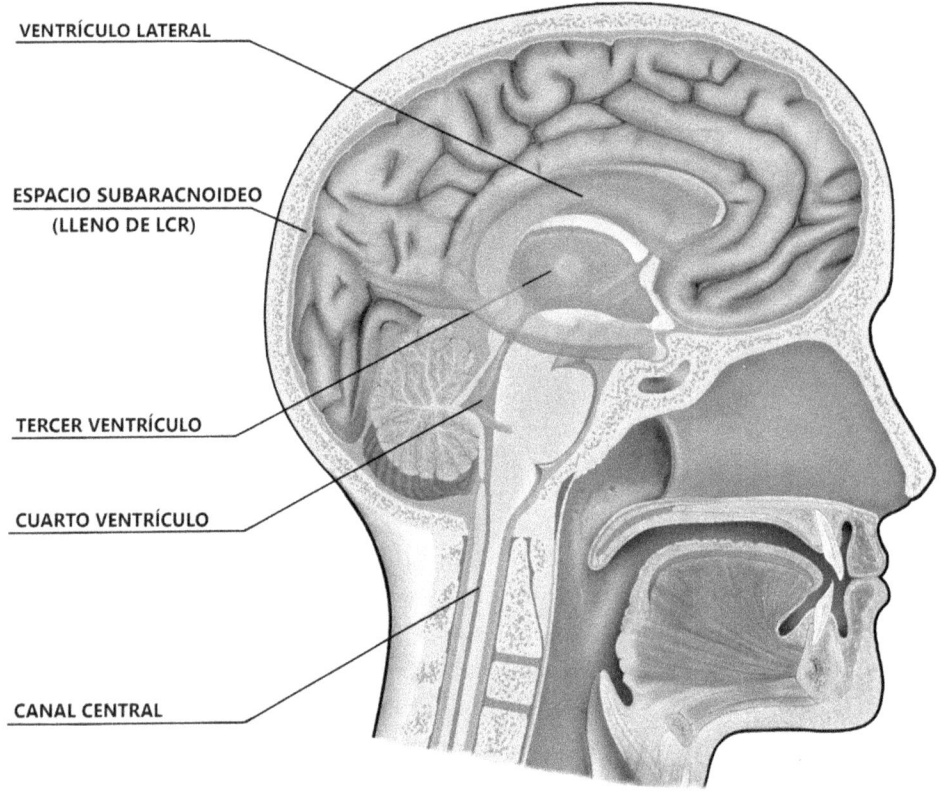

Figura 49: El LCR y los Ventrículos Cerebrales (Vista Lateral)

La caverna cerebral del Tercer Ventrículo es el espacio que nos da una conciencia unificada de nuestra verdadera esencia. Mucha gente cree que el líquido cefalorraquídeo del cerebro transmite la energía del Espíritu una vez que se activan las glándulas Pineal,

Pituitaria, y el Tálamo. Como tal, el Tercer Ventrículo permite la transformación de la conciencia.

El Ventrículo Lateral contiene dos cuernos (Figura 50) que hacen contacto con el Lóbulo Frontal, el Lóbulo Parietal, el Lóbulo Occipital, y el Lóbulo Temporal. El cuerno posterior está en contacto con las áreas visuales del cerebro.

El cuarto ventrículo está en contacto con el Cerebelo, la Protuberancia, y la Médula. Está situado entre el Tercer Ventrículo y el canal central dentro del tronco cerebral y la médula espinal. El LCR producido y (o) que fluye hacia el Cuarto Ventrículo existe en el espacio subaracnoideo en la parte inferior del cráneo, donde el canal central entra en el tronco cerebral.

El LCR sirve de vehículo para transmitir información al cerebro. Absorbe, almacena, y transmite las vibraciones del mundo exterior a los diferentes receptores cerebrales. Por este motivo, todas las áreas de control del cerebro, incluida la médula espinal (Sistema Nervioso Central), están sumergidas en el LCR en todo momento.

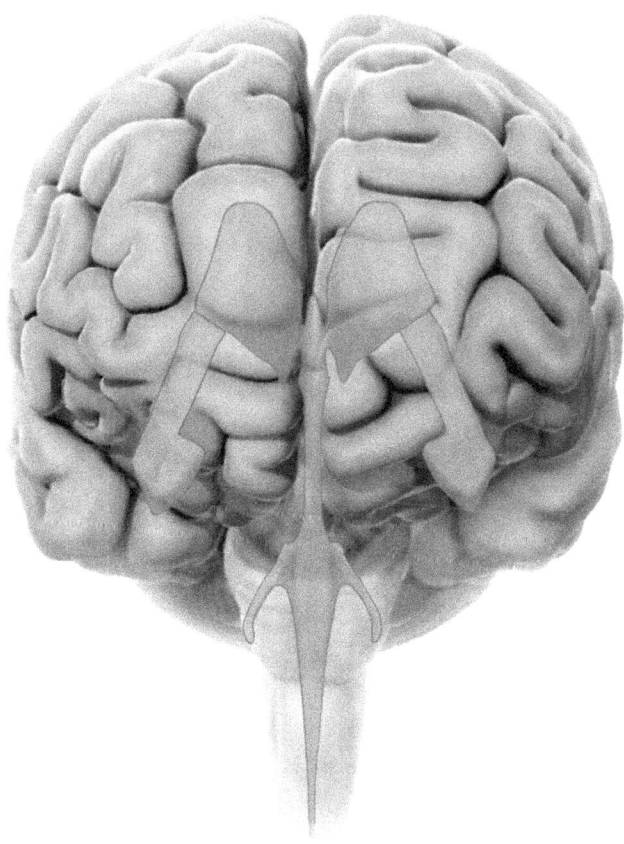

Figura 50: Los Ventrículos del Cerebro (Vista Frontal)

LCR Y EL DESPERTAR DE LA KUNDALINI

Los tres Nadis de Ida, Pingala, y Sushumna se reúnen en el Tercer Ventrículo, este espacio radiante lleno de LCR en medio de nuestras cabezas. Una vez que la Kundalini y los Nadis activados entran en el área del Tercer Ventrículo, las Glándulas Pineales y Pituitarias se electrifican a través del LCR como medio. El despertar de la Kundalini y la activación de los Chakras se producen en un nivel sutil, Etérico, mientras que el LCR electrificado vigoriza el sistema nervioso y activa el potencial latente en los principales centros cerebrales.

Dado que las Glándulas Pineal y Pituitaria representan los componentes femenino y masculino del Ser, las emociones y la razón, su activación simultánea representa la unificación de los hemisferios derecho e izquierdo del cerebro. Como tal, el Tálamo comienza a funcionar a un nivel superior, facilitando la apertura y optimización del Chakra Ajna.

El Sushumna opera a través del LCR en la médula espinal. En el punto en el que la médula espinal termina entre la primera y la segunda vértebra lumbar (L1-2), llamado Conus Medullaris, comienza un delicado filamento llamado Filum Terminale que termina en el coxis (Figura 51). Tiene una longitud de aproximadamente 20 cm y carece de tejido nervioso. Una de las finalidades del Filum Terminale es transportar el LCR a la parte inferior de la columna vertebral.

Los científicos creen que por el canal central de la médula espinal discurre otra fibra diminuta formada por proteínas condensadas del LCR. Esta fibra sirve como un filamento que se ilumina cuando se carga eléctricamente. Dado que uno de los propósitos del LCR es transportar las energías de la Luz, sirve como conducto a través del cual la Kundalini despierta viaja por la columna vertebral hasta el cerebro.

El Sushumna comienza en el coxis y sube por el Filum Terminale hasta llegar al Conus Medullaris. Continúa a través de la fibra en el canal central, pasando por el Cuarto Ventrículo, y termina en la zona del Tercer Ventrículo, es decir, el Tálamo y el Hipotálamo que se conecta a él. El LCR se carga eléctricamente por la energía Kundalini despierta, que sube por la médula espinal, activando sistemáticamente los Chakras Mayores hasta llegar a los centros cerebrales superiores. El LCR es la clave de los cambios anatómicos que se producen en el cerebro al despertar la Kundalini. El sistema nervioso también se transforma a través de la vigorización de los nervios espinales. Los órganos se ven afectados por esta infusión de energía de la Luz, lo que explica por qué tantos individuos despiertos de Kundalini informan de cambios anatómicos en su interior.

Cuando la Kundalini entra en el cerebro a través del canal Sushumna, termina en el Tálamo, energizándolo. Simultáneamente, los Nadis Ida y Pingala energizan las Glándulas Pineales y Pituitarias. Como Ida y Pingala terminan en las glándulas Pineal y Pituitaria, su activación crea un efecto magnético que proyecta una corriente vibratoria de energía hacia el Tálamo. La unificación de estos poderes masculinos (Yang) y femeninos (Yin) en el Tálamo permite una apertura completa del Chakra Ajna, seguido del Sahasrara en la parte superior de la cabeza.

Una vez que la Kundalini alcanza la Corona, el componente "Yo Soy" del Ser, el Ser Superior, despierta en nuestra conciencia. El potencial del Tálamo se maximiza, haciendo de este centro cerebral una antena perfecta para las vibraciones exteriores. La conciencia se expande al nivel Cósmico, y en lugar de tomar sólo el 10% de los estímulos del entorno, ahora puede experimentar el 100% completo.

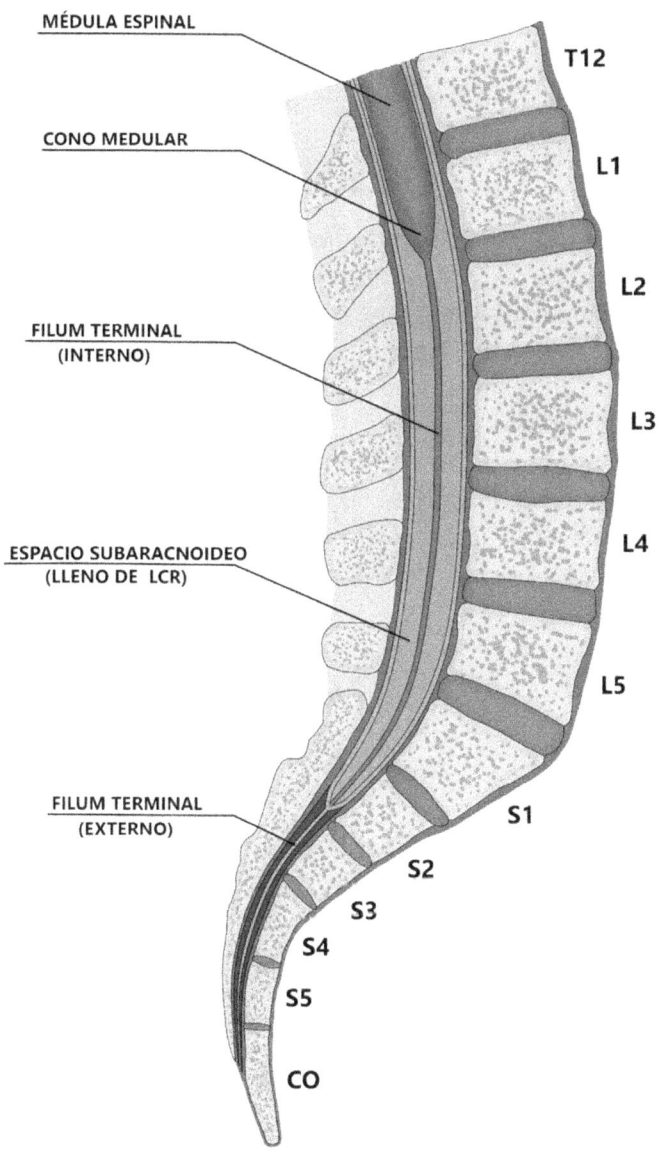

Figura 51: Conus Medullaris y Filum Terminale

MULADHARA Y KUNDALINI

EL SACRO Y EL CÓCCIX

El sacro y el cóccix (Figura 52) desempeñan un papel importante en el proceso de despertar de Kundalini. El sacro, o columna sacra, contiene cinco vértebras fusionadas. Es un gran hueso triangular situado entre los huesos de la cadera y la última vértebra lumbar (L5). En Latín, la palabra "sacrum" significa "sagrado". Los Romanos llamaban a este hueso "os sacrum", mientras que los Griegos lo denominaban "hieron osteon", siendo el significado de ambos "Hueso Sagrado".

Curiosamente, la palabra "hieron" en Griego también se traduce como "Templo". El sacro se consideraba sagrado porque en su concavidad ósea se encontraban los ovarios y el útero en las mujeres. Los Antiguos creían que los órganos reproductores femeninos eran divinos, ya que el útero es el origen de la Creación.

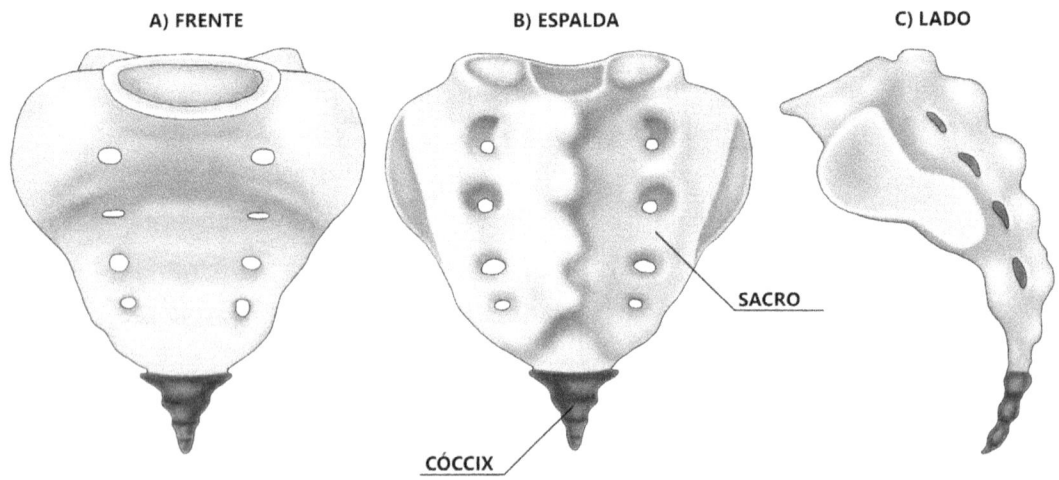

Figura 52: El Sacro y El Cóccix

El sacro es nuestro Templo Sagrado, ya que alberga y protege los órganos genitales, los plexos y los centros energéticos sutiles inferiores, todos ellos implicados en la activación del proceso de despertar de la Kundalini. El sacro también es responsable de bombear el LCR hacia el cerebro. Este fluido sostiene la conciencia y desempeña un papel crucial en la activación de los centros cerebrales superiores al despertar Espiritual.

En la tradición Egipcia, el sacro era sagrado para Osiris, el Dios del Inframundo. Los Egipcios creían que la columna vertebral de Osiris, conocida como el Pilar Djed, representaba la energía Kundalini, cuyo proceso de despertar comenzaba en el sacro. El cóccix (coxis) es otro pequeño hueso triangular unido a la parte inferior del sacro.

Como se ha mencionado, en su estado de potencial, la Kundalini se enrosca tres veces y media en el coxis. El Chakra Muladhara, el Chakra fuente de la energía Kundalini, está situado entre el coxis y el perineo. Cuando la energía Kundalini se libera, viaja a través del tubo hueco de la médula espinal como una serpiente (Figura 53), acompañada de un sonido sibilante que hace una serpiente cuando se mueve o está a punto de atacar.

Casualmente, el cóccix se compone de tres a cinco vértebras coccígeas o huesos de la columna vertebral fusionados. El cóccix es el remanente de una cola vestigial a nivel físico. En el contexto de la evolución humana, se cree que todos los humanos tuvieron cola en algún momento, como la mayoría de los mamíferos actuales.

La palabra "coccyx" tiene su origen en el Griego "cuclillo", ya que el propio hueso tiene forma de pico de un cuclillo. Curiosamente, el cuclillo es un pájaro conocido por su sonido que provoca cambios en la vida de las personas. Su llamada simboliza un nuevo destino o acontecimiento que se desarrolla en la vida de una persona. Recordemos que el Caduceo de Hermes, que simboliza el proceso de despertar de la Kundalini, se originó en Grecia: los Griegos eran muy conscientes del potencial espiritual del cóccix, ya que sabían que albergaba la energía transformadora de la Kundalini.

En la tradición Egipcia, el Dios de la Sabiduría, Thoth (Tehuti), tiene una cabeza de pájaro Ibis con un largo pico cuya forma se asemeja al cóccix. Thoth es el homólogo Egipcio del Hermes Griego y del Mercurio Romano. Estos tres dioses tienen atributos y correspondencias casi idénticas, y los tres están asociados con la energía Kundalini y el proceso de despertar.

En *El Corán*, (también deletreado Quran) el profeta Mahoma afirmó que el cóccix nunca se descompone y que es el hueso del que resucitarán los humanos en el Día del Juicio Final. Los Hebreos sostenían la misma idea, pero en lugar del cóccix, creían que era el sacro el que era indestructible y el núcleo de la resurrección del cuerpo humano. Se referían al sacro como el hueso "Luz" (nuez en Arameo). El sacro tiene un patrón de hoyuelos que, junto con su forma general, se asemeja a la cáscara de la almendra. En *El Zohar,* el libro de las enseñanzas esotéricas y místicas Judías, el Luz es el hueso de la columna vertebral que parece la cabeza de una serpiente. Dado que tanto el coxis como el sacro tienen forma triangular, algunos rabinos creen que es el sacro el que es sagrado, mientras que otros creen que es el cóccix.

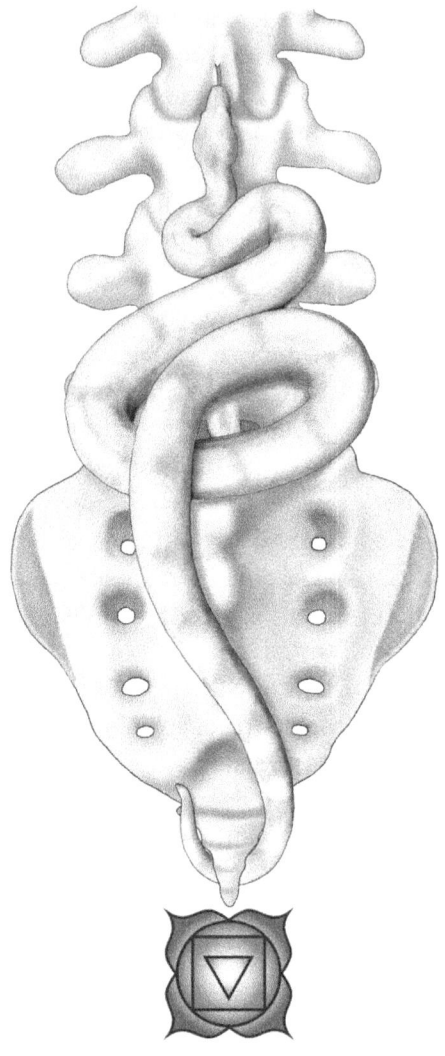

Figura 53: La Kundalini Desenrollada

PLEXO SACRO Y NERVIO CIATICO

Otros dos factores esenciales en el proceso de despertar de Kundalini son el Plexo Sacro y el Nervio Ciático (Figura 54). El plexo sacro es un plexo nervioso que surge de las vértebras lumbares inferiores y de las vértebras sacras (L4-S4). Proporciona nervios motores y sensoriales para la parte posterior del muslo, la pelvis, y la mayor parte de la parte inferior de la pierna y el pie.

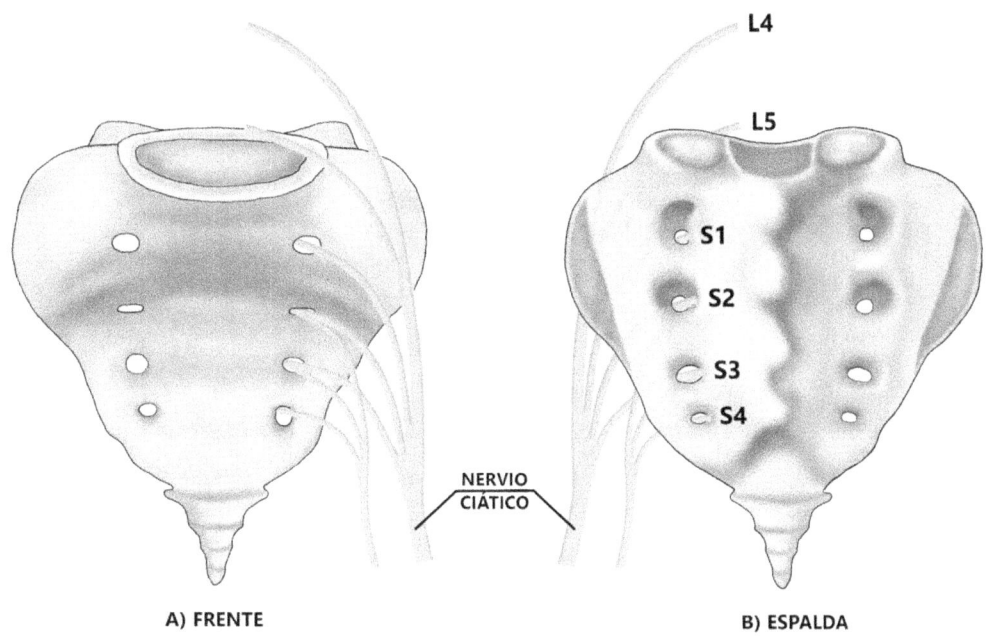

Figura 54: El Plexo Sacro

Debajo del Plexo Sacro está el Chakra Muladhara, situado entre el cóccix y el perineo. La cabeza floral de Muladhara se proyecta hacia abajo, hacia la Tierra, y está situada cerca del Plexo Coccígeo. Sin embargo, el tallo Cháquico del Muladhara se origina entre la tercera y la cuarta vértebras sacras (S3-4), una parte del Plexo Sacro.

El Plexo Pélvico está situado en la región abdominal, justo delante del Plexo Sacro. El plexo pélvico inerva los órganos asociados a los Chakras Swadhisthana y Muladhara, es decir, nuestros órganos sexuales.

Existe una conexión entre los Elementos Tierra y Agua y el Planeta Tierra bajo nuestros pies. No es una coincidencia que nuestros dos Chakras Mayores más bajos, Muladhara y Swadhisthana, se relacionen con los dos únicos Elementos pasivos relacionados con la recepción de energía. Como el Muladhara es un receptáculo de la energía de la Tierra generada por la Estrella de la Tierra bajo los pies, el Swadhisthana es nuestro contenedor emocional, el Chakra de la mente subconsciente y los instintos.

El Swadhisthana representa las emociones, incluida nuestra energía sexual, que alimenta la creatividad. Está demostrado que la energía sexual, cuando se vuelve hacia dentro, tiene un efecto transformador en la conciencia. En mi experiencia personal, estaba generando una tremenda cantidad de energía sexual a través de una práctica de sexo Tántrico inadvertida que estaba realizando, lo que me llevó a continuos orgasmos internos que culminaron en un completo despertar de Kundalini.

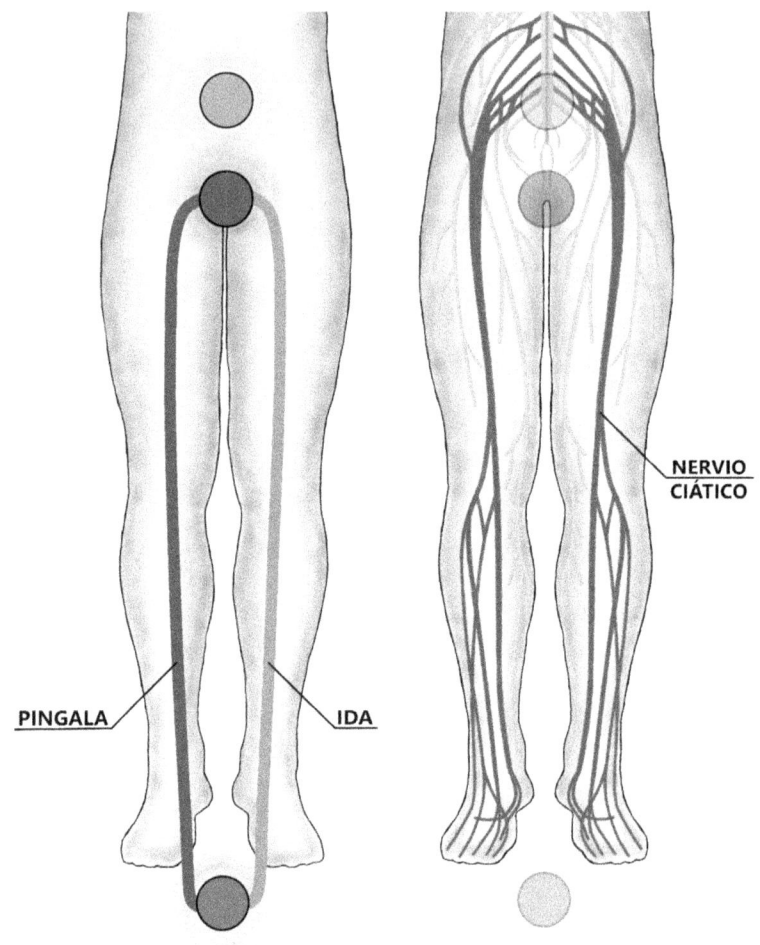

Figura 55: Los Nervios Ciáticos y los Canales de Energía de las Piernas

El Nervio Ciático es el mayor nervio periférico del cuerpo humano, formado por la unión de cinco raíces nerviosas procedentes del Plexo Sacro. Tiene 2 cm de diámetro y recorre el muslo y la pierna hasta la planta del pie. El Nervio Ciático funciona como raíz del sistema nervioso, conectándonos a tierra con el planeta Tierra. Como hay dos piernas, dos Nervios Ciáticos las atraviesan. El Nervio Ciático se divide en dos ramas principales en la zona de la rodilla (nervio tibial y nervio peroneo común).

Como el Nervio Vago es una representación física de la energía Kundalini, los Nervios Ciáticos son un equivalente biológico de los canales de energía de las piernas que nos conectan con la Estrella de la Tierra a través de los Chakras de los pies (Figura 55). Aunque los Nadis Ida y Pingala comienzan en el Muladhara, su fuente de energía proviene de las dos corrientes energéticas de las piernas, la negativa y la positiva.

Ida se atribuye al lado izquierdo del cuerpo, y obtiene su corriente de energía negativa de la pierna izquierda, mientras que el Pingala recorre el lado derecho del cuerpo, obteniendo su corriente de energía positiva de la pierna derecha. Las dos piernas llevan las energías femenina y masculina de la Estrella de Tierra al Muladhara, suministrando así a todo el sistema de Chakras estas fuerzas duales. Como se ha mencionado, la Estrella de la Tierra funciona como una batería para el Muladhara: los canales de energía de las piernas sirven como corrientes negativas y positivas que transmiten las energías de la Tierra desde nuestro Planeta.

REUNIRLO TODO

Para estimular la Kundalini en la actividad y despertarla de su sueño, debemos crear una poderosa corriente de energía en el Muladhara, lo que implica muchos factores que trabajan juntos. La estimulación de los Nadis Ida y Pingala comienza en la Estrella de Tierra, la raíz de nuestro sistema energético general, representada por la Línea Hara. Cuando la Estrella de Tierra se energiza, a través de la meditación u otras prácticas, proyecta una corriente energética a través de los canales de energía en las piernas a través de los Chakras del Talón. Simultáneamente, el Nervio Ciático se estimula, energizando el área del Plexo Sacro donde comienza el tallo Cháquico del Muladhara.

Como describiré con más detalle en la sección de la ciencia Yóguica, debemos estimular ambos Chakras Muladhara y Swadhisthana para despertar la Kundalini. El tallo del Chakra Swadhisthana comienza entre la primera y la segunda vértebra lumbar (L1-2), que se corresponde con el lugar donde termina la médula espinal y comienza el Filum Terminale. El proceso de despertar de la Kundalini tiene mucho que ver con la energización del LCR, que comienza en el Filum Terminale y recorre la médula espinal hasta llegar al Tercer Ventrículo y al Tálamo e Hipotálamo centrales. Al energizar el Tercer Ventrículo, los lóbulos cerebrales circundantes también se estimulan. Todo el proceso de expansión de la potencia cerebral implica al Tercer Ventrículo y al LCR electrificado.

Despertar la Kundalini en el Muladhara implica los Cinco Vayus Prana, los cinco movimientos o funciones del Prana, la Fuerza Vital. Cuando tres de estos Vayus Prana cambian su fuerza direccional para encontrarse en Chakra Hara, se produce una activación que implica la generación de calor en el centro del ombligo. Este inmenso calor va acompañado de una sensación de éxtasis en el abdomen, que se asemeja a una excitación sexual intensificada, que luego electrifica el Nadi Sushumna, haciendo que se ilumine como una bombilla. Una vez que el Sushumna se ilumina, la Kundalini se despierta en la base de la columna vertebral. (Explicaré esta parte del proceso con más detalle en el capítulo "Los Cinco Vayus Prana").

En mi experiencia, la Kundalini despertada se manifestaba como una bola de energía de Luz, que emanaba un campo eléctrico del tamaño de una pelota de golf. Cuando se despertaba, creaba una presión en la parte inferior de la columna vertebral, que no era física pero que podía sentirse a pesar de todo a un nivel sutil. La bola de Luz Kundalini viaja hacia arriba a través del LCR en la médula espinal. Simultáneamente, la Estrella de Tierra genera una tremenda energía, que se transmite hacia el Chakra Muladhara a través de los canales de energía de las piernas, energizando así los Nadis Ida y Pingala.

A nivel físico, los testículos (hombres), los ovarios (mujeres) y las glándulas Suprarrenales están implicados en el proceso de despertar de la Kundalini, ya que generan la energía sexual necesaria para alimentar a Ida y Pingala y hacer que se eleven. El Ida se corresponde con el testículo y el ovario izquierdos, mientras que el Pingala se relaciona con el derecho. Una vez que la Kundalini comienza a ascender a través del Sushumna, Ida y Pingala, impulsados por la energía sexual, se elevan en un movimiento ondulante, adyacente a la médula espinal, cruzándose en cada uno de los puntos Cháquicos a lo largo de la columna vertebral.

A medida que la bola de energía de Luz de la Kundalini llega sistemáticamente a cada uno de los tallos Cháquicos, se combina con las corrientes femeninas y masculinas equilibradas de Ida y Pingala, electrificando y enviando un haz de energía de Luz a través de cada uno de los tallos de las flores Cháquicas. Una vez que cada tallo Cháquicos se infunde con energía de Luz, la flor Cháquica en la parte delantera del cuerpo comienza a girar más rápido, despertando completamente cada Chakra y optimizando su flujo.

Tras atravesar los Granthis de Brahma y Vishnu y despertar los cinco primeros Chakras, la energía Kundalini entra en el centro del cerebro, terminando en el Tálamo, que se ilumina desde el interior. A la inversa, los Nadis Ida y Pingala electrificados terminan en las Glándulas Pineal y Pituitaria. Una vez activadas por completo, las Glándulas Pineal e Hipofisaria se magnetizan y proyectan una corriente eléctrica que se unifica en el Tálamo central como una única fuente de Luz. Cuando el Tálamo recibe las energías de Ida y Pingala, se ilumina más que nunca a través de las Glándulas Pineal y Pituitaria, ya que los tres Nadis principales se integran.

La unificación de los Nadis Sushumna, Ida, y Pingala en el Tálamo envía una corriente de energía de Luz a través del tallo Cháquico del Ajna hasta alcanzar su cabeza de flor que se encuentra en el centro de las cejas (ligeramente por encima). Si la corriente de energía de Luz que se proyecta desde el Tálamo es lo suficientemente potente, expandirá el portal del Ojo de la Mente del Ajna. He comparado esta parte del proceso con el portal circular del Ajna que crece desde el tamaño de una rosquilla hasta el de un neumático de coche. Sin embargo, como mencioné, esta parte del proceso no era universal, lo que significa que sólo les ocurre a aquellos individuos que generan una cantidad excepcional de energía de Luz en el centro de sus cerebros, como me ocurrió a mí.

La siguiente fase del proceso de despertar de la Kundalini implica que la corriente de Luz unificada de los Nadis Ida, Pingala, y Sushumna ascienda por la corteza cerebral hasta la parte superior, el centro de la cabeza. En el camino, el Granthi Rudra es perforado, lo cual es necesario para el despertar de Sahasrara, ya que este es el nudo final que ata la conciencia a la dualidad. (Más información sobre los Granthis y su papel en el proceso de despertar de la Kundalini en el capítulo "Los Tres Granthis").

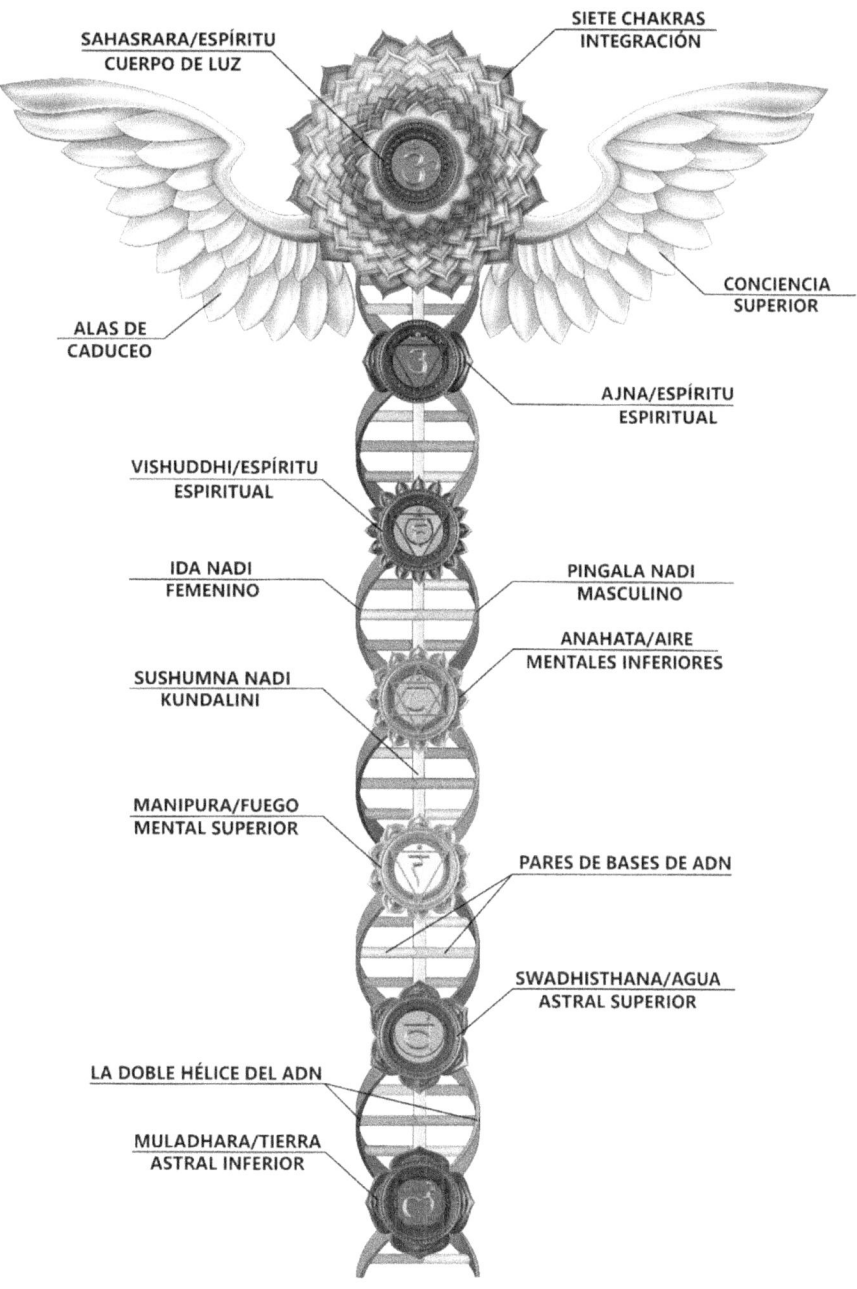

Figura 56: Kundalini/ Caduceo de Hermes/ Doble Hélice de ADN

Si la corriente de Kundalini es lo suficientemente potente, una vez que llega a la parte superior de la cabeza, el Huevo Cósmico se abre, dando lugar al fenómeno de "electrocución", que implica la infusión de energía de Luz en los Setenta y Dos Mil Nadis.

Esta experiencia representa la plena activación del Cuerpo de Luz. El siguiente y último paso del proceso de despertar de la Kundalini es la apertura completa del Loto de Mil Pétalos del Sahasrara, optimizando el campo energético toroidal de la persona y unificando su conciencia con la Conciencia Cósmica. (La Figura 56 es una representación simbólica del proceso de despertar de la Kundalini y su asociación con el Caduceo de Hermes y la Doble Hélice del ADN).

EL PODER DEL CORAZÓN

El Instituto HeartMath lleva dos décadas investigando el poder del corazón humano. Han determinado que el corazón es el generador de energía electromagnética más potente del cuerpo humano. Su campo eléctrico es unas 60 veces mayor en amplitud que el del cerebro. Por otra parte, el campo magnético del corazón es 5000 veces mayor en fuerza que el campo generado por el cerebro.

El Campo Electromagnético (CEM) del corazón tiene forma toroidal (Figura 57) y envuelve cada célula del cuerpo humano. El CEM de nuestro corazón se extiende en todas las direcciones y afecta directamente a las ondas cerebrales de otras personas que se encuentran a una distancia de entre dos y tres metros (en promedio) de donde nos encontramos. Las personas que están más lejos (hasta 15 pies) también se ven afectadas, pero de manera más sutil. El CEM del corazón, al igual que el campo Áurico, fluctúa en tamaño a lo largo del plano horizontal, expandiéndose y contrayéndose como un organismo vivo que respira.

Dado que los descubrimientos de HearthMath sobre el poder del corazón son relativamente nuevos, muchos investigadores han sugerido que el CEM del corazón y el campo Áurico son la misma cosa, ya que ambos tienen forma toroidal y ambos expresan nuestras energías electromagnéticas. Mi creencia, formada a través de una extensa investigación y guía Divina, es que son dos campos electromagnéticos separados pero interconectados.

El campo Áurico es un compuesto de las diferentes energías sutiles que expresan los Chakras Mayores y Transpersonales, que vibran a diversas frecuencias electromagnéticas. El campo Áurico también contiene otros campos sutiles que nos conectan con otros seres vivos, el Planeta Tierra, y el Universo. Dado que el campo Áurico se extiende hasta aproximadamente un metro y medio y el CEM del corazón es sustancialmente mayor, estamos hablando claramente de dos cosas diferentes.

Creo que el campo Áurico se encuentra dentro del CEM del corazón, y son dos partes de un todo. El propósito del CEM del corazón es registrar las vibraciones del entorno y enviarlas al cerebro y al resto del cuerpo. Como resultado, los Planos Cósmicos internos son afectados, influenciando las energías de los Chakras. Los Chakras, a su vez, provocan ciertas respuestas en la conciencia basadas en sus correspondientes facultades internas. Por esta razón, el CEM del corazón nos afecta en todos los niveles, espiritual, mental, emocional, y físico. Actúa como nuestra interfaz con el entorno, enviando información al campo Áurico, que potencia la conciencia.

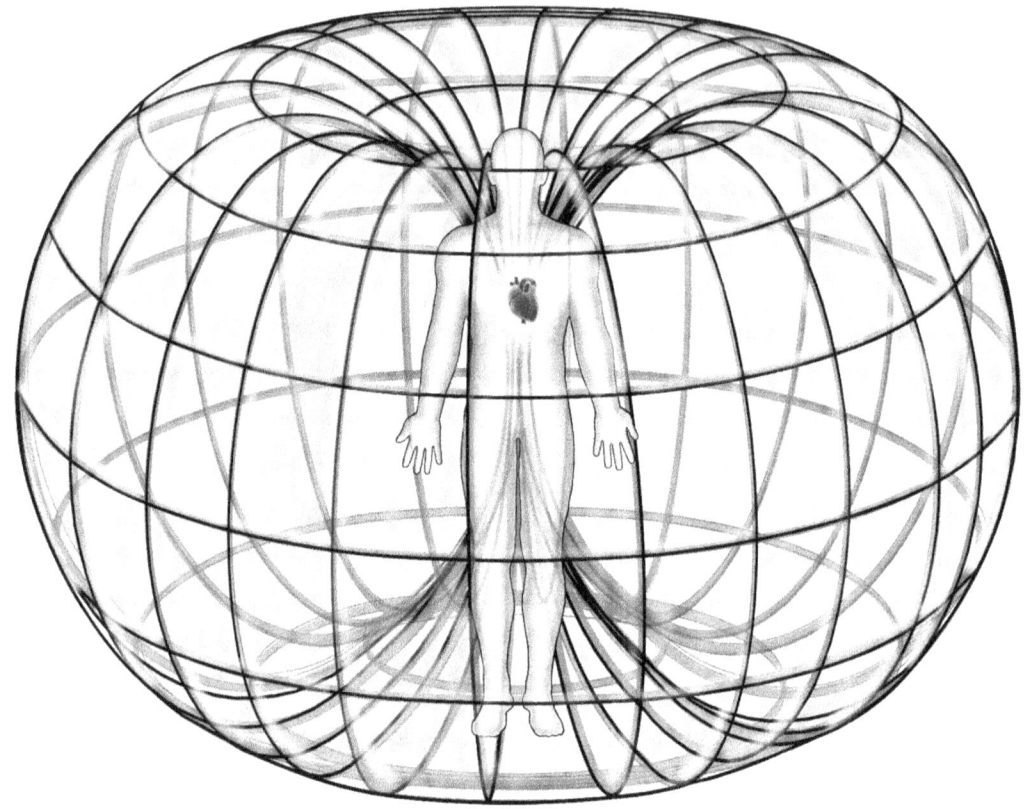

Figura 57: El Campo Electromagnético del Corazón

El CEM del corazón está relacionado con el Chakra del Corazón, que se corresponde con el Elemento Aire y el Plano Mental Inferior. Debido a su ubicación, el CEM del corazón actúa como intermediario entre los Planos Cósmicos superiores e inferiores. Las vibraciones sutiles del entorno son recogidas y transmitidas a los Planos Mentales y Espirituales Superiores, por encima, y a los Planos Astrales y Físicos, por debajo.

El Chakra del Corazón es el cuarto Chakra Mayor situado entre los tres Chakras superiores del Elemento Espíritu y los tres Chakras inferiores (Fuego, Agua, y Tierra). El Elemento Aire se conoce esotéricamente como un intermediario entre el Espíritu y la Materia, comparado con la forma en que la atmósfera que contiene aire separa el Cielo arriba y la Tierra abajo. El aire se relaciona con la respiración y el oxígeno, sustentando toda la vida. No podemos sobrevivir más de unos minutos sin el acto de respirar, ya que es esencial para nuestra supervivencia. De este modo, el CEM del corazón sirve al Alma y a la mente, los intermediarios del Espíritu y la Materia.

CONEXION CORAZON-CEREBRO

En el desarrollo fetal, el corazón es el primer órgano que se forma: empieza a latir antes incluso de que se desarrolle el cerebro. El corazón es la parte central del Ser, la base sobre la que se crea el resto del cuerpo en el útero. Los neuro-cardiólogos han determinado que el corazón contiene muchos componentes similares a los del cerebro, lo que permite un diálogo dinámico, continuo, y bidireccional.

Aproximadamente el 60-65% de las células del corazón son células neuronales, muy parecidas a las del cerebro. Estas 40.000 neuronas se agrupan del mismo modo que las agrupaciones neuronales del cerebro y contienen los mismos ganglios, neurotransmisores, proteínas, y células de apoyo. El "corazón-cerebro", como se le suele llamar, permite al corazón actuar de forma independiente al cerebro craneal. A medida que procesa emocionalmente los acontecimientos de la vida, el corazón desarrolla la capacidad de tomar decisiones y la memoria. Con el tiempo, el corazón desarrolla su propia inteligencia emocional que nos ayuda a guiarnos en la vida.

El corazón y el cerebro se comunican neurológicamente (a través del sistema nervioso) y energéticamente (a través de sus CEM). También se comunican hormonalmente y a través de las ondas del pulso (biofísicamente). Las energías vibratorias que fluyen continuamente entre el corazón y el cerebro ayudan a procesar los acontecimientos y las respuestas emocionales, la experiencia sensorial, el razonamiento, y la memoria.

El corazón es nuestra principal interfaz con el mundo que nos rodea, que trabaja al unísono con el tálamo y el cerebro. El cerebro y el corazón se relacionan con la Mente y el Alma, que son socios en el mantenimiento y gobierno de la conciencia. Así como el cerebro contiene los ventrículos que canalizan la energía del Espíritu y la conciencia, el corazón también tiene pasajes sutiles que logran lo mismo. Si hay una interrupción en el flujo armonioso de comunicación del Espíritu y la conciencia entre el cerebro y el corazón, puede resultar en la pérdida de la conciencia.

El CEM de nuestro corazón recibe continuamente señales del entorno, pero la mayor parte de esa información nunca llega a la mente consciente. En su lugar, los datos se almacenan en el subconsciente. La mente subconsciente está asociada con el 90% de la actividad neuronal del cerebro y afecta sustancialmente a nuestro comportamiento más que la mente consciente. Por eso, la mayoría de nuestras respuestas instintivas, como las expresiones del lenguaje corporal, son automáticas sin que seamos conscientes de haberlas iniciado.

La mente consciente utiliza la Corteza Prefrontal del cerebro para procesar la información. Sólo puede procesar y gestionar 40 impulsos nerviosos por segundo. En comparación, la mente subconsciente que opera desde la parte posterior del cerebro puede procesar 40 millones de impulsos nerviosos por segundo: el procesador de la mente subconsciente es 1 millón de veces más potente que el de la mente consciente.

Después de un despertar completo de la Kundalini, cuando la Luz interior entra en el centro del cerebro y se localiza allí de forma permanente, las mentes consciente y subconsciente se convierten en una sola, lo que resulta en una actualización permanente de la UPC propia. Como tal, el individuo obtiene acceso completo a toda la información leída por su CEM del corazón, lo que aumenta su conciencia, optimizando su capacidad de toma de decisiones.

COHERENCIA CORPORAL

El corazón humano es un músculo hueco, del tamaño de un puño, que late a 72 pulsaciones por minuto y es el centro del sistema circulatorio (Figura 58). El corazón está situado en el centro de la cabeza y del torso, en el centro del pecho (ligeramente desplazado hacia la izquierda), lo que permite la conexión óptima con todos los órganos que impulsan el cuerpo.

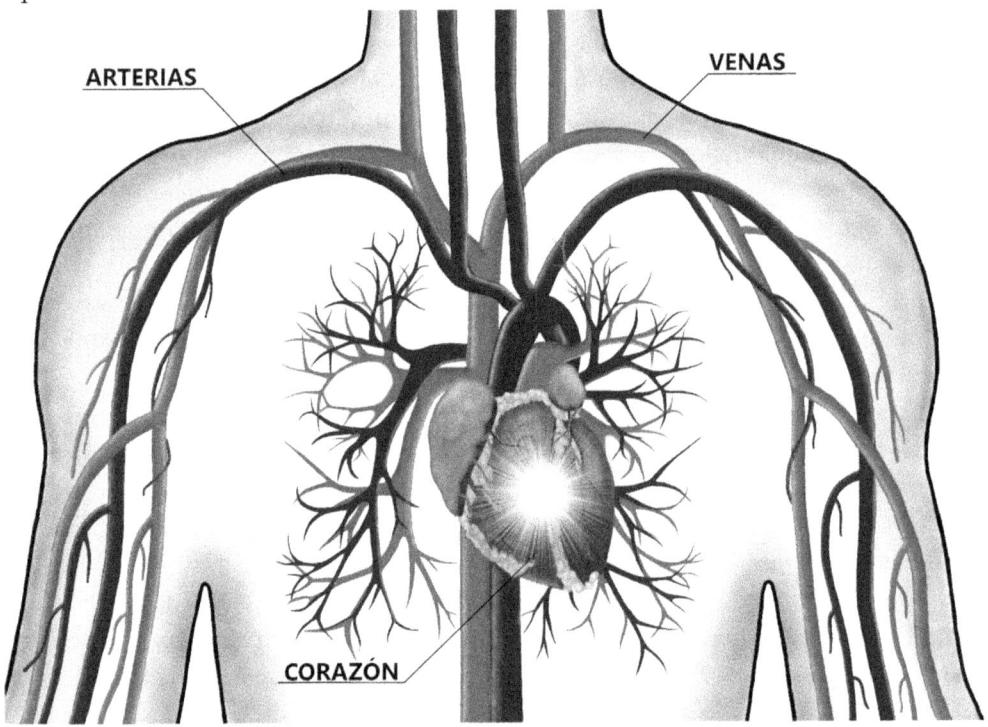

Figura 58: El Corazón Humano y el Sistema Circulatorio

El sistema circulatorio está formado por vasos sanguíneos (arterias) que transportan la sangre desde y hacia el corazón. El lado derecho del corazón recibe la sangre pobre en oxígeno de las venas y la bombea a los pulmones, donde recoge el oxígeno y desecha el dióxido de carbono. El lado izquierdo del corazón recibe la sangre rica en oxígeno y la bombea a través de las arterias al resto del cuerpo, incluido el cerebro. De todos los órganos, el cerebro es uno de los que más consume sangre rica en oxígeno, y un suministro craneal insuficiente puede causar una significante fatiga cerebral.

El corazón tiene una influencia significativa en el cuerpo físico a nivel celular. El corazón no sólo bombea oxígeno y nutrientes a todas las células del cuerpo a través del sistema circulatorio, sino que también produce hormonas que influyen en la función fisiológica del cuerpo y del cerebro. Como se ha mencionado, una de las formas de comunicación entre el corazón y el cerebro es la hormonal, y esto se debe a que el corazón sirve como una glándula endocrina.

A través de las frecuencias electromagnéticas y las liberaciones químicas, nuestro corazón arrastra los ritmos del cerebro y de los distintos sistemas del cuerpo (respiratorio, inmunitario, digestivo, circulatorio, endocrino, etc.). La coherencia corporal se consigue cuando se crea una interacción armoniosa y equilibrada en todos los sistemas del cuerpo.

Si experimentamos emociones positivas y amorosas, se produce una coherencia corporal que ralentiza las ondas cerebrales y equilibra los Sistemas Nerviosos Parasimpático y Simpático. Los latidos de nuestro corazón se ralentizan y se vuelven suaves y equilibrados. Nuestra mente se aclara, permitiéndonos sintonizar con la Luz interior de nuestras Almas. Así, nuestra creatividad, imaginación, intuición e inspiración se intensifican, permitiéndonos aprovechar nuestro potencial más íntimo como seres humanos Espirituales.

Por el contrario, si experimentamos emociones negativas y temerosas, nuestro cuerpo pierde la armonía y aparecen el estrés y la ansiedad. Nuestras ondas cerebrales se aceleran, lo que nos hace estar más alerta. Los latidos del corazón también se aceleran, y a menudo experimentamos contracciones rítmicas resultantes de que nuestra mente procese la negatividad. Nuestro Sistema Nervioso Simpático anula el Parasimpático, y perdemos el contacto con nuestras Almas, lo que corta nuestra conexión con la inspiración y la creatividad. Nuestra capacidad de pensar se ve enturbiada por el estado negativo en el que nos encontramos, y confiamos en nuestros Egos para racionalizar nuestra existencia.

Respirar por el estómago expandiendo el diafragma (Respiración Diafragmática) es quizás la forma más útil de neutralizar la energía negativa y calmar el interior. Esta técnica de respiración Yóguica (Pranayama) permite recuperar el control de los ritmos corporales y recuperar la coherencia corporal. La Respiración Diafragmática es un requisito previo a la meditación, que es otro método para elevar la vibración de la conciencia que optimiza la salud del cuerpo.

EL CORAZON Y LAS VIBRACIONES

Según el Principio Hermético de la Vibración, todas las cosas del Universo (incluidos los organismos vivos, los pensamientos, las emociones, etc.) están en un estado de movimiento vibratorio a nivel subatómico. La física cuántica ahora también afirma lo que los Antiguos han estado diciendo durante miles de años. La Materia no sólo está compuesta por energías vibratorias, sino que la vibración es la base de toda comunicación en el Universo, ya sea oral o a través de niveles más sutiles: todos nos estamos induciendo continuamente a través de nuestras vibraciones.

Las resonancias magnéticas de la Tierra vibran en la misma frecuencia que nuestros ritmos cardíacos y nuestras ondas cerebrales: Como Es Arriba, Es Abajo. Todos los organismos vivos emiten energías vibratorias únicas, mientras que el corazón es el receptor que "lee" los campos de energía que nos rodean. Los CEM de nuestro corazón reciben constantemente señales vibratorias del entorno, lo que permite a nuestras células interactuar con el mundo exterior. Los análisis científicos revelan que es el corazón, y no el cerebro, el que inicia la primera respuesta a la información que llega del exterior. Por esta razón, a menudo se oye decir a la gente: "Me gustan las vibras de esta persona", en relación con la impresión que reciben de ella a través del corazón.

Curiosamente, con la plétora de estímulos presentes en cualquier momento, el corazón registra principalmente la información que resuena con las propias vibraciones internas. Este fenómeno es una manifestación de la Ley de la Atracción, que afirma que los pensamientos y emociones positivos o negativos traen experiencias positivas o negativas a la vida de una persona. En otras palabras, experimentamos aquello en lo que se centran nuestra mente y nuestro corazón.

Por ejemplo, una persona que ocupa su mente y su corazón con pensamientos y sentimientos de amor se sintonizará con la información del entorno que pertenece a la energía del amor. El CEM de su corazón se centrará en todas las señales del entorno relacionadas con el amor y las amplificará. Alguien que sólo piensa en el miedo y experimenta emociones temerosas accederá a los datos del entorno relacionados con el miedo. E incluso si estamos pensando en no pensar en algo, nos centramos en esa cosa a pesar de todo, lo que se manifiesta en nuestra mente y corazón. Así, registramos y escuchamos continuamente lo que estamos programados para escuchar.

El corazón de cada persona tiene un patrón de ondas electromagnéticas tan único como su huella dactilar. No sólo contiene datos sobre el estado actual del cuerpo, sino que también tiene recuerdos codificados almacenados en las dos redes de nervios distintas del corazón. Se puede encontrar una prueba del fenómeno de la memoria del corazón en los receptores de trasplantes de corazón. Es habitual que alguien que ha recibido el corazón de otra persona desarrolle cambios en su personalidad, gustos y preferencias, provocados por los viejos recuerdos almacenados en el corazón.

EL CORAZÓN Y LAS RELACIONES

Al conocer a alguien, sufrimos una sincronización corazón-cerebro con esa persona. Nuestro estado mental y emocional induce inmediatamente a la otra persona, ya que ésta lee psíquicamente nuestras intenciones a nivel energético. Por ejemplo, cuando venimos de un lugar de amor, verdad y respeto, entonces el corazón de la otra persona se abrirá naturalmente a nosotros, y ellos corresponderán nuestras buenas intenciones. Si venimos de un lugar de Ego, y nuestras intenciones no son puras, como cuando estamos tratando de manipular a alguien para obtener ganancias egoístas, entonces la otra persona naturalmente se pondrá a la defensiva. Su corazón permanecerá cerrado a nosotros, y en su lugar, su cerebro tomará el control para tratar de racionalizar la situación.

Si estamos estresados y agitados, repelemos de forma natural a las personas que nos rodean, mientras que las atraemos cuando estamos tranquilos y en paz. La gente se siente atraída por la positividad porque sabemos intuitivamente que nos comunicamos continuamente de forma telepática y nos inducimos mutuamente con nuestros pensamientos y emociones. Este conocimiento es algo con lo que nacemos, aunque no lo reconozcamos con nuestros Egos.

Teniendo en cuenta el poder electromagnético del corazón y el impacto que la energía amorosa y positiva tiene en las personas con las que nos encontramos, no es de extrañar que nos apetezca de forma natural ser sociales y formar vínculos con los demás. Nos nutrimos y sanamos unos a otros cuando nuestros corazones están abiertos y cuando nuestras intenciones son buenas. Sólo con buenas intenciones, podemos penetrar a través de la barrera del Ego y la personalidad y llegar al Alma de otro ser humano. Por el contrario, cuando nuestras intenciones son egoístas, nos desencadenamos emocionalmente y podemos causar daño a un nivel profundo. En este último caso, el Ego toma el control y no hay intercambio de energías de curación del Alma.

Cuando se tiene una disputa con alguien, la mejor manera de resolver las diferencias es hablar desde el corazón a esa persona, que la mayoría de las veces corresponderá a esta acción. La verdad tiene una forma de despejar todos los obstáculos, ya que neutraliza toda la energía negativa para que uno pueda llegar al "corazón del asunto", como dice el refrán. Cuando hay una apertura en el corazón entre dos personas, no sólo se resuelven las diferencias, sino que se fortalece el vínculo amoroso entre ellas. Por eso, vivir desde el corazón y ser honesto en todo momento permite no tener nunca remordimientos y vivir con la conciencia tranquila.

Aislarse de los demás y carecer de contacto humano a nivel físico y emocional es doloroso y a menudo adormecedor si pasa demasiado tiempo. Necesitamos conexiones humanas, incluidas las amistades y la intimidad, para ayudarnos en nuestro camino de Evolución Espiritual. Las relaciones románticas son las más curativas, especialmente si implican sexo, ya que el sexo es el acto físico de unificación que crea el vínculo más poderoso cuando se aplica un corazón abierto e intenciones amorosas.

COMPORTAMIENTO HUMANO Y CAUSA Y EFECTO

Como he descrito en *The Magus,* si quieres desarrollar un verdadero poder personal, tienes que estar familiarizado con tus Demonios para que puedas utilizar tus energías productivamente cuando la situación lo requiera. Por ejemplo, cuando alguien está tratando de manipularte, reconocerás su intención en lugar de estar ciego a ella y podrás exigir una reacción igual y opuesta para neutralizar la Ley del Karma.

Cuando hablo de Demonios, me refiero a la energía negativa, de miedo, que no es de la Luz en sí misma, pero que puede promover la agenda de la Luz. Aunque lo que estoy diciendo puede sonar contraintuitivo (ya que a muchos de ustedes se les enseñó que las energías Demoníacas son malas), no lo es. La energía negativa no es algo de lo que debas de huir, sino que debes tratar de domar en tu interior. Mediante la aplicación del Libre Albedrío, puedes utilizar fácilmente la energía negativa para obtener un resultado positivo. Hacerlo le da alas a tus Demonios, metafóricamente hablando.

Estar familiarizado con tus energías Demoníacas te permite darte cuenta cuando eres atacado energéticamente por otros, sopesar el tipo de ataque, y movilizar tus fuerzas internas para pasar a la ofensiva. Recuerda que debemos castigar todo el mal; de lo contrario, nos convertimos en cómplices del mal. La Ley del Karma requiere que estemos atentos y seamos fuertes cuando nos enfrentemos a cualquier energía adversa y que seamos Severos cuando se nos exija. Al hacerlo, enseñamos sutilmente a los demás a comportarse correctamente, según las Leyes Universales. Cada uno de nosotros tiene el deber sagrado que le debemos a nuestro Creador de tratarse con amor y respeto, y de protegerse mutuamente de todo mal.

Si huimos de las energías negativas, no construimos nuestro poder personal, lo que nos quita las habilidades que Dios nos ha dado con el tiempo. Cada vez que no castigamos el mal por miedo a la confrontación, ese miedo se magnifica dentro de nosotros, separándonos más y más de la Luz en nuestras Almas. Y como la Ley del Karma es cíclica, continuamos enfrentando los mismos desafíos, una y otra vez, hasta que lo hacemos bien.

La ley de Moisés del "Ojo por Ojo" de *La Torá (El Antiguo Testamento)* contiene el principio subyacente de que el castigo debe ajustarse al delito. Está en línea con la Tercera Ley de Causa y Efecto de Newton, basada en la muy anterior Ley Hermética de Causa y Efecto, "Para cada acción (Fuerza) en la naturaleza, hay una reacción igual y opuesta". Causa y Efecto es el fundamento de la Ley del Karma, y esencialmente implica que lo que pones en el Universo, lo recibirás de vuelta.

"Recoges lo que siembras", como dice el refrán: si haces cosas malas, te pasarán cosas malas, mientras que, si haces cosas buenas, te pasarán cosas buenas. Desde el punto de vista de las relaciones humanas, si eres positivo y cariñoso con los demás, recibirás eso de ellos, mientras que, si eres egoísta y malvado, los demás te devolverán el favor. Todos tenemos la tarea inherente de expresar la Ley de Causa y Efecto, y ser el efecto de las causas de otras personas.

Una máxima similar con la misma energía subyacente proviene de Jesús, que dijo: "Se vive por la espada, se muere por la espada", lo que significa que la calidad de tu vida y las elecciones que hagas determinarán el curso de tu vida. En un nivel aún más profundo, el dicho de Jesús implica que atraes el tipo de vida que se corresponde con la calidad de tu corazón. Si muestras valor, fuerza y fortaleza, puedes vivir a la altura de tu potencial como ser humano Espiritual. En cambio, si vives con miedo, nunca estarás satisfecho con la calidad de tu vida y continuamente pondrás excusas y te sentirás víctima. Y la forma óptima de frenar la energía del miedo es enfrentarse a él en lugar de huir de él. Por lo tanto, necesitamos convertirnos en Cocreadores responsables con nuestro Creador e integrar tanto los poderes Angélicos como los Demoníacos dentro de nosotros y dominarlos.

La frase "Poner la Otra Mejilla" de Jesús en el Sermón de la Montaña (Nuevo Testamento) se refiere a responder a las heridas sin vengarse ni permitir más daño. En un nivel más sutil, se refiere a perdonar las transgresiones de los demás y no defenderse ya que "Dios se encargará". Esta frase se convirtió en la columna vertebral de cómo la Iglesia Cristiana enseñaba a sus seguidores a comportarse. Sin embargo, en retrospectiva, la Iglesia la implementó por razones políticas.

Quedó claro que la Iglesia Cristiana adoctrinó a sus seguidores para que tuvieran poder y control sobre ellos mientras no tuvieran ninguna repercusión por sus acciones malvadas en gran parte de la Edad Media y más allá. La Iglesia cobraba impuestos inmorales a su pueblo y lo oprimía de otra manera mientras quemaba en la hoguera a quienes desafiaban sus leyes. Mantenían al pueblo atontado mientras libraban guerras religiosas y destruían zonas paganas para convertirlas al Cristianismo por la fuerza.

La frase "Poner la Otra Mejilla", utilizada incorrectamente por la Iglesia Cristiana como Ley Universal, crea personas débiles y tímidas que son "felpudos" para que otros los utilicen, ya que se le enseña a no defender nunca su honor y a castigar el mal que se les hace. Deja todas las acciones en manos de Dios, el Creador, con la esperanza de que la justicia llegue de forma natural y no tengamos que participar en la aplicación de la justicia.

La Iglesia Cristiana enseñó a sus seguidores que Jesús es el Salvador, mientras que las enseñanzas originales de Jesús eran que cada uno de nosotros somos nuestro propio Salvador. En otras palabras, somos Cocreadores conscientes con el Creador y tenemos una responsabilidad en la manifestación de la Creación utilizando nuestros poderes dados por Dios y respetando la Ley de Causa y Efecto. La interpretación errónea de la Iglesia fue, de nuevo, por razones políticas, para quitarle el poder personal a la gente y convertirse en la única fuerza gobernante.

Según las enseñanzas Cabalísticas, siempre hay que mantener un equilibrio adecuado entre la Misericordia y la Severidad. La Misericordia desequilibrada produce debilidad mental, mientras que la Severidad desequilibrada crea tiranía y opresión. Aunque fue erróneamente descrito como un Pilar de la Misericordia, Jesús exigió Severidad cuando fue necesario. No olvidemos nunca que cuando entró en el Templo de Jerusalén y vio a los mercaderes y cambistas que lo utilizaban para obtener beneficios económicos, les dio la vuelta a las mesas en un arrebato de ira para dejar claro que el Templo es un lugar Sagrado.

La Ley de Jesús de "Poner la Otra Mejilla" puede utilizarse de forma efectiva, como nos mostró Mahatma Gandhi, que utilizó la no violencia para sacar a los hostiles Británicos de la India. La idea que subyace a la Ley de Jesús es que la energía negativa, cuando se proyecta, rebota directamente hacia ti si la otra persona se vuelve neutral aplicando energía de amor y perdonando la transgresión a medida que se produce. Uno está destinado a convertirse en un producto de su propia negatividad si otras personas neutralizan energéticamente su trato inmoral.

La Ley de Jesús puede obtener el efecto deseado si la persona que la aplica es un Ser altamente evolucionado espiritualmente, como lo fueron Jesús y Gandhi, que no se desencadenan emocionalmente cuando alguien les falta el respeto. Sin embargo, esto es una imposibilidad para el común de los mortales ya que sus emociones son instintivas y su conciencia experimenta la dualidad. Por lo tanto, la persona común debe siempre equilibrar la Misericordia con la Severidad y aplicar cada fuerza cuando sea necesario. Al castigar el mal, mantenemos la integridad de la Luz en el mundo, lo que favorece la Evolución Espiritual de toda la humanidad. Todos somos jueces, sanadores, y maestros de los demás, y esto se debe a que todos estamos interconectados en el nivel más profundo a través del poder electromagnético de nuestros corazones.

ABRIR EL CHAKRA DEL CORAZON

A lo largo de la historia Antigua, los místicos, los Sabios, los Yoguis, los Adeptos, y los seres humanos Espiritualmente avanzados, consideraban que el corazón físico era el centro del Alma. Nuestra Alma es nuestra Luz interior que nos guía, la cual está vinculada a la ardiente Estrella de nuestro Sistema Solar, el Sol. Aunque el Elemento Fuego se corresponde con el Chakra del Plexo Solar, la interacción entre los Chakras Manipura y Anahata inicia la conciencia Solar. En la Cábala, la conciencia solar está representada por el Tiphareth Sephira, cuya ubicación se encuentra entre los Chakras del Corazón y del Plexo Solar, ya que comparte correspondencias con ambos.

El corazón físico se corresponde con el Chakra del Corazón, Anahata, situado en el centro del pecho. El Chakra del Corazón es nuestro centro de paz interior, amor incondicional, compasión, verdad, armonía, y sabiduría. Es nuestro centro de energía curativa que puede ser aplicada externamente a través de prácticas curativas como el Reiki y la Sanación Ruach. La energía curativa se aprovecha en el Chakra del Corazón, pero se envía a través del Chakra de la Garganta, que se conecta a los canales de energía en los brazos que irradian a los Chakras de la Palma.

El Chakra del Corazón es nuestro centro Espiritual a través del cual podemos acceder a las energías de vibración superior. Dado que el Chakra del Corazón se encuentra entre los Chakras Espirituales superiores y los Chakras Elementales inferiores, el amplio espectro de estas energías de vibración superior está totalmente disponible para nosotros cuando nuestros centros Cháquicos inferiores y superiores están totalmente activados, purificados, y equilibrados. Por ejemplo, si los centros superiores están todavía relativamente cerrados, menos Luz se verterá en los Chakras inferiores desde el Sahasrara, impidiendo que funcionen a su nivel óptimo. Como resultado, tendrás acceso al amor incondicional, por ejemplo, pero no podrás sentirlo en los niveles más profundos de tu Ser.

El Chakra del Corazón es el centro de los Siete Chakras Mayores, que armoniza nuestras energías masculinas y femeninas. Es nuestro primer Chakra de la No-Dualidad a través del cual podemos experimentar el Testigo Silencioso dentro de nosotros que es nuestro Ser Superior, o Santo Ángel de la Guarda. El Santo Ángel de la Guarda reside en el Sahasrara, pero puede ser experimentado a través del Chakra del Corazón si el Vishuddhi y el Ajna están abiertos.

Aunque el Manipura (Elemento Fuego) es la Sede del Alma, a menos que se despierte el Anahata (Elemento Aire), el Alma sólo puede experimentar las energías de baja vibración del Swadhisthana (Elemento Agua) y Muladhara (Elemento Tierra). De este modo, el Alma se arraiga demasiado en la Materia, atenuando su Luz y permitiendo que el Ego tome el control. Cuando se despierta el Anahata, el Alma obtiene acceso al Elemento Espíritu, permitiéndole experimentar una transformación Espiritual si los centros Cháquicos superiores están abiertos.

Si transponemos el modelo de los Chakras Transpersonales y los 7 Chakras Mayores, podemos ver que el Chakra del Corazón es el centro de todo el sistema de Chakras. Nuestra fuente de energía cósmica es la Puerta Estelar, que se relaciona con la Galaxia de la Vía Láctea que contiene nuestro Sistema Solar entre decenas de miles de millones de otros Sistemas Solares. La Vía Láctea es una galaxia espiral, como lo son más de dos tercios de todas las galaxias observadas en el Universo.

La energía cósmica emana de la Puerta Estelar en forma de espiral (Figura 59), abarcando la Estrella de la Tierra y la Estrella del Alma antes de llegar a los Chakras Mayores. Todo nuestro sistema de Chakras refleja la energía de nuestra Fuente, que es la Puerta Estelar y la Vía Láctea. Accedemos a esta energía de la Fuente de la Quinta Dimensión a través del Chakra del Corazón, en el centro de la espiral.

Cuando nuestro Chakra del Corazón está abierto, recordamos nuestra Divinidad, que es profundamente inherente. También reconocemos la Divinidad en todos los seres vivos que nos rodean, incluyendo a otros humanos, animales, y plantas, y desarrollamos la conciencia de unidad. Cada ser vivo tiene un Alma, una célula individual en el cuerpo de un tremendo Ser Cósmico que se expresa a través de nuestro Sistema Solar con el Sol como centro. En la Cábala, nos referimos a este gran Ser como *Adam Kadmon*, afín a la Conciencia Cósmica. Adam Kadmon es la suma de todas las Almas manifestadas en la Tierra como la conciencia superior que nos une.

Con un Chakra del Corazón abierto, nos damos cuenta de que nuestra existencia actual es parte de una cadena de vidas sin fin, ya que nuestras Almas son Eternas y continuarán viviendo más allá de la muerte física. Hemos vivido muchas vidas diferentes antes y seguiremos haciéndolo una vez que nuestro cuerpo físico perezca. Nacimos con este conocimiento, que nos permite reintegrar la fe como parte de nuestra existencia cuando se reactiva. Y cuando uno tiene fe y amor, inmediatamente somete el miedo, ya que el miedo es la ausencia de fe y amor.

Figura 59: El Centro del Chakra del Corazón

Las relaciones sanas y equilibradas requieren que seamos abiertos con los demás. Un Chakra del Corazón abierto nos hace generosos y amables de palabra y de obra, ya que en el fondo somos seres humanos Espirituales. Al experimentar la energía del Espíritu a través del Chakra del Corazón, desarrollamos una comprensión genuina de las dificultades de los demás, lo que nos permite ser misericordiosos y perdonar. A la inversa, un Chakra del Corazón abierto nos da el valor de ser severos cuando la situación lo requiere, un término que llamamos "amor duro". "Si vemos que alguien se involucra en actividades inmorales, apartándolo del camino Espiritual, naturalmente queremos ayudarlo, lo que requiere que usemos la misericordia o la severidad, dependiendo de la situación.

Al volvernos Espirituales, traemos alegría y felicidad a nuestras vidas. También aprendemos a amarnos y aceptarnos a nosotros mismos, lo bueno y lo malo, que es el primer paso hacia la transformación personal. Si nos escondemos de lo que somos, perdemos nuestro sentido de la identidad, lo que nos hace perder el contacto con nuestras Almas. Así, nos identificamos con el Ego y operamos únicamente a través de su conciencia de bajo nivel.

El Ego representa la parte de nosotros que está separada del mundo. Carece de empatía y se dedica a los vicios, mientras que el Alma es virtuosa ya que forma parte de la Unidad de toda la existencia. Al abrir el Chakra del Corazón, recuperamos nuestra conexión con el estado de Unidad, activando la curación interior. Como tal, todos los traumas personales, incluyendo el abandono, el rechazo, la traición, el abuso físico y emocional, comienzan a ser purgados para integrar la conciencia Espiritual dentro de nuestros corazones.

Al sanar nuestras energías internas, también sanamos los problemas del cuerpo físico, ya que las enfermedades son una manifestación de los bloqueos energéticos Cháquicos. Podemos enviar conscientemente energía curativa desde el Chakra del Corazón a cualquier parte del cuerpo para sanar cualquier desequilibrio. Cuando experimentamos problemas físicos, es una señal de que nuestros corazones no están lo suficientemente abiertos; o bien no nos amamos lo suficiente a nosotros mismos o no somos lo suficientemente amorosos con otras personas. En lugar de centrarnos en la enfermedad o dolencia, debemos centrarnos en canalizar la energía del amor y convertirnos en un faro de Luz en el mundo.

La apertura del Chakra del Corazón nos permite mostrar paciencia y no esperar recompensas inmediatas por nuestras acciones. La paciencia es una señal de que la fe ha llegado a nuestras vidas, y estamos siguiendo un camino más elevado. La integridad, la ética y la brújula moral se convierten en la fuerza que nos guía en lugar de dejarnos llevar por el Ego y sus deseos. Cuando nuestro corazón nos guía, caminamos por el camino de la Luz con nuestra verdad interior como nuestro mayor aliado. La sabiduría interior se despierta, alejándonos de la mera lógica y la razón para racionalizar nuestra existencia. En su lugar, vemos el panorama general: nuestro propósito final en la Tierra es evolucionar espiritualmente y sintonizar nuestras vibraciones con la Conciencia Cósmica de Dios, el Creador.

KUNDALINI Y EXPANSIONES DEL CORAZON

Cuando la Kundalini abre el Chakra del Corazón en su ascenso, maximiza el CEM del corazón, que se siente como si el Ser se hubiera expandido en todas las direcciones. El efecto inmediato es un sentido elevado de la percepción y un despertar del sonido no golpeado del silencio.

El sonido interior del silencio es una quietud subyacente comparada con el ruido blanco, un zumbido constante. Es el sonido de la nada, el Vacío del Espacio, que es calmante y relajante cuando nos sintonizamos con él. Nos sintonizamos con el sonido del silencio cuando estamos en profunda meditación, aunque, con el despertar del Chakra del Corazón, se vuelve más accesible.

Como se ha mencionado, el Chakra del Corazón es el primer Chakra de la No-dualidad-cuando la Kundalini entra en él, nos despertamos al momento presente, al Ahora. Esta experiencia nos saca inmediatamente de la cabeza y nos lleva al corazón. Desarrollamos un sentido de conciencia más elevado, que es bastante trascendental al principio, pero algo a lo que nos acostumbramos con el paso del tiempo.

Si la Kundalini se eleva hasta el Chakra del Corazón, pero no más arriba, volverá a descender hasta Muladhara para volver a elevarse en el futuro hasta perforar los Chakras superiores y completar el proceso de despertar. Una vez que se produce un despertar completo de Kundalini, y la energía ha penetrado en Sahasrara, el campo toroidal de uno se maximiza, lo que resulta en la expansión de la conciencia y la remodelación completa de la mente, el cuerpo y el Alma. Dado que el corazón y el cerebro son socios en el gobierno y el mantenimiento de la conciencia, se produce una transformación en ambos.

Ya he hablado del proceso de activación del poder cerebral una vez que la Kundalini sube permanentemente a su zona central. El cerebro se siente como si se abriera desde el interior, despertando partes latentes del mismo. Se produce un proceso completo de actualización en nuestra UPC cuando los principales centros cerebrales comienzan a funcionar a un nivel superior. La sensación de transparencia e ingravidez acompaña a este proceso, que se siente como si la cabeza se hubiera expandido en todas las direcciones.

Las expansiones del corazón se producen una vez que la dicha y el amor intensos entran en el corazón. Por lo general, no es un proceso inmediato, ya que los Chakras inferiores primero tienen que ser limpiados. Si uno experimenta un despertar espontáneo de la Kundalini, el fuego interior purgará naturalmente los Chakras inferiores con el tiempo, permitiendo que la energía espiritual descienda al corazón.

Las expansiones del corazón relajan los músculos y el sistema nervioso, lo que puede causar una sensación de náuseas en la boca del estómago y debilidad en los brazos y las piernas. El CEM del corazón puede sentirse muy grande ya que el concepto de Conciencia Cósmica ya no es una idea sino una parte permanente de la propia realidad. El Alma se siente como si ya no estuviera en el cuerpo, sino que está presente en todas partes. Uno desarrolla una mayor conciencia y presencia del entorno en el que se encuentra. En el momento en que pone su atención en un objeto externo, se absorbe en él y puede leer su energía psíquicamente. Este fenómeno se debe a que el CEM del corazón se expande exponencialmente, lo que le permite recibir un grado sustancialmente mayor de información del entorno.

El aumento del CEM del corazón provoca una transfiguración en el cuerpo, activando el ADN latente. Con el tiempo, una vez que el cuerpo se ha ajustado a los cambios internos que se producen en la conciencia, el CEM del corazón se estabiliza, pero ahora funciona permanentemente a un nivel superior (Figura 60).

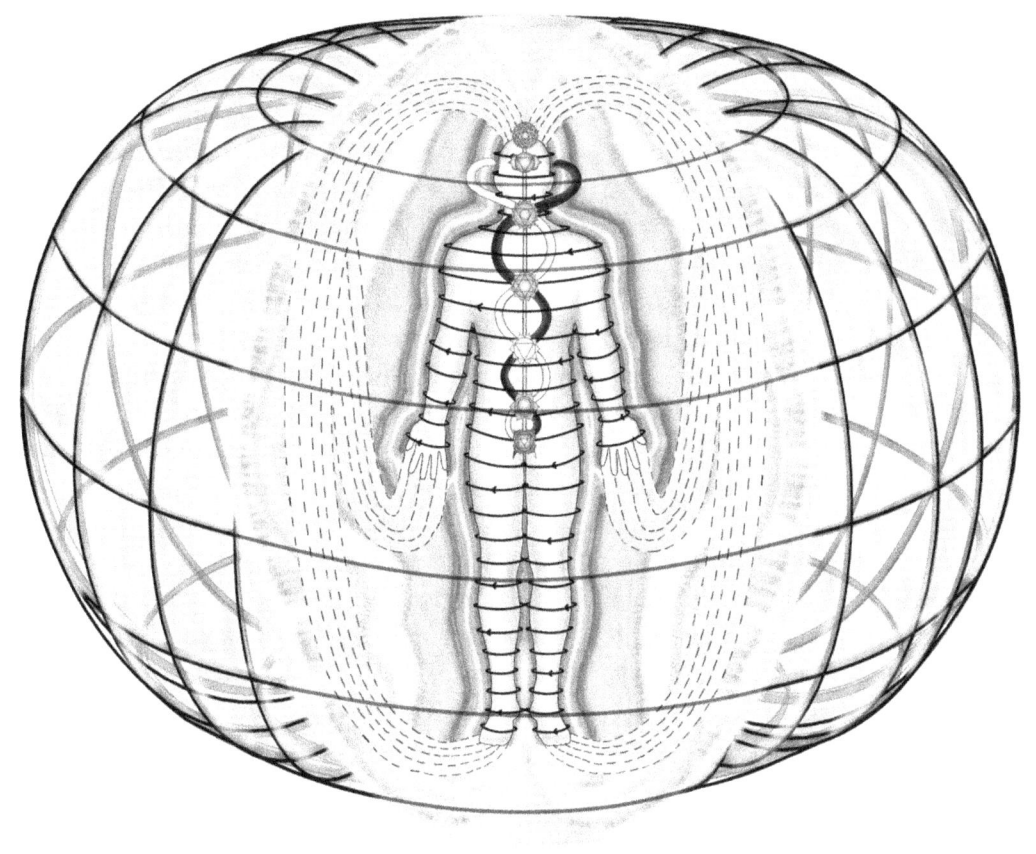

Figura 60: El Despertar de la Kundalini y el CEM del Corazón

El latido del corazón se vuelve más potente a medida que el cuerpo y el cerebro procesan más información y trabajan horas extras para apoyar la nueva conciencia expandida. Durante las expansiones y actualizaciones del corazón y el cerebro, ayuda a conectar el campo electromagnético de uno con el campo energético de la Tierra. Estar dentro de casa puede ser perjudicial, ya que nos aísla de la naturaleza y de los rayos del Sol, que potencian nuestra vitalidad y la capacidad de curación del cuerpo. Caminar descalzo en la naturaleza bajo el cielo abierto, tumbarse en la hierba, y estar junto a una masa de agua son beneficiosos para prevenir la fatiga física y favorecer un proceso de transformación suave.

Una nutrición adecuada es crucial, ya que uno debe incorporar frutas y verduras en su dieta para alinearse con las energías del Planeta. Además, hay que abrazar todo lo natural y orgánico, mientras que hay que evitar lo que no lo es.

Los estimulantes como el alcohol y las drogas provocan un desequilibrio en el sistema nervioso y deben evitarse. La ingesta de café también debe ser moderada, aunque una taza al día puede ayudar a la toma de tierra.

La Glándula del Timo juega un papel importante en el despertar del Chakra del Corazón y en las expansiones del corazón. Como se ha mencionado, la Glándula del Timo forma parte de nuestro sistema linfático y se encuentra entre el corazón y el esternón. Cuando el Chakra del Corazón se abre, nuestro sistema inmunológico se potencia, optimizando la capacidad de nuestro cuerpo para combatir las enfermedades. El cuerpo ya no necesita gastar reservas de energía extra en curarse a sí mismo, sino que puede utilizar esa energía para purificar el sistema Espiritual.

La Glándula del Timo se despierta significativamente durante las expansiones del corazón, causando a menudo una inmensa presión en el pecho. Podemos aliviar esta presión simplemente golpeando rítmicamente la Glándula del Timo. Cuando el corazón experimenta una afluencia de energía del Espíritu, la relajación, y la euforia invaden el cuerpo, a menudo en forma de ondas. La presión sanguínea tiende a bajar en estos casos mientras los niveles de histamina y serotonina aumentan. Esta situación señala un momento para romper con la vida cotidiana y atender a nosotros mismos y a nuestras necesidades. Esperar que rindamos al 100% será imposible; por lo tanto, en lugar de luchar contra el proceso, es mejor aceptarlo y ajustarse en consecuencia.

Las expansiones del corazón suelen aparecer en fases y pueden durar semanas, a veces meses. Pueden ocurrir una vez durante el proceso de transformación de Kundalini, aunque es más común que aparezcan varias veces. La fase de equilibrio del cuerpo sigue a las expansiones cardíacas. El sistema nervioso se equilibra elevando los niveles de adrenalina, dopamina, y serotonina, y aumentando el ritmo cardíaco, la presión arterial, y la glucosa en sangre.

Sea lo que sea lo que le esté ocurriendo a tu cuerpo, y no importa en qué punto del proceso de transformación Espiritual te encuentres, recuerda siempre que lo mejor es rendirse a él. Estar relajado en mente, cuerpo, y Alma durante este proceso es una necesidad, ya que es inútil racionalizarlo o controlarlo. La entrega total y absoluta nos ayudará a llegar a la meta en el menor tiempo posible y facilitará el viaje más suave.

PARTE V: MODALIDADES DE CURACIÓN DE LOS SIETE CHAKRAS

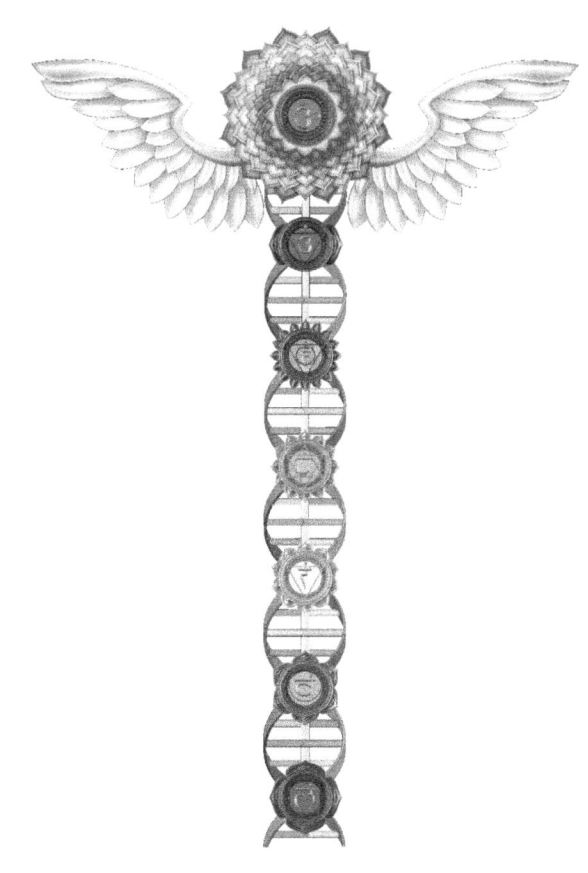

CHAKRAS MASCULINOS Y FEMENINOS

El Principio de Género de *El Kybalion* afirma: "El Género está en Todo; Todo tiene sus Principios Masculino y Femenino, El Género se manifiesta en todos los Planos". Este Principio implica que todo ser humano tiene una dinámica energética dual, un componente masculino y otro femenino, expresados a través de sus 7 Chakras Mayores.

Cada uno de los Chakras Mayores está asociado a la energía masculina o femenina, que representa la calidad de su esencia. Las energías masculinas (Yang) representan la energía activa y proyectiva, mientras que las energías femeninas (Yin) representan la energía pasiva y receptiva. Estas energías binarias son una manifestación de Shiva y Shakti, la Fuente Divina de los Principios Masculino y Femenino. En términos científicos, la energía masculina está compuesta por protones, mientras que la energía femenina está compuesta por electrones.

Similarmente, como todos los Seres del Universo tienen un componente masculino y otro femenino (independientemente del género de su Alma), lo mismo ocurre con los Chakras. En otras palabras, un Chakra nunca es totalmente masculino o femenino, sino que contiene aspectos de ambos. Sin embargo, cada uno de los Siete Chakras es dominante en un género, ya que expresan un polo positivo o negativo. Los dos polos de género definen la naturaleza y la función del Chakra, que se invierten en el sistema Cháquico de las Almas masculinas y femeninas. Estoy distinguiendo entre el género de las Almas y los cuerpos ya que no es raro que un Alma femenina nazca en un cuerpo masculino en nuestra sociedad moderna, y viceversa.

La Figura 61 es un esquema que describe el sistema de los 7 Chakras y sus diversas partes y funciones. Una columna de energía central dentro del cuerpo canaliza la Luz y la transmite de un lado a otro entre el Sahasrara y Muladhara. El Sahasrara se proyecta hacia arriba, hacia la Estrella del Alma, mientras que el Muladhara se proyecta hacia abajo, hacia la Estrella de la Tierra.

Cada Chakra entre el Sahasrara y el Muladhara tiene una parte delantera y otra trasera que se proyecta hacia fuera. Cuando el Chakra funciona bien, se proyecta más lejos, mientras que cuando su energía está estancada, su proyección alcanza una distancia más corta. El Chakra deja de girar cuando está bloqueado, y su proyección está más cerca del cuerpo. Utiliza el esquema de la figura 61 como referencia para los métodos de Curación Espiritual de esta sección, es decir, el trabajo energético con Varitas de Cristal y Diapasones.

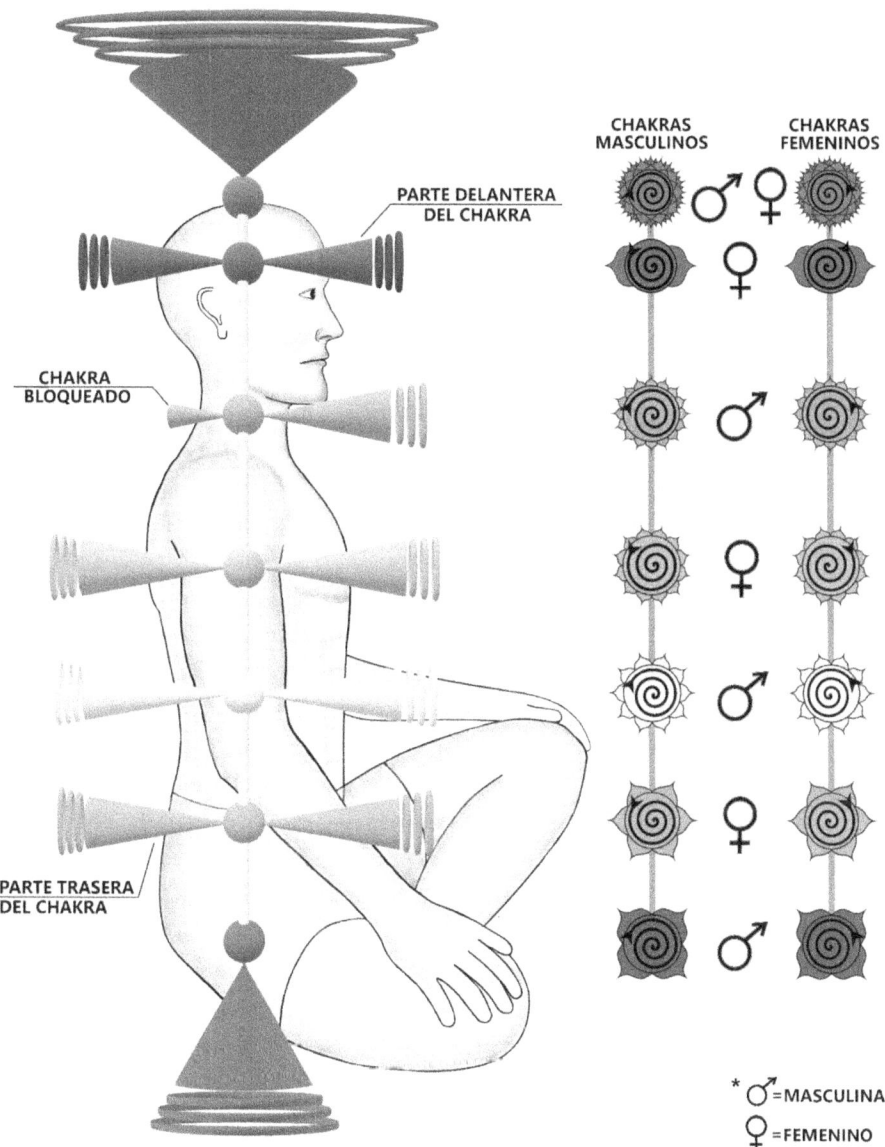

Figura 61: Los Siete Chakras Masculinos y Femeninos

Dado que cada Chakra es una rueda de energía que gira, puede hacerlo en el sentido de las manecillas del reloj o en sentido contrario, girando hacia fuera en un ángulo de noventa grados con respecto al cuerpo. La dirección en la que gira un Chakra es algo inherente a nosotros desde el nacimiento. El origen del giro opuesto de los Chakras masculinos y femeninos comienza en Sahasrara, alternándose a medida que descendemos por los Chakras. Como tal, cada uno de nosotros es positivo o negativo, dominante de energía masculina o femenina. Los hombres residen más en sus Chakras Primero, Tercero, y Quinto, en los que son dominantes, mientras que las mujeres operan desde sus Chakras Segundo, Cuarto, y Sexto.

Ten en mente, sin embargo, que la dirección de giro de nuestros Chakras masculinos y femeninos no es fija. Cualquier Chakra puede estar en el acto de proyectar o recibir, lo que afecta a su dirección de giro. Los Chakras son como los engranajes de una máquina en la que cada rueda se relaciona con las demás. Trabajan juntos como partes de un motor o un reloj, donde cada pieza de la maquinaria afecta a cada uno de los otros componentes, y todo debe estar sincronizado para que el dispositivo funcione. Del mismo modo, cada Chakra debe girar suavemente y a una velocidad similar a la de todos los demás Chakras para dar coherencia a todo el sistema energético.

El reto para hombres y mujeres es equilibrar sus Chakras trabajando con sus Chakras no dominantes. Podemos lograr el equilibrio de los Chakras a través de métodos de Sanación Espiritual pero también enamorándonos. Cuando dos personas de polaridades del Alma opuestas se enamoran, sus energías complementarias les permiten lograr la unificación de sus polaridades masculina y femenina, dando lugar a un estado de conciencia superior. El enamoramiento es altamente beneficioso para la Evolución Espiritual de la persona, lo que explica que sea tan buscado en nuestra sociedad.

Tanto si un Chakra es de calidad masculina como femenina, su poder se optimiza cuando pasa más tiempo girando en el sentido de las agujas del reloj. Como se ve en la Figura 61, el Chakra es dominante cuando el giro es en el sentido de las agujas del reloj. La energía se proyecta hacia el exterior en un giro en el sentido de las manecillas del reloj, lo que permite que la Luz interior fluya a través del sistema Chakra de forma más eficiente. La Luz interior es esencialmente lo que potencia el Chakra - cuanto más Luz lleve uno, más potentes serán sus Chakras. Por el contrario, cuando un Chakra está recibiendo energía, gira en sentido contrario a las manecillas del reloj. En este caso, su poder no se utiliza plenamente, ya que está tomando energía del entorno en lugar de utilizar su propia fuente de energía.

Para que los Chakras se mantengan sanos y equilibrados, nunca se debe pasar demasiado tiempo atrayendo energía del exterior, ya que las energías desconocidas y extrañas pueden bloquear fácilmente un Chakra, especialmente si tienen una frecuencia vibratoria baja. Un Chakra bloqueado provoca un estancamiento en el flujo de energía del Aura y puede incluso causar enfermedades físicas con el tiempo. A la inversa, proyectar constantemente energía hacia el exterior sin dedicar el tiempo necesario a la conexión a tierra y a la autorreflexión puede agotar el Aura de la energía Pránica vital, agotando la mente, el cuerpo, y el Alma.

En el caso de un despertar completo de la Kundalini, sin embargo, cuando el individuo ha establecido una conexión permanente con el Sahasrara, canaliza un mayor grado de energía de Luz en sus seis Chakras optimizados de abajo, lo que le permite ser un sanador natural para los demás. Los individuos se sienten naturalmente atraídos por las personas que han despertado la Kundalini - uno se cura simplemente por estar en su presencia.

Por otro lado, para mantener unas relaciones sanas, siempre debe haber un intercambio de energía a partes iguales. Deberíamos sentirnos rejuvenecidos al pasar tiempo con los demás en lugar de sentirnos agotados. Las personas que toman demasiada energía sin dar nada a cambio (lo hagan conscientemente o no) se denominan "vampiros de energía". El concepto de vampirismo surgió de este tipo de intercambio energético egoísta entre las personas; si estamos abiertos a tomar energía de amor de los demás, deberíamos estar abiertos a devolverles también nuestra energía de amor.

CARACTERISTICAS DEL GENERO DE LOS CHAKRAS

Como fuente de la energía bruta de la fisicalidad y la acción, el Muladhara, el Chakra Raíz, es de naturaleza masculina (positiva), y gira en el sentido de las agujas del reloj en los hombres y en sentido contrario en las mujeres. En el caso de las mujeres, el Muladhara está en modo de recepción; en cambio, en el caso de los hombres, está en el acto de dar energía. Por esta razón, los hombres suelen ser el género más dominante en las actividades físicas, como el trabajo manual y los deportes de competencia.

El Swadhisthana, el Chakra Sacro, la fuente de las emociones, es de naturaleza femenina (negativa); gira en sentido contrario a las manecillas del reloj en los hombres y en sentido de las manecillas del reloj en las mujeres. El Swadhisthana se encuentra en el modo receptivo para los hombres y en el modo proyectivo para las mujeres. Dado que el Swadhisthana es más dominante en las mujeres, no es de extrañar que ellas sean generalmente las más emocionales de los dos géneros.

Como fuente de la fuerza de voluntad, el Manipura, el Chakra del Plexo Solar, es de la energía masculina (positiva), girando en el sentido de las manecillas del reloj en los hombres y en sentido contrario en las mujeres. El Manipura está en modo de recepción para las mujeres, mientras que emite energía para los hombres. El dominio del Manipura en los hombres ha conducido a una obsesión por el poder y el control, como se muestra históricamente en la historia de las guerras que los hombres han librado entre sí. Como nota positiva, la energía guerrera masculina les ha convertido en protectores y proveedores en el hogar familiar desde tiempos inmemoriales.

La fuente de la compasión y el amor, el Anahata, el Chakra del Corazón, es de naturaleza femenina (negativa) y gira en sentido contrario a las manecillas del reloj en los hombres y en sentido de las manecillas del reloj en las mujeres. El Anahata está en el acto de recibir para los hombres y en el modo de proyectar para las mujeres. Las mujeres se asocian con la crianza y el cuidado. Pueden seguir la corriente de la vida en lugar de controlar todas las facetas de su existencia. Dado que las mujeres dominan los Chakras del corazón y del sacro, la intimidad es mucho más accesible para ellas que para los hombres. La mayoría de las mujeres suelen ser el corazón de sus relaciones románticas, mientras que los hombres luchan con sus sentimientos.

El Vishuddhi, el Chakra de la Garganta, el centro de la propia expresión, es de la energía masculina (positiva); gira en el sentido de las manecillas del reloj en los hombres y en sentido contrario en las mujeres. Dado que en los hombres predomina el Chakra de la Garganta, no es raro que estén más alineados con el propósito y la expresión que las mujeres, que tienden a ser más introvertidas.

Siendo el centro de la intuición, Ajna, el Ojo de la Mente, es de naturaleza femenina (negativa), girando en sentido contrario a las manecillas del reloj en los hombres y en sentido de las manecillas del reloj en las mujeres. En los hombres, el Ajna está en el acto de recibir, mientras que en las mujeres está en el modo de dar. Por ello, se sabe que las mujeres tienen sentidos psíquicos más elevados que los hombres. A lo largo de la historia, no es de extrañar que las mujeres fueran las videntes y Oráculos, ya que eran un mejor canal para las energías de los Planos Superiores.

El Sahasrara es neutral en cuanto al género, ya que es la fuente de la Luz Divina. Los polos positivo y negativo se funden en una energía unificada, lo que convierte al Sahasrara en el único Chakra Mayor que no es dual. En los hombres, este Chakra gira en el sentido de las manecillas del reloj, mientras que, en las mujeres, gira en sentido contrario. El Sahasrara es la fuente de las energías Divina Masculina y Divina Femenina. Para ambos géneros, el Sahasrara está en el acto de dar la energía de la Luz Divina y proyectarla en los Chakras de abajo.

Los papeles y designaciones entre los géneros mencionados anteriormente no son de ninguna manera fijos, ni determinan las fortalezas y debilidades de un ser humano. Muchos individuos masculinos y femeninos han optimizado los Chakras en los que no son naturalmente dominantes y prosperan en áreas que son menos comunes para las personas de su género. El Libre Albedrío supera todas las disposiciones energéticas y los condicionamientos sociales; con enfoque y determinación, los seres humanos pueden convertirse en lo que quieran ser.

EQUILIBRAR LOS CHAKRAS

Cuando se trata de la Sanación Espiritual, ayuda saber en qué Chakras somos naturalmente dominantes. Podemos desarrollar nuestros Chakras no dominantes y lograr un mayor equilibrio en nuestro sistema energético general al tener este conocimiento. Después de todo, la clave para maximizar el potencial de uno es equilibrar las energías masculina y femenina dentro del cuerpo. Teniendo esto en cuenta, cuando se trabaja con los Chakras a través de las prácticas de Curación Espiritual, las mujeres deben centrarse en los Chakras masculinos, impares (Primero, Tercero, Quinto), mientras que los hombres deben centrarse en los Chakras femeninos, pares (Segundo, Cuarto, Sexto).

Cuando un Chakra está hiperactivo (con exceso de energía) o si un Chakra está subactivo y deficiente en energía, podemos aplicar los principios masculinos y femeninos para equilibrar ese Chakra. Por ejemplo, como el Chakra Swadhisthana tiene energía femenina, un desequilibrio en este Chakra significa que uno tiene una cantidad excesiva de energía femenina o es deficiente en energía masculina. Si el individuo se siente excesivamente emocional, necesita aplicar la energía masculina en su Chakra Sacro para equilibrarse. Si son fríos y distantes y no están en contacto con sus emociones, deben utilizar la energía femenina.

Dado que el Chakra Manipura tiene una cualidad masculina, si el individuo siente un exceso de energía que le hace estar agitado y enfadado, es una señal de que el Chakra está hiperactivo y necesita que se aplique la energía femenina para equilibrarlo. Por el contrario, si el individuo está fuera de contacto con su fuerza de voluntad, necesita utilizar la energía masculina para restablecer su equilibrio.

Ya sea masculino o femenino, cada Chakra gira en el sentido de las agujas del reloj cuando está hiperactivo y en sentido contrario cuando está subactivo. Por lo tanto, para optimizar un Chakra, debemos encontrar el equilibrio correcto entre sus funciones proyectivas y receptivas. Sin embargo, como se ha mencionado, para que el individuo canalice su Luz interior, los Chakras deben proyectar energía más que recibirla. Al hacerlo, se fortalecerá la conexión con el Alma.

LA ASTROLOGÍA Y LOS SIETE CHAKRAS

La astrología es una ciencia Antigua que examina los movimientos y las posiciones relativas de los cuerpos celestes (planetas) en nuestro Sistema Solar. La astrología estaba en el corazón de todas las ciencias, la filosofía, la medicina, y la Magia para nuestros primeros antepasados. Según ellos, el Universo exterior (Macrocosmos) se reflejaba en la experiencia humana (Microcosmos) - Como es arriba, es abajo. Creían que, estudiando las Constelaciones Estelares y los Planetas, podían adivinar los asuntos humanos, curar el cuerpo e incluso predecir los acontecimientos aquí en la Tierra.

Los astrólogos creen que cada ser humano está influenciado por los Planetas y los signos del Zodiaco en los que se encontraba cuando nació. Llaman al plano de estas influencias energéticas nuestro Horóscopo o Carta Natal. Nuestro Horóscopo nos da un mapa de las energías que componen nuestro Ser global. Al nacer, las energías Zodiacales se fijan en nuestra Aura, alimentando los Chakras e influyendo en nuestros deseos, aspiraciones, motivaciones, gustos y disgustos, y tendencias de comportamiento. Las estrellas nos proporcionan las lecciones Kármicas que necesitamos para evolucionar espiritualmente en esta vida.

La esencia de la Astrología reside en comprender el significado de los Planetas, ya que éstos rigen los Signos del Zodiaco y las Doce Casas. En otras palabras, las fuerzas de las Constelaciones Estelares se manifiestan a través de los Planetas. Cada ser humano está formado por diferentes combinaciones y grados de las energías de los Planetas. Los Siete Planetas Antiguos actúan como estaciones de relevo para la recepción y transmisión de las energías estelares. Se corresponden con los Siete Chakras, mientras que los Doce Signos del Zodiaco representan los aspectos masculino y femenino, diurno (Solar) y nocturno (Lunar) de los Siete Planetas Antiguos (Figura 62). Por lo tanto, calibrando nuestra Carta Natal, podemos determinar las características de nuestros Chakras que conforman nuestro carácter y personalidad.

La Carta Natal es una instantánea en el tiempo, un plano de lo que somos y de lo que podemos llegar a ser. Al examinar la Carta Natal, hay que prestar especial atención a los signos del Sol, la Luna y los Ascendentes. Estos tres signos nos dan una visión extraordinaria de nuestro enfoque Cháquico en la vida, de los puntos fuertes que podemos aprovechar y de las debilidades y limitaciones que podemos mejorar y superar para evolucionar Espiritualmente.

El desglose elemental de un individuo en su Carta Natal también determina la cantidad de energía masculina o femenina que encarna, lo que repercute en su psicología. Sin embargo, su aspecto físico se ve afectado por su Ascendente y los Planetas que caen en la Primera Casa. Por ejemplo, si alguien tiene a Júpiter en su Primera Casa, el individuo puede luchar contra el aumento de peso, mientras que, si tiene a Marte, su cuerpo físico será tonificado y musculoso. Estas asociaciones tienen mucho que ver con los Chakras regentes de los Planetas, que serán explorados en detalle en este capítulo.

ASTROLOGIA OCCIDENTAL VS. ASTROLOGIA VEDICA

Desde la aparición de la Astrología, que es tan antigua como la propia humanidad, se han inventado muchos sistemas Astrológicos para estudiar y adivinar los Astros. Sin embargo, los dos más notables que han resistido la prueba del tiempo son la Astrología Occidental y la Astrología Védica.

La Astrología Védica, Hindú, o India, también llamada "Jyotish Shastra" ("Ciencia de la Luz" en Sánscrito), es diferente y más compleja que la Astrología Occidental. La Astrología Védica tiene sus raíces en los Vedas y tiene al menos 5000 años de antigüedad. Utiliza el Zodiaco Sideral, que se basa en la posición de las Constelaciones Estelares en el cielo nocturno que sirven de telón de fondo para los Planetas en movimiento. Culturas Antiguas como la Egipcia, la Persa y la Maya utilizaban el sistema Sideral para predecir con exactitud los acontecimientos futuros.

En cambio, la Astrología Occidental se basa en el Zodiaco Tropical, que es geocéntrico; sigue la orientación de la Tierra con respecto al Sol, donde los signos del Zodiaco se sitúan en la eclíptica. La Astrología Occidental está alineada con los cambios de estación; Aries es el primer signo del Zodiaco, ya que coincide con el primer día de la primavera en el Equinoccio Vernal (de primavera), cuando el Sol cruza el ecuador celeste hacia el norte. Así, Aries inicia el año solar, mientras que Piscis lo termina año tras año. La mayor parte del mundo moderno ha adoptado el calendario Tropical o Solar para contar el tiempo, debido a su consistencia al coincidir con los cambios de estación.

Por lo tanto, la Astrología Occidental evalúa el nacimiento de una persona utilizando las alineaciones de las Estrellas y los Planetas desde la perspectiva de la Tierra, en lugar de en el espacio como en la Astrología Védica. La Astrología Occidental se originó en la Antigua Grecia con Ptolomeo hace aproximadamente 2000 años. Sin embargo, fue una continuación de las tradiciones Helenísticas y Babilónicas.

Dado que la Tierra se tambalea y se inclina alrededor de 23,5 grados desde el ecuador, provoca un desplazamiento de 1 grado cada 72 años, al que nos referimos como la "Precesión de los Equinoccios". Esto significa que el Equinoccio de la Primavera se adelanta 20 minutos cada año y un día cada 72 años. Mientras que la Astrología Védica tiene en cuenta esta variación, la Astrología Occidental no lo hace. Así, mientras que la Astrología Védica es móvil y da resultados básicamente en "tiempo real" de la configuración de las Constelaciones Estelares, la Astrología Occidental es fija y no tiene en cuenta estos cambios en el cielo nocturno.

Sin embargo, aquí es donde la cosa se complica. Aunque los dos sistemas se alinearon en el advenimiento del Zodiaco Tropical hace unos 2000 años, las fechas de los Signos Solares han cambiado a lo largo de los años en la Astrología Védica, mientras que, en la Astrología Occidental, se mantuvieron igual. Así, por ejemplo, en la actualidad, Aries comienza el 13 de Abril (este número varía) en el Zodíaco Sideral, mientras que, en el Zodíaco Tropical, Aries mantiene su llegada el 21 de Marzo.

Por lo tanto, aunque los Doce Signos Zodiacales comparten las mismas características y rasgos, dado que sus fechas difieren, puedes obtener una lectura totalmente diferente en tu Carta Natal. Además, aunque no es parte oficial de ninguno de los dos sistemas, ya que su Constelación toca la eclíptica, Ofiuco, el "Portador de la Serpiente", se ha sugerido a veces como el decimotercer Signo del Zodiaco en la Astrología Sideral. Cae entre Escorpio y Sagitario del 29 de Noviembre al 18 de Diciembre.

Otra diferencia esencial entre los dos sistemas es que la Astrología Occidental utiliza los tres Planetas exteriores de nuestro Sistema Solar, Urano, Neptuno, y Plutón, como parte del marco Planetario. En cambio, la Astrología Védica (que refleja la Alquimia Antigua y la Cábala Hermética) sólo se centra en los Siete Planetas Antiguos. Sin embargo, incluye los Nodos Norte y Sur de la Luna (Rahu y Ketu), para un total de nueve cuerpos Celestes (Deidades), llamados los "Navagrahas" (Sánscrito para "Nueve Planetas"). Según las creencias Hindúes, los Navagrahas influyen en la humanidad de forma colectiva e individual. Por ello, no es raro ver a los Hindúes venerar a los Navagrahas en sus hogares para superar la adversidad o la desgracia derivada de Karmas pasados.

La Astrología Occidental hace enfatiza en la posición del Sol en un Signo Solar específico. Al mismo tiempo, la Astrología Védica hace enfatiza en la posición de la Luna y el Ascendente (Lagna en Sánscrito). Además, incluye los "Nakshatras" (Mansiones Lunares), lo cual es único en este sistema. Además, las Doce Casas forman parte de la Carta Natal de la Astrología Védica, mientras que son secundarias en la Astrología Occidental. El sistema basado en el Sol de la Astrología Occidental es posiblemente mejor para evaluar la personalidad y las características de una persona y las influencias planetarias en el comportamiento y las percepciones. En cambio, el sistema de Astrología Védica basado en la Luna es mejor para dar una visión de su destino y suerte debido a su precisión en la predicción del futuro. En otras palabras, el Astrólogo Occidental es más un psicólogo, mientras que el Astrólogo Védico es más un vidente o adivino.

Como nota final sobre este tema, habiendo estudiado la Astrología Occidental toda mi vida, puedo dar fe de su validez y exactitud en lo que respecta a mis propios rasgos y características de personalidad y a otras personas con las que me he encontrado. Además, dado que el Hermetismo es la principal influencia en todo mi trabajo, reconozco la importancia de la Luz del Sol y sus efectos en la vida en la Tierra y en nuestra naturaleza espiritual interna, y le doy prioridad sobre todas las cosas. Por esta razón, la atribución estacional de los Signos Zodiacales siempre tuvo sentido para mí, ya que su colocación reflejaba la vida metafórica, la muerte, y el renacimiento del Sol desde el punto de vista de la Tierra.

Mi interés por la Astrología siempre ha sido una forma de psicología transpersonal en lugar de predecir los acontecimientos futuros de mi vida. Como tal, la Astrología Occidental ha sido de gran beneficio para mí. Sin embargo, si tu interés en la Astrología es principalmente una forma de adivinación, encontrarás la Astrología Védica más beneficiosa. Dicho esto, creo que ninguno de los dos sistemas tiene las respuestas definitivas. Por lo tanto, para entender completamente la Astrología, debes familiarizarte con ambos sistemas, lo cual hacen muchos Astrólogos serios.

LOS SIETE PLANETAS ANTIGUOS

Los Siete Chakras Mayores se corresponden con los Siete Planetas Antiguos de la siguiente manera: Muladhara se relaciona con Saturno, Swadhisthana con Júpiter, Manipura con Marte, Anahata con Venus, Vishuddhi con Mercurio, Ajna con la Luna, y Sahasrara con el Sol (Figura 62).

Al colocar los planetas en sus posiciones Cháquicas, obtenemos una secuencia casi exacta de su orden en nuestro Sistema Solar. La única variación es la Luna, colocada en segundo lugar después del Sol en lugar de estar entre Venus y Marte, junto a la Tierra.

En el Árbol de la Vida Cabalístico, la Luna es el primer Sephira (Yesod) que encontramos al ir hacia el interior. Como refleja la Luz del Sol, se corresponde con los pensamientos visuales proyectados a través del Ojo de la Mente -nuestra puerta o portal hacia los Planos o Reinos Cósmicos interiores. La Luna representa el Plano Astral, reflejando la realidad espiritual que el Sol genera en el otro extremo del espectro.

En la simbología Alquímica, la Luna, y el Sol siempre se han representado juntos como representantes de las energías Universales femenina y masculina. La interacción de las energías del Sol y de la Luna se encuentra en la base de toda la Creación como Alma y Conciencia - los Elementos Fuego y Agua.

En consecuencia, la colocación de los 7 Planetas Antiguos en el árbol Cháquico refleja prácticamente su disposición en el Árbol de la Vida Cabalístico, aunque al revés. Si sustituimos el Sol por el Planeta Tierra, tenemos la Luna a continuación, seguida de Mercurio, Venus, Marte, Júpiter, y Saturno.

Como ya se ha mencionado, la Luz del Sol es el origen de nuestras Almas. La asociación entre la Tierra y el Sol implica que la realidad Espiritual se refleja en la realidad material y viceversa. Los dos son simplemente aspectos opuestos del Uno.

Si el Sol representa el Alma, los Planetas son los poderes superiores del Alma que se manifiestan a través de sus Chakras asociados. Son los distintos componentes del Ser interior y la fuente de todas las virtudes, la moral, y la ética que conforman nuestro carácter. Como se afirma en *The Magus*, a través de nuestra conexión con los Planetas y sus ciclos alrededor del Sol, somos un "perfecto Microcosmos del Macrocosmos-un Mini Sistema Solar que refleja el gran Sistema Solar en el que tenemos nuestra existencia física".

Como cada uno de los 7 Planetas Antiguos se corresponde con uno de los Siete Chakras, cada Chakra muestra la naturaleza de su Planeta regente. Esta asociación es útil al examinar nuestro Horóscopo o Carta Natal. Dado que la vida es continua, la posición de los Planetas refleja los poderes necesarios para superar nuestra energía Kármica de vidas anteriores.

Dependiendo del Signo del Zodiaco con el que se alineó un Planeta en el momento en que nació un individuo, algunos Planetas son maléficos, mientras que otros son benignos en su Carta Natal. Esto se debe a la relación entre los Planetas y los regentes de los Signos del Zodiaco en los que se encuentran. Los Planetas son fuertes en los signos de sus amigos, mientras que su fuerza es neutra en los Signos neutrales. Por el contrario, son débiles en los signos de sus enemigos. Como tal, las radiaciones Planetarias y Cósmicas pueden impactar positiva o negativamente en sus Chakras asociados en el Cuerpo de Luz. Si alguno de nuestros Planetas es débil en nuestra Carta Natal, su Chakra correspondiente también será débil. Cuando los Chakras están débiles y (o) bloqueados, se producen problemas de salud relacionados con ese Chakra.

Por último, la mayoría de los Astrólogos Occidentales incluyen los Planetas exteriores en sus modelos de Horóscopo. Equiparan a Plutón con el lado femenino del Chakra de Marte (Escorpio), a Neptuno con el lado femenino del Chakra de Júpiter (Piscis), y a Urano con el lado masculino del Chakra de Saturno (Acuario).

A menudo se incluyen también los Nodos Norte y Sur de la Luna. Se denominan Caput y Cauda Draconis en Latín: la Cabeza y la Cola del Dragón. En general, el Nodo Norte se relaciona con nuestra suerte y destino en esta vida, mientras que el Nodo Sur se relaciona con el Karma que traemos a esta encarnación desde vidas pasadas.

A continuación, se describen los poderes Planetarios en relación con sus Chakras asociados. Para una exposición más completa de las correspondencias Planetarias y Zodiacales de la Astrología Occidental, consulte *The Magus*. Los conocimientos Astrológicos aquí presentados complementan la información sobre el mismo tema en mi libro anterior.

Saturno/Muladhara

Saturno (Shani en Sánscrito) es el Planeta que se mueve más lentamente en nuestro Sistema Solar, por lo que se asocia con las lecciones de la vida relacionadas con el paso del tiempo. Es el Planeta del autocontrol, la responsabilidad, la diligencia, y la disciplina, que dan estructura a nuestras vidas. Su energía es de base, como el Elemento Tierra que representa. Saturno representa el Chakra Muladhara masculino.

Saturno nos permite ver la verdad del asunto y alinearnos con ella. Como tal, está muy relacionado con la integridad. La energía Saturniana afecta a nuestra capacidad de manifestar los sueños y objetivos de nuestra vida, inspirándonos a enfrentarnos al mundo de frente. También afecta a nuestros límites y restricciones, permitiéndonos vivir dentro de las limitaciones de la sociedad de forma saludable y productiva.

Saturno contiene una cualidad Aérea; estimula la intuición y un profundo conocimiento de una realidad superior que rige el Universo. Al fin y al cabo, es el Planeta de la fe y del Karma. Una fuerte influencia de la energía Saturniana nos permite priorizar nuestra evolución Espiritual sobre las ganancias materiales.

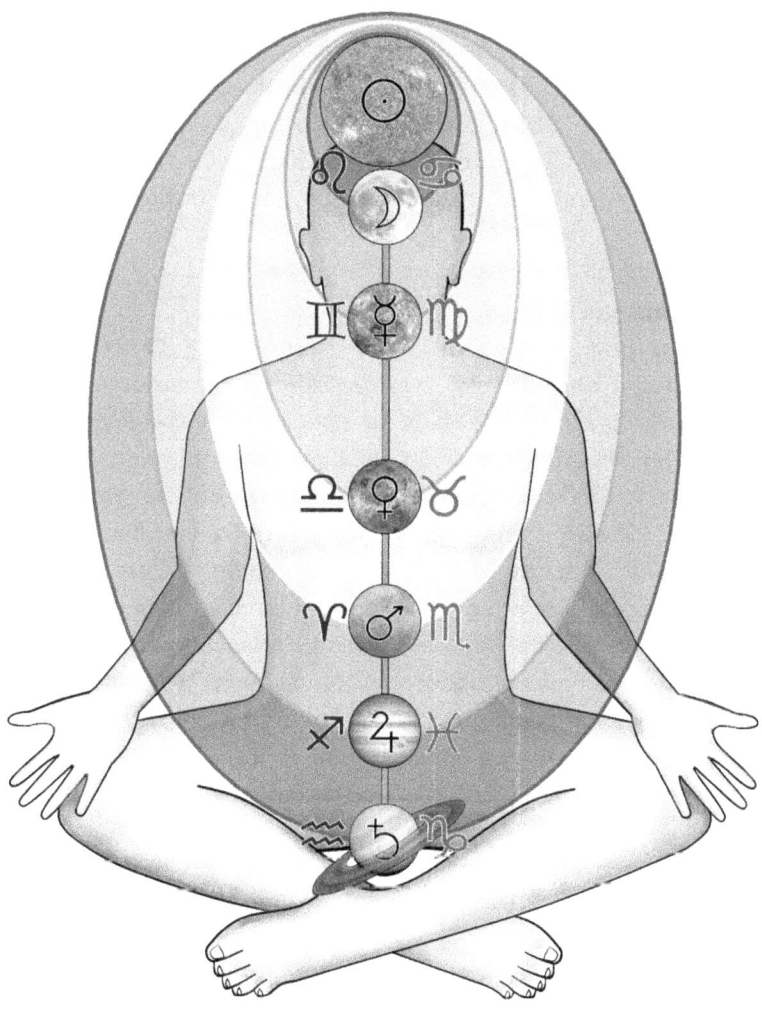

Figura 62: Posiciones Cháquicas de los Siete Planetas Antiguos

En cuanto al cuerpo, Saturno rige todo lo relacionado con nuestra estructura física, incluyendo el sistema óseo, los dientes, los cartílagos, las glándulas, el pelo, y la piel. Un exceso de energía Saturniana en el Muladhara hará que no estemos conectados a la tierra y seamos incapaces de mantenernos. La falta de disciplina y ambición puede hacernos inertes y conflictivos internamente, impidiéndonos alcanzar las metas que nos proponemos. Por otro lado, si hay demasiado Saturno, la persona puede volverse demasiado ambiciosa, egoísta, inflexible, y pesimista.

Saturno tiene una relación amistosa con Mercurio y Venus en la Carta Natal, mientras que es enemigo de Marte y neutral con Júpiter. Además, rige los dos signos firmes y confiables del Zodíaco, Acuario (Kumbha en Sánscrito) y Capricornio (Makara en Sánscrito). Acuario representa la energía masculina de Saturno, mientras que Capricornio representa su energía femenina. Mientras que Acuario se ocupa de la expresión de la fuerza conservadora en la vida, Capricornio se ocupa de estabilizarla.

Si alguno de estos dos signos es prominente en su Carta Natal, principalmente si se encuentran como su Signo Solar, Signo Lunar, o Signo Ascendente (Ascendente), debe prestar atención al Chakra Muladhara. Los Acuario y los Capricornio suelen recibir demasiada o muy poca energía Saturniana y requieren un trabajo espiritual en Muladhara para equilibrarla.

Júpiter/Swadhisthana

El Planeta Júpiter (Brihaspati o Gurú en Sánscrito) es un Planeta expansivo y generoso que trae buena fortuna, abundancia, y éxito. Está relacionado con el Elemento Agua y representa las cualidades superiores de la conciencia cuya energía base es el amor incondicional. Júpiter se corresponde con el Chakra Swadhisthana femenino.

La energía benévola de Júpiter inspira la confianza en Uno mismo, el optimismo, la cooperación con los demás, y el impulso protector. La energía Jupiteriana construye virtudes que dan forma a nuestro carácter y conectan con nuestro Yo Superior. Nos da un fuerte sentido de la moral y la ética y nos permite crecer en la sociedad y ser un activo para los demás. Júpiter nos infunde el sentido de la compasión, la misericordia, y la generosidad, haciéndonos justos y honorables en nuestras palabras y acciones. La suerte, la felicidad, y la buena salud son aspectos de Júpiter. Rige el crecimiento del cuerpo físico, incluyendo el desarrollo celular y la conservación de los tejidos blandos.

Júpiter es el maestro que nos da la sabiduría interior y nos inspira a desarrollar una visión filosófica de la vida. Su energía positiva nos hace amables, alegres y, en general, muy queridos por los demás. Nos permite ver lo positivo en todas las situaciones, lo que nos da éxito en los negocios.

Si la energía Jupiteriana es deficiente, se produce una supresión de las emociones y la sexualidad, lo que afecta negativamente a la creatividad, la confianza en uno mismo y el sentido de la identidad personal. Una energía jupiteriana demasiado escasa puede hacernos pesimistas, deshonestos, tímidos, apáticos y, en general, poco afortunados en la vida. Por el contrario, demasiado Júpiter puede hacernos ciegamente optimistas, extravagantes y perezosos. El inconveniente de que las cosas nos resulten demasiado fáciles en la vida es que no podemos desarrollar la fuerza de carácter.

En una Carta Natal, Júpiter es amigo del Sol, la Luna y Marte, mientras que es enemigo de Mercurio y Venus y neutral con Saturno. Además, Júpiter rige a Sagitario (Dhanus en Sánscrito) y Piscis (Mina en Sánscrito), ambos signos altamente morales. Sagitario representa la energía masculina de Júpiter, mientras que Piscis representa su energía femenina. Mientras que Sagitario manifiesta la energía creativa en la vida, Piscis la expresa. Las personas que tienen cualquiera de estos dos signos en su Carta Natal deben prestar atención al Chakra Swadhisthana y a su funcionamiento. Si están desequilibrados en su consumo de energía Jupiteriana, pueden requerir un trabajo Espiritual para optimizar este Chakra.

Marte/Manipura

El planeta Marte (Mangals, Angaraka o Kuja en Sánscrito) es el combustible de la fuerza de voluntad que inicia la acción y el cambio. Representa el Elemento Fuego, que se corresponde con el chakra masculino Manipura. Marte es el Planeta de la energía física que rige el impulso sexual. Es la fuente de nuestro poder personal que proporciona fuerza y valor a la mente, al cuerpo, y al Alma.

Marte es emocionante y dinámico; nos da fortaleza mental y nos hace competitivos con otros seres humanos. Además, al ser el Elemento Fuego, nos permite construir fuertes creencias que ayudan a encontrar el propósito de nuestra vida y el impulso para llevarlo a cabo.

Marte también nos da entusiasmo, pasión, y la capacidad de asumir retos en la vida y superarlos mediante la determinación y la persistencia. Facilita el crecimiento interior y el cambio necesario para seguir evolucionando. La energía Marciana está muy centrada en la transformación interior, ya que el Elemento Fuego consume lo viejo para dar paso a lo nuevo.

Como Planeta Rojo, Marte gobierna los glóbulos rojos y la oxidación en el cuerpo. Si el Manipura recibe demasiada energía marciana, los individuos pueden volverse destructivos para sí mismos y para los demás. Por lo tanto, pueden recurrir a la ira, la rabia, la tiranía, la opresión, e incluso la violencia. Por lo tanto, Júpiter siempre debe equilibrar a Marte: el Ego debe ser controlado por el Alma y sus aspiraciones más elevadas. Por el contrario, una energía Marciana demasiado escasa tiene como resultado ser intimidado, aprensivo, cobarde, dudoso, demasiado cambiante en las creencias personales, carente de pasión y empuje, y generalmente indiferente a los resultados de la vida.

En una Carta Natal, Marte tiene una relación amistosa con el Sol, la Luna, y Júpiter, mientras que es enemigo de Mercurio y neutral con Venus y Saturno. Además, los dos signos muy ambiciosos e impulsados por la acción, Aries (Mesha en Sánscrito) y Escorpio (Vrishchika en Sánscrito), están regidos por Marte. Aries representa la energía masculina de Marte, mientras que Escorpio representa su energía femenina. Mientras que Aries rige nuestra proyección de vitalidad, Escorpio afecta a su conservación. Si alguno de estos dos signos es prominente en su Carta Natal, debería prestar atención al Chakra Manipura y averiguar su nivel de funcionamiento. Para optimizar el Manipura, necesitarás un rayo equilibrado de energía Marciana.

Venus/Anahata

El planeta Venus (Shukra en Sánscrito) es el planeta del amor, del deseo, y del placer. Venus es un Planeta alegre y benigno que trae suerte en las amistades y en las relaciones románticas. Rige nuestra capacidad de aceptar y expresar afecto y disfrutar de la belleza. Su energía nos da atractivo sexual ya que rige las artes de la seducción. Como el amor afecta a nuestro nivel de inspiración e imaginación, Venus alimenta el pensamiento abstracto del cerebro derecho. Rige las expresiones artísticas como la música, las artes visuales, la danza, el teatro, y la poesía.

Venus se relaciona con el Chakra Anahata femenino y el Elemento Aire, que gobierna nuestros pensamientos. Los deseos son el subproducto de los pensamientos de baja vibración del Ego o de los pensamientos de alta vibración del Alma. Venus tiene afinidad con el Elemento Fuego; el deseo puede convertirse fácilmente en pasión que alimenta la creatividad. También tiene afinidad con el Elemento Agua, ya que el amor es una emoción poderosa. Recuerda que el Aire alimenta a los Elementos Fuego y Agua y les da vida.

Dado que el Anahata es el puente entre los tres Chakras elementales inferiores y los tres Chakras Espirituales superiores, Venus nos enseña a amar sin apego para trascender nuestra individualidad y fundirnos con el Espíritu cuya esencia es el Amor Divino. La energía de Venus nos permite despejar los apegos emocionales al dinero, al sexo, y al poder, creados por los tres Chakras inferiores. Hacerlo facilita la exploración de las cualidades expansivas del Elemento Espíritu que podemos experimentar a través de los tres Chakras superiores, dándonos niveles más profundos de comprensión.

Venus es un Planeta táctil, por lo que rige los órganos sensoriales del cuerpo. Una dosis baja de energía Venusiana en el Chakra Anahata da lugar a relaciones insanas, apego extremo a las cosas mundanas, autoindulgencia, y bloqueos creativos. Una deficiencia en la energía Venusiana crea el miedo a no ser amado, haciéndonos inseguros.

Cuando se utilizan los Chakras superiores, el individuo puede amar incondicionalmente. Sin embargo, cuando los Chakras inferiores son dominantes, el amor se convierte en lujuria que puede ser destructiva para el Alma si no es equilibrada por Mercurio y sus poderes de razonamiento.

En una Carta Natal, Venus es amigo de Mercurio y Saturno, siendo enemigo del Sol y la Luna y neutral con Marte y Júpiter. Además, los dos signos sociales y orientados al placer, Libra (Tula en Sánscrito) y Tauro (Vrishabha en Sánscrito), están regidos por Venus. Libra representa la energía masculina de Venus, mientras que Tauro representa su energía femenina. Mientras que Libra representa nuestra capacidad de expresar emociones, Tauro rige nuestra receptividad emocional. Si alguno de estos dos signos es influyente en su Carta Natal, preste atención al Chakra Anahata para asegurarse de que está recibiendo un rayo equilibrado de energía Venusiana.

Mercurio/Vishuddhi

Mercurio (Budha en Sánscrito) es el Planeta de la lógica, la razón, y la comunicación, y se corresponde con el Chakra Vishuddhi masculino y el Elemento Espíritu. Dado que se relaciona con los procesos de pensamiento, Mercurio tiene afinidad con el Elemento Aire;

su designación correcta sería Aire de Espíritu. Mercurio también rige los viajes y el deseo de experimentar nuevos entornos.

Como Mercurio rige la inteligencia, influye en la forma de pensar de una persona y en las características de su mente. Mercurio templa a Venus y da estructura a los pensamientos e ideas creativas. Ambos hemisferios del cerebro se ven afectados por Mercurio, aunque es dominante en el hemisferio izquierdo que se ocupa del pensamiento lineal a través de la lógica y la razón.

Mercurio rige el cerebro, los nervios y el sistema respiratorio. Como rige la comunicación verbal y no verbal, como el lenguaje corporal, Mercurio afecta a nuestra capacidad de expresar nuestros pensamientos. Una fuerte influencia de Mercurio nos proporciona una buena memoria y una excelente capacidad para hablar y escribir. Nos convierte en narradores cautivadores y en negociadores inteligentes y astutos. Como rige la voz, nos da el poder de hablar y actuar en público.

Mercurio refleja cómo vemos, oímos, entendemos y asimilamos la información. Una energía Mercurial demasiado baja hace que Vishuddhi esté inactivo, cerrándonos a la información intuitiva sutil que nos transmiten los Chakras superiores. Las personas con poca energía Mercurial pierden la capacidad de expresar su verdad interior, lo que les hace perder el contacto con la realidad y vivir en la ilusión.

Una deficiencia en la energía mercurial suele dar lugar a una toma de decisiones errónea, ya que debemos pensar con inteligencia antes de actuar. Además, si no equilibramos nuestras emociones con la lógica y la razón, puede surgir un comportamiento neurótico. Nuestra capacidad para planificar las cosas en nuestra mente afecta a la forma en que podemos manifestar nuestros objetivos y sueños y a que nuestros resultados sean fructíferos.

Por el contrario, un exceso de Mercurio puede hacer que los individuos sean sarcásticos, discutidores, manipuladores y demasiado críticos consigo mismos y con los demás. Las mentiras y el engaño indican un Mercurio desequilibrado, que bloquea el Chakra Vishuddhi mientras que decir la verdad lo optimiza.

Mercurio tiene una relación amistosa con el Sol y Venus en Astrología, mientras que es enemigo de la Luna y neutral con Marte, Júpiter, y Saturno. Además, Mercurio rige los dos signos altamente comunicativos de Géminis (Mithuna en Sánscrito) y Virgo (Kanya en Sánscrito). Géminis representa la energía masculina de Mercurio, mientras que Virgo representa su energía femenina. Mientras que Géminis se ocupa de la expresión de las ideas, Virgo gobierna nuestra captación de impresiones. Presta atención al Vishuddhi Chakra si tienes alguno de estos dos signos en tu Carta Natal. Indica la utilización de la energía de Mercurio y la necesidad de equilibrio de este Chakra.

La Luna/Ajna

El Planeta Luna (Chandra en Sánscrito) es el Planeta de los instintos, las ilusiones, y las emociones involuntarias proyectadas por el subconsciente. Tiene una gran influencia en las capacidades mentales superiores, como la introspección, la contemplación, el autoexamen, y la intuición, ya que refleja pensamientos y emociones profundas. La Luna afecta a nuestras percepciones de la realidad, ya que todo lo que asimilamos debe pasar por la mente subconsciente. Su influencia afecta a los cinco sentidos: vista, oído, gusto, olfato, y tacto.

La Luna se corresponde con el Chakra Ajna femenino y el Elemento Espíritu. Sin embargo, está afiliada al Elemento Agua -su designación correcta sería Agua de Espíritu. El Ajna tiene una conexión íntima con el Swadhisthana, ya que ambos llevan a cabo las funciones de la mente subconsciente que controlan las emociones voluntarias e involuntarias.

La Luna rige la noche como el Sol rige el día. Rige los sueños, dando claridad a las imágenes visuales. Como tal, influye en nuestra imaginación y en el pensamiento creativo. La Luna es nutritiva y tiene una fuerte influencia en el crecimiento, la fertilidad, y la concepción. Es muy cambiante; en un momento podemos ser fríos y distantes mientras estamos bajo el control de la Luna, y al momento siguiente nos volvemos intensamente apasionados.

En el Horóscopo, el Signo de la Luna refleja nuestro Yo interior y emocional y es el segundo en importancia después del Signo del Sol. Así como el Sol expresa nuestro carácter, la Luna expresa nuestra personalidad. Como regula el flujo y reflujo de todas las masas de agua, la Luna rige todos los fluidos corporales y afecta a las fluctuaciones de las emociones.

La Luna es nuestro núcleo interno que experimenta reacciones emocionales a los estímulos del entorno. Dado que representa el subconsciente, la Luna es la parte de nuestra personalidad que podemos encontrar perturbadora en nosotros mismos. Da lugar a fantasías y ensoñaciones extrañas, a menudo inmorales, y provoca reacciones instintivas como el odio y los celos. Por otro lado, la Luna también afecta a nuestra llamada a la espontaneidad y al deseo de placeres sensuales. Como dos Planetas femeninos, la Luna y Venus tienen afinidad.

Si el Chakra Ajna del individuo es deficiente en energía Lunar, sus pensamientos visuales se vuelven tenues y poco claros, impactando negativamente en la imaginación, la creatividad y el nivel de inspiración. Un Chakra Ajna con poca energía corta la conexión de uno con la intuición y las emociones profundas, permitiendo que el miedo y la ansiedad se apoderen de uno. El individuo ya no tiene una guía interna, lo que lo hace incapaz de aprender de las experiencias de la vida, trayendo una sensación general de desesperanza y depresión. La baja energía Lunar en el Chakra Ajna también afecta negativamente a los sueños, ya que se vuelven aburridos, borrosos, y oscuros. Un método eficaz para recibir la energía lunar es pasar tiempo al aire libre durante la Luna llena.

En Astrología, la Luna es amiga del Sol y de Mercurio y neutral con Venus, Marte, Júpiter y Saturno. No tiene enemigos. La Luna gobierna el signo intuitivo y sensible, Cáncer (Kataka en Sánscrito), que es de cualidad energética femenina. Si Cáncer es prominente en su Carta Natal, preste atención al Chakra Ajna y a su funcionamiento. Puede requerir equilibrar el rayo de energía Lunar a través de prácticas de Sanación Espiritual.

El Sol/Sahasrara

El planeta Sol (Surya en Sánscrito) es el planeta de la imaginación, la inspiración, la espiritualidad y la trascendencia. El Sol es la fuente de energía Pránica que da vida, luz y calor a todos los seres vivos de nuestro Sistema Solar. Todas las Almas de nuestro Sistema Solar emanan del Sol y dependen de él para su sustento.

El Sol se corresponde con el Chakra Sahasrara no dual y el Elemento Espíritu. Como el Sol es la fuente de Luz de nuestro Sistema Solar, Sahasrara es nuestra fuente de Luz Cháquica. La Luz Blanca es nuestra fuente de Unidad, verdad, y sabiduría Universal. Representa la mente consciente, como la Luna representa el subconsciente.

El Sol no sólo genera Luz sino también calor. De ahí que esté afiliado al Elemento Fuego; su denominación correcta es la de Fuego de Espíritu, lo que implica que, aunque está más allá de la dualidad, tiene una propensión hacia el principio proyectivo, masculino.

La energía del amor genera un calor tranquilo y constante, cuya esencia es la Luz Blanca. Por lo tanto, cuando utilizamos el término "Conciencia Cósmica", nos referimos a la conciencia del Sol como la fuente de amor, Luz, vida, y dicha Divina de nuestro Sistema Solar.

El Sol es la expresión fundamental de la identidad del individuo: el Yo. Como tal, es la influencia más crítica en nuestro Horóscopo. Representa quiénes somos y la esencia de nuestra alma. Por lo tanto, el Signo Solar es nuestra energía fundamental que influye en nuestro carácter y en nuestras más altas aspiraciones.

El Sol le confiere a uno una excelente capacidad de liderazgo. Gobierna el corazón, regulando nuestro sistema circulatorio. El Sol también nos da vitalidad, armonía, y equilibrio, ya que equilibra todas las energías opuestas del cuerpo. Si somos deficientes en la energía del Sol, experimentamos bloqueos en el Sahasrara, afectando negativamente a todo nuestro sistema Cháquico. Los niveles bajos de energía de la Luz en el sistema Cháquico ralentizan el giro de los Chakras, manifestando problemas mentales, emocionales, y físicos.

La forma ideal de recibir la energía del Sol es pasar tiempo al aire libre en un día soleado y permitir que los rayos del Sol nutran tus Chakras, alimentando tu Aura con energía Pránica. El Sol es la fuente de energía de nuestro sistema; sin él, pereceríamos. Un despertar completo de la Kundalini optimiza el Sahasrara Chakra, maximizando nuestra conexión con el Sol, permitiéndonos acceder a todo el potencial de nuestro Signo Solar.

En el Zodíaco, el Sol tiene una relacion amistosa con la Luna, Marte, y Júpiter, mientras que es enemigo de Venus y Saturno y neutral con Mercurio. El Sol rige el signo de autoridad, Leo (Simha en Sánscrito), cuya energía de base es de calidad masculina. Cáncer y Leo, los signos de la Luna y el Sol, representan la polaridad básica de la mente en términos de emociones y razón, el subconsciente, y el yo consciente. Observa si tienes Leo en tu Carta Natal y cómo la energía Solar está afectando al Chakra Sahasrara. Puede que necesites una Curación Espiritual para equilibrar tu corriente Solar y optimizar este Chakra esencial.

CURACIÓN Y EVOLUCIÓN ESPIRITUAL

A medida que entramos en la Era de Acuario, la Evolución Espiritual (Figura 63) se ha convertido en algo de suma importancia para la humanidad. Desde la llegada de Internet y el intercambio gratuito de información, nuestra conciencia colectiva ha evolucionado hasta comprender que Dios no está fuera de nosotros, sino dentro. Como resultado, las cuestiones existenciales relacionadas con nuestro propósito en la vida y con la forma de alcanzar una felicidad real y duradera han tomado precedencia sobre nuestra búsqueda de acumular riqueza material.

Las principales religiones del mundo se han vuelto obsoletas, como todas las religiones después de algún tiempo. Ya no tienen las respuestas para la nueva generación de humanos, y muchos buscan métodos y técnicas Espirituales alternativos para conectar con Dios, el Creador. Independientemente de la religión en la que hayan nacido, la gente se ha abierto a probar nuevas y viejas prácticas Espirituales de curación, siempre y cuando esas prácticas proporcionen los resultados que buscan.

Estas técnicas terapéuticas alternativas, que se engloban dentro de las "modalidades de curación", tienen como objetivo equilibrar la mente, el cuerpo, y el Alma de forma integradora, al tiempo que promueven la evolución Espiritual. Por lo tanto, son muy atractivas para las personas Espirituales y para aquellos que buscan métodos alternativos para tratar problemas tanto a nivel energético como corporal.

Aunque todos tenemos la misma base energética, tenemos diferentes inclinaciones. Algunos de nosotros nos sentimos atraídos por ciertas prácticas Espirituales de sanación, mientras que nos repelen otras. Nuestra energía Ancestral tiene mucho que ver con esta propensión, al igual que nuestro condicionamiento ambiental. Por esta razón, mi objetivo durante los últimos cuatro años ha sido presentar las modalidades de curación Espiritual óptimas de Occidente y Oriente en *Serpent Rising* y *The Magus*. Quería dar a la gente opciones y darles las instrucciones más prácticas para aplicar estas prácticas Espirituales en tu vida cotidiana.

Antes de cubrir la ciencia y la filosofía del Yoga, quiero centrarme en otras prácticas Espirituales que recalibran los Chakras Mayores. Al sanar los Chakras a un nivel profundo, optimizas su flujo de energía, maximizando la cantidad de energía de Luz que el Aura puede contener. Cuanta más Luz esté presente, más alta será la vibración de la conciencia, mejorando la calidad de la mente, el cuerpo, y el Alma, y promoviendo la Evolución Espiritual.

Las cuatro modalidades de curación en las que me centraré en esta sección son las Piedras Preciosas (Cristales), los Diapasones, la Aromaterapia, y los Tattvas. Estas son las modalidades de sanación que encontré más atractivas para trabajar y aprender en mi viaje Espiritual y las que tuvieron un impacto más significativo en mí. Otros métodos de sanación incluyen, pero no se limitan a Reiki, Acupuntura, Qigong, Tai Chi, Reflexología, Bio-retroalimentación, Sanación Ruach, Regresión a Vidas Pasadas, Hipnosis, Meditación Trascendental, y Programación Neuro-Lingüística.

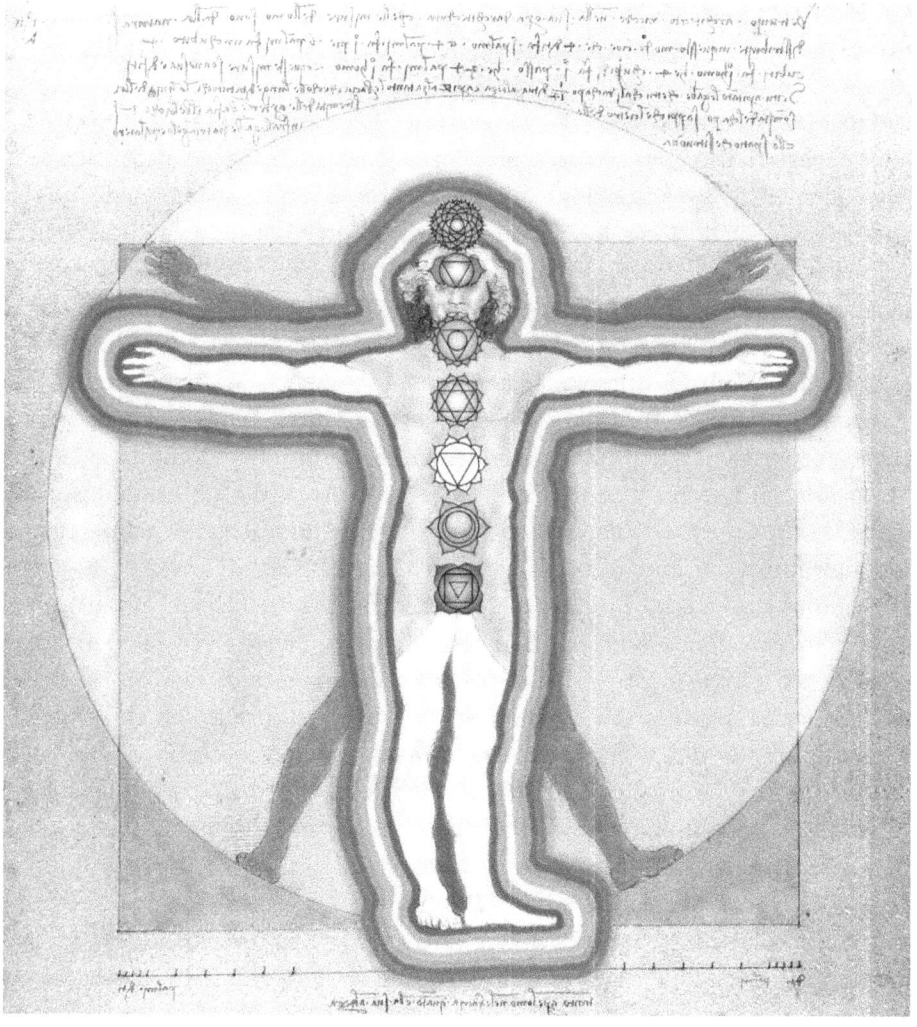

Figura 63: Evolución Espiritual

PIEDRAS PRECIOSAS (CRISTALES)

Formadas en el corazón de la Tierra durante Eones de tiempo, las Piedras Preciosas (Cristales) encarnan intensas concentraciones de energía. Su uso terapéutico data de hace aproximadamente 5000 años; los antiguos textos Chinos sobre medicina tradicional mencionan las Gemas, al igual que los textos Ayurvédicos de la India. Encontramos pruebas del uso de las Piedras Preciosas desde antes de que se escribiera la historia, incluso *la Santa Biblia* tiene más de 200 referencias a las Piedras Preciosas y a sus propiedades curativas y protectoras.

Muchas civilizaciones y tradiciones antiguas, incluyendo los Olmecas de Mesoamérica y los Egipcios, utilizaban Piedras Preciosas en sus sitios sagrados, donde encontramos evidencia de generación y manipulación de energía. La práctica de utilizar las Gemas para sanar la mente, el cuerpo y el Alma, y proteger el Aura de las influencias energéticas negativas continúa hoy en día, ya que siguen siendo utilizadas como una forma de curación alternativa por los practicantes Espirituales.

Una Gema es una piedra preciosa o semipreciosa producida por la naturaleza, que se encuentra en formaciones rocosas. Son el ADN de la Tierra, que contiene registros del desarrollo de la Tierra durante millones de años. La mayoría de las piedras preciosas son Cristales minerales, piedras semipreciosas que están más presentes en la naturaleza que las piedras preciosas. Para aclararlo, las piedras preciosas (Rubí, Zafiro, Diamante, y Esmeralda) se consideran Gemas, pero no Cristales, mientras que todos los Cristales existentes pueden denominarse Gemas. Además, hay ciertos materiales ocasionalmente orgánicos que no son minerales (Ámbar, Azabache, Coral, y Perla) pero que también se consideran Piedras Preciosas. Debido a su rareza, color, y composición, las piedras preciosas son mucho más caras en el mercado que las semipreciosas.

"Curación con Cristales" es el término utilizado en la comunidad Espiritual para el uso terapéutico de los Cristales - las Piedras Semipreciosas. Muchos Cristales tienen sus moléculas dispuestas de tal manera que crean un patrón geométrico de alguna forma, lo que los convierte en grandes generadores y conductores de energía para su uso en sesiones de curación. Una sesión de sanación puede tener efectos positivos que duran días, incluyendo una mayor conciencia, paz y calma interior, aumento de la intuición, empatía, capacidades intelectuales y un sentido de amor y aceptación hacia uno mismo y los demás.

Las Piedras Preciosas son generalmente fáciles de usar, lo que las hace bastante atractivas para los principiantes en el campo de la curación Espiritual. Sin embargo, se necesita una correcta comprensión de las correspondencias de cada piedra para sacar el máximo provecho de ellas, ya que muchas Gemas se relacionan con múltiples Chakras. Por esta razón, no es raro ver que los autores sobre este tema presenten relaciones incoherentes entre las Gemas y los Chakras.

Como ya hemos dicho, existen cientos de Piedras Preciosas, y cada una de ellas tiene una vibración única y unas propiedades energéticas específicas determinadas por su color y otros factores. Al conocer las variedades de Piedras Preciosas y su aplicación, se puede aprovechar todo su potencial curativo. La medicina energética con Piedras Preciosas utiliza la fuerza curativa inherente al cuerpo para nutrir y sanar las energías del aura. Cuando se coloca en el cuerpo, la vibración del Cristal induce la envoltura del Cuerpo Astral Inferior (Cuerpo Etérico), el Cuerpo Sutil más bajo y denso después del Cuerpo Físico y que nos vincula con los Cuerpos Sutiles superiores de los Elementos de Agua, Fuego, Aire, y Espíritu.

El Cuerpo Físico y el Cuerpo Astral Inferior se relacionan con el Elemento Tierra, el punto de contacto para que las energías de los Cristales entren en nuestra Aura. Extraídos de las profundidades de nuestro Planeta, todos los Cristales tienen un componente terrestre, aunque sus propiedades se relacionen con otros Elementos. Por esta razón, el trabajo con Cristales es muy eficaz para tratar las dolencias asociadas al cuerpo físico. Sin embargo, aunque podemos utilizar los Cristales y otras piedras para curar problemas mentales, desórdenes emocionales o enfermedades agudas, su propósito final es ayudarnos a alcanzar nuestro más alto potencial como seres humanos Espirituales.

Como nuestros Chakras vibran a una frecuencia específica, nos hace naturalmente receptivos a las vibraciones de las Gemas ya que podemos alinear nuestras vibraciones con las suyas. Las Piedras Preciosas tienen un efecto vibratorio más potente cuando se colocan directamente sobre el cuerpo en las zonas que se corresponden con los Chakras mayores. La energía emitida por la Gema afecta directamente al Chakra, eliminando así cualquier bloqueo o estancamiento en su interior. Así, los Chakras recuperan su funcionamiento óptimo, lo que, a su vez, facilita el libre flujo de energía en los Nadis. En esencia, así es como funciona la práctica de la Sanación con Cristales.

Sin embargo, el uso de las Piedras Preciosas no comienza y termina con la Curación Espiritual. También podemos incorporar las Gemas para potenciar el poder de otras modalidades de curación energética e incluso para ayudarnos a manifestar un deseo o una meta. Por ejemplo, si quieres un impulso de energía mientras meditas, simplemente sostén una Gema en tu mano con las propiedades correspondientes que estás tratando de inducir en tu Aura. O, si deseas atraer el amor romántico o quieres un nuevo trabajo o carrera, puedes idear un ritual en el que infundes tu intención en una Gema con propiedades que puedan atraer esas cosas hacia ti. De hecho, como se relacionan con el Elemento Tierra, los Cristales son herramientas poderosas para ayudar a la manifestación.

Las Piedras Preciosas son esencialmente como baterías con diferentes propiedades que podemos utilizar de diversas maneras. Otro ejemplo de su uso es añadir protección a una habitación o infundir energía positiva en ella, convirtiéndola en un espacio sagrado. Para elevar la vibración de un área, coloque Gemas con propiedades específicas en ciertas partes de la habitación, especialmente en las esquinas o frente a una ventana por donde entra la Luz. Sin embargo, hay que tener cuidado con el Cuarzo Claro frente a una ventana, ya que concentra los rayos del Sol y puede provocar un incendio.

La colocación de varias Piedras Preciosas alrededor de un espacio crea un patrón de energía en forma de rejilla que las conecta, transmitiendo energía de un lado a otro para proporcionar los efectos deseados e influir en cualquier persona que entre en este espacio. Este uso de las Piedras Preciosas ha existido desde tiempos inmemoriales, por lo que las encontramos colocadas estratégicamente en muchos sitios Antiguos de diversas culturas y tradiciones.

Aunque las Piedras Preciosas tienen muchos usos, en esta sección nos centraremos principalmente en la Sanación de los Chakras y en el uso de los Cristales para ayudar en el proceso de Evolución Espiritual. Recuerda que, al sanar la energía de uno a un nivel profundo, tu estado mental, emocional, y físico, mejora, y también tu capacidad de manifestar la vida que deseas.

FORMACIONES Y FORMAS DE LOS CRISTALES

Los cristales se pueden encontrar en muchas formas con muchas formaciones naturales como las Geodas, los Racimos, los Cristales de Forma Libre, y otros que los humanos extrajeron y cortaron en formas específicas (Figura 64). Las Geodas son formaciones rocosas redondeadas que exponen un hermoso interior cristalino una vez que se rompen por la mitad. Los Racimos, sin embargo, son grupos de Cristales extraídos de las Geodas. Cada Racimo es especial y único, por lo que no hay dos Racimos iguales.

Tanto las Geodas como los Racimos tienen poderosas energías vibratorias ya que contienen muchos puntos de Cristal combinados. Sin embargo, a diferencia de los Racimos, las Geodas tienen todas sus terminaciones ubicadas en el interior. Ambas variedades también vienen en diferentes formas y tamaños y se utilizan a menudo en la decoración debido a su atractivo visual. Los Racimos se utilizan más a menudo durante las sesiones de sanación para amplificar y concentrar sus energías naturales.

Los Cristales de Forma Libre, o Cristales "En Bruto", como se denominan, son trozos de piedra semipreciosa de forma irregular y sin pulir. Han sido cortados y tallados en lugar de pulidos para mostrar la belleza natural del Cristal individual. Los Cristales de Forma Libre más pequeños pueden utilizarse en sesiones de curación. En cambio, los más grandes se utilizan más a menudo para añadir energía positiva y protectora a un espacio o simplemente como elementos decorativos.

Las Piedras Talladas son la forma estándar de Cristal en el mercado, con formas que varían en tamaño y forma. Sin embargo, generalmente son más pequeñas, de hasta una pulgada de diámetro, lo que las hace útiles para la Curación con Cristales, ya que pueden colocarse directamente sobre el cuerpo para generar y manipular la energía.

A continuación, tenemos los Cristales tallados y pulidos en diferentes formas geométricas y simbólicas. Esta costumbre ha existido durante miles de años en varias tradiciones y culturas Antiguas. Dado que todas las formas geométricas dirigen la energía de diferentes maneras, al tallar un Cristal en una forma, cambiamos su salida de energía y mejoramos propiedades específicas, permitiéndonos trabajar con la piedra de más maneras. Algunas de las formas de Cristal más producidas son las Puntas de Cristal, las Varitas, los Corazones, las Esferas, los Huevos, las Pirámides, y los Fragmentos. Otras Formas de Cristal menos comunes son las Varillas y las Losas, por nombrar algunas pocas.

Los Puntos de Cristal (Torres) son generalmente piedras más grandes que terminan en un punto, generando una energía más dirigida. Suelen tener seis u 8 lados y tienen la forma de las Varitas de Cristal, pero más grandes. Las Puntas de Cristal se dan de forma natural en muchos tipos de Racimos, como la Amatista, el Cuarzo Claro, y el Citrino. Suelen estar cortadas en la base para que se mantengan erguidas y son buscadas por los sanadores energéticos ya que llevan más energía natural. Las piezas más grandes de Cristales en Bruto también pueden cortarse en punta para dirigir la energía. Son menos caras que las Torres, lo que las hace más deseables para los sanadores energéticos.

Las Varitas de Cristal vienen en una variedad de formas, tamaños, y tipos. Al igual que las Puntas de Cristal, las Varitas se cortan en punta para ayudar a amplificar y dirigir la energía de un Cristal. Algunas Varitas tienen doble terminación con una punta en cada extremo del Cristal. En cambio, las Varitas de Masaje son totalmente redondeadas y lisas en cada extremo. Las Varitas de Cristal se utilizan normalmente para sanar diferentes partes del Aura. También podemos usarlas para optimizar el giro de un Chakra, como se dará en una técnica de Sanación de Chakras al final de este capítulo.

Los Corazones de Cristal son piedras con forma de corazón que vienen en varios tamaños. Por lo general, tienen propiedades que se relacionan con el Chakra del Corazón, como el Cuarzo Rosa, la Malaquita, y la Aventurina Verde. Emiten energía de forma amorosa y suave, dándonos una sensación de paz y armonía. Los Corazones de Cristal nos recuerdan simbólicamente que debemos equilibrarnos y centrarnos sintonizando con el Anahata Chakra y permitiendo que nuestra Alma nos guíe en la vida. Cuando se utiliza en una sesión de curación, el Corazón de Cristal se convierte en el foco central ya que sirve para infundir el Espíritu en los Elementos inferiores, provocando una transformación completa de la mente, el cuerpo, y el Alma.

Una Esfera de Cristal es un objeto Tridimensional en el que todos los puntos de su superficie están a la misma distancia del centro. Las Esferas son reflectantes y emanan energía hacia el exterior en las mismas direcciones, lo que las convierte en herramientas perfectas para el "escudriñar", también llamado "Divisar con Cristales". "El propósito del escudriñar es recibir descargas Divinas o visiones de cosas que sucederán en el futuro u obtener información sobre algo que está sucediendo ahora mismo y de lo que no somos conscientes.

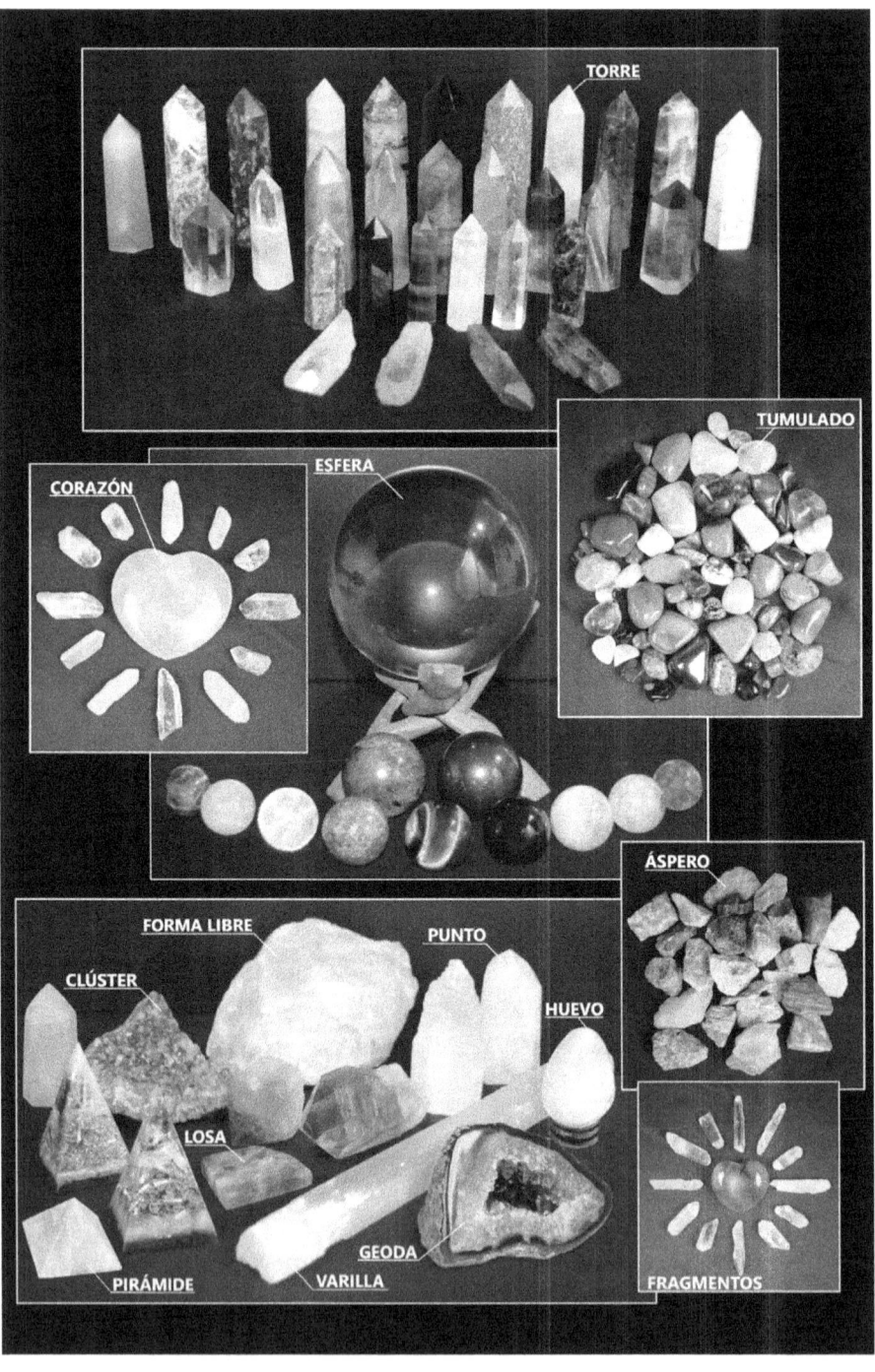

Figura 64: Formas de los Cristales y Formaciones

Los Huevos de Cristal son similares a las Esferas de Cristal, ya que emiten energía desde todos los lados, pero con un punto focal en la parte superior. Los Huevos de Cristal contienen un componente simbólico que se relaciona con la transformación y la renovación personal. Ayudan a sintonizarnos con nuestra energía femenina, nuestro lado receptivo y pasivo del Ser conectado con el Elemento Agua. Los Huevos de Cristal son conocidos por sintonizarnos con nuestra mente subconsciente, donde la transfiguración Espiritual comienza a tener lugar.

Las Pirámides de Cristal son figuras Tridimensionales con una base plana y cuatro lados que se unen en un punto. Extraen energía de la Tierra y la proyectan hacia arriba a través del punto de terminación. Pueden estar hechas de un tipo de Cristal individual o de una combinación de diferentes Cristales, como en las Pirámides de Orgonita que se utilizan a menudo para absorber y proteger de la radiación electromagnética.

Los Fragmentos de Cristal son pequeños trozos de Cristal en Bruto que se utilizan con mayor frecuencia para añadir energía a otras piedras durante las sesiones de curación. Los tres tipos más comunes de Fragmentos de Cristal son el Cuarzo Claro, la Amatista, y el Cuarzo Rosa. Las Varillas de Cristal (Palos) son trozos de Cristal en bruto y sin pulir, cortados en forma de bastón que varían en tamaño. Como la Selenita es bastante frágil y difícil de moldear con máquinas, suele venderse en esta forma. Y, por último, las Láminas de Cristal son rodajas de cristal cortadas y pulidas con lados rugosos que conservan el aspecto natural de la piedra. Los tamaños más grandes se utilizan generalmente en la decoración, mientras que podemos utilizar los más pequeños (hasta 2 pulgadas de diámetro) para fines curativos.

VEINTICUATRO TIPOS DE PIEDRAS PRECIOSAS IMPORTANTES

Ámbar

Esta piedra se crea a partir de la resina fosilizada de antiguos árboles; se presenta en varios tonos amarillos, dorados y marrones. El Ámbar tiene propiedades del Elemento Fuego, lo que lo convierte en un poderoso sanador y limpiador del cuerpo, la mente, y el Espíritu. Renueva el sistema nervioso a la vez que equilibra nuestras energías internas. También absorbe la energía negativa al tiempo que nos conecta con la sabiduría Ancestral. El Ámbar se asocia con el Chakra Manipura y el planeta Sol. Se relaciona con los Signos Zodiacales de Tauro y Leo. El Ámbar nos ayuda a superar la depresión al tiempo que estimula el intelecto y promueve la confianza en uno mismo, el altruismo, la autoconfianza, la toma de decisiones, y la paz interior. Esta piedra también nos da el valor para establecer límites saludables en nuestras relaciones, al tiempo que nos protege de las personas que agotan nuestra energía.

Amatista

Una piedra púrpura transparente que mejora la conciencia Espiritual desbloqueando un nivel superior de conciencia. Vibrando a una alta frecuencia, la Amatista tiene propiedades de Elemento Espiritual que crean un anillo de protección alrededor del Aura de uno, bloqueando frecuencias y energías más bajas. La Amatista también ayuda a la meditación y aumenta la intuición, la guía interior, y la sabiduría. Potencia nuestras capacidades psíquicas al estimular los Chakras del Tercer Ojo y de la Corona. Además, la Amatista favorece el equilibrio emocional y mental al eliminar la negatividad, y la confusión. Es conocida por alejar las pesadillas y fomentar los sueños positivos. La Amatista está relacionada con los Signos Astrológicos de Acuario y Piscis, con una afinidad con los planetas Urano y Neptuno y los elementos Aire y Agua.

Aguamarina

Esta piedra de color verde-azul transparente a opaco tiene energías calmantes que reducen el estrés al tiempo que aquieta la mente y aporta conciencia Espiritual. Nos conecta con los poderes del Agua y del Aire, ya que está asociada al planeta Júpiter y tiene afinidad con Urano y Neptuno. La Aguamarina es conocida por potenciar la capacidad cerebral y el intelecto. Al relacionarse directamente con el Chakra Vishuddhi, esta piedra mejora nuestra capacidad de comunicación y nos da el valor para expresar nuestra verdad interior. Calma nuestros miedos y aumenta nuestra sensibilidad a las energías de nuestro entorno. La Aguamarina agudiza nuestra intuición y elimina los bloqueos creativos. Nos ayuda a desarrollar la tolerancia y la responsabilidad, a la vez que mejora nuestra capacidad para resolver problemas. Esta piedra alinea los Chakras y protege el Aura de las energías negativas. Limpia la conciencia de los pensamientos cargados de emociones, promoviendo la armonía, y el equilibrio, lo que la convierte en una excelente herramienta para la meditación. La Aguamarina se relaciona con los Signos Zodiacales de Géminis, Escorpión, y Piscis.

Obsidiana Negra

Esta piedra negra y reflectante procede de lava fundida que se ha enfriado tan rápidamente que no ha tenido tiempo de cristalizar. Relacionada con el Elemento Tierra, esta piedra tiene un efecto de enraizamiento y calmante sobre la mente y las emociones, ayudándonos a mantenernos centrados y concentrados en la tarea que tenemos entre manos. Su color negro atrae al usuario hacia el vacío del espacio, donde se encuentra nuestra verdad interior. Como tal, esta piedra que mejora la verdad tiene cualidades reflectantes que exponen los bloqueos, las debilidades, y los defectos de la persona. Actúa como un espejo para el Alma que nos da vitalidad para encontrar el propósito de nuestra vida. Las propiedades energéticas de la Obsidiana Negra mantienen a raya los pensamientos negativos, promoviendo una visión positiva de la vida. También podemos utilizarla para desviar las energías negativas de los demás y eliminar las influencias Espirituales no deseadas. Esta piedra se relaciona con el Chakra de la Estrella de la Tierra y el Planeta Tierra, con una afinidad con Plutón y el Elemento Fuego. Su energía también es característica del Signo del Zodiaco de Escorpión.

Piedra de Sangre

Esta piedra de color verde oscuro a negro con manchas rojas parecidas a la sangre ayuda a eliminar los bloqueos energéticos del Aura, a la vez que potencia la vitalidad, la motivación, el valor, la creatividad, el vigor, la resistencia y la energía en general. Asociada al Planeta Marte y al Elemento Fuego, la Piedra de Sangre purifica y limpia los tres Chakras Elementales inferiores mientras equilibra el Chakra Corazón. Tiene propiedades de enraizamiento, reduciendo el estrés, la irritabilidad, la impaciencia y la agresividad, permitiéndonos vivir el momento presente. También protege de la energía ambiental dañina, como las frecuencias electromagnéticas perturbadoras. Además, esta piedra es excelente para mejorar la circulación sanguínea y equilibrar las hormonas, aportando coherencia al cuerpo físico. Los Antiguos soldados utilizaban la Piedra de Sangre para alejar el mal e invocar la energía del guerrero. La Piedra de Sangre está asociada a Aries y Piscis, los dos Signos del Zodiaco regidos por Marte. Tiene afinidad con el Elemento Tierra.

Cornalina

Esta piedra translúcida de color naranja a rojo pardo estimula la creatividad y la imaginación, ayudándonos a dar vida a nuevos proyectos. La Cornalina tiene un poderoso efecto sobre las emociones, por lo que está directamente relacionada con el Chakra Swadhisthana. Conocida como una piedra de acción y de avance en la vida, la cornalina nos ayuda a encontrar soluciones cuando experimentamos bloqueos emocionales. Tiene propiedades del Elemento Fuego, motivándonos a alcanzar el éxito en los negocios y otros asuntos. También nos ayuda a procesar emociones negativas como la ira, los celos, el miedo, la tristeza, la confusión, y la soledad, al tiempo que nos protege de las energías negativas proyectadas por otras personas. La Cornalina también puede utilizarse como herramienta para involucrarnos en expresiones creativas como el arte visual, la música, la danza o la escritura. Esta piedra está asociada a los Signos del Zodiaco de Aries, Leo, y Virgo. Además, tiene afinidad con Marte y el Sol.

Citrino

Esta piedra transparente de color amarillo anaranjado aporta vitalidad, confianza, valor, felicidad y alegría a la vida. Dado que se relaciona con el Hara y los Chakras del Plexo Solar, el Citrino es una piedra muy energizante que potencia la energía Pránica, la creatividad, la motivación, y la capacidad de resolver problemas. El Citrino favorece la autoestima y promueve la expresión de nuestra verdad interior. Tiene propiedades relacionadas con los Elementos Aire y Fuego. Sus rayos de luz dorada eliminan las inseguridades derivadas de una mentalidad negativa y las sustituyen por positividad. Esta piedra también se relaciona con el Signo Astrológico de Géminis y el Planeta Mercurio. Tiene afinidad con el Sol, por lo que podemos utilizarla para energizar todos los Chakras.

Cuarzo Claro

Esta piedra transparente lleva todo el espectro de la Luz en su interior, lo que la convierte en una maestra sanadora a todos los niveles. Al relacionarse directamente con el Elemento Espíritu, el Cuarzo Claro puede utilizarse para la meditación, la canalización, el trabajo con los sueños y la curación de la energía, a la vez que nos conecta con nuestro Yo Superior. Debido a sus profundas propiedades de limpieza, el Cuarzo Claro limpia cualquier energía estancada y negativa del Aura. Promueve la positividad, la claridad mental y emocional, y la concentración. El Cuarzo Claro mejora las habilidades metafísicas y nos sintoniza con nuestro propósito Espiritual y nuestra Verdadera Voluntad. Dado que sus usos curativos son amplios, esta piedra trabaja en todos los Chakras. Sin embargo, como es de muy alta vibración, el Cuarzo Claro funciona mejor en el Chakra Sahasrara y en los Chakras Transpersonales por encima de la cabeza. Su energía también amplifica los aspectos positivos de todos los Signos Astrológicos. Podemos utilizar el Cuarzo Claro para purificar, limpiar y potenciar la energía de otros Cristales. Como es fácilmente programable con la intención y los pensamientos, también se puede utilizar como talismán para atraer lo que uno desea.

Fluorita

Esta piedra transparente es una mezcla de colores púrpura, azul, verde, y transparente. Es excelente para neutralizar la energía negativa, desintoxicar la mente y aportar armonía a la mente, el cuerpo, y el Alma. La fluorita hace aflorar el genio interior estabilizando el Aura y aumentando la concentración. Asociada con el Chakra Ajna, esta piedra fundamenta e integra las energías Espirituales, aumentando los poderes psíquicos y la intuición. Dado que eleva la conciencia al Plano Espiritual, la Fluorita es una buena piedra para la meditación y el sueño profundo. Sus propiedades se relacionan con los Elementos Aire, Agua, y Espíritu, invocados por sus colores: su energía verde infunde el Elemento Aire, purificando el corazón, el azul trae el Elemento Agua, calmando la mente, mientras que el color púrpura integra las propiedades metafísicas del Elemento Espíritu. La energía clara y transparente, la fuerza guía de la piedra, realinea todos los Chakras y Elementos en un todo integrado, permitiendo que uno funcione mental, emocional, y físicamente en su capacidad óptima. Además de sus profundas propiedades curativas, la Fluorita es uno de los cristales más impresionantes del mercado, lo que la convierte en una piedra popular en los hogares.

Granate

Esta piedra de color rojo rubí, entre transparente, y translúcido, potencia la vitalidad, el valor, la creatividad, la determinación, el cambio, y la capacidad de manifestar los objetivos. Asociado a Marte y al elemento fuego, el granate limpia todos los Chakras y los revitaliza. Activa y refuerza el instinto de supervivencia al tiempo que invoca el amor incondicional, la pasión y la devoción Espiritual. Aterriza la energía caótica, equilibrando las emociones y creando una conciencia ampliada de uno mismo y del entorno. Es la piedra del despertar Espiritual, cuya energía es conocida por despertar la Kundalini cuando se utiliza junto con las prácticas Yóguicas diseñadas para despertar esta energía. El Granate también tiene fuertes vínculos con la Glándula Pituitaria, ya que promueve la regeneración del cuerpo, al tiempo que estimula el metabolismo, el sistema inmunológico, y el impulso sexual. Esta piedra está asociada a los Signos del Zodiaco de Aries, Escorpión, y Capricornio.

Aventurina Verde

Esta piedra verde translúcida es conocida por manifestar prosperidad y riqueza. Amplifica las intenciones de uno para crear más abundancia en la vida. Asociada al Chakra del corazón y al Planeta Venus, la Aventurina Verde aporta armonía a todos los aspectos del Ser. Equilibra la energía masculina y femenina, promoviendo una sensación de bienestar. También refuerza las cualidades de liderazgo y la decisión, al tiempo que fomenta la compasión y la empatía. La Aventurina Verde aumenta la creatividad y permite ver diferentes alternativas y posibilidades. Estabiliza la mente, suavizando las emociones y calmando la irritación y la ira. Esta piedra protege de los vampiros psíquicos. Dado que ayuda a la manifestación, la Aventurina Verde tiene poderosas propiedades del Elemento Tierra.

Hematita

Esta piedra de color negro metálico a gris acero proporciona una energía de enraizamiento y equilibrio que ayuda a disolver las limitaciones mentales. La Hematita utiliza las cualidades magnéticas de nuestras energías Yin-Yang para equilibrar los Nadis y aportar estabilidad al sistema nervioso. Elimina las energías caóticas del Aura y repele los pensamientos negativos de otras personas. También nos da una sensación de seguridad al tiempo que aumenta la autoestima, el valor y la fuerza de voluntad. Las vibraciones calmantes de la Hematita la convierten en la piedra perfecta para las personas que sufren de ansiedad, estrés, y nerviosismo. Esta piedra es conocida por ayudar a superar compulsiones y adicciones. Su efecto relajante en el cuerpo físico mejora nuestra conexión con el planeta Tierra. La Hematita está relacionada con el Chakra Muladhara y el Elemento Tierra con una afinidad con Marte y el Elemento Fuego. Debido a que estimula la concentración, el enfoque, y los pensamientos originales, la Hematita tiene propiedades específicas afines a los Signos del Zodiaco Aries y Acuario.

Cianita

Esta piedra de color azul intenso alinea instantáneamente todos los Chakras y cuerpos sutiles. Asociada a los Chakras Causal y de la Estrella del Alma, la Cianita equilibra nuestras energías Yin-Yang al tiempo que elimina los bloqueos y restablece el Prana en el cuerpo. La Cianita aporta paz y serenidad; elimina toda confusión y estrés y mejora la comunicación y el intelecto. La Cianita también equilibra el Chakra de la garganta, ya que fomenta la autoexpresión y nos alinea con nuestra verdad interior. Despierta nuestras facultades psíquicas, activando nuestra capacidad innata de comunicación telepática. El relajante color azul de la Cianita nos abre a los Reinos Espiritual y Divino, permitiéndonos contactar con nuestros guías Espirituales, ya sea a través de la meditación o de los sueños. Su energía es de Quinta Dimensión y tiene ciertas propiedades afines al Elemento Aire. La Cianita es un poderoso transmisor y amplificador de energías de alta frecuencia que nos despierta a nuestro Verdadero Ser y propósito en la vida. Esta piedra nunca requiere limpieza energética ya que no puede retener vibraciones negativas.

Lapislázuli

Esta piedra de color azul oscuro opaco con motas metálicas doradas abre el Tercer Ojo, mejorando la intuición, la visión Espiritual, la guía interior, y las habilidades psíquicas. Los Medios suelen utilizar el Lapislázuli para contactar con los Planos Cósmicos superiores y mejorar su capacidad de canalización. Esta piedra es adecuada para mejorar la memoria y se utiliza a menudo en el trabajo de los sueños. El Lapislázuli tiene propiedades del Elemento Agua que tienen un efecto calmante sobre el sistema nervioso, mejorando la concentración y el enfoque. Su uso es beneficioso para el estudio y el aprendizaje, ya que mejora la capacidad de digerir el conocimiento y comprender las cosas en profundidad. También se puede utilizar para superar adicciones y traumas, ya que favorece la curación emocional. Como armoniza todos los aspectos del Ser, el Lapislázuli ayuda a superar el estrés y la ansiedad, facilitando la paz interior y promoviendo el sueño profundo. El Lapislázuli está relacionado con el Chakra Ajna y el Planeta Júpiter.

Malaquita

Esta piedra opaca de color verde oscuro con bandas de color verde claro y oscuro y azul verdoso protege a uno contra las energías negativas mientras libera patrones emocionales poco saludables que impiden que nuestras Almas avancen más. Asociada con el Chakra del Corazón y el Planeta Venus, la Malaquita realinea la mente con el corazón, ayudando a crecer Espiritualmente. Invoca el amor, la compasión y la bondad en nuestras vidas, sanando los traumas del pasado, y aumentando nuestras capacidades empáticas. La Malaquita nos enseña a responsabilizarnos de nuestras acciones, pensamientos y sentimientos, al tiempo que fomenta la asunción de riesgos y el cambio. Se sabe que protege contra la radiación mientras limpia la contaminación electromagnética. La Malaquita tiene un componente Terrenal y de conexión a tierra; está relacionada con el Signo Zodiacal de Capricornio.

Moldavita

Esta piedra de color verde oliva o verde apagado nos lleva más allá de nuestros límites y fronteras a dimensiones de otro mundo. Técnicamente es una Tektita, que es un grupo de vidrios naturales formados por impactos de meteoritos. Como tal, la Moldavita está literalmente fuera de este mundo. Sus propiedades energéticas son de Quinta Dimensión; se relacionan con los Planos Divinos superiores de la conciencia, con los que podemos contactar a través de la trascendencia completa. La Moldavita nos permite comunicarnos con nuestros Seres Superiores, Maestros Ascendidos, y otros Seres de alta vibración. También se dice que esta piedra nos abre al contacto Extraterrestre a través de la conciencia. Asociada al Chakra Transpersonal más alto, la Puerta Estelar, las propiedades metafísicas de la Moldavita nos permiten trascender el Tiempo y el Espacio. Como tal, se puede utilizar para obtener conocimientos relacionados con nuestras vidas pasadas y para limpiar cualquier equipaje no deseado que llevemos a esta encarnación. En un nivel más temporal, la Moldavita nos ayuda a descubrir las emociones que nos mantienen atrapados en situaciones infelices en la vida. Nos permite avanzar hacia el descubrimiento del propósito de nuestra Alma.

Piedra de la Luna

Esta piedra de color blanco lechoso y brillo luminiscente es ideal para potenciar la energía femenina, mejorar la intuición y las capacidades psíquicas, y equilibrar nuestras emociones. Está relacionada con los dos Chakras Mayores femeninos, Swadhisthana y Ajna, mientras que está directamente conectada con el Chakra Causal/Bindu. Con las propiedades del Elemento Agua, la Piedra de la Luna nos mantiene en equilibrio emocional, permitiéndonos seguir la corriente de la vida sin apegarnos demasiado. Invoca la pasividad, la receptividad, y la reflexión, permitiéndonos percibir el mundo que nos rodea sin juzgarlo. La Piedra de la Luna también es conocida por mejorar los patrones de creencias negativas y por potenciar nuestras capacidades empáticas. Su uso promueve un sentido más elevado de la conciencia y el crecimiento Espiritual. La Piedra de la Luna está relacionada con el Signo Zodiacal de Cáncer y el Planeta Luna; su energía es más potente cuando la Luna es creciente que cuando es menguante. Cuando hay Luna llena, la Piedra de la Luna es conocida por inducir sueños lúcidos. Los Antiguos utilizaban la Piedra de la Luna para ayudar con los problemas del sistema reproductivo femenino.

Jaspe Rojo

Esta piedra roja es excelente para proporcionar protección y estabilidad al Aura mientras absorbe la energía negativa. Puede neutralizar la radiación y otras formas de contaminación electromagnética y ambiental. Su vibración al rojo vivo aumenta nuestros niveles de energía, inspirando una actitud positiva al tiempo que conecta a tierra todas las energías no deseadas. El Jaspe Rojo proporciona valor para ser asertivo y resistencia mental para completar cualquier tarea. Tiene características del Elemento Fuego; el Jaspe Rojo está asociado al Chakra Muladhara y al Signo Zodiacal Aries, con afinidad a Saturno. Esta piedra nos sostiene y apoya en momentos de estrés, aportando estabilidad emocional y paz mental. Estimula nuestra imaginación, motivándonos a poner nuestras ideas en acción. Dado que enciende nuestro sistema energético, el Jaspe Rojo también regenera y rejuvenece nuestras pasiones y nuestro impulso sexual.

Cuarzo Rosa

Una piedra de color rosa transparente a translúcido que equilibra el Chakra del Corazón con su energía amorosa y pacífica. Invoca el Amor Divino, la misericordia, la compasión, la tolerancia y la bondad en el Aura. La vibración de color rosa de la piedra activa un puente entre los tres Chakras Espirituales superiores y los tres Chakras

Elementales inferiores. La creación de este puente es crucial para sintetizar el Ser
Espiritual con el Ser físico humano. Con propiedades del Elemento Agua, el Cuarzo Rosa
nos hace receptivos, enseñándonos a amarnos a nosotros mismos y a los demás a través
de la confianza, el perdón, y la aceptación. Su uso es beneficioso en momentos traumáticos
ya que calma las emociones a un nivel profundo. Es calmante para todo el sistema
nervioso, reduciendo el estrés y la ansiedad. El Cuarzo Rosa es la piedra ideal para atraer
a una pareja romántica a tu vida ya que aumenta el nivel de amor incondicional en el
Chakra del Corazón. Está relacionado con los Signos Astrológicos de Libra y Tauro y con
el planeta Venus. El Cuarzo Rosa también puede utilizarse como ayuda para el sueño y
para curar cualquier problema relacionado con el corazón físico.

Selenita

Esta piedra reflectante, de color blanco lechoso, es una poderosa herramienta para
sintonizarnos con los Planos Espirituales y Divinos de conciencia. Su uso proporciona
energía Etérea que nos conecta con nuestro Cuerpo de Luz que podemos utilizar para
contactar con Seres de alta vibración como Ángeles, Arcángeles, y Maestros Ascendidos
en estos Reinos Celestiales. Asociada con la Diosa Griega de la Luna, Selene, esta piedra
calmante con propiedades del Elemento Espíritu nos cura en todos los niveles: físico,
emocional, y mental. Atribuida al Chakra Sahasrara y al Chakra de la Estrella del Alma,
uno puede usar la Selenita para conectar con su propósito Divino y anclarlo a su
conciencia inferior. Además, podemos utilizar esta piedra para sintonizar con nuestra
sabiduría innata y realinear nuestra conciencia con el amor y la Luz. La Selenita nos
conecta con el ciclo Lunar y con nuestros Ángeles de la Guarda y Guías Espirituales.

Cuarzo Ahumado

Esta piedra translúcida de color marrón claro a oscuro mantiene las energías
protectoras de uno mientras desvía las vibraciones negativas. El Cuarzo Ahumado es
conocido por crear un círculo protector alrededor de uno mismo durante las ceremonias y
rituales Espirituales. También podemos utilizarlo para desviar las frecuencias
electromagnéticas emitidas por los aparatos electrónicos. Con las propiedades de los
elementos Tierra y Aire, el Cuarzo Ahumado pone a tierra todo el parloteo de la mente a la
vez que aumenta la concentración, lo que lo convierte en un compañero perfecto para la
meditación. Esta piedra ayuda a eliminar el miedo, el nerviosismo, y la ansiedad a la vez
que nos da una sensación de seguridad. Se sabe que amplifica la energía masculina y los
instintos de supervivencia. El Cuarzo Ahumado se recomienda a menudo para tratar la
depresión y el estrés emocional, ya que expulsa la oscuridad al tiempo que aporta energía
positiva. El Cuarzo Ahumado se asocia con el Chakra de la Estrella de Tierra y el Planeta
Saturno. También se relaciona con el Signo Zodiacal de Capricornio.

Sodalita

Esta piedra de color azul oscuro opaco con vetas blancas y negras es excelente para
mejorar la intuición, el psiquismo, la expresión creativa, y la comunicación. Relacionada

con los Chakras Vishuddhi y Ajna, la Sodalita eleva la conciencia al plano Espiritual, lo que lleva la mente superior al nivel físico. Al elevar la percepción Espiritual, la Adivinación, y las prácticas meditativas se intensifican. Con propiedades relacionadas con los elementos Aire y Agua, la Sodalita es una buena ayuda para el estudio, ya que elimina la confusión mental y aumenta la concentración, el enfoque y la capacidad de recordar información. Además, aumenta la capacidad de razonamiento, la objetividad, y el discernimiento. La Sodalita también estabiliza las emociones, aportando paz interior, lo que la convierte en una buena herramienta para superar los ataques de pánico. Además, aumenta la autoestima, la autoaceptación, y la confianza en uno mismo. Tiene afinidad con el Planeta Júpiter y el Signo Zodiacal de Sagitario.

Ojo de Tigre

Esta piedra marrón y dorada opaca con bandas más claras de esos dos colores combina las energías Solar y Terrestre para invocar la confianza, el valor, la motivación, la protección, y el equilibrio emocional. El Ojo de Tigre apoya la integridad, el orgullo, la seguridad, y nos ayuda a cumplir nuestros objetivos y sueños. Se asocia con el Chakra Swadhisthana y tiene afinidad con los Chakras Muladhara (Tierra) y Manipura (Fuego), y los Elementos que los rigen. Dado que su energía está directamente relacionada con el Sol, el Ojo de Tigre enciende la imaginación mientras nos mantiene enraizados en nuestras aspiraciones y búsquedas Espirituales y materiales. Nos conecta con nuestras Almas, lo que nos da poder y nos abre a nuestro máximo potencial. Su uso ilumina nuestra visión de la vida, aportando claridad mental y positividad, incluso cuando nos enfrentamos a la adversidad. El Ojo de Tigre nos ayuda a dominar nuestras emociones y a liberar los sentimientos negativos hacia los demás, como los celos. Tiene afinidad con los Signos Zodiacales de Capricornio y Leo.

Turquesa

Esta piedra opaca de color verde azulado a azul verdoso es excelente para la comunicación, ya que ayuda a articular los sentimientos internos al tiempo que elimina los bloqueos a la autoexpresión. Se relaciona con el Vishuddhi, el Chakra de la Garganta, donde las energías masculina y femenina se equilibran a través del Elemento Espíritu. La Turquesa es beneficiosa para conectarnos con nuestra verdad interior al tiempo que nos protege de las emociones negativas de la gente. Con propiedades de los Elementos Aire, Agua, y Fuego, la Turquesa equilibra los cambios de humor a la vez que potencia la inspiración que nos ayuda mentalmente cuando experimentamos bloqueos creativos. Además, ayuda a canalizar la sabiduría superior y a expresarla verbalmente o a través de la palabra escrita. La Turquesa está relacionada con los planetas Júpiter y Mercurio y con los Signos Zodiacales de Géminis, Virgo, y Sagitario. Ha sido una piedra muy utilizada en joyería a lo largo de la historia por su llamativo color y sus propiedades energéticas. Los Nativos Americanos, especialmente, la han llevado durante miles de años para conectar con las energías cósmicas.

LIMPIEZA DE PIEDRAS PRECIOSAS

Las Piedras Preciosas se programan con energía a lo largo del tiempo. Es su naturaleza hacerlo, principalmente si han sido manipuladas por otras personas o incluso por ti mismo cuando estabas en un estado mental desequilibrado. Por lo tanto, antes de utilizar las gemas con fines curativos, es crucial "limpiarlas" de cualquier energía residual. Limpiar una Gema la devolverá a su estado óptimo y neutro, lo cual es esencial, especialmente cuando se realiza una sesión de curación en alguien nuevo. Pero incluso si estás realizando la curación en ti mismo, ayuda a limpiar las gemas a menudo, ya que son más potentes cuando sus energías se restablecen.

Discutiré algunos métodos que he encontrado que funcionan mejor para limpiar las Gemas. Ten en cuenta que si estás familiarizado con la forma de limpiar la energía de las Cartas del Tarot como se indica en *The Magus,* puedes utilizar esos mismos métodos para limpiar las Piedras Preciosas también. La Limpieza de Luna Llena es especialmente útil ya que los rayos de la Luna son muy eficientes para disipar las viejas energías de las Gemas y devolverlas a su vibración óptima.

La forma más rápida, más popular, y quizás más eficaz de limpiar una Gema, es colocarla en agua salada. El agua por sí misma, especialmente la de un arroyo natural, funciona bien para limpiar una Gema, pero cuando se vierte en un vaso (no de metal o plástico) y se le añade sal marina, se consigue una limpieza más potente. Asegúrate de utilizar únicamente sal marina, ya que la sal de mesa contiene aluminio y otras sustancias químicas.

Asegúrate de que la Gema esté totalmente sumergida en el agua y déjala allí durante 24 horas para que tenga tiempo de restablecerse completamente. Una Gema que requiera una limpieza mucho más profunda y exhaustiva puede dejarse allí hasta una semana. Después, enjuaga tus Gemas en agua corriente, fría, para eliminar cualquier resto de sal. Se recomienda desechar el agua salada después ya que habría absorbido las energías negativas no deseadas.

Ten en cuenta que, aunque el agua salada es el método óptimo para limpiar una Gema, puede tener un efecto perjudicial en algunas Gemas e incluso cambiar su aspecto y propiedades. Por ejemplo, las piedras porosas que contienen metal o tienen agua no deben dejarse en agua salada. Las Piedras Preciosas que deben mantenerse alejadas de la sal son el ópalo, el Lapislázuli, la Pirita, y la Hematita, por nombrar algunas.

PROGRAMACION DE PIEDRAS PRECIOSAS

Además de utilizarse para la curación energética, las Gemas también pueden programarse con una intención específica para manifestar un objetivo. A lo largo de la historia se sabe que las Piedras Preciosas se utilizan como herramientas para ayudar a conectar los pensamientos conscientes con el cuerpo. Los pensamientos son poderosos porque dirigen la energía. Cuando uno utiliza una Gema programada, su frecuencia ayuda a magnificar los pensamientos e intenciones, ayudando así al proceso de manifestación.

Aunque mucha gente utiliza las Gemas para manifestar cosas materiales para ellos, como una nueva novia o un coche, siempre he creído que centrarse en tu transformación Espiritual en su lugar sería más propicio a largo plazo. Después de todo, atraer hacia ti algo que tu Ego quiere pero que no favorece la progresión de tu Alma, estancará el progreso de tu Evolución Espiritual, ya que tendrás que descartar esa cosa eventualmente para avanzar. Por lo tanto, si te centras en la Iluminación y programas las Gemas para alcanzar este objetivo, tu vida material se acomodará a su debido tiempo.

Puedes programar una Gema para que concentre su energía en algo que desees lograr o alterar dentro de ti, magnificando así tu intención. Así, la Gema se convierte en un talismán, un dispositivo energético auto-generador (batería) que añade el combustible necesario a tu fuerza de voluntad para alcanzar tu objetivo.

Busca un lugar donde puedas estar solo para este ejercicio. Antes de comenzar el proceso de programación de una Gema, debes dejar clara tu intención o propósito en lo que pretendes conseguir con su ayuda. Construye una frase sencilla con tu deseo incrustado en ella, enmarcada desde el punto de vista afirmativo. Si deseas ayuda para desarrollar una mejor memoria, por ejemplo, o para aumentar tu creatividad o inspiración, deja clara tu intención en tu frase. Consulta la Tabla 1 al final de este capítulo para ver las correspondencias entre las Gemas y las expresiones/poderes humanos.

A continuación, debes limpiar la Gema y eliminar de ella cualquier energía preprogramada. Para ello, realiza una de las técnicas de limpieza mencionadas anteriormente. Después, sostén la Gema en tu mano y conéctate con ella entrando en un estado de meditación. Siente cómo su energía entra en tu Chakra del Corazón a través de las palmas de las manos y hazte uno con ella. Una vez que hayas establecido la conexión, puedes empezar a programarla.

Habla a la piedra en voz alta como lo harías con un amigo. Deja claro para qué necesitas ayuda. Si sientes que su energía se vuelve negativa con respecto a lo que le pides, tendrás que buscar otra piedra. La conexión entre tú y la piedra debe ser positiva para que esto funcione.

Ahora empieza a repetir tu frase, que usarás como un Mantra. Tu frase es Mágica ya que la utilizarás para manifestar la realidad que deseas. Sigue repitiendo el Mantra durante unos minutos y siente cómo se calienta la piedra en tu mano mientras la cargas. Cuando sientas que has cargado la piedra lo suficiente con tu fuerza de voluntad, termina el ejercicio.

Ahora tienes un potente artefacto que te ayudará a conseguir lo que necesites. Guarda la piedra en lino blanco y llévala contigo hasta que se manifieste lo que le has pedido. Si sientes que necesitas reprogramar la piedra o agregarle más carga, siempre puedes sostenerla en tu mano, hacer una conexión y repetir tu Mantra para programarla aún más.

SANACION DE LOS CHAKRAS CON PIEDRAS PRECIOSAS

La siguiente técnica de Sanación con Cristales puede realizarse sobre ti mismo o sobre otras personas. Cuando lo hagas en ti mismo, crea un espacio en el que puedas relajarte y meditar sin ser molestado. Si quieres quemar un poco de incienso para ponerte en el estado mental adecuado, hazlo. Para este ejercicio deberás estar cómodamente recostado, así que utiliza una almohada si lo deseas. Debes estar en un estado mental relajado y meditativo, practicando la atención plena.

El control de la respiración es uno de los componentes esenciales para entrar en un estado mental meditativo, que es un requisito previo cuando se trabaja con todas las modalidades de curación Espiritual. Para obtener resultados óptimos, utiliza la técnica de la Cuádruple Respiración (Sama Vritti) que puedes encontrar en el capítulo "Ejercicios de Pranayama" en la sección de Yoga de este libro. Este ejercicio de respiración calmará tus energías internas y elevará la vibración de tu conciencia, abriéndote a recibir la curación. Puedes utilizarlo de forma aislada durante unos minutos antes de la sesión de curación y durante la misma para mantenerte equilibrado.

Si estás realizando la Sanación con Cristales a otra persona, puedes incluir un componente de sanación manual en este ejercicio para obtener resultados óptimos. Sin embargo, sería útil que determinaras qué Chakras requieren atención adicional antes de comenzar el ejercicio de Sanación de Chakras. Esta información también puede aplicarse si deseas añadir el uso de Varitas de Cristal para optimizar el giro de los Chakras.

Escanee cada Chakra utilizando la palma de tu mano no dominante para intuir si está funcionando bien o su energía se siente estancada. Los Chakras que funcionan bien tienen una bola de energía con un calor constante que emana de ellos y que puedes sentir en tu mano escaneadora, ya que la presión se intensifica cuanto más contacto consciente haces con ellos. Sin embargo, los Chakras que están estancados crearán muy poca o ninguna presión en tu mano de exploración.

Método de Curación de los Chakras con Piedras Preciosas (con Elementos Añadidos Opcionales)

Para comenzar el ejercicio, coloca una Gema correspondiente en cada uno de los 7 puntos del Chakra Mayor (en la parte frontal del cuerpo) mientras estás acostado. (Utiliza la Tabla 1 para obtener esta información.) Para el Sahasrara, coloca una Gema sobre la cabeza. Para el Muladhara, puedes colocar una Gema sobre los genitales o justo debajo, en la zona entre el perineo y el coxis. Si estás trabajando con los Chakras Transpersonales, coloca el Cristal de la Estrella del Alma seis pulgadas por encima de la parte superior de la cabeza mientras colocas el Cristal del Hara directamente encima del ombligo (Figura 65). El Cristal de la Estrella de la Tierra debe colocarse seis pulgadas por debajo de los pies. Si estás haciendo este ejercicio solo y te resulta difícil colocar los Cristales en tu cuerpo, puedes pedir ayuda a otra persona.

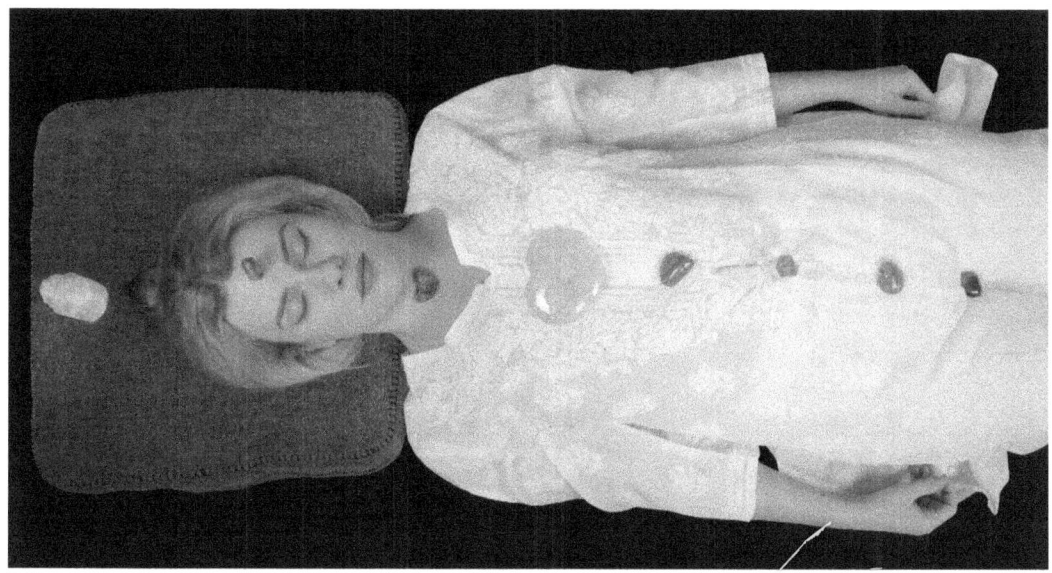

Figura 65: Colocación de las Piedras Preciosas en los Chakras

Una vez colocadas las Gemas, cierra los ojos y relájate, aquietando tu mente durante 10-30 minutos. Cuanto más tiempo hagas este ejercicio, más energía curativa obtendrás. Es esencial hacer por lo menos 10 minutos para que la energía de las Gemas infunda los Chakras eficientemente. Este ejercicio tiene un efecto cuantificable, lo que significa que cuanto más tiempo lo hagas, más curación recibirás. Para empezar, lo mejor es empezar con menos tiempo y luego añadir más tiempo a medida que se repite el ejercicio. Lo ideal sería que repitieras este ejercicio diariamente. Deja que tu Ser Superior te guíe en este proceso.

Durante la sesión de curación, practica la toma de conciencia de cualquiera de las respuestas de tu cuerpo al tratamiento curativo. Tu atención puede ser atraída por una o más de las Gemas, que pueden sentirse calientes o frías, pesadas o ligeras. Puedes experimentar hormigueos o descargas eléctricas, normalmente en las zonas donde se ha colocado la Gema, pero también en otras zonas del cuerpo. Simplemente, obsérvalos y déjate llevar. No te detengas en lo que estás experimentando. Este ejercicio debería hacerte sentir tranquilo y relajado, pero también con los pies en la tierra. La energía de las Piedras Preciosas estimulará tus pensamientos y emociones. En cualquier caso, centra tu atención en mantener tu mente en calma.

Opción# 1-Fragmentos de Cristal

Una poderosa técnica para amplificar la curación en un Chakra (o Chakras) específico es añadir cuatro, 8, o 12 Fragmentos de Cristal de Cuarzo Claro alrededor de una Gema Chakra para intensificar sus propiedades curativas. Cuantos más Fragmentos de Cristal de Cuarzo añadas, mayor será el efecto. Puedes utilizar esta parte del ejercicio en ti mismo o en otras personas. Cada Fragmento de Cristal de Cuarzo debe apuntar hacia la Gema central, lo que concentrará la energía en el Chakra elegido de manera más eficiente, amplificando e intensificando en gran medida el poder curativo.

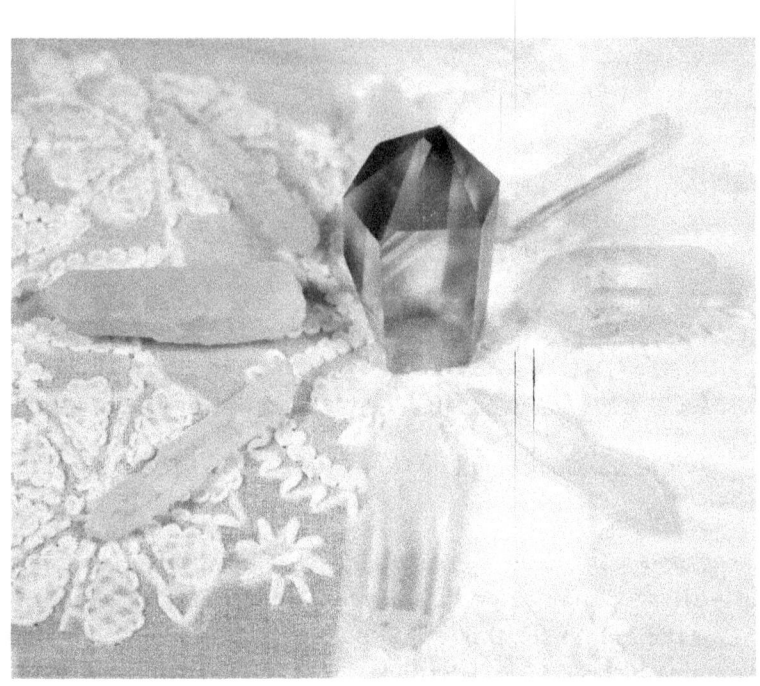

Figura 66: Amplificación de un Cristal con Fragmentos de Cuarzo Transparente

Por ejemplo, puedes potenciar el poder del Cristal colocado en el Chakra del Corazón, como un Cuarzo Rosa o una Malaquita, ya que éste es el Chakra del Elemento Aire que armoniza los tres Chakras inferiores de Fuego, Agua, y Tierra al tiempo que infunde el Elemento Espíritu. Utilizar un Cristal del Corazón para este propósito puede ser beneficioso, especialmente uno más grande que se convierta en el foco de la sesión de Sanación con Cristales. También puede ser beneficioso amplificar el poder de un Cristal del Chakra Hara (Figura 66), como un Citrino o una Piedra Solar. Al hacerlo, aumentará la cantidad de Prana en el cuerpo, que puede utilizarse para diversos fines, como potenciar la mente o sanar el cuerpo.

Opción#2-Sanación Práctica

Si estás realizando la Curación con Cristales a otra persona, puedes aprovechar el tiempo mientras está tumbada en silencio para practicar la curación manual de sus Chakras (Figura 67). Utilizando los Chakras de la Palma de la Mano, puedes enviar intencionadamente energía curativa a cualquier Chakra que necesite trabajo o a todos los Chakras dedicando unos minutos a cada uno si tu objetivo es equilibrarlos.

Al hacer la curación con las manos, es necesario generar energía Pránica en el pecho, lo que requiere que lleves la atención a su centro y respires desde los pulmones. Canaliza ahora esta energía a través de tus manos imaginando que la energía curativa sale de los Chakras de la palma de la mano y que infunde el Chakra en cuestión. Deberías sentir el calor que sale de tus manos y ocasionales sensaciones parecidas a toques eléctricos en la superficie de tu palma, si lo estás haciendo bien.

Figura 67: Envío de Energía Curativa a Través de las Palmas de las Manos

Opción#3-Varitas de Cristal

Un método poderoso para optimizar el giro de los Chakras es utilizar las Varitas de Cristal. Esta técnica puede ser utilizada en ti mismo o en otras personas. Si estás haciendo una sesión de Sanación con Cristales en otra persona, puedes incorporar esta técnica en los Chakras que necesiten atención extra. Es útil si ya has escaneado cada uno de los Chakras antes de empezar el ejercicio. Como tendrá que mover la Varita de Cristal circularmente para optimizar el giro de un Chakra, también tendrá que determinar si el Chakra que quiere trabajar gira en el sentido de las manecillas del reloj o en sentido contrario. (Utiliza el diagrama de la Figura 61 para obtener esta información).

Coloca la Varita de Cristal delante del Cristal que se encuentra encima del cuerpo sobre el Chakra objetivo. Asegúrate de que las propiedades de la Varita de Cristal se correspondan con el Chakra o utiliza una que pueda usarse en todos los Chakras, como una Varita de Cuarzo Claro. Ahora, empieza a moverla en el sentido de las manecillas del reloj o en sentido contrario. Cuando trabajes más cerca del cuerpo, tus círculos deben ser de menor diámetro que si trabajas más lejos, ya que cada Chakra se proyecta hacia afuera en forma de cono. También puedes tirar hacia fuera en forma de espiral, trazando el exterior del Chakra que se proyecta.

Al entrar en contacto con la cabeza de la flor del Chakra, se crea un vórtice de energía en el Aura cuyo movimiento optimiza el giro de ese Chakra en particular. Para obtener los mejores resultados, dedica de cinco a 10 minutos a cada Chakra que necesites trabajar. A menos que estés realizando esta técnica en ti mismo, puedes trabajar en dos Chakras a la vez (Figura 68).

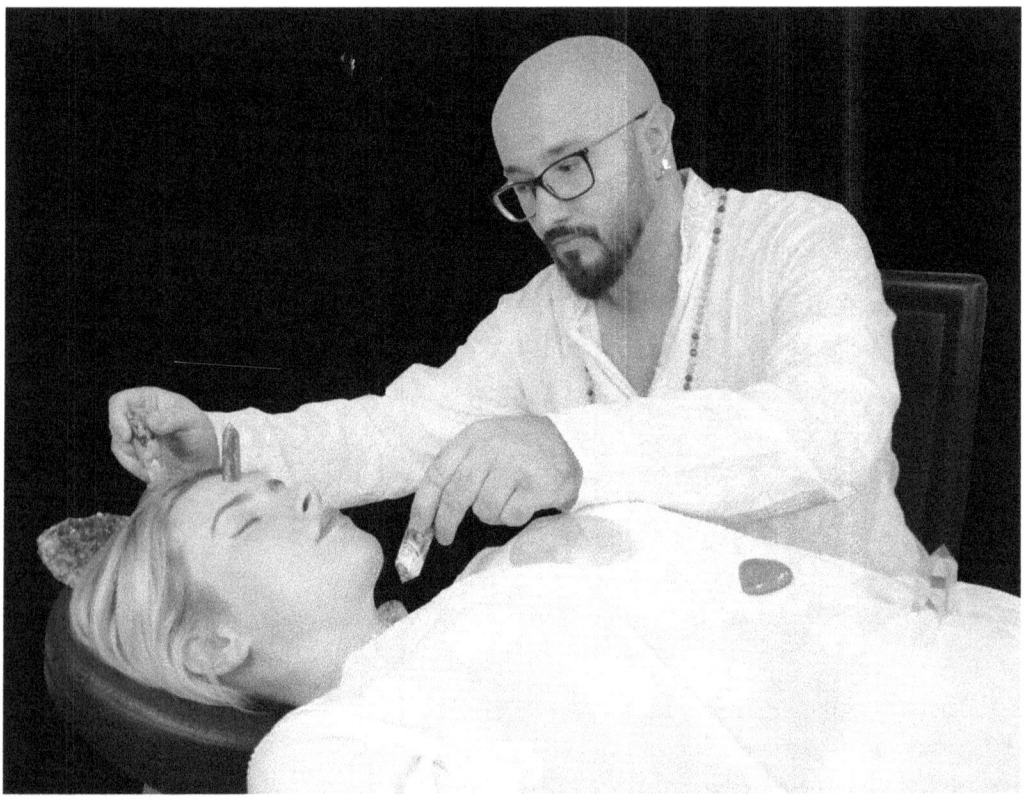

Figura 68: Optimización del Giro de los Chakras con Varitas de Cristal

Una vez completado el ejercicio de Sanación con Cristales, retira las Gemas de tu cuerpo. Tus Chakras recibirán una nueva energía, que podrás sentir con fuerza durante el resto del día. Cualquier exceso de energía se disipará durante el sueño, mientras que tus Chakras retendrán parte de la energía hasta el día siguiente o dos. Tu conciencia puede notar un cambio en tu energía inmediatamente dependiendo de lo sensible que seas psíquicamente. Teniendo en cuenta que estás afinando los 7 Chakras Mayores en este ejercicio, te equilibrarás en mente, cuerpo, y Alma. Sin embargo, este efecto es sólo temporal, por lo que te aconsejo que realices este ejercicio a menudo.

DIAPASONES

Durante miles de años, todas las culturas y tradiciones han hablado de un Campo de Energía Universal que conecta todo lo existente. *El Kybalion* se refiere a él como "El Todo" y añade además que todo lo que está dentro de este Campo que lo abarca todo está en constante vibración y movimiento. *La Santa Biblia se refiere* a la vibración del Universo como "el Verbo", mientras que en el Hinduismo, suena como el Mantra sagrado "Om".

Dentro de nuestro Sistema Solar y más allá, todo está compuesto esencialmente de Luz y sonido. Pitágoras enseñó que todos los Planetas crean una melodía de sonido en su movimiento de rotación, una vibración a la que se refirió como la "Música de las Esferas". "Mientras que la Luz está formada por ondas electromagnéticas, el sonido está formado por ondas mecánicas. Una onda mecánica es una vibración en la Materia que transfiere energía a través de un material como un Diapasón, que emana patrones de sonido de ondas sinusoidales perfectas.

El Diapasón se inventó a principios del siglo XVIII, pero en sus inicios se utilizó para afinar instrumentos musicales. Sin embargo, no fue hasta la década de 1960 que la ciencia de los Diapasones se aplicó al cuerpo humano y sus energías. Como tal, los diapasones se convirtieron en una poderosa modalidad utilizada en la Sanación con Sonido.

La terapia de sonido se basa en el principio de resonancia simpática: un objeto que vibra envía impulsos a través del aire, haciendo que otros objetos cercanos vibren en armonía con él. Los Diapasones se utilizan principalmente sobre el cuerpo o alrededor de él, enviando ondas de sonido a zonas concretas. En el caso de la sanación Cháquica, el foco de atención es la parte delantera del cuerpo, donde se encuentran los centros energéticos Cháquicos, o la parte trasera, a lo largo de la columna vertebral, también dirigida a los puntos Cháquicos. Los centros de energía Cháquicos resultan ser donde se encuentran los centros nerviosos a lo largo de la columna vertebral que envían impulsos a los diferentes órganos del cuerpo. Por esta razón, al energizar los centros Cháquicos, también estamos estimulando los órganos y optimizando su salud.

Nuestro sentido del oído que detecta el sonido está asociado con el Elemento del Espíritu o Aethyr. Por esta razón, el uso de los Diapasones en la Sanación con Sonido tiene un impacto inmediato en nuestra conciencia, a diferencia del uso de otras modalidades de sanación mencionadas en esta sección que requieren un período de aplicación más prolongado para sentir sus efectos energéticos.

El tiempo que requiere una modalidad de curación para impactar en la conciencia depende de cuál de los cinco sentidos filtra y del nivel del Plano Cósmico de su Elemento correspondiente. Los Cristales, por ejemplo, al estar asociados con el Elemento Tierra, requieren un período más largo de uso durante una sesión de curación para impactar la conciencia que la Aromaterapia, que está relacionada con los Elementos Agua y Aire que están más altos en la escala. A la inversa, el uso de Tattvas tiene un impacto aún más inmediato en la conciencia que los Cristales y la Aromaterapia, ya que se asocia con los Elementos Fuego y Aire.

Hay muchos diapasones y juegos en el mercado que se utilizan para la curación espiritual. Cada diapasón está calibrado para emitir una frecuencia de sonido particular que se relaciona con nuestro bienestar físico, mental, emocional y espiritual. Algunos de los conjuntos de diapasones más utilizados incluyen el Solfeggio Sagrado, la activación del ADN, el Árbol de la Vida Sephiroth, y las energías Planetarias. En todos los casos, los conjuntos de Diapasones están calibrados para coincidir con las energías particulares que deben producir. El uso de estos sonidos específicos cambia nuestra vibración interna, permitiendo que se produzca una profunda curación celular.

TIPOS DE DIAPASONES Y SU USO

Hay versiones con peso y sin peso de todos los Juegos de Diapasones. Los Diapasones Ponderados tienen un peso redondo en el extremo de cada púa. Cuanto más pesado sea el Diapasón, más fuerte o pesada será su vibración. Los Diapasones Ponderados tienen una vibración más robusta y pueden utilizarse alrededor del cuerpo y directamente sobre él con el extremo del Diapasón, el tallo, sentado en posición vertical. Los Diapasones No Ponderados no proporcionan la misma frecuencia que los ponderados y se utilizan mejor alrededor del cuerpo y de las orejas.

Los conjuntos de Diapasones de los que nos ocuparemos en este libro se relacionan directamente con los Chakras Mayores y Transpersonales. El proceso de curación de los Chakras con los Diapasones es sencillo. Lo único que hay que hacer es golpear un Diapasón y colocarlo en su zona correspondiente. Entonces, escuchando la vibración del Diapasón hasta que se apague, el Chakra relacionado se sintoniza con su sonido, volviendo así a su estado óptimo y saludable.

Dado que los Diapasones son una forma de Sanación por Sonido, es imperativo escuchar su vibración sin ser molestado, especialmente si estás usando Diapasones No Ponderados. Pero he comprobado que incluso si llevas tapones para los oídos cuando estás cerca de los Diapasones que vibran, la onda sonora induce el Aura y provoca un cambio interno. Su intensidad, sin embargo, es menor de lo que sería si estuvieras escuchando también la vibración.

En mi experiencia, no hay otro método tan poderoso y eficiente para equilibrar los Chakras como el trabajo con los Diapasones. Y esto se debe a que la Sanación por Sonido impacta directamente en el Plano Espiritual, que afecta a los Planos que están por debajo de él. Los ejercicios rituales de Magia Ceremonial de *The Magus* son la práctica más eficiente para aislar cada Chakra y trabajarlo. Al mismo tiempo, los Diapasones son los óptimos para equilibrar todos los Chakras a la vez.

Los Diapasones de los Chakras también proporcionan una vitalidad renovada y una sensación de bienestar al tiempo que calman y relajan el sistema nervioso. Al equilibrar los Chakras se silencia el Ego ya que se neutralizan los impulsos de las partes inferiores del Ser. Con los Chakras equilibrados, se obtiene la paz mental. A su vez, este estado mental equilibrado permite que la conciencia se conecte con el Ser Superior, trayendo inspiración, creatividad, y una vida con propósito a la propia vida.

Conectar con el Ser Superior permite vivir en el momento, mejorando las capacidades cognitivas y aumentando la conciencia del propio entorno. Vivir en el Ahora es un proceso apasionante que nos permite aprovechar nuestro máximo potencial como seres humanos Espirituales.

JUEGOS DE DIAPASONES CHAKRA

Existen dos juegos de Diapasones para los Chakras en el mercado, de los que hablaré. Ambos conjuntos sirven para equilibrar y afinar los Chakras mayores, aunque los efectos producidos son ligeramente diferentes. El primero es el Juego de los 7 Chakras (Figura 69), que suele incluir los Diapasones Estrella del Alma y Estrella de la Tierra. Este juego de Diapasones está diseñado para entrar en contacto con los Planos Cósmicos superiores, incluyendo la energía Espiritual interna. A través del Principio Hermético de Correspondencia (Como Es Arriba, Es Abajo), los Planos inferiores se verán afectados, incluyendo las emociones y los pensamientos. El juego de Diapasones de los siete Chakras se basa en la rotación de los Planetas alrededor del Sol.

El Conjunto de los Siete Chakras utiliza fórmulas matemáticas precisas de los ciclos Planetarios de nuestro Sistema Solar, conectando con nuestro Yo Cósmico Multidimensional. Esencialmente nos permite conectar con nuestro Ser Superior y utilizar sus poderes. El trabajo con estos Diapasones equilibra los Chakras y neutraliza el Ego. El resultado inmediato es un estado mental inspirado y claridad de pensamiento. Ser capaz de sintonizar los Chakras Transpersonales de la Estrella del Alma y de la Estrella de la Tierra permite conectar a tierra todo el sistema de Chakras, lo que alinea la conciencia con la Voluntad Superior. Permite estar en armonía con el Planeta Tierra.

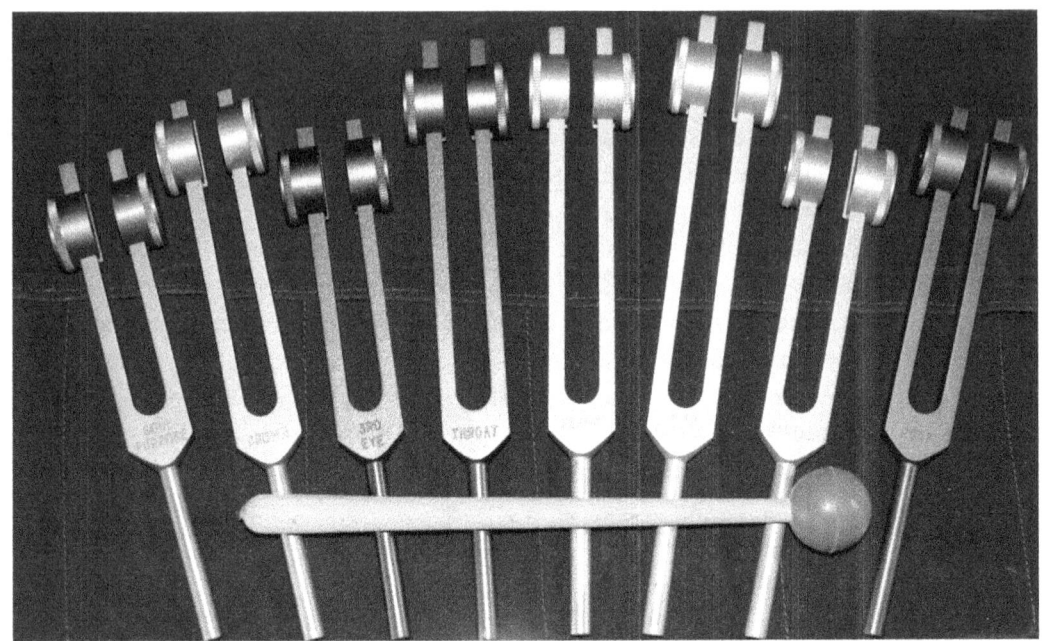

Figura 69: Juego de Diapasón de 7 Chakras con Estrella del Alma (Ponderado)

El segundo conjunto de Diapasones de los Chakras se denomina Conjunto del Espectro Armónico (Figura 70). Se trata de una octava completa de 8 Diapasones (Do, Re, Mi, Fa, Sol, La, Si, Do) derivada de las matemáticas Pitagóricas, que es esencialmente la escala musical ascendente. En comparación con el Conjunto de los 7 Chakras, el Conjunto del Espectro Armónico trabaja más a nivel físico, afectando directamente a la función cognitiva. Dado que el Plano Físico es más denso y de menor vibración que el Plano Espiritual, el cuerpo físico se ve afectado primero, lo que luego afecta a los Planos Cósmicos interiores a través del Principio de Correspondencia.

El Conjunto del Espectro Armónico está más centrado en los cinco sentidos humanos; los tejidos, fluidos, órganos, huesos, etc., del cuerpo físico, se ven afectados. Son las frecuencias tradicionales de los Chakras de la tradición Hindú con dos notas C que corresponden al Chakra Raíz, D al Chakra Sacro, E al Plexo Solar, F al Chakra Corazón, G al Chakra Garganta, A al Chakra Ajna, y B a la Corona.

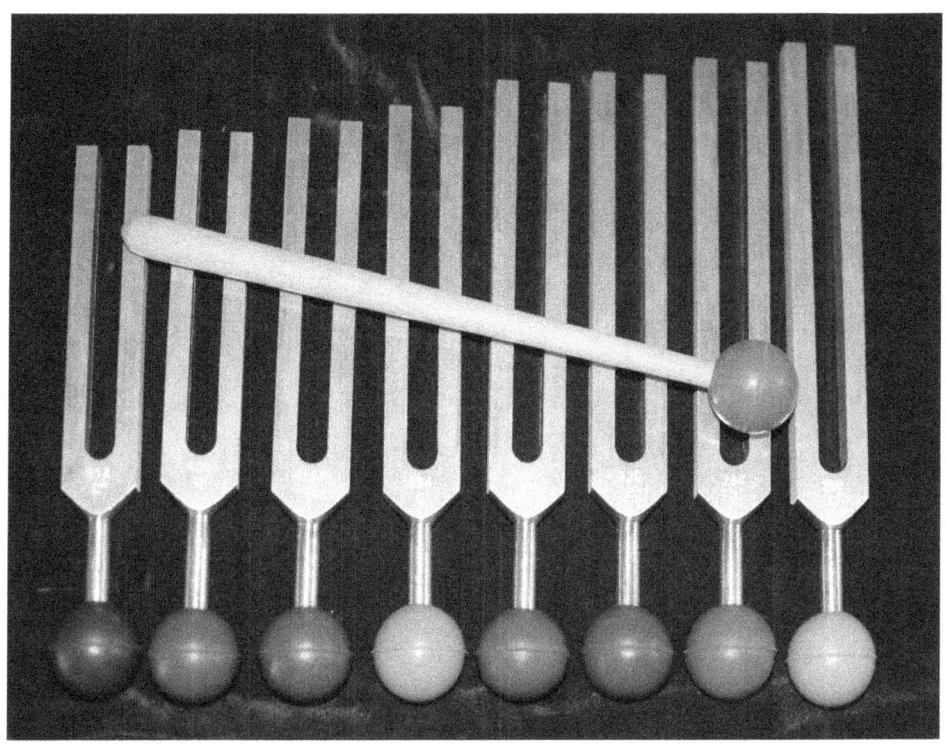

Figura 70: Conjunto de Diapasones del Espectro Armónico (Sin Ponderar)

SANACION DE LOS CHAKRAS CON EL DIAPASON

Puedes realizar la Curación con Diapasón en ti mismo si deseas dirigirte a los puntos Cháquicos de la parte delantera del cuerpo (figura 72). Para los puntos Cháquicos de la columna vertebral, necesitarás la ayuda de otra persona. Ten en cuenta que la persona que te ayude también estará recibiendo la curación, ya que los Diapasones funcionan a través de ondas sonoras -todo lo que hay que hacer es escuchar el sonido que hace un Diapasón o estar en la misma proximidad, y la vibración inducirá tu Aura.

Si te realizas la Sanación del Diapasón a ti mismo, debes estar sentado en una posición de Loto cómodamente o en una silla. Asegúrate de tener algo de privacidad cuando realices la Sanación de Chakras del Diapasón. Como en todas las prácticas y ejercicios Espirituales, la relajación, la concentración, y la paz mental son de importancia primordial. Como tal, debes comenzar cada sesión realizando la Respiración Cuádruple durante unos minutos con los ojos cerrados para calmar tu interior y entrar en un estado mental meditativo. Recuerda seguir utilizando esta técnica de respiración durante la sesión de curación también para obtener resultados óptimos.

La curación con el Diapasón se realiza mejor con el estómago vacío, ya que es cuando el Ego está menos activo y la mente está más concentrada. Además, enseño a mis estudiantes a no trabajar nunca con ejercicios de invocación o equilibrio de la energía justo antes de dormir ya que, en muchos casos, es un reto inducir el sueño después. En el caso de la Sanación de Chakras con Diapasón, descubrirás que tu vitalidad y tu energía bruta en general aumentarán después del ejercicio, lo que hará que no puedas conciliar el sueño durante al menos unas horas. Lo mejor es realizar esta práctica justo por la mañana, antes de una comida, y establecer el tono para el día estando energéticamente equilibrado.

Método Básico de Curación de Chakras con Diapasón

Comienza el ejercicio en el Chakra más bajo, la Estrella de Tierra, si tienes su correspondiente Diapasón. Si no es así, empieza por el Chakra Raíz, Muladhara, y golpea su diapasón con el mazo de goma que viene con el juego. Si no has recibido un mazo de goma, puedes utilizar un disco de hockey. Muchos practicantes prefieren utilizar el disco de hockey porque es más versátil.

En este método de Sanación Básica emplearás dos técnicas en cada Chakra. La primera técnica consiste en utilizar la parte vibratoria del Diapasón, la púa, en los diapasones no ponderados y el peso redondo en los ponderados y colocarlo a media pulgada del cuerpo sobre el Chakra. Otro método que se puede utilizar sólo con los Diapasones ponderados es apoyarlo sobre su vástago (parte final) y colocarlo en posición vertical directamente sobre el Chakra para que la vibración induzca al cuerpo. (Asegúrese de no tocar las púas del Diapasón para no perturbar su vibración).

El Diapasón debe mantenerse en posición y escucharse durante 20 segundos. Tendrás que golpear el Diapasón dos, tal vez tres veces, ya que el sonido desaparece después de 10 segundos más o menos. La Figura 71 muestra la posición de los Diapasones en la curación Cháquica, con o sin peso.

El Diapasón de la Estrella de la Tierra debe colocarse a 15 centímetros por debajo de los pies o a los pies si estás de pie, mientras que la Estrella del Alma debe colocarse a 15 centímetros por encima de la parte superior, en el centro de la cabeza. Para el Chakra Raíz, debes colocar tu Diapasón en el perineo o directamente debajo de él, mientras que, para el Chakra Corona, colócalo en el centro superior de la cabeza o directamente encima de él. La idea que subyace a esta primera técnica de curación, tanto si se utiliza el Diapasón sobre el cuerpo como si se encuentra a un centímetro de él, es permitir que el Diapasón vibrante induzca al Chakra y lo haga vibrar en resonancia con él.

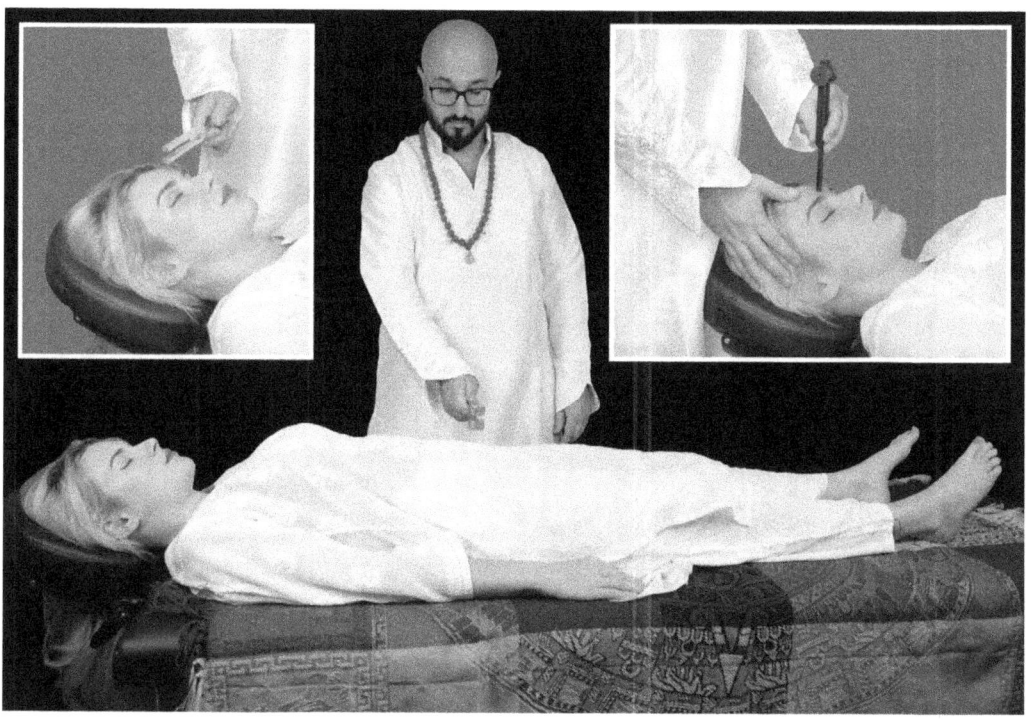

Figura 71: Colocación de los Diapasones en la Sanación Chaquica

La segunda técnica es similar al método de las Varitas de Cristal para optimizar el giro de un Chakra. Con este método, te centrarás sólo en los 7 Chakras Mayores. Dependiendo del género de tu Alma, determina la dirección del movimiento de la cabeza de la flor de tu Chakra Raíz. (De nuevo, utiliza la Figura 61 del capítulo anterior para averiguar cuáles de tus Chakras están girando en el sentido de las manecillas del reloj y cuáles en sentido contrario). A continuación, utiliza el Diapasón del Chakra Raíz y muévelo gradualmente de forma circular en la misma dirección que el giro del Chakra correspondiente. Puedes mantener el Diapasón paralelo al cuerpo mientras haces esto o tenerlo en un ángulo de 45 grados. A medida que se rodean los Diapasones, se mueven hacia fuera con un movimiento de tracción para los Chakras que se proyectan perpendicularmente al cuerpo. En cambio, para los Chakras Coronario y Raíz que se proyectan paralelos al cuerpo, haz circular sus correspondientes Diapasones hacia arriba y hacia abajo en forma de espiral. Ten en cuenta que siempre debes centrarte en el centro de donde emana la energía de los Chakras.

Debes utilizar ambas técnicas de curación con los Diapasones e intercambiarlas, dedicando aproximadamente dos o tres minutos a trabajar en cada Chakra. Ten en cuenta que este ejercicio tiene un efecto acumulativo. Cuanto más tiempo pases en cada Chakra, más lo estarás afinando. Si quieres dedicar más de tres minutos a cada Chakra, la elección es tuya. Ten en cuenta que debes ser consistente con todos los Chakras - si pasas una cierta cantidad de tiempo en un Chakra, entonces pasa una cantidad igual de tiempo en todos los demás ya que el propósito de este ejercicio es afinar los Chakras, pero también equilibrarlos.

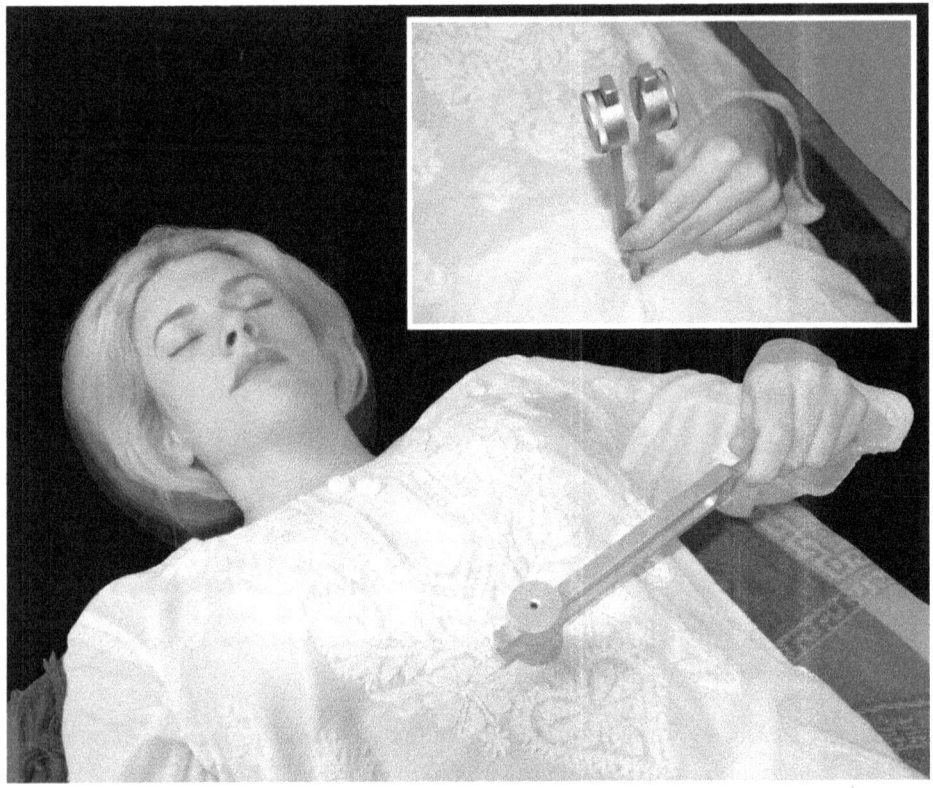

Figura 72: Uso de Diapasones Ponderados en uno Mismo

A continuación, sostén el Diapasón para el Chakra Sacro, Swadhisthana, y sigue el mismo procedimiento. Ten en cuenta que, si tu Chakra Raíz está girando en el sentido de las manecillas del reloj, tu Chakra Sacro gira en sentido contrario y viceversa. Por lo tanto, una vez que obtengas la dirección de giro de tu Chakra Raíz, el Chakra de arriba girará en la dirección opuesta, intercambiando a medida que vayas subiendo hasta llegar al Sahasrara.

Sé coherente con la variación de tu técnica mientras tienes la mente clara y te concentras en la tarea que tienes entre manos. Permite que todos los pensamientos externos se disipen y abandonen tu Aura sin que te apegues a ellos. La clave es mantener la mente en silencio y centrarse únicamente en la energía que hay dentro de ti mientras afinas tus Chakras. Hacer esto permitirá que ocurra la curación óptima.

A continuación, sostén el diapasón del Chakra del Plexo Solar, Manipura, y repite el mismo procedimiento con las dos técnicas mencionadas anteriormente. A continuación, haz lo mismo con los demás Chakras. Ten en cuenta que, si estás trabajando con los

Chakras de la Estrella de la Tierra y de la Estrella del Alma, debes comenzar con la Estrella de la Tierra y terminar con la Estrella del Alma, ya que son los dos Chakras más bajos y altos con los que estás trabajando. Además, cuando se trabaja con los Chakras Transpersonales, sólo se debe emplear la primera técnica de curación, ya que estos Chakras emanan hacia fuera desde su centro en lugar de proyectarse horizontal o verticalmente.

Una vez que hayas terminado con el ejercicio, dedica unos minutos a meditar sobre tu energía y permite que la curación impregne todos los niveles de tu conciencia. Descubrirás que la sanación de los Chakras con el Diapasón no sólo afina y equilibra los Chakras, sino que también te conecta con tu Ser Superior. Como resultado, su inspiración y creatividad aumentarán, así como la neutralidad de tu estado emocional. No hay manera más eficaz de equilibrar sus Chakras que con el uso de los Diapasones.

Método Avanzado de Curación de Chakras con Diapasón

Un método más avanzado para realizar la Curación de los Chakras con Diapasones es utilizar varios Diapasones simultáneamente (Figura 73). La idea detrás de esta técnica es conectar dos Chakras en secuencia. Esta técnica se realiza mejor en los Chakras Mayores, aunque también se puede hacer para unir la Estrella de la Tierra con el Muladhara y la Estrella del Alma con el Sahasrara.

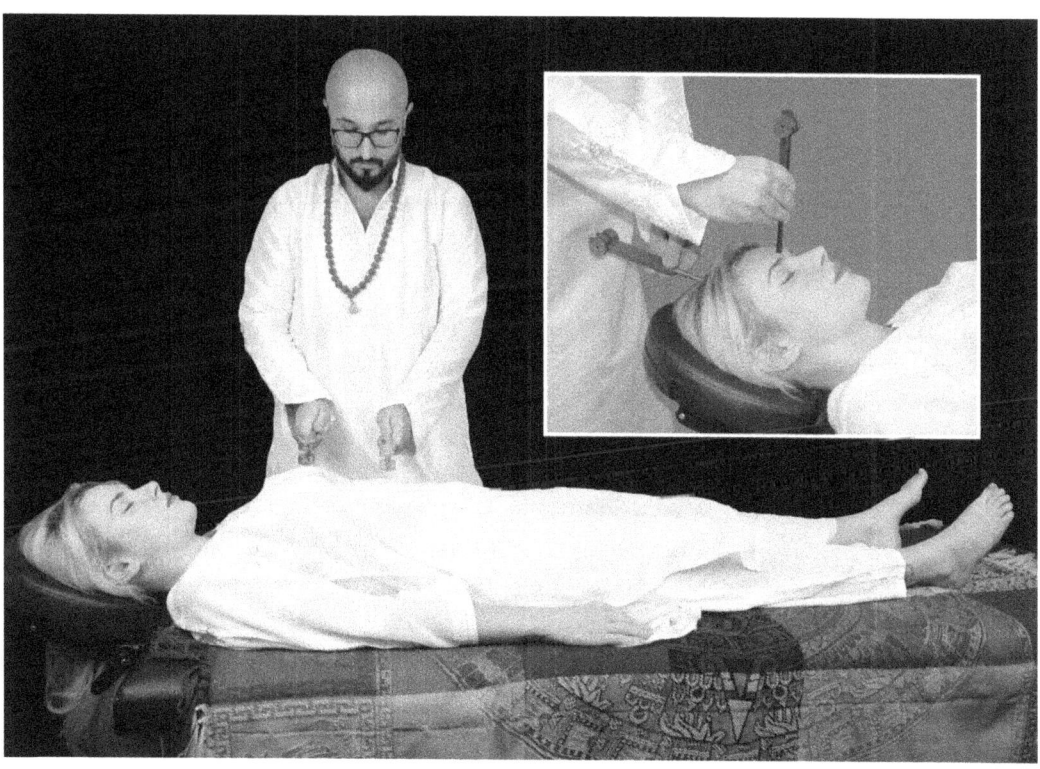

Figura 73: Trabajar con Dos Diapasones al Mismo Tiempo

Si estás trabajando sólo en los Chakras Mayores, sostén los Diapasones de la Raíz y del Chakra Sacro en una mano y golpea cada uno de ellos. Mientras están vibrando, coloca uno de los Diapasones en la otra mano y sitúalos sobre sus respectivos Chakras. Después de unos cinco segundos, sostén el Diapasón del Chakra Sacro y muévelo hacia el Chakra Raíz con un movimiento de cepillado. Ahora vuelve a subir a la zona del Chakra Sacro, de nuevo con un movimiento de cepillado. Repite este proceso unas cuantas veces con el Diapasón del Chakra Sacro, subiendo y bajando mientras mantienes el Diapasón del Chakra Raíz en su sitio.

A continuación, sostén ambos Diapasones en una mano y golpea cada uno de ellos con el mazo de goma o el disco de hockey. Repite el mismo proceso; sólo que esta vez mantén el Diapasón del Chakra Sacro en su sitio mientras mueves el Diapasón del Chakra Raíz hacia arriba y hacia abajo con un movimiento de cepillado. Repite este procedimiento varias veces, dedicando aproximadamente de tres a cinco minutos a cada conjunto de Chakras.

Ahora, deja el Diapasón del Chakra Raíz y coge el del Plexo Solar. Repite este mismo procedimiento para los Chakras Sacro y Plexo Solar, dedicando a este conjunto de Chakras la misma cantidad de tiempo que al primero. A continuación, deja el Diapasón del Chakra Sacro y sostén el del Chakra del Corazón. Repite el mismo proceso. Haz lo mismo con el resto de los Chakras, asegurándote de trabajar constantemente con cada par. Cuando termines, pasa unos minutos en silencio meditando sobre las energías invocadas antes de terminar el ejercicio por completo.

DIAPASONES SAGRADOS DE SOLFEGGIO

Las frecuencias Sagradas de Solfeggio se remontan a cientos de años atrás. Se cree que se originaron con los Monjes Gregorianos que cantaban estas frecuencias en armonía durante las misas religiosas para provocar un despertar Espiritual. Estas frecuencias de sonido conforman una escala de seis tonos donde cada frecuencia sintoniza diferentes partes del Ser a nivel físico, emocional, y Espiritual.

Como hay seis frecuencias originales, en los últimos tiempos se han añadido otras tres notas que faltaban para completar la escala entera. En conjunto, las frecuencias del Sagradas de Solfeggio sanan y equilibran todo el Sistema Cháquico. Siete de las nueve frecuencias se atribuyen a uno de los 7 Chakras Mayores, mientras que los otros dos Diapasones se corresponden con los Chakras Estrella de la Tierra y Estrella del Alma (Figura 75).

Cuando se utilizan en la Sanación por Sonido, los Diapasones Sagrados de Solfeggio se aplican mejor a 0,5-1 pulgadas de distancia de los oídos, haciendo así contacto directo con el Plano Etérico, la primera capa Áurica del cuerpo relacionada con la Estrella de Tierra y los Chakras Muladhara. La Estrella de Tierra también tiene una capa Transpersonal que es como un Plano Etérico que contiene todo el sistema Cháquico mientras se conecta con las energías de los tres Chakras Transpersonales más altos. Por lo tanto, al apuntar a la capa Áurica más baja, el Plano Etérico, podemos inducir cualquiera de las capas superiores a ella contenidas dentro de este Plano Etérico. Recuerde que las capas superiores interpenetran a las inferiores: Como Es Arriba, Es Abajo.

Cada capa Áurica de los Chakras Mayores está separada aproximadamente 1 pulgada de ancho de la que le precede o le sigue (Figura 74). (Las cuatro capas Áuricas de los Chakras Transpersonales son más amplias que las de los siete Chakras Mayores. Cada una de ellas tiene al menos 3-4 pulgadas de ancho, tal vez más.

Aunque el Chakra Causal/Bindu tiene su propia capa Áurica, situada entre el Plano Etérico de la Estrella de la Tierra y la Estrella del Alma, generalmente sirve como nuestro punto de contacto entre los Planos Espiritual y Divino. Luego tenemos la capa Áurica de la Puerta Estelar y otros campos sutiles que se superponen a ella. Sin embargo, al utilizar los Diapasones Sagrados de Solfeggio, sólo trabajaremos con las primeras siete capas Áuricas relacionadas con los Planos Físico, Astral, Mental, y Espiritual, mientras que utilizaremos el Diapasón de la Estrella del Alma para abrir nuestra conciencia a la alta vibración del Plano Divino.

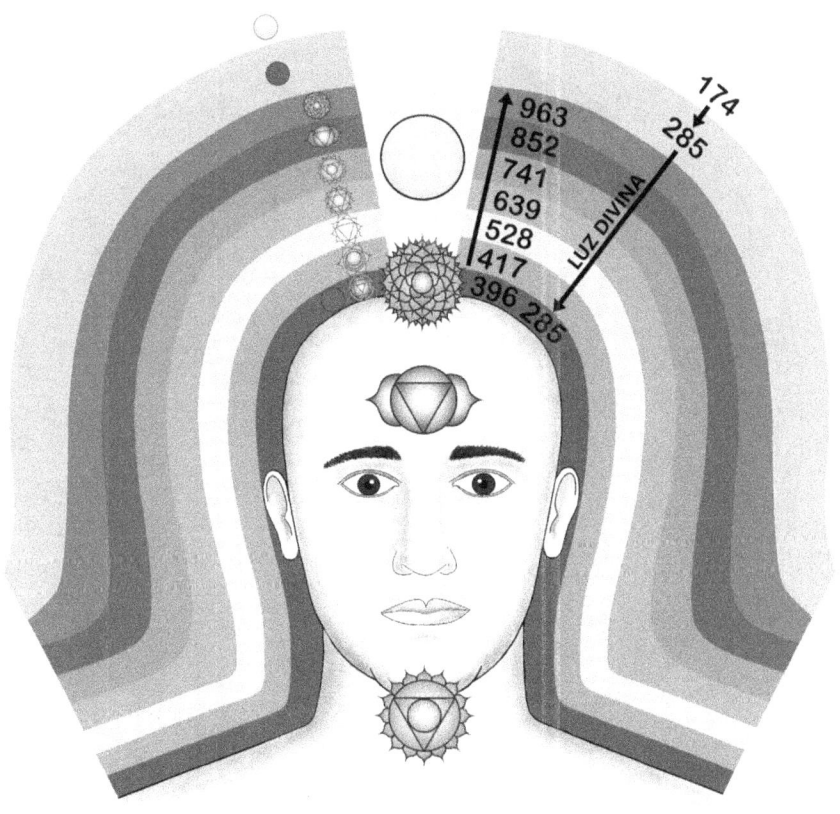

Figura 74: Las Frecuencias Sagradas de Solfeggio y las Capas del Aura

Cuando se utilizan los Diapasones Sagrados de Solfeggio (Figura 76), se comienza con la frecuencia más baja, 174Hz (Estrella del Alma), seguida de la frecuencia de 285Hz (Estrella de la Tierra). La baja frecuencia del Diapasón Estrella del Alma no te conecta con el Plano Divino elevando la vibración de tu conciencia hacia él. En cambio, tranquiliza tu conciencia para que te abras a la energía amorosa de la Quinta Dimensión, que se proyecta hacia abajo desde la Estrella del Alma. Entonces, el Diapasón de la Estrella de la Tierra recoge esta alta vibración y la aterriza y ancla profundamente en el Aura. Después, empiezas a moverte gradualmente hacia afuera a través de las siete capas Áuricas en secuencia utilizando sus correspondientes frecuencias relacionadas con los 7 Chakras Mayores. Debes terminar la progresión con la frecuencia final, 963Hz, relacionada con el Chakra Sahasrara.

En comparación con los dos conjuntos que he descrito anteriormente, los Diapasones Sagrados de Solfeggio tienen una vibración significativamente más alta y etérea. Abren la mente al Plano Divino y permiten que su Luz se derrame en la conciencia. Le dan a uno una visión de la experiencia Espiritual o religiosa de Dios. A continuación, describiré cada una de las nueve frecuencias Sagradas de Solfeggio y sus atributos y poderes.

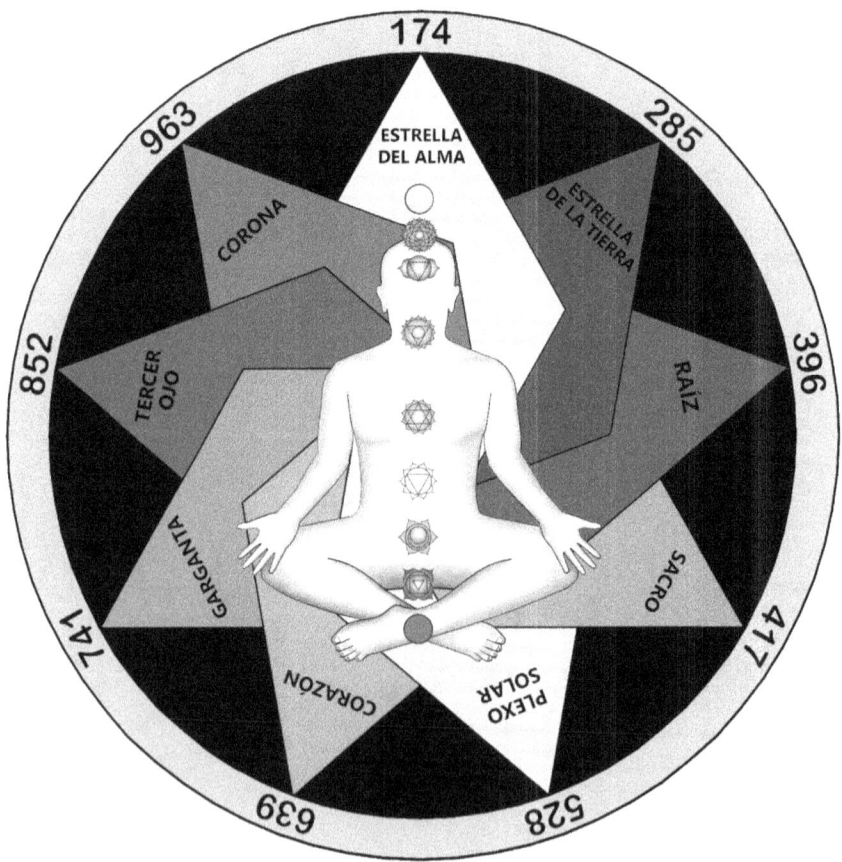

Figura 75: Las Frecuencias Sagradas de Solfeggio y los Chakras

174 Hz/Estrella del Alma

Al ser la vibración más baja de la escala Sagrada de Solfeggio, la vibración de 174 Hz actúa como un anestésico energético - cualquier dolor en el cuerpo físico o en el Aura será difundido por ella. Su baja vibración calmante da a nuestros órganos una sensación de seguridad, protección, y amor, y los devuelve a su estado óptimo. Nos hace sentir reconfortados y nutridos al aumentar nuestra conexión con el Chakra de la Estrella del Alma.

285 Hz/Estrella de la Tierra

La frecuencia de 285 Hz conecta la conciencia con la Madre Tierra ya que tiene una relación íntima con el Chakra de la Estrella de la Tierra. Esta frecuencia en particular aborda cualquier agujero en el Aura y los desequilibrios en los Chakras. Ayuda a reparar el tejido dañado enviando mensajes a los campos de energía correspondientes, indicándoles que reestructuren el tejido y lo devuelvan a su forma original. 285 Hz es la frecuencia elegida por muchos sanadores energéticos.

396 Hz/Muladhara

Al estar relacionado con el Muladhara, el Chakra Raíz, la frecuencia de 396 Hz se utiliza para realizar nuestros objetivos en la vida. Su energía nos sintoniza con el Elemento Tierra, que la conciencia utiliza para manifestar nuestros deseos en la realidad. Dado que fundamenta las emociones y los pensamientos, el Elemento Tierra también fundamenta nuestra culpa, el miedo, y los traumas. Los 396 Hz son una frecuencia liberadora que crea un poderoso campo magnético que despeja cualquier obstáculo para la realización.

417 Hz/Swadhisthana

Esta frecuencia particular alivia la tensión y el estrés y facilita el cambio positivo y la creatividad. Se asocia con el Swadhisthana, el Chakra Sacro, que se corresponde con el Elemento Agua. Tiene un efecto limpiador sobre las emociones, ya que elimina las influencias destructivas de los acontecimientos pasados almacenados en el subconsciente. Los 417 Hz reestructuran el ADN para que funcione de forma óptima, eliminando las creencias limitantes que nos impiden ser la mejor versión de nosotros mismos. A nivel físico, esta frecuencia aumenta la movilidad física al aliviar la tensión en las articulaciones y los músculos, ya que recibimos una afluencia de la energía del Elemento Agua. 417 Hz es un limpiador del Alma que comienza el proceso de sintonización con la luz.

528 Hz/Manipura

Al estar relacionada con el Chakra del Plexo Solar (Manipura) y el Elemento Fuego, la frecuencia de 528 Hz está relacionada con la transformación a todos los niveles. Al optimizar nuestra energía vital y nuestra vitalidad, esta frecuencia nos aporta una mayor conciencia, claridad mental, inspiración, e imaginación. Nos da la energía bruta para las expresiones creativas y nos entusiasma con las oportunidades de la vida. La frecuencia de 528 Hz se ha relacionado con la reparación del ADN y la reconexión de las vías neuronales en el cerebro. Abre nuestros corazones aún más al poder de la Luz y provoca profundas experiencias Espirituales y milagros en nuestras vidas. Esta frecuencia ayuda a neutralizar la ansiedad y el dolor físico mientras facilita la pérdida de peso.

639 Hz/Anahata

Esta frecuencia está relacionada con Anahata, el Chakra del Corazón y el Elemento Aire. Más conocida como la frecuencia del amor y la curación, 639 Hz nos ayuda a crear relaciones interpersonales armoniosas en nuestras vidas, ya sea con la familia, los amigos o las parejas románticas. Esta frecuencia inspira la compasión, creando conexiones profundas con los demás. Aumenta la tolerancia, la paciencia, la comprensión, y la comunicación. En las relaciones románticas, la frecuencia de 639 Hz nos permitirá ser vulnerables, lo que mejora la intimidad. A nivel mental y emocional, esta frecuencia es muy curativa, ya que nos permite sintonizar con nuestras Almas y alejarnos del Ego y sus inhibiciones.

741 Hz/Vishuddhi

Esta frecuencia está relacionada con el empoderamiento y la expresión de la propia verdad. Como está relacionada con el Vishuddhi, el Chakra de la Garganta, la frecuencia de 741 Hz mejora la comunicación facilitando la claridad de pensamiento y de palabra, lo que aumenta la confianza en uno mismo. Además, esta frecuencia provoca una afluencia del Elemento Espíritu que nos permite sintonizar con nuestra intuición y nuestro Ser Superior. Esto nos lleva a una vida más sencilla y saludable, llena de nuevas oportunidades. A nivel físico, la frecuencia de 741 Hz provoca un cambio en la dieta hacia los alimentos con toxinas dañinas. Además, se sabe que esta frecuencia elimina cualquier infección bacteriana, viral, y micótica en el cuerpo.

852 Hz/Ajna

Al estar relacionada con el Chakra Ajna, el Ojo de la Mente, esta frecuencia tiene que ver con la visión interna, la intuición, los sueños profundos (a menudo Lúcidos), la conciencia y el corte de las ilusiones. Al traer una afluencia del Elemento Espíritu, la frecuencia de 852 Hz nos permite reconectar con el pensamiento Espiritual y las experiencias místicas. Aporta orden a nuestras vidas estableciendo un vínculo con el Ser Superior para que pueda comunicarse fácilmente con nuestra conciencia. Como tal, la frecuencia de 852 Hz nos da una comprensión más profunda de los misterios de la Creación. Transforma el ADN y eleva su vibración, sintonizándonos así plenamente con la Luz y nuestras Almas.

963 Hz/Sahasrara

Esta frecuencia particular se corresponde con el Sahasrara, el Chakra de la Corona, y trata de la Unidad. Nos conecta con la Conciencia Cósmica y la Quinta Dimensión, dando como resultado experiencias directas de los Planos Espiritual y Divino. Así como la frecuencia de 852 Hz nos dio una comprensión de las verdades internas relativas a nuestra realidad, la frecuencia de 963 Hz nos imparte sabiduría y conocimiento Universal. A través de esta frecuencia, los Maestros Ascendidos pueden hacer contacto con nuestra conciencia y enseñarnos a través de la Gnosis. También es frecuente que canalicemos la información recibida de los Planos superiores. La frecuencia de 963 Hz nos da la conexión más sustancial con nuestro Ser Superior al acercarnos a la Mente del Creador.

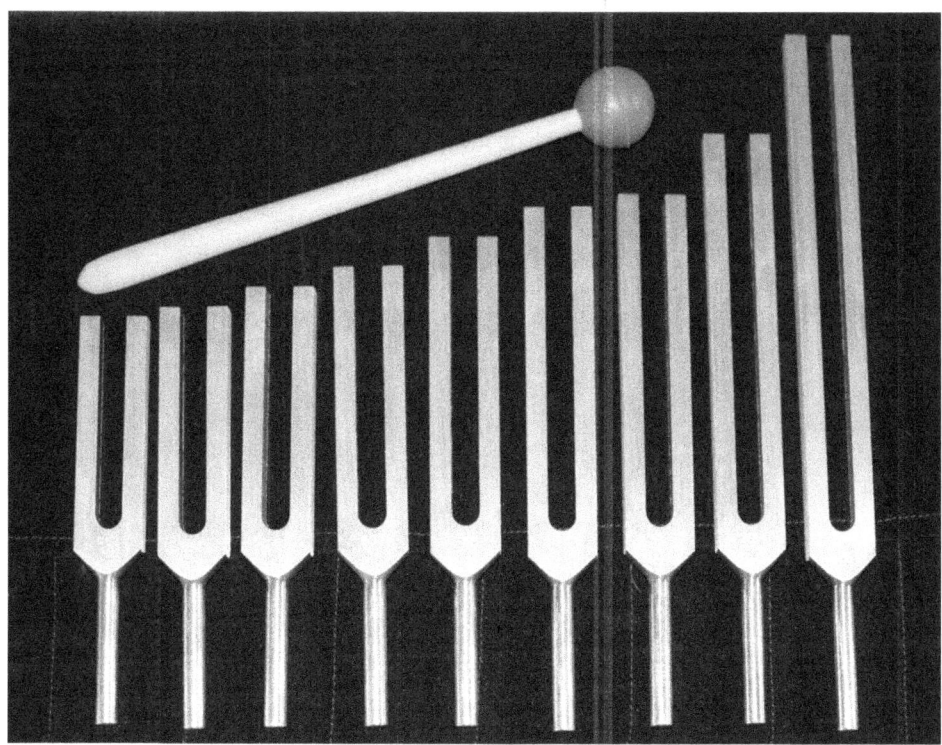

Figura 76: Diapasón de Sagrado de Solfeggio (Sin Ponderar)

Método de Curación con Diapasones Sagrados de Solfeggio

El siguiente ejercicio se debe utilizar con los Diapasones Sagrados de Solfeggio no ponderados, aunque puedes utilizar cualquier juego de Diapasones no ponderados con una escala descendente, como el juego de Espectro Armónico que he descrito. La idea es comenzar con la frecuencia más baja y moverse hacia arriba en la escala hasta terminar con la frecuencia más alta. Este método de curación te resultará sencillo de realizar, ya que sólo requiere que escuches las vibraciones de los Diapasones (Figura 77).

Puedes realizar este ejercicio en ti mismo o en otra persona. La persona que acepta la curación debe estar sentada o recostada. Comienza por calmar tus energías internas y entrar en un estado mental meditativo. Este método de curación tiene dos secuencias diferentes que pueden realizarse varias veces al día, aunque no simultáneamente.

En la primera secuencia, debes escuchar cada frecuencia Sagrada de Solfeggio de una en una, desde la más baja (174Hz) hasta la más alta (963Hz). Coloca primero el Diapasón vibratorio junto a la oreja izquierda (a una distancia de 0,5 a 1 pulgada) y escucha su sonido sin ser molestado durante veinte segundos. Deberás golpear el Diapasón al menos dos veces, ya que el sonido se apaga después de 10 segundos. A continuación, coloca el Diapasón que vibra junto al oído derecho y escucha durante 20 segundos antes de pasar al siguiente Diapasón en secuencia. Trabaja a través de la escala ascendente repitiendo el mismo proceso hasta terminar con la frecuencia de 963Hz, completando así la escala.

En la segunda secuencia, se escuchan dos Diapasones simultáneamente, uno por cada oído, siguiendo su orden en la escala. Comienza con los 174Hz y los 285Hz, colocando uno junto al oído izquierdo y el otro junto al derecho. Luego, cambia de oído. A continuación, coge los 285Hz y los 396Hz y repite el proceso. Y así sucesivamente, hasta terminar con las frecuencias de 963Hz y 174Hz, completando así el ciclo. Pasa unos minutos en silencio después de cada secuencia, meditando sobre las energías que invocaste antes de terminar el ejercicio por completo.

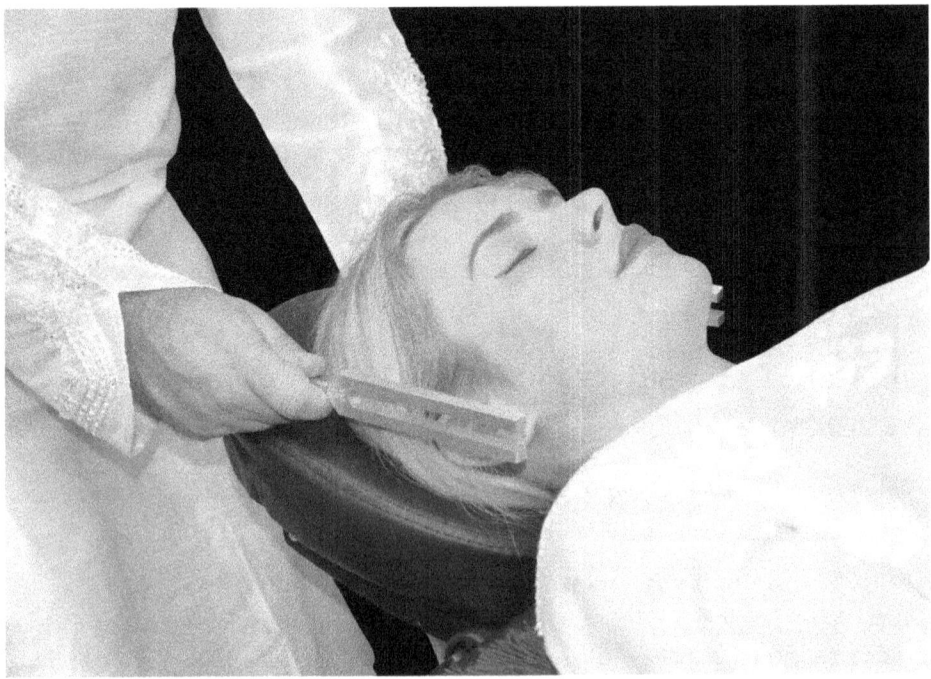

Figura 77: Colocación de los Diapasones junto a las Orejas

***

No es raro que los asuntos no resueltos salgan a la superficie para ser tratados, como es el caso de cualquier curación energética. Recuerda que estás afinando tus Chakras, lo que significa que debes sanar la energía Kármica que llevan. Este proceso puede ser desagradable para algunos y acogedor para otros que están decididos a superarlo. Céntrate en afrontar tus problemas en lugar de huir de ellos. La curación permanente y duradera sólo se produce cuando has aceptado algo de ti mismo y estás dispuesto a hacer un cambio.

Lo mejor sería que te volvieras flexible para cambiar tus creencias sobre ti mismo y el mundo en el que vives. De lo contrario, cada sesión de curación sólo será temporal para ti hasta que vuelvas a caer en tu vieja programación. Tu conciencia debe alinearse con tu Ser Superior que es de la Luz, si deseas realizar y vivir tu verdadero potencial Espiritual en esta vida.

TABLA 1: Los Doce Chakras y sus Correspondencias

Nombre del Chakra (Sánscrito e Inglés)	Ubicación y Color	Elemento, Plano Cósmico	Expresiones/ Poderes	Diapasón Hz- Cósmico/ Musical	Piedras Preciosas
Estrella de la Tierra, Super-Raíz	6 Pulgadas por Debajo de los Pies, Negro, Marrón, Magenta	Todos los Elementos, Plano Etérico/Astral Inferior (Etérico)	Fundación Energética, Vidas Pasadas, Conciencia de la Naturaleza, Registros Kármicos	68.05, -	Cuarzo Ahumado, Ónix, Obsidiana Negra, Magnetita
Muladhara, Raíz o Base	Entre el Perineo y el Cóccix, Rojo	Elemento Tierra, Plano Astral Inferior (Etérico)	Supervivencia, Conexión a Tierra, Seguridad, Físico, Kundalini (Origen)	194.18, 256.0 & 512.0	Hematita, Turmalina Negra, Jaspe Rojo, Obsidiana
Swadhisthana, Sacro o Bazo	Abdomen Inferior, Naranja	Elemento Agua, Plano Astral Superior (Emocional)	Emociones, Energía del Miedo, Mente Subconsciente, Sexualidad, Personalidad (Ego)	210.42, 288.0	Cornalina, Calcita Naranja, Ojo de Tigre, Septario
Hara, Ombligo	Ombligo, Ámbar	Todos los Elementos, Plano Astral	Puerta Astral, Fuente Pránica, Sustentación, Regeneración	-	Ágata de Fuego, Citrino, Piedra del Sol
Manipura, Plexo Solar	Plexo Solar, Amarillo	Elemento Fuego, Plano Mental Superior	Fuerza de Voluntad, Creatividad, Vitalidad, Motivación, Autoestima, Mente Consciente, Carácter (Alma)	126.22, 320.0	Ámbar, Citrino Amarillo, Topacio Dorado, Jaspe Amarillo y Ópalo
Anahata, Corazón	Entre Pechos (Centro), Verde	Elemento Aire, Plano Mental Inferior	Pensamientos, Imaginación, Amor, Compasión, Afecto, Bondad, Curación, Armonía, Conciencia de Grupo	136.10, 341.3	Aventurina Verde, Jade Verde, Malaquita, Cuarzo Rosa
Vishuddhi, Garganta	Garganta, Azul	Elemento Espiritual, Plano Espiritual	Comunicación, Inteligencia, Autoexpresión, Verdad, Discernimiento	141.27, 384.0	Amazonita, Aguamarina, Ágata de Encaje Azul, Topacio Azul, Turquesa, Sodalita, Angelita

Ajna, Ceja, Ojo de la Mente, Tercer Ojo	Entre las Cejas (Ligeramente por Encima), Índigo	Elemento Espiritual, Plano Espiritual	Clarividencia, Intuición, Sentidos Psíquicos, Sueño, Gnosis	221.23, 426.7	Lapislázuli, Zafiro, Azurita, Sodalita, Fluorita, Labradorita
Sahasrara, Corona	Parte Superior de la Cabeza (Centro), Violeta o Blanco	Elemento Espiritual, Plano Espiritual	Unidad, Ser Divino y Conciencia Cósmica (Enlace), Trascendencia, Comprensión, Sabiduría	172.06, 480.0	Amatista, Diamante, Cuarzo Claro, Cuarzo Rutilado, Selenita, Azeztulita
Causal/Bindu	Parte Superior y Posterior de la Cabeza (2-3 Pulgadas Fuera), Blanco	Todos los Elementos, Plano Espiritual/Divino	Unión, Muerte del Ego, Continuidad de la Vida, Exploración Cósmica, 4ª Dimensión	-	Piedra de Luna, Cuarzo Aura de Ángel, Celestita, Cianita, Herderita
Estrella del Alma	6 Pulgadas por Encima de la Cabeza, Blanco Dorado	Todos los Elementos, Plano Divino	Ser Solar, Conciencia Espiritual, Propósito de Vida, Verdadera Voluntad	272.2,-	Selenita, Cianita, Cuarzo Nirvana, Danburita
Puerta de Enlace Estelar	12 Pulgadas por Encima de la Cabeza, Oro o Arco Iris	Todos los Elementos, Plano Divino	Yo Galáctico, Conciencia Cósmica y Yo Dios (Fuente), Divinidad, Eternidad, 5th Dimensión	-	Moldavita, Calcita de Rayo Estelar, Azeztulita, Selenita

AROMATERAPIA

La Aromaterapia utiliza extractos naturales de plantas para crear aceites esenciales, inciensos, aerosoles, y nieblas, que podemos utilizar con fines Espirituales, terapéuticos, rituales y de higiene. Esta práctica ha existido durante miles de años en varias culturas y tradiciones Antiguas: los registros escritos que se remontan a hace unos 6000 años mencionan el uso de aceites esenciales.

En la Antigua Mesopotamia, cuna de la civilización, el pueblo Sumerio utilizaba los aceites esenciales en ceremonias y rituales. Inmediatamente después de ellos, los Antiguos Egipcios desarrollaron las primeras máquinas de destilación para extraer los aceites de las plantas y los utilizaron en su proceso de embalsamamiento y momificación. Los Egipcios también fueron los primeros en crear perfumes a partir de los aceites esenciales, algo que seguimos haciendo hoy en día en la industria cosmética.

La gran variedad de fragancias de aceites esenciales no sólo tiene olores agradables, sino que emiten vibraciones específicas con propiedades curativas que impactan en nuestra conciencia cuando se respiran a través del canal olfativo o se aplican directamente sobre la piel. La Antigua medicina China fue la primera en utilizar los aceites esenciales de forma holística, mientras que los Antiguos Griegos utilizaban los aceites esenciales de forma tópica para combatir enfermedades y curar el cuerpo. Incluso los Antiguos Romanos utilizaban los aceites esenciales por su fragancia como parte de la higiene personal.

La Aromaterapia es un excelente método para utilizar los elementos del mundo natural para sanar la mente, el cuerpo y el alma. Sus beneficios para la salud incluyen el alivio del estrés, la ansiedad y el dolor físico, la mejora del sueño, el aumento de la vitalidad y el aumento de los sentimientos de relajación, paz, y felicidad.

Los aceites esenciales son los extractos vegetales más utilizados en Aromaterapia, tinturas concentradas elaboradas a partir de partes de flores, hierbas y árboles, como la corteza, las raíces, las cáscaras, y los pétalos. Las células que dan a una planta su fragancia se consideran su "esencia", que se convierte en aceite esencial cuando se extrae de una planta. Los tres principales métodos de extracción de los aceites esenciales de las plantas son la destilación, el prensado en frío, y la extracción con CO_2 supercrítico.

En un nivel sutil, los aceites esenciales tienen un efecto curativo sobre el Aura y los 7 Chakras. Se pueden utilizar de forma independiente o combinados con Cristales,

Diapasones, Mudras, Mantras, y otras herramientas dadas en esta sección para la invocación/manipulación de la energía.

USO DE LOS ACEITES ESENCIALES

La Aromaterapia es una curación vibracional basada en principios metafísicos y en los beneficios fisiológicos y físicos de los componentes químicos de cada fragancia. Mientras que los Cristales influyen en nuestra conciencia a través del contacto físico (tacto) y los Diapasones actúan a través del sonido, los aceites esenciales actúan a través de nuestro sentido del olfato para afectar a nuestras energías internas.

Los tres métodos más populares para utilizar los aceites esenciales son el uso tópico, la difusión, y la inhalación. El uso tópico requiere mezclar los aceites esenciales con lociones o aceites portadores y aplicarlos directamente sobre la piel. Los aceites esenciales tienen potentes componentes químicos con propiedades antisépticas, antibacterianas, y antivirales que se han utilizado durante siglos para prevenir y tratar enfermedades cuando se usan directamente sobre la piel.

La difusión y la inhalación requieren que se utilice la nariz para respirar el aroma del aceite esencial para obtener un efecto curativo. Cuando se utilizan los aceites esenciales por sus propiedades sutiles, se necesita mucha menos cantidad que en la aplicación tópica. En general, cuanto menor sea la cantidad de aceite que se utilice, más potente será su efecto sutil.

En la difusión, se combinan gotas de aceites esenciales con agua fría en una máquina difusora (Figura 78), liberando gradualmente niebla en el ambiente. Cuando se difunden, la gran variedad de fragancias no sólo afecta a nuestro estado mental y emocional, sino que también ayudan a eliminar los olores no deseados de la atmósfera circundante y a purificarla de contaminantes nocivos.

El uso de aceites esenciales es generalmente seguro, aunque pueden producirse algunos efectos secundarios, como irritación de los ojos, la piel, y la nariz. Se trata de extractos "concentrados" en los que se necesita una enorme cantidad de materia vegetal para hacer una sola gota de aceite esencial, y cada gota contiene los componentes químicos condensados de todas las plantas que se han utilizado. Por lo tanto, usar demasiado aceite esencial puede causar efectos adversos, al igual que usar demasiados medicamentos.

Además, algunas fragancias pueden provocar reacciones alérgicas leves en personas con sensibilidad a las plantas. Por ello, la inhalación es el método más utilizado por los curanderos, que requiere oler el aceite esencial directamente del frasco para obtener los efectos deseados. Permite controlar completamente la cantidad de fragancia que se desea inhalar, lo que hace que sea el método de menor riesgo para aplicar los aceites esenciales durante una sesión de curación. Por ejemplo, si alguien tuviera una reacción alérgica con un difusor, podría tener que abandonar el espacio por completo, deteniendo o incluso teniendo que terminar la sesión de curación.

Los aceites esenciales también pueden utilizarse para preparar un baño aromático como parte de un proceso de limpieza ritual. Utilice sólo de seis a 8 gotas de un aceite esencial en los baños rituales y combínelo con velas encendidas de los colores correspondientes al efecto que quiere producir. Hay que tener en cuenta que la intención es fundamental, por lo que hay que elegir el aceite esencial con cuidado y practicar la atención plena durante el baño. Los baños rituales son una forma excelente de limpiar tus energías y deberían realizarse a menudo, especialmente como precursores de la meditación, la Magia Ceremonial, el Yoga, y otras prácticas de Sanación Espiritual.

Hay algunas precauciones que hay que tener en cuenta con el uso de los aceites esenciales. En primer lugar, los aceites esenciales nunca deben tragarse. Algunos aceites se consideran tóxicos cuando se ingieren, lo que puede causar daños en el cuerpo y los órganos. Por esta razón, asegúrese de mantener todos los aceites esenciales fuera del alcance de los niños. En segundo lugar, las mujeres embarazadas deben evitar el uso de aceites esenciales, especialmente durante el primer trimestre. Lo mismo ocurre con los niños menores de seis años. Y, por último, no se recomienda utilizar aceites esenciales en animales porque podrían tener reacciones adversas a la potencia de algunas fragancias e incluso morir. Por ejemplo, el uso de aceites esenciales en pájaros puede resultar mortal en muchos casos.

Figura 78: Aceites Esenciales y un Difusor

COMO FUNCIONAN LOS ACEITES ESENCIALES

Las fragancias de los aceites esenciales utilizan el aire que nos rodea como medio de transmisión para llevar las moléculas al conducto nasal (Figura 79), provocando así una respuesta emocional. Al mismo tiempo, las partículas del aceite esencial llegan a los pulmones con cada respiración, donde entran en el torrente sanguíneo, impactando directamente en el sistema nervioso y otros órganos. Como tal, la Aromaterapia está directamente asociada con el Elemento Aire. Sin embargo, dado que nuestro sentido del olfato está vinculado a nuestro Sistema Límbico, que regula las emociones, los comportamientos, los recuerdos, y la memoria. La Aromaterapia también está relacionada con el Elemento Agua.

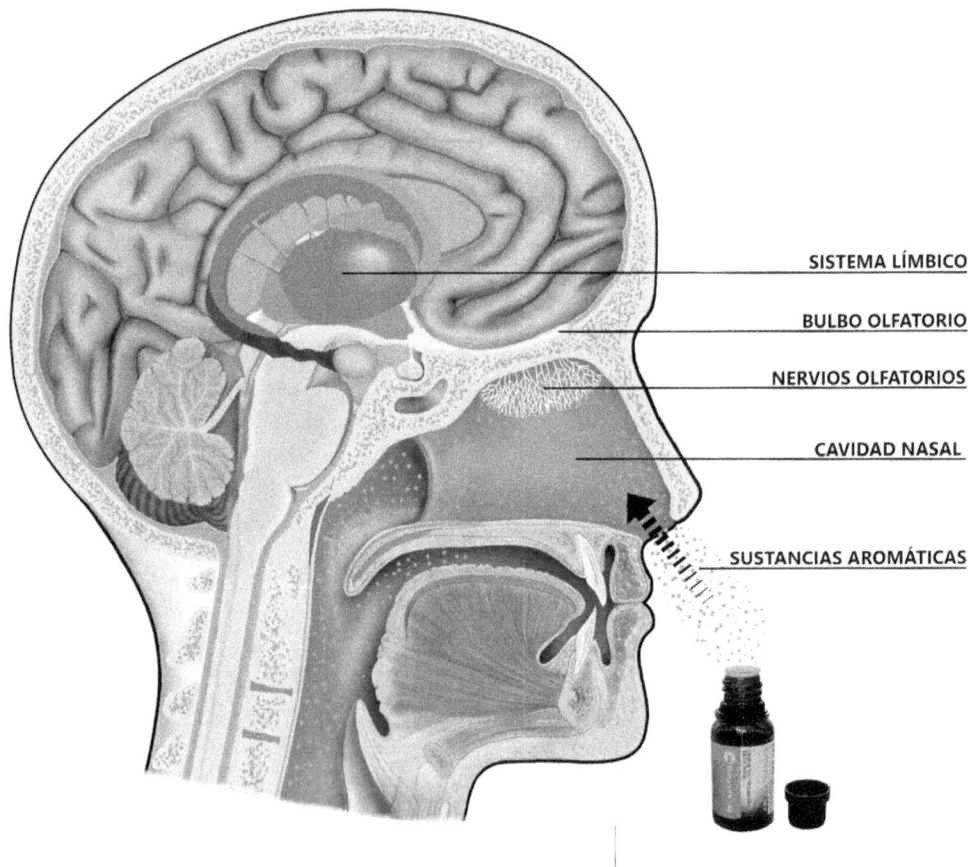

Figura 79: La Aromaterapia y el Sistema Límbico

Existe una relación simbiótica entre los Elementos Agua y Aire, exhibida por los procesos de la naturaleza. Por ejemplo, la molécula de agua (H_2O) contiene una parte de oxígeno. Esta estrecha relación también se encuentra en nuestros procesos mentales, ya que cada vez que experimentamos un sentimiento (Elemento Agua), un pensamiento (Elemento Aire) lo precede.

En la escuela Samkhya (también deletreada Sankhya) de la filosofía India, el sentido del olfato se asocia con el Elemento Tierra, lo que encaja en este caso ya que las plantas son sólidos orgánicos que provienen de la Tierra. Sin embargo, podemos cambiar el estado sólido de las plantas con la aplicación de calor y convertirlas en formas líquidas para crear tinturas de aceites esenciales. Sin embargo, no podemos cambiar el estado sólido de los Cristales, por lo que sus energías son más densas que las de las fragancias de Aromaterapia.

Las fragancias de la Aromaterapia son conocidas por activar viejos recuerdos y restaurar nuestras emociones a su estado de paz. Muchas fragancias también son conocidas por mejorar nuestro estado de ánimo general, ya que estimulan el Hipotálamo para que envíe mensajes a la Glándula Pituitaria con el fin de crear sustancias químicas cerebrales que nos hagan sentir bien, como la serotonina. Cuando estamos tranquilos y felices, la mente se tranquiliza, elevando la vibración de nuestra conciencia. Por esta razón, quemar incienso o difundir aceites es beneficioso antes de comenzar la meditación, ya que limpia el espacio y nos calma, permitiéndonos profundizar en nuestro interior.

Cuando aplicamos los aceites esenciales por vía tópica, mientras el aroma entra en los pulmones y las fosas nasales, la piel absorbe directamente más moléculas, lo que proporciona beneficios físicos inmediatos. Además, podemos utilizar la aplicación tópica de aceites esenciales para curar problemas relacionados con la piel, como curar un sarpullido o una herida leve, detener una infección, calmar el dolor de una quemadura solar o aliviar el picor de las picaduras de insectos. A los masajistas les gusta utilizar los aceites esenciales directamente sobre la piel para relajar los músculos y controlar el dolor.

ACEITES ESENCIALES PARA LOS SIETE CHAKRAS

Cada Chakra tiene propiedades únicas que se corresponden con determinados aceites esenciales. Por lo tanto, podemos utilizar los aceites esenciales en el cuerpo para promover el funcionamiento equilibrado de los Chakras. El método descrito a continuación puede utilizarse en un Chakra a la vez para optimizar su flujo energético o en varios Chakras que requieran curación. También se puede aplicar este método a los 7 Chakras al mismo tiempo para alinear todo el sistema Cháquico. Sin embargo, dado que los aceites esenciales tienen que aplicarse en el cuerpo donde se encuentran los Chakras, no podemos dirigirnos a los Chakras Transpersonales con este método de aplicación particular.

Cuando se utilicen aceites esenciales para sanar y equilibrar los Chakras, nunca se deben aplicar directamente sobre la piel sin diluirlos primero con un aceite portador. Las mezclas de aceites esenciales potencian y maximizan los efectos terapéuticos y medicinales. Hay una variedad de aceites portadores que se pueden utilizar para hacer mezclas esenciales para los Chakras, incluyendo el aceite de jojoba o el aceite de coco fraccionado. La proporción a tener en cuenta es de dos a tres gotas de un aceite esencial por una cucharadita de aceite portador. Las mezclas de aceites esenciales se aplican mejor con un frasco "roll-on" (con una esfera en la punta) estándar de 10 ml. Si utilizas otro tipo de botella, puedes utilizar el dedo para aplicar el aceite.

Para aplicar una mezcla de aceites esenciales, frota un poco en la parte delantera o trasera del cuerpo donde se encuentra el Chakra. Utiliza la cantidad justa para cubrir una zona de aproximadamente 1,5"-2" de diámetro. Una vez aplicado, puedes dejarlo en el cuerpo durante todo el día para obtener los máximos efectos terapéuticos. La única forma de detener la influencia curativa continuada de la(s) mezcla(s) esencial(es) es lavarla(s) del cuerpo con un jabón fuerte, aunque parte de la mezcla suele permanecer en la superficie de la piel.

Ten en cuenta que una vez que hayas aplicado la mezcla de aceites esenciales durante más de una hora, los cambios en tu energía ya se habrán producido, aunque tu conciencia pueda necesitar más tiempo para integrarlos. Por lo tanto, ayuda meditar inmediatamente después de la aplicación para acelerar el proceso de integración.

Utiliza la Tabla 2 para encontrar el/los aceite/s esencial/es más adecuado/s para cada Chakra. Algunos aceites esenciales tienen un efecto energético en un Chakra, mientras que otros tienen un efecto calmante. Los aceites equilibradores son buenos para equilibrar los Chakras, tanto si están poco activos como si están hiperactivos. Cuando el Chakra está poco activo, la vibración emitida por el aceite esencial elegido acelerará el giro del Chakra, devolviéndolo a su velocidad óptima. Cuando está hiperactivo, la vibración ralentizará el giro del Chakra y lo equilibrará.

Utiliza un aceite portador para hacer una mezcla de aceites esenciales para cada Chakra que quieras trabajar. Su intención es de suma importancia, ya que debe ser coherente y seguir las correspondencias indicadas en la Tabla 2. De este modo, puedes hacer una colección de mezclas de aceites esenciales para la curación de los Chakras, que podrás utilizar en tus futuras sesiones de curación.

También se pueden hacer mezclas individuales de varios aceites, siempre y cuando se correspondan con el Chakra al que se dirige y si se trata de energizarlo, calmarlo, o equilibrarlo. Por ejemplo, si estás haciendo una mezcla de aceites de 10 ml (dos cucharaditas) para equilibrar un Chakra Muladhara hiperactivo, deberías utilizar de cuatro a seis gotas de aceite esencial de una combinación de aceites calmantes que pertenezcan sólo a este Chakra. Experimenta con la mezcla de aceites esenciales utilizando la tabla siguiente como referencia.

TABLA 2: Aceites Esenciales para los Siete Chakras

Nombre del Chakra (Sánscrito e Inglés)	Aceites Energizantes	Aceites Calmantes	Aceites Equilibrantes	Aplicación en el Cuerpo (Delante/Detrás)
Muladhara, Raíz o Base	Canela, Cardamomo, Pimienta Negra, Jengibre, Ciprés	Vetiver, Pachuli, Madera de Cedro, Mirra, Albahaca	Sándalo, Incienso, Geranio	Entre el Perineo y el Cóccix, la Base de los Pies o Ambos
Swadhisthana, Sacro o Bazo	Naranja, Mandarina, Limón, Bergamota	Palo de Rosa, Ylang-Ylang, Salvia de Clarión, Neroli	Neroli, Jazmín, Helicriso, Sándalo, Elemi	Abdomen Inferior (Debajo del Ombligo), Espalda Baja o Ambos
Manipura, Plexo Solar	Pomelo, Limón, Hierba Limón, Jengibre, Lima, Enebro	Vetiver, Bergamota, Hinojo, Romero	Pimienta Negra, Nardo, Helicriso	Plexo Solar, Espalda Media o Ambos
Anahata, Corazón	Palma rosa, Pino, Palo de Rosa, Bergamota	Rosa, Mejorana, Madera de Cedro, Eucalipto	Jazmín, Melisa, Sándalo, Geranio	Entre los Senos (Centro), la Parte Superior de la Espalda, o Ambos
Vishuddhi, Garganta	Menta, Ciprés, Limón, Menta Verde, Salvia	Manzanilla Romana, Albahaca, Romero y Bergamota	Cilantro, Geranio, Eucalipto	En Medio de la Garganta, en la Nuca o en Ambas
Ajna, Ceja, Ojo de la Mente, Tercer Ojo	Salvia, Pino, Lavanda, Mirra, Sándalo y Enebro	Manzanilla Alemana, Albahaca, Pachulí, Madera de Cedro, Tomillo	Incienso, Helicriso, Jazmín	Entre las Cejas, En la Parte Posterior de la Cabeza o en Ambas. También, en Medio de la Frente (Quinto Ojo)
Sahasrara, Corona	Lavanda, Azafrán, Palo Santo	Palo de Rosa, Tomillo, Madera de Cedro, Neroli, Loto	Incienso, Mirra, Helicriso, Sándalo	Parte Superior de la Cabeza (Centro)

LOS TATTVAS

Tattva, o Tattwa, es una palabra Sánscrita que significa "principio, "verdad", o "realidad". Significa "lo que es eso", que puede entenderse además como la "esencia que crea el sentimiento de existencia". "En *Los Vedas*, los Tattvas son fórmulas sagradas o principios de realidad que denotan la identidad del Ser individual y de Dios, el Creador. Representan el cuerpo de Dios, que es el propio Universo, y nuestro propio cuerpo que experimenta la naturaleza a través de la conciencia.

Hay cinco Tattvas primarios (Figura 80), que representan la esencia de la naturaleza que se manifiesta como los Cinco Elementos. Los cinco Tattvas se conocen como Akasha (Espíritu), Vayu (Aire), Tejas (Fuego), Apas (Agua), y Prithivi (Tierra). Los cuatro primeros Tattvas (Prithivi, Apas, Tejas, Vayu) representan modos o cualidades de la Energía Solar del Prana en diferentes grados de vibración. Son una consecuencia de las emanaciones de Luz y sonido, que se funden en el Tattva final o principio -Akasha, el Espíritu/Elemento Ético.

Los Tattvas son primitivos y de forma sencilla; adoptan las cinco formas principales dentro del rango de percepción humana: el cuadrado, la media luna, el triángulo, el círculo, y el huevo. Los Tattvas se presentan en tarjetas con un fondo blanco que resalta su forma y color. Se clasifican como "Yantras", herramientas para la concentración mental y la meditación. Los Yantras son diagramas místicos de la tradición Tántrica y de la religión india que tienen muchas formas y configuraciones geométricas, a menudo muy complejas. Además de usarlos como herramientas de meditación, los Hindúes suelen utilizar los Yantras para adorar a las deidades en los templos o en casa. También los utilizan como talismanes para protegerse o atraer la buena fortuna.

Los Tattvas son quizás los Yantras más simples que existen. Sin embargo, en la simplicidad de sus formas y colores reside el potencial para establecer una poderosa conexión con los Cinco Elementos primordiales que existen en el nivel Microcósmico. Como tal, podemos obtener una conexión en el nivel Macrocósmico - Como Es Arriba, Es Abajo. Por lo tanto, al dominar los Elementos en nuestro interior, desarrollamos la capacidad de alterar y cambiar la realidad con nuestros pensamientos, convirtiéndonos en maestros manifestadores.

La Kundalini Shakti es la forma más sutil de energía (femenina) y una parte inseparable de la conciencia pura (masculina), representada por el Señor Shiva, consorte de Shakti. Aunque la energía y la conciencia se han separado y diversificado para dar lugar a la

Creación, siempre se esfuerzan por volver a unirse. Este proceso se ejemplifica con la energía Kundalini que sube desde la parte inferior de la columna vertebral hasta la parte superior (Corona) de la cabeza.

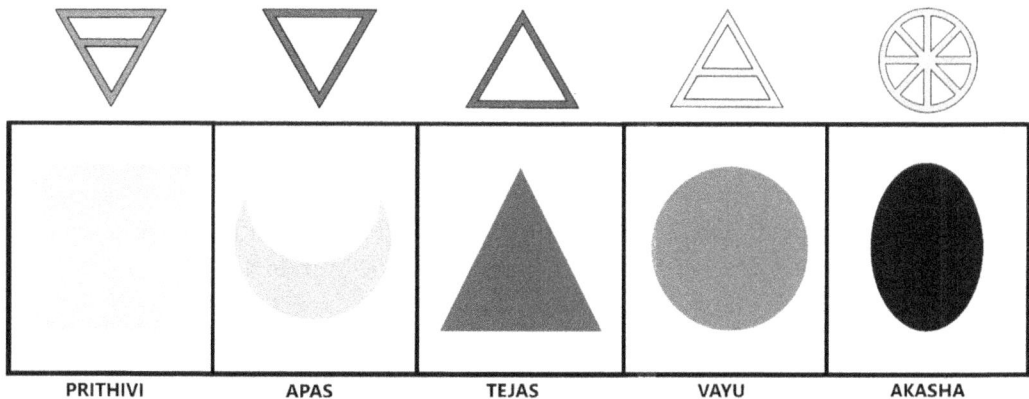

Figura 80: Los Cinco Principales Tattvas

El propósito de un despertar de la Kundalini no es sólo la Iluminación para el individuo en cuyo cuerpo tiene lugar este proceso, sino que Shakti y Shiva vuelvan a experimentar la unidad Cósmica de la que evolucionaron. Sin embargo, a medida que la Kundalini se eleva, el individuo experimenta el pleno despertar y la infusión de la Luz en los 7 Chakras, cuyas energías pueden desglosarse en los Cinco Elementos, representados por los cinco Tattvas primarios. Como tal, al trabajar con los Tattvas, estás trabajando en la sintonización de tus Chakras y en la curación de la energía Kármica contenida en ellos.

EL PROCESO DE CREACION

Durante el proceso de la Creación, la infinita Luz Blanca disminuyó gradualmente su vibración, manifestando los Cinco Elementos en etapas sucesivas. Cada uno de los cinco Tattvas primarios representa uno de los procesos creativos, comenzando por el Espíritu, seguido por el Aire, el Fuego, el Agua, y luego la Tierra como materialización final de la Creación. Según los misterios Esotéricos Orientales y Occidentales relativos a este tema, cada Elemento (Tattva) forma parte de una serie conectada en la que cada Elemento (Tattva) sucesivo se deriva de su predecesor. Además, todos los Tattvas deben ser considerados como una extensión de la conciencia pura y no como principios individuales que existen por separado.

El primer Tattva, Akasha (Espíritu), es una amalgama de energía y Materia que contiene una cantidad infinita de energía potencial en el Mar de la Conciencia. Cuando la energía del Akasha comenzó a vibrar en el proceso de evolución, creó un movimiento que manifestó el Tattva Vayu (Aire). Las partículas de Vayu tienen la máxima libertad de movimiento ya que el Aire es el menos tenue de los Cuatro Elementos inferiores. Al continuar el proceso creativo, el movimiento perpetuo de Vayu generó calor, provocando la aparición del siguiente Tattva, Tejas (Fuego).

Como el movimiento de la energía de Tejas era menor que el de Vayu, le permitió expulsar parte de su calor radiactivo, que se enfrió para crear el Tattva Apas (Agua). Con Apas, las partículas de Espíritu, Aire, y Fuego quedaron confinadas en un espacio reducido, con un movimiento limitado pero fluido. Sin embargo, a medida que la vibración de la manifestación de la Creación fue disminuyendo, Apas se solidificó en el Tattva Prithivi (Tierra), la siguiente y última etapa del proceso de la Creación. Prithivi es el equivalente al Malkuth Sephira en el Árbol de la Vida, que representa el Mundo de la Materia, la realidad física.

Hay que tener en cuenta que, durante el proceso creativo, los estados sutiles dieron lugar a estados más gruesos y densos que son de menor vibración que el estado precedente. Cuanto más alta es la vibración, más alto es el estado de conciencia y el Elemento al que corresponde. También hay que tener en cuenta que la causa es una parte esencial del efecto. La Tierra contiene los Elementos Agua, Fuego, Aire, y Espíritu, ya que evolucionó a partir de ellos, mientras que el Espíritu no, ya que precede a todos los Elementos.

En *The Magus* describí que cuando trabajas con la energía de un Elemento, en el momento en que has completado su proceso de Alquimia Espiritual, el siguiente Elemento en secuencia se revela ante ti. Por lo tanto, no hay una línea fina donde termina un Elemento y comienza el otro, sino que los cinco están conectados como parte de una secuencia.

Observarás que la secuencia Oriental de emanación de los Elementos es ligeramente diferente a la Occidental: el Elemento Aire viene inmediatamente después del Espíritu, en lugar del Elemento Fuego. Según el sistema Espiritual Oriental, el Elemento Aire es menos denso y más etéreo que el Fuego, por lo que los Antiguos Rishis anteponen el Aire al Fuego en la secuencia de manifestación de la Creación. Discutiré esta variación entre los sistemas Orientales y Occidentales en profundidad en la siguiente sección de Yoga, específicamente en el capítulo "Los Cinco Koshas".

EL SISTEMA DE LOS TREINTA TATTVAS

Cada uno de los cinco Tattvas tiene cinco Sub-Tattvas que se relacionan con diferentes Planos del Tattva principal al que pertenecen. Por ejemplo, un Tattva de Fuego tiene cinco Sub-Elementos: Fuego del Fuego, Espíritu del Fuego, Agua del Fuego, Aire del Fuego, y Tierra del Fuego. Al trabajar con los Sub-Elementos de los Tattvas, tenemos una manera más precisa de sintonizar con la energía exacta que deseamos.

Las principales energías que afectan a nuestro Sistema Solar, Planetario, y Zodiacal, pueden desglosarse en Sub-Elementos, que se corresponden con diferentes partes del Ser. Se relacionan con los caminos de conexión del Árbol de la Vida (Cartas del Tarot) y las energías que filtran un estado de conciencia en otro. Estos estados de conciencia son 10, representados por las 10 Esferas del Árbol de la Vida en la Cábala.

En la India existen seis escuelas principales de pensamiento sobre la filosofía Tátvica. El sistema original de Tattva fue desarrollado por el sabio Védico Kapila en el siglo VI a.C. como parte de su filosofía Samkhya, que influyó mucho en la ciencia del Yoga. La filosofía Samkhya utiliza un sistema de 25 Tattvas, mientras que el Shaivismo reconoce 36 Tattvas. La Orden Hermética de la Aurora Dorada utiliza el sistema de 30 Tattvas ya que este desglose particular se corresponde con los Elementos y Sub-Elementos que se encuentran en el Árbol de la Vida Cabalístico. Este sistema incluye los cinco Tattvas primarios y los 25 Tattvas Sub-Elementales (Figura 81). Considerando que tengo la más amplia experiencia con este sistema particular, es al que me adheriré en este libro.

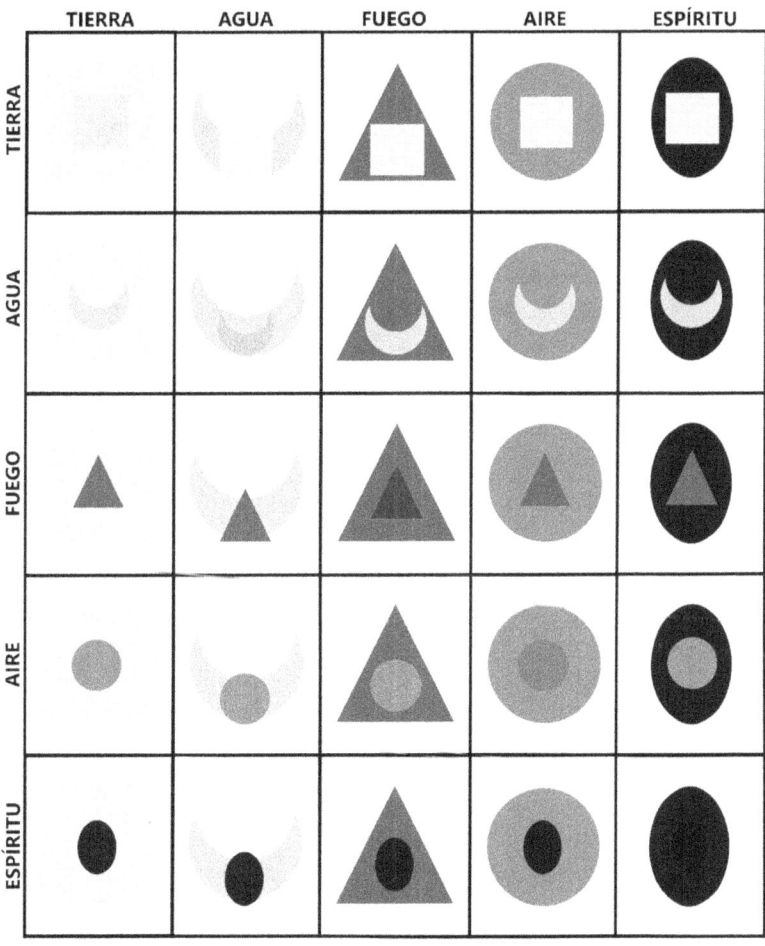

Figura 81: Los Veinticinco Tattvas Sub-Elementales

Dado que el trabajo con los Tattvas requiere nuestro sentido de la vista que percibe los colores y las formas del entorno, esta modalidad de curación vibracional está asociada al Elemento Fuego y al Plano Mental Superior. Por lo tanto, nos permite ir más profundo dentro de nosotros mismos que con otras modalidades de curación presentadas en este libro. Y como el Fuego se apoya en el Aire para su sustento, hay un componente del Elemento Aire también en el trabajo con los Tattvas, correspondiente al Plano Mental Inferior.

Por lo tanto, el Plano Mental que utiliza nuestra fuerza de voluntad y nuestros pensamientos es nuestro punto de contacto para alcanzar los Planos Cósmicos Superiores e inferiores, representados por los Tattvas. Además, esta relación simbiótica entre los Elementos Fuego y Aire es evidente en los procesos de la naturaleza. Por ejemplo, el fuego físico, o la llama, requiere oxígeno para su sustento; sin él, muere. Del mismo modo, la intención y la fuerza de voluntad no pueden tener éxito en ninguna empresa sin los pensamientos y la imaginación.

Como se ha mencionado anteriormente, el trabajo con los Tattvas es similar al trabajo con los Elementos a través de los ejercicios rituales de Magia Ceremonial presentados en *The Magus*. Sin embargo, la Magia Ceremonial se ocupa principalmente de las invocaciones, o de llamar a energías particulares del Universo exterior en tu Aura, mientras que el trabajo con los Tattvas constituye una evocación, lo que significa que accedes o "sacas" un tipo específico de energía dentro de ti para la introspección.

Por lo tanto, los ejercicios rituales de Magia Ceremonial invocan una cantidad más significativa de energía Elemental en el Aura, mientras que los Tattvas sólo trabajan con nuestras energías internas y naturales.

Sin embargo, la ventaja de los Tattvas sobre los ejercicios rituales de Magia Ceremonial es que se puede llegar a los Sub-Elementos sin esfuerzo utilizando sus respectivas cartas de Tattva (Yantras). Por el contrario, los únicos ejercicios rituales de Magia Ceremonial que te permiten lograr el mismo objetivo son las Llaves Enochianas que son muy avanzadas y llevan mucha energía Kármica específica de ese Egregor. Dejé notas de advertencia en múltiples páginas de *The Magus* respecto al trabajo con la Magia Enochiana porque requiere más de una docena de meses de preparación con otras invocaciones elementales más básicas. Con los Tattvas Sub-Elementales, sin embargo, se puede saltar directamente.

LOS CINCO PRINCIPALES TATTVAS

Tattva Akasha (Elemento Espiritual)

El primer Tattva, Akasha, se corresponde con el Elemento Espíritu. Akasha representa el vacío del espacio, el Aethyr, simbolizado por un ovoide o huevo negro, o índigo. Espíritu y Aethyr son términos intercambiables que representan la misma cosa: el Akasha. El color negro del Akasha refleja la oscuridad del vacío, que podemos ver en el vasto espacio entre los cuerpos Celestes (Estrellas y Planetas) del Universo. Cuando cerramos los ojos, también vemos mentalmente esta misma oscuridad del espacio ante nosotros, lo que implica que el Akasha también está dentro de nosotros. Aunque la negrura es la ausencia de Luz, contiene todos los colores del espectro en su interior. Como tal, es infinita en potencial y alcance. Por ejemplo, un agujero negro en el Universo contiene más masa que millones de Estrellas juntas.

El Akasha se equipará con el principio de la Luz Blanca que se extiende infinitamente en todas las direcciones. Los Hermetistas se refieren a él como la Primera Mente de Dios, el Creador (El Todo). Otro nombre es la "Mónada", que significa "singularidad" en Griego. La oscuridad del espacio no es más que un reflejo de la Luz Blanca a nivel físico, manifestada por la Segunda Mente, que fue generada (nacida) por la Primera Mente a través del proceso de diferenciación. Aunque no podemos entrar en la Primera Mente mientras vivimos, podemos experimentar su potencial despertando la Conciencia Cósmica en nuestro interior (a través de la Kundalini), que sirve de puente entre la Primera y la Segunda Mente.

El Universo manifestado, incluyendo todas las Galaxias y Estrellas existentes, están contenidas en la Segunda Mente. La materia es un subproducto de la energía Espiritual que es invisible a los sentidos pero que impregna todas las cosas. Como la esencia de todo, la vibración del Akasha es tan alta que parece inmóvil, a diferencia de los otros Cuatro Elementos, que están constantemente en movimiento y pueden ser experimentados a través de los sentidos físicos. El Akasha es Materia indiferenciada que contiene una cantidad infinita de energía potencial. En otras palabras, la Materia y la energía existen en su estado potencial latente dentro del Elemento Espíritu en el corazón mismo de la Creación. El Akasha nunca nació y nunca morirá. No se le puede restar ni añadir nada.

La energía Espiritual de la Primera Mente se manifiesta en la Segunda Mente a través de las Estrellas como Luz visible. Sin embargo, se dice que el Espíritu viaja más rápido que la velocidad de la Luz, teniendo la mayor velocidad conocida por la humanidad. Esto explicaría por qué la información canalizada a través de la Conciencia Cósmica se transmite instantáneamente en cualquier lugar del Universo. Y por qué las personas Espiritualmente evolucionadas necesitan simplemente pensar en un objeto o lugar, e inmediatamente experimentan lo que es ser ese objeto o estar en ese lugar a través del pensamiento.

Dado que viaja más rápido que la velocidad de la luz, la energía Espiritual trasciende el espacio y el tiempo según la Teoría de la Relatividad de Einstein. Como tal, no es raro que las personas Espiritualmente despiertas desarrollen el sentido de la precognición o presciencia, permitiéndoles ver el futuro a través del sexto sentido (psiquismo). La conciencia Espiritual permite acceder a los Registros Akásicos.

En la Alquimia Hermética, el Akasha es la Quintaesencia. Es omnipresente, ya que todo lo que existe evolucionó a partir del Akasha, y al Akasha, todo regresará eventualmente. El Akasha se relaciona con el principio de la vibración del sonido. Proporciona el medio para que el sonido viaje a través del espacio. El Akasha es la fuente de los otros Cuatro Elementos que evolucionaron a través del proceso de manifestación de la Creación.

La energía Planetaria de Saturno influye en el Akasha, ejemplificado por los colores índigo y negro que se corresponden con ambos. En la Cábala, Saturno se relaciona con el Sephira Binah, uno de los Supernales que representa el Elemento Espíritu. Binah es el plano astral de todo lo que existe, las formas sutiles y etéreas de todas las cosas que son invisibles a los sentidos físicos pero que podemos experimentar a través del Ojo de la Mente. Sólo se puede acceder a la vibración del Akasha cuando se silencia la mente y se trasciende el Ego. En la filosofía Yóguica e Hindú, su ámbito de experiencia es el Plano de conciencia, denominado "Jana Loka", la morada de los mortales liberados que habitan en el Reino Celestial.

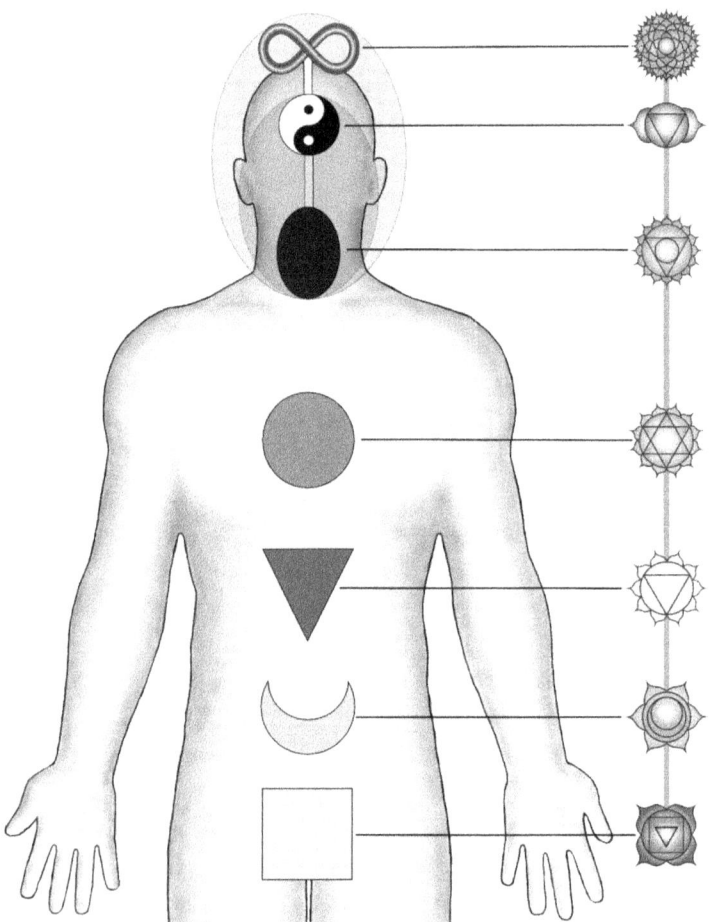

Figura 82: Los Tattvas y los Chakras

El Akasha se atribuye a los tres Chakras de Vishuddhi, Ajna, y Sahasrara (Figura 82). En el nivel de Sahasrara, el Akasha se expresa mejor con el símbolo del Infinito, una figura de ocho en su lado, que representa el concepto de Eternidad e ilimitación. En el nivel de Ajna, el Akasha se simboliza mejor con el símbolo Taoísta Yin/Yang, que representa la dualidad, las fuerzas femenina y masculina, Ida y Pingala, que se unen en el Chakra Ajna. El Vishuddhi es el representante tradicional del Akasha Tattva en el Tantra y el Yoga, en su nivel más accesible que lo conecta con los Elementos y Chakras inferiores.

El Bija Mantra de Akasha es "Ham". "(Más sobre los Bija Mantras en la siguiente sección sobre el Yoga.) Experimentar la energía de Tattva Akasha se asemeja al efecto de las invocaciones rituales del Elemento Espíritu y a la energía Saturniana, aunque esta última puede describirse mejor como el aspecto terrestre del Akasha. Los Sub-Elementos del Akasha son Espíritu del Espíritu, Fuego del Espíritu, Agua del Espíritu, Aire del Espíritu, y Tierra del Espíritu.

Tattva Vayu (Elemento Aire)

El texto religioso Hindú, *Los Upanishads*, enseña que el primer principio o Tattva que evoluciona a partir del Akasha es el Vayu, simbolizado por un círculo azul. "Vayu" viene de la misma raíz Sánscrita que significa "movimiento" y, por consiguiente, se atribuye al Elemento Aire. Teniendo la naturaleza del viento, Vayu toma el color azul del cielo claro.

Cuando el vacío del Akasha se vio influenciado por el movimiento durante el proceso creativo, se creó la energía de la Luz, manifestando el Tattva Vayu. Sin embargo, el Vayu no es Luz física, sino energía cinética en sus diversas formas: energía eléctrica, química, y vital (Prana). Así como el Akasha era inmóvil, el Vayu es el movimiento omnipresente.

Todos los gases de la atmósfera Terrestre, incluido el oxígeno, abarcan el Tattva Vayu. Aunque es invisible a simple vista, Vayu es el primer Tattva que puede sentirse tangiblemente en la piel. Como tal, se relaciona con el sentido del tacto. La esencia del Vayu se expresa a través de la contracción y la expansión. En el cuerpo físico, el Vayu controla los cinco "aires" vitales llamados Vayus Prana: Prana, Apana, Samana, Udana, Vyana.

El Vayu se atribuye al Anahata, el Chakra del Corazón. Se relaciona con la mente, los pensamientos, y la imaginación, impulsados por el proceso de respiración, que lleva la energía Pránica al cuerpo. El movimiento constante de Tattva Vayu crea cambios, causando inestabilidad, inconsistencia, volatilidad, e inconstancia en el individuo y el entorno. Tal es la naturaleza del Elemento Aire. Su reino de experiencia es el Plano de la conciencia, llamado "Maha Loka", el hogar de los grandes Sabios y Rishis.

El Mantra Bija del Tattva Vayu es "Yam". Su energía es comparable a las invocaciones rituales del Elemento Aire y a las invocaciones del Planeta Mercurio con aspectos de energía solar. Después de todo, el Vayu es una extensión de la energía Pránica, cuya fuente es el Sol. Los Sub-Elementos de Vayu son Aire de Aire, Espíritu de Aire, Fuego de Aire, Agua de Aire, y Tierra de Aire. El Sub-Elemento Aire del Aire es afín a la energía del Zodiaco Acuario, mientras que el Fuego del Aire es similar a Libra y el Agua del Aire a Géminis.

Tattva Tejas (Elemento Fuego)

Tejas, o Agni (fuego), es el Tattva del Elemento Fuego. Tejas significa "agudo" en Sánscrito; su significado se traduce en "calor" o "iluminación". El Tattva Tejas está simbolizado por un triángulo rojo hacia arriba cuyo color está asociado a su energía

Arquetípica. Sin embargo, cuando se coloca en el cuerpo, el triángulo apunta hacia abajo, hacia el Elemento Apas (Agua) (Figura 82). El concepto de "Agua arriba, Fuego abajo" explica el flujo energético natural de nuestro cuerpo.

Como el Fuego es la fuente de calor y de Luz, es el primer principio cuya forma es visible a simple vista. Al fin y al cabo, es por la aparición de la Luz que percibimos las formas en nuestro entorno. Así, Tejas es la cualidad que da definición o estructura a las diferentes expresiones de energía cinética representadas por Tattva Vayu, a partir de la cual el Tejas ha evolucionado.

El nacimiento de la forma está estrechamente relacionado con el advenimiento del Ego, la antítesis del Alma. El Ego nació cuando reconocimos por primera vez algo fuera de nosotros mismos. Al aclimatarnos al mundo material en nuestros primeros años, nos apegamos a las formas que veíamos en el entorno, lo que permitió que el Ego creciera, apoderándose firmemente de la conciencia. Así, con el tiempo se desarrollaron los Samskaras, un término Sánscrito que implica impresiones mentales, recuerdos e impresiones psicológicas. Los Samskaras son la raíz de la energía Kármica que nos impide evolucionar Espiritualmente hasta que la superamos.

El desarrollo del Ego continúa en nuestra adolescencia, formando nuestra personalidad con el tiempo. El Ego no deja de crecer y expandirse por el resto de nuestra vida aquí en la Tierra, ya que está atado al cuerpo físico y a su supervivencia. La única manera de detener el crecimiento del Ego es reconocer y abrazar la realidad espiritual más profunda que subyace a la física - una que es vacía y por lo tanto sin forma. Cuando nuestra atención se centra en la Evolución Espiritual en lugar de alimentar al Ego, el Alma finalmente toma el control, y comenzamos a construir un carácter que trasciende nuestra existencia material.

Como se mencionó antes, el Ego y el Alma no pueden coexistir como conductores de la conciencia; uno siempre tiene que asumir el asiento del pasajero. Esa elección la determinamos nosotros y a qué aspecto del Ser le damos nuestra atención en cada momento, ya que tenemos Libre Albedrío. Por lo tanto, el Tejas se relaciona tanto con el Alma como con el Ego. El Elemento Fuego es la fuerza de voluntad que utilizamos para expresar nuestro principio de Libre Albedrío en cualquier dirección, impulsado por el Manipura, el Chakra del Plexo Solar. Su ámbito de experiencia es el Plano de conciencia, denominado "Swar Loka", la región entre el Sol y la Estrella Polar, el Cielo del Dios Hindú Indra.

El Tattva Tejas ha sido descrito a menudo como una fuerza devoradora que consume todo lo que encuentra a su paso. Sin embargo, la destrucción es un catalizador para la transformación, ya que nada muere, sino que sólo cambia de estado. Como tal, el Elemento Fuego es crucial para la Evolución Espiritual ya que nos permite rehacer nuestras creencias sobre nosotros mismos y el mundo, permitiéndonos aprovechar nuestro más alto potencial. La destrucción del Tejas, por tanto, da lugar a nuevas creaciones propicias para el crecimiento del Alma.

El Mantra Bija de Tejas es "Ram". "La energía de este Tattva es comparable a una invocación ritual del Elemento Fuego y la energía del Planeta Marte con aspectos de la

energía del Sol. El Tejas es masculino y activo ya que estimula el impulso y la fuerza de
voluntad del individuo. Los Subelementos del Tejas son Fuego de Fuego, Espíritu de Fuego,
Aire de Fuego, Agua de Fuego, y Tierra de Fuego. El Subelemento Fuego de Fuego es afín
a la energía del Zodiaco Aries, mientras que Aire de Fuego es similar a Leo y Agua de Fuego
a Sagitario.

Tattva Apas (Elemento Agua)

El siguiente Tattva en la secuencia de manifestación es Apas, simbolizado por la luna
creciente plateada. El Apas es la Materia intensamente activa que surgió del Elemento
Fuego por la disminución del movimiento y la condensación. Está confinado dentro de un
espacio definitivo mientras se encuentra en un estado de fluidez.

El Apas es el Universo físico que aún se organiza antes de materializarse como el
siguiente Tattva. Representa el orden que surge del caos. La disposición de los átomos y
las moléculas en el Apas ocupan muy poco espacio con una libertad de movimiento
limitada, a diferencia de los elementos Fuego, Aire, y Espíritu. Por ejemplo, el hidrógeno y
el oxígeno se comportan de manera diferente a esas mismas moléculas en el vapor.

El Apas es femenino y pasivo; se atribuye al Swadhisthana, el Chakra Sacro. El Apas
se relaciona con el efecto de la Luna sobre las mareas del mar y el Elemento Agua dentro
de nosotros. Teniendo en cuenta que nuestro propio cuerpo físico está formado por un
60% de agua, la importancia del Elemento Agua en términos de nuestro sistema biológico
es obvia.

Dado que el Apas es la Materia que aún se está creando, representa el impulso creativo
dentro de nuestra psique. Se relaciona con las emociones que son fluidas y cambiantes,
como el Elemento Agua que las representa. Nuestra sexualidad también se expresa
emocionalmente como deseo, sirviendo como un poderoso motivador en nuestras vidas.
Los ciclos Lunares no sólo tienen una fuerte influencia en nuestras emociones, sino
también en nuestra sexualidad.

El Apas tiene la cualidad de la contracción y el principio del sabor. Su Mantra Bija es
"Vam". "Las experiencias del Apas son similares a las invocaciones rituales del Elemento
Agua. Su correspondencia planetaria es con la Luna y Júpiter y con aspectos de Venus,
ya que los tres Planetas están asociados con la emoción y los sentimientos.

Las subelementos del Apas son Agua de Agua, Espíritu de Agua, Fuego de Agua, Aire
de Agua y Tierra de Agua. El Sub-Elemento de Agua de Agua es afín a la energía del Zodiaco
Piscis, mientras que el Fuego de Agua es similar a Cáncer y el Aire de Agua a Escorpión.
El reino de experiencia del Apas es el Plano de conciencia denominado "Bhuvar Loka", la
zona entre la Tierra y el Sol y hogar de los seres celestiales conocidos como Siddhas.

Tattva Prithivi (Elemento Tierra)

El quinto y último Tattva es Prithivi, simbolizado por un cuadrado amarillo y
relacionado con el Elemento Tierra. El último Elemento que evoluciona en el proceso de la
Creación es el resultado de una nueva disminución de la vibración que hace que el
Elemento Agua se solidifique y quede inmóvil. El Prithivi es el más denso de todos los

Tattvas, ya que representa el Mundo concreto de la Materia cuyas moléculas están fijas en su lugar. Representa las cualidades de solidez, peso, y cohesión, aportando estabilidad y permanencia en todos los niveles.

Aunque el color amarillo representa típicamente el Elemento Aire en los Misterios Occidentales, en el sistema Tattvico se asocia con la Tierra. El amarillo se relaciona con la Luz amarilla del Sol que nos permite percibir el Mundo de la Materia. La correspondencia de Prithivi es con la Raíz o Chakra Muladhara y el sentido del olfato. Su Mantra Bija es "Lam".

La energía de Prithivi es similar a las invocaciones rituales del Elemento Tierra. Las subelementos del Prithivi son Tierra de la Tierra, Espíritu de la Tierra, Fuego de la Tierra, Agua de la Tierra, y Aire de la Tierra. La energía de la subelemento Fuego de la Tierra es afín al zodiaco de Capricornio, mientras que el Agua de la Tierra es similar a Virgo y el Aire de la Tierra puede compararse con Tauro. El reino de la experiencia del Prithivi es el Plano de conciencia denominado "Bhu Loka", el Mundo Físico de la Materia Gruesa.

ESCUDRIÑAR CON TATTVAS

Los Tattvas son fáciles de utilizar y muy eficaces para sintonizar con las energías Elementales deseadas. Basta con sostener un Tattva en la mano y "escudriñarlo" con la mirada, o mirarlo profundamente, para desbloquear su poder. El Escudriñar con los Tattvas es fundamental para desarrollar poderes psíquicos como la clarividencia. Es uno de los métodos más fáciles, rápidos, y eficaces para ejercitar y mejorar las capacidades de clarividencia.

El método de Escudriñar con los Tattvas también puede facilitar una Experiencia Fuera del Cuerpo completa, ya que incluye un componente de Proyección Astral cuya técnica es afín al viaje Chamánico y al trabajo en el camino. Sin embargo, hay que tener cuidado al intentar la Proyección Astral, especialmente si se sufre de ansiedad o nerviosismo. Puede ser una gran sacudida para la mente experimentar cosas más allá de lo físico, especialmente la primera vez. Por lo tanto, debes estar suficientemente equilibrado energéticamente antes de intentar la Proyección Astral, lo cual puedes lograr con el uso de las modalidades de Sanación Espiritual presentadas en este libro.

Antes de empezar este ejercicio, tendrás que imprimir las cartas de Tattva en color desde mi sitio web en www.nevenpaar.com siguiendo el enlace "Cartas de Tattva" en la navegación principal. Las cartas en el documento PDF son de 5 por 6 pulgadas, que es su tamaño ideal para propósitos de adivinación, con los símbolos alrededor de tres a cuatro pulgadas de altura. Si ya posees cartas de Tattva, procede a trabajar con ellas siempre que estén dentro de los parámetros indicados.

Sin embargo, las tarjetas de Tattva óptimas deben ser autoconstruidas en cartón. Hay que recortar los símbolos por separado, pintarlos a mano y pegarlos en las tarjetas para darles una perspectiva tridimensional. La figura 83 muestra las cartas de Tattva que construí hace muchos años cuando estaba en la Orden de la Aurora Dorada.

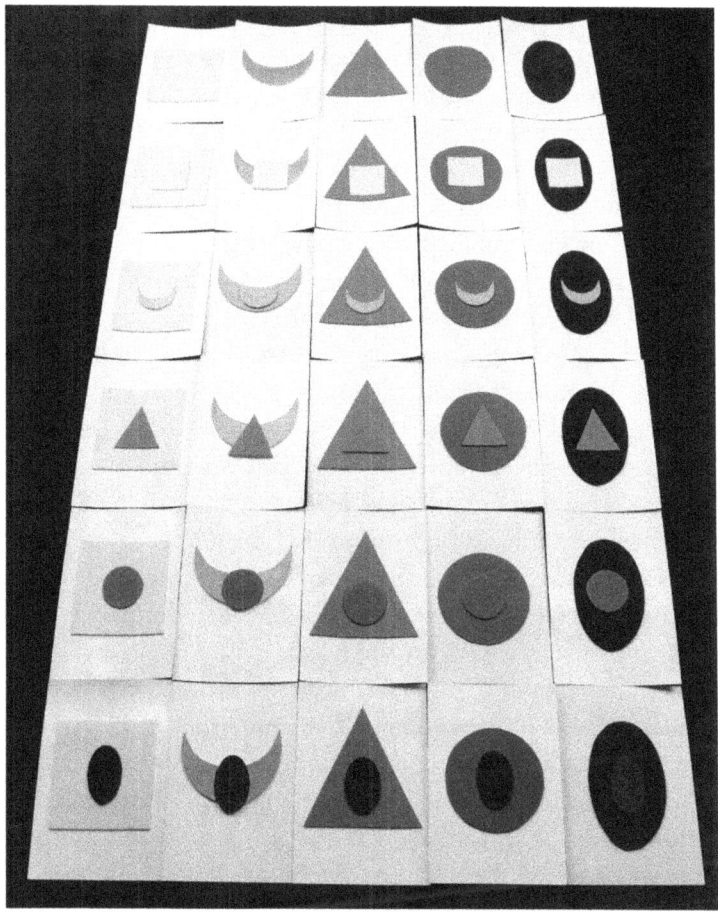

Figura 83: Cartas de Tattva del Autor

Hay dos partes del método de Escudriñar con los Tattvas tal y como lo presenta la Orden Hermética de la Aurora Dorada. La primera parte se llama "Escudriñar en la Visión Espiritual", que implica sintonizar con la energía Elemental y Sub-Elemental dentro de tu Aura, lo que aísla tus Chakras para que puedas trabajar con ellos. La segunda parte es opcional, y es una continuación de la primera, llamada "Viajar en la Visión del Espíritu". "Después de evocar la energía Elemental o Sub-Elemental y amplificarla en tu Aura, tu conciencia se sumerge en ella. Esta es una excelente oportunidad para realizar una Proyección Astral a su Plano Cósmico utilizando una técnica de visualización que involucra tu imaginación y fuerza de voluntad.

Antes de empezar el ejercicio de Escudriñar con los Tattvas, busca un espacio tranquilo donde no te molesten durante su realización. Como la práctica implica ir hacia el interior, es aconsejable quemar algo de incienso para limpiar tu espacio de energías negativas y hacerlo sagrado. Si estás familiarizado con los ejercicios del Ritual de Magia Ceremonial de mi primer libro, realiza el Ritual de Destierro Menor del Pentagrama y el Ritual de Destierro del Hexagrama para desterrar las influencias energéticas adversas y centrarte.

Estos dos ejercicios rituales son instrumentales para la protección al hacer el trabajo Astral, incluyendo la Proyección Astral que abre la conciencia al contacto directo con las Inteligencias Espirituales dentro de los Planos Cósmicos internos. Aparte de los Elementales básicos, estos pueden ser entidades o Espíritus Angélicos o Demoníacos que se alojaron en las capas de tu Aura y sus respectivos Chakras en algún momento del pasado. Son responsables de muchos de nuestros estados de ánimo y sentimientos, ya sean positivos y constructivos, como en el caso de los Ángeles o negativos y destructivos como los influenciados por los Demonios.

Los Demonios son más esquivos que los Ángeles, ya que la gente suele evitar enfrentarse a ellos. A menudo, se encierran en lo más profundo de la mente subconsciente por miedo a tener que enfrentarse a ellos. Sin embargo, los Demonios permanecerán adheridos a ti hasta que te enfrentes a ellos con valentía y aprendas su verdadera naturaleza, integrando así plenamente sus poderes y liberándolos de nuevo al Universo. Al hacer esto, estás sanando y optimizando los Chakras mientras dominas sus correspondientes Elementos dentro de tu psique. Recuerda que cualquiera que sea la Inteligencia Espiritual que encuentres en tu sesión de escudriñar, si la enfrentas con aplomo y amor en tu corazón, estará a tu servicio.

Método de Escudriñar de Tattva-Parte 1 (Escudriñar en la Visión del Espíritu)

Comienza el ejercicio sentándose cómodamente en la posición del Loto o en una silla mientras miras a la dirección cardinal del Elemento que estás escudriñando. (Utiliza la Tabla 3 para obtener toda la información relevante que necesitarás para escudriñar los Tattvas). Debes tener una superficie blanca frente a ti, como una pared, o una pantalla, o algún tipo de fondo, ya que necesitarás transponer la huella astral del Tattva sobre ella como parte del ejercicio. La superficie blanca también asegura que no haya distracciones para la mente cuando te concentras en la carta del Tattva. Si tienes cuadros colgados o muebles cerca de tu zona de trabajo, retíralos.

Realiza la Cuádruple Respiración durante unos minutos con los ojos cerrados para entrar en un estado mental meditativo, que es esencial para el éxito en este trabajo. A continuación, abre los ojos y sostén el Tattva. Sostenlo en la mano a la altura del brazo para que la imagen quede a la altura de los ojos. Comienza a mirarlo cómodamente, parpadeando lo menos posible. Asegúrate de que veas la tarjeta del Tattva y el fondo blanco ante ti y nada más. No permitas que tus ojos se desvíen. Absorbe el Tattva y mantén la mente vacía de pensamientos. Deja que su imagen llene tu conciencia mientras imaginas que se empapa de la energía de su Elemento o Sub-Elemento asociado.

Al principio, debes mirar el Tattva entre 20 segundos y un minuto, y luego ir alargando la duración a medida que vayas dominando este ejercicio. Asegúrate de no forzar la vista en ningún momento. Al cabo de un tiempo, el Tattva empezará a salir del símbolo que se estás mirando, como si se vieras su huella energética o Aura. La experiencia te enseñará cuánto tiempo se necesita para llegar a este punto.

El siguiente paso es dejar la tarjeta del Tattva y cambiar suavemente la mirada hacia la superficie blanca y lisa que tienes delante. Notarás la transferencia del símbolo a su color "intermitente" o complementario del Tattva. Por ejemplo, si estás escudriñando al Prithivi, su color complementario será el violeta. Si estás escudriñando un Tattva Sub-Elemental, verás dos colores complementarios parpadeando frente a ti.

Ahora mira el símbolo parpadeante que tienes delante. Si empieza a desviarse, vuelve a enfocarlo delante de ti. Una vez que desaparezca de tu vista física, cierra los ojos y concéntrate en lo que queda de su huella mental. Deja que su visión física pase a la visión Astral, como si la parte posterior de tus párpados fuera una pantalla de cine que reproduce la imagen.

Es aconsejable practicar la transferencia visual de la carta de Tattva sobre el fondo blanco tres o cuatro veces, ya que esta parte del ejercicio es la más importante para el siguiente paso de la Proyección Astral. Sin embargo, el simple hecho de mirar el Tattva, desbloquea su energía asociada en su Aura, que deberías sentir inmediatamente (si eres sensible a las energías) como una esencia cuantificable. Ten en cuenta que cuanto más tiempo mires el Tattva, más de su energía correspondiente impregnará el Aura.

Método de de Escudriñar de Tattva-Parte 2 (Viajar en la Visión del Espíritu)

Después de que la imagen astral se desvanezca, usa tu imaginación para traerla de vuelta a tu Ojo de la Mente en el color complementario del Tattva con el que estás trabajando. Imagínate que la imagen se amplía al tamaño de una puerta. A continuación, visualiza tu forma astral y vela de pie ante esta puerta. Tómate un momento para notar todos los detalles de tu Yo Astral, incluyendo tu vestuario, expresiones faciales, etc. Si ayuda a tu visualización, imagínate con la misma ropa que llevas puesta mientras haces el ejercicio. Ten en cuenta que debes verte a ti mismo en tercera persona en tu mente para esta parte del ejercicio, como si fueras el director y la estrella de la película como uno solo.

A continuación, tienes que transferir tu semilla de conciencia a tu Yo Astral. Esta parte es complicada y es donde la mayoría de los estudiantes necesitan practicar. Para hacerlo con éxito, tienes que dejar de verte en tercera persona y cambiar tu perspectiva a primera persona. Imagina que toda tu esencia entra en tu Yo Astral mientras sales de tu cuerpo físico, que permanece sentado tranquilamente con los ojos cerrados. Tómate un momento abriendo los ojos como tu Yo Astral y observa tus manos y pies como si acabaras de despertar dentro de un Sueño Lúcido. A continuación, mire la puerta que tienes delante, tu portal hacia otra dimensión. Cuando estés preparado, atraviesa la puerta. Si estás familiarizado con los ejercicios rituales de *The Magus*, puedes proyectar tu Yo Astral a través de la puerta con el Signo del Entrante mientras te sellas en el Plano Cósmico correspondiente con el Signo del Silencio. Si no estás familiarizado con estos gestos, simplemente atraviesa la puerta.

En el momento en que entres en el Plano Cósmico proyectado, permite que tu imaginación se ponga en piloto automático. Esta parte es crucial para el éxito de la

Proyección Astral, ya que todo hasta este punto fue una visualización guiada usando tu fuerza de voluntad e imaginación. Ahora debes dejar de controlar la experiencia para que tu imaginación obtenga su impresión de la energía Elemental o Sub-Elemental que amplificaste en tu Aura con la técnica del Videncia Tattva. Si lo haces correctamente, deberás obtener una visión del Plano Cósmico.

Observa el paisaje que te rodea, anotando cada pequeño detalle que puedas ver. Utiliza tus sentidos astrales para captar las vistas, sonidos, sabores, olores, y sensaciones táctiles del Plano Cósmico. Si las cosas parecen aburridas y unánimes, puedes hacer vibrar los Nombres Divinos del Elemento correspondiente 3 o 4 veces cada uno, según la Tabla 3. La secuencia para seguir es Nombre de Dios, Arcángel, y Ángel. Al hacer esto, las cosas deberían adquirir un color y un movimiento vívidos. Si no es así, es posible que necesites más práctica para transferir tu conciencia a tu Yo Astral y permitirte "soltarte" el tiempo suficiente para experimentar una visión en el Plano Astral. No se desespere si esto no funciona las primeras veces; la mayoría de las personas necesitan más práctica con la Parte 1 del Método de Escudriñamiento Tattva antes de pasar a la Parte 2.

TABLA 3: Correspondencias de Tattva

Elemento (Inglés y Sánscrito)	Dirección	Elementales	Nombre de Dios (Hebreo)	Arcángel	Ángel
Tierra, Prithivi	Norte	Gnomos	Adonai ha-Aretz	Auriel	Phorlakh
Agua, Apas	Oeste	Undines	Elohim Tzabaoth	Gabriel	Taliahad
Fuego, Tejas	Sur	Salamandras	YHVH Tzabaoth	Miguel	Aral
Aire, Vayu	Este	Silfos	Shaddai El Chai	Rafael	Chassan
Espíritu, Akasha	Arriba/Abajo, Este (Por Defecto)	-	Eheieh	Metatron	Chayoth ha-Qadesh

Después de vibrar los Nombres Divinos apropiados, no es raro que aparezca ante ti un guía Espiritual. Esta entidad suele ser un Elemental cuyas características representan las cualidades del Elemento que estás visitando. También puedes invocar a un guía para que te ayude a explorar el lugar, lo cual es recomendable, especialmente si eres nuevo en esta práctica.

Observa la apariencia de la entidad y póngala a prueba preguntándole su propósito de asistirte, lo que te ayudará a determinar si es benévola o malévola. A veces, es posible que no veas una entidad, pero que sientas su presencia, lo que a menudo puede ser más fiable que el uso de la vista Astral u otros sentidos.

Si la entidad parece malévola, puedes utilizar los Nombres Divinos del Elemento con el que estás trabajando para desterrarla. También puedes dibujar un Pentagrama de destierro de la Tierra (como se indica en *The Magus*) para descartar la entidad, a menos que estés trabajando con el Prithivi Tattva, que causará un destierro de los aspectos positivos y negativos de la Tierra. Si por alguna razón no quiere la asistencia de un guía, puede utilizar el Pentagrama de destierro del Elemento con el que estás trabajando para enviarlo lejos, lo que funciona en la mayoría de los casos.

Asumiendo que tu guía es un Espíritu positivo que quiere ayudarte, permite que te conduzca para que puedas explorar el escenario. Hazle a tu guía cualquier pregunta sobre lo que estás viendo en tu viaje o sobre la naturaleza del Elemento perteneciente al Plano Cósmico que estás explorando. Al fin y al cabo, este trabajo tiene como objetivo desarrollar el conocimiento y la maestría sobre los Elementos que forman parte de tu psique.

Cuando se exploran los Planos Cósmicos Sub-Elementales, no es infrecuente que se te pase a un segundo guía que te mostrará un escenario totalmente diferente. En este caso, hay que volver a probarlos para determinar la calidad de su Ser, incluyendo la vibración de los Nombres Divinos del Tattva secundario que se estás visitando. Al dejar atrás al primer guía, concédele la cortesía de una despedida, especialmente si te trató con respeto.

Si sientes que el ambiente se ha vuelto caótico con tu presencia, puedes usar los Nombres Divinos para traer armonía y paz al Plano Cósmico que estás visitando y restaurar su constitución original. Recuerda siempre ser respetuoso pero firme con tus guías y no dejar que se pasen de la raya ya que están ahí para asistirte. Debes mantener siempre la compostura y el control de la situación.

El método para dejar el Plano Cósmico y volver a la conciencia ordinaria, de vigilia, es la inversión exacta del proceso inicial. En primer lugar, hay que dar las gracias al guía y despedirse de él. A continuación, debes volver sobre tus pasos hasta la puerta de la que has salido. Una vez que atravieses la puerta, tu viaje estará completo. Si has utilizado el Signo del Entrante y el Signo del Silencio para entrar en la puerta, vuelve a utilizarlo para salir de ella.

A continuación, necesitas transferir tu semilla de conciencia desde tu Ser Astral a tu Ser físico. Al hacerlo, siente que tu Ser cambia de una perspectiva interna a una externa mientras cambias tu atención de tus sentidos Astrales a los físicos. Respira profundamente unas cuantas veces mientras te concentras en escuchar cualquier sonido de tu entorno. Cuando estés listo para terminar tu experiencia de Escudriñar con los Tattvas, abre lentamente los ojos. Si has comenzado este ejercicio con el Ritual de Destierro Menor del Pentagrama y el Ritual de Destierro del Hexagrama, repítelos para centrarte y desterrar cualquier influencia no deseada.

Es crucial no terminar nunca la experiencia simplemente abriendo los ojos físicos mientras su Yo Astral está todavía dentro del Plano Cósmico que está visitando. Nunca debe haber una fusión de un Plano Elemental en el Plano Físico de la conciencia, ya que hacerlo puede ser perjudicial para la psique. Los efectos secundarios inmediatos son la sensación de confusión, desorientación, y pérdida de conocimiento. Los efectos secundarios más duraderos incluyen manifestaciones caóticas y destructivas en tu vida, que pueden durar semanas, meses, e incluso años, hasta que se resuelvan. Por lo tanto, tómate tu tiempo con este proceso de "vuelta a casa" y sigue todos los pasos, aunque los hagas por la vía rápida.

***

Como principiante, empieza practicando con los Tattvas primarios de Prithivi, Apas, Tejas, Vayu, y Akasha, en ese orden. Concéntrate en los cuatro primeros hasta que adquieras cierta experiencia antes de pasar al Tattva Akasha. Realiza cada sesión de adivinación con una carta individual de Tattva una vez al día, no más. Puedes realizar este ejercicio en cualquier momento, aunque las mañanas y las tardes son las mejores, preferiblemente con el estómago vacío. Si escudriñas los Tattvas justo antes de dormir, anticipa que la operación afectará el contenido de tus sueños.

Después de algunas semanas de experimentar con los Tattvas primarios, y una vez que se hayan obtenido resultados satisfactorios con la Proyección Astral, se puede pasar al Programa de Alquimia Espiritual que ideé para los aspirantes más ambiciosos de este trabajo. Esta operación avanzada de Tattva proporcionará resultados óptimos al explorar los Elementos, Sub-Elementos, y sus correspondientes Chakras. Sigue la secuencia de entrar en las capas del Aura desde el Astral Inferior (Tierra) hasta el Astral Superior (Agua), seguido por el Mental Inferior (Aire), hasta el Mental Superior (Fuego), y finalmente hasta el Plano Espiritual (Espíritu).

Estoy presentando la secuencia Occidental de los Elementos emanantes, que pone el Elemento Fuego después del Elemento Aire, en lugar de antes, como el sistema Oriental. En mi experiencia, esta secuencia de trabajo progresivo con los Planos Cósmicos desde el más bajo al más alto es más efectiva en la Sanación Espiritual y en la elevación de la vibración de la conciencia.

El programa completo de Alquimia Espiritual con los Tattvas le llevará un mes para completarlo. Después, puedes repetir el ciclo o trabajar con Elementos y Sub-Elementos individuales para dominar esas partes del Ser. También puedes volver a visitar los Planos Cósmicos específicos que encontraste más emocionantes y reveladores y que te llamaron o que sentiste que necesitaban una mayor exploración.

Trabajar con los Tattvas es una excelente oportunidad para utilizar un Diario Mágico, un cuaderno, o un diario para registrar sus experiencias. Esto es esencial para mejorar tus habilidades de adivinación y tu memoria, y para darte una idea de los símbolos, números, y eventos particulares que experimentaste durante una sesión. Al documentar tus experiencias a lo largo del tiempo, comenzarás a reconocer patrones y a derivar significados metafóricos de tus sesiones que son parte de una imagen más amplia de quién eres y de lo que necesitas trabajar para avanzar en tu Evolución Espiritual.

En conclusión, recuerde que debes ser paciente, decidido, y persistente con este trabajo, especialmente al comenzar. Es fácil desanimarse del componente de Proyección Astral de esta práctica cuando no se obtienen los resultados esperados. Sin embargo, ten en cuenta que desarrollar la clarividencia interior no es una tarea fácil. El Escudriñar con los Tattvas es un trabajo duro y agotador que a menudo lleva meses o incluso años para llegar a ser competente. Pero con perseverancia, tus visiones pasarán de ser imágenes vagas y ligeramente indistinguibles a experiencias Mágicas vívidas, dinámicas, y poderosas.

Programa de Alquimia Espiritual con los Tattvas

Plano Astral Inferior-Tierra/Muladhara:
Día 1-Tierra/Tierra Primaria
Día 2-Tierra/Tierra de la Tierra
Día 3-Tierra/Agua de la Tierra
Día 4-Tierra/Aire de la Tierra
Día 5-Tierra/Fuego de la Tierra
Día 6-Tierra/Espíritu de la Tierra

Plano Astral Superior-Agua/Swadhisthana:
Día 7-Agua/Agua Primaria
Día 8-Agua/Tierra del Agua
Día 9-Agua/Agua de Agua
Día 10-Agua/Aire de Agua
Día 11-Agua/Fuego del Agua
Día 12-Agua/Espíritu del Agua

Plano mental inferior-Aire/Anahata:
Día 13-Aire/Aire Primario
Día 14-Aire/Tierra del Aire
Día 15-Aire/Agua del Aire
Día 16-Aire/Aire del Aire
Día 17-Aire/Fuego del Aire
Día 18-Aire/Espíritu del Aire

Plano mental superior-Fuego/Manipura:
Día 19-Fuego/Fuego Primario
Día 20-Fuego/Tierra de Fuego
Día 21-Fuego/Agua del Fuego
Día 22-Fuego/Aire del Fuego
Día 23-Fuego/Fuego del Fuego
Día 24-Fuego/Espíritu del Fuego

Plano espiritual-Espíritu/Vishuddhi, Ajna, Sahasrara:
Día 25-Espíritu/Espíritu Primario
Día 26-Espíritu/Tierra del Espíritu
Día 27-Espíritu/Agua del Espíritu
Día 28-Espíritu/Aire del Espíritu
Día 29-Espíritu/Fuego del Espíritu
Día 30-Espíritu/Espíritu del Espíritu

PARTE VI: LA CIENCIA DEL YOGA (CON EL AYURVEDA)

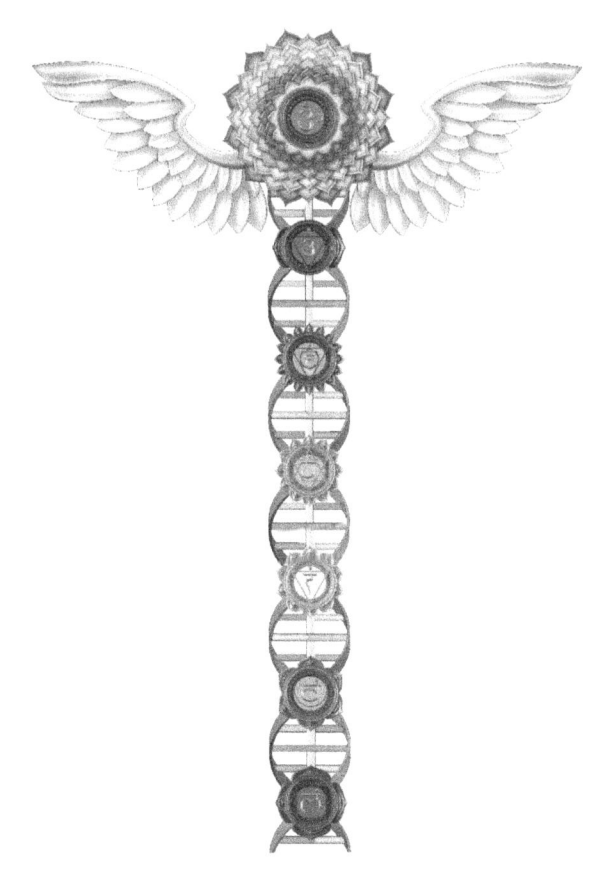

EL PROPÓSITO DEL YOGA

El Yoga es un conjunto de prácticas, disciplinas, y técnicas físicas, mentales y Espirituales que se originaron en la Antigua India hace aproximadamente 5000 años. El Yoga se menciona en los Antiguos textos Hindúes, *el Rig Veda y los Upanishads*, aunque su desarrollo real no se produjo hasta los siglos V y VI antes de Cristo. Los *Yoga Sutras de Patanjali*, el texto Hindú más influyente sobre el Yoga, está fechado en torno al siglo II a.C. En el siglo XX, este texto se tradujo al Inglés, lo que despertó un gran interés por el Yoga en el mundo Occidental.

Aunque la mayoría de la gente en Occidente cree que el Yoga es un mero ejercicio físico que consiste en posturas corporales (Asanas), esto no podría estar más lejos de la verdad. Las Asanas son los aspectos físicos de lo que es una profunda ciencia para desplegar el potencial Espiritual de los seres humanos. Antiguamente había muy poca práctica de Asanas como parte del Yoga. Sus formas originales eran principalmente de naturaleza trascendental y meditativa. El Yoga solía consistir en acceder a estados de conciencia pura y felicidad (Samadhi) y superar las cargas de la realidad material. La práctica de Asanas, que es el núcleo del Hatha Yoga, surgió del Tantra hace aproximadamente 1000 años.

La palabra "Yoga" en Sánscrito significa "unión", y se refiere a la unión de la conciencia individual con la Conciencia Cósmica. Sin embargo, para que haya una unión entre las dos, primero debe haber habido una separación. En realidad, nunca la hubo. La separación es una ilusión que se produce a través de la mente con el nacimiento y crecimiento del Ego. El Yoga tiene como objetivo trascender el Ego y convertirse en un ser humano autorrealizado. Practicando un sistema de trabajo con su campo de energía probado por el tiempo, un individuo puede superar las limitaciones de su mente y alcanzar lo más alto de su potencial Espiritual.

Según Patanjali, el Yoga requiere la cesación de las fluctuaciones de la mente, lo que da lugar a la unión del observador, el observado y lo observante. El propósito último del Yoga es la Iluminación y la integración del Espíritu dentro del cuerpo. Para que sus practicantes lleguen allí, el Yoga tiene como objetivo equilibrar el sistema energético y despertar gradualmente la Kundalini en la base de la columna vertebral. Una vez que la Kundalini Shakti asciende por la columna vertebral para encontrarse con Shiva en la Corona, se produce un Matrimonio Divino que expande la conciencia individual. Cuando las dos fuerzas masculinas y femeninas opuestas se convierten en una, el Alma se libera del cuerpo y se exalta sobre el Ego. El individuo se convierte en un Yogui o Alma liberada, un hombre-Dios. Trasciende la dualidad y los Elementos en su interior, representados por los Planos Cósmicos inferiores, y sintoniza su conciencia con el Plano Espiritual que es No-Dual.

Dado que el Yoga es nuestro método más antiguo para equilibrar el sistema energético y despertar la energía Kundalini, he decidido dedicar un capítulo entero a su ciencia. Aunque esta sección es una mera cartilla sobre el Yoga, hay mucho que ganar con las prácticas aquí presentadas, y forman parte del sistema Espiritual Oriental.

TIPOS DE YOGA

La práctica del Yoga es muy variada, ya que existen muchas ramas diferentes. Todas ellas tienen como fin último conducir a la experiencia de la unión con la Divinidad. A continuación, se presentan las principales ramas del Yoga, aunque hay muchas más que no se enumeran aquí. Algunas de ellas se consideran parte de las principales, aunque son únicas en sí mismas.

Hatha Yoga

El Tantra surgió entre los siglos VI y VIII d.C., y su desarrollo histórico en la práctica fue lo que posteriormente generó el Hatha Yoga (siglo XIV). El Hatha Yoga es el tipo que se practica generalmente en la sociedad Occidental. Hay ligeras variaciones en las filosofías, las prácticas y la terminología que permiten que las diferentes escuelas de Yoga en Occidente se adapten a los practicantes individuales, pero todas incluyen la práctica de Asanas (posturas físicas) y Pranayama (conocidas como técnicas de respiración, pero más exactamente diseñadas para la expansión del Prana).

La palabra "Hatha" se traduce del Sánscrito como "Sol y Luna", con "ha" indicando la energía del Sol, mientras que "tha" significa la energía de la Luna. Hatha Yoga significa la armonía o el equilibrio entre el Sol y la Luna, y los Nadis Pingala e Ida, dos aspectos opuestos y complementarios de nuestro Ser. El propósito superior del Hatha Yoga es optimizar la salud de la persona purificando los canales energéticos del cuerpo y maximizando la función de los Chakras. Intenta armonizar el cuerpo físico para que pueda ser trascendido. El Hatha Yoga también le da a uno el control sobre sus estados internos para que gane una mejor conciencia y concentración con el propósito de desarrollar y refinar las prácticas meditativas del Yoga, denominadas Dharana y Dhyana. La meditación es un componente crucial en todas las prácticas espirituales, incluyendo el Yoga.

Los Mudras y Bandhas también se clasifican como parte del Hatha Yoga. Los Mudras son gestos físicos o posiciones corporales que inducen cambios psicológicos y mentales en el Ser. Los Bandhas son bloqueos energéticos físicos que realizan la misma función que los Mudras. Los Bandhas se utilizan principalmente para perforar los Tres Granthis, o nudos psíquicos, que se encuentran a lo largo del Sushumna Nadi. El objetivo final del

Hatha Yoga es despertar la Kundalini y alcanzar el Samadhi. Hay muchos métodos y técnicas en el Hatha Yoga para lograr este objetivo. Muchos de ellos se presentan en esta obra.

Kundalini Yoga

Este sistema de Yoga se centra en el despertar de los centros Cháquicos para inducir un estado de conciencia superior. El Kundalini Yoga implica movimientos repetitivos del cuerpo, sincronizados con la respiración, junto con cantos y meditación. Su objetivo es mantener la mente ocupada combinando varias prácticas Yóguicas simultáneamente. El objetivo final del Kundalini Yoga es despertar la energía Kundalini en la base de la columna vertebral, que activa los Chakras Mayores en su ascenso. Su disciplina incluye Asanas sencillas, que permiten al practicante centrarse en su energía y tener una conciencia óptima de su cuerpo y su mente. El Kundalini Yoga incluye técnicas específicas de Kriya Yoga, Hatha Yoga, Bhakti Yoga, Raja Yoga, y Shakti Yoga.

Karma Yoga

El "Yoga de la Acción". El Karma Yoga es el sistema para alcanzar la Autoconciencia a través de la actividad. Sus ideales son altruistas, ya que implica el servicio desinteresado a los demás como parte del propio Ser más amplio, sin apego a los resultados: el individuo pretende alinear su fuerza de voluntad con la Voluntad de Dios. Como tal, todas sus acciones se realizan desde un sentido de conciencia más elevado. El Karma Yoga implica involucrarse en el momento presente, lo que permite trascender el Ego. Ayuda a que la mente esté más calmada y pacífica al superar las emociones personales. Dado que el Karma Yoga es más una forma de vida que otra cosa, ha habido muchos individuos notables en el pasado que eran Karma Yoguis, incluso sin saberlo. Jesucristo, Krishna, Mahatma Gandhi, la Madre Teresa, Rumi, son sólo algunos pocos ejemplos.

Mantra Yoga

El "Yoga del Sonido". "Las vibraciones sonoras tienen un efecto increíble sobre la mente, el cuerpo, y el Alma, y también pueden producir un cambio en el mundo material. El Mantra Yoga utiliza el poder del sonido para inducir diferentes estados de conciencia a través del proceso de repetición de ciertos sonidos Universales, que se convierten en un Mantra. Estos sonidos Universales deben ser vibrados o "cantados" con nuestras cuerdas vocales para lograr un mayor efecto. Los Mantras se encuentran en todas las tradiciones y a menudo incluyen los nombres y poderes de Dioses, Diosas, Espíritus, y otras Deidades. El uso de Mantras invoca/evoca energía en el Aura, que afecta a la conciencia de uno. Muchos Mantras tienen como objetivo producir tranquilidad mental y emocional, aumentando así la conciencia de los procesos internos de la mente. El propio nombre, "Mantra", significa "trascender la mente que trabaja". "Hay tres formas de cantar Mantras: Bhaikari (Entonación audible normal - vociferada), Upanshu (Entonación audible suave - Susurrando), y Manasik (No audible - silenciosamente/mentalmente). El Mantra Yoga es un poderoso método de introspección y de alineación de la conciencia con las fuerzas

Divinas. A través de él, se puede alcanzar el objetivo último del Yoga (la unión con la
Divinidad).

Jnana (Gyana) Yoga

El Yoga o camino de la Autoindagación, también conocido como el camino del
Conocimiento Intuitivo. Aunque mucha gente piensa que el Jnana Yoga es el camino del
intelecto, la percepción es predominantemente a través del Vijnanamaya Kosha (la mente
intuitiva) y no del Manomaya Kosha (el intelecto racional), que es la experiencia directa de
lo Divino y desarrolla la Gnosis. El Jnana Yoga tiene como objetivo desarrollar la
conciencia del propio Ser Superior para lograr un conocimiento iluminador de los misterios
del Universo. Busca discernir entre Maya (ilusión) y el mundo real del Espíritu. Los
componentes del Jnana Yoga incluyen el estudio de textos sagrados, la introspección, las
discusiones filosóficas, y los debates. Entre los Jnana Yoguis más destacados se
encuentran Swami Vivekananda, Sri Yukteswar Giri (el gurú de Yogananda), y Ramana
Maharshi, por nombrar algunos. Algunos de los filósofos Griegos, como Sócrates y Platón,
también fueron Yoguis Jnana.

Bhakti Yoga

El Yoga de la devoción. El Bhakti Yoga enfoca el amor a lo Divino a través de rituales
devocionales. Ejemplos de prácticas involucradas en el Bhakti Yoga son la oración, el
canto, la danza, el canto, la ceremonia, y las celebraciones. Se da salida a las emociones
en lugar de suprimirlas o disiparlas en diferentes direcciones. Al quedar totalmente
absorto en su objeto de devoción, el Bhakti trasciende su Ego. Al disminuir las emociones
inferiores, los problemas mentales desaparecen. Así, la concentración y la conciencia
aumentan, lo que conduce a la Autorrealización.

Raja Yoga

El Yoga de la introspección a través de la meditación. El Raja Yoga es el Camino Real,
ya que "raja" significa rey. Abarca la esencia de muchos otros caminos del Yoga, a saber,
el Karma, el Bhakti, y el Jnana Yoga. El enfoque del Raja Yoga es el análisis interno del
funcionamiento de la mente con el fin de aquietarla e ir más allá de ella. Intenta trascender
el Ego y el entorno exterior del cuerpo físico y sintonizar con el Ser interior del Alma y el
Espíritu. Es el camino hacia la Iluminación.

Patanjali Yoga

El Patanjali Yoga suele identificarse directamente con el Raja Yoga porque es
introspectivo. El sistema de Patanjali consiste en ocho miembros (término Sánscrito
"Ashtanga") o pasos del Yoga (Figura 84), que el individuo debe dominar en su camino
hacia la Autorrealización. Piensa en los ocho miembros como partes del gran árbol del
Yoga, donde cada miembro (rama) se conecta al tronco. Cada miembro tiene hojas que
expresan su vida y son las técnicas de la ciencia del Yoga. Los ocho miembros o pasos del
Yoga se describen en los *Yoga Sutras*, compilados por el Sabio Patanjali. Son los Yamas

(autocontención), Niyamas (autoobservación), Asana (posturas), Pranayama (respiración), Pratyahara (retracción de los sentidos), Dharana (concentración), Dhyana (meditación), y Samadhi (autoidentificación con la conciencia cósmica).

Figura 84: Los Ocho Miembros del Yoga

Kriya Yoga

La palabra sánscrita "kriya" significa "acción" o movimiento". El Kriya Yoga es la ciencia del control del Prana en el cuerpo. Uno de sus objetivos es descarbonizar la sangre humana y recargarla de oxígeno para rejuvenecer el cerebro y los centros espinales. El Antiguo sistema de Kriya Yoga consiste en muchos niveles de Pranayama, Mantra, y Mudra, basados en técnicas destinadas a acelerar rápidamente la Evolución Espiritual y conducir a la comunión con el propio Yo Superior, Dios. El Kriya Yoga ganó popularidad en el mundo a través del libro de Paramahamsa Yogananda *Autobiografía de un Yogui*.

Dhyana Yoga

El Yoga de la meditación. El Dhyana Yoga se refiere principalmente a la séptima rama del Yoga mencionada en los *Yoga Sutras de Patanjali*. Se ocupa de aquietar la mente y permitir un mayor enfoque y conciencia, lo que se logra a través de las prácticas de Asana, Pranayama, Mantra, y Dharana (concentración). El Dhyana Yoga te entrena para alejar tu mente de las cosas innecesarias de la vida y concentrarte en lo que importa. La meditación atraviesa la ilusión y conduce a la verdad de la realidad, permitiendo el Autoconocimiento.

***

En conclusión, muchas otras formas de Yoga son excelentes sistemas en sí mismos, pero que se encuentran dentro de uno de los grupos primarios mencionados. Incluyen el Siddha Yoga, el Shiva Yoga, el Buddhi Yoga, el Sannyasa Yoga, el Maha Yoga, y otros. Como hay muchos estilos o tipos de Yoga, cada uno ligeramente diferente del otro, la persona promedio tiene muchas opciones para elegir la que mejor se adapte a su constitución psicológica y física. Sin embargo, la mayoría de los tipos de Yoga incluyen los mismos elementos y prácticas, que examinaré en detalle en esta sección.

LAS CINCO KOSHAS

Según el Yoga y el Ayurveda, el sistema energético humano está compuesto por cinco Cuerpos Sutiles o "envolturas", llamados Koshas (Figura 85), que cubren y ocultan nuestra naturaleza esencial -Atman, el Ser Universal (Alma). Los Koshas son esencialmente las puertas de entrada al Alma. Dan cuenta de las diferentes dimensiones y estados vibratorios de conciencia de los que participan los seres humanos. Los Koshas se relacionan con los Cinco Elementos (Tattvas) y los Siete Chakras Principales, siendo el Kosha más elevado (Anandamaya) el que abarca los tres Chakras Espirituales. (Obsérvese que la figura 85 es un esquema abstracto de los Cinco Koshas, no su representación real en el Aura).

Los Koshas son sinónimos de los Cuerpos Sutiles de los Planos Cósmicos interiores de la Tradición Misteriosa Occidental. Sin embargo, en lugar de siete, hay cinco capas del Aura en el sistema Yóguico, que están interconectadas, interactuando constantemente entre sí. Los Koshas emanan en secuencia, empezando por el más denso, siendo cada capa subsiguiente más sutil y de mayor vibración que la anterior.

Kosha Annamaya

La primera capa o envoltura se llama Kosha Annamaya, y se relaciona con la mente consciente y el cuerpo físico. Es el Kosha más grueso y denso y con el que más nos identificamos. Formado por los alimentos que ingerimos, Kosha Annamaya se corresponde con el primer Chakra, Muladhara, y el Elemento Tierra (Tattva Prithivi). La práctica regular de Asanas y una dieta saludable pueden mantener nuestro cuerpo físico en condiciones óptimas para que podamos experimentar la vida libre de enfermedades.

Kosha Pranamaya

La segunda envoltura es Kosha Pranamaya; el cuerpo energético vital compuesto por la energía vital. El Kosha Pranamaya, como su nombre indica, se ocupa del Prana en el cuerpo; de ahí que pueda denominarse nuestro Cuerpo Pránico, que se absorbe a través de la respiración, los alimentos y la Fuerza Vital Universal que nos rodea, impregnando nuestra Aura. Fluye a través del intrincado sistema de Nadis en el cuerpo, de los que se dice que hay Setenta y Dos Mil. Kosha Pranamaya puede ser controlado por la respiración, aunque es una fuerza más sutil que el aire que respiramos. Se relaciona con el segundo Chakra, Swadhisthana, y el Elemento Agua (Tattva Apas). Pranamaya Kosha vincula los Koshas Annamaya y Manomaya, ya que se relaciona con el cuerpo y la mente. La práctica de Pranayama ayuda a mantener la Fuerza Vital fluyendo libremente en Kosha Pranamaya, manteniendo el cuerpo y la mente sanos.

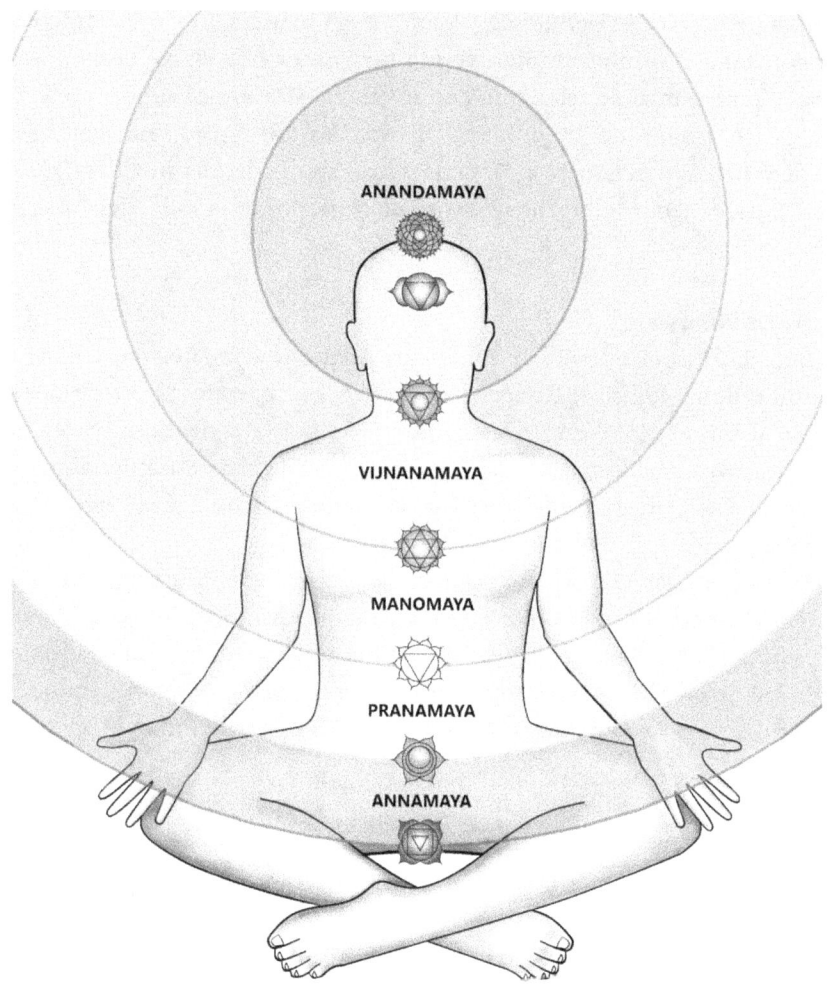

Figura 85: Los Cinco Koshas

Kosha Manomaya

La tercera vaina es Kosha Manomaya, el cuerpo mental/emocional en el sistema Yóguico, relacionado con la mente subconsciente. Kosha Manomaya incluye los patrones de pensamiento y los sentimientos, impregnando las envolturas vital y alimentaria. Se corresponde con el tercer Chakra, Manipura, y con el Elemento Fuego (Tattva Tejas). Tomar conciencia de nuestros pensamientos y emociones cotidianos y disolverlos mediante la retirada de los sentidos (Pratyahara) y la concentración en un punto (Dharana) puede ayudar a mantener nuestra mente pura y libre del dolor de la dualidad.

Kosha Vijnanamaya

La cuarta envoltura es Kosha Vijnanamaya, y es el cuerpo psíquico o mental superior que permite la intuición. En el Yoga, Kosha Vijnanamaya es el "cuerpo de la sabiduría" que revela las percepciones personales. Vincula las mentes subconsciente e inconsciente, dándonos conocimiento interno, incluyendo las reacciones viscerales a los eventos de la vida. Kosha Vijnanamaya se relaciona con el cuarto Chakra, Anahata, y el Elemento Aire (Tattva Vayu). A través de la práctica de los Yamas (auto-restricciones) y Niyamas (Autobservación), y con el uso de prácticas Yóguicas, podemos purificar nuestras mentes y corazones para conectar con nuestra intuición, permitiéndonos vivir una vida más feliz y Espiritual.

Kosha Anandamaya

Por último, la quinta envoltura es Kosha Anandamaya, que se considera el cuerpo trascendental o de la dicha, el Cuerpo de la Luz. Su experiencia puede describirse como un estado de absorción total en un estado de felicidad, alcanzado a través del silencio de la mente. La dulzura y belleza de la vida que experimentamos cuando la mente está quieta se conoce como Sat-Chit-Ananda (Verdad-Conciencia-Dicha en sánscrito), la experiencia subjetiva de la realidad última e inmutable-Brahman.

Kosha Ananadamaya se puede experimentar a través de la meditación diaria (Dhyana) o a través de un despertar completo de la Kundalini. Aunque el Kosha Anandamaya nos permite experimentar el estado superconsciente de Samadhi, todavía existe la dualidad entre sujeto y objeto. Por lo tanto, para llegar a ser uno con Brahman (El Todo), necesitamos alcanzar la capa por encima de Kosha Ananadamaya, la capa Divina sin nombre.

En los Upanishads, Kosha Anandamaya se conoce como el Cuerpo Causal. Se relaciona con la mente inconsciente, una reserva de sentimientos, pensamientos, recuerdos e impulsos fuera de nuestra conciencia y subconsciente. La mente inconsciente controla muchos de los procesos automáticos del cuerpo que aseguran nuestra supervivencia física. Anandamaya Kosha se corresponde con el Espíritu/Elemento (Tattva Akasha) y los tres Chakras más altos de Vishuddhi, Ajna, y Sahasrara. Es el estado de conciencia donde reside nuestro Santo Ángel de la Guarda, nuestro Ser Superior.

LOS CUERPOS SUTILES EN ORIENTE Y OCCIDENTE

Los Cinco Koshas del sistema Espiritual Oriental de Yoga se corresponden con los Cuerpos Sutiles de los Planos Cósmicos interiores del Sistema Esotérico Occidental: el Físico, el Astral, el Mental, y el Espiritual, conteniendo el Astral y el Mental los aspectos

Inferior y Superior. Sin embargo, una pequeña diferencia entre los dos sistemas requiere nuestra atención.

En la ciencia y la filosofía del Yoga, los Cuerpos Sutiles emanan con respecto a la secuencia de los cinco primeros Chakras Mayores, empezando por Muladhara y terminando por Vishuddhi. Como se ha mencionado, a los tres Chakras Espirituales se les atribuye una capa áurica, para un total de Cinco Koshas. En cambio, la Tradición Mistérica Occidental, cuyo fundamento es el Árbol de la Vida Cabalístico, sigue la secuencia de emanación de la Luz Divina de Ain Soph Aur (Luz sin límites) en lo que respecta a los Cinco Elementos. En la Cábala, la Luz Divina se manifiesta como Espíritu, Fuego, Aire, Agua, Tierra, donde cada uno de los Elementos subsiguientes es de menor calidad espiritual que el anterior.

Como puedes ver, los dos sistemas son casi idénticos en lo que respecta a este tema, con una excepción. En el Yoga, los Elementos Fuego (Kosha Manomaya) y Aire (Kosha Vijnanamaya) están intercambiados, ya que el Chakra Manipura está por debajo del Anahata en el sistema Cháquico. En la filosofía Cabalística, el Fuego es el primer Elemento que se manifiesta desde el Espíritu y es más elevado en calidad espiritual que el Elemento Aire, independientemente de su posición en el sistema de Chakras. Las Escuelas de Misterio Occidentales enseñan que la fuerza de voluntad (Fuego) es superior al pensamiento (Aire) en el proceso de manifestación.

Ambos sistemas Espirituales dan argumentos convincentes sobre este tema. El sistema Occidental sostiene que nuestro Verbo, que nos vincula con el Creador, es movido por la fuerza de voluntad. Su medio de expresión es la mente (pensamientos), pero su ímpetu es una Fuerza proyectada desde el Alma en lo más profundo. El Alma es un Fuego, y su origen es nuestro Sol.

Los Teósofos, que pertenecen a la Tradición Misteriosa Occidental, se refieren al Plano del Alma como el Plano Búdico, que sitúan entre los Planos Mental y Espiritual. Atribuyen a éste el Elemento Fuego. Los Teósofos fueron fuertemente influenciados por el Hermetismo y su rama de la Alquimia, esta última impactada por las obras de Platón y Aristóteles. Por lo tanto, los Teósofos adoptaron el sistema Cháquico Oriental, pero lo modificaron de acuerdo con sus experiencias psíquicas de los Planos Sutiles. Desde su punto de vista, la Alquimia Espiritual define claramente el Elemento Fuego como de mayor calidad Espiritual que el Elemento Aire.

Aunque el Aire es más sutil que el Fuego, ya que es invisible como el Espíritu, los Hermetistas creen que el Elemento Aire vibra entre los Elementos Fuego y Agua, ya que ambos participan de él y lo necesitan para su sustento. Según su ubicación en el sistema Cháquico, el Elemento Aire emana del Espíritu. Sin embargo, su posicionamiento en la expresión de la energía sutil en nuestra Aura estaría entre el Plano Mental Superior (Fuego) y el Plano Astral Superior (Agua). Por esta razón, el Elemento Aire es utilizado más por el Ego, mientras que el Alma utiliza el Elemento Fuego para expresarse.

El Ego también utiliza el Elemento Fuego, pero se filtra a través de la mente, participando en la dualidad. El Elemento Fuego, sin embargo, llega a la No-Dualidad del Espíritu, ya que reconcilia todos los opuestos dentro de sí mismo de la misma manera que la combustión, el Fuego en su estado físico, consume todas las cosas. Por esta razón, el Fuego es el Elemento de la acción, ya que pasa por encima de la mente y se ocupa estrictamente de aplicar la fuerza de voluntad.

Sin embargo, la fuerza de voluntad requiere de la imaginación, que en la Cábala está relacionada con el Tiphareth Sephira, situado entre los centros del Corazón y del Plexo Solar y que se corresponde con el Elemento Aire. Vemos, pues, que, según la filosofía Cabalística, tanto las emociones (Agua) como la fuerza de voluntad (Fuego) requieren del Aire (pensamientos) para manifestarse. Ambos participan de él, por lo que, en el modelo de los Planos Cósmicos, su envoltura energética o Cuerpo Sutil se encuentra entre los dos en lugar de por encima de ellos.

Otro argumento a favor de la filosofía Cabalística es que, según su modelo de los Cuatro Mundos (YHVH), el Elemento Fuego es Atziluth, el más elevado de los mundos. Este mundo se relaciona con los Arquetipos como el Plano más elevado por debajo del Espíritu, mientras que el Elemento Aire es el tercer Mundo (Yetzirah), relacionado con las imágenes visuales que nuestra mente forma. Según los Cabalistas, Atziluth (Fuego) no tiene forma, mientras que Yetzirah (Aire) sí la tiene.

El Elemento Fuego es responsable del pensamiento abstracto, mientras que el Elemento Aire es responsable del pensamiento lógico o racional. Los pensamientos abstractos muestran una inteligencia superior a la de los pensamientos lógicos. Por ejemplo, el Ego utiliza la lógica y la razón para relacionarse con el mundo que le rodea, donde su principal impulso es la supervivencia y el miedo a la muerte. Por otro lado, el Alma utiliza el pensamiento abstracto, así como lo que llamamos intuición, que es un reconocimiento interno de la verdad en la realidad. No sabemos cómo ni por qué sabemos lo que sabemos, pero estamos seguros de que lo sabemos.

El pensamiento abstracto y la intuición están motivados por el amor incondicional, que es una expresión del Elemento Fuego que actúa sobre el Elemento Agua. Por esta razón, cuando experimentamos el amor en nuestros corazones, hay un calor que lo acompaña. Y según la mayoría de las religiones y filosofías del mundo, la concepción más elevada de Dios-Creador para la humanidad es el amor incondicional. De ahí que el más elevado de los cuatro Elementos inferiores, y el más cercano a Dios, sea el Elemento Fuego y no el Elemento Aire.

Aunque soy un Cabalista primero Yogui después, mis pensamientos se alinean naturalmente con la Tradición de Misterios Occidental, al igual que mis creencias. La Magia Ceremonial, la práctica Espiritual de los Misterios Occidentales, me ha proporcionado una experiencia directa de las energías Elementales durante muchos años, y he sido testigo de primera mano de la precisión del sistema Cabalístico. Asimismo, mis experiencias con la Magia Enochiana, especialmente la operación de los Treinta Aethyrs que entra sistemáticamente en las capas del Aura, me han dado una visión Gnóstica que valida y apoya las afirmaciones de la Tradición Occidental sobre los Elementos en términos de progresión Espiritual.

Sin embargo, debo ser respetuoso con el Yogui que ha practicado el sistema Espiritual Oriental durante más de 20 años, que también puede tener la misma sensación de certeza sobre su validez. La emanación de los Tattvas Orientales, por ejemplo, sigue la secuencia Tierra, Agua, Fuego, Aire, Espíritu. Y en las explicaciones de los Tattvas y de cómo cada uno se manifestó en la existencia, es evidente que el Elemento Aire es más etérico y por lo tanto menos denso que el Elemento Fuego. Es invisible a los sentidos, mientras que el Fuego es visible como combustión o llama. Además, no se puede negar la secuencia de manifestación de los Chakras, sus correspondencias y sus ubicaciones en el cuerpo. Por lo tanto, reconozco que se pueden presentar argumentos a favor de los sistemas Occidentales y Orientales en relación con este tema.

¿El Cuerpo Sutil relacionado con el Elemento Fuego viene antes del Cuerpo Sutil asociado con el Elemento Aire o después? Podemos debatir este tema hasta la saciedad y no llegaremos a ninguna parte porque tanto el sistema Oriental como el Occidental hacen afirmaciones válidas desde sus respectivos puntos de vista. Pero como *Serpent Rising* es mi creación y sólo puedo hablar de las cosas que he experimentado para que sean precisas, su filosofía respecto a la emanación y la secuencia de los Planos Cósmicos permanecerá alineada con el sistema Cabalístico hasta que me convenzan de lo contrario.

ASANA

Según los *Yoga Sutras de Patanjali, Asana* se define como "aquella posición que es estable y cómoda". En Sánscrito, la palabra "asana" significa "sentarse", una postura sentada o un asiento de meditación. Su significado más literal es "postura", ya sea una postura sentada o de pie. Por esta razón, las Asanas se denominan en Inglés "poses Yoga" o "posturas Yoga".

El objetivo de Asana es desarrollar la capacidad de sentarse o estar de pie cómodamente en una posición durante un período prolongado. El propósito de Asana es influir, integrar y armonizar todos los niveles del Ser, incluyendo el físico, mental, emocional, y Espiritual. Aunque al principio pueda parecer que las Asanas se refieren principalmente al cuerpo físico, tienen efectos profundos en todos los niveles del Ser si uno practica la conciencia durante el proceso.

Asana es uno de los ocho miembros del Yoga. A nivel sutil, las Asanas se utilizan para abrir los canales de energía y los centros psíquicos. Su uso facilita el flujo libre de Prana a través de los Nadis de los Cuerpos Sutiles, estimulando así los Chakras y la energía Kundalini. Como tal, las Asanas ayudan considerablemente a la Evolución Espiritual de un individuo. Uno de sus resultados más inmediatos es la mejora de la flexibilidad, la fuerza, la reducción del estrés y de las condiciones mentales y emocionales que se relacionan con él.

Al desarrollar el control sobre el cuerpo, se obtiene también el control sobre la mente: Como Es Arriba, Es Abajo. Así, la práctica de las Asanas integra y armoniza el cuerpo físico y la mente. Libera las tensiones o nudos de ambos. Las tensiones mentales se liberan al tratarlas en el nivel físico mediante la realización de las posturas físicas. La tensión física, como los nudos musculares, se elimina también, restaurando así la salud del cuerpo. Después de una sola sesión de Yoga Asana, el practicante tiene más vitalidad, vigor y fuerza, mientras que la mente está más alegre, creativa e inspirada.

El Hatha Yoga Pradipika del siglo XV, el texto central del Hatha Yoga, identifica 84 Asanas que proporcionan beneficios tanto espirituales como físicos. Debido a su poder como herramienta para el desarrollo de la conciencia superior, la práctica de Asana se introduce primero en la práctica del Hatha Yoga, seguida de Pranayama, y luego de Mudras, etc. Durante la práctica de Asana, el individuo debe respirar siempre por la nariz, a menos que se le den instrucciones específicas para hacerlo de otra manera. La respiración debe estar siempre coordinada con la práctica de la Asana.

Se ha demostrado que la práctica de las posturas Yóguicas (Asanas) aumenta las sustancias químicas que hacen sentir bien al cerebro, como la serotonina, la dopamina, y las endorfinas. A medida que la hormona del estrés, el cortisol, disminuye, la relajación mental se restablece y la conciencia y la concentración aumentan. Al combinar el ejercicio físico y la meditación, el metabolismo del cuerpo se equilibra. La práctica de las asanas fortalece y tonifica los músculos, lo que hace que no sólo nos sintamos bien internamente, sino que tengamos un aspecto estupendo por fuera.

LAS TRES ASANAS DE MEDITACION

El propósito de las Asanas de meditación es permitir al individuo sentarse durante un período prolongado sin movimiento del cuerpo o incomodidad. Una vez que el cuerpo físico se ha evitado a través de la aplicación de una Asana de meditación y de la concentración de la mente, se puede experimentar un estado de conciencia más profundo.

Cuando estés en una Asana de meditación, tu columna vertebral debe estar recta, lo que permitirá que el Prana circule a través de los Nadis y Chakras de manera óptima. Además, como es fácil perder el control sobre los músculos mientras se está en meditación profunda, es mejor que las piernas estén inmovilizadas de alguna manera mientras el torso hace contacto con el suelo.

Sukhasana, Siddhasana, y Padmasana (Figura 86) son las posturas que más se practican cuando se quiere entrar en una meditación profunda. Estas posturas son las Asanas sentadas y con las piernas cruzadas en las que se suele representar a los Antiguos Dioses del Oriente. A continuación, se describe la mecánica de cada una de estas Asanas de meditación.

Acostarse en lo que los Yoguis llaman Shavasana (Figura 94), la postura del cadáver, no se recomienda para la meditación, ya que se tiende a caer en el sueño. Sukhasana, Siddhasana y Padmasana satisfacen todos los requisitos de la meditación, al tiempo que hacen que el individuo esté alerta y concentrado en la tarea que tiene entre manos. Estas tres asanas de meditación también permiten que la parte inferior de la columna vertebral entre en contacto con el suelo, lo que logra una adecuada conexión a tierra de las energías internas. De este modo, se puede superar el parloteo de la mente.

Cuando el practicante pueda sentarse en una Asana de meditación durante tres horas completas sin que el cuerpo se sacuda o tiemble, habrá alcanzado la maestría sobre ella. Sólo entonces podrá practicar las etapas superiores de Pranayama y Dhyana. Es imperativo alcanzar una Asana de meditación estable si se quiere progresar en la práctica de la meditación. El parloteo del Ego debe ser superado y la mente debe ser calmada si el individuo quiere encontrar su felicidad interior.

Lograr el dominio de una Asana de meditación es sólo una parte del proceso de entrar en la meditación profunda. La otra parte del proceso es tener los ojos cerrados y concentrarse en el espacio entre las cejas, lo que activa el Ojo de la Mente. El Ojo de la

Mente es la puerta o punto de entrada a Sahasrara, que representa el estado superior de conciencia. Sahasrara es, de hecho, nuestro punto de contacto con la Conciencia Cósmica.

Antes de comenzar con una Asana de meditación, es útil realizar algunos estiramientos básicos. Esto permitirá al practicante evitar los calambres musculares y el dolor de las articulaciones, que pueden disuadirle de la tarea que está realizando. Además, ayuda a evitar meditar con el estómago lleno, ya que podría haber demasiado movimiento de las energías internas mientras se sintetiza la comida.

Figura 86: Las Tres Asanas de Meditación

Sukhasana

Esta es la postura estándar con las piernas cruzadas. Se llama la "Postura fácil" porque todo el mundo puede hacerla sin esfuerzo. La espalda debe estar recta y los hombros relajados. Las manos se colocan sobre las rodillas, con los dedos índice y pulgares tocándose en el Mudra Jnana o Chin. (Para saber cómo realizar los Mudras Jnana y Chin, véase el capítulo "Mudra: Hasta (Mudras de las Manos)"). Al meditar, los ojos deben estar cerrados y uno debe concentrarse en el punto entre las cejas, que es la ubicación del Ojo de la Mente.

Aunque esta postura se considera la más fácil de las Asanas de meditación, si no se hace correctamente, puede aparecer un dolor de espalda. Es imprescindible mantener las rodillas cerca o en el suelo y la columna vertebral recta. Es habitual ver a los practicantes colocar un cojín bajo los glúteos para apoyarse.

Ten en cuenta que es bueno comenzar tus meditaciones con la Sukhasana, pero no convertirla en tu objetivo final. En su lugar, sería mejor que progresaras hasta ser capaz de realizar la Siddhasana e incluso la Padmasana, ya que ofrecen más apoyo a tu cuerpo y son óptimas para las meditaciones a largo plazo.

Siddhasana

Al ser la postura sentada con las piernas cruzadas más avanzada, la Siddhasana se llama también la "Postura del Cumplimiento". "En la Siddhasana, debes meter los pies en los muslos (entre los muslos y las pantorrillas), de modo que tus genitales queden entre los dos talones. Los pies estarán uno al lado del otro, manteniendo así las rodillas bien separadas. La espalda estará recta y las manos se colocarán sobre las rodillas, en Mudra Jnana o Chin. Esta postura se denomina "Realizada" porque es más avanzada que la Sukhasana, y requiere que el practicante sea más flexible para tener las caderas abiertas.

Siddhasana dirige la energía de los Chakras inferiores hacia arriba a través de la columna vertebral, estimulando así el cerebro y calmando todo el sistema nervioso. Al presionar la parte inferior del pie contra el perineo, se activa el Chakra Muladhara, permitiendo Mula Bandha. Además, la presión sobre el hueso púbico empuja el punto de activación de Swadhisthana, desencadenando automáticamente Mudra Vajroli. Estos dos bloqueos psico-musculares redirigen los impulsos nerviosos sexuales hacia la columna vertebral y el cerebro. Dan al practicante el control sobre sus hormonas reproductivas, lo que le permite practicar la continencia o la abstinencia sexual. (Para una descripción de Mula Bandha y Vajroli Mudra, véase la sección de los capítulos "Mudra: Bandha (Mudras de la cerradura)" y "Mudra: Adhara (Mudras perineales)".

Padmasana

La postura de meditación sentada con las piernas cruzadas más avanzada, la Padmasana, se conoce comúnmente como la "Postura del Loto". "Aunque hayas oído el término "Postura del Loto" con frecuencia en los círculos de meditación, la Padmasana es la única postura correcta del Loto, mientras que las dos anteriores son variaciones menos avanzadas de la misma. En la Padmasana, hay que sentarse con los pies encima de los muslos, recogidos cerca de las caderas. Es la postura de las rodillas cerradas que sólo puede realizarse con éxito cuando las caderas están más abiertas que las otras dos Asanas o posturas de meditación. No se debe intentar la Padmasana hasta que se haya desarrollado una flexibilidad suficiente de las rodillas.

La Padmasana permite mantener el cuerpo totalmente estable durante largos periodos de tiempo. Una vez que el cuerpo se estabiliza, la mente puede calmarse. La Padmasana dirige el flujo de Prana de los Chakras Muladhara a Sahasrara, aumentando la experiencia de la meditación. La aplicación de presión en la parte inferior de la columna vertebral a través de esta postura tiene también un efecto relajante en el sistema nervioso. La presión sanguínea se reduce, la tensión muscular disminuye, y la respiración se vuelve lenta y constante.

HATHA YOGA VS. VINYASA YOGA

Hatha Yoga es un término que engloba muchas de las formas más comunes de práctica de Asanas que se enseñan en Occidente. El Hatha Yoga hace hincapié en la respiración y las posturas controladas, lo que fortalece el núcleo y proporciona los beneficios psicológicos asociados a la práctica de Asanas. En el Hatha Yoga, el cuerpo se mueve lenta y deliberadamente de una postura a otra mientras se centra en la atención y la relajación.

Vinyasa es un enfoque del Yoga en el que se pasa suavemente de una postura a la siguiente. En una sesión de Vinyasa Yoga, las transiciones se coordinan con la respiración, dando la sensación de que la respiración se mueve con el cuerpo. Las sesiones de Vinyasa de ritmo rápido son un reto físico. Proporcionan un entrenamiento cardiovascular que te hace sudar más y es más exigente físicamente que las sesiones de Hatha Yoga.

Hatha y Vinyasa son dos estilos o enfoques diferentes de la práctica de Asanas que incorporan las mismas posturas y son beneficiosas a su manera. Mientras que Hatha es un enfoque más estático, Vinyasa es dinámico. Dado que el Vinyasa se mueve a un ritmo más rápido de una postura a la siguiente, requiere un control de la respiración más importante que el Hatha Yoga. Por el contrario, el Hatha Yoga permite un mayor estiramiento y meditación, ya que las posturas se mantienen durante más tiempo.

Mientras que el Hatha Yoga es mejor para reducir el estrés, el Vinyasa proporciona un mejor entrenamiento de fuerza y cardiovascular. Puedes aplicar cualquiera de los dos enfoques a tu práctica de Asanas para obtener diferentes resultados. Sin embargo, para obtener resultados óptimos, lo mejor sería determinar tu constitución mental y corporal específica, o Dosha, para saber qué estilo es el más adecuado para ti. Las directrices para las prácticas Yóguicas, incluyendo las Asanas, y para determinar cuál de los Tres Doshas es el dominante en tu vida se dan en el capítulo sobre Ayurveda en la última parte de esta sección.

PREPARACION PARA LA PRACTICA DE ASANAS

Antes de comenzar la práctica de Asanas, reserva un momento específico del día para su realización. Por ejemplo, el amanecer y el atardecer son tradicionalmente los mejores momentos del día para practicar Yoga debido a la conexión natural de nuestro cuerpo y nuestra mente con la energía del Sol. Sin embargo, si te resulta imposible practicar a esta hora, busca otro momento del día y sé constante con él a lo largo de la semana cuando planifiques tus sesiones de Yoga.

Si decides practicar Yoga por la mañana para preparar tu cuerpo y tu mente para el día, ten en cuenta que tus músculos y huesos estarán más rígidos que más tarde. Por lo tanto, ten cuidado al entrar en las posturas y no te esfuerces demasiado. Por el contrario, una práctica nocturna te permite relajarte después de cumplir con tus obligaciones diarias. Además, el cuerpo es más flexible por la noche, lo que permite profundizar en las posturas con menos resistencia.

Busca un lugar donde no te molesten durante la práctica de Asana. Debe ser un área que tenga una superficie plana y uniforme. Asegúrate de que tengas suficiente espacio para moverte a tu alrededor, ya que muchas posturas requieren que extiendas los brazos y las piernas libremente. Es mejor practicar las Asanas en un entorno abierto para evitar la distracción de los objetos cercanos.

Si prácticas en interiores, como hace la mayoría de la gente, asegúrate de que la habitación esté bien ventilada y tenga una temperatura ambiente agradable. Ten en cuenta que tu cuerpo generalmente se calentará, así que asegúrate de que no haya corrientes de aire, o de que la habitación esté demasiado fría, ya que el aire frío afecta a los músculos y las articulaciones y los hace más rígidos. Por este motivo, es habitual que las clases de Yoga se impartan en ambientes cálidos, pero nunca fríos.

El aire fresco añade beneficios adicionales al componente respiratorio de la realización de Asanas. Después de todo, la respiración es una de las claves del éxito de la práctica del Yoga. Si se quema incienso o se difunden aceites esenciales para ayudar a elevar la mente y alcanzar un estado meditativo, hay que asegurarse de no exagerar hasta el punto de interferir con la calidad del aire y la respiración. Aunque los aceites esenciales y el incienso han sido una parte integral de muchas clases de Yoga a lo largo de los años, algunos practicantes lo evitan porque el olor puede ser una distracción.

La misma regla se aplica a la reproducción de música durante las sesiones de Yoga. La música relajante y tranquilizadora de fondo puede ayudarte a entrar en el estado de ánimo adecuado, pero también puede distraerte. Si decides poner música, asegúrate de que no esté demasiado alta, ya que tu atención debe centrarse en el interior durante la práctica.

Como es el caso con todas las prácticas de invocación o manipulación de la energía, incluidas las modalidades de Curación Espiritual de este libro, evita practicar el Yoga con el estómago lleno. En otras palabras, dese al menos una hora después de una merienda o dos o tres horas después de una comida pesada antes de comenzar su práctica de Yoga. Después de la práctica, es aconsejable tomar un batido de proteínas o una comida completa y equilibrada para que los músculos puedan empezar a repararse. También puedes tomar un batido sustitutivo de una comida para aportar elementos nutritivos a tu cuerpo.

Asegúrate de tener una botella de agua a mano para evitar deshidratarte. Es aconsejable evitar beber agua durante la práctica de Asana para no perder la concentración, pero si te encuentras sediento, puedes hacerlo. Al fin y al cabo, estar deshidratado puede distraer más que tomar unos sorbos de agua. Sin embargo, es mejor beber agua antes y después de la sesión de Yoga.

Debe llevar ropa suelta, cómoda y ligera, de fibras naturales como el algodón. La ropa no debe restringir los movimientos. Quítate las joyas y los adornos y quítate los zapatos y los calcetines, ya que el Yoga se practica con los pies descalzos. Además, apaga el teléfono y ponlo lejos de ti para evitar distracciones.

Por último, adquiere una alfombrilla de Yoga que ofrezca un acolchado y una superficie antideslizante para practicar. Tu alfombrilla de Yoga se convertirá en tu único objeto ritual que contendrá tu energía, así que asegúrate de no compartirla con los demás. Consigue un cojín y tenlo a mano si necesitas un apoyo extra mientras realizas las Asanas de meditación. Las Asanas de meditación son requisitos previos para la mayoría de las demás prácticas Yóguicas, como Pranayama, Mudra, Mantra, y meditación.

Aunque las pautas de preparación anteriores son para la práctica de Asanas, también se aplican a otras prácticas Yóguicas. Para una sesión completa que produzca los resultados Espirituales óptimos, debes estructurar tu práctica de Yoga para incluir una combinación de Asanas, Pranayamas, Mudras, Mantras, y meditación.

CONSEJOS PARA LA PRACTICA DE ASANAS

Antes de comenzar la práctica de Asana, debes realizar un calentamiento básico para preparar el cuerpo para la actividad física y prevenir el riesgo de lesiones. Comienza rodando las articulaciones de forma circular durante unos minutos, en el sentido de las manecillas del reloj y en sentido contrario, para despertar el cuerpo y proporcionar una lubricación natural para una mejor movilidad. Puedes realizar rodamientos de cabeza, muñecas, tobillos, y hombros en el suelo mientras estás sentado en tu esterilla. A continuación, ponte de pie en la esterilla y pasa a realizar giros en los brazos, las piernas, y la parte inferior de la espalda.

A continuación, debes realizar algunos estiramientos básicos durante unos minutos más para asegurarte de no sufrir un tirón durante la práctica. Empieza por estirar la espalda de pie. A continuación, cuando te sientes de nuevo, pasa a los estiramientos de hombros, brazos, piernas, y cabeza. El calentamiento completo debe durar entre cinco y 7 minutos.

Comienza y termina cada práctica de Asana recostado en Shavasana, la Postura del Cadáver. Por ejemplo, puedes hacer una Shavasana más corta para empezar y una más larga cuando termines tu secuencia de Asanas. Cuando empieces con tus Asanas, ten siempre presente que debes pasar de una postura a la siguiente con calma y deliberadamente. Al hacerlo, coordina tu respiración de modo que inhales al entrar en la Asana y exhales al salir de ella.

Aunque hay opiniones encontradas sobre este punto, no hay una cantidad de tiempo definitiva que deba aplicarse una Asana. Deberías mantenerla mientras te resulte cómoda y no te cause dolor o incomodidad. Haz un buen estiramiento y trabaja cualquier parte del cuerpo a la que se dirija la Asana. Como principiante, no te esfuerces demasiado, sino que aumenta gradualmente la duración con el tiempo. Por ejemplo, puedes empezar con intervalos de 20-60 segundos mientras practicas la respiración profunda. El tiempo medio para obtener resultados óptimos es de uno a tres minutos por Asana.

Para evitar lesiones en la espalda, practica el mismo número de Asanas que doblan la espalda hacia delante que las que la doblan hacia atrás. Si la espalda se tensa, o si aparece un dolor en la espalda, especialmente en la zona lumbar, puedes adoptar la Balasana (postura del niño) para obtener alivio. Además, cuando te sientas cansado o débil durante la práctica de la Asana, recuéstate en Shavasana o Balasana durante un rato para descansar. A continuación, puedes reanudar la práctica.

Recuerda realizar todas las Asanas lentamente y con control. Progresarás mucho más rápido en tu práctica de Yoga si te tomas las cosas con calma mientras te concentras en la respiración y la atención plena. Además, aprende a soltar cualquier tensión, estrés, o pensamiento negativo. La clave para liberar el poder del Yoga en tu vida es ser constante y determinado en tu práctica, mientras muestras paciencia al no esperar resultados instantáneos. Escucha a tu cuerpo y deja que te guíe sin forzar las cosas. Por último, diviértete y disfruta del proceso. El Yoga traerá más felicidad a tu vida si se lo permites.

ASANAS PARA PRINCIPIANTES

Figura 87: Asanas Para Principiantes (Parte I)

Figura 88: Asanas Para Principiantes (Parte II)

Figura 89: Asanas Para Principiantes (Parte III)

ASANAS INTERMEDIAS

Figura 90: Asanas Intermedias (Parte I)

Figura 91: Asanas Intermedias (Parte II)

ASANAS AVANZADAS

Figura 92: Asanas Avanzadas (Parte I)

Figura 93: Asanas Avanzadas (Parte II)

PRANAYAMA

Pranayama es un término utilizado para varias técnicas de respiración que trabajan con la energía Pránica en el cuerpo. Se compone de dos palabras, "prana" y "ayama". El Prana es la energía vital o Fuerza Vital que está en constante movimiento y que existe en todas las cosas animadas e inanimadas del Universo. Aunque está estrechamente relacionado con el aire que respiramos, el Prana es más sutil que el simple oxígeno, aunque nosotros, como seres humanos, podemos manipularlo mediante técnicas de respiración.

"Ayama" significa "extensión" o "expansión". La palabra "Pranayama" entonces puede decirse que implica la "extensión o expansión del Prana". La esencia o el propósito del Pranayama es utilizar métodos de respiración para influir en el flujo de Prana a través de los diversos Nadis en el Cuerpo de Luz. A medida que se incrementa el movimiento del Prana en el Cuerpo de Luz, se optimiza la función de los Chakras.

Tanto el Yoga como el Tantra dicen que la base de la existencia depende de las fuerzas de Shiva (conciencia) y Shakti (energía). En última instancia, en lugar de dos, sólo hay una fuerza, ya que Shakti es la fuerza o energía creativa de Shiva. Shakti es también una referencia directa a la propia energía Kundalini, que es Prana sublimado. El propósito final del Hatha Yoga es realizar a Shiva o la Conciencia Cósmica a través de la manipulación de la propia Shakti. Elevar la energía Kundalini al Chakra de la Corona es la meta de todos los seres humanos, lo que es sinónimo de que Shakti y Shiva se convierten en Uno en un Matrimonio Divino en la Corona.

El Pranayama se considera uno de los ocho miembros del Yoga. En el Hatha Yoga, el Pranayama comienza una vez que el individuo ha regulado el cuerpo mediante la práctica de Asana y una dieta moderada. La alimentación es un medio directo de obtener Prana en el cuerpo. Todos los alimentos contienen diferentes vibraciones Pránicas, y la calidad de los alimentos que ingerimos tiene un efecto inmediato sobre nuestro cuerpo y nuestra mente.

La práctica del Pranayama trabaja principalmente con el cuerpo energético vital, también conocido como Pranamaya Kosha, a lo largo del Plano Astral. Afecta directamente a los cinco Prana Vayus, que, a su vez, afectan a los Nadis y a los Chakras. La mente sigue a la respiración mientras que el cuerpo sigue a la mente. Al controlar el cuerpo energético a través de la respiración, obtenemos el control sobre nuestras mentes y cuerpos físicos - Como Es Arriba, Es Abajo.

El Pranayama es beneficioso para regular las ondas cerebrales y calmar la mente y las emociones. Mediante el Pranayama, podemos aquietar nuestra mente y crear un estado de conciencia meditativo que nos dará claridad mental y mejorará la concentración y el enfoque. Por esta razón, las técnicas de respiración son un requisito previo en la mayoría de los trabajos rituales.

La energía Pránica proporciona vitalidad a todos los sistemas que sustentan nuestra conciencia. Al aumentar el almacén de Prana en el cuerpo mediante métodos de respiración, nuestra mente se eleva y podemos alcanzar estados vibratorios de conciencia más elevados. Sus objetivos más físicos son ayudar a la recuperación de enfermedades, y mantener nuestra salud y bienestar.

EJERCICIOS DE PRANAYAMA

Respiración Natural

La Respiración Natural es esencialmente la conciencia de la respiración. Es el ejercicio de Pranayama más básico que introduce a los practicantes en sus patrones de respiración y en el sistema respiratorio. Ser consciente del proceso de respiración es suficiente para ralentizar la frecuencia respiratoria e iniciar un ritmo más tranquilo. Es relajante para la mente y le pondrá a uno en un estado meditativo. La Respiración Natural puede practicarse en cualquier momento, independientemente de dónde te encuentres y de lo que estés haciendo.

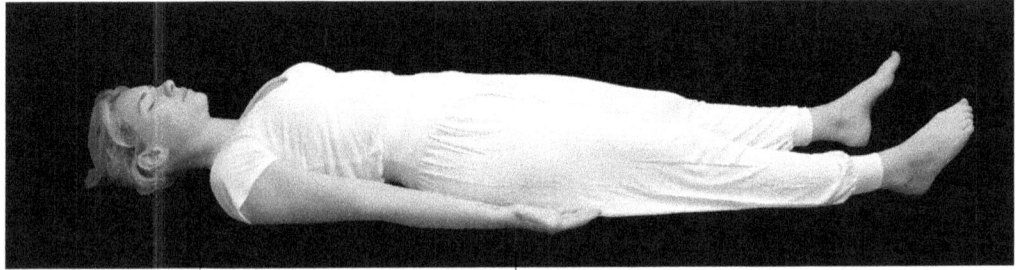

Figura 94: Shavasana

Para empezar el ejercicio, siéntate en una Asana de meditación cómoda o túmbate en Shavasana (Figura 94). Cierre los ojos y deje que su cuerpo se relaje. Entra en tu mente y toma conciencia de tu respiración natural. Siente cómo la respiración entra y sale por la nariz mientras mantienes la boca cerrada todo el tiempo. Observa si la respiración es superficial o profunda, y examina si respiras por el pecho o por el estómago. Fíjate en si hay algún sonido al respirar y toma conciencia de su temperatura al entrar y salir. La respiración debe ser más fría al inhalar y más caliente al exhalar.

Sé consciente de que los pulmones se expanden y se contraen al respirar. Fíjate en el efecto que tiene tu patrón de respiración en tu cuerpo y si te está causando alguna tensión. Observa su ritmo con total desapego. La clave de este ejercicio es la conciencia y la atención. No intentes controlar tu respiración de ninguna manera, sino que desarrolla una conciencia total y absoluta de ella yendo hacia el interior. Realiza este ejercicio durante el tiempo que quieras. Luego, termínalo volviendo a tomar conciencia de todo tu cuerpo y abriendo los ojos.

Respiración Abdominal/Diafragmática

La Respiración Abdominal es la forma más natural y eficaz de respirar. Utilizarla y convertirla en una parte natural de tu vida diaria mejorará tu bienestar físico y mental. El propósito de la Respiración Abdominal o Diafragmática es aumentar el uso del diafragma y disminuir el uso de la caja torácica.

El diafragma es un músculo esquelético delgado situado en la base del pecho que separa el abdomen del tórax. Durante la inhalación, el diafragma se mueve hacia abajo, lo que empuja el aire hacia el abdomen, expandiéndolo. Durante la espiración, el diafragma se mueve hacia arriba al vaciar el aire del abdomen, contrayéndolo en el proceso. Los pulmones se inflan y desinflan naturalmente al inhalar y exhalar.

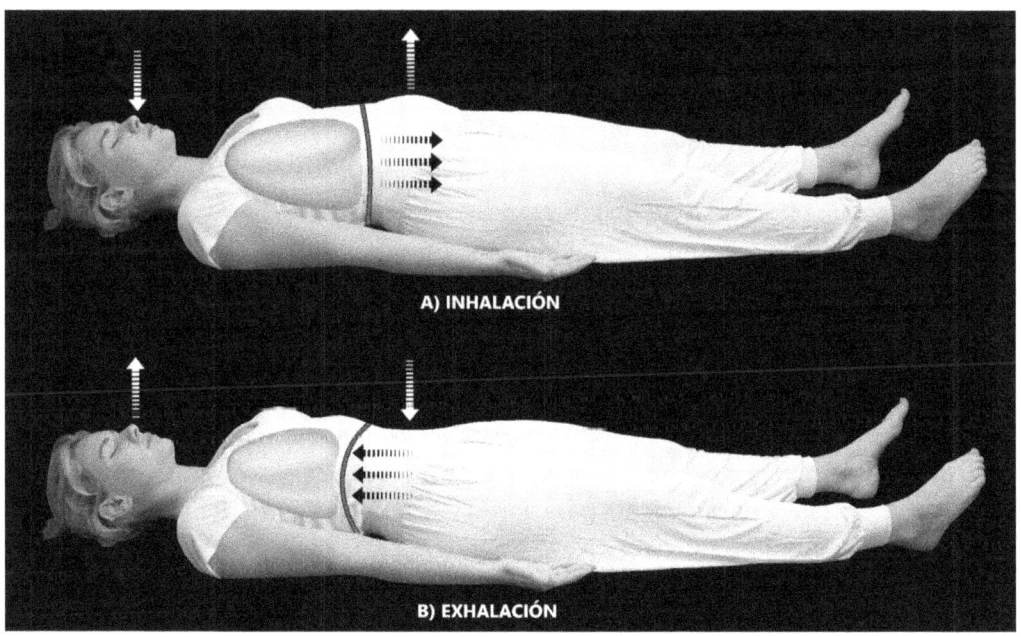

Figura 95: Respiración Abdominal/Diafragmática

Para empezar, siéntate en una Asana de meditación cómoda o recuéstate en Shavasana para relajar el cuerpo. Cierra los ojos y entra en un estado de calma y meditación. Coloca la mano derecha sobre el abdomen, justo por encima del ombligo, y la izquierda sobre el centro del pecho. Observa tu respiración natural sin intentar controlarla de ninguna manera. Observa si respiras por el pecho o por el vientre.

Ahora toma el control del proceso de respiración inhalando profundamente por la nariz y enviando la respiración al abdomen, haciendo que se expanda hacia fuera. Al exhalar por la nariz, el abdomen se mueve hacia abajo hasta que el aire se vacía de él (figura 95). Siente que intentas respirar sólo por el ombligo.

Todo el movimiento debe ser en tu mano derecha, ya que se mueve hacia arriba con la inhalación y hacia abajo con la inhalación. Tu mano izquierda debe permanecer inmóvil, ya que estás tratando de no involucrar a las costillas en el proceso de respiración. Repite la inhalación y la exhalación respirando lenta y profundamente. Cuando expandas el abdomen, hazlo cómodamente sin causar ninguna tensión en el cuerpo.

Realiza este ejercicio todo el tiempo que quieras, con un mínimo de unos minutos. Una vez que estés listo para terminarlo, lleva tu conciencia de vuelta a tu cuerpo físico y abre los ojos.

Hay que tener en cuenta que la Respiración Diafragmática aumenta el uso de los lóbulos inferiores de los pulmones, mejorando su eficacia y proporcionando un efecto positivo sobre el corazón, el estómago, el hígado, y los intestinos. Las personas que respiran con el diafragma son menos propensas al estrés y la ansiedad y tienen una mejor salud mental en general. Por ello, haz todo lo posible para que este tipo de respiración forme parte de su vida.

Respiración Torácica

La Respiración Torácica utiliza los lóbulos centrales de los pulmones expandiendo y contrayendo la caja torácica. Este tipo de respiración gasta más energía que la respiración Abdominal, pero aporta oxígeno más rápidamente al organismo. Por ello, es el método de respiración preferido cuando se realiza ejercicio físico o se afronta una situación de estrés.

Muchas personas propensas a la ansiedad han convertido la respiración Torácica en una parte habitual de su vida. Sin embargo, respirar de esta manera en situaciones de tensión perpetúa aún más el estrés, ya que la energía negativa no se neutraliza o "aterriza" en el abdomen. Como se ha mencionado, la respiración Abdominal o Diafragmática es el método óptimo para respirar de forma natural. Si uno comienza a respirar Torácicamente, necesita hacer un esfuerzo consciente para volver a la respiración Abdominal poco después para preservar y conservar su energía vital y mantener su mente equilibrada.

Para empezar el ejercicio, siéntate en una Asana de meditación cómoda o recuéstate en Shavasana. Cierra los ojos y entra en un estado de calma y relajación. Coloca la mano derecha sobre el abdomen, justo por encima del ombligo, y la izquierda sobre el centro del pecho. Toma conciencia de tu patrón de respiración natural sin intentar controlarlo al principio. Observa qué mano se mueve hacia arriba y hacia abajo mientras respiras.

Deje de usar el diafragma ahora y comienza a inhalar expandiendo la caja torácica lentamente. Lleva el aire a los pulmones y sienta cómo se inflan y ensanchan. Expande el pecho tanto como sea posible, cómodamente. Ahora exhala lentamente y saca el aire de los pulmones sin causar ninguna tensión en tu cuerpo. La mano izquierda debe moverse hacia arriba y hacia abajo en este movimiento mientras la mano derecha permanece inmóvil.

Repite la inhalación de nuevo expandiendo la caja torácica, teniendo en cuenta que no debes utilizar el diafragma en absoluto. Controla el proceso de respiración asegurándote de que sólo se mueve tu mano izquierda. Continúa con la respiración torácica durante el tiempo que desees, con un mínimo de unos minutos. Observa cómo te hace sentir la respiración de este modo y los pensamientos que te vienen a la mente. Una vez que estés preparado para terminar el ejercicio, vuelve a tomar conciencia de tu cuerpo físico y abre los ojos.

Respiración Clavicular

La Respiración Clavicular sigue a la respiración Torácica y puede combinarse con ella en períodos de mucho estrés o de fuerte esfuerzo físico. Si alguien tiene las vías respiratorias obstruidas, como en un ataque asmático, tiende a respirar de esta manera. La Respiración Clavicular permite la máxima expansión de la caja torácica en la inhalación, llevando la mayor cantidad de aire a los pulmones.

La Respiración Clavicular se lleva a cabo utilizando el esternón y los músculos del cuello y la garganta para tirar de las costillas superiores y la clavícula hacia arriba, involucrando los lóbulos superiores de los pulmones. Podemos combinar esta técnica de respiración con la Respiración Torácica y Abdominal para formar la Respiración Yóguica.

Recuéstate en Shavasana o siéntate en una Asana de meditación cómoda para comenzar el ejercicio. El cuerpo debe estar relajado, como en todos los ejercicios de Pranayama. Cierra los ojos y entre en un estado de meditación, tomando conciencia de tu patrón de respiración natural. A continuación, realiza la Respiración Torácica durante unos minutos. Realiza otra respiración torácica; sólo que esta vez inhala un poco más hasta sentir una expansión en la parte superior de los pulmones. Observa que los hombros y la clavícula se mueven ligeramente hacia arriba. Exhala lentamente relajando primero el cuello y la parte superior del tórax, y luego devolviendo la caja torácica a su estado original mientras el aire sale completamente de los pulmones.

Repite este ejercicio tantas veces como quieras, con un mínimo de unos minutos. Observa los efectos en el cuerpo de este tipo de técnica respiratoria. Cuando estés preparado para completar el ejercicio, vuelve a tomar conciencia de tu cuerpo físico y abre los ojos.

Respiración Yóguica

La Respiración Yóguica combina las tres técnicas de respiración anteriores para maximizar el consumo de oxígeno y equilibrar los Elementos internos. Se la conoce comúnmente como la "Respiración en Tres Partes" porque involucra el abdomen, el pecho y la región clavicular para una máxima inhalación y exhalación (Figura 96). La Respiración Yóguica beneficia en gran medida a los órganos vitales y a los Chakras que pueden quedar constreñidos o estancados por la tensión física y emocional del estrés y la ansiedad. Además, este ejercicio revitaliza el cuerpo, la mente y el sistema energético a través de la energía Pránica que obtenemos del aire que nos rodea.

La Respiración Yóguica alivia la ansiedad, refresca la psique y activa el Sistema Nervioso Parasimpático para lograr un estado de conciencia más tranquilo y equilibrado. Por ello, este ejercicio debe practicarse a menudo, durante al menos 10 minutos seguidos, preferiblemente en ayunas. La Respiración Yóguica se recomienda antes y durante las técnicas de Pranayama más avanzadas y para corregir los malos hábitos respiratorios.

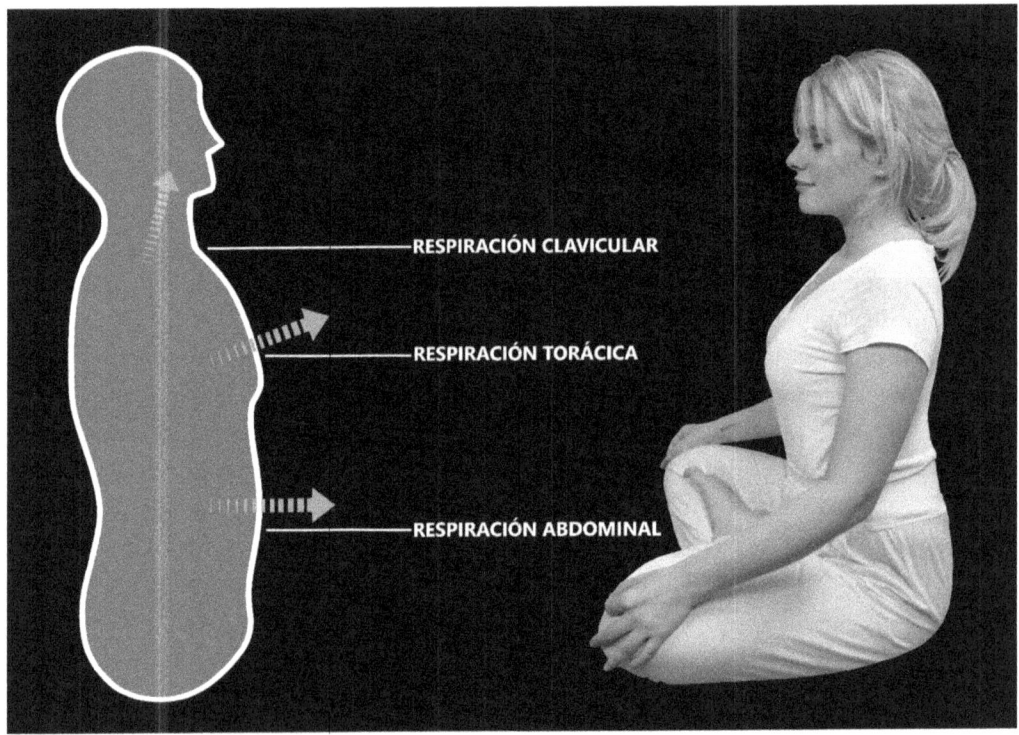

Figura 96: La Respiración Yóguica (Respiración en Tres Partes)

Para empezar el ejercicio, siéntate en una Asana de meditación cómoda o recuéstate en Shavasana. Inhala lenta y profundamente, permitiendo que el abdomen se expanda completamente. Cuando el vientre no pueda recibir más aire, extiende a continuación el pecho hacia fuera y hacia arriba. Una vez que las partes inferior y media de los pulmones hayan maximizado su entrada de aire, inhala un poco más para que las clavículas y los hombros se muevan ligeramente hacia arriba, llenando los lóbulos superiores de los pulmones. Habrá cierta tensión en los músculos del cuello, mientras que el resto del cuerpo debe permanecer relajado.

La secuencia debe invertirse al exhalar; las clavículas y los hombros se mueven primero hacia abajo, liberando el aire de la parte superior del pecho, seguidos por las costillas que se contraen en la parte media del torso. Por último, la respiración se libera desde la parte inferior del abdomen mientras el vientre se contrae y se dirige hacia la columna vertebral. Una ronda de Respiración Yóguica incluye una inhalación y una exhalación completas.

La inhalación y la exhalación deben ser un movimiento fluido y continuo, sin puntos de transición, a menos que se practique la respiración rítmica, como la Respiración Cuádruple, en la que se hace una pausa en la inhalación y la exhalación. En ningún momento el ejercicio de la Respiración Yóguica debe causar ninguna tensión en el cuerpo.

Después de repetidos ciclos de Respiración Yóguica, notarás que la respiración Abdominal absorbe aproximadamente el 70% de la respiración. Cuanto más practiques la Respiración Yóguica, ajustarás tu respiración natural para utilizar el abdomen de forma más constructiva y aliviar el estrés. Practica la técnica de la Respiración Yóguica todo el tiempo que quieras; cuando estés listo para completar el ejercicio, vuelve a tomar conciencia de tu cuerpo físico y abre los ojos.

Ten en cuenta que el requisito principal de todos los ejercicios de Pranayama es que la respiración sea cómoda y relajada. Cualquier tensión en el cuerpo trae consigo agitación en la mente. Una vez que se ha establecido la conciencia y el control sobre el proceso de respiración en el método de la Respiración Yóguica, se abandona la técnica Clavicular y se hace hincapié en la respiración Abdominal y Torácica. Esta alteración hace que el método de la Respiración Yóguica sea más natural a la hora de llenar de aire el abdomen y los pulmones sin causar ninguna tensión en el cuerpo.

Sama Vritti (Respiración Cuádruple)

Sama Vritti (que en Sánscrito significa "respiración equitativa") es un poderoso ejercicio de relajación que permite despejar la mente, relajar el cuerpo y mejorar la concentración. Utiliza una respiración de igual proporción, en la que la inhalación (Puraka), la retención interna (Antara Khumbaka), la exhalación (Rechaka) y la retención externa (Bahya Khumbaka) tienen la misma duración. Sama Vritti promueve el equilibrio mental activando el sistema Nervioso Parasimpático, aliviando el estrés y elevando la conciencia.

También conocida como la Respiración Cuádruple, Sama Vritti es la técnica de respiración fundamental en *The Magus*, un prerrequisito para la meditación y el trabajo ritual de Magia Ceremonial. Calma al individuo en cuestión de minutos y cambia su conciencia al Estado Alfa, activando los centros cerebrales superiores. Ha sido mi principal técnica de respiración durante más de dieciséis años y la que enseño a todos los individuos que han despertado a la Kundalini.

La Cuádruple Respiración debe realizarse con la Respiración Yóguica en la inhalación y la exhalación para obtener la máxima entrada de aire. Si siente demasiada tensión en la región clavicular durante la Respiración Yóguica, concéntrese en la Respiración Diafragmática y Torácica. Este ejercicio puede realizarse en cualquier momento y en cualquier lugar. No es necesario cerrar los ojos durante el ejercicio, aunque ayuda si estás meditando o estás en medio de una sesión de curación.

Para empezar el ejercicio, siéntate en una Asana de meditación cómoda o recuéstate en Shavasana. Inspira por la nariz, contando lentamente hasta cuatro. Llena primero el abdomen de aire y luego los pulmones. Ambos deben alcanzar su máxima ingesta de aire al llegar a la cuenta de cuatro. Retén la respiración ahora y cuenta lentamente hasta cuatro de nuevo. A continuación, comienza a exhalar a la cuenta de cuatro, permitiendo que el pecho y el abdomen se relajen de nuevo a su estado natural. La exhalación debe ser uniforme y no forzada. Mantén la respiración hasta la cuenta de cuatro, completando así el primer ciclo respiratorio.

Continúa el ejercicio durante el tiempo que necesites, con un mínimo de unos minutos. Los ciclos respiratorios deben ser continuos y suaves, sin pausas ni interrupciones. Repite el ejercicio tantas veces como necesites a lo largo del día. Resulta útil realizar la Respiración Cuádruple antes de enfrentarse a cualquier situación potencialmente desafiante, ya que optimiza tu estado mental y emocional para que puedas rendir al máximo.

Anulom Vilom (Respiración con Fosas Nasales Alternas)

La Anulom Vilom, comúnmente conocida como Respiración con Fosas Nasales Alternas, consiste en inhalar por una fosa nasal mientras se exhala por la otra. La fosa nasal izquierda se corresponde con el Nadi Ida Lunar, mientras que la derecha se relaciona con el Nadi Pingala Solar. Anulom Vilom purifica los Nadis Ida y Pingala mientras crea una sensación de bienestar y armonía dentro de la mente, el cuerpo, y el Alma.

La Respiración por la Nariz Alterna estimula los Chakras y los principales centros cerebrales para que funcionen a su máxima capacidad, equilibrando las energías masculina y femenina. Esta técnica de Pranayama da vitalidad al cuerpo al tiempo que despeja los bloqueos Pránicos y equilibra los dos hemisferios del cerebro. Su uso regular estimula el Nadi Sushumna y puede incluso provocar el despertar de la Kundalini.

Anulom Vilom se recomienda a menudo para los problemas relacionados con el estrés, como los dolores de cabeza o las migrañas. Nutre el cuerpo mediante el suministro extra de oxígeno, beneficiando al cerebro y al sistema respiratorio. También purifica la sangre de cualquier toxina, lo que ayuda a los sistemas cardiovascular y circulatorio.

Para empezar el ejercicio, elige una de las tres Asanas de meditación. Mantén la columna vertebral y el cuello rectos mientras cierras los ojos. A continuación, con la mano derecha realiza el Mudra Pranava llamado Mudra Vishnu, que consiste en doblar los dedos índice y corazón hacia la palma de la mano (Figura 97). Mientras lo haces, coloca la otra mano sobre la rodilla en el Mudra Jnana o Chin.

El Mudra Pranava permite bloquear una fosa nasal con el pulgar o el dedo anular mientras se inspira por la otra fosa nasal y luego se alterna al espirar. (Cuando se bloquea con el dedo anular, el dedo meñique sirve de apoyo). Con este método, puedes ir de un lado a otro mientras apuntas a una fosa nasal para la inhalación y a la otra para la exhalación.

Figura 97: Respiración con Fosas Nasales Alternas

Anulom Vilom debe utilizarse en combinación con la Respiración Yóguica en las inspiraciones y espiraciones. Comienza inhalando lentamente a la cuenta de cuatro por la fosa nasal izquierda mientras mantienes cerrada la fosa nasal derecha. Ahora cambia y cierra la fosa nasal izquierda mientras exhalas a la cuenta de cuatro por la fosa nasal izquierda.

Invierte ahora el proceso e inhala a la cuenta de cuatro por la fosa nasal derecha mientras mantienes cerrada la fosa nasal izquierda. A continuación, cambia y cierra la fosa nasal derecha mientras exhalas por la fosa nasal izquierda hasta la cuenta de cuatro. La primera ronda o ciclo se ha completado.

Recuerda que siempre debes comenzar el Anulom Vilom inhalando con la fosa nasal izquierda, lo que calma el Ser interior, poniéndote en estado de meditación. Mantén tus inhalaciones y exhalaciones iguales y acompasadas. No debes sentir ningún esfuerzo corporal ni quedarte sin aliento en ningún momento.

Comienza con el conteo de cuatro en la inhalación y exhalación y pasa a cinco y seis, hasta llegar a 10. Cuanto más alto sea el recuento manteniendo la inhalación y la exhalación iguales, más control obtendrás sobre tu respiración. Si tienes problemas para contar hasta cuatro, cuenta hasta tres o incluso hasta dos. He descubierto que los resultados óptimos se obtienen con la cuenta de cuatro, por lo que siempre la introduzco como línea de base.

Mientras inhalas y exhalas, presta atención a la fosa nasal correspondiente y observa los cambios emocionales internos que se producen. Estar atento durante esta técnica de Pranayama te permitirá sacar el máximo poder de ella.

Una variación poderosa y efectiva de Anulom Vilom es con el Nadi Shodhana, que incluye la retención interna de la respiración (Khumbaka). Puedes incorporar el Khumbaka interno para retener la respiración durante la misma cuenta que la inhalación y la exhalación. También puedes incluir los Khumbakas internos y externos, en los que retienes la respiración después de la inhalación y la exhalación. Piensa en este segundo método como el Samma Vritti con la adición de la técnica de Respiración de Nariz Alterna. Una vez más, sugiero empezar contando hasta cuatro y seguir subiendo hasta 10.

Otra variante del Anulom Vilom consiste en respirar por una fosa nasal cada vez, lo que se conoce como Respiración Lunar y Respiración Solar. La Respiración Lunar consiste en mantener la fosa nasal derecha cerrada y respirar por la fosa nasal izquierda. Al estar asociada con el Nadi Ida y el Elemento Agua pasivo, puede utilizarse para enfriar el cuerpo, reducir el metabolismo y calmar la mente. La Respiración Lunar invoca un estado mental introvertido, por lo que su práctica es beneficiosa antes de la contemplación interior, la meditación profunda, y el sueño.

La Respiración Solar consiste en mantener la fosa nasal izquierda cerrada mientras se exhala por la fosa nasal derecha. Al estar asociada con el Nadi Pingala y el Elemento Fuego activo, realizar la Respiración Solar calienta el cuerpo, aumenta el metabolismo y acelera las actividades corporales. Como refuerza la fuerza de voluntad, la Respiración Solar es útil cuando se necesita invocar la concentración, la determinación y la fortaleza. Su uso hace que el individuo sea extrovertido, lo que ayuda en el trabajo y en las actividades físicas.

Bhastrika Pranayama (Respiración de Fuelle)

Bhastrika significa "fuelle" en Sánscrito, lo que hace referencia a un dispositivo en forma de bolsa con asas que los herreros utilizan para soplar aire sobre el fuego y mantener la llama encendida. Del mismo modo, el Pranayama Bhastrika aumenta el flujo de aire en el cuerpo, alimentando el fuego interior y produciendo calor a nivel físico y sutil. Esta técnica de Pranayama es conocida por equilibrar los Tres Doshas del Ayurveda.

El Pranayama Bhastrika bombea una mayor cantidad de oxígeno en el cuerpo, lo que eleva los latidos del corazón, aumentando los niveles de energía. Si se realiza con regularidad, elimina las obstrucciones de la nariz y el pecho, incluidas las toxinas e impurezas. El Bhastrika ayuda en caso de sinusitis, bronquitis, y otros problemas respiratorios. Como aviva el fuego gástrico, también mejora el apetito y la digestión. Se puede practicar el Pranayama Bhastrika con retención de la respiración interna (Khumbaka) para mantener el calor del cuerpo en tiempo frío y lluvioso.

Para empezar el ejercicio Pranayama Bhastrika, siéntate en una de las tres Asanas de meditación. Cierra los ojos y relaja el cuerpo manteniendo la cabeza y la columna vertebral rectas. A continuación, coloca las manos sobre las rodillas en el Mudra Jnana o en el Chin.

Inspira profundamente y espira con fuerza por las fosas nasales sin esfuerzo. A continuación, vuelve a inspirar con la misma fuerza. En la inhalación, debes expandir completamente el abdomen hacia fuera, permitiendo que el diafragma descienda. En la espiración, el abdomen empuja hacia dentro, mientras el diafragma se mueve hacia arriba. Debes realizar los movimientos con exageración y vigor, lo que provocará un fuerte sonido nasal.

Una ronda de Pranayama Bhastrika equivale a 10 ciclos. Practica hasta cinco rondas para empezar mientras inhalas profundamente y exhalas lentamente. Hazlo a tu propio ritmo manteniendo siempre la misma fuerza de inhalación y exhalación. Si te sientes mareado, reduce la velocidad a un ritmo más cómodo. Cuando adquieras cierta destreza en el ejercicio, aumenta gradualmente la velocidad manteniendo el ritmo de la respiración.

El Pranayama Bhastrika reduce el nivel de dióxido de carbono en la sangre, lo que equilibra y fortalece el sistema nervioso, induciendo paz mental y tranquilidad energética. Es un excelente ejercicio para preparar la meditación.

Una variación de este ejercicio es el Pranayama Kapalbhati, una técnica de respiración Yóguica que se considera una Kriya, o práctica de purificación interna (Shatkarma). Kapalbhati viene de la raíz Sánscrita de las palabras "kapal", que significa "cráneo", y "bhati", que significa "brillante". "Por lo tanto, en Inglés se le llama "Respiración del Cráneo Brillante". Esta técnica de Pranayama está destinada a limpiar todas las partes del cráneo y la cabeza mediante fuertes exhalaciones de aire, mejorando la claridad mental y la concentración al tiempo que se agudiza el intelecto.

A diferencia del Bhastrika, el Kapalbhati implica la fuerza sólo en la exhalación, manteniendo la inhalación como un proceso natural y pasivo. Mientras que el Bhastrika involucra el pecho y los pulmones, el Kapalbhati sólo involucra los músculos abdominales. El Pranayama Kapalbhati invierte el proceso normal de respiración, que implica una inhalación activa y una exhalación pasiva. Se sabe que esta técnica de Pranayama tiene efectos profundos en el sistema nervioso. Muchos Yoguis la practican también para limpiar los Nadis.

Dado que Bhastrika es la más avanzada de las dos técnicas de Pranayama, es aconsejable comenzar con Kapalbhati y pasar a Bhastrika. Ambas tienen efectos similares en el cuerpo y la mente. También se puede practicar la retención interna y externa (Khumbaka) con ambos ejercicios para obtener beneficios adicionales.

Pranayama Ujjayi (Respiración del Océano)

El Pranayama Ujjayi es una respiración suave y susurrante, a menudo llamada la Respiración del Océano, ya que se asemeja al sonido de las olas llegando a la orilla. Su otro nombre es la Respiración Victoriosa ya que Ujjayi en Sánscrito significa "el que es victorioso". La técnica Ujjayi nos permite ser victoriosos en el Pranayama al constreñir la respiración para facilitar su distribución en las zonas objetivo. Crea un calor interno relajante mientras calma la mente y el sistema nervioso. Esta técnica de Pranayama tiene un efecto profundamente relajante a nivel psíquico ya que imita la respiración del sueño profundo.

Con el Pranayama Ujjayi, hay que inspirar y espirar por la nariz con los labios cerrados mientras se contrae la glotis en el interior de la garganta para producir un sonido suave de ronquido. La glotis es la parte central de la laringe, donde se encuentran las cuerdas vocales, que se expande al forzar la respiración y se cierra al hablar. La glotis debe contraerse, pero no cerrarse del todo, de modo que parezca que se respira por una pajita en la garganta (Figura 98). Sentirás que el aliento acaricia la parte posterior de la garganta al inhalar y exhalar.

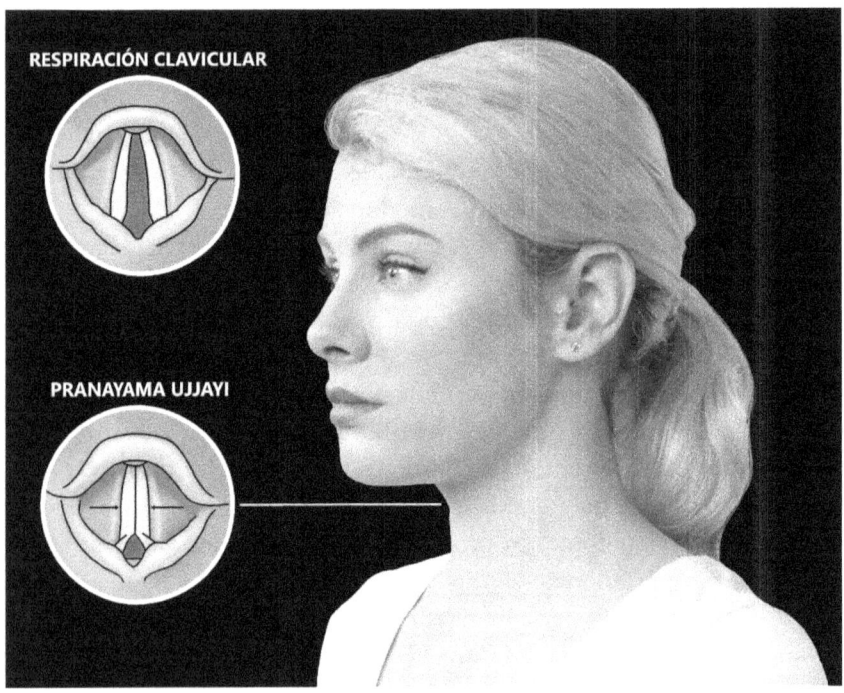

Figura 98: Ujjayi Pranayama (Posición Glottis)

La respiración de Pranayama Ujjayi debe ser lenta, tranquila y profunda. Debe poner en práctica la Respiración Yóguica en la inhalación y la exhalación para lograr la máxima entrada de aire. (El diafragma debe controlar la duración y la velocidad de la respiración.) Las inhalaciones y las exhalaciones deben tener la misma duración sin causar ninguna tensión en el cuerpo. Al practicar Ujjayi, concéntrate en el sonido producido por la respiración en la garganta, que sólo debe ser audible para ti.

Comienza el ejercicio con 10 o 15 respiraciones y aumente lentamente a cinco minutos para obtener efectos óptimos. A medida que adquiera experiencia con el Pranayama Ujjayi, puedes integrar el Mudra Khechari para obtener mayores beneficios. (Para la técnica del

Mudra Khechari, consulta el capítulo "El Chakra Lalana y el Néctar Amrita" de esta sección). El Mudra Khechari puede practicarse de forma independiente o como parte de las Asanas y las técnicas avanzadas de Pranayama.

Pranayama Bhramari (Respiración de la Abeja Zumbadora)

El Pranayama Bhramari deriva su nombre de la abeja negra India llamada Bhramari, ya que la exhalación de este Pranayama se asemeja al típico zumbido. Las vibraciones del zumbido tienen un efecto calmante natural sobre los nervios y la psique, lo que hace que esta técnica de Pranayama sea excelente para aliviar la tensión mental, el estrés, la ansiedad, y la ira. Su realización fortalece la garganta y la laringe y es beneficiosa para la Glándula Tiroides y para superar cualquier problema físico relacionado con ella.

El Bhramari Pranayama estimula el Sistema Nervioso Parasimpático, induciendo la relajación muscular y reduciendo la presión arterial. Sus beneficios para la salud hacen que sea ventajoso realizarlo antes de dormir ya que ayuda con el insomnio.

Comienza el ejercicio sentándote en una de las tres Asanas de meditación. Mantén la columna vertebral recta y cierra los ojos. Coloca ambas manos sobre las rodillas en Mudra Jnana o Chin mientras permites que tu cuerpo y tu mente se relajen. Lleva la conciencia al centro de la frente, donde se encuentra el Chakra Ajna. Mientras realizas el ejercicio, sé consciente de mantener tu atención en esta zona. Descubrirás que, con el uso repetido, el Pranayama Bhramari aumenta la sensibilidad psíquica y la conciencia de las vibraciones sutiles, lo que es útil para la meditación profunda.

A continuación, levanta los brazos mientras doblas los codos y lleva las manos a las orejas. Utiliza el dedo índice de cada mano para tapar los agujeros de los oídos o presiona contra las aletas de las orejas sin introducir los dedos (Figura 99). Deberás bloquear todos los sonidos exteriores, lo que le permitirá concentrarte por completo en tu interior.

Tómate un momento para escuchar el sonido del silencio en tu interior mientras mantienes una respiración constante. Antes de comenzar el método de respiración controlada, cierra los labios manteniendo los dientes ligeramente separados, lo que permitirá que la vibración del sonido se escuche y se sienta más dentro de ti.

Inhala lenta y profundamente por la nariz. En la exhalación, emita un profundo sonido "mmmm", parecido al zumbido de una abeja. La exhalación debe ser más larga que la inhalación, con una vibración sonora continua, suave, y uniforme. Debes sentir la vibración con fuerza dentro de la boca y la laringe, lo que tiene un efecto calmante en el cerebro. La primera ronda ya está completa.

Continúa el ejercicio durante el tiempo que desees, con un mínimo de unos pocos minutos, mientras practicas la Respiración Yóguica durante todo el tiempo para obtener la máxima entrada de aire. Observa los efectos del ejercicio en el cuerpo y la mente. Cuando estés preparado para terminar el Pranayama Bhramari, vuelve a tomar conciencia de tu cuerpo físico y abre los ojos.

Figura 99: Aliento de Abeja Zumbadora

Pranayama Sheetali (Respiración Refrescante)

En sánscrito, la palabra "Sheetali" se traduce aproximadamente como "lo que tiene un efecto calmante o refrescante". Pranayama Sheetali o Respiración Refrescante es una técnica de Pranayama que calma la mente y el cuerpo con la realización de un poderoso mecanismo de enfriamiento en la inhalación.

El Pranayama Sheetali es especialmente beneficioso en verano, cuando sentimos un exceso de las principales cualidades de Pitta. El tiempo caluroso produce sofocos, fiebres, afecciones de la piel, inflamación, indigestión ácida, presión arterial alta, agitación general debida al calor y esfuerzo físico en general, que a través de la mente-cuerpo se desequilibra. El Pranayama Sheetali ayuda a combatir los efectos adversos del calor liberando el calor del cuerpo, armonizando las cualidades de Pitta y dejando el cuerpo y la mente en calma, frescos, y relajados.

Para comenzar el ejercicio de Pranayama, siéntate en una de las tres Asanas de meditación. Cierra los ojos y relaja todo el cuerpo manteniendo la columna vertebral recta. Coloca las manos sobre las rodillas en el Mudra Jnana o en el Chin.

Abre la boca y extiende la lengua todo lo que pueda, curvando tus lados hacia el centro para formar un tubo. Aprieta los labios para mantener la lengua en esta posición (figura

100). Practica una inhalación larga, suave, y controlada a través de la lengua enrollada. Después de la inhalación, saca la lengua mientras cierras la boca y exhalas por la nariz. La primera ronda ya está completa.

Figura 100: Pranayama Sheetali

Continúa el ejercicio durante todo el tiempo que quieras con un mínimo de unos minutos. Observa sus efectos en el cuerpo y la mente, prestando especial atención a la lengua y a la sensación de sonido y enfriamiento de la respiración inhalada. Recuerda practicar la Respiración Yóguica durante todo el ejercicio. Cuando estés preparado para terminar el Pranayama Sheetali, vuelve a tomar conciencia de tu cuerpo físico y abre los ojos.

La inhalación debe producir un sonido de succión con una sensación de enfriamiento en la lengua y el paladar. Aunque se debe comenzar con una proporción igual de inhalaciones y exhalaciones, a medida que se avanza en el Pranayama Sheetali, la duración de la inhalación debe ser gradualmente mayor para aumentar el efecto de enfriamiento.

La Respiración Refrescante restablece eficazmente el equilibrio de la temperatura después de practicar Asanas u otras prácticas Yóguicas que calientan el cuerpo. Por lo tanto, debería formar parte de su práctica diaria, especialmente durante los meses de verano.

Pranayama Sheetkari (Respiración Sibilante)

En Sánscrito, la palabra "Sheetkari" implica una forma de respiración que produce el sonido "shee" (siseo); de ahí que a menudo se le denomine la Respiración Sibilante. Al igual que el Pranayama Sheetali, este ejercicio está diseñado para enfriar el cuerpo y la mente. La única diferencia entre ellos es que en el Sheetali se inhala a través de la lengua plegada, mientras que en el Sheetkari se inhala a través de los dientes cerrados. Al igual que el Pranayama Sheetali, el Sheetkari es muy beneficioso en épocas de calor y para restablecer el equilibrio de la temperatura después de calentar el cuerpo mediante el ejercicio físico.

Figura 101: Pranayama Sheetkari

Para comenzar el Pranayama Sheetkari, siéntate en una de las tres Asanas de meditación y cierra los ojos. Mantén la columna vertebral recta y el cuerpo relajado mientras colocas las manos sobre las rodillas en el Mudra Jnana o el Chin. Mantén los dientes ligeramente juntos sin tensar la mandíbula. Los labios deben estar separados, exponiendo así los dientes (Figura 101). Mantén la lengua plana contra el paladar blando de la boca, o incluso realice el Mudra Khechari.

Inhala lenta y profundamente a través de los dientes. Al final de la inhalación, cierra la boca y exhala por la nariz de forma controlada. La primera ronda ya está completa. Recuerda practicar la Respiración Yóguica durante todo el ejercicio. La inhalación y la exhalación deben ser lentas y relajadas. Ten en cuenta la sensación de enfriamiento en los dientes y en el interior de la boca y el sonido sibilante que se produce. Realiza el ejercicio durante el tiempo que desees, con un mínimo de unos minutos. Cuando estés listo para terminar el Pranayama Sheetkari, vuelve a tomar conciencia de tu cuerpo físico y abre los ojos.

Esta técnica de Pranayama y la anterior pueden utilizarse para controlar el hambre o la sed, ya que la entrada de aire fresco sacia el cuerpo. Ambos ejercicios permiten que el Prana fluya más libremente por el cuerpo, relajando los músculos y, en consecuencia, las emociones. Ambas prácticas de enfriamiento equilibran el sistema endocrino y purifican la sangre de la toxicidad. Por último, ambos ejercicios son útiles antes de ir a dormir o en casos de insomnio.

Evita los Pranayamas Sheetali y Sheetkari si tienes la presión arterial baja, asma, dolencias respiratorias, o exceso de mucosidad, como en el caso de un resfriado o una gripe. Debido al efecto de enfriamiento en el cuerpo, evita ambos ejercicios en climas fríos o si experimentas sensibilidad general al frío. Con el Pranayama Sheetkari, evítalo si tienes problemas con los dientes o las encías.

Pranayama Moorcha (Respiración de Desmayo)

La palabra Moorcha en Sánscrito significa "desmayo" o "pérdida de sensibilidad". "El otro nombre de Pranayama Moorcha es la Respiración de Desmayo, en referencia al mareo que se experimenta al realizar este ejercicio. El Pranayama Moorcha es una técnica avanzada que debe ser practicada sólo por aquellos individuos que hayan desarrollado un dominio sobre los ejercicios de Pranayama anteriores. Cuando se realiza correctamente, el individuo puede experimentar periodos intensos y prolongados de dicha interior que acompañan al estar semiconsciente.

Hay dos métodos para practicar el Pranayama Moorcha; en el primero, hay que inclinar la cabeza ligeramente hacia atrás, mientras que, en el segundo, hay que apoyar la barbilla en la base de la garganta (Jalandhara Bandha). En ambos métodos, se debe practicar la retención de la respiración interna (Khumbaka) mientras se mira el centro del entrecejo, donde se encuentra el túnel del ojo de la mente (Mudra Shambhavi). Al hacerlo, se induce el estado mental de vacío, mientras que la conexión con el Chakra Ajna permite experimentar pensamientos profundos y contemplativos.

Una de las razones por las que el individuo se marea al realizar el Pranayama Moorcha es la reducción del suministro de oxígeno al cerebro durante la retención prolongada de la respiración. Otra razón es la presión que ejercen sobre los vasos sanguíneos del cuello, que provocan fluctuaciones en la presión dentro del cráneo. Por último, la arteria carótida se comprime continuamente, lo que induce aún más la sensación de desmayo.

El Pranayama Moorcha puede realizarse en cualquier momento del día, como todos los ejercicios de Pranayama. Sin embargo, es más eficaz a primera hora de la mañana y por la noche, cuando el Ego está menos activo. Superar el control del Ego sobre la conciencia es crucial para facilitar el efecto deseado de este ejercicio. La sensación de casi desmayo puede ser tan poderosa que te hace sentir completamente fuera de tu cuerpo, como si estuvieras flotando en el espacio.

Superar los límites del cuerpo físico nos permite separarnos del Ego en la conciencia y sentir el embeleso de la conciencia Espiritual. El Pranayama Moorcha ayuda a aliviar el estrés, la ansiedad, la ira y las neuroses, a la vez que eleva el nivel de Prana en el cuerpo. Este ejercicio es muy recomendable para las personas que quieren despertar su energía Kundalini. Les permite comprender la Unidad que pueden aportar las Experiencias Fuera del Cuerpo, conectándolas con el Chakra Sahasrara.

Para comenzar el ejercicio, siéntate en una de las tres Asanas de meditación manteniendo la cabeza y la columna vertebral rectas. Coloca las manos sobre las rodillas en el Mudra Jnana o el Chin mientras relaja el cuerpo. A algunas personas les gusta sostener las rodillas en lugar de adoptar el Mudra Jnana o el Chin. Hacerlo les permite presionar las rodillas mientras bloquean los codos cuando inclinan la cabeza hacia atrás o hacia delante, lo que les proporciona un mejor apoyo durante esta parte crucial del ejercicio. Puedes probar ambas opciones y ver qué te funciona mejor.

Figura 102: Pranayama Moorcha (Método#1)

Método#1

Con los ojos abiertos, céntrate en el entrecejo. Respira lenta y profundamente para calmar la mente. Realice el Mudra Khechari y, a continuación, inhala lentamente por ambas fosas nasales con el Pranayama Ujjayi mientras inclina suavemente la cabeza hacia atrás (Figura 102).

Manten la respiración ahora durante todo el tiempo que pueda sin esfuerzo, mientras mantienes la mirada al centro de las cejas todo el tiempo. Deberás sentir un ligero mareo mientras mantiene la respiración. Exhala ahora lentamente mientras devuelves la cabeza a su posición vertical. Cierra los ojos y relájate durante unos segundos. Permítete experimentar la ligereza y la tranquilidad en la mente y el cuerpo. La primera ronda ha concluido.

Figura 103: Pranayama Moorcha (Método#2)

Método#2

Enfoca los ojos en el entrecejo mientras respiras profundamente unas cuantas veces para calmar tu interior. Pon en práctica el Mudra Khechari, y luego inhalar lentamente por ambas fosas nasales con el Pranayama Ujjayi mientras se inclina gradualmente la cabeza hacia delante hasta que la barbilla toque la cavidad de la garganta (Figura 103). Haz una pausa en tu respiración durante todo el tiempo que puedas sin tensión mientras te permites unirte con el Ojo de la Mente. Mantén esta posición hasta que empieces a sentir una pérdida de conciencia. Exhala ahora lentamente mientras vuelves a poner la cabeza en posición vertical. Cierra los ojos y relájate durante unos segundos mientras te permites experimentar la intensa sensación de inexistencia provocada por el casi desmayo. Con esto se completa la primera ronda.

Repite el patrón de respiración en cualquiera de los dos métodos tantas veces como te sientas cómodo. Resulta útil empezar con 5-10 respiraciones y pasar a 15-20 a medida que te familiarizas con el ejercicio. Recuerda siempre que debes interrumpir la práctica en cuanto sientas la sensación de desmayo. El objetivo es inducir una sensación de desmayo, no perder la conciencia por completo.

Como nota final, puedes combinar el Método#1 y el Método#2 en la misma práctica en la que, en la primera respiración, realizas un método mientras que, en la segunda respiración, realizas el otro. Sin embargo, antes de hacerlo, dedica algún tiempo a familiarizarte y sentirte cómodo con ambas técnicas por separado.

LOS TRES GRANTHIS

Granthi es un término Sánscrito que significa "duda" o "nudo", más explícitamente significa "un nudo difícil de desatar". "Este término se utiliza a menudo en la literatura Yóguica, refiriéndose a los nudos psíquicos que bloquean el flujo de energía Pránica en el Nadi Sushumna. En el Kundalini Yoga, hay Tres Granthis que son obstáculos en el camino de la Kundalini despierta. Estos Granthis se llaman Brahma, Vishnu, y Rudra (Figura 104).

Los Tres Granthis representan niveles de conciencia en los que el poder de Maya o la ilusión (relativa a nuestra ignorancia de la realidad Espiritual y el apego al mundo material) son particularmente fuertes. Para que puedas despertar todos los Chakras y elevar la Kundalini a la Corona, debes trascender estas barreras. Nuestras creencias limitantes, rasgos de personalidad, deseos y miedos son el resultado de estar enredados por los Granthis.

Los Tres Granthis son obstáculos en nuestro camino hacia el conocimiento superior y la Evolución Espiritual. Oscurecen la verdad de nuestra naturaleza esencial. Sin embargo, al aplicar el conocimiento y las prácticas espirituales, podemos desatar los nudos y trascender sus restricciones.

En el Yoga, hay varias maneras de desatar los Granthis. Los Bandhas (candados energéticos) del Hatha Yoga ayudan al flujo de Prana y también pueden utilizarse para superar los Tres Granthis. (Hablaré de los Bandhas en el siguiente capítulo sobre los Mudras.) Los Bandhas bloquean el flujo de energía a una zona específica del cuerpo, haciendo que la energía fluya con más fuerza cuando se libera el Bandha. Los Bandhas son herramientas poderosas que podemos utilizar para elevar la energía Kundalini al Chakra Sahasrara superando los Tres Granthis en el camino.

Granthi Brahma

Comúnmente conocido como el Nudo Perineal, el Granthi Brahma opera en la región entre los Chakras Muladhara y Swadhisthana, a lo largo del Nadi Sushumna. Este primer nudo está causado por la ansiedad por la supervivencia, el impulso de procrear, las tendencias instintivas, la falta de arraigo o estabilidad y el miedo a la muerte. El Granthi Brahma crea un apego a los placeres físicos, a los objetos materiales, y al egoísmo. Nos ata al poder atrapante de Tamas: la inercia, la inactividad, el letargo, y la ignorancia.

Tamas, que significa "oscuridad", es una de las Tres Gunas que se encuentran en el centro de la filosofía y la psicología Hindúes. Los textos Yóguicos consideran que las Tres Gunas -Tamas, Rajas, y Sattva- son las cualidades esenciales de la naturaleza. Están presentes en todos los individuos, pero varían en grado. El Granthi Brahma puede ser trascendido a través del Mula Bandha, el "bloqueo de la raíz". Cuando el Granthi Brahma es atravesado por la Kundalini en su ascenso, los patrones instintivos de la personalidad son superados, lo que resulta en la liberación del Alma de los apegos descritos.

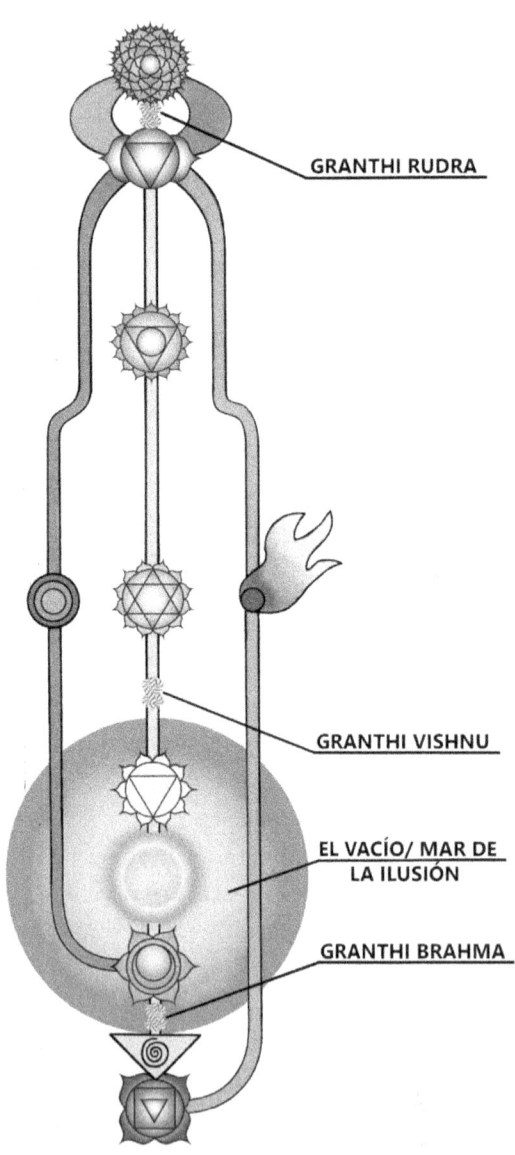

Figura 104: Los Tres Granthis

Granthi Vishnu y el Vacío

Aunque su ubicación es más alta que la región del ombligo, el Granthi Vishnu se conoce como el Nudo del Ombligo. Funciona en la zona entre los Chakras Manipura y Anahata, a lo largo del Nadi Sushumna. Este Granthi es causado por el aferramiento al Ego y la búsqueda de poder personal. El orgullo, así como el apego emocional a las personas y a los resultados, también causa este nudo. El Granthi Vishnu está conectado con Rajas -la tendencia a la pasión, la asertividad, y la ambición. Todas estas son expresiones negativas del Chakra Manipura relacionadas con el uso inadecuado de la fuerza de voluntad. La fuerza de voluntad debe servir al Yo Superior en vez de al Ego para que Granthi Vishnu se desate.

Un Vacío rodea el segundo y tercer Chakra llamado "Mar de la Ilusión". "Dentro de este Vacío se encuentran nuestros patrones de comportamiento negativos resultantes de influencias externas, incluyendo los efectos Kármicos de las fuerzas Planetarias y Zodiacales. Hara, el Chakra del Ombligo, crea el Vacío y la bola de energía vital que genera, que es nuestra puerta de entrada al Plano Astral. Las fuerzas Kármicas nos afectan a través del Plano Astral, lo que ata a nuestro Ego a los Chakras inferiores que rodean el centro de Hara. Así, nuestro Ego se enreda en el Mar de la Ilusión, bloqueando la visión de nuestra verdadera naturaleza Espiritual.

La superación del Granthi Vishnu saca nuestra conciencia del Vacío y la lleva a nuestro corazón, donde reside el verdadero Ser, el Espíritu Eterno. Nos permite experimentar el amor incondicional en el Chakra Anahata y en los Chakras Espirituales superiores de Vishuddhi y Ajna. Desatar el Granthi Vishnu convierte al individuo en un Maestro del Ser, y todas las Leyes innatas de la naturaleza se despiertan en su interior. Tal persona se vuelve honesta y veraz en todas sus expresiones. Su carisma aumenta naturalmente, lo que los convierte en grandes líderes de la humanidad.

Para trascender el Granthi Vishnu, uno debe entregarse a la energía del amor incondicional. La verdadera discriminación, el conocimiento y la fe en la unidad de todas las cosas en el Cosmos le permiten a uno elevar su conciencia a las Esferas superiores y trascender las limitaciones del Ego, así como su deseo de poder. La realización de Uddiyana Bandha, el "Bloqueo Abdominal", ayuda a desatar el Granthi Vishnu.

Granthi Rudra

Conocido como el Granthi Shiva ("Nudo de Shiva") o el "nudo de la frente", el Granthi Rudra funciona en la región entre los Chakras Ajna y Sahasrara. Este nudo está causado por el apego a los Siddhis (poderes psíquicos), la separación del Ser del resto del mundo y el pensamiento dualista. El Granthi Rudra está conectado con Sattva - la inclinación hacia la pureza, la integridad y la virtud. Uno debe renunciar a su Ego y trascender la dualidad para desatar este nudo. Para ello, debe volverse virtuoso y puro en mente, cuerpo, y alma, dedicándose por completo a Dios, el Creador.

Debemos ver que los Siddhis son sólo una expresión de nuestra conexión con la Mente Universal y no algo que se obtiene para uso personal. Cuando nos apegamos a los Siddhis, los bajamos al nivel del mundo material. En cambio, debemos ser desapegados, permitiendo que los Siddhis se expresen simplemente a través de nosotros sin intentar controlar el proceso. Cuando atravesamos el Granthi Rudra, la conciencia del Ego queda atrás, y se revela la verdad de la Unidad. Jalandhara Bandha, el "Bloqueo de la Garganta", puede aplicarse para desatar este nudo y así poder hacer la transición a un nivel de conciencia más elevado.

***

Una vez que la Kundalini ha sido despertada en el Chakra Muladhara, y para que complete su viaje y atraviese el Sahasrara, los Tres Granthis deben ser desbloqueados. Si hay un bloqueo a lo largo del Nadi Sushumna, suele ser en la zona de uno de los Tres Granthis. Al desatarlos mediante la aplicación de la fuerza de voluntad y los pensamientos puros, o con el uso de candados energéticos (Bandhas), la Kundalini puede ascender al Sahasrara. Como tal, la conciencia individual se unirá con la Conciencia Cósmica, ya que los dos se convierten en Uno. Esta transformación es permanente, y el individuo ya no estará atado por los Granthis mientras dure su vida aquí en la Tierra.

MUDRA

A menudo vemos representaciones visuales de Antiguos Dioses y Diosas de la parte Oriental del mundo sentados en meditación y con las manos en determinadas posiciones. Estos gestos con las manos se llaman Mudras. Son gestos esotéricos de las manos que activan un poder específico dentro de nosotros a través de la manipulación de la energía. Al realizar un Mudra, también nos estamos comunicando directamente con las Deidades y alineándonos con sus energías o poderes.

Existen más de 500 Mudras diferentes. Los Mudras se utilizan de forma transcultural en muchos sistemas Espirituales, pero especialmente en el Hinduismo, el Jainismo, y el Budismo. En Sánscrito, Mudra significa "sello", "marca", o "gesto". Los Mudras son esencialmente gestos psíquicos, emocionales, devocionales y estéticos que vinculan la fuerza Pránica individual con la fuerza Cósmica Universal. La realización de un Mudra altera el estado de ánimo, la actitud, y la percepción, al tiempo que profundiza la conciencia y la concentración.

Aunque la mayoría de los Mudras son simples posiciones o gestos de las manos, un Mudra concreto puede implicar a todo el cuerpo. Los Mudras del Hatha Yoga, por ejemplo, utilizan una combinación de técnicas Yóguicas como Asana (posiciones corporales), Pranayama (técnicas de respiración), Bandha, y meditaciones de visualización. Implican la realización de acciones internas que comprometen el suelo pélvico, la garganta, los ojos, la lengua, el diafragma, el ano, los genitales, el abdomen, u otras partes del cuerpo.

Los Mudras del Hatha Yoga están orientados a objetivos Yóguicos particulares, incluyendo el afectar el flujo de Prana para despertar la Kundalini, facilitar la perforación de los Tres Granthis por la Kundalini, activar directamente el Bindu, utilizar el néctar de Amrita o Ambrosía que gotea del Bindu, o alcanzar la trascendencia o la Iluminación. Ejemplos de Mudras de Hatha Yoga son el Mudra Khechari, Mudra Shambhavi, Nasikagra Drishti, Mudra Vajroli, Mudra Maha, y Viparita Karani.

El Hatha Yoga Pradipika y otros textos Yóguicos consideran que los Mudras son una rama independiente del Yoga que sólo se introduce después de haber alcanzado cierta destreza en Asana, Pranayama, y Bandha. Son prácticas superiores que pueden llevar a la optimización de los Chakras, Nadis, e incluso a despertar la Kundalini Shakti. Cuando se realizan mediante una práctica dedicada, los Mudras pueden otorgar poderes psíquicos (Siddhis) al practicante.

La práctica del Mudra está destinada a crear un vínculo directo entre Kosha Annamaya (Cuerpo Físico), Kosha Pranamaya (Cuerpo Astral), y Kosha Manomaya (Cuerpo Mental). Está destinado a asimilar y equilibrar los tres primeros Chakras de Muladhara, Swadhisthana, y Manipura, y permitir una apertura del cuarto Chakra, Anahata, y más allá.

He agrupado los diferentes tipos de Mudras en Mudras de la Mano, de la Cabeza, de la Postura, Bandhas (bloqueos energéticos), y Perineales. Hasta (Mudras de la Mano) son Mudras meditativos que redirigen el Prana emitido por las manos de vuelta al cuerpo, generando un bucle de energía que se mueve desde el cerebro a las manos y de vuelta. Su realización nos permite conectar con los poderes Arquetípicos dentro de nuestra mente subconsciente.

Los Mana (Mudras de la Cabeza) son gestos poderosos que utilizan los ojos, las orejas, la nariz, la lengua, y los labios. Son importantes en la meditación por su poder para despertar los principales centros cerebrales y sus correspondientes Chakras, y acceder a estados superiores de conciencia.

Los Kaya (Mudras posturales) son posturas físicas específicas que deben realizarse con una respiración controlada y concentración. Su uso nos permite canalizar el Prana hacia zonas concretas del cuerpo y estimular los Chakras.

Bandha (Mudras Candado) combinan Mudra y Bandha para cargar el sistema con Prana y prepararlo para el despertar de la Kundalini. También permiten asegurar que la Kundalini atraviese los Tres Granthis cuando se despierta. Los Bandhas están estrechamente relacionados con los plexos nerviosos y las glándulas endocrinas que se relacionan con los Chakras. Por último, los Adhara (Mudras Perineales) redirigen el Prana desde los centros inferiores del cuerpo hasta el cerebro. También nos permiten sublimar nuestra energía sexual localizada en la zona de la ingle y el abdomen inferior y utilizarla con fines de despertar Espiritual.

HASTA (MUDRAS DE MANO)

Los Hasta (Mudras de la Mano) nos permiten dirigir y sellar la energía Pránica en canales específicos del Aura. Dado que la mayoría de los principales Nadis comienzan o terminan en las manos o en los pies, los Hasta (Mudras de la Mano) son particularmente eficaces para limpiar estos canales sutiles de impurezas y eliminar las obstrucciones, facilitando un flujo libre de energía. Su uso regular promueve la curación física, mental y emocional, promoviendo nuestro viaje de Evolución Espiritual.

Como cada dedo se relaciona con un Chakra, se influye en los Chakras correspondientes colocando los dedos de forma específica. El Chakra de la palma de la mano también sirve de interfaz entre el Chakra del Corazón y los Chakras que están por encima y por debajo de él. Como tal, los Mudras de la Mano no sólo afectan el flujo de

Prana en el Aura, sino que nos permiten aprovechar la energía curativa del Anahata y distribuirla a los Chakras que requieren limpieza.

Como hay cinco dedos y cinco elementos, existe una correspondencia entre ellos (figura 105). Por ejemplo, el pulgar se relaciona con el Fuego (Agni), el índice con el Aire (Vayu), el dedo medio con el Espíritu o Espacio (Akasha), el anular con la Tierra (Prithivi) y el meñique con el Agua (Jal). Los dos elementos pasivos, el agua y la tierra, y los dos elementos activos, el fuego y el aire, están reconciliados por el Elemento Espiritual central.

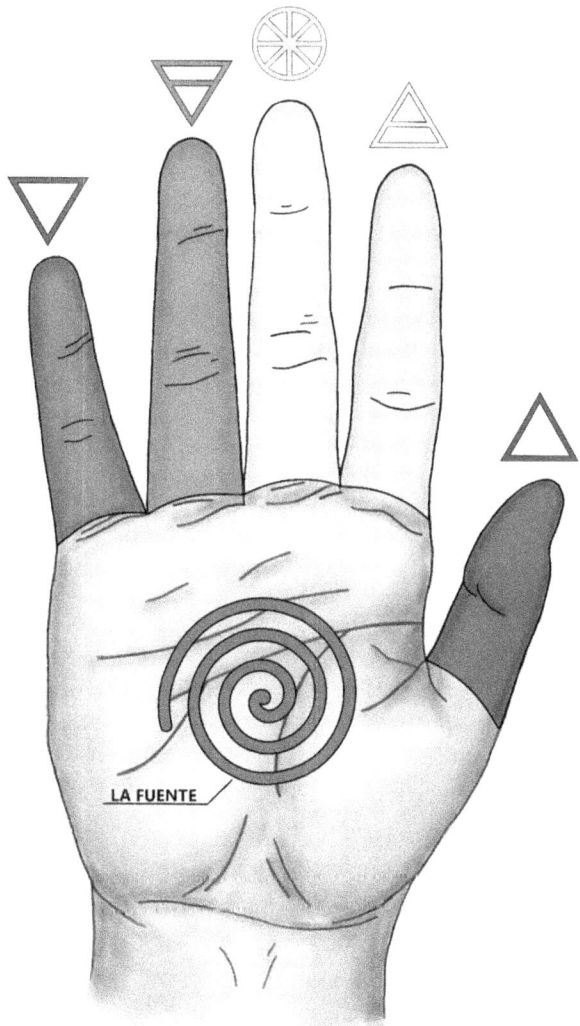

Figura 105: Los Dedos y los Cinco Elementos

Te darás cuenta de que el pulgar se utiliza más a menudo en los Mudras de Mano, que tiene más corrientes Pránicas corriendo a través de él que los otros dedos. Relacionado con el Chakra Manipura y el Elemento Fuego, el pulgar enciende y activa todos los demás Elementos y Chakras. En el Ayurveda, de donde provienen estas correspondencias, se dice que el pulgar estimula la Dosha Pitta, la energía responsable de la transformación. Manipura es también la Sede del Alma, por lo que cuando el pulgar está involucrado en un Mudra de Mano, el Alma es la fuerza que guía el cambio.

Hay cinco posiciones principales de los dedos y de la mano que hay que tener en cuenta al aplicar un Mudra de la Mano. La primera posición consiste en unir el pulgar con la punta del dedo, lo que estimula la estabilidad del Elemento asociado. La segunda posición consiste en tocar con el dorso de un dedo la uña o el nudillo, lo que disminuye la influencia del Elemento asociado. En la tercera posición, hay que llevar el pulgar a la base del dedo, lo que también estimula el Elemento correspondiente. A continuación, dependiendo del Mudra que estés activando, cuando la palma de la mano mira hacia fuera, te abres a recibir energía. Sin embargo, cuando la palma de la mano está orientada hacia abajo, te estás conectando a tierra.

Al ser sencillos de realizar, los Mudras de la Mano pueden practicarse en cualquier momento, ya sea en casa o fuera de ella. Los yoguis suelen realizar los Mudras de la Mano como parte de la práctica de la meditación, antes o después de otras técnicas como Asanas, Pranayamas, o Bandhas.

Pasos para Realizar los Mudras de Mano

Cuando hagas los Mudras de la Mano, asegúrate de que tus manos estén limpias. Dado que se trata de gestos Divinos diseñados para conectarte con los poderes superiores, la limpieza es crucial. Puedes practicar los Mudras de manos de pie, de rodillas, recostado, o sentado en una silla. Sin embargo, debes sentarte en una Asana de meditación cómoda y mantener la espalda y la cabeza rectas para obtener resultados óptimos. Además, las manos y los brazos deben permanecer relajados durante toda la práctica. Los Mudras de la Mano se realizan generalmente a la altura del ombligo, del corazón o se colocan sobre las rodillas mientras se está en una Asana de meditación.

Comienza frotando tus manos suavemente durante 7 o 10 segundos para cargarlas de energía Pránica. A continuación, coloca la mano derecha sobre tu Chakra Hara y la izquierda sobre la derecha. Comenzará a sentir un flujo de energía cálida generado en Hara, el centro Pránico de su cuerpo. Permanece en esta posición durante un minuto aproximadamente para obtener la conexión necesaria.

Realiza siempre cada Mudra de uno en uno, dedicando el tiempo necesario a cada uno. Recuerda que el resultado es acumulativo, por lo que cuanto más tiempo hagas un Mudra, mayor será el efecto sobre tu energía. Para controlar los problemas crónicos, mantén un Mudra diario durante 45 o tres períodos de 15 minutos.

Al realizar un Mudra, no hay que ejercer ninguna presión, sino simplemente conectar las manos y los dedos de la manera requerida para manipular el flujo de energía deseado. Además, realice cada Mudra con ambas manos, ya que al hacerlo se promueve la armonía y el equilibrio al tiempo que se maximiza el efecto deseado. Por último, es ideal practicar los Mudras de la Mano con el estómago vacío, como ocurre con todas las técnicas de invocación/manipulación de la energía.

Mudra Jnana

El Mudra Jnana es uno de los Mudras de mano más utilizados, especialmente durante la práctica de la meditación. Su nombre deriva del Sánscrito "jnana", que significa "sabiduría" o "conocimiento". "El conocimiento al que se refiere es la sabiduría iluminada que el Yogui busca alcanzar en el camino Yóguico.

Para realizar este Mudra, hay que juntar la punta del dedo índice y el pulgar, formando así un círculo, mientras los tres dedos restantes se mantienen extendidos y rectos (Figura 106). Una variación del Mudra Jnana consiste en meter el dedo índice bajo la punta del pulgar. La parte delantera de la mano debe descansar sobre los muslos o las rodillas, con la palma hacia abajo.

Según el Ayurveda, el Mudra Jnana equilibra los elementos de fuego (Agni-pulgar) y aire (Vayu-dedo índice) dentro del cuerpo. Por lo tanto, la práctica de este Mudra durante la meditación estabiliza la mente mientras promueve la concentración y facilita los estados superiores de conciencia.

Hay más simbolismo en la práctica del Mudra Jnana en varias tradiciones Espirituales como el Hinduismo, el Budismo, y el Yoga. Se cree que el pulgar simboliza el Alma Suprema, o la conciencia universal (Brahman), mientras que el dedo índice representa el Alma individual, el Jivatma. Al conectar el pulgar y el índice, estamos uniendo estas dos realidades. Los tres dedos restantes, sin embargo, representan las tres cualidades (Gunas) de la naturaleza-Rajas (dedo medio), Sattva (dedo anular), y Tamas (dedo meñique). Para que la conciencia avance de la ignorancia al conocimiento, debemos trascender estos estados.

Al conectar el dedo índice con el pulgar, producimos un circuito que redirige la energía Pránica a través del cuerpo, enviándola hacia el cerebro en lugar de liberarla en el entorno. Dado que el Mudra Jnana apunta a la Tierra, el efecto es de enraizamiento de la propia energía, calmando la mente y tranquilizando las emociones. Este Mudra también es conocido por mejorar la memoria.

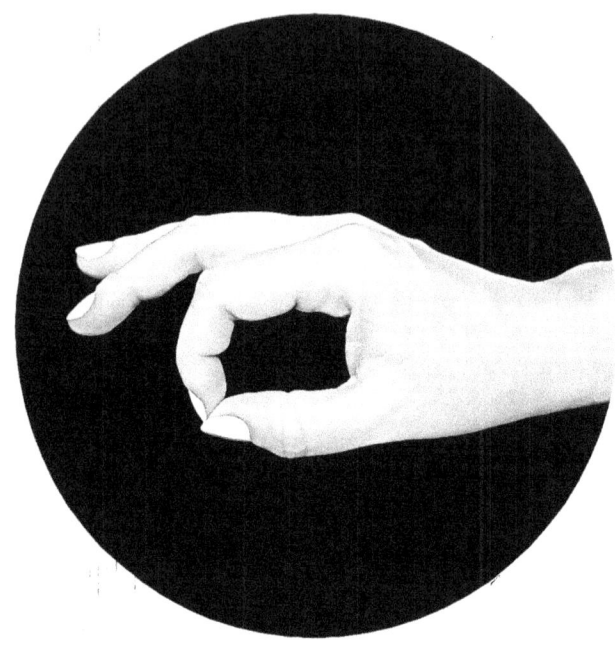

Figura 106: Mudra Jnana

Mudra Chin

Chin significa "conciencia" en Sánscrito, y este Mudra se conoce a menudo como el "Mudra psíquico de la conciencia". "El Mudra Chin es también conocido como Mudra Gyan. ("Gyan" significa en Sánscrito "conocimiento" o "sabiduría".) El Mudra Chin debe realizarse de la misma manera que el Mudra Jnana, con la única diferencia de que la palma de la mano está orientada hacia arriba en lugar de hacia abajo (Figura 107) para que el dorso de la mano pueda apoyarse en los muslos o las rodillas.

Como son casi idénticos, los elementos simbólicos del Mudra Chin son los mismos que los del Mudra Jnana. Como el Mudra Chin apunta a los Cielos, la posición de la mano hacia arriba abre el pecho, haciendo que el practicante sea receptivo a las energías de los Planos Superiores. Por ello, el Mudra Chin potencia la intuición y la creatividad, al tiempo que alivia el estrés y la tensión y mejora la concentración. También es útil para superar el insomnio.

Tanto los Mudras Jnana como el Chin facilitan la entrada en el interior, un requisito previo para la meditación profunda y para alcanzar estados superiores de conciencia. Además de su uso en la meditación, los Mudras Jnana y Chin pueden utilizarse para potenciar los efectos del canto de Mantras y otras prácticas Yóguicas como las Asanas, los Pranayamas, y los Bandhas.

Como nota final, no es raro que los practicantes de Yoga realicen el Mudra Jnana en una mano mientras realizan el Mudra Chin en la otra. Esto permite recibir energía de una fuente superior y, al mismo tiempo, enraizar la experiencia.

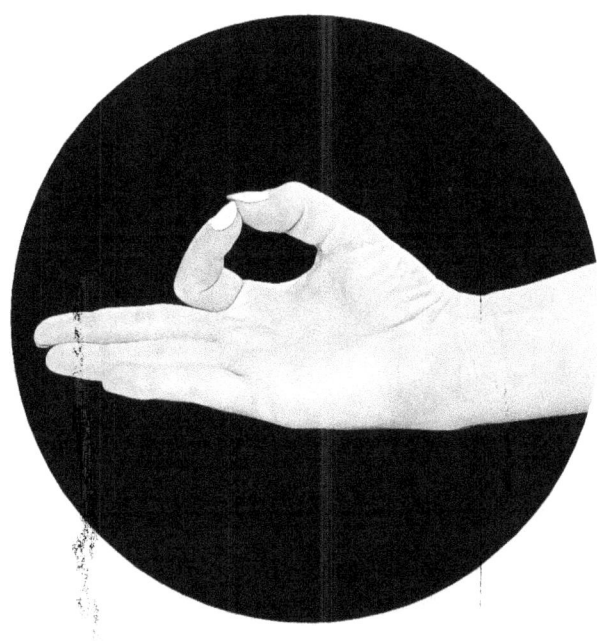

Figura 107: Mudra Chin

Mudra Hridaya

Hridaya significa "Corazón" en Sánscrito, ya que este Mudra mejora la vitalidad del corazón al aumentar el flujo de Prana. Se sabe que el Mudra Hridaya tiene la capacidad de salvar a una persona de un ataque al corazón, reduciendo el dolor de pecho al instante y eliminando las obstrucciones dentro de las arterias. También se conoce como "Mrit Sanjeevani", un término Sánscrito que implica que este Mudra tiene el poder de arrebatarnos de las fauces de la muerte.

El Mudra Hridaya también se llama Mudra Apana Vayu porque combina dos Mudras: Apana y Vayu. Para asumir el Mudra, hay que doblar el dedo índice y presionar el nudillo con el pulgar (Mudra Vayu), lo que reduce la influencia del Elemento Aire, relajando el cuerpo y la mente. A continuación, hay que unir la punta del pulgar con los dedos corazón y anular (Mudra Apana), activando así los Elementos Espíritu, Tierra, y Fuego (Figura 108).

Así como el Mudra Vayu cura las irregularidades del corazón, incluidos los latidos rápidos y la transpiración, el Mudra Apana reduce el exceso de gases del estómago y favorece la circulación de la sangre hacia el corazón. La acidez y el ardor de estómago también se alivian con la realización de Mudra Hridaya.

Como el corazón es el centro de las emociones, el Mudra Hridaya también ayuda a liberar los sentimientos reprimidos que causan estrés y ansiedad. Por ello, es beneficioso practicar este Mudra durante los conflictos y crisis emocionales. Otro beneficio común del Mudra Hridaya es superar los problemas de sueño, como el insomnio. El Mudra Hridaya puede realizarse durante 10 o 15 minutos 1eguidos o más y repetirse tantas veces como sea necesario.

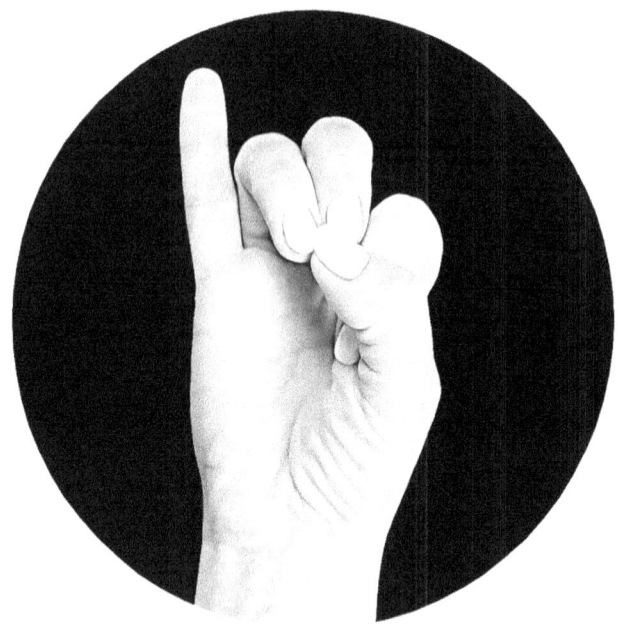

Figura 108: Mudra Hridaya

Mudra Shunya

Shunya significa "vacío", "amplitud" o "apertura" en Sánscrito; de ahí su otro nombre, el "Mudra del Cielo". "Este Mudra está diseñado para disminuir el Elemento Espíritu (Espacio) en el cuerpo (dedo medio) mientras aumenta la energía del Elemento Fuego (el pulgar).

Para asumir el Mudra Shunya, dobla el dedo corazón y presione el nudillo con el pulgar. Los tres dedos restantes deben permanecer extendidos (Figura 109). El uso regular de Mudra Shunya durante la meditación despierta la intuición al tiempo que aumenta la fuerza de voluntad y calma la mente. Además, sus practicantes a largo plazo informan que obtienen la capacidad de escuchar el sonido de silencio de Anahata, que hace que uno se sienta como si estuviera en un planeta diferente, en otra dimensión del espacio-tiempo. Por lo tanto, la práctica regular de este Mudra allana el camino para obtener la dicha Eterna y la trascendencia.

A nivel físico, el Mudra Shunya es conocido por aliviar una serie de problemas de audición y equilibrio interno, como el mareo, el vértigo, el entumecimiento del cuerpo y los trastornos del oído. También se sabe que cura las enfermedades del corazón y de la garganta. Practique este Mudra durante diez o quince minutos seguidos, o más si es necesario. Repítelo tantas veces como quieras.

En la medicina Ayurvédica, el Mudra Shunya es beneficioso para las personas con predominio de Dosha Vata, que es la energía asociada al movimiento, incluyendo la circulación sanguínea, la respiración, y el sistema nervioso.

Figura 109: Mudra Shunya

Mudra Anjali

Anjali significa "saludo" u "ofrecer" en Sánscrito. El Mudra Anjali suele ir acompañado de la palabra "Namaste", que constituye un tipo de saludo muy utilizado por las personas Espirituales del mundo Occidental. Este gesto, sin embargo, se originó en la India y ha formado parte de su cultura durante miles de años. Consiste en mantener las dos palmas de las manos juntas y erguidas frente a los pechos (Figura 110), a menudo acompañadas de una ligera reverencia.

En Sánscrito, "Nama" significa "reverencia", mientras que "as" significa "yo" y "te" significa "tú". Por lo tanto, Namaste significa "me inclino ante ti". "Namaste representa la creencia en una chispa divina de conciencia dentro de cada uno de nosotros, situada en el Chakra del corazón, Anahata. Al realizarlo, nos reconocemos unos a otros como Almas Divinas de la misma fuente-Dios-el Creador.

El Mudra Anjali también puede ofrecerse como saludo sagrado cuando se intenta establecer contacto con un poder superior. Este poderoso gesto de la mano ha sido adoptado como posición de oración en el mundo Occidental desde hace más de 2000 años. Su realización nos permite conectar con nuestro Santo Ángel de la Guarda. Al juntar las manos en el centro del Chakra del Corazón, unificas simbólica y energéticamente todos los opuestos dentro de ti, permitiendo que tu conciencia se eleve a un Plano Superior.

El Mudra Anjali reconcilia nuestras energías masculinas y femeninas a la vez que une los hemisferios cerebrales izquierdo y derecho. El resultado es la coherencia de la mente y el cuerpo a todos los niveles. Sus otros beneficios para la salud incluyen: mejorar la concentración, calmar la mente, promover la atención plena, y aliviar el estrés.

Figura 110: Mudra Anjali

Mudra Yoni

Yoni significa "matriz", "fuente" o "receptáculo" en Sánscrito, y es una representación abstracta de Shakti, el poder dinámico femenino de la naturaleza. Yoni también se refiere al sistema reproductor femenino en general. Realizar el Mudra Yoni equilibra las energías opuestas pero complementarias de tu cuerpo, especialmente los dos hemisferios cerebrales.

Para adoptar el Mudra Yoni, coloca las palmas de las manos juntas a la altura del ombligo. Los dedos y los pulgares deben estar rectos y apuntando hacia fuera del cuerpo. En primer lugar, gira los dedos corazón, anular, y meñique hacia dentro, de modo que los dorsos de los dedos se toquen. A continuación, entrelaza los dedos corazón, anular, y meñique manteniendo juntas las puntas de los dedos índice y pulgar. Por último, lleva los pulgares hacia el cuerpo mientras apuntas los dedos índices hacia el suelo, formando así la forma del vientre con los pulgares y los dedos índices (Figura 111).

En su posición final, los codos tienden naturalmente a apuntar hacia un lado, abriendo el pecho. Puedes hacer el Mudra Yoni durante 10 o 15 minutos seguidos para obtener el efecto deseado. Repítelo tantas veces como quieras a lo largo del día.

Los dedos índices que apuntan hacia abajo estimulan el flujo de Apana, la energía sutil que limpia el cuerpo, la mente y las emociones. El Mudra Yoni tiene un efecto calmante sobre el sistema nervioso, ya que reduce el estrés y aporta paz y armonía interior. Además, el Mudra Yoni nos sintoniza con el aspecto femenino e intuitivo de nuestro Ser. Como un feto en el vientre materno, su practicante experimenta la dicha al volverse pasivo mental y emocionalmente.

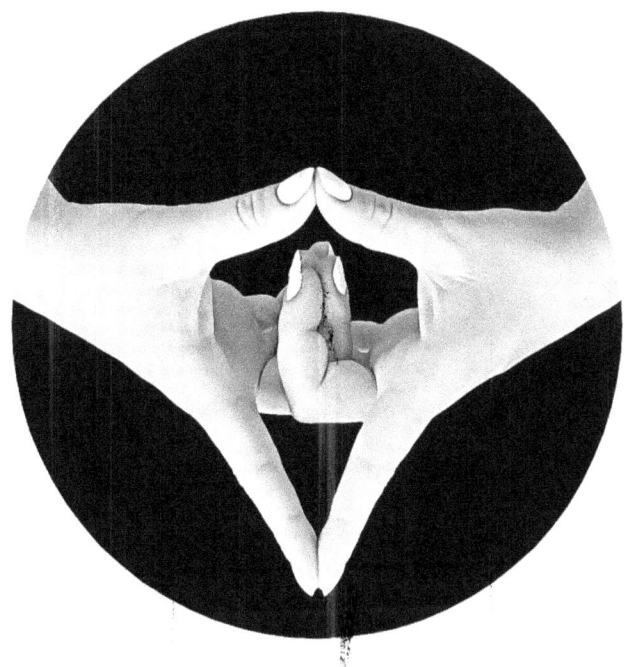

Figura 111: Mudra Yoni

Mudra Bhairava

Bhairava significa "temible" en Sánscrito, y se refiere a la feroz manifestación de Shiva el Destructor. El Mudra Bhairava es un gesto simbólico y ritual de las manos que armoniza el flujo de energía del cuerpo durante la meditación u otras prácticas Yóguicas. Esta práctica Yóguica común proporciona una sensación instantánea de paz, permitiendo que emerjan las cualidades superiores.

Para realizar el Mudra Bhairava, coloca la mano derecha sobre la izquierda, con las palmas hacia arriba (Figura 112). Si se realiza en una Asana de meditación, las manos deben estar sobre el regazo mientras la columna vertebral y la cabeza se mantienen rectas. Cuando la mano izquierda se coloca sobre la derecha, la práctica se denomina Mudra Bhairavi, la contraparte femenina (Shakti) de Bhairava.

Las dos manos representan los Nadis Ida (mano izquierda) y Pingala (mano derecha), los canales de energía femenina y masculina que se unifican cuando una mano se coloca encima de la otra. Sin embargo, dependiendo de qué mano esté encima, este principio de género se convierte en la cualidad expresiva. Por ejemplo, cuando la mano izquierda está encima, el Elemento Agua es dominante, activando el principio de conciencia y manifestación. Por el contrario, cuando la mano derecha está arriba, domina el Elemento Fuego, invocando la fuerza y el poder y destruyendo el propio Egoísmo a medida que la Luz Divina se absorbe en el Aura. Por lo tanto, también se dice que este Mudra cura todas las enfermedades corporales.

Haz el Mudra Bhairava durante 10 o 15 minutos seguidos o más y repítelo tantas veces como quieras. Dentro de los textos Tántricos y Yóguicos, el Mudra Bhairava se considera el Mudra de la Mano definitivo porque su realización unifica el Alma individual con la conciencia universal -el Yo interior y el exterior se convierten en Uno.

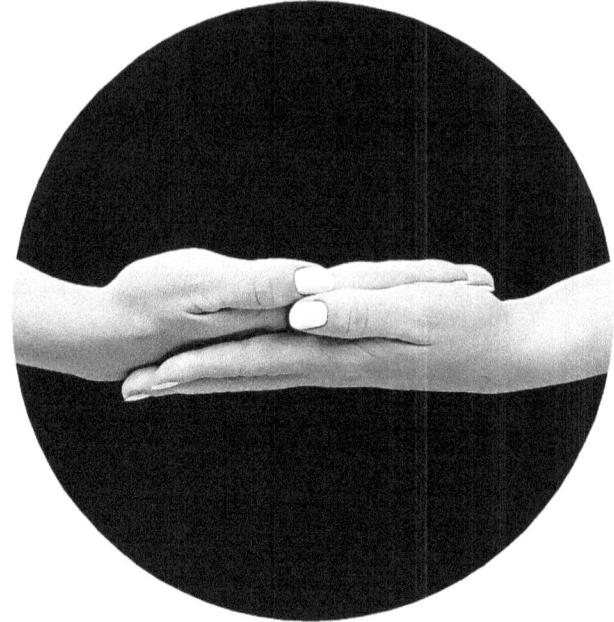

Figura 112: Mudra Bhairava

Mudra del Loto

El Mudra del Loto está diseñado para abrir el Chakra del Corazón, Anahata. Es un símbolo de pureza y positividad, que representa la Luz que emerge de la oscuridad. Como tal, el Mudra del Loto tiene poderosos efectos curativos a nivel mental, emocional, y físico. Su ejecución relaja y estabiliza la mente al tiempo que crea una actitud más amorosa hacia otras personas. A nivel físico, el Mudra del Loto es conocido por tratar las úlceras y las fiebres.

Para realizar el Mudra del Loto, comienza por juntar las manos frente al centro del corazón en Mudra Anjali. A continuación, extiende los dedos índices, corazón, y anular como si se tratara de la apertura de una flor de loto, manteniendo los pulgares y los meñiques juntos (Figura 113). Permanece en esta posición y siente los efectos de este

Mudra en tu Chakra del Corazón. El Mudra del Loto puede realizarse tan a menudo como se desee, durante un mínimo de 10 minutos cada vez para sentir sus efectos.

Así como las raíces de una flor de loto permanecen firmemente incrustadas en el fondo fangoso de un estanque, la cabeza de su flor mira hacia el sol, recibiendo sus rayos curativos. Del mismo modo, el Mudra del Loto nos enseña a permanecer conectados a nuestras raíces mientras abrimos nuestros corazones a la Luz Divina. Nos enseña a mantener nuestros pensamientos puros y a aceptar a los demás, aunque nuestros sentimientos sean negativos hacia ellos. Al hacerlo, conectamos con la gracia y la belleza presentes en nuestro interior cuando nuestro Chakra del Corazón está abierto.

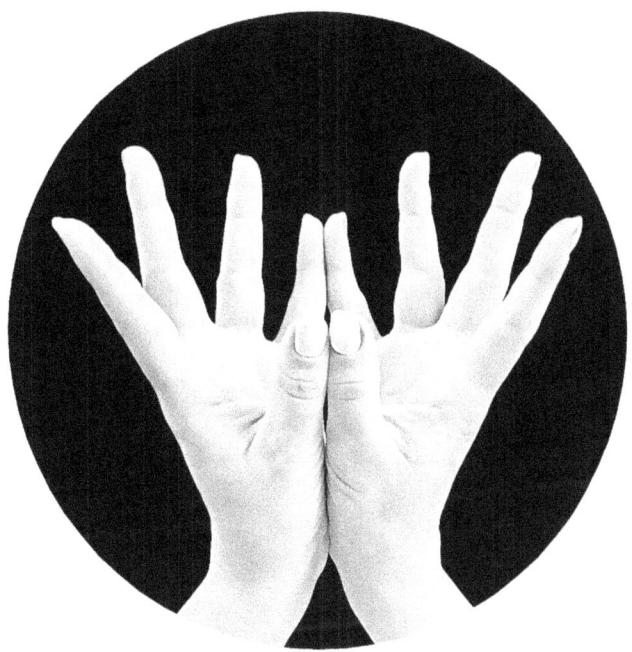

Figura 113: Mudra del Loto

Mudra Shiva Linga

El Mudra Shiva Linga es un poderoso gesto de la mano que representa al Dios Shiva y a la Diosa Parvati, su consorte. El Lingam es el emblema de la energía creativa masculina, el falo, adorado en los Templos Hindúes. Está representado simbólicamente por el pulgar erguido de la mano derecha en el Mudra Shiva Linga, mientras que la palma sobre la que descansa representa la energía femenina, el receptáculo. Como tal, este Mudra denota la integración de Shiva y Shakti (la energía femenina de Shiva). Su nombre en Inglés es "Mudra Enderezado".

Para asumir el Mudra Shiva Linga, coloca la mano izquierda a la altura del abdomen en forma de cuenco, manteniendo los dedos juntos. A continuación, coloca el puño derecho sobre la palma de la mano izquierda. Por último, extiende el pulgar de la mano derecha hacia arriba (Figura 114). Siente los efectos de enraizamiento de este Mudra en su Aura.

El Mudra Shiva Linga se centra en el Chakra Muladhara, la morada del Lingam. Este Mudra alivia la ansiedad y el estrés calmando la mente y cargando el cuerpo con la densa energía de la Tierra. No sólo aborda la fatiga física y mental energizando el cuerpo, sino que aumenta la confianza en uno mismo y mejora la intuición. Debido a sus poderosos efectos en el enraizamiento de la propia energía, el Mudra Shiva Linga debe hacerse no más de dos o tres veces al día durante 10 minutos cada vez.

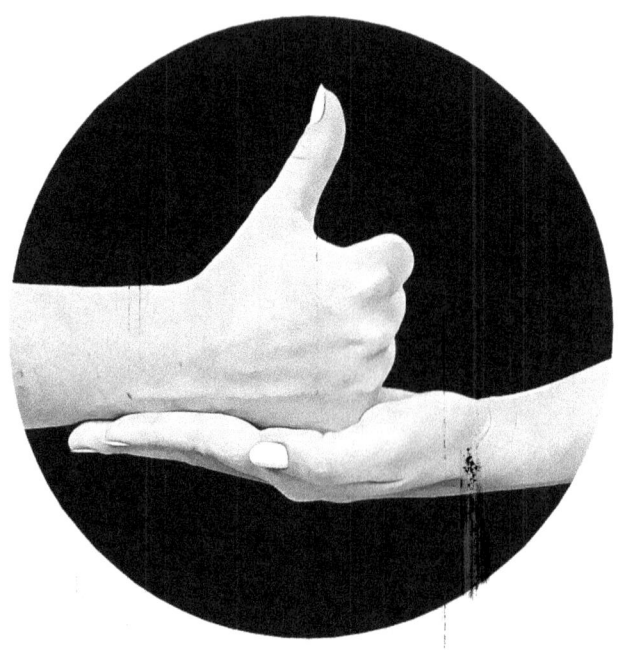

Figura 114: Mudra Shiva Linga

Mudra Kundalini

El Mudra Kundalini despierta la fuerza sexual, estimulando la creatividad y la regeneración. Este Mudra es conocido por activar los deseos sexuales dormidos y sanar cualquier problema con los órganos reproductivos. En un nivel sutil, realizar el Mudra Kundalini unifica los principios masculinos y femeninos dentro del Ser, lo que facilita el despertar de la Kundalini en la base de la columna vertebral.

Para realizar el Mudra Kundalini, cierra el puño a la altura del ombligo con ambas manos. A continuación, extiende el dedo índice de la mano izquierda mientras lo envuelves con los cuatro dedos de la mano derecha. La punta del dedo índice de la mano izquierda debe conectarse con el pulgar de la mano derecha (Figura 115).

El dedo índice izquierdo representa el Alma y la mente individuales, mientras que los cuatro dedos de la mano derecha simbolizan el mundo exterior. Finalmente, el pulgar derecho es el poder sagrado de la Kundalini. El Kundalini Mudra, en su conjunto, representa la unión del Ser individual con el Universo. Debido a su potente efecto sobre la energía sexual, el Kundalini Mudra debe practicarse no más de dos o tres veces al día durante 10 minutos cada vez.

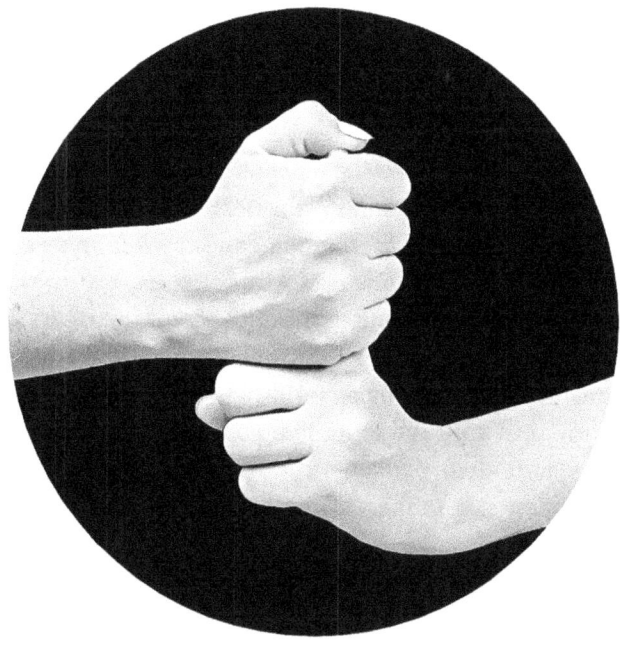

Figura 115: Mudra Kundalini

MANA (MUDRAS DE CABEZA)

Mudra Shambhavi (Mirada al Centro de la Ceja)

El Mudra Shambhavi es una práctica muy apreciada en el Yoga y el Tantra debido a su poder para aquietar la mente y experimentar estados superiores de conciencia. Es una poderosa técnica para despertar el Chakra Ajna ya que implica mirar al centro de la ceja donde se encuentra el túnel del Ojo de la Mente. El Mudra Shambhavi anula todos los pensamientos positivos y negativos cuando se aplica correctamente y produce un estado de Vacío (Shoonya) o ausencia de pensamientos. Su otro nombre es Bhrumadya Drishti, donde "bhru" significa "centro de la ceja" y "drishti" significa "mirar" en Sánscrito.

La palabra "Shambhavi" tiene su origen en el Sánscrito "Shambhu", que es una referencia al Señor Shiva como alguien que "nace de la felicidad o la dicha". "Shambhavi es el aspecto femenino del Señor Shiva, la Kundalini Shakti. El Mudra Shambhavi no sólo activa el Chakra Ajna, sino que al centrarse en el centro de la ceja estimula la convergencia de Nadis Ida y Pingala en este punto, lo que afecta directamente a la Kundalini en la base de la columna vertebral y puede facilitar su ascenso.

El Mudra Shambhavi es beneficioso para superar los pensamientos temerosos y negativos, que se originan en la mente subconsciente. Centrarse en el centro de la ceja hace que la atención se dirija a la parte delantera de la cabeza, desde donde opera la mente consciente. En el Hermetismo, la parte delantera de la cabeza representa el aspecto Solar, masculino, mientras que la parte trasera de la cabeza representa el aspecto Lunar, femenino. En el Árbol de la Vida Cabalístico, el camino de Qoph (la carta del Tarot de la Luna), que literalmente significa "la parte posterior de la cabeza", representa la mente subconsciente. Por el contrario, el camino de Resh (la carta del Tarot del Sol) significa "cabeza", refiriéndose a la parte delantera de la cabeza y a la mente consciente.

Para comenzar el ejercicio Shambhavi Mudra, siéntate en una de las tres Asanas de meditación mientras relajas el cuerpo y mantienes la columna vertebral recta. Coloca las manos sobre las rodillas en el Jnana o en el Chin Mudra. Cierra los ojos y relaja todos los músculos de la cara, la frente, los ojos, y detrás de los ojos mientras respiras lenta y profundamente. Ahora abre gradualmente los ojos y mira al frente, a un punto fijo. Para obtener los mejores resultados, pon en práctica el Mudra Khechari como parte de la práctica, aunque se recomienda empezar sin él hasta que te familiarices con el ejercicio.

Figura 116: Mudra Shambhavi

Mire ahora hacia arriba y hacia adentro mientras enfocas tus ojos en el centro de las cejas, manteniendo la cabeza y todo el cuerpo inmóvil (Figura 116). Si se realiza correctamente, la curva de las cejas formará una imagen en forma de V cuyo vértice está en el centro de la ceja. Si no ves la formación en V, es que tu mirada no está dirigida correctamente hacia arriba y hacia dentro.

Concéntrate en el punto del entrecejo sin parpadear durante unos segundos. A continuación, relaja los ojos moviéndolos a su posición original antes de repetir la práctica. Es fundamental mantener la mirada sólo unos segundos al principio y aumentar gradualmente la duración a medida que te sientas más cómodo con este ejercicio. Nunca hay que forzar demasiado los ojos. Si sientes molestias en los ojos, puedes calentar las manos frotándolas y cubriendo los ojos para infundir energía curativa y eliminar la tensión.

A medida que se adquiere más experiencia con este ejercicio, la fijación de la mirada en el centro de las cejas será algo natural, ya que los músculos que controlan los ojos se fortalecen. Cuando realices el ejercicio Mudra Shambhavi, practica la atención mientras implementas la Respiración Yóguica al inhalar y exhalar para obtener efectos óptimos.

El Mudra Shambhavi puede incorporarse como parte de la práctica de Asanas y ejercicios de Pranayama, como el Sama Vritti y el Pranayama Moorcha. Si se practica solo, se debe comenzar con cinco rondas y aumentar gradualmente hasta 10 en un período de cinco meses. Ten en cuenta que, si tienes algún problema de salud en los ojos, no debes realizar este ejercicio.

También puedes practicar el Mudra Shambhavi con los ojos cerrados una vez que adquieras cierta experiencia con él. La variación de este ejercicio con los ojos cerrados es la importantísima Meditación del Ojo de la Mente de *The Magus*. Hablo de la mecánica de este Mudra Shambhavi interno como parte de las Meditaciones Kundalini del capítulo "Solucionando Problemas del Sistema" de este libro.

Nasikagra Drishti (Mirada de la Nariz)

El Nasikagra Drishti es similar al Mudra Shambhavi, salvo que los ojos se centran en la punta de la nariz en lugar del centro de las cejas. El término proviene de las palabras sánscritas "nasagra", que significa "punta de la nariz", y "drishti", que se traduce como "mirada". "Nasikagra Drishti es excelente para fortalecer los músculos de los ojos, desarrollar la concentración y llevar al practicante a estados superiores de conciencia durante la meditación. Se sabe que este ejercicio activa el Chakra Muladhara, que está conectado con el Lóbulo Frontal del cerebro.

Para practicar la mirada a la punta de la nariz, mantén el dedo índice en posición vertical a la altura de la nariz. Fija tu mirada en él y empieza a moverlo lentamente hacia la punta de la nariz mientras mantienes la cabeza firme. Cuando el dedo llegue a la punta de la nariz (los ojos deben seguir enfocados en ella), suelta el dedo y transfiere el enfoque de tus ojos a la punta de la nariz. Tras unos segundos de mantener la mirada ahí, cierra los ojos y relájalos antes de repetir la práctica. No dediques más de tres a cinco minutos al día a este ejercicio durante las dos primeras semanas. Cuando te resulte sencillo fijar la mirada en la punta de la nariz a voluntad, estarás listo para el Nasikagra Drishti.

Para comenzar el Nasikagra Drishti, siéntese en una de las tres Asanas de meditación mientras relajas el cuerpo y mantienes la columna vertebral y la cabeza rectas. Coloca las manos sobre las rodillas en el Mudra Jnana o en el Chin. Cierra los ojos y relaja todos los músculos del rostro mientras respiras profunda y lentamente. Abre ahora gradualmente los ojos y enfócalos en la punta de la nariz (Figura 117). La refracción de la luz que forma una V debería verse justo encima de la punta de la nariz si se realiza correctamente. Manten la mirada ahí durante unos segundos antes de cerrar los ojos y repetir. No dediques más de cinco a 10 minutos al día a este ejercicio y aumenta la duración después de unos meses.

Puedes poner en práctica el Mudra Khechari como parte del Nasikagra Drishti, aunque se recomienda empezar sin él durante el primer tiempo. Tenga siempre en cuenta que no debe forzar demasiado los ojos; si siente molestias en los ojos, puede calentar las manos frotándolas y cubriendo los ojos para infundir energía curativa. Practique el Nasikagra Drishti con la Respiración Yóguica al inhalar y exhalar para obtener efectos óptimos. Las personas que tienen problemas de salud en los ojos o que sufren de depresión no deben realizar este ejercicio.

Figura 117: Nasikagra Drishti

También puedes practicar Nasikagra Drishti con los ojos cerrados. Descubrí la meditación de la punta de la nariz con los ojos cerrados en mi viaje Espiritual y su poder para optimizar el circuito de Kundalini una vez que se colapsa. Más tarde, una vez que me adentré en el Yoga, descubrí el Nasikagra Drishti y su mecánica similar. He descubierto que, al concentrarse en la punta de la nariz, se conecta con el centro psíquico del Ojo Subconsciente que se encuentra entre los dos ojos físicos, un centímetro fuera de la cabeza.

Un canal de energía recorre la parte delantera de la nariz desde el Ojo Subconsciente hasta la punta de la nariz. La punta de la nariz sirve como punto de liberación para el Ojo Subconsciente. Si este centro psíquico se bloquea, se produce un aumento de la energía negativa y del miedo dentro de la mente, lo que suele ser el resultado de un canal de Ida colapsado. Centrarse en la punta de la nariz permite abrir o reabrir este canal si se bloquea, aliviando los pensamientos y emociones perturbadoras basadas en el miedo. Consulta las Meditaciones Kundalini para obtener más información sobre este ejercicio (Meditación del Centro de los Ojos/Puente de la Nariz).

Mudra Shanmukhi (Cerrar las Siete Puertas)

El Mudra Shanmukhi está formado por dos términos sánscritos de raíz, "Shan" que significa "seis" y "mukhi" que significa "cara" o "puerta". Como tal, el Mudra Shanmukhi se refiere a las seis puertas de percepción a través de las cuales percibimos el mundo exterior: los dos ojos, las dos orejas, la nariz, y la boca. Este ejercicio consiste en cerrar las seis aberturas de la percepción para bloquear los cinco sentidos del cuerpo: la vista, el sonido, el olfato, y el tacto.

Según los *Yoga Sutras de Patanjali,* el Mudra Shanmukhi se considera una práctica de Pratyahara (retraimiento de los sentidos), la etapa preliminar de Dharana (concentración) y Dhyana (meditación). El Mudra Shanmukhi es excelente para la concentración y la introspección, ya que, al aislarnos del mundo exterior, obtenemos una visión más profunda de nuestro Ser interior. También calma la mente y el sistema nervioso y relaja y rejuvenece los ojos y los músculos faciales a través de la energía y el calor de las manos y los dedos.

Para comenzar el ejercicio Mudra Shanmukhi, siéntate en una de las tres Asanas de meditación manteniendo la columna vertebral recta. Coloca las manos sobre las rodillas en el Mudra Jnana o en el Chin. Cierra los ojos y respira profundamente para relajar tu cuerpo. Permítete sentir su entorno antes de desapegarte de él.

Para obtener el máximo beneficio y despertar potencialmente la Kundalini en la base de la columna vertebral, este ejercicio debe ir acompañado de la aplicación de Mula Bandha. Para ello, coloca un pequeño cojín debajo del perineo para aplicar presión en esta zona y activar así el Chakra Muladhara.

Levanta los brazos y los codos a la altura de los hombros con las palmas de las manos hacia ti. Uno por uno, comienza a cerrar los órganos de los sentidos con los dedos. Cierra los oídos con los pulgares, los ojos con los dedos índices, las fosas nasales con los dedos centrales, y la boca con los dedos anular y meñique (Figura 118). Suelta la presión de los dedos centrales (parcialmente) para poder respirar por las fosas nasales. El resto de los órganos de los sentidos ejerce una ligera presión para que permanezcan cerrados durante el ejercicio.

Figura 118: Mudra Shanmukhi

Inhala lenta y profundamente por las fosas nasales parcialmente obstruidas utilizando la técnica de la Respiración Yóguica. Al final de la inhalación, cierra las fosas nasales con los dedos centrales y aguanta la respiración. Cuanto más tiempo puedas retener cómodamente la respiración, más efectos sustanciales recibirás de este ejercicio. Suelta ahora la presión de los dedos centrales y exhala lentamente por las fosas nasales. Así se completa la primera ronda.

Empieza con cinco minutos de práctica y ve aumentando hasta llegar a los 30 minutos a lo largo de tres meses. Cuando estés preparado para terminar el ejercicio, baja las manos a las rodillas mientras mantienes los ojos cerrados. Dedica unos instantes a tomar conciencia de tu entorno antes de abrir los ojos y concluir la práctica.

Para obtener efectos óptimos con el Mudra Shanmukhi, céntrate en el entrecejo con los ojos cerrados para conectar con el Chakra Ajna. Presta atención a tu respiración mientras te alejas del mundo exterior. Con cada respiración, debes profundizar en tu ser interior. Mientras lo haces, nota cómo te hace sentir y los cambios en tu Chakra del Corazón. No es raro que escuches diferentes sonidos de tu interior, como las sutiles vibraciones que emanan del Chakra Bindu.

Puedes practicar el Mudra Shanmukhi en cualquier momento del día, aunque lo óptimo es hacerlo justo por la mañana o antes de ir a dormir. Como ocurre con todos los ejercicios Yóguicos que provocan un estado mental introvertido, las personas que sufren de depresión no deben practicar el Mudra Shanmukhi.

KAYA (MUDRAS POSTURALES)

Viparita Karani-Actitud Psíquica Invertida

Viparita Karani viene de las palabras Sánscritas "viparita", que significa "invertido" o "al revés", y "karani", que significa "un tipo particular de práctica". El propósito de este Mudra Postural es revertir el flujo descendente y la pérdida del Amrita (el Néctar de Ambrosía vivificante que segrega el Bindu) mediante el uso de la gravedad. (Puedes aprender más sobre el uso y el propósito del Amrita en el capítulo "El Chakra Lalana y el Néctar de Amrita" de esta sección). Su otro objetivo es crear una sublimación de energía de abajo hacia arriba del cuerpo y equilibrar su flujo de energía Pránica. Dado que la atención debe colocarse en Manipura y Vishuddhi al inhalar y exhalar, Viparita Karani sirve para optimizar también estos dos Chakras.

Para entrar en la postura Viparita Karani, lleva las piernas por encima de la cabeza mientras apoyas las caderas con las manos. Debes mantener el torso lo más cerca posible de un ángulo de 45 grados mientras las piernas están rectas hacia arriba (Figura 119). Los ojos deben mirar hacia arriba, hacia los pies, mientras los dedos apuntan al cielo. Mantén los codos cerca uno del otro mientras te preocupas por evitar que la barbilla te presione el pecho. En la posición final, el peso del cuerpo descansa sobre los hombros, el cuello, y los codos. Si tienes problemas para entrar en esta postura, puedes utilizar una pared y almohadas para apoyar las piernas y el torso. Cierra los ojos ahora y relaja todo el cuerpo.

Aplica Jiva Bandha (lengua en el paladar) o Khechari Mudra durante toda la práctica. Luego, inhala lenta y profundamente con Pranayama Ujjayi mientras colocas tu conciencia en el Chakra Manipura. Al exhalar, mueve tu atención hacia el Chakra Vishuddhi. Esto completa la primera ronda.

Practica hasta 7 rondas al principio, cambiando tu atención de Manipura en la inhalación a Vishuddhi en la exhalación y viceversa. Si sientes que se acumula la presión en la cabeza o surge alguna otra molestia, termina la práctica inmediatamente.

Aumenta gradualmente el número de rondas de siete a 21 durante tres meses. La inhalación y la exhalación deben tener la misma duración durante esta práctica. A medida que te sientas más cómodo, trabaja para aumentar la duración manteniendo la misma proporción.

Para terminar la práctica, baja lentamente la columna vertebral, vértebra por vértebra, mientras mantienes la cabeza en el suelo. Una vez bajados los glúteos, baja las piernas manteniéndolas rectas. Pasa unos momentos en Shavasana para permitir que tu conciencia se enraíce. También es aconsejable realizar después una contraposición de Asana para equilibrar tus energías.

Viparita Karani se practica mejor por la mañana. Incorpora este ejercicio al final de tu programa de práctica diaria de Asanas y/o antes de la meditación. Ten en cuenta que las personas que sufren de presión arterial alta, enfermedades del corazón, dolor de cuello o espalda, o exceso de toxinas en el cuerpo no deben realizar Viparita Karani. Además, dado que la realización de este ejercicio durante un período prolongado aumenta la tasa metabólica, evita realizarlo al menos tres horas después de una comida.

Figura 119: Viparita Karani

Mudra Pashinee-Actitud Psíquica Plegada

El Mudra Pashinee deriva del término Sánscrito "pash", que significa "lazo". "La palabra "Pashinee" se refiere a estar "atado con un lazo", a lo que se parece esta posición. La práctica de este Mudra proporciona tranquilidad y equilibrio al sistema nervioso e induce el Pratyahara. Estira el cuello, así como los músculos de la columna vertebral y la espalda.

Para comenzar el ejercicio Mudra Pashinee, asume la postura Halasana (Postura del Arado) pero separa las piernas unos 30 cm. Dobla las rodillas y lleva los muslos hacia el pecho hasta que las rodillas estén en el suelo. En la posición final, las rodillas deben estar lo más cerca posible de los hombros y las orejas (Figura 120)

Relaja el cuerpo y cierra los ojos. Respira lenta y profundamente. Manten esta posición tanto tiempo como le sea posible. Ahora, suelta suavemente los brazos y vuelve a Halasana. Baja las piernas y relájate en Shavasana durante unos instantes para permitir que tu conciencia se enraíce.

Al igual que con Viparita Karani, es aconsejable realizar una contraposición para equilibrar tus energías, que sería una Asana de flexión hacia atrás. Ten en cuenta que las personas que sufren de una condición de la columna vertebral o una lesión en el cuello deben evitar este Mudra. Además, las mujeres que estén menstruando o embarazadas deben omitir esta práctica.

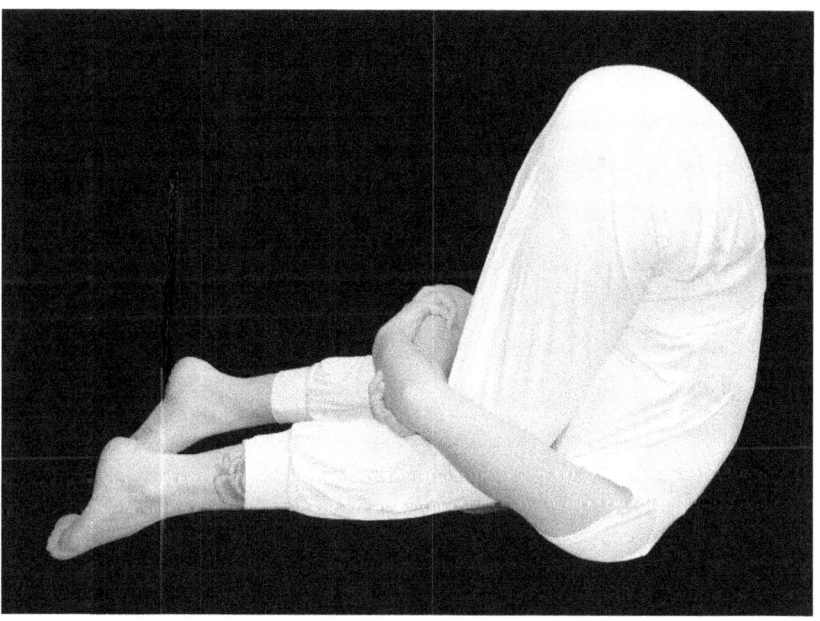

Figura 120: Mudra Pashinee

Mudra Tadagi

Tadagi deriva del término Sánscrito "tadaga", que significa "cuerpo de agua" o "estructura parecida a una olla de agua, similar a un lago o estanque". Esta técnica de

Mudra consiste en moldear el abdomen en forma de barril mediante la respiración abdominal profunda, de ahí su nombre. El Tadagi Mudra estimula los Chakras Manipura y Hara, elevando el nivel de Prana en el cuerpo. Además, favorece la circulación de la sangre hacia los órganos abdominales al tiempo que alivia cualquier tensión retenida en el suelo pélvico.

Siéntate en el suelo o en una esterilla de yoga con las piernas estiradas y los pies ligeramente separados. (Las piernas deben permanecer rectas durante todo el ejercicio). Para adoptar el Tadagi Mudra, comienza colocando las manos sobre las rodillas mientras mantienes la cabeza y la columna vertebral rectas. A continuación, cierra los ojos y relaja todo el cuerpo mientras respiras normalmente. Inclínate ahora hacia delante y envuelve los dedos pulgares, índice, y corazón sobre los dedos gordos del pie (Figura 121).

Inhala lentamente y llena tu abdomen de oxígeno, permitiendo que se expanda completamente. Aguanta la respiración durante un periodo prolongado de forma cómoda. No debe haber ninguna tensión en tu cuerpo en ningún momento durante este ejercicio. Puedes soltar los dedos de los pies entre respiraciones para ajustarte y sentirte más cómodo.

Exhala lenta y profundamente, dejando que el vientre se relaje mientras mantienes los dedos de los pies. Ya se ha completado una ronda. Repite las rondas de cinco a 10 veces. Cuando estés listo para terminar la práctica, suelta los dedos de los pies y vuelve a la posición inicial. Ten en cuenta que las mujeres embarazadas y las personas que sufren una hernia o un prolapso deben evitar este ejercicio.

Figura 121: Mudra Tadagi

Mudra Manduki-Gesto de la Rana

Manduki significa "rana" en Sánscrito, e imita la postura de una rana en reposo. Su otro nombre es el "Gesto de la Rana" o "Actitud de la Rana". "Este Mudra estimula el Chakra Muladhara y equilibra el flujo de energía Pránica en el cuerpo. Calma la mente, equilibra los Nadis Ida y Pingala, y mejora los niveles de percepción. Al tratarse de una poderosa Asana de Yoga, mejora la fuerza de las caderas, las rodillas, y los tobillos, y los hace más flexibles.

Comienza en una posición de rodillas simple en la que ambas rodillas estén tocando el suelo. A continuación, para realizar el Mudra Manduki, ajusta las piernas de modo que los dedos de los pies apunten hacia fuera y los glúteos se apoyen en el suelo (Figura 122). Si esta posición te resulta incómoda, siéntate en tu lugar sobre un cojín, colocando las piernas y los pies en la misma posición.

Figura 122: Mudra Manduki

Deberías sentir que se ejerce presión sobre el perineo, lo que desencadena el Chakra Muladhara. A continuación, coloca las manos sobre las rodillas en el Mudra Jnana o en el Chin. Debes mantener la columna vertebral y la cabeza recta durante este ejercicio. Si te encuentras naturalmente inclinado hacia adelante desde esta posición, mantén las rodillas y endereza los brazos para apoyarte. Cierra los ojos ahora y relaja todo el cuerpo.

Abra los ojos y realice Nasikagra Drishti. Comienza colocando la lengua en el paladar (Jiva Bandha) durante uno o dos minutos y luego pasa al Mudra Khechari. La respiración debe ser lenta y rítmica. Si sientes molestias en los ojos, ciérralos durante unos segundos y retoma la práctica. Practica el Mudra Manduki con la Respiración Yóguica al inhalar y exhalar para obtener efectos óptimos.

Empieza haciendo este ejercicio durante dos minutos una vez al día, preferiblemente por la mañana. A medida que te familiarices con él, aumenta gradualmente hasta cinco minutos para obtener efectos óptimos. Cuando se realiza correctamente, los sentidos deben ser atraídos hacia el interior.

El Mudra Manduki es una versión avanzada del Nasikagra Drishti. Como tal, debe practicarse con una luz suave para que la punta de la nariz pueda verse claramente. Sigue las precauciones para practicar Nasikagra Drishti. Las personas con problemas en los tobillos, las rodillas o las caderas deben tener cuidado al realizar el Manduki Mudra, ya que requiere que estas partes del cuerpo sean flexibles.

BANDHA (MUDRAS DE BLOQUEO)

Bandha Mula (Contracción del Perineo)

Bandha Mula es el primero de los tres principales cierres energéticos utilizados en las prácticas Yóguicas para controlar el flujo de Prana en el cuerpo, junto con los Bandhas Uddiyana y Jalandhara. Cada uno de los tres Bandhas (cierres) sella una parte específica del cuerpo, enviando el Prana hacia dentro y hacia arriba a través del Sushumna Nadi. Cuando se utilizan los tres Bandhas juntos, la práctica se denomina Bandha Maha, que significa el "Gran Cierre" (Figura 132). Cada Bandha puede utilizarse también para desatar uno de los Tres Granthis (nudos psíquicos), que obstruyen la energía Kundalini en su ascenso.

Mula Bandha significa "Bloqueo de la Raíz" en Sánscrito, refiriéndose al proceso de aprovechamiento de la energía en el Muladhara, el Chakra Raíz, y su envío hacia arriba a través del Sushumna. El Bandha Mula es el bloqueo energético inicial que se utiliza para estimular la actividad de la Kundalini en la base de la columna vertebral.

La realización del Bandha Mula implica la contracción de músculos específicos entre el ano y los órganos genitales en la región del perineo, donde se encuentra la cabeza de la flor del Muladhara. El punto exacto de contracción para los hombres es entre el ano y los testículos, mientras que, en las mujeres, es detrás del cuello uterino, donde el útero sobresale en la vagina (Figura 123).

Dado que es el punto de unión de los nervios, la zona del perineo es donde comienza nuestro sistema nervioso. Contraer el perineo con Bandha Mula tiene un efecto calmante sobre el sistema nervioso, promoviendo la paz mental mientras aumenta la concentración.

A nivel Pránico, Bandha Mula redirige la energía de Apana, el aspecto de Prana dentro del cuerpo que fluye hacia abajo desde el ombligo. Invertir la dirección del flujo de Apana, junto con la estimulación de los tres Nadis que comienzan en la región del Muladhara, puede tener un poderoso efecto para despertar la Kundalini de su sueño en la región del cóccix.

Durante un despertar de Kundalini, Bandha Mula puede utilizarse para trascender el Brahma Granthi que existe entre los Chakras Muladhara y Swadhisthana. Al hacerlo, el Alma se libera de los apegos particulares que la atan al Mundo de la Materia. Superar el Granthi Brahma es esencial para elevar la Kundalini a los Chakras por encima del Muladhara.

A nivel físico, Bandha Mula refuerza los músculos del suelo pélvico. Previene la eyaculación precoz en los hombres, mientras que en las mujeres alivia el dolor de la menstruación. A nivel psicológico, Bandha Mula ayuda a regular las hormonas y a promover un crecimiento y desarrollo mental y emocional saludables. Esta técnica intemporal equilibra las hormonas sexuales masculinas y femeninas: la testosterona y el estrógeno. Regula la tiroxina, que ayuda en las actividades metabólicas, así como la serotonina, la hormona que eleva el estado de ánimo. El Bandha Mula es muy eficaz para tratar problemas mentales como la manía, la histeria, las fobias, las neuroses, y la depresión en general.

Para empezar el ejercicio Bandha Mula, elige una de las tres Asanas de meditación, preferiblemente Siddhasana, que te permite presionar el perineo con el talón. Mantén la columna vertebral y el cuello rectos mientras cierras los ojos y relajas todo el cuerpo. Para mayor efecto, puedes colocar las manos sobre las rodillas en el Mudra Jnana o en el Chin.

Toma conciencia de la respiración natural mientras te concentras en la región perineal. En la siguiente inhalación, contrae esta región tirando hacia arriba de los músculos del suelo pélvico, levantándolos hacia la columna vertebral. Al exhalar, suelta y relaja los músculos pélvicos. Respire lenta y profundamente. Continúa contrayendo y relajando la región perineal/vaginal de forma controlada y rítmica, sincronizándola con la inhalación y la exhalación. Realiza este ejercicio durante unos minutos como preparación para el siguiente paso.

En lugar de soltar la siguiente contracción, mantenla con fuerza durante unos cuantos mientras mantienes la relajación en el resto del cuerpo. Concéntrate en el suelo pélvico y asegúrate de haber contraído únicamente los músculos perineales relacionados con la región de Muladhara y no el ano o los esfínteres urinarios. Manten la contracción durante unos segundos. Suelta ahora la contracción, dejando que los músculos pélvicos se relajen. Repite el ejercicio durante todo el tiempo que desees con una contracción máxima seguida de una relajación total de los músculos pélvicos.

La etapa final del Bandha Mula implica la retención de la respiración (Khumbaka). Inhala profundamente mientras contraes los músculos del perineo. Retn la respiración ahora todo lo que pueda cómodamente mientras mantienes la contracción. Al exhalar, suelta la contracción mientras relajas toda la región pélvica. Realiza algunas respiraciones normales antes de comenzar con la siguiente contracción junto con la retención de la respiración. Repite el ejercicio todo el tiempo que desees. Cuando estés preparado para terminar la práctica, abre los ojos.

El Bandha Mula puede realizarse con diferentes Asanas, Pranayamas, Mudras, y Bandhas, para obtener efectos óptimos. Cuando se practica solo, debe realizarse como precursor de la meditación.

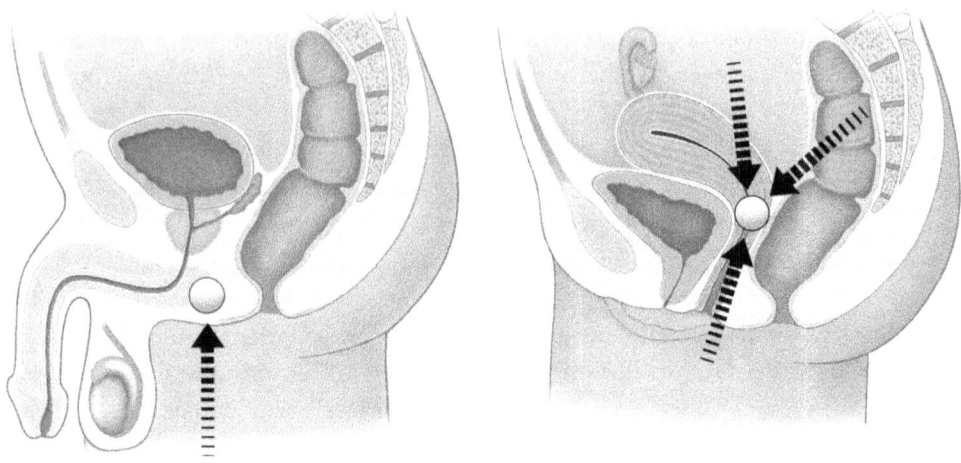

Figura 123: Punto de Contracción de Bandha Mula

Bandha Uddiyana (Contracción Abdominal)

Uddiyana en Sánscrito significa "Volar hacia arriba", en relación con la técnica de bloquear la energía Pránica en la región abdominal y dirigirla hacia arriba a través del Nadi Sushumna. Este "bloqueo abdominal" implica contraer y elevar la pared abdominal hacia dentro (hacia la columna vertebral) y hacia arriba (hacia la caja torácica) al mismo tiempo. Cuando se aplica correctamente, el diafragma se eleva hacia el pecho. Hay que tener en cuenta que este ejercicio se realiza sólo con retención de la respiración externa.

El mejor momento para practicar Bandha Uddiyana es por la mañana en ayunas y con los intestinos vacíos. Este ejercicio prepara el estómago para una mejor digestión a lo largo del día, ya que enciende los fuegos digestivos al tiempo que purifica las toxinas del cuerpo. Masajea y limpia los órganos abdominales al tiempo que tonifica los músculos interiores profundos de esta zona. Uddiyana Bandha permite una circulación sanguínea óptima hacia los órganos abdominales al crear un vacío en el pecho. También equilibra las Glándulas Suprarrenales, eliminando la tensión y aliviando la ansiedad. Muchos Yoguis han observado que realizar el Bandha Uddiyana detiene el proceso de envejecimiento y hace que las personas mayores vuelvan a sentirse jóvenes.

A nivel energético, la realización de Bandha Uddiyana carga el Chakra Hara con energía Pránica al tiempo que estimula el Chakra Manipura, que influye fuertemente en la distribución de la energía por todo el cuerpo. La presión de succión creada por el Bandha

Uddiyana invierte el flujo de energía de Apana y Prana, uniéndolos con Samana. Cuando se combina con los Bandhas Mula y Jalandhara como parte de Bandha Maha (Gran Cierre), este ejercicio no sólo puede desencadenar el despertar de la Kundalini, sino que puede ayudar a elevar la Kundalini a la Corona. (Más sobre esto en un capítulo posterior).

Durante un despertar de Kundalini, Bandha Uddiyana puede ser utilizado para trascender el Granth Vishnu que existe entre los Chakra Manipura y Anahata. Superar el Granthi Vishnu nos permite experimentar el amor incondicional en el Chakra Anahata que los Chakras Espirituales superiores alimentan. Alcanzar el Chakra del Corazón es crucial en el proceso de despertar de la Kundalini, ya que despertamos al Gurú en nuestro interior, nuestro Ser Superior.

Puedes practicar Bandha Uddiyana de pie o sentado. La posición de pie facilita la concentración y el control de los músculos abdominales si eres principiante. Cuando te sientas cómodo con la mecánica de este ejercicio, deberás pasar a la posición sentada.

Para comenzar Bandha Uddiyana en posición de pie, mantén la columna vertebral recta y dobla ligeramente las rodillas, manteniendo una distancia de un pie y medio entre ellas. Inclínate ahora hacia delante mientras pones las manos sobre los muslos, ligeramente por encima de las rótulas. La columna vertebral debe estar horizontal mientras los brazos están rectos y los dedos apuntan hacia dentro o hacia abajo, lo que resulte más cómodo. Debes doblar ligeramente las rodillas ya que soportan el peso de la parte superior del cuerpo (Figura 124).

Relájate ahora mientras respiras lenta y profundamente, inhalando por las fosas nasales y exhalando por la boca. En esta posición debe producirse una contracción automática de la región abdominal. Incline la cabeza hacia delante pero no presione la barbilla contra el pecho, ya que eso desencadena Bandha Jalandhara.

Respira profundamente ahora y, al exhalar, endereza las rodillas, lo que automáticamente contraerá el abdomen hacia arriba y hacia la columna vertebral, activando Bandha Uddiyana. Cuando estés listo, inhala profundamente y suelta el Bloqueo Abdominal mientras relajas el vientre y el pecho. Eleva ahora la cabeza y el torso hasta la posición vertical. Permanece en la posición erguida hasta que tu respiración vuelva a ser normal. La primera ronda ya está completa.

Para empezar Bandha Uddiyana en posición sentada, ponte en Padmasana o Siddhasana, donde las rodillas hacen contacto con el suelo. Relaja el cuerpo manteniendo la columna vertebral recta. Coloca las palmas de las manos sobre las rodillas. Respira profundamente varias veces mientras mantienes la relajación del cuerpo.

Inhala profundamente ahora por las fosas nasales. Al exhalar, inclínate ligeramente hacia delante y presiona las rodillas con las manos mientras enderezas los codos y levanta los hombros, permitiendo una mayor extensión de la médula espinal. A continuación, inclina la cabeza hacia delante y presiona la barbilla contra el pecho, provocando el Bandha Jalandhara. Como parte del mismo movimiento, contrae los músculos abdominales hacia dentro y hacia arriba, hacia la columna vertebral, activando el Bandha Uddiyana. Manten la postura sin respirar tanto tiempo como puedas cómodamente y sin esfuerzo.

Figura 124: Bandha Uddiyana de Pie

Cuando estés preparado, inhala profundamente y suelta el Bloqueo Abdominal mientras doblas los codos y bajas los hombros. Levanta ahora la cabeza al exhalar, liberando el Bandha Jalandhara, y permanece en esta posición hasta que tu respiración vuelva a ser normal. Así se completas la primera ronda.

Ten en cuenta que necesita exhalar completamente para entrar en Bandha Uddiyana, ya que la contracción abdominal depende de tener el estómago vacío. Cuando retengas la respiración, procura no inhalar en absoluto, ya que esto puede minimizar los efectos del Bandha Uddiyana.

Comienza la práctica con tres o cinco rondas al principio y aumenta gradualmente hasta 10 rondas a lo largo de unos meses. El Bandha Uddiyana se realiza idealmente en combinación con diferentes Asanas, Pranayamas, Mudras, y Bandhas. Cuando se practica solo, debe realizarse como precursor de la meditación. Ten en cuenta que puedes practicar el Bandha Uddiyana junto con el Bandha Jalandhara (Figura 125), pero también sin él. Trabaja con ambos métodos para familiarizarte con los efectos de cada uno.

Las personas que sufren de presión arterial alta, hernia, úlcera estomacal o intestinal, enfermedades cardíacas, u otros problemas abdominales no deben practicar el Bandha Uddiyana. Además, las mujeres no deben practicar Mudra Maha durante la menstruación o el embarazo.

Figura 125: Bandha Uddiyana Sentado (con Bandha Jalandhara)

Bandha Jalandhara (Bloqueo de la Garganta)

En Sánscrito, "Jal" significa "garganta", mientras que Jalan significa "red" o "tela" y "dharan" significa "corriente" o "flujo". El Bandha Jalandhara controla y capta la energía en la garganta a través de los nervios y vasos de la zona del cuello. Es bastante sencillo de realizar ya que requiere que el practicante simplemente lleve la barbilla hacia abajo y la apoye en el pecho, restringiendo así la respiración para que baje. Este poderoso ejercicio estira la médula espinal en la zona del cuello, a la vez que tiene poderosos y sutiles efectos a nivel interno.

El Bandha Jalandhara se dirige al Chakra de la Garganta, Vishuddhi, que es el más bajo de los tres Chakras Espirituales. Al obstruir el flujo de Prana hacia la cabeza bloqueando la garganta, se sobrecargan los cuatro Chakras Elementales inferiores.

Estimula los órganos de la parte superior del cuerpo, mientras que los otros dos Bandhas, Uddiyana, y Mula, se dirigen a la parte inferior del cuerpo.

Para comenzar con el Bandha Jalandhara, siéntate en una postura de meditación que permita que las rodillas toquen el suelo. También puedes practicar este ejercicio de pie, como en la Postura de la Montaña. Mientras estás sentado, puedes colocar las manos sobre las rodillas en el Mudra Jnana o el Chin mientras cierras los ojos y relajas todo el cuerpo. Inhala profundamente y mantén la respiración. Dobla ahora la cabeza hacia delante y presiona la barbilla con fuerza contra el pecho. Endereza los brazos y fíjalos en su posición, lo que elevará los hombros hacia arriba y hacia delante ligeramente. Lleva tu conciencia a la garganta y mantenla allí.

Permanece en esta postura reteniendo la respiración (Khumbaka interno) el mayor tiempo posible, sintiendo los efectos de este ejercicio. Cuando estés listo para liberar el bloqueo de energía, dobla los brazos, permitiendo que los hombros se relajen, seguido de levantar lentamente la cabeza y exhalar, todo en un solo movimiento. Esto completa una ronda. Respira un poco ahora, permitiendo que tu respiración vuelva a la normalidad antes de comenzar la siguiente ronda.

Ten en cuenta que también puedes realizar este ejercicio reteniendo la respiración después de una exhalación (Khumbaka externo). El procedimiento es el mismo, salvo que se inclinas la cabeza hacia abajo y se mantiene la respiración después de la exhalación, en lugar de la inhalación. Ten en cuenta que nunca debes inhalar o exhalar hasta que se haya liberado el bloqueo de la barbilla y la cabeza esté en posición vertical. Comienza la práctica con tres o cinco rondas y aumenta gradualmente hasta 10 rondas a lo largo de unos meses.

Ten en cuenta que el Bandha Jalandhara se practica mejor por la mañana y puede añadirse a varios ejercicios de Pranayama y Bandhas. Recuerda mantener la columna vertebral recta; de lo contrario, interrumpirás el flujo de energías a través del canal central de la columna vertebral. Las personas que sufren de presión arterial alta, problemas de corazón, o de garganta y cuello, no deben practicar el Bandha Jalandhara.

Bandha Jiva

Jiva (o Jivha) Bandha es el cuarto Bandha, y una de las herramientas más útiles en el Yoga, especialmente para las personas que han despertado la Kundalini. Puede ser utilizado por sí mismo o como una alternativa a Mudra Khechari durante ciertas Asanas, Mudras, o Pranayamas. Jiva significa "Ser con fuerza vital o alma" en Sánscrito, por lo que este Bandha permite al individuo controlar su energía Pránica. El Prana es indestructible, y su origen es el Sol, al igual que el origen del Alma. El Prana se describe mejor como una extensión de la Energía Vital del Alma. El Bandha Jiva es esencial para cerrar el circuito de energía Kundalini en el Cuerpo de Luz para que el Prana sublimado pueda circular y nutrir los 7 Chakras.

El Bandha Jiva consiste en colocar la lengua en el paladar superior de la boca y conectar su punta con la parte inferior de los dientes delanteros (Figura 126). No se debe aplicar ninguna presión, sino simplemente mantener la lengua en esta posición.

Todos los individuos totalmente despiertos a la Kundalini deben implementar el Bandha Jiva como la posición neutral de sus lenguas, ya que al hacerlo permite que la energía Kundalini se canalice hacia arriba, hacia el Ojo de la Mente, donde el Ida y Pingala se unen, abriendo la puerta del Séptimo Ojo. Como se ha descrito anteriormente, el Bindu es el punto de entrada del circuito Kundalini, mientras que el Séptimo Ojo es el punto de salida. Ambos deben estar abiertos para que el individuo que ha despertado la Kundalini pueda experimentar el arrebatador reino de la No-Dualidad, el Reino Espiritual. el Bandha Jiva facilita esta experiencia y también puede utilizarse para reconstruir el circuito de Kundalini en los individuos despiertos.

El Bandha Jiva puede realizarse con la boca cerrada, como acabo de describir, o con la boca abierta. Los yoguis creen que el Prana sólo puede ser asimilado a través de los senos paranasales; por lo tanto, tener la boca abierta no es vital para respirar y beneficiar la conciencia. Sin embargo, como tener la boca abierta mientras practicas el Bandha Jiva relaja la mandíbula, también se recomienda como práctica.

Para los individuos despiertos de Kundalini, realizar el Bandha Jiva con la boca abierta como parte regular del día sería poco práctico. Por lo tanto, el Bandha Jiva debe ser practicado con la boca abierta cuando el individuo está solo y en un espacio seguro. En ambos casos, se debe implementar la Respiración Yóguica con énfasis en la Respiración Diafragmática y Torácica. Para obtener beneficios adicionales, practica el Pranayama Ujjayi.

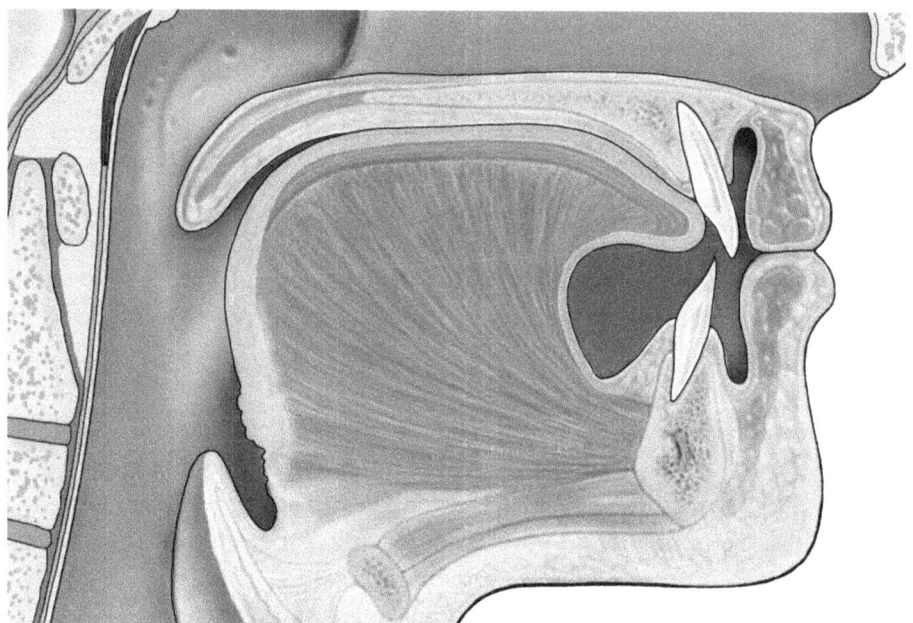

Figura 126: Bandha Jiva

Mudra Maha-El Gran Gesto

Maha significa "grande" en Sánscrito, por lo que el nombre en Inglés de este Mudra es el "Gran Sello", "Gran Gesto", o "Gran Actitud Psíquica". "El Mudra Maha se llama así porque involucra varias técnicas individuales de Yoga, elevando el potencial de energía sexual de uno y facilitando una transformación Alquímica.

El Mudra Maha es el primero de los 10 Mudras mencionados en *el Hatha Yoga Pradipika*, y se cree que tiene el poder de destruir la vejez y la muerte. Aparte de sus beneficios como Mudra, se considera una Asana maestra porque combina los cinco movimientos direccionales de la columna vertebral: inclinación hacia delante, inclinación hacia atrás, torsión, inclinación lateral, y extensión axial.

A diferencia de otros Mudras de Yoga, el Mudra Maha es un tipo de Mudra Bandha (gesto de bloqueo) ya que implica uno o más de los tres Bandhas. Cuando se aplican los tres Bandhas, la parte superior e inferior del tronco se sellan para que ningún Prana pueda liberarse del cuerpo, aumentando el potencial para despertar la energía Kundalini en la base de la columna vertebral.

El Mudra Maha se realiza mejor por la mañana con el estómago vacío. Hay dos variaciones notables de Mudra Maha. En la primera variación, se ejerce presión sobre el perineo con el talón (Mula Bandha) mientras se realiza el Mudra Shambhavi y se practica la retención de la respiración interna (Khumbaka). Al hacerlo, se aprovechan las energías de los Chakras Muladhara, Vishuddhi, y Ajna. Todo el sistema energético se carga de Prana, lo que intensifica la conciencia y facilita la meditación.

Una segunda variación es una forma avanzada llamada Mudra Maha Bheda. ("Bheda" en Sánscrito significa "penetrante".) La segunda variación contiene los mismos elementos que la primera con la adición de los Bandhas Uddiyana y Jalandhara, que activa la Kundalini para subir a través del Sushumna, perforando los 7 Chakras en el camino.

Para comenzar el Mudra Maha, siéntate en el suelo o en tu alfombrilla de Yoga con las piernas estiradas y la columna vertebral recta. Respira lenta y profundamente. Las manos deben estar colocadas en el suelo a los lados. Dobla ahora la pierna izquierda y ejerce presión sobre el perineo con el talón izquierdo. La rodilla izquierda debe tocar el suelo. La pierna derecha debe permanecer extendida durante toda la práctica. Coloca ahora ambas manos sobre la rodilla derecha mientras relajas todo el cuerpo y realizas el Mudra Khechari.

Inclínate ahora hacia delante y sujeta el dedo gordo del pie derecho con ambas manos. La cabeza debe mirar hacia delante y la columna vertebral debe mantenerse lo más recta posible (Figura 127). Inhala ahora lentamente mientras activas el Bandha Mula. Inclina y mantén la cabeza ligeramente hacia atrás. Realiza ahora el Mudra Shambhavi mientras mantiene la respiración durante 8 o 10 segundos.

Mientras mantienes la respiración, haz un ciclo con tu conciencia desde el centro de la ceja hasta la garganta, bajando hasta el perineo y volviendo a la posición anterior. Repite mentalmente "Ajna, Vishuddhi, Muladhara" mientras mantienes la concentración en cada Chakra durante uno o dos segundos. Al exhalar, suelta el Mudra Shambhavi y el Bandha Mula mientras vuelve a colocar la cabeza en posición vertical. Repite todo el proceso, pero con la pierna derecha doblada en su lugar. Esto completa una ronda, que equivale a dos respiraciones completas.

La segunda variante consiste en contraer la región abdominal después de activar Bandha Mula, con lo que se inicia Bandha Uddiyana. A continuación, en lugar de doblar la cabeza hacia atrás, se mueve hacia delante, iniciando así el Bandha Jalandhara. Por último, se realiza el Mudra Shambhavi mientras se mantiene la respiración durante 8 o 10 segundos. Repite mentalmente "Vishuddhi, Manipura, Muladhara" mientras te concentras en la garganta, el abdomen, y el perineo, sucesivamente, durante uno o dos segundos cada uno.

Al exhalar, suelte el Mudra Shambhava, seguido de desbloquear los Bandhas en orden inverso. Repite el mismo proceso con el pie derecho doblado, completando así una ronda completa. En el Mudra Maha Bheda, una combinación de Asana, Pranayama, Bandha, y Mudra están involucrados para obtener resultados Espirituales óptimos.

Figura 127: Mudra Maha

Comienza practicando tres rondas con la primera variación durante unas semanas hasta que adquieras cierta experiencia con este ejercicio. A continuación, puedes practicar la segunda variante, más avanzada, con las Tres Bandhas aplicadas. Después de unos meses, aumenta el número de rondas a cinco. El Mudra Maha Bheda complementa al Mudra Maha para sobrecargar todo el sistema mente-cuerpo.

Sólo debes practicar el Mudra Maha después de una sesión de Asana y Pranayama y antes de una sesión de meditación. Completa siempre el proceso de Mudra Maha practicándolo tanto en el lado izquierdo como en el derecho.

Las precauciones para el Mudra Shambhavi se aplican durante este ejercicio. Las personas que sufren de presión arterial alta, problemas cardíacos o glaucoma no deben realizar el Mudra Maha. Dado que genera mucho calor en el cuerpo, es mejor evitar esta práctica durante los días calurosos de verano. Además, las mujeres no deben practicar el Mudra Maha durante la menstruación o el embarazo. Para el Mudra Maha Bheda, las precauciones para los Bandhas Uddiyana y Jalandhara están incluidas también.

ADHARA (MUDRAS PERINEALES)

Mudra Vajroli (Hombre) y Mudra Sahajoli (Mujer)

El Mudra Vajroli es una práctica avanzada de Hatha Yoga que tiene como objetivo preservar el semen en los hombres, permitiendo que la energía sexual se sublime y se utilice para fines espirituales. El Mudra Sahajoli es la contraparte femenina de la misma práctica que produce beneficios similares.

El Vajroli se deriva de la palabra raíz Sánscrita "vajra", que es un arma indestructible del Dios Hindú Indra con las propiedades del rayo, es decir, el rayo. Así, cuando el practicante ha logrado controlar su fuerza sexual en la zona genital, la hace ascender hacia los Chakras con el poder del rayo. Por esta razón, el Mudra Vajroli se llama a menudo el "Gesto del Rayo".

El Vajra es también un Nadi que comienza en los genitales, que compromete la energía sexual. La activación del Nadi Vajra con este Mudra permite que la energía sexual suba hacia el cerebro, lo que no sólo aumenta el vigor de la persona, sino que facilita los estados meditativos. En cambio, Sahajoli proviene de la palabra raíz "sahaj", que significa "espontáneo", y se relaciona con la excitación y el control de la fuerza sexual en las mujeres.

El Mudra Vajroli consiste en contraer los músculos que rodean la base del pene, fortaleciéndolos con el tiempo. Esta práctica permite controlar el sistema urogenital, incluida la retención del orgasmo mediante la retención del semen. Como resultado, el Mudra Vajroli es un poderoso ejercicio que conduce a la potencia sexual incluso en la vejez. Además, su práctica diaria previene la eyaculación precoz, un problema común en los hombres.

El Sahajoli es una práctica que consiste en la contracción del conducto urinario para redirigir la energía sexual en las mujeres y también permitir que se mueva hacia arriba, hacia los Chakras y el cerebro. Esta práctica permite controlar el flujo menstrual y ayuda a controlar la ovulación.

A un nivel sutil, tanto el Mudra Vajroli como el Sahajoli estimulan el Chakra Swadhisthana, que participa en el proceso de despertar de la Kundalini. Ambos ejercicios tonifican la región urogenital al tiempo que se ocupan de los trastornos urinarios. Además, ambas prácticas son terapéuticas para las disfunciones sexuales.

Para empezar los Mudras Vajroli o Sahajoli, siéntate en cualquier Asana de meditación cómoda y mantén la cabeza y la columna vertebral rectas. A continuación, coloca las manos sobre las rodillas en los Mudras Jnana o Chin, cierra los ojos y relaja todo el cuerpo. La respiración debe ser normal. Coloca tu conciencia en la uretra ahora (Figura 128). Los hombres deben poner su atención en la raíz del pene, no en la punta.

Inhala profundamente y aguanta la respiración mientras atraes la uretra hacia arriba. Esta acción es similar a una necesidad intensa de orinar pero que se retiene. Al realizar esta contracción, los testículos, en el caso de los hombres, y los labios, en el caso de las mujeres, deben subir ligeramente hacia el ombligo. Asegúrate de que la contracción se limita a la uretra. Manten la contracción durante el tiempo que le resulte cómodo y luego suéltala al exhalar la respiración. Así se completas una ronda. Realiza de cinco a 10 rondas de Mudras Vajroli o Sahajoli durante las primeras semanas. A medida que mejore su capacidad de retención, aumenta gradualmente a 20 rondas en unos pocos meses.

Para una versión más avanzada de estos dos ejercicios, entra en la Navasana, Pose del Barco, en lugar de una Asana de meditación. Ten en cuenta que necesitarás un núcleo fuerte para realizar esta variación. Para empezar, comienza en Shavasana mientras respiras normalmente y te relajas. A continuación, lleva las piernas a un ángulo determinado con respecto al suelo y mantenlas rectas. Ahora, levanta el pecho para formar una forma de V con tu cuerpo, apoyando todo tu peso en los glúteos. Debes sentir una inmensa presión en los músculos abdominales durante la Postura del Barco. Levanta ahora las manos rectas delante de ti para equilibrarte.

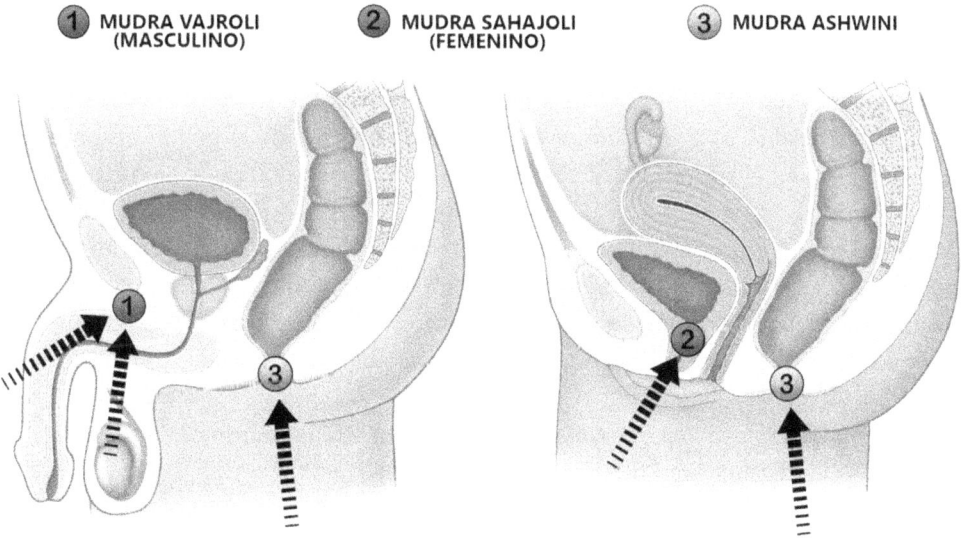

Figura 128: Puntos de Contracción de los Mudras Vajroli, Sahajoli, y Ashwini

Desde Navasana, sigue las mismas instrucciones de contraer la uretra y retener la respiración después de la inhalación, y luego soltar la contracción al exhalar. Si tienes dificultades para retener la respiración interna, puedes respirar normalmente durante esta variación del ejercicio. Cuando termines el ejercicio, vuelve a ponerte en Shavasana durante unos minutos para relajarte antes de terminar la práctica. Ten en cuenta que las personas que sufren de condiciones médicas relacionadas con el tracto urinario deben consultar a un médico antes de comenzar los Mudras Vajroli o Sahajoli.

Mudra Ashwini (Gesto del Caballo)

El Mudra Ashwini es una práctica Tántrica utilizada para generar y llevar la energía Pránica hacia arriba a través del canal de Sushumna. Esta práctica consiste en contraer rítmicamente el esfínter anal, lo que genera energía Pránica en el suelo pélvico antes de bombearla hacia arriba. Es una práctica fácil que estimula la energía Kundalini, que se encuentra entre el perineo y el coxis en el Chakra Muladhara.

La palabra raíz de Ashwini, "Ashwa", es la transliteración Sánscrita de "caballo". Este ejercicio se conoce como el Gesto del Caballo porque imita la forma peculiar en que los caballos contraen sus músculos anales después de defecar, tirando así de la energía hacia arriba en lugar de dejarla fluir hacia abajo.

Al contraer los músculos anales con el Mudra Ashwini, la energía que normalmente fluye hacia abajo y fuera del cuerpo (Vayu Apana) se invierte y fluye hacia arriba, hacia los órganos internos, fortaleciéndolos en el proceso. Cuando Vayu Apana llena los órganos inferiores a plena capacidad, se produce una presión en la parte inferior de la columna vertebral, haciendo que la energía Pránica fluya a través del Nadi Sushumna.

Aunque el Mudra Ashwini es similar al Bandha Mula, los músculos implicados en el proceso son diferentes. En el Mudra Ashwini, involucramos una zona más amplia de los músculos pélvicos, lo que lo convierte en un ejercicio preparatorio adecuado para el Bandha Mula. Mientras que el Mudra Ashwini se centra en la contracción y liberación de los músculos anales, redirigiendo el flujo natural de energía y facilitando su flujo hacia arriba, el enfoque del Bandha Mula es mantener los músculos para bloquear la energía en el área pélvica.

Para empezar el ejercicio Mudra Ashwini, siéntate en cualquier Asana de meditación cómoda. Cierra los ojos y relaja todo el cuerpo mientras tomas conciencia de tu respiración natural. Coloca tu conciencia en el ano ahora (Figura 128) y contrae los músculos del esfínter anal durante unos segundos, luego relájalos. Respira normalmente mientras lo haces.

Para lograr la máxima contracción, aplica un poco más de presión dentro del ano para levantar los músculos del esfínter hacia arriba. Debes sentir como si retuviera la defecación y luego la soltaras. Realiza la contracción de 10 a 20 veces de forma suave y rítmica. Al terminar el ejercicio, suelta la postura sentada y luego sal de la postura lentamente.

Para una variación más avanzada del Mudra Ashwini, puedes practicar la retención de la respiración interna (Khumbaka) durante la fase de contracción. Inhala lenta y profundamente, luego contrae los músculos del esfínter anal durante cinco segundos mientras retienes la respiración. Al exhalar, suelta la contracción. Realiza de cinco a 10 rondas de esta variación del Mudra Ashwini durante las primeras semanas, hasta 20 rondas en unos meses.

Ten en cuenta que los practicantes también pueden incorporar Pranayama, Bandhas, y otros Mudras con el Mudra Ashwini. Por ejemplo, se puede incluir el Bandha Jalandhara y el Mudra Khechari junto con la Respiración Diafragmática y Torácica para obtener los máximos efectos. Hacerlo así tendrá un mayor impacto en la Kundalini en la base de la columna vertebral y puede facilitar un ascenso.

El uso regular del Mudra Ashwini purifica los canales de energía del cuerpo (Nadis), lo que resulta en un estado mental y emocional más equilibrado. A nivel físico, su uso diario supera muchas dolencias relacionadas con el bajo vientre y el colon. Además, proporciona al practicante un control consciente sobre su actividad corporal inconsciente, lo que se traduce en un mayor control del sistema nervioso autónomo. En el caso de los hombres, la realización del Mudra Ashwini ayuda en la disfunción eréctil, a la vez que regula la Glándula Prostática y despeja cualquier problema relacionado con ella.

Las mujeres embarazadas y las personas con presión arterial alta o enfermedades cardíacas no deben realizar el Mudra Ashwini con retención de la respiración interna. Como nota final, ten en cuenta no contraer los músculos anales cuando los intestinos estén llenos de heces o gases.

LOS CINCO VAYUS PRANA

Prana es energía de la Luz; una Fuerza Vital que interpenetra cada átomo de nuestro cuerpo y el Sistema Solar en el que estamos. La energía Pránica se origina en el Sol y es directamente responsable de nuestra vitalidad y bienestar. Como se ha mencionado, recibimos Prana de los alimentos que comemos, del agua que bebemos y del aire que respiramos; es la energía vital que sostiene nuestra mente, cuerpo, y alma.

El propio acto de respirar es un acto de introducir Prana en el cuerpo. Cada respiración repone el torrente sanguíneo con oxígeno y cultiva los fuegos del metabolismo celular mientras libera al cuerpo de desechos. El suministro de alimentos y oxígeno a nuestro cuerpo crea la base de toda actividad que realizamos.

En el cuerpo humano, la energía Pránica afecta directamente al Plano Astral, relacionándose particularmente con el Pranamaya Kosha o Cuerpo Astral Superior del Elemento Agua. El Prana se divide en cinco subenergías llamadas los Cinco Vayus. En Sánscrito, Vayu se traduce como "viento" o "aire", en relación con el acto de respirar. Vayu es también el Tattva del Elemento Aire y uno de los Elementos clásicos del Hinduismo. El control de la respiración y los ejercicios respiratorios son esenciales en todas las prácticas Yóguicas y de meditación; la manipulación del Prana en el cuerpo puede tener muchos efectos, uno de los cuales es despertar la energía Kundalini en la base de la columna vertebral.

Los Cinco Vayus Prana afectan directamente al Elemento Agua en el cuerpo a través del Elemento Aire, ya que el agua requiere del aire para animarla y darle vida. Esta correspondencia también se encuentra en la naturaleza, ya que la molécula de H2O (agua) contiene oxígeno (aire) en su interior. Del mismo modo, el acto de respirar regula la conciencia de un momento a otro.

Los cinco Vayus son Prana, Apana, Samana, Udana, y Vyana (Figura 129). Cada Vayu Prana está regulado por uno o varios Chakras, y cada Vayu es responsable de funciones diferentes pero cruciales en el cuerpo. Cuando entendemos el papel de cada Vayu Prana, podemos comprender cómo el Prana sirve a nuestro cuerpo. Los cinco Vayus son las diferentes manifestaciones y procesos del Prana, del mismo modo que los diferentes miembros componen el cuerpo humano.

Para ser claros, el Prana funciona tanto a través del cuerpo físico como del Cuerpo de Luz. El alimento y el oxígeno se introducen a través del cuerpo físico, que luego se descompone para alimentar los Chakras y nutrir el Cuerpo de Luz y sus correspondientes

Cuerpos Sutiles (relacionados con los Planos Cósmicos interiores). El Cuerpo de Luz requiere estos diferentes mecanismos que procesan y ponen en uso la energía Pránica. Los Cinco Vayus pueden ser comparados con grandes océanos, donde cada océano contiene miles de corrientes más pequeñas dentro de ellos.

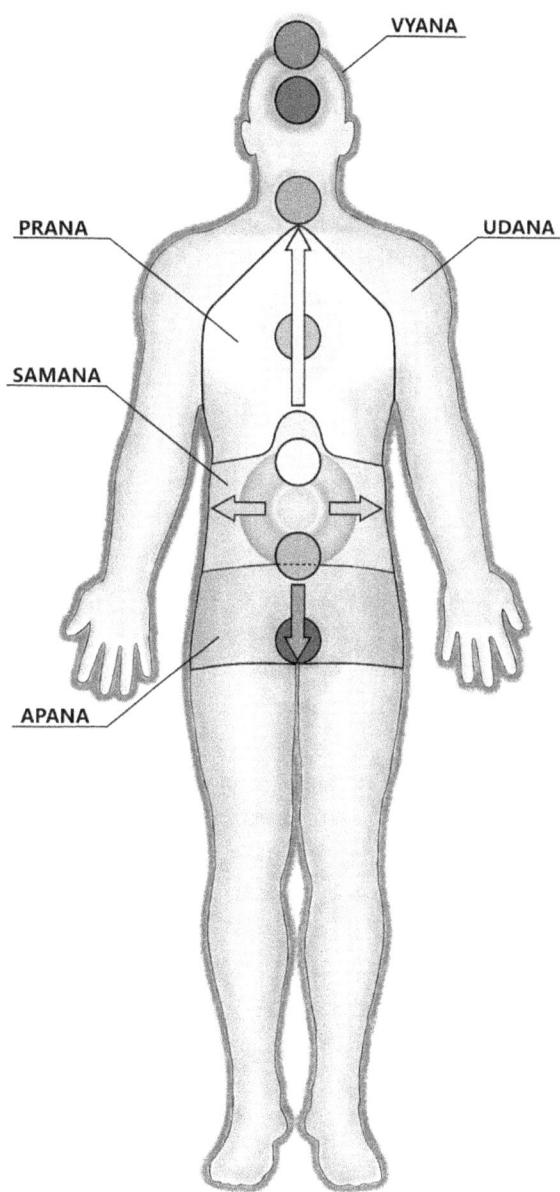

Figura 129: Los Cinco Vayus Prana

Vayu Prana

Operando desde la zona de la cabeza y el pecho como energía que fluye hacia arriba, Vayu Prana se traduce como "aire que se mueve hacia adelante". "Es responsable de todo lo que entra en nuestro cuerpo, como el oxígeno, los alimentos, y la información sensorial. Como tal, el Vayu Prana se refiere a toda la forma en que tomamos energía, la más importante de las cuales es la inhalación, ya que no podemos vivir sin oxígeno durante más de varios minutos.

El Vayu Prana está asociado con el Chakra Anahata y el Elemento Aire. Regula nuestros pensamientos. Es el más importante de los Cinco Vayus, por lo que el término general "Prana" se utiliza para abarcar todos los Cinco Vayus. El Vayu Prana es la energía fundamental del cuerpo que dirige los otros cuatro Vayus.

El Vayu Prana regula la respiración, la inmunidad, la vitalidad, y el corazón. Se relaciona con la inteligencia y el poder de las funciones sensoriales y motoras. Los órganos que gobierna son el corazón y los pulmones. Aunque algunas escuelas de pensamiento dicen que la principal morada del Prana está en la zona del pecho/corazón, otras dicen que se extiende también a la cabeza. Cada vez que enfocamos nuestra atención en algo, manipulamos el Prana en el cuerpo e involucramos al Chakra Ajna en el proceso.

Vayu Apana

Operando desde la base del torso, Vayu Apana se traduce como el "aire que se aleja". "Está asociado con el Chakra Muladhara y el Elemento Tierra. La Tierra es el último Elemento en el proceso de manifestación, y Apana es el Vayu Prana que representa la eliminación de todo lo que nuestro cuerpo ya no necesita, como la energía negativa y los residuos corporales, como las heces y la orina, el semen, y el fluido menstrual. Apana representa entonces la energía que fluye hacia abajo y hacia afuera, y la exhalación de la respiración.

Al igual que la cabeza contiene aberturas adecuadas para el flujo interior de Prana, la base del torso tiene aberturas necesarias para el trabajo de Apana. Apana gobierna los riñones, la vejiga, los intestinos y los sistemas excretor y reproductor. Apana también involucra al Chakra Swadhisthana y al Elemento Agua en lo que respecta a la eliminación de los líquidos sexuales del cuerpo (semen en los hombres y fluidos vaginales en las mujeres) y la liberación de la energía negativa almacenada en la mente subconsciente como emociones dañinas.

Vayu Samana

Operando desde la región del ombligo, entre los Vayus Prana y Apana, el Vayu Samana se traduce como "el aire de equilibrio". "Como el Vayu Prana es la inhalación y Apana es la exhalación, Samana es el tiempo entre la inhalación y la exhalación. El Vayu Samana se ocupa de la digestión, la absorción, la asimilación y la manifestación. Está asociado con Hara, el Chakra del Ombligo, que está alimentado por los Chakras Manipura y Swadhisthana (los Elementos Fuego y Agua). Sin embargo, Samana tiene una conexión primaria con el Elemento Fuego, ya que opera en conjunción con Agni (el fuego digestivo) y está centrado en el estómago y el intestino delgado.

Samana permite la discriminación mental entre los pensamientos útiles y los que no lo son. Gobierna el hígado, el estómago, el duodeno, el bazo, y los intestinos delgado y grueso. Samana (junto con Agni) suministra el calor interno para transformar los alimentos que ingerimos en energía Pránica. Esta energía se distribuye entonces a través de los otros Vayus Prana.

Como Prana y Apana son las energías que fluyen hacia arriba y hacia abajo, Samana es la energía que fluye horizontalmente. Sin embargo, se dice que las tres se originan en el Chakra Hara, que es esencialmente el almacén de Prana en el cuerpo.

Vayu Udana

Operando desde la garganta, la cabeza, los brazos y piernas, Udana Vayu es una energía que fluye hacia arriba y que se traduce como "lo que lleva hacia arriba". "Está asociada a los Chakras Vishuddhi, Ajna, y al Elemento Espíritu. Mientras que Udana asciende en la inhalación, circula en la exhalación, nutriendo el cuello, la cabeza, y los sistemas nervioso y endocrino.

Un flujo saludable de Udana implica que una persona está actuando desde una fuente superior. Esta energía nos lleva a revitalizar y transformar nuestra fuerza de voluntad y a realizarnos a través del Elemento Espíritu. Udana regula el crecimiento, la intuición, la memoria y el habla. Gobierna todos los órganos sensoriales y de acción, incluyendo las manos y los pies.

En *los Upanishads*, Prana Vayu se denomina "inhalación", Apana "exhalación", Samana "aliento medio" y Udana "aliento superior". "Udana es esencialmente una extensión de Samana. Udana impulsa la inhalación, lo que significa que opera en conjunto con Vayus Prana. Ambas son energías que fluyen hacia arriba, y ambas son de cualidades similares, ya que el Elemento Aire (Prana) es Espíritu (Udana) en un nivel inferior, más manifiesto. En el momento de la muerte, Udana es la energía que saca la conciencia individual del cuerpo físico.

Vayu Vyana

Operando en todo el cuerpo como la energía coordinadora de todos los Vayus Prana, Vyana Vayu se traduce como "aire que se mueve hacia afuera". "Vyana es la fuerza que distribuye el Prana y lo hace fluir. Gobierna el sistema circulatorio y el movimiento de las articulaciones y los músculos. A diferencia de Samana, que atrae la energía hacia el ombligo, Vyana mueve la energía hacia el exterior, hacia los límites del cuerpo, expandiéndose en la exhalación.

La mayoría de las escuelas de pensamiento Yóguico dicen que el Vayu Vyana está asociado con Chakra Sahasrara y el Elemento Espíritu porque abarca y regula todos los Vayus Prana de la misma manera que el Sahasrara es la fuente de Luz para todos los Chakras de abajo. Sin embargo, hay otras escuelas de pensamiento que dicen que el Vayu Vyana se corresponde con el Swadhisthana Chakra y el Elemento Agua porque gobierna la circulación en el cuerpo. Sin embargo, independientemente de su origen y centro, El Vayu Vyana abarca todos los Vayus Prana y proporciona un sentido de cohesión, integración y expansión para la conciencia individual.

***

Una de las formas más sencillas y eficaces de equilibrar los Cinco Vayus del Prana es practicar los Mudras de la Mano particulares de cada Vayu (Figura 130). Además de aumentar o disminuir los Elementos que corresponden a cada Vayu, cada Mudra de Mano tiene beneficios adicionales para el complejo mente-cuerpo. Consulta "Pasos para Realizar los Mudras de Mano" en la página 378 para obtener instrucciones sobre su uso.

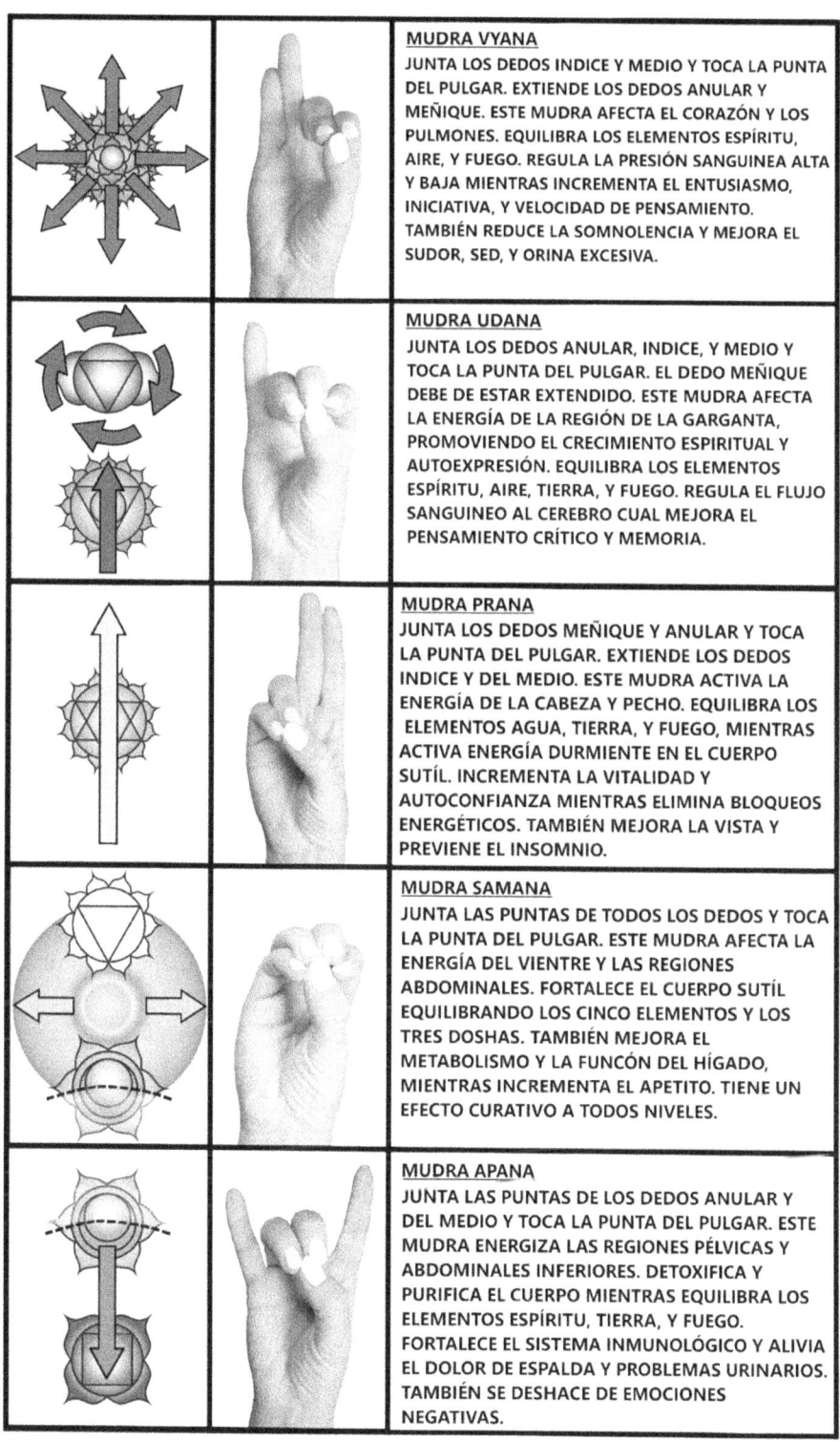

Figura 130: Mudras de Manos para los Cinco Vayus Prana

PRANA Y APANA

Las dos energías que intervienen en el mecanismo del despertar de la Kundalini son Prana y Apana. Estas dos energías se mueven por nuestro cuerpo a través de los Nadis. Como se ha mencionado, Prana está representado por la inhalación, mientras que Apana está representado por la exhalación. Prana y Apana nunca se encuentran ya que cada uno se mueve a lo largo de su camino a través de los diversos canales de energía.

Al practicar técnicas específicas de Kundalini Yoga, creamos el potencial para que Prana y Apana se encuentren. El punto en el que se produce este encuentro mágico de Prana y Apana es el Hara (Ombligo) Chakra, en la región del ombligo. Hara es un importante punto de encuentro de muchos de los canales de energía del cuerpo, ya que es nuestra base energética, nuestro núcleo.

En cuanto a la elevación de la Kundalini, Prana es el "Aire Vital" por encima del Hara, mientras que Apana es el "Aire Vital" por debajo de él. Los Setenta y Dos Mil Nadis emanan de los Chakras Mayores y terminan en las manos y los pies. La mayoría de estos Nadis se centran en las regiones del Chakra del Corazón y del Chakra Hara. El Prana es transportado a todas las partes del cuerpo a través de los Nadis. Ida, Pingala, y Sushumna son los más importantes de estos canales energéticos ya que transmiten la mayor cantidad de Prana.

El canal Ida comienza en la base de la columna vertebral y termina en la fosa nasal izquierda. A la inversa, Pingala comienza en la base de la columna vertebral y termina en la fosa nasal derecha. Sin embargo, como se ha mencionado, durante el proceso de despertar de la Kundalini, Ida y Pingala terminan en las Glándulas Pineal y Pituitaria. Ida representa el Vayu Prana, mientras que Apana representa el Pingala. El ascenso de la Kundalini se corresponde con Udana. Samana representa a Sushumna. La fuerza direccional de Samana tiene que transformarse para que la Kundalini en la base de la columna vertebral se despierte. Su desarrollo o transformación ocurre cuando Prana y Apana se encuentran en Chakra Hara.

A través de la inhalación y la retención, el Prana puede ser dirigido hacia abajo al Hara Chakra, mientras que, a través de la exhalación y la retención, el Apana es atraído hacia arriba desde el Chakra Raíz hasta el Hara. Cuando estas dos energías se encuentran en Hara, Samana comienza a cambiar su movimiento. Ya no se aleja de Hara horizontalmente, sino que se mueve hacia adentro, lo que crea un movimiento de agitación ejemplificado en la Figura 131.

Durante la transformación de Samana, comienza a generarse un calor en el Ombligo, llamado Tapas. Este calor provoca una sensación de éxtasis, comparada con la excitación sexual o sensual eufórica; las "mariposas en el estómago" que uno tiene cuando se enamora, que en este caso son más bien águilas. Otro ejemplo comparable es la sensación que se tiene cuando se reconoce el Espíritu dentro de uno y la inmensa dicha que lo acompaña. Por esta razón, el tipo de calor que se genera en el Samana se describe como calor blanco, no caliente, lo que significa que es un tipo de arrebato Espiritual.

Este calor intenso crea una presión que actúa sobre el Nadi Sushumna, activándolo. El proceso de activación energiza el canal de Sushumna en la columna vertebral, haciendo que se ilumine como una bombilla una vez que recibe la energía eléctrica necesaria. Estas energías integradas salen entonces del Chakra del Ombligo y descienden al Chakra de la Raíz, estimulando así a la Kundalini para que entre en actividad en la base de la columna vertebral. Así, la Kundalini comienza su viaje hacia arriba a través del tubo hueco de la médula espinal, perforando cada uno de los Chakras a medida que asciende hasta llegar a la Corona.

Simultáneamente, los canales de Ida y Pingala surgen en lados opuestos de Sushumna. Se cruzan entre sí en cada uno de los puntos Cháquicos hasta que se fusionan en el Tálamo, que es donde también termina el Shusumna. Las Glándulas Pineal y Pituitaria también se activan durante este proceso. El siguiente destino de los tres canales es subir como una sola corriente de energía hasta la parte superior de la cabeza en el Chakra Coronario, abriendo el Loto de Mil Pétalos.

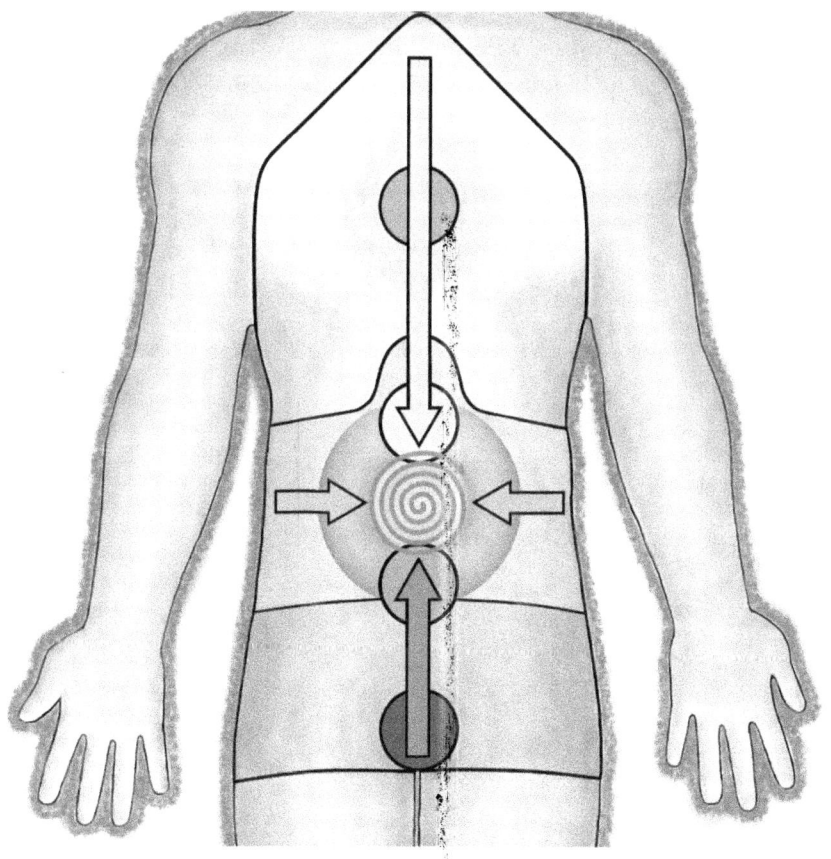

Figura 131: Redirigir el Flujo de Prana, Apana, y Samana

DESPERTAR LA KUNDALINI

Es necesario practicar el control adecuado de la respiración y la dirección mental para agitar la Kundalini y hacerla subir y activar los centros superiores de conciencia. La aplicación de la fuerza de voluntad es clave en este proceso, pero también lo es el conocimiento, ya que se necesita una técnica probada que funcione.

Antes de intentar despertar la Kundalini, es crucial limpiar los canales energéticos y eliminar cualquier energía negativa e impurezas en los nervios. De lo contrario, si los canales están bloqueados, el prana no podrá moverse a través de ellos, y la Kundalini permanecerá dormida. Las técnicas empleadas en el Yoga y el Tantra trabajan para lograr esta tarea y despertar la Kundalini.

Las enseñanzas Yóguicas y Tántricas dicen que la combinación de ejercicios físicos (Kriya/Asana), técnicas de respiración (Pranayama), bloqueos energéticos (Bandha), y canto de Mantras puede utilizarse para hacer que el Prana y el Apana se reúnan en el Hara Chakra y agiten la Kundalini para que entre en actividad. Para elevar la energía Kundalini a través de Sushumna, y Prana (Pingala) y Apana (Ida) a lo largo de la columna vertebral, se pueden aplicar bloqueos hidráulicos (Bandhas), que requieren la aplicación consciente de presión en diferentes partes del cuerpo.

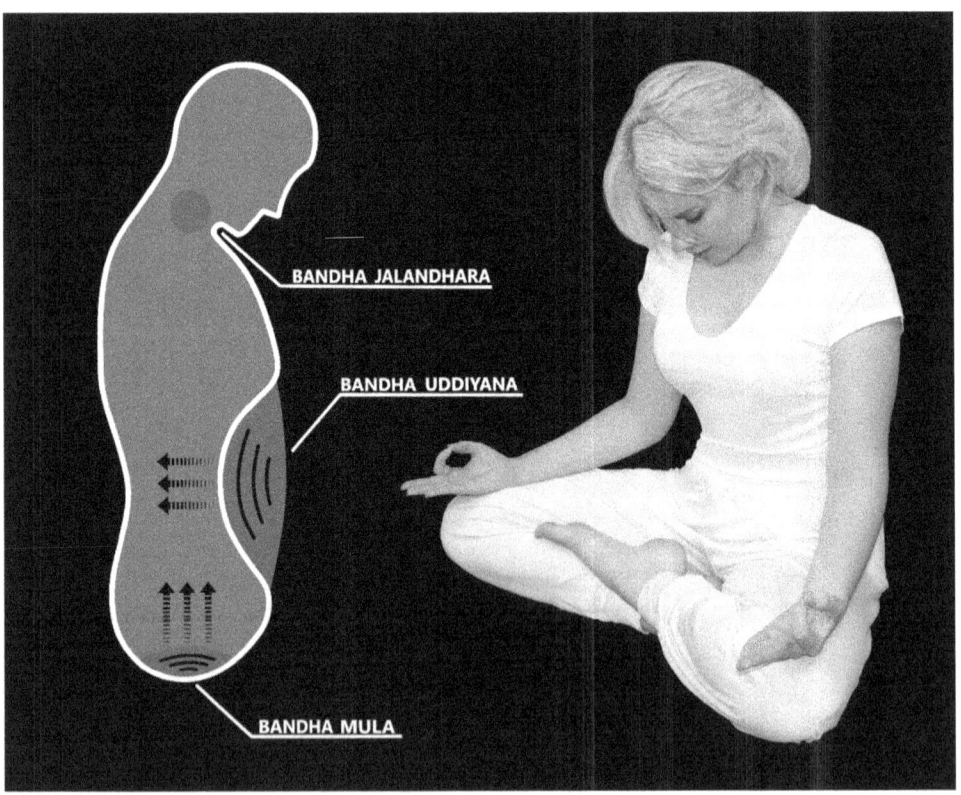

Figura 132: Bandha Maha: Aplicación de los tres Bandhas

Aplicar presión en el Chakra Muladhara (Mula Bandha) envía las energías Kundalini, Prana, y Apana hacia el Chakra Swadhisthana. A continuación, hay que aplicar un Bandha en el diafragma (Bandha Uddiyana), que enviará las tres energías hacia arriba hasta el Chakra de la Garganta. Desde allí, el Bloqueo del Cuello (Bandha Jalandhara) lleva las energías al cerebro. La aplicación simultánea de los tres bloqueos se denomina Bandha Maha (Figura 132).

La Glándula Pineal está conectada al Nadi Ida, mientras que la Glándula Pituitaria está conectada a Pingala. Cuando la Kundalini se eleva, la Glándula Pineal comienza a transmitir un haz de radiación y lo proyecta hacia la Glándula Pituitaria. La Pituitaria se excita así y proyecta pulsos o destellos de Luz hacia la Glándula Pineal. Una vez que la Kundalini entra en el cerebro a través del Sushumna, Ida, e Pingala se cruzan una última vez en el Tálamo, donde se fusionan como opuestos. Este proceso despierta el Chakra Ajna, activándolo por completo, lo que resulta en un matrimonio místico entre las Glándulas Pineal y Pituitaria.

Cuando Ida, Pingala, y Sushumna se unifican como una sola corriente de energía en el centro del Tálamo, la puerta de Sahasrara se abre. La Kundalini puede entonces subir a la parte superior de la cabeza y completar su viaje. El Alma, que tenía su sede en la Glándula Pineal, abandona el cuerpo físico y se produce una expansión permanente de la conciencia.

SUSHUMNA Y BRAHMARANDHRA

Sushumna es el Nadi central que pasa por el tubo hueco de la columna vertebral. Su flujo comienza en la base, en Chakra Muladhara, y termina en el Chakra Sahasrara en la Corona. Una vez que entra en la cabeza, Nadi Sushumna se divide en dos corrientes (en el Tálamo). Una de las corrientes se desplaza hacia la parte delantera de la cabeza, pasando por el Chakra Ajna al activarlo. Continúa moviéndose a lo largo de la parte delantera de la cabeza, justo dentro del cráneo, antes de llegar a Brahmarandhra, la sede de la conciencia suprema, situada en el centro superior de la cabeza.

La segunda corriente se desplaza hacia la parte posterior de la cabeza, al lado, pero justo dentro del cráneo, antes de llegar al Brahmarandhra. Ambas corrientes de energía se encuentran en el Brahmarandhra, atravesándolo, lo que da lugar a la apertura del Huevo Cósmico, que es la cúspide que está directamente encima.

En Sánscrito, Brahmarandhra significa el "agujero o apertura de Brahman". Según los textos Yóguicos, el Brahmarandhra es la apertura del Nadi Sushumna en la coronilla. Brahman se refiere al Espíritu Cósmico en Sánscrito. Connota el Principio Universal más elevado, la realidad última del Universo.

Cuando uno eleva la energía Kundalini al Brahmarandhra, experimenta un despertar Espiritual del mas alto grado. El Brahmarandhra y el Huevo Cósmico se relacionan con la energía Cósmica, y el acto de atravesar este centro es el despertar del Ser Espiritual, Divino.

Aunque ambos sirven para liberar el Alma del cuerpo según los textos sagrados, no está claro si el Brahmarandhra y el Huevo Cósmico son uno y el mismo. Sin embargo, a partir de mi extensa investigación sobre este tema, junto con mi experiencia del despertar de la Kundalini, he llegado a la conclusión de que al perforar el Brahmarandhra con suficiente fuerza se inicia el proceso de romper el Huevo Cósmico. En otras palabras, es un proceso de dos pasos.

Otras pistas nos las da el Shiva Linga, que contiene un cilindro con forma de huevo que se dice que representa el Brahmanda, cuyo significado en Sánscrito es "el Huevo Cósmico". Brahma se refiere al Cosmos, mientras que "anda" significa "huevo". El Brahmanda es un símbolo Universal de la fuente de todo el Cosmos. El Huevo Cósmico es uno de los iconos más destacados de la mitología mundial que podemos encontrar en muchas tradiciones Antiguas. En casi todos los casos, en el Huevo Cósmico reside un Ser Divino que se crea a sí mismo de la nada y luego pasa a crear el Universo material.

En su ascenso, cuando la Kundalini llega a la parte superior de la cabeza y atraviesa el Brahmarandhra, el Huevo Cósmico se rompe, y la "yema", que es energía Pránica sublimada, se derrama sobre el cuerpo, dando lugar a la plena activación del Cuerpo de Luz y de los Setenta y Dos Mil Nadis. Esta experiencia se asemeja a la herencia de las "alas" Espirituales, que permiten viajar en los Planos Cósmicos interiores a través del Merkaba optimizado. Por lo tanto, romper el Huevo Cósmico resulta en que uno se convierta en un Ser Angélico en sí mismo.

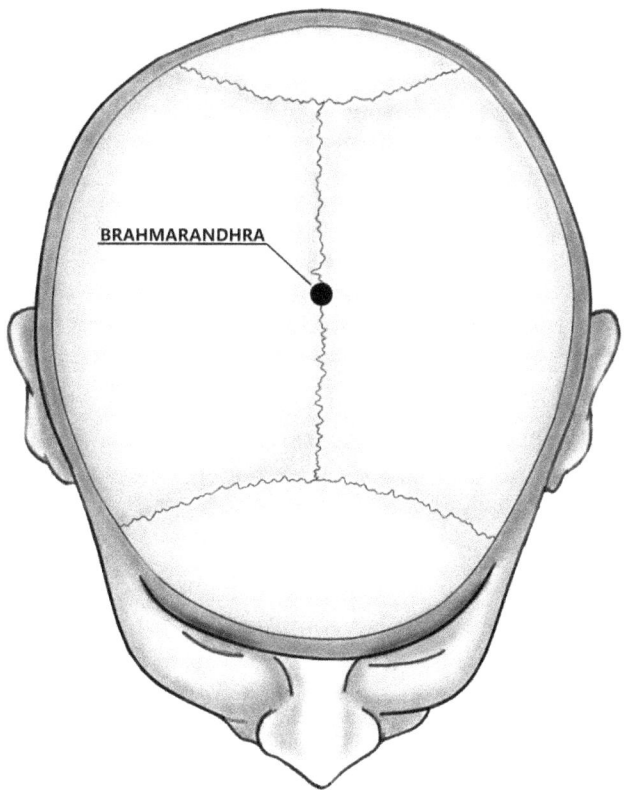

Figura 133: El Brahmarandhra

La ubicación del Brahmarandhra es entre los dos huesos parietales y el occipital, más concretamente en la zona de la fontanela anterior (Figura 133). En un bebé, esta parte de la cabeza es muy blanda. A medida que el niño crece, el Brahmarandhra se cierra con el crecimiento de los huesos del cráneo. Todos los humanos adultos tenemos la tarea de elevar la energía Kundalini hacia la cabeza y penetrar en el Brahmarandhra si deseamos alcanzar la liberación de la muerte. Al penetrar el Brahmarandhra a través de una activación de Kundalini, nos convertimos en uno con el Espíritu como Seres Eternos de Luz.

Según *Los Upanishads*, una vez que Sushumna atraviesa la cabeza y atraviesa el Brahmarandhra, el Yogui alcanza la inmortalidad. El Microcosmos y el Macrocosmos se convierten en Uno, y el Yogui alcanza la iluminación. Sin embargo, antes de que esto ocurra, el Cuerpo de Luz se activa por completo, ya que los Setenta y Dos Mil Nadis son infundidos con energía Pránica. Este proceso es muy intenso, ya que el Cuerpo de Luz experimenta la carga de lo que se siente como una fuente de energía externa. Describo el proceso como una sensación de ser electrocutado por una línea eléctrica de alto voltaje, sin el dolor físico, por supuesto.

En mi experiencia personal, una vez que abrí mis ojos físicos durante el proceso de activación de la Kundalini, vi mis manos y otras partes de mi cuerpo como pura Luz dorada, como si hubiera sufrido una transformación biológica. Además, la habitación en la que me encontraba parecía holográfica, ya que los objetos que me rodeaban se volvían semitransparentes y parecían estar suspendidos en el aire. Y no fue una visión momentánea, sino que la mantuve durante más de cinco segundos con mis funciones cognitivas plenamente operativas antes de que la energía infundida que ahora se apoderaba de mi cuerpo me arrojara de nuevo sobre la cama.

Una vez que Shakti se une con Shiva, la conciencia suprema, el Velo de Maya es atravesado, y puedes percibir la Mente infinita y viva de Dios. Verdaderamente, la naturaleza de nuestra realidad es el subproducto de la unión de la energía y la conciencia.

Mientras la energía seguía subiendo, incluso más allá del Brahmarandhra y del Huevo Cósmico, mi conciencia empezó a abandonar por completo mi cuerpo físico. Sentí como si me succionaran del cuerpo y dejara de existir. En el ápice de esta experiencia, me encontraba en el inicio de la unión con la Luz Blanca. Teniendo en cuenta que el Brahmarandhra es el centro de la energía y la conciencia, algunas personas creen que, si se va más allá de él, es posible que no se pueda volver al cuerpo físico. Esta idea es puramente teórica, pero a pesar de ello existe la posibilidad. En otras palabras, si me hubiera permitido unirme a la Luz Blanca durante mi intensa experiencia de ascenso de la Kundalini, es posible que no hubiera podido volver al cuerpo físico. La experiencia fue demasiado intensa en todos los niveles, y había muchas variables desconocidas, especialmente porque no tenía conocimiento previo de la Kundalini en ese momento de mi vida.

El Nadi Sushumna tiene tres capas o Nadis menores que lo componen. Una vez que se rompe el Huevo Cósmico, la energía Kundalini del Nadi Sushumna continúa subiendo todavía hasta que los Mil Pétalos del Chakra Sahasrara se abren completamente. Hay que dejarse llevar y no intentar controlar la energía mientras sigue subiendo. Cada uno de los tres Nadis Sushumna o capas tiene que hacer su parte para que esto ocurra. Una vez completado, la cabeza se abre como una flor. La flor simbólica se compone de tres capas, como se muestra en la Figura 134. Esas tres capas representan el Chakra Sahasrara completamente despierto. Como tal, el ser humano se convierte en una antena para las vibraciones del exterior.

El Nadi Sushumna tiene una capa exterior que tradicionalmente se considera de color rojo brillante, símbolo del Fuego Kundalini que fluye a través de él. Dado que el Nadi Sushumna se divide en dos corrientes dentro de la cabeza, delante y detrás, gobierna toda la parte media de la cabeza.

La primera capa de Sushumna se llama Vajrini o Nadi Vajra. Este Nadi comienza en el Chakra Ajna y termina en las gónadas (testículos en los hombres y ovarios en las mujeres). Su color es dorado, ya que exhibe la naturaleza de Rajas o actividad. Esta capa es el Nadi del Sol (Surya) que contiene la energía masculina que trabaja fuera del Sushumna como el Nadi Pingala y dentro de él como el Vajrini. Se cree que el Vajrini puede ser venenoso o tóxico.

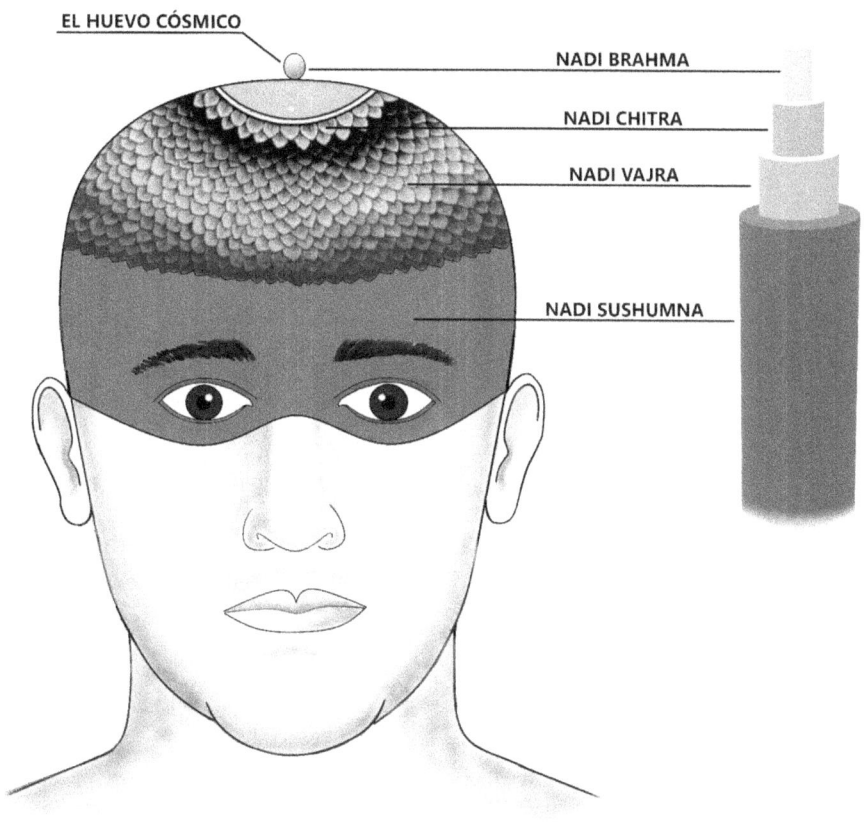

Figura 134: Capas de Nadi Sushumna y el Huevo Cósmico

La segunda capa se llama Chitrini o Nadi Chitra. De color blanco plateado, este Nadi refleja la naturaleza de la Luna (Chandra). Nos conecta con los sueños y las visiones, y es de suma importancia para los pintores o poetas despiertos. El Chitrini exhibe el carácter de Sattva, que se relaciona con la trascendencia. Comienza en el Chakra Bindu y termina en el Svayambhu lingam en el Muladhara. El Nadi Chitra se conecta con los tallos Cháquicos dentro de la médula espinal. Este Nadi femenino funciona fuera de Sushumna como el Nadi Ida y dentro de él como el Chitrini. Se dice que el Chitrini termina en el

Brahmnadvara, la puerta o entrada a Brahma, el Creador. A través del Nadi Chitra, la Kundalini viaja a su lugar de descanso final dentro del Séptimo Ojo, también llamado Chakra Soma.

La capa más interna es el Brahma Nadi, que está directamente relacionado con el Brahmarandhra. Brahma Nadi es la corriente de pureza y la esencia profunda de la energía Kundalini. Cuando se despierta, energiza los Chakras, infundiéndoles la Luz Kundalini. Sin embargo, para tener un despertar completo, debes elevar la Kundalini a través de Nadi Brahma y atravesar el Brahmarandhra. Todo lo que no sea eso no es un despertar completo, sino parcial.

EL CHAKRA LALANA Y EL NÉCTAR AMRITA

En la tradición del Tantra Yoga, se dice que el Chakra Bindu es el punto que manifiesta todo tu cuerpo físico, así como su punto de disipación. Se dice que el Bindu contiene nuestra Fuerza Vital en su interior, produciendo el Néctar de Amrita. El Néctar Amrita se produce a través de una síntesis de la energía de la Luz que se obtiene de los alimentos. En las personas que no han despertado la Kundalini, el Amrita gotea desde el Bindu hasta el tercer Chakra, Manipura, donde se utiliza para diversas actividades del cuerpo. Le da al cuerpo vitalidad. Con el tiempo, la Fuerza Vital del Bindu comienza a disiparse, con lo que el cuerpo físico envejece. La piel se vuelve más áspera y seca, el cabello comienza a caerse, el tejido óseo y los cartílagos se desgastan, y la vitalidad general disminuye.

Los Yoguis dicen que, si uno puede evitar que el Amrita se queme por el Chakra del Plexo Solar, puede disfrutar de su néctar vitalizador y nutritivo y detener e incluso invertir el proceso de envejecimiento y degeneración del cuerpo físico. Para lograr esto, los Yoguis deben estimular un Chakra Menor secreto llamado Lalana. En *Los Upanishads*, se dice que Lalana tiene 12 pétalos de color rojo brillante. Sin embargo, otros textos sagrados dicen que tiene 64 pétalos de color blanco plateado.

Lalana es un Chakra misterioso, pero crítico, especialmente en los individuos que han despertado la Kundalini. Utilizar el poder de Lalana y Vishuddhi permite transformar el Amrita en una sustancia más fina y Espiritual, que se utiliza para energizar y alimentar el circuito de la Kundalini. La energía de la Luz sintetizada que uno obtiene del alimento que he dicho "alimenta" el circuito de la Kundalini, proporcionando la experiencia de la trascendencia es el Néctar de Amrita del que se habla en las tradiciones Yóguicas. Amrita se optimiza cuando se aprovecha y se transforma en lo que describo como una energía líquida del Espíritu. Esta sustancia refrescante calma la mente y el corazón, eliminando y lavando cualquier pensamiento y emoción desequilibrada.

Lalana es una región lunar circular de color rojo, que actúa como un depósito para el néctar de Amrita. A medida que el Amrita cae del Bindu, se almacena en Chakra Lalana, listo para ser purificado por el Vishuddhi. Si el Vishuddhi está inactivo, como ocurre en la mayoría de los individuos que no han despertado la Kundalini, el Amrita cae en Manipura. Pero si Lalana se estimula de alguna manera, Vishuddhi se activa también. El néctar es así purificado y transformado, convirtiéndose en el "Néctar de la Inmortalidad". Como ya se ha mencionado, las tradiciones antiguas se han referido a este néctar como el "Elixir de la Vida" y el "Alimento de los Dioses". En el cristianismo, es la "Sangre de Cristo" que otorga la Vida Eterna. Una vez abiertos los centros energéticos necesarios, el néctar Amrita transformado se redistribuye por todo el Cuerpo de Luz, permitiendo al individuo experimentar la verdadera trascendencia.

El Chakra Lalana está situado en la parte posterior del paladar, más concretamente, en la zona donde la parte superior de la médula espinal se encuentra con el tronco cerebral. En la sección transversal del cerebro y el cráneo humanos (Figura 135), su ubicación es entre la Médula Oblongata y la base del cráneo, a lo largo del canal central de la médula espinal. Esta zona es donde el nervio Vago y otros nervios craneales se unen a la primera vértebra cervical (Atlas).

El Lalana Chakra está a unos cinco centímetros por encima de Vishuddhi y está íntimamente conectado con él. Lalana, que significa tanto "energía femenina" como "lengua", también se llama Chakra Talu, y está situado directamente detrás de la faringe, en la parte posterior de la boca. La energía Kundalini activa el Chakra Lalana cuando entra en el tronco cerebral. Una vez que se activa, la Kundalini se dirigirá hacia el Tálamo, donde trabajará en la apertura de Ajna a continuación, seguido del Sahasrara.

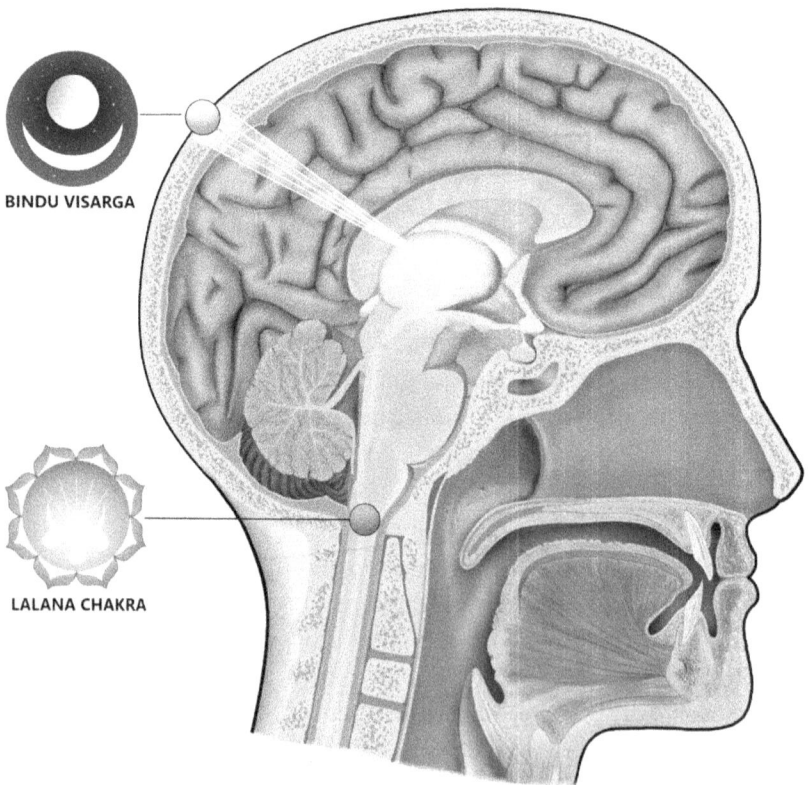

Figura 135: Chakra Lalana (Talu) y el Bindu Visarga

Lalana también está conectado con el Bindu en la parte superior trasera de la cabeza. Junto con el Vishuddhi, estos tres Chakras son responsables de lo que ocurre con el Amrita y de si cae hacia abajo, hacia el Manipura, lo que conduce a la degradación física, o si se aprovecha y se utiliza para fines Espirituales. Los poderes de Chakra Lalana se aprovechan mejor una vez que la Kundalini ha abierto este centro Cháquico, pero hay otro método que los Yoguis han desarrollado llamado Mudra Khechari.

KHECHARI MUDRA Y SUS VARIACIONES

Los Yoguis han descubierto que pueden afectar al flujo de Amrita de su Bindu con la ayuda de la lengua. El Mudra Khechari, que forma parte del apartado "Mana: Mudras de la cabeza", es una poderosa técnica que utiliza la lengua para canalizar la energía en el cerebro. Consiste en girar la punta de la lengua hacia atrás e intentar tocar la úvula o "pequeña lengua", que dirige el flujo de energía hacia el Chakra Lalana.

La lengua es muy potente para dirigir la energía hacia el cerebro. En el Qi Gong, es esencial poner la punta de la lengua en la zona sensible del paladar para conectar dos meridianos energéticos muy importantes. La punta de la lengua es un conductor de energía que estimula todo lo que toca. En el caso del Mudra Khechari, estás tratando de dirigir el flujo de energía hacia atrás, hacia el Chakra Lalana para activarlo.

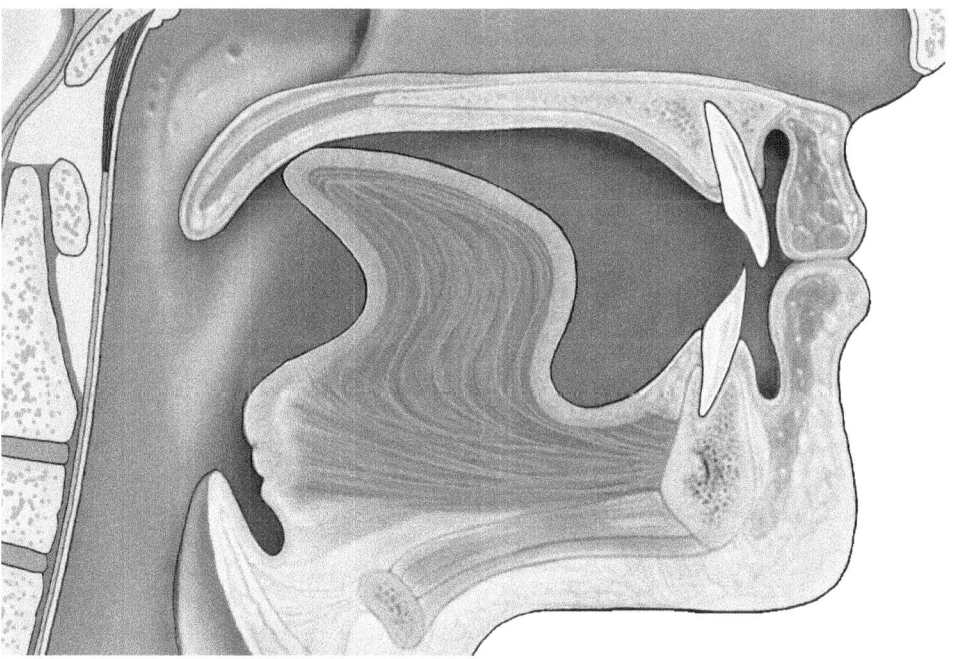

Figura 136: Mudra Khechari Básico

Para realizar el método Mudra Khechari Básico, puedes sentarte en cualquier posición de meditación cómoda. Con los ojos cerrados, dirige la mirada hacia el centro del Ojo de la Mente, entre las cejas. A continuación, con la boca cerrada, haz rodar la lengua hacia arriba y hacia atrás, de modo que su superficie inferior toque el paladar superior (Figura 136). Estira la punta de la lengua hasta donde pueda llegar mientras intenta tocar la úvula. La lengua no debe estar demasiado tensa al hacer esto. Manténla en esta posición todo el tiempo que le resulte cómodo. Si sientes molestias, relaja la lengua devolviéndola a su posición neutra durante unos segundos, y luego repite la práctica.

El Mudra Khechari se realiza como parte de diferentes Asanas, Pranayamas, Mudras, y Bandhas para obtener efectos óptimos de esos ejercicios. Cuando se utiliza con la postura invertida, Viparita Karani, permite al practicante retener el Amrita más fácilmente.

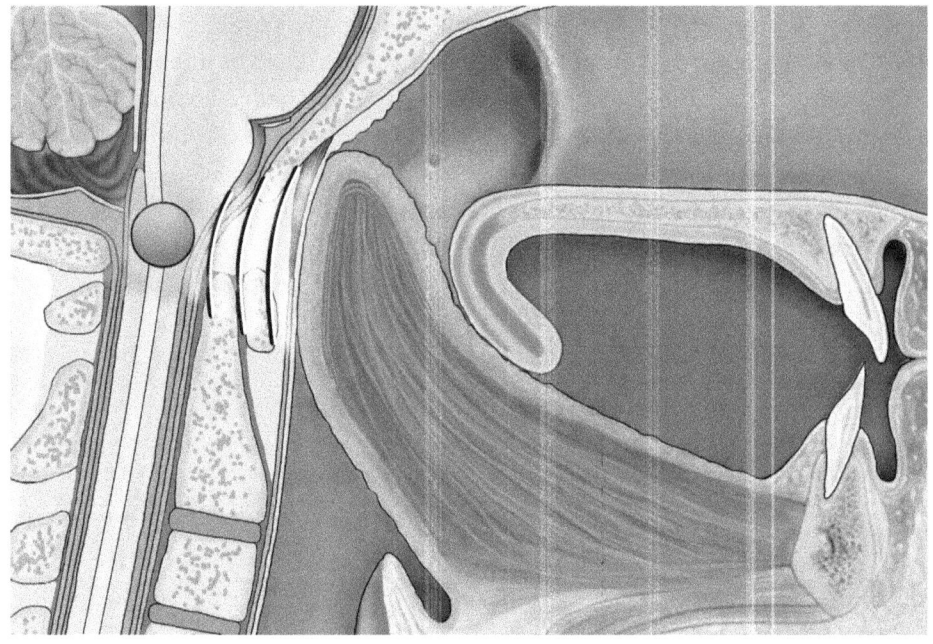

Figura 137: Mudra Khechari Avanzado

El Mudra Khechari avanzado consiste en cortar la parte inferior del tejido que conecta la parte inferior de la lengua con el fondo de la boca. Una vez completado, la lengua puede ser alargada completamente y colocada dentro de la cavidad nasal detrás de la úvula (Figura 137). Al hacerlo se ejerce presión sobre la faringe, lo que estimula al Lalana y evita que el Amrita caiga al Plexo Solar. Una vez que el Amrita es capturado con el Mudra Khechari, sus efectos curativos comienzan a desplegarse. El método avanzado del Mudra Khechari se practica mejor con la ayuda de un Gurú cualificado.

Cuando una persona experimenta un despertar completo y permanente de la Kundalini, se produce un flujo libre de energía Kundalini hacia el Tálamo. Desde aquí, la Kundalini fluye hacia Ajna, Sahasrara, y el Bindu. Cuando el Chakra Bindu se involucra en el proceso de transformación Espiritual, segrega el Amrita hasta el Chakra Lalana, el cual es purificado por el Vishuddhi y transformado en su forma más refinada. Este néctar se distribuye entonces por todo el Cuerpo de Luz, nutriendo los Setenta y Dos Mil Nadis y expandiendo la conciencia. Como resultado, la persona despierta comienza a tener una vitalidad superior a la media, y su proceso de envejecimiento se ralentiza drásticamente. Puede pasar mucho tiempo sin comer ni beber, ya que se siente nutrido desde el interior por el movimiento de estas nuevas energías.

El néctar de Amrita está directamente implicado en el proceso de la Iluminación. Aunque podemos utilizarlo a través de las prácticas Yóguicas mencionadas anteriormente, su verdadero propósito es desempeñar un papel en el sostenimiento del circuito de la Kundalini. El néctar de Amrita transformado alimenta el circuito de la Kundalini, y éste depende de la energía de la Luz que obtiene de los alimentos. Proporciona la tranquilidad emocional necesaria para que uno suspenda el proceso de envejecimiento y prolongue la salud de su cuerpo físico. Esta tranquilidad emocional se describe mejor como un estado de *Nirvana*, que es uno de los objetivos buscados por el Yogui. El estrés es uno de los factores clave del envejecimiento. Poniendo la mente en punto muerto y utilizando el néctar de Amrita para nutrir el Cuerpo de Luz, se puede alcanzar la longevidad.

Con los años, he descubierto otra variación del Mudra Khechari que se ha convertido en una de las prácticas dominantes en mi vida. He descubierto que curvar la lengua hacia abajo y empujarla hacia atrás también ejerce presión sobre Chakra Lalana, lo que ayuda en el proceso de alimentar mi circuito Kundalini con el Amrita transformado. Para hacerlo correctamente, hay que tocar con la punta de la lengua el frenillo, que es un pliegue de mucosa situado bajo la parte central de la lengua que ayuda a anclarla en la boca y a estabilizar sus movimientos.

Me topé con esta técnica accidentalmente, o para ser más preciso; es mi Ser Superior el que me llevó a encontrar esta técnica y a utilizarla. Nunca me he encontrado con esta práctica en mi investigación de varias tradiciones Espirituales para verificar su uso, así que lo que estoy compartiendo con ustedes es una información única que no encontrarán en otros lugares.

Empecé a practicar esta técnica hace años, aparentemente de la nada, y a menudo me sorprendo haciéndola delante de otras personas, lo que a veces provoca una reacción extraña por su parte, ya que frunzo los labios de forma natural cuando lo hago. En la portada de *The Magus* aparezco yo más joven como Hermes, con los labios fruncidos mientras realizo esta técnica. Mi esposa pensó que era apropiado representarme así, ya que me ve a menudo haciéndolo.

La técnica que descubrí me permite aprovechar la energía de la Luz que obtengo de los alimentos, que se convierte en una sustancia líquida del Espíritu (Amrita) en mi cerebro y luego se redistribuye a lo largo de los muchos Nadis de mi Cuerpo de Luz. Siempre va acompañada de una sensación de calor, como si estuviera encendiendo un fuego constante en mi pecho, como ocurre cuando se estimula el Chakra Lalana. Ahora, ten en cuenta que la lengua está orientada hacia abajo con esta variación, lo que a menudo me hace cuestionar su uso y hasta qué punto me está beneficiando espiritualmente. Así que me gusta equilibrarlo realizando el Mudra Khechari Básico girando la punta de la lengua hacia atrás y tocando el paladar superior. De este modo, consigo que las energías necesarias fluyan hacia arriba, hacia el cerebro, mientras mantengo estimulado el Chakra Lalana.

MANTRA

Mantra es una palabra Sánscrita que significa "una herramienta de la mente" o "un instrumento del pensamiento". Es un pronunciamiento sagrado, un sonido Divino, una sílaba, una palabra, o una agrupación de palabras en un lenguaje sagrado con poder Mágico en el mundo invisible. Los Mantras son "palabras de poder" que se encuentran en muchas tradiciones Espirituales diferentes, Antiguas y modernas, que sirven como herramientas para invocar o evocar energía en el Aura. Dado que "manas" significa "mente" en Sánscrito, el propósito de un Mantra es trascender la mente. Incluyen, pero no se limitan a los nombres de Dios, Ángeles, Espíritus, y diferentes Deidades de cualquier panteón al que pertenezca el Mantra elegido.

Ya te he introducido en la ciencia de los Mantras en mi libro anterior, la mayoría de los cuales están en el idioma Hebreo y se utilizan como parte de los ejercicios rituales de Magia Ceremonial. Los Mantras en el idioma Enochiano son Mantras independientes que son la recitación fonética de pasajes en Enochiano. Debido al carácter sagrado y al poder de los idiomas Hebreo y Enochiano, estos Mantras son potentes para cambiar la conciencia de uno a través de la invocación/evocación de energía.

Hay 84 puntos meridianos en el paladar, que la lengua estimula al cantar un Mantra. Estos puntos meridianos, a su vez, estimulan el Hipotálamo, que actúa sobre la Glándula Pineal, haciéndola pulsar e irradiar. La Glándula Pineal da entonces impulsos a todo el sistema Endocrino, permitiendo la liberación de hormonas que fortalecen nuestros sistemas inmunológico y neurológico, poniendo al cuerpo en un estado de coherencia. Dos de las hormonas liberadas son la serotonina y la dopamina, que crean una felicidad emocional que eleva la conciencia a un nivel superior.

Los Mantras que presentaré en este libro están en el idioma Sánscrito, uno de los idiomas más antiguos del mundo (5000 años de antigüedad). El Sánscrito es el Antiguo lenguaje del Hinduismo que era un medio de comunicación y diálogo de los Dioses Celestiales Hindúes, según la leyenda. Los Antiguos Hindúes se referían al Sánscrito como "Dev Bhasha" o "Devavani", que significa la "Lengua de los Dioses".

La grandeza del idioma Sánscrito radica en la formación y la singularidad de su vocabulario, fonología, gramática, y sintaxis, que se mantiene en su pureza hasta nuestros días. Sus 50 letras se componen de 16 vocales y 34 consonantes. Las letras Sánscritas nunca han sido alteradas o retocadas a lo largo del tiempo, lo que la convierte en una lengua perfecta para la formación de palabras y la pronunciación.

Los Mantras en Sánscrito utilizan sonidos de semillas que crean la energía vibratoria de las palabras a las que se traducen. Al pronunciar un Mantra Sánscrito, su vibración impacta en tu conciencia, lo que tiene efectos duraderos en tu mente y cuerpo. Por lo tanto, entender el significado de un Mantra Sánscrito es primordial para saber el tipo de cambio energético que producirá.

Los Mantras presentados en esta sección deben ser vibrados usando sus cuerdas vocales en un tono proyectivo y energizante. Deben ser ejecutados en Do natural monótono, alargando la pronunciación. Si alguna vez has oído cantar a los monjes Tibetanos, el sonido debe ser similar. Vibrar y "cantar" son palabras intercambiables cuando se trata de la ejecución de un Mantra.

EL NUMERO SAGRADO 108

La repetición estándar de un mantra en muchas tradiciones Espirituales Orientales es de 108 veces. Este número es la base de toda la Creación, representando el Universo y nuestra existencia. Los Hindúes, Yoguis, y Budistas creen que al vibrar/cantar un Mantra 108 veces, nos alineamos con la Voluntad del Creador y su energía creativa. Piensan que, al armonizar nuestra vibración personal con la Universal, asumimos nuestro derecho de nacimiento como Cocreadores, permitiéndonos manifestar cualquier realidad que deseemos.

Hay muchas razones por las que el número 108 se considera sagrado, algunas de las cuales se encuentran en la ciencia y las matemáticas. Por ejemplo, el Sol es 108 veces el diámetro de la Tierra, y la distancia de la Tierra al Sol es 108 veces el diámetro del Sol. Asimismo, la distancia de la Tierra a la Luna es 108 veces el diámetro de la Luna.

En Astrología, hay 12 Constelaciones Zodiacales y 9 Planetas (Siete Planetas Antiguos más Urano y Neptuno) en nuestro Sistema Solar. Por lo tanto, 12 multiplicado por 9 es igual a 108. Además, hay 27 mansiones Lunares que se dividen en cuatro cuartos. Al multiplicar 27 por cuatro, el resultado es de nuevo 108.

En la religión Hindú existen 108 Upanishads, que son los textos sagrados de sabiduría transmitidos por los Antiguos Rishis. Cada Deidad en el Hinduismo tiene también 108 nombres, cuyas cualidades o poderes podemos invocar a través de sus respectivos Mantras.

En el alfabeto Sánscrito, como hay 54 letras y cada letra tiene una cualidad masculina (Shiva) y femenina (Shakti), el número total de variaciones es igual a 108. También en el sistema Yóguico de los Chakras, se cree que hay 108 líneas de energía (Nadis) que convergen en el Chakra del corazón, el centro de amor y transformación de nuestro Cuerpo de Luz.

En la medicina Ayurvédica, se dice que hay 108 puntos de energía vital en el cuerpo, llamados Marmas. Trabajar con los Marmas es beneficioso para mejorar nuestros estados psicológicos y fisiológicos. Al cantar un Mantra 108 veces, enviamos energía divina a cada punto Marma, activando sus propiedades curativas.

Los escritos sagrados de los Budistas Tibetanos también se han dividido en 108 libros sagrados. Además, los Budistas creen que el camino hacia el Nirvana está pavimentado con exactamente 108 tentaciones. Creen que 108 contaminaciones, o pecados, nos impiden vivir en un estado perfecto y pacífico.

Éstas son sólo algunas de las razones por las que el número 108 es sagrado. Hay muchas más, no sólo en las religiones y tradiciones Espirituales Orientales, sino también en las Occidentales. Por ejemplo, el número 108 se utiliza en el Islam para referirse a Dios. Y así sucesivamente.

MEDITACION JAPA

Tradicionalmente, el collar de cuentas Mala se utiliza en las tradiciones del Yoga, el Budismo, el Hinduismo, el Jainismo, y el Sijismo como parte de la práctica del Mantra, a la que se refieren como meditación Japa. Un Mala tiene 108 cuentas y una cuenta "Gurú", que se utiliza como marcador para el comienzo y el final de un ciclo. Así que, tanto si se canta en voz alta como si se recita en silencio, trazar las cuentas del Mala con los dedos ayudará a seguir el Mantra. Durante generaciones se han utilizado instrumentos similares en todas las culturas y en muchas religiones y tradiciones Espirituales, incluidas las cuentas del rosario que utilizan los Cristianos para rezar.

Para realizar una meditación Japa, debes obtener un collar de cuentas Mala para ser utilizado con los Mantras presentados a continuación. Un Mala no sólo le permitirá completar 108 repeticiones con facilidad, sino que se convertirá en un poderoso elemento Espiritual en su vida que le pondrá en el estado de ánimo adecuado en el momento en que lo tenga en la mano.

Sin embargo, se puede trabajar con Mantras de meditación sin un Mala, así que, si no puedes conseguir uno por alguna razón, no te desanimes de practicar Mantras sin él. Como se mencionó antes, vibrar/cantar Mantras tiene un efecto acumulativo en términos de energía invocada/evocada, así que, si haces 108 pronunciamientos o 100, por ejemplo, el resultado será relativamente insignificante. Técnicamente, puedes incluso concentrarte en realizar un Mantra durante una cierta cantidad de tiempo, como en cinco o quince minutos, y cronometrarte en consecuencia para hacer aproximadamente 100 pronunciamientos. Dicho esto, creo en el poder de la práctica tradicional, especialmente en una con miles de años de linaje, así que antes de empezar a retocar su mecánica, es mejor dominar su forma original y partir de ahí.

Lo ideal es que hagas tu Mantra de meditación por la mañana temprano, antes de comer. Si deseas repetir tu Mantra, hazlo por la noche, dejando un tiempo entre las sesiones para que la energía invocada/evocada pueda trabajar en ti.

Para comenzar tu práctica de Japa, elige tu Mantra de meditación entre las opciones que se ofrecen a continuación. Cada Mantra de meditación afecta a nuestra energía de forma diferente, así que lee su descripción cuidadosamente para que puedas aplicar cada uno cuando lo necesites. A continuación, buscar un lugar para sentarte cómodamente con la columna vertebral recta y los ojos cerrados. Una de las Asanas de meditación presentadas hasta ahora es ideal. Respira profundamente unas cuantas veces para alinearte con tu intención.

Sostén tu Mala en la mano derecha (en la India, la mano izquierda se considera impura), colocado sobre el dedo medio, mientras el dedo índice se extiende cómodamente hacia afuera (Figura 138). Empezando por la cuenta del Gurú, utiliza el pulgar para contar cada cuenta más pequeña mientras tiras del Mala hacia ti con cada pronunciación del Mantra. Inhala antes de cada pronunciación de forma tranquila y rítmica.

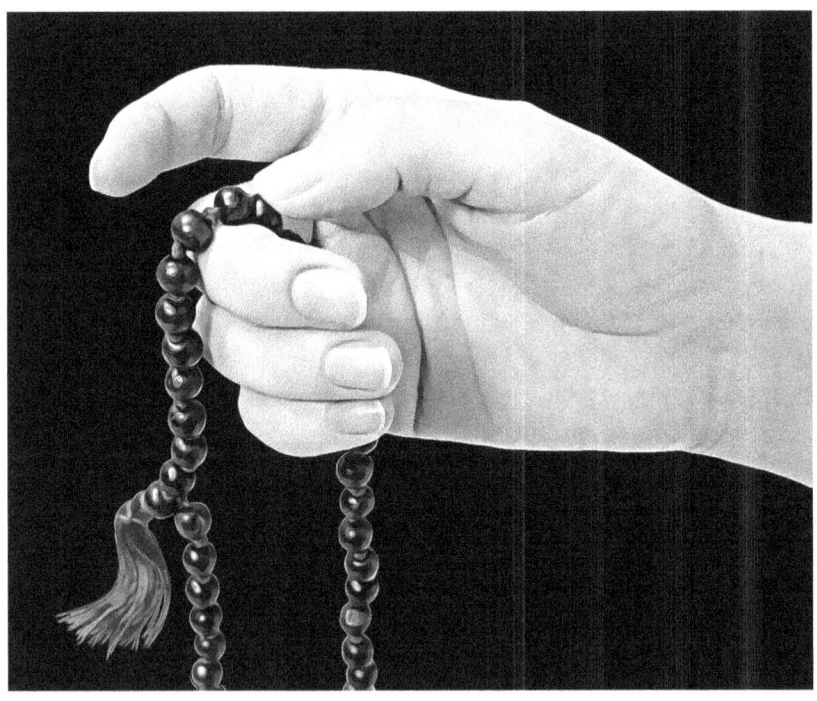

Figura 138: Contar las Cuentas de los Mala

Debes repetir tu Mantra 108 veces mientras recorres las cuentas del Mala, terminando en la cuenta del Gurú donde empezaste. Si deseas continuar tu meditación con el Mantra, invierte la dirección y comienza el proceso de nuevo en lugar de pasar por la cuenta del Gurú. Recuerda hacer los 108 ciclos completos.

La repetición de Mantras en Sánscrito afecta positivamente a tu sistema nervioso, dejándote tranquilo y relajado, lo cual es uno de los efectos secundarios iniciales. Además, estos Mantras equilibran tus energías internas, lo que mejora la concentración y la Autoconciencia. Sin embargo, la repetición regular de Mantras Sánscritos funciona a un nivel profundo y subconsciente, creando efectos curativos duraderos en la mente, el cuerpo y el Alma. Por lo tanto, cuando comiences esta práctica, se paciente y constante con ella diariamente para obtener los resultados deseados con el tiempo.

MANTRAS DE MEDITACION

Om

Pronunciación: *Aaa-Uuu-Mmm*

"Om" es el Mantra más universal en Sánscrito. Se cree que es el primer sonido que se escuchó en la creación del Cosmos, del que surgen todas las cosas. "Om" significa la esencia de la realidad última, que es la Conciencia Cósmica. Por ello, la mayoría de los Mantras Sánscritos comienzan o terminan con "Om".

"Om" (pronunciado AUM) representa el ciclo de la vida, la muerte, y el renacimiento. También se relaciona con la Trinidad Hindú (Trimurti) de Brahma, Vishnu, y Shiva. "Aaa" representa la creación, "Ooo" representa el mantenimiento o la preservación, y "Mmm" es la destrucción, con relación a la superación del Ego para lograr la autorrealización. Por último, AUM representa las Tres Gunas de la naturaleza y las cuatro etapas de la conciencia; la cuarta etapa representa el silencio de la mente que se logra cuando el practicante alcanza el Samadhi.

Cantar Aaa-Uuu-Mmm (AUM) te ayudará a desconectarte de tu Ego y a reconectar con el Espíritu interior, que es todo-creativo y todo-abarcador. Cuando pronuncies cada sílaba por completo, sentirás que la energía se eleva desde el suelo pélvico hasta el corazón y, finalmente, hasta la coronilla. Es el camino de la Kundalini, cuyo propósito es liberar el Alma del cuerpo en esta vida.

El sonido "Om" vibra a una frecuencia de 432 Hz, que se encuentra en toda la naturaleza. Como tal, este sonido cura la mente y el cuerpo a nivel celular, poniéndonos en sintonía con nuestro entorno. Elimina toda la tensión y la ansiedad al calmar la mente y armonizar nuestras energías internas. También ayuda a mejorar la concentración al tiempo que potencia la creatividad y la energía positiva en general.

A nivel físico, el "Om" mejora la función pulmonar y el sistema digestivo, a la vez que desintoxica el cuerpo. Al pronunciar Aaa-Ooo-Mmm, las tres frecuencias únicas deben fluir naturalmente como un solo sonido.

ॐ नमः शिवाय

Om Namah Shivaya
Pronunciación: *Aummm Nah-Mahhh Shee-Vah-Yahhh*

"Om Namah Shivaya" se traduce como "Oh, saludos al auspicioso", o simplemente, "Me inclino ante el Señor Shiva". "Este Mantra, ampliamente utilizado, atrae la mente hacia la presencia infinita y omnipresente del Señor Shiva, el principio de la Conciencia Cósmica del Universo. También se llama "Shiva Panchakshara", que significa el "Mantra de las Cinco Sílabas", el Mantra esencial en el Shaivismo que trae el silencio a la mente.

Las cinco sílabas "Namah Shivaya" representan los Cinco Elementos que componen toda la Creación: El sonido "Na" representa la Tierra, "Ma" es el Agua, "Shi" significa el Fuego, "Va" es el Aire, y "Ya" representa el Espíritu. Se excluye el "Om" por ser el primer sonido del Universo que representa la paz y el amor, el fundamento energético de la Conciencia Cósmica.

Como Shiva es el Dios supremo de la transformación que representa nuestro Ser Superior, este Mantra eleva nuestra conciencia armonizando los Cinco Elementos dentro del Ser. Por lo tanto, no sólo trae alegría y felicidad a nuestras vidas, sino que también nos conecta con toda la naturaleza, a saber, la representación física de los Cinco Elementos que Shiva simboliza: la tierra, el mar, el aire, y el Sol.

Debido a que nos conecta con nuestro Santo Ángel de la Guarda, nuestro Dios-Ser, se dice que el Mantra Om Namah Shivaya supera los efectos del Macrocosmos -las Estrellas fijas y los Planetas en órbita que nos afectan sutilmente a nivel energético. Acumula energía trascendental en nuestro sistema que eleva la conciencia, permitiéndonos experimentar los Planos Cósmicos superiores. Como tal, este Mantra nos conecta con el Chakra más alto, Sahasrara-la fuente de toda la Creación.

Om Mani Padme Hum
Pronunciación: *Aummm Mah-neee Pahd-mayyy Hummm*

Este Mantra Sánscrito está asociado con Avalokiteshvara (Sánscrito), el Bodhisattva de la compasión. Los Bodhisattvas son Seres Iluminados y compasivos que ayudan a los objetivos Espirituales de los demás. Los Budistas Tibetanos se refieren a este mismo Ser como Chenrezig, mientras que los Chinos lo llaman Quan Yin. La práctica regular de este Mantra infunde un sentido de amor y bondad hacia nosotros mismos y hacia los demás, que nos libera del sufrimiento emocional de nuestra existencia mundana.

La traducción de este Mantra sería "Alabanza a la Joya en el Loto". "La joya en sí misma se refiere a la compasión que purifica el Alma, otorgándole la dicha de la Luz Divina. Al igual que el loto no se ensucia con el barro en el que crece, los seres humanos pueden utilizar la compasión para elevarse por encima de la opresión del Yo Inferior, el Ego, y alcanzar la Iluminación.

"Om Mani Padme Hum" puede descomponerse en seis sílabas, que representan un camino gradual y progresivo de lo mundano a lo Espiritual: "Om" es el sonido primordial del universo que nos pone en armonía con el Cosmos, "Ma" es nuestra intención altruista de desarrollar la ética y la moral que purifica las tendencias celosas, "Ni" construye la tolerancia y la paciencia, liberándonos de nuestros deseos inferiores y dejándonos en paz y contentos, "Pad" nos libera de los prejuicios y la ignorancia que nos impiden el camino hacia el amor y la aceptación, y "Me" nos libera del apego y la posesividad, permitiéndonos cultivar nuestros poderes de concentración. Por último, "Hum" nos libera de la agresión y el odio, ya que representa la unidad de todas las cosas que abre la puerta a la sabiduría y la comprensión.

El Dalai Lama, que los Budistas creen que es la actual encarnación de Chenrezig, dice que todas las enseñanzas de Buda residen en este poderoso mantra. Sin embargo, para desbloquearlo, no sólo hay que cantarlo, sino que hay que concentrar la intención en el significado de cada una de las seis sílabas.

हरे कृष्ण हरे कृष्ण | कृष्ण हरे |
हरे राम हरे राम | राम राम हरे

Hare Krishna, Hare Krishna, Krishna Krishna, Hare Hare
Hare Rama, Hare Rama, Rama Rama, Hare Hare
Pronunciación: *Huh-ray Krish-Naaa, Huh-ray Krish-Naaa, Krish-Naaa Krish-Naaa, Huh-ray Huh-rayyy, Huh-ray Ramaaa, Huh-ray Ramaaa, Rama Ramaaa, Huh-ray Huh-rayyy*

El Mantra Hare Krishna, también conocido como el "Maha" o "Gran" Mantra, es un verso sagrado en Sánscrito cuyo propósito es revivir la realización de Dios dentro de uno mismo, conocida como conciencia de Krishna. Tiene sus raíces en la tradición Vaishnava del Hinduismo y es fundamental en el camino del Bhakti Yoga. Sólo tiene cuatro líneas, compuestas por los nombres de las deidades Hindúes: Hare, Krishna, y Rama. Hare combina la energía de Hari (el Señor Vishnu) y Hara (la consorte de Krishna, Shakti), mientras que Krishna y Rama son los nombres de los dos avatares, o encarnaciones Divinas, del Señor Vishnu.

El Señor Krishna tiene muchos paralelismos con Jesucristo, ya que se cree que ambos son hijos de Dios que eran totalmente humanos y totalmente Divinos. Ambas enseñanzas enfatizan el amor y la paz, ya que su misión era restaurar la bondad en un mundo moralmente decadente. Al intentar alcanzar la Conciencia de Krishna en nuestro interior, nos referimos a la Conciencia de Cristo, un estado de conciencia en el que los individuos actúan en completa armonía con lo Divino. Este estado de conciencia es un precursor, o una preparación (en cierto sentido), para alcanzar la Conciencia Cósmica.

La práctica del Mantra Maha activa la energía Espiritual dentro de ti en el Chakra del Corazón, cuyo objetivo es transformar tu conciencia para que puedas trascender tu Ego. El sutil estado de conciencia que se logra libera al Ser de la ilusión de la separatividad, permitiendo que la energía del amor tome el control y armonice la mente, el cuerpo, y el Alma. Como tal, se logra la conciencia de Krishna, preparando el camino para que la alegría y la dicha entren permanentemente en tu vida.

Om Shanti Shanti Shanti
Pronunciación: *Aummm Shanteee Shanteee Shanteee*

El Mantra "Om Shanti" se utiliza habitualmente en oraciones, ceremonias y literatura Hindúes y Budistas; su significado se traduce en "Om Paz". "Shanti" viene de la palabra raíz Sánscrita "sham", que significa calma, tranquilidad, prosperidad, y felicidad. Es la raíz de la palabra "Shalom" en Hebreo y "Salam" en Árabe, que también significan "Paz". "Al cantar este Mantra, no sólo encuentras un profundo nivel de paz en tu interior, sino que estás enviando ofrendas de paz al mundo entero.

Tradicionalmente, la palabra "Shanti" se canta tres veces, ya que invoca la paz y la protección en tres niveles del Yo: consciente, subconsciente, y superconsciente (el Yo Dios). El Yo consciente pertenece a la Tierra, mientras que el subconsciente llega hasta el Inframundo (Infierno), y el superconsciente se refiere a los Cielos (Estrellas) de arriba. Estos tres pueden dividirse de nuevo en cuerpo, mente, y Espíritu, o en los Planos Físico, Astral, y Espiritual.

"Om Shanti" también puede utilizarse como forma de saludo en el Yoga. Cuando se dice en voz alta a un compañero de práctica, es un deseo de que la otra persona experimente la paz Universal. La traducción al Inglés sería "Peace be with you" o "Namaste"; aunque las palabras suenan diferentes, el significado es el mismo. Al pronunciar "Shanti" hay que tener en cuenta que hay que presionar la lengua contra los dientes en lugar de hacerlo sobre el paladar superior; el sonido "t" producido debe sonar diferente a la versión Inglesa de "t".

ॐ नमो गुरु देव् नमो

Ong Namo Guru Dev Namo
Pronunciación: Onggg Nah-Moh Guh-Ruh Devvv Nah-Moh

Este Mantra Sánscrito se traduce como "Me inclino ante la Sabiduría Creativa, me inclino ante el Maestro Divino interior". Otra traducción es "Me inclino ante el Todo-Que-Es", como un Mantra de la Unidad. Su otro nombre es el "Adi Mantra", que se utiliza a menudo en el Kundalini Yoga al principio de su práctica, especialmente en una clase. Fue esencial para Yogi Bhajan, el maestro Espiritual Hindú que trajo el Kundalini Yoga a Occidente. Muchos practicantes creen que el Adi Mantra permite sintonizar con la frecuencia de vibración particular del Kundalini Yoga, desbloqueando su más profunda comprensión y propósito.

El canto de este Mantra nos permite humillarnos y conectar con nuestro Ser Superior, el maestro interior que canaliza la sabiduría y el conocimiento Universales hacia nosotros cuando nuestra mente está en un estado receptivo. Eleva la vibración de nuestra conciencia, permitiéndonos confiar y escuchar nuestra guía interior. También nos transmite que nosotros mismos somos nuestros mayores maestros en la vida y que no se necesitan otros maestros.

El Mantra "Ong Namo Guru Dev Namo" nos permite aprovechar nuestro más alto potencial como seres humanos Espirituales. La traducción de cada palabra revela su poder para transformar nuestra conciencia. Para empezar, "Ong" significa energía creativa infinita o sabiduría Divina sutil. Su pronunciación es similar a decir "Om", con la ventaja añadida de mover el sonido en la boca desde la parte delantera hasta la parte posterior de la garganta, lo que estimula diferentes partes del cerebro, especialmente las Glándulas Pituitaria y Pineal.

"Namo" equivale a "Namaha", que significa "mis respetuosas salutaciones", mientras que un Gurú es un maestro Espiritual que guía a sus discípulos en su camino hacia la Iluminación. "Dev" es una versión más corta del término "Deva", una palabra Sánscrita que designa a Dios o a la Deidad. Como Deva sigue a Guru en el Mantra, implica que el maestro espiritual es Divino y Santo. Y por último, "Namo" al final reafirma la humildad y la reverencia.

Este Mantra refina la energía alrededor y dentro de nosotros, convirtiéndonos en un recipiente para la conciencia superior. Al cantarlo, uno tiene la sabiduría y el apoyo de generaciones de Kundalini Yoguis mientras refuerza su conexión con su Ser Superior, Dios.

ॐ गं गणपतये नमः

Om Gam Ganapataye Namaha

Pronunciación: *Aummm Gummm Guh-Nuh-Puh-Tuh-Yahhh Nah-Mah-Haaa*

"Om Gam Ganapataye Namaha" es una poderosa oración y mantra que alaba al querido Dios Hindú de los elefantes, el Señor Ganesha. Su traducción al español es "Mis saludos al Señor Ganesha". "En el Hinduismo, el Señor Ganesha es reconocido como el eliminador de obstáculos y el maestro del conocimiento. Es conocido por dar buena suerte, prosperidad, y éxito, especialmente cuando se emprende una nueva aventura.

El Señor Ganesha está asociado al Chakra Muladhara y al Elemento Tierra. A menudo se le invoca para despejar el camino cuando uno se siente atascado mentalmente y necesita un cambio de perspectiva. Su energía nos da estabilidad y nos ayuda a superar los retos y los bloqueos creativos. El Señor Ganesha nos da poder al mejorar nuestro enfoque, concentración y conocimiento, facilitando la paz interior.

El sonido "Gam" es un Mantra Bija para Ganesha, mientras que "Ganapataye" es una referencia a su otro nombre-Ganapati. Se dice que, si uno canta el Mantra del Señor Ganesha 108 veces diariamente, todo el miedo y la negatividad de sus corazones serán eliminados. Esto se debe a que el miedo es un subproducto de los Elementos Agua y Aire corruptos, que el Elemento Tierra fundamenta cuando es traído.

ॐ श्री सरस्वत्यै नमः

Om Shri Saraswataya Namaha
Pronunciación: *Aummm Shree Sah-Rah-Swah-Tah-Yahhh Nah-Mah-Haaa*

El Mantra "Om Shri Saraswataya Namaha" invoca el poder de la Diosa Hindú Saraswati (figura 139), asociada a la sabiduría, el aprendizaje, y las artes creativas. La traducción al Inglés dice: "Salutaciones a la Diosa Saraswati". "El canto de este Mantra estimula la creatividad y enciende el intelecto. Además, nos inspira a expresarnos a través del arte, la música, y la literatura. Si se canta este mantra antes de comenzar una nueva tarea creativa, se tendrá buena suerte.

Saraswati es considerada la madre de *Los Vedas*, las Antiguas escrituras Hindúes y Yóguicas. Muchas personas cultas creen que cantar regularmente el Mantra de Saraswati puede darles un profundo conocimiento y sabiduría sobre los misterios de la Creación que les liberará del ciclo de muerte y renacimiento (Samsara). Se refieren a este proceso de emancipación como "Moksha".

En el Mantra "Om Shri Saraswataya Namaha", Shri es un título de reverencia que se utiliza a menudo antes del nombre de una persona o de una Deidad honrada. Saraswati es la consorte del Dios Hindú Brahma, que está a la cabeza de la Trimurti. Como Brahma representa el proceso de creación, está relacionado con el Elemento Aire y los pensamientos, que dan poder y forma al intelecto. Saraswati es la Shakti de Brahma o la energía creativa femenina. Ella representa el aspecto pasivo de la misma energía, canalizada en el Plano Físico. Como tal, Saraswati simboliza la inspiración que impulsa nuestras expresiones creativas.

Figura 139: La Diosa Saraswati

MANTRAS BIJA Y MUDRAS DE LOS SIETE CHAKRAS

Cada uno de los Siete Chakras tiene una palabra o sonido sagrado asociado a él, llamado Bija, o Mantra "Semilla". Podemos utilizar estos Mantras en la Sanación con Sonido para sintonizar y equilibrar las energías de los Chakras y devolverlos a su vibración óptima. Al corregir la frecuencia energética de los Chakras, se libera su potencial latente.

Al hacer sonar los Mantras Bija de los Siete Chakras, nos conectamos con sus correspondientes Cinco Elementos. Esta conexión se crea por la posición de la lengua en la boca al vibrar los Bija Mantras. Los Cinco Elementos se atribuyen a los cinco primeros Chakras. Al mismo tiempo, Ajna representa la dualidad de las fuerzas masculina (Pingala) y femenina (Ida) en la naturaleza, el Yin y el Yang, y el Sahasrara representa la totalidad y la Unidad de todos los Chakras. Los Mantras Bija de los Siete Chakras se presentan a continuación.

LAM - Muladhara, el Chakra Raíz - Elemento Tierra - Primer Mantra Bija
VAM - Swadhisthana, el Chakra Sacro - Elemento Agua - Segundo Mantra Bija
RAM - Manipura, el Chakra del Plexo Solar - Elemento Fuego - Tercer Mantra Bija
YAM - Anahata, el Chakra del Corazón - Elemento Aire - Cuarto Mantra Bija
HAM - Vishuddhi, el Chakra de la Garganta - Elemento Espíritu - Quinto Mantra Bija
SHAM - Ajna, el Chakra del Ojo de la Mente - Dualidad - Sexto Mantra Bija
OM - Sahasrara, el Chakra Coronario - Unidad - Séptimo Mantra Bija

Sin embargo, estos siete no son los únicos Mantras Bija que existen. Cada una de las 50 letras del alfabeto Sánscrito tiene su propio Mantra Bija. En consecuencia, las 50 letras Sánscritas están relacionadas con los seis primeros Chakras, cuyos pétalos suman 50, que también se encuentran en el Loto de Mil Pétalos del Sahasrara. Según las escrituras Yóguicas, cuando una letra Sánscrita suena en un Mantra, abre su correspondiente pétalo del Chakra al que está asociado. Los pétalos de los mantras de los Chakras se indican en la Figura 140.

Figura 140: Mantras Bija de los Pétalos Cháquicos

Los Mantras Bija se han utilizado en las prácticas Yóguicas y en la meditación durante miles de años debido a sus efectos Espirituales en nuestros estados emocionales y mentales del Ser. Se pueden hacer sonar (vibrar en silencio o cantar en voz alta) o meditar por sí mismos o adjuntarlos al principio de Mantras más largos para potenciar su poder energético. Estos Mantras primordiales no tienen una traducción directa como otras partes de un Mantra. Sin embargo, sus intensas cualidades vibratorias los convierten en un potente instrumento para acceder a niveles superiores de conciencia.

Cuando se cantan como parte de un Mantra más largo, los Mantras Bija generalmente expresan la energía fundacional o la esencia de ese Mantra. Por ejemplo, el OM es la fuente, o la semilla, de la que proceden todos los demás sonidos de un Mantra. Por lo tanto, es el Mantra Bija más superior como el sonido del Para-Brahman (el Brahman Supremo); las letras del alfabeto Sánscrito son sólo emanaciones del OM, que es su sonido raíz.

El OM representa el Chakra Sahasrara, la fuente de energía de los otros seis Chakras que están por debajo de él. El Sahasrara es la Luz Blanca de la que emanan sucesivamente los 7 colores del arco iris, que se corresponden con los colores de los Siete Chakras. Nótese que el Sahasrara es tradicionalmente blanco o violeta, ya que el violeta es el color de mayor vibración en el vértice del arco iris.

Los 7 Mudras de Mano de la Figura 141 se utilizan tradicionalmente para abrir los 7 Chakras Mayores. Al combinar estos Mudras de Mano con los Mantras Bija de los 7 Chakras, tenemos una poderosa técnica para optimizar el flujo de energía de los Chakras y ayudar a despertar la Kundalini en la base de la columna vertebral.

Práctica de Curación con los Siete Chakras Mudra/Mantra

Comienza la práctica del Chakra Mudra/Mantra lavándote las manos. Después, busca una posición sentada y cómoda, ya sea en una Asana de meditación o en una silla. A continuación, permítete calmar tu interior practicando la Cuádruple Respiración y silenciando la mente. Dado que este ejercicio tiene un componente de visualización, ayuda tener los ojos cerrados mientras se realiza.

Hay dos métodos para realizar esta práctica, ambos deben ser utilizados e intercambiados con frecuencia. El primer método requiere comenzar con el Mudra Muladhara y trabajar hacia arriba a través de los Chakras. Esta secuencia particular refleja el ascenso de la Kundalini, así como la escalada del Árbol de la Vida, donde comienzas tu viaje en la Esfera o Chakra más bajo y te mueves hacia arriba en la conciencia hasta llegar al más alto.

Mientras realizas el Mudra de la Mano de cada Chakra, vibra/canta su Mantra Bija en un tono vocal energizante y proyectivo. Puedes dedicar de uno a cinco minutos a cada Mudra antes de continuar. Se consistente en el tiempo que le dediques a cada Mudra. Por ejemplo, si decides dedicar dos minutos al Mudra Muladhara, repite este tiempo también en los siguientes Mudras de las manos. La clave de cualquier práctica Espiritual exitosa es la consistencia y el equilibrio.

Mientras realizas un Mudra de la Mano, y vibras su correspondiente Mantra Bija, concéntrate en el área del Chakra. Conéctate con el Chakra e imagina que su color complementario se vuelve más y más brillante a medida que la energía de la Luz te impregna con cada vibración. El componente visual de este ejercicio es beneficioso para enfocar las energías que se invocan a través de los Mantras.

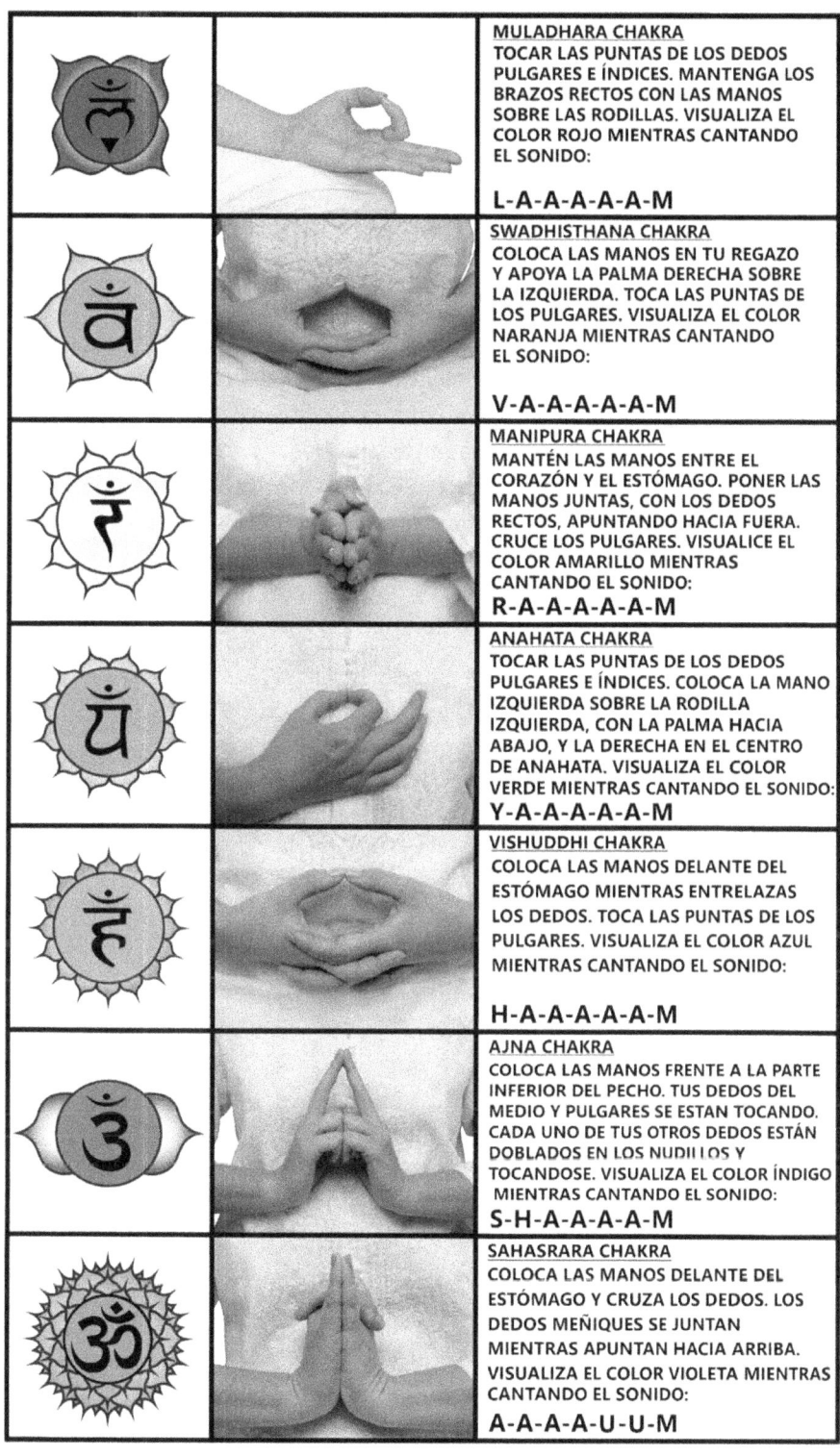

Figura 141: Los Siete Chakras Mudras/Mantras

En el segundo método de práctica de Chakra Mudra/Mantra, se comienza con el más alto, Sahasrara, y se desciende en secuencia a través de los Chakras. En este método, imagina al Sahasrara como luz blanca pura en lugar del color violeta. Después de terminar la combinación de Mudra/Mantra del Sahasrara, imagina que un rayo de Luz sale de él y se conecta con el Chakra Ajna que está abajo.

Una vez que hayas terminado con el Ajna, proyecta este mismo rayo de Luz hacia el Vishuddhi, y así sucesivamente. Debes visualizar un haz de Luz proyectándose de un Chakra al siguiente hasta llegar al Muladhara. Al final de este ejercicio, todos los 7 Chakras Mayores estarán iluminados, conectados por un eje o rayo de Luz.

Tanto si has realizado el primer como el segundo método de práctica del Chakra Mudra/Mantra, termina el ejercicio dedicando unos minutos a visualizar tus Chakras iluminados desde el interior de tu Aura en sus respectivos colores. Míralos más brillantes que nunca. Si realizas el segundo método de práctica, cada uno de los Chakras estará conectado por un rayo de Luz. La práctica del Chakra Mudra/Mantra está ahora completa. Puedes abrir los ojos y recuperar la plena conciencia despierta.

MEDITACIÓN (DHYANA)

El estilo de vida acelerado y multitarea de los Occidentales ha dado lugar a trastornos mentales como la ansiedad, la depresión, y el estrés crónico. Por este motivo, las prácticas holísticas de cuerpo y mente, como el Yoga y la meditación de atención plena, se han hecho populares en Occidente como técnicas de reducción del estrés que calman el sistema nervioso y aumentan los niveles de dopamina y serotonina en el cerebro. El resultado es una mayor felicidad, y una mente y cuerpo sanos.

Según la definición del diccionario, "meditación" significa dedicarse a la contemplación o la reflexión. Implica estar atento y presente aquí y ahora, lo que aumenta la conciencia al entrar en el reino de la conciencia pura. Es un proceso que requiere que volvamos nuestra mente hacia el interior y nos unifiquemos con una realidad superior, que es sustancial y saludable.

La meditación es un viaje hacia la unión del Ser con el Espíritu interior. Es una búsqueda de una verdad superior que sólo la intuición puede captar, que nos exige superar nuestra inteligencia limitada y nuestras emociones personales y establecer una conexión permanente con nuestra verdadera esencia.

Entrar en el interior a través de la práctica meditativa alivia los condicionamientos subconscientes que nos impiden ser la mejor versión de nosotros mismos. La meditación restablece la mente, lo que ayuda a las personas a superar los malos hábitos y las adicciones perjudiciales. También reconectamos con el Alma al ir hacia el interior, lo que redirige nuestra brújula moral si nos hemos desviado.

La meditación aporta claridad mental y calma nuestras emociones, lo que tiene un efecto curativo en todos los aspectos de nuestra vida, incluidas las relaciones personales. Libera la tensión interna y la ansiedad y nos recarga con una nueva fe en el Universo y el amor por nosotros mismos y por los demás. A nivel físico, la meditación reduce el ritmo cardíaco, mejora el sistema inmunitario y equilibra los Sistemas Nerviosos Simpático y Parasimpático, aportando coherencia al cuerpo.

La meditación ayuda a las personas a alcanzar la paz mental y el equilibrio, necesarios para funcionar mejor en la sociedad. Esta práctica no tiene nada que ver con escapar a un Mundo Interior y abandonar las responsabilidades en el ámbito material, sino con encontrar nuestro núcleo y alcanzar una felicidad genuina y duradera. Al hacerlo, desarrollamos una base adecuada en la vida que facilita todo lo que hacemos a partir de ese momento.

La meditación es a menudo el resultado de que las personas lleguen a un callejón sin salida en su búsqueda de la felicidad a través de la satisfacción de los deseos de su Ego. Como nos condicionamos a asociarnos con el Ego en nuestra adolescencia, esta creencia sigue prevaleciendo en nuestros primeros años como adultos, hasta que llegamos a la conclusión de que alcanzar la felicidad definitiva requiere que vayamos más allá del Ego para encontrar el Espíritu interior. Esto es lo que significa convertirse en Espiritual y discernir entre la ilusión y la realidad, y la meditación es el método óptimo para alcanzar esa meta.

PRÁCTICA YÓGICA Y MEDITACIÓN

La meditación es el séptimo miembro o paso del Yoga, Dhyana, tal y como se describe en los *Yoga Sutras* de Patanjali. Intentar retirar los sentidos (Pratyahara) y concentrar la mente (Dharana) son los pasos quinto y sexto del Yoga, que conducen a la meditación. Los pasos tercero y cuarto (Asanas y Pranayama) ayudan a equilibrar nuestras energías masculina y femenina y a calmar la mente, lo que lleva a ir hacia el interior, un requisito previo para la meditación.

Una vez que aprendemos a meditar, tenemos una técnica para contactar con nuestro Ser interior, el Espíritu, lo que nos permite alcanzar el octavo y último paso del Yoga-Samadhi-Autoidentificación con la Conciencia Cósmica. Samadhi implica la liberación, o la Iluminación, donde el sujeto y el objeto se han convertido en Uno.

Dado que la meditación requiere concentración mental, el control de nuestra energía Pránica es crucial. Podemos conseguirlo mediante posturas mediadoras estabilizadas (Asanas) y la regulación de la respiración (Pranayama). Las personas con trastornos mentales o emocionales como la esquizofrenia, la psicosis, la bipolaridad, el trastorno de estrés postraumático, etc., deberían centrarse primero en las Asanas y el Pranayama para equilibrar sus energías, ya que es útil superar las tendencias negativas de la mente antes de intentar una meditación profunda.

Abrir nuevas puertas de la psique cuando la mente no está sana y fuerte puede dar miedo a muchas personas. Después de todo, una gran parte de la meditación consiste en desprenderse de las actividades de la mente y separarse de nuestros pensamientos. Es esencial desarrollar la valentía y la fe para enfrentarse a lo desconocido, lo que transmuta el miedo en energía positiva que fomenta nuestra Evolución Espiritual. Por esta razón, las prácticas Yóguicas como las Asanas, el Pranayama, los Mudras, y los Mantras se utilizan a menudo junto con la meditación, ya que preparan la mente y el cuerpo para alcanzar estados superiores de conciencia.

Por ejemplo, los Mudras ayudan a manipular nuestras energías internas, promoviendo el bienestar físico, mental y emocional, mientras que los Mantras invocan/evocan la energía trascendental en el Aura, elevando la conciencia por encima del nivel del cuerpo y del Ego. Por lo tanto, los Mantras son primordiales en la práctica de la meditación, especialmente cuando un individuo necesita ayuda para aquietar la mente y conectar con un poder superior.

Debido a su eficacia, he dedicado la mayor parte de esta sección a las técnicas Yóguicas de Asana, Pranayama, Mudra, y Mantra. Su dominio está destinado a preparar el cuerpo, la mente y el alma para la meditación, que conduce a la unidad con el Espíritu-la energía de la Fuente del Creador.

La regulación del propio estilo de vida, incluida la aplicación de una dieta saludable, forma parte de la preparación de la mente para la meditación. El primer y el segundo paso del Yoga, Yamas (Autocontención) y Niyamas (Auto-observación), requieren que seamos conscientes de nuestros pensamientos, emociones y acciones y que los controlemos. Como dice el Antiguo aforismo Griego: "Conócete a ti mismo". Sólo cuando hayamos aprendido las tendencias de nuestro Egos, nuestra naturaleza interna automática, podremos empezar a intentar cambiarla y manejarla para abrirnos a la energía Espiritual.

En última instancia, la meditación nos lleva a convertirnos en la encarnación del Amor Divino. El Amor Divino es la esencia del Espíritu, que sentimos tangiblemente en nuestros corazones como una emoción. Por esta razón, la apertura del centro del corazón, o Chakra del Corazón es uno de los objetivos de la meditación. Cuando el Chakra Anahata se prepara a través de las prácticas Yóguicas, junto con el desarrollo de la moral y la ética, una afluencia de energía espiritual se vierte desde el Chakra Sahasrara superior, lo que resulta en una transformación permanente de la conciencia. Cuando esto ocurre, el aspirante ha alcanzado la meta final del Yoga: la unión con la Divinidad.

TRES METODOS DE MEDITACION

Al igual que existen varias disciplinas Espirituales para alcanzar la Iluminación, hay muchas formas de meditar. En este capítulo, mencionaré tres métodos principales de meditación que he encontrado más útiles, aunque hay muchos más, algunos de los cuales analizo en otras secciones de este libro. Además, la meditación no tiene por qué ser estacionaria, ya que caminar también puede ser un ejercicio de meditación si se practica la atención plena. Cualquier actividad que te haga estar presente aquí y ahora y te sintonice con la energía Espiritual constituye una forma de meditación.

El primer tipo de meditación que he encontrado muy poderoso requiere concentrarse en un objeto específico fuera de ti y mirarlo con los ojos abiertos. Las opciones de qué objeto meditar son ilimitadas. Ayuda empezar con un objeto simple como la llama de una vela (como se indica en este capítulo) y progresar a uno más elaborado, como una estatua de la Deidad.

Este tipo de meditación tiene como objetivo enfocar tu mente sin interrupción y convertirte en uno con el objeto, lo que tiene efectos Espirituales muy positivos. A medida que te concentras y te centras en el objeto, tu atención se alejará de tu mente subconsciente y se proyectará fuera de ti, aumentando tu conciencia de tu entorno.

Esta mediación está destinada no sólo a estimular tu Ojo Mental, sino a despertarlo plena y permanentemente. Por esta razón, cuando te concentras en un objeto más intrincado, como una estatua de una Deidad, descubrirás que cuanto más tiempo hagas esta práctica, tu sentido Astral se despertará para que puedas sentir, tocar, oler, incluso saborear la estatua con tu mente.

El segundo tipo de meditación emplea el uso de sonidos (Mantras) para concentrar la mente. Los mantras son palabras, frases o afirmaciones particulares, cuya repetición durante la meditación eleva la conciencia a estados superiores. En el Yoga, el acto de repetir un Mantra con el uso de cuentas Mala se llama Japa, derivado de la palabra Sánscrita "jap", que significa "pronunciar en voz baja, repetir internamente".

La recitación audible de una oración durante la meditación también constituye un Mantra, que debe sonar con un propósito y un sentimiento profundo para obtener efectos óptimos. La intención y la concentración de la mente son cruciales a la hora de repetir cualquier Mantra, al igual que la tonalidad de la voz. Por ejemplo, los cantos implican un ritmo y un tono que, cuando se realizan correctamente, ponen a la mente y al cuerpo en un estado de trance. Los cantos e himnos religiosos son Mantras que nos inspiran y transportan a un estado expandido de conciencia, facilitando el despertar Espiritual. Hablaré de los Mantras con más detalle en el siguiente capítulo de esta sección.

Figura 142: Meditación de Visualización

El tercer tipo de método de meditación consiste en la visualización. Las meditaciones de visualización son muy populares y efectivas a la vez que fáciles de practicar. Para emplear este tipo de meditación, todo lo que hay que hacer es elegir un objeto para meditar y visualizarlo con los ojos cerrados. La meditación de visualización estimula el Ojo de la Mente ya que involucra la Luz Astral, que es la base de todas las imágenes visuales.

Una poderosa adaptación de este ejercicio es visualizar una Deidad, como un Dios o una Diosa, de un panteón de su elección (Figura 142). No sólo recibirás los efectos esperados de una meditación de visualización, sino que podrás imbuir en tu Aura las características energéticas de la Deidad que imaginaste.

Para obtener efectos óptimos, es mejor tener el objeto real a mano, como la estatua de la Deidad elegida. Puedes sostener el objeto para sentir su energía o colocarlo a la altura de tus ojos mientras examinas todos sus intrincados detalles y tomas nota de ellos mentalmente. A continuación, debes cerrar los ojos e imaginar lo que acabas de ver, mientras te concentras en mantener esa imagen en tu Ojo de la Mente sin interrupción.

Al iniciar la práctica de la meditación de visualización, puedes centrarte en un punto, una línea, un cuadrado, o un círculo, y luego reproducir la imagen en el Ojo de tu Mente a través de la imaginación. Sin embargo, enfocar tu atención en un objeto tridimensional tiene efectos específicos que no puedes lograr con un plano bidimensional, como despertar completamente tus sentidos astrales.

Para empezar a meditar en un objeto Tridimensional, empieza con algo sencillo, como una pieza de fruta, y luego avanza hacia una forma más complicada, como una estatua de la Deidad. Además, ten en cuenta que todos los colores tienen diferentes vibraciones, y al visualizar un color, invocas su energía correspondiente en tu Aura a un nivel sutil. Por lo tanto, presta atención a cómo te hace sentir una meditación de visualización cuando los colores están involucrados.

PASOS DE MEDITACION

Cuando planifiques una meditación, asegúrate de hacerla en un lugar tranquilo y agradable en el que sepas que no te molestarán. A muchas personas les gusta utilizar el incienso para limpiar su espacio de energía negativa, haciéndolo así sagrado. El incienso también contiene propiedades específicas que elevan la mente y la preparan para la meditación. Asegúrate de quemar el incienso antes de preparar el espacio, y no durante la meditación, ya que puede interferir con la respiración y ser una distracción.

La Salvia, el Incienso, y el Sándalo son los inciensos más populares por sus propiedades curativas y sus efectos calmantes. También se sabe que activan el Chakra Ajna, que es un requisito previo para la meditación. Sin embargo, mi favorito personal es el incienso Indio Nag Champa, que tiene un aroma agradable y una calidad de alta vibración.

Las mañanas suelen ser el mejor momento para meditar, especialmente con el estómago vacío. Una vez que se introduce la comida en el cuerpo, hay que esperar al menos de cuatro a seis horas antes de meditar, ya que el cuerpo estará trabajando duro para digerir los alimentos, que se transforman en energía Pránica que potencia el sistema. También se aconseja meditar por la noche, ya que estamos más relajados de forma natural; meditar antes de dormir facilita un estado mental tranquilo y equilibrado, promoviendo un sueño saludable.

Si haces de la meditación una parte de tu práctica Yóguica, puede que te parezca suficiente dedicarle de cinco a 10 minutos, que deberías realizar al final. Sin embargo, si meditas independientemente de tu práctica Yóguica, un tiempo de 15 a 20 minutos es óptimo y dará los mejores resultados. Ten en cuenta que cuanto más tiempo le dediques, mejores serán tus resultados.

Las meditaciones suelen realizarse sentado, aunque también se puede meditar de pie, caminando o tumbado. Sin embargo, los principiantes deben evitar acostarse mientras intentan meditar, ya que es común que las personas inexpertas se queden dormidas.

Sukhasana, Siddhasana, y Padmasana son las posturas meditativas recomendadas que varían en función de tu flexibilidad. Al practicar estas Asanas meditativas, debes colocar las manos sobre las rodillas en los Mudras Jnana o Chin.

Sentarse en una silla también funciona y no es menos eficaz cuando se intenta meditar. A los principiantes les puede parecer la mejor opción, ya que las sillas proporcionan el apoyo necesario para que la espalda y la columna vertebral se centren más en el proceso de meditación en sí. También puedes arrodillarte en el suelo, con o sin un cojín para las rodillas, lo que te resulte más cómodo.

Sea cual sea la postura que elijas, la clave es que la espalda y la columna vertebral se mantengan rectas durante la meditación, mientras mantienes las manos a los lados, lo que permite una canalización óptima de las energías Pránicas y Cháquicas. Además, cuando estás erguido, el cuerpo está más relajado y estable, lo que aumenta tu capacidad de concentración y de ir hacia el interior.

Después de elegir la postura de meditación y el punto de concentración, el siguiente paso es la respiración. La técnica de Respiración Yóguica Pranayama es óptima, ya que la atención se centra en la respiración Diafragmática y Torácica, ya que la expansión del abdomen maximizará la ingesta de oxígeno mientras se conectan a tierra las energías internas. Este tipo de respiración activa todo el sistema de Chakras, incluyendo los dos más bajos, el Muladhara y Swadhisthana. Las personas que respiran naturalmente sólo por el pecho involucran a los Chakras superiores y medios mientras dejan los cruciales Chakras de la Tierra y del Agua mayormente sin usar, lo que resulta en un estado mental desequilibrado que da lugar al estrés y la ansiedad.

La respiración le permite controlar el proceso de meditación; por lo tanto, sea consciente de su inhalación y exhalación todo el tiempo. La respiración debe ser lenta, profunda, y rítmica. Asegúrate de mantener una compostura relajada y tranquila. Si pierdes el control de la respiración, no te asustes, sino que vuelve a controlarla y retoma el ritmo.

Mientras meditas, te darás cuenta de que tus pensamientos vagan con frecuencia. No te alarmes; es una parte natural del proceso. De hecho, cuanto más te concentres en el objeto elegido, especialmente con los ojos cerrados, tu Ego hará todo lo posible para sabotear tus intentos. Meditar no consiste en acallar los pensamientos del Ego, sino en aprender a no escucharlos manteniendo la atención en la tarea que se está realizando.

Las meditaciones con Mantras son útiles para los principiantes, ya que te permiten redirigir tus pensamientos en lugar de vaciar tu mente silenciándolos. Cuando te encuentres distraído por tus pensamientos, vuelve a tu punto de enfoque elegido o desvía tu mente volviendo a poner tu atención en tu Mantra. También puedes utilizar la respiración para recuperar el control de la mente, redirigiendo tu atención hacia ella cuando la mente divague.

Al principio, es posible que te sientas incómodo mientras meditas. Tu cuerpo se crispará, se acalambrará, se te dormirán las piernas o desarrollarás impaciencia e incluso agitación. No te alarmes cuando esto ocurra, ya que es una señal de que tu meditación está funcionando. He descubierto que, al aprender a meditar, el primer obstáculo que hay que superar es el de aprender a relajar el cuerpo, ya que es el Ego el que utiliza el cuerpo para distraerle y disuadirle de su objetivo. Verás que cuantas más veces repitas el proceso de meditación, más fácil te resultará.

Cuando tu meditación comience a funcionar, el Ego perderá el control sobre la mente, por el momento, dando lugar a un estado de conciencia elevado. El efecto será una mente silenciosa y calmada con pensamientos puros en el fondo desprovistos de significado personal. Cuando hayas alcanzado este punto crítico, mantenlo todo el tiempo que puedas. Cuantas más veces puedas llegar a este punto durante la meditación, más fácil te resultará desconectar de tu Ego y elevar la vibración de tu conciencia. Después de algún tiempo, puedes desarrollar la habilidad natural de hacer esto incluso sin meditación, lo que te permitirá contactar con tu Ser Superior instantáneamente para recibir su guía y sabiduría.

Por último, trabaja en la purificación de tu mente en la vida diaria. Cuanto más desarrolles un carácter fuerte y una naturaleza moral y ética, el proceso de meditación será más accesible. Sé persistente y decidido a seguir adelante con tus meditaciones, aunque parezca que no llegas a ninguna parte. Si te rindes demasiado pronto, pierdes los increíbles beneficios de la meditación, que son infinitos. Como el día sigue a la noche, debes saber que alcanzarás el objetivo de tus meditaciones si te mantienes en ello con regularidad y sigues los pasos prescritos.

MEDITACION DE LA LLAMA DE LA VELA (TRATAKA)

Trataka, en Sánscrito, significa "mirar" o "contemplar", ya que esta práctica consiste en mirar fijamente un objeto pequeño, como un punto negro, la llama de una vela, una estatua de una Deidad y un dibujo geométrico como un mandala o un Yantra. La llama fija de una vela (Figura 143) es un imán natural para los ojos y la mente y se considera la más práctica y segura. Como tal, es la más utilizada por los Yoguis.

Trataka es una técnica de Hatha Yoga que entra en la categoría de Shatkarma (en Sánscrito significa "seis acciones"), que son seis grupos de prácticas de purificación del cuerpo por medios Yóguicos. El objetivo de los Shatkarmas es crear una armonía entre los Nadis Ida y Pingala, creando así un equilibrio entre tus estados mental, emocional, y físico. Trataka es la ciencia Shatkarma de la visión.

Los ojos son las "ventanas del Alma", el medio a través del cual nuestra mente se comunica con el entorno exterior. Permiten la entrada de la Luz, iluminando el Ser interior. Trataka es una técnica que nos permite mirar dentro de nuestras mentes y Almas a través de los ojos. Dado que nuestras mentes están constantemente comprometidas con lo que miran nuestros ojos, la conciencia unipuntual de Trataka nos permite calmar la mente subconsciente, impulsada por el Ego. A medida que el Ego entra en estado neutral, sus continuos patrones de pensamiento se ralentizan, lo que permite que la conciencia se eleve y entre en estados mentales más elevados.

Calmar la mente y sus patrones de pensamiento es un requisito previo para la meditación (Dhyana). Al enfocar la mirada en la llama de una vela, se activa el Chakra Ajna, que no sólo tiene un efecto calmante en la mente, sino que es la puerta de entrada a estados superiores de conciencia. Por lo tanto, con la práctica regular de Trataka, las habilidades psíquicas de uno se intensifican, al igual que la intuición, permitiendo niveles más altos de comprensión de los misterios de la Creación.

Figura 143: Meditación de la Llama de la Vela (Trataka)

Con Trataka, la mente se purifica y se vigoriza, mejorando la concentración (Dharana) y erradicando todos los problemas relacionados con los ojos y la visión. Además, el ritmo cardíaco y respiratorio y la actividad de otros órganos se ralentizan, promoviendo el rejuvenecimiento a través de la propia energía Pránica.

Trataka equilibra los Sistemas Nerviosos Simpático y Parasimpático, aliviando la tensión nerviosa. Además, las áreas inactivas del cerebro se estimulan con la práctica regular de Trataka, mientras que las áreas que dominan la actividad tienen la oportunidad de recargarse, promoviendo un cerebro sano. Por último, la práctica regular de Trataka mejora la calidad del sueño al calmar la mente y tratar la depresión y otros problemas mentales y emocionales.

Trataka debe practicarse al final de la secuencia de Yoga, después de las Asanas, Pranayamas, Mudras, y Bandhas. Cuando se practica solo, es mejor hacerlo por la mañana, cuando la mente está tranquila y los ojos están más activos. También puede realizarse por la noche, antes de dormir. Evitar Trataka con el estómago lleno, como es el caso de todas las prácticas Yóguicas.

Para empezar la meditación Trataka, siéntate en una habitación oscura donde no te molesten durante la duración del ejercicio. A continuación, enciende una vela y colócala sobre una pequeña mesa a unos 60 centímetros delante de ti, a la altura de los ojos (Figura 144). Asegúrate de que no haya ninguna corriente de aire en los alrededores que pueda afectar al movimiento de la llama de la vela.

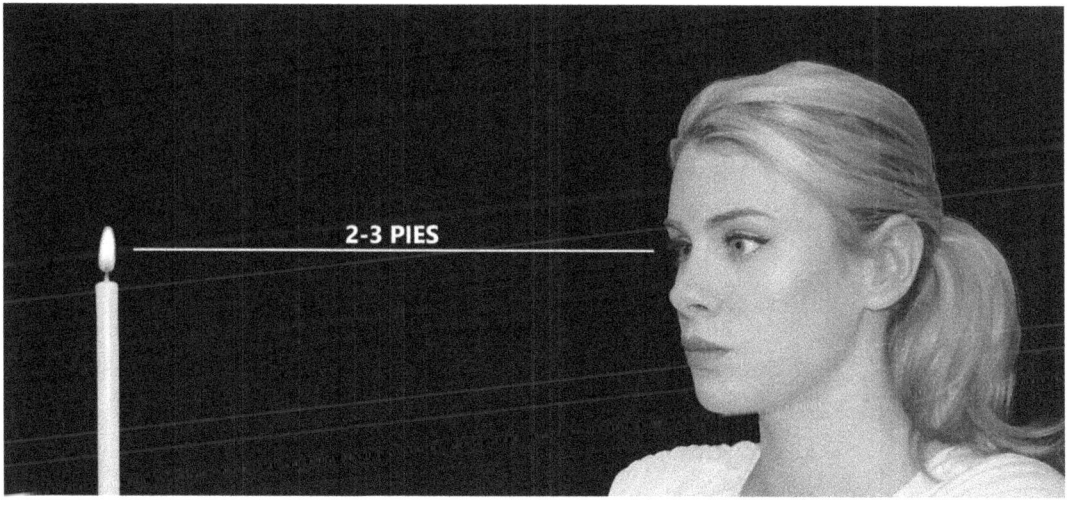

Figura 144: Colocación de la Llama de la Vela

Siéntate en cualquier Asana de meditación cómoda con las manos sobre las rodillas en los Mudras Jnana o Chin. La columna vertebral y la cabeza deben mantenerse rectas. Cierra los ojos ahora mientras relajas tu cuerpo, especialmente los ojos. Asegúrate de que el cuerpo se mantenga firme durante todo el ejercicio.

Abre los ojos y empieza a mirar la llama de la vela. El punto ideal de la mirada es la punta roja de la mecha. Mantén la mirada durante todo el tiempo que puedas, evitando parpadear o mover los globos oculares de cualquier manera. No fuerces los ojos, ya que la tensión puede hacer que parpadeen. Detente si los ojos comienzan a lagrimear.

Al convertirte en uno con la llama, debes perder la conciencia de todas las sensaciones corporales. Tu Ser se exteriorizará, alejándote de todo el ruido mental que te distrae. Si la mente empieza a divagar y tu concentración disminuye, vuelve a centrarte en la llama de la vela.

Después de uno o dos minutos, cierra los ojos y mira la imagen posterior de la llama en el espacio que tienes delante. Si la imagen posterior empieza a moverse de lado a lado o de arriba a abajo, puedes estabilizarla concentrándote en ella con más fuerza. Cuando la imagen empiece a desvanecerse, tráela de vuelta a través de la memoria. Cuando desaparezca por completo, abre los ojos y empieza a mirar de nuevo la llama de la vela.

Repite este proceso tres o cuatro veces si eres principiante, sin tardar más de dos minutos en total. Cuando estés listo para terminar el ejercicio, frota tus manos durante cinco segundos para generar energía Pránica y luego colócalas sobre tus ojos durante 10 segundos para absorberla. Termina siempre la meditación Trataka de esta manera, que proporciona energía curativa a tus ojos.

A medida que adquieras más experiencia con la meditación Trataka, aumenta su duración hasta 10 minutos. Las personas que tienen insomnio, depresión, u otros problemas mentales y emocionales deben dedicar hasta 20 minutos a este ejercicio.

Tenga en cuenta que las personas que sufren de glaucoma, epilepsia, o dolencias oculares graves no deben practicar la Trataka. En su lugar, pueden sustituir su punto de enfoque por un punto negro, realizado en una habitación bien iluminada. Aunque meditar en un punto negro producirá beneficios similares a los de Trataka, es menos potente ya que omite el enfoque en la imagen posterior, que abre efectivamente el Ojo de la Mente con el uso regular.

EL YOGA Y LOS CINCO ELEMENTOS

El Yoga nos ayuda a purificar y equilibrar los cinco elementos: Tierra, Agua, Aire, Fuego, y Espíritu (Espacio). Al hacerlo, se restablece la salud óptima de estos Elementos en el cuerpo y se despliegan los poderes y habilidades internos que corresponden a cada Elemento. Sin embargo, dado que cada uno de los Cinco Elementos es responsable de diferentes estructuras en el cuerpo, pueden producirse enfermedades y sufrimiento psicológico si algún Elemento se vuelve impuro o se desequilibra con otro Elemento.

Dado que el Elemento Tierra ("Bhumi" en Sánscrito) se relaciona con todos los sólidos, se corresponde con el cuerpo físico, concretamente con los sistemas esquelético y muscular. El Elemento Tierra incluye todos los tejidos del cuerpo, incluida la piel, los dientes, las uñas y el cabello. El cuerpo físico es el vehículo de nuestra conciencia y el fundamento que nos une al Planeta Tierra.

El Elemento Agua ("Jala" en Sánscrito) está relacionado con todos los fluidos; el 60% de nuestro cuerpo físico está formado por agua, que se mueve a través de nuestro sistema circulatorio. También podemos encontrar agua en nuestro cerebro, corazón, pulmones, músculos, riñones e incluso huesos. Además, nuestra sangre, sudor, saliva, orina, semen, y fluidos vaginales y uterinos también contienen agua. Nuestra salud física y mental depende del flujo de agua de nuestro cuerpo, ya que el Elemento Agua regula la conciencia.

El Elemento Fuego se relaciona con la digestión y el metabolismo, y tiene que ver con el hambre, la sed y nuestra necesidad de dormir. El fuego se llama "Agni" en sánscrito, el Dios del Fuego en el Hinduismo. En la práctica de Asanas, Agni se refiere al calor interno que se genera en posturas específicas. El Elemento Fuego se relaciona con nuestras Almas, nuestra fuente de luz que tiene el poder de crear y destruir.

El Elemento Aire ("Pavan" en Sánscrito) se relaciona con nuestro sistema respiratorio y se ocupa de expandir y contraer la energía Pránica en el cuerpo. El Prana es la energía de la luz, la fuerza vital que todos los organismos vivos necesitan para sobrevivir. El aire que nos rodea es portador de energía Pránica; el mero hecho de respirar introduce el Prana en el cuerpo. La energía Pránica también es necesaria para alimentar la mente. Por esta razón, el control de la respiración (Pranayama) es esencial en todas las prácticas Yóguicas, ya que uno de los objetivos del Yoga es centrar la mente y llegar a ser consciente de sí mismo.

El Espíritu/Elemento Espacial ("Akasha" en Sánscrito) potencia nuestras funciones cognitivas internas. Es nuestra fuente de amor, verdad, sabiduría, inspiración y fe. Sin embargo, la energía del Espíritu puede corromperse a través de la ausencia de razón y del pensamiento ilógico, lo que genera miedo. Nuestro mayor miedo se relaciona con la supervivencia en el Plano Físico, como nuestro miedo primario a la muerte. Tememos a la muerte porque no podemos saber con certeza lo que sucede cuando morimos ya que no tenemos recuerdos más allá de esta vida. Como es Eterno y Atemporal, el Espíritu nos da fe en la otra vida, en la continuación de nuestra existencia más allá de la muerte. La mejor manera de experimentar la energía del Espíritu es silenciando la mente y profundizando en nuestro interior. La meditación es la forma óptima de sintonizar con el Espíritu dentro de nosotros para inducir la paz mental y la dicha, a la vez que aporta inspiración a nuestra vida diaria.

ACTIVACION Y EQUILIBRIO DE LOS ELEMENTOS

Existe un orden natural de los Elementos en el cuerpo. Al realizar Asana, Pranayama, Mudra, Mantra, y meditación, la práctica de la conciencia de los Elementos en el cuerpo nos permite canalizar la energía Pránica en sus correspondientes centros Cháquicos. Al activar nuestros poderes elementales, podemos lograr el equilibrio de la mente, el cuerpo, y el Alma.

Los Elementos Tierra y Agua están debajo del ombligo. Cada vez que centramos nuestra atención en la región pélvica, ya sea mediante el movimiento, la meditación o las técnicas de respiración, estimulamos estos dos Elementos en acción.

Las Asanas estacionarias facilitan la estabilidad al profundizar nuestra conexión con la Tierra. A medida que nuestro cuerpo físico se enraíza, establecemos nuestra base física, conectando así con el Elemento Tierra. Nuestros músculos se vuelven flexibles y las articulaciones se estabilizan. El propio cuerpo se vuelve fuerte y firme. Las Asanas nos conectan con nuestros pies y tomamos conciencia de nuestro lenguaje corporal y nuestros movimientos. La mente se vuelve a la tierra y se concentra. Como las Asanas estacionarias ralentizan el fuego metabólico, enfrían el cuerpo y estabilizan la mente.

La transición de una Asana a la siguiente adquiere una acción fluida cuando intentamos movernos con fluidez a través de nuestros movimientos. Nuestra capacidad para mantener una Asana y luego soltarla permite que nuestra mente se adapte de un momento a otro. La gracia y la resistencia que acompañan a la práctica de la Asana nos permiten conectar con el Elemento Agua. Nuestra conciencia se vuelve más abierta y consciente de lo que nos rodea, sacándonos de nuestra mente y sintonizándonos con el momento presente.

El Elemento Fuego se sitúa en el centro del torso, en la zona del Plexo Solar. Por lo general, el Elemento Fuego se activa a través de Asanas dinámicas que implican movimiento y fluidez. Sin embargo, hay un punto de ruptura en las Asanas estacionarias cuando el cuerpo comienza a generar calor, haciendo que el cuerpo tiemble, induciendo el sudor. Este punto de ruptura es cuando el Ego y la mente quieren dejar de sostener la Asana. Invocar la energía necesaria y la fuerza de voluntad para continuar facilitará un aumento aún más significativo de la energía del Elemento Fuego del cuerpo, resultando en la quema de las toxinas de los otros Elementos. Según los Yoguis, algunas Asanas aumentan el fuego digestivo hasta tal punto que pueden eliminar las enfermedades.

El Elemento Aire está en el centro del pecho y es nuestro principal centro de energía Pránica. Nuestros músculos, articulaciones, y otros tejidos de apoyo se expanden cuando respiramos. Como resultado, nuestra mente se abre a través de diferentes técnicas de Pranayama mientras el cuerpo se vuelve ligero como una pluma.

El mero acto de respirar estimula el Elemento Aire en acción, aunque con la respiración controlada, podemos enfocar la energía Pránica en cualquier área de nuestro cuerpo para facilitar la curación. El control de la respiración permite al individuo enfocar su energía Pránica durante la práctica de las Asanas. El Prana es poderoso para limpiar el cuerpo de toxinas ya que activa el Elemento Fuego purificador. El Elemento Agua se estimula si enfocamos la energía Pránica en la zona del abdomen, como por ejemplo a través de la Respiración Diafragmática.

El Elemento Espíritu, o Espacio, está en la cabeza y es más accesible a través de las técnicas de meditación, especialmente las que utilizan el Ojo de la Mente. Cuando realizamos las técnicas de Asanas y Pranayama con gracia, concentración y conciencia de nuestros movimientos, pensamientos y emociones, infundimos amor, cuidado, y dedicación a nuestra práctica, lo que activa el Elemento Espíritu.

Utilizar una secuencia equilibrada de Asanas que incluya movimiento y quietud tiene enormes beneficios para equilibrar los Elementos. Nos permite regular el Elemento Fuego y armonizar los Elementos Tierra y Aire, que son enemigos naturales: mientras el cuerpo se ocupa de la conexión a tierra, la mente se ocupa de los pensamientos. Mientras uno es sólido (Tierra), el otro es Etérico (Aire). Equilibrar el cuerpo y la mente permite conectar con el Alma, que busca la unidad con el Espíritu.

Las Asanas hacen que el cuerpo y la mente se mantengan firmes y arraigados, al tiempo que flexibilizan las extremidades. Los miembros flexibles permiten un movimiento más significativo de la energía Pránica a través de los Nadis que los recorren. Cuando el Elemento Aire está optimizado en el cuerpo, podemos añadir el combustible necesario a los Elementos Agua y Fuego. Un cuerpo flexible tiene grandes beneficios para el sistema Cháquico de uno, que es una de las razones por las que las Asanas son tan atractivas para la población en general. Una forma eficaz y sencilla de equilibrar los Cinco Elementos es con los Mudras de la Mano (Figura 145). Además de aumentar o disminuir los Elementos, cada Mudra de la Mano tiene beneficios adicionales para la mente y el cuerpo, como se menciona en sus descripciones. Para realizar los Mudras de la Mano para los Cinco Elementos, sigue las instrucciones descritas en la página 378.

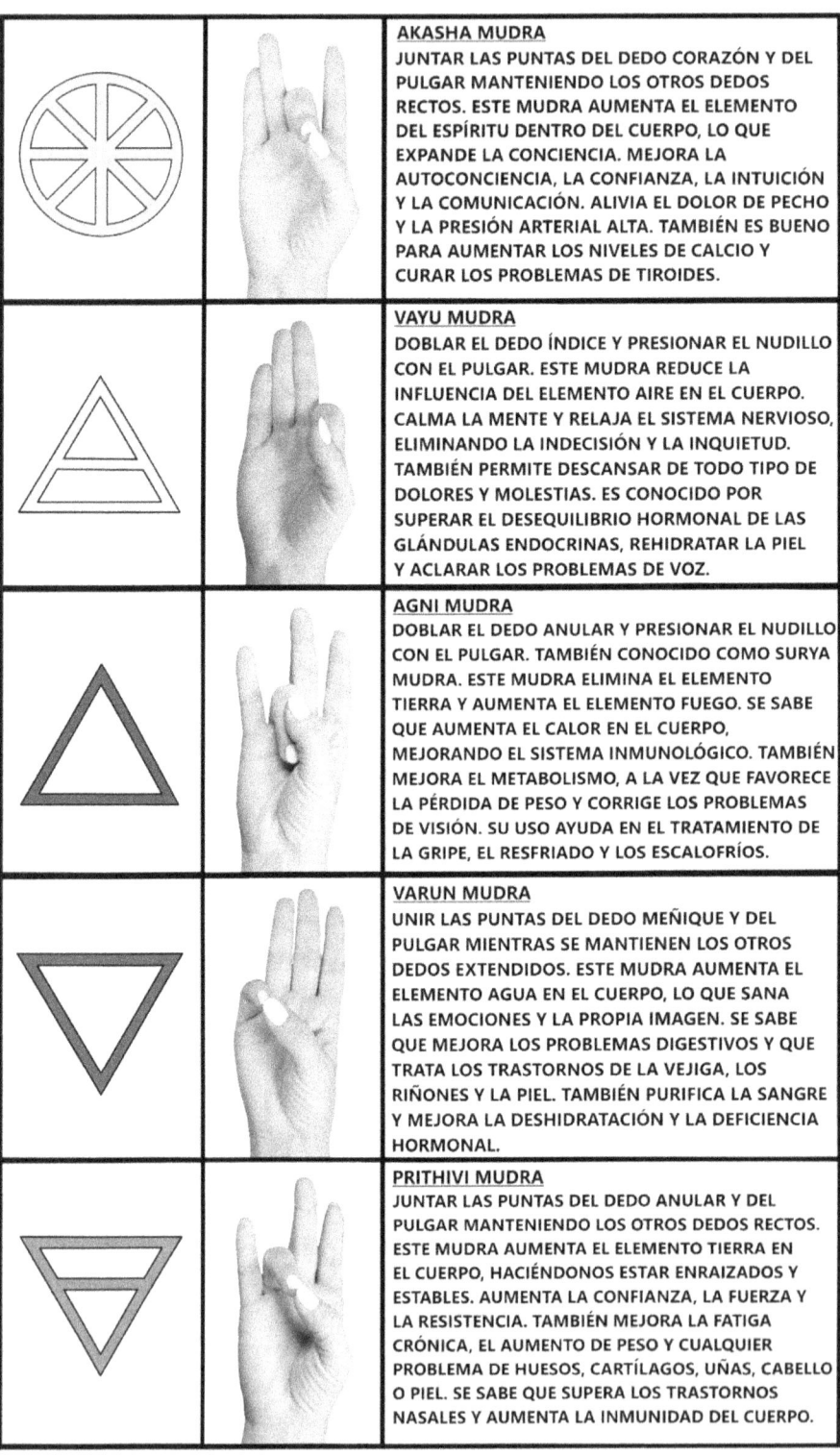

Figura 145: Mudras de las Manos para los Cinco Elementos

AYURVEDA

La medicina holística del Ayurveda se remonta a la era Védica, más o menos al mismo tiempo que se desarrolló el Yoga. Aunque aparentemente no están relacionados, el Yoga y el Ayurveda comparten la misma cultura, filosofía, lenguaje, y metodología, y son considerados ciencias hermanas por los Hindúes. Mientras que las prácticas Yóguicas se ocupan de armonizar nuestra mente, cuerpo y alma, el Ayurveda proporciona una comprensión de nuestras constituciones físicas, y mentales, y de cómo la dieta y el estilo de vida afectan a nuestros cuerpos y mentes.

La base del Ayurveda es la teoría de los "Tridosha" (Sánscrito para los "Tres Doshas"), las tres fuerzas o "humores" del cuerpo - Vata (viento), Pitta (bilis) y Kapha (flema). Vata gobierna el movimiento en el cuerpo, Pitta gobierna la digestión y la nutrición, y Kapha es la energía que forma la estructura, la masa, y los fluidos del cuerpo. Aunque las Tres Doshas influyen principalmente en nuestro cuerpo físico, también tienen contrapartidas sutiles que afectan a la mente y a las Cinco Koshas: Prana, Tejas, y Ojas. Las actividades de nuestros cuerpos y mentes dependen del buen funcionamiento de los Tres Doshas. Cuando están desequilibrados, contribuyen a los procesos de enfermedad.

Los Tridosha también son responsables de las preferencias individuales en los alimentos, incluidos los sabores y las temperaturas. Gobiernan la creación, el mantenimiento, y la destrucción de los tejidos corporales y la eliminación de los productos de desecho del cuerpo. También son responsables de los procesos psicológicos, desde las emociones negativas basadas en el miedo hasta las amorosas.

El Ayurveda también incluye la ciencia de los 108 Marmas o puntos energéticos del cuerpo. Los puntos Marma son puntos vitales en el cuerpo que están infundidos por la energía Pránica e influenciados por la conciencia. Trabajar con los puntos Marma tiene muchos beneficios, entre los que se incluyen: eliminar los bloqueos psicológicos y emocionales, mejorar la circulación y el flujo de energía, aliviar el dolor muscular y la rigidez de las articulaciones, y aliviar la tensión y la ansiedad.

Las esencias de los Tres Doshas surgen de los Cinco Grandes Elementos, llamados "Panchamahabhuta" en Ayurveda (Sánscrito). Cada uno de los Tres Doshas es una combinación de dos de los Cinco Elementos: Vata es Aire (Vayu) y Espíritu (Akasha), Pitta es Fuego (Agni) y Agua (Jela), y Kapha es Tierra (Prithivi) y Agua (Jela), como se muestra en la Figura 146. Los Tres Doshas dependen unos de otros para el equilibrio y la salud de la mente y el cuerpo. Por ejemplo, el principio del aire enciende el fuego corporal mientras que el agua lo controla, evitando que los tejidos corporales se quemen. El aire también mueve el agua; sin Vata Dosha, Pitta y Kapha están inmóviles.

Las personas también pueden ser Bi-Doshicas o incluso Tri-Doshicas, lo que significa que comparten cualidades con dos o tres tipos Dóshicos. Así, hay un total de 7 tipos de constituciones en el Ayurveda: Vata, Pitta, Kapha, Vata-Pitta, Pitta-Kapha, Vata-Kapha, y Vata-Pitta-Kapha. La comprensión de los Doshas nos permite equilibrar nuestras energías internas y alinear nuestros Koshas, mejorando nuestra salud psicológica, mental y emocional.

Sin embargo, aunque estamos destinados a vivir bajo el gobierno específico de determinados Elementos en esta vida, podemos fluctuar en los Doshas cuando se producen cambios significativos en nuestra psique, entorno, dieta, clima, etc. Así, en determinadas circunstancias y condiciones, predominará un Dosha, mientras que en otras situaciones lo hará otro.

El principio más importante a tener en cuenta cuando se trabaja con los Doshas es que lo similar aumenta lo similar, mientras que los opuestos se equilibran. Por lo tanto, los alimentos, el clima, y las situaciones que tienen características similares a los Doshas aumentarán sus energías, mientras que los que tienen características opuestas las disminuirán. El mismo concepto se aplica a las prácticas Yóguicas como Asanas, Pranayamas, y Mudras de la Mano, que pueden equilibrar un Dosha o agravarlo, dependiendo de la naturaleza y la mecánica del ejercicio realizado.

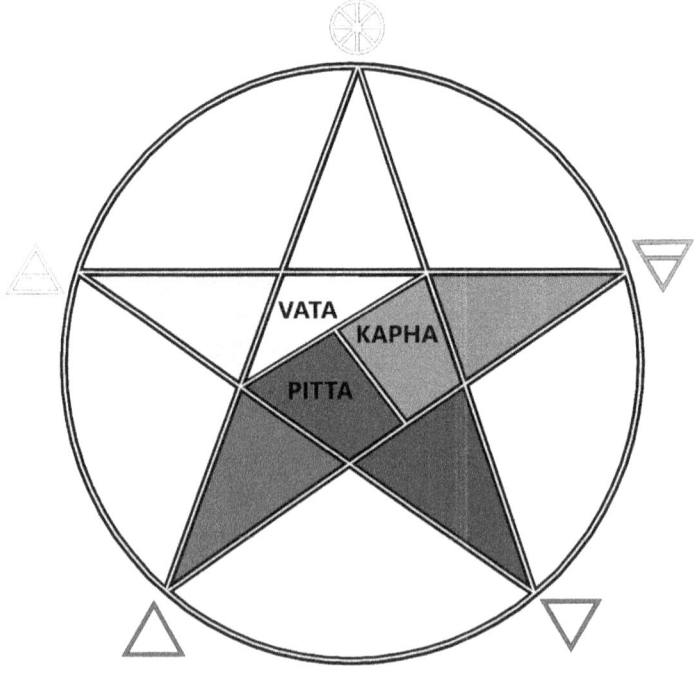

Figura 146: Los Cinco Elementos y los Tres Doshas

LOS TRES DOSHAS

Dosha Vata

Como energía del movimiento en la mente y el cuerpo, el Dosha Vata se asocia con el Elemento Aire. Vata es seco, frío, ligero, móvil, activo, duro, fino, áspero, errático, cambiante, y claro. En un nivel sutil, Vata se relaciona con la energía Pránica, responsable de todas las funciones psicofísicas del cuerpo. El Prana es transportado en el cuerpo por los Cinco Prana Vayus, cada uno de los cuales desempeña un papel específico en la armonización de la mente y el cuerpo. Vata se considera el más poderoso de los Tres Doshas, ya que transporta tanto a Pitta como a Kapha.

Vata regula todos los procesos de movimiento del cuerpo a nivel microcelular y macroscópico. La respiración, el parpadeo, los movimientos de los músculos, y los tejidos y las pulsaciones del corazón están regidos por Dosha Vata. Además, Vata gobierna el catabolismo, el proceso de descomponer las moléculas grandes en otras más pequeñas para utilizarlas como energía. Los procesos internos relacionados con el Elemento Aire, como la imaginación y la creatividad, están influenciados por Vata, incluyendo emociones como la inspiración y la ansiedad.

Los tipos de Vata se rigen por la segunda envoltura del yo material, el cuerpo vital-Pranamaya Kosha. El área de operación de Vata es la parte inferior del tronco que incluye el intestino grueso y la cavidad pélvica (Figura 147). También actúa a través de los huesos, la piel, las orejas y los muslos. Si el cuerpo desarrolla un exceso de energía Vata, ésta se acumula en estas zonas.

El otoño es conocido como la estación de Vata por su clima fresco y nítido. Las personas con Vata Dosha suelen estar poco desarrolladas físicamente. Son delgadas y flacas, con articulaciones prominentes, y venas y tendones musculares visibles. Los tipos Vata suelen tener una inocencia innata y buscan una vida espiritual. Les gusta conocer gente nueva, realizar actividades creativas, y experimentar nuevos entornos.

Los Vatas son muy activos mentalmente, tienen un gran sentido del humor, son inteligentes, e innovadores. Están muy influenciados por los ciclos Planetarios y Lunares, el clima, las personas de las que se rodean, y los alimentos que consumen. Como tienden a tener una temperatura corporal más fría que la media, los Vata disfrutan del clima cálido y húmedo.

Los Vata son competentes en la multitarea, aunque tienen problemas con los compromisos y la finalización de proyectos. Por lo general, no están conectados a tierra, lo que les hace ser olvidadizos, malhumorados, estresados, y tener problemas para dormir. Suelen comer alimentos pesados para conectar con la tierra y tranquilizar sus mentes activas, e ingieren estimulantes como el café y el azúcar para no agotarse, ya que tienen poca resistencia física. Los Vatas son propensos a los problemas digestivos y a la mala circulación sanguínea, y tienen una inmunidad natural inferior a la media.

Según el Ayurveda, una persona con predominio de Vata debe aplicar la meditación, las prácticas Yóguicas, y otras actividades calmantes y equilibradoras en su programa diario. Deben mantener su cuerpo caliente evitando el frío y haciendo ejercicio, incluyendo la realización de actividades cardiovasculares. Los Vatas deben pasar tiempo en la naturaleza con regularidad para conectarse con la tierra e irse a dormir antes de las 10 de la noche para asegurar un buen descanso. Como todos los tipos Dóshicos, una persona con predominio de Vata necesita aplicar una dieta saludable y evitar los alimentos que agravan su condición. (Consulte la Tabla 5.) Por último, los tipos Vata se beneficiarían de tomar bebidas calientes con frecuencia y de evitar los estimulantes, como el café, el alcohol, el chocolate, y otros azúcares.

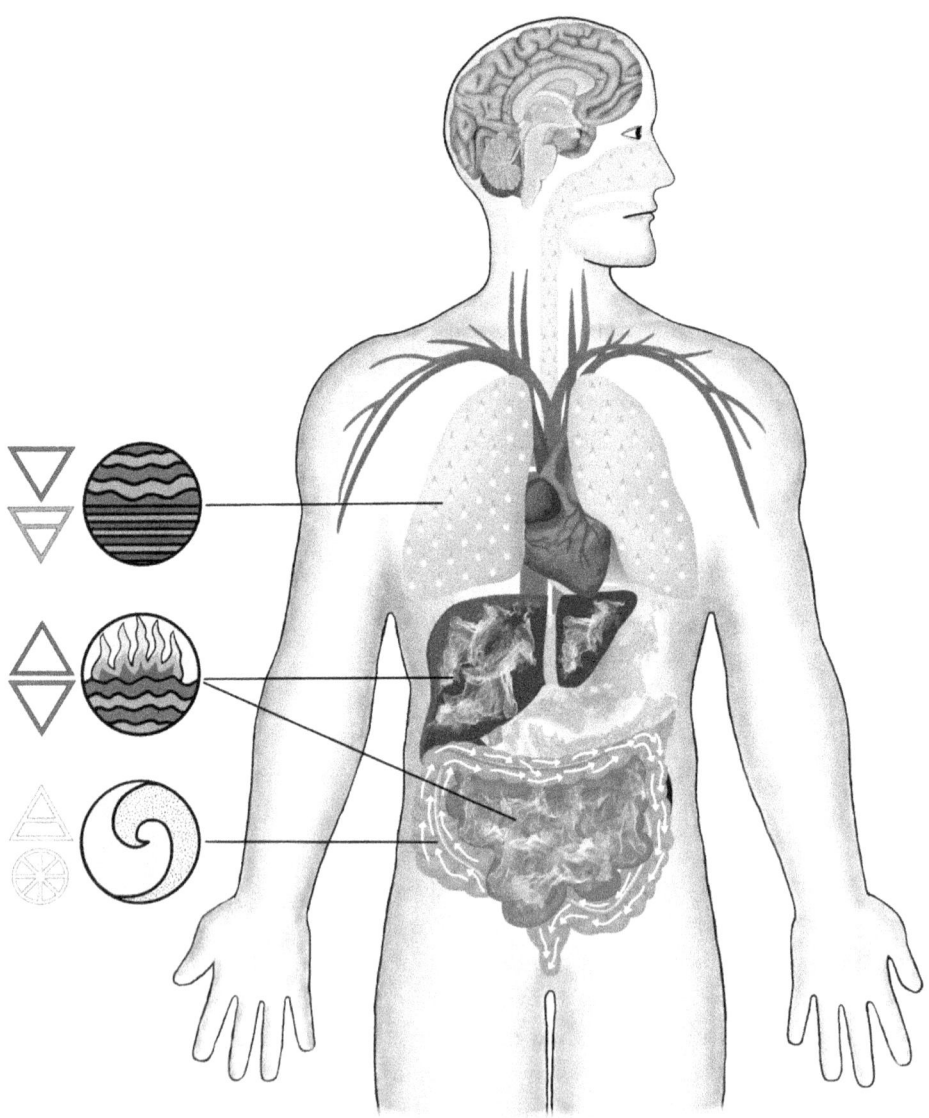

Figura 147: Los tres Doshas y las Zonas Corporales

Dosha Pitta

Pitta es la energía de la transformación y, por lo tanto, está alineada con el Elemento Fuego. Pitta es caliente, aceitoso, ligero, móvil, fluido, agudo, y de olor agrio. Gobierna la digestión, la absorción y la asimilación de la nutrición, al tiempo que regula el calor corporal, la coloración de la piel, y la percepción visual. La forma sutil de Pitta es Tejas o Agni, el Fuego de la mente que es responsable de la fuerza de voluntad, la confianza, la inteligencia, la comprensión, el razonamiento, la concentración, y la autodisciplina.

Pitta se relaciona con el principio del metabolismo que se ocupa de convertir los alimentos en energía utilizable que hace funcionar las funciones celulares. El metabolismo se divide en dos procesos: el catabolismo y el anabolismo, regidos por los Doshas Vata y Kapha.

Los tipos de Pitta están regidos por el cuerpo-mente, la tercera envoltura del Yo-Manomaya Kosha material. El área de operación de Pitta es la zona central del tronco que contiene el estómago, el hígado, el bazo, la vesícula biliar, el duodeno, y el páncreas (Figura 147). La mayoría de las escuelas Ayurvédicas también atribuyen el intestino delgado a Pitta en lugar de Vata, ya que opera en conjunto con el fuego digestivo. Además, Pitta actúa a través de las glándulas sudoríparas, la sangre, la grasa, los ojos, y la piel. Si hay dolor cerca del Plexo Solar en cualquiera de los órganos descritos anteriormente, la energía Pitta puede estar desequilibrada.

El verano se conoce como la estación de Pitta por su clima cálido y sus días soleados. Los tipos Pitta suelen tener una estatura y un peso medios, con un cuerpo tonificado y una complexión moderada. Tienen una buena circulación sanguínea y una piel y un pelo sanos. Dado que en los Pitta predomina el Elemento Fuego, son intrínsecamente autodeterminados, motivados, competitivos, orientados a objetivos, tenaces, intensos, e irritables. Los Pitta son atléticos y les resulta fácil ganar músculo. Como líderes natos propensos a la agresión y al conflicto, a menudo se ven desafiados por emociones negativas como la duda, la ira, el odio, y los celos.

Los Pitta suelen estar siempre hambrientos, con un metabolismo rápido, y están predispuestos a sufrir cambios de humor si no comen. Suelen ingerir grandes cantidades de comida y líquido, y les gustan las bebidas frías. Los Pitta son sensibles a las temperaturas cálidas y son susceptibles de sufrir inflamaciones de la piel, acné, dermatitis, y eczema. Su temperatura corporal es superior a la media, y sus manos y su alimentación suelen estar calientes. Los Pitta tienden a trabajar demasiado, ya que son inteligentes y tienen un fuerte deseo de éxito.

La medicina Ayurvédica sugiere que las personas con predominio de Pitta deben cultivar la moderación en todas las cosas y no tomarse la vida demasiado en serio. Necesitan dedicar tiempo a actividades divertidas para equilibrar su vida laboral, que a menudo es la que domina. Los Pitta deben evitar el calor extremo y llevar una dieta saludable. (Tabla 5). La meditación diaria, las prácticas Yóguicas y otras actividades Espirituales calmantes y equilibradoras son recomendables para que los Pitta tranquilicen su temperamento irritable.

Dosha Kapha

Como energía Arquetípica de la Madre Tierra, el Dosha Kapha proporciona el material para la existencia física, aportando solidez a los Elementos sutiles del cuerpo. Kapha es fría, húmeda, aceitosa, pesada, lenta, apagada, estática, blanda, densa, y turbia. Se relaciona con el agua corporal que da a nuestro cuerpo resistencia a los Elementos exteriores para mantener la longevidad a nivel celular. Kapha proporciona la humedad de la piel, la lubricación de las articulaciones, la protección del cerebro y del sistema nervioso, la inmunidad a las enfermedades y la curación de las heridas.

La forma sutil de Kapha se llama Ojas, que en Sánscrito significa "vigor". Ojas vincula la conciencia y la Materia; es la energía vital fluida del Elemento Agua que apoya las funciones de la mente. Ojas es responsable de la retención de la memoria. Nos proporciona fuerza mental, resistencia y poder de concentración.

Los tipos de Kapha están regidos por el cuerpo alimenticio, la primera capa del Yo-Annamaya Kosha material. Su área de actuación son principalmente los pulmones, aunque Kapha también está presente en las fosas nasales, la garganta, los senos paranasales, y los bronquios (Figura 147). Las emociones relacionadas con el Elemento Agua, como el amor, la calma, y el perdón, están asociadas al Dosha Kapha y a sentimientos negativos como la codicia y la envidia. Kapha tiene una influencia directa en los apegos del Ego.

La estación de Kapha es la primavera, cuando las cosas son más fértiles y la vida vegetal comienza a crecer de nuevo. Los Kaphas suelen tener un cuerpo bien desarrollado, con huesos gruesos y una estructura corporal fuerte. Tienen un apetito bajo pero regular y un metabolismo y un sistema digestivo de acción lenta. Tienden a ganar peso, por lo que necesitan hacer ejercicio con regularidad. La influencia de los Elementos pasivos de Agua y Tierra les hace ser estables emocional y mentalmente, leales y compasivos. Rara vez se alteran y piensan antes de actuar. Por ello, viajan por la vida de forma lenta y pausada.

Los tipos Kapha tienen un enfoque sistemático de la vida; generalmente les gusta planificar las cosas en lugar de ser caprichosos como los Vatas. Tienen una poderosa capacidad empática y una fuerte energía sexual. Los Kaphas son pacientes, confiados, tranquilos, sabios, románticos, y tienen un sistema inmunológico sano. Sin embargo, son propensos a los problemas respiratorios, como las alergias y el asma, y tienen un mayor riesgo de padecer enfermedades cardíacas y acumulación de mucosidad que otros tipos Dóshicos. Además, como predomina el Elemento Agua, los Kaphas retienen bien la información y son reflexivos de palabra y de obra. Se relacionan emocionalmente con el mundo, lo que les hace susceptibles a la depresión y a la falta de motivación.

En el Ayurveda, se aconseja a una persona con predominio de Kapha que se centre en el ejercicio diario regular, en una dieta saludable (Tabla 5) y en mantener una temperatura corporal cálida. Además, deben llenar su tiempo con actividades que les inspiren y motiven, al tiempo que establecen una rutina de sueño regular, ya que los tipos Kapha son conocidos por dormir en exceso.

TABLA 4: Tabla de Constitución Ayurvédica (Tres Doshas)

Aspecto de la Constitución	Tipo Vata (Aire y Espíritu)	Tipo Pitta (Fuego y Agua)	Tipo Kapha (Agua y Tierra)
Altura y Peso	Alto o Muy Bajo, Poco Peso	Peso Constante, Altura Media	Bajo, pero A Veces Alto, Pesado, Gana Peso Fácilmente
Estructura Corporal	Delgada, Magra, Esbelta	Mediana, Tonificada	Grande, Robusta, Bien Construida
Piel	Áspera, Opaca, Oscura, Se Agrieta Fácilmente, Seca, Fría	Suave, Clara, Rosada, Aceitosa, Cálida, Con Pecas y Lunares	Suave, Pálida, Ligera, Húmeda, Aceitosa, Fresca, Gruesa
Ojos	Hundido, Pequeño, Seco, Marrón, Levanta Las Cejas	Afilado, Punzante, Verde, Gris, Marrón Claro	Grandes, Atractivas, Azules, Pestañas gruesas, Mirada Suave
Labios	Labios Pequeños y Finos, Agrietados	Gruesos, Medios, Suaves, Rojos	Grandes, Lisos, Rosados
Cabello	Seco, Fino, Oscuro, Encrespado	Fino, Liso, Graso, Liso, Rubio o Pelirrojo	Grueso, Rizado, Ondulado, Oscuro o Claro
Dientes	Muy Pequeños o Grandes, Irregulares, Salientes, Huecos	Encías Medianas, Blandas y Sangrantes	Llenos, Fuertes, Blancos, Bien Formados
Uñas	Secas, Ásperas, Quebradizas	Finas, Lisas, Rojizas	Grandes, Suaves, Blancas, Brillantes
Temperatura Corporal	Menos de lo Normal; Palmas y Pies Fríos	Más de lo Normal; Las Palmas de las Manos, los Pies y la Cara Están Calientes	Normal; Las Palmas de las Manos y los Pies Están Ligeramente Fríos
Articulaciones	Visible, Rígidas, Inestables, Se Agrietan Fácilmente	Sueltas, Moderadamente Ocultas	Firmes, Fuertes, Grandes, Bien Escondidas
Sudor	Normal	Muy Fácil, Olor Fuerte	Lento en Su Inicio, Pero Profuso
Taburete	Duro, Seco, Dos Veces al Día	Suave, Suelto, 1-2 Veces al Día	Bien Formado, Una Vez al Día
Orinar	Poca Cantidad, Infrecuentemente	Profusa, Amarillo	Moderada, Clara
Sistema Inmunológico	Bajo, Variable	Moderado, Sensible al Calor	Bueno, Alto
Resistencia	Pobre, Se Agota Fácilmente	Moderado Pero Centrado	Estable, Alto
Apetito y Sed	Ingesta Variable y Rápida de Alimentos y Bebidas	Alto, Excesivo, Debe Comer Cada 3-4 Horas	Moderado, Constante, Puede Tolerar el Hambre y la Sed
Preferencia de Sabor	Dulce, Ácido, Salado	Dulce, Amargo, Astringente	Picante, Amargo, Astringente
Actividad Física	Muy activo, Se Cansa Fácilmente	Moderado, Se Cansa Fácilmente	Letárgico, Se Mueve con Lentitud, No Se Cansa Fácilmente
Temperamento/ Emociones	Temeroso, Cambiante, Adaptable, Incierto	Valiente, Motivado, Confiado, Irritable	Calmado, Cariñoso, Codicioso, Apegado, Consciente de Sí Mismo
Sensibilidades	Frío, Sequedad, Viento	Calor, Luz Solar, Fuego	Frío, Humedad
Discurso	Rápido, Frecuente, Desenfocado, Pierde el Rumbo con Facilidad	Centrado, Directo, Bueno Para los Argumentos, Orientado a los Objetivos	Habla Lenta, Firme y Suave, No es un Gran Hablador
Estado Mental	Hiperactivo, Inquieto	Agresivo, Inteligente	Tranquilo, Lento, Constante

Personalidad	Creativa, Imaginativa	Inteligente, Voluntariosa, Eficiente	Cariñosa, Paciente, Reflexiva
Social	Hacer y Cambiar a Menudo	Los Amigos Están Relacionados Con el Trabajo	Amistades Duraderas
Memoria	Baja, Olvida las Cosas con Facilidad	Memoria Moderada, Media	Alto, Recuerda Bien
Horario	Horario Irregular	Larga Jornada de Trabajo	Es Bueno Para Mantener la Rutina
Sueños	Cielos, Vientos, Volar, Saltar, Correr	Fuego, Relámpagos, Violencia, Guerra, Vistas Coloridas	Agua, Río, Océano, Nadando en un Lago, Vistas Coloridas
Dormir	Escaso, Interrumpido, Perturbado, Menos de 6 Horas	Variable, Sonido, 6-8hrs	Exceso, Pesado, Prolongado, 8 Horas o Más
Finanzas	Gastador Extravagante, Gasta Dinero Frívolamente	Gastador Medio, Centrado en Lujos	Frugal, Ahorra Dinero, Sólo Gasta Cuando es Necesario
Total	=	=	=

CÓMO DETERMINAR TU GAMA DOSHICA

Cada ser humano tiene una proporción única de los Tres Doshas, dependiendo de cuál de los tres Elementos de Aire, Agua, y Fuego es el dominante en nosotros. En Sánscrito, el plano personal de las energías que nos rigen en la vida se llama "Prakriti", que significa "la forma original o natural de la condición de algo, su sustancia primaria". El estado actual de los Tres Doshas, después del momento de la concepción, es el "Vikruti", que significa "después de la Creación". Se refiere a nuestra constitución después de haber sido expuestos y alterados por el medio ambiente. El Vikruti define nuestro desequilibrio Dóshico.

Hay tres maneras de determinar tu proporción Doshica, dos de las cuales puedes hacer por tu cuenta utilizando este libro y el acceso a Internet. El otro método es acudir a un médico Ayurvédico que utilizará la lectura del pulso y la lengua como herramientas de diagnóstico. Si quieres el diagnóstico más preciso, te recomiendo los tres.

El primer método consiste en utilizar el cuadro de la Tabla 4 y diagnosticarse a sí mismo. Empezando por la parte superior de la tabla con "Altura y Peso", elige cuál de las descripciones de los Tres Doshas te describe mejor. Una vez que la hayas seleccionado, pon una marca en la parte inferior de una de las columnas Vata, Pitta, o Kapha en la última fila donde dice "Total". Luego, continúa con el segundo aspecto, "Marco", y haz lo mismo. Y así sucesivamente, hasta que hayas terminado de repasar toda la tabla. Finalmente, suma los totales de cada uno de los Tres Doshas y pon un número después del signo de igualdad en la última fila.

El Dosha con el número más alto generalmente indicará tu constitución primaria, mientras que el Dosha con el segundo número más alto indicará tu segundo Dosha dominante. Si tienes dos Doshas que son relativamente iguales, eres Bi-Dóshico o incluso Tri-Dóshico si tienes una proporción similar entre los Tres Doshas. Si uno de los Doshas tiene un número significativamente más alto que los otros dos, como suele ser el caso, entonces ese es tu Dosha dominante.

El segundo método "hazlo tú mismo" utiliza la Astrología Védica para determinar tu proporción Dóshica, que puedes comparar con tus resultados de la carta de la Tabla 4. Dado que la ciencia del Ayurveda se alinea con la Astrología Védica, necesitas obtener una Carta Natal de Astrología Védica, que puedes encontrar en línea. Ten en cuenta que obtendrás una lectura completamente diferente de una Carta Natal de Astrología Védica que de una de Astrología Occidental. Sin embargo, no dejes que eso te confunda ni te alarme porque te centrarás principalmente en el Ascendente y las Casas.

La Astrología Védica es más precisa a la hora de evaluar las influencias energéticas Macro cósmicas asociadas a tu hora de nacimiento, ya que está alineada con las posiciones reales de las Constelaciones Estelares. Por lo tanto, para acertar, necesitas tu hora exacta de nacimiento. En la Astrología Occidental, tu hora de nacimiento es la segunda en importancia después de tu día de nacimiento, ya que la Astrología Occidental da prioridad al Signo Solar. El uso de la Astrología Védica para determinar tu proporción Doshica es un método antiguo y probado, utilizado por los Hindúes y otros practicantes de Ayurveda desde su inicio.

Antes de explicar cómo calibrar tu Carta Natal de Astrología Védica, necesitas conocer la naturaleza Doshica de los Planetas y los Signos del Zodiaco. El Dosha Vata está representado por Géminis, Capricornio, Acuario, y Virgo porque estos cuatro signos están regidos por Mercurio (Géminis y Virgo) y Saturno (Capricornio y Acuario). Mercurio y Saturno son planetas Vata ya que se corresponden con el Elemento Aire.

Pitta está representado por Aries, Leo, y Escorpión, ya que estos tres signos están regidos por Marte (Aries y Escorpio) y el Sol (Leo). Marte y el Sol son planetas Pitta ya que se corresponden con el Elemento Fuego. Y, por último, Kapha está representado por Tauro, Cáncer, Libra, Sagitario, y Piscis ya que estos cinco signos están regidos por Venus (Tauro y Libra), Júpiter (Sagitario y Piscis), y la Luna (Cáncer). Estos tres son planetas Kapha ya que se corresponden con el Elemento Agua.

En cuanto a los dos últimos Navagrahas, la influencia energética de Rahu es similar a la de Saturno, sólo que más sutil. Por lo tanto, se relaciona con el Dosha Vata. Por otro lado, la influencia energética de Ketu se asemeja a la de Marte, aunque más sutil, lo que hace que se corresponda con Dosha Pitta.

Estaré utilizando mi Carta Natal de Astrología Védica (Figura 148) como ejemplo para mostrarte cómo puedes determinar tu Dosha. Estoy utilizando una Carta Natal del Sur de la India cuya presentación es ligeramente diferente a la del Norte de la India, aunque los resultados son los mismos. Ten en cuenta que te estoy mostrando un método básico para hacer esto utilizando una Carta Natal de Astrología Védica (Carta Rishi), que proporciona información general sobre la ubicación de los Planetas. Sin embargo, estoy omitiendo la Carta Navamsa, que muestra la cualidad activa y la fuerza de los Planetas.

Una Carta Natal completa de Astrología Védica generalmente incluye ambas cartas y las Nakshatra (Casas Lunares). Es una ciencia bastante compleja pero completa que requiere un estudio serio para poder interpretar una Carta Natal completa. Por esta razón, también recomiendo ver a un Astrólogo Védico entrenado y capacitado para ayudarte a leer tu Carta Natal completa para que puedas obtener los resultados óptimos.

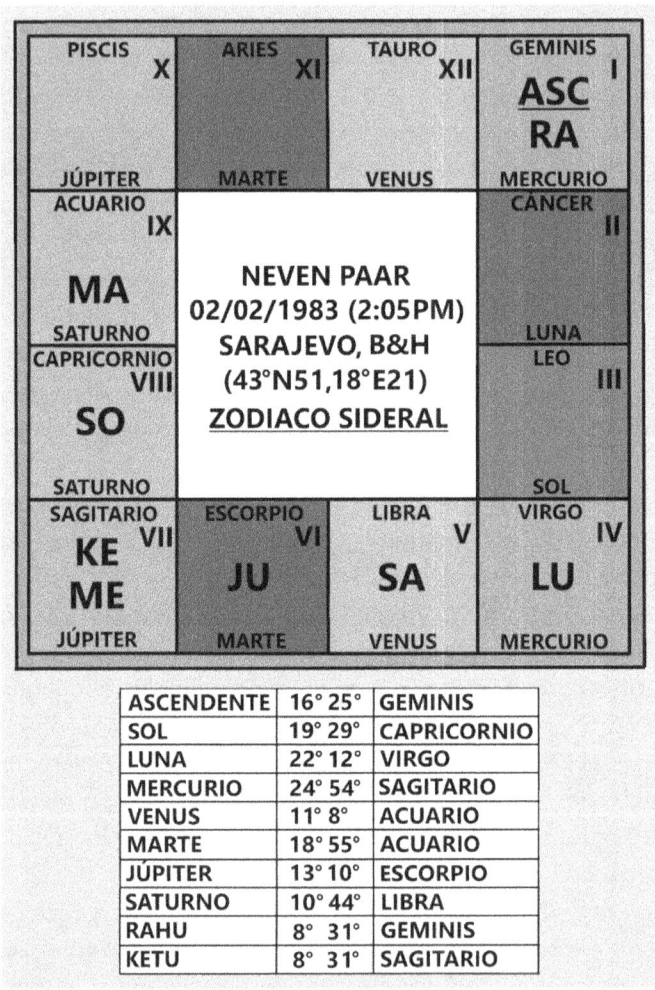

Figura 148: Carta Natal de la Autora en Astrología Védica

Una vez que hayas obtenido tu Carta Natal, primero echa un vistazo a tu Ascendente y determina su Señor o Planeta regente. De acuerdo con la Astrología Védica, tu Ascendente es la influencia más significativa en ti, ya que es tu cuerpo. En Sánscrito, el Ascendente se llama "Tanur Bhava", que significa "la casa del cuerpo". "Cualquiera que sea el Signo del Zodiaco en el que caiga tu Ascendente suele representar tu Dosha dominante.

A continuación, fíjate en el planeta que rige tu Ascendente y en qué Signo del Zodiaco se encuentra. Por ejemplo, mi Ascendente es Géminis, un Signo Vata cuyo Señor es Mercurio. Sin embargo, mi Mercurio está en Sagitario, un signo Kapha regido por Júpiter. Hasta ahora, el análisis de mi Carta apunta a una constitución Vata con influencia de Kapha.

A continuación, mira tu Primera Casa, ve qué Planeta o Planetas están colocados allí, y determina tu(s) Dosha(s). Por ejemplo, yo tengo a Rahu en la primera casa, un planeta Vata. Así que ahora tenemos otro fuerte indicador de que soy una personalidad Vata, con alguna influencia de Kapha. Sin embargo, nuestro análisis no termina ahí.

Observa ahora tu Signo Lunar, que representa tu naturaleza psicológica, incluidos tus pensamientos y emociones. Ten en cuenta que la Luna tiene un impacto más significativo en las mujeres que en los hombres, debido a la conexión entre la naturaleza femenina y la Luna. Como puedes ver, mi Luna está en Virgo, que es un signo Vata cuyo Planeta regente es Mercurio.

A continuación, fíjate en tu Signo Solar, que es indicativo de tu vitalidad esencial y de la expresión de tu carácter. Los hombres tienden a expresar su Signo Solar más que las mujeres debido a la conexión de la naturaleza masculina de uno con el Sol. Mi Signo Solar está en Capricornio, regido por Saturno, otro planeta Vata.

Ahora necesitas mirar tu Carta Natal como un todo para determinar qué Planetas son dominantes en general. Mientras que los signos del Ascendente, la Luna, y el Sol son los que más peso tienen en la determinación de tu proporción Doshica, Rahu, y Ketu se consideran menos importantes. Los demás planetas tienen la misma importancia. Si un Planeta en particular es prominente, afectará todos los aspectos de la vida de uno, incluyendo tu constitución. Además, hay que prestar atención específica a los Planetas colocados en tu propio Signo.

En mi Carta Natal, de las 9 atribuciones planetarias más el Ascendente, tengo un equilibrio igual de Mercurio y Saturno (tres cada uno), con dos Júpiter, un Venus, y un Marte. Por lo tanto, como se predijo, mi Carta Natal tiene una abundancia de Planetas Vata (seis), con tres Kapha y uno Pitta. Además, y lo más importante, mis signos de Ascendente, Luna y Sol son todos Vata. Esto indica que soy una personalidad Vata con una influencia de Kapha y un toque de Pitta.

Por último, echa un vistazo al Planeta o Planetas que se encuentran en tu Sexta Casa (salud y bienestar) y en la Octava Casa (muerte y longevidad) para conocer los desequilibrios Dóshicos y el potencial de enfermedad. La Sexta Casa rige todos los aspectos del estilo de vida saludable de una persona, como la dieta, la nutrición, el ejercicio, y la búsqueda de la autoestima. Por ejemplo, en mi Carta Natal, tengo a Júpiter (Kapha) en mi Sexta Casa, lo que indica una predisposición a la indulgencia excesiva, problemas hepáticos, y de circulación sanguínea. Y mi Sol (Pitta) en la Octava Casa sugiere aumento de peso y problemas de presión arterial. Esto indica que mi desequilibrio Dóshico proviene de las influencias de Kapha y Pitta.

Entonces, ¿cómo se compara esta información con mi Carta Natal de Astrología Occidental? Bueno, como mi Signo Solar es Acuario, mi signo lunar es Libra y mi Ascendente es Cáncer, y la Astrología Occidental da prioridad al Signo Solar, soy de constitución de Elemento Aire, con influencia de Agua. Ten en cuenta que estoy utilizando las correspondencias Zodiacales tradicionales con los Cuatro Elementos. Por lo tanto, mis resultados coinciden con mi resultado con la Astrología Védica. Sin embargo, esto no quiere decir que coincida para todos. Y recuerda, la razón principal por la que estoy priorizando la Astrología Védica en este caso, aunque he estudiado Astrología Occidental toda mi vida, es porque es la ciencia hermana del Ayurveda. Por lo tanto, estamos siguiendo la forma tradicional de determinar tu Dosha.

En cuanto a la Carta de Constitución Ayurvédica en la Tabla 4, la mitad de mis marcas fueron para Vata Dosha mientras que la otra mitad fueron para Pitta. Aunque mi Carta Natal no refleja una constitución Pitta, ya que tengo una constante actividad Kundalini en mi Cuerpo de Luz, mi cuerpo físico se siente como si estuviera en llamas la mayor parte del tiempo, lo que me afecta a nivel celular. Así que ahora ves por qué es crucial analizar tu Carta Natal y la Carta de Constitución Ayurvédica: podrías no obtener los mismos resultados.

Recuerda lo que he dicho antes: los Doshas no son fijos. Aunque estés predispuesto a un Dosha o a varios, puedes fluctuar dependiendo de los cambios en tu psicología, entorno, clima, etc. La ciencia Ayurvédica no es permanente e inmutable, sino que sigue evolucionando junto a ti. Por lo tanto, te aconsejo que conectes con tu Ser Superior y dejes que sea tu maestro y guía para ser consciente de los cambios internos, y ajustarte en consecuencia.

DIETA AYURVEDICA

Las tres fuentes principales de energía Pránica son el Sol (Elemento Fuego), el viento (Elemento Aire) y la Tierra bajo nuestros pies (Elementos Agua y Tierra). El Sol es nuestra principal fuente de Prana, que nos da energía a través de sus rayos de Luz. El aire que nos rodea también contiene Prana, que absorbemos a través de los pulmones y los Chakras. También tomamos energía Pránica de la Tierra a través de las Plantas de los Pies. La Tierra también nos nutre a través de los alimentos que produce, que contienen energía Pránica en diferentes grados de vibración. Como tal, lo que comemos nos afecta directamente en todos los niveles de conciencia.

La calidad de nuestras mentes, cuerpos, y Almas depende en gran medida de la esencia de los alimentos que introducimos en el cuerpo. Una vez que el alimento es convertido en energía Pránica utilizable por el sistema digestivo, los miles de Nadis del Cuerpo de Luz la llevan a cada célula del cuerpo. Aquí está la esencia del dicho popular: "Eres lo que comes". Como tal, encontrar la dieta adecuada puede marcar la diferencia entre una mente, un cuerpo, y un Alma sanos, o uno que esté enfermo. Aunque la enfermedad puede manifestarse físicamente, también puede ser de naturaleza mental, emocional, y Espiritual.

En el Ayurveda, nuestros procesos físicos y psicológicos dependen del buen funcionamiento de los Tres Doshas. Si se desequilibran, los procesos de enfermedad pueden manifestarse a nivel físico y sutil. Por ello, el Ayurveda se ocupa principalmente de las energías de los diferentes alimentos para equilibrar los Doshas. No se preocupa de las necesidades nutricionales, sino de que los alimentos estén en armonía con nuestra naturaleza. Por ejemplo, los alimentos pueden potenciar los procesos y la paz mentales o perturbarlos.

La ingesta de líquidos también es crucial en el Ayurveda, ya que lo que bebemos alimenta nuestra Fuerza Vital. Por ejemplo, el agua rancia, o el agua contaminada, puede perturbar nuestro Prana y desestabilizar nuestras emociones y pensamientos. Lo mismo ocurre con el alcohol, el café, y otros estimulantes. Esencialmente, todo lo que tomamos en el cuerpo nos afecta en todos los niveles de conciencia.

El primer paso para ajustar tu dieta para optimizar tu sistema energético y tu cuerpo físico es encontrar tu gama Doshica utilizando tu Carta Natal de Astrología Védica y la Tabla 4. Aparte de comer alimentos que se alinean con la naturaleza de tu proporción Doshica o tu(s) Dosha(s) dominante(s), hay otros factores de la ingesta de alimentos a considerar. Estos incluyen la preparación correcta de los alimentos y la combinación adecuada, la cantidad, y la frecuencia adecuada de las comidas y la hora correcta del día para comer. Otro factor es la actitud correcta de la persona que prepara la comida. Por ejemplo, si la comida se hace con amor, resonará con esa frecuencia, lo que tendrá un efecto curativo cuando se ingiera. Por el contrario, la comida preparada con una actitud negativa contendrá energía tóxica que puede dañar el sistema. Y siempre te has preguntado por qué comer la comida de tu madre o de tu abuela siempre te hacía sentir tan bien.

Otro punto esencial es estar en un estado mental tranquilo mientras se ingiere la comida, ya que los alimentos tomados en un estado de ánimo negativo pueden tener efectos adversos. Piensa en los alimentos como si fueran el combustible, mientras que tus sistemas digestivo y energético son el motor y tu cuerpo físico es la estructura principal de soporte, la carrocería del vehículo. Por lo tanto, albergar energía negativa mientras se introduce combustible en el sistema puede envenenar el combustible, exacerbando y aumentando tu negatividad, e incluso impregnándola en las células y tejidos del cuerpo. De este modo, la degeneración y el deterioro celular pueden producirse con el tiempo, contribuyendo a los procesos de enfermedad, incluido el cáncer.

Sería útil que también tuvieras en cuenta las estaciones y el clima para poder ajustar tu dieta en consecuencia. Por ejemplo, una dieta anti-Kapha debería seguirse en invierno y a principios de primavera, mientras que una dieta anti-Pitta es más apropiada para el verano y el final de la primavera. Por último, hay que dar prioridad a una dieta anti-Vata en otoño.

Los tipos Bi-Dóshicos que tienen una proporción igual de dos Doshas deben modificar su dieta según la temporada. Por ejemplo, los tipos Pitta-Kapha deberían seguir una dieta anti-Pitta en verano y otoño y una dieta anti-Kapha en invierno y primavera. Por el contrario, los Vata-Kapha deberían aplicar una dieta anti-Vata en verano y otoño y una dieta anti-Kapha en invierno y primavera. Además, los tipos Vata-Pitta deben seguir una dieta anti-Vata en otoño e invierno y una dieta anti-Pitta en primavera y verano. Por último, los tipos Tri-Dóshicos que comparten cualidades relativamente iguales en los tres Doshas deberían seguir una dieta anti-Kapha en invierno y a principios de primavera, una dieta anti-Pitta en verano y a finales de primavera, y una dieta anti-Vata en otoño.

Dependiendo del clima del lugar donde vivas, ciertas dietas serán más apropiadas para ti, mientras que deberías evitar otras. Por ejemplo, las regiones húmedas y frías deberían enfatizar una dieta anti-Kapha, mientras que los climas cálidos deberían implementar una dieta anti-Pitta. Por el contrario, una dieta anti-Vata es más apropiada para los climas fríos, secos, y ventosos.

La tabla 5 representa los alimentos que debes destacar en tu dieta y los que debes evitar. Los alimentos que no aparecen en la lista pueden juzgarse comparándolos con los alimentos relacionados en cada categoría. La regla general que hay que seguir es que los alimentos favorecidos reducen la influencia de un Dosha, mientras que los alimentos que debes evitar la aumentan. Al seguir la dieta prescrita, estás tratando de equilibrar tu(s) Dosha(s), impactando positivamente en la mente, el cuerpo, y el Alma, y previniendo la aparición de procesos de enfermedad. Por lo tanto, aplica estas dietas junto con otras consideraciones que acabamos de mencionar.

TABLA 5: Pautas Alimentarias para los Tres Doshas

Tipo de alimento	Vata Dosha		Pitta Dosha		Kapha Dosha	
	Favorecer	Evite	Favorecer	Evite	Favorecer	Evite
Frutas	*Fruta Más Dulce* *Fruta Dulce Más Húmeda* Albaricoques Aguacate Plátanos Bayas Cerezas Dátiles (frescos) Higos (frescos) Pomelo Uvas Kiwi Limones Limas Mango Melones (dulces) Naranjas Papaya Melocotones Piña Ciruelas Pasas (remojadas)	*Mayor Cantidad de Fruta Seca* Manzanas Arandanos Rojos Peras Dátiles (secos) Higos (secos) Caqui Granadas Pasas (secas) Ciruelas pasas (secas) Sandía	*Fruta Más Dulce* Manzanas Aguacate Bayas (dulces) Fechas Higos Uvas (rojas y moradas) Limas Mango Melones Naranjas (dulces) Peras Piña (dulce) Ciruelas (dulces) Granadas Ciruelas pasas Ciruelas pasas Frambuesas	*Fruta Más Ácida* Albaricoques Plátanos Bayas (ácidas) Cerezas (ácidas) Arandanos Rojos Pomelo Uvas (verdes) Kiwi Limones Naranjas (agrias) Melocotones Papaya Piña (agria) Ciruelas (agrias) Fresas	*Fruta Más Astringente* Manzanas Albaricoques Bayas Cerezas Arandanos Rojos Higos (secos) Mango Melocotones Peras Caquis Granadas Ciruelas pasas Pasas de uva	*La Fruta Más Agridulce* Aguacate Plátanos Fechas Higos (frescos) Pomelo Uvas Limones Kiwi Mangos Melones Naranjas Papaya Piña Ciruelas Sandía

	Ciruelas pasas (remojadas)					
Verduras	*Las Verduras Deben Cocinarse* Espárragos Remolacha Coles (cocidas) Zanahorias Coliflor Chiles Cilantro Maíz (fresco) Ajo Judías verdes Hojas de mostaza Ocra Aceitunas negras Cebollas (cocidas) Guisantes (cocidos) Patatas (dulces) Calabaza Rábano (cocido) Algas marinas Calabaza Espinacas (cocidas) Germinados Calabaza Nabos Berros Ñames Calabacín	*Verduras Congeladas, Crudas o Secas* Brotes de alfalfa Alcachofa Verduras de remolacha Brócoli Coles de Bruselas Col Coliflor Apio Berenjena Hojas verdes Lechuga Kale Setas Aceitunas (verdes) Cebollas (crudas) Perejil Guisantes (crudos) Pimientos (dulces y picantes) Patatas (blancas) Rábano (crudo) Espinacas (crudas) Tomates	*Verduras Dulces y Amargas* Alcachofa Espárragos Remolacha (cocida) Brócoli Coles de Bruselas Col Coliflor Apio Cilantro Maíz (fresco) Pepino Judías verdes Jerusalén Kale Hojas verdes Lechuga Setas Ocra Aceitunas (negras) Cebollas (cocidas) Perejil Guisantes (frescos) Pimientos (verdes) Calabaza Patatas (blancas) Germinados Calabaza Calabacín	*Verduras Picantes* Remolacha (cruda) Zanahorias Berenjena Chiles Ajo Rábano picante Hojas de mostaza Aceitunas (verdes) Cebollas (crudas) Patatas (dulces) Rábanos Algas marinas Espinacas Tomates Nabos Berros Ñames	*Las Verduras Más Picantes y Amargas* Alcachofa Espárragos Remolacha Melón amargo Brócoli Coles de Bruselas Col Zanahorias Coliflor Apio Cilantro Chiles Berenjena Ajo Judías verdes Kale Hojas verdes Lechuga Setas Hojas de mostaza Cebollas Perejil Guisantes Pimientos Rábanos Espinacas Germinados Nabos Berros	*Verduras Dulces y Jugosas* Maíz (fresco) Pepino Aceitunas Ocra Chirivías Patatas (dulces) Calabaza Algas marinas Calabaza Tomates Ñames Calabacín
Granos	Arroz Basmati Arroz integral Cuscús Harina Durham Avena (cocida) Quinoa Trigo	Cebada Trigo sarraceno Maíz Galletas Granola Mijo Muesli Avena (seca) Pasta Polenta Centeno Escanda Salvado de trigo	Cebada Arroz Basmati Maíz azul Arroz integral (grano largo) Cuscús Galletas Granola Avena (cocida) Panqueques Pasta Quinoa Escanda Trigo Salvado de trigo	Pan (con levadura) Arroz integral (grano corto) Trigo sarraceno Maíz Mijo Muesli Avena (seca) Polenta Centeno	Cebada Trigo sarraceno Maíz Galletas Granola Mijo Muesli Avena (seca) Polenta Quinoa Centeno Escanda Salvado de trigo	Arroz Basmati Arroz integral Pan (con levadura) Cuscús Avena (cocida) Pasta Trigo Arroz blanco
Alimentos de Animales	Carne de vacuno Pollo (blanco) Pato Huevos (fritos o revueltos)	Cordero Cerdo Conejo Venado	Pollo (blanco) Huevos (blancos) Conejo Pavo (blanco)	Carne de vacuno Pato Huevos (yema) Cordero Cerdo	Pollo (blanco) Huevos (revueltos) Conejo Camarones Pavo (blanco)	Carne de vacuno Pollo (oscuro) Pato Cordero Cerdo

	Marisco Pavo (blanco)		Gambas (poca cantidad) Venado	Marisco	Venado	Marisco Pavo (oscuro)
Lácteos	Mantequilla Suero de leche Queso Requesón Crema Leche de vaca Ghee Queso de cabra Leche de cabra Kéfir Leche Crema agria Leche de arroz Yogur	Leche (en polvo) Leche de cabra (en polvo) Helados	Mantequilla (sin sal) Queso (sin sal) Requesón Crema Leche Ghee Leche de cabra Queso de cabra (sin sal) Leche de arroz	Mantequilla (salada) Queso de suero de leche (salado) Helados Kéfir Crema agria Yogur	Suero de leche Requesón Ghee Queso de cabra (sin sal) Leche de cabra Leche de soja	Mantequilla Queso Leche Crema Helados Kéfir Leche de arroz Crema agria Yogur
Legumbres	Alubias Mung Tofu Lentejas Urad Dal	Judías Aduki Guisantes de ojos negros Garbanzos Habas Alubias de riñón Frijoles de Lima Cacahuetes Frijoles pintos Habas de soja Guisantes partidos Tempeh	Judías Aduki Garbanzos Alubias de riñón Frijoles de Lima Alubias Mung Frijoles pintos Habas de soja Guisantes partidos Tempeh Tofu	Lentejas Cacahuetes Tur Dal Urad Dal	Judías Aduki Guisantes de ojos negros Alubias de riñón Frijoles de Lima Cacahuetes Alubias Mung Frijoles pintos Guisantes partidos Habas de soja Tempeh Tofu Tur Dal	Garbanzos Urad Dal
Nueces	Almendras Nueces de Brasil Anacardos Cocos Filberts Avellanas Macadamia Pecanas Piñones<ben>Pistachos Nueces	Ninguno	Cocos	Almendras Nueces de Brasil Anacardos Filberts Avellanas Macadamia Pecanas Piñones Pistachos Nueces	Ninguno	Almendras Nueces de Brasil Anacardos Cocos Filberts Avellanas Macadamia Pecanas Piñón Pistachos Nueces
Semillas	Chía Lino Halva Calabaza Girasol con sésamo Tahini	Palomitas de maíz	Chía Girasol Tahini	Lino Halva Palomitas de maíz Calabaza Sésamo	Chía Lino Palomitas de maíz Calabaza Girasol	Halva Sésamo Tahini
Especias/ Condimentos	Albahaca Hojas de laurel Pimienta negra Cardamomo Cayena Clavo de olor Chutney Pimientos picantes	Rábano picante	Cardamomo Cilantro Chutney (dulce) Clavo de olor Cilantro Comino Eneldo Dulce	Albahaca Hojas de laurel Pimienta negra Cayena Chile Canela	Albahaca Hojas de laurel Pimienta negra Cardamomo Cayena Cilantro Canela	Chutney (dulce) Kelp Ketchup Mayonesa Sal marina Tamarindo Vinagre

	Cilantro Comino Canela Eneldo Dulce Hinojo Ajo Jengibre Kétchup Orégano Mayonesa Menta Mostaza Nuez moscada Pimentón Rosemary Azafrán Sage Sal marina Salsa de soja Tamarindo Cúrcuma Vinagre		Hinojo Kombu Menta Rosemary Azafrán Tamarindo Cúrcuma	Chutney (picante) Ajo Jengibre Rábano picante Alga Kétchup Mostaza Mayonesa Nuez moscada Orégano Pimentón Pepinillos Sage Sal marina (en exceso) Salsa de soja Tamarindo Vinagre	Clavo de olor Pimientos picantes Chutney (picante) Cilantro Comino Eneldo Hinojo Ajo Jengibre Rábano picante Menta Mostaza Nuez moscada Orégano Pimentón Perejil Rosemary Azafrán Sage Salsa de soja Cúrcuma	
Edulcorantes	Azúcar de frutas Miel Azúcar de caña Jarabe de arce Melaza Azúcar en bruto	Azúcar blanco	Azúcar de frutas Azúcar de caña Azúcar de arce Azúcar en bruto Sugerencia blanca	Miel Melaza	Miel (cruda)	Azúcar moreno Azúcar de frutas Azúcar de caña Melaza Jarabe de arce Azúcar blanco
Aceites	Almendra Aguacate Canola Coco Maíz Semillas de lino Oliva Cártamo Sésamo	Ninguno	Coco Oliva Girasol Almendra Canola	Maíz Semillas de lino Cártamo Sésamo	Almendra Maíz Girasol	Aguacate Canola Semillas de lino Oliva Cártamo Sésamo

PRACTICAS YOGUICAS PARA EQUILIBRAR LOS DOSHAS

Una vez que hayas determinado tu constitución (Prakriti) usando tu Carta Natal de Astrología Védica y la Tabla 4, puedes usar este conocimiento para modificar tu práctica Yóguica para que se ajuste mejor a tus necesidades. Como se mencionó, la mayoría de las personas se alinean con un tipo Dóshico, aunque no es raro tener rasgos de varios. En cualquier caso, una vez que hayas calculado tu proporción Vata-Pitta-Kapha o simplemente tu Dosha dominante, puedes utilizar esa información para determinar qué prácticas Yóguicas son las mejores para ti para equilibrar tu mente y tu cuerpo.

Las Asanas pueden aumentar o disminuir tu Dosha. Algunas tienen un efecto de enraizamiento y calmante, mientras que otras son energizantes. Algunas Asanas estimulan el sistema digestivo y calientan el cuerpo, mientras que otras lo enfrían. Lo mismo ocurre con los Pranayamas y los Mudras de manos. Sin embargo, algunos de los ejercicios de Pranayama más básicos, incluyendo la Respiración en Cuatro Pliegues (Sama Vritti), pueden ser utilizados por todos los tipos Dóshicos.

Usa la siguiente información como guía general para trabajar con las Asanas, Pranayamas, y Mudras de manos de este libro para obtener resultados óptimos. (Para las distintas Asanas para principiantes, intermedias, y avanzadas, consulta las páginas 312-318). Además, tenga en cuenta que las pautas que se indican a continuación no son fijas y deben ajustarse según los cambios en el tiempo, el clima, la dieta, y la propia psicología.

Además, no todos los ejercicios Yóguicos están incluidos en las directrices, lo que significa, en general, que todos los tipos Dóshicos pueden utilizarlos. Sin embargo, antes de empezar cualquier práctica Yóguica, asegúrate de leer bien su descripción y sus precauciones. Permite que tu Ser Superior te guíe en este proceso mientras sigues las instrucciones que se te dan.

Los Mudras de la cabeza, los Mudras Posturales, los Mudras de la Cerradura, y los Mudras Perineales tienen generalmente objetivos Espirituales específicos. Estos incluyen el despertar de los Chakras, la activación del Bindu, la utilización del néctar de Ambrosia (Amrita) que gotea del Bindu, la estimulación de la Kundalini en la actividad, y asegurar que la Kundalini atraviesa los Tres Granthis en su ascenso (como en el caso de los Bandhas). Por lo tanto, todos los tipos Dóshicos deben implementar su uso para obtener sus objetivos particulares. Además, los Mantras y las técnicas de meditación también tienen objetivos específicos que son beneficiosos para ti, independientemente de tu Dosha.

Prácticas Yóguicas para Dosha Vata

Los tipos de Vata se beneficiarán significativamente de una práctica de Asana de conexión a tierra, tranquila, y contemplativa, que contrarrestará su tendencia a sentirse espaciados y agitados. Por ejemplo, la Vrksasana (Postura del Árbol) y la Tadasana (Postura de la Montaña) plantan los pies en el suelo, lo que reduce la ansiedad y el nerviosismo a los que son propensos los Vata. Virabhadrasana I y Virabhadrasana II (Guerrero I y II) consiguen lo mismo al tiempo que fortalecen. Utkatasana (Postura de la Silla) es buena para conectar a tierra a los Vata mientras se genera calor en el cuerpo.

Las secuencias de flujo rápido (Vinyasas) generan calor en el cuerpo y agravan los tipos Vata, que son naturalmente propensos a la fatiga y al agotamiento. En su lugar, los Vatas deben moverse lenta y deliberadamente utilizando el enfoque del Hatha Yoga que prolonga la duración de las posturas. Además, los Vatas deben abordar las transiciones entre las posturas con conciencia en lugar de apresurarse, asegurando que la mente permanezca equilibrada y tranquila. Por ejemplo, Virabhadrasana III (Guerrero III) es una poderosa postura de equilibrio que obliga a los Vata a centrarse y concentrarse en un punto en lugar de estar en todas partes con sus pensamientos.

Las posturas que trabajan sobre el colon, los intestinos, la parte baja de la espalda, y la pelvis equilibran los tipos Vata, ya que devuelven la energía a la base del torso, la zona de actuación de Vata. Dado que los Vata son propensos al estreñimiento, los giros y las flexiones hacia delante tienen un efecto curativo, ya que comprimen la pelvis. También son beneficiosos para ellos los abridores de cadera y las flexiones hacia abajo. Entre ellas se encuentran Balasana (Postura del Niño), Bhujangasana (Postura de la Cobra), Paschimottanasana (Flexión Hacia Delante Sentado), Baddha Konasana (Postura del Zapatero), y Malasana (Postura de la Cuclilla). La Dhanurasana (Postura del Arco) también extiende la parte inferior de la espalda y ejerce presión sobre la pelvis.

Dado que las Vatas tienen naturalmente huesos más débiles, ligamentos más sueltos, menos relleno de grasa y son susceptibles al dolor, deben evitar algunas de las Asanas más Avanzadas como la Salamba Sarvangasana (Postura de los Hombros), Halasana (Postura del Arado), Sirsasana (Postura de la Cabeza), Vasistha-sana (Postura Lateral), Pincha Mayurasana (Postura de los Brazos) y Urdhva Danurasana (Postura de la Rueda).

Debido a su naturaleza imprevisible, los Vatas deben convertir la práctica de las Asanas en una rutina y realizarla a determinadas horas en días específicos de la semana. Además, deberían realizar una Shavasana (Postura del Cadáver) más larga de lo habitual al empezar y al terminar la práctica, por su efecto de enraizamiento.

Deben evitarse los Pranayamas que enfrían el cuerpo, como Sheetali (Respiración Refrescante), Sheetkari (Respiración Sibilante) y la Respiración Lunar. En cambio, los Vatas pueden poner en práctica Pranayamas que aumentan el calor en el cuerpo, como la Respiración Solar, Kapalbhati (Respiración que Brilla en el Cráneo), y Bhastrika (Respiración de Fuelle) Pranayama. Sin embargo, deben tener cuidado con los dos últimos, ya que aumentan la energía en el cuerpo, lo que puede sobre estimular la mente. Además, los Vatas suelen sufrir de exceso de pensamiento, ansiedad, y estrés, por lo que deben utilizar Pranayamas específicos para calmar y pacificar la mente. Entre ellos se encuentran las técnicas de Pranayama Anulom Vilom (Método de Respiración con la Fosa Nasal Alterna#1), Nadi Shodhana (Método de Respiración con la Fosa Nasal Alterna#2), Bhramari (Respiración de la Abeja Zumbadora) y Ujjayi (Respiración Oceánica).

Finalmente, los Mudras de mano que aumentan Dosha Vata son los Mudras Jnana, Chin, y Akasha. Estos deben ser practicados si uno tiene una deficiencia en Dosha Vata. Por el contrario, los Mudras de Mano que disminuyen Vata son los Mudras Vayu y Shunya.

Prácticas de Yoga para Dosha Pitta

Dado que los Pitta tienden a sobrecalentarse, deben evitar las posturas de Yoga que provocan una sudoración excesiva. Además, deben cultivar una actitud tranquila y relajada hacia su práctica de Yoga en lugar de considerarla como una competencia, ya que los Pitta se sienten atraídos por las posturas físicamente exigentes.

Los tipos de Pitta se beneficiarán de una práctica de Yoga refrescante y de apertura del corazón realizada de forma no competitiva. El enfoque del Hatha Yoga es más apropiado para los Pittas que el Vinyasa, ya que se centra en una duración más prolongada de las posturas, y en transiciones lentas y deliberadas. Las posturas para principiantes como Bitisasana (Postura de la Vaca) y Bidalasana (Postura del Gato) son buenas para equilibrar Pitta y deberían practicarse al unísono. Las flexiones hacia delante y las posturas que abren el corazón, como Ustrasana (Postura del Camello), Sarvangasana (Postura del Puente) y Urdhva Mukha Svanasana (Perro Mirando hacia Arriba), ayudan a reducir Pitta. También la Trikonasana (Postura del Triángulo) y la Bhujangasana (Postura de la Cobra).

El asiento de Pitta es el estómago y el intestino delgado, por lo que son susceptibles de aumentar el calor en el tracto digestivo. Los pliegues Hacia Delante, los giros y las flexiones hacia atrás como Balasana (Postura del Niño), Dhanurasana (Postura del Arco) y Urdhva Dhanurasana (Postura de la Rueda) ayudan a regular Pitta y a extraer el exceso de bilis. Por el contrario, las flexiones laterales como Ardha Matsyendrasana (Torsión Espinal Sentada) y Parsvottanasana (Estiramiento Lateral Intenso) ayudan a aliviar el exceso de calor de los órganos internos.

Los Pittas deben evitar el Yoga con Alta Calefacción (Bikram y Vinyasa) y practicar en un entorno fresco y con aire acondicionado. Además, deben evitar mantener posturas invertidas largas que crean mucho calor en la cabeza. En cuanto a las posturas de pie, las mejores para Pitta son las que abren las caderas, como Vrksasana (Postura del Árbol), Virabhadrasana I y Virabhadrasana II (Guerrero I y II), y Ardha Chandrasana (Media Luna). Otras posturas beneficiosas que abren las caderas son Baddha Konasana (Postura del Zapatero), Uthan Pristhasana (Postura del Dragón/Lagarto) y Parivrtta Uthan Prissthasana (Postura del Dragón/Lagarto Invertida).

Los Pittas deben concentrarse tranquilamente en la respiración al entrar en Shavasana (Postura del Cadáver), lo que calmará la mente y los centrará en el cuerpo y el corazón. Asimismo, deben evitar la Sirsasana (Postura de la Cabeza), ya que calienta demasiado la cabeza. Para las posturas invertidas, deben practicar la Salamba Sarvangasana (Postura de los Hombros).

Dado que los Pittas son naturalmente calientes, deben realizar Pranayamas que los refresquen, incluyendo Sheetali (Respiración Refrescante), Sheetkari (Respiración Sibilante), y la Respiración Lunar. Por otro lado, los Pittas deben evitar los Pranayamas que aumentan el calor en el cuerpo, como la Respiración Solar, Kapalbhati (Respiración que Brilla en el Cráneo), y Bhastrika (Respiración de Fuelle). Se recomiendan los Pranayamas que equilibran la mente y la calman, como los sugeridos para los tipos Vata.

Por último, los Mudras de la Mano para el exceso de Dosha Pitta son los Mudras Prana, Varun, y Prithivi. Si tienes una deficiencia de Pitta, realiza el Mudra Agni para aumentarla.

Práctica Yóguica para Dosha Kapha

Para los tipos de Dosha Kapha, una práctica de Yoga cálida y energizante como Vinyasa es ideal, ya que necesitan contrarrestar su tendencia natural a sentirse fríos, pesados, lentos y sedados creando calor y movimiento en el cuerpo. Sin embargo, necesitan aumentar gradualmente su capacidad en lugar de presionarse con posturas avanzadas.

Aunque los Kaphas tienen la mayor fuerza de todos los Doshes, pueden sufrir de letargo y exceso de peso cuando están desequilibrados.

Dado que la zona de actuación de Kapha es el pecho (región pulmonar), las Asanas diseñadas para abrir la cavidad torácica (zona de la caja torácica) evitarán la acumulación de mucosidad. Sin embargo, la mayoría de las posturas de pie son vigorizantes para los Kaphas, principalmente cuando se mantienen durante un período más prolongado. Las posturas de espalda como Ustrasana (Postura del Camello), Dhanurasana (Postura del Arco), y Urdhva Dhanurasana (Postura de la Rueda) calientan el cuerpo y desbloquean el pecho, permitiendo una mejor circulación del Prana. También son beneficiosas la Setu Bandha Sarvangasana (Postura del Puente) y la Ardha Purvottanasana (Postura de la Mesa Invertida). A diferencia de Pitta, los tipos de Kapha pueden mantener las posturas de espalda durante más tiempo.

Los Kaphas deben ser conscientes de moverse rápidamente por las secuencias de flujo para evitar enfriarse mientras practican la conciencia. Los giros y estiramientos son buenos porque desintoxican y fortalecen el cuerpo y estimulan el metabolismo. Entre ellos se encuentran Trikonasana (Triángulo), Parivrtta Trikonasana (Triángulo Girado), Ardha Matsyendrasana (Torsión Espinal Sentada), y Pravottanasana (Estiramiento Lateral Intenso). Posturas como Salamba Sarvangasana (Postura de los Hombros), Adho Mukha Vrksasana (Postura de las Manos), y Sirsasana (Postura de la Cabeza) son las principales reductoras de Kapha debido a su enorme poder para calentar el cuerpo. Navasana (Postura del Barco) es excelente para encender y calentar el núcleo y se recomienda para los tipos de Kapha.

Los Kaphas deben intentar hacer su práctica de Yoga temprano por la mañana para poner en marcha su metabolismo y mantenerlos con energía y motivación durante todo el día. La duración de Shavasana (Postura del Cadáver) debería ser un poco más corta para los tipos de Kapha. En lugar de practicar Tadasana (Postura de la Montaña) para tomar tierra, los Kaphas deberían realizar Utkatasana (Postura de la Silla), Vrksasana (Postura del Árbol), o Virabhadrasana I y Virabhadrasana II (Guerrero I y II), ya que son más exigentes físicamente.

Deben realizarse ejercicios de Pranayama que calienten el cuerpo y calmen la mente. Entre ellos se encuentran los Pranayamas de la Respiración Solar, Kapalbhati (Respiración del Cráneo), Bhastrika (Respiración del Fuelle), y Ujjayi (Respiración del Océano). Además, es beneficioso abrir los pulmones mediante una respiración vigorosa. Los Kaphas deben evitar todos los Pranayamas que enfríen el cuerpo, como Sheetali (Respiración Refrescante), Sheetkari (Respiración Sibilante), y la Respiración Lunar. En su lugar, pueden utilizar los Pranayamas calmantes de la mente sugeridos para los tipos Vata si se sienten mentalmente desequilibrados.

En conclusión, los Mudras de la Mano para el exceso de Kapha Dosha son los Mudras Agni y Varun. El Mudra Prithivi puede ser utilizado para aumentar Kapha si uno tiene una deficiencia.

Prácticas Yóguicas para los Tipos Bi-Dóshicos y Tri-Dóshicos

Si el individuo constituye dos Doshas dominantes o tres Doshas dominantes, necesita implementar una práctica que sea una mezcla de cada uno. Utilice las directrices anteriores para cada uno de los Doshas de los que es una combinación. Por lo general, una persona puede decir qué Dosha dominante parece estar desequilibrado. Por ejemplo, si alguien es Vata-Pitta, si se encuentra irritable y enojado y digiere la comida demasiado rápido, sabe que debe seguir las pautas de Pitta para equilibrar este Dosha. Por el contrario, si muestran demasiada actividad mental y ansiedad general, deben implementar una práctica de Yoga pacificadora de Vata. Además, hay que tener en cuenta las estaciones y el clima. Un tipo Vata-Pitta necesitará equilibrar Vata durante los meses más fríos, el otoño y el invierno, mientras que, en la primavera y el verano, cuando el clima es más caluroso, necesitarán equilibrar Pitta.

SIDDHIS-PODERES PSÍQUICOS

El tema de los Siddhis, o poderes y habilidades sobrenaturales, está muy mal entendido en los círculos Espirituales y requiere una aclaración. En Sánscrito, Siddhi significa "realización" o "logro", lo que implica los dones que uno recibe después de completar las diferentes etapas o grados de avance a través de prácticas Espirituales como la mediación y el Yoga. Dado que el objetivo de todas las prácticas Espirituales es la Evolución Espiritual, los Siddhis son poderes psíquicos que se desvelan a medida que el individuo integra la energía Espiritual y eleva la vibración de su conciencia.

En los *Yoga Sutras*, Patanjali escribe que los Siddhis se alcanzan cuando el Yogui ha logrado el dominio de su mente, cuerpo, y Alma, y puede mantener la concentración, la meditación y el Samadhi a voluntad. El Dominio sobre el Ser es una parte integral del viaje hacia la Iluminación, incluyendo el gobierno sobre los Elementos. Al obtener el control sobre nuestra realidad interior, podemos ejercer una fuerza mental que afecta a la realidad exterior - Como Es Arriba, Es Abajo.

Aunque los Siddhis pueden alcanzarse a través de prácticas Yóguicas y de un estilo de vida ascético, una forma más acelerada de alcanzarlos es a través de un despertar completo de la Kundalini. Ya he hablado de los diversos dones Espirituales que se revelan al iniciado de Kundalini despierto durante su proceso de transformación. Algunos de estos dones se alcanzan inicialmente, mientras que otros se desbloquean en los años siguientes. Independientemente de la etapa de obtención, todos los Siddhis son un subproducto de la transformación Espiritual.

A medida que el individuo se alinea con la Conciencia Cósmica e integra la energía de alta vibración del Espíritu, comienza a experimentar la Unidad con toda la existencia. Como el Espíritu nos conecta a todos, no hay separación entre nosotros y los objetos y personas que nos rodean - todos somos Uno. Así, la energía Espiritual integrada se convierte en el medio a través del cual podemos experimentar la percepción extrasensorial.

Al optimizar nuestros Chakras Espirituales (Sahasrara, Ajna, y Vishuddhi), podemos sintonizar con la esencia de la energía Espiritual, cuya vastedad se extiende infinitamente en todas las direcciones. Como tal, las habilidades psíquicas comenzarán a revelarse ante nosotros, incluyendo la Clarividencia, la Clariaudiencia, la Clarisentiencia, la empatía, la telepatía, y otros dones resultantes de una percepción elevada de la realidad.

El proceso de expansión de la conciencia implica la optimización de los Chakras a través de la Luz Blanca del Espíritu. Recibimos el Espíritu a través del Sahasrara mientras que el Chakra Ajna (Ojo de la Mente) sirve como nuestro centro psíquico y el Vishuddhi como nuestro enlace de conexión con los cuatro Chakras Elementales de abajo. Es la interacción del Chakra Sahasrara y Ajna que produce la mayoría, si no todos los Siddhis, ya que el Sahasrara es nuestro enlace de conexión con la Conciencia Cósmica. Como verás en la descripción de los Siddhis, muchos de los dones psíquicos o poderes que uno alcanza son el resultado de la expansión de la conciencia de uno y la adopción de las propiedades de la Conciencia Cósmica.

Aunque los Siddhis son regalos de la Divinidad, también pueden obstaculizar nuestro viaje espiritual si nos centramos demasiado en su consecución. Los Siddhis deben ser experimentados, examinados y dejados ir para permitir que la conciencia continúe expandiéndose a alturas aún mayores. Si el Ego se involucra y trata de controlar el proceso o incluso beneficiarse del desarrollo de los Siddhis, la vibración de la conciencia de uno bajará, bloqueando el camino hacia un mayor avance. En ese sentido, los Siddhis son un "arma de doble filo" que necesita ser abordada con una comprensión adecuada y con el Ego bajo control.

Como parte de los textos sagrados, el tema de los Siddhis y su descripción se presenta de una manera críptica que se hace a propósito para confundir y dividir a las masas. Por un lado, tenemos a los profanos que sólo buscan estos dones sobrenaturales para satisfacer el deseo de poder de su Ego. Estas personas interpretan los textos sagrados literalmente, llamando en vano a la puerta de los misterios Cósmicos. Por otro lado, los buscadores sinceros de la verdad, que son puros de corazón y dignos de estos misterios Divinos, poseen la llave maestra para descifrar los significados ocultos en estos textos sagrados.

Los pueblos antiguos velaban los misterios y las verdades Universales en metáforas y alegorías, incluyendo símbolos y números que tenían un valor Arquetípico. El método tradicional de transmisión del conocimiento sagrado era abstracto y sutil, pasando por encima del Ego y comunicándose directamente con el Ser Superior. Los Siddhis también se presentan de esta manera. En la superficie, parecen increíbles hazañas sobrenaturales que desafían las leyes de la física. Sin embargo, cuando aplicas la llave maestra, comprendes que su descripción es una metáfora de los poderes internos desvelados a través de la evolución de la conciencia.

LOS OCHO SIDDHIS PRINCIPALES

En el Tantra, el Hatha, y el Raja Yoga, hay 8 Siddhis primarios "clásicos" que el Yogui alcanza en su camino hacia la Iluminación. Se llaman Maha Siddhis (Sánscrito para "gran perfección" o "gran logro") o Ashta Siddhis, que significa "ocho Siddhis". "Los Siddhis Ashta también se conocen como Siddhis Brahma Pradana (logros divinos). Como verás en las siguientes descripciones de los 8 Siddhis principales, son el resultado directo del despertar completo de la Kundalini y de la transformación Espiritual que sigue en los años siguientes.

Ganesha, también conocido como Ganapati o Ganesh, es el hijo del Señor Shiva y la Diosa Parvati. Se le conoce como el eliminador de obstáculos, por lo que se le representa con una cabeza de elefante. Según la tradición Hindú, Ganesha trae bendiciones, prosperidad, y éxito a quien lo invoca.

Figura 149: El Señor Ganesha y los Ashta Siddhis

Ganesha es el representante del Chakra Muladhara, la morada de la Kundalini. Por esta razón, se le suele representar con la serpiente Vasuki enroscada en el cuello o en el vientre. Sin embargo, una representación atípica es con él sentado, de pie o bailando sobre la serpiente de cinco o siete capos Sheshnaag. Tanto Vasuki como Sheshnaag representan la energía Kundalini, el eliminador definitivo de obstáculos cuyo propósito es maximizar el potencial de uno como ser humano Espiritual.

Ganesha también es conocido como Siddhi Data, el Señor de los Siddhis (Figura 149). Él es quien otorga los Ashta Siddhis a los individuos elegibles a través del proceso de despertar de la Kundalini. En la tradición del Tantra, los Ashta Siddhis son considerados como ocho Diosas que son consortes de Ganesha y personificaciones de su energía creativa (Shakti).

Siddhis Anima y Mahima

Los dos primeros Siddhis clásicos son polos opuestos que discutiré juntos para una mejor comprensión. Anima Siddhi (en Sánscrito, "capacidad de volverse infinitamente pequeño como un átomo") es el poder de volverse increíblemente pequeño en tamaño de forma instantánea, incluso en la medida de un átomo. Por otro lado, Mahima Siddhi (Sánscrito para "capacidad de volverse enorme") es el poder de volverse infinitamente grande en un instante, incluso hasta el tamaño de una Galaxia o del propio Universo.

Estos dos Siddhis surgen de la conciencia individual que se expande al nivel Cósmico después de un despertar completo de la Kundalini, lo que les permite expandir o contraer voluntariamente su Ser para que puedan llegar a ser infinitamente pequeños o grandes. Ambos Siddhis también están influenciados por la capacidad imaginativa aumentada que se desarrolla durante la transformación de la Kundalini. Es el acoplamiento de la imaginación y la conciencia expandida lo que activa los Siddhis Anima y Mahima dentro de nosotros.

El Siddhi Anima requiere que el individuo imagine algo en su cabeza, como un átomo. Al mantener su visión, el sentido Astral se activa, permitiendo al individuo sentir la esencia del Átomo, conociendo así su propósito y función en el Universo.

A la inversa, si el individuo visualiza algo de gran tamaño, como nuestro Sistema Solar o incluso la Galaxia de la Vía Láctea, su Ser puede estirarse hasta su tamaño para sentir su esencia (Siddhi Mahima). Estas habilidades son posibles porque la sustancia fundacional de la Conciencia Cósmica, el Espíritu, es elástica y maleable, permitiendo a aquellos que han alcanzado su nivel asumir su forma y fluctuar en tamaño a cualquier grado que deseen a través de la imaginación dirigida por la fuerza de voluntad.

La segunda interpretación de Siddhi Anima tiene que ver con la legendaria "Capa de Invisibilidad" mencionada en muchas tradiciones antiguas: la capacidad de volverse energéticamente indetectable para otras personas (incluidos los animales) a voluntad. A medida que el espectro completo de los Planos Cósmicos internos se activa después de un despertar completo de la Kundalini, el individuo puede elevar su conciencia voluntariamente a un Plano Superior (Espiritual o Divino). Hacerlo le permite neutralizar (aquietar) su vibración para aparecer invisible en los Planos Inferiores (Mental y Astral) en los que la persona promedio vibra, haciendo a la persona "pequeña como un átomo".

Si seguimos la misma lógica, el Siddhi Mahima permite al individuo elevar voluntariamente su vibración para parecer grande ante otras personas, incluso como Dios. Recuerda que tanto el Siddhi Anima como el Mahima son el resultado de la Evolución Espiritual, cuyo propósito es acercarnos cada vez más a la Mente de Dios y asumir su vibración. En ambas interpretaciones de los Siddhis de Anima y Mahima, el prerrequisito de su desarrollo es que el individuo domine los Elementos, concretamente el Elemento Fuego.

La interpretación más general de los Siddhis Anima y Mahima es como metáforas del poder Espiritual que el individuo alcanza cuando ha expandido su conciencia al Nivel Cósmico y ha logrado la Unidad. Con el Siddhi Anima, uno puede entrar en cualquier cosa que desee, como un objeto o una persona, cuando se convierte en "el tamaño de un átomo". En cambio, al volverse infinitamente grande (Siddhi Mahima), el individuo puede sentir la esencia de todo el Universo, ya que extiende infinitamente su conciencia. Vemos en ambos casos el poder interior que se despierta cuando un individuo ha integrado la conciencia espiritual y puede salir de su cuerpo físico a voluntad.

Siddhis Garima y Laghima

El tercer y cuarto Siddhis clásicos son también polos opuestos como los dos primeros. Garima Siddhi (en Sánscrito, "capacidad de volverse muy pesado") es el poder de volverse infinitamente pesado en un instante utilizando tu fuerza de voluntad. Por el contrario, Laghima Siddhi (en sánscrito, "capacidad de volverse muy ligero") es el poder de volverse infinitamente ligero, por lo tanto, casi sin peso. Así como los Siddhis Anima y Mahima se ocupan del tamaño, los Garima y Laghima se ocupan del peso, que es la fuerza de gravedad que actúa sobre la masa de un objeto.

Al volverse tan pesado como uno desea a través del Siddhi Garima, el individuo no puede ser movido por nadie ni por nada - las vibraciones de otras personas rebotan en su Aura mientras se mantiene firme en su aplomo. El Garima utiliza el poder de las virtudes, la moral, y el tener una "Voluntad de Hierro". Las personas que permiten que su Luz Interior las guíe, eligen conscientemente la Evolución Espiritual en lugar de satisfacer los deseos de su Ego y traer un Karma innecesario a su vida. Los valores morales dan a las personas una existencia con propósito y una fuerza de voluntad inquebrantable. Permiten a las personas vibrar en una frecuencia más alta al alinearlas con los Planos Cósmicos superiores. Estas personas justas evitan los efectos energéticos de los Planos Inferiores, haciéndolos inconmovibles emocional y mentalmente, especialmente cuando las vibraciones de otras personas los bombardean con sus vibraciones inferiores.

Para maximizar el potencial del Siddhi Garima, el individuo necesita optimizar sus Chakras Espirituales y sintonizar su fuerza de voluntad con su Verdadera Voluntad que sólo su Ser Superior puede otorgarle. La vibración de la Verdadera Voluntad es tan alta que, si uno se vuelve receptivo a ella y le permite guiar su conciencia, neutralizará sus propias vibraciones inferiores y todas las vibraciones que se dirijan hacia él desde el entorno. Al maximizar tu fuerza de voluntad, te conviertes en un Maestro Manifestador, un Creador consciente de tu realidad interior que se auto expresa y que es como un Dios-humano para todas las personas que no han desarrollado el mismo poder.

Por otro lado, el Siddhi Laghima hace que uno sea casi ingrávido, permitiendo la levitación e incluso el vuelo. A primera vista, el Siddhi Laghima desafía la ley de la gravedad y las leyes de la física. Atrae en gran medida a los no iniciados que buscan estos Siddhis para obtener beneficios personales y monetarios. Al lograr la levitación en el ámbito físico, muchas personas desean beneficiarse económicamente mostrando este fenómeno a las masas.

Al igual que muchas personas de mi posición, me ha fascinado la levitación desde que tuve el despertar de la Kundalini hace 17 años. Deseaba este don no porque buscara obtener beneficios económicos, sino porque lo veía como una prueba tangible de la transformación de la Kundalini que podía mostrar a los demás para inspirarles a conseguir lo mismo.

Sin embargo, tras años de exhaustiva investigación, he llegado a la conclusión de que las leyendas sobre la levitación no son más que historias de fantasía sin pruebas científicas verificables. En otras palabras, un ser humano no puede levantarse del suelo ni desafiar las leyes de la física utilizando poderes psíquicos. Las supuestas levitaciones que la gente ha visto con sus propios ojos no son más que ilusiones de las que existen innumerables métodos y técnicas.

En cambio, el concepto de levitación es un velo para confundir a los profanos. Revela a los dignos iniciados los poderes que se despiertan en uno mismo cuando se activa el Cuerpo de Luz. El Cuerpo de Luz, nuestro segundo cuerpo, es elástico y moldeable y no se adhiere a las leyes de la gravedad y de la física, ya que es ingrávido y transparente. Utilizando nuestro Cuerpo de Luz, podemos viajar dentro de los Planos Cósmicos interiores y realizar muchas hazañas milagrosas como volar, caminar sobre el agua y a través de las paredes, etc.

Nuestro Cuerpo de Luz es utilizado durante los Sueños Lúcidos (que ocurren involuntariamente) y la Proyección Astral (que es inducida conscientemente). Ambos fenómenos son un tipo de experiencias de viaje fuera del cuerpo, del alma, que trataré con más detalle más adelante, cuando me dedique por completo al tema.

Otro tipo de viaje Fuera del Cuerpo se llama Visión Remota, que es la capacidad de bilocarse a un área remota de nuestro Planeta usando el poder de la mente. La Visión Remota es la Proyección Astral en el Plano Físico que utiliza el Cuerpo de Luz para viajar a algún lugar de la Tierra y ver lo que nuestros dos ojos físicos no pueden ver utilizando el Tercer Ojo. En la literatura oculta y Espiritual, la Visión Remota se denominaba "Telestesia", que es la percepción de eventos, objetos y personas distantes por medios extrasensoriales. Los programas secretos del gobierno supuestamente utilizaban individuos dotados para buscar impresiones sobre objetivos distantes o no vistos a través de la Visión Remota.

Siddhi Prapti

El quinto Siddhi clásico, Prapti (palabra Sánscrita que implica "estiramiento del cuerpo" o "poder de alcanzar"), permite al individuo viajar a cualquier lugar instantáneamente con la aplicación de su fuerza de voluntad. El Siddhi Prapti sigue perfectamente al Siddhi Laghima como la capacidad del Cuerpo de Luz de viajar a través de la conciencia, utilizando el Merkaba.

Como se discutió en un capítulo anterior, el Cuerpo de Luz nos permite viajar Inter dimensionalmente dentro de los diversos Planos Cósmicos internos, lo cual es una expresión del Siddhi Prapti. Sin embargo, si deseamos viajar a lugares remotos del Planeta Tierra, podemos hacerlo a través del Plano Físico. En la superficie, esta manifestación del Prapti suena muy parecida a la Proyección Astral, pero no lo es. Aunque las dos están relacionadas, ya que ambas utilizan el Cuerpo de Luz para su ejecución, la Proyección Astral es una técnica que requiere preparación y por lo tanto no es instantánea como el Prapti.

Ya he hablado de la optimización de la imaginación y la fuerza de voluntad en el despertar de la Kundalini, pero sólo he tocado la capacidad que se desarrolla de experimentar los pensamientos en "tiempo real". Un despertar completo de la Kundalini localiza la Luz Interior dentro del cerebro, tendiendo un puente entre las mentes consciente y subconsciente. A medida que las dos partes de la mente se convierten en Una, los hemisferios cerebrales izquierdo y derecho se unifican, permitiendo una corriente de conciencia pura e ininterrumpida. Esta experiencia tiene un efecto peculiar en los pensamientos de uno, que se vuelven tan reales como tú y yo para el experimentador.

Se necesita mucho tiempo para domar la conciencia y ganar control sobre el propio poder de visualización, lo que implica optimizar la fuerza de voluntad. Sin embargo, una vez conseguido, tendrás la capacidad de viajar conscientemente (bilocación) a cualquier lugar que desees y experimentarlo como real en el mismo momento en que lo pienses. Si deseas viajar a Egipto, por ejemplo, y ver la Gran Pirámide, sólo tienes que visualizarla, y tu Alma se proyectará allí instantáneamente a través del Merkaba. O, si necesitas un descanso de tu vida cotidiana y quieres pasar unos minutos en una playa de México, puedes visualizar que estás en una playa y experimentarlo como algo real.

Para aprovechar al máximo esta experiencia, al visualizar algo, ayuda tener una fotografía o imagen del lugar al que se quiere ir para formar la visión más precisa de ese lugar. A continuación, debe retener la imagen en su mente, que experimentará como real a través de sus sentidos astrales.

Quiero señalar que el Siddhi Prapti sólo es alcanzable después de que el individuo haya completado el proceso de despertar de la Kundalini, localizando así la Luz Interior dentro del cerebro. Otros componentes necesarios para la ejecución de este Siddhi son la optimización del Chakra Ajna, la activación del Cuerpo de Luz y la maximización del giro del Merkaba mediante el desbloqueo de todo el potencial del campo energético toroidal. (Nótese que el Cuerpo de Luz y el Merkaba se utilizan para cualquier tipo de viaje Fuera del Cuerpo). Describiré la ciencia de este fenómeno con mayor detalle más adelante, a

medida que vaya desentrañando más de las extraordinarias habilidades que se revelan a
los individuos despiertos de la Kundalini.

Siddhi Prakamya

El sexto Siddhi clásico, Pramakya (palabra Sánscrita que implica "voluntariedad" o
"libertad de voluntad"), da a uno el poder de lograr y experimentar cualquier cosa que
desee. Este Siddhi permite al individuo materializar cualquier cosa que desee de la nada
aparentemente y realizar cualquier sueño. Si desean estar en algún lugar o incluso estar
con alguien sexualmente, su deseo se satisface en el momento en que tienen este
pensamiento. El Siddhi Prakamya se caracteriza por la realización instantánea de los
deseos más profundos mediante la aplicación de la fuerza de voluntad.

Este Siddhi puede parecer, a primera vista, algo sacado de una película de superhéroes.
La capacidad de manifestar cualquier cosa que deseemos instantáneamente trasciende las
limitaciones de las leyes del Universo y las leyes de la física. Sin embargo, si aplicamos
este Siddhi al mundo de los Sueños Lúcidos, entonces empezamos a comprender el
verdadero potencial de nuestras experiencias a través del Cuerpo de Luz. El mundo del
Sueño Lúcido es tan real para nuestra conciencia como el Mundo Físico en lo que respecta
a la experiencia.

Durante mis 17 años de vivir con la Kundalini despierta, he experimentado este tipo de
regalos y mucho, mucho más. El mundo de los Sueños Lúcidos cumplió todos los deseos
de mi Alma, que comencé a experimentar rápidamente tres o cuatro meses después de mi
despertar inicial en 2004. He descubierto que el Siddhi Prakamya sirve no sólo para
cumplir los deseos de tu Alma, sino para extinguirlos con el tiempo.

Mis experiencias en la vida me han enseñado que una de las maneras más eficientes
de superar cualquier deseo dentro de ti mismo es involucrarte en él hasta que su energía
sea drenada de ti. Por supuesto, me estoy refiriendo a los deseos temporales del Ego que
caen dentro del ámbito de la normalidad y no a los deseos antinaturales como herir
físicamente a otros Seres vivos. Una de las funciones del mundo del Sueño Lúcido es
extinguir los deseos de los iniciados despiertos de Kundalini cuyo objetivo final es la
Evolución Espiritual y la unión con la Divinidad.

A menudo me proyectaba fuera de mi cuerpo a cualquier lugar al que mi Alma quisiera
ir en el mundo de los Sueños Lúcidos. Visitaba estrellas y galaxias lejanas y lugares Inter
dimensionales de nuestro planeta con extraños seres que veía por primera vez. A menudo,
"descargaba" información de estos Seres sobre los misterios de la Creación y el futuro de
la raza humana de la misma manera que Neo descarga nuevas habilidades y destrezas
como programas de ordenador en la película "The Matrix". En el lapso de una hora de
sueño, podía descargar el equivalente a veinte libros de información de Seres inteligentes
de nuestro Universo.

Un puñado de veces, fui consciente de que estaba descargando información fuera de
mí y pude recordar una o dos frases de lo que estaba recibiendo. En su mayor parte, la
información era críptica y se me transmitía a través de números, símbolos, metáforas, y
arquetipos en inglés o en otros idiomas de la Tierra.

Cuando estaba en presencia de lo que parecían Seres Extraterrestres, me hablaban telepáticamente en sus lenguas, que, de alguna manera, yo entendía. Normalmente podía distinguir a los Extraterrestres de otros Seres como Maestros Ascendidos, Ángeles, u otras Deidades porque su apariencia era humanoide, pero claramente no humana, ya que algunos rasgos eran diferentes.

Me sentí bendecido y privilegiado por haber entrado en contacto con otros Seres inteligentes del Universo a través de la conciencia. Después de todo, no tenía otra forma de obtener el conocimiento único que me impartían sino a través de la experiencia directa, y mi sed de conocimiento después de despertar la Kundalini crecía diariamente.

Con el tiempo, desarrollé de forma natural una técnica para desenfocar el Ojo de mi Mente en un sueño lúcido y entrar en una realidad que denomino "hiper conciencia", un estado más allá del ámbito de la conciencia humana. Como resultado, a menudo me encuentro en algún lugar en el que ya he estado en el mundo real, sólo que en una versión futurista del mismo lugar con objetos y dispositivos tecnológicos nunca vistos. El escenario se asemeja a un viaje de LSD o Peyote, aunque diferente, ya que tiene un componente futurista.

Durante un tiempo, cuando me proyectaba en este mundo futurista, oía dentro de mi cabeza música tecno que coincidía con lo que veía, como si estuviera en una película. Mis mandíbulas se apretaban mientras un éxtasis llenaba mi corazón, tratando de integrar mi visual. Esta hiperrealidad me enseñó sobre los Universos paralelos que nuestra conciencia puede experimentar a través del Cuerpo de Luz y el mundo del Sueño Lúcido.

Recuerdo que quería pasar un mes esquiando y no podía hacerlo en la vida real por falta de tiempo. Esa misma noche me encontré en una estación de esquí de alto nivel en lo que parecían los Alpes. El paisaje era todo lo que deseaba y más. Pasé allí lo que me pareció un mes entero, por el número de experiencias, todo ello en las 8 horas de sueño que tenía. Cuando me desperté, ya no sentí la necesidad de ir a esquiar, ya que ese deseo estaba satisfecho en mi Sueño Lúcido.

He viajado a otros lugares del mundo de la misma manera. Si de alguna manera estaba limitado a viajar en la vida real, a menudo me encontraba visitando ese lugar por la noche. La principal diferencia era que en el mundo de los Sueños Lúcidos se trascendía el tiempo. Podías pasar meses e incluso años en un lugar del mundo de los Sueños Lúcidos, lo que equivalía a ocho horas de sueño en la vida real.

Después de visitar muchos países y ciudades en mis sueños, he descubierto que hay centros turísticos y puntos calientes en el mundo de los Sueños Lúcidos a los que otras personas viajan si necesitan unas vacaciones de "poder". Además, muchos individuos que conocí en mis viajes de Sueño Lúcido parecían demasiado únicos para ser una proyección de mi conciencia. A menudo, intercambiábamos información personal sobre quiénes éramos en la vida real, aunque nunca pude verificar a alguien en el mundo real.

Con el paso de los años, mi "centro de mando" o base de operaciones se convirtió en Nueva York y Los Ángeles, aunque eran versiones diferentes de esas mismas ciudades. Como visité ambas ciudades en la vida real, descubrí que la sensación era la misma en el mundo de los Sueños Lúcidos, pero tenían un aspecto radicalmente distinto, con arquitectura y paisajes diferentes.

Cuando volvía a visitar cualquiera de las dos ciudades en un Sueño Lúcido, parecía casi idéntica a la última vez que estuve allí en un sueño anterior. Incluso tenía un apartamento de mi propiedad en Nueva York al que volvía, y era igual que la última vez que estuve allí, con los objetos donde los había dejado. Curiosamente, una corriente de recuerdos volvía a fluir desde la última vez que estuve allí en un sueño, lo que significaba que mi conciencia era capaz de tener diferentes experiencias vitales en varios lugares simultáneamente como el mundo real.

Cada vez que entraba en el mundo de los Sueños Lúcidos, era consciente de mi potencial. Era ligero como una pluma y podía volar, levitar objetos, y proyectar mi conciencia en una fracción de segundo de un lugar a otro. También podía manifestar cualquier pareja con la que quisiera tener relaciones sexuales, experimentar lo que es ser ultra rico y famoso, pilotar un avión, o conducir un Ferrari, y mucho más. Cuando imaginaba algo que deseaba, normalmente aparecía justo delante de mí. El cielo es el límite en cuanto a lo que tu Alma puede experimentar en el mundo de los Sueños Lúcidos, y la realización de tus deseos es personal para ti y sólo para ti.

Ten en cuenta que no existe el concepto de distancia en un Sueño Lúcido. Cuando piensas en una experiencia que quieres tener, estás inmediatamente en el acto de tener esa experiencia, en un lugar que tu Alma elige para ti. El Cuerpo de Luz contiene los cinco sentidos de la vista, el oído, el tacto, el olfato, y el gusto, lo que permite una experiencia completamente realista. Podemos estar experimentando el mundo real a través del Cuerpo de Luz también, sólo que a través de la interfaz del cuerpo físico. Las pocas veces que he probado la realidad virtual, he sentido sensaciones similares a las que he experimentado en el mundo de los Sueños Lúcidos.

Una de las principales diferencias entre satisfacer tus deseos en el mundo del Sueño Lúcido y el Mundo de la Materia es que en el mundo del Sueño Lúcido no hay parloteo mental ni culpa, ya que se trata de un deseo puro que se está cumpliendo. El parloteo mental es el resultado del Ego, que está directamente ligado al cuerpo físico y al mundo material. Dado que el Sueño Lúcido trasciende el reino físico, está vacío de Ego; por lo tanto, la mente está vacía, permitiendo una experiencia del Alma óptima.

Siddhis Vashitva e Ishitva

Los Siddhis clásicos séptimo y octavo, Vashitva e Ishitva se mezclan entre sí, y como tal, los discutiré juntos como expresiones del mismo poder. Vashitva Siddhi (palabra Sánscrita que implica "poderes de control") permite al individuo controlar sus propios estados mentales y los de otras personas a través de la fuerza de voluntad. Con el Siddhi Vashitva, el individuo puede influir totalmente en las acciones de cualquier persona de la Tierra.

Por el contrario, Ishitva Siddhi (en Sánscrito significa "superioridad" y "grandeza") es la capacidad de controlar la naturaleza, los organismos biológicos, las personas, etc. Este Siddhi en particular le da al individuo un señorío absoluto sobre toda la Creación y lo convierte en un Dios-humano a los ojos de los demás. El Siddhi Ishitva convierte a la persona en un Maestro de los Cinco Elementos, un Mago viviente.

Según el Principio de Vibración de *El Kybalion*, todas las cosas vibran a una frecuencia determinada. La física cuántica corrobora esta afirmación y añade que cada vez que miramos algo en el mundo exterior, influimos en su estado vibratorio. Los Antiguos Hermetistas conocen el poder de la mente desde hace miles de años. Después de todo, el principio fundamental de *El Kybalion* es "El Todo es Mente, el Universo es Mental".

Si el Universo es una proyección mental que es moldeada por nuestras mentes, entonces nuestros pensamientos y emociones son también una construcción mental que podemos alterar. Los Hermetistas han enseñado a sus iniciados que la fuerza de voluntad puede usarse como un diapasón para transmutar nuestras condiciones mentales y las de otros Seres vivos, cambiando incluso los estados de la Materia. Creían que, si podemos maximizar el poder de la mente, podemos obtener el gobierno sobre otras personas, el entorno y la realidad en general.

Los Siddhis Vashitva e Ishitva son expresiones de poderes mentales que pueden realizarse cuando el individuo eleva la vibración de su fuerza de voluntad y, por tanto, su conciencia. Aunque podemos lograr el Siddhi Vashitva aplicando las Leyes Mentales, la única manera de realizar verdaderamente el Ishitva Siddhi es a través de la Evolución Espiritual. Llegar a la Iluminación no sólo maximiza el potencial de la fuerza de voluntad, optimizando así el Siddhi Vashitva, sino que también nos permite entregar nuestra voluntad a la Divinidad por completo y alinearnos con su alta frecuencia vibratoria. Al hacerlo, nos convertimos en diapasones Auto energizados que inducen todo lo que nos rodea con nuestras altas vibraciones, cambiando los estados mentales y emocionales de todos los seres vivos e incluso alterando el estado vibratorio de los objetos inmateriales de nuestro entorno inmediato.

Dado que nos comunicamos constantemente de forma telepática, maximizar nuestra fuerza de voluntad nos da el poder de la mente sobre la mente, lo que nos permite dominar completamente a otras personas. Según *el* Principio del Género Mental de *El Kybalion*, "El género está en todo; todo tiene sus principios masculinos y femeninos; el género se manifiesta en todos los planos. " Este Principio afirma que cada uno de nosotros tiene un componente masculino y femenino del Ser -el "Yo" y el "Mí".

El "Yo" es la Fuerza masculina, objetiva, consciente y voluntaria que proyecta-la Fuerza de voluntad. El "Yo" es la parte femenina, subjetiva, subconsciente, involuntaria, y pasiva del Ser que recibe-la imaginación. La voluntad, que es el Elemento Fuego del Alma, se proyecta en la imaginación, creando así una imagen visual, expresión del Elemento Agua. El Elemento Aire es el pensamiento, el medio de expresión de la voluntad y la imaginación.

El "Yo" es como un útero mental que se impregna del "Yo" para crear una descendencia mental: la imagen visual". El "Yo" siempre proyecta, mientras que el "Mí" recibe. Estos componentes cognitivos duales son un regalo sagrado que nos ha dado nuestro Creador para ser Co-creadores conscientes de nuestra realidad. Sin embargo, la única manera de manifestar nuestra propia realidad deseada es utilizar nuestra fuerza de voluntad para generar imágenes mentales que guíen nuestra vida. Si nos volvemos mentalmente perezosos, haciendo que nuestra fuerza de voluntad quede inactiva, nuestra existencia será guiada por la fuerza de voluntad de otras personas, ya sea directamente o a través de estímulos ambientales. Así es la Ley. El componente "Yo" siempre debe ser alimentado por un "Yo", ya sea propio o ajeno.

Las personas que son conscientes de estas Leyes Mentales pueden elevar la vibración de su fuerza de voluntad para controlar su realidad y afectar al componente "Yo" de otras personas, haciéndoles pensar lo que deseen. Al influir en los pensamientos de alguien, invariablemente afectamos cómo se sienten y qué acciones realizan. Como estas Leyes Mentales funcionan a nivel subconsciente, la persona que está siendo influenciada casi nunca se da cuenta de que está siendo inducida mentalmente. En cambio, cree que los pensamientos inducidos son propios cuando, en realidad, son semillas plantadas por otra persona. Los fenómenos psíquicos de la transferencia de pensamientos, la sugestión y el hipnotismo son ejemplos de la utilización del Principio de Género para afectar a la mente de otras personas.

Como he discutido ampliamente en *The Magus*, cualquier realidad compartida por múltiples personas es controlada por el individuo que vibra su fuerza de voluntad en la frecuencia más alta. Las personas que comparten la realidad de este individuo lo admiran naturalmente y lo consideran su líder y guía. Estas personas evolucionadas son carismáticas, agradables, y sexualmente atractivas, lo que tiene menos que ver con la apariencia física y más con el magnetismo personal. Suelen comunicarse directamente con el Alma, evitando así la personalidad, y el Ego. Estas personas especiales atraen e inspiran a los demás de formas que parecen mágicas para aquellos individuos que no entienden la ciencia que hay detrás de las Leyes Universales que se emplean.

La forma más eficiente de lograr el Siddhi Ishitva y alcanzar el Señorío sobre la Creación es despertar la Kundalini y elevarla hasta la Corona. Cuando un individuo altamente evolucionado Espiritualmente ha elevado la vibración de su conciencia al Plano Espiritual, naturalmente domina los Planos inferiores a éste en los que la mayoría de la gente vibra. También dominan los reinos animal y vegetal que son subdivisiones del Plano Físico.

No es raro ver a un Iluminado caminar entre tigres, leones, osos, cocodrilos, serpientes venenosas, y otros animales potencialmente mortales. Todos hemos oído hablar de este fenómeno, pero la mayoría de la gente no conoce su ciencia. Al canalizar la energía de alta vibración del Espíritu, que es Luz y amor, estos individuos Espiritualmente evolucionados han superado su propio miedo que desencadena a los animales peligrosos y los hace atacar a los humanos. Así, el individuo despierto evita el mecanismo de supervivencia del animal y se conecta con su energía de amor, resultando en ser abrazado en lugar de atacado.

Una persona cuya fuerza de voluntad resuena en la frecuencia del Espíritu domina a todos los que no han alcanzado el mismo estado de conciencia. Estos individuos Espiritualmente evolucionados aparecen como humanos-dioses ante la gente común que los pulula para bañarse en su embriagadora Luz.

Como nota final, es posible alterar los estados de la Materia con la aplicación de la fuerza de voluntad e incluso hacer aparecer y reaparecer la Materia. *El Kybalion* aclara que, si elevamos la vibración de la Materia, alteramos su frecuencia y, por tanto, su

densidad e incluso su estado. Sin embargo, como se requiere una gran cantidad de energía
para lograr esta hazaña sólo con la mente, muy pocos Adeptos en la historia lo han logrado,
algunos de los cuales se encontraron como figuras centrales de las religiones. Todos hemos
oído hablar de los milagros de Jesucristo, en los que convirtió el agua en vino y utilizó
cinco panes y dos peces para multiplicarlos y alimentar a 5000 personas.

Un ejemplo más común y comprobable de alteración de la Materia con el poder de la
mente es convertir el hielo en agua, el agua en vapor y viceversa, calentando y enfriando
el cuerpo. Otro ejemplo es hacer levitar un objeto ligero, como un trozo de papel, o
controlar el movimiento de la llama de una vela. Para lograr cualquiera de estas hazañas
mentales, el individuo necesita contactar o estar cerca del objeto para infundirlo con su
energía Pránica, cuyo flujo y estado puede controlar con su mente.

Quizás en el futuro, cuando la humanidad haya evolucionado Espiritualmente de forma
colectiva, tendremos ejemplos más notables de cómo controlar la Materia con nuestras
mentes, ya que las Leyes Universales operan en todos los Planos Cósmicos y los Planos
Superiores siempre dominan los Planos Inferiores. Curiosamente, los Antiguos nunca
pasaron demasiado tiempo tratando de influir en la Materia con sus mentes. Ellos sabían
que el verdadero don de estas Leyes Mentales era aplicarlas a sus propios estados mentales
y emocionales para ayudar a su Evolución Espiritual. Alcanzar la mente de la Divinidad
era su única y verdadera meta, ya que, al hacerlo, uno se convierte en parte de las Leyes
Universales, optimizando así los Siddhi Ashta.

PARTE VII: EL DESPERTAR DE LA KUNDALINI

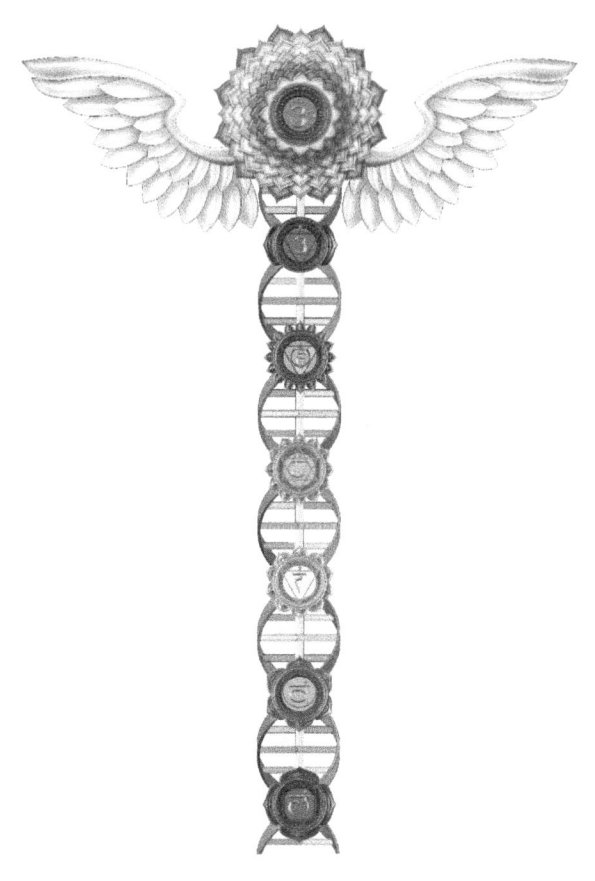

SÍNTOMAS Y FENÓMENOS DESPUÉS DE DESPERTAR LA KUNDALINI

La mayoría de los individuos que han despertado a la Kundalini están preocupados por cómo se desarrollará la transformación a lo largo del tiempo y por el calendario general de cuándo desbloquearán determinados dones (Siddhis). Esta es una de sus principales preguntas e intereses. Después de hablar con docenas de individuos despiertos que completaron el proceso elevando la Kundalini hasta la Corona, he descubierto que las manifestaciones son casi las mismas para todos y suelen ocurrir sistemáticamente. Una experiencia da lugar a la siguiente, y de esta manera, la energía Kundalini transforma la mente, el cuerpo y el Alma a lo largo del tiempo, desbloqueando muchos dones psíquicos en el camino.

Como comenté en el capítulo introductorio sobre la Kundalini, una vez que se ha producido la activación del Cuerpo de Luz y la energía se localiza en el cerebro, se ha producido un despertar permanente. Algunos síntomas y fenómenos se manifiestan en la primera semana, mientras que otros tardan un poco más. En esta sección, desglosaré estas experiencias una por una, en orden secuencial en su mayor parte, desde las etapas iniciales, hasta los meses y años siguientes. Sin embargo, hay que tener en cuenta que sólo estoy cubriendo los despertares completos, no los parciales. En el caso de los despertares parciales, las manifestaciones y los dones son específicos del Chakra o Chakras que la Kundalini ha activado, variando de un Chakra a otro.

En las personas totalmente despiertas, las dos primeras manifestaciones iniciales son la Luz en la cabeza y el sonido vibratorio constante que se escucha en el interior, parecido a un zumbido bajo. Si la persona no tiene conocimiento previo de la Kundalini, puede confundir este último fenómeno con la aparición de acúfenos, una dolencia física en la que se oye un zumbido constante en los oídos. Sin embargo, se dará cuenta de que el sonido se amplifica enormemente cuando se concentra en él, y a veces no le deja dormir, como me ocurrió a mí.

La Luz en la cabeza es complicada porque al principio llega en oleadas y puede incluso provocar presión en la cabeza, causando un dolor de cabeza o migraña. Por eso, al principio se puede pensar que son varios los factores que pueden causar este fenómeno. Sin embargo, al cabo de unas semanas, se hará evidente que, al cerrar los ojos, hay una energía presente en el interior de la cabeza que parpadea con frecuencia. A menudo pulsa como un organismo vivo, que respira, especialmente cuando estás en un estado de inspiración. Puede que incluso experimentes destellos de Luz de otros colores, especialmente púrpura, aunque he comprobado que la presencia de la Luz Blanca es relativamente constante. Por supuesto, no es tan brillante como mirar al Sol, sino que es tenue pero muy perceptible con los ojos cerrados.

También puedes ver orbes de Luz dentro de tu visión periférica que pueden aparecer cuando tienes una epifanía sobre algo o estás en un estado de inspiración. Generalmente son de color azul eléctrico y pequeños, pero bastante perceptibles. Suele ser un solo orbe de Luz, aunque puede haber varios. La gente ha sugerido que estos orbes pueden ser Ángeles de la Guarda.

Cuando empieces a introducir alimentos en tu cuerpo, tu sistema digestivo los transformará en energía de Luz, alimentando el sistema energético recién despertado. Dado que la Kundalini es amplificada por la energía Pránica de los alimentos y la energía sexual, te cambiará gradualmente en todos los niveles, físico, mental, emocional, y Espiritual. Algunos de los efectos más inmediatos son las sacudidas del cuerpo y la sensación de hormigas arrastrándose por la piel. Es importante no asustarse cuando esto ocurra, ya que es una parte normal del proceso. Significa que la energía se está sublimando y llegando a los centros nerviosos, infundiéndoles literalmente Luz, alimentándolos.

También puedes sentir sacudidas musculares o espasmos ocasionales que surgen aparentemente de la nada, normalmente cuando tu cuerpo está quieto y en estado de relajación. A medida que tu sistema nervioso se adapta a esta nueva energía presente en ti, tu temperatura puede fluctuar, haciéndote sentir calor en un momento y frío al siguiente. Recomiendo llevar ropa extra para no ser susceptible de tener un resfriado o una gripe cuando te estés refrescando.

El ritmo y la potencia de los latidos del corazón también se verán afectados a medida que el cuerpo se adapte a los cambios en el sistema energético. El corazón puede latir tan rápido a veces que se siente como si estuvieras a punto de tener un ataque al corazón, especialmente si no eres consciente de este síntoma común de Kundalini. Debido a que la mente está procesando las emociones del subconsciente, el latido del corazón acelerado suele ser el resultado de una emoción de miedo presente, que puede aparecer de la nada y desaparecer al segundo siguiente. Como resultado, el corazón a menudo se saltará un latido; entonces, se acelerará hasta que te calmes.

El corazón también reacciona cuando hay emociones intensas, especialmente las que canalizan la energía del Fuego. La fuerza de los latidos del corazón puede ser a veces tan fuerte que parece que está intentando salirse del pecho. Su ritmo de respiración se ve directamente afectado por los cambios en su ritmo cardíaco, lo que a menudo resulta en una leve hiperventilación cuando su ritmo cardíaco aumenta. Como en este caso se activa tu Sistema Nervioso Simpático, te recomiendo que pongas en práctica una técnica de respiración calmante para recuperar el control de tu cuerpo. Ten en cuenta que, por muy alarmantes que parezcan estas palpitaciones, no hay nada que temer. La mente empeora las cosas creando pánico, así que intenta mantener la calma y se te pasará.

Dado que la Kundalini está ahora activa en tu interior de forma permanente, también puedes sentir pulsaciones en el sacro, ya que está bombeando la corriente de la Kundalini a través de tu Cuerpo de Luz. Si hay bloqueos de energía, puede haber una presión incómoda en el sacro, que puede causar un dolor leve. Sin embargo, he descubierto que el sistema Kundalini compensa los bloqueos energéticos reduciendo la magnitud de la Luz que está canalizando.

Otro fenómeno notable, aunque poco frecuente, es la interferencia psicoquinética con los equipos eléctricos. Por ejemplo, al día siguiente de tener el despertar de la Kundalini, mi bioelectricidad era tan alta que cuando enfocaba mi mente en un televisor cercano, provocaba una perturbación en el flujo de canales a la orden. También había oído hablar de casos en los que los individuos hacían estallar la aguja de su tocadiscos al tocarla o hacían saltar los discos compactos. El fenómeno siempre conlleva o bien hacer contacto con un aparato eléctrico o bien utilizar el poder de la mente para alterar su funcionamiento de alguna manera mientras se exhibe una bioelectricidad superior a la normal.

A veces, el dolor está presente en diferentes órganos, o hay una sensación general de malestar en las zonas donde están presentes los órganos. El dolor suele ser leve, aunque la mente puede exagerar estos efectos, como hace cuando experimenta el miedo a lo desconocido. El dolor o la incomodidad leves son normales, y significan que la energía está entrando y limpiando diferentes contrapartes Espirituales de los órganos y partes del cuerpo. Lo más importante es recordar que hay que mantener la calma mientras ocurren todos estos procesos porque normalmente no duran mucho. Sin embargo, si te fijas en ellos y los exageras, persistirán más tiempo.

Permíteme reafirmar lo que dije en un capítulo anterior: la energía Kundalini funciona en un nivel sutil, no físico, aunque a menudo pueda parecer que los efectos son físicos. Ten en cuenta que otra parte de ti está despertando a tu conciencia, el Cuerpo de Luz. El Cuerpo de Luz tiene contrapartes sutiles a los órganos físicos, que sirven a un propósito espiritual en un nivel superior.

Espero que esta explicación aclare cualquier malentendido sobre este tema, ya que a menudo oigo a las personas que han despertado la Kundalini decir que la energía está trabajando en el cuerpo físico y dando forma y "martilleando" los órganos, lo que simplemente no es cierto. Se siente así, sí, pero eso es sólo porque ahora hay otra parte del Ser despertada, un componente no físico: el Cuerpo de Luz, que contiene los diversos Cuerpos Sutiles que se corresponden con los Cinco Elementos.

Otro síntoma que aparece al principio son las grandes fluctuaciones de vitalidad. Por ejemplo, puedes estar hiperactivo y sentir la necesidad de moverte o hacer ejercicio, seguido de un completo agotamiento de energía y letargo. Estos cambios de energía son el resultado de los efectos de la Kundalini en la mente. Cuando toma el control, la Kundalini te da acceso a una abundancia de energía, seguida de un colapso en el momento en que el Ego retoma el control de la mente. Sin embargo, cuando aprendas a superar el efecto del Ego sobre la mente, accederás a la fuente de la energía Kundalini y tendrás una vitalidad increíble las 24 horas del día, 7 días a la semana.

A medida que tu conciencia se purifica con el tiempo, su vibración se eleva, lo que le permite localizarse dentro del Cuerpo Espiritual, el aspecto más elevado del Cuerpo de Luz. Es casi como si un proceso de trasplante estuviera ocurriendo en su interior, lo cual puede ser preocupante a veces. Como tal, puede requerir algún tiempo para adaptarse a lo que se siente como una entidad extranjera dentro de ti.

El Cuerpo de Luz es el vehículo del Alma. El cuerpo físico, en cambio, es el vehículo del Ego. El Alma utiliza la imaginación y la intuición, que se reciben a través del corazón. El Ego utiliza la lógica y la razón, y opera a través de la mente. El hermano de la imaginación es la inspiración que alimenta el Yo Superior, el Alma. La energía Kundalini inspira porque su propósito es llevarte al Espíritu. El Fuego de la Kundalini cambia de estado con el tiempo para provocar una percepción mística y trascendental de la nueva realidad en la que te encuentras: la Cuarta Dimensión de la Energía o la Vibración.

SANTO ÁNGEL DE LA GUARDA (EL SER SUPERIOR)

Todo ser humano tiene un Genio Superior, también conocido como el Santo Ángel de la Guarda, o Ser Superior. Esta es la parte Espiritual de ti que es de Dios, el Creador. Aunque está más allá de la dualidad, tu Ser Superior se alinea con la polaridad de tu Alma. Como tal, puedes referirte a él o a ella, sea cual sea el género de tu Alma. El propósito principal del despertar de la Kundalini es crear un vínculo entre tu conciencia y tu Santo Ángel de la Guarda. Entonces te convertirás en un canal para su sabiduría mientras dure tu vida aquí en la Tierra. Y muy posiblemente más allá.

Tu Santo Ángel de la Guarda reside en el Chakra Sahasrara (Figura 150). Siempre que elevas tu conciencia a su nivel, tu Ser Superior está presente. Al conectar con él, tu conciencia siente como si le crecieran alas, transformándote en una presencia Angélica mientras se mantiene este vínculo. Sigues siendo tú mismo, pero una parte más elevada de ti que resuena con la vibración de la Luz Divina del Creador.

La mayoría de las personas tienen momentos a lo largo del día en los que se conectan con su Santo Ángel de la Guarda, normalmente cuando están en un estado mental inspirado o creativo. También están esos momentos en los que el Santo Ángel de la Guarda nos toca brevemente con su energía, dándonos una visión divina sobre un tema en forma de epifanía. Sin embargo, estos momentos suelen ser de corta duración, ya que el Ego siempre comienza a cuestionar la experiencia, cortando la conexión con el Ser Superior. Como resultado, el individuo desciende del Sahasrara a un Chakra inferior de uno de los Cuatro Elementos.

Para establecer una conexión permanente con tu Santo Ángel de la Guarda, primero debe producirse una exaltación de la conciencia. Entonces, una vez que el Alma ha asumido el dominio completo sobre el Ego, el Elemento Espíritu puede descender y transformarte por completo. Una vez completado este proceso de transfiguración, establecerás un contacto permanente con el Santo Ángel de la Guarda. Todavía puedes operar desde cualquier Chakra cuando requieras sus poderes de expresión, aunque tu conciencia trabajará principalmente desde los tres Chakras Espirituales de Vishuddhi, Ajna, y Sahasrara.

Figura 150: Santo Ángel de la Guarda (El Ser Superior)

Gran parte del contenido de Kundalini en este libro no es algo que aprendí de otros libros o escuché de alguien más, por lo que encontrarás que mucha de esta información es original. Algunos conocimientos se han construido a partir de libros durante los primeros años después de despertar Kundalini. Una vez que los cimientos fueron puestos, y me alineé con el Genio Superior, él tomó el relevo como mi maestro y guía interior. Después, la mayor parte de mis conocimientos me fueron impartidos directamente por mi Santo Ángel de la Guarda a través de la Gnosis. Sin embargo, para alcanzar ese pináculo en mi Evolución Espiritual donde puedo convertirme en un canal para algo más grande que yo, tuve que pasar muchos años desarrollándome como un faro y un canal de Luz.

Todo ser humano puede convertirse en un canal para su Ser Superior si se dedica a su viaje Espiritual y sigue alguna hoja de ruta para alcanzar la Iluminación. Todos debemos resucitar en el Elemento Espíritu y convertirnos en nuestros propios salvadores. El trabajo en *The Magus* está orientado a lograr ese objetivo. Una vez que hayas conseguido el contacto permanente con tu Santo Ángel de la Guarda, se convertirá en tu maestro y guía para el resto de tu vida. No necesitarás más maestros, ni guías en forma física ya que te convertirás en el maestro y el alumno en uno.

Tu Santo Ángel de la Guarda comenzará a comunicarse contigo cada vez que haya una continuación en la conciencia, y tu Ego esté en silencio. Te enseñará los misterios del Universo y de la Creación con regularidad mientras llevas tu vida diaria. Te dará una mayor comprensión de todo lo que aprendiste en el pasado y de todo lo que crees saber ahora. Todo lo que tomes del mundo exterior será ahora filtrado por la sabiduría de tu Santo Ángel de la Guarda.

Puedes seguir aprendiendo de los libros, aunque descubrirás que obtendrás más de tu Santo Ángel de la Guarda sobre la vida que de cualquier texto escrito. Los libros son buenos para aumentar tus conocimientos sobre temas específicos, pero tu filosofía de vida la aprenderás directamente de tu Santo Ángel de la Guarda.

Como no puedes controlar este proceso de comunicación y aprendizaje continuo, empezarás a sentirte como si fueras dos personas en una. A menudo me encuentro hablando con mi Yo Superior como si hubiera dos entidades viviendo dentro de mí. El que está tranquilo, calmado y sabio es el Yo Superior, mientras que el Ego es el que se equivoca y necesita orientación. Y tal y como yo lo veo, no soy ninguno de los dos y los dos al mismo tiempo.

Mi Ego solía sentir que la conciencia que antes gobernaba estaba secuestrada por otra cosa, aunque hoy en día ha aceptado esta realidad dual del Ser. Sigue teniendo sus reacciones como cualquier Ego, pero el Genio Superior se mantiene al margen, observa cómo me expreso y me controla cuando me salgo de la línea. Él es el Testigo Silencioso del momento presente perpetuo que vive en la Eternidad. Está ahí para calmarme cuando lo necesito y darme el consejo adecuado sobre qué hacer o cómo comportarme cuando me encuentro en un dilema. Su propósito general es enseñarme a mejorar mi carácter y personalidad para ser más Espiritual. Por lo tanto, me dejo en sus manos y trato de dejar que me guíe en la mayor parte de los casos.

Tu Santo Ángel de la Guarda es esencialmente egoísta; te está enseñando constantemente cómo convertirte en un mejor canal para su Luz, incluso si el Ego debe sufrir. Sin embargo, a medida que aprendes a servir a tu Genio Superior, invariablemente estás aprendiendo a servir a Dios, el Creador, lo que significa que estás evolucionando Espiritualmente. Ya que tu Genio Superior es tu Yo-Dios, su ímpetu para la acción viene directamente de la Fuente de toda la Creación.

Lo fascinante de la ciencia y la filosofía de la Kundalini es que se trata de un campo nuevo y en crecimiento cuyos cimientos y marco aún no se han establecido. Por lo tanto, depende de todos los individuos despiertos de Kundalini el contribuir con su conocimiento y experiencia para que las generaciones venideras continúen construyendo. Si puedo ayudarles a entrar en contacto con su Santo Ángel de la Guarda, entonces he hecho mi trabajo. El resto lo dejo en sus manos. Como tal, les insto a todos ustedes a tomar lo que han aprendido de mí y a continuar desarrollando mis teorías y prácticas aún más.

Ningún libro o cuerpo de conocimiento sobre la Kundalini tiene las respuestas definitivas. Siempre hay lagunas que llenar. Por ello, invito a todas las personas que han despertado a la Kundalini a que sean valientes y salgan de su zona de confort para ayudar a desarrollar aún más esta ciencia de la Kundalini. Todos somos científicos y laboratorios en un solo paquete, aprendiendo, experimentando, y compartiendo nuestros hallazgos con el mundo.

ESTADO DEL SER DESPUES DEL DESPERTAR

Después de un despertar completo de la Kundalini, una vez que el Cuerpo de Luz ha sido activado, puede llevar algún tiempo desarrollarlo suficientemente con la ingesta de alimentos. El siguiente paso es permitir que la energía del Espíritu impregne la conciencia para que puedas alinearte plenamente con el Cuerpo Espiritual, un aspecto del Cuerpo de Luz. Para lograr esto, sin embargo, primero debes superar la energía Kármica en tus cuatro Chakras inferiores y desarrollar suficientemente los tres superiores que son del Elemento Espíritu.

El Cuerpo Espiritual se está formando a medida que el Cuerpo de Luz se va integrando. La duración de este proceso depende de muchos factores, que son personales para cada uno. Es un proceso bastante largo, y si tuviera que hacer una estimación media, diría que de 7 a 10 años. Si tienes un método para trabajar los Chakras, como las prácticas Espirituales de este libro o los ejercicios rituales de Magia Ceremonial que se presentan en *The Magus*, entonces te llevará mucho menos tiempo. Por otro lado, si permites que la Kundalini purifique los Chakras con el tiempo de forma natural, te llevará mucho más tiempo.

Superar el miedo es la clave de la Resurrección Espiritual, que incluye la purificación y la depuración de los Chakras. La energía negativa tardó muchos años en desarrollarse dentro de los Chakras; invariablemente tardará muchos años en limpiarse. ¿Cuánto tiempo exactamente? Todo depende de la cantidad de miedo que tengas en tu sistema.

Conozco a personas que, después de una docena de años de vivir con la Kundalini despierta, todavía están a merced de su miedo y ansiedad, lo cual ha sido un concepto extraño para mí desde hace casi una década. A menudo tengo pensamientos temerosos, como todos, pero para mí es una experiencia momentánea que se desvanece en el reino de la No-Dualidad del Bindu Chakra en cuestión de segundos. Ningún pensamiento o emoción de miedo puede debilitarme o apoderarse de mi conciencia lo suficiente como para que me moleste demasiado.

Entre unas semanas y unos meses después del despertar inicial de la Kundalini, sentirás una sensación de energía moviéndose dentro del cuerpo y la cabeza, y puede que sientas que tu cerebro está "roto". Este estado mental dará lugar a pensamientos dispersos y a la completa incapacidad de concentrarse en algo durante mucho tiempo. Además, la mayoría de las personas dicen sentir una apatía total por todo lo que antes les importaba.

Los sentimientos de amor hacia los demás serán superados por un entumecimiento emocional que será duradero y aparentemente permanente. No habrá continuidad de pensamiento, y una sensación general de confusión estará presente. Ya no podrás recurrir al Ego en busca de respuestas, ya que éste tendrá un control mínimo sobre ti. El Ego se da cuenta de que está muriendo lentamente a medida que este Fuego interior se libera a través de la Kundalini. Tienes que rendirte a este proceso de inmediato en lugar de intentar luchar contra él o racionalizarlo demasiado.

Los miedos infundados y la ansiedad saldrán a la superficie en diferentes momentos, sin más razón que la de liberarse del sistema. Puede dar miedo al principio, pero una vez que entiendas que todo forma parte del proceso, será mucho más fácil relajarse y permitir que se desarrolle.

Una vez que la Kundalini llega a la cabeza, se forma una conexión con diferentes partes del subconsciente y se construye un puente entre la mente consciente y la subconsciente. Los recuerdos del pasado pueden pasar al primer plano de la conciencia. Este proceso es normal y no es necesario examinarlo demasiado. Lo mejor sería que dejaras ir estos recuerdos a medida que van surgiendo. Aferrarse a algún recuerdo de dolor o miedo sólo lo amplificará dentro de la mente. En su lugar, utiliza el poder del amor en el Chakra del Corazón para purificar y exaltar el recuerdo a través de las lágrimas si es necesario.

Al principio, debido a que todo esto es una experiencia tan nueva, será algo incómodo, y el Ego tratará por todos los medios de averiguar lo que está sucediendo. Tener a mano libros como éste es crucial para saber hacia dónde se dirigen las cosas y así poder relajarse. Manifestaciones extrañas como ráfagas de energía, sacudidas musculares, y sensación de que las energías se mueven dentro de ti en forma de serpiente son sólo algunas de las posibles experiencias que puedes tener.

Se sentirá una presión en diferentes zonas del cuerpo, especialmente en la cabeza y el corazón. También se sentirán aperturas energéticas en los pies y las palmas de las manos con el paso del tiempo, lo que provocará una sensación de viento fresco y tranquilo que entra en ellos. Esta es la energía del Espíritu que entra en ti para provocar la sensación de ingravidez general, que puede manifestarse poco después.

Recuerda que, aunque la energía del Espíritu aparentemente impregnará tu cuerpo al principio de tu proceso de transformación, la integración real de tu conciencia con el Cuerpo Espiritual sólo puede ocurrir una vez que hayas limpiado tus Chakras. Y ese proceso depende totalmente de la cantidad de energía Kármica que tengas almacenada en cada Chakra. Así que, si eres alguien que tiene muy poca energía Kármica, ya que has estado trabajando a través de muchas vidas, entonces puedes estar destinado a tener una transformación fácil y rápida.

Otro punto crítico es que una vez que las mentes consciente y subconsciente se han unido, tus pensamientos tomarán un grado de realismo como nunca. Tus pensamientos te parecerán reales, como si lo que estás pensando estuviera presente delante de ti, lo que aumenta la sensación general de miedo y ansiedad. Si no tienes un control total sobre tus pensamientos, cosa que la mayoría de nosotros no tenemos después del despertar inicial de la Kundalini, el miedo y la ansiedad son el mecanismo de defensa contra lo que surja de la mente subconsciente.

Esta "realidad de los pensamientos" ocurre porque el interior y el exterior son ahora Uno. No hay ruptura en la conciencia a menos que elijas voluntariamente escuchar los pensamientos del Ego. Como todos los Chakras están abiertos, sus poderes fluyen en tu conciencia todos a la vez. Tu Chakra Sacro, Swadsthihana, potencia el subconsciente, mientras que el Chakra del Corazón, Anahata, alimenta la mente consciente. El Sol representa la mente consciente, mientras que la Luna representa el subconsciente. Por esta razón, se ven representaciones visuales del Sol y la Luna en conjunción dentro de muchos panteones y tradiciones Espirituales, principalmente la Alquimia Hermética.

CHAKRAS, CUERPOS SUTILES Y SUEÑOS

En unas pocas semanas después del despertar inicial de la Kundalini, los sueños comienzan a tomar una calidad diferente a medida que las energías internas se subliman/transforman aún más. Este cambio notable se observa en el mundo de los sueños a medida que la Luz Astral se va acumulando en tu interior. Al principio, tus sueños adoptarán diferentes significados, destinados a enseñarte una lección o a informarte sobre algo Arquetípico que ocurre en tu subconsciente. Sin embargo, a medida que vayas avanzando por los Chakras, tus sueños se verán afectados por la naturaleza de su energía. Tus experiencias comienzan en los dos Chakras más bajos, Muladhara, y Swatsthihana, ya que estos dos corresponden al Mundo Astral. Todas las experiencias internas comienzan en el Mundo Astral, a través del Cuerpo Astral, también llamado Cuerpo Emocional.

Una vez que una escena tiene lugar en tu sueño, tendrás que averiguar lo que significa y lo que esa escena está tratando de comunicarte. Diferentes símbolos ocultos, animales de poder, y números pueden estar presentes como parte de eventos metafóricos que impregnarán en tu conciencia alguna lección de vida que necesitas aprender para avanzar en tu viaje de Evolución Espiritual. Estas lecciones también existen para ayudar a tu Alma a evolucionar y sintonizar tu mente con los cambios en tu Aura a medida que van sucediendo. A medida que progresas a través de los tres Chakras inferiores, los tipos de eventos que ocurren en tus sueños están destinados a provocar una respuesta emocional o lógica en ti que debes examinar después. Habrá diferentes presencias externas sentidas y vistas en tus sueños, incluyendo Ángeles, Demonios, y Deidades, a menudo vestidos con ropas cotidianas y presentándose como personas.

Una vez que has entrado en el Chakra del Corazón, puedes proyectarte fuera de tu cuerpo a través del Sahasrara, el Chakra de la Corona y experimentar el mundo de los Sueños Lúcidos. Sin embargo, es difícil determinar con precisión en qué Plano Sutil está teniendo lugar un sueño y desde qué Chakra se está proyectando. A menos que estés en un Sueño Lúcido, estos sueños están ocurriendo subconscientemente donde tu conciencia está tan envuelta en la experiencia que no es consciente de que está soñando. Por lo tanto, la única manera real de determinar en qué Plano Cósmico estás es examinar el contenido del sueño.

Ten en cuenta que, en una noche determinada, puedes experimentar múltiples sueños en varios Planos Sutiles, ya que tu conciencia oscila en ritmo o frecuencia de vibración. A veces puedes escuchar que el tono vibratorio dentro de tu cabeza cambia cuando entras en diferentes reinos del Mundo Interior, de la misma manera que la frecuencia de la radio cambia cuando cambias de un canal de radio a otro.

Los sueños cargados de emociones ocurren en los Elementos Tierra y Agua, Chakras Muladhara y Swadsthihana. Especialmente el Swadhisthana, ya que corresponde al Cuerpo Astral Superior o Emocional, aunque como se ha mencionado, el Chakra Muladhara también toca el Plano Astral. Si el contenido es más lógico, donde tienes que averiguar algo en tus sueños como un detective, entonces lo más probable es que se esté proyectando a través del Elemento Fuego, Chakra Manipura. En este caso, tu conciencia necesita usar tu fuerza de voluntad e intelecto en tu sueño para resolver las cosas.

La energía Kundalini está tratando de sentar las bases para que puedas empezar a tener Sueños Lúcidos, también llamados Viajes Astrales. El Sueño Lúcido sólo ocurre durante el sueño, mientras que la Proyección Astral es una técnica de Viaje Astral que puedes inducir en el estado de vigilia. Es esencialmente la misma idea; usas tu Cuerpo de Luz respectivo al Plano Sutil al que estás tratando de entrar, para experimentar consciente o inconscientemente ese Plano Cósmico.

Los Cuerpos Sutiles varían en cuanto a las mismas sensaciones que el cuerpo físico. El Cuerpo Sutil más bajo, el Cuerpo Astral, es el más denso en el nivel de realismo de la experiencia de ese Plano, ya que se ocupa principalmente de tus emociones inferiores. Sin embargo, cuando entras en el Plano Mental, las cosas comienzan a sentirse más reales. En el Plano Espiritual, la realidad de la experiencia se incrementa enormemente, ya que la vibración del Cuerpo Espiritual es sustancialmente más alta que la de los Cuerpos Sutiles de los Planos Inferiores. La experiencia en los Planos Divinos está marcada por un intenso éxtasis, que es la naturaleza de esos Planos.

SOÑAR LUCIDAMENTE

A los tres o cuatro meses del proceso de transformación de la Kundalini, empiezas a tener Sueños Lúcidos. Teniendo en cuenta el asombro y la maravilla del mundo de los Sueños Lúcidos, este es uno de los primeros regalos Espirituales que se manifiestan para el individuo despierto de Kundalini y un gran paso en su proceso de Evolución Espiritual. El Sueño Lúcido es el resultado de la entrada de la energía Kundalini en el Chakra del Corazón, Anahata, ya que este Chakra es el punto de contacto con los Chakras del Elemento Espíritu que se encuentran por encima de él.

En los Sueños Lúcidos, la conciencia está completamente liberada del cuerpo físico y es consciente de que está experimentando un sueño. La conciencia pura es la Ley que guía los Sueños Lúcidos. Esta conciencia permite a la conciencia individual ser como un "niño en una tienda de caramelos" y experimentar cualquier aventura que su Alma desee. Es estimulante darse cuenta de que estás en un sueño y puedes hacer lo que desees con sólo pensarlo. Curiosamente, lo primero que la gente parece querer experimentar en el mundo de los Sueños Lúcidos es volar por el aire con el poder de sus mentes. Como tu Cuerpo de Luz es ingrávido, la gravedad ya no es un factor, lo que permite este fenómeno.

El Sueño Lúcido es una Experiencia Fuera del Cuerpo completa que es bastante emocionante para la primera vez. Ocurre después de que se haya acumulado suficiente energía de Luz/Pránica a través de la ingesta de alimentos, permitiéndote saltar fuera de tu cuerpo físico durante el sueño a través del Sahasrara, el Chakra de la Corona. Además, esta experiencia tiene un efecto liberador en la conciencia. Al entrar en estos Planos Superiores de la realidad, no hay más miedo o dolor que te atormenten, lo que te permite relajarte para un cambio y disfrutar de este regalo.

El mundo de los Sueños Lúcidos está lleno de hermosos ambientes y escenas, todo ello derivado de tu imaginación aumentada junto con la potencialidad infinita de la Conciencia Cósmica. Al proyectar fuera de tu cuerpo a través del Chakra Sahasrara, entras en el campo de la Conciencia Cósmica, que es ilimitada. Todos los Sueños Lúcidos se sienten como si estuvieras completamente presente en cualquier lugar mágico al que te proyectaste, ya que tu Alma siente cada sensación como si estuviera sucediendo en el cuerpo físico. Sin embargo, todo lo que está sucediendo es el resultado de las capacidades imaginativas de Anahata, alimentadas por Sahasrara, cuya fuente de energía es la Conciencia Cósmica.

El Alma utiliza el Cuerpo de Luz como vehículo de viaje en los Planos Cósmicos interiores, permitiendo a la conciencia experimentarlos como reales. El Cuerpo de Luz está atado al cuerpo físico por el Cordón de Plata (Figura 151), también conocido como el "Sutratman" en Sánscrito, compuesto por las dos palabras "Sutra" (hilo) y "Atman" (Ser). El Sutratman es esencialmente el hilo vital del Alma. Este cordón metafísico asegura que nuestro Cuerpo de Luz pueda volver al cuerpo después de un viaje Astral. En el momento de la muerte, cuando el Alma abandona definitivamente el cuerpo físico, el Cordón de Plata se corta.

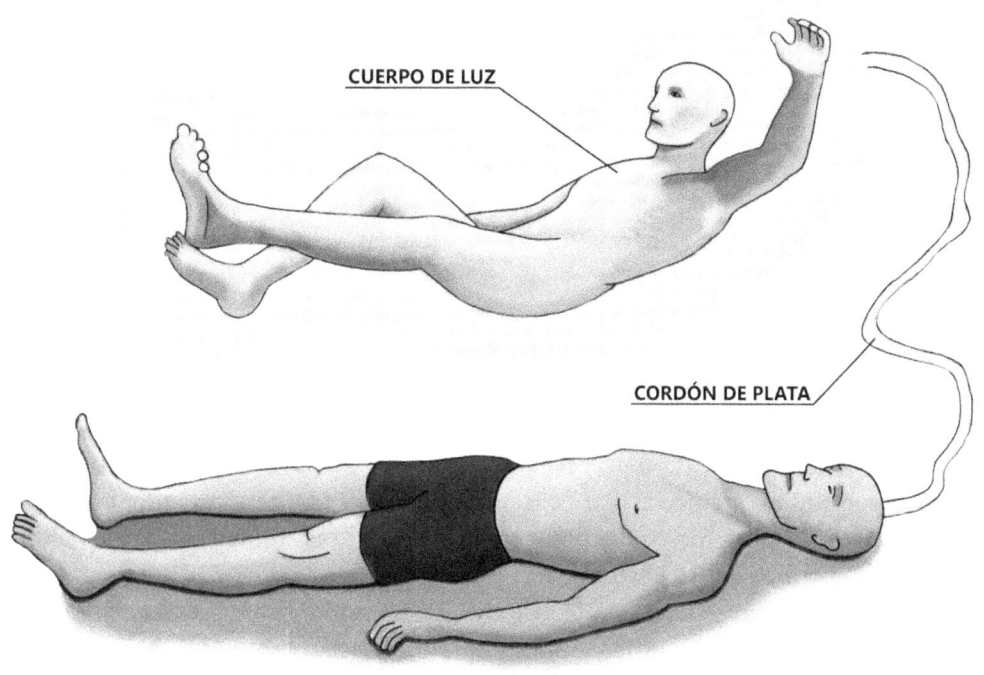

Figura 151: Proyección de Sueños Lúcidos

LA LUZ ASTRAL ACUMULANDOSE Y EXPANDIENDOSE

A medida que comienzas a Soñar Lúcidamente con regularidad, puedes empezar a experimentar una parálisis onírica ocasional en la que tu conciencia está tan envuelta en tu sueño que no puedes despertarte hasta una docena de horas o más. Este fenómeno ocurre debido a que la Luz Astral se acumula dentro de tu sistema aún más con el tiempo. En su punto máximo, la energía de la Luz puede ser tan potente que involucra sus sentidos de tal manera que la mente está experimentando todo tan completamente real que no puede separarse del sueño.

Cuando digo la palabra "Astral", no me refiero al Plano Astral de los Chakras Tierra y Agua, sino a la forma en que este término se utiliza comúnmente en los círculos Espirituales. "Astral" representa los Planos Cósmicos interiores, los reinos y los mundos que están más allá del Plano Físico pero que están inextricablemente ligados a él. Por lo tanto, cuando se trata de describir esta ciencia invisible a otras personas, se puede utilizar el término "Astral" para encapsular todos los Planos no físicos de la conciencia. Y "Luz Astral" se refiere a la Luz interior que manifiesta estos Planos Cósmicos a la existencia.

Es crucial entender que muchos de los diferentes fenómenos y manifestaciones después del despertar inicial de la Kundalini son el resultado de la Luz Astral/Interna que crece y se expande con el tiempo dentro del sistema energético. A medida que se expande, infunde los Chakras con energía de Luz, impregnando y actuando sistemáticamente a través de los diversos Cuerpos Sutiles. Una vez que ha terminado de infundir los Chakras de los Cuatro Elementos, comienza a trabajar en los Chakras Espirituales y en el Cuerpo Espiritual correspondiente, inyectándole energía de Luz. Después, la Luz Astral de la Kundalini se transforma en energía líquida del Espíritu (Amrita), que alimenta los Nadis Ida y Pingala, o canales. Al hacerlo, el circuito de la Kundalini se completará y continuará sosteniéndose a través de la ingesta de alimentos. El Bindu se activará, sirviendo como una válvula que regula todo el sistema Kundalini, dando como resultado un estado metafísico y místico de conciencia.

Aproximadamente cinco meses después de mi despertar de Kundalini, a medida que la Luz Astral continuaba acumulándose dentro de mí, cambió mi percepción del Mundo Físico. Transformó mi sentido físico de la vista cuando la Luz Astral empezó a impregnar todos los objetos que me rodeaban, dando como resultado un brillo plateado y resplandeciente transpuesto en todo lo que miraba. Como se ha dicho antes, esta fue la manifestación más maravillosa y en la que sigo deleitándome hasta el día de hoy. Este don me da la ilusión de que el mundo exterior está totalmente contenido en mi cabeza, en mi mente. Cuando enfoco mi mirada hacia el exterior, tengo una extraña sensación como si estuviera mirando el interior de mi frente.

Durante el proceso de transformación de la Kundalini, la Luz Astral que se acumula comienza a despertar también los diferentes centros cerebrales. A medida que lo hace, comienza a canalizar y hacer circular esta Luz en varias partes de la zona de la cabeza. Una vez que mi vista física se transformó y los centros cerebrales se abrieron, esto marcó el comienzo de una nueva vida para mí: la experiencia completa de la Cuarta Dimensión, la Dimensión de la Vibración. Cada vez que miraba el mundo frente a mí, me recordaba la ilusión del mundo material de la Materia, ya que ahora podía ver el Mundo de la Energía debajo de él.

Al transformar mi vista, también adquirí la capacidad de ver todo lo que tenía delante desde una perspectiva más elevada, como si estuviera de pie en las nubes. Sólo que ahora, lo que estaba mirando también tenía este cambio digital y la Luz que salía de detrás de los objetos, remodelando completamente lo que estaba viendo. A veces podía estar tan absorto en lo que veía que se desmaterializaba justo delante de mí, y podía verlo como pura energía. Y si continuaba mi meditación y me absorbía más en lo que veía, podía ver todo lo que tenía delante como si estuviera proyectado en un fondo 2D, como una pantalla de cine. La única diferencia es que la pantalla de cine está hecha de energía de Luz pura, proyectada desde el Sol. Esta visión confirma la teoría de que estamos viviendo en un Universo Holográfico.

EL UNIVERSO HOLOGRAFICO

Durante el primer año después de haber despertado la Kundalini en 2004, tuve una segunda experiencia del Universo Holográfico que amplió mi comprensión de la naturaleza de la realidad. Esta experiencia fue como la primera que ocurrió durante mi despertar de la Kundalini, aunque autoinducida. Comenzó como un sueño, en el que yo estaba solo en un campo, rodeado por una valla de madera. Por todas partes veía esta valla. Al otro lado de la valla estaban mis Ancestros, todos hablando simultáneamente de forma caótica en mi lengua materna, el Serbocroata. Entonces, de la nada, un silencio total impregnó el ambiente.

Una voz apareció y dijo: "¿Quieres saber la verdad de las cosas?". Respondí con una afirmación, no verbalmente, sino con curiosidad en mi corazón. En el momento en que acepté esta oferta, el tono vibratorio dentro de mi cabeza comenzó a cambiar. Me encontré deslizándome en la vibración, perdiendo la conciencia dentro de mi sueño como si estuviera siendo transportado a otra dimensión de espacio/tiempo.

Todos mis sentidos Astrales se suspendieron a medida que me adentraba más y más en mi interior. Me sentía como si estuviera atravesando un agujero de gusano a través de mi conciencia. Sin embargo, en lugar de temer esta experiencia, tuve fe. Finalmente, emergí en el otro lado y abrí los ojos. Al mirar a mi alrededor, vi el mundo Holográfico. Las paredes y el suelo frente a mí eran transparentes, con objetos que parecían suspendidos en el espacio. Las paredes y los objetos brillaban con un aspecto casi aterciopelado. No miré mi cuerpo durante este tiempo, ya que estaba tan hipnotizado por esta realidad sin cemento. El silencio total estaba presente en todas partes. Me sentía como una conciencia pura, sin límites, nadando en la oscuridad del espacio. Sin embargo, lo que era único, y la primera y única vez que esto ocurría en mi vida, era que el tono de vibración habitual dentro de mi cabeza ahora sonaba como un motor de Mustang, un sonido bajo y gruñendo.

Aunque no estaba seguro de si estaba en la Tierra o en otro Planeta, los objetos empezaron a parecerme familiares a medida que miraba más a mi alrededor. Finalmente, mis recuerdos empezaron a volver, y me di cuenta de que, en lugar de estar en un lugar nuevo, estaba sentado en mi cama, en mi habitación donde dormía un minuto antes. Toda esta visión duró unos 10 segundos, aunque a cámara lenta. Una vez que empezaron a llegar los recuerdos, lo que inició mi cuestionamiento de esta extraordinaria experiencia, la vibración de mi cabeza empezó a cambiar hasta volver a su frecuencia habitual. Mientras esto ocurría, vi cómo el Universo Holográfico se convertía en Materia concreta ante mis propios ojos.

Esta experiencia no iba a volver a repetirse en mi vida. Sin embargo, no tuvo que hacerlo. Obtuve la respuesta que buscaba y nunca miré atrás. Aprendí que no sólo vivimos en un Universo Holográfico, sino que la vibración de nuestra conciencia puede tener la clave para el viaje Inter dimensional y posiblemente incluso interplanetario. Esta teoría está apoyada por un antiguo texto llamado *Las Tablas Esmeralda de Thoth el Atlante*, escrito por el Sacerdote-Rey Atlante Thoth, de quien el Dios Egipcio Thoth es descendiente.

Él mencionó que los humanos podían viajar por todo el Universo cambiando la vibración de su conciencia en un momento dado, validando así mi afirmación.

Tras mi segunda experiencia directa con la realidad Holográfica, me quedaron nuevas preguntas por responder. Por un lado, ¿desde dónde se proyecta el Holograma en nuestro Universo? Una teoría es que cada Sistema Solar tiene su propio Holograma que se proyecta desde su Sol. Sin embargo, algunos astrofísicos apoyan otra hipótesis según la cual el holograma se proyecta desde el agujero negro más cercano.

Verás, un agujero negro tiene más masa que todos los Sistemas Solares cercanos juntos, lo que significa que transporta cantidades masivas de datos en un espacio compacto. Estos datos son enviados al exterior para formar distintas partes del Universo, y todo lo que contiene ese espacio Tridimensional, que se refleja en el Plano Bidimensional del agujero negro, como un espejo. Ahora bien, si uno atravesara el agujero negro, entraría en una dimensión superior, teóricamente, ejemplificada en la película "Interstellar" como la Quinta Dimensión del amor que trasciende el espacio y el tiempo. Por supuesto, estas teorías son sólo especulaciones y permanecerán como tales, pero siempre me he sentido privilegiado por ser una de las pocas personas en este Planeta que tuvo no una sino dos experiencias directas con la realidad Holográfica.

DESVELACION DE OTROS REGALOS

El hecho de tener el mundo interior y Astral abierto para mí en todo momento estaba haciendo que se transpusiera a lo que veía con mis ojos físicos. Como resultado, empecé a ver cosas que no eran de este mundo, ya que esta energía de Luz se estaba acumulando dentro de mí. Vi Seres sombríos en los bosques, presencias Angélicas, e incluso Demoníacas, las más comunes de las cuales gruñían y tenían ojos rojos. Vi a muchos de ellos en mis sueños, mientras que otros estaban presentes en mi entorno, y podía mirarlos durante una fracción de segundos antes de que desaparecieran de mi vista.

Mi conexión con todo lo que me rodea crecía cada día. A través del Ojo de la Mente, desarrollé otro sentido, la capacidad de sentir intuitivamente los objetos que miraba. Podía sopesar su energía con mis pensamientos y sentir su forma Astral, su plano Espiritual con esta capacidad. Estos fenómenos fueron posibles porque la Kundalini despertó completamente mis sentidos astrales, y pude ver, tocar, saborear, oler, y oír dentro de los Planos Cósmicos Internos.

Como mi Ojo de la Mente se expandió exponencialmente, empecé a explorar las meditaciones regulares para ver hasta dónde podía llegar en la madriguera del conejo y si podía desbloquear más dones dentro de mí. Así, empecé a meditar en todos los lugares a los que iba, ya sea en el metro o en el autobús, en clase o en el trabajo. Me gustaba meditar centrándome en la gente y dejándome absorber por su energía. Si me concentraba en una persona el tiempo suficiente, me salía de mí misma y empezaba a ver su energía emanando de su cuerpo físico. Se veía directamente detrás de ellos, aunque era una parte de su conciencia. La experiencia solía comenzar con la visión de su doble Etérico, que parecía una huella de su campo energético que salía a pocos centímetros de su cuerpo físico. Sin embargo, a medida que profundizaba y continuaba desenfocando mis ojos mientras veía su cuerpo energético, comenzaba a ver el espectro completo de sus colores Áuricos.

Sin embargo, si permanecía en meditación durante más de diez minutos, empezaba a cambiar de estado de conciencia y podía ver a la persona desde la perspectiva de una hormiga o, a veces, de un ser mayor e incluso más grande. La regla general era que cuanto más tiempo me concentraba en ellos, prestándoles toda mi atención, más podía escudriñar en lo que estaba viendo y ver campos de energía que normalmente no son detectados por la vista física.

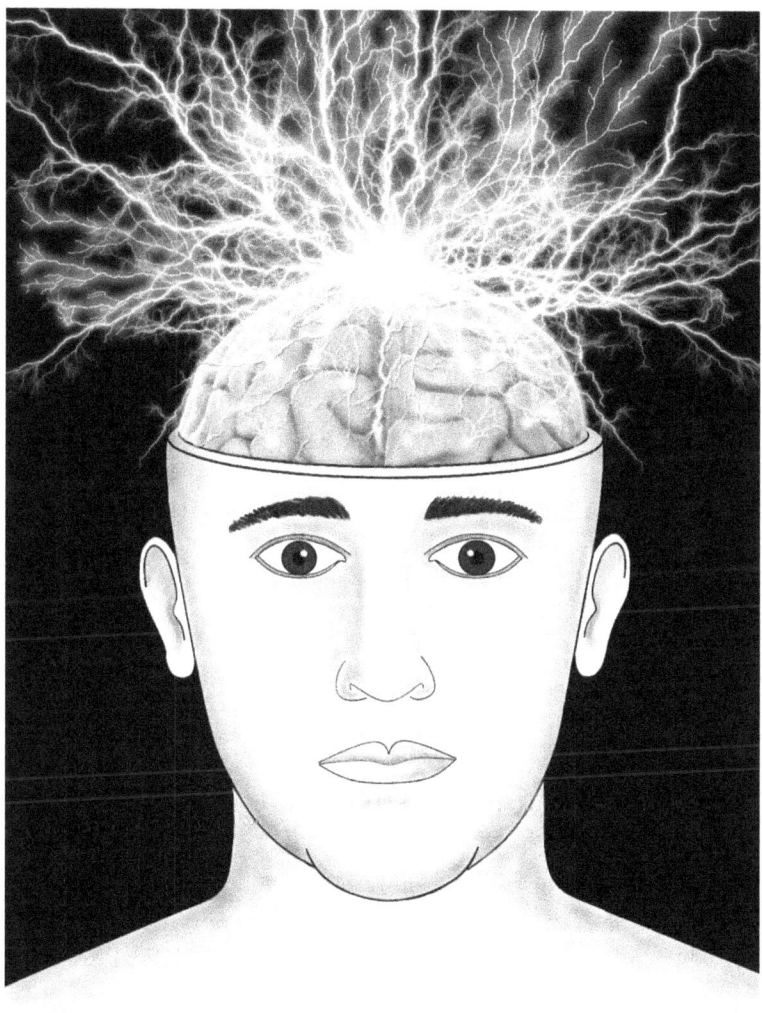

Figura 152: La Antena del Cerebro Humano

Si alguien estaba cerca de mí y me concentraba en su cara en lugar de en todo su cuerpo, podía ver cómo cambiaban sus rasgos ante mis ojos. A veces se transformaban en rostros de animales o se volvían muy viejos o jóvenes cuando los enfocaba. Otras veces sus rostros se transformaban en lo que parecían Seres Extraterrestres porque simplemente estaban fuera de este mundo. Estas experiencias me afirmaron que todos somos Seres de Luz de conciencia pura que hemos vivido en muchos planetas diferentes en otros Sistemas Solares y Galaxias en una cadena continua de vidas que nunca termina.

En este punto, como podía sentir el mundo que me rodeaba, estaba empezando a convertirme en una antena (Figura 152), recibiendo vibraciones de fuera de mí. La Kundalini empezaba ahora a operar desde el Cuerpo Espiritual. Sin embargo, aunque esto ocurriera relativamente rápido en mi vida, no significaba que el proceso de transformación de la Kundalini estuviera completo. Puede comenzar a trabajar a través del Cuerpo Espiritual, pero mientras las energías latentes necesiten ser trabajadas en los Chakras, la energía Kundalini se estancará, y habrá una clara división en la mente, el cuerpo, y el Alma. Esta dispersión de la energía Kundalini dará como resultado un estado mental perplejo y perdido durante mucho tiempo. La confusión y la incapacidad para concentrarse o tomar decisiones son sólo algunos de los efectos secundarios negativos de estar en este estado.

Nunca me he encontrado con nadie que haya purgado las negatividades de los Chakras inferiores en un corto período después de un despertar completo de la Kundalini. En realidad, es posible, pero esto significa que el Alma ha estado purgando y limpiando los Chakras mucho antes de que el despertar de la Kundalini tuviera lugar. Para integrarse completamente en este nuevo nivel de conciencia en un pequeño plazo de tiempo, tendrías que ser una figura bastante Santa que haya trabajado en su Karma de esta vida y de vidas anteriores. De lo contrario, todavía habrá muchas manifestaciones en su vida mundana donde la Kundalini está trabajando en sus Chakras inferiores. Sin embargo, tiene que haber muchas lecciones aprendidas en esas áreas antes de que la Kundalini pueda localizarse completamente en el Cuerpo Espiritual y operar sin bloqueos o estancamientos de energía.

KRIYAS Y EVENTOS SINCRONIZADOS

Algunos individuos despiertos informan que realizan movimientos espontáneos de Kriyas-Kundalini Yoga y Hatha Yoga. Este fenómeno se produce porque la Luz Kundalini anima al cuerpo físico a realizar estos movimientos mientras el ser consciente está en piloto automático. Curiosamente, el conocimiento de las Kriyas aflora en algún lugar profundo del subconsciente, ya que suelen ser desconocidas conscientemente por la persona que las realiza. El cuerpo realiza estas Kriyas durante un tiempo en el que la Kundalini actúa sobre el cuerpo, energizándolo. La clave de este fenómeno es que el individuo se encuentra en un estado de inspiración que neutraliza el Ego. En el momento en que la Luz Kundalini se disipa, el Ego vuelve a tomar el control de la conciencia y las Kriyas se detienen.

Otra manifestación mientras se está en este estado de inspiración Kundalini es la escritura automática. El individuo puede sentirse obligado a escribir, de nuevo aparentemente en piloto automático mientras la energía Kundalini se canaliza a través de ellos. El contenido producido a menudo no es reconocible para el Ego cuando se examina después, pidiendo la pregunta de dónde vino. El individuo puede incluso expresarse en otros idiomas, algunos no de esta Tierra. Por ejemplo, tengo un amigo despierto de Kundalini que ha estado canalizando letras y símbolos crípticos mientras está en este estado inspirado que se asemeja a alguna lengua Antigua muerta o incluso a una Extraterrestre. Lo que sea que esté canalizando, se siente obligado a hacerlo y no tiene ningún control consciente sobre el proceso.

Muchas más manifestaciones ocurrirán a medida que la conciencia está aprendiendo a vivir en este nuevo mundo de energía pura, y el Ego está aflojando su control sobre ti. Comenzarás a tener muchas sincronías y empezarás a notar patrones en tu vida diaria. Por ejemplo, los patrones numéricos son comunes, que a menudo ocurren cuando tienes algún impulso interno de mirar la hora o ver algún dispositivo tecnológico que muestra los números. En mi caso, el número 1111 apareció con mucha frecuencia. Otras personas que han despertado a la Kundalini informan de sincronizaciones con el mismo número.

El propósito del 1111 es hacerte saber que ahora estás funcionando en un nivel espiritual diferente y que el despertar ha tenido lugar. Los Ángeles del 1111, o las energías Divinas, quieren hacerte saber que estás siendo guiado y protegido por fuerzas superiores. También puedes ver otras cadenas o series de números como el 222 o el 333. Este fenómeno ocurre a medida que la realidad externa y material se interconecta con el mundo Astral interno: ambos se están convirtiendo en Uno.

Tus poderes imaginativos se están mezclando con la Conciencia Cósmica y tu poder de imaginación, que es vasto e ilimitado. Ya no eres una entidad separada, sino que ahora operas dentro del marco de la Mente Cósmica. Tu mente está siendo gradualmente absorbida por la Conciencia Cósmica.

A medida que tu conciencia evoluciona lentamente, estás aprendiendo a operar de acuerdo con el marco de los Principios Universales. Estos Principios son los Principios de la Creación - los Siete Principios (Verdades Fundamentales) que delinean las Leyes Universales que gobiernan toda la Creación. Estas Leyes forman la base de *El Kybalion*-el libro Hermético oculto escrito a principios del siglo XX que me impactó profundamente en lo personal y fue un precursor de mi despertar de la Kundalini, como se menciona en la introducción de esta obra. Estás aprendiendo a formar parte de los Principios de la Creación y a operar dentro de su contexto de manera consciente, ya que formas parte de las Leyes Universales.

LA NECESIDAD DE LA ALQUIMIA ESPIRITUAL

Habrá inmensos cambios a nivel mental y emocional después de experimentar un despertar completo y sostenido de la Kundalini. Para muchas personas, puede producirse un torrente de negatividad en la conciencia, derivado de la Kundalini que abre todos los Chakras al subir desde su morada en el sacro a través del tubo hueco de la columna vertebral.

A medida que el miedo y la ansiedad penetran en tu sistema, estas energías oscuras deberán ser tratadas antes de que puedas experimentar los aspectos más positivos del despertar. Las emociones negativas se sienten en el Chakra de Agua, Swadhisthana, relacionado con la mente subconsciente. Los pensamientos negativos, sin embargo, son el resultado de un Chakra de Aire corrupto, Anahata. Ten en cuenta que hasta que no limpies tus pensamientos y emociones negativas, no podrás funcionar únicamente a través de la intuición, que es uno de los objetivos del proceso de despertar de la Kundalini. Por el contrario, te sentirás agobiado por estas energías oscuras que parecen dirigir tu vida.

Los pensamientos y las emociones negativas pueden parecer extraños al principio. Sin embargo, al examinarlos más de cerca, te darás cuenta de que son tuyos. También te sentirás atraído por las energías negativas de otras personas, ya que lo semejante atrae a lo semejante. A menudo, no distinguirás entre las dos, ya que estarás tan abierto a las energías de otras personas que las sentirás como propias. Y hasta cierto punto, lo son, ya que, al estar cerca de otros, tomamos su energía.

En general, la comunicación es 93% telepática para toda la humanidad, que expresamos subconscientemente, principalmente a través de nuestro lenguaje corporal y tonalidad de voz. Sin embargo, después de despertar la Kundalini, experimentarás conscientemente esta forma superior de comunicación, ya que tendrás control sobre tus vibraciones. Y puesto que todos nos inducimos constantemente a través de la vibración de nuestros pensamientos y emociones, cuando adquieras el control sobre tu estado interior, podrás controlar también el estado mental de otras personas. Pero para lograr esto, necesitarás limpiar tus pensamientos y emociones para que tu fuerza de voluntad pueda dominar tu conciencia.

Al principio de tu viaje de transformación, te darás cuenta de que se ha convertido en un reto estar cerca de algunas personas en tu vida. Estas personas suelen ser amigos o incluso miembros de la familia con los que antes pasabas mucho tiempo. Sin embargo, después del despertar, puedes descubrir que estar cerca de estas mismas personas te produce ansiedad y estrés. Este fenómeno ocurre debido a la negatividad dentro de ti, ya que tus propios Demonios se alimentarán de la energía del miedo proyectada por los Demonios de otras personas.

Las personas de mentalidad muy negativa, que se enfadan con facilidad o son excesivamente pesimistas sobre la vida, se convertirán en personas altamente drenantes. Como estás alimentando a tus Demonios con la energía del miedo de otras personas, invariablemente te robarán tu Prana, tu Fuerza Vital. Por lo tanto, te aconsejo que reformes tu vida y limites el contacto con las personas que te afectan negativamente. Podrás volver a pasar tiempo con estas personas una vez que evoluciones Espiritualmente más allá de este estado negativo. Sin embargo, mientras superas tus problemas, es mejor que sólo pases tu tiempo con individuos de mentalidad positiva.

Ya no eres una persona normal, y tienes que aceptarlo. Cuanto más rápido aceptes que necesitas ayudarte a ti mismo, más rápido evolucionarás. Si eliges no enfrentarte a este tipo de problemas, sufrirás. Es crucial adoptar una actitud de confianza desde el principio de tu transformación, porque superar estos retos impuestos por la energía Kundalini marcará la diferencia entre ganar o perder la batalla dentro de ti. Puedes estar inspirado en tu nuevo viaje o tan deprimido que te odiarás a ti mismo, a tu vida, y maldecirás a Dios por ponerte esta "carga" de Kundalini. Es común sentirse así a menudo al principio, especialmente si has tenido un despertar espontáneo y no planificado.

Lo mejor sería que empezaras a desarrollar la mentalidad de un guerrero Espiritual desde el principio. Debes invocar la valentía y la fuerza para poder enfrentarte a tus Demonios, y si intentan asustarte, que lo harán, permanecerás inamovible en tu aplomo. Las creencias basadas en el miedo, los pensamientos negativos, y los recuerdos traumáticos tienen que ser liberados y superados en este proceso.

Tu Ego está muriendo lentamente, y lo sabe. Tienes que rendirte a la energía Kundalini y elegir la fe y el amor sobre el miedo. El concepto de miedo y su efecto en tu sistema energético te desafiará durante muchos años, pero al final, si te mantienes positivo y fuerte, prevalecerás. Recuerda que este proceso de transformación es Universal; si te das cuenta de que no estás solo al experimentar estos desafíos, puedes inspirarte en aquellos que vinieron antes que tú y superaron estas pruebas y tribulaciones.

DESAFIOS EN SU VIDA PERSONAL

Como estás siendo remodelado en mente, cuerpo, y Alma, y se te han dado muchas actualizaciones de conciencia, significa que ahora estás funcionando a un nivel diferente que otras personas. Cuanto más rápido puedas aceptar esto y darte cuenta de que, en lo que respecta a tu familia y amigos, serás único y diferente ahora, más rápido podrás aprender a adaptarte correctamente a tu nueva realidad. Esta adaptación viene acompañada de una cierta sensación de soledad porque nadie que conozcas entenderá por lo que estás pasando. Permíteme reiterar este punto crítico. Ahora eres diferente, y a menos que alguien haya pasado por lo mismo que tú, no lo entenderá, simple y llanamente.

Me costó muchos años y muchos intentos de comprensión por parte de mi familia y amigos para darme cuenta de que estoy solo en esto, y que no voy a recibir el apoyo que necesito de la gente que conozco. Y cuanto antes reconozcas que no debes culpar a los demás por no comprenderte, mejor te integrarás con ellos. Al fin y al cabo, si has elegido permanecer en la sociedad y seguir formando parte de ella, no importa cuál sea tu verdad si los demás no te entienden. Tendrás que aprender a integrarte, a "fingir hasta que lo consigas".

En este sentido, está bien mentir a veces si la verdad es complicada de comprender para los demás, y sabes que no servirá de nada que intentes explicar tu nueva realidad. Sin embargo, es esencial no desesperarse. Estamos programados para buscar el consejo de otras personas cuando nos encontramos en una situación difícil, pero en realidad, tenemos todas las respuestas dentro de nosotros, sí sabemos dónde buscar. Puedes superar todos los obstáculos y desafíos si tienes fe en ti mismo, en el Universo y en el proceso de transformación de la Kundalini. Ten en cuenta que como esta ciencia de la Kundalini es todavía relativamente desconocida para el público, la mayoría de la gente actualmente no te entenderá. Cuando el conocimiento de la Kundalini se convierta en parte de la corriente principal, podrás obtener más apoyo del mundo exterior.

Tendrás muchas noches de insomnio durante los primeros años después de un despertar completo y sostenido de la Kundalini. Por lo tanto, cualquier cosa que hayas planeado para la mañana a menudo tendrá que esperar o ser pospuesta. Si no se puede retrasar, tendrás que aprender a inventar buenas excusas para no estar al 100% después de una noche de insomnio. La kundalini suele estar más activa por la noche, especialmente cuando estás en la fase MOR del sueño. Aquí es cuando tu conciencia está en piloto automático, permitiendo que la Kundalini haga lo que se propone.

Debido a su intensidad, no podrá inducir el sueño con frecuencia, especialmente porque todo este proceso le resultará relativamente extraño. La mayoría de las veces, el miedo a lo que va a ocurrir a continuación le impide relajarse para poder conciliar el sueño. Cuanto más rápido aceptes estos retos como una nueva parte de tu vida, mejor te irá a la larga. Me gustaría poder decirte que estos retos no te enfrentarán, pero estaría mintiendo.

En un despertar espontáneo, es casi seguro que temerás el proceso hasta cierto punto, lo que afectará a tu sueño. En mi caso, me diagnosticaron insomnio un año después del despertar de la Kundalini. A veces, obtener un diagnóstico profesional ayuda a tener la excusa adecuada para faltar a las obligaciones por la mañana, como las clases en la escuela o el trabajo. Por supuesto, mi condición era temporal, y yo lo sabía, pero sentí cierta comodidad al tener una excusa válida para mis síntomas.

Con el tiempo, encontré formas de conseguir un descanso óptimo sin inducir el sueño, lo que me ayudó mucho mientras trataba este problema de insomnio. He descubierto que, si te acuestas de espaldas y observas conscientemente los procesos de la energía Kundalini moviéndose por tu cuerpo, puedes descansar tu cuerpo físico lo suficiente como para estar menos perezoso al día siguiente. Este método me ayudó a descansar mi cuerpo, aunque no pude encontrar una solución para descansar mi mente.

Será casi imposible evitar el agotamiento mental y emocional al no inducir el sueño, así que tendrás que aprender a funcionar mientras estás en ese estado mental lúcido. Lamentablemente, no hay elección en el asunto. Sin embargo, diré que, si hay voluntad, hay un camino. Si eliges seguir inspirado, incluso ante la adversidad, prevalecerás. Y si decides no hacerlo, no importa lo extenuante que sea tu reto, fracasarás. Por lo tanto, adopta una actitud de ganador desde el principio, y te beneficiarás enormemente en este viaje.

Mi primer libro contiene la práctica Espiritual de la Magia Ceremonial y los diversos ejercicios que utilicé en mi viaje para ayudarme a lidiar con el estado mental negativo inicial provocado por la energía Kundalini despierta. Estos ejercicios rituales se presentan como parte de los programas de Alquimia Espiritual, los mismos a los que me sometí hace muchos años cuando me enfrenté a estos mismos desafíos. Están destinados a despojarse de la energía Kármica de los Chakras inferiores para que puedas erradicar todo el miedo y la ansiedad en tu sistema y ascender más alto en conciencia. He descubierto que mientras las técnicas rituales funcionaban para limpiar los Chakras, también me permitían dormir mejor y superar mi insomnio.

Desde el principio de mi viaje de Magia Ceremonial, empecé a sentirme más tranquilo y equilibrado, al tiempo que lograba cierto nivel de control sobre los estados mentales. Y este efecto fue acumulativo, descubrí; a medida que seguía trabajando con esta práctica Espiritual a diario, me volvía más centrado y con los pies en la tierra, lo que afectaba positivamente a mi sueño. Los ejercicios rituales de destierro que se dan al principio de su viaje de Magia Ceremonial ayudan a limpiar el Aura de energía desequilibrada, lo que permite una mayor paz mental. Y cuando la mente está en paz, se puede dormir más fácilmente.

Además de ayudarme a dormir, estas técnicas rituales me dieron una herramienta para combatir los muchos desafíos mentales y emocionales que estaba atravesando. Limpiaron mis Chakras con el tiempo y me permitieron mantenerme inspirada mientras se desarrollaba este proceso de transformación de la Kundalini. Antes de encontrar la Magia Ceremonial, me sentía muy impotente. Sin embargo, una vez que descubrí la Magia Ceremonial, ya no había vuelta atrás. Por fin tenía la herramienta que buscaba para convertirme en un Guerrero Espiritual y tener éxito en este viaje.

Practiqué este arte sagrado de invocación de energía durante cinco años, todos los días. Estos ejercicios mágicos me enraizaron, ampliaron mi imaginación e intuición y, lo que es más importante, eliminaron el miedo y la ansiedad de mi aura. Aumentaron mi fuerza de voluntad y mi compasión, a la vez que fortalecieron mi intelecto y purificaron mis emociones. Me sorprendió lo bien que funcionaban estas técnicas rituales y cómo complementaban lo que la energía Kundalini intentaba conseguir. Por esta razón, decidí compartir estas técnicas rituales y más en mi primer libro para dar a otras personas en la misma posición en la que yo estaba las herramientas que necesitan para ayudarse a sí mismos y avanzar más en su viaje Espiritual.

ALINEACION CON EL CUERPO DE LUZ

Una vez que hayas limpiado y afinado tus cuatro Chakras inferiores y dominado los Elementos Tierra, Agua, Fuego, y Aire, tu conciencia puede elevarse y localizarse en los tres Chakras superiores del Elemento Espíritu, desde donde operará en adelante. Este cambio de consciencia indica una nueva experiencia de vivir en el mundo, sin el obstáculo del miedo y la ansiedad.

Tu nuevo vehículo de conciencia, el Cuerpo Espiritual, es tu regalo y recompensa por todo el trabajo de Alquimia Espiritual que has realizado hasta este momento. En la mayoría de los casos, tendrán que pasar muchos años antes de que la energía Kármica en los Chakras inferiores sea superada, especialmente si tuviste un despertar de Kundalini espontáneo. En mi caso, fue precisamente siete años después de mi despertar cuando alineé completamente mi conciencia con el Cuerpo Espiritual. Una vez que esto ocurrió, se produjeron más transformaciones Espirituales.

Como todos los pétalos del Loto de Mil Pétalos de Sahasrara estaban finalmente abiertos para mí, la totalidad de mis centros cerebrales primarios también se despertaron. Mis Glándulas Pineal y Pituitaria, el Tálamo, y el Hipotálamo fueron optimizados para sincronizar mi cuerpo con la conciencia expandida, ahora en sobremarcha. Finalmente establecí el flujo correcto de la energía del Espíritu hacia arriba y hacia abajo a través de la Corona.

El siguiente paso en el proceso de transformación fue la alineación completa de la conciencia con el Cuerpo Espiritual. Una vez que se completó, se produjeron nuevos desarrollos en mi Ojo de la Mente, despertando la capacidad de dejar mi cuerpo y verme en tercera persona.

En el pasado, tuve momentos aleatorios en los que podía salir de mi cuerpo, pero estas experiencias eran generalmente de corta duración. No podía mantener esta Experiencia Fuera del Cuerpo, ya que mi Ego estaba demasiado activo, manteniendo mi conciencia confinada en mi cuerpo físico. Ahora, podía concentrarme en cualquier objeto externo, y si me concentraba en él por más de un minuto o algo así, mi conciencia dejaba mi cuerpo mientras me volvía Uno con él. El Sahasrara Chakra estaba involucrado en este fenómeno, pero también mis Chakras de la Palma de la Mano y Chakras del Pie. Sentía como si la energía del Espíritu fuera succionada de mi cuerpo a través de mi cabeza y mis extremidades.

Este nuevo desarrollo en el Ojo de mi Mente reforzó mi conexión con el mundo exterior de una manera nueva. Diferentes sonidos empezaron a tomar forma en mi cabeza como imágenes animadas. Cada sonido tenía un componente visual asociado que iba y venía en oleadas, dinamizadas ante mí por algún poder superior de la imaginación.

Un profundo silencio invadía mi mente, como si caminara sobre las nubes con los pies en el suelo. Algunas de estas manifestaciones comenzaron a desarrollarse años antes, pero no podía sintonizar plenamente con estas facultades superiores porque todavía estaba a merced de mi miedo y ansiedad. Tuve que despejar todo el miedo y la ansiedad para dar a la energía Kundalini un camino claro para que estas facultades superiores se despertaran.

Creo que este proceso de desbloqueo de habilidades particulares es Universal para todos. Hay una forma sistemática en la que la transformación de la Kundalini se desarrolla a lo largo del tiempo. Como Dios-el Creador dio a todos los humanos un patrón de cuerpo físico de cinco estrellas con los mismos rasgos faciales, creo que también se nos dieron los mismos componentes energéticos y el mismo potencial. Jesucristo se refirió a esto cuando dijo que todos somos iguales y todos somos Uno. Puede que a los individuos que han despertado la Kundalini les lleve algún tiempo desbloquear las mismas habilidades que yo, pero al final, todos llegarán allí. Todo el mundo está en diferentes líneas de tiempo con respecto a su proceso de evolución Espiritual, pero el objetivo final es el mismo.

Una vez que alinees tu conciencia con el Cuerpo Espiritual, evitarás tu mente, permitiendo que tu Ser participe en el Reino Espiritual, el reino de la No-Dualidad. Este reino es altamente místico y trascendental, como experimentarás. Por ejemplo, el mero hecho de escuchar música creará un éxtasis en tu corazón, como nunca habías sentido. Te sentirás como si la canción estuviera sonando sólo para ti, y tu fueras la estrella de una película épica de Hollywood, que es tu vida. Incluso si tu vida es ordinaria en este momento, sentirás que puedes convertirte en cualquier cosa y que estás en este estado de inspiración perpetua.

El cuerpo físico empezará a adormecerse parcialmente a las sensaciones también. Este fenómeno es el resultado de la transformación de la Kundalini en energía Espiritual fina, que expande el sistema mientras circula dentro de ti. Como resultado, los canales primarios de energía de Ida, Pingala, y Sushumna se abren completamente y funcionan en sincronía unos con otros.

El Cuerpo Espiritual se establece como el portador y regulador primario de la conciencia, aunque todavía podría necesitar hacer más trabajo en los Cuerpos Sutiles inferiores. En última instancia, la conciencia necesita elevarse completamente por encima de los Cuerpos Sutiles inferiores, lo que requiere una completa purificación de la energía Kármica presente en esas áreas. Una vez que esto se logra, el individuo se elevará por completo por encima de su Rueda del Karma.

Mientras atraviesas las diferentes transformaciones de la mente, el cuerpo, y el Alma, te aconsejo que confíes en el proceso en lugar de temerlo. Aunque se necesitan muchos años para observar este proceso de transformación que tiene lugar dentro de ti antes de que puedas finalmente dejarte llevar y tener fe en que estás en buenas manos, saber de antemano que estás a salvo es la mitad de la batalla. En cualquier caso, no tienes más remedio que entregarte a este proceso, así que cuanto más rápido puedas hacerlo, sólo te beneficiarás a ti mismo.

Temer es fracasar, ya que el miedo es el combustible del Ego, que utiliza para atarte a sí mismo e impedirte avanzar en tu viaje. El Ego quiere que temas el proceso, ya que sabe que puede utilizar este miedo contra ti, permitiéndole aferrarse a su identidad un poco más. Sabe que para que te transformes en un Ser Espiritual de Luz plenamente, tendrá que ser erradicado, lo que intenta evitar a toda costa. Como se ha mencionado, nunca se puede destruir el Ego mientras se vive en el cuerpo físico, pero se puede reducir a un pequeño fragmento de conciencia, uno que está bajo el completo control del Ser Superior.

En lugar de dedicar tiempo a preocuparte y analizar en exceso el proceso de transformación de la Kundalini, deberías dedicar tiempo a conectarte a tierra y aprender a relajarte. La energía Kundalini quiere ayudarte a evolucionar Espiritualmente, no herirte de ninguna manera. El dolor interno que estás experimentando es generado por el Ego; para superarlo, debes aprender a negar sus pensamientos. Debes relajarte y tener fe en que estarás bien ya que la Kundalini está trabajando a través de ti.

Algunas de las manifestaciones de las que hablo aquí ocurren en las últimas etapas del proceso de transformación de la Kundalini. Es esencial reconocer que el proceso de Kundalini continúa desarrollándose durante el resto de tu vida después del despertar inicial. Aunque los primeros años pueden ser desafiantes mientras se produce la purificación, una vez completada, otros dones y fenómenos pueden y seguirán manifestándose, ya que el viaje es continuo.

CAMBIOS CORPORALES Y DIETA

Una vez que hayas despertado por completo la Kundalini y la hayas subido a la Corona, ahora permanecerá permanentemente en tu cerebro, lo cual es un momento realmente emocionante. Durante el resto de tu vida, los alimentos y el agua que introduzcas en tu cuerpo serán los factores principales que sostengan el sistema energético recién expandido, asegurando que todo funcione correctamente.

Los alimentos se transforman/subliman en energía Pránica/Luz, mientras que el agua apoya y modera la conciencia. Esta energía de Luz aumentará dentro de ti y alimentará el circuito de la Kundalini, que se canaliza fuera del Chakra Bindu. Aunque actualmente no entiendas cómo se unen estos componentes, lo harás a su debido tiempo cuando esta parte del proceso se te revele.

Durante el proceso de transformación de la Kundalini también experimentará fluctuaciones en su apetito. Por ejemplo, puede que sientas la necesidad de comer más durante un tiempo, seguida de la necesidad de comer menos. Muchos periodos de mi viaje me impulsaron a comer mucho, por lo que comía comidas sustanciosas varias veces al día. Una vez que sentía este deseo natural de comer más, me indicaba que mi sistema estaba en marcha para sublimar la comida en energía de Luz. Por lo general, acogía con agrado este cambio, aunque las personas que formaban parte de mi vida se preguntaban por qué engordaba rápidamente y no se preocupaban por la cantidad que comía.

A mis amigos y familiares siempre les pareció extraño que fluctuara de peso, ya que a menudo perdía o ganaba hasta tres kilos por semana. Normalmente mentía sobre esta situación, ya que cuando decía la verdad, muchos pensaban que estaba poniendo excusas por no preocuparme por mi aspecto, mientras que otros pensaban que simplemente estaba loca. Que la gente pensara que estaba loca a lo largo de mi vida fue un reto que tuve que superar y encontrar mi camino.

Además, ten en cuenta los nuevos deseos de comer cosas que nunca habías comido. Por ejemplo, puedes ser vegetariano o vegano toda tu vida y de repente desarrollar un interés por comer carne. O tal vez ocurra lo contrario, y si has sido carnívoro toda tu vida, puedes desarrollar el deseo de ser vegetariano o vegano. Escucha lo que tu cuerpo te comunica en este respecto, ya que puede saber algo de lo que tú no estes consciente.

La carne le da a tu cuerpo la proteína necesaria que el cuerpo necesita para reparar los músculos y producir hormonas y enzimas. La proteína es una importante fuente de energía para el cuerpo que es crucial para avanzar en tu transformación Kundalini. A veces, sin embargo, si el animal fue rematado de una manera horrible, como es el caso de muchos mataderos, la energía del miedo del animal moribundo se incrusta en la carne, agravando aún más su sistema ya frágil. De nuevo, respeta los deseos de tu cuerpo porque tu Alma se comunica contigo a través del cuerpo a un nivel más profundo.

Ten en cuenta que estos deseos de probar cosas nuevas a menudo no duran mucho tiempo ya que su propósito mayor es expandir tu mente a otras posibilidades en la vida. Recomiendo encarecidamente comer alimentos orgánicos tanto como sea posible ya que se filtrarán mejor a través de tu cuerpo ya que contienen más energía Pránica/Luz que tu cuerpo necesita para continuar tu transformación. Creo que los alimentos genéticamente modificados te exponen a la degradación del ADN, que causa el cáncer y otras dolencias corporales que plagan gran parte del mundo moderno. Y cuando compres carne, trata de comer carne kosher o halal, donde el animal fue matado respetuosamente, y la carne debe estar libre de energía negativa.

Cuando se trata de agua, es hora de dejar de beber agua del grifo por completo, a menos que provenga de una fuente de agua limpia como un arroyo. La mayoría del agua del grifo, especialmente en las grandes ciudades, contiene muchos contaminantes que son perjudiciales para tu mente, cuerpo, y alma. Comienza a beber agua embotellada de calidad o, mejor aún, invierte en un sistema de filtración de agua que filtre los metales dañinos como el fluoruro, que se sabe que calcifica tu Glándula Pineal.

Ten en cuenta que mientras la Kundalini está trabajando a través de ti, especialmente en las primeras etapas, tus riñones estarán trabajando horas extras, haciendo que se calienten más de lo normal. Los riñones trabajan con las glándulas suprarrenales, que también estarán sobrecargadas ya que su función es producir y liberar hormonas en respuesta al estrés. Como resultado, las Glándulas Suprarrenales suelen ser las primeras en experimentar el agotamiento en las etapas iniciales. La introducción de agua filtrada sin contaminantes en tu cuerpo aliviará tus riñones y Glándulas Suprarrenales y ayudará a superar esta fase de agotamiento de la transformación de Kundalini.

DESARROLLAR ALERGIAS

A medida que avanzas en este proceso de transformación y tu apetito cambia casi a diario, también puedes desarrollar nuevas sensibilidades y alergias alimenticias, así que tenlo en cuenta. Por ejemplo, yo nunca tuve una alergia en mi vida. Pero luego, a los 9 años del despertar, desarrollé una alergia a las almendras, a los plátanos, y al rapini, todo ello en el plazo de dos años. Y no estoy hablando de sensibilidades leves. Estoy hablando de reacciones alérgicas en toda regla que me hospitalizaron cada vez.

He comido y amado los bananos toda mi vida. Era mi fruta favorita y la comía casi a diario. De hecho, era una de las únicas frutas que comía. Pero un día, de repente, tuve una reacción alérgica que me llevó al hospital. Desde entonces, si tengo un rastro de banano en cualquier cosa, reacciono inmediatamente. Así que está claro que esto se desarrolló con el tiempo, y creo que está relacionado con el proceso de transformación de Kundalini.

Por alguna razón, el cuerpo rechaza determinadas energías de ciertos alimentos, lo que provoca una reacción alérgica. Como resultado, se me hinchó la cara con ronchas y verdugones, y los ojos se me pusieron llorosos mientras mi cuerpo empezaba a apagarse. En un momento dado no pude respirar y tuve que llamar a una ambulancia que me administró una dosis elevada de un medicamento antihistamínico por vía intravenosa. Los antihistamínicos normales de venta libre no funcionan en estos casos, lo he intentado. Como mínimo, necesitarás una inyección antihistamínica portátil y de emergencia "Epipen" o una visita de emergencia al hospital.

Tal vez la reacción alérgica se produce debido a esta correlación entre el despertar de la Kundalini y la liberación de histamina en el cuerpo. Este nivel más alto de histamina se libera una vez que el Cuerpo de Luz está integrado y totalmente despierto, lo que le da a uno la sensación de que hay una inyección de novocaína en el cuerpo. Todo el cuerpo físico se siente parcialmente adormecido, lo que se convierte después en una parte permanente de la existencia cotidiana. No sé exactamente por qué se producen las reacciones alérgicas. Sin embargo, sólo puedo imaginar que la energía Kundalini no puede integrar la energía que se libera de los alimentos ingeridos, que actúa sobre el cuerpo físico, haciéndolo entrar en desorden. Sea lo que sea, lo menciono aquí para que, si te ocurre, sepas por qué y de qué se trata, y que debes buscar ayuda inmediatamente.

LOS NUTRIENTES ESENCIALES PARA LA TRANSFORMACION

A medida que he ido pasando por el proceso de transformación, he notado que los dulces tienen un efecto particular sobre la energía Kundalini. Cada vez que, como algo con azúcar, encuentro que mi Ego se amplifica, y mis pensamientos se aceleran y se vuelven incontrolables, afectando negativamente mi compostura. Por lo tanto, cuando estoy pasando por un momento difícil mental y emocionalmente, se convierte en un estorbo ingerir dulces, por lo que trato de mantenerme alejado de ellos en la medida de lo posible.

Las proteínas son esenciales, ya que te estás transformando desde el interior, por lo que debes comer carnes y mucho pescado. Tu cuerpo necesita zinc mientras se realiza este proceso, y el pescado tiene mucho zinc. La Kundalini funciona como una batería. Tiene una corriente positiva y negativa que se expresa a través de los canales Pingala e Ida, las energías masculina y femenina. Llevan corriente bioeléctrica, que está regulada por su energía sexual. Estos canales necesitan un medio para funcionar; de lo contrario, queman el sistema. Este algo es el fluido del sistema Kundalini, que está regulado por el zinc.

El cuerpo también necesita zinc para fabricar proteínas y ADN, especialmente cuando se experimenta una transfiguración genética como en las fases iniciales de la transformación Kundalini. El zinc también es necesario para el almacenamiento de histamina. El cuerpo produce altos niveles de histamina cuando tu conciencia está siendo localizada en el Cuerpo Espiritual.

El zinc está directamente relacionado con tu energía sexual, de la que hablaré más adelante. Por lo tanto, aportar zinc al cuerpo es de suma importancia. Dado que tu cuerpo no almacena el exceso de zinc, debes obtenerlo de su dieta. Recomiendo hacerlo sin suplementos de venta libre, ya que éstos no sintetizan el zinc en el cuerpo como lo hacen los alimentos. El pescado, así como las semillas de calabaza, contienen mucho zinc. Si empiezas a usar suplementos, creas demasiada energía líquida de forma no natural, lo que impide tu capacidad de concentración, desequilibrando así tu mente.

Su componente de fuerza de voluntad, que regula el Pingala Nadi, se ahogará en esta energía líquida que contiene zinc. En comparación con una pila, el ácido de la pila, que es regulado por el zinc, ahogará las cargas opuestas de la corriente eléctrica, y la pila no funcionará correctamente. Si obtienes el zinc de los alimentos, se sintetiza de forma óptima, lo que podrás sentir. El zinc trabaja con el agua del sistema para regular tu conciencia. Recuerda que el Ida Nadi añade a tu sistema el Elemento Agua, que gobierna tus emociones.

EJERCICIO FISICO Y ENFERMEDAD

Mientras se realiza la transformación Kundalini, es aconsejable incorporar en tu vida el ejercicio físico regular, como el Yoga (Asanas), el trotar o correr, el levantamiento de pesas, los deportes de competencia, la natación, el ciclismo, el baile, etc. A medida que el ritmo cardíaco aumenta durante el ejercicio, más sangre fluye hacia el cerebro, trayendo oxígeno y nutrientes necesarios. El ejercicio también ayuda a liberar proteínas beneficiosas en el cerebro que mantienen las neuronas sanas, promoviendo el crecimiento de nuevas neuronas. Recuerda, mientras la energía Kundalini despierta está transformando tu sistema nervioso, tu cerebro trabaja horas extras para construir nuevas vías neuronales para acomodar estos cambios internos. Por lo tanto, el ejercicio regular acelera este proceso.

A nivel energético, el ejercicio físico es esencial porque te ayuda a sintetizar los cambios internos, aterrizándolos en el Plano Físico para que tu mente y tu cuerpo puedan funcionar como una unidad. Por el contrario, si sólo trabajas en la curación de tus energías internas mientras niegas tu cuerpo, estarás aletargado físicamente, afectando negativamente a tu estado mental.

También se ha demostrado que el ejercicio físico durante al menos una hora al día disminuye y reduce la hormona del estrés, el cortisol, al tiempo que libera dopamina, serotonina, y endorfinas en el cerebro. Por lo tanto, el ejercicio limpia tu cerebro de productos químicos no deseados, mientras que la elevación de tu estado de ánimo y el nivel de motivación, que puede ser muy beneficioso en las primeras etapas después de despertar Kundalini. Y con el aumento de los niveles de serotonina, que se convierte en melatonina por la noche, le será más fácil conciliar el sueño. Además, los deportes de competencia son una excelente salida para desahogarse y regular el efecto de la energía de Fuego en tu mente, especialmente en los varones, en los que el Elemento Fuego es más dominante.

Una Kundalini despierta fortalece su sistema inmunológico, lo que le permite superar las enfermedades más rápidamente que la persona media. Sin embargo, si estás enfermo por un resfriado, una gripe u otras dolencias comunes, ten en cuenta que no debes excederte con los medicamentos de venta libre. Dado que tu sensibilidad psíquica será mayor que la media después de un despertar, incluso los más pequeños cambios en la química de su cuerpo pueden tener un poderoso efecto mental y emocional.

Finalmente, si sufres de dolores de cabeza, lo cual es común en la fase inicial de ajuste a la nueva energía dentro de ti, toma Advil o Ibuprofeno. Encuentro que el Advil estimula el Nadi Ida, calmando la conciencia y aliviando el dolor de cabeza mucho mejor que el Tylenol, por ejemplo. De hecho, hasta el día de hoy, no estoy en contra de tomar un Advil ocasionalmente cuando es necesario, mientras que trato de mantenerme alejado de absolutamente todos los demás medicamentos que no requieren receta médica.

LA NECESIDAD DE DISCRECIÓN

Como ya te habrás dado cuenta, el despertar de la Kundalini es un fenómeno misterioso y escurridizo que no forma parte de la corriente principal. Muchas personas reconocen la palabra "Kundalini" del Kundalini Yoga, pensando que es un tipo de Yoga, nada más. Y los que conocen su poder para transformar al ser humano Espiritualmente, a menudo no conocen algunas de sus manifestaciones más fantásticas que individuos raros como yo hemos tenido el privilegio de experimentar. Y mientras lees sobre estos dones Espirituales que se desarrollan en las últimas etapas, me doy cuenta de lo difícil que debe ser captar estos conceptos relativamente abstractos, porque debes tener estas experiencias tú mismo para entenderme de verdad.

Aunque el proceso del despertar de la Kundalini es Universal, los relatos de las personas son variados, como ya entiendes. En esta época, la mayoría de las personas tuvieron despertares parciales, lo que limita el alcance de los efectos secundarios y los dones Espirituales. Las personas que tuvieron el despertar completo, sin embargo, son generalmente desafiadas por las mismas cuestiones. Pero en el mar de los relatos de las personas, los despertares completos son escasos. Normalmente, cuando alguien tiene un despertar completo, escribe un libro o un conjunto de libros que describen sus experiencias, lo que permite a los individuos avanzados como yo determinar dónde nos encontramos en este limitado, pero creciente campo de la ciencia de la Kundalini.

A nivel colectivo, la sociedad no está a la altura de la experiencia de Kundalini, ya que no hay suficientes personas que la hayan tenido para que se incluya como parte del conocimiento general. Lamentablemente, esto significa que el personal médico capacitado para ayudarnos a sanar mental, emocional o físicamente no nos servirá de nada cuando experimentemos una transformación de Kundalini. Por lo tanto, a medida que vayas avanzando en tu viaje, la regla general que aprenderás que es cierta es que, a menos que alguien haya tenido el despertar por sí mismo, y al nivel que tú lo tuviste, no entenderá por lo que estás pasando. Por lo tanto, cuanto más rápido puedas aceptar este hecho, más suave será tu viaje.

Dicho esto, te aconsejo que aprendas a guardarte la verdad sobre lo que estás pasando. Sé que no es fácil porque, además de necesitar a veces el consejo de otras personas en las que sueles confiar, también quieres que el mundo entienda por lo que estás pasando. Así que mi consejo parece hasta cierto punto contraintuitivo, ya que todos estamos ahí para ayudarnos mutuamente, pero te darás cuenta de que no hay elección en el asunto. La mayoría de las personas en tu situación, incluido yo mismo, han tenido que aprender esto con el tiempo, o se enfrentan a toda una vida de ostracismo, de ser llamados locos, de tener relaciones románticas infructuosas, de perder amigos e incluso de distanciarse de los miembros de la familia.

Este es un viaje solitario en su mayor parte, y como es una experiencia tan rara, puede que conozcas a unas pocas personas en persona en la ciudad o pueblo en el que estés que te entiendan. Encontrarás a mucha gente en las redes sociales si sabes dónde buscar, pero no en persona.

Tienes que aprender a ocultar la verdad sobre lo que estás pasando a tu familia, amigos, e incluso a los extraños si decides mezclarte y seguir siendo una parte normal de la sociedad. No soy alguien que propague la mentira, ya que soy un Acuario empeñado en decir siempre la verdad, pero en este caso particular, aprenderás que no tienes mucha opción en el asunto. Si no sigues mi consejo y le cuentas a la gente tu experiencia, pronto experimentarás todo lo que te estoy advirtiendo, lo que puede hacer que te sientas generalmente alejado de los demás, lo que te llevará a una mayor soledad y depresión. La gente tiene miedo de lo que no entiende, y lo rehúye de su existencia si puede elegir. Y en este sentido, sí tienen elección, e incluso las mejores personas, las más compasivas, acabarán juzgándote porque, sencillamente, no te entienden. Por favor, no les culpes; acepta este hecho.

Además, y esta parte es esencial: no tienes que dar explicaciones a la gente. No es tu deber hacerlo. No hay nada vergonzoso en tu realidad, y tienes que protegerte a ti mismo y a los demás de lo que te está ocurriendo. Las personas que no han pasado por lo que tú estás pasando ahora no pueden ayudarte. Poner tu vida en sus manos será catastrófico para tu viaje Espiritual ya que estas personas, sin saberlo, te llevarán por el mal camino cada vez. Además, una gran parte del proceso del despertar de la Kundalini es convertirse en tu maestro y guía. He dicho esto antes, y lo dije en serio: todas las respuestas a tus problemas están dentro de ti si haces las preguntas correctas y tienes fe en ti mismo. En lugar de acudir a otra persona en busca de soluciones, incluso a alguien como yo con muchos conocimientos y experiencia, tienes que aprender a ponerte en contacto con tu Ser Superior y acudir a él en su lugar. Nadie puede compensar a tu Ser Superior; ellos son la única inteligencia que puede darte el consejo correcto en todo momento.

Opté por mezclarme con los demás y seguir intentando llevar una vida normal mientras atravesaba el proceso de transformación de Kundalini. Por ello, tuve que aprender a decir mentiras cuando los demás me preguntaban sobre los problemas que estaba sufriendo. No le hace daño a nadie no saber la verdad sobre este asunto, especialmente cuando sabes de antemano que esas personas no pueden ayudarte. Decirles la verdad y hacer que se muestren escépticos sobre tu cordura sólo te perjudicará, ya que ahora tendrás que ocuparte de enderezarlos además de ayudarte a ti mismo.

Muchos síntomas extraños aparecerán en tu vida mientras estás pasando por el proceso de transformación de la Kundalini. En casi todos los casos, estos síntomas serán temporales, aunque pueden durar muchos años. Las noches sin dormir, los altibajos emocionales, el comportamiento errático, la incapacidad de concentrarse, la fluctuación de peso y el deseo sexual excesivo e incontrolable son sólo algunos ejemplos que pueden aparecer en su viaje. Si decides que no quieres ser juzgado por los demás, debes enmascarar estos problemas. Decir a los demás que tus síntomas son el resultado de un despertar de la Kundalini hará que la gente piense que estás perdiendo el control de la realidad, haciéndoles perder la fe en ti como persona. A menudo creen que estás tratando de inventar una excusa que no pueden entender para confundirlos, lo cual es típico de alguien que está en el inicio de la enfermedad mental.

La mejor manera de sortear las circunstancias es mentir en este asunto. Permítete hacerlo ya que nadie aceptará tus excusas por no cumplir con las expectativas, como llegar al trabajo o a la escuela a tiempo, estar ahí para alguien mental o emocionalmente, o cumplir con tus tareas diarias. Tu situación se sale de la norma social; por lo tanto, es fundamental que digas una mentira para protegerte. Aunque no te sientas cómodo con la idea, descubrirás que mentir sobre lo que ocurre te hará más fácil este proceso, y puede que aún se te concedan segundas oportunidades para demostrar tu valía a los demás. Si no lo haces, seguirás chocando con un muro con las personas y las situaciones de tu vida.

La idea de mentir es tomar algo demasiado fantástico para creerlo y sustituirlo por algo que una persona normal entendería. Para las noches de insomnio, puedes decir que tienes ataques de insomnio, y que por eso no estás al 100% por la mañana. En el caso de los altibajos emocionales, puedes culpar a algo que esté pasando en tu vida. Sé creativo, pero haz que tu excusa sea algo que una persona normal entienda y con lo que pueda simpatizar.

Recuerda que tienes que ser tu terapeuta y tu médico y encontrar soluciones a tus problemas. Si quieres compartir con gente que te entienda, obtener su perspectiva y pedir consejo, búscalos en las redes sociales. Cientos de grupos y páginas han reunido a individuos despiertos de Kundalini que han pasado por lo que tú estás pasando y pueden ayudarte. Muchos de ellos están allí por esa razón, y están encantados de ayudarte en todo lo que puedan. He conocido a algunas personas fantásticas en grupos de medios sociales de esta manera.

Sin embargo, te aconsejo que tengas un Espíritu crítico cuando hables con extraños en las redes sociales. Algunos afirman que han tenido un despertar de la Kundalini, pero en realidad, puede que no lo hayan tenido, aunque crean de verdad en sus afirmaciones. Hoy en día, muchos fenómenos Espirituales se clasifican como despertares de la Kundalini. Y luego hay cientos de personas que tuvieron un despertar parcial y creen que tienen todas las respuestas. Estas personas son las más difíciles de detectar y potencialmente las más dañinas. Así que ayuda a tener un cierto nivel de discernimiento en este asunto y a informarse sobre las experiencias de otras personas antes de seguir sus consejos, ya que no hay forma más rápida de ser llevado por el mal camino que poner tu fe en la persona equivocada.

Veo todo tipo de consejos buenos y malos en los grupos de las redes sociales, y podría pasarme un día entero abordando y aclarando cada publicación. Y lo hice hace muchos años y he ayudado a más de dos docenas de personas dándoles el consejo correcto en el momento adecuado y ayudándoles a lo largo de su viaje de despertar. Algunos se ponen en contacto conmigo hasta el día de hoy para darme las gracias por haber estado a su lado cuando me necesitaban. A través de los grupos de medios sociales, me di cuenta de que mis conocimientos y experiencia en esta materia podían ser de gran ayuda, cristalizando mi propósito de tiempo. Así que pasé de escribir artículos y hacer vídeos sobre la Kundalini a llegar finalmente al gran público con libros como el que estás leyendo.

LA LOCURA DE LA MEDICACION CON RECETA

Como estás pasando por el proceso de transformación de la Kundalini y tu mente está desordenada, es posible que a menudo muestres un comportamiento extraño ante el que reaccionarán otras personas de tu entorno. Naturalmente, las personas a las que me refiero son las más cercanas a ti, incluyendo familia, amigos, y colegas. Tras presenciar tu comportamiento errático, es posible que te llamen loco o demente, lo que te confundirá aún más sobre tu estado. Al fin y al cabo, estarás sufriendo un tremendo dolor emocional y mental, que no entiendes y sobre el que aparentemente no tendrás ningún control.

En sus momentos más débiles, tus familiares o amigos pueden sugerirte que acudas a un psiquiatra o terapeuta de algún tipo y que hables con ellos de tus problemas. Al fin y al cabo, este personal titulado está capacitado para ayudar a las personas que sufren síntomas similares.

Sin embargo, el problema es que estos terapeutas normalmente ni siquiera han oído hablar de la Kundalini, y mucho menos han tenido un despertar ellos mismos. ¿Y cómo puede un médico diagnosticarte sobre algo que el campo médico ni siquiera reconoce? No estás loco, y no tienes ninguna razón real para estar deprimido. Además, si todos tus problemas emocionales y mentales empezaron después de despertar la Kundalini, ¿no está claro que la Kundalini es la causa detrás del efecto y no algo externo?

Sin embargo, muchas personas despiertas siguen ese camino y acuden al psiquiatra o al terapeuta. Después de todo, estamos condicionados a escuchar y aceptar consejos sobre cuestiones de la vida, especialmente cuando estamos desesperados por encontrar respuestas a nuestros problemas. Y, como ya comprenderás, someterse a una transformación de la Kundalini después de un despertar completo y sostenido conllevará algunos de los retos más importantes.

Por lo que he hablado con muchas personas que están en la misma situación que yo hace muchos años, ir al psiquiatra siempre da los mismos resultados. El psiquiatra escucha tus problemas, pero como no sabe de qué hablas cuando mencionas la Kundalini, suele hacer lo primero que hace cuando se encuentra con una persona con problemas mentales o emocionales: recetar medicamentos.

Para los síntomas que provoca el despertar de la Kundalini, estos medicamentos son antipsicóticos o antidepresivos. La naturaleza de los antipsicóticos es bloquear los impulsos neuronales que llevan la información del subconsciente a la mente consciente. Bloquean lo que está ocurriendo en el interior para que pueda parecer que se siente mejor en la superficie, ya que no escuchará más pensamientos negativos. Por otro lado, los antidepresivos suelen aumentar los niveles de serotonina y dopamina para crear una sensación inventada de felicidad y alegría. Lamentablemente, ser recetado cualquier tipo de medicamento por un médico es el enfoque equivocado para la gestión de un despertar de Kundalini.

Aunque puedas mostrar síntomas parecidos a la depresión crónica, la bipolaridad, o la esquizofrenia, estos estados son temporales y deben ser trabajados por el Alma. Son el resultado de la afluencia de Luz provocada por la Kundalini, cuyo propósito es erradicar cualquier energía negativa presente en tus Chakras. Por lo tanto, superar estos desafíos emocionales y mentales es el paso necesario para avanzar espiritualmente.

Habiendo despertado todo el Árbol de la Vida, tendrás acceso a partes del Ser que han estado ocultas hasta tu despertar. La Luz Kundalini tiende un puente entre tu mente consciente y tu subconsciente, permitiendo que emerjan muchos de tus traumas y neurosis.

Si se bloquea la actividad subconsciente de la conciencia, estos problemas emocionales y mentales quedarán a raya, sin procesar. Con el tiempo, este contenido inconsciente dañino se acumulará, creando aún más problemas psicológicos, que persistirán hasta que el individuo deje la medicación. Si la persona decide seguir tomando la medicación, puede desarrollar una dependencia de por vida de la droga, ya que dejarla puede resultar más difícil. Lamentablemente, en el momento en que empezó a tomar la medicación, puso inadvertidamente su Evolución Espiritual en pausa, y así permanecerá hasta que deje de tomarla.

Mientras está medicada, la energía Kundalini no puede hacer lo que pretende, que es continuar el proceso de transformación interior. "Ojos que no ven, corazón que no siente" puede disipar temporalmente los problemas, pero no los resolverá. De hecho, creará aún más problemas en el futuro. Principalmente, los medicamentos recetados están diseñados para desarrollar una dependencia del propio fármaco, ya que el individuo nunca aprende a lidiar con sus problemas de forma natural. No crean vías neuronales que les permitan encontrar soluciones a los problemas y curar sus estados negativos; en su lugar, dependen del fármaco como una muleta que lo hace por ellos.

La energía Kundalini es biológica y necesita de las facultades humanas para funcionar. Si alguna droga externa cierra los canales de transmisión de información, entonces pondrá en marcha el proceso de limpieza de Kundalini. Una vez que el individuo deje la droga, la energía Kundalini volverá a activarse. Se producirá el mismo proceso, esta vez con más fuerza y de forma más incontrolada.

Tienes que entender que el proceso de Kundalini no te dará más desafíos de los que tu Alma pueda manejar. Tu Alma es la que eligió tener esta experiencia en primer lugar y la que la puso en marcha. El Ego experimenta dolor, miedo, y ansiedad ya que es el Ego el que tiene que transformarse en este proceso. En lugar de recurrir a la medicación recetada, que es la vía de escape del Ego para poder proteger su identidad, estarás haciendo un servicio a tu Alma al encontrar otra forma de lidiar con tus problemas mentales y emocionales. Tu Evolución Espiritual es lo único que importa en esta vida. Ningún pensamiento o emoción terrible, por muy aterrador que parezca, te dañará físicamente.

El proceso de despertar de la Kundalini debe abordarse con fortaleza de ánimo, fuerza, y valor. El miedo y la ansiedad son temporales, y si persistes en el proceso, inevitablemente emergerás al otro lado como una persona transformada. Puede llevar muchos años, pero el amanecer siempre sigue a la noche. Lo único que hay que hacer es pasar la noche.

CREATIVIDAD Y SALUD MENTAL

La realidad Espiritual es una ciencia invisible medida y cuantificada por la intuición, las emociones, y el intelecto. Pero la mayor parte de lo que comprende la realidad Espiritual no puede probarse nunca, y por eso tenemos una división en nuestra sociedad entre creyentes y no creyentes. Los no creyentes son principalmente personas que sólo confían en la ciencia, que se basa en la prueba. Pero quitar la fe en algo más grande que uno mismo y poner las manos en la ciencia solamente es robarse el jugo, el néctar de saborear la vida Espiritual. Ver es creer, pero a la inversa, creer es también ver. Si puedes creer en algo en lo que otras personas creen, entonces se manifestará en tu vida a su debido tiempo. Así es la Ley.

Sabemos mucho sobre la ciencia de la realidad tangible, el mundo de la Materia, pero entendemos muy poco sobre las realidades invisibles. Así que en lugar de reflexionar sobre la vieja cuestión de quién o qué es Dios, centrémonos en la humanidad y en los dones Espirituales que algunos de nosotros recibimos y que nos hacen parecer Dios a los ojos de otras personas. Y el don más preciado que nos dio nuestro Creador es la capacidad de crear. Pero ¿de dónde viene la creatividad y por qué algunas personas disponen de ella más que otras?

Gopi Krishna y otros individuos despiertos han dicho que toda la creatividad humana es un subproducto de la actividad de la Kundalini en el cuerpo, lo que implica que la Kundalini de todos está activa en algún grado. Esto puede parecer una afirmación radical para algunas personas, pero yo también creo que es cierto. También creo que la Kundalini influye subliminalmente en las personas que no han despertado. Estas personas no son conscientes de su proceso creativo y no pueden acceder a la fuente de su creatividad como los despiertos.

Uno de los propósitos del despertar completo de la Kundalini es elevar y evolucionar la conciencia a un grado superior para que puedas sintonizar conscientemente con el funcionamiento de tu sistema energético, incluyendo el proceso creativo, en lugar de que sea algo que ocurre en el fondo y que afecta sólo a tu subconsciente.

Además, esta parte es esencial; la Kundalini no ha atravesado los Tres Granthis en la mayoría de las personas no despiertas, lo que significa que su energía creativa es limitada, al igual que los Chakras a través de los cuales esta energía puede expresarse. La persona promedio tiene la Kundalini activa, pero como no ha superado el Brahma Granthi, sólo puede expresar su energía creativa a través del Chakra Muladhara. Como tal, están atados a su Ego, viendo principalmente los placeres físicos, lo que provoca apegos y miedos insanos. Una persona en esta posición nunca alcanzará su potencial creativo óptimo, ni tendrá un impacto significativo en la sociedad. Lamentablemente, con el bajo nivel de evolución de la humanidad en la época actual, la mayoría de las personas se encuentran en este estado.

Los tipos más voluntariosos y ambiciosos generalmente han superado este primer Granthi y han permitido la expresión de su energía creativa a través de los Chakras Swadhisthana y Manipura. Sin embargo, están limitados por el Granthi Vishnu, que se encuentra directamente encima, impidiendo que la Kundalini alcance el Chakra del Corazón, Anahata, que despertará la energía del amor incondicional dentro de ellos. Por lo tanto, pueden utilizar su energía creativa para satisfacer sus ambiciones, pero pueden carecer de una visión superior que les haga destacar realmente del resto de la gente.

Y luego tenemos a los sabios de nuestra sociedad, los prodigios y visionarios que han atravesado el Granthi Vishnu, lo que les permite utilizar aún más su potencial creativo. Su Kundalini puede estar operando desde los Chakras superiores permitiéndoles realizar hazañas increíbles y acceder a información y habilidades que otros humanos no tienen. Sin embargo, incluso ellos están limitados por el pensamiento dualista resultante de un Granthi Rudra desatado entre los Chakras Ajna y Sahasrara. Por lo tanto, no podemos comparar su potencial creativo con el de alguien que ha perforado los Tres Granthis y ha despertado completamente su Kundalini, desatando un potencial creativo ilimitado.

El genio de científicos como Newton, Tesla, y Einstein, y de filósofos como Pitágoras, Aristóteles, y Platón bien puede atribuirse al funcionamiento de la Kundalini en sus Cuerpos de Luz. Del mismo modo, el talento de músicos como Mozart, Beethoven, Michael Jackson, y artistas como Miguel Ángel, da Vinci, y Van Gogh podría ser el trabajo de la energía Kundalini a nivel subconsciente. Y no olvidemos las habilidades atléticas, las destrezas y la voluntad de ganar de atletas como Muhammad Ali y Michael Jordan. Estas personas eran tan legendarias que todavía las veneramos como figuras divinas, y sus historias de grandeza vivirán para siempre.

Algunos de estos grandes hombres y mujeres describen haber tenido los medios y métodos para acceder a la fuente de su creatividad, y eran muy conscientes de que estaban canalizando alguna forma superior de inteligencia cuando se encontraban en estos estados de inspiración. Sin embargo, no eran conscientes de la existencia de la Kundalini, ni informaron de que algo parecido funcionara a través de ellos. Así que todo lo que podemos hacer es especular basándonos en lo que vimos en estas personas y en el trabajo que dejaron.

Estos personajes influyentes tenían algo especial: una conexión con la Divinidad que les otorgaba conocimientos, poderes, y habilidades particulares que la gente de su entorno no tenía. Muchos de ellos estaban tan adelantados a su tiempo que cambiaron el curso de la historia de la humanidad. Pero nunca sabremos si fue la Kundalini la responsable directa de su grandeza o fue algo más.

KUNDALINI Y SALUD MENTAL

Si la Kundalini está activa en todo el mundo en mayor o menor grado, impactando significativamente en la psique, no es de extrañar que no se hayan hecho grandes progresos en la salud mental. La Kundalini ni siquiera se reconoce como algo real en el ámbito médico. Aparte del desarrollo de medicamentos que pueden encender y apagar ciertas partes del cerebro que reciben impulsos de fuerzas invisibles en el sistema energético, la comprensión científica actual de la salud mental es rudimentaria en el mejor de los casos. Para entender realmente cómo funciona la mente, el campo de la salud mental necesita tener una base adecuada en la ciencia invisible del sistema energético humano para desarrollar curas que traten algo más que los síntomas.

Siempre me ha fascinado observar el funcionamiento interno de mi mente durante el proceso de despertar de la Kundalini. Algunos días tenía un subidón emocional, que a menudo era seguido por un profundo bajón, todo en cuestión de minutos. Estos altibajos emocionales no me ocurrían antes del despertar. Mis emociones estaban tan cargadas por la energía Kundalini que, si mi mente trabajaba en una dirección positiva y tenía pensamientos felices, esas emociones se potenciaban y me sentía más contenta que nunca. Sin embargo, si mi mente trabajaba en una dirección negativa y tenía pensamientos tristes o infelices, mis emociones bajaban tanto que me sentía francamente deprimida. Y no tenía sentido por qué mi depresión era tan intensa cuando apenas un minuto antes estaba increíblemente feliz, y no había ningún cambio aparente en mi estado aparte de lo que estaba pensando.

Este increíble cambio entre estados felices y tristes lo atribuí al funcionamiento de mi mente y a la calidad de mis pensamientos. Por esta razón, al principio de mi proceso de despertar de la Kundalini, cuando tenía muy poco control sobre mi mente y lo que pensaba, tenía estos episodios emocionales. Estos episodios pueden ser comparados con los de alguien diagnosticado con una enfermedad mental bipolar, aunque descubrí que era en menor grado que los episodios que escuché que tienen algunas personas bipolares.

Lo que separa los dos casos es que yo siempre he sabido la diferencia entre el bien y el mal y no actuaría según mis impulsos emocionales. Al mismo tiempo, algunas personas permiten que estos trabajos psicológicos internos dirijan su vida y se apoderen de su mente, cuerpo, y Alma. La clave es reconocer la situación por lo que es y no exagerar. Hay que entender las emociones como algo tangible, algo que se puede moldear y cambiar con la aplicación de la mente. Conociendo esta diferencia, debes trabajar en el control de tus pensamientos ya que es el escenario de "la gallina que vino antes que el huevo" y no al revés. Debes ser una causa en lugar de un efecto y moldear fácilmente tu realidad mental con la fuerza de voluntad.

¿Qué es una enfermedad en este sentido, sino un malestar, algo que te hace sentir incómodo e inquieto? La enfermedad física suele ser el resultado de la entrada de algún material extraño en tu cuerpo físico que provoca un cambio o deterioro a nivel celular. ¿Esta idea de un cuerpo extraño que entra en ti también se aplica a la salud mental, o es algo dentro de ti que causa problemas mentales y emocionales? Para responder a esto correctamente, tenemos que mirar lo que son los pensamientos y si están dentro de nosotros solamente o pueden ser algo fuera de nosotros, que se abre camino en nuestra Aura, para experimentarlos.

El Kybalion, que dilucida los Siete Principios de la Creación, dice que todos nos comunicamos telepáticamente y que nuestro "Yo" interior, el componente creativo que genera imágenes impresas por nuestro componente "Yo", está siempre trabajando y no puede ser apagado. Por lo tanto, el reto es usar tu fuerza de voluntad, tu "Yo", para dar continuamente impresiones a tu componente "Yo". Si te vuelves mentalmente perezoso y no usas tu fuerza de voluntad como Dios, el Creador, pretendía que lo hicieras, entonces los "Yos" de otras personas le darán a tu componente "Yo" sus impresiones. Sin embargo, y esta es la trampa: creerás que son tus pensamientos y reaccionarás como tal.

Estos emisores de pensamientos están a nuestro alrededor, y algunos de ellos son los pensamientos de otras personas, y otros son entidades Espirituales fuera del reino físico, que participan en nuestro Mundo Interior y pueden impactar en nuestras mentes. Estos Seres Angélicos y Demoníacos influyen en nuestros pensamientos, especialmente si no utilizamos nuestra fuerza de voluntad al máximo. En el caso de los Seres Demoníacos, su influencia puede resultar en posesiones de todo el cuerpo si los escuchas y cumples sus órdenes.

Estas tomas completas de tu mente por fuerzas extranjeras hostiles son muy reales. Por el contrario, recibir comunicación de Seres Angélicos puede resultar en un completo éxtasis Espiritual y felicidad. En el caso de los empáticos o telépatas, están abiertos a la influencia de entidades Espirituales más que el humano medio, ya que están recibiendo continuamente impulsos vibratorios del mundo exterior. Alguien con una Kundalini despierta entra en esta categoría; es muy difícil diferenciar entre tus propios pensamientos y los pensamientos de alguien o algo fuera de ti.

La clave, en cualquier caso, es entender el Mundo Interior del Plano Mental de los pensamientos como algo que no es particular sólo para ti y que, a lo largo del día, muchas vibraciones de pensamiento entrarán en tu Aura desde el mundo exterior. Todos formamos parte de este centro, este "mundo de los pensamientos", y estamos continuamente induciendo el mundo invisible con nuestros pensamientos, afectando a otras personas subconscientemente. Los pensamientos tienen energía; tienen masa y son cuantificables. Los pensamientos amorosos y positivos son más altos en la escala vibratoria que los pensamientos negativos y temerosos. Los pensamientos amorosos y positivos mantienen al Universo en movimiento, mientras que los pensamientos negativos y temerosos contribuyen a mantener a la humanidad en un nivel bajo de evolución Espiritual.

Una guerra entre los Seres Angélicos y Demoníacos se ha librado desde que la humanidad existe. Es una guerra invisible en el Plano Astral y en los Planos Mentales, donde los seres humanos sirven como conductos de estas fuerzas invisibles. Actualmente, dado nuestro bajo nivel de evolución Espiritual, es seguro decir que los Seres Demoníacos están ganando la guerra. Sin embargo, según las escrituras religiosas de todo el mundo, el destino de la humanidad es entrar en la Edad de Oro, lo que significa que los Seres Angélicos ganarán esta guerra para siempre.

Los pacientes esquizofrénicos son aquellas personas que tienen una receptividad al mundo invisible superior a la media, pero lo que les separa de los psíquicos (que son telépatas, empáticos o ambos) es que las personas con esquizofrenia no pueden distinguir entre sus pensamientos y los pensamientos fuera de ellos. En muchos casos, están bajo el control de entidades Demoníacas que han establecido un punto de apoyo en su Aura alimentándose de su energía del miedo.

Las entidades Demoníacas, que son Seres inteligentes, cuya fuente es desconocida, buscan personas de mente débil de las que puedan alimentarse. Una vez que encuentran a una persona susceptible a su influencia, se apoderan de sus mentes y cuerpos, lo que con el tiempo extingue la Luz de sus Almas para que se conviertan en vehículos para estas fuerzas Demoníacas, nada más. Se convierten en cáscaras o cascarones de su antiguo ser. Aunque el Alma nunca puede extinguirse realmente, una vez que la separación ocurre en la mente, se vuelve casi extraña para el individuo que perdió su conexión con ella. Todavía está ahí para ser aprovechada de nuevo, pero se necesita mucho esfuerzo mental y trabajo Espiritual para recuperar esa conexión.

FORTALECER LA FUERZA DE VOLUNTAD

En los primeros años después de despertar la Kundalini, mi fuerza de voluntad se puso a prueba a menudo en lo que respecta a mi proceso de toma de decisiones. Cada vez que me convencía de una idea, podía, en cuestión de segundos, convencerme de lo contrario. Durante mucho tiempo, fue un reto tomar decisiones porque era consciente de que estaba negando la validez de su contraparte al seguir cualquier curso de acción. Sabía y entendía que cualquier idea podía ser una buena idea si se daban suficientes pruebas en la dirección de esa idea. Pero para la mayoría de las ideas, también hay suficientes pruebas de que su oposición es correcta también.

Este proceso se prolongó durante muchos años hasta que logré una mayor conexión con mi fuerza de voluntad. Sin embargo, lograr eso requirió una inmensa cantidad de trabajo mental y esfuerzo de mi parte. Al conseguir un vínculo correcto con mi fuerza de voluntad, también me alineé con mi Alma de forma inédita. El trabajo con el Elemento Fuego y el Chakra Manipura a través de ejercicios rituales de Magia Ceremonial me ayudó a conseguirlo.

Si no tienes una conexión firme con tu fuerza de voluntad, que es la expresión de tu Alma, entonces serás presa de la dualidad de la mente y de los impulsos del Ego. He visto esto una y otra vez en individuos que han despertado a la Kundalini, y es uno de los desafíos más significativos que enfrentan.

El despertar activa todos los Chakras para que todos funcionen simultáneamente. A medida que las mentes consciente y subconsciente se unen, el resultado es un alto nivel de carga emocional ya que la actividad en el Plano Mental se amplifica. Por esta razón, muchos individuos que han despertado a la Kundalini son muy sensibles emocionalmente y cambiantes en su toma de decisiones. Dado que su receptividad a las vibraciones externas se intensifica, necesitan aprender a diferenciar entre sus pensamientos y los que entran en su Aura desde el entorno. Una de las formas de mitigar este hecho es conectar con el Alma y fortalecer la fuerza de voluntad, permitiendo el discernimiento y la discreción.

Una vez que aprendes a tomar una decisión, el otro reto es comprometerte con ella y cumplirla. Hacerlo te transforma en una persona en cuya palabra se puede confiar y no en alguien que se deja llevar por sus cambiantes emociones. Construir tu Alma desarrollando virtudes y superando vicios te convertirá en una persona de honor que los demás respetarán.

Aunque hay varias prácticas de Alquimia Espiritual que puedes utilizar para optimizar tus funciones internas, muchas de las cuales se incluyen en este libro, la Magia Ceremonial fue la respuesta para mí. Sus ejercicios rituales me permitieron potenciar mi intuición, fuerza de voluntad, memoria, imaginación, emociones, lógica y razón, etc. Al invocar los Elementos por medios mágicos, pude optimizar mis funciones internas al sintonizar los Chakras. Estos componentes internos del Ser son débiles en primer lugar debido a la energía Kármica almacenada en los Chakras correspondientes a cada función. Por ejemplo, si tu intuición es débil, entonces puedes necesitar trabajar en el Chakra Ajna. A la inversa, si tu fuerza de voluntad es débil, también lo es el Chakra Manipura ya que el Elemento Fuego es el responsable de su expresión. Y así sucesivamente.

KUNDALINI Y CREATIVIDAD

Existe una clara correlación entre ser feliz e inspirado y mostrar una gran capacidad creativa. Cuando uno experimenta emociones positivas, el impulso interno para crear se amplifica. Se manifiesta como un anhelo interior, una pasión o un deseo de crear algo hermoso. Esta relación entre creatividad e inspiración es simbiótica. No se puede ser creativo sin estar inspirado, y para inspirarse, hay que ser creativo para encontrar una forma nueva y emocionante de ver la vida.

Si te quedas atascado en tu antigua forma de pensar, relacionándote con el Ego en lugar de con el Alma y el Espíritu, tanto tu inspiración como tu creatividad se verán afectadas. Es necesario que haya una renovación constante de tu realidad mental y emocional que se puede lograr una vez que vives en el momento presente, el Ahora. A medida que extraigas energía de este campo infinito de potencialidad, tu estado del Ser se inspirará, abriendo tus capacidades creativas.

Mi creatividad se expandió infinitamente en el séptimo año después de despertar la Kundalini en 2004. Experimenté una apertura completa de los Pétalos de Loto del Chakra Sahasrara, que me permitió entrar en el Ahora y funcionar a través de la intuición. Noté una fuerte correlación entre la superación de la dualidad de mi mente, el fortalecimiento de mi Fuerza de Voluntad y la mejora de mis habilidades creativas. Una vez que obtuve un vínculo permanente con mi Alma, me volví perpetuamente inspirado, superando el miedo y la ansiedad y aprovechando mi fuente creativa. En este increíble estado de inspiración, sentí una necesidad, un anhelo, de expresar esta nueva creatividad de alguna manera. Así comenzó mi viaje de expresión creativa a través de múltiples medios.

Mi primera expresión fue a través del arte visual, ya que era algo que se me daba bien toda la vida. Descubrí que este estado de alta inspiración fluía a través de mis manos mientras pintaba, y desarrollaba técnicas que aparentemente bajaba de los Aethyrs. Empecé a pintar en estilo abstracto y a canalizar colores, formas e imágenes que vibraban y bailaban en el Ojo de mi Mente mientras se desarrollaba este proceso. Me di cuenta de que la verdadera fuente de creatividad proviene del Alma, pero se canaliza a través del Chakra Ajna vía el Sahasrara.

Cuando expresaba la creatividad de esta manera mejorada, todos mis componentes superiores se encendían y funcionaban simultáneamente. Recibía fácilmente los impulsos del Ser Superior y del Chakra Coronario, que se combinaban con los Fuegos de mi Alma para canalizarlos a través del Ojo de la Mente. El proceso creativo parecía apoderarse de mi mente y mi cuerpo como si estuviera poseído. Descubrí que mientras estaba en este estado, el tiempo volaba de una manera sin precedentes, ya que muchas horas pasaban en un abrir y cerrar de ojos.

Lo que noté es que mi creatividad interior era capaz de reconocer y reproducir la belleza. Aquí está la clave, creo, porque cuando estoy en un estado de inspiración, que ahora es un estado permanente del Ser para mí, veo la belleza a mi alrededor y la reconozco en todo. La energía del amor incondicional, que es la base de la inspiración, la creatividad, y la belleza, transpone todo lo que veo con mis ojos. Por lo tanto, si me dedico a un acto creativo, puedo canalizar algo bello utilizando mi cuerpo como vehículo.

La belleza tiene una forma que creo que se puede cuantificar. Es equilibrada y armoniosa. Es colorida si quiere ser experimentada como alegría. Tiene textura y a menudo una mezcla de Arquetipos que transmiten ideas vitales al Alma. Podemos expresar emociones a través de obras hermosas y, naturalmente, todas las expresiones creativas están destinadas a conmover emocionalmente de alguna manera.

Si la belleza quiere ser vista como triste, puede haber una falta de color y se utilizan formas más serenas para expresarla. Si quiere ser percibida como melancólica, se utilizan los colores correspondientes a este sentimiento, como los tonos de azul. Este proceso de canalización de la belleza no se limita sólo a las artes visuales, sino que puede verse en todas partes. Por ejemplo, podemos expresar la tristeza a través del canto y la melodía. Esta correlación implica que los colores, al igual que las notas musicales, expresan estados de conciencia. Esto explica el sentimiento que hay detrás de la música, así como de las artes visuales y la escultura.

Todos los colores que encontramos en la naturaleza proceden del espectro visible de la Luz. El espectro visible es la parte del campo electromagnético que es visible para los ojos humanos. La radiación Electromagnética en este rango de longitudes de onda se llama

Luz visible o simplemente, Luz. Este hecho implica que todas las notas musicales de la escala musical también se relacionan con la energía de la Luz. Ahora puedes ver por qué tu potencial creativo se expande infinitamente una vez que despiertas la Kundalini y recibes una afluencia de Luz en tu Aura.

Experimenté con expresiones creativas durante muchos años y me di cuenta de que podía canalizar nuevas con facilidad. Exploré el canto y la música y expresé mi creatividad a través de la palabra escrita en la poesía y la escritura inspirada. Sin embargo, he aprendido la importancia de equilibrar la creatividad con la lógica y la razón. No se puede crear al azar, sino que debe tener una estructura, una base intelectual de alguna manera. Aprendí que la belleza tiene forma y función, y es esta unión entre ambas la que hay que seguir al crear; de lo contrario, tus expresiones creativas no darán en el blanco.

SAHASRARA Y LA DUALIDAD DE LA MENTE

Para una máxima alineación con la fuerza de voluntad y el Elemento Fuego del Alma después de un despertar completo de la Kundalini, el Loto de Mil Pétalos del Sahasrara necesita estar completamente abierto. Sin embargo, en el caso de una apertura parcial del Sahasrara, como resultado de no permitir que la Kundalini complete su misión en el ascenso inicial, puede dar lugar a bloqueos energéticos en la cabeza. En este caso, los Nadis Ida y Pingala continuarán siendo influenciados por la energía Kármica en los Chakras por debajo del Vishuddhi, el Chakra de la Garganta, en lugar de liberarse y fluir libremente en el Cuerpo de Luz, como es el caso cuando el Loto se despliega completamente.

Cuando se perfora el Granthi Rudra, la Kundalini tiene que subir con toda su fuerza hasta el Sahasrara, permitiendo que la parte superior del canal Sushumna que conecta el centro del cerebro con la Corona se ensanche y transmita suficiente energía para abrir los Pétalos del Sahasrara. La cabeza de la flor del Sahasrara está cerrada en las personas no despiertas; cuando la Kundalini se eleva, comienza a abrirse de la misma manera que cuando se observa un lapso de una flor en flor. Cada pétalo se abre para recibir la Luz que viene de los Chakras de la Estrella del Alma y de la Puerta Estelar que están arriba (Figura 153). Si algunos de los Pétalos del Sahasrara permanecen cerrados, la Corona no se activará por completo, dando lugar a bloqueos que se acumulan en la zona de la cabeza con el tiempo.

Una vez que la Kundalini se eleva desde el Muladhara, busca salir del cuerpo a través de la Corona, dando lugar a que los Pétalos del Sahasrara se desplieguen como una flor, listos para recibir la Luz. El Sahasrara recibe el nombre de "Loto de Mil Pétalos" porque teóricamente hay mil Pétalos, cada uno conectado con innumerables Nadis menores o canales de energía que llevan la energía Pránica desde diferentes áreas del Cuerpo de Luz que terminan en el área de la cabeza. Hay cientos, potencialmente incluso miles, de estas terminaciones nerviosas en el cerebro. Cada una es como la rama de un árbol que lleva la energía Pránica dentro, a través y alrededor del cerebro. Al abrir la Corona completamente, permite que muchos de estos Nadis lleguen a la superficie de la parte superior de la cabeza.

A menudo se siente como si los insectos se arrastraran en el cuero cabelludo o como si se produjeran zumbidos o sacudidas energéticas cuando estos Nadis cerebrales están siendo infundidos con Luz.

Como se ha comentado, una vez que despiertas los seis Chakras primarios por debajo de la Corona, se desbloquean diferentes partes del cerebro, al igual que los Chakras Menores de la cabeza que se corresponden con los Chakras primarios. Todo el sistema de energía psíquica sirve para canalizar la energía de la Luz a través de su Cuerpo de Luz, lo que permite a su conciencia experimentar la trascendencia mientras encarna el cuerpo físico. Una vez que el Loto Coronario se abre completamente, el Alma sale del cuerpo, permitiendo que la conciencia alcance el Ser Transpersonal en los Chakras por encima de la Corona.

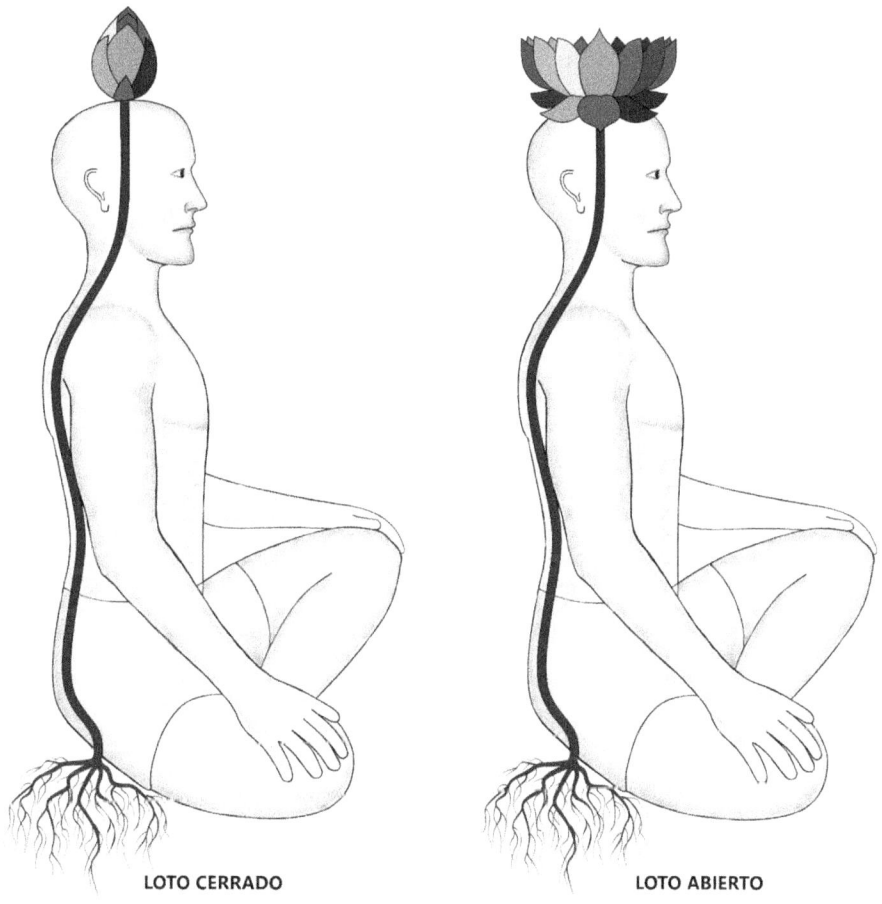

Figura 153: Loto del Chakra Sahasrara

Los Nadis menores sirven como receptores psíquicos alimentados por la Luz dentro del cuerpo, que se acumula a través de la ingesta de alimentos. Esta Luz en el cuerpo trabaja con la Luz traída desde el Chakra Sahasrara. Como se mencionó anteriormente, el Cuerpo de Luz es como un árbol cuyas raíces están en la tierra mientras que el torso sirve como el tronco del árbol. El tronco lleva los Chakras primarios mientras que los miembros del cuerpo sirven como ramas principales del árbol. Estas ramas llevan la energía de la Luz a través de sus Setenta y Dos Mil Nadis, que se extienden hasta la superficie de la piel, aunque a un nivel sutil. El Loto de Mil Pétalos libera la conciencia individual del cuerpo, conectándola con la Conciencia Cósmica en el Sahasrara.

El Sahasrara está en la parte superior, en el centro de la cabeza, y actúa como un portal a través del cual la Luz Blanca se introduce en el sistema energético. Esta Luz se filtra a través de los Chakras inferiores. Sin embargo, si algunos de los pétalos del Loto permanecen sin abrir debido a bloqueos en los Chakras y Nadis primarios, el flujo de la Kundalini se obstruye, dando lugar a problemas mentales y emocionales (Figura 154). Por lo tanto, la Kundalini necesita un flujo sin obstrucciones desde el Muladhara, a través del Sahasrara, y más allá hasta los Chakras Transpersonales superiores.

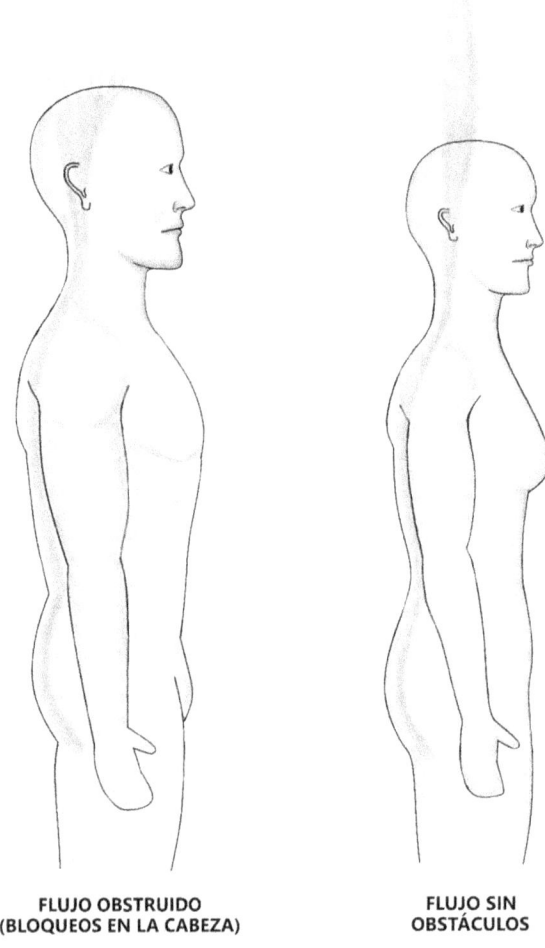

Figura 154: Flujo de Kundalini a través del Sushumna

Puedes aliviar los problemas psicológicos con el uso de prácticas Espirituales, como la Magia Ceremonial, que limpia y elimina los bloqueos en los Chakras y Nadis. La razón por la que la Magia Ceremonial es la práctica Espiritual más potente que he encontrado es que te permite invocar de forma más efectiva las energías de cada uno de los Cinco Elementos para afinar sus correspondientes Chakras. A su vez, se purifican los Nadis que conectan con los Chakras, incluyendo Ida, Pingala, y Sushumna, cuyo flujo se optimiza. Si algún bloqueo en la subida inicial de la Kundalini dificultó que la energía alcanzara y abriera completamente el Loto Sahasrara, también se eliminan estos bloqueos. Una vez fuera del sistema, la Kundalini volverá a subir de forma natural para terminar el trabajo unificando a Shiva y Shakti en el Chakra Coronario, Sahasrara.

INTROVERTIDO VS. EXTROVERTIDO

Si algunos de los Pétalos de Loto están cerrados, es una señal de que la energía se está estancando y moviéndose incorrectamente en la cabeza. Este problema puede causar presión en la cabeza e incluso dolores de cabeza. Demasiada Luz en la cabeza hace que la persona se invierta, centrándose en sus pensamientos internos, especialmente en la parte posterior de la cabeza, desde donde opera la mente subconsciente. Recuerda que tu estado mental depende de dónde enfoques tu atención en los muchos niveles o capas de conciencia.

Los introvertidos utilizan la lógica y la razón a través del Plano Mental Inferior cuando son cerebrales o del Plano Astral cuando experimentan emociones. Los introvertidos se ven afectados por la Luz de la Luna, que da muchas ilusiones. Esta Luz Lunar es la fuente de la dualidad ya que sólo es un reflejo de la Luz del Sol, que es una singularidad.

Los extrovertidos utilizan la Luz del Sol y están orientados a la acción, a diferencia de los introvertidos, que son más conocidos por sus pensamientos y sentimientos. Los extrovertidos no pasan mucho tiempo con la cabeza, sino que actúan desde el corazón, que es más instintivo. Se expresan a través de la comunicación verbal, dejando que sus acciones les guíen. La mayoría de los extrovertidos extraen su energía de su entorno y de la gente que les rodea. Por ello, les gustan las grandes multitudes y ser el centro de atención.

Por el contrario, a los introvertidos les gusta estar solos o con unos pocos amigos en los que confían. Sacan su energía de su interior, por lo que sus pensamientos y emociones son muy importantes para ellos. Son metódicos en su enfoque de la vida y no utilizan las palabras como anclas como los extrovertidos, sino que se expresan a través de su lenguaje corporal.

En la superficie, puede parecer que los extrovertidos son más seguros de sí mismos, pero no siempre es así. Dado que los introvertidos utilizan más su mente, son más cuidadosos en su proceso de toma de decisiones, llegando a conclusiones más lógicas que proporcionan resultados fructíferos. Los extrovertidos suelen pasar por alto la mente y toman decisiones con su instinto. Si su intuición les guía, sus elecciones pueden ser beneficiosas, mientras que cuando su instinto les guía, suelen sufrir. Cuando la fuerza de voluntad es dominante, los extrovertidos operan desde el Plano Mental Superior, mientras que cuando están canalizando su intuición, están influenciados por el Plano Espiritual. Los extrovertidos se guían generalmente por su Alma, mientras que los introvertidos son más propensos a dejarse llevar por su Egos.

El despertar de la Kundalini está destinado a hacerte más extrovertido, aunque invariablemente fluctuarás entre ambos estados a lo largo de tu viaje Espiritual. Por ejemplo, pasarás más tiempo siendo un introvertido en las etapas iniciales, cuando el Ego está más activo, mientras que, en las etapas posteriores, cuando te sintonices plenamente con tu Alma y tu Ser Superior, te convertirás en un extrovertido. Esto se debe a que el camino Espiritual siempre comienza en la mente, pero termina en el corazón.

Tu alternancia entre estados introvertidos y extrovertidos durante tu proceso de despertar de la Kundalini depende de los Elementos con los que estés trabajando de forma natural a través del fuego de la Kundalini o mediante técnicas de invocación ritual. El Elemento Agua se relaciona con tus emociones, que pueden ser voluntarias o involuntarias, como las emociones instintivas - como tal, trabajar con este Elemento te hará introvertido. El Elemento Fuego se relaciona con tu fuerza de voluntad, que mueve a tu cuerpo a actuar, lo que te convierte en una persona extrovertida. El Elemento Fuego expresa los Arquetipos y la verdad, ya que está templado por la Luz del Sol. Por el contrario, el Elemento Agua demuestra la dualidad de la mente, actuada por la Luz Lunar.

El Elemento Aire (pensamientos) vibra entre ellos, alimentando a ambos y dándoles su dinamismo. Los pensamientos pueden ser conscientes, moviendo la fuerza de voluntad, o subconscientes, actuando sobre los sentimientos. Por último, el Elemento Tierra, relacionado con la actividad física y el estar en el momento presente, hace que uno sea extrovertido. La densidad del Elemento Tierra impide pensar o sentir demasiado, por lo que sólo nos queda la acción. El Elemento Tierra está directamente relacionado con el Alma y con dejarse guiar por los impulsos internos, ya sea la intuición o los instintos.

LAS EMOCIONES FRENTE A LA RAZON

Una poderosa dicotomía que se presenta en el individuo totalmente despierto de Kundalini es la constante batalla entre las emociones y el intelecto, que se expresa a través de la lógica y la razón. Las emociones (sentimientos) son el resultado de nuestros condicionamientos pasados, así como de nuestros deseos internos. Algunos sentimientos son instintivos e involuntarios, mientras que sobre otros tenemos control.

La lógica es el estudio sistemático de los argumentos, mientras que la razón aplica la lógica para entender o juzgar algo. Estos dos componentes internos son dos caras de la misma moneda. Representan la parte de nosotros que puede percibir la verdad del asunto y emitir juicios sobre nuestra toma de decisiones. La razón puede predecir resultados;

actúa como un superordenador que lee la realidad que nos rodea. A continuación, nos proporciona cálculos fundamentados que nos permiten realizar la acción óptima posible, que dará los mejores resultados.

Las emociones son impulsos que nos llevan a actuar en el momento. Están influenciadas por el amor propio o por el amor incondicional a toda la humanidad. Cuando están controladas por el amor propio, las emociones no se preocupan por los resultados, sino por sentirse bien y conseguir lo que el Ego quiere cuando lo quiere. Las emociones están, pues, vinculadas a los deseos personales. Cuando están influenciadas por el amor incondicional, el Alma es exaltada, y el enfoque está en construir virtudes y el placer que uno obtiene de ser una buena persona.

Las emociones inferiores se expresan a través del Elemento Agua a lo largo del Plano Astral de la realidad. Sin embargo, las emociones superiores se elevan hasta el Plano Espiritual. La lógica y la razón están siempre influenciadas por el Elemento Fuego que actúa sobre el Elemento Aire, a lo largo del Plano Mental. No puede proyectarse más alto que el Plano Mental.

El Ego y el Alma pueden apoderarse tanto de las emociones como de la razón. Sin embargo, el Alma siempre opera a través de la energía del amor incondicional actuado por los Elementos Espíritu y Fuego. El Alma entiende que somos Eternos y que nuestra chispa continuará más allá de la muerte física, por lo que busca la unidad y el reconocimiento de la unidad con otros seres humanos. No actúa por amor propio; sólo el Ego lo hace, ya que el Ego vive en la mente, donde reconoce la dualidad del Yo y los otros Yoes. Guarda y protege el cuerpo, temiendo su eventual muerte. Esta energía del miedo es la que impulsa gran parte de las emociones en las que influye el Ego.

A veces nuestras emociones pueden decirnos algo tan firmemente, que va totalmente en contra de lo que nos dice nuestra razón, y viceversa. Este proceso continuará durante muchos años en los individuos despiertos de la Kundalini. Sin embargo, en los puntos más altos del despertar de la Kundalini, superarás las emociones personales y bajas, y tu razón y lógica se alinearán con el Alma y el Ser Superior, el Espíritu. Es imposible tener éxito en la vida si sólo sigues tus sentimientos, ya que pueden ser muy volátiles, y actuar en base a ellos a menudo produce resultados muy negativos. Las emociones que son una expresión de algún deseo interno no tienen una base lógica en su mayoría. Al actuar sobre ellas, a menudo nos metemos en problemas.

Pero, aunque nos gusta hacer lo que nos hace sentir bien, como es nuestro impulso natural, a través del proceso de despertar de la Kundalini, aprendes a frenar las emociones inferiores ya que tu Ego está en proceso de morir. Como resultado, puedes mirar hacia adelante y realizar acciones que se alinean con las emociones superiores que se proyectan a través de la lente del amor incondicional. A menudo encontrarás que estas emociones más elevadas también se alinean con la parte lógica de ti, y este equilibrio entre las dos dará los resultados más favorables en tu vida.

El equilibrio entre las emociones superiores y la razón es, de hecho, la base adecuada necesaria para vivir una vida feliz y exitosa. Con el tiempo, construirás tu carácter y un grado de fortaleza, que era insondable al principio de tu viaje de despertar de la Kundalini.

Aprenderás a vivir con un énfasis en la conducta y la acción apropiadas que provienen de un lugar de moral y ética. Este modo de vida es la expresión natural del Fuego de la Kundalini y del sentimiento de la Gloria de Dios, que impregna tu Chakra del Corazón, Anahata.

KUNDALINI Y LA TRANSFORMACIÓN DE LOS ALIMENTOS

Gopi Krishna se hizo famoso a finales de la década de 1960 como una de las principales autoridades sobre el fenómeno del despertar de la Kundalini en el mundo Occidental. Aunque *El Poder de la Serpiente*, de Arthur Avalon, publicado en 1919, fue el primer libro que introdujo el concepto de la kundalini en Occidente, Gopi escribió una serie de libros centrados totalmente en la Kundalini, que se tradujeron al Inglés para el mundo Occidental. Esto ocurrió más o menos al mismo tiempo que Yogi Bhajan introdujo su marca de Kundalini Yoga en los Estados Unidos. Entre el trabajo de estos dos hombres, el mundo entero se familiarizó con la palabra "Kundalini".

Gopi escribió muchos libros sobre la Kundalini durante los siguientes 20 años. Mientras que su trabajo era más filosófico, Yogi Bhajan enseñó los métodos prácticos a través del Yoga para activar esta energía elusiva y misteriosa dentro de sus estudiantes. Sin embargo, la ciencia de la Kundalini no ha avanzado mucho más allá del trabajo de estos dos hombres. La única figura notable que llegó y tuvo una contribución significativa en este campo es Swami Satyananda Saraswati, quien escribió muchos libros sobre Tantra y Yoga y dilucidó las prácticas para seguir sus caminos mientras que proporciona los medios y métodos de cómo despertar su Kundalini. El trabajo de Swami Satyananda ha influido significativamente en mi contribución al Tantra y al Yoga en este libro. Y sería negligente si no mencionara el extenso trabajo de David Frawley sobre el Yoga y el Ayurveda, que ha sido de enorme utilidad para el mundo Occidental y para mí personalmente.

Ya he hablado del despertar inicial de la Kundalini de Gopi y de su peligro después de tener un ascenso incompleto. Esta situación lo atormentó hasta que encontró una solución. Su desesperación fue el resultado de que el canal de Ida permaneciera inactivo mientras el Sushumna y Pingala se activaban cuando su Kundalini despertaba. Se manifestaba como una ansiedad debilitante que le hacía la vida imposible a Gopi, algunos días deseando estar muerto. Sin embargo, esta situación requiere un examen más profundo, ya que es un hecho común que puede ocurrirle a cualquiera. Por ejemplo, yo me he enfrentado al mismo problema, aunque en un contexto diferente, y he encontrado soluciones para resolverlo. Tener una idea más clara de la mecánica de lo que le ocurrió a Gopi te permitirá utilizar mis soluciones para arreglar este problema si también te ocurre a ti.

Tras el despertar de la Kundalini de Gopi, como la energía de Agua pasiva y refrescante del Ida no estaba presente, la energía de Fuego activa y caliente del Pingala trabajaba horas extras. Sin embargo, esta situación sólo empeoró las cosas para él. El canal de Ida activa el Sistema Nervioso Parasimpático, que calma el cuerpo y la mente. Por el contrario, el canal Pingala pone en marcha el Sistema Nervioso Simpático, poniendo el cuerpo y la mente en modo "lucha o huida". Imagina tener el sistema SNS encendido permanentemente y ser incapaz de apagarlo. En consecuencia, he estado en esta misma situación, así que sé cómo es y cómo solucionarlo. La única diferencia es que yo ya tenía las herramientas para superarlo en el momento en que me ocurrió, cosa que Gopi no tenía.

Si esto te sucede, y puede ocurrir incluso durante las últimas etapas de la transformación de la Kundalini, cada momento de tu vida se convierte en un estado de crisis. La peor parte, he encontrado, es traer la comida al cuerpo, lo que crea el fuego más agonizante que se siente como si te estuviera quemando vivo desde el interior. Yo perdí tres kilos en la primera semana al enfrentarme a esta situación, y Gopi también mencionó una rápida pérdida de peso. Verás, el canal Pingala, caliente e intenso, necesita ser equilibrado por la energía refrescante de Ida; de lo contrario, el sistema entra en desorden, afectando negativamente a la mente. Cada bocado de comida que ingieres se manifiesta como estrés y ansiedad debilitantes, que ejercen y agotan tus glándulas suprarrenales. Este estado mental puede hacer mella en tu vida, sintiendo que es una situación de vida o muerte en la que nadie a tu alrededor puede ayudarte. Imagina la desesperación por la que pasas y el estado de emergencia siendo el único que puede ayudarte. Yo he pasado por eso.

En el momento en que se ingiere la comida, ésta comienza a transformarse en energía Pránica, lo que potencia el canal del Pingala y lo pone en marcha, ya que la gran cantidad de Prana no se está distribuyendo uniformemente a través de los dos Nadis primarios. Gopi sabía por las enseñanzas Tántricas y Yóguicas que lo más probable es que no despertara a Ida, así que sabía en qué concentrarse para intentar ayudarse a sí mismo. Sabía que sólo Ida contenía el poder de enfriamiento que necesitaba para equilibrar su sistema energético. Y yo, bueno, mi ayuda fue Gopi, que pasó por lo mismo y escribió sobre ello en sus libros que yo había leído hasta ese momento.

Gopi se esforzó por activar Ida mediante la meditación. La meditación que utilizó fue la visualización de una flor de Loto en su Ojo de la Mente. Al mantener su imagen durante un tiempo, el canal de Ida se activó finalmente en la base de su columna vertebral y subió hacia su cerebro. Sintió su energía refrescante y calmante, que equilibró su sistema energético. Ahora su mente estaba bien regulada. Encontró consuelo en la ingesta de alimentos e incluso comenzó a comer en exceso, centrándose en las naranjas, probablemente para reponer sus desgastadas Glándulas Suprarrenales.

Los pensamientos visuales, que son imágenes en la mente, son el efecto del canal de Ida, no de Pingala. Así que no es una coincidencia que Gopi Krishna activara Ida forzándose a formar una imagen visual en su Ojo de la Mente y manteniendo esa imagen con una poderosa concentración.

Es esencial comprender que para que la activación y el ascenso de la Kundalini tengan éxito, los tres canales de Ida, Pingala, y Sushumna deben ascender al cerebro simultáneamente. Para crear un sistema psíquico bien equilibrado y completar el circuito de la Kundalini en el recién desarrollado Cuerpo de Luz, Ida y Pingala deben subir al centro de la cabeza en el Tálamo y abrir el Chakra Ajna. Luego, continúan moviéndose hacia el punto entre las cejas, el centro del Ojo de la Mente. Si has despertado los canales de Ida y Pingala, pero se han bloqueado, o uno o ambos tienen un cortocircuito en el futuro, puedes corregir el flujo de estos Nadis de nuevo concentrándote en el Tercer Ojo.

Si el Ida y Pingala descienden por debajo del Chakra del Séptimo Ojo o del punto Bindu en la parte posterior de la cabeza, el circuito de Kundalini dejará de funcionar. Para reiniciarlo, hay que meditar en el Ojo de la Mente y mantener una imagen utilizando la imaginación y la Fuerza de Voluntad. Esta práctica reestimulará el Ida y Pingala y reabrirá el Séptimo Ojo y el Chakra Bindu. Como tal, los Nadis realinearán y reconectarán todo el circuito de Kundalini en el Cuerpo de Luz. Otra meditación que puede funcionar si hay bloqueos en el Bindu es mantener la atención a un centímetro del punto Bindu hasta que la energía se realinee y fluya correctamente. Del mismo modo, al enfocar un centímetro de distancia del Chakra del Séptimo Ojo, también puedes alinear ese punto.

En el capítulo titulado "Solución de Problemas de la Kundalini", que se encuentra al final del libro, hablaré de estos ejercicios y meditaciones con más detalle. Estas meditaciones son fundamentales para estabilizar tu sistema de Kundalini. Yo mismo he descubierto todas estas meditaciones en los últimos diecisiete años, y como tal, las verás por primera vez en este libro. Si hubiera despertares masivos de Kundalini y el mundo entero necesitara orientación y rápidamente, mis meditaciones serían la respuesta a muchos problemas relacionados con la energía que la gente podría experimentar. Entonces, ¿cómo se me ocurrieron?

Cuando tuve problemas con el circuito de la Kundalini, me tumbaba en la cama durante horas, días, incluso semanas, buscando diferentes puntos energéticos "desencadenantes" en la zona de la cabeza para meditar en ellos que pudieran eliminar los bloqueos energéticos y realinear los Nadis. A veces incluso se necesita una reactivación del Chakra Ajna o Sahasrara, aunque es imposible que estos centros se cierren una vez que la energía Kundalini los ha despertado por completo. Durante este proceso de descubrimiento, me empeñé en encontrar soluciones a toda costa que me permitieran prevalecer. "Si hay voluntad, hay un camino", decía siempre, y "cualquier problema tiene solución", aunque se trate de un problema de naturaleza energética. Nunca acepté el fracaso en este sentido para que, a través de mi proceso de descubrimiento, encontrara soluciones que algún día pudiera compartir con el mundo como lo hago ahora.

Mis descubrimientos han sido probados muchas veces en mi vida cuando los problemas del sistema Kundalini me desafiaron. Y todos ellos funcionan. Comprende que la Kundalini es muy delicada pero también muy volátil. Muchas cosas que hacemos como humanos y que son fácilmente aceptadas como la norma en la sociedad pueden y van a cortocircuitar el sistema Kundalini. Por ejemplo, la forma en que nos tratamos como personas, los momentos traumáticos e incluso el uso de drogas y alcohol pueden ser muy perjudiciales para tu sistema Kundalini. Una vez que termines este libro, tendrás las claves para superar cualquier problema con el sistema Kundalini y no estar a su merced cuando funcione mal.

SUBLIMACION/TRANSFORMACION DE ALIMENTOS

El proceso de sublimación/transformación de los alimentos produce muchas experiencias diferentes a medida que pasa el tiempo. Por ejemplo, después de activar el Cuerpo de Luz en el despertar inicial de la Kundalini, sentirás una sensación de inercia y letargo durante algún tiempo posterior, ya que el cuerpo utiliza toda la energía Pránica que obtiene de los alimentos para construir el circuito de la Kundalini. Como resultado, puedes sentirte sin inspiración y sin motivación para realizar tus tareas diarias. También es posible que quieras aislarte de otras personas y estar solo. Ten en cuenta que estas manifestaciones algo incómodas no son permanentes. A medida que evoluciones, pasarán.

Después del despertar inicial, lo más probable es que te encuentres en una mentalidad negativa mental y emocionalmente, ya que estás nutriendo tu Cuerpo de Luz a través de la ingesta de alimentos. Tus niveles de dopamina y serotonina descenderán ya que el cuerpo está en sobrecarga para sintetizar los alimentos en energía de Luz Pránica. Se necesitan unos meses para que la energía se estabilice y para que vuelvas a sentir un cierto sentido de la vida. Durante este proceso de transformación, tu motivación y tu impulso, así como tu fuerza de voluntad, entrarán en modo de hibernación. Tendrás que darte un respiro y tomarte un tiempo libre de todo lo que planeas trabajar y lograr durante este período. Sin embargo, te garantizo que volverás a salir de esta experiencia con más fuerza y vigor que nunca.

Durante las partes iniciales del proceso de acumulación, el Fuego Kundalini se sublima en energía del Espíritu o de la Luz. Al principio, se encuentra en un estado potencial como calor latente. Sin embargo, a medida que se introduce el alimento en el sistema, éste alimenta el fuego y lo hace crecer. A medida que crece, se intensifica, con lo que se empieza a sentir como si te estuvieras quemando por dentro. Finalmente, en el punto álgido de la intensidad del calor, cuando el corazón se acelera y la ansiedad es máxima, el fuego comienza a sublimarse y se convierte en energía del Espíritu.

Lo más importante que hay que entender de este proceso es que el Fuego Kundalini estará en un estado continuo de transformación y transmutación. Cambia de forma mientras sigues comiendo y bebiendo agua para regular y refrescar sus efectos. A menudo me encontraba corriendo a la cocina a por un vaso con agua para refrescarme. Mis padres me miraban incrédulos, intentando averiguar si su hijo se había convertido en un drogadicto, porque mi comportamiento era alarmante. Otras veces, necesitaba un vaso con leche si el calor era demasiado intenso y mi cuerpo carecía de nutrientes. Así que te sugiero que estés preparado con ese vaso con agua o leche siempre que lo necesites y que tengas una buena excusa para tu extraño comportamiento si no vives solo.

Este proceso es muy intenso durante unas semanas o unos meses como máximo. Después, se estabiliza y se vuelve más suave. La parte inicial del despertar es realmente la más desafiante, ya que el fuego dentro de ti se siente como si te quemara vivo, y debido a su intensidad, tu estrés y ansiedad se disparan. Parte del miedo que experimentas es que el Ego está tratando de entender lo que está sucediendo, pero no puede, ya que normalmente funciona prediciendo cosas basadas en lo que ya ha visto, y nunca ha visto algo como esto antes.

Este Fuego Kundalini sublimado, que sólo puedo describir como un Espíritu Mercurial que se enfría, está destinado a alimentar el circuito Kundalini. Aunque la Kundalini comienza como un fuego furioso, recuerda que este estado es sólo una de sus formas temporales. Saber esto de antemano puede ahorrarte muchos disgustos, así que no olvides lo que he dicho. Con el tiempo, y con la ingesta de alimentos, el fuego de la Kundalini se transforma en una energía líquida, etérea y pacífica del Espíritu que te tranquiliza y lava la negatividad que el sistema encontró anteriormente.

Ser paciente mientras este proceso ocurre dentro de ti es la mitad de la batalla. Recuerda que nada permanece estático mientras la Kundalini te transforma; la metamorfosis es un proceso de cambio constante. Por lo tanto, debes aprender a dar la bienvenida a los cambios internos en lugar de luchar contra ellos. Por esta razón, muchos individuos despiertos abogan por entregarse a la energía Kundalini a toda costa. Ahora puedes ver por qué es más fácil decirlo que hacerlo. Sin embargo, verás que al final no tienes elección.

Aunque el fuego furioso puede ser muy incómodo en sus fases más álgidas, inevitablemente se convertirá en una energía Espiritual refrescante. El que elijas ser un participante activo o pasivo en el proceso depende totalmente de ti. No puedo decirte cuánto tiempo tardarás en transformarte, ya que el tiempo varía de una persona a otra, pero te aconsejo que comas alimentos nutritivos y estés tranquilo, paciente y relajado en la medida de lo posible.

Invocar pensamientos negativos y dudas sólo estimulará el miedo en el sistema, lo que causará un efecto adverso. Estar en calma mientras el fuego furioso de la Kundalini está actuando liberará serotonina y oxitocina, permitiendo que ocurra la sublimación en la fina energía Espiritual. La dopamina y la adrenalina dificultan este proceso; el cuerpo debe activar el Sistema Nervioso Parasimpático en lugar del Simpático.

Es útil colocar la lengua en la paleta de la boca mientras ocurre este proceso. Este acto conectará los Nadis Ida y Pingala y facilitará mantener la mente en calma y sublimar la energía. A medida que el fuego furioso se transforma en Espíritu, se abren nuevos focos de energía en la zona central del abdomen y en su lado derecho. Aquí es donde esta nueva energía del Espíritu parece comenzar su ascenso hacia arriba a lo largo de los canales Ida y Pingala en la parte delantera del cuerpo. Estas bolsas de energía, situadas delante de los riñones, crean la sensación de Unidad, Eternidad, y completa absorción en el Espíritu.

PENSAMIENTOS EN "TIEMPO REAL"

Después de un despertar completo y sostenido de la Kundalini, la energía de la Luz estará continuamente presente dentro del cerebro. Dado que la Luz sirve de puente entre la mente consciente y la subconsciente, tiene un efecto particular sobre tus pensamientos. Mientras estés en este estado inusual del Ser, tus pensamientos comenzarán a parecerte muy reales. Como si lo que piensas estuviera presente allí contigo en la vida real. Este fenómeno es en parte el resultado de que la Kundalini atraviesa el Anahata, el Chakra del Corazón, en su ascenso, despertando el aspecto del Observador Silencioso del Ser.

Esta parte del Ser, combinada con la tenue Luz dentro de tu cabeza, te dará la sensación de que todos los pensamientos de tu mente son reales y no sólo ideas. Mientras piensas, la parte del Ser que es el Observador Silencioso observa este proceso en el Chakra del Corazón como un espectador inocente. Pero, a la inversa, una vez que esta parte del Ser se despierta, también lo hace su opuesto: la Verdadera Voluntad. Es el generador de toda la realidad, el Yo Superior o Dios.

Experimentar tus pensamientos como reales es, de hecho, el catalizador detrás del miedo y la ansiedad que se presenta justo después de un despertar completo y permanente de la Kundalini. A medida que los pensamientos profundos y subconscientes se unen con los pensamientos conscientes, todo el interior parece más real que nunca. Puede ser una experiencia aterradora y confusa al principio, como lo fue para mí y para muchos otros que pasaron por lo mismo. Se hace difícil distinguir entre tus pensamientos conscientes y los miedos proyectados desde tu subconsciente.

Esta nueva "realidad" del pensamiento es la fuente de los eufóricos sentimientos de felicidad del pensamiento inspirado, incluyendo la intensa depresión resultante de los pensamientos o ideas negativas, basadas en el miedo. Tanto las fuerzas Angélicas como las Demoníacas pueden ahora impregnar tu mente, y el desafío se convierte en ser capaz de distinguir entre ambas. Los emisores de pensamientos adversos pueden ser tus esqueletos ocultos en el armario, pensamientos proyectados desde la mente de otras personas o incluso entidades externas que viven en los Planos Astral y Mental.

Después de despertar la Kundalini, tu siguiente paso en el proceso de evolución Espiritual es dominar estos dos Planos, especialmente el Plano Mental, ya que lo que pienses determinará la calidad de tu realidad. En la filosofía del Nuevo Pensamiento, esto se expone mediante la Ley de la Atracción, que afirma que atraes a tu vida experiencias positivas o negativas al centrarte en pensamientos positivos o negativos. *El Kybalion* apoya esta teoría, ya que la Ley de la Atracción se basa en el Principio Hermético central de la Creación que afirma que "El Todo es Mente, el Universo es Mental". Esto implica que tus pensamientos son directamente responsables de tu experiencia de vida, ya que la diferencia entre el Mundo de la Materia y tu propia realidad Mental es sólo una cuestión de grado. Por lo tanto, la Materia no es tan real y concreta como la percibimos, sino que es el Pensamiento de Dios, que trabaja con tus pensamientos para manifestar tu realidad.

De ahí que seamos Co-creadores con nuestro Creador a través de la mente, a través de los pensamientos.

El Principio Hermético de Correspondencia, "Como Es Arriba, Es Abajo", nos dice que los Planos superiores afectan a los inferiores, explicando por qué el Plano Mental afecta al Plano Físico. Este axioma también se considera la base de la práctica de la Magia. Aleister Crowley definió la Magia como "la ciencia y el arte de hacer que el cambio se produzca en conformidad con la Voluntad". Aunque nuestros pensamientos determinan la realidad, necesitamos entrar en contacto y sintonizar con la fuerza de voluntad que impulsa nuestros pensamientos. El proceso de manifestación en la realidad física tiene como fuente el impulso de la Verdadera Voluntad desde el Plano Espiritual, que se convierte en un pensamiento en el Plano Mental, desencadenando una respuesta emocional en el Plano Astral o Emocional, y manifestándose finalmente en el Plano Físico de la Materia.

Por esta razón, trabajar con los Elementos y purificar cada Chakra es de suma importancia en el viaje Espiritual. La mente subconsciente ya no es algo profundo y oculto en el interior del Ser; se convierte en algo que está ahí mismo, frente a ti, en cada momento del día en que estás despierto, cuya función puedes observar. La razón de esto es que el Chakra Ajna está ahora despierto y operando a una capacidad óptima después de recibir una afluencia de energía de Luz a través de la Kundalini despierta. El Ojo de la Mente es la "herramienta" que utilizamos para la introspección y para ver el funcionamiento de la mente subconsciente.

Recuerda que la energía Kármica (en el sentido de referirse a la energía negativa almacenada dentro de los Chakras) es el resultado de un punto de vista, una creencia o un recuerdo opuesto que, en el caso de los Chakras individuales, se relaciona con una parte particular del Yo. El viejo Yo, el Ego, es lo que necesitamos purificar y consagrar para que el nuevo Yo Superior pueda ocupar su lugar. El Yo utiliza diferentes poderes activados por las energías de los Chakras, ya que son la fuente de estos poderes. En el punto inicial del despertar, el Ser tendrá más referencia al Ego que nunca, pero a medida que purificamos nuestro concepto del Ser, nos desprendemos del Ego.

Se hace necesario limpiar la mente subconsciente porque, como se dijo anteriormente, primero debes dominar tus Demonios, los aspectos negativos de tu psique, antes de poder residir en los Chakras superiores y ser uno con el Elemento Espíritu. Al alinear tu conciencia con los tres Chakras superiores de Vishuddhi, Ajna, y Sahasrara, te estás alineando con la Verdadera Voluntad y el Ser Superior.

Debido a que no puedes apagar este proceso, ya que ha sido desencadenado por la Kundalini despierta, tener las herramientas para purificar los Chakras y dominar los Elementos será más relevante para ti que cualquier otra cosa en este momento de tu vida. De lo contrario, estarás a merced de las fuerzas psíquicas dentro de los Planos Cósmicos. Por lo tanto, debes convertirte en un guerrero Espiritual en este momento, ya que tu mente, cuerpo, y Alma están siendo remodelados diariamente por la energía Kundalini recién despertada.

EMPATÍA Y TELEPATÍA

Una vez que el circuito de la Kundalini está abierto, y la energía del Espíritu está circulando en el Cuerpo de Luz, tu conciencia gana la habilidad de dejar el cuerpo físico a voluntad. Al salir de tu cuerpo físico a través del Chakra Coronario, experimentas tu energía del Espíritu impregnando todo lo que percibes con tus ojos físicos en el mundo material. Esta experiencia se suma a la percepción de la realidad en tiempo real; sólo que ahora puedes sentir y encarnar la energía de cada objeto de tu entorno. A través de tu Chakra del Corazón, empiezas a sentir la esencia de cualquier cosa en la que pongas tu atención, ya que tu energía Espiritual se transpone a lo que miras o escuchas.

Al ver una película violenta, por ejemplo, puedes sentir y experimentar la energía de un acto violento transponiendo tu cuerpo al de la persona que estás viendo. Este proceso se produce de forma automática e instantánea, sin esfuerzo consciente. Lo único que hace falta para que se produzca este fenómeno es prestar toda la atención a la película. Es una experiencia bastante mágica al principio y uno de los mayores regalos de Kundalini. Comienza a desarrollarse cuando se ha sublimado suficiente energía del Espíritu a través del Fuego Kundalini y la ingesta de alimentos. Puede ocurrir al final del primer año del despertar, o incluso antes.

Esta transformación y manifestación te permiten sintonizar con los sentimientos de otras personas cuando centras tu atención en ellas. Este proceso es la forma en que creces en empatía. Literalmente entras en su cuerpo con tu Espíritu y puedes sentir lo que ellos sienten. Si no les prestas atención mirándolos, todo lo que debes hacer es escucharlos mientras hablan, y sintonizas con su energía a través del sonido. Esta manifestación ocurre a través de tu conexión con el sonido. Es una forma de telepatía: leer la mente de las personas y la calidad de sus pensamientos.

La empatía es leer los sentimientos de la gente y la energía emocional de sus corazones. Suficiente energía del Espíritu necesita verterse en tu recién desarrollado Cuerpo de Luz a través de la transformación/sublimación de los alimentos para crear ambas manifestaciones. Es como una ola que se crea, y tu atención es la tabla de surf. Con tu atención, ahora puedes surfear la ola enfocándote en cosas externas a ti.

Ayudaría que aprendieras a separarte de cualquier emoción o pensamiento que estés experimentando, entendiendo que no se proyecta desde dentro sino desde fuera. El Ego puede confundirse, pensando que es el Ego de quien se proyectan estas emociones o pensamientos, lo que puede causar miedo y ansiedad. Una vez que has ido más allá de tu Ego y puedes separarte de lo que estás experimentando, puedes hacerlo sin ninguna negatividad. Sin embargo, esto sólo puede ocurrir en las últimas etapas de la transformación de la Kundalini, una vez que el Ego se ha purgado y el miedo y la ansiedad han disminuido su carga energética o han abandonado el sistema por completo.

Cuando empieces a experimentar este fenómeno, puede que no te resulte claro diferenciar quién eres tú y quiénes son los demás. Es uno de los mayores retos en los primeros años del despertar, ya que por tu mente y tu corazón pasarán tantas emociones y pensamientos que te verás zarandeado hacia delante y hacia atrás como un barco en aguas tormentosas del océano. La clave es estabilizar tu interior y aprender a navegar por las aguas turbulentas. De este modo, estás aprendiendo a tener el control de tu vida, quizá por primera vez. El aforismo griego "Conócete a Ti Mismo" es esencial para ponerlo en práctica en esta etapa de tu vida. Tendrás que apoderarte de tus pensamientos y emociones comprendiendo tus proyecciones energéticas y las de los demás.

Una nota importante sobre la telepatía y la empatía: una vez que desarrolles una conexión más fuerte con tu Cuerpo Espiritual, estos dones psíquicos se volverán permanentes, lo que significa que ya no podrás apagarlos. No puedes decidir que es demasiado para soportar y que simplemente no quieres participar más en ello. A veces puede ser bastante abrumador, ya que al mismo tiempo estás lidiando con tu ansiedad y tu miedo, mientras también asumes los de los demás.

Te ayudaría tener introspección en este momento. Deberías tomarte un tiempo para ti mismo si no estás acostumbrado a hacerlo porque lo necesitarás. Si has sido una mariposa social toda tu vida, ya no puedes estar rodeado de otras personas todo el tiempo. Es hora de cambiar esos hábitos y dedicarte tiempo a ti mismo. El tiempo a solas es la única manera de hacer una introspección adecuada, porque algunos de estos pensamientos y sentimientos de otras personas se quedarán contigo durante días, incluso semanas. Tienes que aprender a dejarlos ir y no convertirlos en una parte de lo que eres.

Con el tiempo, una vez que puedas diferenciar entre los dos y hayas limpiado y purificado tu Ego, podrás pasar más tiempo con los demás y menos tiempo solo. Además, serás capaz de sintonizar con la energía del amor de otras personas, que ahora alimenta tu energía. No de una manera en la que seas un vampiro psíquico que roba la energía de otras personas, sino de una manera en la que aceptes el amor y lo devuelvas para que puedas mantener un intercambio de energía de amor desinteresado con las personas con las que interactúas. La energía del amor es el alimento del Alma para todos nosotros, y es por eso por lo que nos necesitamos unos a otros. Para aprender a canalizar el amor puro sin apego, primero tendrás que superar tu negatividad.

ÉTICA Y MORAL

Una vez que la Kundalini está activa, se produce un cambio significativo en la conciencia, y notas que se desarrolla tu concepto de la ética y la moral a través de un comportamiento y una conducta adecuados. En otras palabras, empiezas a actuar con principios morales en todas las situaciones de la vida, de forma natural. La unidad del Ser y el resto del mundo crece, haciendo que te sientas conectado a todas las cosas desde un punto de vista moral. Llega el respeto absoluto hacia la humanidad a medida que se produce este proceso de despertar de la Kundalini.

Con el tiempo, la Kundalini comienza a erradicar los recuerdos personales del pasado, exaltando así el Yo Superior sobre el Ego. Este proceso le permite vivir en el Ahora, el momento presente, de forma óptima. Puede ser un estado muy confuso al principio porque, como se ha explicado, el Ego funciona refiriéndose a los recuerdos sobre sí mismo. Sin embargo, como la memoria es fugaz, el Ego comienza a desprenderse a través del proceso de purga de la Kundalini, puesto que ya no puede asociarse con los acontecimientos del pasado. Así, el Espíritu y el Alma se exaltan. Naturalmente, empezarás a desarrollar un elevado punto de vista ético, ya que, en el momento presente, te das cuenta de que la forma correcta de comportarse es con respeto y honor hacia todos los seres vivos.

Esta mejora moral es un desarrollo natural para cualquier persona que experimente el despertar de la Kundalini. Es un don. Todas las personas con la Kundalini despierta son humanitarias y dan desinteresadamente de una manera u otra. En la mayoría de los casos están aparentemente en piloto automático una vez que se han entregado a la energía Kundalini. Para alcanzar este estado debe producirse una entrega completa, y esta entrega es inevitable para todos los que pasan por el proceso de transformación.

No importa cuánto se aferre el Ego, al final sabe que quedará en segundo plano frente al Alma y el Espíritu. Con el tiempo, su control disminuye. Una sólida base ética y moral es el derecho de nacimiento de todas las personas que han despertado a la Kundalini. Nuestro destino general como seres humanos es amar y respetar a los demás en lugar de aprovecharse. Una vez que te hayas desarrollado éticamente, reconocerás que todos somos hermanos y hermanas ya que estarás más cerca de la Mente del Creador que nunca.

La ética y la moral están conectadas con la energía de amor incondicional que se acumula en el Chakra del Corazón. Empiezas a sentir el mundo entero en tu corazón como una esencia Única (Figura 155), junto con el deseo de canalizar esta nueva energía de amor hacia los demás. Y a medida que proyectas energía de amor hacia otras personas, tu carácter comienza a construir virtudes cuyos cimientos son la ética y la moral.

Figura 155: El Chakra del Corazón y La Unidad

Empiezas a sentir una sensación de honor, ya que todos somos hermanos y hermanas nacidos del mismo Creador. Cuando estás en el momento presente, en el Ahora, puedes sintonizar con esa parte de ti mismo que es Eterna-el Santo Ángel de la Guarda. Tu Genio Superior comienza a enseñarte y guiarte en tu viaje Espiritual. Te enseñan cómo ser un mejor ser humano cada día de tu vida. El Santo Ángel de la Guarda te enseña sobre el Universo y te imparte conocimiento y sabiduría diariamente. Es todo sabio y todo bueno y tiene la más alta brújula moral porque es parte de Dios, el Creador.

Ser amable con los demás hace que sea fácil separar a las personas buenas de las malas o sin brújula moral. Sin embargo, me parece que, en su mayor parte, la gente es buena, y cuando la tratas con amor, ella te corresponde. Al honrarlas y respetarlas, canalizas hacia ellas un amor que se siente como un rayo de Luz que sale de tu pecho. Una vez que este rayo de energía de Luz entra en el Aura de otro ser humano, ellos lo absorben y te lo devuelven a través de su Chakra del Corazón. Este circuito de energía de amor perpetuo sólo se interrumpe cuando uno de ustedes comienza a pensar con su Ego, preguntando qué hay para él. Si la gente del mundo no tuviera Egos masivos, naturalmente estaríamos intercambiando amor de esta manera, erradicando el mal a escala global.

También he descubierto que aprender a actuar a través de una lente ética me ha hecho amarme y respetarme más. Cuando reconoces la bondad que llevas dentro y decides compartirla con los demás, invariablemente aprendes a quererte a ti mismo. Al fin y al cabo, los demás no son más que reflejos, espejos de nosotros mismos. Todos somos el Creador, y el Creador es Uno. Es crucial aprender a amarse a sí mismo porque al hacerlo se superan las inseguridades. Un método para aprender a amarse a sí mismo es sentirse cómodo en el Ahora, lo que supera las inseguridades.

En la mayoría de los casos, algún factor externo los desencadena, haciéndote ir hacia el interior de tu mente. Una vez que estás introvertido, y dentro de ti mismo, pierdes el contacto con el Ahora y el reino de la potencialidad pura donde todo es posible. Sin embargo, al permanecer en el Ahora, te vuelves extrovertido y, mientras permanezcas presente, no irás hacia tu interior, donde puedes acceder a tus inseguridades.

El despertar de la Kundalini está destinado a convertirte en un Ser de Luz, y como tal, esta actualización te permite vivir la vida al máximo, quizás por primera vez. Para sacar el máximo provecho de la vida, necesitas estar en un estado en el que puedas reconocer la oportunidad en todo lo que estás experimentando para aprovechar esa oportunidad de experimentar algo nuevo y crecer Espiritualmente. La moral y la ética van de la mano de estar en el Ahora. A la inversa, estar en el Ahora se relaciona con el concepto del que habló Jesucristo: la Gloria de Dios.

La Gloria de Dios se relaciona con la sintonización de tu conciencia con el reino de la Eternidad-el Reino de los Cielos. Puedes alcanzar este reino a través del Ahora, pero debes entregarte completamente a través de la fe para entrar en él. Sólo tu intuición puede contactar con el Reino Eterno ya que requiere que tu Ego se silencie para experimentarlo. La Gloria de Dios es un éxtasis emocional que viene de experimentar la Unidad con todas las cosas. Es el Reino del potencial puro y de la No-Dualidad. Puede parecer exagerado pensar que puedes resonar con este concepto, pero créeme, es alcanzable. Uno de los propósitos de la transformación de la Kundalini es llevarte al Reino de los Cielos eventualmente. Ten en cuenta que aunque la experiencia de la Gloria de Dios suele ser momentánea para la persona promedio, los individuos altamente evolucionados que han despertado la Kundalini pueden permanecer en ese estado indefinidamente.

Es esencial comprender que estos conceptos e ideas mencionados están conectados. Uno da lugar al otro, que a su vez despierta algo más. Estas son expresiones naturales de convertirse en un Ser de Luz a través del despertar de la Kundalini. Es realmente una actualización y una nueva forma de vivir en este Planeta. Puede que los demás nunca sepan lo que estás experimentando, pero verán los cambios que estás experimentando a través de tus acciones.

La clave es mantenerse inspirado durante este proceso de transformación. Debes evitar que la negatividad ocasional dentro de la mente te abata y te haga perder la esperanza. En su lugar, considéralo como algo temporal que superarás con el tiempo. Todo el proceso de transformación de la Kundalini se desarrolla con el paso de los años. Una experiencia lleva a la siguiente, ya que todo en ti está cambiando y evolucionando continuamente. Se necesitan muchos años antes de que puedas cosechar realmente los beneficios de ser transformado en un Ser de Luz, pero todo tendrá sentido cuando lo hagas.

PARTE VIII: KUNDALINI Y SUEÑOS LÚCIDOS

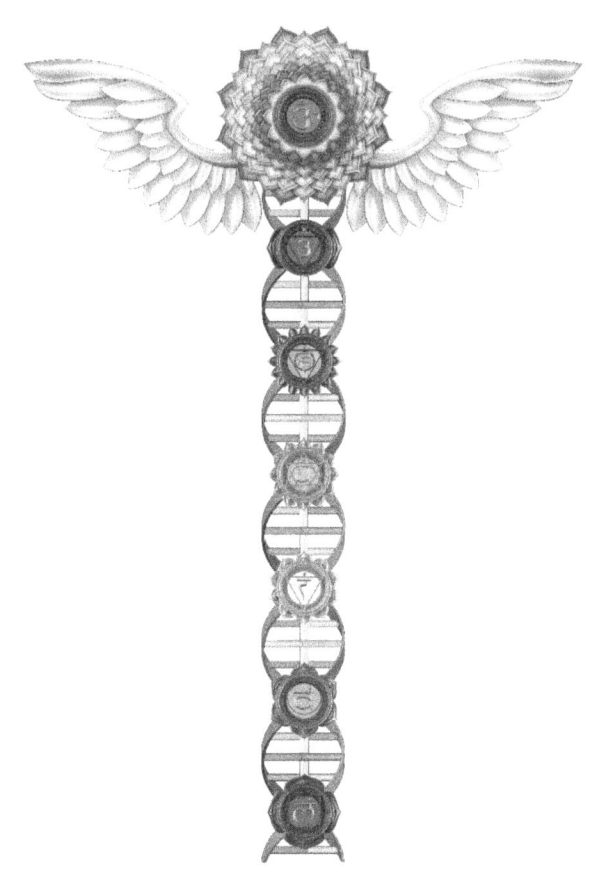

EL MUNDO DE LOS SUEÑOS LÚCIDOS

El Sueño Lúcido en los Mundos Internos es un tema de conversación fundamental en los círculos de Kundalini. El despertar de la Kundalini garantiza la experiencia del Sueño Lúcido, que tiene lugar en los Planos Internos y Cósmicos. El Sueño Lúcido es una forma de Experiencia Fuera del Cuerpo (EFC) que ocurre durante el sueño mientras su conciencia está en el Estado Alfa. El Estado Alfa es un estado de sueño en el que el cuerpo descansa, pero la conciencia sigue despierta. Es un estado entre la conciencia normal de la vigilia y el sueño.

Este estado se desencadena más comúnmente cuando te despiertas brevemente por la mañana temprano, alrededor de las seis o las siete, y luego te vuelves a dormir después de haber dormido por lo menos cinco horas para que tu cuerpo físico esté descansado. Pero cuando estás pasando por una intensa acumulación de Luz Astral, como justo después del despertar inicial de la Kundalini, si has activado completamente tu Cuerpo de Luz, te encontrarás soñando lúcidamente casi todas las noches. Esta experiencia ocurre porque hay un excedente de energía de Luz presente, que canaliza tu conciencia fuera del Chakra Sahasrara, a través del Bindu, para tener esta experiencia.

También se puede inducir el viaje Astral mientras se está despierto, pero es más difícil de lograr ya que hay que trascender el cuerpo físico de alguna manera. Por esta razón, suele ser mejor explorar los Sueños Lúcidos durante el sueño, cuando se está en un Estado Alfa y el cuerpo físico ya está descansado.

Una persona que ha despertado a la Kundalini experimentará una miríada de Sueños Lúcidos, casi cada noche, después de un despertar permanente. Este fenómeno puede durar muchos años. Durante un Sueño Lúcido, el circuito de la Kundalini está activo, y el cuerpo se alimenta de la energía de la Luz Astral/Espíritu a través de la sublimación/transformación de los alimentos. Los términos Luz Astral, Espíritu, Prana, y energía Kundalini son todos intercambiables. La diferencia es su estado, que depende del nivel de evolución Espiritual en el que te encuentres, aunque todas se originan en la misma sustancia. En esencia, la energía Kundalini es la energía de la Luz, que se transmuta en diferentes estados durante el proceso de transformación Kundalini.

Una vez que has acumulado una cantidad suficiente de energía de Luz y estás en un estado Alfa, tu conciencia sale del cuerpo físico a través del Chakra Corona, y entras en uno de los Planos Cósmicos. Como se ha mencionado hasta ahora, estos Planos existen en una dimensión aparte de la Tercera Dimensión del Espacio y el Tiempo. Ahora, supongamos que la experiencia es una experiencia Fuera del Cuerpo, y que saliste del Chakra Coronario. En ese caso, lo más probable es que estés entrando en uno de los Chakras Espirituales o Chakras Transpersonales por encima de la Corona y "navegando" por su Plano correspondiente. Como estos Planos están más allá del Espacio y del Tiempo, tu conciencia puede experimentar toda una vida de eventos en una hora. A veces te despertarás como si hubieras pasado físicamente por estas experiencias y te encontrarás mentalmente agotado.

Como se ha dicho, cada uno de nosotros tiene un cuerpo-doble hecho de Luz; una sustancia elástica llamada Cuerpo de Luz. El Sueño Lúcido es un tipo de "proyección Astral", un término acuñado por los Teósofos en el siglo XIX. Aunque los Sueños Lúcidos ocurren casi involuntariamente, la Proyección Astral es una experiencia inducida de forma totalmente consciente -una proyección del Alma a uno de los Planos Astrales/Interiores. En el caso de los Sueños Lúcidos, esta proyección ocurre espontáneamente cuando el Cuerpo de Luz sale del cuerpo físico durante el estado de sueño Alfa. Simplemente abandona el cuerpo físico, haciendo que te despiertes en otro lugar, en alguna tierra extraña y generalmente nunca antes vista.

En un Sueño Lúcido, no hay ruptura de conciencia. Tu subconsciente y tu consciente están trabajando al unísono, por lo que el contenido de tus sueños cambia para incluir cosas en las que sueles pensar conscientemente. Tu imaginación está perpetuamente activa en un Sueño Lúcido ya que eres el experimentador y la experiencia en uno. Muy a menudo, eres proyectado en algún lugar en el que nunca ha estado antes con un contenido en el que conscientemente nunca pensó. Lo más común, sin embargo, es que cuando se tiene un Sueño Lúcido, se vean elementos familiares para la conciencia, de modo que no sea un choque demasiado grande para el Ser mientras se experimenta esta experiencia.

Por esta razón, el Sueño Lúcido involucra tus habilidades imaginativas, aunque infinitamente expandidas. En un Sueño Lúcido, tu Ser Superior, tu Alma, es el conductor de la experiencia. Siempre elige a dónde ir y qué experimentar. Sin embargo, no puedes elegir conscientemente tu experiencia como en una proyección Astral. Dado que estamos conectados tanto con nuestro Ego como con nuestra Alma en nuestro estado de vigilia, la experiencia del Sueño Lúcido parecerá ajena a la conciencia en gran medida. El Ego está totalmente inactivo en un Sueño Lúcido, ya que pertenece al cuerpo físico, que está trascendido.

DESPERTAR EN UN SUEÑO

Lo más fantástico de los Sueños Lúcidos es que la conciencia experimenta una realidad fuera de lo físico una vez, aunque se siente auténtica. El primer paso de cada Sueño Lúcido es que su conciencia se da cuenta de que está soñando. Ocurre instantáneamente cuando la conciencia se da cuenta de que el escenario es "diferente" del Mundo Físico, pero su experiencia es muy parecida.

Un método popular para darse cuenta de que se está soñando es entrenarse para mirarse las manos en cuanto se encuentre en un sueño. En los sueños no hay formas fijas, y todo parece fluido y elástico, como si se moviera suavemente. Por lo tanto, los dedos de tus manos tendrían todas las formas y tamaños, así que cuando los miras, puedes ver que se mueven hacia arriba y hacia abajo muy ligeramente. Este reconocimiento señala al cerebro que estás en un sueño, despertando así tu conciencia por completo.

Suele haber una sensación de excitación cuando esto sucede, ya que una parte de ti se da cuenta de que ahora eres un creador consciente de tu realidad, y puedes experimentar lo que desees con la ayuda de tu imaginación. Como tu Ego ha sido trascendido, el Alma se hace cargo de la experiencia, y te encuentras en un estado en el que estás creando tu realidad y experimentándola simultáneamente. Tienes pleno acceso a tu fuerza de voluntad y puedes controlar el contenido de tu sueño. No puedes controlar el escenario, pero tu Alma puede elegir a dónde quiere ir y puede usar tu Cuerpo de Luz como vehículo para llegar allí.

Tu experiencia será similar a cómo experimentas la realidad física, el Mundo de la Materia. Sin embargo, la principal diferencia es que en el Mundo Físico estás limitado por el Tiempo y el Espacio. Por ejemplo, no puedes estar en París simplemente pensándolo, pero tienes la opción de subirte a un avión y volar hasta allí. La experiencia completa, sin embargo, tomará algún tiempo hasta que puedas llegar a París. En un Sueño Lúcido, puedes pensar en algún lugar en el que quieras estar, y estarás allí en un instante. No hay ninguna interrupción en la conciencia desde que piensas en el lugar donde quieres estar hasta que te proyectas allí en el momento en que tienes ese pensamiento: todo es una experiencia fluida.

El Alma tiene pleno conocimiento de todos los lugares a los que puede aventurarse en este vasto Universo nuestro, que son tan Infinitos como Dios-el Creador. Así, en un Sueño Lúcido, tu Alma se proyectará automáticamente a algún lugar para que experimentes su entorno. Sin embargo, a la mañana siguiente, cuando te despiertes de tu experiencia, tu Ego no será capaz de averiguar cómo y por qué fuiste allí o qué fue. Después de todo, el Ego está limitado a lo que ha visto, y sólo ha experimentado cosas de la Tierra. Todo lo que el Ego sabrá es que la experiencia fue increíble, y te sentirás agradecido por ello.

DESARROLLAR HABILIDADES EN TUS SUEÑOS

Una vez que te proyectes en un Sueño Lúcido, tendrás un control total sobre tu Cuerpo de Luz dondequiera que tenga lugar su puesta en escena. Ni el espacio ni el tiempo ni la gravedad pueden limitar este segundo vehículo de conciencia. Sin embargo, como no estás limitado por la gravedad, uno de los primeros dones que se desarrollan es el de volar por el aire como Superman (Figura 156). Esta habilidad es la más divertida y suele ser la primera que se manifiesta para todos. Volar en un Sueño Lúcido es la única manera de experimentar genuinamente el vuelo sin el uso de máquinas, lo cual es estimulante, por decir lo menos.

La conciencia pronto se ve capaz de realizar otras hazañas que serían imposibles de lograr en la realidad física. Por ejemplo, como el Cuerpo de Luz no tiene peso y no está limitado por la Materia y la gravedad, y como todo en el plano Astral es Holográfico sin ninguna forma fija, desarrollarás la capacidad de caminar o volar a través de los objetos. Otra habilidad que surge es la telequinesis Astral, es decir, la capacidad de levitar objetos en los Planos Astrales Interiores y moverlos con el poder de la mente.

Figura 156: Volar Como Superman en un Sueño Lúcido

Para realizar telequinesis y mover objetos en el Mundo Físico con la mente, primero hay que aprender a utilizar esta habilidad en el Mundo Astral, ya que los dos funcionan con los mismos principios. He visto videos documentados de personas que dicen tener poderes psíquicos en los que mueven objetos ligeros en el vacío, aunque mínimamente. Sin embargo, para desplazar cosas más pesadas que un pequeño trozo de papel, digamos, se necesitaría una inmensa cantidad de energía mental, lo cual es una hazaña aparentemente imposible y algo que nunca se ha documentado. Sin embargo, creo que se puede hacer, utilizando los mismos principios mentales y la mente sobre la Materia. Sin embargo, la persona que lo hiciera tendría que ser una persona tan evolucionada Espiritualmente que pareciera un Dios a los demás y no un simple psíquico. Jesucristo haciendo milagros en *La Santa Biblia* es un ejemplo de cuan evolucionado tendrías que estar para afectar el estado de la Materia con tu mente.

Otros dones que se desarrollan en el mundo de los Sueños Lúcidos es la capacidad de leer la mente de las personas, hacerse tan grande o pequeño como se quiera y, en general, cumplir cualquier deseo que se tenga en la vida diaria de vigilia, como acostarse con la persona que se elija. El mundo del Sueño Lúcido es un País de las Maravillas para el Alma y satisfactorio en todos los niveles de la existencia. Además, no conlleva las consecuencias Kármicas de cumplir los deseos de tu Alma, no importa cuáles sean.

Después de haber tenido estas experiencias de Sueños Lúcidos durante muchos años de mi vida, me quedan muchas dudas sobre el desarrollo de los Siddhis, las habilidades sobrenaturales mencionadas en las escrituras Hindúes. Sin embargo, los Siddhis no son exclusivos de los textos sagrados Hindúes, ya que los poderes psíquicos se muestran en todos los libros religiosos, independientemente de su cultura o tradición, lo que nos deja con el siguiente predicamento: tal vez los Profetas, Santos, Yoguis, y otras figuras Sagradas de estos libros estaban hablando del mundo de los Sueños Lúcidos cuando mencionaron la capacidad de la humanidad para obtener estos poderes extraordinarios.

Puede que nunca sepamos la respuesta a esto, pero según mi experiencia, hay más pruebas de que lo que propongo es exacto que el hecho de que estos poderes sean algo que podamos alcanzar físicamente. Por ejemplo, todas las afirmaciones de levitación han sido desmentidas, desde Oriente hasta Occidente, y lo que creemos que son demostraciones de poderes psíquicos siempre acaban siendo algún tipo de ilusión, mágica, o truco.

Por lo tanto, no puede ser una coincidencia que mientras continuaba Soñando Lúcidamente en mis primeros años después de un despertar de la Kundalini, estuviera desarrollando lentamente cada una de estas habilidades psíquicas de las que hablan las escrituras. Sin embargo, por mucho que intentara exhibir estos poderes en la realidad física, seguían siendo exclusivos de mis sueños, aunque mi Alma los experimentaba como reales.

LA ENERGIA KARMICA EN LOS ESTADOS DE SUEÑO

Mientras estás en el estado de Sueño Lúcido, también puedes intentar conscientemente encontrar soluciones a los problemas que puedas estar enfrentando en tu vida. Esta experiencia sólo ocurrirá cuando hayas accedido al Plano Espiritual. Su propósito es ayudarte a dominar este Plano accediendo a la energía Kármica particular de uno de los tres Chakras Espirituales correspondientes. Los Planos Divinos no tienen Karma y, como tal, son pura alegría. Ten en cuenta que es tu Alma, no tu Ego, la que está siendo entrenada aquí; por lo tanto, parecerá automático que te proyectes hacia cualquier Chakra que necesite trabajo.

Puede que no siempre tengas la capacidad de volar en tu sueño, pero aún así podrás controlar su contenido en gran medida y ser consciente de que estás soñando. Cada experiencia es fundamentalmente diferente en un Sueño Lúcido. Una vez que has comenzado a tener estas experiencias, tu conciencia se entrena para despertar en el sueño.

En su mayor parte, la pesada energía Kármica en los Planos Cósmicos inferiores mantiene la conciencia dormida e inconsciente de que está soñando. Por lo tanto, necesita tener unos momentos en los que no esté envuelta mental y emocionalmente para darse cuenta de que está experimentando un sueño que impulsa al Alma a hacerse cargo de su contenido.

Aunque gran parte de lo que experimentarás es tu imaginación en hipervelocidad, algunos de los lugares que visitarás en el mundo del Sueño Lúcido son reales y no un subproducto de tu imaginación potenciada. Suponga que tu conciencia no se despierta mientras estás en el sueño, que es el primer paso para que el sueño se convierta en un Sueño Lúcido. En ese caso, todo continuará en piloto automático, y seguirás teniendo una experiencia onírica normal.

BINAH Y EL PLANO ASTRAL

El mundo de los Sueños Lúcidos es muy diferente del Mundo Físico, pero similar en la forma en que la conciencia lo experimenta. Los Antiguos creían que cada ciudad o lugar de la Tierra tiene un doble Astral que puede ser visitado durante el sueño mientras se Sueña Lúcidamente. A dónde vayas depende de dónde quiera llevarte tu Alma y no es algo que puedas controlar conscientemente a través de la lente del Ego.

Esta realidad doble-Astral va de la mano con las enseñanzas Cabalísticas, que afirman que Malkuth, la Tierra, tiene un plano Holográfico, que está en otra dimensión de la realidad. Esta dimensión ocupa el mismo espacio y tiempo, aunque se encuentra en un estado vibratorio diferente. En la Cábala, esa realidad está representada por el Sephirah Binah. Binah se asocia con el Espíritu Santo del Cristianismo, el Elemento Espíritu, despertado a través de la Kundalini. Es el fundamento de todo lo que es.

Un despertar completo de Kundalini es un despertar del Cuerpo de Luz para que podamos leer intuitivamente la energía de Binah mientras vivimos una existencia física. Este concepto va de la mano con lo que hemos estado examinando hasta ahora y todos los diferentes componentes que conforman la totalidad de la experiencia del despertar de Kundalini.

Dado que el despertar de la Kundalini libera el Alma del cuerpo físico, transforma el Ser en todos los niveles a través de la afluencia de energía de Luz en el Aura. La energía de la Luz se filtra en cada uno de los 7 Chakras ya que cada Chakra es uno de los colores del arco iris, como parte del espectro de la Luz Blanca.

Como cada Chakra expresa un Plano Cósmico, el despertar de la Kundalini permite al individuo existir en todos los Planos de existencia simultáneamente. Su Árbol de la Vida se abre completamente, y cada uno de sus respectivos Sephiroth (estado de conciencia) es totalmente accesible. La conciencia individual se expande, resultando en la unificación con la Conciencia Cósmica de arriba.

Como Binah es uno de los Sephiroth Superiores del Árbol de la Vida, pertenece al Elemento Espíritu. Binah es también la Esfera de la fe y la facultad mental de la intuición. A medida que los individuos despiertos se convierten en Seres de Luz, se conectan con la energía de la Luz Solar del Sol, que es expresiva de la verdad de todas las cosas. La Luz Solar transmite los Arquetipos, unida a la Luz Lunar de la Luna que refleja los pensamientos. De esta manera, la intuición puede percibir más allá de los sentidos físicos a través del sexto sentido del Chakra Ajna.

El Alma abandona el cuerpo físico durante el sueño y entra en uno de los Planos Cósmicos externo al Ser, aunque reflejado en el Aura. En otras palabras, la idea de distancia no pertenece al viaje del Alma en los Planos Cósmicos, ya que puede ser proyectada donde quiera ir en un instante. El Aura es el Microcosmos del Macrocosmos, lo que significa que todo en el Universo exterior está también dentro del Aura. A través de este Principio o Ley, el Alma puede viajar astralmente durante los estados de sueño, especialmente los Sueños Lúcidos.

Después de un completo despertar y transformación de la Kundalini, una vez que el individuo se sintoniza con el funcionamiento de los Chakras superiores, la mente se desvía y las ilusiones se desvanecen. El individuo comienza a funcionar plenamente con la intuición, ya que el Chakra Lunar, Ajna, lee la energía Arquetípica del Chakra Solar, Sahasrara, permitiéndole a uno vivir en la verdad y la Luz.

A medida que ganamos una relación íntima con Binah, podemos entender la irrealidad del Mundo Físico a un nivel profundo, lo que nos permite trascender el Mundo de la Materia y ver la vida como algo que no debe tomarse demasiado en serio. Nos damos cuenta de que nuestras Almas son chispas de conciencia del Sol que seguirán viviendo más allá de esta vida. Esta comprensión trae mucha alegría, felicidad, e inspiración a nuestras vidas, permitiéndonos alcanzar todo nuestro potencial y manifestar nuestros sueños y metas en la vida.

PARÁLISIS DEL SUEÑO

El Sueño Lúcido puede ser una experiencia tan poderosa que la fuerza de tus sueños te envuelve de tal manera que sufres una "parálisis" del sueño, lo que significa que la conciencia está tan involucrada en la realidad del Sueño Lúcido que no quiere salir de ella. La parálisis del sueño puede durar más de una docena de horas seguidas. Sin embargo, puedes experimentar toda una vida de alegría y felicidad más allá del Tiempo y el Espacio en el mundo del Sueño Lúcido dentro de esa misma cantidad de tiempo.

La parálisis del sueño puede ser un problema si tienes cosas que hacer por la mañana al día siguiente. Tendrás que aprender a lidiar con esto porque si lo experimentas, no será sencillo salir de él hasta que te despiertes de forma natural. Yo tuve este problema, especialmente durante los primeros dos o tres años después del despertar. Algunas noches me quedaba dormido hasta 16 horas, completamente incapaz de levantarme hasta que la experiencia terminaba. La parálisis del sueño es más común en los primeros años del despertar de la Kundalini que en los últimos, ya que tu conciencia se está ajustando a los Mundos Internos que se abren dentro de ti para explorar.

Una vez que intentas despertarte de la parálisis del sueño mientras estás en un Sueño Lúcido, estarás poniendo una increíble tensión en tu cerebro ya que los ciclos de tu cerebro todavía estarán resonando con esta realidad Interna. Además, la actividad del cerebro se intensifica durante la parálisis del sueño, ya que el cerebro tiene la impresión de que lo que está experimentando es real.

Durante la parálisis del sueño, habrás superado tu cuerpo físico ya que un Sueño Lúcido es una Experiencia Fuera del Cuerpo. Durante este tiempo, tu cuerpo físico se sentirá adormecido para tu conciencia, y tu Ojo de la Mente estará experimentando una hiperactividad extrema. El Sueño Lúcido se experimenta completamente a través del Ojo de la Mente, mientras saltas a través de él y fuera de la Corona hacia los Planos Cósmicos superiores. A medida que tu conciencia se ajusta a la realidad del Sueño Lúcido con el tiempo, aprenderá a diferenciar entre la realidad interna y la realidad Externa. Como tal, serás capaz de entrar y salir de estos dos estados a la orden. Esta habilidad aprendible se desarrollará con la experiencia.

Nunca he oído que la parálisis del sueño sea perjudicial para uno o para la salud. Como se mencionó, el principal desafío es despertar de ella cuando se requiere que lo hagas. Si te encuentras Soñando Lúcidamente casi todas las noches, puedes encontrarte con este problema, así que prepárate cuando ocurra. Te ayudará tener excusas preparadas a mano si no puedes hacer tus planes matutinos. Decir simplemente "no puedo despertarme" no va a ser suficiente en el mundo moderno.

Además, ten en cuenta que mientras esté sometido a la parálisis del sueño, le parecerás poseído a otras personas que te vean mientras estás en este estado, así que ten cuidado con quién tiene acceso a tu habitación mientras estás durmiendo. Te recomiendo que le digas a quien viva con tigo sobre este asunto, para que te dejen en paz si te encuentran en este estado.

Recuerdo que muchas veces intenté despertarme de la parálisis del sueño, y en el momento en que me obligaba a abrir los ojos y sentarme, la realidad interior me agarraba y me empujaba de nuevo a la cama. No ayuda el hecho de que cuando estás Soñando Lúcidamente, tu cuerpo físico se siente tan pesado como si estuviera hecho de plomo. A veces puedes sentir que las realidades externas e internas están luchando por la supremacía sobre la conciencia. Sin embargo, a medida que tu conciencia se hace más consciente de estos diferentes Mundos Internos y los experimenta, será capaz de entrar y salir de otras realidades a la orden.

No es peligroso estar en parálisis del sueño. Aparte de sentirme cansado y con falta de espacio, nunca he experimentado ningún otro efecto secundario, ni tampoco he oído hablar de otros individuos que hayan despertado a la Kundalini. El cansancio se debe a que todas las funciones internas están involucradas en un Sueño Lúcido, lo que hace que el cuerpo físico se esfuerce más en lugar de descansar.

También añadiré que es posible que te lo estés pasando tan bien en esta realidad de Sueño Lúcido que no quieras salir de ella sin importar lo que tengas que hacer al día siguiente. Además, tenga en cuenta que su cuerpo puede calentarse más de lo normal durante este tiempo, lo que resulta en una sudoración profusa. La parálisis del sueño permite que la energía Kundalini te transforme desde el interior, por lo que la actividad de la Kundalini se intensifica en este estado.

COMO INDUCIR UN SUEÑO LUCIDO

Durante los dos primeros años del despertar, solía Soñar Lúcidamente casi todas las noches. Sin embargo, el segundo año después del despertar de Kundalini, me involucré con la Aurora Dorada, donde comencé el proceso de Alquimia Espiritual de los Cinco Elementos a través de la Magia Ceremonial, alterando mi forma de soñar. Mientras trabajaba en cada uno de los cuatro Chakras inferiores, de abajo hacia arriba, las energías Elementales a menudo me ponían en un estado sin sueños.

Este proceso puso en suspenso los Sueños Lúcidos durante este período, ya que permitía que las energías externas impregnaran mi Aura y se apoderaran de mi conciencia, lo que disminuía el poder de mi Kundalini. Como describí en la introducción, necesitaba hacer esto para poder aprender a funcionar mejor en mi vida de vigilia ya que mi Ser mental y emocional estaba en completo desorden. Después de sintonizar mis Chakras y evolucionar lo suficiente Espiritualmente, dejé de trabajar con Magia Ceremonial, que eliminaba estas energías extrañas de mi Aura. Como tal, mi Kundalini se volvió más potente que nunca, y la Luz Astral comenzó a construirse de nuevo a través de la ingesta de alimentos, permitiéndome comenzar a Soñar Lúcidamente de nuevo de una manera más equilibrada.

A lo largo de los años, he descubierto los métodos óptimos para conseguir salir de mi cuerpo durante el sueño y entrar en un Sueño Lúcido. Por ejemplo, he descubierto que, si estoy acostado de espaldas, con las palmas de las manos extendidas, esto inducirá la experiencia del Sueño Lúcido. Si estoy de lado, el cuerpo está descansando, y la conciencia no puede salir de él, ya que está demasiado arraigada en lo físico. Sin embargo, si quisiera inducir un Sueño Lúcido conscientemente, pondría el despertador a las seis o siete de la mañana, lo que daría a mi cuerpo físico suficiente tiempo para descansar (cinco horas como mínimo) si me acostara entre la medianoche y la una de la madrugada. Luego, antes de volver a dormir, a veces me decía que me despertara en el sueño, lo que me parecía que funcionaba. Otras veces no necesitaba engañar a mi mente de ninguna manera, pero la acumulación de Luz Astral era tan intensa que me llevaba a un Sueño Lúcido.

Es esencial permitirse salir del cuerpo físico y entrar en un Sueño Lúcido sin luchar conscientemente contra esta experiencia. Si induces el miedo o la ansiedad mientras intentas conseguirlo, lo más probable es que fracases. Además, ten en cuenta que el cuerpo físico necesita estar completamente descansado para lograr esto. Si el cuerpo físico está todavía cansado, la conciencia no puede salir de él. Y si el cuerpo está descansado pero el cerebro no, puede que no entres en un Sueño Lúcido, sino que incluso puedes entrar en un sueño profundo. El cerebro necesita estar descansado para que pueda resonar con las ondas cerebrales Alfa necesarias para inducir esta experiencia.

Durante unos años, después del despertar inicial de la Kundalini, mi cuerpo estaba tan cargado de energía de la Luz que entraba en un Sueño Lúcido justo cuando me iba a la cama. Mientras me acostaba sobre mi espalda con las palmas de las manos extendidas, sentía que salía de mi cuerpo mientras seguía consciente. Mientras mis ojos estaban cerrados, giraban hacia arriba de forma natural, tratando de mirar la parte posterior de mi cabeza. Al hacerlo, mi conciencia se sintonizaba con el Ojo de mi Mente, permitiéndome saltar a través de su portal en forma de rosquilla. La conciencia tiene que pasar por el portal del Ojo de la Mente para salir del Sahasrara, el Chakra de la Corona, completamente. El Chakra Bindu también desempeña un papel en esta experiencia, y necesita estar desobstruido y desbloqueado para lograrlo.

EXPERIENCIAS EXTRATERRESTRES EN SUEÑOS LUCIDOS

Cuando experimentaba Chakras por encima de la Corona, visitaba tierras vastas y majestuosas, nunca vistas, y experimentaba un rapto emocional que es materia de leyendas. Mi conciencia ilimitada me elevó a través del Tiempo y el Espacio hasta los confines más lejanos de nuestra Galaxia, donde pude expandir mi Ser hasta el tamaño de un Sistema Solar y más allá y presenciar eventos Cósmicos parecidos a supernovas. Otras veces fui transportado a diferentes Planetas dentro y fuera de nuestro Sistema Solar para comunicarme con los Seres que allí viven (Figura 157) y experimentar sus entornos. Nunca olvidaré la sensación trascendental que me produjeron estas experiencias fuera del mundo. Es como si mi Alma tocara el infinito y pudiera ir a donde quisiera. Y lo mejor de todo es que estaba plenamente consciente mientras sucedía.

La belleza y el misticismo de las tierras extranjeras que visité no tienen precedentes, afirmando que salí de nuestro Planeta a través de la conciencia. El solo hecho de poder alcanzar y experimentar la energía de estos otros mundos ha sido un verdadero regalo del despertar de la Kundalini. Confirmó algo que siempre había sabido, incluso sin pruebas definitivas: no estamos solos en el Universo.

Lo que me pareció más interesante de estas visitas Planetarias es que todas ellas tenían atmósferas que podían albergar vida, con plantas, animales, y humanoides que vivían allí. Digo humanoides porque la mayoría de los Seres inteligentes no humanos con los que he contactado en los últimos diecisiete años se parecían a nosotros en su mayor parte. A menudo eran más altos o tenían los ojos más grandes o la piel más clara. Algunos tenían orejas puntiagudas o cabezas con formas diferentes, mientras que otros tenían extremidades más largas y otras variaciones de nuestras partes del cuerpo. Incluso me encontré con Seres de Luz puros en nuestro Planeta que se presentaban ante mí como Dioses. En mis muchas experiencias, algunos Seres me hablaban en diferentes idiomas, que de alguna manera podía comprender, mientras que otros se comunicaban directamente conmigo telepáticamente.

En una de mis experiencias más recientes de sueños lúcidos fuera del mundo, visité un Planeta en el que las plantas, los animales, y los humanoides vivían en completa armonía unos con otros, compartiendo los recursos de su planeta. La vida vegetal estaba incorporada como parte de la infraestructura de este mundo, y los animales vagaban por las calles interactuando con los humanoides. La experiencia comenzó con mi conciencia proyectándose en su atmósfera, volando, y observando el terreno desde arriba. Aunque puedo desplazarme por el Cosmos sólo con la intención, mi conciencia necesita un vehículo para desplazarse durante los Sueños Lúcidos, que es el Cuerpo de Luz activado por la Kundalini.

Una vez que descendí, no podía caminar cincuenta pasos sin encontrarme con una masa de agua, que se integraba con la vegetación y los edificios como parte de un todo. Toda la escena parecía un parque temático futurista con animales paseando por todas partes. La mayoría de los animales eran cuadrúpedos, de tamaño comparable al de los humanoides.

Cuando no prestaba atención a los animales, éstos solían ignorarme. Al mismo tiempo, si me asustaba al ver el aspecto inusual de un animal, mi miedo a él hacía que se pusiera a la defensiva y a veces incluso intentaba atacarme. El animal coincidía con mi energía en su mayor parte, lo que explica por qué muchos de los animales de nuestro Planeta están enemistados con los humanos, ya que generalmente no los tratamos con amor y respeto.

He comprobado que cada experiencia fuera del mundo es diferente. A veces las plantas y los animales eran mucho más grandes que los de la Tierra, mientras que otras veces eran más pequeños. Las formas, las texturas y los colores de las plantas eran siempre sorprendentes e inusualmente diferentes. Los animales también tenían rasgos y características extrañas.

Las películas de Hollywood hacen un excelente trabajo al describir cómo serían otros mundos si pudiéramos llegar a ellos físicamente. Sin embargo, la mayoría de la gente no es consciente de que no necesitamos cohetes para ir al espacio exterior y experimentar la vida Extraterrestre; podemos lograrlo a través de la conciencia. A través del Cuerpo de Luz y del mundo de los Sueños Lúcidos, podemos recorrer vastas distancias del espacio en una fracción de segundo y regresar con experiencias que cambian la vida y alteran nuestra visión de nosotros mismos y de nuestro lugar en el Universo.

Figura 157: Encuentros Cercanos del Quinto Tipo

¿Cuánta vida inteligente hay exactamente en el Universo? Sólo hay que seguir la lógica. Si la Tierra es el único planeta que puede albergar vida en nuestro Sistema Solar, y sólo en la Vía Láctea hay miles de millones de otros Sistemas Solares, imaginemos el potencial.

Y no hay que olvidar que la Vía Láctea es sólo una de las miles de millones de Galaxias del Universo. El número es astronómico, ilimitado, e incluso infinito. Y puesto que todos compartimos nuestra existencia en este hermoso y vasto Cosmos, nuestros caminos pueden cruzarse con frecuencia mientras vagamos por estas otras dimensiones. Cuando nos tocamos y nos transmitimos energía unos a otros, ya sea intencionadamente o no, siempre es una experiencia muy dichosa y hermosa.

Como nota final, quiero mencionar que nunca sentí ninguna hostilidad por parte de otros Seres de fuera del mundo, ya que constantemente se comunicaban conmigo con puro amor. Y yo siempre les correspondía y compartía con ellos como lo haría con un miembro de la familia. A veces estas comunicaciones se producían en estados de sueño profundos como parte de una corriente continua de conciencia. Sin embargo, cuando me daba cuenta conscientemente de la experiencia y mi Ego se encendía, el contacto solía terminar abruptamente. Por lo tanto, traté de mantener mi Ego en neutral sin excitarme demasiado cuando estos contactos estaban ocurriendo para prolongar la experiencia lo más posible.

Estas experiencias no sólo tocaron mi Alma y dejaron un impacto duradero en mí para el resto de mi vida, sino que a menudo salía con un conocimiento y una comprensión increíbles sobre la naturaleza del Cosmos, la humanidad y el propósito de la vida en general. Además, me hizo darme cuenta de que todos los seres vivos del Universo, no importa de qué Planeta o Galaxia sean, tienen un objetivo principal en la vida que persiguen a toda costa: La Evolución Espiritual.

PARTE IX: KUNDALINI-AMOR, SEXUALIDAD Y FUERZA DE VOLUNTAD

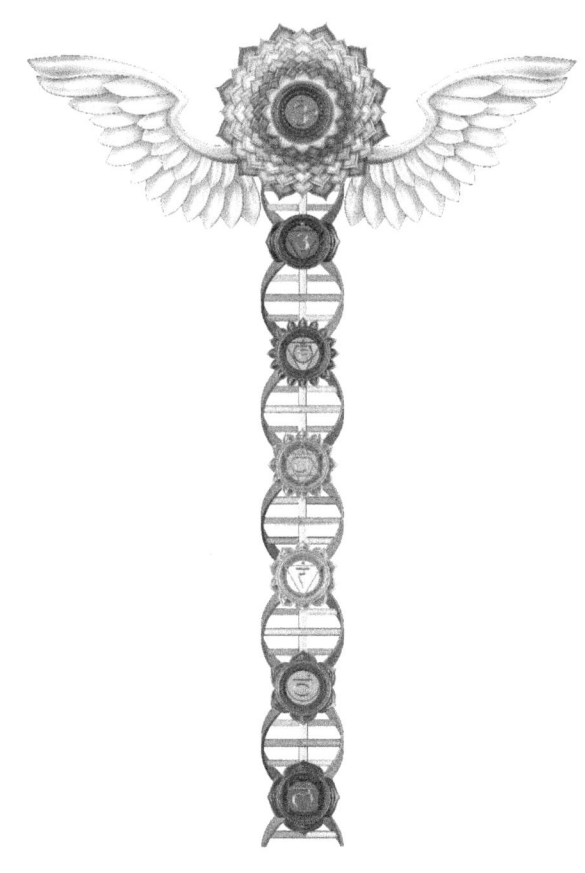

AMOR Y RELACIONES

El despertar de la Kundalini es el primer paso de una transformación completa de tu mente, cuerpo, y Alma. Como esta experiencia supondrá un cambio tan radical con respecto a lo que solías ser, uno de tus principales retos será integrarte en la sociedad y tratar de mezclarte con los demás. Aunque ahora serás una persona diferente, para las personas que te conocen de toda la vida, seguirás siendo el mismo, independientemente de lo que compartas con ellos.

Curiosamente, una vez que alguien ha llegado a conocerte, especialmente un miembro de la familia o un amigo cercano es casi imposible que cambie de opinión sobre ti. La única forma de que empiecen a verte de forma diferente es cuando vean un cambio en tu comportamiento durante un periodo de tiempo más largo. Una de las formas distintivas en las que tu comportamiento se verá alterado es en tus expresiones de amor hacia otras personas. Por lo tanto, este tema requiere un examen en profundidad.

En primer lugar, el amor tiene muchas expresiones y es la base de muchas cosas. Es la fuente de la inspiración, la creatividad, la fe, la alegría, el romance, y otras cosas positivas de la vida. También es la fuente de unidad entre las personas y la energía que nos une. Nos hace reír y llorar juntos. También nos inspira a abrazarnos y a procrear. Los vínculos que hemos creado a lo largo del tiempo con los demás los hemos heredado o los hemos construido. Las relaciones heredadas son con los miembros de la familia, mientras que las amistades son algo que nos ganamos durante nuestra vida. También creamos vínculos con parejas románticas y puede que hayamos elegido una pareja con la que construir una familia y pasar el resto de nuestra vida.

Comprender la fuente y el combustible de la energía Kundalini nos permitirá entender mejor el amor. En esencia, la energía Kundalini es en parte energía Pránica sublimada y en parte energía sexual sublimada. Esta energía Vital nos da vitalidad y afecta a nuestro ser interior en todos los niveles. Los despertares de la Kundalini resultan en expansiones del Corazón, o el aumento de la energía del Amor, en el núcleo de tu ser. Una expansión del Corazón es la expansión natural de tu Chakra del Corazón a medida que integras la energía del amor en tu mente, cuerpo, y Alma. Tu Chakra del Corazón se expande, lo que se sentirá como una completa liberación en los Planos Astral (Emocional) y Mental.

A medida que la energía del amor se acumula en tu Chakra del Corazón, Anahata, ya no te sentirás a merced de los pensamientos negativos, ya que perderán la capacidad de impactarte como solían hacerlo. Esta liberación también se sentirá en tus emociones a medida que la energía del amor impregne tu corazón, purificando y lavando tus emociones negativas. Recuerda siempre que la energía del amor limpia y despeja todos los pensamientos y emociones. Es el reconciliador y purificador universal de toda energía negativa, sin importar en qué Plano Cósmico se esté manifestando.

Una vez que tu Chakra del Corazón está lleno de energía de amor, esta energía se filtrará en tu corazón físico. Ahora llevarás la energía del amor contigo en todos los niveles del Ser. Con tanto amor presente, tu corazón será más poderoso que nunca, lo que te dará un latido del corazón notablemente más fuerte y a menudo un ritmo cardíaco elevado. La energía del amor es sinónimo de energía de la Luz, ya que la Luz es la esencia del amor. Y la energía Kundalini es Luz Astral, o energía sexual sublimada, que es el amor. Recuerda siempre que no puedes tener la Kundalini sin amor y sin Luz, y viceversa. En esencia, los tres términos significan lo mismo.

LAS CUATRO FORMAS DE AMOR

Según los Antiguos Griegos, hay cuatro formas diferentes de amor: Eros, Philia, Storge, y Agape. Eros es el amor erótico, apasionado, y romántico que implica una atracción sexual. El amor romántico se expresa generalmente entre personas de géneros Anímicos opuestos, ya que todo ser humano es una expresión de Shiva o Shakti (Figura 158). Así, el amor romántico trasciende la expresión del género en el Plano Físico. La expresión sexual involucra al cuerpo físico porque está asociada con la sensación y el placer de los actos físicos como los besos y las relaciones sexuales.

La segunda forma de amor, Philia, es el amor a los amigos e iguales. La Philia es el amor de los amigos a corto y largo plazo, algunos de los cuales se remontan a nuestra infancia. Los amigos se eligen libremente y suelen compartir valores, intereses y actividades comunes. Los amigos reflejan quiénes somos; nos vemos a nosotros mismos en nuestros amigos y a quiénes elegimos para dedicar nuestro tiempo. La filia es el amor que se expresa a través de la mente. Dado que implica abrirse a los amigos e intercambiar nuestras creencias e imperfecciones, la Philia puede ser muy beneficiosa para nuestro crecimiento en muchas áreas de la vida.

La tercera forma de amor, Storge, es el amor de los padres por los hijos y viceversa. Sin embargo, el Storge va más allá de la familia inmediata para incluir a todos los miembros del árbol genealógico que comparten el mismo ADN. Storge es esencialmente los vínculos que heredamos en esta vida a través del azar. La diferencia entre Philia y Storge es que estamos obligados a expresar amor a la familia y mostrar gratitud, mientras que a los amigos podemos elegir. El catalizador de Storge son nuestros recuerdos, ya que los miembros de la familia forman parte de nosotros desde que nacemos.

Y finalmente, la cuarta forma de amor, Ágape, es el amor incondicional y la empatía por toda la humanidad. Este amor por otras personas, independientemente de las circunstancias, se llama amor desinteresado. Ágape es el mayor de los cuatro tipos de amor; es el amor Universal que compartimos libremente con todos los seres humanos. La fuente de Ágape es nuestro amor a Dios y el reconocimiento de que todos somos hermanos del mismo Creador.

Ágape se expresa a través del Espíritu. Como se ha mencionado, el propósito de un despertar completo de la Kundalini es someterse a una transformación Espiritual completa para convertirse en una encarnación permanente de Ágape. Como ya he hablado en gran medida de Ágape, quiero centrarme en cómo la transformación de Kundalini afecta a nuestras otras expresiones de amor, es decir, el amor romántico, el amor a los amigos y el amor familiar.

AMOR ROMANTICO

Después de despertar la Kundalini, la energía del amor se manifestará naturalmente en tu vida y se filtrará en tus relaciones con otros seres humanos. En términos de amor romántico, encontrarás que todas las barreras caen en tu capacidad de atraer amantes. Además, encontrarás que a medida que avances en tu transformación de Kundalini y te pongas más y más en sintonía con la energía del amor, tu carisma aumentará.

Te volverás casi irresistible para el sexo opuesto. Esto sucede porque, al sintonizar con nuestro centro, nos damos cuenta de que no es lo que hacemos sino cómo lo hacemos lo que nos hace atractivos para el mundo exterior. Nuestra energía de base atrae a los demás, no las palabras que decimos. A través de este proceso, te vuelves genuino y operas con un propósito magnético que la gente a tu alrededor puede detectar energéticamente.

La personalidad es algo que el Ego utiliza para relacionarse con el mundo exterior. En el caso del amor romántico, se interpone en el camino de la comunicación desde el corazón. El sexo opuesto puede sentir si te comunicas con tu Ego o con tu Alma. Si tratas de utilizar el Ego para atraer a una pareja, el Ego de la otra persona reacciona, lo que la pone inmediatamente a la defensiva, y no se crea ni se canaliza energía amorosa.

Para que se establezca una conexión genuina, tiene que haber un circuito de energía amorosa bidireccional formado entre ambas personas. Este circuito comienza con la comunicación desde el Chakra del Corazón, Anahata, que luego es correspondida naturalmente. La comprensión de este concepto arrojará luz sobre por qué encontrar lo que hay que decir para atraer a una mujer no funciona para la mayoría de los hombres. Este efecto se produce porque no se trata de lo que se dice; se trata de la energía que subyace a las cosas dichas. Las mujeres son más emocionales que los hombres y, por lo tanto, los hombres tienen éxito en atraer a las mujeres sólo cuando han llegado a su nivel emocional para que sus intenciones sean entendidas. Si las intenciones son impuras, la hembra lo detectará y se pondrá a la defensiva.

La mayoría de las intenciones del Ego conllevan consecuencias Kármicas negativas, ya que el Ego siempre está reflexionando, "¿Qué hay para mí?". Por lo tanto, hay un factor de control o manipulación con el Ego para conseguir lo que quiere, como tener relaciones sexuales con alguien sólo porque se ve bien. Por otro lado, las intenciones proyectadas desde el Alma son generalmente puras. Por ejemplo, el Alma se sentirá atraída por alguien en un sentido romántico y querrá conocerlo, y entonces las relaciones sexuales ocurrirán naturalmente sin ser lo primero en la mente de la persona. Por esta razón, oirás decir tanto a los hombres como a las mujeres que tienen una "conexión", lo que implica que sus Almas están en comunicación y no los Egos.

Dos Almas del género opuesto que comparten la energía del amor pueden crear una "chispa" energética, activando el amor romántico entre ellos. Sin embargo, para que esta chispa se produzca, también tienen que darse otros factores, como la química y la compatibilidad. Esta reacción energética da lugar a una reacción química en el cuerpo, activando los neurotransmisores del bienestar (dopamina y norepinefrina) que generan sentimientos de amor romántico.

Figura 158: Shiva y Shakti en un Abrazo Amoroso

Como seres humanos, nuestro principal deseo es amar y ser amados. Las personas que no tienen riquezas y que no han logrado ninguna de las metas que la sociedad les impone y que, en cambio, han pasado su vida amando desde el corazón, atraerán el amor y estarán en condiciones de encontrar la verdadera felicidad. Luego hay personas que han obtenido altos niveles de riqueza y éxito, pero son terribles para atraer a los amantes porque vienen desde el lugar del Ego en lugar del amor. Esta energía trabaja en contra de ellos para atraer a una pareja. Se preguntan por qué no pueden conseguirlo, mientras que la persona pobre y menos acomodada tiene 10 veces más éxito en este ámbito. El secreto está en canalizar la energía del amor, nada más.

En lo que respecta al romance, si estás en sintonía con el amor de tu corazón, desprenderás una energía que atraerá a los demás hacia ti. Esta fórmula funciona tanto para los hombres como para las mujeres. Este sentimiento, cuando es genuino, genera un magnetismo puro de forma mágica. Tu carisma se multiplica por diez, así como tu capacidad para conectar con cualquier ser humano, ya sea un niño o una persona mayor. Cuando hablas, llegas directamente al Alma de otro ser humano, y la barrera de la personalidad se rompe por completo. Recuerda que el Ego utiliza la personalidad como punto de referencia, mientras que el Alma utiliza el carácter. Por lo tanto, debes pasar por alto el Ego cuando atraigas a una pareja.

Al hablar desde el Alma, se crea inmediatamente una compenetración y una conexión con todos los seres humanos, y con las parejas potenciales se forma una atracción sin importar el aspecto físico. La atracción sexual no tiene que ver con la apariencia, sino con la conexión energética entre dos personas. Esta conexión es lo que la gente entiende por "buenas vibraciones", que todos buscamos cuando conocemos a gente nueva.

AMOR DE AMIGOS

En el caso de las amistades con otras personas, te encontrarás fácilmente conectado con los demás una vez que construyas la energía del amor en tu Chakra del Corazón. Te convertirás en confidente y mejor amigo de muchas personas en tu vida. Al atravesar la lente de la personalidad, puedes comunicarte con las Almas de otras personas directamente, y ellas sienten esto en su núcleo. Al sentir tu energía de amor, una persona sentirá que puede confiar en ti, lo que creará un vínculo más fuerte entre vosotros. Debido a este sentimiento, los amigos naturalmente querrán responder con una cantidad igual de energía de amor o más.

Desarrollamos un apego entre nosotros a través de las amistades, lo que nos proporciona sentimientos de calma, seguridad, confort social y unión emocional. El apego está asociado en el cerebro con los neuropéptidos oxitocina y vasopresina; mientras que los hombres experimentan un mayor aumento de los niveles de vasopresina, las mujeres experimentan un aumento de la oxitocina. Estas sustancias químicas también intervienen en las expresiones de amor familiar y amor romántico entre parejas de larga duración.

El despertar de la Kundalini hace que dejes de tomarte la vida tan en serio, ya que te das cuenta de que tu esencia pertenece a la Eternidad y tu Alma seguirá viviendo más allá de la muerte física. Además, al reconocer la irrealidad del mundo material, más energía de amor llenará tu corazón, lo que aumentará tu capacidad de humor. Las personas Espirituales son muy desenfadadas, y su aptitud para las bromas y la comedia es mucho mayor que la de la persona media.

El humor añade diversión a una conversación y es una salida fantástica para decir lo que se piensa sin ser juzgado y escudriñado por los demás. Crea y mantiene los vínculos entre las personas, ya que genera emociones positivas irresistibles. El humor quita la seriedad de la vida porque todo es inpermanente en su esencia, excepto la sustancia Espiritual que subyace a todas las cosas. Como tal, la comedia nos pone en contacto con el Espíritu rompiendo las construcciones intelectuales de la mente. El humor es abstracto; está más allá de la lógica. Nos reímos de algo porque es tan ilógico que no podemos entenderlo, así que nos reímos para romper la tensión. Recuerda que la mente es lineal, mientras que el corazón no lo es. Por esta razón, el humor es el lenguaje del Alma.

Pasar tiempo con los amigos es una actividad alegre que, en la mayoría de los casos, implica muchas risas. Al fin y al cabo, queremos pasar tiempo con ciertas personas porque nos sentimos bien con ellas. Nos hacen sonreír y reír, y nos aportan conocimientos y sabiduría en nuestras vidas. En este sentido, serás un activo para los amigos y alguien que querrán tener siempre cerca.

La Ley del Amor establece que al dar o enviar amor, lo recibirás triplemente. Esta Ley es un antiguo misterio del que muchos Adeptos de la Luz son conscientes. El amor realmente hace que el mundo gire. Mantiene las cosas en movimiento, progresando y evolucionando. Así que, naturalmente, mientras aprendes a canalizar la energía del amor hacia otras personas, tu base de amigos se expande exponencialmente.

He acumulado muchos, muchos amigos a lo largo de mi viaje y sigo haciéndolo. Y todo me resulta muy natural, ya que hablo directamente con el Alma de la persona. La gente reconoce mis buenas intenciones en el instante en que abro la boca, lo que desmonta sus defensas. Hasta el día de hoy, todos los que me rodean se preguntan cómo puedo hablar con un desconocido como si lo conociera de toda la vida. La respuesta es muy sencilla: soy yo mismo. Y al ser yo mismo, mi Verdadero Ser, atrae a la gente hacia mí.

Todo el mundo quiere vincularse y conectar; está en el nivel más profundo de nuestro Ser. Por ello, acoge a nuevos amigos en tu vida e invierte tu energía en ellos. Arriésgate a ser tú mismo cuando conozcas a alguien nuevo y ten fe en el proceso. Puede que te sorprenda el resultado. Nos reconocemos en otras personas porque todos somos Dios en lo más profundo de nuestro ser. Y, a medida que sigas siendo tú mismo con los desconocidos, desarrollarás la capacidad de hacer nuevos amigos, que es una habilidad que puedes utilizar el resto de tu vida.

La Kundalini naturalmente quiere que estemos en el momento, en el Ahora, ya que nos permite canalizar la energía del amor y ser extrovertidos. Si eras una persona más introvertida antes del despertar de la Kundalini, experimentarás este cambio a medida que pase el tiempo. Cuando somos extrovertidos, buscamos vincularnos con otras personas y canalizar y compartir la energía del amor. Por otro lado, cuando somos introvertidos, habitamos dentro de nuestra mente.

Dado que la mente es la expresión del subconsciente, es un área donde se manifiesta el miedo. Por ello, las personas introvertidas suelen sentir ansiedad ante la idea de relacionarse con los demás y hacer nuevos amigos. El concepto de vincularse con otros requiere que compartan sobre sí mismos y sean extrovertidos, lo que puede ser un reto cuando estás dentro de ti mismo practicando el amor propio. Al utilizarte sólo a ti mismo como fuente de energía amorosa, te aíslas de otras personas que pueden ayudarte a recargarte. Ser introvertido no te ayudará a hacer nuevos amigos, aunque no afectará a las amistades que hiciste antes de volverte introvertido.

Kundalini es la energía creativa y amorosa que siempre busca expresarse de alguna manera. La Comedia es una expresión artística ya que requiere que pienses de forma abstracta para hacer bromas y divertirte con otras personas. Da la bienvenida a la comedia en tu vida y deja que forme parte de ti. Sé un faro de amor para ti y para los demás. Permite que la experiencia de canalizar el amor hacia los amigos te ayude a aprender más sobre ti mismo y sobre el Universo del que formas parte.

AMOR FAMILIAR

A medida que la Kundalini se sublima más y más a través de la ingesta de alimentos y agua, la energía del Amor se acumula en tu corazón y en el circuito de la Kundalini. Durante este tiempo, los lazos familiares se renuevan y desarrollas un vínculo más fuerte con todos los miembros de la familia, especialmente con tus padres y hermanos. Tu familia es especial, especialmente tu familia inmediata que ha estado contigo durante la mayor parte de tu vida. Te das cuenta de esto mientras atraviesas el viaje de transformación de la Kundalini, especialmente en los últimos años, lo que resulta en un punto de vista ético hacia tu familia.

Para mí, después de doce años de vivir con la Kundalini despierta, se desarrolló un fuerte deseo de conectar con mis padres y tratar de entenderlos desde una perspectiva diferente. No de una manera en la que siempre se trata de mí y de mis necesidades y de lo molestos que son con sus regaños, como hacen la mayoría de los padres. Sino de una manera en la que miro más allá de mi reacción defensiva instintiva hacia ellos y reconozco el continuo sacrificio que hacen por mi hermana y por mí. El nivel de amor que deben tener por nosotros para ponernos siempre en primer lugar, incluso cuando nos portamos mal.

En efecto, el amor que un padre siente por su hijo es algo especial. Y aprender a apreciar el amor de tus padres desarrolla un sentido del honor hacia ellos, un deber de corresponderles con la misma cantidad de paciencia y amor, aunque te lleve toda la vida. Y si has tenido problemas con tus padres en el pasado y sientes que no recibiste la atención que merecías, ahora es el momento de resolver esos problemas y volver a conectar con ellos.

Al convertirte en el cambio que deseas ver en el mundo, la gente cambiará de forma natural para adaptarse al nuevo tú. Pero se necesita un esfuerzo por tu parte para hacer ese cambio, incluyendo no culpar a los demás de que las cosas no sean como tú quieres. Depende de ti asumir la responsabilidad de cada relación en tu vida y darte cuenta de que puedes hacer el cambio.

Es fácil salir de las amistades, y de las relaciones románticas que puedes encontrar que ya no funcionan, pero las relaciones con los miembros de tu familia son para toda la vida. Son otorgadas por Dios y no se puede escapar de ellas en esta vida, aunque quieras huir de ellas. Incluso en las peores situaciones y escenarios, tienes que perdonar a tus padres en lugar de albergar negatividad hacia ellos, incluso cuando sientas que es merecida. Tienes que entender la cantidad de efectos kármicos que tienen en tu vida y que no se neutralizarán hasta que te hagas cargo de la situación y apliques el amor incondicional perdonando sus transgresiones hacia ti. El perdón será de gran ayuda en este sentido; te permitirá volver a encender ese vínculo energético entre vosotros, que es necesario para tu continuo desarrollo Espiritual.

Y si tienes hermanos, es el momento de unirte a ellos más que nunca. Si te han hecho daño, perdónalos y acepta su amor de nuevo en tu vida. He tenido la suerte de tener una relación fantástica con mis padres y mi hermana. Por ello, estoy muy agradecida. Pero reconozco que no todo el mundo ha sido bendecido de esa manera y que muchas personas tienen relaciones difíciles con sus familiares. En cualquier caso, tienes que perdonar cualquier mal que te hayan hecho, por muy difícil que sea. Tu objetivo, tu misión, es seguir creciendo Espiritualmente.

Sanar tu relación con tus padres es lo más importante porque nuestros padres son los que más nos influyen, a veces de forma inadvertida, a través del ADN y el condicionamiento. Por ejemplo, la expresión de tu energía masculina y cómo canalizas esta energía, especialmente hacia los amigos varones en tu vida, refleja tu relación con tu padre. A la inversa, la forma en que expresas tu energía femenina, en relación a cómo canalizas esa energía hacia las mujeres de tu vida, refleja tu relación con tu madre.

Y en términos de amor romántico, estarás atrayendo a personas que te ayudarán a superar la energía Kármica entre tú y tus padres. Si eres un hombre, entonces te atraerán las mujeres que te recuerden a tu madre y el Karma que necesita ser superado entre ustedes dos. Si eres una mujer, entonces viceversa. Este Principio Universal se manifiesta subconscientemente, te guste o no. Su propósito es ayudarnos a aprender a amarnos unos a otros y a avanzar en nuestra Evolución Espiritual.

No nos confundamos sobre la aplicación de este Principio Universal en lo que respecta a las teorías inmorales y perversas de Sigmund Freud. Conocido como el Complejo de Edipo, Freud llegó a la conclusión, a través de una investigación defectuosa, de que todos los chicos jóvenes tienen deseos incestuosos por sus padres del sexo opuesto y ven a los padres del mismo sexo como rivales. El error de apreciación de Freud consistió en trasladar su problemática infancia y la inusual y extraña relación con sus padres, especialmente con su madre, a su obra de psicología.

En los tiempos modernos, el Complejo de Edipo no se reconoce como algo real en el campo de la psicología, ya que no tiene ninguna base en la realidad. Sin embargo, Freud debió darse cuenta de que atraemos a las parejas que nos recuerdan a nuestros padres, pero se equivocó de criterio al aplicar este Principio Universal. Sus conclusiones se vieron afectadas por su propia experiencia vital y por cuestiones no resueltas en su subconsciente, que debieron activarse cuando se dio cuenta de que este Principio Universal existe.

La atracción entre los sexos se produce de forma subconsciente y está relacionada con un comportamiento que reconocemos en otra persona y que nos recuerda a nuestros padres. En esencia, esta atracción se desarrolla para que podamos sanar mental y emocionalmente. Al fin y al cabo, nuestros padres fueron el primer arquetipo masculino y femenino que identificamos en nuestras vidas. Crecimos bajo su cuidado y las pautas que nos marcaron. Como resultado, nuestra Alma y nuestro Ego evolucionaron, tratando de apaciguar a nuestros padres al mismo tiempo que intentaban liberarse de ellos y volverse independientes.

Dependiendo de la polaridad de nuestras Almas, aprendimos a imitar el comportamiento de nuestro padre o de nuestra madre y a integrarlo como propio. Y al aceptar su amor, aprendimos a amar también a los demás. Esta expresión de amor está entonces más influenciada por nuestra relación con nuestros padres. Sin embargo, hay que entender que este Principio Universal de atracción sólo se aplica a los Planos Mental y Emocional. La atracción física es algo totalmente diferente.

Dependiendo de la calidad de tu relación con tus padres, afectará a la calidad de tus relaciones románticas. Notarás que cuando tu relación con tus padres cambie para mejor a medida que aprendas a comunicarte con ellos de Alma a Alma, esto sanará esas partes del Ser, permitiéndote atraer a diferentes personas en tu vida con fines románticos.

En el caso de padres abusivos, lo más común es sentirse atraído por parejas abusivas ya que estás programado para relacionarte con el sexo opuesto a través del abuso mental y emocional. Sin embargo, al superar y perdonar este abuso de tus padres, invariablemente atraerás a personas en tu vida que te traten bien y aprenderás a alejarte de las personas abusivas. Esta es la expresión más común en nuestra sociedad de este Principio Universal, ya que todos conocemos a personas que fueron maltratadas por sus padres y, a cambio, atraen a parejas románticas abusivas.

KUNDALINI Y ENERGÍA SEXUAL

Es esencial ahora hablar del papel de la energía sexual en el proceso de despertar de la Kundalini. La energía Kundalini es alimentada por la energía sexual canalizada hacia el interior a través de la columna vertebral y hacia el cerebro. Digo alimentado porque una vez que la Kundalini se despierta, la acumulación de energía sexual junto con la energía Pránica de la ingesta de alimentos provoca la expansión de la conciencia con el tiempo.

La energía sexual también puede ser un ímpetu o catalizador detrás del despertar de la Kundalini. Es la sublimación de esta energía sexual a través de la práctica del sexo tántrico o una forma de meditación, lo que hace que vaya hacia el interior para activar la Kundalini en la base de la columna vertebral. Sin esta activación, la Kundalini permanece dormida como potencial energético latente en el Chakra Raíz, Muladhara.

¿Qué es exactamente la energía sexual? La energía sexual es la energía creativa dentro del Ser, alimentada por los Chakras Muladhara y Swadhisthana. Potencia y sostiene nuestras mentes al tiempo que es una importante fuente de inspiración. Mientras que nuestros deseos carnales provienen del Muladhara, el Chakra de la Tierra, Swadhisthana, el Chakra del Agua, es responsable de la emoción tangible del deseo sexual.

Cuando enfocamos nuestra energía sexual en una persona que nos atrae, creamos un poderoso deseo de estar con esa persona. El deseo sexual se siente en el Chakra Swadhisthana como una emoción eufórica parecida a mariposas u hormigueo en el abdomen. Esta energía se proyecta desde la zona del abdomen hacia el cerebro a través del sistema nervioso.

La energía sexual está relacionada con Vayu Apana, ya que implica el funcionamiento de los Chakras Muladhara y Swadhisthana y la expulsión de los líquidos sexuales del cuerpo (semen en los hombres y flujo vaginal en las mujeres). En cambio, la energía Pránica es generada por el Vayu Samana (el fuego digestivo) y el Chakra Hara, el almacén de Prana del cuerpo.

La energía sexual también potencia nuestra imaginación al canalizarla en el Chakra del Corazón, Anahata, estimulando así nuestra mente y nuestros pensamientos. La energía sexual también afecta a nuestro centro del Alma, el Chakra del Plexo Solar, Manipura. Enciende el fuego del Manipura al mismo tiempo que energiza nuestra fuerza de voluntad. Se convierte en energía dinámica que alimenta nuestro impulso, motivación, y determinación en el Plano Mental.

Cuando la energía sexual se proyecta en el Chakra Raíz, Muladhara, se convierte en nuestro impulso para la acción en el Plano Físico. Por lo tanto, la energía sexual es utilizada por todos nuestros Chakras. Aunque la energía Pránica se considera una fuerza ciega, la energía sexual es inteligente. Sin embargo, ambas energías son necesarias para alimentar nuestros Chakras y darles vida.

Mientras que el Prana es la energía de la Vida o de la Luz, la energía sexual es la energía de la creación. A veces es difícil discernir entre la energía sexual y el Prana, y muchos maestros Espirituales confunden las dos e incluso dicen que son la misma cosa. Sin embargo, al examinar mi sistema energético a lo largo de los años, he descubierto que son dos tipos de energía distintos que trabajan entre sí y se necesitan mutuamente para cumplir sus funciones.

Además, es vital distinguir entre la energía Kundalini y la energía sexual. Junto con el Prana, la energía sexual potencia la energía Kundalini una vez despertada. Sin embargo, la energía Kundalini tiene sus propios componentes relacionados con la expansión de la conciencia y las expresiones del Ser.

Una vez activada la Kundalini, la energía sexual se vuelve esencial, ya que anima la Kundalini, permitiéndote aprovechar tus nuevas habilidades. Por ejemplo, no se puede utilizar la creatividad y la imaginación mejoradas en su máximo potencial si se carece de la energía sexual necesaria para aprovecharlas. La energía sexual es una fuerza más sutil que el mero Prana, ya que nos permite acceder a cualquier parte de nosotros mismos cuando enfocamos nuestra mente.

Existe una correlación directa entre la estimulación sexual y la actividad de la Kundalini, que se encuentra en el Chakra Tierra. Al excitarse sexualmente, se crea una carga eléctrica estática que puede poner en movimiento la energía Kundalini de la misma manera que se pone en marcha la batería de un coche. Por lo tanto, la construcción de la excitación sexual a través de las prácticas Tántricas y girando hacia el interior podría resultar en un poderoso despertar de la Kundalini.

¿Por qué existe una correlación entre la excitación sexual y el despertar de la Kundalini? La respuesta puede estar en el propósito de nuestra vida aquí en la Tierra, que es un campo de pruebas para las Almas. Por ejemplo, Dios-el Creador creó a los seres humanos y nos dio libre albedrío para elegir cómo queremos expresar nuestra energía sexual: buscar gratificar el Ego deseando tener sexo como una forma de placer físico o utilizar esta misma energía y atraerla hacia el interior a través de prácticas Tántricas para despertar nuestra energía Kundalini latente. En el caso de un clímax físico o un orgasmo, expulsamos esta energía fuera de nosotros y la liberamos de vuelta al Universo. Cuando atraemos esta energía hacia el interior a través del cerebro por medio del sistema nervioso, buscamos transformarnos Espiritualmente. Cada momento del día es una prueba de nuestro Libre Albedrío y de si queremos exaltar nuestra Alma o Ego que buscan hacer cosas radicalmente diferentes con esta energía Divina.

La mayoría de las personas ignoran por completo que hay otra razón por la que tienen energía sexual dentro de ellos, ya que están tan centrados en utilizarla simplemente para el placer. La población mundial se mueve más por el impulso sexual y el deseo de sexo que por cualquier otra cosa en la vida. Si la gente conociera otra forma de utilizar este don, podría transformar completamente la forma en que percibimos la energía sexual. Creo que éste es uno de los papeles esenciales que desempeñan los individuos despiertos de Kundalini en el mundo en este momento: no sólo ser emisarios de la energía Kundalini, sino también iluminar a la gente sobre el poder y el potencial de su sexualidad.

EXCITACION SEXUAL Y ESTAR "CACHONDO"

La energía sexual masculina se relaciona con el Fuego del Elemento Tierra. Está fuertemente impulsada por el Plano Físico, que actúa sobre el Plano Astral del Elemento Agua. El Fuego de la Tierra se transforma en la emoción de la excitación sexual a través del Chakra Swadhisthana.

Mientras que los hombres están más motivados por su Chakra de Tierra en lo que respecta a la excitación sexual, las mujeres están más influenciadas por el Chakra de Agua. Esto explica por qué la excitación sexual en los hombres está fuertemente influenciada por la apariencia física de una mujer, mientras que una mujer se excita más por cómo un hombre la hace sentir.

La energía sexual masculina es como un fuego que se enciende rápidamente, arde con fuerza y se apaga enseguida. Por el contrario, la energía sexual femenina es como el agua: tarda en calentarse, pero una vez que hierve, se mantiene durante mucho tiempo. La energía de fuego del hombre se encarga de calentar la energía de agua de la mujer. Por lo tanto, los machos dedican su tiempo y energía a trabajar en sus cualidades Alfa para atraer a las hembras. Por otro lado, las mujeres dedican mucho tiempo y energía a mejorar su aspecto físico para ser más atractivas para los hombres.

Mientras que los hombres suelen tener una libido más fuerte, las mujeres tienen un mayor rango e intensidad de excitación. Un hombre puede conseguir una erección aparentemente sin estimulación y sentirse sexualmente excitado o "caliente". "En cambio, es raro que una mujer sienta lo mismo sin ser estimulada primero. En parte, esto se debe a que el cuerpo del hombre está impulsado por la testosterona, que es de acción más rápida que la hormona sexual femenina, el estrógeno.

La simbología oculta y el significado de la palabra para estar "caliente" o "cachondo" en Ingles, que es "horny", o sea "cornudo", nos permite comprender mejor cómo funciona la excitación sexual y su propósito. La palabra "córnea" sugiere los cuernos de los animales, que simbolizan la naturaleza animal de la humanidad. Al fin y al cabo, compartimos el deseo de mantener relaciones sexuales y procrear con todos los animales de la Tierra. Sin embargo, los cuernos también se asocian con el Diablo y sus secuaces Demoníacos en el Cristianismo y otras tradiciones religiosas y esotéricas. De hecho, la palabra "Hornie" en Ingles es un término Escocés del siglo XVIII para referirse al Diablo.

Cuando un hombre se excita sexualmente o se pone cachondo, comienza a arder un Fuego en sus entrañas que enciende todo su Ser (Figura 159). Este Fuego se proyecta desde su Chakra de Tierra, Muladhara, asociado con el Plano Físico y el Mundo de la Materia. Por lo tanto, en el Tarot, la carta del Diablo se conoce como el "Señor de las Puertas de la Materia". "Esto es porque el Diablo representa el Mundo Físico, la antítesis del Mundo Espiritual de Dios. Para añadir más a la simbología, Capricornio, la Cabra de la Montaña (una bestia con cuernos), un Signo del Zodiaco de Fuego de la Tierra, está asociado con la Carta del Diablo en el Tarot.

En el Tarot Hermético, la Carta del Diablo presenta una bestia gigante con cuernos cuya cabeza tiene forma de Pentagrama invertido, lo que sugiere la conexión entre el Yo inferior, el Ego, y el Diablo. El Diablo tiene grandes alas de murciélago y la parte inferior del cuerpo de un animal con un fuego ardiendo en sus lomos (en algunas representaciones). Lleva una antorcha en la mano izquierda que apunta hacia abajo, hacia la Tierra, y tiene una mano que apunta hacia arriba, hacia el Cielo (Como Es Arriba, Es Abajo). Está encima de un altar al que están encadenados dos humanos desnudos, hombre y mujer, con cuernos. Están atados al Diablo debido a su lujuria mutua.

Figura 159: Excitación Sexual en los Hombres

La lujuria se define como el deseo abrumador de mantener relaciones sexuales con alguien con el fin de obtener placer físico. La lujuria es la antítesis del amor; se considera uno de los siete pecados capitales debido a su expresión a menudo desequilibrada. El Diablo y sus secuaces son los responsables de obligar a la humanidad a incurrir en los siete pecados capitales. No es de extrañar que la palabra "Diabólico" se aplique a alguien que es pecador, incluyendo la participación en mucha actividad sexual con múltiples parejas.

Por lo tanto, así como el Chakra Sahasrara nos sintoniza con nuestro Santo Ángel de la Guarda, nuestro Yo-Dios, el Chakra de la Tierra nos conecta con su opuesto, el Diablo. Ambos son personificaciones del Ser, con el que podemos conectar a través de la mente. Sin embargo, el Diablo no es totalmente malo, sino que es una expresión de nuestra naturaleza animal que debemos respetar y mantener bajo control. En consecuencia, el Chakra Tierra es nuestra puerta de entrada al Reino del Diablo, el Reino Demoníaco que llamamos Infierno. No es casualidad que el Infierno o el Inframundo se represente como un pozo de fuego en las profundidades de la corteza Terrestre.

Una de las razones por las que el Cristianismo y otras religiones han vilipendiado el sexo es su poder transformador. Una y otra vez, la abstinencia ha demostrado su potencial para envenenar la mente y producir expresiones enfermas y pervertidas que no están en sintonía con la naturaleza y con Dios. Por el contrario, participar en la actividad sexual de manera equilibrada, respetuosa y amorosa puede conducir a un despertar Espiritual. Así que, en lugar de demonizar el sexo y crear una aversión hacia las relaciones sexuales como forma de acercarse a Dios, tenemos que tratar de entenderlo para poder aprovechar su tremendo poder.

RELACIONES SEXUALES

Una vez que hayas tenido un despertar completo de la Kundalini, comprenderás el verdadero propósito de las relaciones sexuales y su significado simbólico como la unificación de las energías masculina y femenina. Esta unificación ocurre a nivel del Plano Mental, lo que nos permite trascender la dualidad de la mente para poder alcanzar el Plano Espiritual.

Al nacer, fuimos puestos en este mundo de dualidad y se nos dio un cuerpo masculino o femenino. Como humanos, buscamos naturalmente equilibrar nuestras energías sexuales. Una de las formas de hacerlo es a través de las relaciones sexuales. Deseamos estar con una persona que complemente nuestra sexualidad para encontrar la unidad a nivel Espiritual. La relación sexual es un tipo de ritual que implica la integración de dos cuerpos físicos. Cuando el pene entra en la vagina durante este proceso, los dos cuerpos se convierten literalmente en uno.

Entre dos personas de sexos opuestos que están experimentando el despertar de la Kundalini, las relaciones sexuales pueden ser una experiencia verdaderamente mágica. La energía Kundalini entre ellos crea una especie de batería, ampliando así su poder al doble. Esta expansión de la energía Kundalini da lugar a una mayor conciencia y a experiencias trascendentales más profundas. También permite a los miembros de la pareja sintonizar con sus respectivos cuerpos Espirituales a un grado imposible de alcanzar por sí solos.

La energía de una pareja alimenta la energía de la otra. Dado que el Árbol de la Vida de cada pareja está activado, también lo están las energías que componen la totalidad de su conciencia. Cuando dos parejas de Kundalini despiertas se conectan sexualmente, cada una de ellas se alimenta en los niveles más profundos de su ser con la energía de la otra, sanándolas simultáneamente. La energía de una pareja empuja la negatividad de la otra con sólo estar en su presencia, ya que sus Auras se entremezclan. Ni siquiera es necesario que se toquen para que esto ocurra. Simplemente tienen que estar en la misma vecindad que el otro para estar en la misma frecuencia o longitud de onda.

Para las personas que han despertado a la Kundalini, el acto sexual se convierte en Tántrico. Como resultado, ambos miembros de la pareja pueden experimentar orgasmos internos debido a que la energía sexual se desencadena a un nivel más profundo por la Kundalini del otro. A lo largo de mi viaje de Kundalini, he tenido el privilegio de estar con algunas mujeres despiertas de Kundalini, y la conexión sexual que compartimos fue increíble. Tan pronto como nos acercábamos, se manifestaba como un estado de conciencia elevado, amplificando nuestra energía sexual a tal grado que a menudo me encontraba temblando sólo por estar cerca de ellas.

La relación sexual es un ritual de unificación, una especie de vínculo o sublimación de los sexos en el Plano Físico que induce los mismos efectos en los Planos Astral y Mental. Su propósito es trascender los Planos Cósmicos inferiores para que la vibración de la conciencia pueda elevarse y entrar en el Plano Espiritual. Como tal, la curación se produce en todos los niveles, mente, cuerpo, y Alma.

CONSERVAR LA ENERGIA SEXUAL

Otra pregunta crítica con respecto a la sexualidad que me hacen a menudo es si es prudente eyacular mientras ocurre el proceso de Kundalini. Por ejemplo, ¿cuándo está bien eyacular y cuándo hay que guardar la semilla? Hay que tener en cuenta que los hombres suelen hacer esta pregunta, aunque el mismo principio se aplica a las mujeres.

La Kundalini utiliza tu energía sexual y el Prana de los alimentos para alimentar el circuito energético de la Kundalini. He descubierto que en los puntos álgidos de este proceso de sublimación/transformación, es esencial salvar tu semilla evitando por completo el sexo y la masturbación. Un solo orgasmo puede robarte la vitalidad durante 24 horas o más. Esto obstaculiza significativamente el proceso de transformación mientras permite que el Ego tenga un punto de apoyo más fuerte en la conciencia, causando que el miedo y la ansiedad se amplifiquen dentro de ti.

La energía sexual crece en poder con el tiempo, y cuanto más tiempo guardes tu semilla, más estás transformando la Kundalini en tu interior. En su pico más alto, cuando te sientes más sexualmente reprimido y excitado, la energía sexual está trabajando con Prana para cambiar la calidad y el estado de la energía Kundalini dentro de ti. Este proceso es la transmutación, o la transformación del fuego crudo de la Kundalini en una energía más delicada, del Espíritu, que toma el control, potenciando el sistema.

Ahora, no estoy diciendo que seas célibe como un monje o un sacerdote y que nunca más te masturbes o tengas sexo. Esto sería poco saludable y contraproducente para tu crecimiento, ya que debes atender al cuerpo físico y sus necesidades, así como a tu Espiritualidad. En su lugar, digo que te abstengas de la liberación sexual durante el primer período después del despertar inicial de la Kundalini y luego vuelvas a integrar el sexo y la masturbación en tu vida de manera equilibrada. Recuerda que una vida exitosa se trata de equilibrio, no de descuidar una cosa por otra.

Sin embargo, una vez que la Kundalini se ha despertado, es aconsejable durante unos meses abstenerse de eyacular por completo. Esta regla se aplica tanto a los hombres como a las mujeres. La energía sexual es vital; si eyaculas, te sentirás sin vida y agotado, necesitando reconstruir tu energía sexual de alguna manera.

He descubierto que el cuerpo requiere Zinc mientras reconstruye la energía sexual dentro de ti después de una liberación. Por lo tanto, sugiero que en lugar de esperar a que tu cuerpo la reconstruya de forma natural, tomes un suplemento de Zinc o comas algún pescado o semillas de calabaza que contengan altas cantidades de Zinc. El Zinc es esencial porque es el ácido de la batería, mientras que la Kundalini actúa como la corriente eléctrica AC/DC. Sin Zinc, la batería no funciona a su capacidad óptima y necesita recargarse.

Una vez que hayas despertado la Kundalini, dependiendo de dónde te encuentres en tu proceso de transformación, desarrollarás la capacidad de encarnar a otras personas y sentir su energía, incluyendo a las personas que ves en la televisión y en las películas. Este "don" puede sentirse pronto como una maldición cuando lo apliques a la pornografía, ya que te permitirá sentir lo que estás viendo como si te estuviera pasando a ti. No hay necesidad de un set de realidad virtual después de despertar la Kundalini. Sin embargo, por muy divertido y excitante que sea esto al principio, no te permitas desarrollar una adicción al porno y retroceder en tu proceso de Evolución Espiritual.

Debes regular la masturbación y no realizarla más de una o dos veces por semana y sólo antes de acostarte para que tu cuerpo pueda reconstruir la energía sexual por la mañana. Como este proceso continuará durante el resto de tu vida, debes tratar tu energía sexual con respeto. Ya no funcionas como una persona no despierta que puede masturbarse y eyacular varias veces al día y no verse afectada. Te sentirás despojado de tu vitalidad cada vez que eyacules, así que tenlo en cuenta.

He descubierto que la masturbación puede ser una gran ayuda cuando no se puede inducir el sueño de otra manera, ya que permite dar la bienvenida al descanso y apagarse como una bombilla una vez que se drena la energía sexual. La energía sexual acumulada puede hacer que la mente se descontrole e incluso inducir la ira y la agresividad, especialmente en los varones, lo que puede mantener a uno despierto por la noche. Pero, de nuevo, trata de no masturbarte más que unas pocas veces a la semana y sólo después de que el proceso inicial de sublimación/transformación de la Kundalini se haya completado. ¿Cómo sabrás que se ha completado? Sentirás un nuevo tipo de energía trabajando dentro de ti que reemplaza el Fuego Kundalini crudo. Esta energía tiene un efecto trascendental ya que crece y expande la conciencia más y más a medida que pasa el tiempo.

Como nota final sobre este tema, dado que mantener relaciones sexuales amorosas con una pareja puede ser beneficioso para tu crecimiento Espiritual, no sugiero que dejes de tener sexo por completo en cualquier momento sin consultar primero a tu pareja. Si te abstienes insensiblemente de las relaciones sexuales con tu pareja sin dar explicaciones, ésta podría sentir que algo anda mal con ella, lo que comprometería la integridad de vuestra relación. Esto no es aconsejable, sobre todo si tienes buena química con esa persona y ves un futuro con ella.

En su lugar, comunique sus necesidades a su pareja y tal vez haga un compromiso de tener sexo una vez a la semana o cada poca semana durante un tiempo, y luego aumente la frecuencia cuando haya pasado el punto en el que ha sublimado la energía Kundalini. Derramar tu semilla con un ser querido puede ser agotador para el cuerpo, pero puede ser beneficioso para tu Alquimia Espiritual ya que hay un intercambio de energía positiva y sanadora a un nivel sutil.

Sin embargo, eyacular a través de la masturbación es un drenaje absoluto de su esencia sexual en el Aethyr, sin nada a cambio. Las personas que desarrollan adicciones a la pornografía se abren a entidades Demoníacas que se adhieren a su Aura para poder alimentarse de su energía sexual liberada.

Un Incubo es un Demonio con forma masculina que se alimenta de la energía sexual de las mujeres. Por el contrario, un Súcubo es un Demonio con forma femenina que se alimenta de la energía sexual de los hombres. Se sabe que los Íncubos y los Súcubos seducen a las personas en sueños y mantienen relaciones sexuales con ellas para robarles su esencia sexual haciéndolas llegar al clímax. También son personificados en la mente por actores de películas para adultos cuando ven pornografía.

Las personas que alimentan estos Demonios suelen tener dificultades para liberarse de ellos y dejar sus adicciones al porno. La pornografía es libre por una razón; es un vacío cuyo propósito es robar la esencia sexual de las personas y quitarles su potencial para transformarse Espiritualmente. Hay una razón política para esto, que está más allá del alcance de este trabajo, pero lo menciono aquí para que seas consciente de ello y no caigas en su trampa.

ANSIEDADES SEXUALES

Dado que la Kundalini puede ser despertada por la energía sexual vuelta hacia adentro, significa que podemos ampliar su capacidad, lo que invariablemente afecta a nuestros impulsos sexuales. Por ejemplo, cuando la Kundalini está en su máxima transformación en las etapas iniciales después del despertar, puedes sentirte como un animal en celo. Como resultado, puedes mostrar antojos sexuales como no has experimentado antes. Sin embargo, una vez completado el período inicial de sublimación de la energía sexual, sentirás una liberación de esta intensa excitación sexual a medida que tu libido se equilibra.

Sin embargo, como el proceso de sublimación de la energía sexual es continuo, y como puedes experimentar cortocircuitos en los que necesitarás reconstruir tus canales de energía, tus impulsos sexuales pueden fluctuar significativamente durante el resto de tu vida. A menudo se presentan en oleadas, en las que tu energía sexual se enciende con mucha fuerza durante un corto período, trayendo consigo un intenso impulso de liberación, seguido de un período prolongado en el que estás en equilibrio.

Sin embargo, si observamos el curso de toda nuestra vida después de despertar la Kundalini, nuestra energía sexual estará relativamente equilibrada. Estas fluctuaciones de las que hablo ocurren durante un 20-30% de ese tiempo. Nunca olvides que la Kundalini es una energía inteligente que nunca nos da más de lo que podemos manejar.

Cuando te recomendé que no te masturbaras ni tuvieras relaciones sexuales más de un par de veces a la semana, me refería a esta necesidad que puede surgir de una liberación sexual. No tiene sentido torturarse, aunque sea beneficioso para guardar su semilla. Hacerlo causará estragos en tu mente y será contraproducente para tu crecimiento.

Por lo tanto, si necesitas una liberación, hazlo una o dos veces por semana, pero sólo por la noche antes de dormir si te masturbas. Acostúmbrate a no ser aleatorio con tus liberaciones sexuales. Tienes que adoptar un enfoque científico de los cambios internos que se producen en tu cuerpo, que es tu laboratorio. Toma el control de este proceso en lugar de dejar que el proceso te controle a ti.

Cuando tu energía sexual se está generando, sentirás que se acumula en tu abdomen en el Chakra Swadhisthana. A veces, puede llegar a ser tan fuerte que te hace hiperventilar. Naturalmente, en este período es cuando debes permitirte tener una actividad sexual equilibrada en tu vida. Sin embargo, por muy poderosos que sean estos impulsos sexuales, debes ser sensato y no tomarlo como una señal para convertirte en ninfómano y ser frívolo con tus actividades sexuales.

Será un obstáculo increíble para tu camino Espiritual si no tienes cuidado con quién te involucras en actividades sexuales. Además de exponerte a enfermedades de transmisión sexual, te estás poniendo en una posición en la que tomas las energías de la gente, buenas y malas, al tener relaciones sexuales con ellos.

En cambio, te aconsejo que encuentres una pareja consistente, alguien con quien tengas buena química, aunque al principio sea sólo física. Sé transparente sobre tus intenciones y no engañes a la gente. Si te pones en una posición en la que puedes acumular mal Karma por estar con alguien cuando todo lo que necesitas es una liberación sexual, es mejor que te masturbes para quitarte la presión.

Recomiendo tener sexo sobre la masturbación ya que el sexo intercambia energía vital mientras que la masturbación no lo hace. Notarás una diferencia en cómo te sientes después de una liberación con cualquiera de las dos actividades. La masturbación te dejará muy agotado después de un orgasmo, mientras que el coito puede hacerte sentir pleno después, con la pareja adecuada. Necesitarás algo de tiempo para recuperar tu energía sexual en cualquiera de los dos casos. La masturbación le hará sentir que necesita mucho más tiempo para recuperarla.

Mencioné que necesitas guardar tu semilla tanto como sea posible después de despertar la Kundalini, pero ten en cuenta que me referí principalmente al período de ventana cuando estás construyendo tus canales de energía a través de la energía sexual y el Prana. Reconozco que tener una vida sexual sana y la liberación sexual a través de la masturbación es tan natural como nuestros cuerpos orgánicos. Después de todo, tu energía sexual puede llegar a ser tan fuerte que te hace sentir poseído si no haces algo al respecto. Sin embargo, como en todas las cosas de la vida, ser consciente y controlar tus acciones es la clave del éxito. Escucha lo que tu cuerpo te comunica y libera algo de presión cuando sea necesario. El equilibrio de la mente, el cuerpo, y el Alma es el verdadero camino del iniciado de la Luz.

También es posible que haya un periodo de tu vida en el que tengas un deseo sexual significativamente menor, y que tus ansias de sexo parezcan inexistentes. No te alarmes si esto ocurre; es una parte normal del proceso. Por lo tanto, ajústate a este periodo como corresponde. No suele durar mucho. Sin embargo, es un momento para la introspección y la acumulación de energía a través de la ingesta de alimentos cuando se produce. No te sientas culpable si no puedes satisfacer a tu pareja como antes, pero hazle saber lo que ocurre y haz lo posible para que lo entienda. Si no lo hacen y optan por hacerte sentir culpable porque esto te ocurre, tienes que replantearte tu relación con ellos.

ATRACCIÓN SEXUAL

Todas las personas quieren ser percibidas como atractivas por los demás para tener abundancia de amor y relaciones. Sin embargo, la mayoría de las personas no se dan cuenta de que tienen un control total sobre este proceso. Existen Leyes que rigen el proceso de atracción, especialmente la atracción sexual, y aquellas personas que conocen estas Leyes conscientemente pueden despertar la atracción en los demás con la aplicación de su fuerza de voluntad.

Por ejemplo, una persona con Kundalini despierta, después de muchos años de transformación personal, se vuelve muy atractiva para otras personas. Esto se debe a que sus cambios en la mente, el cuerpo, y el Alma alteran su forma de pensar y su comportamiento, haciéndolos naturalmente atractivos para todos los que conocen. Como resultado, a estas personas les resulta más fácil encontrar una pareja romántica o sexual y encontrar nuevos amigos en sus vidas.

Muchas personas despiertas pasan por alto estos cambios personales y atribuyen esta nueva atracción al destino o al azar. En realidad, hay una ciencia invisible detrás de ello. Las Leyes relativas a la atracción sexual entre humanos se corresponden con las Leyes Universales que rigen toda la Creación. La Creación es, en cierto sentido, perfecta, y la energía de la atracción es una de las formas en que busca permanecer como tal.

¿Qué es entonces la atracción sexual? La mejor manera de explicar la atracción sexual es decir que es la manera que tiene la naturaleza de mejorar nuestro acervo genético. En otras palabras, la atracción sexual es la forma en que la naturaleza se asegura de que los humanos más evolucionados procreen y continúen la existencia de nuestra raza.

La naturaleza está continuamente en proceso de evolución, y aquellos humanos que están en línea con esta Ley y son dueños de sus realidades son los que han activado su potencial de ADN latente para convertirse en las mejores versiones de sí mismos. Como resultado, estas personas se han vuelto atractivas para los demás, lo que les permite tener más facilidad para encontrar pareja y procrear.

Aunque la atracción sexual es una expresión natural, aprender los rasgos de estas personas evolucionadas que ejercen el dominio en sus vidas te permite "fingir hasta que lo consigas". En otras palabras, no tienes que empezar siendo una persona sexualmente atractiva, pero puedes aprender los rasgos de comportamiento de este tipo de personas y utilizarlos en tu propia vida para ser atractivo para los demás.

Entiende que la atracción se aplica tanto a los hombres como a las mujeres. Se puede atraer a una pareja romántica o sexual, pero también a nuevos amigos, ya que todos los seres humanos gravitan naturalmente hacia las personas atractivas. Reconocemos algo especial en las personas atractivas y queremos estar cerca de ellas. En realidad, lo que percibimos en estas personas es una versión mejor de nosotros mismos.

LOS DOS PRIMEROS MINUTOS DE REUNION

Las personas atractivas son carismáticas, libres, y desinhibidas en todos los sentidos que todos deseamos. Son líderes en lugar de seguidores y exigen atención en todo momento, incluso cuando están en silencio. Nunca tienen miedo de decir lo que piensan y son valientes y asertivas. Tienen un carácter fuerte y tranquilo, incluso ante la adversidad.

Las personas atractivas suelen ser divertidas y entretenidas, pero también relajadas, tranquilas y serenas. Tienen ciertas creencias sobre sí mismas, que mantienen en todo momento. Estas personas hacen todo con seriedad y con todo su corazón. Son apasionados y viven la vida al máximo, sin arrepentirse. Toman lo que quieren y no ponen excusas a sus acciones.

Aunque no muestres algunas de las cualidades mencionadas, no desesperes. La naturaleza nos permite rehacernos a cada momento, y tú puedes utilizar sus Leyes para empezar a convertirte en una persona atractiva. La clave es concentrar tu energía en convertirte en una persona atractiva para las personas que conoces, ya que los dos primeros minutos de conocer a una nueva persona son los más críticos. Esto significa que, si muestras ciertas cualidades durante esos dos primeros minutos, habrás despertado la atracción en la otra persona.

La atracción funciona de dos maneras. Si una nueva persona que conoces es del sexo opuesto (dependiendo de la polaridad de su Alma), sentirá atracción sexual hacia ti. Si es del mismo sexo, querrá ser tu amigo. En ambos casos, si se despierta la atracción, tendrás el poder de hacer que esa persona forme parte de tu vida de alguna manera.

La mayoría de la gente no se da cuenta de que lo que creemos que somos sólo es real para nosotros y para las personas que nos conocen. En otras palabras, los desconocidos no tienen ni idea de quiénes somos. Por eso, las primeras impresiones son cruciales. La atracción tiene mucho que ver con la imagen de quien crees que eres y cómo puedes manipular esa imagen para presentarte a alguien nuevo que conoces. Una vez que has creado una percepción de ti mismo en esos dos primeros minutos, la otra persona sentirá atracción hacia ti o no.

El factor esencial que hay que entender es que tenemos el poder de moldear nuestra imagen de nosotros mismos a través de nuestra fuerza de voluntad. Recuerda que todos tenemos Libre Albedrío, y la forma en que ejerces tu Libre Albedrío impacta en el nivel de atracción que creas en otras personas.

LA PSICOLOGIA DE LA ATRACCION

Cuando quieras resultar atractivo, entiende que no se trata de lo que dices a una persona sino de cómo lo dices. Lo que cuenta no son las palabras, sino el lenguaje corporal y la tonalidad vocal. Sin embargo, para profundizar aún más, es la energía interior con la que hablas a una persona la que provocará la atracción o no.

Tu comportamiento debe ser siempre relajado y tu tono vocal debe ser enérgico y cautivador, expresando poder y dominio. Estos son los rasgos de comportamiento de una personalidad Alfa. Las personas Alfa son dueñas de sus realidades. Son líderes natos que toman lo que quieren. Ser un Alfa es un estado mental que ejemplifica la fortaleza y la quietud en las emociones. Los Alfas no se conmueven por las cosas externas, a menos que lo elijan. Su realidad nunca se ve comprometida porque simplemente no lo permiten. Ellos dirigen el espectáculo y los demás les siguen.

Las Alfas sólo hablan para ser escuchados por los demás. No buscan la aprobación, ni hablan para escuchar el sonido de su voz. Por lo tanto, cuando hables con alguien a quien desees resultar atractivo, ten en cuenta que lo que dices es cautivador. Debe haber poder en la tonalidad de tu voz y una intención presente; de lo contrario, aburrirás a la otra persona. Por ejemplo, si alguien bosteza mientras hablas, has fracasado. Digas lo que digas, debes hablar directamente al Alma de la otra persona.

Debes aprender a atravesar la barrera de la personalidad de los demás y sus egos. Para lograrlo, debes mirar a la otra persona a los ojos todo el tiempo mientras hablas con confianza. Tu poder de propósito debe ser tan fuerte que sea hipnotizante y fascinante para los demás. El sexo opuesto debe perderse en tu energía.

Las personas altamente evolucionadas que han despertado a la Kundalini vienen de un lugar más elevado cuando hablan con otros. Como su conciencia opera desde el Plano Espiritual, están alineados con su Verdadera Voluntad, lo que aumenta su poder personal. Como tal, son comunicadores poderosos que hablan con propósito e intención. La gente naturalmente gravita hacia ellos ya que su energía es inspiradora y edificante.

Para llegar a ser una persona naturalmente atractiva, tienes que construirte a ti mismo para ser alguien de sólidos valores, ética, y moral. Tienes que amarte a ti mismo y amar la vida en general. Si te amas a ti mismo y estás contento y satisfecho con tu vida cuando estás con una persona del sexo opuesto, nunca vendrás de un lugar de necesidad sino de un lugar de deseo. Piensa en esto por un segundo. Cuando necesitas algo, significa que te falta algo dentro de ti. Esta idea ya es poco atractiva y pone a la otra persona a la defensiva.

Un método poderoso para despertar y mantener la atracción sexual es ser arrogante y divertido. La chulería se define como "ser audaz o descaradamente seguro de sí mismo". Ser engreído ante los demás te pone inmediatamente en un pedestal alto, ya que parecerás alguien de gran valor. Sin embargo, ser engreído puede parecer muy arrogante, lo cual es poco atractivo, así que ayuda a añadir una dosis adecuada de humor. El humor es fantástico porque puedes decir lo que piensas sin que te juzguen ni te examinen en el proceso.

Curiosamente, el uso de la lógica y la razón para crear atracción fracasa la mayoría de las veces. Hay que tener en cuenta que la atracción no es lógica de ninguna manera. La lógica es, de hecho, la antítesis de la atracción. Ser juguetón, hablar con metáforas, y ser indirecto en cualquier circunstancia es una forma mucho más poderosa de despertar la atracción. La conversación debe ser divertida; de lo contrario, no crearás atracción.

Una vez que has despertado la atracción, la clave para mantenerla es proyectar continuamente que eres genial, divertido, y seguro de ti mismo. El tiempo que pasa hablando contigo es un regalo para la otra persona porque eres una persona de gran valor. Tomas lo que quieres porque puedes, lo que subconscientemente hace saber a la otra persona que eres una persona influyente que manifiesta su realidad. Así que no sólo quieren estar contigo, sino que quieren ser tú.

LA IMPORTANCIA DE LAS CREENCIAS INTERNAS

Hay que tener unas creencias internas elevadas y firmes sobre uno mismo, lo que significa que el trabajo interior es esencial para atraer al sexo opuesto. Por supuesto, ayuda tener buen aspecto, estar en buena forma, estar limpio, afeitado, bien vestido, y oler bien. Sin embargo, incluso estas cosas quedan en un segundo plano después de tener confianza y creer en uno mismo. Lo que aprendí de los gurús de las citas cuando tenía 20 años es que la apariencia es el 30% de la atracción, y el trabajo interior del que hablo aquí es el otro 70%.

Somos nosotros los que debemos darnos valor a nosotros mismos. Si no nos amamos a nosotros mismos y nos encontramos con carencias, proyectaremos nuestras inseguridades en los demás, y ellos nos percibirán como tales. Si creemos que somos excepcionales y únicos, inconscientemente, los demás también lo creerán y se pasarán todo el tiempo a nuestro alrededor intentando averiguar por qué somos tan grandes. Este misterio les resultará muy atractivo.

En realidad, la atracción tiene que ver con el poder personal. Si tratas de cortejar a una persona y te desvives por ella, suplicándole, le estás comunicando que no eres una persona de alto valor, que tu tiempo no es importante, y que tienes un bajo poder personal. Si estás dispuesto a darle a un extraño tu poder personal de buena gana simplemente porque es atractivo físicamente, entonces le estás comunicando que eres una persona de bajo valor, así de simple. Por lo tanto, te estás preparando para el fracaso de inmediato. Tal vez, por algún golpe de suerte, quieran salir contigo, pero sólo estarán contigo para aprovecharse de ti de alguna manera ya que les comunicaste desde el principio que no te respetas a ti mismo.

Inconscientemente, la gente no respeta a las personas que no se respetan a sí mismas. El respeto es algo que se gana, no se da. El amor se da siempre y por igual, pero el respeto se gana. Por lo tanto, tienes que aprender a amarte y respetarte a ti mismo. Si sientes que no te amas tanto como deberías, examina por qué es así. Si tienes traumas del pasado que necesitan ser sanados, entonces centra tu atención en superar esos traumas en lugar de encontrar una pareja. Necesitas estar en un buen lugar antes de tener una relación amorosa saludable con alguien. Y eso empieza por quererte a ti mismo.

Las personas que se aman a sí mismas tienen algún tipo de propósito en sus vidas. Su propósito suele ser lo más importante para ellos. Si ahora mismo no tienes un verdadero propósito en tu vida, te sugiero que pases más tiempo intentando encontrarlo o descubrirlo. Explora nuevas actividades creativas y aprende cosas nuevas sobre ti mismo. No tengas miedo de cambiar las cosas en tu vida y explorar nuevos caminos. Sal de tu zona de confort y haz las cosas que siempre has querido hacer. Encontrar tu propósito puede darte una alegría y una felicidad eternas. Te hará amarte a ti mismo y a tu vida, lo que resulta muy atractivo para otras personas. También hará que te conozcas mejor a ti mismo para dominar aquellas partes de tu ser que necesitan ser trabajadas.

Tu eres único en todos los sentidos y eres un hallazgo raro. Si aún no has descubierto esto sobre ti, es hora de hacerlo. El tiempo que pasas contigo es especial, y los demás deberían ser tan afortunados de que elijas dedicarles tu tiempo. Si te amas a ti mismo, entonces te será indiferente el resultado de conocer a alguien nuevo. Encontrar una pareja romántica o un nuevo amigo será un plus en tu vida en lugar de una necesidad. La indiferencia ante el resultado de conocer a alguien nuevo creará una especie de vacío energético que la otra persona se sentirá obligada a llenar. Hacerlo sólo aumentará tu nivel de atracción.

Si tienes una vida aburrida y quieres conocer a una pareja romántica, lo tendrás difícil. Ser la vida entera de alguien conlleva mucha presión para rendir y hacer feliz a esa persona siempre. Al final, la mayoría de la gente se rinde y se aleja de una relación así. Tienes que centrarte primero en estar en paz contigo mismo y quererte, porque si no te quieres a ti mismo, te será difícil encontrar a alguien que te quiera y llene ese vacío que hay en ti.

Para ser un Alfa, debes creer en estos Principios en los rincones más profundos de tu Alma en lugar de verlos como tácticas o una forma de manipulación. Si lo ves así, entonces inevitablemente, el sexo opuesto detectará tu comportamiento como una forma de manipulación, lo cual es poco atractivo. Al fin y al cabo, la gente odia que alguien intente manipularla. En cambio, les gusta la transparencia, aunque sea algo tan directo como "me gustaría acostarme contigo".

Si deseas trabajar en ti mismo, pero te falta el método de acercamiento, entonces mi primer libro puede ayudarte en ese sentido. *The Magus* está diseñado para ayudarte a alcanzar tu máximo potencial como ser humano Espiritual, haciéndote muy atractivo para otras personas. Tienes que aprender tu Verdadera Voluntad en la vida y conectar con tu Ser Superior. Si tu vibración de conciencia es alta, tus pensamientos y emociones serán impactados, afectando así tu comportamiento con los demás. Convertirte en el dueño de tu realidad te dará abundancia en tu vida, incluyendo todas las relaciones románticas y amistades que desees.

Las personas que han despertado a la Kundalini y que han alcanzado un alto nivel de conciencia se han liberado de este Mundo de la Materia. Su capacidad de divertirse es mucho mayor que la de aquellas personas que se toman la vida demasiado en serio. Todos queremos alegría y diversión en nuestras vidas. Por lo tanto, cuanto más puedas ver el encuentro con nuevas personas como una actividad divertida, tendrás más éxito.

La idea de divertirse con el sexo opuesto y jugar a despertar la atracción es una manifestación de la canalización de tu energía amorosa. Cuando buscas atraer a alguien en lugar de manipularlo, tus acciones no acarrearán consecuencias Kármicas, siempre y cuando no tenga una pareja romántica. En cambio, crearás un buen Karma para ti cuando puedas crear una conversación divertida en la que alguien que conozcas quiera participar de buena gana. Hacer esto enriquecerá tu vida, ya que al crear atracción y mantenerla, estarás rebotando energía amorosa de un lado a otro con la otra persona y construyéndola. Como tal, llenar tu vida con más energía de amor te llevará más adelante en tu viaje Espiritual.

CONVERTIRSE EN UN GUERRERO ESPIRITUAL

Dado que el viaje Espiritual conlleva un gran desprendimiento de Karma, tienes que convertirte en un guerrero Espiritual. Tienes que aprender a ser duro y asumir los retos de frente en lugar de huir de ellos. Si no lo haces, serás destrozado por los Cinco Elementos de tu Ser. Las partes de ti mismo que necesitas conquistar te vencerán en su lugar.

Como has aprendido hasta ahora, la Evolución Espiritual no es todo diversión y juegos; hay momentos en los que te sentirás muy incómodo en tu propia piel. El concepto de convertirte en un guerrero Espiritual es de gran importancia, especialmente cuando estás pasando por un proceso de transformación Kundalini. Recuerda que la metamorfosis requiere que algo viejo muera para que lo nuevo ocupe su lugar. La forma en que te conduzcas durante los períodos dolorosos marcará la diferencia en tu vida.

La Noche Oscura del Alma no es una única noche de angustia mental y emocional, sino que puede aparecer muchas veces en tu vida y durar semanas, incluso meses. La transformación requiere que seas fuerte ante la adversidad. Aunque nuestra sociedad suele hacer hincapié en que la Iluminación es una experiencia agradable, no hay mucha gente que hable de los aspectos negativos de alcanzar esa meta y de los retos que se presentan en el camino.

El despertar de la Kundalini es un despertar a la Dimensión de la Vibración. Esto significa que ya no puedes esconderte de las energías y participar sólo en las positivas mientras descartas las negativas, como hace la mayoría de la gente. En su lugar, te conviertes en una parte, la positiva y la negativa, en relación con sus efectos en tus pensamientos y emociones.

La mayoría de las personas que no han despertado pueden elegir no lidiar con los problemas mentales y emocionales a medida que surgen. Pueden elegir ignorar la negatividad y encerrarla en el subconsciente, que es como una bóveda con todas las "cosas" mentales con las que decidiste no lidiar, como los recuerdos traumáticos que uno elige ignorar. Pero con un despertar completo de Kundalini, esa bóveda se abre permanentemente como la Caja de Pandora. Todo lo que alguna vez fue un problema en tu vida, incluyendo las emociones y pensamientos suprimidos y reprimidos, necesitan ser tratados y superados.

Por ejemplo, los recuerdos traumáticos que alteraron tu forma de funcionar en el mundo han tomado la forma de Demonios personales, que ahora están incrustados en tus Chakras como energía Kármica que necesita ser neutralizada. Dado que cada Chakra es sinónimo de uno de los Cinco Elementos, a esto me refería cuando decía que debes superar los Elementos en lugar de permitir que te abrumen. La energía elemental tiene que ser limpiada, purificada y dominada para que la vibración de tu conciencia se eleve libremente a una frecuencia más alta, sin ser obstaculizada por las energías inferiores.

LIDIANDO CON LAS ENERGÍAS POSITIVAS Y NEGATIVAS

Como seres humanos, abrazamos por naturaleza la energía positiva. Parece que no nos cansamos de ella. La recibimos, la experimentamos, la disfrutamos y buscamos más. Y así, hemos estructurado nuestras vidas de tal manera que podemos recibir energía positiva mientras evitamos la energía negativa.

La energía positiva adopta muchas formas. El amor, la alegría y la felicidad son algunas de ellas, pero hay muchas más, como el entusiasmo y la paz interior. Por el contrario, la energía negativa se presenta en forma de conflicto. Casi siempre incluye nerviosismo, ansiedad, y otras expresiones de la energía del miedo.

El miedo es un elemento esencial de la vida y hay que aprender a utilizarlo, no a dejarse utilizar por él. Estamos programados para huir de las situaciones de miedo en la medida de lo posible, ya que nuestro cuerpo está en alerta, señalando que estamos en peligro. Sin embargo, al huir del miedo, te estás robando la oportunidad de crecer. Por otro lado, si aceptas el miedo, puedes aprender algo nuevo sobre ti mismo que te llevará más lejos en tu viaje de Evolución Espiritual.

Como iniciado de Kundalini, pronto aprenderás que tienes dos opciones en la vida. Una, puedes permanecer como parte de la sociedad y aprender a vivir con la negatividad y los desafíos que la vida diaria puede traer, o dos, puedes dejar tu comunidad por completo. En esta última situación, te desharías de tus posesiones materiales y de los lazos de relación con las personas de tu vida y te irías a vivir a un Templo o Ashram en algún lugar, dedicando tu vida por completo al crecimiento Espiritual.

Sin embargo, en la mayoría de los casos, la gente elige permanecer en la sociedad y formar parte del juego de la vida. Si lo haces, como yo y otros muchos que me precedieron, tendrás que convertirte en un guerrero Espiritual para poder enfrentarte al miedo y a la ansiedad que provoca la energía negativa. Debes aprender a ponerte tu armadura Espiritual y tomar tu escudo y espada metafóricos (Figura 160) para defenderte mientras aprendes a atacar. Necesitarás ambas cosas para ganar la lucha.

Tu escudo es el amor incondicional de tu corazón (Elemento Agua) que puede enfrentarse a cualquier cosa, mientras que tu espada es tu fuerza de voluntad (Elemento Fuego) que atraviesa todas las ilusiones para llegar a la verdad. Tu fuerza de voluntad no tiene miedo de la adversidad, sino que la acoge, sabiendo que es una oportunidad para crecer. Ten en cuenta que, aunque es más difícil hacer que funcione como parte de la sociedad normal que huir de ella y evolucionar de forma aislada, es mucho más gratificante.

Figura 160: Convertirse en un Guerrero Espiritual

En su estado pasivo, la Kundalini funciona a través del Elemento Agua, expresado a través del femenino Nadi Ida. Nuestra conciencia recibe energías del mundo exterior, que se sienten a través del Ojo de la Mente y se experimentan como emociones. Como individuo despierto de Kundalini, el simple hecho de estar cerca de otras personas trae negatividad, ya que al ser un empático, sientes intuitivamente la oscuridad de las Almas de las personas. Pero si trabajas en desarrollarte como un guerrero Espiritual, aceptarás el reto de encajar y hacer que funcione en la sociedad actual.

En la mayoría de los casos, lo que nos molesta de otras personas es lo que llevamos en nosotros mismos. Así que, al desarrollarte como un guerrero Espiritual y superar esas cosas, descubrirás que ya no verás esas cosas en los demás, al menos no de forma que no puedas estar cerca de ellos. Así que, de esta manera, la negatividad de otras personas puede ser una ventaja para ti y un catalizador para el crecimiento.

CÓMO AUMENTAR LA FUERZA DE VOLUNTAD

Debes aumentar tu fuerza de voluntad utilizando el aspecto Fuego de la energía Kundalini, que se canaliza a través del Nadi Pingala. Por supuesto, ayuda si ya eres alguien que trata con la gente y las situaciones difíciles con cierta facilidad. Sin embargo, cuando puedes sentir la negatividad de la gente en tiempo real, es una situación mucho más desafiante que tiene su propia curva de aprendizaje, especialmente en el punto inicial de tu viaje de transformación, cuando tus emociones tienen prioridad. En cualquier caso, todos los iniciados deben comenzar su viaje para convertirse en un Guerrero Espiritual aprendiendo a neutralizar la energía negativa que los acontecimientos de la vida y las personas que les rodean pueden aportar.

La fuerza de voluntad es como un músculo, y debes tratarla como tal. Si ejercitas este músculo a diario, se vuelve más fuerte y poderoso. La base de tu fuerza de voluntad crece con el tiempo, y se hace más difícil desviarse de su curso a través de la negatividad experimentada por medio de la influencia externa. El Fuego (la fuerza de voluntad) siempre domina sobre el Agua (las emociones) cuando se aplica correctamente. Es fundamental comprender este concepto. La energía es una fuerza ciega, al igual que la emoción. La energía es pasiva y se experimenta dentro del Aura como un sentimiento. Puedes manipular este sentimiento con la aplicación adecuada de la fuerza de voluntad.

Al principio, te encontrarás movido por tus emociones como un pasajero en un barco en el mar. Pero con la práctica diaria, superarás la ansiedad y el miedo, y serás capaz de utilizar tus Demonios de forma constructiva en lugar de permitir que te gobiernen. Esto no es fácil de dominar dentro del Ser y es quizás el mayor desafío para cualquier iniciado en Kundalini despierto. Pero se puede lograr. Y debe serlo si quieres maximizar tu potencial Espiritual.

Ahora tienes un poder increíble dentro de ti, pero debes aprender a domarlo y utilizarlo productivamente en tu vida. Debes superar tus miedos y Demonios conquistando tu Yo Inferior, el Ego. Sólo entonces podrás Resucitar Espiritualmente y alinear tu conciencia con tu Yo Superior.

PARA CAMBIAR TU ESTADO DE ÁNIMO, CAMBIA TU ESTADO

La forma en que apliques tu mente, el tipo, y la calidad de los pensamientos que elijas para escucharte determinarán tu éxito en este empeño. Tus emociones negativas te vencerán o las neutralizarás; éstas son tus dos opciones. Por lo tanto, si estás experimentando un estado emocional negativo, es crucial que lo trates como una energía ciega que puede ser sometida con la aplicación de tu fuerza de voluntad. Para lograrlo, aplica el Principio del Género Mental de *El Kybalion* y concéntrate en el polo opuesto de la emoción que estás tratando de cambiar dentro de ti. Esto te permitirá alterar su vibración y convertirla de un polo negativo a uno positivo.

Este método se llama "Transmutación Mental", y es una técnica muy poderosa para tomar el control de tu realidad y no ser esclavo de tus emociones. He utilizado este Principio toda mi vida, y ha sido una de las principales claves de mi éxito en el dominio mental. La forma en que funciona es sencilla: si estás experimentando miedo, concéntrate en el valor; si estás lleno de odio y quieres inducir el amor, entonces concéntrate en él. Y así sucesivamente con diferentes expresiones de emociones opuestas.

Aprende a hablarte positivamente a ti mismo en lugar de ser auto derrotante. No digas que no puedes hacer algo; en su lugar, dite a ti mismo que puedes. Nunca te permitas deprimirte y admitir la derrota. En su lugar, cambia tu mente para centrarte en lo positivo de una situación, como verla como una lección de aprendizaje que te ayudará a crecer como persona. No te detengas en tus emociones o estados mentales negativos, sino sé proactivo y concéntrate voluntariamente en cultivar lo contrario. Ayuda recordar un momento de tu vida en el que sentiste esa emoción positiva que estás tratando de inducir en ti. A medida que mantengas su recuerdo en tu mente, comenzará a afectar al sentimiento negativo y a transformarlo en uno positivo. Para cambiar tu estado de ánimo, debes cambiar tu estado. Nunca olvides esto. El fracaso es una elección.

Otro método para superar las emociones negativas es cambiar tu mente a un estado activo participando en una actividad inspiradora. Recuerda que, para estar inspirado, debes estar en el Espíritu. Un acto de inspiración implica estar en sintonía con la energía del Espíritu, que afecta positivamente a tu conciencia. Para estar inspirado, también puedes realizar una actividad física, transformando la emoción negativa al aumentar el Elemento Fuego dentro del cuerpo.

Otro método para estar en el Espíritu es sintonizar directamente con la mente, pasando por alto el cuerpo, y dedicarse a alguna actividad creativa que implicará al Elemento Fuego, así como a la imaginación (Elemento Aire), cambiando lentamente la energía de negativa a positiva. Crear es sintonizar con la positividad en uno mismo ya que se necesita energía de amor para crear. Algunas actividades físicas que son esenciales para aumentar la fuerza de voluntad son caminar, correr, hacer Yoga (Asanas), practicar deportes, o bailar. Las actividades creativas incluyen pintar, cantar, y escribir.

Desarrollar la fuerza de voluntad no es una tarea fácil, y se necesitan muchos años para superar el miedo y la ansiedad después de despertar la Kundalini. Pero si te aplicas y das pasos de bebé diariamente para lograr esta tarea, te convertirás en un verdadero Guerrero Espiritual que puede lidiar con todas las situaciones de la vida de manera relajada y tranquila. Trabajando hacia esta meta, la energía del amor que llevas en tu corazón se expandirá hasta que te supere y te tome por completo. El amor es la clave de este proceso; el amor a uno mismo y el amor a los demás.

EL PODER DEL AMOR

El amor transmuta/transforma cualquier emoción o pensamiento cargado negativamente en uno positivo. Crear y utilizar la imaginación es también un acto de amor. La energía del amor potencia tu proceso creativo, que es necesario para ver formas alternativas de percibir el contenido de tu mente. Los pensamientos y las emociones positivas sólo pueden ser inducidos por el amor. Al aplicar la energía del amor a una emoción o pensamiento negativo, basado en el miedo, estás cambiando su forma y sustancia. El amor actúa como la fuerza de fusión entre dos ideas opuestas, neutralizando y eliminando completamente el miedo, la fuerza motriz de todos los pensamientos negativos.

En el Chakra de la Corona, este proceso es voluntario y continuo. De ahí que la Corona se considere lo último en conciencia y vacío de Ego. El miedo existe sólo en el nivel mental donde se produce la dualidad. Puede ser comparado con una Falsa Evidencia que Parece Real (el acrónimo "FEAR", por sus cifras en Ingles, que significa "miedo", también en Ingles). En otras palabras, el miedo es el resultado de una falta de comprensión o de una interpretación inadecuada de los acontecimientos.

La única manera de interpretar un evento es a través del amor. La falta de amor crea miedo, lo que produce Karma, ya que el Karma existe como una salvaguarda para el Plano Espiritual. El Karma es el resultado de los recuerdos de los eventos mal interpretados debido a la falta de comprensión, creando una división entre el Ser y el resto del mundo. Esta división genera miedo. Sin embargo, si quitas el miedo, te quedas con la unidad, que engendra la fe. A través de la fe, encontrarás el amor, que es lo último en comprensión humana.

Al aprender a operar a través del amor incondicional, Espiritualizas el Chakra del Corazón, lo que permite que tu conciencia se eleve al Plano Espiritual para experimentar los tres Chakras superiores de Vishuddhi, Ajna, y Sahasrara. Este estado crea un arrebato en el corazón, manifestando el Reino de los Cielos del que habló Jesucristo. Cuando se logra, te sientas a la derecha de Dios y eres un Rey o Reina en el Cielo, metafóricamente hablando.

Esta es la interpretación esotérica de las enseñanzas de Jesucristo. No es casualidad que siempre se le haya representado simbólicamente con un corazón en llamas y un halo alrededor de la cabeza. Jesús completó el proceso de despertar de la Kundalini y vino a contarlo a los demás, aunque transmitió sus enseñanzas en parábolas crípticas para que sólo los dignos pudieran entenderlas. Jesús sabía que nunca había que echar "perlas a los cerdos", que era el método tradicional de transmitir las enseñanzas Espirituales y esotéricas en la antigüedad. Como dice *El Kybalion*, "Los labios de la sabiduría están cerrados, excepto para los oídos del entendimiento".

En este Universo, todas las cosas evolucionan y se resuelven en su origen. Como nuestro Universo fue creado por el amor y todo es un aspecto de él, el amor es también el factor unificador de todas las cosas y su producto final. Al mantener una actitud amorosa en tu corazón, estás silenciando otras partes de tu mente que crean caos y desequilibrio. El amor silencia el Ego y te centra para que estés en contacto con tu Alma y tu Ser Superior. Debido a su poder de transformación, el amor se representa simbólicamente como el fuego, ya que el Elemento Fuego consagra y purifica todas las cosas, devolviéndolas a su estado original y puro.

Del mismo modo, debido a su poder Universal, todas las cosas se inclinan ante el amor. Eso significa que una vez que aplicas el amor a cualquier acción, los demás responderán de la misma manera. El amor exige respeto. Dice la verdad y obliga a los demás a hacer lo mismo. El amor es la Ley del Universo, especialmente cuando se aplica conscientemente. Como tal, el amor necesita estar bajo el gobierno de la voluntad.

No habría necesidad de gobiernos y policías si todas las personas despertaran su energía Kundalini. Esto activaría las virtudes superiores de las personas, y como el amor sería la fuerza que guiaría todas sus acciones, los problemas entre las personas dejarían de existir. Las peleas y las divisiones terminarían, y el mundo se equilibraría. No es de extrañar que todas las personas Espirituales digan que la manifestación más elevada de Dios en nuestro Plano de existencia es el amor.

Piensa en los muchos casos del pasado en los que, a un poeta, músico, o artista famoso se le "rompió el corazón". En sus sentimientos heridos, se volvieron hacia la expresión a través de la actividad creativa en la que eran maestros. Y al hacerlo, se curaron a sí mismos. El amor es el sanador definitivo de todo dolor y sufrimiento. Y el Fuego es el elemento transformador absoluto que se utiliza para transformar la energía negativa del miedo y la ansiedad en amor puro.

EL AMOR Y EL PRINCIPIO DE POLARIDAD

Para entender cómo funciona la energía psicológicamente, debes comprender el concepto de una habitación oscura y lo que ocurre cuando permites que entre la Luz. Puedes pasar una Eternidad concentrándote en la oscuridad y tratando de expulsarla de la habitación, o simplemente puedes abrir una ventana para que entre la Luz.

La idea que subyace a esta metáfora es la de centrarse en lo opuesto a lo que se intenta superar dentro de uno mismo. Para ello, debes utilizar el Principio Hermético de la Polaridad, que está presente en todas las cosas. Afirma que todo en la naturaleza es dual y tiene dos polos o extremos que son diferentes en grado, pero hechos de la misma sustancia. Este Principio implica que todas las verdades son medias verdades y que todas las paradojas pueden ser reconciliadas.

Encontrarás que la energía del amor, en una de sus varias formas, es lo opuesto a cualquier pensamiento o idea negativa que encuentres en la vida. Por ejemplo, si uno miente, habrá recurrido al odio a sí mismo, y si aplica el amor a esta ecuación, dirá la verdad. Decir la verdad es amarse a sí mismo y a los demás. La verdad es un aspecto del amor. Si uno está enfadado y es violento, debe utilizar un aspecto del amor y aplicar la templanza, que le dará humildad, y a su vez, superará su ira. Si uno es codicioso, tendrá que usar la energía del amor y aplicarla para volverse caritativo y dar a los demás lo mismo que a sí mismo.

La noción de los siete pecados capitales de la lujuria, la gula, la avaricia, la pereza, la ira, la envidia, y el orgullo están en la base de la mayoría de los pensamientos, emociones y creencias negativas. Aplicar la energía del amor convierte estos estados negativos en positivos, que son la castidad, la templanza, la caridad, la diligencia, la paciencia, la bondad, y la humildad.

El miedo es lo contrario del amor, y los siete pecados capitales se basan en diferentes aspectos o manifestaciones del miedo. En la mayoría de los casos, es la energía del miedo la que está motivada por el instinto de supervivencia, por lo que la persona se desvincula del resto del mundo y se individualiza y aísla psicológicamente. El concepto aquí es cuidar de uno mismo, pero en el caso de los siete pecados capitales, este concepto lo hace sin el debido respeto a otras personas.

Anteponerse a otras personas y con desprecio a ellas crea una falta de igualdad y equilibrio. Hacerlo es un acto de Amor Propio, en lugar del amor Universal que nos libera. Al operar desde el Amor Propio, actúas desde el Ego. Operar desde el Ego te aísla del resto del mundo y te quita el canal del amor, que es necesario para ser verdaderamente feliz, alegre y estar contento contigo mismo y con tu vida.

EL EGO Y EL YO SUPERIOR

Es un reto distinguir entre el Ego y el Yo Superior, especialmente si estás en un conflicto con alguien y en el calor del momento. Siempre me gusta hacerme las siguientes preguntas antes de responder a una disputa: "¿Cómo afecta lo que voy a decir o hacer al panorama general? ¿De forma positiva o negativa? ¿Ayudará o perjudicará la situación?". En otras palabras, "¿Se resolverá la situación o se complicará aún más? Si lo que voy a decir o hacer solo me ayuda a mí y perjudica a los demás, lo que suele ser una respuesta instintiva, proviene del Ego. Por otro lado, si afecta positivamente a una situación y la resuelve potencialmente, aunque dañe mi orgullo, entonces es del Yo Superior, y debo proceder con ello.

El Universo hace que la fórmula sea muy sencilla. Si nuestras acciones o declaraciones en la vida provocan un cambio positivo en la vida de otras personas, se activará el principio del amor y alcanzaremos la unidad. Las acciones desinteresadas son las más favorables para nuestra Evolución Espiritual ya que crean un Karma positivo a la vez que inducen a la dicha. Sin embargo, las acciones egoístas dirigidas a atender sólo tus necesidades y deseos, con desprecio por otras personas, adhieren energía Kármica negativa a tu Aura y atan más al Ego a tu conciencia. Ser egoísta de palabra o de obra siempre rinde frutos tóxicos que hacen más grande la ilusión del Ego. Recuerda que la mayor estafa del Ego es hacerte creer que eres tú. Así que no caigas en ella.

Cuanto más ayudes a los demás y menos te centres en ti mismo, más amor y unidad sentirás con todas las cosas. Sin embargo, hacer esto no sólo es confuso para el Ego, sino que es contraintuitivo. Por lo tanto, el Ego siempre tratará de influir en la dirección opuesta. Pero si procedes con una acción o declaración que desencadena el principio del amor, incluso si compromete al Ego, te alinearás con tu Ser Superior para poder experimentar la dicha. En muchos casos, sin embargo, tendrás que creerlo antes de verlo, porque el Ego es infiel por naturaleza, y por eso no puede ver el panorama general.

Para dar verdadera prioridad a tu Evolución Espiritual, debes empezar a responsabilizarte plenamente de tus acciones, incluyendo los conflictos en tu vida. Deja de culpar a los demás, pero entiende que se necesitan "dos para bailar el tango". Ser el primero en pedir disculpas no te hace débil, sino que demuestra que estás asumiendo la responsabilidad de tu parte en el conflicto. Inconscientemente, esto hace saber a la otra persona que debe hacer lo mismo.

Por el contrario, si sigues a la defensiva, te devolverán el favor y no se resolverá nada. El conflicto seguirá escalando, manteniendo tu energía amorosa con esa persona cortada e incluso poniendo en peligro tu relación. Las personas tienden a reflejar el comportamiento de los demás, especialmente durante los conflictos. Por lo tanto, ten cuidado con tus acciones y declaraciones porque lo que pones, lo recibes de vuelta.

Al desarrollarte como un Guerrero Espiritual, un emisario de Dios-el Creador, trabajas en la expansión de tu capacidad de amar incondicionalmente. Primero, debes aprender a amarte y respetarte a ti mismo, a tu Ser Superior, y luego aplicar esa misma cantidad de amor a otras personas. En consecuencia, al mostrar amor a otras personas, muestras amor a tu Ser Superior, y viceversa. Debes remodelar tu carácter y personalidad desarrollando una ética y una moral que busquen la unidad en lugar de la división. Al hacer esto, te distanciarás de tu Ego, permitiendo que tenga lugar una transfiguración completa de la mente, el cuerpo y el Alma que puede traer felicidad eterna a tu vida.

SER COCREADOR DE TU REALIDAD

Muchas personas experimentan tremendos desafíos a nivel mental y emocional después de un despertar de la Kundalini. Después de la afluencia de la energía de la Luz y la sintonización con la Dimensión de la Vibración, uno ya no puede cerrarse al mundo exterior, sino que su conciencia está abierta a él las 24 horas del día, 7 días a la semana. Cuando esto sucede, el individuo puede percibir la energía Kundalini como algo extraño que no forma parte de él, pero que controla su vida. Por ejemplo, muchos individuos despiertos dicen que se sienten poseídos por esta energía y que una entrega total a ella es la respuesta correcta. Sin embargo, la energía Kundalini es pasiva ya que es la energía femenina de la Diosa Shakti. Esta energía de la Vida requiere que seamos participantes activos en el proceso de la Creación ya que todas las energías pasivas necesitan un catalizador que las ponga en movimiento.

El corazón es el principio motivador, el primer impulso que recibe el empuje de la fuerza de voluntad, el Fuego del Alma. Si la fuerza de voluntad se utiliza de forma continuada, se energiza el corazón, moviendo la mente, y el cuerpo le sigue. Después de un despertar completo de la Kundalini, el sistema energético optimizado funciona como una fuerza ciega hasta que la fuerza de voluntad lo controla. Como la fuerza de voluntad es masculina, actúa sobre la energía femenina de la Kundalini, animándola y haciendo que se mueva en la dirección deseada.

En efecto, la Kundalini es la energía femenina, que representa la creatividad, la imaginación y todas las partes del Ser, que representa la corriente energética negativa y pasiva. En este sentido, hay que entender que las corrientes energéticas negativas y positivas no tienen nada que ver con lo bueno o lo malo, sino que tienen que ver con la proyección y la recepción: la energía masculina proyecta, mientras que la femenina recibe. Dado que el despertar de la Kundalini es un proceso completo de transformación, no sólo implica el aspecto femenino del Ser, sino también el masculino. Te desafía a utilizar tu nueva energía masculina expandida utilizando tu fuerza de voluntad, lo que te permite estar a cargo de tu realidad en todo momento.

Es crucial que controles activamente el funcionamiento de la mente, que a su vez influirá y controlará el cuerpo. El precursor de toda acción es el pensamiento, mientras que el progenitor de los pensamientos es la fuerza de voluntad. La fuerza de voluntad está en el centro de todas las cosas. Por lo tanto, ser un Cocreador con el Creador es el reto sustancial de la transformación Kundalini, uno que necesitas empezar a superar diariamente.

Estamos en el Planeta Tierra para manifestar cualquier realidad que deseemos, y es un regalo de nuestro Creador tener esta capacidad. Sin embargo, si no utilizamos esta capacidad al máximo de nuestro potencial, sufriremos emocional y mentalmente. Y más aún, si no usamos nuestra fuerza de voluntad para controlar nuestra realidad, invariablemente seremos influenciados por otros que harán nuestro pensamiento por nosotros. Por lo tanto, no hay otra forma de vivir que asumir la plena responsabilidad de tu propia vida.

Además, si el cuerpo no es movido por la mente, serás presa de los trabajos del Ego, que es una inteligencia aparte del Alma y el Espíritu que aparentemente funciona en automático. El Ego está ligado a la supervivencia del cuerpo físico, operando a través del elemento pasivo del Agua. Si tu fuerza de voluntad no está activa, estarás constantemente bajo el control del cuerpo y del Ego. La fuerza de voluntad es un músculo que requiere ser entrenado, lo que puede ser un reto para trabajar, pero gratificante sin medida. La energía ciega de la Kundalini no debe animar el cuerpo sin que la fuerza de voluntad esté presente y en uso, ya que eso implica que los factores externos son su catalizador. Por el contrario, la fuerza de voluntad debe controlar la energía de la Kundalini, que luego impacta en la mente, poniendo el cuerpo en movimiento.

La Mente sobre la Materia es una afirmación falsa. Es el corazón sobre la mente, impactando en la Materia. El corazón es lo primero ya que la fuerza de voluntad opera a través de él. La mente es simplemente un medio ciego entre el cuerpo y el corazón. Si no recibe las impresiones de la fuerza de voluntad, acogerá las ideas de las voluntades de otros, y ya no habrá control de la energía Kundalini. En su lugar, la mente será la que tenga el control. La gente se equivoca en esta parte. A veces actúan como si la Kundalini fuera algo externo al Ser que necesita ser escuchado y seguido, olvidando el propósito general del despertar de la Kundalini.

La Kundalini es un despertar del Ser Espiritual, del corazón, y de la fuerza de voluntad del Verdadero Ser, que ahora puede verterse en el cuerpo y controlarlo a través de la mente. Sin embargo, antes de conseguirlo, hay que trabajar mucho en el interior. Hay que entrenarse para combatir la negatividad del mundo exterior y superarla. El mundo exterior, incluidas las personas y el entorno, crea constantemente negatividad que se proyecta en tu Aura, afectando negativamente a tu campo energético.

El reto más importante después de despertar la Kundalini es aprender a vivir diariamente con la energía. Hay que entender los entresijos de vivir con esta energía y controlarla en lugar de ser controlado por ella. El Principio del Género Mental de *El Kybalion* entra en juego cuando se experimenta una transformación de la Kundalini, que afirma que los componentes femeninos y masculinos del Universo están presentes también dentro de la mente. Si no utilizas tu fuerza de voluntad, tus energías serán impulsadas por factores externos como la fuerza de voluntad de otras personas. Este Principio o Ley del Universo no puede ser superado o destruido. Por el contrario, hay que respetarlo y aplicarlo. El Libre Albedrío es un regalo que requiere nuestra máxima atención. Después de todo, "Un gran poder conlleva una gran responsabilidad". Y si quieres ejercer un gran poder y ser un catalizador del cambio, se requiere un duro trabajo interior para tener éxito.

MANIFESTANDO TU DESTINO

Para manifestar la vida que siempre soñaste para ti, no tendrás más remedio que alinearte con tu fuerza de voluntad y aprender a utilizarla. Pero, por otro lado, la pereza y la incapacidad de poner en práctica tu fuerza de voluntad tendrán como resultado el estancamiento o la involución en todos los casos. Además, convertirá tu vida en un caos, donde te convertirás en la Luna de los Soles de otras personas, en lugar de ser tu propio Sol, el centro de tu Sistema Solar. En otras palabras, otras personas estarán a cargo de tu realidad, ya que tu atención estará en complacerlas a ellas en lugar de a ti mismo.

Tienes que entender que primero tienes que amarte a ti mismo antes de poder amar sanamente a los demás. Y mostrarte amor a ti mismo significa que debes tomar tus propias decisiones en la vida y guiar tu camino. Debes poner toda tu confianza y fe en ti mismo y saber que eres un regalo para este mundo. Eres único, aunque debas creerlo ciegamente antes de verlo manifestado. Otras personas pueden darte consejos que debes sopesar con pensamiento crítico y discernimiento, pero cada decisión que tomes tiene que ser tuya.

Uno de los grandes misterios de la vida es que estamos destinados a ser Co-creadores con nuestro Creador. No estamos destinados a ser meros reflejos de las realidades de otras personas. Con Dios en nuestros corazones, podemos vivir nuestros sueños, y al hacerlo, ayudaremos a la evolución colectiva de la humanidad. Los seres humanos son intrínsecamente buenos, pero la creencia en uno mismo es de suma importancia si quieres superar tu Ego y alinearte con tu Ser Superior. Como ves, la mayoría de la gente no busca el sentido de la vida, sino que siente la cruda emoción de estar vivo. Todos queremos vivir el momento y saborear los frutos del Espíritu Eterno, que es nuestro derecho de nacimiento.

Para empezar a manifestar tu destino, debes soltar todas las creencias limitantes que te han permitido conformarte con una vida mediocre. Tú no eres tu condicionamiento pasado, y en cada momento de vigilia, tienes el poder de tu voluntad para rehacerte por completo. Tienes Libre Albedrío, pero tienes que aprender a ejercitarlo y a utilizarlo productivamente. Entonces, puedes ser el héroe de tu propia historia si así lo decides. Es mucha responsabilidad, pero como dijo Voltaire: "Un gran poder conlleva una gran responsabilidad".

Si aprendes a no temer al cambio, podrás cumplir los deseos de tu Alma y ser feliz. Sin embargo, primero debes aceptar el derecho que te ha dado Dios de ser un Cocreador de tu vida. Las personas perezosas y desmotivadas se sientan sin hacer nada y dejan que la vida pase de largo, albergando alguna falsa creencia sobre lo que es el destino. Han renunciado a su fuerza de voluntad y tienen la pretensión de que todo lo que está destinado a suceder, sucederá. Pero en realidad, si no haces que algo ocurra, no ocurrirá. Es tan sencillo como eso.

Si esperas y rezas continuamente para ganar la lotería, pero ni siquiera has comprado un billete de lotería, ¿cómo esperas ganar? Muchas personas con las que me he cruzado tienen este punto de vista. Quieren creer que es sólo cuestión de tiempo que el Universo les recompense por sus "dificultades", pero no hacen absolutamente nada para ser el catalizador del cambio en sus vidas. Creen que su posición y condiciones en su vida son el resultado de factores externos y que todo está "destinado a ser". Estas personas no asumen ninguna responsabilidad por su realidad y actúan como víctimas de todo lo que la vida les depara. Han encontrado consuelo en este proceso de victimización, y en lugar de salir de él y tomar el control, culpan a los demás y al propio Universo de que no sean felices con sus vidas.

El punto de vista anterior es erróneo en su esencia. Comprende que el Universo es un recipiente de energía ciega que requiere el uso de nuestro Libre Albedrío para decretar el cambio. Si no utilizas tu fuerza de voluntad, las cosas seguirán como están, permitiendo que el Ego tenga el control total de tu vida. Y el Ego quiere dar placer al cuerpo en cualquier momento; no le preocupa el futuro. Recuerda siempre que el Universo quiere darte lo que quieres. Si eliges ser perezoso, el Universo te proporcionará las ramificaciones de esa acción. Sin embargo, si asumes la responsabilidad de tu vida y haces cambios, el Universo te recompensará.

Espera que el Universo complete cualquier pensamiento y deseo que proyectes en el Mundo Astral, así que ten cuidado con lo que piensas y deseas. Este Principio Universal que forma la Ley de la Atracción necesita ser utilizado con precisión y gran responsabilidad. Sufrirás si lo utilizas al azar, ya que nada se manifiesta por casualidad. Todo lo que se manifiesta en tu vida es el resultado de que magnetizas el Mundo Astral con tus pensamientos. Tú pediste estar donde estás en la vida, ya sea consciente o inconscientemente. Hasta que no te des cuenta de esto, no progresarás más. Si dejas que otras personas piensen por ti, ellas toman el control de tu realidad mientras tú eres simplemente un pasajero en tu viaje, lo cual es doloroso para tu Creador. Dios quiere que seas un ganador en la vida, no un perdedor al que las cosas simplemente le suceden sin su control consciente.

Nadie, ni siquiera tus padres ni tus seres queridos, puede decirte cómo tienes que vivir tu vida. Sólo tú puedes decidirlo por ti mismo. Y es tu responsabilidad permitirte descubrirlo. Puedes alcanzar cualquier objetivo y sueño si aplicas la energía adecuada para manifestarlo y eres decidido, persistente, y francamente obstinado para hacerlo realidad. Si dejas que otros te digan lo que debes hacer, entonces te has fallado a ti mismo y a tu Creador.

El camino del iniciado en Kundalini es el camino de un guerrero Espiritual. El avance Espiritual requiere la participación del Ser con el Universo, lo que implica desempeñar el papel de Cocreador en esta realidad. Este camino Espiritual no consiste en convertirse en un simple Rey o Reina del Cielo. Requiere que te conviertas primero en un Rey o Reina del Infierno. En otras palabras, debes aprender a lidiar con la negatividad y dominarla. Debes dominar todas las partes del Ser que te impiden ser la mejor versión de ti mismo. Debes invocar el coraje y enfrentar tus miedos y superarlos mientras aprendes a escuchar la voz en tu cabeza que te inspira a vivir en la Luz y la verdad.

Los individuos totalmente despiertos a la Kundalini, en contacto con el mundo de la energía, reciben constantemente influencias energéticas positivas y negativas, tanto externa como internamente. Están totalmente abiertos a las fuerzas de la Luz, pero también a la Oscuridad. Vivir con una Kundalini despierta es mucho más desafiante que vivir sin ella porque requiere que abraces esta nueva realidad y hagas uso de tus nuevos poderes. Requiere que uses tu Principio de Libre Albedrío a un nivel más alto que antes. Debes motivarte y buscar respuestas en tu interior en lugar de buscarlas en el exterior. Debes ser tu propio salvador, en lugar de esperar que alguna Deidad baje de los Cielos para salvarte.

Como el despertar de la Kundalini es una activación completa del Chakra del Corazón, es esencial notar que el corazón se convierte en la fuerza que guía tu vida. El corazón es el opuesto del Ego. El Ego busca satisfacer el cuerpo físico mientras que el corazón es la expresión del Alma y del Espíritu. Por lo tanto, aprender a vivir renovado desde el centro del corazón y utilizar tu fuerza de voluntad en todo momento es uno de los mayores retos de todos, pero que da los frutos más increíbles si se domina.

VIDA LABORAL Y ESCOLAR

Uno de los retos significativos del proceso de despertar y transformación de la Kundalini es el rendimiento en el trabajo o en la escuela. Me refiero al trabajo y a la escuela, ya que estoy hablando de las obligaciones de nueve a cinco que ponemos para mantener un estilo de vida saludable. Necesitas dinero para sobrevivir en la sociedad actual; por lo tanto, supongo que habrás tenido algún trabajo diario que te sostenga económicamente. Por otro lado, si eres joven y estás empezando tu vida, tal vez no estés trabajando a tiempo completo todavía, y estés estudiando, como yo cuando tuve el primer despertar de la Kundalini. O tal vez estás haciendo malabares con el trabajo y la escuela, y fuiste agraciado con el despertar de la Kundalini, ya sea uno espontáneo o uno inducido conscientemente.

Sea como fuese, si has optado por resistir en el trabajo y (o) seguir estudiando, la vida te deparará retos particulares en el camino. Ya he hablado de esto brevemente, pero siento la necesidad de entrar en más detalles sobre este tema. En primer lugar, tendrás experiencias nocturnas en las que la energía Kundalini está muy activa, y no podrás inducir el sueño para estar totalmente descansado por la mañana. Esta situación es algo a lo que tendrás que adaptarte desde el principio. No puedes cambiarla, sólo puedes adaptarte a ella.

Mi consejo es que aprendas a relajarte lo máximo posible. Encuentra la posición para dormir que mejor te convenga. Si duermes de lado, lo más probable es que tengas un sueño más profundo que si te acuestas de espaldas. Si te acuestas de espaldas, tu cuerpo está en un estado de meditación, y la mayoría de las veces, esto resultará en una Experiencia Fuera del Cuerpo y un Sueño Lúcido. Los Sueños Lúcidos son divertidos y excitantes, pero no te darán el sueño profundo que necesitas si el objetivo es estar lo más descansado posible por la mañana para poder afrontar tu jornada laboral. Recuerde que los Sueños Lúcidos se producen en el Estado Alfa, cuando la conciencia no está ni totalmente dormida ni totalmente despierta. Suele ir acompañado del sueño MOR que significa "Movimiento Ocular Rápido". En MOR, tus ojos están rodando hacia la parte posterior de tu cabeza mientras duermes. No es peligroso estar en modo MOR, pero puede ser agotador para el cuerpo físico.

Mientras estás en el trabajo o en la escuela, es posible que algunos días no te sientas muy equilibrado emocional o mentalmente, lo que puede hacer que tengas un "episodio" delante de tus compañeros de trabajo o de tus colegas. Lo mejor es que te pongas en otra tesitura mientras estás en el trabajo o en la escuela si quieres permanecer de incógnito ante los demás. Reserva tus emociones para cuando estés solo o tengas un familiar o un amigo especial en el que puedas confiar.

Tener un episodio emocional delante de personas en las que no puedes confiar pondrá en peligro tu trabajo. Recuerdo muchos casos en los que tuve que mantener la calma frente a mi jefe o profesor en la escuela para preservar mi trabajo o la integridad de la escuela. Es un reto tratar con las figuras de autoridad mientras se experimenta una transformación de Kundalini, ya que no entenderán por lo que estás pasando, pero su trabajo es mantenerte a raya. Como he mencionado antes, ayuda tener excusas aceptables a mano, y a menudo no tendrás más remedio que mentir sobre tu situación para que te den un pase.

Sentirse alienado debido a la condición en la que te encuentras hará que tu vida sea mucho más complicada que si dices una mentira. Es útil hacer amigos en el trabajo o en la escuela, ya que a veces los necesitarás para que te cubran. Esfuérzate siempre con estas personas, ya que te serán de gran utilidad en determinadas situaciones. Recuerdo que tenía amigos íntimos en el colegio que me apuntaban a las clases de la mañana cuando no podía llegar a tiempo por no haber podido dormir la noche anterior. Esta situación me ocurrió muchas veces. También me ocurría que, si me sentía mal y de mal humor, mis compañeros de trabajo me cubrían con excusas para mi jefe, cuyo trabajo es siempre evaluar el rendimiento laboral de sus empleados.

Recuerda que la mayoría de la gente no entenderá por lo que estás pasando, pero los amigos y la familia pueden aceptar que a veces necesitas ayuda con lo que crees que te está pasando. Las personas que te quieren se mostrarán comprensivas y te ofrecerán ayuda, aunque no comprendan del todo tu situación. Por lo tanto, no descartes por completo a las personas de tu vida sólo porque no puedan relacionarse con tu situación. Un verdadero amigo no te juzga, sino que te muestra su amor cuando lo necesitas. Al tratar con una transformación de Kundalini, verás quiénes son tus verdaderos amigos.

INSPIRACIÓN Y MÚSICA

La gente me pide a menudo que les diga cómo un despertar de la Kundalini mejora su vida cotidiana. Aunque se trata de un mecanismo evolutivo que puede saltar a otro estado de realidad, el efecto de cambio práctico es que te hace estar inspirado. Estar inspirado implica que estás en el Espíritu y no en el Ego. Estás funcionando en un estado de realidad más elevado en el que todo parece posible. Al conectar con la inefable, Eterna, e ilimitada energía del Espíritu, puedes explorar el verdadero potencial de la vida.

El Reino Espiritual es un lugar de puro poder e infinitas posibilidades. Sólo puedes acceder a él a través del Ahora, el momento presente. El despertar de la Kundalini desencadena este estado dentro de ti. Una vez que el circuito de la Kundalini está abierto y optimizado, nutriéndose con cada bocado de alimento, activa un proceso continuo de inspiración.

Por supuesto, oscilarás entre el Ego y el Espíritu al priorizar las tareas de tu vida, ya que todavía tienes que ocuparte de sus aspectos mundanos. Sin embargo, estará acompañado por este movimiento perpetuo de la energía Kundalini dentro de ti que es la fuente de inspiración ilimitada. Crea una sensación de asombro e inocencia, la misma que verías en un niño que aún no ha desarrollado un Ego. Es hermoso e impresionante cada momento de cada día, especialmente una vez que has alcanzado el punto de evolución en el que puedes ver la Luz en todas las cosas, como he descrito anteriormente.

Verás, la Kundalini es nuestro camino de vuelta a la Fuente de toda Creación. Cuando alcanzamos este estado de conciencia, las actividades de la vida se vuelven sin esfuerzo. El dolor y la ansiedad de la vida humana, incluyendo el sufrimiento mental y emocional, son reemplazados por la inspiración, la realización, la paz interior, y la felicidad duradera. La alegría que uno experimenta en su corazón y el éxtasis que viene con ella no tiene límites. En efecto, para vivir plenamente como seres humanos Espirituales y sacar el máximo provecho de la vida, necesitamos estar inspirados. Y el despertar de la Kundalini nos da esto.

Muchas veces en mi vida, me he encontrado en estados de éxtasis tales que necesitaba apretar los dientes para aterrizar la sensación mientras la energía Kundalini corría a través de mí. A menudo he experimentado los estados de inspiración más intensos simplemente escuchando música. Tu gusto musical determina el tipo de emoción que experimentarás, ya que toda la música busca crear algún sentimiento en ti. Mi tipo de música favorita y la que más amplifica mi energía Kundalini es la música de películas épicas. Esto incluye la música de películas de compositores como Hans Zimmer, que hizo la banda sonora de la Trilogía del Caballero Oscuro (Batman), El Último Samurái, Gladiador, La Roca, La Delgada Línea Roja, El Rey Arturo, Duna, El Hombre de Acero (Superman), Inception, Interestelar, y muchas más.

Las películas inspiradoras que llevan tu mente y tu corazón a un viaje emocional suelen tratar temas de conciencia superior. Los temas del honor, la lealtad, el respeto, y la maravilla mística se encuentran entre mis favoritos, ya que aprovechan las partes más profundas de mi Alma que la transformación Kundalini ha despertado. Estos temas y la música de las películas épicas me inspiran y me mantienen en estados muy elevados a lo largo del día, permitiéndome escribir, dibujar, y aprovechar mi creatividad expandida.

Escucho música todos los días, a veces durante horas. Al hacerlo, me encuentro en un estado mental inspirador en el que siento que lo que estoy escuchando es la banda sonora de cualquier tarea que esté realizando. Por ejemplo, cuando conduzco y escucho la música de una película épica, siento que la canción que estoy escuchando es parte de la banda sonora de mi vida. He descubierto que la música es la fuente de inspiración más importante en mi viaje de Kundalini, y estoy muy agradecida por formar parte de una sociedad con tantos músicos y compositores increíbles presentes.

PARTE X: CONTROL DEL DAÑO KUNDALINI

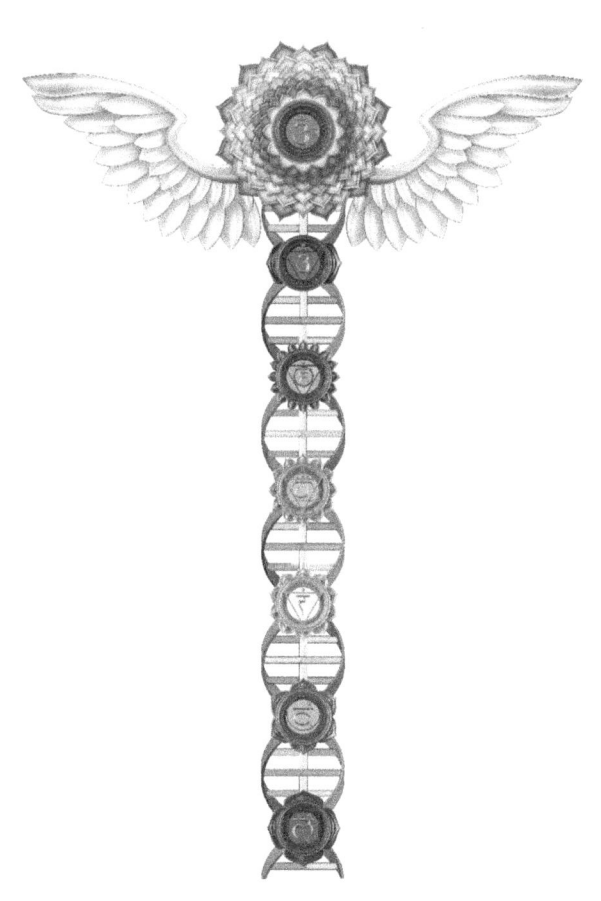

KUNDALINI Y CORTOCIRCUITOS

A medida que avanza el proceso de despertar de la Kundalini y la integración de la energía dentro de ti mismo, es probable que encuentre algunas trampas que pueden ocurrir como resultado de cualquier cortocircuito de Ida o Pingala. Al hablar con muchas otras personas que han despertado a la Kundalini en las redes sociales y en persona, he descubierto que estos "cortocircuitos" son un problema común. Sin embargo, la mayoría de las personas no son conscientes de que pueden volver a conectar los canales de Ida y Pingala para crear un flujo de energía adecuado en la cabeza de nuevo. Llamo a este proceso "Reinicio Manual de Kundalini". Puedes reiniciar el sistema manualmente con ejercicios de meditación que he descubierto en lugar de esperar a que el Universo te ayude.

El Sushumna nunca puede entrar en cortocircuito, ya que su flujo de energía pasa por el tubo hueco de la columna vertebral, y está conectado con el centro del cerebro, la zona del Tercer Ventrículo que contiene el Tálamo, Hipotálamo, y las Glándulas Pineal y Pituitaria. Cuando el Sushumna llega al centro del cerebro, su energía se extiende hacia fuera como tentáculos hacia las partes exteriores del cerebro y la cabeza. Pero el Ida y Pingala, al ser canales auxiliares o Nadis, regulan la mente, el cuerpo y el Alma y se ven afectados por los pensamientos y las emociones. Para ser exactos, el Ida gobierna las emociones, mientras que el Pingala controla la fuerza de voluntad. Ida es expresivo del Elemento Agua, mientras que Pingala lo es del Elemento Fuego. Es habitual que se produzca un cortocircuito si la calidad de los pensamientos y sentimientos internos se corrompe intensamente.

A lo largo de los años, me he encontrado en esta situación muchas veces. La ansiedad excesiva por el futuro, una mente llena de miedo, la incapacidad de pensar con claridad o la obsesión por los acontecimientos pasados son pensamientos o emociones típicas que pueden obstaculizar sustancialmente el sistema Kundalini. Van en contra del Espíritu y lo sacan a uno del Ahora, del momento presente, apagando completamente su fuente de inspiración, la Corona.

Los cortocircuitos de la Kundalini suelen producirse cuando un pensamiento o una emoción basados en el miedo se apoderan de la mente durante un periodo prolongado. Algunos ejemplos comunes son el fin de una relación amorosa, el fallecimiento de seres queridos, la presión intensa en el trabajo o la escuela, etc. Los eventos menos comunes incluyen ser violado, secuestrado, ser testigo de un asesinato, u otras situaciones traumáticas en las que su vida está en peligro. En todos estos ejemplos de posibles acontecimientos vitales, algunos menos malos o truculentos que otros, el hilo conductor es el desencadenamiento de estrés y ansiedad que se apodera de la mente, el cuerpo, y el Alma.

Cuando ocurren eventos como éste, tu cuerpo está en modo "lucha o huida" con el Sistema Nervioso Simpático en plena marcha. El Ego se aferra a los pensamientos negativos con todas sus fuerzas, tratando de trabajarlos internamente. De este modo, su conciencia es sacada del Elemento Espíritu y de los Chakras superiores, haciéndole perder la conexión con el factor de trascendencia. Dependiendo de la duración del estrés y la ansiedad, el Ego puede superar rápidamente al Ser Superior durante este tiempo, poniendo en peligro al Ida, Pingala, o ambos canales. Si de alguna manera puedes salir de este estado a tiempo, puedes evitar un cortocircuito, pero todo depende de en qué enfoques tu atención durante el próximo tiempo.

Lo más común es un cortocircuito en el Ida, el canal femenino, que se produce debido a que las emociones se ven superadas por la energía del miedo. El Ida es pasivo, al igual que los sentimientos. Recordemos que, si los tres canales funcionan correctamente, la energía del Espíritu se libera dentro del Ser, impregnando el Cuerpo de Luz y dando lugar a un rapto Nirvánico. Mientras se está en este estado, uno no piensa en términos de pasado o futuro. En su lugar, existe en el Ahora, lo que provoca la trascendencia mística que he mencionado.

Cuando te invade algo emocionalmente desafiante en el momento presente que trae consigo un alto grado de energía de miedo, eres sacado inmediatamente de este estado trascendental. Si la emoción negativa es lo suficientemente poderosa, puede colapsar el canal de Ida. Esto significaría que perderás el contacto con la trascendencia en las emociones, haciendo que tu estado natural se cargue negativamente. Por lo tanto, tu capacidad de experimentar el miedo será tremendamente elevada.

Recuerda lo que he dicho muchas veces antes: el estado más elevado de la conciencia despierta de la Kundalini es uno en el que se trasciende la dualidad, incluyendo la experiencia del miedo. Un individuo totalmente despierto a la Kundalini está destinado a superar el miedo por completo. Sin embargo, a menos que vivas en un Templo o Ashram en algún lugar y estés alejado de la imprevisibilidad y el caos de la sociedad moderna, invariablemente te encontrarás con eventos de la vida que te harán volver a estar en contacto con el miedo. De cómo afrontes estos acontecimientos dependerá que conserves la integridad del sistema Kundalini o que las cosas se desequilibren.

Como el Pingala está relacionado con la forma en que expresas tu fuerza de voluntad, también puede colapsar debido a la inactividad y a no seguir tu Verdadera Voluntad. Si esto sucede, ya no recibes una afluencia del Elemento Fuego. Puedes tener trascendencia en tus emociones, pero te faltará la inspiración. La necesaria oleada de energía masculina que necesitas para esforzarte en la vida desaparecerá por el momento. Te estancarás en el camino de tu vida y no lograrás gran cosa.

Por otro lado, no hay meta demasiado alta ni tarea demasiado difícil cuando el Pingala está totalmente activo. Es menos probable que el Pingala sufra un cortocircuito siempre que sigas tu camino Espiritual y actúes de forma coherente con tu fuerza de voluntad. Se supone que Ida y Pingala se equilibran mutuamente cuando funcionan correctamente. La trascendencia en las emociones, junto con la inspiración continua, debería hacerte sentir como un Demi-Dios que puede lograr cualquier cosa que te propongas. Cada momento de vigilia es un éxtasis, y tú eres la causa y el efecto, la pregunta y la respuesta en uno: el Alfa y la Omega. El Espíritu está alimentando continuamente tu Alma, y tu Ser Superior se comunica directamente contigo.

Un ejemplo típico de cómo Pingala puede entrar en cortocircuito es en una situación malsana o tóxica, como una relación romántica o parental codependiente en la que otras personas piensan por ti. Cualquier cosa que afecte tu Libre Albedrío y tu derecho dado por Dios a tomar tus propias decisiones en la vida, afecta el funcionamiento del canal de Pingala. Por lo tanto, es de crucial importancia generar continuamente tu propia realidad a través del uso de tu fuerza de voluntad. Dicho esto, normalmente se necesita un poquito de tiempo para que el Pingala se ponga en peligro. Está más relacionado con tus creencias en la vida, como es la naturaleza del Elemento Fuego. Las emociones son instantáneas, por lo que el Ida está en peligro más a menudo.

El Sushumna no puede hacer nunca un cortocircuito ya que hacerlo sería dejar caer tu energía Kundalini por completo y que no funcionara en absoluto, y nunca he oído que esto ocurra. Creo que una vez que está abierto, está abierto para toda la vida y el tubo hueco de la columna vertebral lleva esta energía desde el coxis, la rabadilla, hasta el centro del cerebro. Tal vez la única forma posible de que deje de funcionar sea con alguna lesión grave de la médula espinal. Sin embargo, nunca he oído que eso le ocurra a nadie, así que sólo estoy especulando.

Dado que el canal de Sushumna libera la energía Kundalini en el cerebro, que luego se extiende hacia el exterior, la parte central de conexión desde el centro del cerebro hasta la parte superior de la cabeza, justo por encima de ella, es el canal o corriente principal del Sushumna. Es el más grueso en cuanto a las hebras de Kundalini que se unen para crear este canal. Las hebras de Kundalini se asemejan a los espaguetis, aunque son más finas. Son los Nadis que se extienden hacia fuera desde los centros energéticos, los Chakras, y los tres Nadis primarios que terminan en la cabeza. De este modo, estos hilos de energía Kundalini llegan a la superficie de la cabeza, el tronco, y las extremidades. Parecen ramas de árbol que llevan la energía Kundalini a través del Cuerpo de Luz en el interior.

Hay más hebras de Kundalini en la cabeza que en cualquier otra parte del cuerpo. Después de todo, la cabeza y el cerebro son el "centro de mando", el cuartel general que regula todos los procesos de la mente. El corazón, sin embargo, gobierna las operaciones del Alma. Pero el corazón se expresa a través de la mente. Por lo tanto, la mente es el medio de expresión del Alma y del Espíritu. Como se ha mencionado, el Chakra del Corazón, Anahata, es otro centro de energía crítico en el cuerpo donde la mayoría de estos Nadis convergen y se ramifican. Así que ahora puedes ver por qué el Axioma Hermético de "Todo es Mente, el Universo es Mental" es la columna vertebral de toda la filosofía hermética. Nuestras mentes son los vínculos de conexión entre el Espíritu y la Materia. Y la mente se expresa a través del cerebro, que es el Sistema Nervioso Central del cuerpo, junto con la columna vertebral.

El canal de Sushumna nunca puede hacer un cortocircuito, pero la conexión del cerebro a la parte superior de la cabeza sí. No ocurre tan a menudo como el cortocircuito de Ida y Pingala, pero puede ocurrir y ocurre. Suele ocurrir si el Ida, así como el Pingala, están colapsados al mismo tiempo. También puede ocurrir si enfocas tu fuerza de voluntad en pensar internamente demasiado. Al hacerlo, pones tu atención en tu subconsciente, tirando la energía hacia la parte posterior de la cabeza en lugar de hacia arriba.

Se supone que debemos enfocar nuestras energías en la parte delantera de la cabeza, en el Chakra Ajna, que corresponde a nuestro estado natural de vigilia. Y al centrarnos en el Tercer Ojo, creamos un vínculo con el Sahasrara en la parte superior. Por lo tanto, la obsesión y los pensamientos obsesivos pueden ser muy perjudiciales para el flujo de energía dentro del cerebro y pueden crear bloqueos. La alineación adecuada con el centro superior de la cabeza es necesaria para alcanzar el estado de trascendencia, ya que la Corona representa la Unidad. Cualquier pensamiento desequilibrado entonces o el uso inadecuado de la fuerza de voluntad compromete todo el sistema Kundalini ya que su propósito es mantenerte en el presente, el Ahora, en un sentimiento constante de inspiración.

KUNDALINI Y DROGAS RECREATIVAS

El uso y abuso de sustancias es un tema esencial dentro de los círculos de Kundalini que a menudo se pasa por alto debido a su factor tabú. Sin embargo, este tema necesita ser sacado a la Luz porque muchas personas recurren a las drogas recreativas, incluyendo el alcohol, en algún momento de su viaje para ayudarles a hacer frente a los problemas mentales y emocionales que se producen después de un despertar Espiritual. Yo fui una de esas personas hace muchos años, por lo que este tema me interesa por mis propias experiencias y mi deseo de compartirlas con los demás de forma informativa.

Después de estar predispuesto a un estilo de vida salvaje y socialmente activo, pasé por el punto crucial de mi transformación de Kundalini a mediados de mis 20 años. Siendo alguien que siempre creyó en vivir la vida al máximo y sin remordimientos, experimenté con drogas recreativas y alcohol incluso antes de despertar la Kundalini. Sin embargo, yo era más bien un consumidor de mejoras, que utilizaba las sustancias para conectarme con la realidad Espiritual, en lugar de alguien que lo hacía para adormecer el dolor emocional de los acontecimientos no deseados de la vida.

Sin embargo, después del despertar, empecé a consumir cannabis para ayudar a aliviar el tremendo miedo y la ansiedad que se convirtieron permanentemente en una parte de mí. Y así, experimenté con diferentes cepas de cannabis durante la siguiente docena de años de mi vida. A través de la experiencia llegó la sabiduría y el conocimiento de la ciencia de las drogas recreativas y el alcohol, de modo que cuando le di la espalda a ambas cosas más adelante en mi vida, sabía exactamente por qué lo hacía: sabía lo que estaba perdiendo y lo que estaba ganando en el proceso.

Creo en la transparencia total en este tema para que puedas entender las repercusiones reales del uso y abuso de sustancias. Después de todo, los individuos despiertos de Kundalini en una sociedad Norteamericana viven un estilo de vida muy diferente al de los individuos despiertos en la India u otras partes del mundo. Todos queremos "encajar" y ser "guays", "chéveres", "suaves", y aceptados por nuestros compañeros. Y los que no lo hacen tienen un camino mucho más difícil que los que sí lo hacen.

Al hablar con muchas personas que han despertado a la Kundalini a través de las redes sociales y en persona, he llegado a la conclusión de que la mayoría ha experimentado con las drogas y el alcohol en algún momento de su vida y que es un tema común. Por lo tanto, ignorar por completo este tema no es realista y te deja expuesto al daño. En su lugar, la comprensión de la ciencia detrás de las drogas recreativas y el alcohol cuando se aplica al sistema Kundalini le permitirá tomar una decisión consciente sobre su uso en su viaje de despertar. También sabrás qué hacer cuando hayas ido demasiado lejos con su uso y hayas puesto en peligro la integridad del sistema Kundalini.

EL CANNABIS Y SUS PROPIEDADES

El cannabis es la droga recreativa más popular a nivel mundial y siempre lo ha sido. En consecuencia, los individuos que han despertado a la Kundalini son propensos a experimentar con ella e incluso a hacerla parte de su viaje Espiritual. La mayoría de ustedes saben lo que hace el cannabis y sus efectos, pero muchos desconocen la vasta ciencia que hay detrás de él y sus intrincadas propiedades.

El cannabis, también conocido como marihuana o "hierba", es una droga psicoactiva destinada al uso medicinal y recreativo. Se utiliza por sus efectos mentales y físicos, proporcionando resultados tales como un cambio en la percepción, un estado de ánimo elevado y el adormecimiento del cuerpo físico. La planta de cannabis crece de forma natural en la Tierra. Su uso se ha extendido tanto que muchos países, entre ellos Canadá, han legalizado su consumo.

El cannabis contiene los Cinco Elementos en su interior y activa los 7 Chakras. La propia hoja de la planta de cannabis es simbólica, ya que tiene 7 puntos o partes que la componen. El 7 es un número significativo en el esoterismo y en las tradiciones religiosas. En primer lugar, tenemos los 7 colores del arco iris (relacionados con los 7 Chakras) y los correspondientes 7 Planetas Antiguos (Figura 161). A continuación, tenemos los 7 días de la semana (que se corresponden con los 7 Planetas Antiguos), las 7 notas de la escala musical, los 7 continentes, los 7 mares, los 7 agujeros que conducen al cuerpo humano, los 7 pecados capitales (mortales), las 7 virtudes capitales, los 7 Principios Herméticos de la Creación, los 7 Sellos del Apocalipsis en *La Santa Biblia,* Los 7 Arcángeles, los 7 niveles de conciencia en el Budismo, las 7 puertas del sueño en el Chamanismo, y los 7 Cielos del Islamismo, el Judaísmo y el Hinduismo. Estas asociaciones aluden a que el 7 es un número muy Espiritual, coincidiendo con que la marihuana es una droga altamente Espiritual.

El cannabis se utiliza en medicina para curar la mente, el cuerpo, y el Alma. Adormece el dolor físico de los pacientes con cáncer y afecta al estado emocional de las personas diagnosticadas con problemas mentales y emocionales. Por ejemplo, las personas diagnosticadas con depresión clínica recurren al cannabis por sus efectos eufóricos. Se ha demostrado en estudios clínicos que el cannabis hace crecer las células y las renueva. Cuando se aplica correctamente y en las dosis adecuadas, el cannabis puede ser beneficioso para ti a nivel celular.

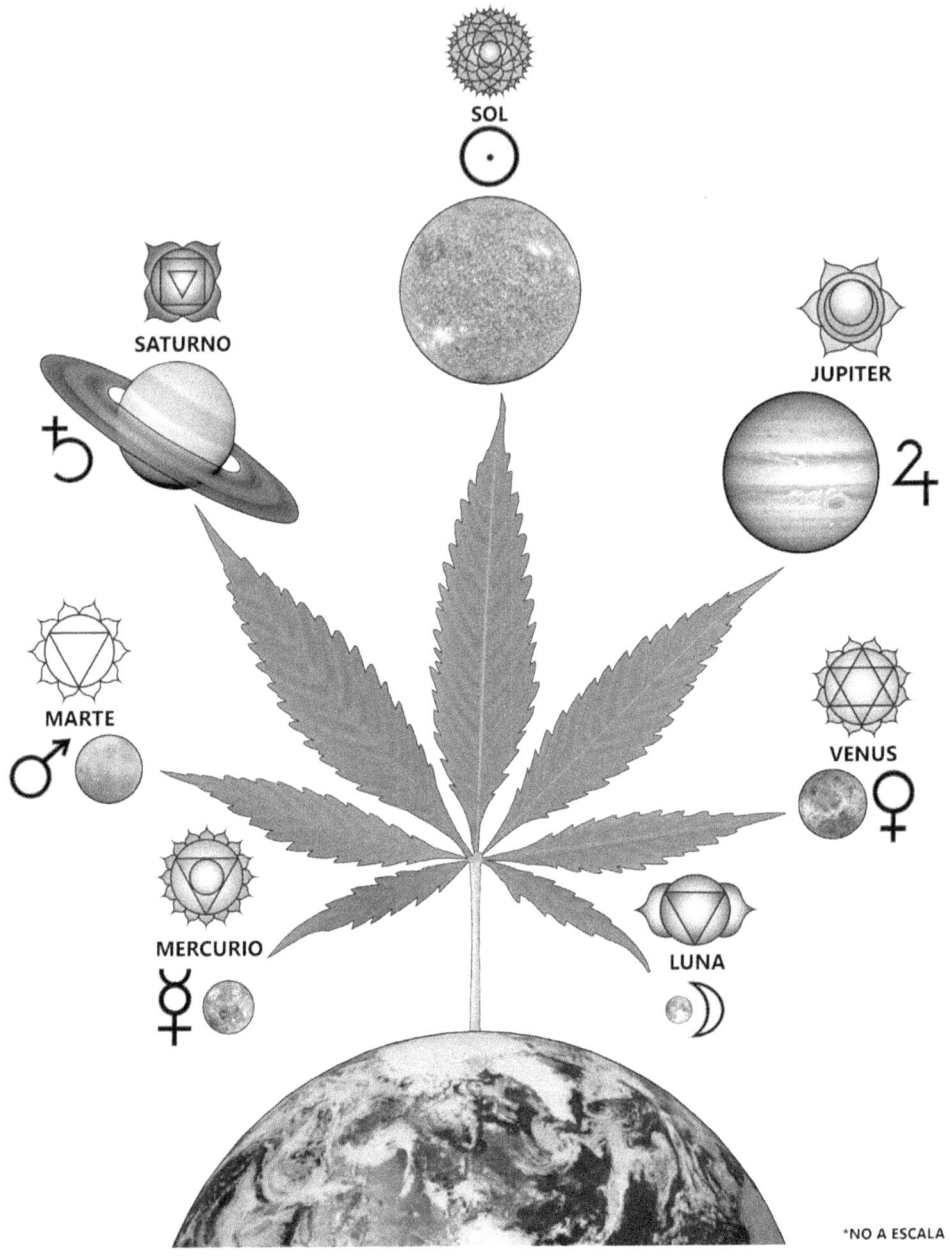

Figura 161: La Hoja de Cannabis y sus Correspondencias Mágicas

Algunas religiones, como los Rastafaris, incluso lo utilizan regularmente como parte de su práctica religiosa. Algunas sectas también lo utilizan como parte de técnicas particulares de meditación dentro de su tradición o grupos. La mayor parte del mundo es consciente del poder del cannabis para conectar con el Espíritu y sanar la mente, el cuerpo, y el Alma. Aparte del alcohol, la gente suele recurrir al cannabis para vislumbrar la trascendencia de la forma más segura posible.

El cannabis te hace sentir feliz y eufórico. Te pone en contacto con el momento presente, el Ahora, lo que eleva tu conciencia más allá de las negatividades del contenido de la mente. A diferencia del alcohol y de la mayoría de las drogas recreativas del planeta, nadie ha sufrido nunca una sobredosis de cannabis. Por supuesto, hay que actuar con responsabilidad, como por ejemplo no conducir vehículos de motor cuando se está bajo su influencia.

KUNDALINI Y USO DE CANNABIS

Fumar cannabis en tu viaje de transformación Kundalini puede tener efectos positivos. Sin embargo, debes enfocar su aplicación como un médico y utilizar la información de esta sección como guía para el tratamiento. Como se ha mencionado, ciertos tipos y cepas de cannabis funcionan bien para aliviar algunos de los posibles efectos adversos en la mente y el cuerpo después de un despertar completo de la Kundalini. Estos incluyen la ansiedad, el estrés, la niebla cerebral, el mal humor, la depresión, el insomnio, los bloqueos creativos, la incapacidad de concentrarse, etc.

El cannabis puede proporcionarle un alivio temporal de estos síntomas, lo que puede ser muy bienvenido cuando se encuentra en una situación desesperada, como es el caso de muchos. Sin embargo, debes saber desde el principio que fumar cannabis es un medio para conseguir un fin y no el fin en sí mismo. Si consideras cada sesión de fumada como una experiencia de aprendizaje, como un científico de la mente, puedes aprender a reproducir la mayoría de sus efectos a lo largo del tiempo sin necesidad de su uso.

El cannabis era mi método para aliviar el estrés en mis 20 años y la única droga recreativa que encontré beneficiosa en mi viaje Espiritual. Con el tiempo dejé de fumarlo por completo, y describiré los efectos positivos, ya que son muchos. Sin embargo, cuando me enfrentaba al miedo y la ansiedad o exploraba estados místicos o trascendentales elevados, utilizaba el cannabis. Por esta razón, me centraré en el cannabis más que en otras drogas recreativas en esta sección y te daré la ciencia fundamental que hay detrás, tal y como la he aprendido a lo largo de los años. Mi conocimiento y experiencia en esta área puede ayudar a muchos que están abiertos a probar y usar el cannabis pero que carecen de orientación.

El cannabis puede ser muy beneficioso al ayudar a despejar los bloqueos o el movimiento inadecuado de la energía Kundalini en el sistema. Mueve la Kundalini dentro del Cuerpo de Luz y acelera su flujo a través de los canales internos. Una vez que la acelera, te encuentras en un estado Extracorporal con toda una gama de experiencias Espirituales. Estas experiencias incluyen una mayor inspiración y creatividad, Gnosis, y visiones místicas.

Una vez que salgas de tu cuerpo, permanecerás allí mientras el cannabis actúa sobre la Kundalini. Este proceso tarda un mínimo de media hora y puede durar hasta tres o incluso cuatro horas. Además, dado que la energía Pránica se mueve más rápidamente a través del sistema Kundalini, expulsa por el momento cualquier pensamiento o emoción negativa o basada en el miedo. Por esta razón, el cannabis se suele recetar médicamente a personas con ansiedad o depresión crónicas. Y puesto que las personas que han despertado a la Kundalini son propensas a sufrir problemas mentales y emocionales derivados del miedo y la ansiedad, el cannabis puede ser bastante beneficioso para ayudarles a superar esos estados.

Como tal, creo que el cannabis puede tener un papel positivo en tu viaje Espiritual. Puede servir como un poderoso catalizador que puede desencadenar un despertar completo de la Kundalini o ayudarte en el proceso de transformación si ya estás despierto. Debido a que es fácil de obtener y utilizar, es ventajoso para las personas que se sienten atascadas en su viaje Espiritual y no tienen a dónde acudir en busca de apoyo emocional o mental o necesitan ese empujón extra o empujón para volver a la pista. Después de todo, mientras se está en esos estados "elevados", el Ego se silencia, lo que nos permite contactar con nuestro Ser Superior y pedirle orientación.

Sin embargo, fumar cannabis tiene sus inconvenientes que deben ser discutidos y explorados. Por ejemplo, no se debe fumar cannabis con demasiada frecuencia porque al hacerlo se pone la Kundalini en sobremarcha, lo que puede tener efectos perjudiciales. En otras palabras, no deberías usar el cannabis únicamente para ayudarte a superar tu estado emocional negativo, sino que deberías encontrar una práctica Espiritual poderosa como la Magia Ceremonial, el Yoga, o cualquiera de las modalidades Espirituales de este libro y luego usar el cannabis como especia. El cannabis es sólo una solución temporal o un medio para explorar estados superiores de conciencia. Dicho esto, nunca he oído hablar de alguien que viva con una Kundalini despierta y que fume cannabis unas cuantas veces al mes y que se perjudique Espiritualmente.

Como el cannabis acelera el sistema Kundalini, esto puede ser bueno o malo. Es algo bueno porque al expulsar los bloqueos energéticos mentales y emocionales se asegura que el Ida y Pingala funcionen correctamente. Sin embargo, puede ser perjudicial cuando no hay suficiente Prana en el sistema Kundalini sobre el que pueda actuar el cannabis. Si empieza a moverse demasiado rápido, puede dañar el sistema energético general. Por esta razón, dije que es crucial no fumar cannabis todos los días. En su lugar, date tiempo entre días para reconstruir tu sistema energético con la ingesta de alimentos. De lo contrario, pueden producirse bloqueos o un cortocircuito total.

El cannabis es una droga que actúa principalmente sobre las emociones; por lo tanto, el canal femenino del Ida está en peligro cuando se fuma cannabis o se ingiere en forma comestible. El Pingala se cortocircuita con menos frecuencia que el Ida, y a menudo es el resultado de un proceso gradual de no utilizar su principio masculino, su fuerza de voluntad, durante algún tiempo. Si consumes cannabis de forma desordenada, incluso corres el riesgo de cortocircuitar la energía Kundalini en el centro del cerebro, donde los tres Nadis se encuentran antes de subir al Sahasrara. Esta situación sólo puede ocurrir si se abusa del cannabis y se fuma todos los días, especialmente si se fuman cepas que no son propicias para el sistema Kundalini, como muchas Indicas.

Reconstruir el canal desde el centro del cerebro hasta la parte superior de la cabeza es un procedimiento largo que a menudo se puede lograr con un tipo de meditación que presento a continuación de este capítulo. Pero si esta meditación no funciona, puede ser necesaria más energía Pránica para reconstruir el canal, recibida a través de la ingesta de alimentos y la conservación de su energía sexual. Hacer esto puede restaurar los hilos de la Kundalini en el cerebro, y con el uso de la meditación presentada, puedes realinear la Kundalini y llevarla de nuevo al Sahasrara.

La mayoría de los individuos despiertos de Kundalini que he conocido en mi viaje tienen experiencia con el cannabis. Muchos de ellos lo usan ocasionalmente y lo encuentran beneficioso en sus viajes Espirituales. Para ser claro, no estoy propagando el uso del cannabis, pero tampoco puedo negar sus efectos positivos. Teniendo esto en cuenta, el cannabis no es para todo el mundo, así que ten cuidado si decides experimentar con él, ya que sus efectos varían de una persona a otra. Sin embargo, hay un alto nivel de consistencia en cuanto a los tipos y cepas particulares que voy a discutir.

El cannabis es volátil. Esta es su naturaleza. Si fumas lo que te ofrecen en los círculos sociales, puedes meterte en problemas. Es común anticipar una experiencia positiva con la hierba de la calle, pero obtener una negativa en su lugar. En lugar de relajar tu mente como esperabas, puede volverte paranoico y agitado.

Una buena base de conocimientos sobre las variedades de cannabis te permitirá conseguir un colocón "controlado". Te permitirá controlar el proceso de subidón y saber lo que esperas. Diferentes cepas tienen diferentes efectos mentales, emocionales, y físicos. Sin embargo, si eres demasiado sensible psíquicamente para su uso, no importará la cepa que fumes; puede que sigas teniendo paranoia y ansiedad cada vez que la uses. En mi experiencia, es más común que las mujeres se pongan paranoicas al consumir marihuana que los hombres. En cualquier caso, todo depende de tu constitución psicológica.

Comprende que es imposible que la energía Kundalini expanda naturalmente tu sistema energético si estás fumando cannabis diariamente. El cannabis necesita el Prana de los alimentos que consumes, y lo agota cada vez que lo consumes. Por lo tanto, si fumas diariamente, no habrá suficiente energía Pránica en tu sistema para que el cannabis actúe. Como individuo despierto de la Kundalini, no debes abusar de ninguna droga. Las personas no despiertas pueden salirse con la suya abusando del cannabis, mientras que una persona despierta no puede.

Supongamos que llevas muchos años en tu transformación Kundalini y has superado el miedo y la ansiedad iniciales. En ese caso, podría ser prudente omitir el uso de cannabis en tu viaje Espiritual por completo. Al insertarlo en la ecuación, minarás el Prana de tu sistema energético, afectando negativamente a tu objetivo de alcanzar naturalmente estados trascendentales de conciencia. Además, pagarás por cada experiencia trascendental positiva al consumir cannabis, ya que tendrás que reconstruir el sistema Pránico al día siguiente. Y si lo usas en exceso, lo cual es común, y gravas el Prana más de lo que pones, estarás retrocediendo significativamente en tu viaje Espiritual.

TIPOS Y VARIEDADES DE CANNABIS

Es fundamental actuar con moderación y utilizar el cannabis con sabiduría y respeto para evitar dañar tu sistema energético. No puedo insistir lo suficiente en esto. En lugar de desaconsejar totalmente su uso, lo que sería poco realista teniendo en cuenta la popularidad de la planta y su poder Espiritual, puedo ofrecer algunas ideas sobre los diferentes tipos y variedades de cannabis y advertir sobre el uso de otras.

En el pasado, el cannabis era algo que crecía como planta en el exterior, que se cortaba, se secaba y luego se fumaba para producir un "subidón". Este subidón era siempre casi el mismo, ya que el cannabis conserva características específicas en el exterior y pierde y gana otras propiedades cuando se cultiva en el interior. Este tipo de cannabis se llama Cess. Es natural, se cultiva al aire libre y se utiliza mucho en las islas del Caribe y luego se importa a América del Norte.

La mayoría de las personas de más de 40 años conocen el cannabis, ya que es a lo que han estado expuestos mientras crecían. Sin embargo, en los últimos 10 años, el campo de estudio del cannabis ha evolucionado 10 veces, y diferentes tipos de cannabis han inundado el mercado. La principal razón por la que el cannabis ha evolucionado como planta es su uso en el ámbito médico. A medida que el cannabis se fue aceptando como medicina alternativa, se desarrollaron ciertas cepas, de las que hablaré en detalle. He descubierto que algunas de estas cepas son muy beneficiosas para el proceso del despertar de la Kundalini y otras son inútiles e incluso perjudiciales.

Los dos tipos principales de cannabis que evolucionaron después de la era Cess son las Sativas y las Indicas. Las Sativas tienen un alto contenido de Tetrahidrocannabinol (THC) y menos Cannabidiol (CBD), mientras que las Indicas tienen menos THC y más CBD. El CBD es lo que da al cuerpo la sensación de adormecimiento. Es lo que hace que el cuerpo se sienta "colocado". Cuanto mayor sea el contenido de CBD, más significativos serán los efectos sedantes en el cuerpo físico.

Las índicas se recetan a menudo a los enfermos de cáncer y a las personas que padecen esclerosis múltiple, artritis, y epilepsia. La razón por la que las Indicas son adecuadas para estas personas es por sus propiedades para adormecer el cuerpo y aliviar el dolor. A la mayoría de los pacientes con enfermedades que generan dolor físico se les recetan Indicas, ya que es un agente adormecedor del cuerpo. Muchos de estos pacientes también suelen tener problemas para comer, y se sabe que las Indicas aumentan el apetito más que las Sativas. El efecto típico de muchas Indicas es el "bloqueo del sofá", lo que significa que tranquiliza tanto el cuerpo y la mente que uno es incapaz de levantarse del sofá.

A los pacientes con cáncer también se les suele recetar aceite de CBD debido al alto nivel de concentración de CBD, suministrado en forma de gotas líquidas. Cuando el cannabis se ingiere, entra más rápido en el cuerpo y suele ser mucho más potente. Con el aceite de CBD, se tiene un control total sobre la cantidad de CBD que se quiere introducir en el cuerpo, ya que los efectos son acumulativos a la cantidad de gotas que se toman.

Las Sativas son más bien un subidón mental, ya que el THC es psicoactivo, lo que significa que afecta profundamente a la psicología de la persona. Las Sativas ayudan a aliviar los problemas mentales y emocionales, ya que este tipo de cannabis aumenta la creatividad al tiempo que induce la euforia y calma la mente. Las Sativas se recetan a menudo a personas que sufren problemas mentales y emocionales, como ansiedad crónica, depresión, neurosis, y otros problemas en los que la mente se ve superada por la negatividad mientras el cuerpo físico no se ve afectado. Las Sativas funcionan muy bien para relajarte, pero te dejan relativamente consciente y funcional. Por otro lado, la mayoría de las Indicas, según mi experiencia, parecen desactivar todas las funciones cognitivas.

Los híbridos son una mezcla de Indicas y Sativas. He descubierto que el uso de algunos híbridos es bastante beneficioso, pero suelen tener mucho menos CBD y más THC, que es la naturaleza de las Sativas.

En lo que respecta al viaje de transformación de la Kundalini, el cannabis puede ser muy beneficioso para tratar los ataques de ansiedad, el miedo, y la negatividad emocional y mental general que un despertar completo de la Kundalini provoca en la mayoría de los casos. Además, si tienes dificultades con el apetito debido a que el miedo te sobrepasa, fumar cannabis generalmente produce "hambruna", lo que significa que desearás y agradecerás la comida después de fumarla. El cannabis también es adecuado para el insomnio, con el que tuve problemas durante algunos años en el despertar. Aunque las índicas suelen ser recetadas para el insomnio por los médicos, yo siempre dormía como un bebé después de una sesión de fumar Sativas.

En cuanto a mi experiencia personal con el cannabis, sólo he consumido Sativas y aprendí a mantenerme alejado de las Indicas al principio de mi viaje. Las Sativas siempre relajaron mi mente mientras me llevaban a un agradable "viaje" mental. Eliminaban todo el miedo y la ansiedad al neutralizar mi Ego. Cuando estaba bajo la influencia de las Sativas, me permitían replantear todo de forma positiva debido a la elevada sensación de euforia mental que experimentaba. También estaba más en contacto con el momento, el Ahora, y muy inspirado. Siempre sentí que mi Ser Superior estaba al mando en su mayor parte cuando estaba bajo la influencia de las Sativas. Otras personas que han despertado a la Kundalini informaron de los mismos efectos. Todos usábamos generalmente Sativas y no encontrábamos mucho uso en las Indicas. Esto se debe a que la Kundalini es una energía sutil que afecta a la psicología de uno en lugar de al cuerpo físico.

En el mercado existen muchos tipos diferentes de variedades, con efectos variados sobre la mente, el cuerpo y el Alma. Algunas Sativas son mejores para la inspiración y la elevación, mientras que otras tienen un efecto aterrizado, pero claro. Otras, en cambio, son muy imaginativas y activan el pensamiento. Cuando la mente está en calma, como es la naturaleza de lo que se sabe que induce el cannabis, entra naturalmente en un estado superior y accede a la Mente Cósmica.

Las variedades Sativas que disfruté incluyen Jean Guy (una de mis favoritas), Diesel, Sour Diesel, Ultra Sour, Cheese, Nukim, Jack Harer, Grapefruit, Strawberry, Champagne, Great White Shark, Candy Jack, G-13, Green Crack, Blue Dream, Maui Wowie, Chocolope, Romulan, Piña Colada, White Castle, Zeus, G-13 Haze, New Balance, y Moby Dick. Ten en cuenta que esta lista es actual hasta el 2016, que es cuando dejé de consumir cannabis. Desde entonces, estoy seguro de que se han desarrollado nuevas cepas Sativas que son útiles pero que no están en esta lista.

Descubrí que nunca tuve una experiencia negativa con ninguna Sativa, ya que me hacían ser productivo y creativo en lugar de aletargado. Por otro lado, las Indicas me adormecían por completo y apagaban mi mente. Este estado mental puede sonar atractivo para algunos de ustedes, pero entiendan que, al apagar la mente, la inspiración también se apaga. Así que la mejor manera de entender las Sativas y las Indicas es decir que las Sativas inspiran mientras que las Indicas adormecen.

Sin embargo, algunas Indicas son agradables, y son las que te adormecen un poco pero te mantienen relativamente inspirado. Estas Indicas son generalmente de la variedad Kush y Pink, como Purple Kush, Pink Kush, Kandy Cush, Cali Cush, Lemon Kush, Bubba Pink, Chemo, y OG Kush. Trainwreck es también otra gran Indica que me pareció muy inspiradora. Todas estas cepas Indica tienen un alto contenido de CBD pero también un nivel adecuado de THC. Me calmaron mientras eliminaban toda la ansiedad y el miedo de mi sistema.

Mi variedad de cannabis favorita es un híbrido llamado Blueberry, una variedad enraizante pero que expande la mente y es inspiradora. Otros híbridos que me han funcionado son Rockstar, White Widow, Pineapple Express, Girl Guide Cookies, Blueberry Durban, Hiroshima, Grape Ape, Chemdawg, AK-47, Tangerine Dream, Alien Cookies, White Russian, Lemon Haze, Jack Haze, y Purple Haze.

MÉTODOS DE CONSUMO DE CANNABIS

Hay cuatro formas de fumar cannabis. Puedes liar un porro, usar una pipa, usar un bong, o vaporizar el cannabis. Siempre he fumado porros, y la razón es que era la forma más eficiente de obtener los efectos deseados de las sativas. Las pipas y los bongs concentrarían demasiado la variedad de cannabis, con lo que se perderían los efectos sutiles que buscaba. Usar una pipa o un bong me daría más presión en la cabeza y el "zumbido corporal" que buscaba. Ambos métodos suspenderían mis facultades cognitivas hasta cierto punto en lugar de expandirlas, como lo haría fumar Sativas en porros.

Además, en lugar de eliminar los bloqueos, a menudo creaba otros nuevos si utilizaba una pipa o una cachimba. Sólo tenía efectos positivos cuando utilizaba un bong de hielo, que creaba la euforia deseada filtrando el humo a través de cubitos de hielo.

La vaporización del cannabis consiste en calentarlo sin llegar a quemarlo. El dispositivo vaporizador utiliza el calor para liberar los ingredientes activos en forma de vapor que se inhala. Con este método no se crea humo, ya que no se produce la combustión. "Vaping" o el fumar vapor, es más seguro y menos perjudicial para la salud que fumar cannabis. No contiene ninguna de las toxinas nocivas del humo, como el alquitrán, el amoníaco, y los carcinógenos que se encuentran en el humo del cannabis.

Me pareció interesante vaporizar porque era la forma más limpia de colocarse, pero no estimulaba mucho mi energía Kundalini. Me colocaba, pero normalmente no duraba mucho y me cansaba enormemente después. Además, necesitaba comer más con el "vaping", ya que me quitaba más Prana del sistema que fumar sativas. Por lo tanto, no era un gran fan del "vaping" en general.

CONCENTRADOS Y COMESTIBLES DE CANNABIS

Para ofrecerte la visión más completa del cannabis, tengo que hablar de los concentrados y los comestibles. Los concentrados son extractos derivados del cannabis que contienen cantidades concentradas del compuesto psicoactivo Tetrahidrocannabinol (THC) y un surtido de otros cannabinoides y terpenos. Sólo me referiré a los dos concentrados más populares: el Hashish y el Shatter.

El Hashish es la forma de concentrado más antigua conocida por el hombre y, aunque su uso no está tan extendido en Norteamérica, países como el Líbano y la India siguen produciendo Hashish en el mercado negro para su exportación. El Shatter es un tipo de concentrado que se considera el tipo de producto de cannabis más puro y potente. Contiene entre un 60-80% de THC, comparado con el cannabis para fumar que tiene una media de 10-25% de THC. Tanto el Hashish como el Shatter están destinados a ser fumados, no ingeridos.

La razón principal por la que la gente utiliza concentrados en lugar de fumar cannabis es porque son más eficientes a la hora de producir el subidón deseado, ya que son más potentes. Además, proporcionan un alivio más rápido de los problemas mentales, emocionales, y físicos.

En términos de mi propia experiencia con los concentrados, he encontrado que el Hashish me da efectos similares a los de fumar cepas de cannabis Indica. Digo similares, pero no iguales. El colocón corporal, o el entonamiento, es el efecto colectivo, aunque el Hashish es más potente que las cepas de Indica y tiene más propiedades alucinógenas. Me encontré con una falta de funcionalidad mental bajo su influencia. En la mayoría de los casos, mis facultades cognitivas se apagaban por completo, mientras que, con las Indicas, aún podía funcionar hasta cierto punto. En lo que respecta a la actividad de la Kundalini, el hachís no me ayudó a eliminar los bloqueos del sistema como lo hizo el fumar Sativas.

El shatter, en cambio, es un animal completamente diferente. Fumar Shatter, conocido popularmente como hacer "dabs" o "ceras", es un procedimiento engorroso. Requiere el uso de un dispositivo único para fumar llamado "oil rig" y un encendedor de antorcha. El "oil rig" es similar a un bong, sólo que creado específicamente para fumar Shatter. Me pareció bastante incómodo fumar Shatter debido a las herramientas especializadas que se necesitan. Los porros e incluso las pipas se pueden fumar en cualquier sitio, mientras que los bongs y el Shatter se fuman principalmente en interiores. El vaping se puede hacer al aire libre en aparatos vaporizadores compactos o en interiores en aparatos más elaborados.

He encontrado que el Shatter me da el efecto más prominente que he tenido de los productos de tipo cannabis. Encontré su impacto similar a los efectos que obtuve de las Sativas, sólo que mucho más considerable. Me colocaba mucho, muy rápidamente. Era inspirador, sí, pero debido a la alta concentración de THC, me agotaba muy rápidamente. Primero, estimulaba mi Kundalini para que entrara en actividad, pero luego, al permanecer colocado durante un largo periodo, la apagaba por completo. Una vez que esto ocurría, no importaba dónde estuviera; necesitaba cerrar los ojos y descansar. El uso de Shatter me agotó muy rápidamente y, por ello, no podía hacer dabs más que unas pocas veces al mes.

Esto me lleva a un punto importante: la necesidad de dormir después de fumar cannabis o concentrados. Descubrí que, aparte de las Sativas, siempre estaba agotado después de que se me pasara el efecto y necesitaba dormir inmediatamente en la mayoría de los casos. El vaping y el Shatter son los que más me cansan y agotan. En la mayoría de los casos, no era funcional después. Por ello, me limité a fumar Sativas sólo en porros.

Otro producto de cannabis muy popular son los comestibles. Se trata de alimentos y bebidas con infusión de cannabis. Al ingerir cannabinoides activados, el THC metabolizado se vuelve más psicoactivo que nunca, ya que se absorbe a través del sistema digestivo y no del torrente sanguíneo. Como resultado, el subidón producido tiene una sensación totalmente diferente a la de fumar cannabis.

Los comestibles más populares y utilizados son los brownies y las galletas de cannabis. Todos los comestibles se elaboran incorporando aceites y mantecas de cannabis, lo que significa que casi cualquier receta de comida puede incluir cannabis. La parte más complicada de los comestibles es la dosis adecuada. Dado que los efectos tardan en producirse, a veces hasta dos horas, es fácil dar por sentado el proceso e ingerir más de lo que se necesita, lo que puede llevar y lleva a una experiencia desagradable. He visto personalmente a personas que han tenido brotes psicóticos masivos por sobredosis de comestibles. Debido a la tendencia de la gente a tomar demasiados comestibles, ya que tardan un tiempo en hacer efecto, me sorprende que su uso sea legal. Es muy irresponsable que los gobiernos incluyan los comestibles como parte de los productos legales de cannabis sin informar a la gente sobre la dosis adecuada y los posibles efectos secundarios si no se siguen.

Los comestibles estimulan la energía Kundalini para que entre en actividad, y una dosis menor puede expulsar cualquier bloqueo mental o emocional. Por otro lado, si tomas demasiado, la experiencia puede ser tan intensa que te sentirás como si estuvieras tomando LSD, hongos, u otra droga altamente psicoactiva.

SUSTANCIAS CONTROLADAS Y CORTOCIRCUITOS

Cuando se trata del alcohol, no siento la necesidad de describir lo que hace y cómo funciona, ya que creo que es de conocimiento común. En cambio, mencionaré el efecto directo del alcohol en el sistema Kundalini para aquellos que lo han convertido en parte de su vida. El alcohol puede y crea bloqueos energéticos cuando se usa en exceso. Puede provocar un cortocircuito en Ida y Pingala, pero esto es más raro en comparación con las drogas recreativas. Sin embargo, cantidades copiosas de alcohol, que trabajan para afectar tu estado mental y cambiarlo a un alto grado, pueden dañar tu sistema Kundalini.

La regla general es que cualquier droga o sustancia recreativa que afecte y altere el estado mental puede perjudicar a la persona que ha despertado la Kundalini. El café en cantidades significativas también puede ser perjudicial. Nunca he experimentado un cortocircuito debido al consumo de café, pero, de nuevo, nunca he tomado más de tres tazas de café en un día. Creo que la regla general de cualquier sustancia que afecta a los pensamientos y las emociones puede y causará un cortocircuito si se utiliza en exceso.

Las drogas duras e ilegales, como la cocaína, el éxtasis, la MDMA, los hongos, el LSD, y otras, pueden cortocircuitar a Ida, a Pingala o a ambos. La cocaína trabaja para amplificar la fuerza de voluntad principalmente, lo que pone a Pingala en peligro. El uso excesivo de la cocaína puede causar definitivamente un cortocircuito. Por otro lado, el éxtasis y el MDMA actúan sobre las emociones y los sentimientos, lo que pone en peligro al Ida.

Mientras que la cocaína aumenta los niveles de dopamina, el éxtasis y la MDMA aumentan los niveles de serotonina. Al increíble subidón le seguirá un bajón emocional potencialmente devastador cuando se agoten los niveles de dopamina o serotonina. Por esta razón, los adictos a la cocaína suelen tener problemas de ira, mientras que los consumidores habituales de éxtasis o MDMA sufren depresión: sus sistemas nerviosos están completamente desequilibrados.

Las setas y el LSD son potentes drogas psicoactivas con altas propiedades alucinógenas que afectan al Ida y Pingala. Después de todo, alucinar afecta a la fuerza de voluntad y a las emociones al mismo tiempo. Lo mismo ocurre con el abuso del alcohol, que pone en riesgo al Ida y Pingala. Dado que se cultiva en la Tierra, al igual que el cannabis, los hongos son la forma más segura de experimentar estados alterados de conciencia. Sin embargo, uno debe estar preparado para esta experiencia mental y emocionalmente, ya que dura muchas horas.

El cannabis, como se ha mencionado, pone en peligro al Ida. Sin embargo, hoy en día, con las variadas y potentes variedades de cannabis disponibles que impactan tanto en la fuerza de voluntad como en las emociones, puede afectar tanto al Ida como a Pingala. Por ejemplo, puedo imaginar que fumar demasiado de una cepa Indica puede ser perjudicial para la integridad de la fuerza de voluntad, ya que este tipo de marihuana apaga la influencia del Elemento Fuego casi por completo. A la inversa, fumar variedades de cannabis Sativa, que afectan al estado emocional, el Elemento Agua, puede poner en peligro el canal Ida cuando se hace en exceso.

No estoy de acuerdo con la gente que dice que el cannabis es una droga de entrada a las drogas duras e ilegales como las que he mencionado y las inyectables como la heroína. En todo caso, el cannabis es una puerta de entrada a la mente. Si tienes una propensión a probar drogas y experimentar con ellas, lo harás sin necesariamente probar el cannabis primero. Como declaración final sobre este tema, quiero enfatizar que hay cero valor terapéutico en el uso de cualquiera de estas drogas recreativas que no sea el cannabis, que también se utiliza como droga medicinal.

***

Espero que mi experiencia con el cannabis y los productos relacionados con el cannabis haya sido instructiva, como se pretende. Sin embargo, comprenda que el cannabis no es para todo el mundo. Por lo tanto, haz tus propios juicios y procede a tu discreción basándote en la información que has recibido. En cualquier caso, es necesario eliminar el tabú que existe en la sociedad con respecto al consumo de cannabis, especialmente por el bien de los iniciados en Kundalini, porque la mayoría de las personas despiertas con las que me he encontrado han tenido experiencias positivas al consumirlo.

Además, hay que tener en cuenta que las variedades actuales son mucho más potentes que las del pasado y hay que abordarlas con precaución. Lo mejor es empezar siempre con una dosis pequeña e ir aumentándola para familiarizarse con los efectos de una cepa concreta. Escucha a tu cuerpo y a tu mente y acércate al cannabis como un científico para poder averiguar qué variedades te funcionan bien.

El uso del cannabis en un entorno meditativo y ritual tendrá efectos muy diferentes a los de fumarlo de forma recreativa con amigos o en fiestas. Siempre aconsejo utilizar el cannabis con la intención adecuada y el trabajo Espiritual en mente. Como individuo que ha despertado a la Kundalini, las Sativas fueron una bendición en mi vida cuando estaba en un momento de necesidad. Si no existieran, probablemente no habría fumado ningún otro tipo de cannabis.

Sin embargo, es fácil desarrollar una dependencia del cannabis si se fuma regularmente. Todo puede empezar como algo positivo y luego volverse negativo si te excedes. Yo me encontré en esta situación durante un año y medio, justo antes de decidir dejar de fumar por completo en 2016.

Después de dejar lo que se convirtió en mi adicción en ese momento, experimenté tremendos cambios positivos en la mente, el cuerpo, y el Alma que vale la pena mencionar. En primer lugar, mi impulso y mi ambición se multiplicaron por 10. Independientemente de que algunos digan lo contrario, fumar cannabis afecta a la productividad en tu vida. Mucho. Puede que no lo veas si estás atrapado en el marco como yo lo estaba, pero lo hace. También afecta a tu deseo de destacar entre la multitud y buscar la grandeza.

El cannabis te hace estar contento con la vida, y cuando estás demasiado cómodo, dejas de buscar el cambio y de intentar mejorar tu persona y tu vida. Cuando estás colocado, te elevas por encima de tus emociones, pero como no las procesas de forma natural, te privas de aprender de ellas y de avanzar en diferentes áreas de tu vida. Después de todo, una de las razones por las que tenemos sentimientos tan poderosos es porque estamos destinados a aprender de ellos y a crecer psicológicamente.

El cannabis neutraliza el miedo, lo cual es bueno cuando estás desesperado, pero recuerda que el miedo existe para hacernos fuertes. Al volvernos dependientes de cualquier sustancia que nos ayude a lidiar con la energía del miedo, nos impedimos seguir evolucionando de forma natural. Sí, la vida es más difícil sin las drogas y el alcohol para ayudarnos a aliviar los nervios. Pero cuanto más difícil es algo, la recompensa es mucho más dulce.

Si introduces las drogas y el alcohol en la ecuación, te impides desarrollar los anclajes mentales necesarios que ayudan a afrontar los momentos difíciles. Como seres humanos, necesitamos la resistencia de la vida para hacernos fuertes y aprender a afrontar las situaciones difíciles de la vida. Necesitamos el miedo como bloque de construcción para poder desarrollar el valor.

Ten en cuenta ahora que estoy hablando con personas que han desarrollado una dependencia del cannabis. Si lo fumas un par de veces al mes, no veo cómo puede tener efectos secundarios adversos reales. Sólo ten en cuenta que estás tratando con algo que puede volverse adictivo si no practicas la moderación.

PARTE XI: MEDITACIONES KUNDALINI

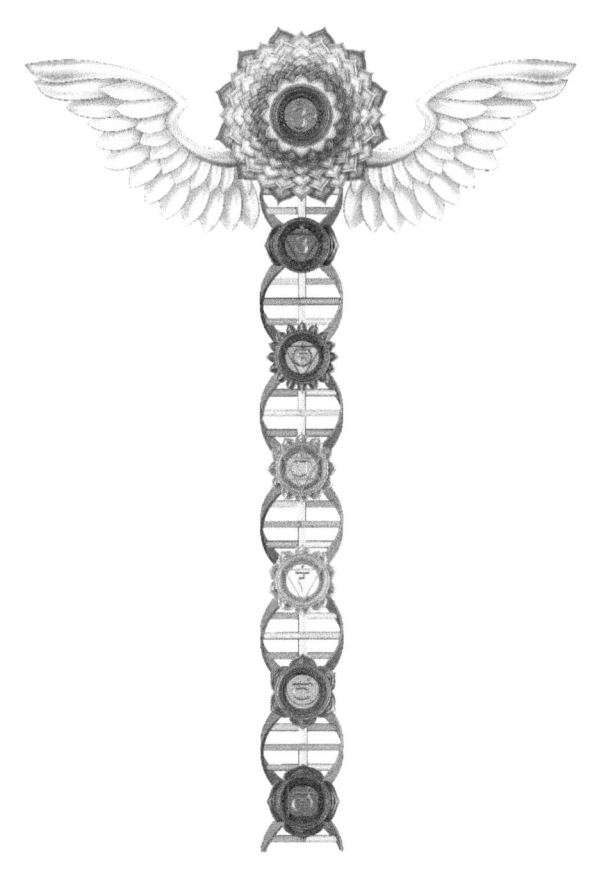

SOLUCIÓN DE PROBLEMAS DEL SISTEMA

Habiendo pasado por muchas situaciones desafiantes durante mi despertar de la Kundalini, me vi forzado a solucionar mis problemas y descubrir formas de ayudarme a mí mismo. La mayoría de las personas pasan por experiencias adversas que conmocionan el sistema de la Kundalini y luego afrontan las ramificaciones sin métodos viables para ayudarse a sí mismos. La mayoría de las personas despiertas que experimentan un cortocircuito de la Kundalini trabajan en la reconstrucción de la energía a través de la ingesta de alimentos, lo que podría llevar al menos unos meses o más. Sin embargo, he encontrado formas de reconectar los canales a través de diferentes meditaciones en tan sólo media hora como máximo, a veces incluso en unos pocos minutos. A continuación hablaré de estas meditaciones, dándote una guía adecuada para aplicar cada una de ellas en diversas situaciones.

1. La Lengua en el Paladar (Bandha Jiva)
Coloca la punta de la lengua en el montículo carnoso situado justo detrás de los dientes superiores. La parte central de la lengua debe encajar con la parte dentada del paladar. Este poderoso ejercicio, llamado Bandha Jiva en las enseñanzas Yóguicas, es esencial para las personas que han despertado la Kundalini, ya que completa el circuito de la Kundalini permitiendo que la energía se mueva hacia arriba. Primero entra en la parte frontal del túnel del Ojo de la Mente, ligeramente entre las cejas, y luego pasa progresivamente por el Cuarto, Quinto, Sexto y, finalmente, Séptimo Ojo, que es uno de los puntos de salida de la Kundalini que completa su circuito.

Realizar este ejercicio dirige tu enfoque hacia los dos Chakras Espirituales más altos, Ajna y Sahasrara, en lugar de los Chakras inferiores. Permitirá a tu Ser Superior tomar el control de la conciencia a través de la intuición recibida del Chakra Ajna, superando el impulso del Ser Inferior, el Ego. Haz de este ejercicio una parte regular de tu día. Trata de tener la lengua en el paladar tan a menudo como sea posible para permitir que la energía se canalice hacia arriba en la corteza frontal de tu cerebro. Esta zona es donde el Ida y

Pingala convergen en el centro del Ojo de la Mente, justo por encima de la mitad de las cejas, justo dentro de la cabeza.

Este ejercicio en particular también se utiliza para reconstruir el sistema Kundalini una vez que se ha experimentado un cortocircuito. Recuerda, a menos que el Ida y Pingala converjan en Chakra Ajna, el circuito de Kundalini permanecerá abierto, lo que causará problemas mentales y(o) emocionales. Colocar la lengua en el paladar con continuidad y diligencia permitirá que el Ida y Pingala vuelvan a converger en el Ajna y se muevan naturalmente hacia el Centro del Séptimo Ojo como una sola corriente de energía. Como tal, el circuito de Kundalini se cerrará, lo que te permitirá experimentar el reino extático de la No-Dualidad, el Reino Espiritual, a través del Chakra Bindu en la parte superior, trasera de la cabeza.

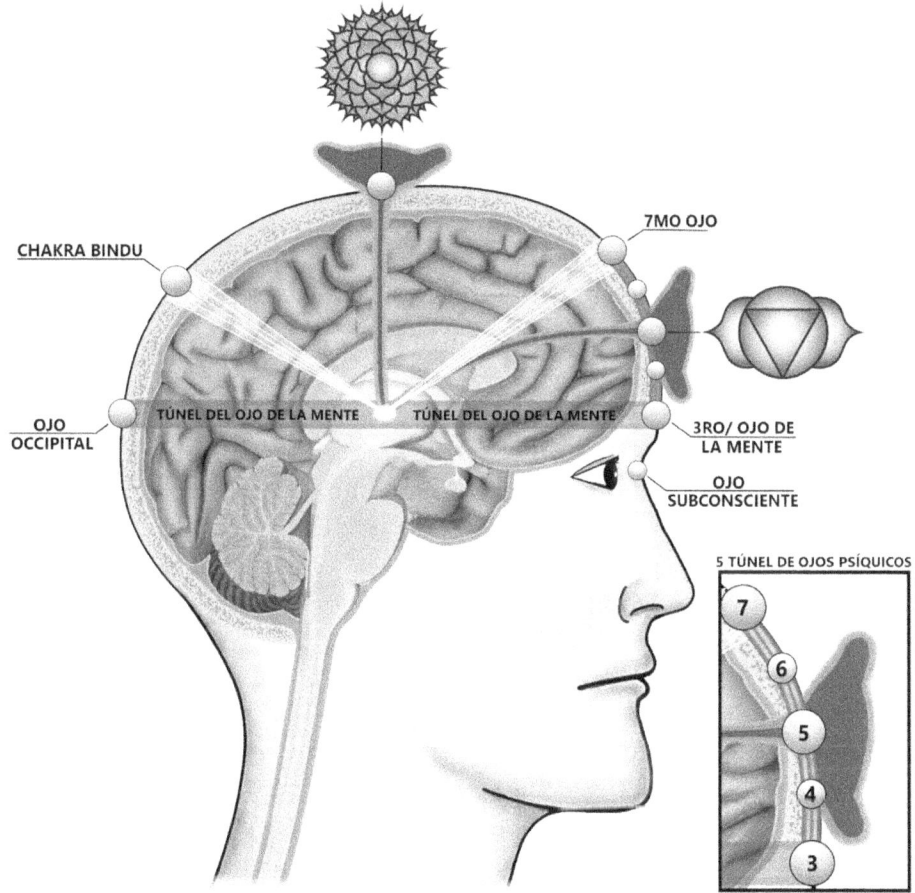

Figura 162: Los Centros Energéticos Principales de La Cabeza

2. Meditación con el Ojo de la Mente

La primera meditación, y la más importante, es sobre el Ojo de la Mente, el portal energético del Chakra Ajna, un centro de conciencia que es una ventana a los Reinos

Cósmicos. La entrada frontal de este portal se encuentra entre las cejas, justo por encima del nivel de los ojos, en la frente. Sin embargo, la ubicación de su punto de meditación está a un centímetro de la superficie de la piel, dentro de la cabeza. (Utilice la Figura 162 como referencia para localizar los centros energéticos principales de la cabeza, mientras que la Figura 163 se refiere a los puntos de meditación reales relacionados con esos centros).

Puedes mirar hacia arriba en este punto con los ojos cerrados proyectando ligeramente los ojos hacia arriba. El Ida y Pingala convergen en este punto, lo cual es necesario para completar el circuito de Kundalini. Si no se llega a esta convergencia de Idá y Pingalá, el circuito no estará completamente activo dentro del Cuerpo de Luz.

Centrar tu atención en este punto durante la meditación estimula la Glándula Pineal, que tiene una conexión íntima con el Alma. Sentirás una atracción magnética hacia el Ojo de la Mente si te enfocas en él correctamente. La atención debe situarse siempre en el Ojo de la Mente, que, cuando se aplica adecuadamente, estimula el Bindu en la parte posterior de la cabeza, afectando al flujo de energía en el circuito de la Kundalini y haciendo que se canalice hacia el exterior desde el Bindu.

Para realizar esta meditación correctamente, recuéstate de espaldas con las manos extendidas y coloca suavemente tu atención en el Ojo de la Mente. Puedes controlar tu respiración con la Respiración Cuádruple, que también te ayudará a alcanzar el estado de meditación. La atención debe mantenerse en el Ojo de la Mente incluso mientras cualquier pensamiento o imagen pasa por tu mente. Si mantienes tu atención en este punto con éxito durante aproximadamente dos o tres minutos, a veces menos, se producirá la reconversión, y el sistema energético se reactivará.

Ahora, durante el día, tendrás claridad de mente y pensamientos, incluido el equilibrio en tus emociones. Puede que al principio no sientas que has hecho una gran diferencia, pero una vez que ingieras algo de comida y duermas bien, sentirás una sensación de renovación y empezarás a generar inspiración de nuevo. Sin esta convergencia del Ida y Pingala, es imposible crear un impulso y permanecer inspirado durante un tiempo significativo.

3. Meditación del Séptimo Ojo

El Séptimo Ojo se encuentra donde la línea del cabello se une a la frente, en el centro. Este punto de localización está aproximadamente un centímetro fuera de tu cabeza, justo encima de ese punto. La energía Kundalini necesita salir de este punto, ya que el Séptimo Ojo es la contraparte del punto Bindu en la parte superior trasera de la cabeza. Trabajan juntos para hacer circular la energía Kundalini por todo el cuerpo.

Si el circuito de Kundalini está estancado o inactivo, ésta es una de las meditaciones que puedes hacer para ponerlo en marcha de nuevo. Si hay un bloqueo en este punto o el circuito de Kundalini ha dejado de funcionar, es necesario reabrir este canal y conseguir que canalice la energía correctamente. Si este punto no está activo, notarás que no hay un componente visual asociado a tus procesos de pensamiento y que tu inspiración es baja. Tus poderes imaginativos se verán afectados y perderás tu conexión con el Ahora, el momento presente, lo que te hará ser introvertido y caer presa del Ego.

El centro del Tercer Ojo es el punto de acceso para que la energía se mueva hacia el Séptimo Ojo y el Bindu en la parte posterior de la cabeza. Por lo tanto, recomiendo hacer primero la meditación del Ojo de la Mente para ayudar a mover la energía hacia los centros superiores de la cabeza. A continuación, centrarse en el Séptimo Ojo completará el paso final de mover la energía fuera de la cabeza para completar el circuito.

Para esta meditación, recuéstate de espaldas con las palmas de las manos extendidas y concentra la energía en el centro del Séptimo Ojo. Realiza la Respiración Cuádruple para calmar tu mente. Si mantienes tu atención en el Séptimo Ojo durante dos o tres minutos ininterrumpidos, la energía Kundalini se elevará y pasará por este punto. Así, el Bindu se reactivará, permitiendo que el circuito de Kundalini fluya correctamente en el Cuerpo de Luz.

Para el resto del día, recomiendo pasar tiempo en soledad. En mi experiencia, una vez que hago la meditación del Séptimo Ojo, mi energía se ve bastante afectada durante el día, lo que me desconcierta cuando interactúo con otras personas. Este ejercicio mina el Prana del sistema, lo que te hace parecer sin vida, desequilibrado y emocionalmente decaído cuando hablas con otras personas. Sin embargo, después de una buena noche de sueño, el circuito debería regenerarse con energía Pránica y optimizarse, recuperando el 100%.

Además, la ingesta de alimentos es esencial para volver a alimentar el sistema después de esta meditación. Es posible que necesites uno o dos días de ingesta de alimentos para regenerar completamente tus energías internas, ya que el trabajo con el Séptimo Ojo y Bindu pone más tensión en el circuito de Kundalini que el trabajo con el Ojo de la Mente. Estos dos puntos son los puntos de salida de la energía Kundalini, por lo que trabajar con ellos puede afectar en gran medida a tu estado psicológico.

4. Meditación del Ojo Occipital

Esta meditación es para los iniciados más avanzados porque tienes que haber acumulado la energía del Espíritu dentro de tu sistema (lo que sólo ocurre cuando el circuito de la Kundalini está activo durante algún tiempo) para que empiece a transformarse de la energía del Fuego en un líquido refrigerante, la energía del Espíritu. Esta energía del Espíritu te hará sentir como si estuvieras hecho de Mercurio líquido, lo que provoca una sensación de enfriamiento en tu Cuerpo de Luz y una completa trascendencia en la conciencia.

Este líquido Espíritu se vierte en la parte posterior de la cabeza de forma natural. Algunas personas incluso han informado de que tienen la sensación de que cae en la parte posterior de la garganta. En mi opinión, estas afirmaciones son malentendidos relacionados con la percepción. Como dije en un capítulo anterior, es fácil confundir algo que ocurre en el Cuerpo de Luz con lo que ocurre en el cuerpo físico después de un despertar de la Kundalini. Después de todo, ambos se experimentan como reales para la conciencia, y como el Cuerpo de Luz es algo nuevo, la conciencia necesita algún tiempo para aprender a diferenciar entre los dos. Esta es mi opinión, al menos, pero estoy dispuesto a debatir con cualquiera, habiendo sido testigo de este fenómeno durante más de 17 años.

El Ojo Occipital está situado justo enfrente del Ojo de la Mente. Por lo tanto, debes concentrarte en un punto de meditación a un centímetro de la parte interior de la cabeza para atraer la energía hacia la parte posterior de la misma. Sin embargo, si ves que esto no te funciona, puedes concentrarte un centímetro en la parte exterior de la cabeza, en la misma zona. Dado que estás intentando atraer la energía hacia la parte posterior de la cabeza, es posible que tengas que trabajar con ambos puntos de meditación, ya que la energía puede quedar atrapada allí y requerirá algo de creatividad por tu parte para empujarla y crear un flujo adecuado.

Para ayudar en esta meditación, me gusta imaginar que mi Yo Astral está parado a un pie fuera de mí, mirando directamente a la parte posterior de mi cabeza. Al mantener esta visión o al mantener mi atención en uno de los dos puntos de meditación para el Ojo Occipital, se producirá una alineación en la que la energía líquida del Espíritu es atraída hacia la parte posterior de la cabeza, lo que empuja cualquier estancamiento o bloqueo de energía, optimizando el flujo del circuito de Kundalini.

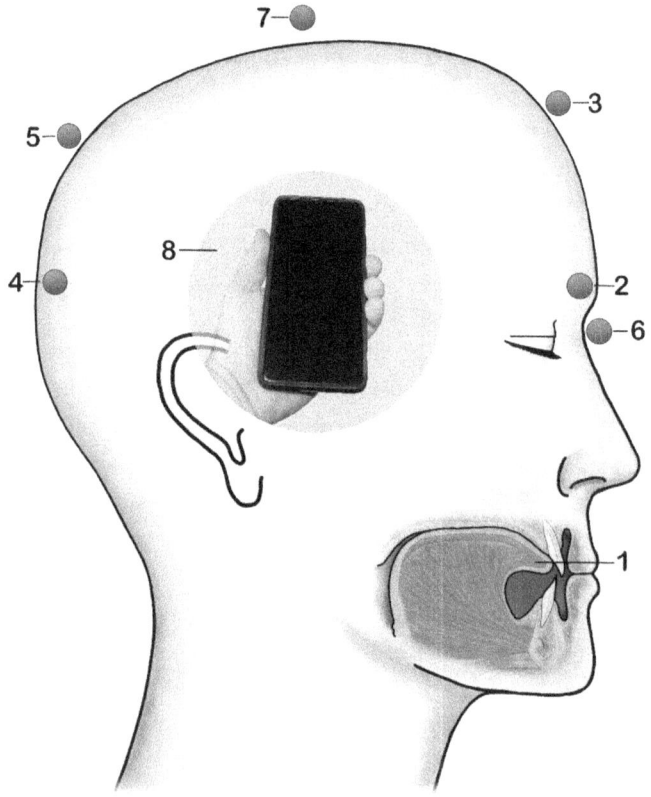

Figura 163: Las Meditaciones de Kundalini

5. Meditación del Chakra Bindu

El Chakra Bindu es esencial porque es el punto de salida que completa el circuito de la Kundalini. Cuando se permite que la Kundalini se canalice fuera de este punto, la conciencia experimenta la Unidad con todas las cosas, un estado de meditación perpetua y pura trascendencia. Esto se debe a que el Bindu es la puerta de entrada al Chakra Causal, donde la dualidad se encuentra con la No-dualidad. Por lo tanto, meditar en este punto es vital para mantener la integridad del circuito de la Kundalini. Es necesario que haya un constante y sutil tirón de la energía hacia el exterior, hacia la parte superior trasera de la cabeza.

Un flujo adecuado de energía en este punto hace que te veas a ti mismo en tercera persona. Crea una sensación de que tu conciencia se eleva por encima de tu cuerpo físico, donde puedes ver tu rostro desde una perspectiva en tercera persona. De esta manera, percibes continuamente tu Ser físico, tus expresiones faciales, y la energía que emites al Universo, junto con tus pensamientos internos, simultáneamente. Este estado del Ser indica un alto estado de evolución Espiritual con la energía Kundalini.

El punto Bindu se encuentra en la parte superior trasera de la cabeza, justo enfrente del Séptimo Ojo. Su punto de meditación está un centímetro fuera de la cabeza, al igual que el Séptimo Ojo. Esta meditación es más común que la del Séptimo Ojo y aliviará más problemas, mental y emocionalmente. Cuando hay demasiada energía estancada en la cabeza, el Ego utilizará esta situación para su agenda introduciendo pensamientos negativos que crean miedo para secuestrar la conciencia. Esto hará que la Kundalini baje del Chakra Bindu. No es necesario que haya un cortocircuito en ningún canal para que esto ocurra; puede ocurrir por un aumento del estrés o por albergar pensamientos negativos durante un periodo prolongado.

Para realizar esta meditación, túmbate de espaldas con las manos extendidas mientras te concentras en el punto de meditación del Chakra Bindu, que se encuentra a un centímetro de la parte superior y posterior de la cabeza. Realiza la Respiración Cuádruple para calmar la mente y entrar en un estado de meditación. Centrarse en este punto afecta al Bindu y al Chakra Causal, que está íntimamente ligado al Bindu.

La clave de estas meditaciones para la cabeza es centrar la atención en un punto concreto dentro o fuera de la cabeza durante dos o tres minutos con total concentración. Me gusta imaginarme a mí mismo golpeando continuamente el punto de meditación con mi dedo índice. Ten en cuenta que estoy hablando de imaginar mi dedo Astral haciendo esto con el poder de mi mente. De esta manera, incorporo la imaginación y la fuerza de voluntad, utilizando así los canales de Ida y Pingala. Al hacerlo, se estimula la energía y se la empuja hacia afuera, completando así el circuito. Esta meditación también puede realizarse sentado, mientras que las otras meditaciones mencionadas hasta ahora funcionan mejor tumbado, según mi experiencia.

6. Meditación del Ojo Subconsciente

El Ojo Subconsciente permite a todos los individuos totalmente despiertos a la Kundalini ver el contenido de su mente subconsciente para obtener el dominio sobre sus pensamientos y la realidad. Este centro psíquico se encuentra en el punto donde el medio de los ojos se une al puente de la nariz. Sin embargo, supongamos que hay un aumento de energía negativa y pensamientos temerosos dentro de la mente. En ese caso, este punto de liberación se bloquea y el individuo no puede ver el contenido subconsciente.

Ida puede colapsar simultáneamente, o es el colapso de Ida lo que a menudo provoca el cierre de este centro psíquico. Recuerda que todo el estrés, la ansiedad y los pensamientos negativos y temerosos ponen a Ida en peligro cuando se concentra durante mucho tiempo. Si Ida colapsa, o si sucede por sí mismo, este punto necesitará reabrirse antes de que pueda funcionar bien de nuevo. El lugar en el que hay que centrarse es justo encima del puente de la nariz, un centímetro por fuera de la cabeza.

Cuando respiras, este centro psíquico respira contigo. La energía Pránica está siendo alimentada en el Ojo Subconsciente que le permite tener pensamientos y emociones saludables. Cada respiración al despertar debería renovar tu mente cuando estos centros psíquicos funcionan correctamente. Si la energía en este punto se estanca, tendrás una mente poco saludable y llena de miedo. Te costará mirar al futuro y te aferrarás al pasado, pensando continuamente en él de forma obsesiva.

Los pensamientos o las emociones obsesivas a menudo hacen que este centro psíquico se bloquee, ya que al pensar obsesivamente en algo, estás centrando tu atención en la parte posterior de la cabeza demasiado, lo que puede alejar la energía de los Cinco Ojos Psíquicos y del Ojo Subconsciente, haciendo que algunos de ellos se bloqueen. Recuerda que la ubicación real de la mente subconsciente está en la parte posterior de la cabeza, mientras que el Ojo Subconsciente es una ventana o portal que nos permite ver su contenido.

Esta meditación debe realizarse tumbado con las palmas de las manos extendidas. Sería útil utilizar la Respiración Cuádruple para mantenerse en el estado mental correcto mientras se realiza esta meditación. La atención debe mantenerse en el punto descrito durante al menos dos o tres minutos, sin interrupción. Si tienes éxito, habrá una sensación de enfriamiento en el puente de la nariz, y sentirás la presión allí a medida que la energía sale de ella hacia la atmósfera que tienes delante. Sentirá una liberación inmediata de los pensamientos del pasado y la capacidad de pensar y entusiasmarse con el futuro.

7. Meditación del Chakra Sahasrara

El Chakra Sahasrara es el Chakra más crítico en el contexto de un despertar de Kundalini ya que es nuestra conexión con la Fuente Espiritual, la Luz Blanca. El Sahasrara es el más alto del cuerpo en la parte superior, en el centro de la cabeza, y su función regula todo el circuito de Kundalini cuando está abierto y activo. Por lo tanto, siempre tiene que haber un flujo de energía hacia él; de lo contrario, el circuito de Kundalini dejará de funcionar. En el raro caso de que la energía Kundalini baje del Sahasrara, esta simple meditación puede elevarla de nuevo, haciendo que el flujo central de energía a través del Sushumna funcione correctamente. Recuerda que el Ida, Pingala, y Sushumna se unen en el Ajna como una sola corriente de energía que sube al Sahasrara.

Por lo tanto, si esta corriente de energía cae por debajo del Sahasrara, esta es la meditación que debes utilizar para que vuelva a subir.

Para realizar esta meditación, recuéstate de espaldas con las palmas de las manos extendidas. En primer lugar, utiliza la Cuádruple Respiración para entrar en estado de meditación. A continuación, cierra los ojos físicamente y retíralos hacia atrás, tratando de mirar hacia la parte superior de la cabeza, aproximadamente dos centímetros por encima del centro del cráneo. Aunque el Sahasrara está en la parte superior, en el centro de la cabeza, he descubierto que enfocar dos centímetros por encima de ella en lugar de uno, o directamente en ella, facilita el empuje necesario para que el canal de energía Kundalini suba al Sahasrara.

Mantén tu atención en este punto durante dos o tres minutos, sin interrupción. Si tienes éxito, sentirás que un flujo de energía se mueve a través de tu cerebro, llegando al Sahasrara. Si esto no funciona y sientes una caída definitiva del Sahasrara, entonces necesitarás reconstruir los hilos de Kundalini en tu cabeza a través de la ingesta de alimentos, transformando los alimentos en energía de Luz o Prana. Es posible que necesites de unas semanas a un mes. Puedes realizar esta meditación cada poco día mientras reconstruyes tu cuerpo de combustible de Luz para ocuparte de esta situación.

8. Meditación de Mantener una Imagen en la Mente

Otra meditación fundamental que puede ayudar a aliviar los problemas mentales y emocionales es imaginar un objeto sencillo en tu mente y mantener su imagen visual con total concentración. Ayuda que el objeto que imagines sea algo que tengas en la mano a menudo, como tu teléfono móvil, para que puedas Re imaginar cómo se ve y se siente en tu mano, utilizando tus sentidos Astrales y el poder de tu mente.

Esta meditación es útil si hay un bloqueo en el Chakra Bindu y cuando no funcionan otras meditaciones de puntos de la cabeza. Es una meditación poderosa porque incorpora los canales Ida y Pingala durante su realización. Cuando realizas cualquier actividad mental que requiera tu fuerza de voluntad, estás utilizando tu canal Pingala. Por el contrario, cuando usas tu imaginación y estás pensando en una imagen en tu mente, estás usando tu canal Ida. Si mantienes una imagen en tu mente durante un período prolongado, estás reabriendo y realineando tanto Ida como Pingala y permitiéndoles canalizar hacia el Chakra Bindu, como es natural que hagan en individuos totalmente despiertos a la Kundalini.

Notarás que, si realizas esta meditación, el componente visual de sostener la imagen en tu mente aumentará y se volverá más definido. Incluso puedes sentir movimientos de energía en tu cuerpo, a lo largo de la parte delantera del torso, a ambos lados, donde están los canales Ida y Pingala. También puedes sentir rayas de energía moviéndose por la parte delantera de tu cara.

Por ejemplo, puede producirse una alineación en un canal de energía que se mueve centralmente a través de la barbilla hasta el labio inferior. También puedes sentir que la energía se mueve dentro de tu cerebro, ya que los hilos de Kundalini se están infundiendo con el Espíritu líquido. Si sientes alguno de estos movimientos, es una buena señal de que tu meditación está funcionando y que Ida y Pingala se están alineando. Cuando tu meditación tenga éxito, deberías sentir finalmente una presión en la parte superior trasera de tu cabeza mientras tu Chakra Bindu se infunde, señalando que el circuito de la Kundalini se ha reactivado completamente.

9. Convertirse en Uno con la Meditación de un Objeto

Otra meditación poderosa para optimizar los canales de Ida y Pingala y realinear el circuito de Kundalini es concentrarse en un objeto delante de ti durante un periodo prolongado. Esta meditación tiene como objetivo salir de ti mismo y convertirte en uno con el objeto, sintiendo su esencia. Al hacerlo, te exteriorizas y permites que los Nadis se realineen y asuman su flujo natural. Por lo general, es el contenido de nuestra mente y el mal uso de nuestra fuerza de voluntad lo que bloquea o estanca el flujo de los Nadis.

La clave es mantener la mente vacía y concentrarse intensamente en el objeto que se medita. Siente su textura y utiliza tus sentidos astrales en él. Despeja tu mente, y no escuches los pensamientos de tu Ego cuando intente disuadirte de la tarea que tienes entre manos.

También puedes meditar sobre un punto fijo de tu elección o una imagen. Sin embargo, encuentro que meditar en un Objeto Tridimensional funciona mejor, ya que puedes usar todos tus sentidos Astrales en él, permitiendo que tu mente se mantenga ocupada, lo que induce al silencio. Utilizar los sentidos Astrales en la meditación es una buena distracción para la mente, ya que no puede concentrarse en eso y en el pensamiento simultáneamente.

Absorbe por completo el objeto o punto fijo, o la imagen, sin perder la concentración. Puedes parpadear, aunque los ojos deben lagrimear ligeramente si lo haces correctamente, lo que indica una poderosa concentración. Mientras realizas esta meditación, presta atención al punto Bindu, situado en la parte superior trasera de la cabeza. Después de unos cinco o 10 minutos de este ejercicio, deberías sentir que tus Nadis se realinean a medida que su punto Bindu se llena de energía. Esto es una señal de que el circuito de Kundalini se ha optimizado.

10. Meditación en el Chakra de la Estrella de Tierra

Dado que el Chakra de la Estrella de la Tierra proporciona las corrientes femenina y masculina para los Nadis Ida y Pingala, si hay una falta de energía que fluye a través de cualquiera de ellos, es posible que necesites meditar en su fuente para volver a alimentarlos. Puedes hacerlo colocando tu atención en las plantas de los pies y manteniéndola allí, sin interrupción, mientras te concentras en la Estrella de Tierra a 15 centímetros por debajo de los pies.

Recuerda que el canal Pingala pasa por la pierna y el talón derechos, mientras que el canal Ida pasa por el izquierdo. Ambos conectan con el Chakra de la Estrella de Tierra. Por lo tanto, si has hecho tu meditación correctamente, sentirás una alineación energética en la parte inferior del talón que se corresponde con el Chakra Muladhara, lo que indica que el Ida o Pingala se han reactivado. Al mismo tiempo, meditar en la Estrella de Tierra proporciona la conexión a Tierra óptima necesaria para mantener los otros Chakras y

Cuerpos Sutiles en equilibrio. Por lo tanto, practica esta meditación a menudo, incluso si no estás experimentando problemas con los canales de Ida o Pingala.

***

Una nota final sobre los cortocircuitos de Kundalini y las meditaciones presentadas en este capítulo. En primer lugar, comprenda que los cortocircuitos, en general, no son peligrosos en un sentido físico sino psicológico. Por lo tanto, hacer estas meditaciones no puede perjudicarle, sino que puede beneficiarle espiritualmente de forma significativa y permitirle controlar su experiencia de la realidad en lugar de estar a merced de la energía Kundalini.

Sin embargo, aunque estas meditaciones me han funcionado en casi todos los casos, no puedo garantizar que te funcionen siempre. Al haberlas desarrollado, he obtenido una conexión intuitiva con cada meditación en la que, tras diagnosticar el problema, puedo aplicar la correcta con un 90% de precisión. Esto no puedo transmitírtelo a ti, pero espero que puedas aprender a hacer lo mismo con la práctica y la experiencia.

Creo que el manual de nuestros sistemas de Kundalini es el mismo y que el Creador no haría mi sistema de Kundalini diferente del tuyo porque todos estamos hechos de los mismos componentes físicos, emocionales, mentales, y Espirituales. Por lo tanto, creo que las cuestiones de Kundalini son universales, lo que significa que estas meditaciones deben trabajar para ti también.

Para terminar, espero que, al utilizar estas meditaciones, busques formas de avanzar en ellas y encuentres descubrimientos propios. Debemos mantener colectivamente la Ciencia de Kundalini en continua evolución y alcanzando nuevas cotas para que los que vengan después de nosotros se basen en nuestros errores y descubrimientos. Al hacerlo, no sólo nos desarrollamos a nosotros mismos, sino también a la Ciencia Kundalini como campo de estudio.

PARTE XII: ASESORAMIENTO KUNDALINI

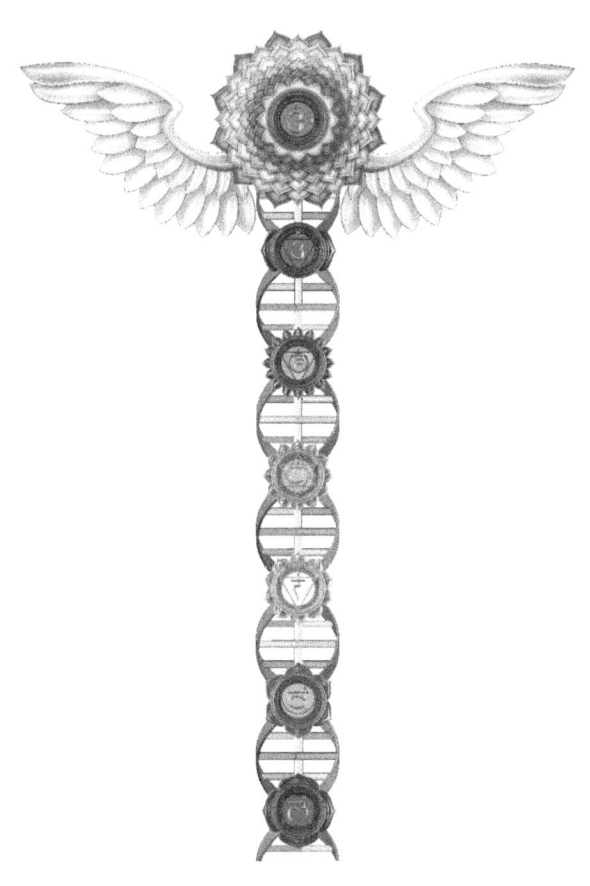

CONSEJOS GENERALES

A lo largo de los últimos 17 años, muchas personas que han despertado a la Kundalini se han puesto en contacto conmigo a través de las redes sociales para pedirme consejo sobre qué esperar y cómo afrontar los posibles problemas que surjan en su proceso de transformación. Descubrí que muchas de sus preguntas e inquietudes eran las mismas, y que sus consultas compartían un hilo conductor, ya que el proceso de transformación es Universal. En este capítulo se discutirán estos puntos en común y se compartirán algunos consejos generales para aquellos que estén en medio de una transformación de Kundalini.

La Kundalini no es una manifestación física, aunque a menudo se siente como si lo fuera. A medida que el Cuerpo de Luz se va perfeccionando con el tiempo, la conciencia oscila entre el cuerpo físico y el Cuerpo de Luz, tratando de dar sentido a las cosas. Antes del despertar, la conciencia solía operar sólo desde el cuerpo físico. Por lo tanto, las diferentes manifestaciones de la Kundalini pueden parecer físicas al principio, pero no lo son.

La gente me dice a menudo que siente presión en diferentes partes de su cuerpo, normalmente en la cabeza o en la zona del corazón, y me pregunta por qué ocurre esto. Quieren saber cuándo se detendrá y si estos problemas progresarán hasta convertirse en enfermedades corporales. Entiendan que la Kundalini está trabajando a través de una zona con centros psíquicos que necesita despertar para localizar la energía allí. A veces, esto requiere empujar contra bloqueos energéticos formados a lo largo del tiempo por pensamientos y creencias negativas sobre uno mismo y la vida en general. Aunque se siente como una presión física, se manifiesta en el Plano Astral. Sin embargo, como la mente es el nexo de unión, malinterpreta esta información. Después de todo, la mente nunca ha experimentado algo así antes, y se confunde fácilmente en esta situación. Por lo tanto, no es raro que la persona que experimenta estas sensaciones comience a sentir miedo y ansiedad por pensar que algo dañino le está sucediendo a su cuerpo físico.

Los Chakras y los nervios circundantes que inervan los órganos necesitan ser infundidos completamente con la Luz de la Kundalini para permitir que circule sin obstáculos en el Cuerpo de Luz. Debido a la energía kármica que se acumula en los Chakras a lo largo de la vida de alguien, estas áreas pueden bloquearse. La Kundalini necesita aplicar presión en esta zona a través de un calor suave y constante para erradicar y eliminar estos bloqueos.

La Kundalini es una energía de Fuego en bruto que se transforma en Espíritu líquido a través de la sublimación del Prana mediante la ingesta de alimentos junto con la transmutación de la propia energía sexual. Esta energía del Espíritu puede atravesar cualquier bloqueo, pero primero necesita ser convertida en su forma sutil por el Fuego Kundalini. Al observar este proceso en mi propio Cuerpo de Luz, he encontrado que esta transformación ocurre en el área donde la Kundalini está limpiando los bloqueos.

Las zonas más comunes en las que se despejan los bloqueos son la cabeza y el corazón. La gente sentirá presión en la cabeza durante meses, incluso años, mientras la Kundalini se transforma en este líquido más fino del Espíritu y abre los centros cerebrales. Y como has aprendido hasta ahora, hay muchos centros cerebrales críticos que deben abrirse, como el Tálamo, el Hipotálamo, y las Glándulas Pituitaria y Pineal. El cerebro es el centro que contiene estos importantes centros de energía. Los Chakras y los Nadis están conectados al cerebro a través del sistema nervioso. El cerebro es la placa base; es necesario crear un cableado adecuado en el Cuerpo de Luz para que funcione de forma más eficiente. De lo contrario, el circuito de Kundalini no funcionará correctamente.

Anahata, el Chakra del Corazón, es otra área crítica donde el Fuego Kundalini debe trabajar a través de los obstáculos energéticos para crear el cableado necesario. Después del Chakra Hara, Anahata es la segunda mayor convergencia de Nadis en el cuerpo. En su lado izquierdo se encuentra el canal Ida, que debe abrirse correctamente para optimizar su flujo energético. En el lado derecho está el canal Pingala. Ambos requieren un flujo suficiente de esta energía del Espíritu trabajando a través de ellos para no sentir una presión extraña, que crea pensamientos temerosos y preocupantes.

Después de que la energía Kundalini se despierta, las palpitaciones en el corazón físico son frecuentes ya que se liberan altos niveles de adrenalina, dopamina, y serotonina en el cuerpo, causando un ritmo cardíaco acelerado. También se producen saltos ocasionales de los latidos del corazón, que he descubierto que son causados por recuerdos basados en el miedo que salen a la superficie desde el subconsciente para ser re experimentados y eliminar su carga emocional.

Estas situaciones no son motivo de preocupación, ya que son universales en su expresión y seguirán manifestándose durante años, especialmente en las primeras etapas. Con el bombeo de diferentes hormonas en el corazón, se experimentan increíbles sentimientos de euforia aumentada. El torrente de energía en el corazón es extático e imposible de describir para alguien que no lo haya experimentado. Las glándulas suprarrenales pueden agotarse a lo largo de este proceso, que puede reponerse con Vitamina C.

La energía Kundalini también puede encontrar bloqueos en otras zonas del cuerpo, normalmente en el torso. La energía puede trabajar a través de diferentes órganos, y puede sentirse como si un órgano estuviera en peligro. Sin embargo, nunca he encontrado este caso, ni he oído de nadie que tenga fallos reales en los órganos en esta situación. Así que, de nuevo, puede sentirse como algo físico, pero no tendrá un impacto negativo en el órgano. Sin embargo, hay que tener en cuenta que puede haber efectos psicosomáticos si te centras demasiado en pensar que la presión es física. En otras palabras, puedes desarrollar un dolor físico, pero sólo porque estás tan concentrado en la idea que se manifiesta. Sin embargo, no se manifiesta de forma que pueda perjudicarle.

En general, mi consejo es siempre el mismo, y este consejo se aplica a todas las cosas relacionadas con el despertar en cualquier etapa: si sientes miedo, pasa por él. Por favor, no te centres en el miedo, ya que es el miedo el que te afecta negativamente y no la Kundalini en sí. El miedo crea ansiedad, que trabaja en contra de la Kundalini. Lucha contra el proceso de la Kundalini cuando está ocurriendo dentro de ti. Los Cuerpos Sutiles físico, emocional, y mental necesitan estar relajados y en paz para que la Kundalini haga su trabajo. Si hay ansiedad presente en cualquier área, impedirá el flujo de la Kundalini en uno de sus muchos estados diferentes. Estos bloqueos sólo parecerán fortalecerse y empeorar si invocas la ansiedad. En su lugar, necesitas practicar estar relajado en mente, cuerpo y alma incluso cuando la experiencia pueda parecer intensa.

Una vez que la Kundalini está totalmente despierta y trabajando a través de ti, es mejor que dejes de meditar por un tiempo. En este punto, todo lo que hace es enfocar la energía dentro de la cabeza, lo que ya no es necesario. Si has despertado la Kundalini, ya has alcanzado el objetivo de toda meditación de todos modos. Por lo tanto, pasar el mayor tiempo posible lejos de tus pensamientos y más tiempo en la naturaleza o con la gente te beneficiará. Cuando digo personas, me refiero a personas de mentalidad positiva, no a las negativas. Relajarse en todas las partes del Ser y concentrarse en traer alimentos nutritivos será todo lo que se requiere de ti.

No se desespere si tiene dificultades para dormir, como suele ocurrir durante los primeros años después del despertar. No sirve de nada intentar inducir el sueño a toda costa, sólo para frustrarse cuando no ocurre. En lugar de eso, ve y haz algo productivo para trabajar la energía que te impide dormir. Realizar actividades creativas te ayudará a transformar la energía y te pondrá en contacto con la imaginación y la fuerza de voluntad, lo que te ayudará a inspirarte y a alcanzar un estado de calma, induciendo el sueño de forma natural. Recuerda siempre que la creatividad también utiliza la energía del amor, por lo que cualquier actividad que sea creativa es productiva ya que utiliza el amor. Esta regla se aplica cuando estás pasando por el despertar en cualquier momento de tu vida. Siempre estamos tratando de alinearnos con el amor tanto como podamos mientras pasamos por esto.

Tuve insomnio durante años después de mi despertar y oscilaba entre intensos Sueños Lúcidos y una completa falta de sueño y la incapacidad de inducir sueños en absoluto. Con el tiempo, aprendí a no preocuparme ni estresarme cuando esto ocurre, aunque puede ser difícil hacerlo si tienes algo importante al día siguiente que necesitas estar bien descansado. Hay que aprender a dejarse llevar y no luchar contra ello. No hay elección. En cuanto lo aceptes, estarás mejor. Vivir el estilo de vida habitual de nueve a cinco puede ser un reto, pero hay que aceptarlo y trabajarlo. Cuanto más luches contra ello, más estarás obstaculizando el proceso de transformación de la Kundalini.

Si no puedes inducir el sueño durante la noche, el cuerpo te está indicando que no necesita descansar. Tal vez la mente sí lo necesite, y puedes descansar la mente simplemente relajándote de espaldas mientras estás despierto. A veces ayuda tomar una píldora de melatonina justo antes de acostarse que puedes encontrar en tu farmacia local. Pero si no puedes inducir el sueño, simplemente significa que hay demasiada actividad en el Cuerpo de Luz, y tienes que aceptarlo. Al día siguiente estarás un poco más lúcido, pero deberías ser capaz de abordar todo lo que necesitas. No poder dormir significa que la Kundalini está en sobremarcha, transformando tu mente, cuerpo, y Alma a un nivel profundo. Ponte en modo de piloto automático tanto como sea posible y deja que haga lo que tiene que hacer.

Un aspecto de la transformación de la Kundalini es que la cantidad de sueño necesaria para funcionar al 100% al día siguiente es sustancialmente menor que la de una persona sin Kundalini activa. He descubierto que seis horas de sueño deberían ser suficientes la mayoría de los días. Unas 8 horas completas de sueño son óptimas, mientras que más de 8 es excesivo y no es necesario. Sin embargo, en las primeras etapas, puede necesitar más de 8 horas de sueño, especialmente si su Kundalini está muy activa durante la noche.

Con el paso de los años, me he dado cuenta de que más de 8 horas de sueño me dejaban menos concentrado y lento al día siguiente. Se ha comprobado que lo mejor para mí es dormir entre seis y 8 horas. También he tenido muchas noches de insomnio cuando la Kundalini estaba muy activa. Pero lo superé relajando mi mente durante la noche, lo que me permitió seguir funcionando al 95% al día siguiente con mi habitual agudeza y concentración de láser. Sin embargo, esto fue después de al menos cinco años del proceso de transformación de la Kundalini y una vez que sintonicé mi conciencia con el Ser Superior. Si te encuentras más alineado con tu Ego, necesitarás dormir más.

PREGUNTAS COMUNES

Después de asumir el papel de maestro y guía de Kundalini durante muchos años, he respondido a innumerables preguntas de muchos iniciados en Kundalini sobre su proceso de despertar y transformación. He recopilado las preguntas más comunes en una serie de preguntas y respuestas de nuestra correspondencia.

Tuve un despertar espontáneo de Kundalini hace casi un año. Ahora, la confusión emocional y el miedo a los que me enfrento son insoportables. He perdido mi trabajo, mis relaciones se han desmoronado, y estoy dispuesto a rendirme. No me queda energía para seguir adelante. ¿Qué palabras de sabiduría tienes para mí?

No desesperes, amigo mío. Muchas personas han estado en tu lugar, y muchas más lo estarán en el futuro. Por muy mal que parezcan las cosas ahora, recuerda siempre que el amanecer siempre sigue a la noche. El éxito no viene determinado por la rapidez con la que te caes, sino por la rapidez con la que te levantas y lo vuelves a intentar. Tienes que desarrollar resistencia a los retos que se te presentan y encontrarás las soluciones que buscas. No dejes que el miedo te paralice, sino que enfréntate a tus miedos, y ganarás valor. Todas las personas de éxito brillan cuando no les queda nada, cuando toda su energía se ha agotado y su depósito está vacío. Utilizan estos momentos para demostrar quiénes son, encontrando energía en su interior para vencer sus miedos y encontrar el éxito.

Recuerda que el MIEDO, o "FEAR" por sus cifras en Ingles, es igual a "False Evidence Appearing to be Real" o sea, es una evidencia falsa que parece real; vive en el reino de la dualidad. El Verdadero Ser, sin embargo, está en el reino de la No-Dualidad. Es un fuego que nadie más que tú puede apagar. Y el tiempo pasa para todos nosotros. Por lo tanto, todos debemos mirar los desafíos de la vida y verlos como pruebas de nuestra fuerza de voluntad. Debemos tener fe en nosotros mismos y en el Universo y afrontar estos retos con determinación y persistencia para tener éxito.

Encuentra tu consuelo en la compañía de personas con ideas afines que están pasando por el mismo proceso de despertar de la Kundalini y conviértelos en hermanos y hermanas. No estás solo en esto. Todos estamos destinados a transformarnos en Seres de Luz. Sin embargo, no es un proceso fácil. Cuanto más difícil es el viaje, más dulce es la recompensa. Muchos caminos conducen a la misma meta. Si uno no funciona, intenta otro. Nunca te rindas ni te desanimes porque si estás dispuesto a renunciar, la Divinidad no tiene lugar para ti en el Reino de los Cielos.

Cada vez que mi energía Kundalini se vuelve muy activa, me vuelvo increíblemente paranoico, ansioso, y temeroso. Me pregunto si debería acudir a un terapeuta, aunque no estoy segura de que vaya a entender lo que estoy pasando. Pero, antes de hacerlo, ¿qué otra cosa puedo hacer para superar estas difíciles emociones?

La paranoia y la ansiedad que experimentas son típicas de lo que estás pasando. Sin embargo, su estado no puede describirse como clínico. Es mejor que te guardes la experiencia para ahorrarte la decepción de no ser comprendida por el personal médico. Y lo que es más importante, para evitar que te receten medicamentos que dificulten considerablemente tu proceso de transformación. Pasa tiempo al aire libre, conéctate con la naturaleza y haz cosas externas a ti en lugar de pensar demasiado en lo que estás pasando. Al Ego no le gusta que esté pasando por un proceso de muerte, por lo que quiere asustarte y hacerte sentir negativo al respecto.

Lo más importante es que pienses positivamente en toda la experiencia. Estás entre la élite del mundo, y has sido elegido por la razón que sea. Francamente, años de vivir en un mal estado mental, como es el caso de muchos iniciados en Kundalini recién despertados, bien valen las preciosas joyas que te esperan en el futuro. Además, tu mentalidad es sólo una faceta de lo que realmente eres. Recuérdalo y sé valiente. Centrarte en el miedo te impedirá vivir con valor. En cambio, sé valiente, y el miedo se desvanecerá.

Hay momentos en los que siento que mi Ego se ha quitado de en medio, pero luego vuelve con fuerza, provocando un gran miedo y dolor emocional. A menudo, tengo la sensación de estar sufriendo una muerte lenta y dolorosa. ¿Por qué no se puede acabar con esto? ¿Qué me está pasando?

El dolor y el placer son aspectos de la misma cosa. Están vinculados a la forma en que uno lee la realidad que le rodea a través de la mente. Al unir el consciente con el subconsciente, la velocidad del péndulo que oscila entre el placer y el dolor aumenta exponencialmente, dando lugar a muchos problemas mentales. La diferencia es que, con una persona activada por la Kundalini, este proceso es sólo temporal y sirve para erradicar los recuerdos negativos, actuando como un muro entre el mundo del potencial puro y los límites creados por la mente en su búsqueda de la supervivencia.

El Yo que ha sobrevivido hasta ahora es el Ego. El Ego se está muriendo. No quiere morir, como cualquier otra fuerza inteligente en este Universo. Así que el eterno testigo del Ahora, tu verdadero Yo, se mantiene al margen mientras el Ego siente el dolor sabiendo que en su muerte se encuentra la verdadera vida. Recuerda que el Ego tardó muchos años en desarrollarse. Como toda acción tiene una reacción igual y opuesta, debes saber que también tardará muchos años en morir. Es una parte normal del proceso de transformación, al igual que el dolor que lo acompaña.

Una vez que los sufrimientos del Ego se despejan, la conciencia queda libre para experimentar la emoción pura del Vacío, que es un éxtasis Nirvánico. Así que tómate tu tiempo, no te apresures, y después de algún tiempo, la mente se asentará, y te convertirás en quien estás destinado a ser: ¡un Ser de Luz!

Desde hace unos meses, sufro dolores de cabeza debilitantes que a veces duran toda la noche e incluso hasta el día siguiente. También siento dolores misteriosos que van y vienen en diferentes zonas de mi cuerpo, principalmente el torso. ¿Qué se puede hacer? ¿Es esto una parte normal del proceso de Kundalini?

Si tienes dolores de cabeza como resultado de una Kundalini despierta, te darás cuenta de que si das un paso atrás, tus dolores de cabeza no son causados por la Kundalini sino por cómo la mente está interpretando lo que está sucediendo. Esto se debe a que la Kundalini opera dentro del Plano Astral, pero podemos sentirla como si estuviera en nuestro cuerpo físico. Opera a través de una dimensión diferente a la material de la que forma parte el cuerpo físico.

Mantén la relajación en todo momento, beba mucha agua y los dolores de cabeza desaparecerán. Evita las situaciones estresantes y, cuando se produzca un dolor de cabeza, intenta averiguar su causa y luego evita crear esa misma causa la próxima vez o estar cerca de ella.

Los dolores físicos se atribuyen a la energía negativa y a los recuerdos Kármicos almacenados en el cuerpo físico y en los órganos. Por lo tanto, cuando la Kundalini, en un nivel Astral (porque sólo opera Astralmente), ha impregnado las áreas que sostienen las contrapartes Espirituales de los componentes físicos del cuerpo, habrá sentimientos de dolor físico que se sienten a medida que se limpia a través de la negatividad en esas contrapartes Espirituales.

Este proceso es normal y remitirá con el tiempo. Prueba una dieta diferente, Yoga, o técnicas de conexión a tierra para aliviar el dolor. Recuerda que, al centrar tu atención en el dolor, lo haces más fuerte. Por lo tanto, dirige tu atención a otra parte, y la Kundalini se moverá hacia donde esté tu conciencia. ¡Una mente sin miedo no tiene barreras en el proceso de la Kundalini!

He estado teniendo diferentes visiones relacionadas con gatos. A veces son grandes y otras veces son pequeños. Han sido plateados, negros, amarillos, y rojo-anaranjados. Sin embargo, la visión más destacada ha sido la de un gato con la cola rota. Me cuesta encontrarle sentido. ¿Hay algo roto dentro de mí?

Interpreta estas visiones desde el punto de vista de la mente. Si la mente está relajada y disfruta de estas imágenes, son experiencias fugaces y no tienen importancia. Sin embargo, si la mente se enreda con estos símbolos y trata de interpretar todo lo que está sucediendo, se crea un laberinto del que es difícil salir sin atar el miedo al resultado.

Las visiones en los sueños suelen ser el resultado de lo que preocupa a la mente en el estado de vigilia. Dado que acabas de tener el despertar y estás experimentando mucha actividad de Kundalini a diario, estas visiones en tus sueños están tratando de hacerte saber algo al respecto.

Los gatos, independientemente de su color, son símbolos de la Kundalini. En las tradiciones Antiguas, los gatos representaban el aspecto Gran Femenino de la Divinidad. Estos sueños te hacen saber que estás experimentando la actividad de la Kundalini. La cola rota podría significar un bloqueo energético, pero también podría no serlo. Podría significar que la mente interpretó un crujido de energía dentro de ti.

No te dejes atrapar por todas estas interpretaciones de los sueños. El resultado final de un despertar de la Kundalini es un desprendimiento total del enredo de la mente. Debes dejar de lado la mente para estar en el Ahora, en el momento presente, y extraer energía del campo de la potencialidad pura. Un día, estas cosas no significarán absolutamente nada para ti desde el punto de vista general.

Después de mi despertar inicial de Kundalini, recuerdo haber visto muchas visiones místicas con todo tipo de símbolos. Ahora han desaparecido, pero también la mayoría de los pensamientos visuales e involuntarios. Siento las cosas intuitivamente, ya que mi conciencia se ha elevado por encima del miedo. Recuerda esto cuando se trata del despertar: "Todas las cosas se disuelven y se resuelven en todas las demás cosas". Lo que ves ahora, ni siquiera lo recordarás dentro de unos años.

Me siento frágil, vulnerable, y mi estado emocional sufre constantes altibajos. Tengo ansiedad y paranoia, y necesito ayuda. No estoy segura de que los médicos puedan ayudarme con algo relacionado con la Kundalini, pero no sé a quién más acudir. ¿Qué debería hacer?

Ningún profesional de la salud mental puede ayudarte con los problemas mentales y emocionales a los que te enfrentas por una Kundalini despierta. Estarán deseosos de tratarte médicamente, cosa que no quieres. Fui a ver a un psiquiatra que aparentemente "sabía" sobre la Kundalini en un momento dado. Durante la visita, me enteré de que no sabía nada, ya que sólo se puede saber realmente sobre la Kundalini si se tiene alguna experiencia personal. Fue una pérdida de tiempo y de dinero y, sobre todo, una decepción. Las falsas esperanzas pueden tener efectos muy adversos en este proceso, ya que pueden hacer que te rindas aún más rápido de lo que normalmente estarías inclinado a hacer.

Si te encuentras en un estado frágil, sé tu propio médico y tu salvador personal. Con la Kundalini, por favor, no pongas tu fe en manos de otras personas, a menos que esas personas hayan tenido el despertar ellas mismas. Si necesitas consuelo, escucha algunas charlas de autoayuda. El despertar de la Kundalini también despertará al gurú interior, el

Ser Superior. Ahora es el momento de aprender a confiar en ti mismo y ser tu propio guía y maestro.

Los problemas mentales, la ansiedad, y la paranoia son comunes para las personas en tu situación. Todos hemos pasado por ello. Encuentra algo que te calme y te haga feliz, que te permita escapar de la confusión mental. Encuentra un pasatiempo que ocupe tu cuerpo, tu mente y tu alma. Escribe, pinta, sal a pasear, haz algo que te inspire. Si te centras en la negatividad, recibirás negatividad a cambio. Te ayudará no centrarte en los problemas mentales, ya que son temporales.

Si acude a un profesional de la medicina por este motivo, es posible que se sienta peor después, ya que le lanzarán palabras como ansiedad crónica, bipolar, y esquizofrénico. Los síntomas que muestra una Kundalini activa pueden ser similares, pero eso no significa que tengas la dolencia en sí. A diferencia de las personas no despiertas a las que se les diagnostican estas enfermedades, nosotros pasamos por estos desafíos y salimos del otro lado, más fuertes y más refinados. Es sólo una cuestión de tiempo y paciencia.

Una cosa que siempre he aprendido es a seguir mi propio ritmo. Escuchar la voz interior, y no dejar que otros te digan lo que está pasando. Tú guías tu narrativa. No hagas caso de lo que dicen los demás sobre lo que estás viviendo. Conoces la verdad en tu interior, así que empieza a escuchar. Estás bien. Es sólo el Ego asustándote ya que sabe que está perdiendo su poder sobre la conciencia. Tu Verdadero Ser vive en el silencio, ¡un lugar de no pensamiento!

Siento una presión inmensa desde la frente hasta la parte superior de la cabeza, y mis pensamientos son incontrolables. Siento que me estoy volviendo loco, como si mi cerebro estuviera roto. ¿Qué puedo hacer para encontrar el equilibrio?

Si tienes una acumulación de energía en los Chakras Sahasarara y Ajna, necesitas conectarte a tierra. Si estás pensando demasiado y te sientes en contacto con la ansiedad y el miedo, conectar a tierra tus energías te ayudará. El enraizamiento silenciará tu mente, permitiendo que el miedo se desvanezca. Por experiencia personal, si tienes mucha energía en la cabeza, te volverás introvertido y pensarás demasiado. Así que intenta centrarte en el aspecto emocional del Ser poniéndote en contacto con tus sentimientos, y la energía se equilibrará sola.

Ayuda a concentrarse en los chakras de los pies y especialmente en el abdomen. Al centrarte en el abdomen, neutralizas el Elemento Aire (pensamientos) y conectas con el Elemento Agua (emociones). Al hacerlo, te pondrás en contacto con tus sentimientos y harás que la energía baje de tu cabeza. Al enviar la energía a tu vientre, crearás un Fuego cómodo y estable en esa zona a través de la respiración y la meditación. Practica la meditación en silencio, y deberías ser capaz de sentir la energía en otros lugares además de la cabeza. La meditación es necesaria para bajar la energía al abdomen y reconectar el circuito de Kundalini.

He tratado de racionalizar e intelectualizar mi proceso, lo que no me ha llevado a ninguna parte. Entiendo que es hora de que vaya más allá de la mente y de mis pensamientos, pero no sé cómo ni por dónde empezar. ¿Puedes ofrecerme alguna idea?

En lugar de centrarte en tus pensamientos, silencia la mente para salir de ti mismo mediante la meditación y la respiración controlada. Mírate en tercera persona mientras observas tu cuerpo físico y tus gestos faciales, y conviértete en el Testigo Silencioso en el Ahora, el momento presente. Al salir de ti mismo, dejas de lado el Ego para conectar con el Verdadero Ser, el Santo Ángel de la Guarda, a través del cual puedes experimentar la Gloria de Dios y otras innumerables riquezas Espirituales.

Para ayudarte a conseguirlo, medita en tu Ojo de la Mente concentrándote en el centro de tu ceja. Luego, con los ojos abiertos, ve el mundo exterior y el interior simultáneamente. En este punto, te verás a ti mismo como te ven los demás. Puedes alcanzar esta experiencia a través de la práctica. Poco a poco cambiará tu percepción de estar enredado en la ilusión del Ego y ser presa del miedo a ser externo y objetivo y participar en el Reino de la Luz de Dios que nos da amor, verdad, y sabiduría.

Esto es lo que se quiere decir cuando los Adeptos y Sabios mencionan que han alcanzado la Unidad de todas las cosas. Recuerda que no eres más que una imagen de pensamiento en la Mente de Dios. Este Mundo de la Materia del que participan nuestros sentidos no es más que el Sueño Eterno de Dios, y nuestro poder de pensar y soñar nos permite ser Co-Creadores con nuestro Creador. Que los que tienen oídos escuchen esta gran verdad Universal.

Desde que mi Kundalini despertó, es lo único de lo que quiero hablar con los demás. Quiero que los demás conozcan y experimenten lo que yo he vivido. Pero siempre que me he sincerado con alguien sobre mis experiencias, no me han entendido o me han hecho sentir como si estuviera loco. ¿Debería guardarme esta experiencia para mí a partir de ahora?

En cuanto a quién le dices que has tenido un despertar de Kundalini, te diré que lo compartas con el 10% de las personas de tu vida y no lo compartas con el 90% restante. Compartir por sí mismo tiene expectativas de ser entendido. El hecho es que ni siquiera el 10% lo entenderá, pero al menos te creerán por compasión y fe en que les estás diciendo la verdad. Así que si quieres ahorrarte muchas decepciones, te recomiendo que te guardes la experiencia para ti en la mayoría de los casos.

Si alguien menciona la Kundalini y conoce el tema, comparte tu experiencia con ellos. Incluso entonces, a menos que la persona haya tenido un despertar, tendrá opiniones variadas sobre el tema y no podrá seguir todo lo que dices.

Nos relacionamos unos con otros a través de las experiencias pasadas y los puntos en común como seres humanos. Pero, por desgracia, en el tema de la Kundalini, la mayoría de la gente no puede conectar. Y si quieres evitar la negatividad y la ignorancia de los demás, siéntete satisfecho contigo mismo y con tu propia experiencia y predica con el ejemplo en lugar de decirles que estás en formación para ser el ejemplo.

Cuando la Kundalini haya terminado su trabajo contigo, por muchos años que lleve, no tendrás que decir nada; los demás sabrán que eres único y especial. Puede que no entiendan todo lo que les digas, ya que una persona a menudo tiene que ver algo para creerlo, pero cuando te conviertas en la fuente de luz y marques el camino, la gente se sentirá intrigada e inspirada por ti. Entonces, te seguirán. Después de todo, la gente se siente atraída por aquellos que permiten que su Luz interior brille porque inconscientemente les dan permiso para ser ellos mismos y hacer lo mismo.

Mis experiencias con la Kundalini han sido como estar en el Cielo a veces, mientras que otras veces, en el Infierno. Sin embargo, mi educación religiosa me enseñó a temer el infierno y a desear el cielo en el más allá. Pero ahora, habiendo tenido estas experiencias en mi vida diaria, siento que todo carece de sentido. Aunque he tenido experiencias increíblemente hermosas, mi nihilismo me impide querer compartirlas con los demás. Estoy perdido y confundido. ¿Alguna idea?

El ser humano es un ser dual que participa tanto del Cielo como del Infierno. Dado que tenemos libre albedrío, la forma en que lo ejercemos alinea nuestra conciencia con cualquiera de ellos. La Kundalini es una energía que conecta el Cielo y el Infierno para que la humanidad pueda participar de ambos en nuestro frágil estado. Al centrarnos en el aspecto del Infierno, nos convertimos en partícipes del mismo. A la inversa, cuando nos centramos en el Cielo, el Infierno se disuelve en la nada a medida que nuestra conciencia se eleva.

El Infierno es producido por la Luz Lunar, que refleja la Luz del Sol; por lo tanto, es ilusorio. Sin embargo, el Cielo es la propia Luz del Sol. Es Inmortal, inefable, e infinito. Dice la verdad y vive en la rectitud. Por otro lado, el Infierno existe sólo como un fragmento de la imaginación. No es la imaginación en su totalidad ya que eso pertenece al Cielo, sino un mero reflejo de ella. El miedo es sólo un reflejo de la Luz del Sol, pero no es la Luz en sí misma. Sólo cuando los humanos eligen estar en el Infierno, participan de él, según la cantidad de energía de miedo que los ate a él.

Al compartir teorías, experiencias, y explicaciones con otros, estamos en la búsqueda del conocimiento. El conocimiento es poder, o lo que es más importante, el poder de la verdad, que es una antítesis del miedo y del infierno. La verdad es luz y amor. Es el Cielo. Los seres que dicen la verdad de acuerdo con su nivel de evolución son Seres de Luz. Compartir a través de la bondad amorosa les hace partícipes del Cielo que es su derecho de nacimiento.

El nihilismo es creado por las teorías sin fundamento de que la vida no tiene sentido porque uno se ha alejado de la Luz a través del pesimismo y el egoísmo. Una vez que los frutos del Cielo escapan a una persona, muchos se vuelven desesperados al tratar de dar sentido a las cosas mientras eligen permanecer ignorantes de la verdad y asumir la responsabilidad de sus pensamientos y acciones.

El nihilismo requiere que uno se mire a sí mismo con el corazón y la mente abiertos y que frene su orgullo lo suficiente como para ver que es necesario un cambio para volver a la pista. Requiere que asumamos la responsabilidad de nuestra realidad para que podamos seguir creciendo y evolucionando espiritualmente. El nihilismo es a menudo un paso en el camino cuando la oscuridad se vuelve más fuerte que la Luz. Sin embargo, nunca debe ser un destino final.

Todos estamos aquí para aprender unos de otros. Siempre está presente la dualidad del Cielo y el Infierno, ya que ambos existen como conceptos relativos. Sin embargo, sólo uno de ellos es Eterno e Infinito, y ése es la verdad superior entre los dos. Centrarse en el Infierno nos mantiene dentro de la envoltura del Cuerpo Mental, donde esta dualidad es evidente.

El aprendizaje de los Principios de la Luz y el amor, incluyendo el Autoamor, te permitirá reconocer la verdad de la Unidad de todas las cosas e inducir el silencio de la mente. A través del silencio, podrás liberarte de las garras del Cuerpo Mental para que tu conciencia pueda entrar en el Cuerpo Espiritual. Como el Cuerpo Espiritual participa de los Arquetipos, podrás reconocer la verdad sin dualidad, que es que todos somos chispas de la única fuente de Luz, el Sol. El amor es lo que nos une; la verdad nos mantiene en marcha, mientras que la justicia nos trae la gloria Eterna. La sabiduría alimenta el Alma, y cualquier galimatías intelectual se convierte en hojas al viento.

Sigo soñando con dragones gigantes. A veces parecen serpientes en sus movimientos, y sisean y me atacan. Son tan poderosos que ni siquiera me defiendo. ¿Hay algún significado para esto?

Los Dragones son el símbolo de la Kundalini en la tradición China. Como la Kundalini está en movimiento mientras duermes, hay dos cosas que son evidentes y que impactan en tu imaginación: la primera es el sonido de la energía que fluye dentro de ti como un leve zumbido o silbido que se escucha dentro de tu cuerpo. La segunda es el símbolo de esta energía desde el inconsciente colectivo, como una serpiente o un Dragón, proyectado en tu imaginación.

El Dragón que te ataca es algo bueno, ya que significa que la Kundalini está en sobremarcha, infundiendo tu Cuerpo de Luz con sacudidas de energía a menudo intensas. También significa que tu Ego está siendo trabajado, lo cual es un signo de transformación. Seguir la visión en tu sueño y no luchar contra ella significa que tu Ego acepta el proceso de transformación de la Kundalini. Sé neutral mientras esto sucede y acepta las imágenes, independientemente de lo aterradoras que puedan parecer en retrospectiva. Induce el coraje para continuar entregándote a este proceso, y emergerás al otro lado como un Ser Espiritual más refinado.

No es raro que veas diferentes elementos simbólicos en tus sueños cuando la Kundalini está trabajando a través de tus Chakras. Por ejemplo, cuando se trabaja en la optimización de tu Chakra de Agua, Swadhisthana, puedes ver diferentes cuerpos de agua, como océanos, mares, y lagos presentes. Por el contrario, cuando se trabaja en Manipura, habrá una afluencia del Elemento Fuego, coloreando tus sueños con escenas de fuego y llamas. Como ves, lo que sueñas es un símbolo de los cambios energéticos que ocurren dentro de tu Aura y su impacto en tu imaginación.

¿Qué puedo hacer para despertar mi Kundalini? ¿Hay algún método que pueda utilizar para facilitar esta experiencia?

Aunque no existe un método infalible para despertar la Kundalini, realizar prácticas Yóguicas como las que se presentan en este libro puede preparar la mente, el cuerpo, y el Alma para que se produzca el despertar de la Kundalini. Lo mismo se aplica a la práctica de la Magia Ceremonial y a seguir un régimen como los Programas de Alquimia Espiritual presentados en *The Magus*. También, el uso de modalidades de Sanación Espiritual como los Cristales, los Diapasones, la Aromaterapia, y los Tattvas trabajan en la limpieza y la sintonización de los Chakras, lo que puede causar un despertar de la Kundalini. Así que, como ves, priorizar tu Evolución Espiritual y ser proactivo implementando una práctica Espiritual regular en tu vida es lo único que puedes hacer para acercarte a esta meta.

Un despertar de la Kundalini suele ocurrir de forma inesperada, por lo que no puedes saber cuándo ocurrirá, pero puedes controlar lo que haces para que ocurra. Dado que es una experiencia tan monumental, el Alma debe estar preparada para ello, lo que generalmente requiere una preparación a lo largo de muchas vidas. Sería imposible para mí determinar exactamente en qué punto de la progresión de tu Alma te encuentras; sólo tu Ser Superior lo sabe. Pero si te centras en ser una buena persona con una moral y unos valores fuertes, te aseguras de estar en el camino correcto. Practica el amor amable contigo mismo y con los demás y sé honesto en todo momento. Una vez que caminas en la Luz, permites que la Luz se infunda en tu conciencia y despierte la Kundalini. El despertar de la Kundalini es el siguiente paso que debe dar tu Alma para evolucionar y el más importante ya que la libera del cuerpo, completando su misión aquí en la Tierra.

EPÍLOGO

En el principio, estaba la Luz Blanca. Todo lo abarca. Infinita. Sin principio ni fin. La Mente del Todo. Pura Conciencia Espiritual. Entonces, esta Primera Mente, que es energía y Fuerza, creó la Segunda Mente para generar las Formas. El Todo, siendo Uno, se dividió en Dos ya que toda Creación requiere la separación o división de su sustancia original. El Todo no podía experimentar su poder y su potencial hasta que no creara un polo opuesto. De ahí que la Luz Blanca generara la oscuridad del espacio.

La Luz Blanca también creó Estrellas, cuyas agrupaciones formaron Constelaciones y Galaxias que conforman el conjunto del Universo. Ahora el Todo puede manifestar diferentes mundos y seres vivos-Almas que contienen las características del Todo. Las Almas contienen la Luz ya que son de la Luz. Sin embargo, también contienen la oscuridad ya que participan del Universo -el Mundo de la Materia- que flota en la oscuridad del espacio.

Todas las Formas y los seres vivos de la existencia están hechos del pensamiento del Todo. No son inseparables del Todo, sino que forman parte de él, sólo que están en el acto de la experiencia del Todo, incrustados en el Tiempo y el Espacio. La experiencia y el experimentador son Uno; sin embargo, su separación no es más que una ilusión. Mientras que la Materia está en un extremo del espectro, como la manifestación más densa del Todo, el efecto, la causa es la Luz Blanca que vibra tan alto que es invisible a los sentidos, sin embargo, interpenetra toda la existencia.

La función principal de las Estrellas es generar Luz en la oscuridad del espacio. El iris del Sol es un portal hacia el otro lado de la realidad, la Luz Blanca de la Primera Mente. Las Estrellas dieron a luz a todos los seres vivos del Universo ya que todo ser orgánico tiene Alma y conciencia. Y el Alma no es más que una chispa de Luz de su respectivo Sol. Los Antiguos llamaban al Sol "Sol", que es el origen de la palabra Alma como esencia de un ser vivo.

Los Soles del Universo atrajeron a los Planetas cercanos para crear Sistemas Solares. Hay miles de millones de Sistemas Solares con trillones de Planetas en el Universo. Los Soles hicieron ambientes habitables en ciertos Planetas que los orbitan para que pudieran cultivar Almas. Sin embargo, sólo algunos Planetas fueron elegidos para esta tarea.

En nuestro Sistema Solar, el único Planeta que puede albergar vida es la Tierra. Nuestro Sol entonces, a través de su Luz, creó toda la vida en la Tierra. La alimenta con su calor y su energía Pránica. Como ves, el propósito último de todas las Estrellas del Universo es albergar Almas. Un Alma nunca nació, y nunca morirá. Una vez que el Alma ha aprendido las lecciones del Sistema Solar en el que encarnó, transfiere su chispa de un Sol a otro en el momento de la muerte física, continuando su viaje evolutivo a través del Universo.

Cuando el Alma humana se implanta en el cuerpo físico al nacer, se queda encerrada en él. El Alma sigue reencarnando en el Planeta Tierra hasta que su evolución alcanza la masa crítica, lo que resulta en su liberación del cuerpo en una vida determinada. Las lecciones de este Sistema Solar se refieren a la activación completa de los 7 Chakras, que sólo puede lograrse despertando la Kundalini y elevándola hasta la Corona. Cuando el sistema energético humano se optimice, el Alma ya no necesitará reencarnar en el Planeta Tierra, sino que su próxima vida será en un nuevo Planeta en un Sistema Solar diferente en algún lugar del Universo.

Nuestro propósito final en el Planeta Tierra es despertar completamente la Kundalini y liberar el Alma del cuerpo. Al hacerlo, nos convertimos en el Sol de nuestro Sistema Solar, activando plenamente los poderes superiores de la Luz dentro de nosotros. Estos poderes superiores se expresan a través de los Planetas que orbitan alrededor del Sol, que se corresponden con los Siete Chakras en su estado completamente activado. Por lo tanto, como puedes ver, un despertar completo de la Kundalini nos permite experimentar la totalidad de nuestro potencial energético aquí en la Tierra en la presente encarnación.

Una vez que elevamos la Kundalini a la Corona, unimos nuestra conciencia con la Conciencia Cósmica de la Luz Blanca y la Primera Mente. Entonces comenzamos a participar en el Infinito que se extiende hasta los confines del Universo, desbloqueando los dones psíquicos que nos permiten trascender el Tiempo y el Espacio. Podemos ver, sentir, oír, tocar, oler, y saborear cosas a distancia, ya que el Mundo Tridimensional ya no limita nuestra conciencia. En su lugar, nos elevamos a la Cuarta Dimensión, la Dimensión de la Vibración, o de la energía.

Uno de los dones esenciales del despertar pleno de la Kundalini es la activación del Cuerpo de Luz y la optimización del campo energético toroidal de la persona: el Merkaba. Esta estructura geométrica se convierte en el vehículo de conciencia del Alma que permite el viaje Inter dimensional e interplanetario. El Alma puede salir del cuerpo a voluntad a través del Cuerpo de Luz y del Merkaba. Ahora puede viajar a través de nuestro Sol a otros Soles del Universo porque el individuo es ahora Uno con la Primera Mente. Este es el origen de la Proyección Astral, que es la proyección consciente del Alma a diferentes reinos y Planos de conciencia. Sin embargo, cuando esta experiencia ocurre durante el sueño, inconscientemente, se llama Sueño Lúcido.

Aunque el despertar completo de la Kundalini y la activación del Cuerpo de Luz es un acontecimiento único, el proceso de transformación espiritual que sigue puede durar unas decenas de años o más. Debemos superar el Karma individual antes de alcanzar la frontera final en la conciencia humana, la Quinta dimensión de Amor y Luz. Nunca olvides que, para convertirnos en recipientes puros y dignos para la Luz, los Chakras deben ser optimizados y sintonizados a la perfección.

Con esto en mente, espero haberte dado las claves en este libro para lograr esta tarea. Tanto si ya has despertado la Kundalini como si aún estás en proceso de aprendizaje y preparación para esta experiencia, ahora conoces todos los elementos y facetas del proceso de despertar la Kundalini y la transfiguración Espiritual que le sigue. Por lo tanto, utiliza *Serpent Rising* como un manual para las diferentes prácticas Espirituales presentadas aquí, y continúa trabajando en tus Chakras, preparando tu Alma para la Ascensión.

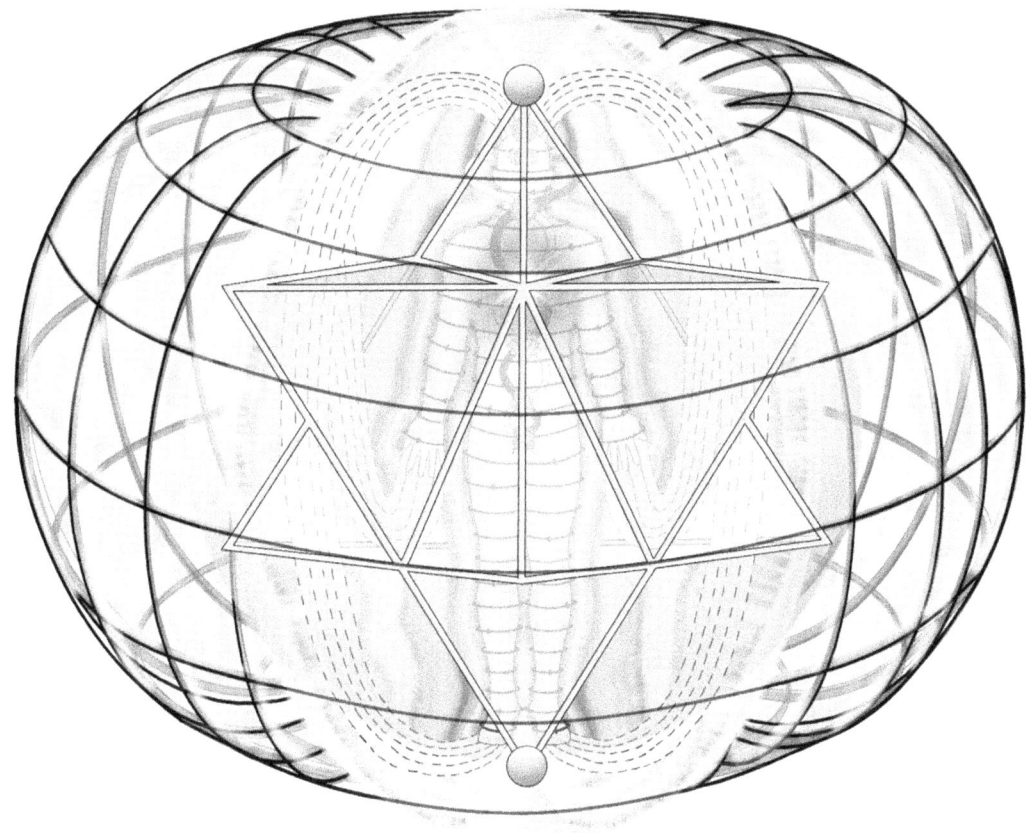

Figura 164: Optimización del Potencial Energético Humano

Para terminar, ha sido un placer compartir todo lo que he aprendido en mi viaje de 17 años viviendo con la Kundalini despierta. *Serpent Rising: The Kundalini Compendium* ha sido un increíble viaje de descubrimiento para mí también, conectando los puntos y construyendo sobre el marco de la ciencia de Kundalini en evolución. Mi consejo final para ti es que te tomes a pecho todo lo que leas en este libro y te entusiasmes con tu futuro. La Kundalini es tu regalo del Creador; no lo desperdicies perdiendo el tiempo en distracciones que ya no te sirven. En su lugar, centra tu energía en cumplir tu misión final en este Planeta, y nos vemos en el otro lado.

APÉNDICE

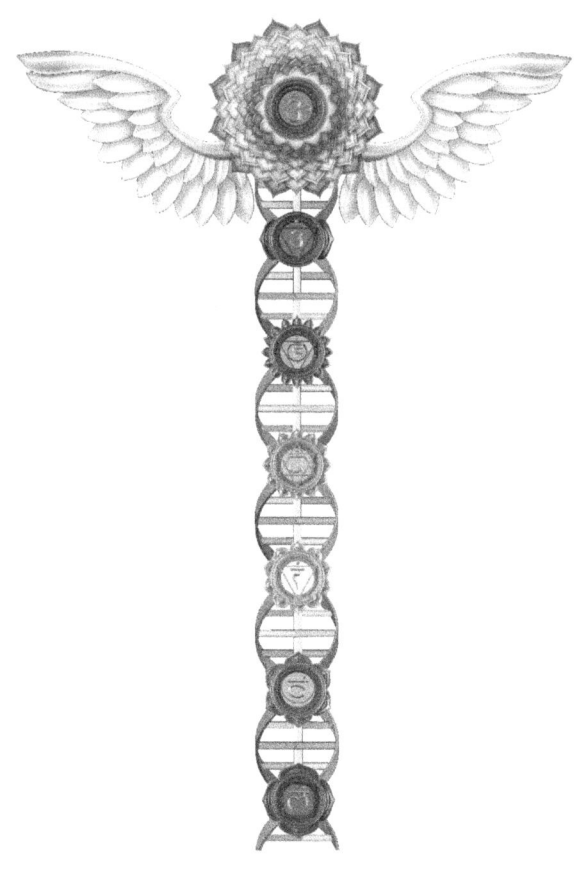

CUADROS COMPLEMENTARIOS

TABLA 6: Los Siete Planetas Antiguos y sus Correspondencias

Planetas	Afinidad Elemental	Expresiones/Poderes	Piedras Preciosas	Diapasón Hz	Aceites Esenciales (Lista Avanzada)
Saturno	Tierra; Se Siente Como Tierra de Aire	Karma, Verdad, Sabiduría, Estructura, Disciplina, Intuición	Ónix Negro Azabache, Diamantes, Cuarzo Ahumado	295.7	Mirra, Pachulí, Casia, Ciprés, Nardo, Mimosa
Júpiter	Agua; Se Siente Como Agua de Fuego	Misericordia, Abundancia, Amor incondicional, Moral, Ética	Zafiro, Lapislázuli, Turquesa, Aguamarina	367.16	Anís, Clavo, Hisopo, Nuez Moscada, Salvia Sclarea, Diente de León, Madera de Cedro, Zarzaparrilla, Comino, Opoponax
Marte	Fuego; Se Siente Como Tierra de Fuego	Ambición, Impulso, Renovación, Acción, Supervivencia, Competencia, Pasión, Fuerza de Voluntad	Rubí, Granate, Ágata Roja, Piedra de Sangre, Coral Rojo	289.44	Jengibre, Albahaca, Pimienta Negra, Menta, Tabaco, Sangre de Dragón, Ajenjo, Pino
Sol	Aire; Se Siente Como Aire de Fuego	Identidad Propia, Curación, Vitalidad, Valor, Creatividad, Inspiración, Imaginación	Ámbar, Ojo de Tigre, Topacio Dorado, Piedra de Oro, Cornalina, Circón, Piedra Solar	252.44	Manzanilla, Enebro, Incienso, Caléndula, Romero, Canela, Azafrán, Cedro, Naranja, Lima
Venus	Fuego; Se Siente Como el Agua de la Tierra	Deseo, Expresiones creativas, Amor romántico, Amistad, Sensualidad	Esmeralda, Jade, Aventurina, Malaquita, Cuarzo Rosa, Ágata Verde, Peridoto	442.46	Rosa, Sándalo rojo, Ylang-Ylang, Cardamomo, Geranio, Lila, Vetiver, Menta Verde, Violeta, Vainilla, Plumeria, Valeriana
Mercurio	Agua; Se Siente Como Agua de Aire	Lógica, Razón, Comunicación, Intelecto, Aprendizaje	Zafiro Naranja, Espinela Naranja, Turmalina, Topacio Imperial, Citrino, Ópalo de Fuego, Amazonita	282.54	Lavanda, Hierba de Limón, Verbena de Limón, Sándalo Amarillo, Naranja, Macis, Menta, Bergamota Naranja

Luna (Moon)	Aire; se siente como tierra de agua	Sentimientos, emociones, ilusiones, capricho, fertilidad, clarividencia	Piedra de Luna, Perla, Berilo	420.88	Jazmín, Alcanfor, Eucalipto, Sándalo Blanco, Sauce, Limón, Mirra, Lirio
Tierra	Tierra	Estabilidad, Conexión a la Tierra, Practicidad	Turmalina Negra, Obsidiana, Hematita	272.2	Ciprés, Artemisa, Adelfa, Pachuli, Verbena, Vetiver

TABLA 7: Los Doce Zodiacos y sus Correspondencias

Zodiaco	Planeta Gobernante, Subelemento	Expresiones/Poderes	Piedras Preciosas	Diapasón Hz	Aceites Esenciales (Lista Básica)
Aries	Marte (Fuego), Fuego de Fuego	Energía Creativa, Empuje, Iniciativa, Entusiasmo, Competencia, Coraje, Dinamismo, Confianza	Piedra de Sangre, Cornalina, Diamante, Granate, Jaspe Rojo, Rubí	144.72	Pimienta Negra, Romero, Jengibre, Albahaca, Menta, Mandarina, Naranja
Taurus	Venus (Tierra), Aire de la Tierra	Paciencia, Sensualidad, Persistencia, Determinación, Sensibilidad, Practicidad, Convencionalidad	Ámbar, Cuarzo Rosa, Coral de Sangre, Topacio Dorado, Esmeralda, Zafiro, Turquesa	221.23	Ylang Ylang, Rosa Vetiver, Geranio, Sándalo, Melisa, Mejorana
Géminis	Mercurio (Aire), Agua de Aire	Intelecto, Aprendizaje, Comunicación, Análisis del Humor, Adaptabilidad, Versatilidad, Inconformismo	Aguamarina, Ágata, Crisoprasa, Perla, Piedra de Luna, Citrino, Zafiro Blanco	141.27	Bergamota, Hinojo, Lavanda, Manzanilla, Menta
Cáncer	Luna (Agua), Fuego de Agua	Tenacidad, Sensibilidad, Emotividad, Intuición, Simpatía, Instinto de Protección, Empatía	Piedra de Luna, Rubí, Esmeralda, Perla	210.42	Hinojo, Enebro, Lavanda, Jazmín, Salvia Romana, Eucalipto
Leo	Sol (Fuego), Aire de Fuego	Carisma, Ambición, Creatividad, Autoridad, Vitalidad, Generosidad, Afecto	Ámbar, Turmalina, Cornalina, Rubí, Sardónice, Ónix, Topacio Dorado	126.22	Romero, Incienso, Mirra, Limón, Lima, Canela
Virgo	Mercurio (Tierra), Agua de la Tierra	Discriminación, Análisis, Fiabilidad, Diligencia, Practicidad, Adaptabilidad, Independencia, Enseñanza	Zafiro Azul, Jaspe Rosa, Cornalina, Jade, Ágata Musgosa, Turquesa, Circón	141.27	Melisa, Mirto, Pachulí, Sándalo y Lavanda
Libra	Venus (Aire), Fuego del Aire	Armonía, Justicia, Autoexpresión, Diplomacia, Romance, Sensualidad, Sociabilidad, Astucia	Lapislázuli, Ópalo, Diamante, Esmeralda, Cuarzo Rosa, Peridoto	221.23	Geranio, Hinojo, Árbol del Té, Rosa, Cardamomo, Melisa
Escorpio	Marte (Agua), Aire de Agua	Regeneración, Sexualidad, Transformación, Justicia, Pasión, Lealtad, Poder, Independencia, Magnetismo	Aguamarina, Obsidiana Negra, Granate, Ágata, Topacio, Berilo, Lágrimas de Apache, Coral	140,25 (Plutón)	Pachulí, Rosa, Geranio, Jengibre, Jazmín y Salvia

Sagitario	Júpiter (Fuego), Agua de Fuego	Optimismo, Amor a la Libertad, Alegría, Honestidad, Filosofía, Caridad, Inspiración, Exploración	Turquesa, Topacio, Zafiro, Amatista, Rubí	183.58	Salvia, Clavo, Hisopo, Bergamota, Madera de Cedro, Eucalipto, y Cardamomo
Capricornio	Saturno (Tierra), Fuego de la Tierra	Organización, Conciencia, Pragmatismo, Ambición, Conservación, Disciplina	Rubí, Ónix Negro, Cuarzo Ahumado, Granate, Ágata	147.85	Mirra, Vetiver, Eucalipto, Geranio, Sándalo
Acuario	Saturno (Aire), Aire de Aire	Intuición, Creatividad, Espiritualidad, Independencia, Innovación, Originalidad, Meditación, Humanitario	Granate, Sugilita, Amatista, Zafiro Azul, Ágata Musgosa, Ópalo	207.36 (Urano)	Neroli, Mirra, Sándalo, Hoja de Violeta, Lavanda, Limón
Piscis	Júpiter (Agua), Agua de Agua	Emociones Profundas, Intuición, Imaginación, Compasión, Empatía, Ética, Simpatía, Humor	Amatista, Jade, Aguamarina, Cristal de Roca, Piedra de Sangre, Diamante, Zafiro	211,44 (Neptuno)	Bergamota, Clavo, Geranio, Mirra, Ciprés, Árbol del Té, Salvia de Clarión

GLOSARIO DE TÉRMINOS SELECCIONADOS

Nota: A continuación, se presenta una selección de términos que no están definidos en el texto original o que requieren una definición más detallada. Utiliza esta sección para ampliar tus conocimientos sobre los temas indicados. Dado que este libro trata generalmente de la Espiritualidad Oriental, la mayoría de los términos que se presentan aquí son de los Misterios Occidentales.

Adam Kadmon: Un concepto abstracto que se refiere a la Yechidah, la Sephira de Kether que se filtra en la Chiah (Chokmah) y la Neschamah Menor (Binah) para formar la Neschamah Mayor, el Verdadero Ser y la parte de nosotros que pertenece a los Superiores. En *el Zohar*, Adam Kadmon es el "Hombre Celestial", el gran cuerpo Espiritual orgánico en el que cada ser humano es considerado una sola célula, tal vez menos. En términos de los Cuatro Mundos de la Qabalah, Adam Kadmon representa el Primer Mundo de los Arquetipos, Atziluth, el Mundo del Fuego Primordial. Así, Adam Kadmon se refiere esencialmente a la Luz Divina, al Super-Ego Freudiano, o al Yo Superior de los Superiores.

Ain Soph Aur: Los Tres Velos de la Existencia Negativa. Este término se utiliza en la Cábala para describir la Fuente de la Creación. En el sentido literal, Ain se traduce como "Nada", mientras que Ain Soph es "Infinito". Y finalmente, Ain Soph Aur es "Luz ilimitada o eterna". Así, en la Cábala, el término Ain Soph Aur se utiliza a menudo en referencia a la Luz Blanca Infinita.

Aleister Crowley: Ocultista, poeta, novelista, y Mago Ceremoniales Británico, que fue uno de los miembros originales de la Orden Hermética de la Aurora Dorada. Después de dejar la Orden, Crowley fundó la religión de Thelema a principios del siglo 20th, identificándose como el profeta del Eón de Horus, que coincidió con ese período en el tiempo. Crowley se refirió públicamente a sí mismo como la "Gran Bestia 666", ya que pretendía desafiar los tabúes de la restrictiva sociedad Isabelina de corte Cristiano en la que vivía, razón por la cual se ganó una mala reputación con el paso de los años. Sin embargo, su contribución al mundo del ocultismo es indispensable, y abrió muchas puertas a los futuros buscadores de todo el mundo.

Estado Alfa: También llamado "Estado Hipnagógico" o "Estado de Trance". El Estado Alfa de actividad cerebral se produce entre estar despierto con actividad mental (Estado Beta) y el sueño (Estado Theta). Este estado se alcanza cuando las ondas cerebrales se ralentizan entre 8 y 12 Hz, lo que es habitual cuando se sueña despierto o de noche. Podemos inducir conscientemente el Estado Alfa a través de la meditación, la hipnosis, o el uso de modalidades de curación Espiritual. Estar en este estado aumentará el recuerdo de la memoria y la intuición mientras reduce la ansiedad. Las personas que pueden operar desde el Estado Alfa durante la conciencia ordinaria de vigilia pueden controlar su realidad ya que su conexión con su Ser Superior es mayor. Por lo tanto, pueden utilizar las Leyes Universales conscientemente y con intención.

Ángeles: Enviadores de pensamientos positivos que existen dentro y fuera del campo energético de uno, el Aura. Los ángeles son entidades objetivas o Inteligencias que existen fuera del Ser y se contraen dentro del Aura cuando elegimos por Libre Albedrío escucharlos y hacer su voluntad. Los Ángeles se alimentan de la energía del amor, como sus contrapartes, los Demonios, se alimentan de la energía del miedo. Los Ángeles están subordinados a Dios - el Creador. La energía Angélica es la fuente de las virtudes humanas, como la energía Demoníaca es la fuente de los vicios humanos.

Arquetipos: Elementos estructurales primordiales de la psique humana. Los Arquetipos son modelos originales a partir de los cuales se modelan otras cosas similares. Son universales, lo que significa que todos los humanos participan en ellos. Los Arquetipos nos dan la base mental sobre la que construir nuestras realidades. Se encuentran en el mundo más elevado, Atziluth, el Mundo del Fuego Primordial en la Cábala.

Binah: El tercer Sephira en el Árbol de la Vida, encima del Pilar de la Severidad. Binah es la Gran Madre y el Mar de la Conciencia que contiene todas las Formas de la existencia. Representa el aspecto femenino del Ser, la expresión más elevada del Elemento Agua. A través de Binah, la energía del Espíritu impregna las ideas en nuestras mentes. Por lo tanto, representa el estado de conciencia que gobierna las facultades internas como la intuición y la clarividencia. Binah se corresponde con el Chakra Ajna, nuestro centro psíquico que proporciona empatía y telepatía. Binah es el aspecto receptivo y pasivo del Ser, el Entendimiento (título de Binah) que puede comprender la sabiduría de Chokmah. Su color es el negro, que se corresponde con el Planeta Saturno en el Árbol de la Vida; el Planeta de la fe, el Karma y el tiempo, todos ellos aspectos de Binah.

Magia Ceremonial: Sinónimo de Magia Ritual Occidental. Una serie de ritos que implican el encantamiento (vibración) de nombres divinos de poder, generalmente combinados con trazos simbólicos de símbolos geométricos, como el Pentagrama o el Hexagrama, dentro del círculo mágico del practicante. El propósito de la Magia Ceremonial, al igual que con otras prácticas de Sanación Espiritual, es la sintonización de los Chakras para la Evolución Espiritual. Popularizada por la Orden Hermética de la Aurora Dorada, la Magia Ceremonial forma una rama del Hermetismo. El objetivo final del uso de la Magia Ceremonial es alcanzar la Iluminación.

Chesed: El cuarto Sephira del Árbol de la Vida, situado debajo de Chesed en el Pilar de la Misericordia. Representa un estado de conciencia que rige las facultades o expresiones internas como el amor incondicional, la compasión, y la memoria. Por esta razón, el título de Chesed es "Misericordia". Chesed nos permite construir la moral y la ética, ya que cultiva la sabiduría. Chesed tiene afinidad con el Elemento Agua, y se corresponde con el Planeta Júpiter. Chesed es el Chakra Sacro Espiritualizado, Swadhisthana, debido a su conexión con los Superiores a través de la Senda del Tarot del Hierofante en el Árbol de la Vida.

Chokmah: El segundo Sephira en el Árbol de la Vida, encima del Pilar de la Misericordia. Como energía activa del Espíritu, Chokmah representa el estado de conciencia donde podemos descubrir nuestra Verdadera Voluntad. Es la energía del Gran Padre y el aspecto masculino del Ser, la expresión más elevada del Elemento Fuego. Por lo tanto, es el Sephira a través del cual nuestro Ser Superior, o Santo Ángel de la Guarda, se comunica con nosotros a través de la Sabiduría (el título de Chokmah). El color de Chokmah es el gris. El Zodíaco es la manifestación física de Chokmah ya que las Estrellas sirven para canalizar la Luz Blanca no manifestada de Kether. Chokmah funciona a través del Chakra del Ojo de la Mente, junto con Binah.

La Noche Oscura del Alma: Período de desolación que experimenta un individuo cuando evoluciona rápidamente en lo Espiritual. Todo sentido de consuelo es eliminado durante este tiempo, creando un tipo de crisis existencial. Antes de transformarse Espiritualmente, el individuo debe enfrentarse al lado oscuro y aceptar la confusión mental y emocional. No es raro que el individuo se aísle de otras personas durante este tiempo y derrame muchas lágrimas mientras purga viejas emociones. Sin embargo, una vez finalizado este período tumultuoso, las garras del Yo Inferior habrán disminuido, alineando la conciencia más con la vibración del Yo Superior. La Noche Oscura del Alma es una fase necesaria de sufrimiento en el camino hacia la Iluminación que no es un proceso único, sino que generalmente se encuentra muchas veces en el viaje de la Evolución Espiritual.

Daath: Como el undécimo Sephira oculto en el Árbol de la Vida, Daath es el "Gran Abismo" que divide a los Superiores de toda la Creación manifestada. Correspondientemente, se corresponde con el Chakra de la Garganta, Vishuddhi, que separa el Espíritu de los Cuatro Elementos inferiores. A través de Daath, entramos en el Infierno o el Inframundo, el polo opuesto en la mente que dio lugar al Ego, la parte negativa del Ser. Como tal, Daath representa la "muerte" del Ego que es necesaria para que nuestra conciencia se eleve a los Superiores. Daath se conoce como la "Esfera del Conocimiento" ya que el conocimiento nos permite trascender nuestros cuerpos y sintonizar nuestra conciencia con los Reinos Superiores.

Deidad: Ser sobrenatural de origen Divino. Esta palabra se utiliza a menudo en las religiones politeístas en lugar de Dios o Diosa. En las tradiciones antiguas, una Deidad es un Ser con poderes mayores que los de los seres humanos ordinarios, pero que interactúa con ellos, casi siempre para iluminarlos de algún modo y favorecer su evolución. Las religiones monoteístas tienen una sola Deidad, a la que aceptan como Dios, el Creador, mientras que las religiones politeístas aceptan múltiples Deidades.

Magia Enochiana: La joya de la corona del sistema de Magia de la Orden Hermética de la Aurora Dorada. Esta práctica de la Orden Interna sólo debe emprenderse cuando se haya completado la Alquimia Espiritual con los Elementos. En *The Magus, Magia Enochiana* se refiere al "Programa de Alquimia Espiritual III", que implementa el uso de las Diecinueve Llaves Enochianas o Llamadas que pertenecen a los Cinco Elementos. La Magia Enochiana es un sistema completo de Magia que se distingue de otros ejercicios rituales de Magia Ceremonial en *The Magus,* pero que también forma parte del conjunto.

Masonería: La Francmasonería, o Masonería, se refiere a la organización fraternal más antigua del mundo. Contrariamente a la creencia popular inspirada en las teorías de la conspiración, el verdadero propósito de ser masón es mejorar su naturaleza moral y construir su carácter a través de un curso de autodesarrollo. Los Tres Grados de la Francmasonería en la Logia Azul son el de Aprendiz, el de Compañero, y el de Maestro Masón, en los que el iniciado entra ceremonialmente. Posteriormente, se enseña al iniciado el significado de los símbolos correspondientes a su ceremonia de grado, que es el método tradicional de transmisión de las enseñanzas sagradas.

Geburah: El quinto Sephira en el Árbol de la Vida situado debajo de Binah en el Pilar de la Severidad. Titulada "Severidad" o "Justicia", Geburah se corresponde con el Elemento Fuego y la fuerza de voluntad individual que nos da motivación, determinación, y empuje. Como fuente de nuestra competitividad, Geburah también puede volvernos agresivos e iracundos cuando se desequilibra con su opuesto, Chesed. Geburah es el Chakra del Plexo Solar Espiritualizado, Manipura, debido a su conexión con los Superiores a través de la Senda del Tarot del Carro en el Árbol de la Vida.

La Aurora Dorada, la: Escuela de Antiguos Misterios Occidentales que enseña a sus estudiantes la Cábala, el Hermetismo, el Tarot, la Astrología, la Geomancia, los Misterios Egipcios y Cristianos, y la Magia Ceremonial (incluyendo la Magia Enochiana). Hay muchas órdenes de la Aurora Dorada en todo el mundo, la mayoría de las cuales enseñan el mismo material de curso. El material del curso de la Aurora Dorada fue hecho público por Israel Regardie en "The Golden Dawn", publicado por primera vez en 1937. La Orden original de la Aurora Dorada se llamaba Orden Hermética de la Aurora Dorada, establecida en 1888 por un grupo de Masones, siendo el más notable Samuel Liddell MacGregor Mathers. En la actualidad, la mayoría de las ramas de la Orden Hermética de la Aurora Dorada se denominan con variaciones de ese mismo nombre.

Hod: El octavo Sephira del Árbol de la Vida, al pie del Pilar de la Severidad, cuyo título es "Esplendor". "El estado de conciencia de Hod pertenece a las facultades internas de la inteligencia, en particular la lógica y la razón. Esta Esfera tiene una afinidad con el Elemento Agua, aunque el Elemento Fuego está implicado también en su función al igual que el Elemento Aire. Como tal, Hod se expresa a través de los tres Chakras de Swadhisthana, Manipura, y Anahata. Se corresponde con el Planeta Mercurio y es de color naranja. Hod representa una forma menor de la energía de Chesed, mediada por Tiphareth. El Ego suele utilizar Hod para deducir la realidad y tomar decisiones futuras. En el sistema de la Aurora Dorada, Hod se corresponde con el grado Practicus.

Las Letras Hebreas: Veintidós Letras que forman parte de la filosofía Cabalística pero que se distinguen como un sistema Espiritual propio. Cada letra es un símbolo y un número con muchas ideas asociadas a ella. Estas ideas hacen surgir ciertos Arquetipos que resuenan con la energía de los Arcanos Mayores del Tarot. Las Tres Letras Madre (primarias) se corresponden con los Tres Elementos de Aire, Agua, y Fuego, mientras que las 7 Letras Dobles (secundarias) se corresponden con los 7 Planetas Antiguos. Por último, las 12 Cartas Simples (terciarias) se corresponden con los 12 Zodíacos.

Hermes Trismegisto: Figura histórica que vivió durante las dinastías más antiguas de Egipto. Conocido como el "Escriba de los Dioses" o el "Maestro de Maestros", Hermes fue el fundador del Hermetismo y es considerado el padre de la sabiduría oculta. Todas las enseñanzas fundamentales de todas las sectas esotéricas y religiosas se remontan a Hermes. Su sabiduría y conocimiento sobre los misterios del Universo y de la vida eran tan grandes que los Egipcios lo deificaron como uno de sus Dioses, llamándolo Thoth, el Dios de la Sabiduría. Los Griegos también lo veneraron y lo convirtieron en uno de sus 12 Dioses Olímpicos, llamándolo también Hermes. Cuando los Romanos sincretizaron su religión con la Griega, se refirieron a Hermes como Mercurio. Hermes fue considerado el más grande Maestro del Mundo, y algunos Adeptos que vinieron después de él, incluyendo a Jesucristo, son considerados por muchos estudiosos como su reencarnación. Se cree que el Espíritu de Hermes encarna aproximadamente cada 2000 años como el Maestro del Mundo para iluminar al mundo en las áreas Espirituales, religiosas, filosóficas, y psicológicas, introduciendo un lenguaje moderno para enseñar sobre el Espíritu y Dios, reconciliando todos los puntos de vista divergentes.

Hermetismo: Tradición filosófica, religiosa, y esotérica basada principalmente en las enseñanzas de Hermes Trismegisto, que incluye la astrología, la alquimia, y los principios de la creación descritos en el *Kybalion*. Los aspectos filosóficos del Hermetismo están contenidos en la "Hermetica", compuesta por el *Corpus Hermeticum* (también conocido como *El Divino Pymander*) y *La Tabla Esmeralda de Hermes*, la clave de la Alquimia. El Hermetismo es una ciencia invisible que abarca las energías de nuestro Sistema Solar en relación con los seres humanos. Los escritos Herméticos han influido enormemente en la tradición esotérica Occidental, concretamente en la Orden de la Aurora Dorada.

Kether: El primer y más alto Sephira en el Árbol de la Vida, encima del Pilar Medio. Se relaciona con el Principio de la Luz Blanca (Ain Soph Aur) ya que actúa como canal de la misma hacia los Chakras inferiores. Su color es el blanco, que representa la Luz que contiene los 7 colores del arco iris: los Chakras Mayores. Kether se corresponde con Chakra Sahasrara y comparte el mismo título: la Corona. Representa el estado de conciencia trascendental que está más allá de la dualidad de la mente. Kether es también nuestra puerta de entrada a los Chakras Transpersonales por encima de la Corona. Como Espíritu Divino, Kether es la expresión más elevada del Elemento Aire. Representa la Mónada, la singularidad y la concepción más elevada de la Divinidad.

El Reino de los Cielos: Sinónimo de Reino de Dios. El Reino de los Cielos es uno de los elementos esenciales de las enseñanzas de Jesucristo que se refiere al cumplimiento de la Voluntad de Dios en la Tierra. Es un estado mental afín a la Conciencia Crística, donde se ha producido un descenso del Espíritu a la Materia, y ahora son Uno. En las enseñanzas Cristianas, uno debe ser resucitado, metafóricamente hablando, para entrar en el Reino de los Cielos. Como el destino de todo ser humano, este elevado estado de conciencia superior puede ser alcanzado una vez que la energía Kundalini se eleva a la Corona, activando completamente el Cuerpo de Luz y optimizando el propio campo energético toroidal (Merkaba). Tras la transformación Espiritual, el individuo tendrá la cabeza en el Cielo y los pies en la Tierra, como un Dios-humano.

Los Arcanos Mayores: Los 22 triunfos de las cartas del Tarot. Corresponde a los 22 caminos del Árbol de la Vida y a las 22 Letras Hebreas. Los Arcanos Mayores representan las energías Arquetípicas en tránsito entre los 10 Sephiroth del Árbol de la Vida. Se corresponden con los tres Elementos principales de Aire, Fuego, y Agua, los 12 Zodiacos y los 7 Planetas Antiguos, que comprenden la totalidad de nuestro Sistema Solar.

Malkuth: El décimo y más bajo Sephira en el Árbol de la Vida cuyo título es "el Reino". "Como tal, Malkuth se relaciona con Gaia, el Planeta Tierra y el Mundo Físico de la Materia. Se corresponde con el Chakra Muladhara y tiene afinidad con el Elemento Tierra. Los colores de Malkuth son el cetrino, el olivo, el rojizo, y el negro, que representan los tres Elementos Aire, Agua, y Fuego en una forma más densa. En el sistema de la Aurora Dorada, Malkuth se corresponde con el grado Zelator.

Mercurio: (Principio Alquímico): Dentro del proceso alquímico, el Mercurio es la sustancia transformadora. Su papel es aportar equilibrio y armonía entre los otros dos Principios Alquímicos: el Azufre y la Sal. El Mercurio es la Fuerza Vital, la energía del Espíritu. En la primera etapa, cuando está opuesto al Azufre, asume el Principio fluido y femenino de la conciencia como la Gran Madre, el Elemento Agua. En la segunda etapa, una vez que el Azufre ha sido extraído y devuelto de nuevo, se convierte en el Mercurio Filosófico, o el Fuego Secreto-el Elemento Espíritu. El Mercurio Filosofal es la sustancia que da origen a la Piedra Filosofal, la meta del Alquimista.

El Pilar del Medio: También llamado Pilar del Equilibrio o Pilar de la Suavidad en el Árbol de la Vida. Se autoequilibra y aporta equilibrio a los otros dos Pilares: el Pilar de la Misericordia y el Pilar de la Severidad. El Pilar del Medio trae la unidad a las muchas fuerzas dualistas y contendientes de la vida. Comprende los Sephiroth Kether, Daath, Tiphareth, Yesod, y Malkuth. Este término también se relaciona con el ejercicio ritual del Pilar Medio (de *The Magus*), que es una invocación de la Luz destinada a equilibrar la psique y ayudar a la Evolución Espiritual. El Pilar Medio representa el Elemento Aire y es de color gris. Se corresponde con el Nadi Sushumna en el sistema Kundalini.

Netzach: Séptimo Sephira en el Árbol de la Vida a lo largo del Pilar de la Misericordia. Con el título de "Victoria", Netzach representa un estado de conciencia que tiene que ver con las emociones, particularmente con el deseo y el amor romántico. Netzach tiene una afinidad con el Elemento Fuego, aunque el Elemento Agua está involucrado en su expresión y el Elemento Aire. Se expresa a través de los tres Chakras de Swadhisthana, Manipura, y Anahata, los mismos que Hod. Netzach, Hod, y Yesod, el Triángulo Astral, son las tres esferas a las que más comúnmente accede la persona promedio. Netzach se corresponde con el Planeta Venus, y su color es el verde. En el sistema de la Aurora Dorada, Netzach se corresponde con el grado Filosofal.

Nirvana: Término Oriental comúnmente asociado con el Jainismo y el Budismo. Representa un estado trascendental del Ser en el que no hay sufrimiento ni deseo, ya que el Ser experimenta la Unidad con el resto del mundo. En las religiones Indias, el Nirvana es sinónimo de Moksha o Mukti, la liberación del ciclo de renacimiento según la Ley del Karma. El Nirvana significa la alineación de la conciencia individual con la Conciencia Cósmica como la meta final de todas las tradiciones, religiones, y prácticas Espirituales. Un precursor para alcanzar el Nirvana es el despertar de la Kundalini hasta la Corona y alcanzar la plena activación del Cuerpo de Luz. El Nirvana implica que uno ha alcanzado la Iluminación. Es comparable con los otros dos términos Orientales, Satori, y Samadhi.

La Piedra filosofal: Una legendaria sustancia alquímica capaz de convertir los metales comunes (como el mercurio) en oro o plata. Velado para los profanos que sólo deseaban beneficios económicos, este término tiene un significado oculto relacionado con el objetivo más buscado de la Alquimia: la transformación Espiritual. Por lo tanto, cuando se escucha que alguien ha encontrado la Piedra Filosofal, significa que ha completado la Gran Obra (Alquimia Espiritual) y se ha iluminado.

El Pilar de la Misericordia: El Pilar derecho en el Árbol de la Vida que comprende los Sephiroth Chokmah, Chesed y Netzach. El Pilar de la Misericordia es el Pilar masculino, activo, y positivo, también llamado el Pilar de la Fuerza. Representa el elemento agua y es de color blanco. En el sistema Kundalini, el Pilar de la Misericordia se corresponde con el Nadi Pingala.

El Pilar de la Severidad, el: El Pilar izquierdo del Árbol de la Vida que comprende los Sephiroth Binah, Geburah y Hod. Es el Pilar femenino, pasivo y negativo, también llamado el Pilar de la Forma. Representa el elemento fuego y es de color negro. En el sistema Kundalini, el Pilar de la Severidad representa el Nadi Ida.

Prima Materia: También llamada "Primera Materia", es la sustancia primigenia considerada como la materia original del Universo conocido. Es sinónimo del Espíritu como primera sustancia y fuente de todo lo existente. En alquimia, la Prima Materia es el material de partida necesario para crear la Piedra Filosofal. Es el "Anima Mundi", el Alma del Mundo, la única fuerza vital del Universo.

La Sal: El cuerpo físico que fundamenta y fija los otros dos Principios Alquímicos, el Mercurio, y el Azufre. Representa la cristalización y el endurecimiento de los tres Principios juntos. La sal es el vehículo de la manifestación física y la Tercera Dimensión del Tiempo y el Espacio expresada a través del Elemento Tierra. La Sal, el Mercurio, y el Azufre forman la Trinidad en la Alquimia.

Magia Sexual: Cualquier tipo de actividad sexual utilizada en un entorno ceremonial o ritual con una clara intención subyacente. La idea detrás de la Magia Sexual es que la energía sexual es una fuerza potente que puede ser aprovechada para magnetizar el Reino Astral y atraer lo que uno desea o para llamar a las Deidades de varios panteones. Una forma de ritual de Magia Sexual consiste en utilizar la excitación sexual o el orgasmo para visualizar algo que se quiere lograr u obtener. Como tal, la Magia Sexual es como una batería para tu fuerza de voluntad cuando se realiza con un corazón y una mente abiertos. Sin embargo, si la Magia Sexual se practica con una mente impura, sólo atraerá a entidades inferiores para alimentarse de la energía sexual que se invoca. Estas entidades inferiores pueden entonces adherirse a ti y continuar alimentándose de tu energía sexual hasta que sea eliminada.

Alquimia Espiritual: De la misma manera que la Alquimia se ocupa de convertir los metales comunes en oro, la Alquimia Espiritual se ocupa de transformar la energía del practicante e iluminarla (infundirla con Luz). Esto puede lograrse a través de modalidades y prácticas de Sanación Espiritual, incluyendo el Yoga y la Magia Ceremonial. La Alquimia Espiritual requiere trabajar con los Cinco Elementos, que se corresponden con los 7 Chakras. La meta de la Evolución Espiritual es la Iluminación, ya que la conciencia individual se exalta y se une con la Conciencia Cósmica. A través de este proceso, el individuo establece un vínculo con el Yo Superior o Santo Ángel de la Guarda, su Yo-Dios. El Elemento Espíritu debe integrarse dentro del Aura, lo que marca la finalización de la Gran Obra y la restauración del Jardín del Edén.

Azufre: Es el Alma presente en todos los seres vivos del Universo. Proviene del Sol como la Luz de Dios y es el Principio masculino, el Gran Padre, el Elemento Fuego. Todo el proceso de transmutación alquímica depende del Principio del Azufre y de su correcta aplicación. El Azufre es el Principio vibrante, ácido, activo, y dinámico. Sirve para estabilizar el Mercurio, del que se extrae y al que regresa.

Tarot, el: Un arte sagrado utilizado principalmente en la adivinación. El Tarot se compone de 78 cartas, divididas en cuatro palos de 14 cartas cada uno, más 22 triunfos (Arcanos Mayores). Las cartas del Tarot presentan una increíble imaginería que contiene una sabiduría esotérica e intemporal. Tienen una conexión inextricable con la Cábala y el Árbol de la Vida, y sirven como clave de las ciencias ocultas y como mapa de los diferentes componentes de la psique humano. Así pues, el Tarot es un sistema completo e intrincado que sirve para describir las fuerzas invisibles que influyen en el Universo.

Treinta Aethyrs: Círculos concéntricos que se interpenetran y superponen entre sí, constituyendo así las capas del Aura. Los Aethyrs son los componentes Espirituales de los Planos Cósmicos en el Sistema Enochiano. Cada uno de los 30 Aethyrs es portador de una corriente sexual masculina y/o femenina que puede ser invocada utilizando la Decimonovena Llave Enochiana. Los 30 Aethyrs trabajan directamente con los Nadis Ida y Pingala en el sistema Kundalini.

Tiphareth: El sexto Sephira del Árbol de la Vida a lo largo del Pilar Medio, cuyo título es "Armonía" y "Belleza". "Representa un estado de conciencia de las facultades internas que se ocupan de la imaginación y del procesamiento de los pensamientos y las emociones. Como Sephira central del Árbol de la Vida, Tiphareth se ocupa de procesar las energías de todos los Sephiroth, excepto Malkuth. Dentro del conocimiento oculto, Tiphareth se conoce como la Esfera del Renacimiento Espiritual y la Conciencia de Cristo o de Krishna, donde el Espíritu y la Materia se unen como uno solo. Tiphareth tiene afinidad con el Elemento Aire, aunque, al corresponder con el Sol, también tiene aspectos de Fuego. Por lo tanto, la ubicación de Tiphareth está entre los Chakras Anahata y Manipura, a través de los cuales se expresa. El color de Tiphareth es el amarillo dorado. En el sistema de la Aurora Dorada, Tiphareth se corresponde con el Adeptus Minor, el Primer Grado de la Segunda Orden.

Yesod: El noveno Sephira en el Árbol de la Vida a lo largo del Pilar Medio, cuyo título es "Fundación", relativo al plano Astral de todas las cosas en existencia. Yesod representa el Plano Astral, el punto de contacto con los Planos Cósmicos Interiores. Representa un estado de conciencia de las facultades internas que tienen que ver con el Ego y sus pensamientos e impulsos. La sexualidad y los miedos de la mente subconsciente también se expresan a través de Yesod. Su ubicación es entre los Chakras Swadhisthana y Manipura, a través de los cuales trabaja. Yesod tiene afinidad con el Elemento Aire, con aspectos del Elemento Agua. Su color es el violeta-púrpura, y se corresponde con el Planeta Luna. En el sistema de la Aurora Dorada, Yesod representa el Grado Teórico.

BIBLIOGRAFÍA

Nota: A continuación, se incluye una lista de libros de mi biblioteca personal que han servido de recursos e inspiración para la presente obra. Se ha hecho todo lo posible por localizar a todos los titulares de derechos de autor de cualquier material incluido en esta edición, ya sean empresas o particulares. Cualquier omisión es involuntaria, y estaré encantado de corregir cualquier error en futuras versiones de este libro.

KUNDALINI
Arundale, G.S. (1997). *Kundalini: An Occult Experience*. Adyar, Madrás, India: The Theosophical Publishing House
Bynum, Bruce Edward (2012). *Conciencia de la luz oscura*. Rochester, Vermont: Inner Traditions
Dixon, Jana (2008). *Biología de Kundalini: Explorando el fuego de la vida*. Publicación en línea Lulu
Goswami, Shyam Sundar (1999). *Layayoga: The Definitive Guide to the Chakras and Kundalini*. Rochester, Vermont: Inner Traditions
Khalsa, Gurmukh Kaur, con Ken Wilber, Swami Radha, Gopi Krishna y John White (2009). *Kundalini Rising: Explorando la energía del despertar*. Boulder, Colorado: Sounds True, Inc.
Krishna, Gopi (1993). *Living with Kundalini: The Autobiography of Gopi Krishna*. Boston, Massachusetts: Shambhala Publications Inc.
Krishna, Gopi (1988). *Kundalini for the New Age: Selected Writings of Gopi Krishna*. Editado por Gene Kiefer. New York, New York: Bantam Books
Krishna, Gopi (1997). *Kundalini: La energía evolutiva en el hombre*. Boston, Massachusetts: Shambhala Publications Inc.
Krishna, Gopi (1975). *El Despertar de la Kundalini*. New York, New York: E. P. Dutton
Krishna, Gopi (1972). *The Biological Basis of Religion and Genius*. Nueva York, Nueva York: Harper & Row Publishers
Mahajan, Yogi (1997). *The Ascent*. Delhi, India: Motilal Banarsidass Publishers
Melchizedek, Drunvalo (2008). *Serpiente de luz: Más allá de 2012*. San Francisco, California: Weiser Books
Mumford, Jonn (2014). *A Chakra & Kundalini Workbook*. Woodbury, Minnesota: Llewellyn Publications

Paulson, Genevieve Lewis (2003). *Kundalini and the Chakras*. Paul, Minnesota: Llewellyn Publications

Perring, Michael "Omdevaji" (2015). *¿Qué es la Kundalini? -Libro III*. Varanasi, India: Pilgrims Publishing

Semple, J. J. (2007). *Descifrando la Flor de Oro: One Secret at a Time*. Bayside, California: Life Force Books

Swami, Om (2016). *Kundalini: Una historia no contada*. Mumbai, India: Jaico Publication House

Weor, Samael Aun (2020). *La Voluntad de Cristo: Kundalini, Tarot y la cristificación del alma humana*. www.gnosticteachings.org: Glorian Publishing

Weor, Samael Aun (2018). *El libro amarillo: La Madre Divina, Kundalini y los poderes espirituales*. www.gnosticteachings.org: Glorian Publishing

White, John (1990). *Kundalini: Evolución e Iluminación*. Paul, Minnesota: Paragon House

SANACIÓN ENERGÉTICA Y CHAKRAS

Bernoth, Bettina (2012). *Auric Lights: La luz es la medicina de nuestro futuro*. Plataforma editorial independiente CreateSpace

Bettina, Bernoth (1995). *Auras mágicas*. Plataforma de publicación independiente CreateSpace

Burger, Bruce (1998). *Anatomía esotérica: El cuerpo como conciencia*. Berkeley, California: North Atlantic Books

Butler, W.E. (1987). *Cómo leer el aura, practicar la psicometría, la telepatía y la clarividencia*. Rochester, Vermont: Destiny Books

Chia, Mantak (2008). *Healing Light of the Tao: Prácticas Fundamentales para Despertar la Energía Chi*. Rochester, Vermont: Destiny Books

Chia, Mantak (2009). *La Alquimia de la Energía Sexual: Conectando con el Universo desde dentro*. Rochester, Vermont: Destiny Books

Dale, Cyndi (2018). *El libro completo de los chakras: Tu fuente definitiva de conocimiento de los centros de energía para la salud, la felicidad y la evolución espiritual*. Woodbury, Minnesota: Llewellyn Publications

Dale, Cyndi (2009). *El cuerpo sutil: Una Enciclopedia de tu Anatomía Energética*. Boulder, Colorado: Sounds True, Inc.

Dale, Cyndi (2013). *El manual de práctica del cuerpo sutil: Una Guía Integral para la Sanación Energética*. Boulder, Colorado: Sounds True, Inc.

Gerber, Richard, M.D. (2001). *Vibrational Medicine: The 1# Handbook of Subtle-Energy Therapies*. Rochester, Vermont: Bear & Company

Grey, Alex (2012). *Red de Ser*. Con Alyson Grey. Rochester, Vermont: Inner Traditions International

Grey, Alex (1990). *Sacred Mirrors: The Visionary Art of Alex Grey*. Rochester, Vermont: Inner Traditions International

Judith, Anodea (2006). *Las ruedas de la vida: Una guía de usuario para el sistema de chakras.* Woodbury, Minnesota: Llewellyn Publications

Leadbeater, C.W. (1987). *The Chakras.* Wheaton, Illinois: The Theosophical Publishing House

Lockhart, Maureen (2010). *El cuerpo energético sutil: La guía completa.* Rochester, Vermont: Inner Traditions

Ostrom, Joseph (2000). *Auras: What they are and How to Read Them.* Hammersmith, Londres: Thorsons

Zink, Robert (2014). *Curación mágica de la energía: El método de curación del Ruach.* Rachel Haas coautora. Portland, Oregón: Law of Attraction Solutions, LLC.

ANATOMÍA DEL CEREBRO Y DEL CUERPO

Carter, Rita (2019). *El libro del cerebro humano.* Nueva York, Nueva York: DK Publishing

Childre, Doc y Martin, Howard (2000). *The Heartmath Solution.* Nueva York, Nueva York: HarperCollins Publishers

McCraty, Rollin (2015). *La ciencia del corazón: Explorando el papel del corazón en el rendimiento humano (Volumen 2).* Boulder Creek, California: Instituto HeartMath

Power, Katrina (2020) *Cómo hackear tu nervio vago.* Publicado de forma independiente

Splittgerber, Ryan (2019). *Neuroanatomía clínica de Snell: octava edición.* Filadelfia, Pensilvania: Wolters Kluwer

Wineski, Lawrenece E. (2019). *Anatomía clínica por regiones de Snell: Décima edición.* Filadelfia, Pensilvania: Wolters Kluwer.

YOGA Y TANTRA

Ashley-Farrand, Thomas (1999). *Healing Mantras: Using Sound Affirmations for Personal Power, Creativity, and Healing.* New York, New York: Ballantine Wellspring

Aun Weor, Samael (2012). *Kundalini Yoga: Desbloquea el poder espiritual divino dentro de ti.* Glorian Publishing

Avalon, Arthur (1974). *El poder de la serpiente.* New York, New York: Dover Publications, Inc.

Bhajan, Yogi (2013). *Kriya: conjuntos de yoga, meditaciones y kriyas clásicas.* Santa Cruz, California: Kundalini Research Instititute

Buddhananda, Swami (2012). *Moola Bandha: La llave maestra.* Munger, Bihar, India: Yoga Publications Trust

Feuerstein, Georg (1998). *Tantra: El camino del éxtasis.* Boulder, Colorado: Shambhala Publications, Inc.

Frawley, Dr. David (2010). *Mantra Yoga and Primal Sound: Secretos de los Mantras de la Semilla (Bija).* Twin Lakes, Wisconsin: Lotus Press

Frawley, David (2004). *El yoga y el fuego sagrado: Autorrealización y transformación planetaria.* Twin Lakes, Wisconsin: Lotus Press

Hulse, David Allen (2004). *The Eastern Mysteries: La clave de todo, Libro I.* St. Paul, Minnesota: Llewellyn Publications

Japananda Das, Srila (2019). *Yantra: Poder y Magia.* Publicado de forma independiente

Kaminoff, Leslie y Matthews, Amy (2012). *Anatomía del yoga.* Champaign, Illinois: Human Kinetics

Maehle, Gregor (2012). *Pranayama: La respiración del yoga.* Ciudad de Innaloo, Australia: Kaivalya Publications

Prasad, Rama (2015). *Las fuerzas más finas de la naturaleza y su influencia en la vida y el destino humanos.* Plataforma editorial independiente CreateSpace

Saraswati, Swami Satyananda (2013). *Asana Pranayama Mudra Bandha.* Munger, Bihar, India: Yogi Publications Trust

Saraswati, Swami Satyananda (2013). *Un curso sistemático de las antiguas técnicas tántricas de yoga y kriya.* Munger, Bihar, India: Yoga Publications Trust

Saraswati, Swami Satyananda (2012). *Hatha Yoga Pradipika.* Munger, Bihar, India: Yogi Publications Trust

Saraswati, Swami Satyananda (2007). *Kundalini Tantra.* Munger, Bihar, India: Yoga Publications Trust

Saraswati, Swami Satyananda (2012). *Meditaciones de los Tantras.* Munger, Bihar, India: Yoga Publications Trust

Saraswati, Swami Satyadharma (2019). *Yoga Kundali Upanishad: Teoría y Prácticas para el Despertar de la Kundalini.* Publicado de forma independiente, Estados Unidos.

Satyasangananda, Swami (2013). *Tattwa Shuddhi.* Munger, Bihar, India: Yogi Publications Trust

Swami, Om (2017). *La antigua ciencia de los mantras: La sabiduría de los sabios.* Amazon.com: Black Lotus Publishing

Vivekananda, Swami (2019). *Raja Yoga: La conquista de la naturaleza interna.* Calcuta, India: Advaita Ashrama

Weor, Samael Aun (2018). *Ritos sagrados para el rejuvenecimiento: Una técnica simple y poderosa para la curación y la fuerza espiritual.* www.gnosticteachings.org: Glorian Publishing

Woodroffe, Sir John (2018). *Introducción al Tantra Sastra.* T. Nagar, Madrás, India: Ganesh & Company

Yogananda, Paramahamsa (2019). *Autobiografía de un yogui.* Los Ángeles, California: Self Realization Fellowship

Yogananda, Paramahamsa (2019). *La segunda venida de Cristo: La resurrección del Cristo dentro de ti.* Volúmenes I II. Los Ángeles, California: Self Realization Fellowship

AYURVEDA

Lad, Vasant (2019). *Ayurveda: La ciencia de la autocuración.* Twin Lakes, Wisconsin: Lotus Press

Frawley, Dr. David, (2003). *Ayurveda and Marma Therapy: Energy Points in Yogic Healing.* Coautores Dr. Subhash Ranade y Dr. Avinash Lele. Twin Lakes, Wisconsin: Lotus Press

Frawley, Dr. David, y Lad, Vasant (2008). *El yoga de las hierbas.* Twin Lakes, Wisconsin: Lotus Press

El Instituto Ayurvédico. *Pautas alimentarias para los tipos constitucionales básicos* (PDF)

Frawley, Dr. David (1999). *Yoga y Ayurveda: Self-Healing and Self-Realization.* Twin Lakes, Wisconsin: Lotus Press

Frawley, Dr. David y Summerfield Kozak, Sandra (2012). *Yoga para tu tipo: Un enfoque ayurvédico para tu práctica de asanas.* Twin Lakes, Wisconsin: Lotus Press

Frawley, Dr. David (2013). *Curación ayurvédica: Una Guía Completa.* Twin Lakes, Wisconsin: Lotus Press

Frawley, Dr. David, y Ranada, Dr. Sabhash (2012). *Ayurveda: La medicina de la naturaleza.* Twin Lakes, Wisconsin: Lotus Press

ASTROLOGÍA VÉDICA

Frawley, Dr. David (2005). *Astrología ayurvédica: Self-Healing Through the Stars.* Twin Lakes, Wisconsin: Lotus Press

Frawley, Dr. David (2000). *Astrología de los Videntes. Una guía para la astrología védica/hindú.* Twin Lakes, Wisconsin: Lotus Press

Sutton, Komilla (2014). *Los Nakshatras: Las estrellas más allá del zodiaco.* Bournemouth, Inglaterra: The Wessex Astrologer Ltd.

Kurczak, Ryan, y Fish, Richard (2012). *El arte y la ciencia de la astrología védica.* CreateSpace Independent Publishing Platform

MUDAS DE MANO

Menen, Rajendar (2013). *El poder curativo de los Mudras: El Yoga en tus manos.* Nueva Delhi, India: V&S Publishers

Saradananda, Swami (2015). *Mudras para la vida moderna: Aumenta tu salud, reenergiza tu vida, mejora tu yoga y profundiza tu meditación.* Londres, Gran Bretaña: Watkins

Hirschi, Gertrud (2016). *Mudras: el yoga en tus manos.* Newburyport, Massachusetts: Weiser Books

Le Page, Joseph y Lilian (2014). *Mudras para la curación y la transformación.* Ft. Lauderdale, Florida: Integrative Yoga Therapy

Carroll, Cain y Revital (2013). *Mudras of India: Una guía completa de los gestos de las manos del yoga y la danza india.* Filadelfia, Pensilvania: Singing Dragon.

Advait (2015). *Mudras: 25 técnicas definitivas para la autosanación.* Plataforma editorial independiente CreateSpace

PIEDRAS PRECIOSAS Y DIAPASONES

McGeough, Marion (2013). *Curación con cristales y el campo energético humano.* CreateSpace Independent Publishing Platform

Lembo, Margaret Ann (2017). *La guía esencial de cristales, minerales y piedras.* Woodbury, Minnesota: Llewellyn Publications

Permutt, Philip (2016). *El sanador de cristales: Recetas con cristales que cambiarán tu vida para siempre.* Londres, Inglaterra: Cico Books

McKusick, Eileen Day (2014). *Sintonizando el biocampo humano: Sanando con la terapia de sonido vibracional.* Rochester, Vermont: Healing Arts Press

Hall, Judy (2003). *La Biblia del Cristal: Una Guía Definitiva de los Cristales.* Iola, Wisconsin: Krause Publications.

Hall, Judy (2009). *La Biblia de Cristal 2.* Iola, Wisconsin: Krause Publications.

Beaulieu, John (2010). *Human Tuning: Sound Healing With Tuning Forks.* High Falls, Nueva York: BioSonic Enterprises

AROMATERAPIA

Lembo, Margaret Ann (2016). *La guía esencial de la aromaterapia y la curación vibracional.* Woodbury, Minnesota: Llewellyn Worldwide

Cunningham, Scott (2020). *Enciclopedia de hierbas mágicas.* Woodbury, Minnesota: Llewellyn Worldwide

Kennedy, Anne (2018) *Aromaterapia para principiantes: La guía completa para empezar con los aceites esenciales.* Berkeley, California: Althea Press

Wormwood, Valerie Ann (2016). *El libro completo de los aceites esenciales y la aromaterapia.* Novato, California: New World Library

Davis, Patricia (2000). *Subtle Aromatherapy.* Essex, Reino Unido: Saffron Walden

Covington, Candice (2017). *Aceites esenciales en la práctica espiritual: Trabajando con los Chakras, los Arquetipos Divinos y los Cinco Grandes Elementos.* Rochester, Vermont: Healing Arts Press

GEOMETRÍA SAGRADA

Melchizedek, Drunvalo (1990). *El Antiguo Secreto de la Flor de la Vida: Volumen 1.* Flagstaff, Arizona: Light Technology Publishing

Melchizedek, Drunvalo (2000). *El Antiguo Secreto de la Flor de la Vida: Volumen 2.* Flagstaff, Arizona: Light Technology Publishing

MISTERIOS DEL OESTE

Agrippa, Henry Cornelius (1992). *Tres libros de filosofía oculta.* Paul, Minnesota: Llewellyn Publications

Anónimo (2005) *La Tabla de Esmeralda de Hermes.* Con múltiples traducciones. Whitefish, Montana: Kessinger Publishing

Copenhaver, Brian P. (2000) *Hermetica: El Corpus Hermeticum griego y el Asclepio latino en una nueva traducción al inglés, con notas e introducción.* Nueva York, Nueva York: Cambridge University Press

Doreal, M. (Desconocido). *The Emerald Tablets of Thoth the Antlantean.* Nashville, Tennessee: Source Books

Everard, John (2019). *El divino Pymander.* Whithorn, Escocia: Anodos Books

Mumford, John Dr. (1997). *Tattvas mágicos: Un sistema completo para el autodesarrollo.* Paul, Minnesota: Llewellyn Publications

Paar, Neven (2019). *El mago: Kundalini y la Aurora Dorada.* Toronto, Ontario: Winged Shoes Publishing

Regardie, Israel (1971). *The Golden Dawn.* Paul, Minnesota: Llewellyn Publications

Tres iniciados (1940). *El Kybalion: Filosofía Hermética.* Chicago, Illinois: Yogi Publication Society

Desconocido (2003). *Orden Esotérica de la Aurora Dorada: Manual del grado Theoricus 2=9.* Añadido por G.H. Frater P.D.R. Los Ángeles, California: H.O.M.S.I.

Woolfolk, Joanna Martine (2006). *The Only Astrology Book You'll Ever Need.* Lanham, Maryland: Taylor Trade Publishing

TEXTOS RELIGIOSOS

Ashlag, Rav Yehuda (2007). *El Zohar.* Comentario de Rav Michael Laitman PhD. Toronto, Ontario: Laitman Kabbalah Publishers

EasWaran Aknath (2007). *El Dhammapada.* Tomales, California: Nilgiri Press

EasWaran Aknath (2007). *The Upanishads.* Tomales, California: Nilgiri Press

Griffith, Ralph T.H. y Keith, Arthur Berriedale (2017). *Los Vedas: Los Samhitas del Rig, Yajur (Blanco y Negro), Sama y Atharva Vedas.* Plataforma editorial independiente CreateSpace

Moisés (1967). *La Torá: Los cinco libros de Moisés* (también conocido como el Antiguo Testamento). Filadelfia, Pensilvania: The Jewish Publication Society of America

Mahoma (2006). *El Corán.* Traducido con notas por N.J. Dawood. Londres, Inglaterra: Penguin Books

Saraswati, Swami Satyananda (1997). *Bhagavad Gita.* Napa, California: Devi Mandir Publications y Motilal Banarsidass Publishers Private Limited

Stiles, Mukunda (2002). *Yoga Sutras of Patanjali.* San Francisco, California : Weiser Books

Varios (2002). *La Santa Biblia: Versión King James* (Incluye el Antiguo y el Nuevo Testamento). Grand Rapids, Michigan: Zondervan

RECURSOS EN LÍNEA

3 mantras sánscritos para impulsar su práctica de la meditación - Página de referencia para los mantras
(www.yogiapproved.com/om/3-sanskrit-mantras-boost-meditation-practice/)

7 Mantras para crear la vida que deseas - Página de referencia para los mantras
(www.chopra.com/articles/7-mantras-for-creating-the-life-you-want)

7Pranayama-Respiración de la Vida - Página de referencia para la filosofía y las prácticas yóguicas
(www.7pranayama.com)

71 Mudras de Yoga: Obtenga sorprendentes beneficios en 29 días, avalados por la ciencia - Referencia
página de Yoga Mudras (www.fitsri.com/yoga-mudras)

9 poderosos mantras en sánscrito y gurmukhi - Página de referencia para los mantras (www.chopra.com/articles/9-powerful-mantras-in-sanskrit-and-gurmukhi)

Anatomía del aura - Página de referencia sobre el aura y sus partes (www.auraology.net/anatomy-of-the-aura)

Una introducción al nervio vago y la conexión con la kundalini - Página de referencia para la conexión entre el nervio vago y la kundalini (www.basmati.com/2017/05/02/intro-vagus-nerve-connection-kundalini)

Aromaterapia astrológica-Mezclas para su signo zodiacal - Página de referencia para la aromaterapia (www.baseformula.com/blog/astrological-aromatherapy)

Astrología y Ayurveda - Página de referencia de Astrología y Ayurveda (www.astrobix.com/astrosight/208-astrology-and-ayurveda.html)

La astrología y los chakras: Dos caras de la misma moneda - Página de referencia para la astrología y los chakras (www.innerself.com/content/personal/intuition-awareness/astrology/4410-astrology-a-the-chakras.html)

Guía de colores del Aura - Página de referencia para el Aura y sus partes (www.auraaura.co/aura-colors)

AuraFit: Sistema de biorretroalimentación móvil - Página oficial de la tecnología de lectura Aura inventada por Bettina Bernoth Ph.D. (www.aurafitsystem.org/)

Formas del Aura - Página de referencia para los problemas energéticos del Aura (www.the-auras-expert.com/aura-shapes.html)

Ayurveda y Asana: Posturas de Yoga para su Salud - Página de referencia para el Yoga para los Doshas (www.yogajournal.com/lifestyle/health/ayurveda-and-asana/)

El mejor Ayurveda: Tabla de tipos de constitución corporal - Página de referencia para el Ayurveda (www.bestayurveda.ca/pages/body-constitution-type-chart)

Bija Mantra - Página de referencia para Bija Mantras (www.hinduscriptures.com/vedic-culture/bija-mantra/24330/)

Encantos de Luz: Energía, Curación y Amor - Página de referencia para los cristales (www.charmsoflight.com/gemstone-crystal-healing-properties)

Descartes y la glándula pineal - Página de referencia sobre la glándula pineal y su investigación histórica (https://plato.stanford.edu/entries/pineal gland/)

Diseñar una rutina de yoga para su dosha - Página de referencia para el yoga y los doshas (www.chopra.com/articles/designing-a-yoga-routine-for-your-dosha)

Enciclopedia Británica - Página de referencia para todas las ramas del conocimiento (www.britannica.com)

Otros mundos esotéricos: Visión de los Tattvas - Página de referencia para trabajar con los Tattvas (www.esotericotherworlds.blogspot.com/2013/06/tattva-vision.html)

Ethan Lazzerini-Blog de sanación con cristales, guías y consejos - Página de referencia para los cristales (www.ethanlazzerini.com/crystal-shapes-meanings/)

Freedom Vidya-Meditación sobre los Chakra Petal Bijas - Página de referencia para los Chakra Petal Bijas (www.shrifreedom.org/yoga/chakra-petal-sounds/)

Greek Medicine.Net - Página de referencia para el cerebro y el sistema nervioso (www.greekmedicine.net/physiology/Brain_and_Nervous_System.html)

Hatha o Vinyasa Yoga: ¿Cuál es el más adecuado para ti? - Página de referencia para Hatha y Vinyasa Yogas (www.healthline.com/health/exercise-fitness/hatha-vs-vinyasa)

Cómo equilibrar su energía vital y sus chakras con los aceites esenciales - Página de referencia para los chakras y los aceites esenciales (www.motherhoodcommunity.com/chakra-essential-oils/)

¿Cómo afecta el ejercicio al cerebro? - Página de referencia sobre los efectos del ejercicio en el cerebro (www.dana.org/article/how-does-exercise-affect-the-brain/)

Instituto para la Investigación de la Conciencia - Página de referencia para la investigación de la Kundalini y el potencial energético humano (www.icrcanada.org)

Introducción al Ayurveda: Entendiendo los Tres Doshas - Página de referencia para el Ayurveda (www.yogajournal.com/lifestyle/health/ayurveda/intro-ayurveda/)

Chakras masculinos y femeninos - Página de referencia sobre el género en los chakras (www.rootshunt.com/maleandfemalechakras.htm)

Sanación natural de los chakras - Mantras para cada chakra - Página de referencia para los mantras bija (www.naturalchakrahealing.com/chakra-seed-mantras.html)

Neural Correlates of Personalized Spiritual Experiences - Página de referencia para la conexión entre la anatomía del cerebro y las experiencias espirituales (www.academic.oup.com/cercor/article/29/6/2331/5017785)

Relación entre los chakras del cuerpo humano, los planetas y la astrología médica - Página de referencia para la asociación entre los chakras, los planetas y las glándulas endocrinas (www.anilsripathi.wordpress.com/relationship-between-human-body-chakras-planetsmedical-astrology/)

Rocks with Sass - Página de referencia sobre los cristales y sus formas (www.rockswithsass.com/blog/2020/4/13/crystal-shapes-their-meaning-and-uses)

Science of the Heart - Página de referencia del Instituto HeartMath y sus investigaciones (www.heartmath.org/research/science-of-the-heart/energetic-communication)

Escudriñar en la Visión del Espíritu. Parte I: Visión de Tattva - Página de referencia para trabajar con los Tattvas (www.fraterooe.livejournal.com/4366.html)

Seis problemas energéticos típicos y cómo curarlos - Página de referencia para los problemas energéticos del aura (www.nataliemarquis.com/six-typical-energy-problems-and-how-to-heal-them/)

SlimYogi: Una guía ilustrada paso a paso de 90 posturas de yoga para adelgazar - PDF de referencia para la práctica del yoga (www.mymission.lamission.edu/userdata/ruyssc/docs/Stretch-An-Ullustrated-Step-By-Step-Guide-To-Yoga-Postures.pdf)

Ayurveda Espiritual: Nuestros Cinco Cuerpos Sutiles y Tres Esencias Sutiles - Página de referencia para el Ayurveda (www.maharishi.co.uk/blog/spiritual-ayurveda-our-five-subtle-bodies-and-three-subtle-essences/)

Instrucciones para los Tattwas y Antahkarana - Página de referencia para los Tattvas (www.manas-vidya.blogspot.com/2011/09/practice-antahkarana.html)

Los Chakras y las Energías Masculinas/Femeninas - Página de referencia para el género en los Chakras (www.naturalchakrahealing.com/chakras-and-gender-masculine-feminine-energy.html)

The Crystal Compendium EBook - Página de referencia para los cristales (www.crystalgemstones.net/crystalcompendium.php)

La desconexión del Sistema Activador Reticular (SRA) - Página de referencia sobre el papel del Sistema Activador Reticular en el Despertar Espiritual (www.spiritrisingyoga.org/kundalini-info/the-disengagement-of-the-reticular-activating-system)

El Consorcio Kundalini (www.kundaliniconsortium.org)- Página de referencia para la investigación de la Kundalini y el potencial energético humano

Astrología Védica y los Chakras - Página de referencia para la asociación entre Chakras y Planetas (www.alchemicalbody.wordpress.com/2013/06/01/vedic-astrology-the-chakras/)

Medicina energética vibracional - Página de referencia para los chakras (www.energyandvibration.com/chakras.htm)

Qué son los Bija Mantras - Página de referencia de los Bija Mantras (www.satyaloka.net/what-are-bija-mantras/)

¿Qué son los Doshas del Ayurveda? Explicación de Vata, Kapha y Pitta - Página de referencia del Ayurveda (www.healthline.com/nutrition/vata-dosha-pitta-dosha-kapha-dosha)

Cuáles son los beneficios del yoga y la meditación - Página de referencia sobre el yoga y la meditación (www.poweryoga.com/blog/benefits-and-differences-yoga-meditation/)

¿Qué es la aromaterapia? - Página de referencia para la Aromaterapia (www.webmd.com/balance/stress-management/aromatherapy-overview)

¿Qué es la Meditación Yoga? - Página de referencia para la meditación (www.sivanandayogafarm.org/what-is-yoga-meditation/)

Lo que hay que saber sobre el lóbulo frontal del cerebro - Página de referencia sobre anatomía cerebral (www.healthline.com/health/frontal-lobe)

Yoga para equilibrar los doshas - Página de referencia para el yoga para los doshas (www.ekhartyoga.com/articles/wellbeing/yoga-for-balancing-the-doshas)

Diario de Yoga: Guía de meditación para principiantes - Página de referencia para la meditación (www.yogajournal.com/meditation/how-to-meditate/let-s-meditate/)

Yogapedia - Página de referencia para la filosofía y las prácticas yóguicas (www.yogapedia.com)

Yogapoint-India - Página de referencia para la filosofía y las prácticas yóguicas (www.yogapoint.com/index.htm)

Wikipedia-La Enciclopedia Libre - Página de referencia para todas las ramas del conocimiento (www.wikipedia.org)

RECURSOS DE IMÁGENES

Figura 2: Los Tres Nadis Después del Despertar de la Kundalini - El ascenso de Yogi Mahajan. (Página 6.)

Figura 5: El Circuito Completo de Kundalini - Tantra Kundalini de Swami Satyananda Saraswati. (Página 288.)

Figura 6: El Cerebro Lleno de Luz - Cómo funciona la médula espinal de la Fundación Christopher y Dana Reeve (Página en línea.)

Figura 10: El Pentagrama - Los Tres Libros de Filosofía Oculta de Henry Cornelius Agrippa. (Página 180.)

Figura 15: Ida y Pingala Nadis y Ajna Chakra - Kundalini and the Chakras de Genevieve Lewis Paulson. (Página 184.)

Figura 16: El Campo Electromagnético de la Tierra - El campo magnético de la Tierra de Peter Reid (Imagen en línea.)

Figura 20: Anatomía del Aura - Manuscrito de entrenamiento AuraFit de Bettina Bernoth (página 11.)

Figura 22: El Campo Toroidal de Kundalini - Anatomía esotérica de Bruce Burger: *El cuerpo como conciencia.* (Página 54.)

Figura 23: Los Siete Chakras y los Plexos Nerviosos - Las ruedas de la vida de Anodea Judith: *Una Guía del Usuario para el Sistema de Chakras.* (Página 12.)

Figura 24: Expansión del Cerebro y Correspondencias Cháquicas - Tantra Kundalini de Swami Satyananda Saraswati. (Página 35.)

Figura 26: Los Chakras Menores de la Cabeza (Corona) - Kundalini y los chakras de Genevieve Lewis Paulson. (Página 150.)

Figura 31: Ubicación de los Ojos Psíquicos - Kundalini y los Chakras de Genevieve Lewis Paulson. (Página 140.)

Figura 37: Orientación de los Tetraedros en Machos y Hembras - El antiguo secreto de la flor de la vida de Drunvalo Melchizedek: *Volumen 1.* (Página 49.)

Figura 42: El Sistema Límbico - Ganglios básicos y sistema límbico de Paul Wissmann (Imagen en línea.)

Figura 51: Conus Medullaris y Filum Terminale - El Libro Completo de los Chakras de Cyndi Dale: *Su fuente definitiva de conocimiento de los centros de energía para la salud, la felicidad y la evolución espiritual.* (Página 78.)

Figura 57: *El Campo Electromagnético del Corazón* - Doc Childre y Howard Martin's *The Heartmath Solution*. (Página 34.)

Figura 59: El Centro del Chakra del Corazón - *Las ruedas de la vida* de Anodea Judith*: Una Guía del Usuario para el Sistema de Chakras*. (Página 197.)

Figura 123: *Punto de Contracción de Bandha Mula* - *Asana Pranayama Mudra Bandha* de Swami Satyananda Saraswati. (Página 476.)

Figura 128: *Puntos de Contracción de los Mudras Vajroli, Sahajoli, y Ashwini* - *Moola Bandha* de Swami Buddhananda*: La Llave Maestra.* (Página 81.)

Figura 134: *Capas de Nadi Sushumna y el Huevo Cósmico* - *El cuerpo sutil* de Cyndi Dale*: Una Enciclopedia de tu Anatomía Energética.* (Página 276.)

Figura 147: *Los tres Doshas y las Zonas Corporales* - *Ayurveda* de Vasant Lad*: La Ciencia de la Autocuración.* (Página 27.)

Figura 151: Proyección de Sueños Lúcidos - Artículo en línea de Veenu Sandal *Los "paseos" espirituales y los asuntos del alma* (Artículo en línea.)

Figura 153: *Loto del Chakra Sahasrara* - *Tantra Kundalini* de Swami Satyananda Saraswati. (Página 307.)

Figura 154: Flujo de Kundalini a través del Sushumna - *Kundalini and the Chakras* de Genevieve Lewis Paulson. (Página 16.)

www.ingramcontent.com/pod-product-compliance
Lightning Source LLC
Chambersburg PA
CBHW080931300426
44115CB00017B/2779